湛庐CHEERS



与最聪明的人共同进化

HERE COMES EVERYBODY

# SECURITY

Sixth Edition

# 证券分析（经典版）

上

原书第6版

[美] 本杰明·格雷厄姆（Benjamin Graham）
戴维·多德（David L. Dodd）◎著

巴曙松 陈剑 等◎译

# ANALYSIS

中国人民大学出版社
·北京·

现在已然衰朽者，将来可能重放异彩。
现在备受青睐者，将来却可能黯然失色。

**贺拉斯《诗艺》**

**黄红元** 上海证券交易所理事会理事长

在金融市场上，市场的波动、时间的流逝会对投资理念进行无情而公平的检验，吹尽狂沙始到金，经过近八十年市场动荡的检验，《证券分析》成为投资经典著作的代表作之一。巴曙松研究员主持翻译的《证券分析》第6版，由专业人员来翻译专业经典，这对促进当前中国证券市场投资理念的转型和价值投资理念的确立，会发挥积极的作用。

**金　旭** 国泰基金管理公司总经理

对比研究投资历史上一些伟大投资家的投资理念，尽管他们观察市场的角度、把握市场的方法等会有不同，但是都程度不同地十分强调要有一以贯之的分析框架作为投资决策的依据，同时要不断在市场投资实践中深化和完善这种分析框架。《证券分析》之所以广受投资界推崇，我认为关键在于其具体体现了这种分析框架与实践的互动过程。

**李仁杰** 陆金所董事长

《证券分析》一直被国内外投资界视为价值投资理念的奠基之作，而从1934年以来，不同版本的《证券分析》都把同时期与价值投资相关的代表性投资实践补充到书稿中，这就使得格雷厄姆作为价值投资理念奠基者的分析框架与追随者在不同市场条件下的投资感悟相得益彰。例如，巴曙松研究员主持翻译的《证券分析》第 6 版中就新增了巴菲特的亲笔序言，以及十位当今华尔街的知名基金经理人针对每一部分内容撰写的导读等。因此，有着近八十年历史的《证券分析》不仅在当前的国际金融环境下依然有着很强的时代气息，而且对扭转近年来中国证券市场上一度盛行的投机跟风的风气会发挥积极的推动作用。

**沃伦·巴菲特** 伯克希尔·哈撒韦公司总裁

57 年来，我一直遵循着两位恩师阐述的投资路线图。对我而言，没有任何理由再去寻找其他的投资方法。

**大卫·斯文森** 耶鲁大学首席投资官

投资经典《证券分析》的第 6 版没有听信古老的谚语"若是经典，就不能改动"。由塞思·卡拉曼和詹姆斯·格兰特带领的顶级评论员，跨越了 20 世纪 30 年代单纯的金融世界与新世纪日趋复杂的投资领域之间的鸿沟。读者将从金融界最优秀的开拓者和敏锐的顶级市场观察家的经验与智慧中获益。最新版的《证券分析》应该出现在每一位认真钻研的金融研究者的书架上。

**杰克·迈耶** 捐献基金领袖，Convexity 资本管理公司管理合伙人兼首席执行官

当代的精英们使昔日的经典焕发青春，就像老虎·伍兹获得的高尔夫美巡赛冠军数超越了本·霍根一样。《证券分析》第 6 版对你必定大有助益。

**杰米·戴蒙** 摩根大通主席兼首席执行官

《证券分析》，1940 年版加上当代最优秀的金融界人士撰写的导读，对于当下任何一位训练有素的投资者来说，都是一本必不可少的学习工具书和参考书。

**布瑞恩·罗杰斯** T. Rowe Price 资产管理公司主席

尽管可口可乐公司发现自己难以改善为时间所验证的经典可乐，塞思·卡拉曼、詹姆斯·格兰特和布鲁斯·格林沃尔德等人却证明了一部伟大的著作能够更上一层楼。塞思·卡拉曼的前言值得所有投资者仔细阅读，总的来说，特约编辑们的导读本身也堪称经典。历史经验告诉我们，对人类行为的解读是证券分析的关键部分之一。

**丹尼尔·奥克** 对冲基金大鳄，Och-Ziff资本管理集团创始人

《证券分析》这一经典之作经由几位当代最伟大和思虑最周全的投资者重新编辑，如今已提升到了一个全新的水平。该书值得好好阅读。

**莫里斯·史密斯** 富达麦哲伦基金前经理

读者将会发现第6版的《证券分析》较之早期的版本更为完善。两位伟大的价值投资者的不朽忠告继续引发共鸣，这些世界上顶尖的价值投资者贡献的导读使该书更值得阅读。这些投资者按照他们文章中所讲述的那样身体力行，共同让第6版成为《证券分析》最好的版本。我极力将这个版本推荐给所有的投资者。在今天波诡云谲的市场中，每个人都将受益于这些久经考验的正确原理和新近的应用经验。

**梅森·霍金斯** Southeastern资产管理公司董事长兼首席执行官

没有哪一本书能像《证券分析》这样为您作出明智的投资策略提供如此好的工具。塞思·卡拉曼和他非凡的团队为21世纪打造了本杰明·格雷厄姆经典之作的新版本。

**安迪·帕洛德** 哈佛商学院乔治·冈德金融学教授

格雷厄姆和多德所倡导的投资理念在经历了各种市场条件考验和75年的反复审视后，与当下投资的联系越来越密切。卡拉曼和其他知名的价值投资者在评论中清楚地表明，虽然过去这些年资本市场发生了巨大的变化，投资者的基本特征却没有变化。严格遵守《证券分析》所阐述的重要原理，仍然是投资的一把利刃。

**霍华德·马克斯** 特许金融分析师，洛杉矶橡树资本管理公司总裁

通过阅读全书，你会发现格雷厄姆和多德是真正的实用主义投资者。他们认为应该在全面分析的前提下理智地承担风险，而不是下意识地一味规避风险。

**埃兹拉·梅尔金** 加布里埃尔资本管理公司管理合伙人

如果说格雷厄姆和多德的名字是价值投资者的护身符，那么对于那些关注破产公司的人来说，他们的思想就是伟大的圣礼。

**布鲁斯·伯考维茨** 费尔霍姆资本管理公司创始人

格雷厄姆和多德是最先将细致的财务分析应用于普通股的人之一。他们认为，

股票和债券一样，具有基于源源不绝的未来收益的明确价值。

**格伦·格林伯格** 特许金融分析师，酋长资本管理公司创始人

在 1934 年的大萧条中，整个美国的失业率高达 25%，大部分公司在生死线上挣扎。然而，格雷厄姆和多德整理出的这套投资准则，却指引着许多伟大的投资者经历了之后 75 年的超级繁荣时期。而且，他们的真知灼见至今依然行之有效。

**布鲁斯·格林沃尔德** 格雷厄姆和多德投资海尔布伦中心负责人，投资经典《价值投资》作者

格雷厄姆和多德提出的一系列重要原则使证券分析理论持久有效，也是从过去到现在任何精心制订的投资策略的基石。

**大卫·艾布拉姆斯** 艾布拉姆斯资本管理公司总裁

在我阅读第七部分时，作者的文笔使我愉悦万分，印象深刻。他们清晰、有力地表达了观点，这种能力在金融领域除了他们最为优秀和知名的学生沃伦·巴菲特外，鲜有人能够企及。

**托马斯·鲁索** Gardner Russo & Gardner 公司合伙人

格雷厄姆、多德以及巴菲特的原则适用于美国市场，也同样适用于国际市场投资。而且，巴菲特的“简单的企业，强大的壁垒”方法为海外投资者提供了额外的保障。

**塞思·卡拉曼** Baupost 对冲基金总裁，投资经典《安全边际》作者

时至今日，当投资者彷徨在变幻莫测、反复无常，甚至险象环生的金融市场时，《证券分析》仍然是异常宝贵的投资路线图。

**詹姆斯·格兰特** 《格兰特利率观察家》创始人

格雷厄姆的作品让人觉得，作者必定是个自信十足、受过良好教育的华尔街赚钱高手。他的文章中无须引用专家意见，因为他与他所诠释的作品就是权威。

**罗杰·洛温斯坦** 美国顶级财经记者，畅销书《巴菲特传》作者

格雷厄姆的投资方法被少数忠实的专业投资者和个人投资者成功应用，也让《证券分析》成为历久弥新的路线图。本书至今仍然是帮助投资者避开那些危险的“结冰道路”的圣经。

SECURITY ANALYSIS

推荐序一

# 改变一生的智慧之书

沃伦·巴菲特

伯克希尔·哈撒韦公司总裁

在我丰富的藏书中，有四本我特别珍视，它们都写于五十多年前。然而假使我今天才第一次读到它们，仍会受益匪浅。文字虽老，智慧不朽。

它们中的两本分别为亚当·斯密的《国富论》第一版（1776）和本杰明·格雷厄姆的《聪明的投资者》（1949），而第三本就是读者手中的《证券分析》的原稿。1950—1951 年，我在哥伦比亚大学求学的时候，就开始研究《证券分析》，并非常幸运地成为格雷厄姆和多德的学生。可以说，《证券分析》和两位恩师改变了我的一生。

以功利论之，当年所学为我后来的投资和商业生涯奠定了扎实的专业基础。在遇到本杰明和戴维之前，我早已对股票市场充满兴趣。在 11 岁攒足购买第一只股票所需的 115 美元之前，我已经读完了奥马哈公立图书馆（Omaha Public Library）中每一本与股票市场相关的书。我发现很多与股票市场相关的书都非常引人入胜，且妙趣横生，但可惜，没有一本是真正有用的。

直到读了本杰明和戴维的著作并聆听了他们的教诲之后，我才意识到我的“取经之旅”结束了。57 年来，我一直遵循着两位恩师阐述的投资路线图。对我而言，没有任何理由再去寻找其他的投资方法。

两位恩师不仅教会我投资的方法，而且一直信任并鼓励我，我们结下了毕生的友谊。他们从未想过从年轻的学生身上索取分毫回报，只是付出与帮助，这是我最佩服两位恩师的地方。如果聪慧与生俱来，慷慨和仁慈则是他们的选择。

愤世嫉俗者也许会对两位恩师的行为大惑不解。本杰明和戴维指导像我这样的年轻人购买廉价股票或参与套利交易，实质上是在培养数以千计的潜在竞争者，与本杰明投资的格雷厄姆－纽曼公司（Graham-Newman Corporation）竞争。值得一提的是，本杰明和戴维还会将真实的投资案例应用到课堂和著作中，这实际上是把学生要做的工作也完成了。恩师的言行和他们的学识给我和我的同窗留下了深刻的印象，我们不仅学会了聪明地投资，更学会了聪明地生活。

保存在我书橱里的《证券分析》是我在哥伦比亚大学求学时使用的 1940 年的版本，我至少反复研读过四次。不言而喻，这本书是如此与众不同。

接下来我要提到的第四本书更加弥足珍贵。2000 年，戴维·多德的独生女儿芭芭拉·多德·安德森（Barbara Dodd Anderson），将她父亲那本 1934 年出版的《证券分析》送给了我。这本书中有许许多多的笔记，都是戴维为 1940 年出版的《证券分析》准备的修订意见。对我而言，没有任何礼物比这本书更有意义。

# 重剑无锋，大巧不工

张磊
高瓴资本创始人兼首席执行官

也许连本杰明·格雷厄姆与戴维·多德本人都无法料到，其写下的《证券分析》能够如此重要。这部诞生于1934年的巨著，被誉为投资者的圣经，书中闪耀的投资思想更被视为价值投资的路线图，我时常翻看，总是常读常新。世事变迁，无数投资人使出浑身招数，在迅速变化的市场中追星逐月，然而大道至简，唯有《证券分析》历久弥新，在价值投资的旅途中，给予人们无以伦比的智慧和启示。

在我看来，《证券分析》最重要的价值在于把投资变成一件可描述、可传授的事情。投资是靠理性与思考，通过严谨的分析、精确的洞察、巧妙的拆解、完整的应对，而不是靠瞬间的直觉、玄妙的悟性，更不是靠乱拳打死老师傅。本杰明·格雷厄姆与戴维·多德开诚布公地讲述他们投资实践中的方法、心得以及所坚持的思考原则，就好比传授的是剑意、而不是招数，正所谓“重剑无锋、大巧不工”。读《证券分析》，绝不只是读当时的年代、当时的资本市场、当时的投资选择，而是不断思考为什么：为什么要区分“投资与投机”，为什么要寻找“安全边际”，为什么要正确划分“新的证券分类”以及“筛选标准”，为什么要关注“新时代理论”以及“产生这种观念变化的原因”。这种思维上的理性及其阐发的行动原则，构成了投资的起点和基础。

格雷厄姆与多德将投资定义为“通过透彻的分析，保障本金安全并获得令人满意的回报率”，而“价值投资”更需要“既能从质的方面，又能从量的方面找到根据”。今天的投资者们似乎并不满足于寻找“低价资产”，他们开始重新审视证券质量和安全等绝对观念，他们在做投资决策时更加看重企业的未来前景、预期收益和风险的关系，等等。我们应该看到，随着市场环境的变化和商业模式的创新，价值投资的内涵、理论和实践一直在发生着变化，可以说，今天我们对价值投资的理解会更加丰富——价值投资不仅关注已知的企业静态价值，也在不断挖掘潜在的企业动态价值。这种变化一方面来源于金融市场的参与者，无论是个人投资者还是机构投资者，关注企业本身、关注未来收益、关注风险控制的投资理念已经深入人心，投资技术和手段也更加敏捷、高效，金融市场的价值发现功能早已不同往日。另一方面来源于商业场景的复杂，包括产品和服务的创新、新一代消费者的更迭、资本与产业的互动以及市场预期的分散。这些特征都在重塑市场环境，我们似乎遇到了又一个无序的时代。但幸运的是，《证券分析》正是“试图赋予尚处于荒野时代的金融市场以秩序”，今天的回顾无疑会让我们重新站在巨人的肩膀上，在纷繁复杂面前找到新的康庄大道。

自从事投资以来，我始终在想，这个世界唯一不变的就是不断变化。市场在变、风险在变、企业的“护城河”与内在价值也在变，在这种变化中，价值投资的实质仍然是寻找到最有效率并持续创造收益的伟大企业。我们认为“真正的护城河，应该是没有护城河，而是不断地疯狂地创造长期价值，而且这个过程是不断变化的”。因此，拥抱创新与变化是最重要的投资原则。通过研究驱动，我们应该在真正理解行业的前提下，寻找最佳商业模式和最佳创业者的完美契合。但这远远不够，我们要做的不仅仅是发现价值，还有创造价值。我们要拥抱科技创新、拥抱具有伟大格局观的创业者，通过科技赋能、管理赋能、资源赋能、资本赋能等方式，帮助传统企业充分运用科技成果，实现创新发展。

本杰明·格雷厄姆的铅笔是他做投资的首选工具，而在今天，投资者们在计算机前就可以对企业报表进行复杂运算和精确推演。然而我们仍然需要向 80 多年前执笔勾勒数字、图表的传奇场景致敬，那种对价值投资的笃信源于高度自律、求知探索的专业精神。无论我们今天怎样做投资，独立思考、追求真理的研究品质，以及敢于挑战、不断创新的企业家精神，都将成为我们对价值投资的新理解和新诠释。高瓴资本一直将自己定义成“我们是创业者，恰巧是投资人”，这也是我重读《证券分析》最大的启示。

# 在中国证券市场转型的过程中重温经典的价值

## ——《证券分析》第6版译本序

巴曙松

香港交易及结算所有限公司首席经济学家，

中国银行业协会首席经济学家

关于证券市场的经典著作不胜枚举，我们为什么要从中挑选出《证券分析》第6版这样一本被视为比较晦涩的投资经典来进行翻译呢？很重要的一点是，这是一本经受了时间和市场检验的经典，但更重要的是，我们判断，这本书对于当下的中国证券市场转型来说，应当有其独到的指引作用。

《证券分析》这本经典著作不同版本的译本不在少数，我们之所以选择这本书，也是因为在我们自己的研究、工作过程中，切身体会到这一版的独到价值。格雷厄姆有一句经常被引用的名言："投资艺术有一个特点不为大众所知，门外汉只需要不大的努力与能力，就可以取得过得去（即使并不很可观）的投资成绩；但是如果要在这个入门级的水平上更进一步，则需要更多的实际锻炼与智慧积累。”历经约八十年岁月检验的《证券分析》，已经发展到第 6 版，其中既体现了市场实际运作经验的积累，也可以说是对格雷厄姆投资智慧的印证和深化。

毫无疑问，当前中国资本市场正处于挑战与机遇并存的转型过程之中，无论是投资者、上市公司、证券公司等市场参与者，还是监管机构等，都在探索下一步市场发展的新趋势。在这个探索的过程中，以美国为代表的资本市场自然成为我们的一个分析和思考的参考。

我们现在常常把美国证券市场视为全球资本市场的领先者，实际上从其两百年的发展历史看，在差不多前一百年里，华尔街往往被冠以“操纵横行、赌博成风”的藏污纳垢之所，当时不少证券交易常常根据各种虚实难辨的消息传言，如同雾里看花，再加上监管不力而滋生的市场操纵等，导致市场乱象丛生，很难期望这样的资本市场能为实体经济的运行提供支撑和保障。直至美国“大萧条”时期过后，市场痛定思痛，才开始逐步走上专业理性的道路，其中，在证券分析方面最有代表性的著作也在这个时期涌现，那就是 1934 年出版的《证券分析》。**在这本书中，格雷厄姆与多德首次提出了价值投资的理念，强调建立完整严谨的证券投资的分析框架与理论体系，帮助投资者在市场中发现潜在的投资价值，《证券分析》一书也因此被尊为“投资圣经”**。以此为标志，价值投资理念被美国市场的投资者广泛接受，成为美国证券市场逐步走向成熟的重要标志之一。

从这个意义上说，我们现在重温《证券分析》这样一部历久弥新的经典著作，并不仅仅是为了证券分析史的探究，而更多的是立足于当下的中国证券市场的转型。**我的理解是，价值投资成为主导性的投资理念，应当是当前市场转型的重要组成部分之一。**

如果把经济发展史与证券分析的演变历史对照来看，可以发现，《证券分析》这部经典著作和经济危机颇有渊源。1929 年到 1934 年是《证券分析》的孕育期，在这个时期，美国的“大萧条”给华尔街带来重创，却也让格雷厄姆的证券分析理论经受了危机的洗礼。格雷厄姆既在美国哥伦比亚大学商学院任过教授，又在华尔街创造过辉煌的投资业绩；既经历过让投资者得意忘形的大牛市，又经历过让投资者沮丧绝望的大萧条。泡沫膨胀时不得意忘形、危机肆虐时不放弃希望，市场锤炼了格雷厄姆，也更坚定了他对价值投资的信心。正如本书献词页上所引用的贺拉斯的诗句："现在已然衰朽者，将来可能重放异彩。现在备受青睐者，将来却可能黯然失色。"

纵观西方证券投资思想的变迁史，从不同的理论假定、分析视角和逻辑框架出发，市场在不同阶段分别形成了不同的理论与思想，与价值投资理论并行活跃的有技术分析理论和现代金融理论。

从演变脉络来看，技术分析理论从道氏理论发展而来，旨在从证券价格本身的历史走势中探寻规律，最早采用的是直觉经验化的投资策略，而后发展到图形化的投资模式，再到指标与模型化的投资决策方式。《证券分析》中对技术分析有不少评价："技术分析是一门艺术，需要特别的才能方可成功。"书中将证券分析（书中代指价值投资理论）和技术分析类比为律师和音乐家两种职业，有才能的律师能过上不错的生活，而才华横溢的音乐家在探寻成功的音乐生涯道路上，会遇到许多令人痛彻心扉的障碍。由此可见，**遵循价值投资理论的证券分析师能从工作中获得满意的成果，而技术分析的持续成功却需要非同寻常的素质或运气**。

大萧条之后，格雷厄姆初步提出了价值投资理论的基本框架，其内涵和外延被价值投资的追随者不断扩充，成为证券投资实践领域最有影响力的理论框架之一。价值投资倡导的基本理念是：

（1）"价值远超过价格所带来的安全边际"，这也是《证券分析》这本书的核心理念之一。价值投资者所追寻的安全边际必须有足够的缓冲带，不是试图以 20 元的价格购买价值 21 元的证券。巴菲特曾将"安全边际"做过一个有趣的比方："架设桥梁时，载重量为 3 万磅，但你只驾驶 1 万磅的卡车穿梭其间。"

（2）投资的理念。格雷厄姆认为"投资是一种通过认真分析研究、有望保本并能获得满意收益的行为。不满足这些条件的行为就被称为投机"。格雷厄姆引导市场逐渐理解到，投资股票不是击鼓传花的游戏，也不是投资者之间的零和博弈，“投资者不是从同伴手中赚钱，而是通过企业的经营赚钱”。价值投资者在拥有足够的安全边际时买入，当然这可能并不是价格的底部。

（3）寻求确定性的投资。在美国大萧条的背景下，很多优质资产的价格处于明显的低位，格雷厄姆也更多地采用定量分析的方法来分析有形资产的价值。巴菲特对定性分析和定量分析做过精彩的阐述："那些能够做出正确的定性分析的投资者有可能赚到真正的大钱，但是根据显而易见的定量分析更有可能赚到有把握的钱。"后来价值投资者将格雷厄姆的分析框架逐步应用到无形资产等领域，寻找企业的护城河等。

（4）风险与收益的关系。格雷厄姆曾告诫投资者："作为一个成功的投资者应遵循两个投资原则：一是不要亏损，二是永远不要忘记第一条原则。"价值投资者寻求的是企业价值回归的过程，因此从长期看，是一项低风险、高收益的投资。

进入20世纪50年代，马柯维茨的资产组合理论开创了现代金融理论的先河，随后现代金融理论迅速发展，MM定理、资本资产定价模型（CAPM）、套利定价理论（APT）、布莱克–斯科尔斯模型（Black-Scholes Model）、有效市场假说等都对金融市场的变革产生着深远的影响，尤其推动了衍生品市场的快速发展，现代金融理论中对收益与风险的衡量、均衡分析、资产配置、套利等的研究也闪烁着智慧的光辉。但这些理论上"优美"的模型在实践时往往暴露出程度不同的缺陷，受到较多批评的是"理性人"、"市场无摩擦"等假设并不符合现实的金融市场。以有效市场假说为例，其主要的推论是任何战胜市场的企图都是徒劳的。该假说认为巴菲特等投资者持续战胜市场纯粹是运气使然，但如果我们进行分类研究，就会发现价值投资者这一群体持续战胜市场的概率会明显高一些。这并不是个体现象，而是群体现象，因此不是运气原因使然，而是价值投资者这一群体确有符合市场实际运行规律之处。20世纪80年代以后，行为金融理论推动了现代金融理论的又一次突破，其放松了传统理论中关于"理性人"的假设，强调参与人的认知缺陷，将人们的心理与行为引入模型分析，更好地贴近了市场现实，但是总体上看，行为金融理论目前依然处于起步阶段。

综合对比上述不同的主流投资理论，我们便可发现，价值投资是经历了多次市场危机检验的、理论和实践经验结合得相对较好的分析框架之一。价值投资的理念历经八十年全球金融市场的风风雨雨、起起伏伏，在今天仍然闪烁着智慧的光辉，其历久弥新的根本原因就在于价值投资并不是一套刻板的操作守则，而是完整的投资原则与思想体系，这些原则与思想同证券市场的意义与运行规律有着良好的契合，因此能够“经受得了不可预知的未来的检验”。价值投资就像一套开源的系统，供投资者自由开发；而操作守则不同，如果一套很好的交易策略被市场所熟知，那它将立刻变得无效，这也是技术分析的缺陷之一。

我曾经与几位在国际市场从事交易多年的投资者分析比较上述不同投资理念，尽管在对不同分析方法的评价上有分歧，但是有一点共同的看法是，**价值投资是可以训练、积累、学习的，但是技术分析和行为金融等应用到投资上，更多的是一种艺术。**

时至今日，证券市场的发展日新月异，市场环境已与格雷厄姆时代迥然不同，然而《证券分析》所传达的投资理念，不仅没有被扔入历史的废纸堆，还在更广阔的领域有着越来越多的支持者与践行者。巴菲特就是价值投资忠实的追随者之一，他曾经这样分析过自己投资理论的成分：“我是 15% 的费雪加 85% 的格雷厄姆。”尤其在身处经济衰退、市场低潮时，价值投资者更有能力在市场寒冬中岿然不动，并最终获得成功。市场检验的结果显示，《证券分析》这部经典著作有着旺盛的生命力。巴菲特自己也强调：“对于刚刚开始起步学习投资的投资者来说，模仿那些已经被市场证明是行之有效的投资方法是事半功倍的做法，但是令人吃惊的是，这样做的人实在是少之又少。”

历史不会重演，然而总是押着韵脚。当前中国证券市场的转型，同样需要确立价值投资的理念。我决定组织力量翻译《证券分析》第 6 版的初衷，也正在于此。在更为关注金融更好服务实体经济主线的金融发展背景下，以企业基本面为对象的证券分析方法与原则，对增强社会资源配置效率无疑具有重要的促进作用。

市场反复证明，《证券分析》是价值投资的经典之作。1934 年以来，每一版

《证券分析》都努力将当时的投资实践所得的宝贵经验补充进书稿中，细细地品读可以身临其境般地感受历代价值投资者的投资心得与感悟。第6版的最新内容不仅囊括了巴菲特的亲笔序言，还包括十位当今华尔街有一定市场影响力的基金经理人针对每一部分内容分别撰写的导读，另外也新增了美国资深投资银行家托马斯·鲁索最新撰写的“环球价值投资”部分，给这部接近八十岁高龄的著作增添了时代气息。

本书的翻译由我主持和组织，我与陈剑博士共同进行翻译的协调和统稿校订工作，巴曙松、陈剑、罗泳涛、沈长征、李科、任志强、李琦、陈昊、殷铭、孙健翔、郑子龙、夏荧营、姜建军、吴凡等参与了初译，初译之后又经过四轮的交叉校订与统校。湛庐文化的编辑为促成此书的出版也做了大量工作，在此表示诚挚的感谢。同时，我们也十分感谢黄红元先生、金旭女士、李仁杰先生对该书给予的积极推荐。

整个翻译工作历时一年之久，我们尽可能以从容的心态，力求为读者献上一份经得起市场检验的译作，特别是在当前中国证券市场的转型过程中，期望这本书的翻译，可以起到它在美国证券市场发展历程中那样的独领风气的积极作用。当然，即使再细致的工作也难免出现这样那样的疏漏与不足，还望广大读者不吝批评指正，以便不断改进完善，就如同这本经典著作的不断完善一样。

最后，我乐意以格雷厄姆的名言与各位读者共勉：“很显然，价值投资需要坚定的信念，以不同于常人的方式思考做事，而且需要耐心等待遥遥无期的机遇。”

是为序。

巴曙松

2013年4月

SECURITY ANALYSIS

# 目 录

## 第二部分
## 固定价值投资

## 第三部分
## 具有投机特征的优先证券



## 第四部分
## 普通股投资理论与股息因素

# 证券分析（下）

## 第五部分 损益表分析与影响普通股估值的收益因素



## 第六部分 资产负债表分析与资产价值的内涵

## 第七部分 证券分析的其他方面：价格与价值间的差异



## 第八部分 环球价值投资



扫码获取“湛庐阅读”APP，
搜索“证券分析”，
了解华尔街精英眼中的格雷厄姆。

# 格雷厄姆和多德的永恒智慧

**塞思·卡拉曼**

Baupost 对冲基金总裁，投资经典《安全边际》作者

在本杰明·格雷厄姆和戴维·多德完成《证券分析》75 年后，越来越多的现代价值投资者发自内心地感激他们。格雷厄姆和多德是两位孜孜不倦、高瞻远瞩的思想家，生逢金融无序年代的他们倾尽心血，试图为混乱不堪的金融市场理清头绪，他们燃起的希望之火从此点亮了价值投资者前进的道路。时至今日，当投资者彷徨在变幻莫测、反复无常，甚至险象环生的金融市场时，《证券分析》仍然是异常宝贵的投资路线图。《证券分析》被誉为“投资者的圣经”，其论述鞭辟入里，全面细致，智慧之语犹如陈年佳酿，愈久弥香。尽管书中很多案例年代久远，但道出的真理却成永恒。尽管行文略显枯燥，但读者仍然能从中发现有价值的思想。1934 年以来，金融市场已经发生了当时难以想象的变化，但格雷厄姆和多德的投资方法依然管用。

无论是在格雷厄姆和多德的年代，还是在今天，价值投资都是以低于证券或

者资产价值的价格买入，就是众所周知的“用 50 美分买到价值 1 美元的东西”。投资廉价证券能提供安全边际（margin of safety），为应对失误、随机因素、运气不佳，或者经济与股票市场变化留有余地。很多人误以为价值投资是发现廉价证券的机械式工具，但实质上，价值投资是一种全面客观的投资哲学，强调深入分析基本面的必要性，追求长期投资价值，控制风险，抵御从众心理。

太多的人涉足股市专注于赚快钱。他们更像是在投机而不是投资，因为他们总幻想着股票价格会偏离价值快速上涨。投机者通常将股票当作能够迅速来回交易的纸片，愚蠢地将股票价格与企业实际的经营情况和价值标准分离。投机者很少，甚至从不关注下行风险，尤其是在上涨的市场环境中。在行情好的时候，很少有人能遵守纪律，坚持严格的估值标准和风险规避策略，尤其是当大部分抛弃这些准则的人快速致富的时候。毕竟，牛市的功劳很容易被误认为是天才的成就。

近年来，人们试图将投资的定义扩展为“投资所有正在或者将要升值的资产”，如艺术品、稀有邮票和美酒收藏。这些标的没有确定的内在价值，现在或未来都不能产生现金流，其价值完全取决于买家的爱好，所以这种做法肯定是投机而非投资。

与一心想快速获利的投机者不同，价值投资者通过尽力避免损失来表达他们对风险的厌恶。一个典型的风险规避型投资者会把任何预期损失看得比等量的预期收益更重。对一个只积累了一点点资本的人来说，获得更多回报所带来的额外好处远抵不上资本亏损带来的痛苦[①]。假如要用抛硬币的方式决定你的资产净值增加一倍还是清零，你会如何选择？几乎所有人都会为了规避风险而有礼貌地拒绝这样的赌博。风险规避本是人类根深蒂固的本性，但可悲的是，一旦市场投机风气日盛，总会有很多人不知不觉地将风险规避抛诸脑后。

**价值投资者认为，证券并非投机工具，而是代表了对标的公司的部分所有权**

① 正如格雷厄姆所言，亏钱常常会让人不安。最近的亏钱经历和对未来的担忧所导致的焦虑情绪，会显著地影响我们把握随之而来的投资机会的能力。如果一只被低估的股票现价降了一半，而在经过反复的检验后确定基本面没有变化，我们就应该抓住机会大量买入。如果我们的资产净值随着股票价格下降，想增加仓位恐怕在心理上难以接受。——卡拉曼注

**或者债权，这一定位是价值投资的核心所在。**当有一小部分业务折价出售时，不妨从假设整个业务全部出售的视角来评估，这样能更好地做出价值判断。这样的分析立场有助于价值投资者专注于追求长期回报，而不受短期交易获利因素的影响。

在格雷厄姆和多德的投资哲学中，最根本的原则是："金融市场才是机会的终极创造者。"市场为证券定的价格，有时非常合理，有时则不然。事实上，市场在短期内会显得非常缺乏效率，甚至出现价格与内在价值明显背离的现象。无法预料的变化、日益增加的不确定性、资本流动都会加剧市场短期波动，使得价格过度偏离价值[①]。用格雷厄姆和多德的话说："证券价格通常是一个基本要素。一只股票在某个价格水平上可能具备投资价值，而在另一个价位则不值得投资。"格雷厄姆坦言，那些将市场视为一杆秤的人认为市场是一部能准确和有效评估价值的机器，这部分人极易被情绪左右；而那些将市场视为投票机的人则深知这只是一场由情绪驱动的人气竞赛，反而能够镇定自若地把握有利时机，在极端的市场情绪中获利。

尽管任何人似乎都能成为价值投资者，但价值投资者最基本的特征，如"耐心、自律和风险规避"却多是与生俱来的。第一次学习价值投资的方法时，你可能会与价值投资产生共鸣，也可能不会。你也许能够严于律己和保持耐性，也许不能。巴菲特曾经在他的文章《格雷厄姆 - 多德都市的超级投资者们》（*The Superinvestors of Graham-and-Doddsville*）中指出："面对用 40 美分购买 1 美元国债这样的机会，有人会马上接受，而有人却无动于衷，这让我大感意外。与注射疫苗类似，如果他一开始不接受，往后无论你怎样劝说，并试图用过往的记录说服他，也无济于事[②]"。如果《证券分析》让你心有戚戚焉，你又能够抵御投机心理，保持足够的冷静，或许你就具备了价值投资的潜质。如果不是这样，这

① 长期来看，投资者能够进行基本面分析，公司管理层也会解释其经营战略并调整资本结构，股票价格往往会向内在的商业价值调整。特别是价格严重低于内在价值的股票将吸引专买便宜货的投资者甚至公司收购者，从而提高长期股价效率。然而，这一趋势往往会因为短期的贪婪和恐惧而中断。——卡拉曼注

② 我自己的经历也像巴菲特描述的那样。1978 年暑假，我在共同股票基金（Mutual Shares）管理一只免中介费的、以价值为基础的共同基金，那是我职业生涯的开始。1980 年，Telecor 按计划清算，同时剥离其电子设备租赁子公司（Electro Rent），这一事件使我将基本面分析的优点铭记于心。因为购买 Telecor 股票的投资者仅以相当于一倍现金流的价格，非常有效地实现了对快速发展的电子设备租赁公司的投资。你会永远记住你的第一次价值投资经历。——卡拉曼注

本书至少有助于让你理解你在投资领域的位置，让你对价值投资者如何思考投资问题有所认识。

## 历久弥新

首次出版于 1934 年，修订再版于 1940 年的《证券分析》，最卓越的成就是其经久不衰的永恒智慧。一代又一代的价值投资者听从了格雷厄姆和多德的教诲，并将所学成功地运用到各种市场环境、国家和资产类别中。相信两位大师如果知道了也会备感欣慰，毕竟他们也希望能够制定一些“能经受不可预知未来的检验”的原则（见第 25 页）。

1992 年，以价值投资闻名于世的公司——特维迪－布朗有限责任公司（Tweedy, Browne Company LLC）出版了一本包含 44 篇研究报告的合集，名为《有效的投资之道》（*What Has Worked in Investing*）。研究发现，真正的投资非常简单：廉价股票（由市净率、市盈率或股息率来衡量）的表现往往优于昂贵的股票，股价不佳的股票在 3~5 年内会超越近期表现较好的股票。换句话说，价值投资才是有效的。据我所知，没有哪一位长期投资者会因坚持价值投资理念而后悔，而且信奉价值投资基本理念的投资者，也很少会转而信奉其他的投资方法。

今天，当你阅读格雷厄姆和多德在 20 世纪 30 年代亲身经历金融市场起落的故事时，也许会觉得他们描写的是离奇、陌生而又久远的经济大萧条时期的情景，那时的人们极度厌恶风险，那时的商业规则模糊而又老旧。然而，这样的研究远比表面上看起来要更有价值，毕竟每一天都有可能出现离奇而又陌生的市场环境。大多数情况下，投资者倾向于假设明天的市场看起来与今天并无二致。但每隔一段时间[①]，传统智慧会被颠覆，循环的推理会被打破，价格会回归正常水平，投机行为会“败走麦城”。彼时彼刻，今天并不如昨天那样演绎，大多数投资者将感到无能为力。就像格雷厄姆和多德说的：“我们一直努力告诫学

① 2007 年 7 月，次级抵押贷款损失触发的次贷危机可以被视为最新和最富戏剧性的案例。——卡拉曼注

生，切记不可以只看表面和眼前现象，这些都是金融世界的梦幻泡影与无底深渊。”只有在金融市场动荡不安的时候，价值投资理念的优势才能凸显出来。

1934 年，格雷厄姆和多德亲历了市场盛极而衰的 5 年巨变——1929 年冲到顶峰，1929 年 10 月崩盘，大萧条随之到来。他们为投资者制定的投资策略，使得投资者在任何环境下都能从成百上千的普通股、优先股和债券中找到最有价值的投资标的。值得一提的是，他们的方法与现代的价值投资者使用的完全一样。20 世纪二三十年代他们成功应用于美国股票和债券市场的投资理念，同样适用于 21 世纪早期的全球资本市场、房地产市场和私募股权投资等流动性较差的行业，甚至适用于在《证券分析》面世时尚未出现的衍生工具投资。

尽管经典的“净营运资本”（net working capital）这类测试对于投资分析而言是非常必要的准则，但价值投资并非一项按部就班的工作[①]，怀疑与批判是很有必要的。

- 第一，并非所有影响价值的因素都能反映在一家公司的财务报表中——存货可能一文不值，应收账款也许没法收回，负债有时并未记录，资产价值可能被低估或高估。
- 第二，估值是一门艺术，而不是一门科学。企业的价值受很多变量影响，因此只能在特定的范围内做出判断。
- 第三，所有的投资结果都或多或少地取决于未来，而未来充满不确定性，因此，即使有些投资分析非常认真细致，仍然未必能获利。

有时某只股票异常便宜是有原因的，比如失败的商业模式、隐性负债、官司缠身、不称职与不道德的管理层等。投资者应该时刻保持谦虚谨慎，意识到自己永远不可能知道关于公司的一切，坚持不懈地搜寻额外的信息。归根结底，**最成功的价值投资者必定具有强烈的企业调研与估值意识、充足的耐心、严格的自律精神、完善的敏感度分析能力、实事求是的思考态度，以及长期积累的投资经验。**

① 格雷厄姆和多德以不高于净营运资本三分之二的价格购买股票，净营运资本是营运资本减去其他债务的余额。大萧条中符合这一标准的股票很多，但今天已经非常少了。——卡拉曼注

有趣的是，格雷厄姆和多德的价值投资理念不仅适用于金融市场。迈克尔·刘易斯（Michael Lewis）2003年出版的畅销书《魔球》（*Moneyball*）指出，价值投资理念也适用于棒球运动员市场。造成棒球运动员市场和股票以及债券市场低效的原因有很多是相同的。无论是投资还是选择棒球运动员，没有一成不变的方法能够弄清楚其真实的价值，也没有一个很好的指标能够衡量其全部的价值。两个领域都包含了海量信息，但人们在如何评估它们方面并没有达成广泛的共识。决策者都可能因为误解了有用信息而误入歧途，进而得到不准确的结论。棒球运动员市场与证券市场类似，很多球队为运动员支付了过高的报酬，原因在于害怕成为"出头鸟"。他们经常出于感性认识而非理性判断来做决策。他们口若悬河却又惶恐不安，有时甚至变得目光短浅，急功近利。他们不懂什么是均值回归，什么不是均值回归。棒球运动员市场的价值投资者，就像金融市场的价值投资者，假以时日必将获得令人艳羡的业绩表现。尽管格雷厄姆和多德没有将价值投资的理念运用到棒球运动员市场，但他们对于市场的真知灼见在体育人才市场的成功应用，印证了价值投资方法的普遍适用与永恒魅力。

## 今天的价值投资

大萧条期间，股票市场和国家经济危机四伏。股票价格和经济活动突然下行并有可能会长期处在崩溃边缘。乐观主义者接连遭到市场的无情打击。从某种意义上来看，没有亏损便是赢家。投资者可以购入在内在价值基础上有较大折扣的股票获得安全边际，而他们确实需要安全边际，因为世事变化无常。

即使面对最差的市场环境，格雷厄姆和多德仍然坚守着自己的投资理念，认为经济和股票市场时常要忍受痛苦的周期调整带来的煎熬。在那些黑暗的日子里，他们始终坚信，经济和股票市场最终一定会回升："在写下这些文字的时候，我们仍然在和市场普遍预期的'金融崩盘远没有走到尽头'抗争。"（见第25页）

诚然，投资者不仅要面对经济周期下行导致企业经营恶化以及股票价格一降再降的事实，还必须忍受经济周期上行时廉价股票稀缺以及投资资本泛滥的事实。以历史水平衡量，金融市场近年来的表现非常抢眼，吸引了大量急需管理的新鲜资本。今天，全球范围内以万亿计算的美元资本中，有相当一部分是运用价值投资方法进行管理的，其中包括很多以价值为基础的资产管理公司和共同基金。例如，截至目前，约 9 000 家对冲基金的大部分，以及一些最大、最成功的大学捐赠基金和家庭投资机构均运用价值投资方法管理资本。

必须强调：并非所有的价值投资者都如出一辙。在前面提到的《格雷厄姆－多德都市的超级投资者们》一文中，巴菲特描述了无数成功的价值投资者，他们的投资组合很少有重合的。有的价值投资者持有不知名的“粉单股票”（pink-sheet shares），有的专注于大盘蓝筹股（large-cap universe）；有的做全球投资，有的则集中做房地产或能源类的单一市场投资；有的在电脑上通过统计学方法发现价格低廉的公司，有的则通过评估“私有市场价值”，即行业内的买家收购该公司愿意支付的价值来寻找投资对象；有的激进主义者会推动企业变革，有的则寻找有资产分拆、资产出售、重大的股票回购计划或新的管理团队等催化剂的低估值证券，希望能够部分或者全部实现其内在价值。当然，和其他行业一样，有些价值投资者天生就比其他人更出众。

总的来说，价值投资者已不再是几十年前那样的小团体了。竞争能够有力地纠正市场运行的无效率和错误的定价。时至今日，资本充裕且投资技巧娴熟的投资者数量众多，那价值投资者的前景到底如何呢？结果肯定比你预期的要乐观很多，原因如下：

第一，虽然价值投资者的群体不断扩大，但市场中缺乏，甚至没有价值取向的投资者仍然为数众多。大多数投资者，包括成长型投资者、趋势型投资者或指数型投资者，都很少关注价值标准。相反，他们几乎都一门心思地关注公司的盈利增长，股票价格的趋势或是市场指数。

第二，几乎所有的基金经理，包括一些运气不佳的价值投资导向型基金经理，都迫于有形或无形的投资业绩压力而从事荒谬的短期投资，周期短至一个季度、一个月，甚至更短。价值投资策略对于缺乏耐心的投资者来说是毫无用处的，因为只有坚持足够的时间才能利用这种策略获得收益。

第三，江山易改，本性难移。资本市场的疯狂总是会周期性地大规模上演：20 世纪 80 年代末期的日本股市，1999—2000 年的互联网和科技股泡沫，肇始于 2006—2007 年的次级按揭贷款危机，以及当下的另类投资。兵无常法，投资者往往很难采取逆向（如在多数人买进时抛售）的方法进行投资。即便是再精明的投资者，在市场无情地宣布他们犯错时，也会变得畏首畏尾。市场让人屈服的压力总是十分巨大，因此有很多投资经理担心一旦不随波逐流将会造成业绩损失。有一些投资经理放弃追求价值投资是因为身不由己（或迫于客户的压力），他们被禁止购买低价股票、小盘股、无分红派息或者亏损的公司的股票，以及投资评级较低的债务工具[①]。还有许多人通过运用管理技巧，比如在季末时粉饰投资组合，或在卖出亏损股票（尽管这些股票的价值被低估）的同时买入更多的绩优股（即使它们的价值被明显被高估）。诚然，对于那些真正具有长远眼光的价值投资者来说，这是一件求之不得的好事，因为那么多潜在竞争对手因各种约束而自缚手脚，不能或不愿参与有效竞争，选择了中途退出。

日趋激烈的竞争并不能阻碍当代价值投资者，其中一个重要原因在于如今的投资环境日趋广阔和多样化。格雷厄姆当年所面对的公开交易的美国股票和债券相对有限。今天，仅在美国就有数以万计的上市交易股票，世界范围内则不可尽数，还有数以千计的公司债券和资产支持型债务证券。以前的非流动性资产，如银行贷款，现在都能够正常交易了。而且投资者还可以从数不胜数的衍生工具中选择合适的投资标的，包括能满足任何需要的个性化合约。

然而，股票市场已持续繁荣了 25 年，很难说有哪些股票价值被低估。高估值和激烈的市场竞争加剧了价值投资者对投资回报下降的担忧。同时，有些具备投资价值的公司的规模越来越大，而规模是投资业绩表现的敌人，因为官僚主义会降低投资决策的效率，而且较小的获利机会很难再触动投资者敏感的神经了。

另外，越来越多的买方和卖方分析师依赖成熟信息科技的支撑，很少会再有

① 另一种限制为“谨慎人原则”（Prudent Man Rule）。这是一个法律概念，用来确定能否投资的界限。20 世纪 70 年代中后期，关于这一规则的很多解释可以杜绝重大的股票风险。自那以后，随着投资者越来越多地投资于奇特的以及日益缺乏流动性的资产，谨慎成为了投资者的一个移动目标，投资者会用其他投资者的行动来安慰自己。——卡拉曼注

极其低估的证券成为漏网之鱼[①]。今天的价值投资者不太可能仅通过价值曲线的引导或翻阅股票的财务报表发现投资机会。尽管廉价证券有可能隐藏在众目睽睽之下，但今天的证券若是被错误定价，最可能的原因不是被无意地忽视了就是被有意地避开了。所以，价值投资者不得不仔细考虑分析的视角和重点。21 世纪初，投资者对于很多韩国公司的资本分配过程感到非常失望，很少有人认为这些公司可能是有价值的投资。结果，很多韩国公司的股价大幅打折，估值远低于国际估值，仅为现金流的 2 到 3 倍，低于公司本身内在商业价值的一半；甚至有一些公司的估值低于资产负债表中的现金（扣除负债）。折价发行的浦项制铁公司（Posco）和 SK 电信（SK Telecom）等，最终吸引了大量的价值投资者。据报道，沃伦·巴菲特也因持有相当数量的韩国股票而获利颇丰。

今天的价值投资者也能从备受华尔街诟病的公司股票和债券中发现投资机会，这些公司因为与官司、丑闻、会计舞弊，或财务困境联系在了一起，所以它们的证券往往以很低的折扣交易。对于那些面对诸多负面消息仍然立场坚定的人而言，这些证券是很好的投资机会。例如，世界上最富争议的安然公司，在 2001 年暴露出会计舞弊丑闻后走向破产，公司每一美元债务合约的交易价格最低跌至 10 美分，最终这些债务的回收价值不出意外地达到该最低市场的 6 倍。类似地，近年来涉及烟草或石棉业务的公司周期性地面临严重的抛售压力，主要是因为诉讼的不确定性和由此引发的公司财务困境。总而言之，那些“业绩低于预期、出现会计问题、评级下调”的公司，反而更有可能比一贯表现强劲的公司带来更多的投资机会。

当折价的投资标的稀缺的时候，价值投资者必须保持耐心，对价值投资标准妥协意味着投资者将滑入灾难的深渊。新的机会一定会出现，即使我们不知道在何时何地。在没有引人注目的投资机会时，投资组合中至少保持一部分的现金等价物（如美国国债）以等待投资机会到来是最明智的选择。最近，沃伦·巴菲特就发表声明，称他持有的可用于投资的现金比其投资所用的现金要多。就像所有的价值投资者经常要做的一样，巴菲特也在耐心等待。

---

① 技术革新使得投资者能够搜集到越来越多的信息，也使得细致分析成为可能。然而，大众化的应用并没有使价值投资者的境况显著改善。随着信息广泛传播和廉价使用，有一些极端明显的市场无效率得到及时纠正。对于商业顾问和行业专家来说，信息和想法的创新日趋重要。——卡拉曼注

价值投资者都是自下而上的分析师，擅长通过某一个时点的基本面来评估证券价值。他们并不需要整个市场的证券价格都很便宜，只要有 20～25 只不相关的证券，就足以分散市场风险。纵使在价格非常昂贵的市场，价值投资者也必须认真分析证券和评估业务发展，获得有价值的信息和经验以备将来不时之需。因此，**价值投资者不应试图择时或预测短期市场的涨跌，而应该依赖自下而上的方法，筛选整个金融市场，寻找廉价证券，然后买入，不必在乎最近的市场走势和经济情况如何**。投资者只有在找不到合适的标的时才会持有现金。

## 灵活变通的价值投资方法

美国的开国元勋们深知自己没有办法预见到科学技术、社会、文化和经济等领域未来的演变，所以他们创立了一套灵活的宪法体系，使得这一体系在 200 年后仍然能够指导我们前进。与之类似，格雷厄姆和多德也承认，他们无法预料到席卷整个投资世界的商业、经济、技术和竞争性变化将接踵而至，因此写下了灵活变通的著作，使得我们能够在长期复杂多变的投资环境中游刃有余。

例如，很多公司现在出售的产品，在格雷厄姆和多德的那个年代是无法想象的。事实上，现在的很多公司，甚至整个产业，在当时都是无法预料到的。《证券分析》并未提供任何有关手机运营商、软件公司、卫星电视提供商或者网络搜索引擎如何估值的方法。但是书中提供了分析任何一家公司所需的工具，如评估公司的有价证券价值并确定其是否存在安全边际。偿付能力、流动性、可预测性、商业策略和降低风险等问题，常常跨越了行业、国家和时间的界限，是普遍存在的。

格雷厄姆和多德并没有特别提出对私营企业或者公司整体（而不是拥有股权的部分）进行估值的方法，但是他们的分析原理对于不同类型的企业都适用。投资者需要思考：企业是否稳定？企业未来的发展前景如何？企业的盈利和现金流怎么样？持有该企业主要的下行风险在哪里？企业的清算风险如何？企业的管理层是否诚信有为？如果企业公开上市，你愿意为该企业的股票支付的价格是多少？哪些因素会使企业的股东折价出让控股权？

格雷厄姆和多德也从未指出购买写字楼和住宅楼时该如何估价。但房地产打折跟证券打折的原因是一致的，如急需现金、无法做出恰当的分析、看跌的宏观环境、投资者回避或忽视等。房地产行情不景气，紧缩的信贷政策会导致资产折价出售，即使是优质的资产也无法避免。格雷厄姆和多德的投资原理——稳定的现金流、充足的回报，加上细致的下行风险分析，允许我们在任何市场环境下识别出有安全边际的房地产投资项目。

即使是以前无法想象的复杂衍生产品，也可以用价值投资的眼光来合理审视。尽管现在交易商利用布莱克 - 斯科尔斯模型决定看涨、看跌期权的价格，但投资者仍然可以利用价值投资的定义——上涨潜力、下行风险，以及每一种可能情形发生的概率来分析这些工具。事实上，不管利用布莱克 - 斯科尔斯模型得出什么结论，一个便宜的期权也可能拥有价值投资合理的风险收益特征。

## 机构投资

75 年来投资环境最重要的变化应该是机构投资占据了主导地位。20 世纪 30 年代，个人投资者主导了整个股票市场。相比之下，今天大部分的市场活动都是由机构投资者推动的，如大额养老金、捐赠基金和个人资本集合。这些大额的、准永久性的资产池的出现理应使长期价值主导的投资方法得到广泛运用，但实际情况却并非如此。机构投资关注短期业绩表现，这让机构的投资经理很难采取逆向投资策略或长期策略。实际上，投资经理并不愿意特立独行。面对令人失望的短期业绩下滑可能招致的资本撤离，机构投资者通常偏好于停留在有把握但业绩平平的避风港里，因为要做到这一点只需要选择从众策略便可。

另类投资（Alternative Investments）是当下盛行的业务，这类投资的范畴包罗万象，包括风险资本、杠杆收购、私募股权和对冲基金。如今的投资专著无一不对这些领域的发展热烈追捧并加以阐述。

面对传统的股权和债券投资的业绩压力和对收益下降（甚至缺乏收益）的渐强预期，机构投资者开始将更大比例的捐赠基金和养老金投入另类投资，以求获得高收益和多样化投资。耶鲁大学首席投资官大卫·斯文森（David Swensen）在2000年写作的《机构投资的创新之路》（*Pioneering Portfolio Management*）中对另类投资进行了详细阐述。斯文森描述了历史上众多资产类别的无效率定价[①]。历史上很多另类投资经理的风险调整后收益水平都相当高，而且另类投资与其他资产类的业绩表现关联度较低。通过对行业内排名在前1/4和后1/4的另类投资经理的巨大业绩差异进行对比，斯文森重点强调了挑选另类投资经理的重要性。大批捐赠基金经理追随斯文森，投身到另类投资中。与斯文森当年入行时相比，可以确定的是现在的投资条件更恶劣，而且竞争越来越激烈。

所有主要的大学捐赠基金几乎都投入到同一类型的另类投资——风险投资中。如果格雷厄姆和多德还健在的话，他们一定会感到非常忧虑。两位倡导安全边际投资方法的大师，绝不可能在任何风险投资中找到一个具备安全边际的投资标的[②]。尽管风险投资未来的上涨前景乐观，但同时也伴随着很高的下行风险。即使风险基金能够多样化投资，也很难分析清楚投资标的，进而判断潜在收益与风险是否匹配。因此，风险投资被描述为纯粹的投机活动，没有任何的安全边际。

对冲基金是机构投资者非常感兴趣的快速成长的领域。对冲基金的资产规模共计约2万亿美元。资产池所采取的投资策略非常广泛，但有着相同的费率结构，每年支付管理资产的1%～2%的管理费和超额收益的20%（有时更多）。对冲基金诞生于20世纪20年代，本杰明·格雷厄姆是对冲基金的第一批运作者之一。

格雷厄姆和多德会如何看待当前市场上运作的对冲基金？他们可能不赞成基于宏观评估或追求短期投机策略的对冲基金投资运作。这些对冲基金可能会愚蠢

① 很多投资者会想当然地认为资产类别的收益率是固定不变的，收益水平与资产类别没有必然关系，收益取决于拟投资公司的经营情况与投资者为相关证券支付的价格，但这种想法是错误的。资本流入某类资产可能会反过来给投资这类资产的投资者带来损失，影响该类资产持续产生符合历史预期的诱人回报的能力。——卡拉曼注

② 他们不会进行杠杆收购，即通过债务融资和少量的股权资本以极高的价格来购买公司业务。风险投资或杠杆收购唯一的价值投资理论依据可能是它们都被当作错误估价的看涨期权，即使如此，我们仍不清楚这些领域能否创造较好的价值。——卡拉曼注

地规避甚至卖出低估值证券，不经意间为价值投资者创造投资机会。流动性不足、缺乏透明度、庞大的资产规模、嵌入式的杠杆，以及部分对冲基金高昂的费率无疑都是非常危险的信号。不过，格雷厄姆和多德可能会赞同那些以价值投资理念为主导来进行投资的对冲基金。

重要的是，当格雷厄姆和多德强调每一笔投资的风险控制时，他们也相信多元化和对冲策略能够有效限制整个投资组合的下行风险（见第 118 页），这也是很多对冲基金在努力实践的。虽然他们持有的证券，单独来看可能会存在一定程度的风险，但他们在设法抵消整个投资组合的风险，如通过卖空类似的但价值更高的股票，通过购买单个股票或市场指数的看跌期权，通过充分的多元化投资（尽管很多投资者过度追求多元化，因此对他们认为真正好的股票持有太少，而对表现平平的股票持有太多）。这样看来，对冲基金组合（至少理论上）具备潜在收益较好而风险有限的特征，这是单个基金中的单个资产所不具有的。

## 今天的发展

正如前文所述，这些年来，商业和证券分析已日趋复杂。例如，电子数据表技术使得我们能够完成前一代人无法驾驭的极端复杂模型。本杰明·格雷厄姆的计算能力在当年是出类拔萃的，但放在今天也许就不足为奇了。另一方面，技术也很容易被误用。电脑建模需要基于一系列对未来的假设，正如格雷厄姆一向不以为然的，电脑建模可能会导致虚假的精确结果。当格雷厄姆对能够持续创造收益的公司产生兴趣时，他那个时代的分析师并不能准确地解释为什么这个公司能够比其他公司更持续地产生收益。现在的分析师不仅要考察业务状况，还要研究商业模式；投资经理和金融分析师更要对收益变动的盈亏平衡线、利润边际、产品组合以及其他变量进行细致研究。投资者知道业务模式并非虚无缥缈，竞争对手、供应商以及顾客的行为都会对企业的盈利产生重要影响，必须加以考虑[①]。

① 哈佛商学院的迈克尔·波特教授在他的不朽名著《竞争战略》中指出，在如今的经济背景下，有必要彻底、充分、动态地对业务模式和行业做基础性研究。2000 年的《公平披露规则》（*Regulation Fair Disclosure*）使得清晰的行业研究变得至关重要，规则强制和约束了公司与公司的实际和潜在的股东之间的信息交流。华尔街的分析师面对缺乏他们所覆盖公司必要信息的尴尬事实，不得不被迫拓宽打听信息的范围。——卡拉曼注

过去格雷厄姆将公司收益和股息支付作为公司是否稳健的晴雨表，而现在大多数价值投资者分析自由现金流，这是这些年另一个重要的焦点转变。自由现金流，即每年考虑营运资本变动及扣除资本支出后，企业经营活动产生的现金流。投资者越来越倾向于使用这一指标，主要是因为企业公布的业绩可能只是一个会计造假，以掩盖业务所产生的现金流或捏造正向的现金流。**现在的价值投资者认真总结后得出一个结论：追踪现金流（正如业务经理必须要做的）是评估一家公司最可靠、最能揭露真相的方法。**

另外，现在很多价值投资者认为资产负债表分析已经不如前几代人认为的那么重要。因为现在的资本回报率远高于过去，很多股票的交易价格也远高于账面价值，所以资产负债表分析对于理解股票价格的上涨潜力与下跌风险帮助不大。持续的通货膨胀的影响也使得基于历史成本法计算的资产价值的准确性大打折扣，这就意味着两家拥有相同资产的公司可能公布完全不同的账面价值。但当存货与应收账款不断累积、债务上升、现金流蒸发时，对资产负债表敏锐的投资者总是能够率先观察到公司业务恶化或脆弱的迹象。对于持有业绩表现无法达到预期目标的公司股票和债券的投资者，资产负债表分析仍然是评估下行风险保障的可靠方法之一。

全球化越来越强烈地影响投资的格局，更多的投资者把目光投向本国以外的市场寻找机会，分散投资。格雷厄姆和多德的原则完全适用于国际市场。国际市场比美国市场更易受投资者情绪波动的影响，因此在定价方面更加低效。投资者必须认识到国际投资的风险，如持有外币的敞口，并考虑对冲敞口风险的必要性。此外，还有其他风险如政治不稳定、证券法规和投资者保护的差别（或缺失）、会计标准的变化，以及信息的有限可获得性。

让人惊讶无比的是，尽管价值投资者已经成功跨越了 75 年时光，但有些旁观者，如学术界人士，仍然严重忽视，甚至排斥价值投资理念。学者倾向于创造简明扼要的理论，并试图以此来解释真实世界，但事实上却过于简单化。学者提出的有效市场假说（Efficient Market Hypothesis）理论认为：证券价格总是能立即反映所有的现有信息，这一观点与格雷厄姆和多德提出的基本面分析具有重要价值的观点完全相悖。资本资产定价模型（Capital Asset Pricing Model）虽然将风险与收益联系起来，但经常将波动率与风险系数（Beta）等同于风险。现代组合理论（Modern Portfolio Theory）虽然赞同分散投资对于构建最优投资组合的益处，但却坚持认为高收益仅仅来自于高风险，实际上否定了价值投资理念，以及经风险调整的长期投资所带来的高回报的业绩记录。不过，价值投资者没有时间深究这些学术理论，通常不予置评。

上述理论所提出的假设条件，包括市场连续、信息充分、交易成本低廉甚至没有，显然与现实不符。概括来讲，学者们沉醉于自己的学术理论中，无法接受价值投资有效的事实。学者们没有对沃伦·巴菲特 50 年非凡投资的业绩认真研究，而是将其视为一个特例。行为经济学最近颇受关注，行为经济学理论认为人的行为并不总是理性的，而且存在系统性的认知偏差，进而将导致证券市场无效率以及证券的错误定价。这些学说对于格雷厄姆来说并不陌生。尽管这些学说还没有成为学术主流，但发展势头良好。

数十年来，学者们只接受对他们有缺陷模型的略微修正。他们的成千上万的学生被灌输着以下观点：证券分析是没有价值的，风险跟波动率是对等的，投资者必须避免过度重视优良策略（因为有效市场不存在优良策略），多样化投资导致了平庸的或错误的策略。对于价值投资者来说，这些学术理论的广泛传播让人激动不已，因为这些理论对几代年轻投资者的荼毒造成市场极端无效率，使得精明的选股专家能够加以利用。

价值投资者需要考虑的另一个重要因素是金融市场一有异动美联储便会加以干预，这已经逐渐成为一种习惯。在市场剧烈动荡的时候，美联储频繁降息，以支撑证券价格和提振投资者信心。美联储官员意在维护资本市场的正常秩序，一些基金经理却将之视为现实的投机许可证。美联储的主动干预策略有时被称为“格林斯潘看跌期权”，现在则是“伯南克看跌期权”，这一策略在价值长期高估时鼓励投机，从而引发了道德风险。**只要价值投资者不被对证券的错误直觉诱惑，只要价值投资者能够坚持长期投资视角并长期持有，那么美联储的干预行动（或投资者的预期变化），最终可能成为投资机会的来源。**

另一个与投资相关的现代发展是无处不在的有线电视。电视对股票市场近乎疯狂的报道，加剧了大多数投资者短线操作的倾向。它鼓动投资者尽可能，甚至有必要对有关金融市场的一切信息做出判断，这与格雷厄姆和多德所认可的耐心等待、精挑细选的方法完全不同。这种“简讯文化”使普通投资者更加认定投资是非常简单，无须勤勉和苦干的事情。那些专家在股市连续上涨和创新高的时候欢呼雀跃，在股市逆转时表示同情，旁观者则一厢情愿地认为股市上涨是唯一理性的市场方向，卖出股票或隔岸观火是不爱国的表现。每一次市场转向都会激发这种歇斯底里般的观点。例如，美国国家广播公司财经频道（CNBC）频繁使用的格式化背景屏幕是电子钟与各主要市场指数的实时更新。屏幕的时间不仅包括小时、分钟和秒，甚至包括毫无用处的百分之一秒，这个数字飞快闪动（就像煤气泵上的 0.1 美分），根本无法看清楚。此举的主要目的是吸引观众的注意力，同时刺激观众的肾上腺素，使之保持兴奋。

有线电视的商业频道将羊群效应的心理带进每一个家庭的客厅，使观众很难不随波逐流。只有在财经频道里，天性狂热的评论员才会成为名人，他的评论声明不时会导致市场波动。在一个投资和投机难以区分的世界里，财经频道毫无意义的评论只会让事情复杂化。格雷厄姆也对此感到震惊。价值投资者可以从这些因电视专家的咒语而倒下的投资者身上吸取教训，并因此获得唯一的救赎。事实上，人类的本性确保了永远都不会出现格雷厄姆和多德频道。

## 未解的投资难题

现在的投资者面对的很多投资问题在格雷厄姆和多德所处的时代就存在。其中的一个问题是应该致力于相对价值还是绝对价值。相对价值涉及一只证券是不是比另一只证券更加便宜，如微软是不是比 IBM 有更好的安全边际。相对价值比绝对价值更容易确定，因为可以从两个方面评估一只证券是不是比另一只更便宜，是否便宜到值得购买。运用相对价值方法管理对冲基金的勇敢投资者会买入相对便宜的证券，同时卖空相对昂贵的证券，这就使得他们在多头和空头两边都有潜在的获利机会。当然，如果他们判断失误，也会遭受双重的损失[①]。

考虑绝对收益要比相对收益困难。一只股票在什么时候才是足够便宜且值得购买并持有，而且不需要采取任何的卖空操作来对冲？一个标准是：无论内在价值是按照清算价值、持续经营价值，还是私有市场价值（了解情况的独立第三方愿意为收购该公司所支付的价值）来计算的，当一只证券的价格在其内在价值基础上有 30%、40% 或更高的折扣时，便可以买入。另一个标准是，一只证券能够为长期持有者提供有吸引力的、可接受的收益水平，例如低风险债券以 10% 甚至更高的收益率定价，或者在无风险的美国政府债券名义收益率为 4%～5%、实际收益率为 2%～3% 时，某只证券能够实现 8%～10%，甚至更高的自由现金流收益率。事实上，如此严格的标准使得绝对价值投资变得非常罕见。

投资者冥思苦想的另一个问题是：哪些因素决定了好的生意。有人曾认为最好的生意恐怕是立一个邮筒，等着人们往里面投钱。但接受信用卡在线支付的网站的出现使得这个想法黯然失色。如今最赚钱的生意是销售固定投入类产品，如一款软件、一张唱片，以极低的边际成本卖上百万份。好的生意通常应具有以下特征：较高的进入门槛、有限的资本要求、可靠的客户群体、较低的技术过时风险、迅猛的发展势头，并且能够带来显著和日趋增长的自由现金流。

好的生意也会受到技术革命和竞争环境变化的冲击。因为互联网的出现，若干年前被认为是一笔很好的生意的报刊行业，以始料未及的速度倒下了。在科学技术高速变革的时代，投资者必须足够警觉，即使是那些与科技革新无关，仅仅是受到技术变革影响的产业，也应如此。简而言之，今天的好生意明天未必能够风采依旧。

投资者应竭尽全力来评估一家公司管理层决策的质量。某些经理人比同行更有能力或者更加严格认真，有一些更能胜任特定环境下的公司管理。然而，正如格雷厄姆和多德所言，“对管理能力的客观测试并不多见，而且很不科学”（见第

① 很多对冲基金使用显著的杠杆来放大远期收益，当某种证券的分析出现错误或判断失误时，就事与愿违了。——卡拉曼注

97 页）。不要忘记：管理层的智慧、远见卓识、真诚与积极性等都会对股东回报产生巨大影响。在如今这个财务备受关注的年代，管理层拥有很多可以积极地影响股东回报的手段，如股票回购、审慎使用杠杆，以及以价值为基础的收购等。不愿从“股东利益”角度作决策的管理层，事实上正冒着将公司变成“价值陷阱”的风险。估值便宜但最终很少有人投资通常是因为资产未被充分使用，这些公司常常会吸引那些期望解开“价值陷阱”的投资者。更困难的是，在管理层不总是以股东利益为重的情况下，投资者必须决定是否以某一价位冒险投资。这类公司的股票可能以大幅折价来出售，或许这一折价是合理价位，但今天属于股东的这部分价值，明天可能就会消失不见或被浪费。

古往今来，困扰投资者的一大难题在于如何弄清楚企业未来的成长价值。在《证券分析》第一版的序言中，作者提出：“一些至关重要的话题，如企业未来发展前景的决定因素在本书中所占篇幅较少，因为关于这个话题确定性的价值决定因素太少。”（见第 24 页）

显而易见，一家当下每股能够赚 1 美元（或能提供每股 1 美元的自由现金流），五年后每股能够赚 2 美元的公司，其价值显然大于每股收益保持不变的公司。尤其是在前者的增长率得以持续且波动较小的情况下，这一结论非常可靠。另一个难题在于公司的成长性各不相同：是以更高的价格销售相同数量的产品，还是以现价（甚至更低的价格）销售更多的产品；是改变产品组合（销售边际利润相对较高的产品），还是开发一条全新的产品生产线。很显然，某些成长方式明显要优于其他的。

为了增长而投入全部的资本显然得不偿失，执着于此可能要面对更高的风险。格雷厄姆和多德通过敏锐的观察指出：“分析应主要关注有事实支持的价值，而非那些建立在预期基础上的价值（见第 99 页）。”分析师只相信事实而不是各种可能性，他们认为：“未来是分析师必须在结论中考虑到的风险因素，而不是分析依据的来源”。投资者在分析时，尤其应该避免只关注成长性而忽略其他因素，如超额偿付的风险。格雷厄姆和多德再次提醒道：“避免走上逻辑极端：一只优质股票没有所谓过高的价格，即使它从每股 25 美元涨至每股 200 美元，都是同样‘安全’的。”（见第 117 页）20 世纪 70 年代初以及 1999—2000 年的互联网泡沫时代，股票价格曾一度疯狂上涨，无疑是这一错误观点所导致的。

当期望的增长率不能兑现时，基于增长的定价方法的缺陷就显而易见了。当未来令人失望时，投资者应该如何应对？期望增长得以恢复？或者放弃期望转而卖出股票？事实上，当失望的投资者抛售手中未达到预期增长目标的股票时，股价已经跌到了极低的水平，此时价值投资者便能以极低的价格买入，成为公司主要的股东。2000 年春季的时候，随着互联网泡沫破灭，许多科技股遭遇了惨痛的下跌。到 2002 年，上百只科技股被以低于其资产负债表上的账面现金的价格卖掉了，这正是价值投资者梦寐以求的机会。以色列音频、视频和数据提供商锐迪讯（Radvision）就是其中的代表。在市场疯狂抛售有所减缓后，投资者重新回归理性的基本面分析，该公司的股价从 5 美元迅速上涨到 20 多美元。

价值投资者需要弄清楚的另一个问题便是何时才是最佳卖出时机。交易划算是价值投资者最津津乐道的事情，虽然交易中多小的折扣可以接受是没有定论的。卖出是非常困难的，因为那意味着待售的股票价格接近最高价值。与买入一样，投资者也需要一套卖出的原则：

- 第一，卖出的对象一旦确定，应该对其进行适当调整以反映当前所有有效信息。
- 第二，个人投资者应该考虑税收的影响。
- 第三，经过充分的股票估价后，投资者是否用全部资金来投资直接影响到投资变现的紧迫程度。当然，一笔划算的交易也可能使卖出者急于卖出股票套现。
- 第四，当股价接近最高价值时，价值投资者应该及时全身而退，只有投机者才会持有过高估价的股票。

价值投资者通常在股票价格低于内在价值大概 10%～20% 的时候开始出售股票——主要是基于股票的流动性、促进价值实现的程度、管理层的管理能力、潜在业务的风险与杠杆，以及投资者信心水平等方面的考虑。

最后，投资者需要学会应对一个复杂的主题：风险。正如之前提到的，学术界和许多专业的投资者试图用“Beta”来定义风险，用它来表示过去股价的波动率。历史上波动较大的股票会被视为风险较高。但价值投资者认为上述观点是荒谬的，而倾向于将风险描述成一种可能性，即可能的潜在损失。事实上，波动较大的股票可能在很大程度上被低估了，反而变成风险非常小的投资。

价值投资者还要面对一大难题：可以冒多大的风险。投资头寸的规模及其对分散化投资组合的影响是这个问题的具体体现。当一个诱人的投资机会摆在面前时，投资多少才能感到满足呢？很自然的，投资者都希望赚得越多越好。然而，这一倾向会因为害怕出错和不走运而受到影响。无论如何，价值投资者应该将投资集中在根据自己的逻辑筛选出来的证券上。如果你能辨别一笔成功的投资和一笔失败的投资，也就能够区分一家伟大的公司和一家不错的公司。

价值投资者还应考虑投资于政治不稳定的国家所面临的风险，以及相关的货币、利率水平和经济波动带来的不确定性。你愿意把多大比重的资金投资在阿根廷或泰国这样的国家，甚至是法国或澳大利亚这样的国家，无论这些国家市场上股票的价值被低估的程度有多么严重？

价值投资者需要考虑的另一个风险，也是所有价值投资者都必须面对的，即是否使用杠杆。尽管一些价值导向的对冲基金，甚至一些捐赠基金会使用杠杆来提高收益，但我与那些并不乐意因边际负债招致连带风险的投资者想法一致。正如杠杆投资能够提高成功投资的收益，它也会加剧失败投资的损失。更重要的是，无追索权（边际）负债将风险推到了令人无法接受的水平，因为它使投资者失去耐心。一个与风险有关的考虑应该比其他的考虑更为重要：每晚都能睡好觉，无论明天如何，相信自己的金融头寸是安全的。

## 结语

在上涨的市场中每个人都能赚钱，价值投资理念就显得并不那么必要。但由于没有一种确定的方法能够预测市场会怎么走，所以投资者必须时刻牢记价值投资理念。利用准确的基本面分析，遵循严格的投资步骤，同时保持充分的耐心，价值投资者就能控制风险并减少损失，使下行风险可控并争取不错的业绩。也许你不能一夜暴富，但你能守住你所得到的，同时，如果未来的价值投资与过去一样，你就能逐步积累并富裕起来。尽管投资策略无穷无尽，但这一点是每位理性投资者都渴望做到的。

投资的真正秘诀也就是没有秘诀。自 1934 年《证券分析》第一版面世以来，价值投资的每一个重要的因素都已经向公众阐述过多次。正是因为有很多人没有遵循这一永恒且几乎万无一失的方法，那些采用这些方法的人才能一直保持成功。人性总有这些弱点：从众、渴望暴富、奢望不劳而获。只要人们仍然屈服于这些人性的弱点，价值投资就会继续，正如 75 年来，价值投资者一直秉承着正确和低风险的方法，以确保成功的长期投资那样。

**塞思·卡拉曼（Seth A. Klarman）**

波士顿 Baupost 对冲基金总裁，哈佛商学院贝克学者奖得主。他运用格雷厄姆与多德的投资理念管理着一系列运作得非常成功的投资组合，在 25 年的长期投资实践中，获得了 20% 复利的杰出收益。卡拉曼是经典投资著作《安全边际》的作者，也是本书的首席编辑。

在前言中，卡拉曼强调了格雷厄姆与多德的投资哲学永远不会过时，但是价值投资者们必须努力适应投资环境的改变。那些无法回答的问题总是驱动着价值投资者更加努力地探寻解决之道。

# 对金融行业新发展的探讨

这本书问世至今已有 6 年时光了，是时候对本书进行全面的修订了。经济世界瞬息万变，根本不允许作者舒服地多休息一会儿。第二次世界大战给我们带来了一些新的问题，从我们要处理的投资政策中就能大致看出战争对于未来的深远影响。就证券分析的适用性而言，新的不确定性使这个问题变得更加复杂，但这些不确定性不会改变证券分析的基本原理与方法。

我们对全篇的文字做了一定程度的修订，对旧版的不足进行了校订，同时增加了一些新的判断。我们考虑了金融行业最近的一些新发展，尤其是美国证券交易委员会制定的一些新规章的影响。市场长期维持的低利率政策也证实了对证券分析这一主题进行内容更新的合理性。此外，华尔街一再表现出对趋势分析的依赖，也促使我们对这一现代投资理念进行更全面的评论，虽然这样的评论与之前并无本质上的差异。

尽管过于强调使用最新的投资案例可能会事倍功半，但由于时光飞逝，我们仍然选择了一些新的案例。如果这些案例发生在 1939—1940 年写作时，我们当时可能就会选择。但我们也意识到，许多老案例第一次提出时是对未来的挑战，现在则可以用来对当时提出的技术进行验证。因此，我们采用自己的想法，试图大胆地将 1934 年版的那些案例的后续作为实际证券分析的“实验室测试”。每一个这样的案例均会在正文或者注释中给出介绍，以便读者能够参照它们对自己的证券分析判断能力进行检验。

新增的内容主要包括大量的案例：其中有一部分是对一些观点加以说明的材料，而大部分则是对铁路股票分析的进一步深入处理，同时也增加了许多在纽约证券交易所上市的公司的数据统计材料。我们保留了原书的基本框架，尽管有一些将本书作为课本的人对此提出了不同的建议。我们坚信，读者可以根据阅读的需要适当调整本书的章节顺序。要做到这一点并不困难，那些喜欢从普通股票市场分析的理论和实践起步的读者完全可以自己调整。

本杰明·格雷厄姆和戴维·多德
于 1940 年

# 不可以蠡测海

本书主要面向所有对证券价值评估有浓厚兴趣的人。然而，本书面对的并不是刚入门的初学者，而是对金融的专业术语和简单概念有一定了解的读者。本书涉及的范围并不局限于书名的内容。本书不仅讨论单个证券的分析方法，也涉及基本的选股标准，以及如何保护自己的证券头寸等基本问题。因此，本书特别强调区分投机方法与投资方法、制定合理且可操作的安全测试方法，以及了解高级证券投资者与普通股持有人的自身权利及真实利益所在。

在划分各部分内容篇幅的时候，我们主要依据内容的相对重要性，但这并不是唯一的标准。一些至关重要的话题，如企业未来发展前景的决定因素在本书中所占篇幅较少，因为关于这个话题确定性的价值决定因素太少。其他一些耳熟能详的话题，本书也只是一笔带过。相反，寻找物美价廉的证券在整个投资领域尤其重要，也是最能够展现证券分析师们独特才华的地方，因此我们特别强调了相关的技巧。基于类似的方法，我们对附带特权优先证券（可转换证券等）的特征进行了十分详尽的论述，因为目前一般的教科书对这类投资工具缺乏重视，但事实上，近年来该领域发展迅速。

不管怎么样，我们总的目标都是想把本书写成一部批判性的作品，而不是描述性的资料堆积。我们首先明确界定概念、方法、标准和原理，当然更重要的是逻辑。我们强调理论，但更强调理论的实际应用价值。我们试着尽量避免提出太苛刻而不可行的标准，或是一些得不偿失的技术方法。

本书最核心的难题在于如何提供一个视角，将现在那些存在分歧的经验与过去有机结合在一起，使之能经受不可预知未来的检验。在写下这些文字的时候，我们仍然在和市场普遍预期的"金融崩盘远没有走到尽头"抗争。本书一经出版，我们立刻看到投资者由来已久的弱点再次浮现——口袋里的钱把口袋烧了个洞（比喻投资冲动按捺不住）。保守的投资者更需要牢记 1931—1933 年大萧条以及历次金融市场崩溃的教训。我们所说的固定价值投资，用史宾诺沙（Spinozan）的话说就是，只要从"危机的角度来考量"，便能做出很好的选择。**在面对其他证券投资方式时，我们一直努力告诫学生，切记不可以蠡测海，只看表面和眼前的现象。笔者以自己闯荡华尔街二十年的沉浮经验告诫读者，表面和眼前的现象是金融世界的梦幻泡影与无底深渊。**

最后，向在本书创作中给予我们支持和鼓励的朋友们致以崇高的敬意。

本杰明·格雷厄姆和戴维·多德

于 1934 年

SECURITY ANALYSIS
第 6 版引言

# 格雷厄姆与《证券分析》

詹姆斯·格兰特

《格兰特利率观察家》创始人

在 1934 年 7 月麦格劳－希尔公司出版《证券分析》第一版之前，世界正处在混乱之中，从柏林零星传来关于德国政府高层动荡的消息。美联社 8 月 1 日引述某消息人士的话称，希特勒已经由总理升级为独裁者。“如果总理在行事之前无须询问他人的意见，这将极大简化他的所有工作。”面对这种划时代的进程，一本介绍价值投资的近千页的教科书，不管在当时还是以后，都不太可能成为畅销书。

格雷厄姆（1894—1976）的自传《格雷厄姆：华尔街教父回忆录》（*The Memoirs of the Dean of Wall Street*）在他去世之后才得以出版。在书中，他庆幸自己在那个时候进入投资行业。不管是《证券分析》第一版还是六年后修订的第二版，出版时机似乎都不太有利。从 1929 年的股市高峰到 1932 年的谷底，道琼斯工业指数平均缩水 87%；1933 年的周期性低潮中，全美失业率达到了

25% 的最高峰。美国国家经济研究局在细致研究后判定大萧条在 1933 年结束，然而数以百万计的美国人，尤其是那些在无利可图的华尔街艰难谋生的人们有理由对此提出质疑。

20 世纪 30 年代早期的熊市和信贷清算，让美国金融机构经历了自上而下的大洗牌，留给他们的就只剩下罗斯福第一届政府的新政。格雷厄姆 19 岁就在华尔街学会了交易，那时的市场监管还很宽松。当他开始撰写《证券分析》时，赫伯特·胡佛（Herbert Hoover）政府首次尝试全面干预和平时期的经济。在他校对文章内容的时候，罗斯福政府正在进行第一轮激进的宏观经济刺激计划。1934 年，联邦政府制定了一系列法律法规，如联邦证券市场法规、联邦银行存款保险制度和联邦价格控制政策（并不是后来实施最高限价的政策，而是规定最低限价的政策）。为了力挺物价，政府让美元贬值，这是对格雷厄姆永恒智慧的验证。不要说美国金融市场的反复无常，即便整个经济发生了翻天覆地的变化，《证券分析》仍经久不衰，并未失去其现实意义。

在此书第一版出版五个月之后，路易斯·里奇（Louis Rich）便在《纽约时报》上撰文评论此书。没有人知道是为什么，或许是因为这位尽职的评论家逐页细读了这本书。无论如何，里奇对这本书推崇备至，虽然偶尔还是会流露出一丝遗憾。他在 1934 年 12 月 2 日写道："尽管经历了历史上罕见的市场崩溃，仍然有人口袋里的钱把口袋烧了个洞，希望这些人能读读这本书。该书体系完整、成熟、细致，是学术探索和实践智慧完美结合的典范。尽管书的形式和写作宗旨与教科书并无二致，但却能让外行人也对其产生浓厚兴趣。"①

大萧条之后的连年经济不景气，使得华尔街（美国金融界）更为深刻地认识到，很少有外行人会关心投资。尽管交易量看起来小到不能再小，或者纽约证券交易所的席位价格低到不能再低，又或者股票估值已便宜到荒谬的程度，市场还是能创下新的令人沮丧的纪录。纽约证券交易所的杂志《交易所》（*Exchange*）的编辑们需要极大的勇气才能进行报道。瑞典经济学家古斯塔夫·卡塞尔（Gustav Cassel）在《证券分析》第二版出版之际，以《增长会因此而不再出现吗？》为

---

① 路易斯·里奇，《睿智与证券》（*Sagacity and Securities*），《纽约时报》，1934 年 12 月 2 日，p.BR13——格兰特注

题发表论文（卡塞尔教授认为不会）[①]。"为什么证券经纪仍存在于市场，"编辑们自问自答道，"尽管经过长时间的市场疲软，但只要公众完全意识到近期市场规程中加入的这些保护措施的价值时，人们的信心就会开始恢复，投资热情也会上涨。"纽约市的一位地方法官曾对一群因当街聚众掷骰子赌博而被警察带上法庭的投资者百般揶揄，证券交易所的"同行们"听闻此事却并不觉得好笑。法官责备这些嫌疑人说："首先你们要知道，你们将会和那些拥有游艇和长岛豪宅的华尔街证券经纪商落得一样的下场。"[②]

如今可能很难想象，在那个时候，墨菲定律（Murphy's Law）就是真理：凡是有可能出错的事情，总会出错。"大萧条"不仅是一个挥之不去的经济问题，更成为一种世界观点。哈佛大学经济学教授艾尔文·汉森（Alvin Hansen）和约瑟夫·熊彼特（Joseph Schumpeter）尤其认同"长期停滞"的学术观点，他们预测美国人口增长将会面临长期下降。汉森在他 1939 年的论文中声称，这种减速"加上没有真正重大的创新来吸收大量资本投入，很大程度上解释了为何近期的经济复苏未能带来充分就业"。[③]

汉森和他的读者都不知道婴儿潮即将来临。当世界被欧洲的一场新战争笼罩，资本主义日薄西山之时，没什么比婴儿潮更不可能发生了。理所当然，汉森的观点势必引起了曼哈顿下城区那些长期失业的经纪商和交易员的共鸣。纽约证券交易所一直亏损运营，自 1933 年开始披露财务业绩到 1940 年，纽交所只在 1935 年这一年获得盈利（名义上盈利）。1937 年，布朗大学经济学助教切尔西·博兰德（Chelcie C.Bosland）出版了名为《普通股投资理论》（*The Common Stock Theory of Investment*）的书。尽管听起来好像是老生常谈，但他仍在书中反复强调美国经济在 20 年前已达到顶峰，那时第一次世界大战尚未爆发。这位教授还引用一些不具名权威的观点，说美国人口增长预计将于 1975 年停止[④]。难怪格雷厄姆认为，对债券发行商偿债能力的严峻考验不是繁荣时期而是萧条时期

① 古斯塔夫·卡塞尔，《增长会因此而不再出现吗？》（*Must There Be an End to Progress?*），《交易所》，1940 年 1 月。——格兰特注

② 《为什么证券经纪仍存在于业内？》（*Why Do Securities Brokers Stay in Business?*），《交易所》，1940 年 9 月。——格兰特注

③ 詹姆斯·格兰特（James Grant），《繁荣之过》（*The Trouble with Prosperity*）（纽约：Random House）第 84 页。——格兰特注

④ 切尔西·博兰德，《普通股投资理论》，纽约，罗纳德出版社，第 74 页。——格兰特注

（现在的住房抵押债券也在经历这样的考验）。总而言之，那时候的投资者已被告知要时刻警惕风险。“债券创下历史新高，”格雷厄姆在 1940 年的第二版中写道，“加上之前 20 年内两次灾难性的价格暴跌，以及尚未结束的世界战争，这些事件交织在一起，投资者难以对未来抱有任何信心。”（见第 154 页）

即便是 20 世纪 20 年代的繁荣时期，华尔街也不是一个很大的地方，而随后的崩盘使其变得更小。本杰明·格雷厄姆和他的合伙人杰里·纽曼构成了这个低马力机器的小齿轮，他们在华尔街 52 号合伙经营一项专业的投资业务。他们的强项是套利、重组、破产和其他复杂业务。1937 年《财富》杂志公布的金融区简略图中并没有提到格雷厄姆 - 纽曼办事处。然而，即便是当时在华尔街地图上占有一席之地的公司，用 21 世纪金融的标准衡量其公司总部，规模也相当精简。华尔街 40 号的一层楼足够容纳美林公司的所有办公室，华尔街 2 号的单独一层楼足以容纳整个摩根士丹利——一家 1936 年的公司证券承销领袖，其初始资本为 1.95 亿美元。薪酬和业务增长步伐一样缓慢，特别是公司的基层员工[①]。1939 年 10 月“联邦最低工资上涨 20%”生效之后，经纪业务员工时薪才不低于 30 美分[②]。

1940 年 3 月，《交易所》杂志刊登了其读者可能想知道的，有关所有（或者只是部分）公众参与到股市大幅下跌的详细信息。20 世纪的前 30 年，每年的成交量几乎都会超过上市流通股的数量，有时甚至超出许多。1900—1930 年，只有 1914 年的年交易量低于上市流通股数量的 50%——这是一个例外，那年交易所关闭了四个半月，以让市场消化第一次世界大战的爆发带来的冲击。接着是 20 世纪 30 年代，年成交量占上市流通股数量的百分比好不容易上升到 50%。1939 年，尽管欧洲爆发的第二次世界大战造成短暂的交易激增，但成交量占比已经下降到 18.4% 的低点（相比之下，在 2007 年，交易量占上市流通股数量的比例达 123%）。上述研究的作者或许会感叹：“公平来讲，如果农业有相同的表现，政府补贴必定在很久之前就获得投票通过了。遗憾的是，华尔街在政界少有拥护者。”[③]

---

① 《财富》，《华尔街，本身》（*Wall Street, Itself*），1937 年 6 月。——格兰特注

② 《纽约时报》，1939 年 10 月 3 日，第 38 页。——格兰特注

③ 《交易所》，1940 年 3 月。——格兰特注

如果读者觉得事情已经糟糕得不能再糟糕了，因此怀有希望，那肯定会再次失望。第二版《证券分析》出版之后仅仅几个月，在 1940 年 8 月 19 日，股票成交量仅有 129 650 股。这是自 1916 年 8 月 5 日创下 49 000 股的最低纪录以来最低迷的时期之一。1940 年全年成交量为 207 599 749 股——相当于我在写作本文时，非繁忙时段两个小时的成交量，占无比繁荣的 1929 年成交量的 18.5%。证券交易所的会员或席位价格也随着成交量和主要价格指数的下降而下降。在 1942 年的最低点，一个席位的价格仅为 17 000 美元，这是自 1897 年以来的最低价格，与 1929 年巅峰时期的最高价格 625 000 美元相比下降了 97%。

小弗雷德·施韦德（Fred Schwed, Jr.）在其风趣睿智的书《客户的游艇在哪里?》（和《证券分析》第二版同于 1940 年出版）中不无讽刺地说："洗衣店并不是高级俱乐部。1932 年，每个曾试图投机的人都成了洗衣店店员。"①只要投资者试图投机，在官方定义的大萧条时期想避免成为洗衣店店员都是绝对不可能成功的。1937 年 8 月，市场开始猛烈抛售，到 1938 年 3 月，平均值被拉下了 50%。非金融业的经济表现并不比金融业好多少，在短短 9 个月内，工业生产下降了 34.5%，比 1920—1921 年经济萧条时期收缩得更猛烈。在格雷厄姆那个年代，这次暴跌可谓是在最短时间造成最大经济损失的范本②。虽然罗斯福政府坚称 1937—1938 年的暴跌不是萧条而是"衰退"，但 1938 年的全国平均失业率达到了 18.8%。

1937 年 4 月，10 年内股市第二次触底之前四个月，布朗兄弟哈里曼投资公司（Brown Brothers Harriman & Co.）的合伙人罗伯特·洛维特（Robert Lovett）在《星期六晚邮报》（*Saturday Evening Post*）上向美国公众发出警告。洛维特是华尔街机构最核心的成员之一，他站出来证明没有所谓的金融安全，至少在股票和债券领域没有。洛维特声明的要点是，在资本主义社会，资本是用来消耗的，企业跟拥有它们的人一样是脆弱的，不是永生的。他邀请数百万读者像他曾经做过的那样去检验一个记录："如果投资者在 1901 年 12 月 31 日买入

① 小弗雷德·施韦德，《客户的游艇在哪里？》（*Where Are the Customers' Yachts?*）（纽约：西蒙舒斯特［Simon and Schuster］出版社，1940 年）第 28 页。——格兰特注

② 本杰明·安德森（Benjamin M. Anderson）《经济和公共福利》（*Economics and the Public Welfare*），（纽约：Van Nostrand，1949 年）第 431 页。——格兰特注

当时最热门的 20 只具有股息分红的股票各 100 股，并持有至 1936 年。在此期间，享受股份分红的‘甜瓜’，以及股票拆分的‘梅子’，并行使所有认购额外股份的权利。到了 1936 年 12 月 31 日，他持有的股份总市值将比最初投资额缩水 39%。通俗来讲，投资者为这类投资支付的平均 294 911.90 美元，到了 1936 年 12 月 31 日只值 180 072.06 美元。无论对谁而言，这都是一笔巨大的损失。”在这次崩溃前的天真岁月里，人们愉快地谈论着所谓的“长期投资”。华尔街一位著名的私人银行合伙人说道：“对于我们来说，我们深信的长期投资变成了完全不可挽回的损失。”①

事实证明洛维特是一位先知。在 1937—1938 年熊市的谷底，在纽约证券交易所上市的工业企业中有 1/5 的市场价值小于其净流动资产。这些公司的现金和速冻资产扣除掉所有的负债后，剩余的部分是大于公司的市值的。也就是说，这些公司的企业价值是负的。杰出的大西洋与太平洋茶叶公司（The Great Atlantic & Pacific Tea Company，以下简称 A&P）就属于这类垃圾公司，但它在当时的行业地位堪比今天的沃尔玛。在 1938 年的低点，A&P 普通股和优先股的市场价值是 1.26 亿美元，低于其现金、存货及应收款项的价值，这些价值保守估计为 1.34 亿美元。用格雷厄姆和多德的话说，这家仍然盈利的公司是以“垃圾”的价格出售的（详细例子见第 798 页）。

## 不一样的华尔街

属于那个时代的华尔街机构几乎已经销声匿迹了。如今，大的经纪商持有高达 1 万亿美元的证券存量；而在格雷厄姆时代，他们习惯不持有证券。现在，大的经纪商正处在一场“谁能做到最大规模的首次公开发行”的竞争泡沫之中。在格雷厄姆时代，没有哪家一线的公司会屈尊向公众公开发行股票，这种发行方式的风险和收益均由专业人士承担。联邦证券监管是 20 世纪 30 年代的新事物。在美国证券交易委员会出现之前存在一个同业裁决制度，但有些事情仍处于监管

① 罗伯特·洛维特，《金边不安全》（*Gilt-Edge Insecurity*），《星期六晚邮报》，1937 年 4 月 3 日。——格兰特注

之外。在第一次世界大战期间和结束初期，自重的纽约证券交易所成员公司不会为客户从自由债券向潜在收益更多的供选方案转换（如果这一转换算是缺乏爱国之心）提供便利，即便没有法律来约束这样的行为。就像格雷厄姆说的，那时候没有人会做这样的事。

在 20 世纪 30 年代的华尔街，很多事情尚未开始。新获得权力的监管层抵制金融创新，交易费用很高，技术仍处在初级阶段（至少用今天的数码标准来看），投资者意志消沉——经历了 1937—1938 年凶猛的熊市以后，很多投资者已经受够了。这一切有意义吗？格雷厄姆在第二版的一个公司融资的讨论记录中写道："1939 年 6 月，美国证券交易委员会开了一个好头：拒绝批准格里斯－弗莱格制革公司（Griess-Pfleger Tanning Company）在重组过程中发行'资本收入债券'，理由是新型混合债券的设计已经太复杂了"（见附录注释 4)。遵循同样保守的风格，美国证券交易委员同意通过由各州银行部门制定的"合法名单"，该名单明确规定了受监管的存款银行可以安全持有的债券。制定这样一份名单的想法是对千年以来一切良好监管理念的公然违背。格雷厄姆解释道："高等级债券的选择是一个排除过程，它在制定剔除不适合债券的规则和标准的实际应用中相当有效。"（见第 179 页）对于价值投资之父来说，债务抵押债券不会含有次级房贷。

20 世纪 30 年代迎来了财务信息披露方面的改革。新的联邦证券法规要求投资者拥有的公司在每季度和年末向股东披露财务信息。新标准没有立即应用到所有公众拥有的公司，大多数公司仍沿用旧的披露机制，拒绝披露公司财务信息。拒绝披露信息的公司包括本身就是金融咨询公司的邓白氏，格雷厄姆觉得邓白氏公司的做法相当滑稽，它竟然拒绝"向自己的股东披露公司收益"（见附录注释 4)。总的来说，用 21 世纪的标准衡量，格雷厄姆时代的信息较少且传递速度缓慢，没有电话会议，没有自动更新的电子表格，也没有从远方市场不断传来的信息——事实上，美国 48 个州之外的市场交易并不多，《证券分析》甚少提及国外市场的存在。

这种制度设计不利于"有效市场"的发展，也就是现代经济学家所说的信息可以快速传递，人们可以没有损失地处理信息，而且价格可以瞬间反映信息的市场。格雷厄姆应该会嘲笑这样的想法，但他应该也会会心一笑，惊讶于人类进化末期的另一发现——经济学出现了一个叫做“行为金融学”的分支。读《证券分析》会让人不禁感到疑惑，投资有哪个方面是不属于人类行为的？在格雷厄姆看来，股市不仅有投资价值，还有娱乐价值：“即使购买股票的潜在动机只是单纯的投机与贪婪，人的天性也将驱使他们用各种堂而皇之的理由来掩盖这个不讨人喜欢的动机。套用伏尔泰的一句格言来说就是，即使根本不存在普通股分析，我们也有必要捏造一个出来。”（见第 436 页）

低估或者高估等反常的现象在本书中随处可见，这些现象让格雷厄姆感到困惑但并不惊讶，因为即使是在 20 世纪 20 年代的繁荣时期，也有很多上市公司的市值低于其净流动资产。紧随第一次世界大战而来的债券市场混乱，更是让投资者迷失了方向，导致票面利率为 4% 的联合太平洋第一抵押权债券（the Union Pacific First Mortgage），比美国财政部发行的票面利率为 4.25% 的第四自由债券（U. S. Treasury's own Fourth Liberty）拥有更高的价格和更低的收益率。格雷厄姆写道：“股票市场总是过度反应。”（见第 804 页）即便他指的是“所有市场”，这句话也并不夸张。

虽然格雷厄姆没有仔细琢磨金融周期，但他一定意识到了。他清楚地看到价格和投资资产的分类都具备周期性变化特征。《证券分析》里对 20 世纪 30 年代早期抵押担保业务衰落的讨论，正是金融机构周期性卷入的竞争的完美缩影，这些竞争通常具有毁灭性。“新成立的、更为激进的房地产债券机构的崛起，对原有机构制定决策造成了非常恶劣的影响。”格雷厄姆写的这句话不仅适用于他那个年代，也适用于我们这个年代。“迫于竞争压力，原有机构也开始降低贷款标准。新抵押贷款的发放条件日益宽松，到期旧贷款通常以更大数额直接被展期。另外，抵押贷款担保面额上升至担保公司资本金的数倍之高。如此一来，一旦房地产价格整体下降，担保将明显起不到保障抵押贷款安全性的作用。”（见第 285 页）

格雷厄姆认为，证券分析本身就是一个周期性现象，有时流行，有时落伍。对于那些对待股票如同对待自己的家族企业一样的商人，证券分析具有强大的吸引力。具备丰富常识的投资者更关心盈利增长动力，还是华尔街那些伪科学的经济前景推测？这样的投资者在评价普通股时，更想知道公司背后的价值，因此他会研究公司的资产负债表。格雷厄姆指出，当股价开始只以期望和预言为依据上涨时，这一类分析便过时了。因此，1927 年前后，他和合伙人所遵循的、让他们获利颇丰的价值投资准则被算命和图表解读取代了。格雷厄姆对这种"新时代"投资方法的评价恰如其分，并未嘲笑揶揄。格雷厄姆承认自己那套古老和保守的方法有些过于向后看，强调过去多于未来，强调稳定的赚钱能力而不是将来的盈利前景。但是，新科技、新方法和新的公司组织形式为第一次世界大战后的经济带来了新的风险。"典型的企业越来越不稳定"的事实，使得"强调稳定赚钱能力多于未来盈利能力增长"的旧分析方法出现了漏洞。格雷厄姆只是略加思忖，并没有追随新时代的投资方法。"新时代的投资方法转而将盈利趋势作为价值判断的唯一标准……必将导致可怕的市场崩溃。"（见第 454 页）事实上的确如此，在 21 世纪由 CNBC 新闻推动的市场里，这种情况仍然时有发生。

## 天赋异禀的通才

本杰明·格雷厄姆本名叫本杰明·格罗斯鲍（Benjamin Grossbaum），1894 年 5 月 9 日出生于英国伦敦，未满两岁便同家人移居纽约。年轻的本杰明精通数学、古典语言、现代语言、说明文（本书的读者也将看到这一点）和公立学校提供的所有课程。他拥有惊人的记忆力，同时热爱阅读，这注定他一定能够在学术上有所作为。其父在 35 岁便英年早逝，这让他和他的两个兄弟以及母亲的经济陷入困难，生活举步维艰，所以本杰明很早就学会了自力更生。

在这里没有必要就《证券分析》主要作者的生平做介绍，因为这在格雷厄姆的自传中说得很详细，我只说一点就足够了。1911 年 9 月，这位 17 岁的高中奇才获得了校友奖学金，进入哥伦比亚大学深造。由于他博览群书，吸收了许多知识，他在学期开始就获得了可能获得的、最高的免修学分[①]。在学习的同时，他还从事很多全职和兼职工作。1914 年毕业之际，格雷厄姆进入纽约证券交易所的成员公司纽伯格－亨德森－洛布公司（Newberger, Henderson & Loeb），做

① 《格雷厄姆，华尔街教父回忆录》（*Benjamin Graham, The Memoirs of the Dean of Wall Street*），由西摩·查特曼（Seymour Chatman）编写（纽约：麦格劳－希尔公司，1996 年），第 106 页。——格兰特注

一些打杂和跑腿的工作。不出一年时间，这个打杂工成为了古根海姆勘探公司（Guggenheim Exploration Company）的清算员，在买入其股票的同时沽空该公司小额投资的其他公司股票。这种策略让公司的资深投资人困惑不已，但事实证明其获利与计算结果一模一样，每个人都感到很高兴，尤其是格雷厄姆自己[①]。

《证券分析》并非横空出世。格雷厄姆通过给《华尔街杂志》（*Magazine of Wall Street*）投稿补贴其微薄的工资，其作品让人觉得，作者必定是个自信十足、受过良好教育的华尔街赚钱高手。在这些文章中，他无须引用专家意见，他与他所诠释的作品就是权威。格雷厄姆偏爱的那些话题，渐渐演变成了你手中的这本《证券分析》的观点。他尤其喜欢谈论格雷厄姆–纽曼公司走向成功的特殊案例，因此，当高高在上、结构复杂的美国国际公司（American International Corp）的形势在1920年急转直下时，格雷厄姆证实了该公司的股票价值低于其（尚未得到完全披露的）各种资产构成的投资组合的实际价值[②]。1921年，令人震惊的固特异轮胎橡胶公司（Goodyear Tire and Rubber）破产事件引起了他的注意。"即使目前的商业灾难层出不穷，固特异的垮台仍然是一件值得关注的事。"他以典型的格雷厄姆式语气写道。（当时和那以后，有多少金融记者将"层出不穷"一词挂在嘴边？）他精明地判断，固特异将会幸存下来[③]。1924年夏天，他提出了一个贯彻《证券分析》全书的主题：股票的市值低于其发行公司的清算价值是没有道理的。本杰明·格雷厄姆在其署名的头条文章《不走寻常路的8只股票》中写道："以现金或现金等价物支撑的股票，若公司没有发行债券和优先股，则该类股票将是非常有趣的证券。"以托诺帕矿业（Tonopah Mining）为例，其每股对应的流动资产为4.31美元，远高于每股1.38美元的价格[④]。

格雷厄姆认为，投资的理性思考时代终结于1914年左右。在那之前，典型的投资者像商人那样，用管理私人企业的方式分析股票或债券。商人投资者（男

---

① 格雷厄姆《华尔街教父回忆录》（*The Memoirs of the Dean of Wall Street*），由西摩·查特曼（Seymour Chatman）编辑（纽约：麦格劳–希尔公司，1996年），第145页。——格兰特注

② 格雷厄姆，《美国国际公司的衰亡》（*The Collapse of American International*），《华尔街杂志》，1920年12月11日，第175至176页，第217页。——格兰特注

③ 格雷厄姆，《固特异轮胎公司重组案》（*The Goodyear Reorganization*），《华尔街杂志》，1921年3月19日，第683至685页。——格兰特注

④ 格雷厄姆，《不走寻常路的8只股票》（*Eight Stock Bargains Off the Beaten Track*），《华尔街杂志》，1924年7月19日，第450至453页。——格兰特注

性为主）会自然而然地判定，证券发行企业拥有什么样的资产，这些资产上是否设有留置权。如果计划投资的是一只债券（债券往往是有潜力的投资），商人投资者会看发行债券的公司是否拥有渡过经济危机的财务优势。

格雷厄姆在回忆录中写道："在我研究的领域中，我怎么也算得上是个聪明的人"。他的特长是谨慎认真地分析被人们忽视的投资，如被抛弃的股票或债券、清算、破产、套利等。20 世纪 20 年代早期，格雷厄姆开始传播"安全边际"这一理念。由于未来充满变数，他在文章中呼吁，投资者是以自身来对抗未来的不确定性，因此应该以低于"内在"价值的成本进行投资。内在价值在《证券分析》一书中被定义为"由资产、收益、股息等事实和可以确定的前景决定，有别于被人为操纵和狂热情绪扭曲的市场价格"。（见第 80 页）

在格雷厄姆的投资决策生涯中，他自身也经历了从荒唐可笑到卓越的过程（有时仍不免迂回反复）。他能够轻松自如地运用数学，这让他成为了天生的套利者。他会在卖出一只股票的同时，迅速买入另一只股票，偶尔也会针对同一家公司发行的可转换债券买卖股票，这样做，他几乎可以锁定利润水平，即使这种锁定不是完全确定的，他也能赚取盛衰无常的金融行业所能得到的最有保障的利润。在 20 世纪 20 年代早期的某个时候，他聪明地发现市场对杜邦公司和当时炙手可热的通用汽车公司两者的股票定价并不合理。正是因为杜邦持有数量可观的通用的股份，市场才认为杜邦公司具有投资价值，而公司其他的业务价值都不大。为了从这种异常中获取利润，格雷厄姆买入了杜邦公司的股票，并卖空了一定数量的通用汽车公司股票来对冲，当市场发觉到这一现象时，杜邦和通用的股票价格差异朝着预期的方向拉开了，格雷厄姆从中赚取了可观的利润[①]。

然而，格雷厄姆与许多追随他的价值投资者一样，有时候也并不完全遵循"安全且廉价投资"的原则。在他成为卖出通用买入杜邦的投资大师之前，这个年轻小伙儿也曾被一个来自于几乎不存在的公司的诈骗促销员欺骗，把钱投入了一个被吹得天花乱坠的公司。曼哈顿上西区的哥伦布圆环广场有个电光广告牌，它记录着格雷厄姆的这一错误投资决策，即萨吾奥尔德轮胎公司（Savold Tire）。

① 格雷厄姆，《华尔街教父回忆录》，第 188 页。——格兰特注

但是，这位《证券分析》的作者也在其回忆录中坦承，那个广告牌也许是能证实萨吾奥尔德轮胎公司存在过的唯一有形标记。格雷厄姆回忆说："据我所知，并没有人到地方检察官办公室去对这个厚颜无耻的小偷诈骗公共财产的行为进行控告。"当然，根据格雷厄姆的自述，他也没有这么做。①

1929 年，格雷厄姆 35 岁，他已经成为一个拥有大好名声和财富的人。他与妻子有一群佣人，包括他人生中首个也是唯一一个男仆。与杰里·纽曼一道，格雷厄姆创造了一个羡煞旁人的投资纪录，以至于鼎鼎大名的伯纳德·巴鲁克（Bernard M. Baruch）也来找他。格雷厄姆会放下自己的事业，帮助巴鲁克理财吗？格雷厄姆写道："我回答他说，对于他的提议我感到非常高兴，更确切地说是受宠若惊，但我不能如此鲁莽地终止我与我的朋友、客户们的亲密且令人愉快的合作。"②然而，这些关系很快就变得不那么令人愉快了。

格雷厄姆回忆说，尽管他对市场高位表示担心，却并没有因为这一看跌预感而有所行动。格雷厄姆－纽曼合伙公司在 1929 年经历了大萧条，公司当时拥有 250 万美元的资本。他们还控制着 250 万美元的对冲头寸——通过卖空股票抵消长期持有的股票多头。此外，他们持有大约 450 万美元的多头头寸。格雷厄姆后来意识到，他们的举债经营非常糟糕。让原本错误的战术更雪上加霜的是，他们固执地认为自己拥有的股票足够廉价以至于能够抵御任何想象之中的冲击。

他们不负众望地度过了这次大萧条，在 1929 年的第四季度，资产仅损失了 20%，这几乎是个奇迹。但在 1930 年，他们损失了 50%，1931 年是 16%，1932 年则是 3%（这又是一次相对出色的表现），累积损失达到 70%③。"我所自责的并不完全是我没有成功保护自身以抵御预料之中的经济危机，"格雷厄姆写道，"更多的是我不知不觉地陷入一种奢侈的生活方式，而这并不是我的性格或我的能力所能承受的。我很快意识到，物质上的快乐来自于适度的生活标准，而这几乎在任何经济环境下都能够轻易达到。"——安全边际的原则又一次运用到了个人理财方面④。

① 格雷厄姆，《华尔街教父回忆录》，第 181 至 184 页。——格兰特注
② 同上，第 253 页。——格兰特注
③ 同上，第 259 页。——格兰特注
④ 格雷厄姆，《华尔街教父回忆录》，第 263 页。——格兰特注

学术界并没有马上把《证券分析》奉为价值投资的核心教材。在格雷厄姆和多德作出过突出贡献的领域，切尔西·博兰德在《证券分析》第一版问世的三年后出版了《普通股投资理论》一书，引用了 53 部著作和 43 位不同的作者的观点，但其中并没有格雷厄姆或者多德。

然而，埃德加·劳伦斯·史密斯（Edgar Lawrence Smith）却得到了博兰德的充分重视和尊重。史密斯在其 1924 年出版的《普通股的长期投资》（*Common Stocks as Long Term Investments*）一书中，对“债券天生优于股票”的传统观点提出了挑战和质疑。史密斯论述道，美元（即使是 1924 年金本位制度下的美元）具有通货膨胀的倾向，这就意味着债权人不可避免地处于劣势地位，但普通股的持有者则不同。如果股票持有者投资的公司赚取了利润，而该公司的管理层决定保留一部分利润作为未来的投资，同时这些留存收益的投资又产生了更多的未来利润，那么投资者的投资组合本金就会“以复利模式不断增长”②。

史密斯选择的时机是无可挑剔的。他的书出版不到一年，著名的柯立芝牛市（Coolidge bull market）就出现了。只有短短 129 页的《普通股的长期投资》，为不断攀升的市场提供了便捷的理论支持。普通股在长期能够表现得更好，这一观点成为美国投资原则的真理之一（在 20 世纪 30 年代，还没有人这样认为）。格雷厄姆的观点似乎与史密斯的理论强烈相悖，或者更确切地说，他反对史密斯不加批判地将理论运用于牛市。格雷厄姆阐述道，以 10 倍于收益的成本进行股票投资是一回事，以 20 到 40 倍于收益的成本进行投资又是另一回事。而且，史密斯的分析绕开了股票凭证背后有多少资产作支持这一重要问题，只是鼓吹人们狂热而不加批判地去买卖股票。最后，史密斯的论证中包含这样一条假设，即普通股能够在未来重现其过去的业绩表现。显然，格雷厄姆并不相信这一点（详见第 450 至 451 页）。

格雷厄姆是一个严厉的批评家，也是一个宽容的批评家。1939 年，他为《政治经济学杂志》（*Journal of Political Economy*）评阅约翰·伯尔·威廉姆斯（John Burr Williams）的《投资价值理论》（*The Theory of Investment Value*）

② 格兰特，《繁荣之过》（*The Trouble with Prosperity*），第 43 页。——格兰特注

一文（对于华尔街见习作家而言是个不小的荣誉）。威廉姆斯的理论简明扼要，他指出，普通股的投资价值是基于其未来所有股息的现值。但威廉姆斯没有强调这些有分量的词汇背后的真实意义。以这些知识为武装，威廉姆斯希望投资者能够克制自己，不要再次过分炒作普通股。格雷厄姆的头脑兼具理学素养和行为金融意识，因此他对威廉姆斯的预测表示怀疑。他指出，运用威廉姆斯理论的难点在于，人们既要对未来的利率变动、利润增长轨迹作出预测，又要对增长停滞时股票的终值作出预测。格雷厄姆思索道："人们不禁要问，这些漫无目的的假设能否经得起高度精确的数学计算推敲？"格雷厄姆喜欢以机智的语言作为文章的结尾，他盛赞威廉姆斯令人耳目一新的、清晰稳健的方法，并说："作者的公式中毫不掩饰其保守，但如果作者能够运用高等代数方法说服投资者对普通股股价持理性态度，作为评阅人，我非常乐意为高等代数投一票。"[①]

格雷厄姆在证券分析领域取得的专业意义上的成就，并不足以令该书再版五次。在我看来，这本书的人文关怀和幽默风趣才是其能够长盛不衰并打动一大帮忠实读者的关键，当然也包括我。在他那个时代的金融史上，华尔街还有比格雷厄姆的古典文学造诣更高的人吗？我敢像一个购买了极廉价股票的价值投资者那样，充满信心地拍着胸脯说："没有。"

然而，在一定程度上，这位伟大的投资哲学家也是他那个时代的囚徒。他可以预见到，他自身的经历是独特的，大萧条仅仅只是一个反常现象。如果说有谁知道运用自身经验去预测不可预知的未来显得多么愚蠢，此人必定是格雷厄姆。然而，这位投资哲学国王在用了近千页的篇幅（这还不包括附录，它可是格雷厄姆投资哲学的金矿）去描述一个谨慎的风险规避的投资者如何才能在不同的宏观经济环境中赚取利润之后，却得到了一个非同寻常的结论。

"机构投资者呢？他们应该怎样投资呢？"格雷厄姆问道。起初，格雷厄姆避开了这个问题——在美国慈善与教育机构的资深金融家面前，他认为自己还不够资格去为他们的问题开药方，但随后他大胆冒险尝试。他写道："我们认为，

---

① 本杰明·格雷厄姆，《约翰·伯尔·威廉姆斯的〈投资价值理论〉回顾》（*Review of John Burr Williams's The Theory of Investment Value* [Cambridge, Mass: Harvard University Press: 1938]），政治经济学期刊（*Journal of Political Economy*），第47卷第2期（1939年4月），第276至278页——格兰特注

一个机构如果仅依靠高等级固定收益证券带来的微薄收益就能维持运营，那么它就应该将投资限定在这个领域内。即使过往普通股综合指数表现较好，能为此承担更大的责任，然而经常出现的不明朗因素仍然存疑，而这些与普通股投资是紧密相关的。”（见第 833~834 页）

这位伟大的价值投资者真的是这个意思吗？在经历了大萧条年代毁灭性的损失，又继续创造着卓越的长期投资业绩之后，他仍然认为普通股不值得投资吗？1940 年，新的世界大战撼动着罗斯福政府的财政和货币政策，高等级公司债券的收益率仅为 2.75%，而蓝筹股的收益率为 5.1%。格雷厄姆是不是想说，债券比股票更安全？好吧，他确实这样说过。上至圣贤，下至平民，人人都会犯错误，格雷厄姆亦不能避免，把它当成一个教训吧。

**詹姆斯·格兰特（James Grant）**

《格兰特利率观察家》杂志创始人与总编辑，已经在金融市场与数据分析领域笔耕 30 年。他是 5 本书的作者，其中包括金融家伯纳德·巴鲁克（Bernard M. Baruch）的传记《伯纳德·巴鲁克：一位天才的华尔街投资大师》（*Bernard M. Baruch: The Adventures of a Wall Street Legend*），畅销书《泡沫年代：全球金融体系的错乱根源》（*Mr. Market Miscalculates: The Bubble Years and Beyond*）。他还是一家主要投资于日本的对冲基金公司 Nippon Partners 的创始合伙人。

在引言中，格兰特从历史的角度把我们带回了格雷厄姆与多德的时代。他也是本书的特约编辑。

# 投资策略的难题

虽然严格说来，证券分析可以在不参照任何投资标准和程序的情况下进行，但这样的专业化操作是非常不现实的。对资产负债表和损益表的严格审查，对相关或类似项目的比较，对债券和优先股背后的条款以及保护性协议的研究，这些证券分析中的典型活动，应该与买卖的实际想法相结合，并始终如一地进行，同时也必须在一个更广义的投资原则或投机概念的背景下进行。在这项工作中，我们并不力求严格划分投资理论和分析技术之间的界限，而应该根据它们在金融世界中的紧密联系将这两个要素结合起来考虑。

如此看来，在展开我们的阐述之前，最好简明扼要地回顾一下证券购买者所面临的策略难题。这一讨论，至少在某种程度上会受到写下该章节时的现实情况的影响。但人们希望我们讨论的结果能尽可能富于变化，而不是简单地罗列过往的业绩和价值。事实上，我们认为变化这一因素在金融领域占据着核心的位置。为了更好地理解这一观点，我们将以列表的形式列举一些数据（见表 X—1，图 X—1 和图 X—2），用以阐明过去半个世纪以来股票价值和判断标准的波澜起伏。

表 X—1 三个参考期间的金融和经济数据

| 时期 | 1911—1913 年 | | | 1923—1925 年 | | | 1936—1938 年 | | |
|---|---|---|---|---|---|---|---|---|---|
| | 最高值 | 最低值 | 平均值 | 最高值 | 最低值 | 平均值 | 最高值 | 最低值 | 平均值 |
| 商业指数[a] | 118.8 | 94.6 | 107.9 | 174.9 | 136.0 | 157.9 | 164.9 | 106.0 | 137.0 |
| 债券收益率[a] | 4.22% | 4.02% | 4.09% | 4.82% | 4.55% | 4.68% | 3.99% | 3.36% | 3.65% |
| 工业股价指数[a] | 121.6 | 92.2 | 107.6 | 198.6 | 128.6 | 153.4 | 293.4 | 124.8 | 211.1 |
| 道琼斯工业平均指数（每单位）: | | | | | | | | | |
| 价格区间 | 94 | 72 | 82 | 159 | 86 | 112 | 194 | 97 | 149 |
| 收益 | 8.69 美元 | 7.81 美元 | 8.12 美元 | 13.54 美元 | 10.52 美元 | 11.81 美元 | 11.41 美元 | 6.02 美元 | 9.14 美元 |
| 股息 | 5.69 | 4.50 | 5.13 | 7.09 | 5.51 | 6.13 | 8.15 | 4.84 | 6.66 |
| 市盈率[b] | 11.6 倍 | 8.9 倍 | 10.1 倍 | 13.5 倍 | 7.3 倍 | 9.5 倍 | 21.2 倍 | 10.6 倍 | 16.3 倍 |
| 股息率[b] | 5.5% | 7.1% | 6.3% | 3.9% | 7.1% | 5.5% | 3.4% | 6.9% | 4.5% |
| 美国钢铁公司:[c] | | | | | | | | | |
| 价格区间 | 82 | 50 | 65 | 139 | 86 | 111 | 178 | 53 | 96 |
| 每股收益 | 11.00 美元 | 5.70 美元 | 7.53 美元 | 16.40 美元 | 11.80 美元 | 13.70 美元 | 11.22 美元 | 5.30 美元（亏） | 3.33 美元 |
| 每股股息 | 5.00 | 5.00 | 5.00 | 7.00 | 5.25 | 6.42 | 1.40 | 无 | 0.42 |
| 市盈率[b] | 10.9 倍 | 6.6 倍 | 8.6 倍 | 10.1 倍 | 6.3 倍 | 8.1 倍 | 53.4 倍 | 15.9 倍 | 28.8 倍 |
| 股息率[b] | 6.1% | 10.0% | 7.7% | 4.6% | 7.5% | 5.8% | 0.2% | 0.8% | 0.4% |
| 通用电气公司:[d] | | | | | | | | | |
| 价格区间 | 196 | 142 | 172 | 524 | 262 | 368 | 1 580 | 664 | 1 070 |
| 每股收益 | 16.72 美元 | 12.43 美元 | 14.27 美元 | 32.10 美元 | 27.75 美元 | 30.35 美元 | 53.50 美元 | 23.40 美元 | 38.00 美元 |
| 每股股息[e] | 10.40 | 8.00 | 8.80 | 19.80 | 19.80 | 19.80 | 53.50 | 21.85 | 38.90 |
| 市盈率[b] | 13.7 倍 | 10.0 倍 | 12.1 倍 | 17.2 倍 | 8.6 倍 | 13.8 倍 | 41.5 倍 | 17.5 倍 | 28.2 倍 |
| 股息率[b] | 4.5% | 6.2% | 5.1% | 3.8% | 7.6% | 5.4% | 2.5% | 5.9% | 3.6% |

续前表

| 时期 | 1911—1913 年 | | | 1923—1925 年 | | | 1936—1938 年 | | |
|---|---|---|---|---|---|---|---|---|---|
| | 最高值 | 最低值 | 平均值 | 最高值 | 最低值 | 平均值 | 最高值 | 最低值 | 平均值 |
| 美国制罐公司：[f] | | | | | | | | | |
| 价格区间 | 47 | 9 | 25 | 297 | 74 | 150 | 828 | 414 | 612 |
| 每股收益 | 8.86 美元 | 0.07 美元 | 4.71 美元 | 32.75 美元 | 19.64 美元 | 24.30 美元 | 36.48 美元 | 26.10 美元 | 32.46 美元 |
| 每股股息 | 无 | 无 | 无 | 7.00 | 5.00 | 6.00 | 30.00 | 24.00 | 26.00 |
| 市盈率[b] | 10.0 倍 | 1.9 倍 | 5.3 倍 | 12.2 倍 | 3.0 倍 | 6.2 倍 | 25.5 倍 | 12.7 | 18.8 倍 |
| 股息率[b] | 无 | 无 | 无 | 2.0% | 8.1% | 4.0% | 3.1% | 6.3% | 4.2% |
| 宾夕法尼亚铁路： | | | | | | | | | |
| 价格区间 | 65 | 53 | 60 | 55 | 41 | 46 | 50 | 14 | 30 |
| 每股收益 | 4.64 美元 | 4.14 美元 | 4.33 美元 | 6.23 美元 | 3.82 美元 | 5.07 美元 | 2.94 美元 | 0.84 美元 | 1.95 美元 |
| 每股股息 | 3.00 | 3.00 | 3.00 | 3.00 | 3.00 | 3.00 | 2.00 | 0.50 | 1.25 |
| 市盈率[b] | 15.0 倍 | 12.2 倍 | 13.8 倍 | 10.9 倍 | 8.1 倍 | 9.2 倍 | 25.6 倍 | 7.2 倍 | 15.5 倍 |
| 股息率[b] | 4.6% | 5.7% | 5.0% | 5.5% | 7.3% | 6.5% | 2.5% | 8.9% | 4.1% |
| 美国电话电报公司: | | | | | | | | | |
| 价格区间 | 153 | 110 | 137 | 145 | 119 | 130 | 190 | 111 | 155 |
| 每股收益 | 9.58 美元 | 8.64 美元 | 9.26 美元 | 11.79 美元 | 11.31 美元 | 11.48 美元 | 9.62 美元 | 8.16 美元 | 9.05 美元 |
| 每股股息 | 8.00 | 8.00 | 8.00 | 9.00 | 9.00 | 9.00 | 9.00 | 9.00 | 9.00 |
| 市盈率[b] | 16.5 倍 | 11.9 倍 | 14.8 倍 | 12.6 倍 | 10.4 倍 | 11.3 倍 | 21.0 倍 | 12.3 倍 | 17.1 倍 |
| 股息率[b] | 5.2% | 7.3% | 5.8% | 6.2% | 7.6% | 6.9% | 4.7% | 8.1% | 5.8% |

注：a. 商业活动和工业股票价格的艾克斯豪顿（Axe–Houghton）股价指数都未经趋势调整；10 只高等级铁路债券的收益率——由艾克斯公司（E. W. Axe & Co., Inc.）提供。

b. 每个时期的最高、最低和平均股价都与平均收益和股息进行比较。

c. 1936—1938 年的数据经过调整以反映高达 40% 的股息率。

d. 数据经过调整，用以反映 1913—1930 年的各种股票股息和分拆，这相当于将 1912 年的 1 股换算成 1936 年的 25 股。

e. 排除了 1925 年电力债券和股份公司（Electric Bond and Share Securities Corporation）的股息份额。

f. 1936—1938 年的数据经过调整以反映 1926 年的 6 股换 1 股交易。

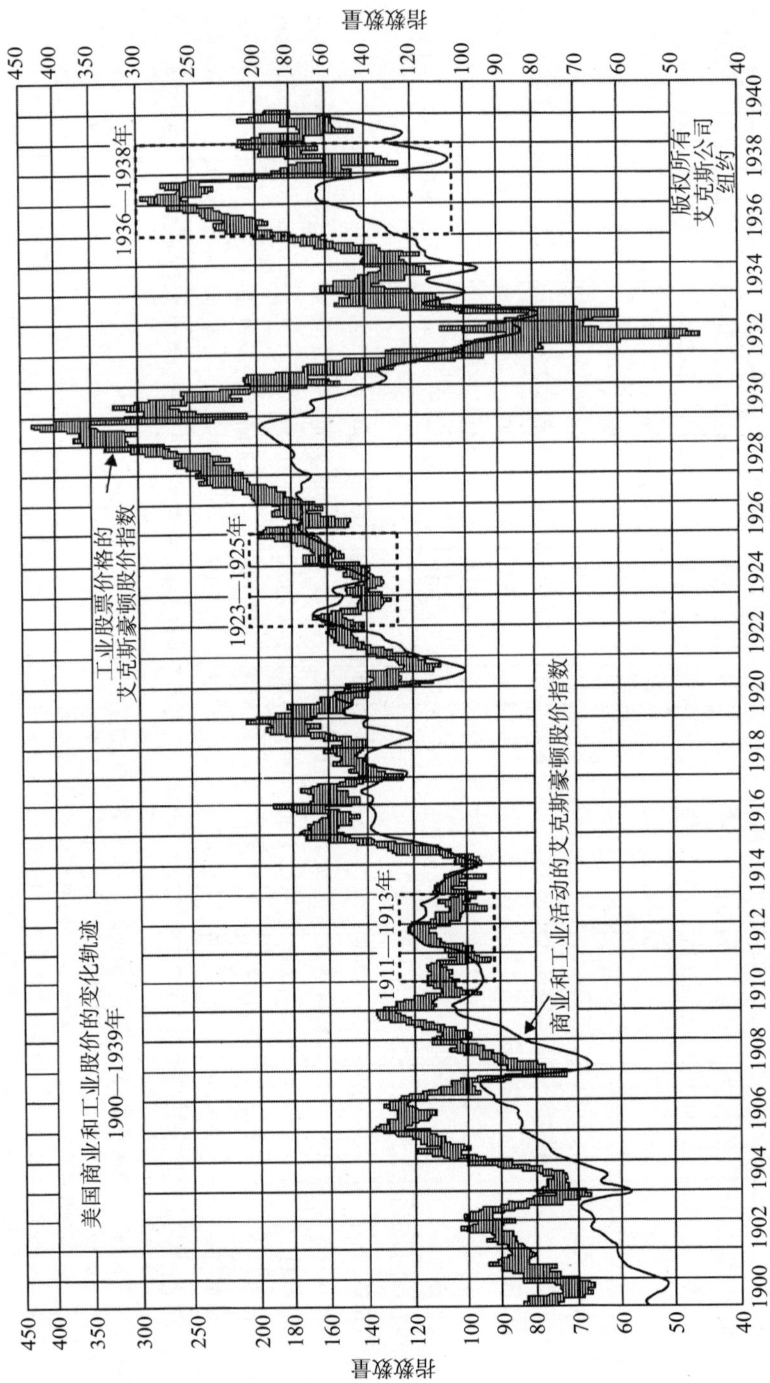


图 X—1 1900—1939 年美国股市走势图

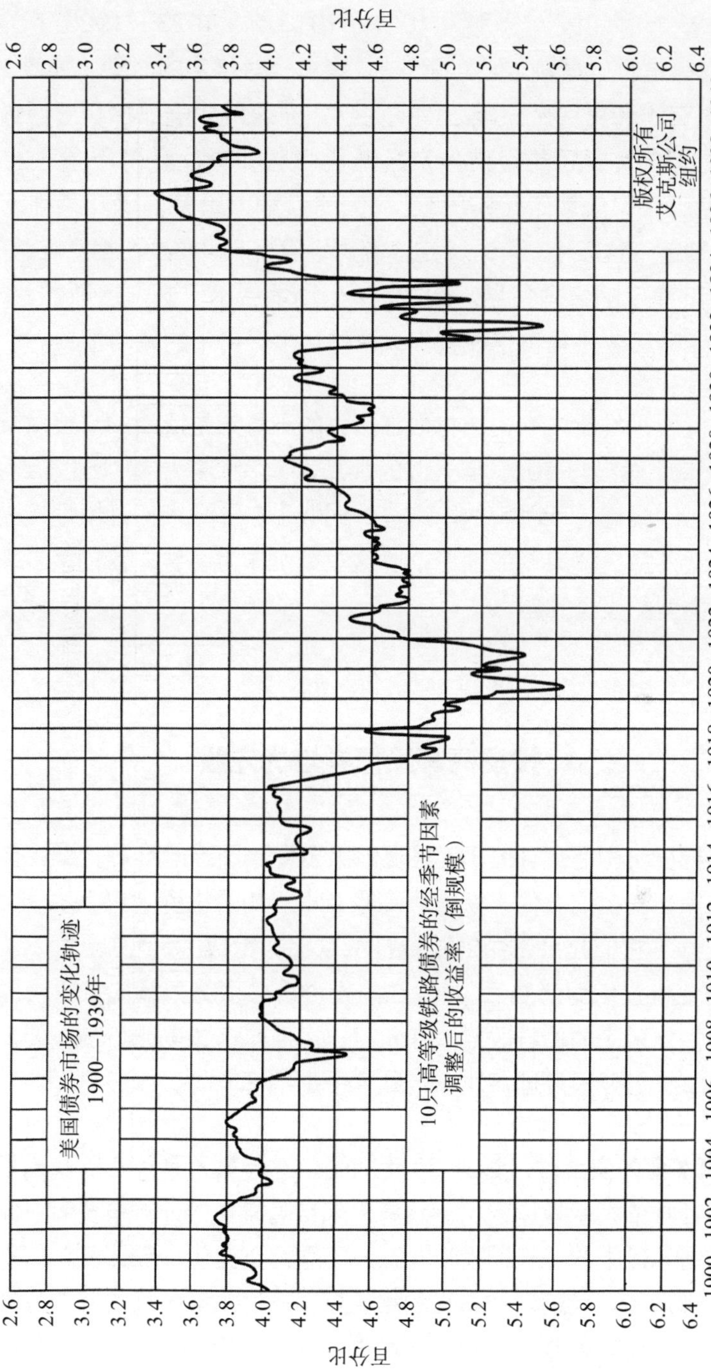


**图 X—2　1900—1939 年美国债券市场走势图**

选取三个参考时间段，分别为1911—1913年、1923—1925年、1936—1938年，它们都是股市最接近“正常”，或者说相对稳定的时期（如表X—1所示）。在第一个三年和第二个三年之间的时期，充斥着战争煎熬和虚假繁荣，紧接着是第一次世界大战后的经济停滞、通货膨胀和极度经济不景气。1925—1936年，又经历了“新繁荣经济时代”、大崩盘和大萧条，以及某种无序的复苏。但如果仔细审查这三个三年，一定会惊讶地发现，即便是在相对正常的时期，市场仍日趋向不稳定的方向发展。图X—1生动地展示了这一逐渐扩大的趋势，反映了一般商业和工业股票价格在我们讨论的三个三年中的波动情况。

仅从这些发展来推断未来市场将面临更大的不稳定是武断的。但对既成事实轻描淡写，草率地得出与1925年类似的观点，即我们将平稳地过渡到更稳定、更繁荣的时期，同样也是不明智的。这些时期似乎在呼吁人们谨慎地接受任何关于未来的和灵活开放投资策略的理论，以这些警示作为引导，我们接下来简要地思考一些具体类型的投资难题。

## A. 投资高等级债券与优先股

如今的债券投资似乎比1913年呈现出更多令人困惑的难题，最主要的问题在于，如何在保证安全的条件下获得最高收益率。如果投资者仅满足于购买最低收益标准的证券（它们几乎都由铁路抵押贷款债券组成），他完全可以“闭着眼睛购买，然后就将它们抛诸脑后”。现在的投资者必须努力解决三重难题：利息和本金的安全性，未来的债券收益率和价格，以及未来的美元价值。要清楚描述这种困境很简单，但要很好地解决它们则几乎是不可能的。

1. **利息和本金的安全性**。过去20年间的两次严重大萧条，以及人们认为绝对安全的铁路证券的大规模崩盘，昭示着未来自鸣得意的证券投资者可能会遭遇突如其来的冲击。过去的“长期投资”认为无须担心变化、无须谨慎，毫无疑问，这种观点将永远消失。我们研究得出的结论是，通过足够严格的筛选标准和理性的反复审议，投资者可以避免大部分在过去困扰他们的严重损失，即使在萧条时期，投资者回收的利息和本金也都能达到令人满意的水平。仔细的筛选过程需要对前景的适当关注，但我们并不认为投资者需要具备极强的洞察力，或者必须将自己局限于那些特别承诺能够提供扩张性业绩的公司。实际上，这些观点也与投资高等级优先股密切相关，就像债券一样。

2. **未来的利率和债券价格**。长期债券和短期债券前所未有的低收益率都会引起投资者的担忧，但投资者并不会仅仅因为这些债券带来的利息收益太低就感到不满。如果这些低收益率被证明只是暂时的，随后会很快上升到以前的水平，长期债券的价格将下跌 25%，甚至更多，这样的价格下跌大概相当于损失了 10 年的利息收益。在 1934 年，我们认为必须非常认真地考虑这种损失发生的可能性，因为当时的低收益率只是不正常的商业表象。持续多年的低收益率，加上 1936—1937 年大规模的商业扩张，有力地证明了这种情况是资本过剩或政府财政政策，或者两者合力造成的必然结果。

随着 1939 年欧洲战争爆发，这一问题又增加了新的不确定性。第一次世界大战导致了利率的大幅度上升和高等级债券价格的剧烈下跌。1914 年与 1939 年的情形有许多相似点，但也有许多不同之处，这也使得乐观的预测显得太过于冒险。显然，债券价格（从 1940 年早期的水平）很有可能发生大规模下跌。然而，采取一种不投资、等待该意外事件过去的策略，也招致了很多现实中的反对意见。面对这种不确定的情形，选择从购买日算起，到期时间不超过 15 年的证券，似乎是最合乎逻辑的行为。

对于小投资者来说，美国储蓄债券是一个完美的解决方案（同时也适用于前一难题），因为持有者的赎回选择权能够保护他们的利益，以避免债券价格下跌带来的损失。我们会在更详细的讨论中指出，这些新型债券的出现，真正改变了大多数债券购买者的地位。

3. **美元的价值**。如果投资者确定美元的购买力将大幅下降，他无疑应该购买普通股或者商品，而不是债券。由于通货膨胀在一般意义上仍有可能出现，典型的债券购买者的投资策略会更加令人困惑。支持或反对极端通货膨胀的争论都具有不同寻常的重要意义，我们必须在两者中做出抉择。1933 年以来的价格运动轨迹似乎与我们对通货膨胀的担忧不相符，但过去并不能决定未来。谨慎会导致投资策略的妥协，即在投资组合中加入普通股或者有形资产，以抵御美元价值大幅下跌的风险。这样的混合策略本身就会引起严重的问题，所以在最后分析阶段，每个投资者必须根据自身情况就愿意承担哪种风险做出抉择。

## B. 投机性债券与优先股

这一类证券面临的难题并不是其独有的，但或多或少来源于债券和普通股投资，且介于两者之间。我们认为，购买投机性优先证券的一般原则与以前无异，分别是:

（1）本金损失的风险并不能仅由更高的收益率来抵消，还必须附加与风险相匹配的本金收益；

（2）将这些证券看作普通股，看清楚它们的限制性条款，而不是将之作为优先证券中较低等级的类别，是更为合理的做法。

## C. 普通股投资的难题

"普通股投机"一词并不难理解，但成功操作并不容易。投机者通过对整体市场、某只股票，或者公司业务未来的可能进展进行预测和判断，进而将自己的资金置于风险之中。近年来投机者面临的难题有了改变，但我们倾向于认为，成功所必需的素养和训练，以及有针对性的数学技能，自始至终仍然是投机者必须掌握的。但股票投机的难题，并不在这本书讨论的范畴之内。

### 目前的做法

我们暂且将普通股投资定义为，根据价值分析来购买普通股，同时根据本金安全的具体标准进行管理。如果我们参照目前的做法来识别这些标准，我们发现

"好股票就是好投资"是一个比较模糊的概念。所谓"好"的股票无外乎满足以下几点：

（1）业绩良好、行业领先的公司，这些股票的组合能在将来产生良好的投资收益；
（2）任何财务状况良好的、未来盈利有望大幅增长的公司。

在 1940 年年初，可口可乐可以作为满足条件（1）的例子，雅培公司可以作为满足条件（2）的例子，而通用电气则两者均满足。

尽管股票市场对于购买或投资的普通股质量有非常明确和合乎逻辑的评判标准，但该标准决定了股票价格与其可决定价值之间的关系仍然是非常不确定的，甚至是几乎不存在的，资产负债表上的价值被认为与证券价值完全无关。只要存在明确趋势，(历史)平均盈利对企业价值的意义就不大。"市盈率"得到了各种各样的运用，有时用于过去，有时用于现在，有时用于不久的将来。但该比率本身几乎不能作为一种标准，因为它受到实际投资的控制，而不是反过来控制实际投资。换句话说，某一股票所谓的"合适的"市盈率不过是市场定义的，我们无法找到任何证据能够表明，从 1926 年到现在为止的任何时间，普通股投资者会因为市盈率非常高而出售他们持有的股票。

普通股投资者，包括几乎全部的信托投资公司如今的做法在多大程度上能被称为投资？由于控制标准的实际消失，所以我们不清楚。将之称为"对实力强劲公司的投机"也许更符合逻辑且有助于理解。当然，股票市场的这种"投资"的结果与过去的那些投机行为并无二致，除了可能没有安全边际以外。研究 1929 年大萧条以后的数据，通过对比 1930 年以来通用电气与一般普通股票的价格区间，我们可以更充分地证明以上说法。表 X—2 中的数据显示，通用电气的普通股在工业领域可能是最重要，并且毫无疑问是上市时间最长的股票，与普通股中的其他公司相比，通用电气的股票有着更大的价格变动幅度。

股票市场认为通用电气 1937 年的市值为 18.7 亿美元，但仅仅一年后，公司的市值只剩下 7.84 亿美元，这一市场评判完全是无稽之谈。短短 12 个月时间里没有发生任何能够让这家大企业损失一半市值的大事，也没有投资者声称 1937—1938 年的收益下降会对公司未来造成永久性的影响。通用电气的股票能卖到 64.875 美元完全是因为公众的乐观态度，而以 27.25 美元的价格卖出，也是因为公众变得悲观。如果说这些价格反映了“投资价值”或者“投资者价值评估”，那简直就是对英语或常识的曲解，或者二者兼有。

**表 X—2　1930—1939 年通用电气普通股、道琼斯工业股票指数、标准统计工业股票指数的价格变动幅度**　（单位：美元）

| 年份 | 通用电气 | | 道琼斯工业 | | 标准统计工业[a] | |
|---|---|---|---|---|---|---|
| | 最高价 | 最低价 | 最高价 | 最低价 | 最高价 | 最低价 |
| 1930 | 95.375 | 41.5 | 294.1 | 157.5 | 174.1 | 98.2 |
| 1931 | 54.75 | 22.875 | 194.4 | 73.8 | 119.1 | 48.5 |
| 1932 | 26.125 | 8.5 | 88.8 | 41.2 | 63.5 | 30.7 |
| 1933 | 30.25 | 10.5 | 108.7 | 50.2 | 92.2 | 36.5 |
| 1934 | 25.25 | 16.875 | 110.7 | 85.5 | 93.3 | 69.3 |
| 1935 | 40.875 | 20.5 | 148.4 | 96.7 | 113.2 | 72.8 |
| 1936 | 55 | 34.5 | 184.9 | 143.1 | 148.5 | 109.1 |
| 1937 | 64.875 | 34 | 194.4 | 113.6 | 158.7 | 84.2 |
| 1938 | 48 | 27.25 | 158.4 | 99.0 | 119.3 | 73.5 |
| 1939 | 44.625 | 31 | 155.9 | 121.4 | 118.3 | 86.7 |

注：a. 1939 年发行的 350 只成分股，以及 1939 年以前发行的 347 只成分股的每周股价指数（1926=100）。

## 四个难题

假设有一位普通股购买者需要寻找具体的投资标准以指导自己操作，那么他可以将注意力放在四个问题上：

（1）公司利润的未来走势；

（2）不同类别公司之间的质量差异；

（3）利率对于他所要求的股息率或回报率的影响；

（4）他的购买和出售行为在多大程度上会受到价格以外的时间因素的限制。

**公司利润的未来走势**。如果我们借鉴过去的经验来研究这些问题，最可能的反应是对就股票市场未来所有相关问题所作的判断，保持合理的质疑态度。表 X—1 中的数据很清楚地表明，1926 年以前，市场在总体上低估了工业普通股的吸引力。它们的价格通常反映了对过去和现在收入的谨慎评估，但没有证据表明，该价格反映了作为快速扩张领域内的领先企业，其具备的增长可能性所带来的溢价。1913 年，铁路和拖拉机占据了债券和股票投资的绝大部分，到了 1925 年，大部分的城市有轨电车投资遭遇了汽车行业发展的威胁。但即便如此，蒸汽铁路并没有遭受类似威胁的迹象。

事实上，当我们国家发展历程中最具影响力的因素（土地开发和人口的快速增长）不再发挥作用的时候，人们才达成普遍共识，首次提出普通股未来的成长性这一因素对股票市场的影响，同时承认我们的经济即将面临增长因素不稳定所带来的严峻问题。新时期的估值过高几乎蔓延到所有的证券，即便是那些收入增长持续时间过短而无法估价的证券，但人们最关心的仍然是公共设施和连锁集团。甚至到了 1931 年，人们仍然为这些证券开出过高的价格，表明人们还没有意识到这些证券的内在局限性，正如 5 年后市场没有意识到铁路债券和股票面临的形势已经发生了重大变化一样。

**质量差异**。1940 年的股票市场有着鲜明的特点，这主要是基于最近的经验和较为明确的未来展望。市场比以往任何时候更倾向于青睐规模更大、实力更强的公司，这一趋势得到 1929 年以来的记录的印证。我们有理由相信，较好的萧条抵抗能力和较强的收入复苏能力，使得一流的公司比二流的公司更强。同时，市场也偏爱那些特定的工业集团，包括这些集团中规模较小的公司。最突出的代表是化学股和航空股——前者通过研发可以获得非凡的业绩增长，而后者则拥有大量的军备订单。

尽管股票市场当前的这种偏好可以为人所理解，但也不免让怀疑者心存疑虑。首先要考虑的就是，表现突出的股票和不太受欢迎的股票的价格之间存在着不同寻常的差异。如果以 1934—1939 年的平均收益作为标准，“好股票”的售价大概是其他股票的两到三倍。就资产价值而言，这种分歧更大，因为那些受欢迎的证券显然能够为投入它们的资本赚取更多的收益。忽略资产价值的程度已达到非常严重的地步，就连流动资产都很少为人所注意，以至于即便是一家普通的企业，如果碰巧有大量的营运资本，也很可能以大大低于其清算价值的价格被出售。

“好股票”和其他股票的关系必须根据我们对美国商业的普遍预期来考虑，而对后者的任何预测都是非常不严谨的。但必须指出的是，过去 15 年的记录并不足以预测证券交易量和利润会有长期上涨的趋势。在参照过去来判断未来时我们必须认识到，与 1924 年相比，1940 年已经完成了一个相对完整的转换。在早些年，产量的长期上升和数额的稳步提升都被认为是理所当然、情理之中的。但迄今为止，我们可以看到，1923—1925 年的平均工业产量水平（该产量水平之前在联邦储备委员会对应的指数被定义为 100[①]）现在仍然能够达到我们所能预测的正常水平。不用说，投资者不会否认新的长期上涨仍有可能出现，但关键问题在于，不能对此作过多期待。

如果这是现在股票市场的运行假设，那么它所依据的理念是，股票购买者普遍预期，大公司会通过牺牲小公司的利益获得进一步的增长，优势产业部门会通过牺牲其他产业部门的利益获得增长，这样的预期为某些公司股票的高价格，以及其他公司股票的低价格提供了理论依据。拥有良好的历史趋势和美好前景的公司的股票将比其他公司的股票更值钱，这一点不言自明。但华尔街保持的这一偏好是否有些过头了，正如这个案例以及其他许多案例中说的那样，典型的大型成功企业也许不会受到以下两方面的限制：

（1）自身规模会妨碍其进一步增长；

（2）资本投资的高收益率使其容易受到冲击，这种冲击可能来自于竞争，也可能来自于监管。

无论是绝对意义上，还是相对于那些受欢迎的公司或行业来看，小型公司和相对不受欢迎行业的价值都极有可能被低估。这在理论上是成立的，因为在某些价格水平上，好股票的售价过高，而其他股票的售价则过低。极具说服力（即使不是那么确凿无误）的证据表明，1940 年的市场上已经出现了这种（售价过高或过低）的现象，“好股票”的两个可能的弱点很可能已被其他相应的获利可能

① 1940 年委员会修正了该指数，加入了新的成分股，并将 1935—1939 年的平均水平作为基础。——作者注

性平衡掉了。即使是在正常的市场环境下，大量证券以低于其净资产现值的价格出售，也强有力地说明了华尔街对大公司的偏好有些过头了。如果我们进一步分析，必然会意识到，小规模的上市公司是全国成百上千的、各种规模的私营企业的代表。显然，华尔街预测除了大公司外的其他商业活动都会持续衰退，而大公司却能够持续繁荣下去。在我们看来，这种持续繁荣在经济上是不可行的，在政治上也是不可能的。

人们在股票市场里太过偏好某些行业的现象也让我们产生了类似的疑虑。从事件的本质来看，这种事情肯定会做过头的——因为没有定量的指标来衡量公众喜好某事物的热情。不仅市场表现得过度乐观，人们对某些产业的极度偏好也令人觉得不可思议，结果这种情况很快发生逆转（如：1925 年的面包烘烤业的股票，1927 年的电台和制冷行业的股票，1928—1929 年的公用事业和连锁集团的股票，1933 年的酒类股票）。比较 1939 年投资者购买雅培公司股票的狂热和对美国家庭用品公司（American Home Products）的不屑一顾是非常有趣的。作为制药企业的前者被认为拥有辉煌的前景，而后者则是前景黯淡，这一区别可能已被看成对两者明智而精明的刻画。但只要研究者对 1927 年时，市场对美国家庭用品公司及其行业内公司的热情（沃纳 - 兰伯特公司［Warmer Lambert］）仍记忆犹新，就很难对这样的结果充满信心[①]。

**利率**。现在我们讨论第三个关键点，即普通股价格与利率的关系。与 1923—1925 年的情形相比，如果目前债券的低收益率是长期的，那么平均的股票收益率会相应下降，美元的预期收益能力则会相应地上升。表 X—1 中的道琼斯工业平均指数 1936—1938 年的数据显示了对收益更宽松的估价。从长期利率的变化来看，这种估价似乎已经被证明是有道理的。然而，令人困惑不解的问题接踵而至，利率水平是否下降与商业活动长期扩张的中止、与资本投入平均盈利能力的下降的关系并不密切。如果真是这样，股票价值中的借方因素的影响可能会超过低利率带来的信用因素的影响，而且，1936—1938 年，美元的收益能力可能也不如其十年或五年前了。

**时机因素**。近年来我们越来越强调，在适当的时机买卖能带来满意的结果，

① 关于这三家公司的数据将在附录注释 1 中给出。

而不仅仅是以好的价格买卖。早些时候，投资证券的价格波动幅度不大，买卖时机的考虑似乎并不重要。1924—1929 年，人们对走势较好的股票的无限增长前景盲目自信，这种自信是极具误导性的，以至于人们认为任何买卖时机的错误判断都能被市场复苏和再创新高所矫正。过去十年，除了少数股票上涨外，股票市场在大幅波动中并未呈现出长期上涨趋势。在这样的条件下，毫不奇怪，成功的投资者就像成功的投机者一样，注重买入和卖出的时机选择。因此我们发现，现在，对主要的市场波动的预测已然成为普通股投资艺术不可分割的组成部分。

股票市场预测方法的有效性是一个被广泛研究并引发激烈争论的话题。在这一点上，我们必须对现有的概括性判断感到满意，这一判断反映了我们在调查时暴露出来的自我偏见。我们的观点是，除非买入的时机与诱人的价格水平（可以通过分析标准来衡量）相联系，否则无法判断最佳的市场时机。类似地，投资者出售股票的信号不是来自所谓的技术市场信号，而是来自价格水平上升超过了一个客观的标准价值。在这些重要的限制下，股市预测技术的改进也许能带来更好的买卖时机和令人满意的投资结果。然而，我们不能避开以下结论，即被普遍接受的买卖时机选择原则——在股价回升已经确定无疑并显露出来以后进行购买，这从本质上与投资的基本要义是相悖的。传统的投资者是有耐心且能够按照自己的信念做事的人，他们在投机者急躁或沮丧地出售股票时买入。如果投资者现在变得踌躇不定，直到市场鼓励他买入才开始行动，那他与投机者还有何区别？又如何比一般的投机者赚取更多利润呢？

## 结论

我们对普通股购买者的具体投资标准的研究，得到的更多的是警示而非具体的建议。最终我们又回到了古老的原则，即投资者应该等到商业和市场不景气的时期再购买具有代表性的普通股，因为在其他时期不可能以这样的价格买入。如若不顾时机地买入，将来可能会追悔莫及。另一方面，除了牛市的全盛时期，成千上万的“二流公司”无论如何都能提供一些真实的投资机会，这一广阔但不太受欢迎的领域能够为真正感兴趣的投资者和聪明的证券分析师提供更多逻辑上的挑战。

第一部分

# 证券分析综览及方法

# 导读一

# 必不可少的教诲

**罗杰·洛温斯坦**

美国顶级财经记者，畅销书《巴菲特传》作者

如果问现在的读者，20 世纪 80 年代的垃圾债券、20 世纪 90 年代末的科网股和 21 世纪的各种次级按揭贷款组合有什么共同点？第一个正确的答案是，它们的价格都经历了从高位暴跌至接近零的过程。世界上最“睿智”的对冲基金，长期资本管理公司（Long-Term Capital Management，LTCM）的声誉和资产净值也经历了同样过程。第二个正确的答案是，这些投资灾难都可能通过耐心阅读《证券分析》得以避免。格雷厄姆和多德于 1934 年合写了本书的第一版，在 1940 年进行了第一次修订，这个时间比“垃圾债券之王”迈克尔·米尔肯（Michael Milken）成为一个家喻户晓的名字早了约四十年；比不需审查贷款申请人收入就为其提供的贷款（no-documentation mortgages），及浮动利率抵押贷款（adjustable rate mortgages）的热潮早了六十多年。**作者倡导的不只是一般意义上的怀疑论，他们提出的是一系列具体训诫，其中每条训诫都可以防止一个到多个上述投资灾难和相关狂潮的出现。**

虽然这本书被严谨的投资者奉为经典，但我不认为它能够改变华尔街机构或公众的投机倾向。我认为即使是经验丰富的投资者，也可能表现得像初次驾车的年轻人一样。他听到了如“小心驾驶”、“避开结冰路面”这样的忠告，却置若罔闻，权当是父母的唠叨。他肯定不希望撞坏家里的车，但避免意外并不是他优先考虑的事，因为他不认为意外会发生

在自己身上。与此相似，投资者常常只将注意力集中于赚钱，却对投资环境中无数潜在的风险置之不理。我怀疑那些误认为“高收益必定来自高风险”的人一直将格雷厄姆和多德的话当作耳边风。但事实上，**避免严重的损失，是维持高复利增长的一个先决条件。**

在我 25 年的财经记者生涯中，我所知晓的能够一直获得丰厚利润的投资者，几乎都是格雷厄姆和多德的信徒。其中最有名的，当属沃伦·巴菲特，他也是最具说服力的实例。1950 年，巴菲特成为格雷厄姆的学生，那时他还是个年仅 20 岁，瘦弱的年轻人。他曾向朋友透露过，他在哥伦比亚商学院两位“能人”（指的是本杰明·格雷厄姆及其助手戴维·多德）的指导下学习[①]。而几年后，他也是第一个承认涉足超出导师所熟知的股票领域的人。巴菲特是一个相机行事者，没有依葫芦画瓢地模仿他的恩师。他从格雷厄姆青睐的股票类型开始，如伯克希尔·哈撒韦公司——一个当时还苦苦挣扎在破产边缘的纺织品制造商。随后，他转向沃尔特·迪士尼（Walt Disney）和美国运通（American Express）等拥有较少的有形资产，但更具经济价值的公司。但他的投资理念始终坚持不变（即使因之选择的证券在变）。

后来，少数忠实的专业投资者和个人投资者坚持用这种投资方法取得了成功，也让《证券分析》成为投资者手中一张历久弥新的路线图。至今，本书仍可谓是投资者不可或缺的圣经，它提醒着投资者避开那些显而易见但十分危险的“结冰道路”。同时，它也是投资者不可多得的一部投资宝典，引领着投资者寻觅一些出众而安全的投资项目。

那些一边参加格雷厄姆所授课程，一边工作的投资者对此深信不疑。他们中的一些人曾中途溜出讲堂给经纪人打电话，交易格雷厄姆教授在课堂上举例子时提到的股票。一个后来取得成功的经纪人坚称，格雷厄姆的提示非常有价值，听他的课能赚足学费，可谓“课超所值”。无论这些记载是否属实，格雷厄姆确实是不可多得的集理论家和实践家于一身的学者。为了能更好地了解他的投资方法，我们先简要地介绍一下他的特点。[②]在个人层面上，格雷厄姆是一个十分健忘的教授，他一心记挂着工作，以至于意识不到自己穿着不成对的鞋子。同时，他也是古典文学的忠实

① 罗杰·洛温斯坦，《巴菲特传》（*Buffett: The Making of an American Capitalist*），P35。——洛温斯坦注
② 罗杰·洛温斯坦，《巴菲特传》，P37。——洛温斯坦注

爱好者，拉丁文和希腊文的研究者，西班牙语诗歌的翻译家。他对金钱没什么兴趣，但在学术上，他的好奇心无人能及。1914 年从哥伦比亚大学毕业时，他同时得到了英语、数学和哲学的任教机会。但他听从了一名院长的建议，来到了华尔街。在这里工作时，他更像是面对学术界的一个分支，一门涉及逻辑学和久经检验的原则（尽管这些原则尚未被发现）的学科。他被资金管理深深吸引，并在该领域表现出色，最终将实践的成果融合到了他的写作和教学中。格雷厄姆花了二十多年的时间把他的投资理念凝练成一门如欧式定理般严谨的学科。在这么长的时间里，市场经历了一个完整的经济周期——从 20 世纪 20 年代兴旺的大牛市，到 20 世纪 30 年代初黑暗的、接近毁灭的萧条。

## 创立一个分析学科

读者不难从第 1 章的内容中找到格雷厄姆和多德提出的分析方法。事实上，这些分析方法是第一部分的奠基石，也是整本书的基础。两位作者承诺使用“已确立的原则和合理的逻辑”，或用他们的话叫“科学的方法”。但他们同时也承认，与法律或医学类似，投资不是硬科学，而是一门技能和机会同时发挥作用的学科。**在《证券分析》一书中，两位作者提供了最大化投资技能影响，最小化机遇影响的策略。**若你将你的投资组合寄望于运气，这本书不适合你。它主要面向投资者，而非投机者。格雷厄姆和多德对投资和投机的区分，亦为本书的重点。

当然，在格雷厄姆时期，投资者所处的环境与当今相比千差万别。当时的投资者遭受的是周期性，且往往非常严重的经济萧条；有别于现在偶发，且一般较为温和的经济衰退。他们对未来经济繁荣没有太大信心，也没有关于特定证券的可靠信息。出于这些原因，他们更倾向于投资债券，特别是著名公司的债券，而不是投资股票。在行业中领跑的公司的名单在几年，甚至几十年中都不会有太大变化。那时的美国，各行各业都受到越来越多的规范的约束，不似现在这般有活力。那时的华尔街是一个高级俱乐部，投资只是有钱人的游戏，而现在，投资已经成为一项大众活动。当年，投资机会的可选择范围也比现在窄。当时的“另类投资”可以理解成投资于新成立的、尚未赚取任何利润，但有机会扭亏为盈的公司。

市场发生的变化如此深刻，而这本20世纪30年代写的投资手册在今天却仍然适用，着实令人惊讶。但要注意，人性不会改变：人们仍然在狂躁的高点和抑郁的低点之间摇摆，渴求即时获利，却厌恶付出努力、认真研究和独立思考，现代投资者和他们的祖父辈，甚至曾祖父辈在这些方面都十分一致。无论是当时还是现在，大多数投资者的心魔（主要是情绪因素）都需要用纪律来克服。证券分析的要领，也没有太大的改变。

在20世纪30年代，普遍的观点认为：债券是安全的，适合“投资”，而股票是不安全的。格雷厄姆和多德不赞成这个机械呆板的规则。概括地说，他们反对单纯根据证券类型判断其风险程度的观点。他们认识到，企业为融资而发行的各种证券（包括优先债券，次级债券，优先股和普通股）并无天壤之别，而是息息相关的。虽然债券持有人比股东享有经济、法律方面的优先权是不争的事实，但他们指出：为债券持有人提供保障的是“负债公司偿还债务的能力”，而不是合同条款。因此，债券持有人的债权价值不可能超过该公司除去债务后所拥有的资产净值（不考虑利息开支提供的税盾）。

这点似乎是显而易见的，但在20世纪80年代末的垃圾债券狂潮中，美国联合百货公司（Federated Department Stores，旗下有布鲁明戴尔百货店[Bloomingdale]等多家高端零售商）的债权人却没有发现这个问题。毫无羞耻之心的投资银行发现，它们可以不顾发行方的偿债能力，将垃圾债券出售给轻信投行及发行方的公众。1988年，联合百货公司接受了加拿大地产商和企业收购者罗伯·甘皮奥（Robert Campeau）的杠杆收购，这让该公司此后每年承受了6亿美元的利息费用。这个数字相当有意思，因为联合百货公司的年利润只有4亿美元[①]。因此，联合百货公司的债券违反了“债权人从公司所得不能超过其实际价值”这个规则（同时也有违常理）。不出两年，联合百货公司就申请破产，其债券暴跌。不用说，这些投资者肯定没有读过格雷厄姆和多德的书。

《证券分析》比现在的书籍花了更多的篇幅在债券上，这与大萧条年代的投资习惯相符（该时代的另一个特点是很少提及通货膨胀给债券持有人带来的风险）。但作

① 摘自路易斯·洛温斯坦（Louis Lowenstein）1989年春季在哥伦比亚大学的演讲。——罗杰·洛温斯坦注

者同时以犀利的笔锋抨击单纯根据证券类型对证券进行评估的做法。投资者可能已经克服（是过度克服）了对股票的恐惧，但他们又掉进了另一个同样简单的陷阱中，如假定投资于股市指数无论在过去还是在将来始终都是精明的选择，以及直到最近才破灭的房地产“只升不降”的猜想。格雷厄姆和多德从未停止过对这种做法的声讨：**在某些价格上，任何证券都可以是一个合适的投资，但需要重申的是，没有什么证券单凭其形式就能确保安全，不是只要是“蓝筹股”（就是普遍受到尊重并被广泛持有的股票）就能保护投资者免受损失。**格雷厄姆和多德援引美国电话电报公司为例，其价格从1929年的每股494美元暴跌至大萧条时期每股36美元的低位。现在的读者则会想到贝尔大妈（Ma Bell）臭名昭著的“后代”朗讯科技（Lucent Technologies），[①]它在20世纪90年代末曾是蓝筹股中的蓝筹，机构投资者的宠儿，直到它的股价由80美元暴跌到不足1美元。

由美国电话电报公司的例子和20世纪20年代后期的狂潮可以看出，格雷厄姆和多德的投资准则不可能建立在知名度或声誉等“心理”因素上，否则，随着市场发展，会不断出现新的准则。这和20世纪90年代末互联网泡沫时，所谓的投资者不断创立的新标准一样怪诞可怕。当时，新兴网络股的促销员声称，股票不再需要盈利；华尔街的精英公司，如摩根士丹利、高盛和美林等，都对兜售无望实现利润公司的债券完全没有顾虑。

## 谨防将希望资本化

当格雷厄姆和多德对“将仅凭推测的未来前景资本化”提出警告时，他们指的可能是20世纪末的传奇——为创立之初的科网公司（其中大部分尝试启动在线业务）提供种子资金的互联网资本集团（Internet Capital Group，ICG）。它投资了约47家这样的公司，总投资额约为3.5亿美元。随后，在1999年8月，ICG也以每股6美元的价格上市。到当年年底，在科网股热潮的带动下，其股价已经涨到了每股170美元。在这个价格下，ICG公司的价值为460亿美元。由于该公司除了在那些初创企业身上的投资之外几乎没有任何其他产业，这就意味着，市场假设其投资的47笔种子资金平均将产生至少百倍于投资额的回报，这就是所谓的“将希望资本化”！要

① 贝尔大妈是美国电话电报公司的绰号。朗讯科技公司是在美国电报电话公司加工制造部门和贝尔实验室的基础上建立的。——译者注

知道，大多数投资者甚至倾尽一生，也未能实现百倍的回报。果然，ICG 的股票在几年内就被市场重新定价为每股 25 美分。

这样的小故事虽然富有意义且能娱乐大众，但只是禁令型的——它只告诉我们什么不该做。只有当格雷厄姆和多德经多番讨论，划清了投资和投机之间的界限后，我们才第一次知道什么该做。“投资”（作者精心选择了这个词语）是一项“承诺本金安全和回报率令人满意”的操作。

这里最重要的词是“承诺”。它不意味着绝对的保证（终究有一些承诺不能兑现，有些投资会赔本），但意味着高度的确定性。没有人会说 ICG 曾“承诺”安全，但也许是因为这个案例太简单了。让我们来看一个历史更悠久，定价也更合理的公司，华盛顿互惠银行（Washington Mutual，下文简称“华互”）。2006 年年底，其大多数股东还将自己归类为“投资者”。华互规模庞大、在各地区均有分支机构，在 2006 年利润有轻微下滑之前，它的收益曾连续 9 年保持稳定增长。在那 10 年里，其股票价格也增长了一倍以上。

诚然，华互的资产组合中有大量的抵押贷款，包括次级抵押贷款。在美国各地，这些抵押贷款发放量的增加建立在一个日益脆弱的基础上（借款者信用存疑），违约情况已开始增加。但华互当时的声誉依然很高。据说它有最精密复杂的风险评估工具，而且其公开声明也足以安抚民心。华互的董事长在年终信中称赞他的公司的“定位是……在 2007 年取得更好的经营业绩”。无论是业余的还是专业的选股人，都顺理成章地将华互标榜为“投资”。

但格雷厄姆和多德坚持“安全性必定基于研究，源于准则”，特别是对公开的财务报表的研究。2006 年，华互的年报显示，公司拥有 200 亿美元次级贷款，价值相当于其股东权益总额的 80%（虽然华互没有明确将两者联系起来），而且次级抵押贷款投资组合在 4 年中增加了一倍。华互以往的做法是，将次贷打包为证券并出售给投资者，以将这类次级贷款从资产负债表上抹去。但要注意，如果拖欠率上升，投资者可能对次级贷款逐渐失去兴趣，华互最终会被次级贷套牢。后来，拖欠率果真逐步上升，次级贷款“不良率”在一年中跃升了 50%，达到 4 年前的 3 倍。由于华互所放的贷款，许多都超过了房价的 80% 这个传统上限，这就意味着，如果房地产市场走弱，华互的一些客户将资不抵债，因而其拖欠风险尤为危急。

华互还拥有约 1 千亿美元的传统抵押贷款（评级比次贷高），这个投资组合更大。但其中大部分并不是真正意义上的“传统”贷款。整个组合中 6 成抵押贷款的利率一年一调，这意味着客户可能面临大幅调高，甚至是负担不起的利率。华互声称，由于住宅价格稳步上升，贷款人物业被法院拍卖的可能性很小。这真可以称得上“坦诚相告”，尤其是在该银行发现“过往 5 年的房价增值速度可能不会再持续下去”的情况下。事实上，房地产低迷已成为全民皆知的新闻。但华互孤注一掷，赌房地产市场将上行，结果楼市却在走下坡路。

仔细剖析这些披露的信息，看起来要费九牛二虎之力（华互的年报有 194 页），也确实有一定的工作量。但不厌其烦地看完华互年报的人必定不会得出华互能承诺安全的结论。因此，在房价下跌、次贷损失急剧升级的时候，信奉格雷厄姆和多德的投资者仍可免受其害。这种损失很快被证明是灾难性的。2007 年年底，华互放弃了次级抵押贷款业务，裁员数千人。第四季度，该公司公告亏损近二十亿美元，全年股票跌幅达 70%。

**由于市场趋势变化迅速（正如华互案例所示），格雷厄姆和多德劝诫读者要将投资建立在合理可靠的基础上，即以证券“内在价值”为基础进行投资。**他们从未定义过这个术语（这点令人惊奇），但我们可以很容易地把握它的含义。“内在价值”是一个企业对“长期持有人”而言的价值。从逻辑上来说，它必须以长期持有人可以获得的现金流为基础，这有别于投机性评估得到的转售价值。

这个前提背后需要少许信仰支撑。偶尔，股票和债券的交易价低于其内在价值会带来机会，但认定证券价格迟早会恢复到内在价值，需要信仰支撑。（否则，为何投资于它们？）可以用一句通俗易懂的话来总结一下第一部分的核心内容：格雷厄姆和多德建议投资者寻找价格大幅低于内在价值的证券。

## 价值的范围

无论在当时还是在现在，困难都在于如何计算价值。我怀疑，作者是故意不给内在价值定义的，他们唯恐传达了“证券价值可被精准确定”的错误印象。考虑到人们预测（盈利报告、浪漫邂逅、天气变化等各种事情）的能力有限，作者力劝投资者只需考虑一个价值范围。幸好，这已足够帮助投资者达到目的。援引格雷厄姆和多德的话：“很有可能只需通过观察，就能判断一个女人是否达到了投票的年纪，而无须知其岁数；或者判断一个男人的体重是否超标，而无须知其体重（见第 82 页）。”

精确估值并非必要，因为其目的是让买入价远低于内在价值，以提供安全边际。与负载相当于桥的最大承重量的货物过桥很可能是挑战命运一样，按股票的完全价值购入含有“投机成分”（因为价值计算可能会有所偏离）。

一个类似的警告是，有利的赔率不会赋予赌徒投资所需的安全要素。格雷厄姆和多德以虚拟的轮盘赌为例，它的赔率已转至 19 比 18，对赌客有利。“如果赌客把赌注全部押在一个号上，略微有利的赔率也是无足轻重的”。事实上，即便赔率非常高，冒险把全副身家押在一局上也是很不明智的。

1998 年，长期资本管理公司就下过这样一个，或者说一系列投注。它的每一笔交易都经过数学计算（基金由两位诺贝尔经济学奖得主坐镇），且过往经验表明，其每笔交易的赢面都比较大。然而，高杠杆之下，长期资本管理公司冒着远远超过它承受能力的风险。加之它的各种投注虽表面上无关，但实际上主题相连（每个赌注都押在债券的风险溢价将缩小上面）。一笔交易垮掉，全盘皆输，这家传奇的基金公司也随之退出舞台。

让我们回到何谓投资这个问题上来。一个广为流传的说法是，格雷厄姆和多德仅依靠公司的账面价值来确定安全阈值。内在价值衡量的是经济潜力（所有者可能从资产中获得的价值），而账面价值计算的是已投入的资产的价值[①]。仅有账面价值，还不能起到决定性的作用。如果你将相同的金额投资到两家汽车公司，比如说丰田汽车和通用汽车，那么两家公司的账面价值将是相等的，但其内在价值（或经济价值）却有着很大的不同。格雷厄姆和多德没有犯这样的错误，他们直截了当地说，在预

① 技术上，账面价值 = 投资额度 + 累计实现利润 – 已支付股息。另一个数学上等价的定义是，账面价值 = 总资产 – 总负债。——洛温斯坦注

测股价走势方面，账面价值“从实用角度看几乎毫无价值”。

然而，以资产为基础对证券进行认真分析后，格雷厄姆经常发掘出满足“本金安全”原则的证券。20 世纪 30 年代，市场非常低迷，以至于股票以低于其公司所持现金（甚至是减去债务后的净值）的价格出售的情况经常出现（这类似于购买一所附带着保险柜的房屋，所花的钱却比保险柜里的现金还少！）。如今这么超值的投资机会已经难得一见，因为对股市有兴趣的人越来越多，大量投资者时刻在电脑屏幕前搜索着这些超值的机会。

## 逢低吸纳

尽管如此，超值的投资机会仍然存在。当整个行业或板块的证券都被不分青红皂白地抛售时，个别股票往往是便宜的。例如，20 世纪 80 年代初，储蓄和贷款业很不景气，主要原因是利率监管的上限取消后，储蓄机构不得不给短期存款支付高于长期贷款的利率。因此，为了募集更多的资金，互助储蓄银行（存款人所有）开始上市，并以非常低的价格出售股票。其中一个是塔科马联合储蓄银行（United Savings Bank of Tacoma，下文简称“塔科马”），成交价仅为账面价值的 35%。虽然当时许多储蓄机构实力很弱，但塔科马盈利良好，且资金充足。“人们不了解塔科马，”一位熟谙内情的投资者说，“它刚（从互助所有权结构）转变过来，规模不大，还没有进入大众的视野。”不到一年，这位投资者的资金已是原来的五倍。

1997 年，亚洲股市、汇市相继崩溃后，另一个机会却在向大家招手。不分好坏的抛售狂潮再现，格雷厄姆和多德的信奉者抓住机会，预订航班飞往香港、新加坡和吉隆坡。格雷格·亚历山大（Greg Alexander）是鲁安·坎尼夫-戈德法布基金（Ruane Cunniff & Goldfarb）的管理人，在读遍他听说过的亚洲公司的年报后，认定最划算的投资机会在韩国。韩国此前不鼓励外国投资，因此资金尤为短缺。飞抵汉城后，格雷格还未适应时差，就清楚意识到这就是格雷厄姆和多德追随者的天堂。市场上超值的股票像枝头上熟透的水果，随手可得。当地的一家证券经纪商，新荣证券（Shinyoung Securities），在利率高峰期积存了高收益率的韩国政府债券，而当时其股票交易价竟不足账面价值的一半。令人惊讶的是，即使到了 2004 年，仍有一家叫大教（Daekyo）的家教公司，每股仅售 20 美元，却对应着 22.66 美元的现金资产外加持续经营业务。用格雷厄姆和多德的话说，这类股票承诺安全，因为其售价低于有形资产的价值。亚历山大买了十多只韩国的股票，其市价都在相当短的时间内成倍上升。

这种超值投资机会的争夺在美国更为激烈，但当市场中某个行业整体受到大趋势的负面影响时，仍可以找到一些超值的投资机会。例如，2001 年的能源股很便宜（油价也很低）。格雷厄姆和多德不建议投机于石油价格，因为油价取决于无数不确定因素，从石油输出国组织（OPEC）到中国经济的增速，再到天气等。但是，因为该行业不景气，钻井公司的售价甚至低于它们设备的价值。恩斯克国际（Ensco International）的成交价低于每股 15 美元，而其钻机的重置成本估计达每股 35 美元。帕特森 -UTI（Patterson-UTI Energy）拥有价值约 28 亿美元的 350 个钻机，该公司的市值却仅为 10 亿美元。投资者以巨大的折扣购得这些资产。虽然随后是石油价格的上涨推动这些股票价格上升，但关键点是，这笔投资不取决于石油价格。信仰格雷厄姆和多德的投资者是在可观的安全边际前提下购买这些股票的。

另一种更常见的选择资产的方式，是将企业的外壳层层剥离，直至各子公司层面。有时，子公司加总的价值会超过其母公司的市值。一个有趣的案例是 2002 年的埃克西尔能源公司（Xcel Energy）。埃克西尔能源公司拥有 5 个子公司，因此分析这只股票需要一些数学上的拆分解构（格雷厄姆天生擅长这类计算）。其中 4 个子公司是盈利状况良好的公用事业机构；剩下的一个是负债累累，濒临破产的替代型能源供应商。母公司无须负责偿还子公司的债务。然而，受到安然倒闭的余波影响，投资者对公用事业控股的公司避之唯恐不及。“那时真是很奇怪，”一位对冲基金经理回忆道，“人们先抛售，后思考。市场是非理性的。”

当时，埃克西尔能源债券的成交价为 56 美分（因此，你可以用 560 美元买到母公司 1 000 美元的债券）。同时，这只债券的票面利率为 7%，很有吸引力。但问题是埃克西尔能源公司是否能支付利息。一位对冲基金的投资者发现，埃克西尔能源公司在外发售的债券总额为 10 亿美元，其健康的子公司的账面价值为 40 亿美元（从公司信息披露中可以挖掘出无数这类非常有用的数据）。那么从账面上看，其资产足够赎回债券，且绰绰有余。于是，这位对冲基金投资者买下了他能找到的每一份埃克西尔能源债券。

已无债券可买时，这位投资者将目光转向埃克西尔能源公司的股票——因同样的原因，该公司的股票和债券一样不景气。该股票并非很安全（破产程序中，债券持有人优先获得偿付）。尽管如此，他经过计算之后，确信埃克西尔能源母公司不会申请破产。另外，盈利的子公司当时的利润为 5 亿美元，即每股收益超过 1 美元。而该公司股价为 7 美元，或者说市盈率低于 7 倍。因此，他一并购买了股票。

那家业绩不佳的子公司确实申请了破产，但一如所料，无损于母公司的价值。一年之内，随着对公用事业的恐慌消退，华尔街对埃克西尔能源重新估值，其债券价格从 56 美元涨至 105 美元，股价也一路飙升。这位投资者每笔埃克西尔能源的交易都赚了一倍。他的两个决策靠的都不是运气，而是将格雷厄姆和多德的投资理论作为量化的示范。该投资者称："这是一个安全、稳定的行业，没有很大的商业周期风险，我想本杰明·格雷厄姆也是这样认为的。"

与埃克西尔能源公司这类谜题一样有趣的是大多数股票都是简单基于其盈利进行估值的。但实际上，这个过程并不"简单"。股票估值涉及计算公司往后每年的盈利能力，而不只是粗略了解它目前拥有资产的状况。格雷厄姆和多德勉强认同这种做法，说"勉强"，是因为未来不可能具有如当前一样的确定性。

## 预测现金流

无论信心多足，预测盈利都是非常困难的，最具指导意义的也只能是公司过去的盈利状况。但资本的收益总是波动的。企业盈利具有"天生不稳定的特质"，若要尝试估计，格雷厄姆和多德亦会蹙眉。由于技术发展飞速，许多高科技公司都是天生不稳定的，至少是不可预测的。20 世纪 90 年代末，如果有人创造出更好的搜索引擎，雅虎将受到重创（后来谷歌确实做到了）。而麦当劳则不会面临这种风险，因为其业务主要依靠品牌，其实力在一两年间不会有太大变化，也没有人会重新发明汉堡包。不过，应当指出，即便是麦当劳也不能停滞不前。它最近推出浓咖啡，部分原因是为了击退星巴克这样的竞争对手。

但目前一些信奉格雷厄姆和多德的投资者错误地认为，所有高科技企业都是不可能分析清楚的，并因此视其为投资禁地（也许是因为巴菲特对高科技企业的厌恶广为人知）。这种木讷的规则违背了格雷厄姆和多德的信条：分析师应根据实际情况和公司特定的情况进行分析。亚马逊是一个符合格雷厄姆式分析的高科技公司。虽然业务只在网络上，但亚马逊本质上是一个零售商，它的估值方式可能与沃尔玛，西尔斯百货公司等完全相同。现在，又回到前面的问题，在给定的市场价下，企业能否提供充足的安全边际。亚马逊成立的时间不长，但其中绝大部分时间，它的股价被疯狂高估。在科网股泡沫破灭时，亚马逊的证券价格也崩溃了。大市崩盘后，有许多可怕的流言声称亚马逊即将破产，但巴菲特买入了亚马逊的大幅折价的债券。债券价格随后回升到面值，巴菲特赚得钵满盆盈。另一个例子是英特尔，这家较成熟的制造商的芯片销售量随经济周期变化，与早年通用汽车公司的状况非常相似。事实上，英特尔现在存在的时间，远比格雷厄姆和多德写这本书时，通用汽车成立的历史长。

对于未来收益的估计（适用于任何行业），《证券分析》提供了两个重要的准则。

第一个准则，如上所述，具有稳定收益的公司更容易预测，因而估计结果更为可靠。不过，因为我们所处的世界越来越瞬息万变，所以这个准则还要做一点更新，即：公司盈利波动越大，在判断其未来时越要谨慎，在回溯其历史时也应看得更远。格雷厄姆和多德建议看 10 年。

第二个准则涉及盈利趋势的波动，至少是周期性的波动。因此，格雷厄姆和多德指出了一个重要（却被再三忽视）的区别。一家公司的平均盈利可以为预测未来提供粗略的指导；而相比之下，盈利趋势则不可靠得多。所以棒球迷都知道这个道理，一个击球距离在 250 码的击球手某个星期打出了 300 码的好成绩，并不意味着他一定会在赛季余下的比赛中也打出这么好的成绩。即使他做到了，他在下一年也存在回归常态的可能。但投资者被趋势诱惑——也许是他们想被诱惑，因为据格雷厄姆和多德观察发现，“在未来足够长的时间里，趋势可以产生任何期望实现的结果”。

为了理解平均值和趋势之间的区别，让我们来看看微软 20 世纪 90 年代后半期的每股收益。（把 6 月作为会计年度结束期。）

| | |
|---|---|
| 1995 | 0.16 美元 |
| 1996 | 0.23 美元 |
| 1997 | 0.36 美元 |
| 1998 | 0.46 美元 |
| 1999 | 0.77 美元 |
| 2000 | 0.91 美元 |

虽然此期间的平均值是 0.48 美元，但近期的数字更高，且呈现明显的上升趋势。用这个趋势预测未来，一个漫不经心的分析师在 2000 年世纪之交，可能会写下类似下列的数字：

| |
|---|
| 1.10 美元 |
| 1.30 美元 |
| 1.55 美元 |

增减一点金额，就是这些所谓的分析师在做的事。2000 年年初，基于盈利将继续飙升的预期，微软的股票交易价高于 50 美元。但 2000 年是新电脑订购周期的高峰，之后新订单下降，微软的收入随之锐减。2001 年，每股收益为 0.72 美元；2002 年，仅为 0.50 美元，几乎与其在 20 世纪 90 年代中期的平均值持平。股价因此跌入低谷，仅值二十多美元。

但是，微软不是无信誉的互联网公司。二十多年来，它一直盈利，而且除了 2001—2002 年周期性衰退以外，其收入一直在稳步增长。投资者只是对业务下滑反应过度，正如他们以前对利好消息反应过度一样。他们担心谷歌可能入侵微软的地盘，虽然这种担心很经不起推敲。微软继续称霸操作系统软件领域（事实上，它几乎一直垄断该业务），并产生着巨大的现金流。此外，由于它已不需要再投资，所以可以自由地支配这些现金。（相比之下，航空公司则必须不断地再投资于新飞机。）从这个角度看，微软生而是个好公司。到 2007 财政年度，它的市盈率只有 15 倍多，远低于其特许专营权所保证的内在价值。当华尔街再次认清这一事实之后，微软的股价迅速从低点上升了 50%。这也说明了价格和价值之间一直有着持久的、如双人舞般的关系。微软的证券价格较高时，它只是一个纯粹的投机选择；但在价格低时，则是可靠的投资良机。

《证券分析》一书中涉及的现金流内容，现在确实已经过时了。在 20 世纪 30 年代，公司并不需要公布现金流量表，也几乎没有公司会这样做。如今，详细的现金流量表是必须公布的，对认真的投资者而言也是不可或缺的。损益表提供公司的会计利润信息；现金流量表则报告资金流转信息。

像安然或美国废物管理公司（Waste Management）这样篡改账目的公司，总是能粉饰损益表一段时间，但它们不能操纵现金流。因此，当损益表和现金流量表开始出现分歧，就是公司盈利存疑的一个信号。光束公司（Sunbeam）是胸怀大志的、绰号“电锯”的艾尔·邓拉普（Al Dunlap）经营的家电制造商，根据当时的报告（由该公司自己报告），搅拌机的销售额大幅上升，但现金流却没有相应增加。后来事实证明，邓拉普撒了个弥天大谎。虽然他卖掉了光束公司，但光束公司不久后倒闭，而“电锯”也被美国证券交易委员会永久革除在上市公司担任主管或董事的资格。

同样，当朗讯的股票价比天高时，它销售出去的电话系统，特别是售往发展中国家的那部分，很多其实没有收回货款。事实上，这种推迟支付相当于是借款给客户。虽然这些“销售”被记到了盈利下面，但现金流量表又一次没能圆谎。

格雷厄姆之所以会发现这个问题，是因为未收项目在资产负债表上会成为应收账款，而他在阅读资产负债表方面是把好手。较损益表和现金流量表而言，格雷厄姆和多德更加重视记录财务某个时点情况的资产负债表。因为相比之下，前两类报表描绘的是上一个季度或上一年的变化，而这些信息可能是不可获得或不够详尽的。在 20 世纪 40 年代，公布季度盈利的要求本身都是个新生事物，而损益表也不像今天这样内容充实，有着详细的注脚和对重大风险的讨论。

格雷厄姆对公开财务数据（尽管它们是他主要的资料来源）的补充来自对行业和政府出版物的高度兼收并蓄。研究煤炭行业的股票时，他会查阅美国煤炭委员会（U.S. Coal Commission）的报告；汽车行业则有《克拉姆汽车服务》（*Cram's Auto Service*）。对于当代的投资者而言，在大多数情况下，公开财务数据详尽又可靠。此外，如今的行业数据可以通过更多渠道获取。

因此，美国（当今）的证券投资者面临着格雷厄姆和多德难以想象的一个挑战。后者遭受了信息匮乏之苦，而当今的投资者则要面临信息过量之困。公司财务数据的公布更为频密，互联网上的信息也无穷无尽，种种资料的质量参差不齐，着实令人烦恼。剔除无关紧要的，甚至是根本错误的信息，或者确切地说，辨别出特别重要的信息，都是艰巨的挑战。其难度堪比要在股票跌价之前识别出朗讯的现金流问题或华互的次贷风险。

一个经验法则是，投资者应该在所研究的证券披露的信息上投入大量时间，亦要在竞争对手的报告上投入大量时间。重点不只是记住这些数字，而是要理解它们。正如我们已经看到的，资产负债表和现金流量表可以揭示盈利状况，这也是华尔街最关注的数据。

人与人的学习方式存在差异，因而没有一个对所有投资者而言都是绝对值得推荐的资料来源。沃尔特·施洛斯（Walter Schloss）曾是格雷厄姆的雇员，后来自己成立公司，并成为著名的投资者。他和他的儿子兼合伙人埃德温（Edwin）共用一个电话，这样每个人都不会浪费太多时间讲电话。（施洛斯的办公室小得像个衣橱。）与施洛斯父子一样，许多投资者最适合团队工作。另一方面，众所周知，巴菲特总是独自待在奥马哈市朴实无华的办公室里工作；他的搭档查理·芒格，居住在奥马哈以西 2 400 千米的洛杉矶，他们每天联系一次。巴菲特在很大程度上依靠自己经营。一些投资者严格依靠公开披露的财务信息，而另一些则做大量的调查走访。对冲基金经理埃迪·兰伯特（Eddie Lampert）在买下汽车零件零售商汽车地带（AutoZone）的控股权之前，走访了其旗下的数十家门店。这是兰伯特让自己放心的方式。

## 信息溢价

通常情况下，广为人知的公开信息让独家信息得到了更多的重视。独家信息最可能的来源（这里先向施洛斯表示抱歉）是电话。一些共同基金雇用曾做过记者的人深挖投资“独家新闻”。他们电话采访前雇员以获得对管理层坦率的评价，同时他们还与供应商和竞争对手交谈。某共同基金发现，一家卓越的金融公司新任首席执行官向合伙人坦承，他对接任工作感到紧张，因为他读不懂财务报表。这家基金本已关注该公司股票，但得知这个消息后立即对其失去了兴趣。虽然不是每个人都拥有聘请私人侦探的资源，但支付研究费用应该是完全没有问题的。一位积极进取的股票经纪人，为密切跟踪他的一只股票——琼斯苏打饮料公司（Jones Soda），特意与饮料贩售网点之一的星巴克的咖啡师聊天。当咖啡师告诉他，星巴克准备放弃这个品牌时，他迅速清仓。此外，某些信息只有从管理层对问题的即兴作答中才能收集到。但要事先声明的是，有一些高管会说谎。

格雷厄姆特别不信任高管（他不喜欢拜访管理层正是出于这个原因）。他和多德警告说："客观考验管理能力的方法很少。"正如难以判断教练在球队的胜利中占多大功劳一样，确实很难说清公司的成功多大程度上应归因于高管。投资者往往把可能是由有利条件（或仅仅是运气好）带来的结果，归功于超凡的管理能力。在20世纪90年代初期和中期，可口可乐的盈利急速上升，积极宣传公司的首席执行官郭思达①被请上了《财富》杂志的封面。郭思达很有才能，他的能力充分反映在可口可乐公司的盈利中，而这些盈利又进一步反映在了股票价格中。然而，投资者"得寸进尺"，将股价推高至45倍市盈率，皆因他们对管理层增加盈利充满信心。格雷厄姆和多德称此为"重复计算"，也就是说，投资者基于对管理者的信心购买股票，看到该股票上涨后，将此作为管理层能力的进一步证明从而认定股价会涨得更高。1997年，投资银行奥本海默（Oppenheimer）的一位分析师为郭思达所折服（郭思达在同年晚些时候与世长辞），他写到，可口可乐对"短期业绩有着绝对的控制"。②

有三点理由说明这样的信心是站不住脚的。第一，郭思达的才能已经作为考虑因素计入股价。第二，管理层"绝对控制"的说法，如神话一般缥缈，这在增幅收窄时就显而易见了。第三，它确实在一定程度上拥有控制权，但却是通过可疑的会计手段"控制"可口可乐的盈利。例如，可口可乐习惯把装瓶厂的股份出售并将利得计入营业利润，从而进行粉饰。认为郭思达是一个神奇的天才大师这样的说法是一个警告信号：它非但不能证明郭思达有能力让未来的盈利高入云霄，还对公司过去已经取得的收益提出了质疑。当真相浮出水面，可口可乐的股票陷入低谷达十年

① 郭思达，可口可乐公司前董事长、首席执行官兼总裁罗伯特·戈伊苏埃塔（Roberto Goizueta），郭思达是其中文名。——译者注

② 罗杰·洛温斯坦，《崩溃起源：大泡沫和它的破灭》（*Origins of the Crash: The Greal Bubble and Its Undoing*，纽约：企鹅出版社，2004年），70页。——洛温斯坦注

之久。

这样的例子表明，在今天，无论是投资风险，还是人性易受诱惑和易于犯错的弱点，一点儿都不比格雷厄姆和多德所处的时代少。目前的市场错综复杂，因此我们更需要一本直白详尽、逻辑性强、尤为审慎的投资指南，而这些正是作者的信仰。现将第一部分奉上——阐述内在价值的入门知识，探究投资与投机的差异，介绍格雷厄姆和多德的投资方法、哲学、谋略与指引、工具等。

**罗杰·洛温斯坦（Roger Lowenstein）**

美国顶级财经记者。他的文章经常发表在权威财经杂志《纽约时报》、《投资组合》杂志、《美国财经杂志》等上。不仅如此，他还是畅销书《巴菲特传》《营救华尔街》《当美国变老》（*While America Aged*）《华尔街的终结》（*The End of Wall Street*）的作者。他还兼任红杉基金的外部董事。

在第一部分导读中，洛温斯坦向我们展示了他对于当代应用价值投资理念的真知灼见。

## 导读二

# 为什么价值投资适合中国

邱国鹭

高毅资产管理合伙企业董事长

对高毅资产的研究员以及高礼价值投资研究院的学员开展培训的过程中，我一直在思考应该选用一本什么样的书作为证券分析行业的入门阅读材料。比较了很多选项之后，我认为《证券分析》这本书可能是最好的培训教科书之一。它不仅提供了投资的方法论，还提供了投资的哲学和理念，能够帮助大家很好地把理论和实践相结合。纵观全书，格雷厄姆最主要的投资思想有三个：安全边际、市场先生、以实业的眼光投资。

本书的第一部分对一些基本问题进行了提纲挈领的分析，是对全书的综述，也是其他部分的基础。我曾给《格雷厄姆：华尔街教父回忆录》作过序，那本自传是对格雷厄姆一生经历的精彩回顾，读完可以了解他的投资方法产生的背景和原因。有些人把格雷厄姆的价值投资方法简单地归结为片面强调低估值的“烟蒂投资法”，其实他们忽视了格雷厄姆的投资思想产生的大背景是在大萧条之下。

《证券分析》采用的基础语言是会计用语，出发点是财务报表，它提供了一种可掌握、可运用的方式方法论，教给大家如何通过财务报表来进行基本面分析，而不仅仅是坐而论道。分析一个学生的能力可以通过分析他一段时间各科考试的综合平均成绩，分析一家公司也是类似的道理，我们通过一段较长时间的跟踪分析，可以大致评判这家公司的内在能力和内在价值。古希腊哲学家赫拉克利特说过，“人不能两次踏进同一条河流”，公司的护城河、核心竞争力、行业格局、产业发展趋势也在不断地变化。特别是中国，在短短二十多年的时间里经历了别国上百年走过的路，从城镇化到城市化到工业化到信息化，中国的加速发展和变化，让我们在投资过程中面临更多的挑战。不过有变化并不代表经典的思想已经过时。凡事都有切入点，《证券分析》一书就提供了一个非常好的切入点。

我们知道，价格围绕内在价值波动，但内在价值看不见摸不着，我们能看见的是财务报表显示出的数据。公司的内在价值反映了公司的能力和本质，而财务报表的数据其实只是一种现象。就好比一个能力 90 分的学生，发挥优异时可能考 95 分，发挥失常时可能只考 70 分。现象能够反映本质，现象和本质都会变化，但是本质不如现象变化得快，核心是如何通过现象看本质。

我一直认为投资的三项基本要素是估值、品质和时机。在估值分析方面，《证券分析》一书提供了很多会计和定量的角度去解读和评判公司的基本面，从而解答公司的估值问题。判断公司品质的好坏则相对复杂，需要对行业的深入了解和多方面的积累，才可能透过财务报表挖掘公司更深一层的能力。比如，白酒在 2013—2015 年经历了较大的行业压力，体现为各家白酒上市公司的财报数据较差，但这并不会改变它商业模式非常好的本质。这类公司一把米一斤水就可以卖几百块钱，说明它们的品牌忠诚度、细分领域行业格局依然很好。再比如，2010—2011 年市场认为医保改革将给医药行业带来巨大利好，开始爆炒医药股，那是风来了一拥而上的普涨行情。但其实各医药公司之间的分化非常大，创新药公司的竞争力强，而生产辅助用药和中药注射剂的一些公司竞争力相对较弱，会被逐步淘汰，未来还可能面临一致性评价无法通过的问题。虽然风来了垃圾也能飞，但是各家公司的内在能力差异巨大；虽然财务报表上看都在增长，但是有的公司是真正有能力，有的公司只是风口上的猪。

我们做证券分析时不能只停留在表面利润增长这个层面，而是需要透过财务报表去分析公司背后的能力。比如，2013 年大家爆炒电影、游戏、P2P 互联网金融，从报表的角度看这几个行业增速非常快，但几年过后一地鸡毛，本质是这些行业中的大多数企业的能力无法经受住时间的检验。那几年电影行业的票房每年增长约

50%，从现象上看，基本面数据都很好，但从能力来看，定价权其实掌握在演员和导演的手里面。某部电影火了，演员和导演可以成立自己的工作室进行再创作，和制片公司没关系。手游也是类似的情形，一段时间的收入流水很高，但几个月以后老游戏没有人玩儿了，又要重新做新的游戏。P2P 互联网金融更不用讲，当时说要颠覆银行，现在银行总资产 200 万亿了，而 P2P 互联网金融很多都跑路了，因为金融的本质是风控能力。《证券分析》一书为大家提供了一个分析公司的基本框架，但更重要的是能够让人们更深一层去看到报表背后的内在价值，而不是只看到报表层面的利润高增长这些现象。股价的波动本身也是一种现象，是财务数据的一种映射。

格雷厄姆提出的安全边际、市场先生、以实业的眼光投资这三个思想是相辅相成、辩证统一的。安全边际来源于两个方面：一个是基本面的低估值，另一个是基本面的坚实。另外，市场先生也是一种很好的说法。格雷厄姆曾形容，市场先生本身像一个极端的精神病人，有时候很乐观，会报出一个非常高的价格，有时候又很悲观，会报出一个非常低的价格，这种情形在 A 股市场屡见不鲜。我们要重点关注现象对本质的反映，股市至少是两层映射，第一层是价格对基本面数据的映射，第二层是基本面数据对内在价值和内生能力的映射。因为股价是两层映射的结果，所以它的波动度就特别大，这也说明了安全边际和市场先生两个思想的结合非常重要。正因为波动特别大，在价格通过两层映射对于内生价值存在明显低估的时候，就给了投资者一个很好的安全边际。如果以实业的眼光去投资，投资者就会更关注企业的本质，而不是简单地根据财报数据做出判断。企业的内在价值、核心竞争力、护城河、行业格局、行业门槛、是否具备先发优势、管理层素质，这些是企业的内在，是第一层的内容，每季度、半年度、年度的财报是第二层的内容，而价格是第三层的内容。

这三个基本思想是我们做价值投资需要掌握的基本的逻辑思维框架，是道的层面；如何进行基本面分析和市场分析，是术的层面，有一定经济学或商科背景的人都能够完成。利用会计的方法去分析企业的基本面，一定程度上可以避免被管理层讲述的各种故事所误导。一个优秀企业的价值可以反映为较长一段时间的财务报表数据的高质量，例如，收入、利润的稳定增长，较高的净资产收益率水平。

价值投资在中国是适用的，而且从过去 15 年的历史来看，很多优秀价值投资人在中国的长期回报都很高。但是，在中国的资本市场，价格偏离价值的幅度经常很大，而且偏离的时间经常很长，所以在中国做价值投资非常考验投资人的定力和独立判断力。认真掌握《证券分析》这本书里的知识、技巧和投资理念，有助于形成这样的定力和独立判断力。基本面分析能力是价值投资的基础，《证券分析》这本书值得每一位价值投资者仔细研读。

**邱国鹭**

现任高毅资产管理合伙企业董事长。具有 19 年的基金业投资管理经验，曾任南方基金管理有限公司投资总监和投委会主席、普林瑟斯资本管理公司基金经理、奥泰尔领航者对冲基金合伙人、美国韦奇资本管理公司合伙人等职，曾获中国基金业 20 年最佳基金经理奖。所著的《投资中最简单的事》及合著的《投资中不简单的事》均曾登上金融投资类畅销书榜首。

# 01

# 证券分析的范围与局限以及内在价值的概念

分析，是指根据已确立的原则和合理的逻辑对可获得的事实进行仔细研究，并试图从中得出结论。这是科学研究方法的一部分。但是将分析应用于证券领域时，我们遇到了严重的障碍，因为投资在本质上并不是一门精确的科学。其实，法律和医学同样不是精确的科学，因为在这些领域中，个人技艺和机会都是决定成败的重要因素。然而，在法律和医学两个领域中，专业分析不仅有用，而且不可或缺。因此，在投资甚至投机领域应该也是如此。

在过去三十年里，华尔街证券分析的声誉经历了辉煌的崛起，也经历了耻辱的衰落——这段兴衰史与股价变化相关但并不同步。在 1927 年以前很长一段时间里，证券分析一直不断地向前发展，财务报告和统计数据分析得到了各方人士越来越多的重视。但是在始于 1927 年的“新时代”里，人们彻底放弃了分析方法。表面上看，事实和数字仍然受到重视，但实则却被一种伪分析所操纵，用以解释这一时期的假象。对头脑清醒的分析师来说，1929 年 10 月的市场崩溃是意料之中的。然而这次股灾牵连的范围，以及对既有盈利能力的破坏程度，却超出了他们的想象。因此，最终的结果是，严谨的证券分析惨遭双重抹黑：

- 第一，市场崩溃之前，证券市值持续虚高，一“券”千金；
- 第二，市场崩溃之后，证券实际价值暴跌，一文不值。

1927—1933 年的市场是如此非同寻常，以至于这段经验不大可能提供一个有效的标准来评判证券分析的效用。直到 1933 年以后，不同的评判观点才有了生存空间。

我们相信，在债券和优先股领域，那些选择投资标的的合理原则已被证明较为有效，而在普通股领域，市场往往偏向于驳斥保守的观点，但反过来，许多分析时看似廉价的股票却表现得令人失望。另一方面，分析方法让人们有充分的理由相信，有代表性的股票的价格在1937年年初太高，一年后则太低。

## 证券分析的三大功能

证券分析的功能可以用三个标题来概括：描述功能、选择功能和评判功能。

### ● 描述功能 ●

顾名思义，描述功能意指汇集某一证券有关的重要事实，并以连贯的、易于理解的方式把这些重要事实列举出来。对于市场上各种有价证券而言，手册、标准统计局（Standard Statistics）以及惠誉国际（Fitch）等已经充分地利用了这种功能。深入的描述性分析旨在揭示证券的优劣，将其特征与其他同类证券进行比较，对可能影响到其未来表现的因素进行评估。这种分析几乎适用于每一家公司的证券，而且由于它为判断提供了系统的事实基础，因而对投资乃至理性投机都有帮助。

### ● 选择功能 ●

在选择功能中，证券分析更进一步，表达出明确的判断。它旨在确定某一证券是否应被购买、出售、持有或与其他证券进行交换。这种较积极的分析最适合哪种类型的证券，在哪种情况下发挥作用呢？这项分析又会遇到什么样的障碍或限制呢？我们可以从一组实例入手，并以此为基础，进行更普适性的讨论。

#### 分析判断的案例

1928年圣路易斯–旧金山铁路公司（St. Louis-San Francisco Railway Company）向公众大量发售票面利率为6%、售价为100美元的非累积优先股。历史记录显示，该公司没有一年的盈利能够达到固定费用与优先股股息之和的 1.5 倍。根据公认有效的选股标准，这只证券保护性不足，不应持有。

一个相反的案例：1932 年 6 月，欧文斯－伊利诺伊公司（Owens-Illinois Glass Company）出售一只 1939 年到期、票面利率 5%、售价 70 美元、到期收益率 11% 的债券。该公司的利润高于利息许多倍，不仅历史平均值如此，即使在严重的萧条时期也如此。该债券单靠流动资产就足以偿还。随后，公司还发行了普通股和优先股，即便是以最低的股价计算，这些股票也有巨大的总市值。通过分析，分析师认为这只证券非常稳定且价格极具吸引力，因而推荐投资者购买。

让我们举一个普通股方面的例子：1922 年，航空证券兴起之前，莱特航空公司（Wright Aeronautical Corporation）的股票在纽约证券交易所的卖出价仅为 8 美元。但当时它的股息有 1 美元，有一段时间其每股收益超过 2 美元，每股现金资产甚至超过 8 美元。在这种情况下，分析师会毫不迟疑地确定该股内在价值远高于市场价格。

1928 年，这只股票的价格已升至每股 280 美元。当时的股息为 2 美元，每股收益为 8 美元（在 1927 年为 3.77 美元），每股净资产低于 50 美元。对这一情景进行分析可得出结论：市场价格表现的大多是完全臆测的投资前景，换句话说，其内在价值远低于市场价格。

还有一种类型的分析结论可以通过对跨区快速地铁公司（Interborough Rapid Transit Company，I.R.T.）票面利率为 5% 的第一替续债券和票面利率为 7% 的抵押票据进行比较来说明。1933 年，两种证券均以 62 美元的价格出售。利率 7% 的债券的价值显然大大超过利率 5% 的债券，因为每张 1 000 美元面值的 7% 票据都获得了面值 1 736 美元的 5% 债券的担保；且 7% 票据的本金已经到期，持有者有权选择全额兑付或出售抵押品获利。每张 7% 票据靠抵押品收到的年息约为 87 美元（实际上分配给了债券持有人），以至于 7% 票据的当期收益要大大高于 5% 债券。即使出现某些技术细节问题使得票据持有人不能及时、完全地主张他们的合同权利，也不会改变 7% 票据的内在价值大大超过 5% 债券这一事实。

另一个同类型的案例是 1936 年 10 月，派拉蒙电影公司（Paramount Pictures）以 113 美元销售的第一可转换优先股和同时以 15.875 美元销售的普通股之间的比较。持有人有权将 1 股优先股自由兑换成 7 股普通股，且累积股息为每股 11 美元左右。显然，优先股比普通股便宜，因为它会在普通股获得股息之前得到非常可观的股息，而且由于它可转换，持有者还可以充分享受普通股股价上升带来的好处。如果一个普通股的股东认同这种分析并将他的普通股按 7 比 1 的比例转换成优先股，他的股息和本金价值很快就会大幅增加。[①]

## 内在价值与价格

从上述例子可以看出，证券分析师的工作并非不能得到实用、具体的成果，而且他们的分析适用于各种各样的情况。在所有这些实例中，证券分析师似乎总是关注证券的内在价值，特别是内在价值和市场价格之间的差异。然而，我们必须认识到，内在价值是一个难以捉摸的概念。一般来说，内在价值是由资产、收益、股息等事实和可以确定的前景决定，有别于被人为操纵和狂热情绪扭曲的市场价格。但是，臆测内在价值会像市场价格那样明确则是一个极大的错误。曾经有一段时间，人们认为内在价值（比如，一只普通股的内在价值）与“账面价值”基本一样，即它等于公允价值下的公司净资产。这种观点相当明确，但毫无实际价值，因为不论是平均收入还是平均市场价格，都不由账面价值决定。

## 内在价值与“盈利能力”

以上观点逐渐被一种新观点所取代，即一个企业的内在价值是由其盈利能力决定的。但“盈利能力”一词意味着对未来业绩的预期有十足的把握。仅仅知道过去的平均盈利能力，或是过去盈利能力表现出的明确的上升或下降趋势，都是不够的。必须有合理理由才能认为，这个平均盈利或升跌趋势能可靠地预测未来。经验表明，这个预测方法在很多例子中都是错误的。这意味着，我们无法放心地将明确的数字表示的“盈利能力”，以及由此衍生的、同样明确可查的内在价值概念，当作证券分析的一般前提。

---

① 为了继续了解刚刚给的 6 个例子，请参阅附录注释 2。

**案例**

为了使这个推理更清楚，我们来看一个典型的例子。我们对 1933 年凯斯公司（J. I. Case Company）普通股的内在价值的分析将会有怎样的结果呢？该股票的市场价格是 30 美元，每股净资产为 176 美元，未支付股息；十年平均收益达到每股 9.50 美元，1932 年的业绩是每股亏损 17 美元。如果遵循通常的估价方法，我们可能会用普通股十年内的每股平均盈利乘以 10，得到 95 美元的内在价值。但是，让我们看看组成这 10 年平均值的具体数字（如表 1—1 所示）。很显然，平均值 9.50 美元只是从 10 个无关的数字得出的算术结果，很难让人相信这个结果反映了这家公司过去的典型情况，或预测了其未来的趋势。因此，任何从这个平均值得出的“真实价值”或“内在价值”都是随机的或是虚假的。①

**表 1—1 凯斯公司普通股每股收益（单位：美元）**

| | |
|---|---|
| 1932 年 | 17.40（亏损） |
| 1931 年 | 2.90（亏损） |
| 1930 年 | 11.00 |
| 1929 年 | 20.40 |
| 1928 年 | 26.90 |
| 1927 年 | 26.00 |
| 1926 年 | 23.30 |
| 1925 年 | 15.30 |
| 1924 年 | 5.90（亏损） |
| 1923 年 | 2.10（亏损） |
| 平均值 | 9.50 |

## 内在价值在证券分析中的作用

阐述内在价值在证券分析中的作用，有助于我们理清各个看似矛盾的例子。最重要的一点是，证券分析并不是为了确定某只证券的内在价值，而是为了证明其内

① 1933—1939 年，凯斯公司普通股的盈利状况在每股亏损 14.66 美元和盈利 19.20 美元之间变化，平均为 3.18 美元。股价介于 30.5~191.75 美元之间，公司 1939 年的收市价为 73.75 美元。

在价值是足够的，例如能够为债券提供保障或者能够为购买股票提供依据。证券分析也可以用来确定证券的内在价值，或者该值大大高于或低于市场价格。要实现这一目的，只需对内在价值有个大致的估计。打个简单的比喻，我们很有可能只需通过观察，就能判断一个女人是否达到了投票的年纪，而无须知其岁数；或者判断一个男人的体重是否超标，而无须知其体重。

简要地回顾一下我们的例子，上述观点可能会变得更清晰。拒绝购买圣路易斯－旧金山铁路公司的优先股，并不需要对这个铁路系统的内在价值进行精确计算。它的盈余记录已表明，扣除了债权人的利息和优先股股东的股息之后剩余的价值太小，因而不足以保障投资的安全性。欧文斯－伊利诺伊公司票面利率为 5% 的债券的情况却刚好相反。要对该公司进行公允精确的估值非常困难，但要判断该公司价值是否远超公司债务则相当容易。

在莱特航空公司的案例中，公司早期的情况证明公司价值远超过每股 8 美元，或共计 1 800 000 美元。数年后，事实也同样确凿地表明其价值达不到每股 280 美元，共计 70 000 000 美元。分析师无法确定莱特航空 1922 年每股的实际价值是 20 美元还是 40 美元，也难以确定 1929 年每股的实际价值是 50 美元还是 80 美元。但幸运的是，分析师没有必要精确地估计出每股的实际价值便可得出结论，即每股 8 美元有吸引力，而每股 280 美元没有吸引力。

凯斯公司的例子说明了更为典型的普通股情况，即分析师无法就内在价值与市场价格的关系得出一个可靠的结论。但即便如此，如果价格过高或过低，还是可以得出结论的。由于存在这种不确定性，在 1933 年年初很难确定该公司普通股的内在价值是接近 30 美元还是 130 美元。然而，如果股票以每股 10 美元的低价出售，那毋庸置疑，分析师将判断该公司股票的内在价值高于市场价格。

## 内在价值概念的灵活性

上述例子说明了将内在价值概念用于证券分析时是多么灵活。根据不同的情况，内在价值的概念或多或少会有些差别，差异的程度可以用假设性的“近似值范围”来表示。当市场前景不确定性增加时，“近似值范围”会扩大。例如，1922 年，莱特航空公司的证券的价值范围为20~40美元，而1933年凯斯公司的证券的价值范围为30~130美元。即使内在价值的概念非常模糊，但当证券的估值大大偏离其价值范围时，我们仍然能得出结论。

## 特殊情况下概念更加明确

相比上文中其他案例，跨区快速地铁公司的案例更能清楚地说明这一点。在这个案例中，可以用票面利率5%的债券的市场价格对7%票据进行非常明确的估值。如果能确定抵押票据持有人可以获得抵押品，那么7%票据价值1 736美元，5%债券价值1 000美元，这个数学比例关系最终会在市场上体现出来。但是由于市场上种种复杂情况，这个关系可能不会完全实现。因此，在现实中，不能说7%票据的价值一定比5%债券高74%，但可以确定7%票据的价值高于5%债券。当两种证券以相同的价格出售时，这是一个非常有用的结论。

跨区快速地铁公司证券的例子是一个比较特殊的案例，在这个案例中，利用内在价值的分析可能会比平常情况得出更为明确的结论。在这个特殊情况下，可能会涉及清算，或引起“套利”“对冲”等技术操作。理论上说，这些技术操作可能是分析师工作中最令人满意的领域。但从更广泛的投资理论和实践上看，由于它们具有特殊性且不常出现，因此相对不太重要。

## 证券分析过程中的主要障碍

分析师不可能永远都是对的。此外，某个结论在逻辑上可能是正确的，但在实际应用中效果却很差。证券分析过程中主要面临3大障碍，即：

（a）数据不足或不准确；
（b）未来的不确定性；
（c）市场的非理性行为。

**a. 数据不足或不准确**。第一个障碍虽然严重，但却不是最重要的。故意伪造数据的情况很罕见；大部分失实谎报是因为使用了会计手段，而优秀的分析师能识破这些手段。隐瞒比谎报更普遍，但随着多项法规的实施，隐瞒的程度已经大大降低。

纽约证券交易所和美国证券交易委员会先后要求公司对会计实务进行更完整的信息披露以及更充分的补充说明。若仍有重要信息被隐瞒，分析师应该可以凭经验和技巧注意到这个问题。事实上，如果分析师通过适当的调查和施压，仍不能查明事实，那他应将该隐瞒事项考虑在内。毫无疑问，隐瞒有时无法察觉出来，并会因此导致错误的结论。

**b. 未来的不确定性。**更多的时候，障碍是源于不断变化的未来。根据事实和明确的前景得出的分析结论可能由于事情出现新的发展而失效，由此引出这样一个问题：证券分析在预测条件变化方面的作用到底有多大？在对分析过程中涉及的各种因素进行讨论之前，我们暂不考虑这个问题。未来的变化显然是难以预测的，证券分析通常需要假设过去的记录至少能为未来提供一个粗略的指引。对这个假设的质疑越多，分析的价值越少。因此，将这项技术应用于优先证券比应用于普通股更为有效，因为优先证券是不受环境变化影响的；同理，将之应用于稳定的业务比应用于频繁变化的业务更为有效；最后，将之应用于正常情况下比应用于不确定性大、变化剧烈的情况下更为有效。

**c. 市场的非理性行为。**证券分析的第三个障碍在于市场本身。从某种意义上说，市场和未来一样难以把握，分析师对这两者既不能预测也不能控制。但分析师的成功很大程度上还是依赖于这两方面。人们可能会认为，投资分析师的主要工作与证券的市场价格关系不大，他们的主要任务是选择优质的、有固定利息收益的债券，并通过调查判断利息和本金的安全性。证券的购买者不应该过于关注后续的市场价格波动，而只需留意这些债券是否仍是良好的投资工具。在我们看来，这种传统的看待投资者的观点是不正确的，而且有点虚伪。证券持有人，无论其持有的证券有什么特性，都会对市场行情感兴趣，这个事实可以从投资实务中强调变现能力这一点得到证实。如果某只证券的市场流动性是重要的，那么有一个吸引人的价格则更为重要。相比投机者，高等级债券的投资者较少关注市场波动。然而，即便不考虑财务方面的影响，市场价格波动对于投资者仍有强烈的心理影响。因此，即使是在分析高等级证券，分析师除了要考虑到影响证券基本安全的因素，也还必须考虑到任何可能对市场价格产生不利影响的因素。

分析师的一部分工作是寻找可能被低估或被高估的证券，这与市场价格直接相关，因为他的判断是否准确很大程度上取决于证券最终的市场价格。这种分析工作建立在双重假设之上：第一，市场价格经常偏离证券的真正价值；第二，当这些偏差存在时，市场会有一个自我纠正的趋势。即使华尔街常常高调谈论“市场的判断绝对可靠”，并声称“股票的价值就是出售的价格，既不多也不少”，但第一项假设所阐述的是几乎确凿无疑的事实。

## 价值调整速度缓慢的风险

第二项假设在理论上同样是正确的，但在现实中的结果往往是最不理想的。因疏忽或偏见引起的对某一证券价值的低估可能会持续很长时间，而由于投资过热或人为的刺激因素造成的价值高估同样有可能会持续很长时间。分析师面临的风险是，由于存在这样的延误，新的决定因素在市场价格尚未回归到分析师判断的价值之前，可能已经出现。换句话说，等到价格最终反映了分析师判断的价值时，这个价值可能已经发生了很大变化，分析师做出投资决定所基于的事实和理由可能已经不再适用。

分析员必须想方设法地规避这种风险：

- 方法一是注重挑选不大可能突然发生变化的情况；
- 方法二是着重挑选那些具备公众吸引力的证券，一旦分析师识别出价值因素，公众会迅速做出反应；
- 方法三是通过调整自己的分析以适应一般的金融市场情况——在商业和市场条件平稳时更注重寻找被低估的证券，而在市场压力异常和不确定的情况下，更加谨慎行事。

## 内在价值与市场价格的关系

通过图 1—1 可以清楚看到证券内在价值与市场价格的关系，该图追踪了市场价格的影响因素和形成步骤。从图中可以明显地看出，我们所说的分析因素对市场价格的影响是局部的、间接的——所谓局部，是因为纯粹的投机性因素经常从相反的方向影响价格；所谓间接，是因为它要通过人们的投资情绪和决定才能影响证券的市场价格。换句话说，市场不是一个天平，不能根据每只证券的特性来精确、客观地记录它们的价值。相反，我们应该称市场为一个投票机，由无数的个人参与选择，这些选择部分出于理性，部分出于感性。

Ⅰ. 一般市场因素

Ⅱ. 个体因素

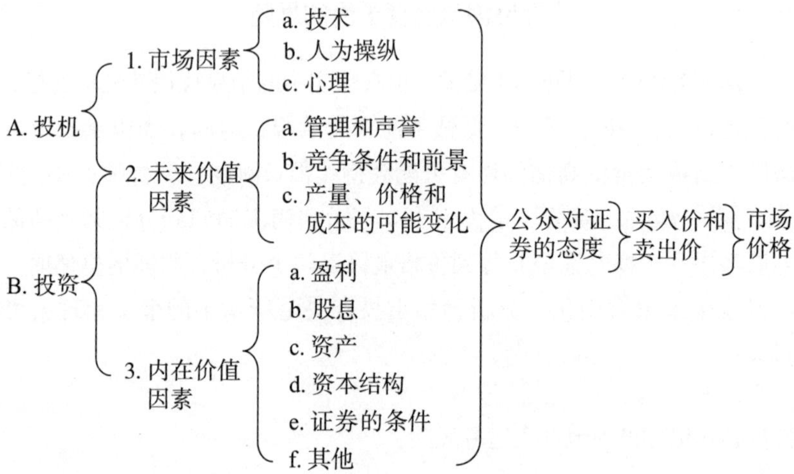


**图 1—1　内在价值因素与市场价格的关系**

## 证券分析与投机的区别

人们可能会认为，合理的分析在任何情况下都应该产生成功的结果，即便是在不确定性很大、风险很高的投机活动中。如果用于投机的证券是在对公司情况进行专门研究的基础上选出来的，难道这种方法就不能给投机者带来明显的优势吗？在承认未来情况不确定的前提下，市场有利和不利的发展是否能够或多或少地相互抵消，使得最初的合理分析所建立起的优势平均而言能带来一些利润？这个说法似是而非，具有欺骗性，分析师若轻易接受这一说法，将误入歧途。因此，在力主依赖分析进行投机之前，我们有必要详细讨论一些正确的观点。

**首先，“投机机制”对投机者十分不利，其危害可能超过分析研究带来的好处。**这些不利包括为交易支付佣金和利息费用，即“买卖价差”，以及最重要的平均损失超过平均利润这个先天趋势，除非采用与分析方法相背离的特定交易技术来避免该趋势。

**其次，在投机情况下，基本分析因素容易发生迅速而突然的变化。**未待到市场价格反映其价值，证券的内在价值可能已经发生了变化。与投资情况相比，这个风险在投机活动中要严重得多。

**再次，依赖分析进行投机的第三个阻碍来源于未知因素，这些因素有必要从证券分析中分离出来。**理论上讲，这些未知因素有利还是不利的概率应该是均等的，因而长期来看它们能够相互抵消。例如，两家同业公司尽管有着相似的前景，但通过盈利的比较分析，我们不难确定哪家公司的证券售价更低。不过，表面上极具吸引力的证券之所以售价低廉，很可能是因为另有一些尚未披露，但熟知公司内幕者已知的不利因素，而价格看似高于其相对价值的证券也可能因为类似的原因。在投机活动中，知道内情的人往往具备这个优势，从而使得市场的有利和不利变化能互相抵消的假设失效，而不了解内情的分析师的胜算则不大。[①]

## 随机因素的增多会降低证券分析的价值

依赖分析进行投机的最后一个障碍，虽然理由较为抽象，但其现实意义非常重大。即使我们承认分析会给投机者带来数学上的优势，但也不能保证他一定会获得利润。投机行为仍然存在风险，在任何情况下，都有可能出现亏损；而投机操作结束后，也很难确定分析师的建议是有益的还是有害的。因此，分析师在投机领域的作用是不确定的，还有点缺乏职业尊严。这就好像分析师和命运女神在投机这架钢琴上演奏一曲二重奏，所有的曲调都是由善变的女神决定的。

我们再举一个更为具体的例子，以帮助人们理解为什么分析从本质上说更适用于投资，而不是投机。（我们假设本章中的“投资”意味着预期安全，而“投机”则代表着承认风险。我们将在后面的章节中对此进行更详细的探究。）在蒙特卡洛轮盘赌中，赌场主的赔率为 19 对 18。所以，赌客每下注 37 美元，赌场主平均可以赢得 1 美元。那些未受过训练的投资者或投机者面对的赔率也是如此。我们假设，通过一些

① 见附录注释 3，参阅“高市盈率股”与“低市盈率股”的比较这项市场行为研究结果。

分析，一个轮盘赌赌客能够在有限的赌博次数中，扭转赌场主的赔率使之变为 18 对 19，从而有利于自己。如果他将赌注平均押在所有的数字上，那么无论结果是哪一个，他肯定会赢得一笔稳健的收入。这种操作可以比喻为在有利的市场环境下，根据合理的分析进行投资。

但如果赌客把赌注全部押在某一个数字上，与他所选的号码是否被选中相比，略微有利于他的赔率便显得无足轻重了。如果幸运的话，他的“分析”能帮他赢得多一点；但如果不幸运的话，他的分析就没有价值了。这个例子也许略带夸张，但它诠释了分析师在实际投机操作中的角色。确切地说，由分析带来的数学优势，在投资领域能够确保良好的效果，但在投机这种运气起压倒性作用的领域，则有可能被证明是完全无效的。

因此可以认为，在投机方面，分析不具有指导作用，它仅是一种辅助手段。只有在运气属于次要因素的领域，分析师才可能发出权威的声音，并对自己的分析判断的结果负责。

## ● 评判功能 ●

金融投资的原理和公司金融的方法都属于证券分析的领域。将标准应用于事实，便能得到分析判断的结果。因此，分析师需要关注所选标准的合理性和实用性；还需关注证券，尤其是债券和优先股是否有足够的保障性条款；并重点关注执行这些保障条款的方法是否为公认金融实务的一部分。

对于分析师来说，公正地介绍事实是一件非常重要的事，而这意味着他必定会对会计方法进行评判。最后，他还必须关心公司策略对证券持有人的影响，因为他分析的证券的价值在很大程度上取决于公司的管理行为，其中包括公司资本结构、股息和扩张策略、管理层报酬，甚至包括是继续经营还是清算无利可图的业务。

基于以上各种观点，证券分析能够提供严谨的判断，避免错误，纠正滥用，并更好地保护债券或股票持有人的利益。

# 02

# 分析问题的基本要素以及定量和定性因素

在第1章中，我们站在分析师的角度，根据他们的目的，提出了一些用于分析的概念和材料。现在，我们问一下正在工作的分析师，他在选择解决特定问题的方法时，主要考虑了哪些要素？面对五花八门的待处理信息，他应持怎样的基本态度？

## 四个基本要素

证券分析的目的是回答或者帮助回答一些非常现实的问题。其中最常见的有：为了达到某个确定的目的，应该购买什么样的证券？应该买进、卖出，还是持有证券 *S* 呢？

所有这些问题都离不开四个基本要素。它们是：

- 证券；
- 价格；
- 时间；
- 人。

上述两类问题可以被更完整地表述为：投资者 *I* 是否应在 *T* 时刻以价格 *P* 买入（或

售出，或持有）证券 $S$？这又引出了关于四个因素相对重要性的讨论。为方便阐述，下文将按照从后向前的顺序来考虑它们。

## ● 个人因素 ●

每一次证券买卖都或多或少地涉及个人因素，其中最主要的是有意购买者的财务状况。一项对于商人而言有吸引力的投机性买卖，绝不是收入有限的受托人或寡妇想涉及的。对于那些不能从票面利率 3.5% 的美国自由公债（United States Liberty）中享受免税优惠的投资者而言，他们宁可投资于需要缴税但收益率较高的政府证券。[①]

还有一些个人特性可能也会影响个人对证券的选择，包括：财务素养和能力、性格以及偏好。虽说这些因素有时确实是至关重要的，但它们通常不是分析中的决定性因素。分析得出的结论大部分与主体无关，对投资者或投机者同样适用。

## ● 时间因素 ●

分析证券的时间对分析结论的影响可能是多种多样的。公司的表现或前景在不同的时间段里可能有差异，而这些变化中的情况势必会影响分析师对证券的看法。此外，质量和收益率是用来选择证券的两个标准，它们（尤其是后者）通常会随着金融形势变化。1931 年 6 月，最高等级的铁路债券的收益率为 5%，这似乎是很有吸引力的，因为该类债券的平均收益率为 4.32%。但同样的收益率在 6 个月后就没有任何吸引力了，因为此时这类债券的价格大幅下降，平均收益率已上升至 5.86%。最后，几乎所有的证券投资都在一定程度上受到当时金融和商业前景展望的影响。在投机活动中，这些因素起到决定性的作用；在保守投资中，通常应该忽视这些要素，但在经济萧条、前景不明朗时，却又不能忽略它们。

作为一门学科，证券分析必须确保其采用的原则和方法在任何时候（至少在所

① 1927 年，这些票面利率为 3.5% 的证券的收益率为 3.39%，而同时到期的票面利率为 4.25% 的美国自由公债的收益率为 4.08%。

有正常情况下）都是有效的。然而，须牢记在心的是，分析方法的实际运用要根据不断变化的市场环境进行调整。

## ● 价格因素 ●

价格分析是完整的证券研究不可或缺的一部分。在选择优质的投资级别债券时，价格通常是一个从属的因素。这不是因为价格因素无足轻重，而是因为在实际操作中这类债券的价格极少过高。这时，分析重点几乎都放在"证券是否足够安全"上。但在特殊情况下，如购买高等级可转债时，价格和安全程度可能同等重要。例如，美国电话电报公司 1939 年到期、收益率为 4.5% 的可转债在 1929 年的市值超过 200 美元。该债券的本金（按面值计）及利息无疑是安全的，但若以这个价格购买该证券承担的风险极大。事实上，其市值随后跌至不足原来的一半。[①]

在投资普通股时，更有必要考虑价格因素，因为以错误价格买入证券带来的风险不亚于买入错误的证券。我们将在后文指出，新时代的投资理论忽略了价格因素的作用，这可能会造成灾难性的后果。

## ● 证券因素：企业特征与证券条件（价格、条款及状况等）●

现在，我们从不同的角度来重申问题，以便更清楚地展示证券因素和价格因素在投资决策中扮演的角色。我们不再问:（1）买哪只证券？（2）以什么价格买？我们改为问:（1）买哪家企业发行的证券？（2）基于什么条件购买证券？这样我们能够更加全面均衡地比较分析中的两个基本要素。投资或投机的"条款"，指的不仅是证券的价格，还有证券当时的条件以及状况（或表现）。

① 美国电话电报公司票面利率为 4.5%，1939 年到期的可转换证券，每年价格范围如下所示：

| 年份 | 最高价 | 最低价 |
|---|---|---|
| 1929 | 227 | 118 |
| 1930 | 193.375 | 116 |
| 1931 | 135 | 95 |

## 证券条件缺乏吸引力的例子

即便是最稳健的企业发行的证券，其条件也可能是不合理的或对投资者不利的。在 1929 年以前很长的一段时间里，城市房地产的价值稳步增长，被许多人视为“最安全”的投资渠道。但在 1929 年，纽约市房地产开发公司的优先股的购买者可能会面临非常不利的证券条件，这些条件足以令行业本身的各种有利因素荡然无存。一只典型的这类股票可归纳如下：[①]

- 证券条款：该证券是优先股，位列大额的第一抵押权债券之后，不享有股息或本金支付的绝对权利。它位列于普通股之前，但由于普通股基本不涉及现金投资，所以普通股股东在亏损时并没有什么实质损失，获利的空间却很大；而优先股股东可能满盘皆输，即便是获利也仅能分得一小部分。
- 证券状况：该证券募集的资金是用于一个新的建筑项目。这座建筑的建设成本异常高，而且没有储备金或者其他非优先资本作为资金困难时的缓冲。
- 证券价格：该优先股的股息率为 6%，比房地产第二抵押权债券的回报率低得多；而且房地产第二抵押权债券还拥有诸多其他优势。[②]

## 证券条件具有吸引力的例子

研究近年来电力和照明行业的融资情况，我们发现有无数案例可以证明：基本面极具吸引力的企业也会发行条件不优厚的证券。但布鲁克林联合高架铁路公司（Brooklyn Union Elevated Railroad）的案例则是一个例外。该公司发行的 1950 年到期、票面利率为 5% 的第一抵押权债券，在 1932 年的售价为 60 美元，到期收益率为 9.85%。这属于布鲁克林 – 曼哈顿运输系统（Brooklyn-Manhattan Transit System）的债务。公共交通运输（或者说电气化铁路）行业长期以来一直不被看好，主要是因为汽车的竞争以及管制、收费合约的压力。因此，相对来说，这个证券代表的企业不

① 弗雷德·F· 弗伦奇公司（Fred F.French Company）及其附属公司组织、赞助的独立所有公司使用了上文描述的融资方法，只有后来加入都铎城商住综合区（Tudor City）的融资中的企业除外。加入都铎城的这部分企业用附息票据替代了优先股。在融资计划中，这些附息票据可由公司决定是否按面值转换成优先股。

② 这个例子中房地产企业赠予优先股持有者一份普通股股份。普通股并无直接价值，但在利好条件下有潜在价值，有可能使购买变得有利可图。然而，从投资的角度来看，这家企业的优先股有前文阐明的各项不利因素。购买优先股的投资者均损失惨重，几乎无一例外。

具备吸引力。然而，有利的证券条件却可能使之成为令人满意的证券，如下所示：

- 证券条款：该公司和纽约市签订的合同约定，债券的利息是该公司和纽约市两者共有的地铁和高架铁路系统盈利的第一位扣减项目，这意味着投资规模远大于债券的规模。
- 证券状况：除了上述非常特殊的保障外，债券发行方还是一家稳定的、盈利能力强的公司。
- 证券价格：购买时机适合的话，该债券收益率可以高于布鲁克林 - 曼哈顿运输股份有限公司（Brooklyn-Manhattan Transit Corporation，BMT）1968 年到期的、票面利率为 6% 的后偿债券。（1932 年，后者在最低价 68 美元处的收益率为 9%，而布鲁克林联合高架铁路利息率为 5% 的债券[①]，收益率达 9.85%）

## ● 证券条件和企业特征的相对重要性 ●

上文对企业特征和证券条件的区分，引出了两者中哪个更为重要的问题。投资于企业有吸引力但条件欠佳的证券，与投资于企业不具吸引力但条件理想的证券，哪个选择更好呢？流行的看法是毫不犹豫地选择前者。但这样做是出于直观感觉，而非逻辑分析。长期以来的经验显示，大部分投资者在以过高价格购买绩优企业的证券方面的损失，比为获得较高收益或利润购买不良企业的证券的损失更少。

然而，从分析的角度来看，这个经验结论并没有解决问题。它只证明了一个适用于所有商品的规则，即未受过训练的买家最好购买信誉卓著的商品，即便可能要付出较高的价格。无须赘言，此规则对行家里手而言并不适用，因为他会通过检验来判断商品质量，而不仅仅依靠其信誉。如果标的物能够满足要求，而且价格也具有足够的吸引力，行家甚至会牺牲一定程度的质量来获得价格上的优惠。这种区别在购买证券和购买油漆或手表时同样适用。由此我们得出两个相对不同的原则，一个适用于未受过训练的投资者，另一个只适用于分析师。

---

① 到 1936 年，布鲁克林联合高架铁路公司 5% 利率债券的价格已涨至 115.5 美元。1937 年后，布鲁克林 – 曼哈顿运输股份有限公司盈利下降，该证券价格下跌到 59 美元。然而，1940 年，纽约市购买了该系统，人们从而认识到这一证券的强势地位，其价格再次恢复至 92 美元。

- 适用于未受过训练的投资者的原则：不论证券的条件如何，都不要把钱投资于不良的企业。
- 适用于分析师的原则：几乎每一个证券都可能在某个价格水平上具备投资价值，而在另一价格水平上则不值得投资。

前文批评了过分强调选择企业的做法，理由如下：

- 第一，这种做法的结果通常是为好的证券支付过高的价格；
- 第二，这样做可能会选择错误的企业，因为在未来，企业在行业中的地位可能会发生变化。

投资者更喜欢规模大、经营良好、记录优良，且预计未来盈利会增加的企业，这是很自然合理的。但这些期望，虽然看似有理有据，却往往无法实现。昨日的龙头企业，很多在今天已远远落后。类似的故事在明天很可能重新上演。最令人印象深刻的例证就是铁路类公司的相对投资地位在过去二十年里持续下降。企业地位的评判，部分依事实而定，部分见仁见智。近年来的事实证明，投资界的观点善变且不可靠。1929 年，普遍观点认为西屋电气公司（Westinghouse Electric and Manufacturing Company）在行业内处于领先地位。但两年后，其股票售价却比净流动资产还要低得多，表明其未来盈利能力受到普遍质疑。大西洋与太平洋茶叶公司（Great Atlantic and Pacific Tea Company）在 1929 年被视为奇迹企业，其股价高达 494 美元，但到 1938 年已骤降至 36 美元。没过几天，其普通股总市值竟低于其现金资产价值，优先股价值也可以由其他流动性资产充分保障。

这些考虑并未否认前文“未受过训练的投资者应该专注于最优质企业”的原则。但应该认识到，这种选股偏好是因为对初学者而言，其他做法会有更大的风险，而不是因为最受欢迎的证券一定就是最安全的。分析师需要密切关注市场判断以及受大众青睐的企业，但同时必须保持独立和批判的视角。只要理由充分且有说服力，即便有些证券很受欢迎，分析师也应毫不犹豫地放弃；即使是不受大众欢迎的证券，分析师也可以坚定地支持。

# 分析中的定量与定性因素

证券分析涉及对业务的分析。这样的分析研究可以做到无限细致，因此出于成本的考虑，应当根据客观条件、可行性来确定分析的深度。考虑购买一个 1 000 美元债券的投资者当然不需要像一家考虑购买 50 万美元大宗证券的大型保险公司那样，对证券进行全面透彻的分析。而相比之下，保险公司做的研究仍没有债券发行银行做的那么详尽。或者简单来说，选择一只收益率只有 3% 的高等级债券，比试图找一只收益率达到 6% 的安全性良好的证券或无可争议的超值普通股，需要做的深入分析更少。

## ● 分析技术和深度应视证券的特征和目的而定 ●

分析师必备素质包括把握使用技术的分寸。在选择和处理分析材料时，不仅要考虑材料的重要性和可靠性，还要考虑其可得性和便利性。一方面，分析师一定不能被海量数据所误导而花大力气研究不重要的材料。另一方面，一些重要信息，并不是分析师能凭一己之力获得的，因此分析师经常要接受重要信息不足的事实，这也是完整的“业务分析”中经常遇到的问题。例如，企业在多大程度上依赖于专利保护、地理优势或有利但却不可持续的劳动条件，这些信息都不易获取。

## ● 数据的价值随企业类型而变化 ●

分析师必须承认，研究企业的类型不同，同类研究数据的价值也会截然不同。铁路或大型连锁企业的五年毛利或净利记录，即便不是决定性因素，至少也可以作为测定优先证券的安全性和普通股的吸引力的充分根据。而较小的石油生产公司提供的同类统计数字，可能非但不能提供有用信息，反而会引起误导。因为毛利或净利主要取决于价格和产量，而这两个因素的未来值很可能与过去大相径庭。

## ● 分析中的定量与定性因素 ●

有时将分析中的因素分为定量和定性两类是很方便的。

定量因素即指公司的各类统计数据，包括损益表和资产负债表中的所有有用的项目，还包括和以下方面相关的其他数据，如产量、单位价格、成本、产能、未完成订单等。这些五花八门的统计数据还可以被归入下列子类：

- 资本；
- 盈利和股息；
- 资产和负债；
- 营运统计数字。

定性因素则涉及以下事项，包括业务性质，企业在行业中的地位，个体情况，地理位置，经营特点，管理风格，以及企业、行业和一般业务的前景。公司的报告中通常不会涉及这类问题。分析师必须从可信度参差不齐的（包括大量纯粹的主观信息）、门类繁多的信息来源中寻找自己的答案。

一般来说，定量因素比定性因素更适合深入分析。定量因素数量较少，更容易获得，也更适合形成明确、可靠的结论。此外，财务业绩可以概括成许多定性因素，因此对于定性因素的详细研究并不会增加什么重要的信息。典型的证券分析报告，如经纪商的通告或统计服务公司发布的报告，都只浅显概要地叙述定性因素，而将大部分篇幅留给了数字。

## ● 定性因素：业务性质和未来前景 ●

定性因素强调最多的是业务性质和管理风格。这两点极其重要，分析师却很难作出明智的处理。业务性质这个概念包含着关于企业未来前景的总体看法。大多数人对于“好公司”都有相当明确的概念。这些看法建立在财务业绩，对该行业特定情况的认识，以及推测或偏见上。

1923—1929年的普遍繁荣时期的大部分时间里，相当一批主要行业的发展相对滞后。这些行业包括雪茄、煤炭、棉制品、化肥、皮革、木材、肉类包装、造纸、航运、城市轨道交通、制糖以及羊毛制品。它们逐渐滞后的根本原因通常是竞争产品或服务的发展（如煤炭、棉织品、城市轨道交通），产能过剩和贸易方式混乱（如纸张、木材、糖）。在同一时期，其他行业的繁荣程度则远远超过平均水平，如罐头制造商、连锁店、卷烟生产商、电影、公用事业。它们表现优越的主要原因是不寻常的需求增长（香烟、电影），缺乏竞争或控制竞争（公用事业、罐头制造商），以及强于竞争对手的竞争能力（连锁店）。

人们认为表现得比平均水平糟的行业就是处于“不利的状态”，自然而然要避而远之；而那些表现优秀的行业则处于“有利的状态”。这种看法是合情合理的，但这类结论可能往往是错误的。无论是一般行业，还是特定行业，异常好的或特别糟的情况不会永远持续下去。市场的矫正力量无处不在，它的存在能改变一些行业无利可图的状况，同时减少另一些行业的超额利润。

需求不断增加的行业可能会因供应增长更快而受挫，无线电、航空、电制冷、公交运输、真丝针织品等行业就是这样。百货公司在1922年被看好，全凭它们在1920—1921年萧条中的出色表现，但在随后的几年中它们并没有保持这种优势。公用事业在1919年的大繁荣中因为成本高而备受冷落；却在1927—1929年成为投机者和投资者的最爱；但到了1933—1938年，对通货膨胀、利率调控和政府直接竞争的忧虑再次破坏了公众对它们的信心。此外，在1933年，长期低迷的棉织行业突然比其他大多数行业更加快速地向前发展。

## ●管理因素●

我们认同选择“优秀行业”的重要性，但同时也应意识到这绝非易事。挑选精明能干的管理层也一样困难。对管理能力的客观测试并不多见，而且很不科学。在大多数情况下，投资者必须依靠名望判断管理层的能力，但也可能出现盛名难副的情况。最能证明管理能力的证据就是在一段时间里企业的业绩比同行优秀，但这又把我们带回到量化数据的问题上。

股票市场评估中往往有重复计算管理因素的倾向。股票价格包含了良好的管理产生的高额盈利以及单独考虑的“良好管理”的大幅溢价。这种“两次计数的伎俩”，是高估股价的一个常见原因。

## ● 未来盈利的趋势 ●

近年来，盈利趋势的重要性日益凸显。利润不断增加固然是个好现象。但是，金融理论更进一步，通过把过去的趋势延续到未来，然后将这一假设作为评估该业务的基础并预测其未来盈利情况。由于在这个过程中使用了数字，人们便误认为这是有“数学根据”的。过去表现出的趋势是事实，但“未来的趋势”只是一种假设。前文提及的不利于维持异常繁荣或萧条的因素，同样也不利于维持上升或下降趋势的无限期延续。在趋势变得清楚明朗时，改变趋势的条件可能也已经成熟了。

关于未来，可能会有反对意见说，预计过去的趋势可以持续，同预期过去的平均水平会重复一样，都是合乎逻辑的。这或许是事实，但并不意味着分析趋势比分析个别数据或者平均数据更为有用。因为证券分析不假定过去的平均水平将会重复，只认为它为未来预期提供了一个粗略的指标。然而趋势并不能作为一个粗略的指标，它明确地预测结果是更好还是更坏，因此非对即错。

这种区别与分析师的态度有重要关系。假设在 1929 年，一条铁路过去 7 年的平均盈利为利息费用的 3 倍。分析师会将这一点作为其债券稳健可靠的一个重要标志。这是基于定量数据和标准的判断。不过，这个平均值并不代表该铁路未来 7 年的盈利将是平均利息费用的 3 倍。它只是表明，盈利不太可能下降至远低于 3 倍利息费用，以至于危及债券的偿付。在几乎每一个实际案例中，这样的结论都被证明是正确的，即便是在随后发生的经济大萧条中。

还有一个类似的、根据趋势做出了投资判断的例子。1929 年，几乎所有的公用事业系统的盈利都持续增长，但金字塔型资本结构产生的高昂的固定费用几乎耗尽了它们所有的净利润。一些投资者购买了大量公用事业系统的债券，因为他们相信盈利一定会继续增加，即使安全边际小也没有关系。就这样，他们对未来进行了明确的预测，并据此做出投资判断。一旦预测错误（正如该案例的实际情况），他们必将遭受严重损失。

## ● 趋势为定性因素 ●

在下文对普通股估值的讨论中，我们将指出，过分强调趋势很可能会导致证券价值的高估或低估。因为趋势会延续多久并没有明确的限制，所以估值的过程虽然看似有数学根据，但实际上只是受心理作用影响，是十分随意的。为此，在实际的分析中，即使趋势是以量化分析的形式出现，我们也只把它看作分析中的定性因素。

## ● 定性因素难以合理准确地评价 ●

实际上，趋势是以明确预测的方式来表达对未来前景的看法。与之相似，关于业务性质和管理能力的结论，也因为与未来前景相关而受到重视。因此，这些定性因素都有相同的基本特征，给分析师带来的困难也大致相同，即分析师无法判断某一只证券的市价在多大程度上恰当地反映了这些定性因素。在大多数情况下，完全识别这些因素的结果往往是过分强调它们的作用。我们看到，一般的市场不断受到这个作用机制的影响。股价经常过度涨跌的根本原因是：当价值主要由前景决定时，由此产生的判断就不受任何数学分析的控制，并且几乎不可避免地会走向极端。

分析应主要关注有事实支持的价值，而非那些建立在预期基础上的价值。在这方面，分析师的做法与投机者的做法截然相反。投机者的成功取决于其预测或猜测未来发展的能力。而分析师必须考虑到未来可能的变化，与其说他的主要目的是从中获利，不如说是对风险进行防范。从广义上讲，分析师把企业的未来看作必须在结论中考虑到的风险因素，而不是他分析依据的来源。

## ● 内在稳定性，一个主要的定性因素 ●

分析师最感兴趣的定性因素应该是内在稳定性。稳定意味着能抵御变化，也就意味着过去显示的结果更为可靠。与趋势类似，稳定也可以用定量方式表示，例如，通用烘焙公司（General Baking Company）1923—1932 年的盈利从未低于 1932

年利息费用的10倍，伍尔沃斯公司（Woolworth）1924—1933年的经营利润一直在每普通股2.12美元和3.66美元之间变化。但在我们看来，稳定是一个真正的定性因素，因为它首先源自业务性质而非统计记录。虽然企业稳定的统计记录可以表明，该业务本质上是稳定的，但这个统计记录得出的结论可能会被其他因素颠覆。

**案例**

比较1932年年初发行的两只优先股。这两只股票分别由斯塔贝克公司(Studebaker)和第一国家杂货商店(First National grocery Stores)发行，都以高于面值的价格销售。两者的表现相似，接二连三披露了令人满意的，高于优先股股息要求的利润。而斯塔贝克的数字更令人印象深刻，如表2—1所示。

**表2—1　　优先股股息保障倍数**

| 第一国家杂货商店 | | 斯塔贝克公司 | |
|---|---|---|---|
| 时间 | 保障倍数 | 历年 | 保障倍数 |
| 1922年历年 | 4.0 | 1922 | 27.3 |
| 1923年历年 | 5.1 | 1923 | 30.5 |
| 1924年历年 | 4.9 | 1924 | 23.4 |
| 1925年历年 | 5.7 | 1925 | 29.7 |
| 截至1927年3月31日的15个月 | 4.6 | 1926 | 24.8 |
| 截至1928年3月31日的1年 | 4.4 | 1927 | 23.0 |
| 截至1929年3月31日的1年 | 8.4 | 1928 | 27.3 |
| 截至1930年3月31日的1年 | 13.4 | 1929 | 23.3 |
| 年平均数 | 6.3 | | 26.2 |

分析师必须透过单纯的数字考虑两家企业的内在特征。连锁杂货店本身包含着许多相对稳定的元素，如稳定的需求、多样化的经营场所和快速的存货周转率。该领域的典型大企业，只要避免盲目扩张，不太可能出现巨大的盈利波动。但典型的汽车制造商的情况则完全不同。尽管整个行业相当稳定，但单个企业常遇到较大的变化，主要是由于大众的偏好变幻莫测。斯塔贝克盈利的稳定性，即这家公司能长久免受其大部分同业竞争者正在经历的行业兴衰的影响这一点，未能得到任何令人信服的逻辑推理证明。因此，斯塔贝克优先股的稳定性在很大程度上取决于一个稳定的统计表现。而该企业个体的统计表现与汽车行业的总体特征相异。第一国家杂

货商店优先股令人满意的表现，则完全与其所在行业的内在稳定性相一致。与数字相比，内在特征应在分析中占更重要的分量。因而，尽管汽车公司的统计表现更令人印象深刻，但将第一国家杂货商店的优先股作为固定价值投资更具内在合理性。[①]

## ● 总结 ●

基于上述定性和定量因素的讨论，我们得知分析师的结论必须始终基于数字、既定的检验和标准。但只有数字是不够的，它们可能会因为一个相反的定性考虑而完全失效。即便一只证券的统计表现令人满意，但若投资者对其未来前景不确定或对管理层不信任，依然会将其拒之门外。而且，分析师可能重视有关稳定性的定性因素，因为它意味着基于过去结果的结论不那么容易被意想不到的事态发展所颠覆。如果能用非常有利的定性因素支撑充分的定量分析，分析师将对所选的证券更具信心。

但每当证券投资在很大程度上依据这些定性因素（价格大大高于统计数字支持的合理水平）时，分析的基础就会动摇。用数学语言说，虽然良好的统计数据不是分析师作出恰当决定的充分条件，但却是必要条件。

① 第一国家杂货商店的盈利能力的变化一直不大，其优先股于 1934 年被赎回。斯塔贝克公司的盈利在 1930 年后大幅下跌，1933 年获委任接收，其优先股几乎失去了所有价值。

# 03

# 信息来源

分析师需要不时地查阅各类有助于分析判断的信息。不过，要讨论甚至罗列出这些信息的所有来源是不大可能的。本章将对一些较重要的信息来源和在此基础之上进行的批判性思考作简要概述；也将通过举例来介绍种类繁多的特殊信息途径，以及这些途径的特点和效用。

## 关于证券条件的数据

在典型案例中，分析师需要搜集下列信息的相关数据：

- 特定证券的条件；
- 公司；
- 行业。

证券条款的概要信息可以在证券手册或由统计服务机构提供的资料中查找到。如需有关债券合同的更详细的信息，分析师可以到受托人的办公室索取或查阅契约（或信托契约）副本。公司各股票的条件会在章程细则（或公司条例）中详尽地罗列出来。如果该股票公开上市发行，这些文件将存档于美国证券交易委员会和相关的证券交易所。债券和股票的上市申请文件（可随时索取）包含几乎所有的重要条款。新发行证券的招股说明书也包含这些条款。

# 关于公司的数据

## 致股东的报告（包括中期报告）

关于公司的统计数据，其主要来源当然是公司向股东发布的报告。不同公司的报告发布频率及完整性有时相差极大，总结如下：

**铁路公司**。所有重要的铁路公司都提供每月扣除租金后的净额（净营业收入），其中大部分还提供可用于支付股息的收益（净利润）。多数公司会发布每周铁路装车数字，还有少数会公布每周总收入。它们的年度报告则会相当详细地发布财务与经营数据。①

**公用事业公司**。这类公司遵循的报告政策有所不同，分季度和月度报告两种。报告的数据通常包括总收入、税后净利润以及可用于支付股息的余额。一些公司只发布过去12个月的总计的变化情况，例如，美国水务和电力公司（American Water Works and Electric Company）（按月度发布），北美公司（North American Company）（按季度发布），而许多公司，如电力公司，以千瓦时为单位计算周销售额或者月度销售额。

**工业股**。工业企业所遵循的报告政策通常各不相同。但在同一个行业组中，大多数公司会倾向于遵循相同的政策。

**1. 月度报告**。大多数连锁店会公布以美元为单位的月度销售额。1931年之前，铜生产商会定期公布每月产量。通用汽车公司则以汽车数量为单位公布每月的销量。

1902—1933年，美国钢铁公司（United States Steel Corporation）会公布其每月未完成的订单；但1933年，它用每月交付吨数取代了这个数字。鲍德温机车厂

① 一些铁路公司现在通常会向所有股东发送简明的年度报告，但也愿意应要求发送一份更全面的报告。

（Baldwin Locomotive Works）每月会公布以美元为单位的出货量、新订单量以及未完成订单量。石油管道公司标准石油集团（Standard Oil Group）每月发布以桶为单位的经营统计数据。

个别公司也会不时公布每月净利润的数据，但这种做法往往很少见或只是临时的。例如奥蒂斯钢铁公司（Otis Steel）、马林斯制造公司（Mullins Manufacturing）、阿拉斯加－朱诺黄金开采公司（Alaska Juneau）。[①]公司往往有这样一种倾向：在盈利改善时公布月度报告，盈利下降期间则停止公布。有时月度数字会被列入季度报告，例如，在 1932 年之前美国钢铁公司就是这样做的。

**2. 季度报告**。公布季度业绩在各行各业中几乎都被视为标准程序。纽约证券交易所已在积极敦促公司发布季度报告，而且有新股上市或需要增发证券的公司通常会按交易所的要求发布季度报告。某些类型的企业因为其业绩具有季节性特征，被认为（或是它们自己认为）可以豁免这项要求。这些行业包括制糖、化肥和农具。为了掩盖业绩的季节性波动，这些公司可能会在季度报告中发布过去 12 个月的盈利总额，比如，大陆制罐公司（Continental Can Company）就曾这样做过。[②]

有些现象令人百思不得其解。为什么所有大型香烟制造商和多数百货公司都要隐瞒其年度业绩？伍尔沃斯公司公布每月销售额却不提供中期净利润的数据，这种做法十分矛盾。几乎各行各业都有许多公司仍然未能公布季度报告。很多情况下，虽然管理层可以得到中期数据，但有时即便没有足够的理由也会拒绝把这些数据提供给股东。

不同季度报告的详略差异较大。它们提供的信息从单一的净利润数字（有时没有考虑折旧或美国联邦税税额），到完全详细地介绍损益表和资产负债表并附上总裁评论的都有。通用汽车公司就是后一种做法的一个突出例子。

---

① 大约从 1925 年到 1939 年年底，阿拉斯加－朱诺公司的数据都有些简略，而卡特彼勒拖拉机公司（Caterpillar Tractor）从 1938 年开始每月都公布一份完整的损益表和资产负债表。这种做法并非很不寻常，实际上，大多数公司都会向其董事提供这些数据。

② 纽约证券交易所 1936 年 3 月建议所有上市公司遵循此程序，而不是公布通常的季度盈利。但这个建议引起了极大反对，一个月后就被撤回。

**3. 半年报**。可能除了橡胶行业，大多数行业的标准惯例都不要求发布半年报。但仍有许多企业会每半年报告一次，例如美国机车公司（American Locomotive）和美国毛织品公司（American Woolen）。

**4. 年度报告**。每家上市公司都会发布某种形式的年度报告。年度报告一般比上述几种中期报告更为详细。它通常包含董事会主席或董事长有关过去一年业绩和未来前景的评论，尽管这些评论未必富于启发性。年度报告最显著的特点是一定会公布资产负债状况。

年报提供的损益表差异程度很大。有些报告只提供用于支付股息的收益和已付股息金额，例如，美国皮革制品公司（United States Leather Company）。①

**损益表**。在我们看来，没有包含以下项目的年度损益表是不完整的：（1）销售额；（2）净利润（未计入以下项目）；（3）折旧（和损耗）；（4）利息费用；（5）营业外收入（明细）；（6）所得税；（7）已付股息；（8）盈余调整（明细）。

令人遗憾的是，在《证券交易法》（*Securities and Exchange Act*）通过之前，只有不到一半的工业企业会提供很有限的此类信息。相比之下，与铁路公司和公用事业公司相关的数据长期以来一直都很充足。美国证券交易委员会现在要求公司将所有这些信息公布于原登记表（表 10）及随后的年度报告（10–K 文件）之中。鉴于公布数据会不利于企业，不少公司要求美国证券交易委员会为自己的销售数字保密。

---

① 波卡洪塔斯燃料公司（Pocohantas Fuel Company）似乎是唯一一家虽然在纽约证券交易所上市，但却只发布了年度资产负债表而没有提供任何形式的损益表的企业。其债券于 1934 年 10 月被撤销上市资格。

纽约场外交易会处理一些所谓的“非上市”证券。这些证券始于美国证券交易委员会尚未成立的时期，因此不须服从美国证券交易委员会的要求。在这些公司中，美国图书公司（American Book）不公布损益表；新泽西州锌业公司（New Jersey Zinc）只公布损益表，但不公布资产负债表。

有的公司在场外进行证券交易，因此不受美国证券交易委员会监管。这些公司一般只公布年度报告，且往往没有上市公司的报告那么详细，特别是倾向于省略销售和折旧数据。绝大部份这类公司都会提供资产负债表和损益表，但例外情况相当多。一个有趣的例子就是邓白氏公司（Dun & Bradstreet Corporation）不愿向其股东披露收入。邓白氏本身是一家金融咨询公司。其他漏报损益表的公司有：比米斯兄弟皮包公司（Bemis Brothers' Bag）、约瑟夫 – 狄克逊坩埚公司（Joseph Dixon Crucible）（自 1935 年以来）、格伦伍德 – 兰奇公司（Glenwood Range）、古德曼制造公司（Goodman Manufacturing）、完美炉具公司（Perfection Stove）、丽格鞋业（Regal Shoe）等。

这些要求大部分已遭撤回或被拒绝。[①]

上文建议的“合理完整”的年度报告标准，尚未囊括允许股东了解的所有信息。美国钢铁公司的报告十分全面，堪称典范。除了标准要求外，它提供的数据还包含下列项目：

1. 产量和销售量，产能利用率。
2. 销售划分：
   国内和国外
   公司内部与对外。
3. 营业费用明细：
   工资、工资率及员工人数；
   已上缴国家和地方税金；
   销售费用和一般费用；
   维护开支，金额和明细。
4. 年内资本支出明细。
5. 存货明细。
6. 拥有资产明细。
7. 股东数。

**资产负债表。**资产负债表比损益表的标准化程度高，不会经常引起质疑。以前

① 一些公司，例如美国塞拉尼斯公司，成功获准将它们在 1938 年之前某些年份的销售额保密。但后来大部分公司不公布销售额的请求都被拒绝，销售数据得以公布。

我们对几乎所有在纽约证券交易所上市的工业公司（648 家企业）1938 年年报的研究显示，只有 8 家在次年年底没有公布它们的销售数字。直到 1939 年 12 月下旬，美国证券交易委员会只将销售数字保密许可授予一家公司——联合果品公司（United Fruit），对于其他 7 家则没有做出处理决定，这 7 家公司是美国苏门答腊烟草公司（American Sumatra Tobacco）、宝耐美公司（Bon Ami）、柯林斯－艾克曼公司（Collins & Aikman）、马蒂逊碱业公司（Mathieson Alkali）、麦斯塔机械公司（Mesta Machine）、犀飞利笔业公司（Sheaffer Pen）、联合工程和制造公司（United Engineering and Foundry）。

还有一些证券，大概是因为不愿意提供销售数据而注册失败，进而被撤销上市，例如特瑞科产品公司（Trico Products Corporation）。马林－罗克韦尔公司（Marlin Rockwell Corporation）在 1938 年被撤销上市可能也是因为这个原因。证券交易所支持的一项法律修正案，要求充分披露场外交易证券的信息，以消除这些证券不公平的优势。

许多公司向股东提供的年度报告所包含的信息依然比提交给美国证券交易委员会的要少得多。然而，标准统计公司（Standard Statistics）的企业名录服务（Corporation Records Service）会定期公布美国证券交易委员会的数据作为补充资料。

的资产负债表的普遍缺陷是无法把无形资产从有形固定资产中分离开来，但这种情况现在已经很少在上市公司中出现了。以前，商誉包含在公司的财产账户中，后来，商誉被从盈余中扣除。1935 年以来已披露商誉金额的公司有美国钢铁铸造公司（American Steel Foundries）、美国制罐公司（American Can）、哈比森 – 沃克耐火材料公司（Harbison Walker Refractories）、卢斯 – 怀尔斯饼业公司（Loose–Wiles Biscuit）、美国钢铁公司。

很多公司只列出了资产账户的净值，而没有列出所扣除折旧的数额，这个做法招来了不少反对的声音。其他不尽如人意的做法还有：有的公司没有说明所持有证券的市场价值，比如 1932 年的奥本海默 – 柯林斯公司（Oppenheim Collins and Company）；有的公司没有指明"投资"是可变现的还是非流动性的，如匹兹堡平板玻璃公司（Pittsburgh Plate Glass Company）；有的公司没有按照"成本与市价孰低法"来给存货计价，如 1931 年的美国塞拉尼斯公司（Celanese Corporation of America）；有的公司没有说明杂项储备金的性质，例如海泽尔 – 阿特拉斯玻璃公司（Hazel–Atlas Glass Company）；还有的没有说明库藏股数量，例如美国拱砖公司（American Arch Company）。①

## 定期呈送公共机构的报告

铁路公司和大多数公用事业公司需要将资料呈送给各个联邦和州属委员会。这些资料通常比股东报告更详细，因此是很有用的补充材料。下面给出一些读者可能会感兴趣的能体现这类报告价值的实际例子。

1927 年之前的很长一段时间里，纽约联合煤气公司（Consolidated Gas Company of New York）②向股东提供的信息非常少，因而该公司在华尔街是一只"神秘股票"。投机者高度关注该公司及其众多附属公司未予披露的权益价值。其实，该公司及其附属公司完整的经营数据和财务数据，不难从纽约州公用事业委员会（Public Service

① 这其中有几点涉及了纽约证券交易所与联合化学染料公司（Allied Chemical and Dye Corporation）之间旷日持久的纠纷，该纠纷最后于 1933 年以纽约证券交易的胜利而宣告结束。但是该公司给股东的年度报告仍存在不足，它们并未提供销售、经营费用或折旧的数据。

② 现在的纽约爱迪生联合电力公司（Consolidated Edison Company of New York）。

Commission of New York）的年度报告中获得。长期以来，控制着邮政电报和电缆公司（Postal Telegraph and Cable Corporation）的马凯公司（Mackay Companies）也是这种情况。它不向公司股东报告详细情况，而是将相当多的信息呈交给美国州际商务委员会。还有一例，第五大道巴士证券公司（Fifth Avenue Bus SECurities Company）向股东提供的报告也没有什么启发性，与它旗下附属公司向纽约运输委员会（New York Transit Commission）提交的完整信息之间存在着鲜明对比。

最后，我们来看看石油管道公司“标准石油集团”。这家公司在向股东披露信息时显得十分谨慎。但由于公司在州际商务委员会的管辖范围内，因此必须在华盛顿递交详细的年度报告。若早几年对这些报告加以审查，便能发现公司在现金持有和有价证券方面的惊人事实。

美国商务部每月公布的《当前商业综览》（*Survey of Current Business*）中包含大量数据，其中包括未公开的独立连锁店的销售数字，如沃尔多系统（Waldorf System）、J.R. 汤普森（J. R. Thompson）、美国联合雪茄连锁店（United Cigar Stores）、哈特曼公司（Hartman Corporation）等。关于单个公司的最新统计资料往往可以通过行业出版物或行业统计服务得到。

**案例**

克雷姆汽车服务公司每周都会公布每家汽车公司的产量。《威力特和格雷》（*Willett & Gray*）按农事年发布制糖企业产量的多份预测报告。《石油与天然气杂志》（*The Oil and Gas Journal*）经常刊载该领域重要企业的产量数据。《铁路时代》（*Railway Age*）会提供有关设备订单的详细信息。道琼斯公司每周都会预估美国钢铁公司的生产率。

## ● 上市申请文件 ●

在美国证券交易委员会成立之前，上市申请文件是最重要的非定期信息来源。作为允许证券上市的条件，纽约证券交易所要求公司提交的报告通常比公司提交给股东的要详细得多。这些额外的数据可能包括以美元为单位的销售额、产量、联邦税税额、附属公司的业务详情、折旧以及耗损费用的基数和余额。其他有价值的信息包括拥有的资产、合同条款以及相关的会计处理方法。

这些上市申请文件对分析师的分析非常有帮助。但遗憾的是，它们是不定期发布的，因此不能算作稳定的信息来源。

## ● 注册上市声明和招股说明书 ●

按照美国证券交易委员会的法例和规章要求，所有上市证券和新发行证券（不论上市与否）的信息须较以往更加全面。这些信息都包含在提交至华盛顿委员会（Commission in Washington）归档的注册上市声明中。分析师在支付相关费用后方可查看或索取副本。招股说明书是由承销商提供给有意购买新发行证券的人士的文件。注册上市声明中一些相对重要的信息必须包括在招股说明书中。根据 1935 年《公用事业法案》（*Public Utility Act*），类似的注册上市声明必须提交给美国证券交易委员会归档。该法案也适用于控股公司，其中一些控股公司可能不会受到其他法律的约束。虽然实际情况是，对于普通投资者而言，注册上市声明无疑过于厚重且可读性差，投资者甚至根本不会仔细阅读缩写后的招股说明书（一般仍会超过 100 页），但毫无疑问，这些对于分析师乃至投资大众而言都是最具价值的材料。

## ● 五花八门的官方报告 ●

关于公司的信息可能会在各种官方文件中披露出来。下面举几个例子来说明官方报告五花八门的特点。1923 年，美国煤炭委员会的报告（在 1925 年印制为参议院文件）提供了以前未曾公布的无烟煤公司的财务和经营数据。最近，美国联邦贸易委员会（Federal Trade Commission）的报告提供了大量以前无法获得的有关公用事业经营与控股公司、天然气与管道公司的信息，这些信息在经过了长达 9 年的详细调研后才得以披露。该委员会在 1938 年和 1939 年公布的报告中详细介绍了农具和汽车制造商的情况。1933 年，一份关于管道公司的全面研究报告在美国众议院州际及对外贸易委员会（House Committee on Interstate and Foreign Commerce）的指导下出版。美国联邦通信委员会（Federal Communications Commission）根据国会于 1935 年通过的决议，对美国电话电报系统（American Telephone and Telegraph System）进行调查之后得出了大量研究结果。州际商务委员会的一些意见也包含了对分析师很有价值的信息。抵押贷款受托人须按照契约条款规定提供信息，这些数据可能很重要。例如，梅森城－道奇堡铁路公司（Mason City Fort Dodge Railroad Company）的债券（票面利率为4%）受托人的未公开的报告显示，该公司所赚利润不足以支付债券的利息，该债务由芝加哥大西部铁路公司（Chicago Great Western Railroad Company）继续代为偿还。因此，这些债券的风险比人们想象的要大得多。

## ● 统计与金融刊物 ●

证券分析师也可以从各种统计服务机构便利地查找到日常工作需要的大部分信息。这些资料包括每年公布的综合手册及其定期补充（由标准普尔［Standard & Poor］、穆迪［Moody's］提供）；股票和债券介绍卡，以及经常修订的手册（由标准普尔、惠誉提供）；关于公司的每日新闻摘要（由标准企业名录［Standard Corporation Records］、惠誉提供）。过去20年里，这些服务机构在展示事实的完整性和准确性方面已取得很大进步。然而，分析师不能只依靠这些服务机构去得到所有应从上述各种原始来源而获取的数据。要知道，其中一些信息是这些服务机构无从获取的；而有时这些机构也可能会疏于复制一些重要数据。因此，在对任何公司进行深入研究的过程中，分析师应遵循这个原则：查阅原报告并尽可能地发现其他文件，而不是依赖摘要或复制资料。

在金融期刊领域，必须特别提到《商业金融纪事报》（*The Commercial and Financial Chronicle*）。这份周刊附有许多统计补充，对金融和工业领域的论述非常全面。它最突出特点也许就是能详细地再现公司报告和其他文件。

---

① 这些报告已分别刊发为第70届美国国会第1次会议参议院第92号文件第1–84D部分（1928—1937年）；第75届美国国会第3次会议众议院第702号文件第1和第2部分（1938年）；第76届美国国会第1次会议众议院第468号文件（1939年）；第72届美国国会第2次会议众议院第2192号文件第1和第2部分（1933年）；第76届美国国会第1次会议众议院第340号文件及提补充报告第609—611页（1939年）；依照第74届美国国会第8号公共法案进行的电话调查提议报告（1938年）。

② 1941年普尔出版公司（Poor's Publishing Company）和标准统计公司合并为标准普尔公司（Standard & Poor's Corp）。独立的普尔服务已经停止。

### 从公司直接索取信息

私人调查或管理层采访，通常是公开信息的重要补充。股东没有任何理由不就具体要点向公司索取信息，在许多情况下这样至少能获得部分所需数据。记住，股东是企业的所有者和公司员工的雇主，除非反对理由确凿有力，否则股东不仅有权提出合理质疑，还有权要求得到答案。

然而，人们对于这一十分重要的观点往往不够重视。法院通常规定，一个信誉良好的股东拥有与私营企业合伙人相同的权利，他可以获得公司完整的信息。若有人利用这项权利损害公司的利益，管理层可以拒绝股东的请求，但是有责任举证。他们需要证明股东的请求背后存在不当动机，或者信息披露会对业务造成损害。

由于强行要求公司提供资料可能会面临支付高昂的法律诉讼费，因此很少有股东会极力地维护自己的权利。然而经验表明，即使是最顽固的管理层，也大多会答应投资者对合法信息的强烈要求，尤其是当同领域的其他公司已经定期公布这类信息时。

## 有关行业的信息

有关行业整体的统计数据是非常充足的。美国商务部公布的《当前商业综览》就提供了许多不同行业月度产量、消费量、股票和未完成订单等方面的资料。年度数据载于《统计摘要》(*Statistical Abstract*)、《世界年鉴》(*World Almanac*)及其他汇编中。更详尽的数据也可在《制造业双年统计》(*Biennial Census of Manufactures*)中获得。

各种行业期刊都会频繁地发布许多重要的汇总数据，以及对一个行业当前和未来状态持续且详尽的描述。因此，分析师通常不用费太大工夫就能获得所研究行业的相当完整的背景知识。

近年来，重要的统计机构已经陆续开发出一些附加服务（如主要行业的基本调查），并会频繁补充最新的资料，意在把握主要行业的最新动向。

① 这些服务说明参见美国专业图书馆协会（Special Libraries Association）1939 年出版的《商业金融服务手册》（*Handbook of Commercial and Financial Services*）。

# 04

# 区分投资与投机

## ●“投资”的一般含义●

与大法官路易斯·布兰代斯（Justice Brandeis）名言中的“价值”一样，“投资”也是“一词多义”的。下文将介绍“投资”的三种含义。

**“投资”的第一个含义是把钱投入到一个企业里。**比如一个人“投资”1 000 美元开杂货店；在 1929—1938 年间，钢铁行业的年均投资回报率（考虑债券负债及留存收益之后）为 2.40%。[①]在这里，投资的含义纯粹是描述性的，不带有任何区别或判断。但是请注意，它接受风险因素存在的事实——普通的商业投资是冒着“业务风险”而进行的。

**“投资”的第二个含义是以类似的方式将其应用于金融领域。**在这个意义上，所有的证券都是“投资”。市场中有着投资证券商或经纪人、投资公司[②]或信托、投资上市公司。同样，这里说的投资和投机等其他类型的金融业务之间也没有真正的区别。它是一种简便而稍显委婉的概括语，旨在给五花八门的金融交易一个体面的说法。

**除了上述两个没什么区别的含义，“投资”还有第三个更为严格的内涵，即与投机买卖相对的含义。**这样的区分是有效的，且被普遍接受。人们认为，这种特殊意

---

① 《钢铁背后的美元》(*Dollars behind Steel*)，美国钢铁协会（American Iron and Steel Institute）小册子，纽约，1939 年出版。

② 1939 年 10 月，美国证券交易委员会将冒险公司（The Adventure Company, Ltd）发行的股票列为“投资公司”类别。该公司由探索公司（The Discovery Company, Ltd）创立。1 美分面值的股票市价为每股 10 美元，这个价格的意义虽然不是十分重大，但也具有一定的相称性。

义下的投资在任何时候对大家都是好的；然而，投机究竟是好是坏，要视条件和进行投机的人而定。因此，任何从事金融业务的人都有必要知道自己是在投资还是投机，如果是后者，还需要确认投机是否合理。

当投资和投机的含义截然相反时，几乎人人都能大致了解其差异；但若试图精确地阐述这些差异，我们就会遇到困难。事实上，按犬儒主义者的定义，投资是成功的投机，而投机则是失败的投资。人们可能会理所当然地认为，美国政府证券是一个投资媒介，而有些普通股，比如美国无线电公司（Radio Corporation of America）的股票就一定是个投机工具——该公司的普通股在1931—1935年间既没有股息、盈利，也没有有形资产支撑。然而，即使是美国政府债券也会出现绝对投机性质的运作（例如，庄家会通过预期债券收益快速上升而大笔购入债券）。另一方面，在1929年，美国无线电公司的普通股被广泛认为是一项投资，事实上该股也被纳入了业内领先的“投资信托基金”（Investment Trusts）资产组合中。

为尽可能地明确我们所讨论的事项，我们必须对这两个词做出一些确切的、可接受的定义。或许，一个很重要的原因就是我们未能正确区分投资和投机。在很大程度上，1928—1929年的市场过剩和随之而来的经济灾难，以及潜在投资者想法和策略的持续混乱，都应归咎于未能正确区分投资和投机。为此，我们将对这个问题进行较以往更加深入的研究。最好的方法就是，先严格检查这两个词的各种常用含义，然后努力归纳出一个合理明确的概念。

## ● 两者的主要区别 ●

投资与投机常见的主要区别见表4—1。

**表4—1　投资与投机的主要区别**

| 投资 | 投机 |
|---|---|
| 1. 债券 | 股票 |
| 2. 足额购买 | 保证金购买 |
| 3. 长期持有 | 快速转手 |
| 4. 获取收益 | 获取利润 |
| 5. 安全证券 | 风险证券 |

前四项区别的优点非常明确，每一项都适用于“一般的”投资或投机运作，但它们也都会遭到一些反驳，因为有众多的个案不能完全适用上述标准。

### 1. 债券与股票

第 1 项区别符合人们对投资、投机的普遍看法，而且至少有一位投资界的权威坚持认为只有债券属于投资。[①]然而，该权威的主张与被人们普遍接受的“高等级优先股是投资工具”的观点背道而驰。把债券形式视为投资凭据的想法是危险的，因为购买一只不良抵押债券不仅可能是纯粹的投机，而且还是最没有吸引力的投机形式。相反，一只非常稳健的普通股，仅仅因为其具有赚取利润或资本增值的可能性，就不归为投资一类，这也不合逻辑。公众舆论也认可这一点，因为一直以来，某些特别稳健的普通股常常被评为投资级证券，而其购买者也会被视为投资者。

### 2 和 3. 足额购买与保证金购买；长期持有与快速转手

第 2 项和第 3 项区别与通常所说的“方法”和“意向”有关，而与投资和投机操作的本质无关。显而易见，足额购买并不足以使一项交易成为投资。事实上，大多数投机型证券，例如“细价矿业股”，都要求必须足额购买，因为没有人愿意借钱给他们。相反，战争期间美国公众被鼓励用借款购买的自由公债却被归为投资。如果在金融业务中必须遵循严格的逻辑（这几乎是一个不可能的假设！），那么惯例将被扭转：较安全的证券（投资）更适合以保证金形式购买，风险较大的证券（投机）则需要足额购买。

同样，长期持有和快速转手的区别，也只是泛泛而不精确的划分。一位普通股方面的专家把投资定义为，购买者打算持有证券一年以上。这个定义虽然应用起来很方便，但经不起推敲。[②]有些情况就能显示出此定义所缺乏的精确性：“短期投资”是一种行之有效的做法，“长线投机”亦时不时大行其道（有些投机者仍对弥补亏损抱有希望因而长期持有证券，有些在一定程度上则是故意长期持有的）。

---

① 劳伦斯·张伯伦（Lawrence Chamberlain）和威廉·海（William W.Hay）合著的《投资和投机》（*Investment and Speculation*）第 8 页，纽约，1931 年。

② 劳伦斯·斯隆（Laurence H.Sloan），《普通人和他的普通股》（*Everyman and His Common Stocks*），第 8~9 页，接 279 页，纽约，1931 年。

## 4 和 5. 收益与利润；安全证券与风险证券

无论是从逻辑的角度判断，还是站在大众的视角理解，第 4 项和第 5 项区别之间的联系无疑比其他几项更为密切。当然，在 1928 年以前的许多年里，典型的投资者都对本金安全以及持续获得充足的收益最感兴趣。不过，“普通股是最好的长期投资工具”的学说使得投资者关注的重点从当前收益转移到未来收益和提高未来本金的价值。新时代的投资风格，比如投资信托基金的基本策略，实际上与投机无异，是以追求利润为主、收益为辅，并且主要依赖于未来良好发展的预期。事实上，这个所谓的“投资”，可以准确地定义为投机买卖状态良好的公司的普通股。

我们再回到被普遍接受的观点：获取收益是投资的主要动机，而追求利润或资本增值则是投机买卖的典型特征。但是，这是投机和投资的本质区别吗？这一点令人怀疑。仔细检查过去的标准案例，我们可以发现，在一些情况下，当期收益并不是真正的投资运作最感兴趣的。例如，在当时，银行股一直被看作富裕投资者的专属领域。这些证券的股息收益率比高等级债券更小，但随着收益和盈余的稳步增长，购买者预期将获得特别股息分派及本金增值的收益。换言之，购股动机是待分配盈利，而不是已分派股息。然而，将之称为投机显然不合情理，因为那样的话，我们将不得不主张，只有将其利润的大部分以股息形式支付给股东（从而使当期回报充足）的银行股才能被视为投资媒介，而那些按照保守谨慎策略增加盈余的股票将因此被视为投机工具。这样的结论显然是自相矛盾的。由此我们必须承认，一项合理的普通股投资可以仅考虑其盈利能力，而不参考当前的股息支付。

这就是新时代的投资理论吗？在 1929 年购买的低收益工业股会像在第一次世界大战前购买的低收益银行股一样被称为投资吗？此问题的答案正是我们探求的终点，但在正确地回答这个问题之前，我们必须先把注意力转到表 4—1 中的第 5 项区别，即安全与风险之间的区别。

这种区别所表达的概念是所有与投资投机相关的区别中最为广泛的，但又由于各种不足而影响了其实际效用。如果安全性是由结果判定的（我们几乎把这个有待验证的关键性假设当作已经成立的事实），那么投资将危险地接近犬儒主义者的定义：成功的投机。[①]当然，安全必须被摆在首位，但这里又有很多不确定和纯主观的因素。赛马中，赌徒之所以认为自己的投注会“稳赢不输”，是因为他相信自己的下注是安全的。1929 年高价位普通股的“投资者”根据自己对其未来增长的信赖，也认为自己是安全的，认为自己付出的金额会物有所值。

## ● 安全标准 ●

安全的概念只有建立在比购买者的心理状态更加真实的基础上才真正有用。只有明确的定义及完善的标准才能保证安全度，或至少声明清楚何谓安全。正是安全性把 1912 年的银行股购买者与 1929 年的普通股投资者区分开来。银行股的购买者根据经验，在自己认为谨慎的价格水平下购入股票；也会根据自己对银行机构资源和盈利能力的了解，对这项划算的投资感到满意。如果市场强劲的投机力量把股票价格推高，超过了上述价值标准的上限，银行股购买者就会卖掉手中的股份，并等待价格回归合理后重新购入。

如果 1928—1929 年的普通股购买者也持相同态度，那么“投资”这个术语就不会被误用了。公众自豪地以“蓝筹股”为那些备受青睐的高价证券命名，在选股过程中不知不觉地表现出了赌博的动机。这些蓝筹股不同于旧式银行股票的一个重要方面在于，购买者没有通过行之有效的价值标准来确定蓝筹股是否物有所值。市场在运行过程中补充了新的标准，接受现行市价（尽管很高）作为唯一的价值测量手段。以这种毫无批判精神的方法为基础而得出的安全边际，显然是不切实际且充满危险的。这个逻辑的极端推论是：一只优质股票没有所谓过高的价格，即使它从每股 25 美元涨至每股 200 美元，都是同样“安全”的。

## ● 推荐的投资定义 ●

上述比较表明，预期的安全边际不足以用来识别投资。预期必须建立在研究和标准的基础之上。同时，投资者不一定要在乎当期收益；如果在或长或短的等待后

① 对于这些重要的建议，请参见费利克斯·沙夫纳（Felix I. Shaffner）的《投资问题》（*The Problem of Investment*），第 18~19 页，纽约，1936 年。

能获得累计的回报，他也可以合理地根据未来回报购买证券。通过用心观察，我们推荐的投资定义如下，这个定义既符合大众对该术语的理解，又兼具合理精确的特点：

**投资运作是根据深入的分析，承诺本金安全以及回报率令人满意的操作。不符合这些条件的操作则是投机。**

此定义的某些含义值得进一步商榷。由于一些原因，我们说的是“投资运作”而不是“一种证券”或“一次购买”。认为某一证券本质上具有投资的特征是没有根据的。价格通常是一个基本要素。一只股票（甚至是债券）可能在某个价格水平上具备投资价值，而在另一个价格水平上则不值得投资。此外，投资可能会针对一组证券，如果只单独购买其中一只证券则不够安全。换句话说，为满足最低程度的投资要求，多元化投资是必要的，这样可以减少个别证券所涉及的风险。对于购买普通股作为投资，这一点是适用的。

在我们看来，把某些类型的套利和套期保值看作投资运作也符合情理。在这些涉及出售一些证券而购入另一些证券的操作中，安全边际由购买和出售的组合提供。这是普通投资概念的延伸，但我们认为完全合乎逻辑。

虽然“深入分析”“承诺安全”和“回报满意”等短语都不够准确，但已清楚到足以避免严重的误解。我们所说的“深入分析”当然是指根据安全和价值标准对事实进行研究。仅仅因为其良好的前景，而建议以最高盈利记录 40 倍的价格投资通用电气普通股，这样的“分析”显然会因完全不够透彻而被摒弃不用。

投资所寻求的“安全”不是绝对的、彻底的。这个词是指在所有正常合理的条件或变化下保护投资免受损失。例如，安全的债券只有在特殊和概率极小的情况下才会发生违约。同样，除非可能性很小的意外事件发生，否则安全的股票在未来必定物有所值。研究和经验表明，只要有较大的概率遭受损失，就是在进行投机。

“回报满意”比“收益足够”的含义更为广泛，因为它不仅包括当前的利息及股息收益，还允许包含资本增值或利润。“满意”是一种主观的术语，它涵盖了任何回报率或回报金额，无论多低，只要投资者合理投资并愿意接受，都能称为回报满意。

从略微不同的角度阐述投资的定义可能有助于更好地理解。它强调投资必须始终考虑证券的价格及质量。严格来说，没有绝对意义上的“投资型证券”，即无论价格如何，购买该证券都算是投资。对于高等级债券，这一点可能并不重要，因为价格飞涨以至于严重威胁本金安全的情况非常罕见。但在普通股领域，因为价格飞涨而导致本金损失便可能会频繁地出现。频繁到了什么样的程度呢？事实上，依我们之所见，绝大部分实力雄厚的公司的普通股，在大多数时间里都必须被看作投机买卖，因为它们的价格太高，在任何理性投资的意义下都无法保证本金安全。我们必须提醒读者，在这一点上，华尔街现行的观点与本书观点相左。孰对孰错，读者需自行判断。

尽管如此，我们愿通过以下附加的投资准则来体现我们的原则：

**投资运作是可以在定性和定量两方面均被证明合理的操作。**

投资和投机之间的区别程度难以简单概括，要视价格等基本事实而定。下面我们通过通用电气特别股票（即优先股）连续数月的数据，举出两个截然不同的例子，以便读者理解投机与投资的区别。

**案例**

例 1：1934 年 12 月，某证券以 12.75 美元售出。按票面价格 10 美元支付 6% 的利息，可于任一股息发放日以 11 美元赎回。尽管这个证券品质卓越，但就股息的安全度而言，在 12.75 美元的价位下购买证券的买家参与投机的额度实际超过本金 10%。他几乎是在赌这一证券在未来的几年里不会被赎回。[①]然而，该证券在 1935 年 4 月 15 日以每股 11 美元的价格被赎回。

例 2：这个证券被赎回后，价格迅速下降到每股 11 美元。当时，该证券提供了以保证金进行短期投资的难得机会，收益颇丰。1935 年 1 月

① 近年来，人们以到期无法获利的价格购买了许多美国政府的短期证券，仅因为证券持有人预期将获得宝贵的购买新债券的特权。按照我们的定义，这项买入应被称为投机，因为除面值和应计利息外，支付金额还有一个溢价。

15 日，在每股 11 美元（未支付佣金）的价格下购买股份的经纪人，可以凭每股以每年不超过 2% 的利息立刻借入 10 美元。此操作给他的投资带来了每年回报率 40%[①]的净收益，如以下计算所示：

| | |
|---|---|
| 1 000 股的成本（以 11 美元计算） | 11 000 美元 |
| 1935 年 4 月 15 日赎回（11 美元加股息） | 11 150 美元 |
| 毛利 | 150 美元 |
| 减 10 000 美元 3 个月利息（以 2% 计算） | 50 美元 |
| 净利润 | 100 美元 |

在 3 个月中 1 000 元的净利润为 100 元，相当于每年 40% 的回报率。

不言自明，本例中两个不同寻常的操作，其安全度以及由此产生的投资特点，皆依赖于股票在 1935 年 4 月被赎回这个事实。

以上提出的投资定义与目前普遍使用的大多数定义相比，含义更加广泛。根据这一定义，投资可以是（虽然在通常情况下不是）以快速获利为主要目的，以保证金形式进行的股票交易。在这里，"投资"有悖于我们在本章开头列出的前四项区别。但是，为了完善前文所列区别的不严密之处，我们坚持投资的实质是在深入分析的基础上确保安全边际令人满意。因此，我们得出这样一个结论，即分析观点与投资观点在范畴上是大致相同的。

## 投资和投机的其他方面

### ● 未来和投资投机的关系 ●

投资是以过去为基础，而投机主要看未来，这种说法虽然接近事实，但还不够完整。投资和投机都必须经历未来的考验。它们受制于市场的起伏，由未来的结果

① 经纪人购买 1 000 股的资金中有 10 000 美元是借的，自己投资的资本只有 1 000 美元。3 个月的净利润达 100 美元，故年化收益率达 40%。——译者注

作为其成功与否的评判依据。前文有关于分析师和未来的说法同样适用于投资的概念。实质上，未来之于投资是需要加以防范的风险，而非从中获益的良机。如果未来的投资条件得到改善，投资当然更好，但投资决策本身不能建立在未来条件会改善的预期之上。相反，投机的基础和依据却可能完全出自未来会有不同以往的发展的判断。

## ●“投资”类型●

假设大家已清楚理解我们刚刚提出的投资概念以及投资与投机的区别，而对本章开头提及的更广泛意义上“投资”的使用仍感到困惑。初步建议采用如下说明性的词语来指明这些特别的含义，可能更有助于理解。

1. 商业投资：指将资金投入一家企业中。
2. 金融投资或一般投资：通常指证券。
3. 避险投资：指风险较小的证券，它对盈利有优先索偿权，或拥有足够的税收权力。
4. 分析师投资：指经过深入研究，承诺本金安全和回报令人满意的操作。

显然，这些不同类型的投资并不相互排斥。例如，一只优质的债券就可以归入所有四个类别。除非明确提出，否则本书后文将以“分析师投资”的含义来指代“投资”及相关的词。

## ●投机类型●

因为华尔街的活动受到严密的监督，所以清楚区分投机和赌博是十分重要的。这或多或少是纽约证券交易所的官方立场，即“赌博”代表着制造事先不存在的风险，例如赛马投注；反之，“投机”涉及业已存在的风险且该风险必须有人来承担。“理性投机”和“非理性投机”之间的正式区分，无疑会招致理论方面强有力的反对，但我们确实认为区分这两者有实用价值。因此，我们提出如下建议：

1. 理性投机：经过仔细权衡利弊之后，认为冒险是合理的。

2. 非理性投机：没有充分地研究情况就进行冒险。

在一般业务领域内，前景良好的企业都属于“理性投机”，且代表“商业投资”。如果损失的风险非常小（这种情况极少发生），个别的“商业投机”有资格作为我们特指的分析师投资。而那些前景堪忧的企业，一定被称作“非理性投机”。同样，在金融领域，合理谨慎地购买大量普通股可以被称作“理性投机”。没有充分考虑且没有理由依据就进行大笔交易，一定会被归为“非理性投机”。在特殊情况下，以定性与定量方面都极具吸引力的条件购买普通股，将内在风险降至最低，可归为“分析师投资”。

## ● 投资部分和投机部分 ●

如果计划买入的证券不能归为“分析师投资”，则将自动归入“投机”类。但有时换个角度来看，将购买价格划分成投资部分和投机部分，可能也是有用的。因此，1939 年，分析师在考虑均价为每股 38 美元的通用电气普通股时，可能会得出这样的结论：从严格的投资价值观点来看，每股合理的价格至多为 25 美元，余下的每股 13 美元将代表股票市场对该公司良好远景的平均估价，其中当然包括人们对这家优秀企业强烈的偏爱。在这类研究的基础上，分析师宣布，通用电气每股 38 美元的价格包括 25 美元的投资部分，以及 13 美元的投机部分。如果此论断合理，那么当价格在 25 美元及以下时，通用电气普通股便完全可以构成一个“分析师投资”；但高于这个价格，买方就应该认识到，他可能正在为投机买单。

## ● 投资价值、投机价值和内在价值 ●

本章上述讨论是第 1 章讲到的“内在价值”概念的扩充。内在价值的定义是：“事实证明合理的价值”。必须认识到这种价值绝不局限于“投资价值”，即总价

① 我们冒着将来会后悔的风险，有意在这里引用一个极具争议性的例子。在华尔街，几乎每个人都不顾其市场价格，把通用电器公司的股票视为“投资证券”，更具体地说，将平均价格为 38 美元视作从投资的角度证明充分合理的。但我们相信，把投资质量视为与价格无关的东西，这是一个根本而危险的错误。关于通用电气公司在哪个点上不再具有其投资价值，并开始其投机价值，自然有相当广泛的民意差异。我们的数字仅作说明之用。

值包含投资的组成部分。如果投机价值是靠理性分析得出的话，那么可以适当地包括大部分的投机价值。因此，只有当市场价格能明显反映非理性投机时，才能说市场价格超过了内在价值。

一般来说，为给定的普通股评估投机因素，这是股市而不是分析师的职能。因此，决定内在价值的是市场而不是分析师。该估值区间可能很大，正如我们前文举例说明的，1933 年凯斯公司普通股的内在价值最高达到了每股 130 美元，而最低只有每股 30 美元。在这个价格范围之间的任何一点上，内在价值都是市场定价的结果。尽管市场结果每天都在变化，它仍代表着对不稳定证券的内在价值的最有效决定。

# 05

# 证券的分类

证券一般分为债券和股票两大类，其中股票又可以细分为优先股和普通股。第一种基本分类符合法律对于债权人和合伙人的地位的基本区分。债券持有人对本金和利息拥有固定而优先的索取权利；股东则需要承担主要的风险并享有股份所有权带来的利润。因此，债券具有更高的安全性，而股票则有更大的机会获取投机收益，以抵消其承担的高风险。正是二者在法律地位和投资特点方面的差异，为普通教科书提供了论述证券的出发点。

## ● 反对传统的分类方式 ●

### 1. 将优先股与普通股归为一类

虽然这种归类方法在传统意义上备受推崇，但仍受到一些强烈的反对。其中最明显的是，虽然优先股与普通股归为同类，但是从投资实践的角度来看，优先股无疑属于债券。典型或标准的优先股是为了获得固定的收益，同时保障本金的安全而购买的。它的所有者并不认为自己是一个合伙人，而是能够比合伙人（即普通股股东）优先获取利润的索取权持有人。仅从技术和法律的角度看，优先股股东是业务合作伙伴或所有者；但是从其投资目的和预期结果的角度看，他们则与债券持有人更为相似。

### 2. 从安全性上确定债券的形式

将股票和债券彻底分离的分类方法，存在一个虽不明显但重要的缺陷，即倾向于在债券形式与投资安全之间画上等号。这导致投资者们相信，称为“债券”的证券必定具有能抵御损失的特殊保障。但这个想法站不住脚，在很多情况下还会造成严重的失误和损失。投资者侥幸没在这个错误上栽大跟头，完全是由于不诚实的证券促销员们鲜将投资信誉与债券形式挂钩。就整体而言，债券享有明显优于一般股票的安全性，这一点毋庸置疑。[①]但这个优势并不是债券形式与生俱来的优点，而是因为典型的美国企业诚信智慧的融资行为，以及在没把握能偿付的情况下不会承担固定的义务。但是偿债义务本身并不能创建安全性，也不是违约事件中对债券持有者的法律补救。**安全性完全是由债务人公司是否有履行其义务的能力来决定和衡量的。**

一家既没有资产又无盈利能力的企业，其债券跟该企业的股票一样毫无价值。债券筹集的资金在投向新创企业时，其安全性并不比普通股更高，反而相当缺乏吸引力。因为债券持有人凭借其固定索取权从公司中得到的利益，不可能比他完全、自由、明晰地拥有这个公司时所能够获得的利益更大。[②]这个简单的原则似乎显而易见，无须赘述。但是因为传统上认为，债券形式与良好的安全性相关，投资者往往相信只要回报有限便可保证免受损失。

### 3. 现有名称无法准确描述证券

证券的基本分类为债券和股票，或者甚至分为三大类，债券、优先股和普通股。第三种反对意见正是针对这种分类方式，即认为在许多情况下，这些分类的名称未能准确描述证券特征。这是由于越来越多的证券不符合标准模式，而是修改或混合使用惯用的条款。

简而言之，这些标准的模式如下所列：

Ⅰ. 债券的模式包括：

A. 拥有在固定日期得到固定利息支付的绝对权利。

B. 拥有在固定日期得到固定本金的绝对权利。

C. 不能从资产和利润中获得其他利益，而且没有管理发言权。

---

① 例如 1993 年《证券法》中的债券销售欺诈案，日期为 1939 年 12 月 4 日，发行号为 2112 号。内容主要为美国货运运输公司（American Terminals and Transit Company）的债券和绿河谷货运公司（Green River Valley Terminal Company）的票据出售问题的定罪。

② 见附录注释 4，美国快递公司（United States Express Company）的清算阶段充分解释了这一观点，另外还有最近的一个关于考特－利文斯顿公司（Court-Livingston Corporation）的例子。

Ⅱ.优先股的模式包括：

A. 在普通股获得任何支付前，优先得到指定的股息率。因此，如果普通股能获派股息，优先股必定能获得足额股息，但是如果普通股没有获派股息，优先股的股息支付情况则须由董事酌情决定。

B. 在企业解散时，优先股拥有优先于任何普通股得到本金的权利。

C. 没有投票权，或者是与普通股共同分享投票权。

Ⅲ.普通股的模式包括：

A. 按比例拥有公司资产中超过其债务和优先股的部分。

B. 按比例拥有超过各项优先扣除项目后利润的权利。

C. 按比例拥有投票选举董事和决定其他事务的权利。

有时将符合上述标准模式的债券和优先股称为“普通债券”或“普通优先股”。

**大量偏离标准模式的例子。**然而，现今证券市场上随处可见或多或少偏离于标准模式的证券。其中最常见也最重要的几种如下：收益债券；可转债及优先股；附认股权证的债券及优先股；参与优先股；附优先权的普通股；无投票权的普通股。最近出现的一种做法是由证券持有者决定是否以普通股取代现金作为债券利息或优先股股息。现在大多数债券的随时可赎回特性，也可以视作小幅偏离标准规定的固定到期日赎回的原则。

另外还有些不太频繁出现的或比较特别的偏离标准模式的例子，种类几乎无所不包[①]。在这里我们只举出比较明显的例子：大北方铁路公司（Great Northern Railway）的优先股多年来在各方面一直与普通股没有区别；联合天燃气和电力公司（Associated Gas and Electric Company）因为允许公司决定是否可以将债券转换成优先股而引致强烈的反对，用这种狡猾方法发行的债券根本就不是真正的债券。

更引人注目的是还出现了一些完全不同的证券类型。这些证券与标准债券或股票的模式毫无关联，需要用一套完全不同的名称来命名。这其中最重要的是认股权证。从 1929 年前开始发展至今，它已经成为一种至关重要的，同时也具有巨大“杀

① 读者请参考本书第一版的附录注释 3，其中列举了这些偏离标准债券的模式以及每个模式所对应的例子。为了节省空间，这些内容从本版本中删除了。

伤力”的金融工具。仅美国和国外电力公司（American and Foreign Power Company）一家企业发行的认股权证，1929 年的总市值就超过十亿美元，这个数字超过了美国 1914 年的国债总额。还有很多其他新奇的证券形式将会被介绍到，如派股证书和股息参与证。①

现今的证券列表中又增加了很多特殊而复杂的类型。这使得按照传统方式、根据证券名称来进行分类的方法备受争议。虽然传统分类法既方便又有效，但是我们仍然认为它应该被更加灵活而准确的分类标准所替代。在我们看来，对研究证券最有用的分类标准应当是从购买后的一般行为上着手，换言之，就是从购买者或所有者合理估计的证券风险和利润特性着手。

## 新的分类建议

综上，我们建议将证券分为以下三类：

| 分类 | 代表类型 |
|---|---|
| Ⅰ. 固定价值类的证券 | 高等级债券或优先股 |
| Ⅱ. 变动价值类的优先证券 | |
| A. 有获利可能性的高保障证券 | 高等级可转换债券 |
| B. 保障不足的证券 | 低等级的债券或优先股 |
| Ⅲ. 普通股类 | 普通股 |

用人们更为熟悉的术语，可以得出与上文相近的分类：

Ⅰ. 投资型债券和优先股
Ⅱ. 投机型债券和优先股
  A. 可转换证券等
  B. 低等级的优先证券
Ⅲ. 普通股

为了使我们的分类更全面，我们采用的名称较为新颖。下面将针对每类证券进

① 1939 年 6 月，美国证券交易委员会开了一个好头：拒绝批准格里斯－弗莱格制革公司（Griess-Pfleger Tanning Company）在重组过程中发行“资本收益债券”，理由是新型混合债券的设计已经太复杂了。详见 1939 年 6 月 16 日美国证券交易委员会公司重组发行第 13 号。不幸的是，法院未能以同样的观点审理该事件，最终批准了新证券的发行。

行具体的描述和讨论，以便大家明确这种命名方式的必要性。

## 三种证券类型的主导特征

第Ⅰ类所包含的证券，不论名称是什么，其未来的价值变化都是较为次要的考虑因素。[①]所有者最感兴趣的是其本金的安全性，因为他的购买初衷是获得稳定的收益。在第Ⅱ类证券中，本金价值的未来变化非常重要。在类型A中，投资者希望普通债券投资能够有安全保障，同时也希望通过转换权或一些类似的特权来增加获利的可能性。在类型B中，明确肯定了存在亏损风险，与之相对的是盈利机会也相应增多。第Ⅱ类B组中的证券与第Ⅲ类中的普通股类型相比存在以下两个方面的差别：

（1）前者相对于次级证券享有有效优先权，从而可以获得一定程度上的保障。

（2）前者获利的可能性虽然很大，却有相当明确的获利限制，这与运气好的普通股在理论上或持乐观态度来看可能获得无限的利润是截然不同的。

固定价值类的证券包括所有普通债券和以正常价格出售的优质优先股。除此之外，以下几种证券也属于这个类别：

1. 稳健的可转换证券，由于转换股价过于偏离市价而无法成为购买因素（类似于参与型或附认股权证的优先证券）。
2. 有担保的投资型普通股。
3. 具有高等级普通优先股地位的“类型A”证券或优先普通股。

另一方面，任何在过低价格出售的投资级债券都将归入第Ⅱ类中，因为购买者可能感兴趣的是其市场价格的增值，并有理由对此有所期待。

我们不可能具体规定，何等程度的证券价格波动是重要的，何等程度是不重要的。因为价格水平本身并不是唯一的决定因素。一只售价60美元、票面利率为3%的长

① 自1914年以来，长期投资债券价格的实际波动已经如此巨大（见第45页图X—2）以至于这些价格的变化变得相当重要。尽管如此，投资者仍然将价格变化视作次要因素而习惯性操作。这样一来，至少从主观上保证了我们的标准和命名是正确的。对于反对意见中那些认为这是在纵容投资者自欺欺人的观点，我们认为，整体上来看，忽略高等级债券的价格波动要比试图利用这种变动将自己转变为交易员更好一些。

期债券可能被归类为固定价值类，例如北太平洋铁路公司（Northern Pacific Railway）在1922—1930年发行的于2047年到期、票面利率为3%的债券。而售价80美元的一年期债券，无论票面利率如何，都不会是固定价值类的债券。因为在相对较短的时间内，这只债券必定要么以高于价格20%的数额提前偿还，要么承认无力偿还而导致债券的市场价格严重下滑。因此，我们必须做好心理准备：即市场上不乏这样处于第Ⅰ类和第Ⅱ类边缘的证券，其分类取决于分析师或投资者个人的观点。

任何证券只要显示了普通股的主要特点，无论名字是“普通股”“优先股”，甚至是“债券”，都可以归属于第Ⅲ类。美国电话电报公司发行票面利率为4.5%、售价200美元的可转换债券就是一个很好的例子。在这么高的价格水平上买入或持有这只债券，实际上与投资普通股并无分别。因为这只债券不仅可能会在极大的价格区间内随股票一起升值，也很可能一起跌价。另外一个更好地诠释了这一观点的例子是克鲁格－托尔公司（Kreuger and Toll）。该公司向公众出售债券，发行价格远高于其能优先求偿的金额，因此这个名称毫无意义，而且具有误导性。这些“债券”绝对属于普通股票类。[①]

相反，有些证券顶着优先证券的名头，却以极低的价格出售，使得次级证券明显得不到公司所有者权益。在这些情况中，低价位的债券或优先股几乎代替了普通股的位置，分析时应该把它们当作普通股。例如，一个以10美分出售的面值为1美元的优先股，根本不应该被视为优先股，它只是一个普通股。一方面，它缺乏作为优先证券的首要条件，即应该有大量的次级投资支撑。另一方面，它具有普通股所有的获利特征，因为在当前的价格水平下，其潜在利润可以是无限的。

第Ⅱ类和第Ⅲ类之间的分界线与第Ⅰ类和第Ⅱ类之间的一样，是模糊不清的。但是可以通过只考虑其中一个类别或综合两个类别来降低这些案例的处理难度。例如，票面利率为7%的优先股以30美元出售，应该被认为是低价位的优先证券，还是普通股？这个问题的答案一部分取决于公司的业绩，一部分取决于潜在买家的态度。如果公司真正的价值可能超过优先股的票面金额，可以认为这个证券具有优先证券的一些优势。另一方面，买方是否将它看作普通股，取决于它是否满足于250%

① 这个证券的条款请见附录注释5。

的增值空间，还是正在寻找更大的投机收益。[①]

通过以上讨论，我们就应该更加清楚这样分类的真实意图和特性了。分类的基础并不是证券的名称，而是特定条件和地位对持有者的实际意义；应重点关注的也不是持有者在法律上所享有的权利，而是在购买或分析的时点上投资者可获得或期望获得的回报。

① 在 1932 年有很多这种类型的优先股，例如州际百货公司（Interstate Department Stores）的优先股，在 1932 年和 1933 年平均售价约为 30 美元，之后在 1936 年和 1937 年升值到 107 美元。类似的评价适用于低价位债券，见第 411 页表 26—1 中提到的那些。

# 第二部分

# 固定价值投资

# 导读三

# 解开债券之谜

**霍华德·马克斯**

特许金融分析师，

洛杉矶橡树资本管理公司总裁

我第一次接触《证券分析》是在 1965 年。当时作为沃顿商学院一名本科在读学生，我有一项作业是阅读本杰明·格雷厄姆和戴维·多德的这本著作。

当年，投资管理作为一门职业通常意味着为银行、信托公司或保险公司工作。我记得的第一家小型机构投资公司——杰尼桑合伙公司（Jennison Associates）刚成立几年。当时，普通股投资者参考道琼斯工业平均指数，而不是标准普尔 500 指数，像四分位数或十分位数这样的统计术语在股票投资领域无人提及。事实上，仅在几年前，芝加哥大学证券价格研究中心才对 1926 年以后的每日股票价格进行了数字化处理，最终计算出的股票历史回报率为 9.2%。

"成长型投资"在当时还是新词（在它出现之前，"价值型投资"作为对立词汇并无存在的必要），对冲基金并未得到普遍认可，而且我还不能确定当时是否存在这种说法。没有人听说过风险投资基金、私募股权基金、指数基金、量化投资基金或新兴市场基金。而且有趣的是，"著名投资人"本身就是一个自相矛盾的用语。例如，当时没有人知道巴菲特，而知道他在哥伦比亚大学的老师——本杰明·格雷厄姆的人更少。

当时的固定收益证券与现在截然不同。由于还未出现零息债券，债券利息的再投资风险无法规避。投资级别以下的债券无法像现在一样发行，已经发行在外的“堕落天使”（投资级别下调至非投资级别的债券）被标记为垃圾债券或高收益债券。当然，那时还没有杠杆贷款、住房抵押贷款支持债券（RMBSs）、担保债权凭证、担保债务凭证或担保贷款凭证。今天的债券专业人士可能会问：“在计算机、计算器或彭博（Bloomberg）终端出现之前，人们如何计算债券的到期收益率呢？”

因为芝加哥大学商学院传授的金融与投资理论均非常新，尚未广泛传播，而我比较幸运，在20世纪60年代中期开始在芝加哥商学院求学，因此我在学院学习到的知识并不包括有效市场假说——该假说由尤金·法玛（Eugene Fama）于1970年正式提出，而这一假说曾让后几届金融系的学生相信《证券分析》没有用，它只是一本指导读者去完成战胜无效市场这一不可能完成的任务的书。

这本书在1965年被公认为证券分析的圣经，我从中获益匪浅。然而，刚看完这本书时，我对它也有些反感，认为里面教条太多，公式太多，而且公式中包含数字常量，如“乘以x”或“计算y年的”等。

最近我又重读了1940年版《证券分析》中有关固定收益证券的章节，它重现一些过去我认为过于刻板的规则，同时也展示了大量不太量化且更具灵活性的常识，以及一些具有前瞻性的见解。

我认为，书中最有意思的部分是格雷厄姆和多德关于投资标准演进的见解，这也是过去几十年投资界发展中最精彩的部分。

- 至少在1940年，投资界拥有得到广泛认可且非常明确的投资准则，特别是在固定收益证券领域。规则和观念决定了受托人的行为，以及可以做什么，不可以做什么。在这样的环境里，受托人如果因为不合格的投资行为使受益人受损，将会遭受额外惩罚，在确定赔偿时不会考虑他过去的表现以及整个组合是否赚钱。
- 后来，投资界产生了“谨慎人”的概念，它基于19世纪的一个法院判例，指一个谨慎的人在特定环境下根据组合整体应该采取的决定和选择。因此，如果从投资组合整体看，受托人的决定与结果是可以被接受的，那么个别的投资亏损并不会导致处罚。

- 作为“芝加哥学派”对金融理论发展贡献的一部分，20 世纪 50 年代，哈里·马柯维茨（Harry Markowitz）基于对相关性的理解提出了一种观点：在投资组合中增加一项“风险资产”，可能会提高组合的分散性，从而降低投资组合的整体风险。
- 芝加哥学派的最大贡献在于，提出了根据投资风险与收益的关系综合评估投资行为以及投资业绩的好坏。安全的投资不一定是好的投资，有风险的投资也不一定是坏的投资，足够好的业绩前景可以弥补风险投资的风险性，使它成为富有吸引力的、稳健的投资。

因此，我们今天几乎看不到绝对的投资准则。事实上，我们很难想出绝对不能进行的投资，相反，大部分投资者为了赚钱几乎什么都敢投资。1940 年版的《证券分析》做出了一个我们认为非常符合现代思维的有趣转变——它删掉了许多绝对标准，只保留了少量的，这反映出对理性固定收益证券理解的进步。

## 投资的绝对标准

1940 年版的《证券分析》确实有一些看似绝对的说法，例如：

> 异常高的票面利率并不能弥补安全性的不足。无论挑选哪只债券作为投资对象都应该遵循筛除的原则，而且必须依据管理储蓄银行投资行为的法规中的具体量化指标进行测试。（见第 155 页）
>
> 如果一家公司的次级债券安全性不高，那么它发行的第一抵押权债券也不是理想的固定价值投资工具。因为次级债券安全性不高说明公司本身就很疲弱，而疲弱的公司不会有高等级债券。（见第 159 页）
>
> 中小型工业企业的债券不太适合作为固定价值投资工具。（见第 172 页）

我从 1978 年开始管理高收益债券，多数的机构投资组合由于规则所限只能持有“投资级别”（评级为 3B 或更高）或“评级为 A 或更高”的债券。而这些限制多数投资者购买某些证券的规则，使得我们这些不太受规则限制的投资者可以发现一些市场投资机会。这些规则中也包括格雷厄姆和多德绝对禁止的行为。

## 投资与投机

当重读这次修订的章节时，我看到不少类似于“某些债券适合或不适合投资”的说法。不提价格或收益率，只提是与否、好与坏等，对于那些在组合管理生涯中几乎只买投机级别债券的人而言，这似乎是将整个投资领域排除在外。潜在收益可以弥补风险、陷入财务困境公司的债券可以便宜到让大家抢购的地步，这些理念似乎与作者的原则格格不入。

随后，我突然意识到我误解了格雷厄姆和多德的本意。他们不是说某些证券不能买，而是不能作为投资买入。今天人们将为获取财务收益而购买东西的行为都界定为“投资”，它与人们为了使用或消费而购买某项东西的行为相区分。如今人们不光是投资股票或债券，也投资珠宝、分时度假屋（Vacation-home timeshares）、收藏品以及艺术品。但在 75 年前，投资就是指购买本质上满足保守性、谨慎性以及最重要的安全性等要求的金融资产。

证券满足投资的标准是基于其质量特征，而不是预期收益。它们要么适合投资，要么不适合。更为极端地说，这就是硬性的规则，就像各州为储蓄银行颁布的规定一样。例如，在纽约，储蓄银行可以购买铁路、天然气以及电力公司的债券，但不能购买轨道电车公司以及自来水公司的债券。以房地产按揭担保的债券满足投资的标准，但令人吃惊的是，工业债券则不满足。

遵循公认标准的投资是安全的（这样可能会减少受托人的诉讼风险），而投机需要承担风险。这种僵化的、排他的以及非黑即白的对待投资适当性的态度，使得凯恩斯一针见血地指出：“投机者对其承担的风险一清二楚，而投资者对其承担的风险却一无所知。”

因此，对待投资的更为现代的态度（类似凯恩斯超越时代的眼光）应该基于这样的观念：**实际上，任何资产都可以成为好的投资标的，只要在购买时对其有全面**

**的了解并且购买价格足够低；反之亦然，如果购买价格过高，再优质的资产也可能是糟糕的投资**。今天大家都认识到，证券被列入可接受的投资名单，并不表示投资它不会亏损。如果你不同意这个观点，可以找找十年前曾被评为 AAA 级的债券以及在 2007 年从 AAA 级降到垃圾级别的房地产按揭抵押贷款债券。

《证券分析》中提出并反复强调的原则是："高票面利率不足以弥补本金遭受损失的巨大风险。"这一论断似乎将高收益债券排除在投资范围之外。然而在过去 30 年，无论从绝对收益还是风险调整收益来看，高收益债券都远远超过投资级别债券。细心研读后你会发现，作者认为不能作为投资买入的证券，仍可作为投机买入。然而，格雷厄姆和多德概括性的论断在今天看来无疑非常教条主义，特别是他们做了一个在今天看来几乎完全没有必要的区分。

43 年前，声称某些资产适合或不适合作为投资来买入可能令我非常反感，但今天再次阅读，我有了更深入的理解。

## 投资现实主义

在过去四五十年间，投资领域见证了所谓的更务实的赚钱方法的发展过程，即判断投资价值的标准不是基于绝对的质量和安全性，而是基于预期收益和风险的关系。当然，从另一方面来说，不管信托责任和资本保值的概念发生什么变化，这仍然可以被视为一种投资标准的降低。

格雷厄姆和多德似乎对此（投资标准）持中立态度。他们从投资的角度对买卖提出绝对要求，但也承认不能奢望仅靠表面上的质量和安全性就能做出成功的投资，或者排除不成功的投资。以下是一些例子：

> 固定收益证券缺乏股票那样向上增长的潜力，因此，正确选择债券的关键在于获取明确的、可信的安全保障因素，以弥补债券持有人在参与收益分配方面做出的牺牲。（见第 155 页）
>
> 将抵押权视为独立于企业经营状况的安全保障因素，这在大多数情况下完全是错误的……基于这个理由，过去实务操作中将抵押资产的历史成

本或重置成本作为购买债券的动机，完全是一个误导。（见第 156 页）

实力雄厚的企业发行的信用债券显然比业绩疲软企业的抵押担保债券更稳健。（见第 159 页）

无论如何，投资者选择古德希包装公司（Cudahy）发行的票面利率为 5% 的第一抵押权债券（购买该第一抵押权债券到期收益率为 5.5%，而购买票面利率 5.5% 的次级债券到期收益率超过 20%），每年要为不完全的损失担保支付约 15% 的风险溢价（两种债券的到期收益率之差）。从这一点来看，购买第一抵押权债券的投资者显然是得不偿失的。（见第 160 页）

如果第一抵押权债券的收益率仅低一点，那么为避免意外的麻烦而支付少量的保险费无疑是明智的选择。（见第 160 页）

回顾 1931—1933 年铁路债券的崩溃，症结在于交通运输行业的稳定性被高估，投资者对其安全边际过分满意。但事实证明，这种安全边际其实是不足的。问题产生的原因并不在于投资者忽视了既有的标准……而是当现实经济形势需要更严格的要求时，投资者仍满足于原有的标准……如果投资者要求持有的铁路债券满足应用于工业债券的测试标准，这将迫使他们将投资范围限定在相对少量的、表现强劲的铁路线。事实也证明，几乎所有符合上述标准的铁路企业都经受住了 1929 年以后运输收入大幅减少的冲击，债券的固定利息支付也没有受到影响。当然，这是否是一个事后诸葛亮的例子，与我们的讨论无关。（见第 170 页）

很明显，从上面的引文和其他许多地方可以看出，格雷厄姆和多德都坚持实质重于形式的原则，而且重视逻辑而非规则。例如，一只债券是否能够支付利息和本金很重要，它被标记成什么则并不重要。信用级别标准是不断发展的而非固定不变，抵押债券不一定比信用债券好，比次级债券更安全的债券并不一定就是更好的投资对象，高收益率往往能够使得高风险债券更有吸引力。

通过阅读全书，你会发现格雷厄姆和多德是真正的实用主义投资者。他们认为应该在全面分析的前提下理智地承担风险，而不是潜意识地一味规避风险，这更多的是呼应了凯恩斯的观点。

## 我们的债券投资方法

为了检验《证券分析》与固定收益证券的相关性，我对格雷厄姆和多德的债券投资过程进行了回顾，并将他们的方法和我的公司——橡树资本管理公司（Oaktree Capital Management, L.P.）采用的方法进行比较。

结果显示，虽然格雷厄姆和多德的思想表达方式有所不同，但是大部分能够很好地适用于当今的投资领域。事实上，他们的观点与我的合作伙伴谢尔登·斯通（Sheldon Stone），以及我近30年来在高收益债券投资领域发展和运用的方法不谋而合。

**1. 我们的整个方法体系建立在对所有非不良债券投资的非对称性认识的基础之上**，即投资收益被限制在承诺收益率加上几个点的溢价，但是信用风险可能导致大部分，甚至全部本金消失。因此，成功的关键在于避免损失，而不是寻找赢家，正如格雷厄姆和多德阐释的：

> 在长期实践中，人们投资债券主要是基于对其安全性的假设，但基于假设的投资不如基于事实的选择更稳健，而事实就是，普通债券是一种有限收益的投资工具……
>
> 将债券视为一种有限收益的投资工具，由这一基本概念可引申出关于债券投资的另一个重要观点，即债券投资的重点在于避免损失。所以，债券选择是一门消极的艺术，即它是一个筛除和拒绝的过程，而非搜寻和接受的过程。（见第155页）

**2. 我们的高收益债券组合高度集中。**我们主要在评级为B的债券中能够产生稳健收益且违约风险有限的那段收益率曲线上操作。对于我们来说，高评级债券没有足够的收益率，而低评级债券具有太多的不确定性，因此，评级为B的债券是客户希望我们投资的范围。

> 从最低的安全标准开始选择债券才是稳健的做法，所有将进一步考虑的债券必须先符合这个最低的安全标准。所有不满足最低安全标准的债券，

> 不管收益率多高，前景多诱人，或者有其他优势，都应自动排除在普通债券投资范围之外……债券选择应该是从明确的最低标准逐步提高的过程，而不是从一些理想化，但难以接受的最高安全标准盲目地向下选择的过程。（见第 178 页）

**3. 信用风险主要来自于企业的杠杆率以及经营的不稳定性。**在困难时期，两者的共同作用会吞食掉利息保障超过债务偿付要求后得到的安全边际。一个现金流极其稳定的公司能够支持较高的杠杆率，并承担较重的债务负担。同样的道理，一个有限杠杆率和适度债务负担的公司能够在现金流严重波动的状况下生存。但是，高杠杆率和不稳定现金流共存，将会导致公司无法偿还债务，这一点在过去经常发生，并给投资者留下了痛苦的记忆。格雷厄姆和多德也引述了同样的原理。

> 研究 1931—1933 年的历史记录，我们发现工业企业债券价格暴跌的主要原因并不是由于财务结构不健全（像公用事业债券），也不是投资者错误估计了安全边际（像铁路债券）。在许多案例中，企业盈利能力突然消失，企业能否持续经营令人担忧。（见第 171 页）

**4. 分析单只债券需要进行多方面考虑。**从 1985 年起，我的分析团队就已经开始运用由谢尔登·斯通开发的八因素信用分析模型。模型中大多数的因素都反映在格雷厄姆和多德的思想中，或许是由其思想所启发。我们关注的因素包括行业、公司地位、管理水平、利息保障倍数、资本结构、备用流动性来源、清算价值和相关契约条款。《证券分析》一书反映了其中很多方面。

> 公司地位：过去十年的历史经验表明，在行业中处于主导地位或者规模庞大的公司，在经济不稳定时能提供一定安全保障。（见第 187 页）
>
> 利息偿付率（也称利息保障倍数）：投资者习惯将盈利与利息费用的比率作为检验投资安全性最重要的指标。（见第 196 页）
>
> 资本结构：如果债券融资比例过大，规模最大的公司很可能变成最脆弱的公司。（见第 188 页）

**5. “购买并持有”的投资方式与专业投资者的职责相矛盾，**专业投资者至少要每季度考察一次投资组合中各债券发行人的信誉。

> 早在1929年的市场崩盘之前，华尔街就已经形成了新的原则——忽视过去的投资会产生风险，因此需要通过定期审查和监督所持有的证券来控制投资风险。这个原则与以前的投资实务截然不同，可以被总结为一句格言："没有永久性的投资。"（见第333页）

**6. 不要基于利率预测来捕捉市场机会。**相反，我们致力于"了解可知的事物"，这一点只有通过努力了解行业、公司和证券才能实现。

> 投资者能否成功捕捉市场波动机会进行债券交易，这实在是令人怀疑……我们不相信收费的中介机构能够可靠地预测债券或股票的价格走势。而且我们相信，在给出高等级债券选择建议的同时，又指出债券的价格走势，这本身就不符合逻辑也令人混淆。虽然投资者希望能够在合适的时机买进，在价格即将下降时卖出，但经验告诉我们，这种努力不可能取得成功。如果投资者将这种交易理念与投资运作相结合，他将不可避免地将注意力转移到投机的方向上。（见第340页）

**7. 尽管我们付出了最大努力，但是投资组合中还是会出现违约风险，原因可能是信用分析失误或是运气不佳。**为了使因承担风险而增加的收益能超过债券违约造成的损失，单个债券的持有量必须足够小，以至于单个违约不会对组合资产造成大幅损失。我们常常认为我们处理风险的方式与保险公司类似，即为了使保险精算过程发挥作用，必须将风险分散在许多小规模持有的证券中，这样才可实现预期收益。因此，除非能够充分地分散风险，否则不应该投资于高收益债券。

> 谨慎的投资者不应该自己扮演保险公司的角色，为每年获取保险费（以超额利息收入形式）而承担本金损失的风险。反对这种策略的理由是，有效的保险需要广泛分散风险才能使运气影响的成分最小，而概率发挥的作用最大。投资者可能会通过分散投资尽力达到这个目标，但在实务操作中，他们不可能达到保险公司那样的分散程度。（见第176页）

总结投资方法这一主题，我们觉得在固定收益证券领域中，对信用风险的合理判定依赖于对公司偿债能力的估计。而在这方面，深入的财务报表分析不及对公司前景娴熟的经验判断重要。

> 选择收入回报有限的固定价值证券进行投资操作起来相对简单。投资者必须通过定量测试确保企业收益充分高于利息费用，并且企业的现有价值也超过其负债。另外，投资者还必须自行判断企业的状况能否保证经营上的不断成功，或者更准确地说，企业未来经营失败的可能性是否极其微小。（见第226页）

最后，我们与格雷厄姆和多德在一个重要方面仍存在分歧。在选择进行购买时，我们首先判断债券发行人的前景。我们的理由是：1978年我开始分析和管理高收益债券时，市场普遍持有的观点是投资债券和评估企业未来在本质上是不相容的，谨慎的债券投资必须基于严格的历史数据推理，而不是对未来事件的推测。但信用风险是未来发生的，只有基于对未来娴熟的经验判断，才能明智地承受巨额的信用风险。

旧的观点很大程度上反映出一种偏见：在购买内在风险更高的股票时，基于未来的判断做出的投资决策被认为是正确的，而在购买更为保守的债券投资时，依赖同样的方法却被认为是不正确的。我曾经遇到过一些最大、最赚钱的市场失效的机会，就是由于这种偏见造成的，它将某些市场机会排斥在"正确的投资"范围之外，而让灵活的投资者有机会以远低于公允价值的价格购买。以下就是偏见中的一种：

> 我在1978年成立了第一国家城市银行（First National City Bank）的高收益债券组合，其中的一个原因是我在此之前担任过这家银行的股票研究主管。那时，我要做工作就是将用来分析普通股的未来导向模型（future-oriented process）运用于评级低于3B级的债券。

今天的投资界已经很少有这种偏见了，前瞻性分析适用于各类投资工具的观点已经得到普遍认同，而在1940年，这一经验仍有待吸取。

## 常 识

《证券分析》的主要价值不在于具体的知识介绍，而在于其介绍的常识。格雷厄姆和多德的一些经验教训与今天的投资仍存在关联。更为重要的是，他们的观点及思考过程，告诉投资者应该如何从习以为常和表面肤浅的答案中挖掘出投资问题。

证券价格和收益并非取决于对预期风险的精确数学计算，而是取决于该证券的受欢迎程度。（见第 175 页）（市场在实际操作中并不是完全有效的。）

需要进一步指出的是，无论是在理论上还是实务操作中，对投资风险进行精确计算都不可能实现。现实中没有确定不同类型债券期望“死亡率”的经验表，即使有这些经验表，由于它是基于历史记录的长期细致考察而总结的，它对未来是否具有实际效用也值得怀疑。在人寿保险方面，年龄和死亡率之间的关系是明确的，变化也是逐步的。同样，各种结构类型的建筑物和火灾发生率之间的关系也是如此，只是它们之间的联系没有年龄与死亡率之间的联系那么紧密。但是，不同类型的投资和损失风险之间的关系是完全不确定的，极易受环境变化的影响，以至于无法用数学公式进行精确测量。事实的确如此，因为投资损失的分布在时间点上不是均匀的，而是趋向于集中在某些时间区间，如经济萧条时期，所以典型的投资风险大致与火灾或流行病相似，而这两者又是火灾险与人寿险中不可计算的例外因素。（见第 175~177 页）（可靠的数量模型到此为止。）

投资者也应注意到很多关于盈利描述的其他方面的情况，包括趋势、最小值和当前值。无可否认，上述每一项都很重要，但这些不能快速、有效地应用于严格的规则。（见第 201 页）

进行债券投资时，投资者可能被以下特征吸引：（a）盈利处于上升趋势；（b）当前的表现非常出色；（c）考察期内每年扣除利息费用后的安全边际都令人满意。如果某一债券无法满足其中某一项，投资者未必要剔除该债券，但该债券必须有超过最低标准的充足的盈利保障，投资者也应更加密切地关注整体状况或定性因素。（见第 201 页）

如果对于工业公司而言，1 美元股票对应 1 美元债券是正常标准，那么

> 股价上涨时的2美元股票对应1美元债券，以及股价远低于其内在价值时的0.5美元股票对应1美元债券，应该也是合理的吧？答案是否定的，原因有两个：第一，这假设债券投资者能识别过高或过低的股票价格，这个假设对债券投资者来说太过恭维；第二，要求债券投资者在市场过热时特别谨慎，而在市场萧条时充满信心，这是个完美的建议，但并非凡人能及。债券投资者都是普通人，不能期望他们能够完全避免对牛市的狂热以及对熊市的恐慌。（见第223页）

“在纯投机领域，反对为咨询付费的理由是：如果投资顾问能准确地预测行情，那么他就没有必要从事这份职业来谋生了。”（见第340页）这与沃伦·巴菲特的观察相差无几。巴菲特认为：“华尔街的独特之处在于，开着劳斯莱斯汽车来这里的人们去向坐地铁来这里的人咨询。”

在许多实例中格雷厄姆和多德都提供了常识性建议，更有趣的是，他们驳斥现存的投资规则，以一般常识推翻“公认智慧”，并说明其中的矛盾之处。对我来说，这是固定收益证券章节最有价值的地方。最后，格雷厄姆和多德提醒我们：投资理论应谨慎使用简单归纳的方法。（见第181页）

## 《证券分析》，经受住历史的考验

格雷厄姆和多德的许多具体观点都经受得起历史的考验，而且被许多人学习和发展。

他们的观点“投资者可以错失任何数量的优质债券而不受惩罚”（见第155页）可能启发了沃伦·巴菲特，使他将投资和棒球击球手作了一个十分恰当的比较。巴菲特提醒我们，如果棒球击球手在好球区三次挥棒击球失败，他将面临出局，但投资者可以随意放弃投资机会而不会遭受惩罚。

同样，格雷厄姆和多德提出：“为估计资产超过负债的安全边际，我们能提供的最好指标是股票资本的市场价值与债券债务总额的比率。”（见第216～217页）这与迈克尔·米尔肯（Michael Milken）推广的市场调整债务比率（MAD）完全吻合，迈克尔·米尔肯于20世纪七八十年代在德崇证券（Drexel Burnham Lambert）开发高收益债券发行业务时就使用了该指标。市场价值远非完美，但是会计数据是纯粹的历史数据，最好的情况是数据过时，最糟糕的情况则是数据与现实情况完全不相关。

重要的是，格雷厄姆和多德强调现金流的稳定对公司在逆境中的偿债能力的重要作用。“一旦确定行业利润会下滑（这种情况总会存在），投资者就不得不估计下滑的幅度，并将下滑幅度与满足利息支付要求后的盈余相比较。于是投资者会发现，自己与其他债券持有者一样，都非常关注公司在未来经济兴衰下的适应能力。”（见第167页）这种考虑导致如下结果，即在20世纪70年代中期，杠杆融资收购行业尚处于初创期，其收购对象主要为非周期（noncyclical）公司。当然，与其他所有重要的投资原则一样，稳定现金流规则在牛市时经常遭到忽视，因为人们已被狂热和乐观主义冲昏了头脑。

## 《证券分析》的缺憾

在1940年版《证券分析》出版68年后考虑其适用性，有许多观察结论值得一提。

**第一，格雷厄姆和多德感兴趣的研究期间主要集中在萧条时期以及萧条对企业偿债能力的影响。**他们引用了三个萧条时期，即1920—1922年，1930—1933年，1937—1938年，但我们现在认为20世纪只发生了一次“大萧条”。显然，格雷厄姆和多德讨论的是我们所说的“经济衰退”的情况。

**第二，他们没有谈及对利率波动性的预测。**首要原因可能是利率在那些时期并没有太多波动。如表7—1所示，1926—1938年的13年间（两次“萧条”间著名的繁荣时期），40只公用事业债券的收益率的变化范围仅为3.9%～6.3%。在1940年版《证券分析》出版的时候，利率处于较低的水平且相当稳定。

**第三，值得注意的是，格雷厄姆和多德对于风险的一些警示并不适用于专业投资者，只适用于某些个人投资者。**

实践中，很难事先区分哪些标的债券不受公司重组的影响，哪些标的

> 债券在公司重组中将遭受重大损失。因此，我们强烈建议普通投资者不要考虑这类没有把握的债券，而应坚守“只有稳健的公司才有优质的债券”的投资原则。（见第 165 页）
>
> 个人投资者不具备保险承保人资格，他们的角色不应该是通过承担风险而获得收益，相反，他们应该通过向他人支付保险费而获得免遭损失的保险……即使假设（较高收益率债券的）高票面利率在总体上能够补偿通过精算（actuarial basis）得出的风险，但从普通投资者的角度来看，此类债券仍然不是理想的投资工具。（见第 176~177 页）

因此，为了保证非专业投资者的安全性，《证券分析》中提出许多严格准则。我也赞同本书的主张：不良债券和高收益债券的直接投资只适合专业投资者。

## 展望未来

很少有书籍在出版近 70 年后还有人阅读，如果还希望它所有的内容和表述方式都与时代完全同步，那更是奢望。普适智慧加上几条独到的见解，通常是读者可以期待的最好情况。如果有人想要知道 1940 年版《证券分析》是如何做到在这一点的，只需关注格雷厄姆和多德关于次级抵押贷款证券的讨论，以及 2007 年的次贷危机。

> 1923—1929 年，房地产抵押债券业务经历了灾难性的发展。当时，支持债券发行的唯一资料（除了对未来盈利能力的估计外）是资产价值的评估报告，而评估价值几乎总是超过发行债券总值的 66⅔%。如果这些评估报告的结果与经验丰富的房地产买家或贷款人对相关资产的评估价值接近，那么在选择安全房地产债券标的时，评估报告就是有实际作用的。但遗憾的是，这些评估结果基本上是人工估算的，评估人只是利用署名获得相关费用，其存在的唯一目的是欺骗投资者，并让他们高估相关债券的保障水平。
>
> 整个房地产融资计划的缺陷非常明显，更令人遗憾的是，由于所有利益相关方均缺乏原则、洞察力和一般常识，在市场最终不可避免地崩溃前，这一缺陷的影响已达到非常严重的程度。（见第 209~210 页）

付费的房地产评估与证券评级使无知的投资者信心倍增，并因此忽视了风险。

还有什么能比它更好地描述近期发生的事件？还有什么证据能比它更好地证明 1940 年版《证券分析》与其面世后的数十年以及未来几十年的相关性呢？

**霍华德·马克斯（Howard S. Marks）**

特许金融分析师，洛杉矶橡树资本管理公司的总裁和联合创始人。他是投资高收益债券的先行者，也是格雷厄姆与多德的拥护者。

在第二部分导读中，马克斯阐述了如何应用《证券分析》中的理念在今天的公司债市场中获利。

# 导读四
# 从危机出发

周健工
第一财经前首席执行官，《福布斯》
中文版前总编辑，《横越未知》作者

世界上只有一种真正的英雄主义，那就是认识生活的真相后依然热爱它。

——罗曼·罗兰

《证券分析》第一版写于 1934 年，当时美国经济正深陷大萧条的泥潭。如果不是因为作者的学生巴菲特投资的巨大成功，如果不是几代专业投资人 80 多年来不停地注释、解读和阐述，这本书恐怕现在只是一个传说了。

如今我们已经身处比特币时代、金融科技时代，而十年前数学模型、金融工程、火箭科学家就充斥着华尔街，谁还有兴趣去阅读铁路、钢铁、水泥、橡胶、燃气公司那些锈迹斑斑的案例，以及近千页纸面的分析？任何一位思想者，注定都是其所处时代的囚徒，而许多著作之所以能流传下来，是因为其中所包含的常识，不断敲打现实中人们所犯的错误，最终成为智慧。

格雷厄姆和多德写《证券分析》时，正处于一个投资的恐惧时代。从初版到 1940 年的第二版，他们生逢金融危机、经济萧条、世界大战的动荡岁月。格雷厄姆和多德所管理的资产，在 1929—1932 年的 4 年间累计损失了 70%，而这在当时已经是优异的表现了。尽管如此，他们依然试图为混乱不清的金融市场理清头绪，寻找一种方法，在最严酷的市场环境下也能做到投资安全。

读者仔细读一下作者在1934年版和1940年版的前言，其实除了一些案例之外，作者的理念并没有发生明显的改变。正是危机与萧条中的痛定思痛，奠定了价值投资的哲学基础。第1版前言中借用了法国哲学家史宾诺沙的话来阐释价值投资的本质：只要从“危机的角度来考量”，便能做出很好的选择。

作者提出了价值投资的基本准则：区分投资与投机、寻找证券的内在价值、探测安全边际并制定合理且可操作的安全测试方法。尽管市场和经济处于极度的悲观之中，如果用正确的方法去筛选，还是可以发现许多价值被低估的证券，而找到证券的低估和高估，正是书中反复出现的主题。

“表面和眼前的现象是金融世界的梦幻泡影与无底深渊。”如果陷于短期的总结与应对，这本书也许早已沉没于历史，但作者的投资哲学是从危机出发，这就奠定了它的生命力。《证券分析》第6次再版，并被翻译成中文，此前市场一次又一次经历危机、投资者在贪婪与恐惧中一轮又一轮浮沉，尽管投资（机）者总是在忘却，但常识一遍又一遍地提醒我们，在极端恶劣的市场中形成的保守的投资哲学，在贪婪与泡沫成为常态的市场上，可能更容易形成超越周期的智慧。这一点适用于所有的证券投资，无论是固定收益类证券，还是普通股。

作者提出的固定收益类证券投资的四条原则，其中第一条如此表述：“债券的安全性不是由特定的抵押权或其他合同权利来衡量的，而是取决于证券发行人履行义务的能力。”在美国次贷危机中，尽管那些经过层层打包的债务产品有住房抵押，还有金融衍生工具加持保险，但最终房价的下跌、利率的上涨，让房屋贷款人——也是债务工具的最终发行人失去了“履行义务的能力”，引发了债务危机。

如何看待一家发行债券的公司是否健康，作者提出了两条标准：繁荣时期看其能否赚取高于债券利息支出的收益，而萧条时期看其履约能力。这一点在房地产行业表现得特别突出。房地产是一个杠杆驱动并且能够自我建立起周期的行业。在房地产繁荣期，大量的债务发行人享受着资产价格的上升，只要举债带来的资产升值的收益高于利息成本，无论是房地产公司发债或借贷，还是个人房贷最终通过银行的资产证券化，都是合理的。但是，当房价下跌时，资产泡沫的破灭，会让公司与个人失去按时还本付息的能力，产生大量的违约。

格雷厄姆和多德表用了不少篇幅来分析房地产类债券，如房地产担保抵押品贷款、房地产抵押债券。他们的深刻洞察，表现出强大的时光穿越力。

先穿越到中国。房地产几乎是中国经济高杠杆的终极抵押品，但格雷厄姆和多德 84 年前告诉我们："安全性不以抵押权衡量，而用债务偿付能力衡量。"这句话也可以这样表达：任何依赖于某种抵押品的实体，最终都会损害其偿付能力，变得不安全。对于企业如此，对于经济体亦如此。第二次世界大战后，发达国家爆发的 5 次最大的金融危机，无一不是由房价过度上涨而引发的。在某种意义上，一次大的金融周期，就是一次大的债务周期，而其背后的推动因素，往往是房地产周期。

再穿越到美国。要了解两次世界大战之间的大萧条与十年前的全球金融危机，我们不需要当代经济学家和决策者赖以赚得名声的比较研究，只需要重温一下《证券分析》"固定价值投资"这一部分。继 1929 年股市崩溃后，1931 年美国房地产市场崩溃，"……那些新设立的房地产债券发行公司及其附属担保公司，它们几乎全线崩溃。随着萧条的持续，老公司也难以独善其身。……抵押凭证的持有者发现，担保只不过是个幌子。"作者批评了"激进的业务管理方式"，当时这一业务从地方开始向全国范围内展开。这听起来多么像 10 年前的美国次级房贷引发的全球金融危机。

尤其是作者谈到，"抵押资产的价值不仅不能与公司的运营情况分开，而且是与其完全统一的"。也就是说，资产价值与盈利能力密切相关，任何人为将其背离的做法，其动机都非常值得怀疑。作者指出在美国金融危机前的 1923—1929 年，美国同样发生了房地产抵押债券业务经历的灾难，当时的资产评估机构普遍存在的高估房地产债券的保障水平，其目的就是为了赚取客户的费用，"唯一的目的就是欺骗投资者"。这听起来又多么像当今美国和中国的市场。

不仅房地产抵押的安全性无法衡量，上市公司的股票质押也缺乏安全性。由于市场及上市公司本身的风险，质押股票的回购风险越来越大，越来越多的公司面临爆仓或强行平仓的危险。

这些年中国经济增长放缓，债务违约逐渐增多。2018 年前三季度出现了众多国有企业、上市公司和一些大型民营企业的债务违约事件，无论是违约金额还是件数都创下历史新高。其背景正是中国经济的高杠杆率（负债与国内生产总值［Gross Domestic Product, 以下简称 GDP］之比已经达到 250% 左右）正经历去杠杆化的过程，以及各种债务工具的“刚性兑负”正在被逐步打破。上市公司股票质押危机的背后，是债务危机。

“对一家繁荣发展的公司而言，合理数量的长期债务是有利的，因为股东可以使用从债券投资者那里获得的资本，赚取高于债券利息支出的收益。”但在经济下行时期，尤其是中国许多民营企业，在制造业、房地产，以及过剩产业领域，借贷成本高于企业的利润率。假如把一个经济体看成是一家公司，如果高杠杆率和企业（主要是非金融和非垄断领域）利润下降同时存在，企业负债率高企，需要不断举新债还旧债，融资成本不断加重，挤压企业利润趋于零，经济就会陷入一个恶性循环当中，可能会带来更大的违约潮。

这正是美国大萧条期间投资者所经历的，那一时期有约 30% 的债券违约。格雷厄姆和多德见证了两次世界大战期间美国经济从繁荣转向萧条的整个过程，“许多高风险投资在经济萧条时期会同时下挫，因此高收益债券投资者可能会在经历一段时期的高收益之后（这些收益可能已经被花掉），在一夜之间血本无归”。他们研究了 1922—1933 年在纽约证券交易所上市的所有工业债券的表现，发现在约 200 家公司中，只有 18 家公司的债券价格反映出投资者对债券的安全性比较有信心。

“牺牲安全性换取收益得不偿失。”作者鲜明地指出，收益和风险之间不存在数学关系。而当代债券投资者借助于复杂的数学和统计模型，试图预测和管理风险，并且通过极高的杠杆率放大收益，往往会带来更加巨大的系统性风险。

在债务投资越来越个人化的时代，无数的个人理财产品投资者也付出了血汗钱的代价。无论是许诺高收益的理财产品，还是缺乏监管的 P2P 资产，其实都是为了追求高收益而放弃安全性。问题如此严重，以至于银保监会主席郭树清不得不公开警告："收益率超过 6% 的就要打问号，超过 8% 的就很危险，10% 以上的就要准备损失全部本金。"

中国债务市场上持续的"刚性兑付"，本质上是政府对各种债务的一种隐性担保。但正如格雷厄姆和多德所言："担保的价值严格取决于担保公司自身的财务状况。"如果说刚性兑付的本质，是政府对各种债务提供了直接或间接的担保的话，已经身处高杠杆率的经济，则令政府须首先考虑自身财务状况，而无法再提供担保。只有让更多的债券发生违约，才能让投资者真正关注到债券本身的风险，关注到发行人的偿付能力和意愿上来。

与股票相比，债券更加看重的是公司以往的记录和既有的资产。也许我们正处于这样一个时代，科技巨头的诞生是因为人们无限看好其未来；高违约的出现是因为我们要为过去的激进还债。

市场总是做出过分的反应，所以购买债券应该以经济萧条时期的表现为准。正因为如此，作者在市场最悲观的时候，也能发现值得投资的公司债券。在中国，还应该以打破刚性兑付为前提。也许，在市场最悲观的时候，正迎来一次尝试价值投资的最好时机。

这个世界，投资工具变得如此复杂，被一层又一层地包装好，人们很难识别买到手里的所谓理财产品，究竟是个什么资产，精美盒子里面装的到底是什么东西。互联网上充斥的信息，有的加上科技的光环，制造出更大的信息不对称。而《证券分析》的生命力，并不在于复杂的计算、难懂的模型、专业的术语，而在于其坚持投资的本质。而且《证券分析》的几代粉丝，都不约而同地提到格雷厄姆的古典文学造诣、人文关怀和风趣幽默的语言。

股市不仅有投资价值，还有娱乐价值："即使购买股票的潜在动机只是单纯的投机与贪婪，人的天性也将驱使他们用各种堂而皇之的理由来掩盖这个不讨人喜欢的动机。套用伏尔泰的一句格言，即使根本不存在普通股分析，我们也有必要捏造一个出来。"同样，在禁止公众博彩业的中国，证券投资具有很大的娱乐价值。

所以，这本书像 84 年前树立起来的一面镜子，让我们看到人类投资行为不断重复的荒谬之处，如果上帝和你一起发笑，也有一定的娱乐价值。

**周健工**

曾任上海第一财经传媒有限公司 CEO，2004 年作为创始编委参与创办《第一财经日报》，2009—2015 年在《福布斯》中文版担任总编辑。早年曾参与多家财经媒体的创办与管理工作。2003—2004 年在位于华盛顿的智库战略与国际研究中心 (CSIS) 担任研究顾问。获美国约翰·霍普金斯大学国际关系高级研究院 (SAIS) 硕士学位，专业方向为国际金融。北京大学国际政治系法学硕士。

# 06

# 固定价值投资选择的第一原则

前面我们提出应根据证券的特征进行分类，现在我们逐项介绍适用于选择每类证券的原理与方法。我们已经指出固定价值证券包括：

- 高等级普通债券与优先股；
- 高等级特权证券，但特权价值太小，在选择证券投资时不予考虑；
- 通过担保或优先权而具有高等级优先证券地位的普通股。

**对待高等级优先股的基本态度**。将高等级优先股与高等级债券归为一类，是为了说明这两种证券可以适用同样的投资态度和分析方法。我们暂且不考虑优先股股东在法律追索权上的明显劣势，因为最稳健的投资不应依赖于法律追索权或补偿，而应依赖于企业是否具有充足的财务能力。这种观点可以从投资者对待纳贝斯克公司（National Biscuit Company）优先股的态度中得到验证——在近40年时间里，投资者一直认为该公司的优先股具有与优质债券相同的投资价值。①

**优先股与债券的投资价值不尽相同**。需要指出的是，像纳贝斯克公司优先股这样历史悠久，且地位突出的证券只占所有优先股中的很小部分。因此，在一般意义上，我们从不认为债券和优先股在投资价值上是等同的。相反，虽然平均而言优先股比债券等级低，但却一直深受公众投资者的认可，这一点我们会在后面的章节加以说明。其实，这些证券多数无法充分确保持续稳定地支付股息，因此，它们应该归属于不确定型或投机型优先证券（第Ⅱ类）。在这种情况下，债券和优先股之间的契

---

① 见附录注释6。

约差异就显得十分重要。所以，必需严格区分典型优先股和特殊优先股。只有特殊优先股才可以称得上是固定价值投资工具，且可与优质债券同等看待。为方便起见，我们经常用“投资债券”或“债券”来表示所有固定价值类证券。

**债券投资是否合乎逻辑？**在本书的1934年版本中，我们针对前些年金融业和工业的极端波动是否削弱了债券投资的基本逻辑进行了详细分析。投资债券既限制了自己的收益回报，又放弃了所有投机获利的机会，却仍不得不承受严重损失的风险，投资者这样做是否值得？我们的回答是：1927—1933年的现象异乎寻常，不能作为评判投资理论和实践的合理基础。后来的历史经验似乎证明了我们的观点，不过市场上仍然存在许多不确定性因素，要让债券投资者放弃绝对安全的传统投资理念还需很长一段时间。1940年，债券价格创下历史新高，加上之前20年内两次灾难性的价格暴跌，以及尚未结束的世界战争，这些事件交织在一起，投资者似乎难以对未来抱有任何信心。

**债券具有的内在劣势——安全性难以量化评估。**这种情况下，投资者、证券公司和投资理论家在进行债券投资选择时，需要持有比以前更加批判、更加严谨的态度。只要是债券就必定安全或者债券的风险一定比股票小的错误观点，已经发展到非常危险的地步。在长期实践中，人们投资债券主要是基于对其安全性的假设，但基于假设的投资不如基于事实的选择更稳健，而事实就是，(普通)债券是一种有限收益的投资工具。作为限制其参与未来利润分配的交换条件，债券持有者获得了优先偿还权和明确的偿付承诺作为补偿，而优先股持有者只获得优先偿还权，没有偿付承诺。然而，不管是优先偿还权还是偿付承诺，都不是获得偿付的绝对保证。这种保证取决于企业履行承诺的能力，需要在分析企业的财务状况、经营业绩和未来前景后作出判断。因此，正确选择债券的关键在于获取明确的、可信的安全保障因素，以弥补债券持有人在参与收益分配方面做出的牺牲。

**重点强调避免损失。**从将债券视为一种有限收益的投资工具这一基本概念，可引申出关于债券投资的另一重要观点，即债券投资的重点在于避免损失。所以，债券选择是一门消极的艺术，即它是一个筛除和拒绝的过程，而非搜寻和接受的过程。从这个角度讲，选择债券与选择普通股存在本质的不同。潜在的普通股购买者在做出投资决策时，或多或少会同时考虑避免损失和赚取收益两种因素。投资者错误筛除和错误拒绝某一只证券的代价看似一样，但其实，投资者可以错失任何数量的优质债券而不受惩罚。所以，总的来说，投资者在购买固定价值投资工具时，怎样挑剔也不为过。沃尔特·白芝浩（Walter Bagehot）曾对商业银行家说过这样一句话："如果难以决定或存在疑虑，就应该放弃这只证券。"[①]这句话同样适用于债券投资的选择。

**选择固定价值类证券的四条原则**。前面我们已经明确了解决问题的一般方法，下面我们提出适用于单只证券选择的四条比较具体的原则：

Ⅰ. 证券的安全性不是由特定的抵押权或其他合同权利来衡量，而是取决于证券发行人履行义务的能力[②]。

Ⅱ. 应重点考察经济萧条时期的履约能力，而不是经济繁荣时期。

Ⅲ. 异常高的票面利率并不能弥补安全性的不足。

Ⅳ. 无论挑选哪只债券作为投资对象都应该遵循筛除的原则，而且必须依据管理储蓄银行投资行为的法规中的具体量化指标进行测试。

基于以上原则的债券选择技术与传统的债券选择理念和方法存在显著不同。然而，与传统的观点背离并不代表一种创新，而是一种对某些理念的认同与推广，而且这些理念已经逐渐被精明且经验丰富的投资者所接受。接下来将阐释这些新理念的本质和合理之处[③]。

## Ⅰ. 安全性不以抵押权衡量，而用债务偿付能力衡量

一开始我们就遇到根本的差别。过去人们一般注重具体的安全保障，如债券担保资产的特征和估值。然而，以我们的观点看，这些只是次要因素，主要因素应该是债务企业的实力以及经营稳健性。这是两种截然不同的观点：一种观点将债券看

① 《伦巴底街》(*Lombard Street*)，第 245 页，纽约，1892 年。
② 这是一条适用于大多数固定价值类债券投资的一般规则，但在后面讨论中也存在一些例外情形。
③ 与 1934 年相比，这些观点在 1940 年时已不再显得那么有新意和非同寻常，我们对其是否仍能作为一种标准表示怀疑。

作对资产的索取权（a claim against property），而另一种观点将债券看作对企业的索取权（a claim against a business）。

从本源和目的看，前者非常合理。它试图给予债券持有人充足的安全保障，使其在企业经营失败时免受风险。如果企业没有能力偿付债务，债券持有者可以通过接管与处置抵押资产而获得支付。若这种安排有效，结果将会非常完美，但是在现实中鲜有案例能够证明其可行性。这主要有三方面的原因：

1. 企业经营失败时资产价值会随之缩水；
2. 债券持有者的法定权利在维护过程中会遇到困难；
3. 破产清算过程会存在延误和其他不利事件。

## ● 抵押权无法保障资产价值不会缩水 ●

将抵押权视为独立于企业经营状况的安全保障因素，这在大多数情况下完全是错误的。一般情况下，抵押资产的价值极其依赖于企业的盈利能力。债券持有人通常可以拥有铁路、房产和设备、发电厂和其他公用设施、桥梁和酒店的抵押权，但这些资产除了建筑时确定的用途外基本不适用于其他用途。因此，如果企业经营失败，其固定资产的可变现价值通常都会大幅缩水。基于这个理由，过去实务操作中将抵押资产的历史成本或重置成本作为购买债券的动机，完全是一个误导。抵押资产的价值只有在企业违约时才具有实际意义，而一旦这种情况发生，人们便会发现资产的账面价值既不可靠也不合理。海滨－全佛罗里达铁路公司（Seaboard-All Florida Railway）发行票面利率为 6% 的第一抵押权债券就说明了这个问题。在 1931 年铁路竣工后不久，这种债券的卖价只剩 1 美分（相对于票面价值为 1 美元）。[①]

## ● 抵押权人的基本合法权益难以实施 ●

即使抵押资产价值确实与债权价值相当，债券持有人仍然很少能够接管和变现抵押资产。必须说明的是，公司债券违约后，抵押资产处置程序与私人财产抵押相

① 见附录注释 7。

比存在很大的不同，尽管两种情况下抵押权人的基本合法权利相同。在实践中，我们发现当抵押资产的公允价值有可能超过债务偿付额度时，法院往往倾向于阻止债券持有人通过行使抵押权来接管抵押资产[①]。股东和次级债券持有人拥有对公司资产的潜在权益，将他们排斥在法律保护之外显然是不公平的。这种实践的结果就是，债券持有人很少能够真正接管抵押资产，除非抵押资产当时的价值大大低于债务数额。在大多数情况下，他们获得的是重组后公司发行的新证券。有些时候，拖欠的利息得以支付，债券重新生效。[②] 在极少数情况下，违约的债券得以全额偿付，但需要经历令人厌烦的长期等待。[③]

## ● 令人厌烦的时间拖延 ●

这种时间拖延正是我们反对将抵押资产作为债券安全性保障的第三个原因。与抵押权对应的抵押资产价值越高，在破产时接管这些资产的难度越大，“公平”计算各类债权和股权间分割资产的比例所需要的时间也越长。让我们假设一种破产清算时对债权人最有利的情景，某投资者持有相对少量的第一抵押权债券，后面还有大量次级抵押权，正是这些次级抵押权使得公司资不抵债。由于第一抵押债权人的优势地位，使得他在任何情况下都不大可能遭受实际损失。然而，公司的财务困境通常会给它所有证券的市场价格带来负面影响，包括那些价值本身不受损害的证券。随着破产清算期的拖延，市场价格下跌更为剧烈，因为没有投资者愿意购买问题公司发行的证券。最终，第一抵押权债券可能会毫发未损地度过公司重组。不过，在这段漫长的拖延期里，投资者要面对其持有的证券价格严重下跌的局面，而且至少会在某种程度上对最终结果忧心忡忡。有关这种情况的典型案例有：密苏里－堪萨斯－得克萨斯铁路公司（Missouri, Kansas and Texas Railway Company）发行的票面利率为 4% 的第一抵押权债券，布鲁克林联合高架铁路公司发行的票面利率为 5% 的第一抵押权债券[④]。有关破产清算和重组的话题，特别是其对债券持有者的影响，我们在后面的章节将进行更为详细的讨论。

---

① 跨区快速地铁公司发行的票面利率为 7%，7 年期有担保债券，在本金违约后被禁止抵押接管（见第 846 页的讨论），这个例子很好地说明了上述观点。

② 见附录注释 8。

③ 见附录注释 9。

④ 见附录注释 10。

## 基本原则应该是避免麻烦

综上讨论，我们强调债券购买者的首要目标应该是避免麻烦发生，而不是在麻烦发生时寻求保护。即使在某些情况下，特定抵押权确实具有实际的好处，但这种收益的实现条件与固定价值投资的真正意义相去甚远。鉴于公司破产清算时其证券的市场价格必然大幅下跌，投资者必须依靠契约实现其权利，单单这一事实就说明其投资并不明智，也不恰当。而抵押资产能给他提供的保障最多不过是减轻由此造成的损失。

## 从第 I 原则得出的推论

### 1. 有无抵押权无关紧要

从第 I 原则可以得出许多具有重要实际应用价值的推论。因为抵押权在高等级债券的选择过程中属于次要因素，所以有没有抵押权显得无关紧要。对于信用债券（debenture）[①]，只要发行企业实力雄厚，能够充分履行利息支付承诺，则其可能与有抵押担保的债券具有同样的吸引力。此外，实力雄厚的企业发行的信用债券显然比业绩疲软的企业的抵押担保债券更稳健。例如，没有哪只第一抵押权债券比新泽西标准石油公司（Standard Oil of New Jersey）发行的，1961 年到期，票面利率为 3% 的信用债券有更高的投资评级。查看债券列表，你会发现信用债券在投资价值排名上至少与一般抵押债券不相上下，因为企业必须具有较高的信用评级，才能通过发

① 在美国金融实务中，"debenture"这个词通常被认为是指"无担保债券或票据"的意思。在没有很好的理由下，这个术语有时候也可以表示其他一些没有特别指代意义的证券。也存在许多有担保的债券，如《芝加哥使者与稽查员报》（*Chicago Herald and Examiner*）发行的 1950 年到期，利率为 4% 的抵押担保债券；隆星燃气（Lone Star Gas）发行的 1953 年到期，利率为 3.5% 的抵押担保债券。同样，也有许多具有优先权的证券被称为无担保优先股票或者无担保股份，如杜邦公司在 1939 年称之为杜邦无担保股份，通用雪茄公司（General Cigar Company）优先股在 1927 年称为通用雪茄公司无担保优先股（1929 年的名称）。

无担保债券会受欢迎，是因为即便最开始没有获得担保，随后也可以通过保护性条款进行操作获得特殊的安全保障。例如，纽约 – 纽黑文 – 哈特福德铁路公司（New York, New Haven and Hartford Railroad Company）发行的无担保债券（将在第 19 章讨论）。另一个例子是福克斯新英格兰剧院有限公司（Fox New England Theaters, Inc.）发行的票面利率为 6.5% 的无担保债券，公司于 1933 年重组。由于无法获得未来盈利能力的安全保障，该无担保债券可以通过公司在剧院自动售货机发行一系列的第一抵押权债券获得安全保障。

观察表明，除了票据表示一种相对短期的证券之外（如发行后到期日不超过十年），债券和票据之间没有明确的差异。

行长期信用债券进行融资。[①]

## 2. 购买稳健公司最高收益债券的原理

如果一家公司发行的某一债券满足固定价值投资的条件，那么它发行的所有其他债券都同样满足。反之，如果一家公司的次级债券安全性不高，那么它发行的第一抵押权债券也不是理想的固定价值投资工具。因为次级债券安全性不高说明公司本身就很疲弱，而疲弱的公司不会有高等级债券。因此，理论上讲，债券投资的正确步骤应该是：首先，选择一家实力雄厚、财务稳健的公司；然后，购买其发行的收益率最高的债券，通常是次级债券而非第一抵押权债券。如果在挑选公司的过程中没有犯错，在实践中这些步骤将会非常实用。不过，犯错误的可能性越大，我们越应该牺牲收益率来降低潜在的本金损失风险。尽管如此，我们应该明白，如果债券投资者购买了低收益率的第一抵押权证券，这实际上反映了投资者对自己关于公司稳健性的判断缺乏信心，如果信心极为不足，那就应考虑投资该公司的债券是否明智。

**案例**

以古德希包装公司发行的 1946 年到期、票面利率为 5% 的第一抵押权债券和 1937 年到期、票面利率为 5.5% 的无担保债券为例。1932 年 6 月，利率为 5% 的第一抵押权债券售价为 95 美元，到期收益率大约为 5.5%，而利率为 5.5% 的无担保债券售价为 59 美元，到期收益率超过 20%。以接近面值购买票面利率为 5% 的债券的唯一理由是投资者相信公司仍具有偿还能力，前景良好，否则，这种债券的市场价格必然会大幅下挫。但是，既然投资者对古德希包装公司的前景充满信心，为什么不购买能获得丰厚回报的信用债券呢？唯一可能的答案是，投资者认为万一自己的判断错误，公司陷入困境时，他仍能通过第一抵押权获得较大的安全保障。在这种情况下，投资者持有第一抵押权债券，会比持有次级债券的损失更少。即使这样，投资者仍需注意，如果古德希包装公司和菲斯克橡胶公司（Fisk Rubber Company）一样盈利大幅下降，第一抵押权债券的市值损失

① 1935—1939 年，工业企业债券融资的情况可以很好地证实这一观点。在这段时期，只有高等级债券才可以发行，而到目前为止，工业债券中的很大比例由信用债券构成。

将与信用债券的损失不相上下。1932 年 4 月，菲斯克橡胶公司发行的票面利率为 8% 的第一抵押权债券售价降至 17 美元，而利率为 5.5% 的信用债券价格为 12 美元。无论如何，投资者选择古德希包装公司发行的票面利率为 5% 的第一抵押权债券，每年要为不完全的损失担保支付约 15% 的风险溢价（两种债券到期收益率之差）。从这一点来看，购买第一抵押权债券的投资者显然是得不偿失的。结论显示，投资者只有两种选择：要么不选择购买古德希包装公司发行的债券，要么购买收益率更高的次级债券[①]。这条规则适用于一般情形：即当某公司第一抵押权债券以接近面值的固定价格出售时，投资者购买其次级债券往往能获得高额回报[②]。

### 3. 除非次级抵押权债券有显著优势，否则应该选择优先级抵押权债券

显然，只有当收益回报有显著优势时才应选择次级抵押权债券。如果第一抵押权债券的收益率仅低一点，那么为避免意外的麻烦而支付少量的保险费无疑是明智的选择。

**案例**

艾奇逊 – 托皮卡 – 圣菲铁路公司（Atchison Topeka and Santa Fe Railway Company）发行的 1995 年到期，票面利率为 4% 的普通（第一抵押权）债券和票面利率为 4% 的调整（第二抵押权）债券的相对市场价格可以说明这一论点，见表 6—1。

**表 6—1　艾奇逊公司 4% 普通债券（第一抵押权）和 4% 调整债券（第二抵押权）在不同日期的价格**

| 日期 | 4% 普通（第一抵押权）债券价格 | 4% 调整（第二抵押权）债券价格 | 价差 |
|---|---|---|---|
| 1913 年 1 月 2 日 | 97.50 | 88 | 9.50 |
| 1917 年 1 月 5 日 | 95.50 | 86.75 | 8.75 |

① 古德希包装公司的这两种证券于 1935 年以 102.5 美元的价格退出流通。

② 原则偶尔也会有例外，即优先证券拥有非同寻常的优先地位——如非常稳健的优先铁路债券（见第 219~220 页）。

续前表

| 日期 | 4% 普通<br>（第一抵押权）<br>债券价格 | 4% 调整<br>（第二抵押权）<br>债券价格 | 价差 |
|---|---|---|---|
| 1920 年 5 月 21 日 | 70.25 | 62 | 8.25 |
| 1922 年 8 月 4 日 | 93.50 | 84.50 | 9 |
| 1925 年 12 月 4 日 | 89.25 | 85.25 | 4 |
| 1930 年 1 月 3 日 | 93.25 | 93 | 0.25 |
| 1931 年 1 月 7 日 | 98.50 | 97 | 1.50 |
| 1932 年 6 月 2 日 | 81.00 | 66.50 | 14.50 |
| 1933 年 6 月 19 日 | 93.00 | 88 | 5 |
| 1934 年 1 月 9 日 | 94.25 | 83 | 11.25 |
| 1936 年 3 月 6 日 | 114.625 | 113.50 | 1.125 |
| 1937 年 4 月 26 日 | 103.50 | 106.75 | 3.25 |
| 1938 年 4 月 14 日 | 99.25 | 75.25 | 24 |
| 1939 年 12 月 29 日 | 105.75 | 85.25 | 20.50 |

1924 年以前，艾奇逊公司发行的票面利率为 4% 的普通债券售价，通常比票面利率为 4% 的调整债券高出 7 至 10 个百分点，收益率大约低 0.5%。因为这两种债券的安全性都没有问题，因此，以低 10% 的成本买入次级债券显得更加合理。1923 年以后，这个观点得到证实，两种债券的价格差异逐渐缩小。1930 年全年和 1931 年的部分时间里，调整债券的价格经常与普通债券基本相同。与 1922—1923 年的过大价差相比，这种关系显得更不合理，原因在于票面利率为 4% 的调整债券的价格和收益率的优势太小，即使两种抵押权的安全性都不存问题，也不值得投资者为了这么小的价格优势而接受较低的抵押权地位。

这一显而易见的事实很快得到验证。1932 年 6 月，债券市场形势不断恶化，两只债券价差扩大，直至超过 14 个百分点。根据 1934 年的历史记录推测，两只债券的合理价差应该是 5 个百分点，价差大幅扩大或者消失都为投资者提供了由一种债券置换为另外一种债券的投资机会。如表 6—1 所示，在 1934 年和 1936 年确实出现了这种投资机会。

这个例子有助于进一步说明影响价格变动的普遍因素，以及债券分析中需要考虑的必要条件。1937 年，艾奇逊公司的盈利能力与早前的正常状态相去甚远。同时，根据保守的标准判断，其超出利息支付要求的安全边际也不充足，这种情况已经提醒投资者：次级证券的“调整”（如或有事项）因素不容忽视。因此，在利息安全性不存在问题时期表现合理的价格关系，在新的条件下靠不住了。1938 年，由于盈利能力不佳，公司被迫延迟支付了调整债券在 5 月 1 日到期的利息，这直接导致债券价格降至 75.125 美元，价差扩大至 24 个百分点。虽然公司在 1939 年全额支付了利息款项，且债券价格回升至 96 美元，但若投资者将 1932 年以前的标准应用于这只债券显然不明智。

如果符合以下两个条件之一，我们就可以舍弃 Y 公司的第一抵押权债券，而选择 X 公司的次级抵押权债券。

1. X 公司的总债务安全保障充足，且次级抵押权债券收益率远高于 Y 公司第一抵押权债券的收益率；
2. 如果没有显著的收益率优势，X 公司的总债务安全保障水平应该显著高于 Y 公司的总债务安全保障水平，如表 6—2 所示。

**表 6—2　　条件 2 的一个例子**

| 债券 | 1930 年的价格 | 1929 年固定费用保障倍数[a] |
|---|---|---|
| 太平洋电力照明公司（Pacific Power and Light Co.）票面利率为 5% 的第一抵押权债券，1995 年到期 | 101 美元 | 1.53 倍 |
| 美国燃气和电气公司（American Gas and Electric Co.）票面利率为 5% 的信用债券，2028 年到期 | 101 美元 | 2.52 倍 |

注：a. 平均业绩与此接近。

美国燃气和电气公司的总费用保障倍数明显高于太平洋电力照明公司。当两只债券价格相差无几时，前者的次级抵押权债券比后者的第一抵押权债券更具有吸引力[①]。

① 1937 年，太平洋电力照明公司发行的票面利率为 5% 的第一抵押权债券价格最低达到 51 美元，而美国燃气和电气公司的信用债券价格最低为 104 美元。

## ●“标的债券”的特殊地位●

在铁路行业，有一种具有特殊投资特征的“标的债券”。这类债券的规模小，以债务公司系统中特别重要资产为担保，另外通常会有一系列的“一篮子抵押”(blanket mortgages)。“标的债券”通常享有第一抵押权，但如果优先证券的规模相对较小，“优先债券”也可能是第二甚至第三抵押权证券。

**案例**

纽约－伊利铁路公司（New York and Erie Railroad）发行的到期日为 1938 年，票面利率为 4.5% 的第三抵押权展期债券，级别低于另外两只规模较小的、由伊利铁路公司主要线路的重要资产抵押的优先抵押权债券。除此之外，体系中还有连续四项一篮子抵押，因此，这些债券通常被认为享有标的债券的有利地位。

不管整个公司的债务体系出现了什么问题，具有前述特征的债券通常是绝对安全的，它们在经历重组之后仍然安然无恙，甚至在破产清算期间仍然能够获得利息支付，主要是因为这种债务占总债务的比重通常非常小。但是，当公司破产时，整个债务体系会遭受沉重的打击，债券的市场价值会不可避免地大幅下跌。

**案例**

在上述纽约－伊利铁路公司发行的票面利率为 4.5% 的第三抵押权展期债券案例中（债券在到期日自动展期至 1923 年，之后再次展期至 1933 年），1938 年 3 月，即纽约－伊利铁路公司破产两个月后，债券本金和利息均未得到支付，债券的市场买入价格降至 61 美元。然而，1939 年年底，经过各项重组计划之后，公司做出全额支付债券本金和利息的准备。

芝加哥－东伊利诺伊铁路公司（Chicago and Eastern Illinois）发行到期日为 1934 年，票面利率为 6% 的联合债券，直至 1940 年，债券的本金、利息以及额外 4% 的利息才获得全额支付（1933 年，其市场价格曾跌至 32 美元）。

密苏里太平洋铁路公司（Pacific Railway of Missouri）发行的票面利率为 4% 的第一抵押权债券、5% 的第二抵押权债券和 4% 的第三抵押权债券全部延期至 1938 年才获得全额支付，且它们都是该公司发行的标的债券。1915 年公司破产清算期间，这些债券仍然能够不受影响地获得利息支付。1933 年，公司第二次破产，这些债券在到期日之前都获得了利息支付。虽然本金支付到期违约，但利息支付仍能延续到 1939 年。在各项重组计划下，通过向债券持有者提供重组后新公司发行的优先抵押权和定息债券，这些债券得以全额支付。但从 1931 年起，这些债券的价格分别降至 65 美元、60 美元和 53 美元。

其他曾被视为“标的债券”的债券在公司破产之后却一直表现不佳。

**案例**

密尔沃基 – 斯巴达 – 西北铁路公司（Milwaukee, Sparta and orthwestern）发行的 1947 年到期，票面利率为 4% 的第一抵押权债券，被列为芝加哥 – 西北铁路公司（Chicago and North Western Railway）的标的债券，在许多年里，该债券的价格与最优质的联合太平洋公司（Union Pacific）发行的同年到期、票面利率为 4% 的第一抵押权债券相差不多。但是，在芝加哥西北铁路公司破产清算后，该债券在 1935 年拖欠利息支付。1939 年，该债券价格暴跌至 8.125 美元。

从上文可知，在某些情况下，标的债券可视为“除非公司稳健，否则债券不可靠”的例外情况。多数情况下，这类债券是由机构投资者和大型投资者持有（某些公用事业控股公司的附属经营子公司发行的第一抵押权债券也是如此）。

对于铁路公司发行的标的债券，铁路位置和覆盖路段的战略价值至关重要。以系统中不重要和不盈利部分的资产进行抵押的第一抵押权债券有时被称为“分部抵押权”，它并不是我们本章讨论的真正意义上的“标的债券”。当公司重组时，以较差路段资产为第一抵押权的债券可能会比表面上级别更低的一篮子抵押权债券的待遇更低。

**案例**

主干线联合太平洋铁路公司（Central Branch Union Pacific Railway）

> 发行的 1938 年到期，票面利率为 4% 的第一抵押权债券被认为“优先于”密苏里太平洋公司发行的为赎回提供准备的第一替续抵押权债券。然而，在 1939 年年底的重组计划中，密苏里太平洋公司的 5% 第一替续抵押权债券比表面上优质的主干线联合太平洋铁路公司的债券获得了更优厚的待遇。

实践中，很难事先区分哪些标的债券不受公司重组的影响，哪些标的债券在公司重组中将遭受重大损失。因此，我们强烈建议普通投资者不要考虑这类没有把握的债券，而是坚守“只有稳健的公司才有优质的债券”的投资原则。

# 07

# 固定价值投资选择的第二和第三原则

## Ⅱ. 购买债券应以经济萧条时期的表现为准

稳健的投资必须能够经得起经济萧条的考验，这个规则似乎不言而喻，甚至有些老生常谈。当经济环境有利时，任何债券都会表现良好；只有在经济萧条时期，强势债券相对于劣势债券的优势才会变得明显和至关重要。所以，谨慎的投资者总会选择那些历史悠久、久经考验的企业发行的债券。

### ● 安全性的判断依据：基于行业特征或保障程度 ●

投资者相信债券能够免受经济萧条的影响，可能基于两个不同的理由：

- 一个理由认为，某些特殊行业的盈利能力不会在经济萧条的影响下大幅下滑；
- 另一个理由认为，由于企业安全边际大，即使盈利能力下滑也不会有危险。

电力和照明公司发行的债券受到追捧是基于第一个理由，美国钢铁公司的子公司发行的债券大受欢迎则是基于第二个理由。前者值得购买是由其行业特征决定的，后者则是由安全保障程度决定。上述两个理由中，多数债券投资者倾向于接受在经济萧条中能够免遭影响的企业发行的债券，这是因为投资对风险具有免疫能力的企业，似乎比投资依赖公司财务实力度过危机的企业简单得多。

## ● 没有行业能够完全免受经济萧条的影响 ●

反对上述投资理论的观点认为，根本不存在抗跌的行业，即没有什么行业在经济萧条中能够免于盈利能力下滑的风险。相比于钢铁生产企业，爱迪生公司的盈利水平的确只有轻微下滑。但是，如果考虑到公司在经济繁荣时期的盈利有限，那么即使是轻微的下滑，对公司的打击也是致命的。一旦确定行业利润会下滑（这种情况总会存在），投资者就不得不估计下滑的幅度，并将下滑幅度与满足利息支付要求后的盈余相比较。于是投资者会发现，自己与其他债券持有者是一样的，都非常关注公司在未来经济兴衰下的适应能力。[①]

所以，区分行业时，不应该看经济萧条时是否受影响，而应该看经济波动时受影响的程度。企业越稳定，越适合债券融资，债券利息支出占正常盈利的比重越大。随着企业不稳定性增加，为了满足利息费用的支付，对安全边际的要求越高。换言之，债务占企业总资产的比例应该更低。如果企业本身不稳定，企业能否在持续不利的经济环境下生存就值得怀疑（中等规模的工业企业经常出现这种问题）。尽管根据历史业绩计算的安全边际非常高，但其发行的债券仍然不能满足固定价值证券的要求。此类债券满足定量测试标准，但不符合定性测试标准，而这两项测试标准在我们的投资理念中都非常重要。[②]

## ● 通过投资实践认识行业性质的重要性 ●

多年的投资实践证明，不同行业的安全边际相差极大。将企业分为铁路、公用事业和工业三个类别，主要目的在于反映不同行业在相对稳定性方面的内在差异以及投资者对不同行业债券利息保障要求的差异。例如，如果铁路公司盈利能力是债券利息的两倍，投资者可以认为该公司是稳健的，但对于工业债券来说，同样的安全边际往往是不够的。1920—1930 年，公用事业行业发生了巨大的变化。在此之前，照明、供热和电力服务业同有轨电车行业紧密相连，但在此之后，它们被严格区分开。

① 许多公用事业控股公司债券（以及一些过度负债的运营公司）在 1931—1932 年发生违约，但美国钢铁公司发行的附属债券仍然维持较高的投资评级，尽管它的经营状况非常糟糕。

② 关于这一重要观点的案例，见斯塔贝克汽车公司（Studebaker）优先股（见第 100 页）和威利斯 – 奥佛兰汽车公司（Willys-Overland Company）发行的票面利率 6.5% 第一抵押权债券（见第 876 页）的讨论。

由于有轨电车公司经营不佳，金融界逐渐将其排除在“公用事业”之外，对于公众来说，公用事业行业仅限于电力、煤气、供水和电话公司。（后来，证券承销商为了迎合投资者对公用事业类公司的喜好，将涉及天然气、制冰、煤炭，甚至仓储等业务的企业也都纳入公用事业行业）。公用事业行业一直稳步向前发展，即使在面临 1924 年和 1927 年工业行业轻微衰退的情况下也未受影响，该行业在投资者心中的地位也日益提高。到了 1929 年，公用事业行业获得了和铁路行业一样的信用评级。在接下来的大萧条时期，公用事业行业的总收入与净收入的下降幅度都远小于交通运输行业。因此，用资本雄厚的照明和电力公司发行的债券取代铁路公司发行的高等级债券，并作为公司债券投资的首选是合理的。（尽管从 1933 年起，在利率下降、政府竞争和通货膨胀威胁的综合影响下，公用事业债券和股票的受欢迎程度骤减，但作者对此结论仍然深信不疑。）

## ● 以经济萧条时期的表现测试投资价值 ●

现在，我们将注意力转向以上三类企业在最近两次经济萧条时期（1931—1933 年和 1937—1938 年）的业绩表现。1931—1933 年出现了史无前例的经济萧条，用灾难时期的业绩来衡量当前投资项目似乎显得不公平，也不切实际。但从积极作用看，我们认为 1931—1933 年的历史经验可以视为投资标准“实验测试”，它检验了企业在变化莫测的未来能够承受压力的程度。虽然当年的市场条件不会重演，但各类证券在当时的表现为研究投资问题提供了有用的启示。

表 7—1 中是 1926—1938 年铁路和公用事业行业总收入和净收入以及高等级铁路债券和公用事业债券平均收益率（以百万美元为单位）。

表 7—1　　铁路和公用事业行业在大萧条时期的表现　　（单位：百万美元）

| 年份 | 铁路行业 | | | 公用事业行业 | | |
|---|---|---|---|---|---|---|
| | 运营总收入[a] | 运营净收入[b] | 铁路债券收益率（%）[c] | 运营总收入[d] | 净值（指数 %）[e] | 公用事业债券收益率（%）[c] |
| 1926 | 6 383 | 1 213 | 5.13 | 1 520 | 100.0 | 5.11 |
| 1927 | 6 136 | 1 068 | 4.83 | 1 661 | 106.8 | 4.96 |

续前表

| 年份 | 铁路行业 | | | 公用事业行业 | | |
|---|---|---|---|---|---|---|
| | 运营总收入[a] | 运营净收入[b] | 铁路债券收益率（%）[c] | 运营总收入[d] | 净值（指数 %）[e] | 公用事业债券收益率（%）[c] |
| 1928 | 6 112 | 1 173 | 4.85 | 1 784 | 124.0 | 4.87 |
| 1929 | 6 280 | 1 252 | 5.18 | 1 939 | 142.5 | 5.14 |
| 1930 | 5 281 | 869 | 4.96 | 1 991 | 127.7 | 5.05 |
| 1931 | 4 188 | 526 | 6.09 | 1 976 | 123.5 | 5.27 |
| 1932 | 3 127 | 326 | 7.61 | 1 814 | 96.6 | 6.30 |
| 1933 | 3 095 | 474 | 6.09 | 1 755 | 98.2 | 6.25 |
| 1934 | 3 272 | 463 | 4.96 | 1 832 | 88.1 | 5.40 |
| 1935 | 3 452 | 500 | 4.95 | 1 912 | 92.9 | 4.43 |
| 1936 | 4 053 | 667 | 4.24 | 2 045 | 120.7 | 3.88 |
| 1937 | 4 166 | 590 | 4.34 | 2 181 | 125.8 | 3.93 |
| 1938 | 3 565 | 373 | 5.21 | 2 195 | 106.0 | 3.87 |

注：a. 所有美国一级铁路公司的铁路运营收入，由国际商会 (I.C.C.) 提供。

b. 所有美国一级铁路公司的铁路运营净收入。由国际商会 (I.C.C.) 提供。

c. 40 只铁路债券和 40 只公用事业债券的平均收益率，由穆迪评级公司收集整理。

d. 向最终消费者出售电力服务的收益，由爱迪生电力协会（Edison Electric Institute）收集整理。数据来源于行业 90% 的公司，经调整后代表整个行业情况（由《当前商业综览》提供）。

e. 15 家公用事业企业的利润指数，由标准统计公司提供。所有数据均是根据季度关系计算出来的年度平均数，基准年度为 1926 年。

## ● 债券价格暴跌的各种原因 ●

### 1. 公用事业企业举债过度

研究经济泡沫破灭后价格暴跌的债券，我们会发现不同债券价格下跌的原因各异。公用事业债券的违约不是因为盈利能力变弱，而是因为企业过度负债，没有能力承受一次中等程度的经济衰退。根据前面的标准，资产负债结构稳健的企业不难满足债券利息支付的要求。但采用金字塔式资本结构的控股公司就不同了，它们将盈利高峰时期所挣的每一美元都用于偿付固定利息费用，几乎没有任何安全边际去应付盈利下降时的利息支付。所以，公用事业企业面临的普遍困境并不是因为照明和电力企业的业务疲弱，而是由它们毫无节制、盲目扩张的财务政策所致。投资者在公用事业债券上的大部分投资损失本可通过审慎的债券选择来规避。同样，即使在正常的经济周期，若企业采取不当财务政策，其债券价格最终也会崩溃。因此，挑选优质公用事业债券的投资理论绝不会因为1931—1933年的历史经验而受到挑战。

## 2. 铁路企业盈利稳定性被高估

铁路企业的情况则稍有不同，它的症结在于交通运输行业的稳定性被高估，投资者对其安全边际过分满意。但事实证明，这种安全边际其实是不足的。问题产生的原因并不在于投资者忽视了既有的标准（与盈利能力较弱的公用事业企业一样），而是在当现实经济形势需要更严格的要求时，投资者仍满足于原有的标准。回顾历史我们可以发现，自战前以来，农村经济一直高速发展，而铁路企业的盈利却没能随之增加。这种信号显示铁路企业的相对地位变弱，投资者需要对其抱有更加谨慎严格的态度。如果投资者要求持有的铁路债券满足应用于工业债券的测试标准，这将迫使他们将投资范围限定在相对少量的、表现强劲的铁路线路 。事实也证明，几乎所有符合上述标准的铁路企业都经受住了1929年以后运输收入大幅减少的冲击，债券的固定利息支付也没有受到影响。当然，这是否是一个事后诸葛亮的例子，与我们的讨论无关。但前事不忘，后事之师。我们可以发现，以经济萧条时期的表现为基础选择铁路债券，意味着在经济正常时期该债券的安全边际比我们先前认为必要的安全边际更高。

**1937—1938年的历史经验。**铁路债券和公用事业债券在1937—1938年经济萧条时期的表现，可以支持前面关于这两类债券的结论。一方面，几乎所有在1937年年初通过严格定量测试的债券，在接下来的经济下滑中均屹立不倒，市场价格跌幅较小，企业本身地位也未受损。另一方面，这两类债券中，在1936年不满足盈利保

① 例如，如果投资者将投资范围限定在1928年繁荣时期固定费用覆盖率在2.5倍或以上的铁路债券，他就必须在以下范围内选择债券：艾奇逊－托皮卡－圣菲铁路公司；加拿大太平洋铁路公司（Canadian Pacific）；切萨皮克－俄亥俄铁路公司（Chesapeake and Ohio）；芝加哥铁路公司（Chicago）；伯灵顿－昆西铁路公司（Burlington and Quincy）；诺福克－西方铁路公司（Norfolk and Western）；皮尔马克特铁路公司（Pere Marquette）；瑞丁铁路公司（Reading）；以及联合太平洋铁路公司。（除皮尔马克特铁路公司，其他公司的债券在经济萧条时期都表现良好。值得注意的是，关于平均盈利是固定费用两倍的标准，以前做的测试可能比后面推荐的更严格。）

障标准的债券中的大部分市值出现严重下跌，这在某种意义上是债券发行企业出现财务困境的先兆 ①。

### 3. 工业债券在经济萧条时期的表现

由于工业债券在 1937—1938 年与 1931—1933 年的情况差别很大，因此投资者对这类债券的态度取决于他是否觉得需要防范一定程度的经济萧条。研究 1931—1933 年的历史记录，我们发现工业企业债券价格暴跌的主要原因并不是财务结构不健全（像公用事业债券），也不是投资者错误估计了安全边际（像铁路债券）。在许多案例中，企业盈利能力突然消失，企业能否持续经营令人担忧。例如海湾国家钢铁公司（Gulf States Steel）在 1922—1929 年每年盈利至少是其 1929 年支付利息的 3.5 倍。但在 1930 年和 1931 年，公司经营亏损巨大，直接威胁到偿债能力。②许多基础性工业，如古巴的制糖企业和美国的煤矿企业，在 1929 年大萧条来临之前已经开始出现衰退。在过去，这种衰退总是短暂的，投资者认为这些企业很快会恢复元气，因而选择继续持有这些债券。但是这次不同，经济形势持续恶化的情况前所未有，使得投资者估算失误，投资损失惨重。

通过这些案例，我们可以看出：即使企业在经济好的时期具有较高的安全边际，但这一安全边际在应对持续的经济恶化所造成的营运损失时也是无效的。因此，仅提高工业债券在正常时期的利息保障要求，不足以避免未来可能遇到的困境。

如果更仔细地研究 1932—1933 年所有在纽约证券交易所上市的工业债券的表现，我们可以发现，在约 200 家公司中，只有 18 家公司的债券价格反映出投资者对债券的安全性比较有信心。③

---

① 铁路和公用事业债券在 1937—1938 年的价格表现与 1936 年收益偿债能力的关系，见附录注释 11。

② 见附录注释 12。

③ 这些公司包括：美国机械与铸造公司（American Machine and Foundry），美国制糖公司（American Sugar Refining Company），联合石油公司（Associated Oil Company），玉米产品提炼公司（Corn Products Refining Company），通用烘焙公司，通用电气公司，通用汽车金融服务公司（General Motors Acceptance Corporation），亨布尔石油和炼油公司（Humble Oil and Refining Company），IBM 公司，利格特和迈尔斯烟草公司（Liggett and Myers Tobacco Company），P. 罗瑞拉德公司（P. Lorillard Company），国民制糖公司（National Sugar Refining Company），皮尔斯伯利面粉厂（Pillsbury Flour Mills Company），A.O. 史密斯公司（Smith (A.O.) Corporation），美孚石油公司（Socony-Vacuum Corporation），印第安纳标准石油公司（Standard Oil Company of Indiana），新泽西标准石油公司（Standard Oil Company of New Jersey），以及美国钢铁公司。

上述18家公司大多在各自的行业中处于非常重要的地位，这说明规模庞大的工业企业在应对异常恶劣市场环境时具有巨大优势；同时也意味着工业企业投资应选择大型企业。不过，也有异常的历史经验不支持这一观点。例如，1937—1938年的经济衰退相对温和，工业企业债券在这一时期的表现证实了传统的观点：以历史盈利水平为支撑的企业债券有能力抵抗经济萧条。[①]然而追溯至更早时期，如1915年，我们会发现工业企业盈利能力不稳定的例子层出不穷。即使是在1922—1929年的经济繁荣时期，许多中小型工业企业的债券也不是可靠的投资工具。许多例子说明，本来拥有的良好盈利能力可能在瞬间消失。[②]事实上，中小型工业企业面临太多不可预料的变数，缺乏固有的稳定性，所以它们并不适合债券融资。对这一缺点的共识，在某种程度上使得转换权和认股权在工业企业债券融资中越来越流行。至于这种做法能够在多大程度上弥补安全性的不足，我们将在后面有关“具有投机特征的优先证券”章节进行讨论。但是无论如何，这种借助利润分享方式做法的广为流行似乎证实了我们的观点，即中小型工业企业的债券不太适合作为固定价值投资工具。

## ● 缺乏优质债券并不能作为购买劣质债券的理由 ●

如果建议投资者对工业领域的普通债券投资只限定在占行业主导地位的企业，那么我们将面临此类公司数量稀少，而且许多公司并未发行债券的困境。而且，这种投资态度会严重影响中小企业的融资，并给投资银行的经营活动带来冲击性的影响。不过，所有解决这些问题的回答都不能作为投资者以投资的价格购买劣质债券的理由。缺乏优质债券的事实并不能作为发行或购买劣质债券的理由，更不必说的是，投资者永远不会被迫购买安全级别低的债券。只要肯在收益率上做出牺牲，不管要求多么严格，投资者总能找到满足要求的证券。另外，正如我们后面会指出的，试图以牺牲安全性为代价提高收益率，最终可能得不偿失。从企业及投资银行的角度看，如果它们发行的证券不能合理地满足固定价值投资的要求，那么它们必须提供足够的获利机会以弥补投资者所承担的风险。

① 工业债券价格表现（1937—1938年）与1936年以前一段时期收益之间的关系，见附录注释13。

② 见附录注释14。

## ● 关于债券融资的争议 ●

接下来我们将逐一分析有关债券融资的两个流行的观点。第一种观点认为，发行债券是公司财务状况变弱的表现之一，因此减少长期债务是公司不懈追求的目标。第二种观点认为，当公司无法发行股票融资时，发行债券融资是合适的。依笔者看来，这两种普遍接受的观点都不正确，否则所有债券融资都不可取。因为这两种观点隐含地假设是只有弱势公司才愿意发行债券，但如果真是这样，投资者也不会愿意去购买债券了。

## ● 关于债券融资的正确理论 ●

其实，关于债券融资的正确理论与上述观点大相径庭。对一家繁荣发展的公司而言，合理数量的长期债务是有利的，因为股东可以使用从债券投资者那里获得的资本，赚取高于债券利息支出的收益。把债务融资数量限定在一定范围内，以保证无论在什么条件下其安全性都不成问题，对公司和投资者都是有好处的。因此，从稳健财务政策角度来看，实力雄厚的债券发行人和债券购买者之间不存在根本的利益冲突。反之，当企业发行债券带有勉强和被迫的成分时，债券质量必定不佳，如果按照普通债券投资的原则购买这些债券，就是不明智的选择。

## ● 实践中不稳健的做法 ●

多年来，不少公司采用并被公众普遍接受的财务政策与上述原则背道而驰。例如，铁路公司通过发行债券满足其巨额的资金需求，导致长期债务超过权益资本（股本），比例失衡。权威人士反复批评这种趋势，但同时又认为其不可避免，因为公司盈利能力欠佳使得股票难以发行。如果真是如此,那么购买这些债券就更加不明智了。显而易见，如果铁路公司举债的必要性受到指责，投资者还把钱借给它们就显得太过鲁莽了。

就在投资者盲目地将资金借贷给财务状况较差的企业时，许多实力雄厚的企业则通过增发股票来偿还债务。但是，如果企业确实有充分的举债基础，那么发行股票也会被视为不明智的举措。如果以较低的利率借入合理数量的资金对股东有利，那么通过增发股票来偿还债务就是放弃这种优势。减少债务确实能够简化管理问题，但公司也必须在一定程度上考虑股东的回报，因为公司不可能不断从股东那里筹集资金，却不向股东支付股息。需要指出的是，1927—1929 年，人们对清偿债务的狂热对银行业的运营产生了极大的影响，因为这导致市场上失去了许多优质的商业借款人，取而代之的是潜藏着巨大风险的次级商业贷款和股票抵押贷款。

## 上述分析对投资者的意义

前面我们分析了过去 15 年工业企业债券融资的情况，这与本章的主旨息息相关，即应将经济萧条时期的标准应用于固定价值投资选择上。如果认识到工业债券投资选择必须遵循极为严格的标准，那么债券投资者将面临着更为狭小的选择空间，因为大量实力雄厚的公司倾向于清偿长期债务。很明显，在没有更好的债券可供选择时，投资者应宁缺毋滥，不要勉强接受不理想的企业发行的债券。金融界有一句格言："只要有资金，就应该投资，即使没有找到能带来理想收益的优质证券，投资者也会购买劣质证券"。但一个谨慎和聪明的投资者应该避免让这种情况发生，宁可接受收益欠佳的优质债券，也不要为了更高的收益率而冒着本金损失的风险购买次级债券。

## 总结

购买债券要以债券抵御经济萧条的能力为基础，这本来就是传统投资理论的一部分。随着 1929 年经济繁荣达到顶点，这个道理似乎从人们的视野中消失了。但是，在随后的经济大萧条以及 1937—1938 年的经济衰退中，它的重要性再次得以充分体现。在这些年间，资本结构合理的电力与煤气公司债券的表现令人非常满意，少数在 1930 年以前除支付利息费用外还有足够安全边际的铁路债券的表现也不错，只是程度不及前者。但在工业企业中，许多历史表现优秀的企业债券后来却不再可靠，特别是中小型企业的债券。基于这个原因，投资者只有将工业债券投资限定在符合以下两个条件的公司内，才能在经济萧条或恶劣环境下免遭损失：（1）公司规模居行业主导地位；（2）公司盈利在支付债券利息外有很高的安全边际。

## Ⅲ. 以牺牲安全性换取收益得不偿失

传统债券投资理论假定利率和风险之间存在一定的数学关系。利息收益可分为两部分：第一部分是“纯利息”，即无违约风险时可获得的利息；第二部分是承担风险所获得的风险溢价。举例来说，假如纯利率是 2%，那么利率为 3% 的投资意味着发生损失的概率为 1%，而利率为 7% 的投资意味着发生损失的风险会提高 5 倍，即 5%。（考虑到“保险利润”，实际风险可能会稍低。）

该理论意味着债券利率与保险费率非常相似，都是以某种严格的精算为基础衡量风险。总的来说，高收益债券和低收益债券的投资回报率应该趋于均衡，因为高收益债券获得的收益将会被较高的本金损失风险抵消，反之亦然，低收益债券获得的低收益将会从更低的本金损失风险得到补偿。

### ● 收益和风险之间不存在数学关系 ●

然而，对我们而言，这一观点似乎与债券投资实务没有关系。证券价格和收益并非取决于对预期风险的精确数学计算，而是取决于该证券的受欢迎程度。一般来说，这种受欢迎程度反映了投资者对证券所包含的风险的认识，但在很大程度上还会受到其他因素的影响，如公众对公司和证券的熟悉程度（活跃性），债券发行与购买的容易程度（流动性）等。

需要进一步指出的是，无论是在理论上还是实务操作中，对投资风险进行精确计算都不可能实现。现实中没有确定不同类型债券期望“死亡率”的经验表，即使有这些经验表，由于它是基于历史记录的长期细致考察而总结的，它对未来是否具有实际效用也值得怀疑。在人寿保险方面，年龄和死亡率之间的关系是明确的，变化也是缓慢的。同样，各种结构类型的建筑物和火灾发生率之间的关系也是如此，只是它们之间的联系没有年龄与死亡率之间的联系那么紧密。但是，不同类型的投资和损失风险之间的关系是完全不确定的，极易受环境变化的影响，以至于无法用数学公式进行精确测量。事实的确如此，因为投资损失的分布在时间点上不是均匀的，而是趋向于集中在某些时间区间，比如经济萧条时期，所以典型的投资风险大致与火灾或流行病相似，而这两者又是火灾险与人寿险中不可计算的例外因素。

## ● 在投资中通常不可能实现自我保险 ●

如果我们假设收益和风险之间确实存在精确的数学关系，那么就应该向投资者推荐收益率最低、风险也最低的债券。因为个人投资者不具备保险承保人资格，他们的角色不应该是通过承担风险而获得收益，相反，他们应该通过向他人支付保险费获得免遭损失的保险。假设一个债券购买者面临两个选择，其一，投资 1 000 美元，每年能够无风险地获得 20 美元回报；其二，投资 1 000 美元，每年能够获得 70 美元的回报，但有 5% 的概率会损失所有本金。第二种投资方案中的 50 美元额外收益与其承担的风险在数学关系上是等价的。但是，从个人需求看，投资者无法接受为获得 50 美元的额外收益而承担损失 1 000 美元本金的风险，即使损失 1 000 美元本金的概率非常小。标准的财产保险程序是每年支付小额的保险费，以防止财产因火灾或者失窃而遭受损失，而第二种投资方案则与此完全相反。

## ● 周期性风险因素 ●

谨慎的投资者不应该自己扮演保险公司的角色，为每年获取保险费（以超额利息收入形式）而承担本金损失的风险。反对这种策略的理由是，有效的保险需要广泛分散风险才能使运气影响的成分最小，而概率发挥的作用最大。投资者可能会通过分散投资以尽力达到这个目标，但在实务操作中，他们不可能达到保险公司那样的分散程度。更为重要的是，许多高风险投资在经济萧条时期会同时下挫，因此高收益债券投资者可能会在经历一段时期的高收益后（这些收益可能已经被花掉），在一夜之间血本无归。

这一点上可能存在争论。有人会认为，从整体看，高收益债券超出“纯利息”部分的溢价比其承担的风险所要求的要高。换句话说，从长期来看，投资者承担风险所获得的回报超过本金所遭受的损失。因此很难确切地说这种观点是否正确。但是，即使假定高票面利率在总体上能够补偿通过精算得出的风险，但从普通投资者的角度来看，此类债券仍然不是理想的投资工具。即使所有的保险公司都能盈利，我们依然认为投资者不应该扮演保险公司的角色。无论是资金上还是心理上，债券投资者都不具备从事大规模交易的条件，包括从日常收益中建立风险准备金，以应付不定期发生的巨额损失。

## ● 风险和收益无从比较 ●

上述讨论引导我们得出一个原则，即收益和本金损失风险是无从比较的。实际上，这意味着已确认的本金损失风险不应该仅从高票面利率中获得补偿，还应该通过相应的本金增值机会来弥补，比如购买以票面价值大幅折价出售的债券，或者能够获得一项非常有吸引力的优先转换权。虽然通过高收入或者获利机会这两种方式来弥补损失风险没有实际的数学差异，但两者之间的心理差异非常重要。低价债券的购买者完全知道自己所面临的风险，因此，他更有可能对该债券做全面的调查研究，并且仔细评估损失和盈利的可能性。最为重要的是，他为自己容忍限度内的损失做好了准备，而且他的收益与潜在的损失以一种可行的形式相匹配。因此，根据实际的投资经验，我们并不建议投资者购买那种典型的以票面价值出售的高票面利率债券，比如以 7% 的利息收益弥补本金损失风险的明显劣质债券。[①]

## ● “商人投资”谬论 ●

在金融领域，有一种原本为那些能够承受一定风险的投资者设计的债券，该债券通常被称为“商人投资”。1923—1929 年发行的大多数外国债券都属于这一类别，大部分普通优先股也属此类。我们认为，这种“商人投资”是一类不合逻辑的证券（承诺）。能够承担一定风险的证券购买者应该寻求一种与风险相称的价格提升机会，而对可获得的利息收益应只给予次要关注。

① 1921 年（一个异常的年份），由于货币市场利率普遍提高，安全性较高的债券也有 7% 的票面利率。

## ● 建议“反其道而行之”●

从更广泛的角度看，投资者更应该以与惯常相反的态度看待所得收益。在选择与自己相适宜的债券等级时，投资者习惯于从选单的顶端开始，而排在顶端的往往是安全性最高而收益最低的债券，然后，计算能够从这种理想的债券让步多少去寻求更有吸引力的收益率。从这点来看，普通的投资者习惯于从选单中选择排名比最高级别债券低一些的债券，这种习惯思维很可能会导致投资者选择明显不可靠的债券，而投资者会做出这种选择既可能是被该债券的高收益所诱惑，也可能是受到债券销售人员的劝诱。

从最低的安全标准开始选择债券才是稳健的做法，所有将进一步考虑的债券必须先符合这个最低的安全标准。所有不满足最低安全标准的债券，不管收益多高，前景多诱人，或者有其他优势，都应自动排除在普通债券投资范围之外。在确定了合格的投资范围后，债券购买者以其认为合理的方式进入下一步筛选程序。他可以采用远高于公认的最低安全标准，但通常情况下需要牺牲一部分收益。他也可能迁就自己在公司业务性质和管理风格方面的偏好。但是，本质上讲，债券选择应该是从明确的最低标准逐步提高的过程，而不是从一些理想化，但难以接受的最高安全标准盲目地向下选择的过程。

# 08

# 债券投资的具体标准

## Ⅳ. 第四原则：必须适用有关安全性的明确标准

如前文所述，高等级债券的选择是一个排除过程，它在制定剔除不适合债券的规则和标准的实际应用中相当有效。实际上，美国许多州都通过立法制定了类似规则，用以监管储蓄银行和信托基金的投资行为。其中，大部分州的银行监管部门每年会根据这些规则准备一个证券列表，表内的证券被认为是“合法的”，即满足条件，相关机构可以依法购买。

我们的观点是，固定标准和最低限额的基本思想应该扩展至整个普通债券投资领域，即仅以收益为目标的投资。这些立法限制的目的在于促进投资质量平均水平的提高，并保护存款人和受益人免受投资不安全证券带来的损失。如果这些规则让机构投资者从中获益，那么个人投资者也应遵循。我们之前曾向一种流行观点提出挑战，这种观点认为：与储蓄银行相比，普通投资者能够承担更大的投资风险，因而他们没有必要对固定价值证券的安全性进行严格考察。但毫无疑问，1928 年以来的实际情况强调了投资标准总体从紧的必要性。要实现这一目标，一个简单的方法就是将普通债券的选择范围限制在符合储蓄银行和信托基金法定投资标准的债券之内。这样一道筛选程序与我们关于直接投资的基本原则一脉相承，即投资绝对安全的标的，并且仅能基于纯粹的投机目的购买低等级证券。

**以《纽约州储蓄银行法》为起点。**对个人债券购买者而言，遵循约束储蓄银行基金的投资限制是一种切实可行的做法，他们有可能因此而获得较为满意的投资收益。但是严格来讲，这种做法并非通用的投资原则，因为这些立法规定远非完美，也不是可以获得的最优理论标准。美国不同州的法案有许多不同，其中大多数法案在重要问题上的看法已经过时，且没有一部法案是完全合理或完全科学的。立法者在制定法案时，考虑的不是为安全投资建立通用的标准，因此他们可以对储蓄银行和信托基金进行任意限制，但无法在一般意义上用其约束投资者。即使是同类立法中最佳的纽约州法，也存在一系列明显缺陷。所以，在形成完整的投资标准的过程中，纽约州法最好被当作指南或起点，而不是最终的权威论述。下面的讨论将严格遵照1939年纽约州法条款的模式，但在必要时，我们会对其进行批评、否定和补充。

## 纽约州法规定的通用标准

纽约州法中有关债券投资的具体标准可以分为七个方面，我们将逐一阐述和讨论。

- 商业实体或政府的性质和位置；
- 公司的规模或其发行债券的规模；
- 债券发行的条款；
- 偿债能力和股息支付的历史记录；
- 收益与利息费用的关系；
- 资产价值与长期债务的关系；
- 股票市值与长期债务的关系。

## 性质和位置

监管储蓄银行债券投资的法律中最突出的一项特点是完全排除投资某些大类债券的可能性。纽约州法中，有关允许投资和不允许投资的债券种类的规定可以总结如下（根据即将讨论的1938年修正案）：

| 允许投资的债券种类 | 不允许投资的债券种类 |
| --- | --- |
| 美国联邦政府、州政府和市政府债券 | 外国政府债券和外国公司债券 |
| 铁路债券和电力、天然气、电话公司发行的抵押债券 | 有轨电车公司和供水公司发行的债券、公用事业公司发行的信用债券 |
| 抵押物为不动产的第一抵押权债券 | 所有的工业债券 |
| | 金融公司（投资信托公司、信贷机构等）发行的债券 |

## 全盘禁止的谬误

显然，立法机构认为，不允许投资的债券的表现很不稳定，并不适宜储蓄银行投资。如果此观点完全正确，那么根据我们之前的推断，这些证券同样不适合保守型投资者。这一结论将导致目前可以从投资市场募集资本的发行人中的大部分，不得不以公认的投机方式获取资本，从而引起金融业的革命性变化。

事实上，我们认为投资类别大幅减少的原因是债券投资者在相当长的一段时期内难以获得令人满意的投资业绩。不过，对于我们正在讨论的全盘禁止的做法，也有人提出了强烈反对。投资理论应谨慎使用简单归纳的方法。比如，我们在第7章中详细说明了工业债券不稳定的趋势，但即使该观点被充分证实，将工业债券整个大类全部排除在可投资范畴之外的规定，仍是既不可行，也不合理的。由于存在使用最严苛的标准进行测试后，仍能维持毋庸置疑的投资等级的工业债券（即使只是总数的小部分），所以投资者不用完全采纳这一极端的政策。此外，将投资需求限制在少数几种合格类别的公司发行的债券，将导致投资标的稀缺，因而投资者会因为一些劣质债券属于这几种大类而接受它们。事实上，这是目前立法限制的不利后果之一。

## 个体优势可以弥补某一类别的内在缺陷

因此，针对个体债券提出更高的要求，以弥补该类债券的内在缺陷，比对某类债券全盘肯定，而对其他类债券全盘否定的做法更为合理。我们可以要求工业债券的发行人拥有比发行债券的天然气或电力公司更高的收益－利息费用保障倍数和更低的债务－持续经营价值比率。同理，这一做法也适用于公共运输公司发行的债券。值得注意的是，虽然纽约州法将供水公司发行的债券列为不允许投资的种类，但其他大部分州都认为其与天然气、电力、电话公司发行的债券拥有同等的投资等级。因此，似乎很难找到充分的理由对其提出比其他公用事业公司债券更严格的要求。

## ● 1938 年储蓄银行法修正案 ●

在意识到对按照类别排除投资资格的质疑的正确性后，纽约州立法机构于 1938 年开始采取一种特殊方式寻求改变。其规定，银行监管部门可以授权储蓄银行投资于原来不允许投资的付息债务，但前提是有不少于 20 家储蓄银行，或者有一家全部股份由不少于 20 家储蓄银行分别持有的信托公司（此处指纽约州储蓄银行信托公司）提出该授权申请。

显然，该修正案不仅拓宽了储蓄银行可以投资的债券类别，还结合了储蓄银行和银行监管部门的综合判断，用以替代，至少是有可能替代原有法律的全部具体要求（不仅是原来对投资付息债券的坚持）。这意味着在理论上，只要相关方同意，法案有关债券投资的七个标准完全可以不适用。当然，在实际操作中，仍然保留了原有法案体现立法智慧的合理之处。事实上，截至 1939 年年底，根据新规定获得授权的债券在投资等级上都无可非议，包括不符合原先投资标准的、综合实力强大的电话公司和工业公司发行的信用债券。（令人诧异的是，尚未有工业公司发行的抵押债券通过授权，这也许可以验证我们此前关于优质工业债券很可能是信用债券的论断。）

迄今为止的实践表明，与我们曾批评过的、过度约束投资范围的原有法案不同，1938 年的修正案是一个值得称赞的起点。然而，我们仍无法确信目前的法案是足够令人满意的。制定一系列允许某一行政主体在其认为合适时弃置的规则，这一做法显得幼稚可笑。规定一些真正重要的、所有情况下都需要遵循的标准，然后给予银行监管部门排除那些虽然满足最低标准，但经审慎判断后仍难以确保足够安全性的债券品种的自由裁量权是否更好？

## ● 外国政府债券 ●

我们曾明确反对排除整个类别中所有债权的做法，但是在面对外国政府债券时有一种更为合理的推理方式。由于财务分析对它们的影响很小，所以我们需要考虑一些综合因素，比如是否对该国经济政治稳定性抱有足够信心、是否确信该国将尽力偿还债务。因而，与其他类别债券相比，我们在很大程度上更应该，或更需要就将外国政府债券作为固定收益证券标的的普遍合理性达成共识。

**政治利益因素。**如果客观看待自第一次世界大战以来外国债券投资的重要性逐渐显现的历史，很难回避一个令人不快的结论。归根结底，外国政府债券竟是一些根本无法执行的合约。如果债券持有人无法获得支付，并不存在直接的救助方式。即使外国政府债券以特定的收入或资产作为抵押，如果这些抵押物受损，债券持有人也没有获取救助的途径。[①]所以，从理论上讲，持有外国政府债券即拥有对发行国所有资源的索取权，但政治利益的考量将在很大程度决定实际上有多少资源会被用以偿还外部债务。战后国际环境的动荡使得某些国家违约的发生难以避免，并为其他国家拖欠债务提供了合理的借口。无论如何，未能按时偿付的现象层出不穷，由此产生的苛责也减少很多。投资者因而更没有理由相信外国政府会在困难时期通过艰辛努力偿还相关债务。

**对外贸易论。**人们普遍认为，国家在国际市场中大举借债是恢复全球经济平衡的必要手段。更具体地来讲，这种借款是恢复和发展美国出口贸易必不可少的辅助手段。但是，不要指望投资者会为这些理想化的原因或者为美国出口商的利益，而接受并不安全的承诺。1932 年，许多投资者都在低价买入外国政府债券的行为原本是一次投机操作，却很可能被随之而来的盈利可能性证明是合理的；然而，无论票面利率如何，行情报价的大幅缩水本身就强有力地说明，不应以接近 100% 面值的价格买入新上市的外国政府债券。

**个体记录论。**有人认为，与其他类型的投资相似，投资外国政府债券也需要具

① 这类令人不悦的案例包括 1949 年到期的、以特定收入作为抵押的、7% 的道斯贷款（Daws Loan，德国政府）和 1956 年到期的 7% 的圣保罗担保债券（San Paulo）。1934 年和 1932 年，两笔借款分别违约，无论当时做什么，或无论当时可以做什么，都无法对这些作为抵押的收入强制行使请求权。

体地区分和判断。根据之前的表现，一些国家理应获得较高的信用评级，它们应被视为与拥有良好记录的本土企业相同，它们发行的债券值得投资者选择。美国不少州的立法机构已经认识到加拿大国债的突出表现，因而授权储蓄银行对其进行投资。佛蒙特州还允许储蓄银行购买比利时、丹麦、英国、荷兰和瑞士发行的，以美元计价的政府债券。

根据 1932 年经济大萧条时期由债券市场的表现反映的信用评级情况，我们将以美元计价的外国政府债券分为三类，作为反驳上述观点的有力证据。

- 基于投资属性出售债券的国家：加拿大、法国、英国、荷兰、瑞士。
- 基于投机属性出售债券的国家：阿根廷、澳大利亚、奥地利、玻利维亚、巴西、保加利亚、智利、中国、哥伦比亚、哥斯达黎加、古巴、捷克斯洛伐克、丹麦、多米尼加共和国、爱沙尼亚、芬兰、德国、危地马拉、希腊、海地、匈牙利、日本、南斯拉夫、墨西哥、尼加拉瓜、巴拿马、秘鲁、波兰、罗马尼亚、俄罗斯、萨尔瓦多、乌拉圭。
- 基于上述两种属性之间出售债券的国家：比利时、爱尔兰、意大利、挪威、瑞典。

五个位列第一类，或者投资级的国家中，法国和英国的投资评级在 1921—1922 年的经济萧条期被认为是投机级的。如此来看，在截至 1932 年的前 12 年中，上述 42 个国家中只有加拿大、荷兰和瑞士一直享有毋庸置疑的投资评级。

**反对购买外国政府债券的两大原因。**上述数据表明，反对购买外国政府债券的原因主要有两个：理论上看，外国政府债券的信用基础是无形的；实践中看，大部分情况下，对其进行投资的结果很难令人满意。显然，只有各国在未来很长一段时间内按时偿还国际债务，建立更优质的国际市场投资环境，投资者对外国政府债券的消极态度才会有所转变。

由于拥有良好的记录和与美国密切的关系，加拿大发行的政府债券无疑不应属于全盘禁止投资的范围。个人投资者，无论根据个体偏好还是统计数据，可能认为其他国家的信用等级同样很高，所以准备购买其发行的、被视为高等级的政府债券。这种做法在实践中可能完全正确。然而，至少在某段时期内，除非出现稳定性和安全性被充分证实的特例情况，投资者应回避购买外国政府债券。[①]

## ● 外国公司债券 ●

理论上，无论一家公司如何兴盛，其发行的债券的安全性都不会高于所在国家的政府债券。通过使用征税权，政府对商业企业的资产和盈利拥有无限的优先索取权。换言之，政府可以征收私人债券持有人手中的资产，用以偿还国家债务。然而，事实上，政治利益的存在使得征税权的行使受到重重限制。所以，我们会发现即使政府违约，该国公司仍能偿还其美元债务的案例。[②]

与投资政府债券相比，外国公司债券的持有人拥有某种优势，即在公司未能偿还债务时拥有特定的法律救助途径，如没收抵押资产的权利。因此，与一个主权国家相比，外国公司偿还债务面临的强制力更大。但需要指出，导致政府债务违约的情况也会对公司债券持有人产生消极影响，比如，即使公司拥有足够的偿债能力，对资金兑换的限制也将阻碍以美元计价的利息的支付。[③]此外，无论是债权人与抵押资产之间遥远的距离、还是政府法令设置的障碍，都有可能减损抵押资产的实际价值。由于这些原因，我们得出与外国政府债券的投资结论相一致的结论，即外国公司债券也不适合作为固定收益证券的投资标的。

## 规 模

规模很小的公司发行的债券无法作为保守型投资的标的。相比而言，规模较小的公司更容易受到突发事件的冲击，而且它们更有可能因为缺少强有力的银行关系

---

① 上述有关外国政府债券的部分是从本书的 1934 年版本中复制的，并未经修改。1940 年的战争状态强化了我们的结论。请注意，1939 年年底，只有阿根廷、加拿大和古巴发行的以美元计价的政府债券以高于 6% 的收益率在市场中出售。（部分古巴政府债券以高于 6% 的收益率出售。请注意，英国、荷兰、瑞典和瑞士没有发行美元计价债券。）如要获取有关外国债券违约情况的数据，请参考外国债券持有人保护委员会股份公司（Foreign Bondholders' Protective Council, Inc.）的新闻稿和研究报告。

② 相关案例请参见附录注释 15。

③ 相关案例请参见附录注释 16。

和技术资源而陷入发展困境。所以，一直以来，规模很小的公司都难以向公众直接募集资金，只能依靠私募资本，即投资者可以通过注资获得利润分享和直接参与管理的权利。同理，小微村镇发行的债券也不适合作为投资标的，关注市政债券的谨慎型投资者通常会回避那些拥有的人口水平低于一定标准的发行人。

建立类似规模的最低标准通常需要依靠主观判断，没有现成的数学模型可以准确推算出为吸引投资者的注意力，公司或者市政当局需要达到的具体规模。确定其他的量化标准，比如收益–利息费用比率、股票或资产价值与债券债务的关系等时，我们也会遇到同样的困难。所以，必须牢记：所有的“临界点”基本上都是由经验法则决定的，如果认为其他标准更适合自己，投资者完全可以使用其他的具体标准。但是，无论这种标准的选择有多随意，其在有效防止债券买家购入不安全债券的实践中，都发挥了重要的作用。

## 纽约州法的规定

若希望储蓄银行投资债券，债券发行人必须达到相应的最低规模，在此方面纽约州法规定了不同的标准。以市政债券为例，若发行人所属的州与纽约州相邻，人口需要达到 10 000 人；若发行人在其他州，至少需要拥有 30 000 人。对于铁路债券，纽约州法要求发行人自有 500 英里以上的标准轨距铁路，或者每年营业收入达到 10 000 000 美元。只有当铁路公司可用于支付股息的净利润达到 10 000 000 美元时，其发行的信用债券和收益债券才被允许投资（还须满足其他的特殊要求）。在发行债券之前的五年，天然气和电力公司平均每年的收入总额应达到 1 000 000 美元；但电话公司若想发行债券，每年的收入总额要达到 5 000 000 美元。此外，法案还对债券本身的发行规模进行了规定，如天然气和电力公司债券发行规模应不低于 1 000 000 美元，电话公司债券发行规模应不低于 5 000 000 美元。

**对这些标准的反对意见**。对收入总额的最低要求似乎并不是从普遍意义上的债券投资的视角提出的。不同的人口水平标准对覆盖全国的投资者来说意义也不大。无论根据自有铁路里程还是营业收入，对铁路公司进行选择的测试都显得混乱又多余。10 000 000 美元营运收入的要求本身就过高了。举例来说，按照这一标准，班戈–阿鲁斯图克铁路公司（Bangor and Aroostook Railway）将被排除在外，但其是少数在1930—1933年大萧条期间，运营情况同之前一样良好的铁路公司之一。与天然气和电力公司的1 000 000美元相比，电话公司5 000 000美元的收入总额标准也是没有根据的。三州电话电报公司（Tri-State Telephone and Telegraph Company）1927年之前发行的债券将被这一规定排除，但是该债券在当时（和此后）拥有毋庸置疑的价值。但我们认为，虽然不可避免地存在主观判断，下面有关规模的最低标准仍是符合安全投资实际的：

**关于规模的最低标准**

| | |
|---|---|
| 市政当局 | 10 000人 |
| 公用事业公司 | 收入总额2 000 000美元 |
| 铁路系统 | 收入总额3 000 000美元 |
| 工业公司 | 收入总额5 000 000美元 |

## ● 工业债券和规模因素 ●

根据纽约州法，由于工业债券属于不允许储蓄银行投资的债券种类，因而没有关于最低规模的规定。我们曾说过，只要能通过严苛的安全性测试，工业债券完全可以被列入高等级的投资品种之列。过去十年的历史经验表明，在行业中处于主导地位或者规模庞大的公司，在经济不稳定时能提供一定安全保障，而相比铁路或公用事业公司，工业公司面临的不稳定性风险更突出。对那些力求吸取最近教训并获利的谨慎型投资者而言，进行固定收益债券投资时，合理的做法是购买每类工业部门排名前六的大公司发行的债券，或者年销售收入超过5 000 000美元的排名前六的大公司发行的债券。

有反对者认为，如果普遍执行（事实上不可能）这些过于严苛的最低标准，稳健优质的中等规模商业企业也将难以通过发行普通债券直接融资。当然，如果美国工业环境趋于稳定，在经济环境极端波动的过去十年里得出的结论有可能失效。但是在这种稳定趋势真正出现之前，从投资层面考虑，我们仍然需要对购买工业债券持极为谨慎的态度。

## ● 大规模本身并非安全性的保障 ●

我们对最低规模标准的推荐并不代表单一庞大的规模就能保证公司发展的兴旺和财务状况的强劲。如果债券融资比例过大，规模最大的公司很可能变成最脆弱的公司。此外，与中等规模的公司相比，规模很大的铁路、公用事业公司和市政当局并没有什么优势。一家电力公司的收入总额是 2 000 万美元，还是 1 亿美元，对其债券安全性的实质影响其实微乎其微；同样，只拥有 75 000 个居民的小镇有可能比拥有几百万人口的大城市信用状况更好。我们认为，只有在工业领域，与中型公司相比，大型公司发行的债券才拥有更多内在的优越性，但要让投资者信赖这个优势，还需要其他针对大型公司的、令人满意的全面统计数据。

## ● 其他被反对的规定 ●

纽约州法还对无担保铁路债券规定了一个附加要求，即发行人息后净利润必须达到 10 000 000 美元。我们之前曾提出，反对过于看重债券有无抵押资产的做法，所以我们认为这一附加要求并不合理。进一步规定公用事业公司债券发行本身的最低规模，在逻辑上也存在缺陷。如果根据业务总额判断，公司的规模越大，债券发行额越小，公司偿还利息和本金就越容易。立法机关这样规定，可能是为了避免小规模发行带来的市场流动性不佳。但在我们看来，投资者通常过分看重市场流动性因素。因而，在这种情况下，我们不赞成法案把对债券发行规模的要求作为通用的债券投资规则。

# 09

# 债券投资的具体标准（续）

## 证券条款

本章我们将介绍债券安全性、影响利息支付的情况、债券到期日等内容。可转换条款及类似的特殊条款虽然也非常重要，但并不是固定收益证券筛选的决定性要素。

根据纽约州法律，只有含抵押担保的公用事业类债券才是合法的。[①]然而，只要盈利和债息记录能够满足比抵押债券发行条款更严格的要求，无担保的铁路公司债券也符合发行要求。如果收益债券（支付利息的义务取决于盈利）能够满足信用债券的发行要求，法律也允许投资者购买收益债券。

### ● 过时及不合理的限制 ●

在我们看来，这套限制条款非常陈旧，也不合理。鉴于在第 6 章提出过有力的证据反对过于注重债券特定的安全性，我们不赞成将任何信用债券排除在外，抑或是制定任何有利于担保债券，而不利于信用债券的明确标准和要求。

如果一家公司只发行了一种债券，只要信用债券得到保障以避免未来新发行的

---

① 这里指法规的特定条款，并不涉及银行委员会（Banking Board）可豁免任何或全部条款的酌情权。（见第 236 页）

债券享有比其更高的优先级，那么此种债券是第一抵押权债券还是信用债券，并没有什么区别。毋庸置疑，若公司发行信用债券之前已发行了第一抵押权债券，那么信用债券就没有第一抵押权债券那么有吸引力，尽管在这两种情况下投资者权益得到保障所需满足的主要条件是相同的：公司具备履行所有条款的能力。这种区别同样适用于第二抵押权债券的发行，并不单单涉及信用债券。我们之前已经讨论过选择高级留置权还是次级留置权的实例（见第 159~162 页），在讨论利息保障时会再次涉及这点。

## ● 收益债券比信用债券的地位更低 ●

尽管纽约州法律过于严格地将所有无担保的公用事业类债券的发行排除在外，但法律允许铁路收益债券以与铁路信用债券同样的标准发行。这同样不合理。不同的收益债券，发行条款差异很大，根本的区别在于有些收益债券只要公司盈利就必须支付利息；而另一些收益债券，董事拥有或多或少的裁量权。一般来说，与普通的固定收益类证券相比，收益债券更类似优先股。因此，我们将在优先股的章节再次讨论收益债券，并会说明选择此类债券作为固定收益证券时需要特别谨慎，并采取更严格的要求。

## ● 不应因较早到期而放宽安全标准 ●

投资者倾向于关注债券的到期日，因为到期日关乎债券是短期债券还是长期债券。较短的期限意味着购买之后很快就会得到偿还，从安全性的角度来讲，投资者将这视为一种优势。因此，投资者在购买短期票据或到期日近的债券（如三年内）时，采用的标准往往不如选择其他类型的债券时那么严格。

然而，我们认为这样对债券加以区别并不合理。较近的到期日除了意味着投资者能够较早得到偿还外，还意味着公司面临再融资的问题。债券持有人不能仅仅依靠到期日来判别本金是否能够得到偿还。公司必须拥有充足的现金（这种情况很少发生），或是拥有较强的盈利能力和健康的财务报表，以使公司能够筹措到新的资金。公司经常性地发行短期债券是因为它们当时的信用等级太差，以至于无法以合理的利率水平发行长期债券。这样的循环债经常导致公司在到期日时陷入困境，并造成投资者的损失。

**案例**

1926 年，菲斯克橡胶公司出售了 10 000 000 美元的 5 年期债券，利率为 5.5%。1929 年，尽管公司的盈利状况欠佳，但由于接近到期日，债券的售价仍高达 96 美元。但 1931 年债券到期时，公司无力偿还本金，发生违约。公司之后破产并被接管，其债券当年的价格跌至 10.75 美元。

1929 年，纽约－芝加哥－圣路易斯铁路（New York, Chicago and St. Louis Railway）出售了 20 000 000 美元的 3 年期债券，票面利率 6%。债券不停地被展期，过程极其艰难，一旦持有人拒绝展期，公司就面临着破产的风险。1936 年，公司债券的售价仅为 26.75 美元。

近期，宾夕法尼亚－迪克西水泥公司（Pennsylvania–Dixie Cement Company）发行的第一抵押权短期债券获得债券市场青睐，但这显然并不合理。该债券于 1941 年 9 月到期，利率 6%，在 1939 年年初以高于面值的价格出售。1937 年及 1938 年，该公司仅勉强覆盖了利息支出（以较低的折旧额计算），而在此之前 6 年连续亏损，公司的流动资产净额少于发行的债券总额。当然，公司有可能在 1941 年偿还债券本金，但毫无疑问，在 1939 年以全价购买的投资者承担了本金价值严重缩水的不必要风险。

**同一债券到期日长短的区别**。有很多投资者愿意花更高的成本买短期债券，而不愿去买同一家公司相同担保的长期债券。在任何一种情况下，这种选择几乎都是错误的，因为（1）如果公司的信用改善，那么到期日较长的债券价格的升幅更大；（2）公司无法于到期日偿还短期债券。

原因（1）的例子：

| | 1932 年的低价 |
|---|---|
| 利哈伊煤炭公司（Lehigh Valley Coal Company）<br>第一替续债券，利率 5%，1934 年到期 | 96.5 美元 |
| 利哈伊煤炭公司第一替续债券，利率 5%，1944 年到期 | 35 美元 |

1934 年到期时，公司能够偿付债券，但 1944 年到期的利率为 5% 的债券价格已

飙升至 91 美元。参见例子（2）。

**1932 年的低价**

美国橡胶公司（U. S. Rubber Company）担保债券，利率 6.5%，1933 年到期 ............ 94 美元

美国橡胶公司担保债券，利率 6.5%，1935 年到期 .................................. 43 美元

公司最终偿付了 1933 年和 1935 年到期的债券，显然，购买 1935 年到期的债券更为划算。

原因（2）的例子：

**1938 年的高价**

利哈伊煤炭公司第一替续债券，利率 5%，1944 年到期 .........................$99\frac{7}{8}$ 美元

利哈伊煤炭公司第一替续债券，利率 5%，1954 年到期 .........................45 美元

1939 年 1 月，公司没能支付利息，发生违约，1944 年到期的债券价格暴跌至 36 美元，而 1954 年到期的债券价格跌至 20 美元。

**1932 年的低价**

压钢汽车公司（Pressed Steel Car）信用债券，利率 5%，1933 年到期 ...........................82 美元

压钢汽车公司信用债券，利率 5%，1943 年到期 .......................................40 美元

两只债券在 1933 年 1 月均发生违约，在最终重组时得到了相似的待遇。

**1934 年的高价**

标准燃气及电气公司（Standard Gas and Electric）信用债券，利率 6%，1935 年到期 ........................94 美元

标准燃气及电气公司信用债券，利率 6%，1951 年到期 ................................60 美元

该公司 1935 年债券到期时没能还本付息。实际上，各种信用债券在随后的重组中得到了相似的待遇。1939 年，所有信用债券以相同的价格出售。

基于先前的讨论和案例，我们建议不对长期债券和短期债券进行区分，因为这样可能导致我们在选择短期债券时放宽安全标准。[①]

## 利息与股息支付记录

以投资为目的的购买债券应该遵循以下标准：债券发行人应该拥有长期的记录，以反映公司成功的运营及稳健的财务状况。新公司和那些刚刚摆脱财务困境的公司都没有资格获得固定收益类投资应有的高等级信用评级。[②]同理，如果州政府或市政府在过去几年中有一次未能按时履行义务，就没有资格获得高等级信用评级。

### ● 纽约州法律条款 ●

纽约州法律认可上述标准，并将之具体表述如下：除纽约州外的其他各州，如果在过去 10 年中的利息和本金的支付没有发生违约，该州就符合资格。对纽约州外的市政府而言，此期限为 25 年；对于铁路公司而言，期限为 6 年；对于燃气、电力和电话公司而言，期限为 8 年。

然而，对于公司债券而言，对利息保障倍数的要求也应充分考虑过往记录，这点将在下一部分进行讨论。对盈利保障要求的时限比上述年限略短，因此，在盈利测试之外强加一项对过往偿付能力的测试，就显得画蛇添足了。

但是，行政机构的债券并不是以盈利记录为基础进行发售的。因此，投资者不得不非常重视过往的偿付记录是否令人满意。纽约州就此项做出规定，对于大部分

① 在特殊的情况下，如果公司运营资金的状况良好，可确保毫无困难地支付款项，即使其盈利表现不好，亦可以以合适的价格购买其短期债券。这项投资会与商业银行的贷款相对应。

例如：这适用于共和钢铁公司（Republic Steel Corporation）承担的中央钢铁公司（Central Steel Company）的票面利率为 8% 的第一抵押权债券，该债券于 1941 年 11 月 1 日到期。债券在 1939 年 11 月的卖出价为 109 美元，收益率为 3.31%。请注意：投资策略上，有时可倾向于选择到期日较近的债券，但不能放宽安全标准。

② 这可能在一些情况下不适用，例如当财政困难源于过多的债务负担，而重组后债务负担减少至可以由之前所得的盈利支付时。

投资者来说无疑是合理的。

我们在推荐这一投资准则之前，应当考虑投资者广泛接受它的后果。如果所有投资者购买市政债券时都要求25年无不良记录，那么还有哪个市政府能够在其成立之初的25年内发行债券呢？同样，如果某个州政府或市政府发生违约，那么它如何在接下来的10年、25年中融资，以使其债券重新符合发行资格呢？对公司来说，融资可以通过投机性更强的工具来完成，如发行股票、可转换债券，或以很大的折扣价发行债券。但这些方式并不适用于市政机构。实际上，低信用等级的州政府或市政府通过提高债券的票面利率来应对这一困境。例如，一个城市刚摆脱财务困境，为了吸引新的资金，它可能会支付5%的利息，而纽约州支付的利息仅为2%。[①]但这种解决办法与前文阐述的高票面利率不足以弥补本金亏损的巨大风险这一原则背道而驰。也就是说，如果债券评级较低，并存在较高的违约可能性，投资者就不应该为了追求高收益而购买这类市政债券。

## ● 两难困境及推荐的解决办法 ●

在这种情形下，我们陷入了两难困境，因为债券投资者理论上正确的观点会致使许多市政机构必要的融资需求无法满足。从现实角度审视这个问题，我们观察到总有足够多的、缺乏鉴别力的投资者去购买这些利率看起来非常吸引人的城镇或乡村债券，因此，有关两难困境的担忧可能是不必要的。理智、谨慎的债券投资者能够规避这种债券的风险，但这并不会导致低信用等级的借款人无法融资。

处理这一两难困境的方法有些难以令人折服。理想的解决办法可能是设置一些非常严谨的数量化测试，以弥补市政机构没能满足25年按时偿付的规定。如果城市陷入财务困境，就必须开源节流以改善自己的财务状况，如通过减少开支，提高税率并增加其他收入，或像公司重组那样强制性缩减负债规模。通过这些措施，即使这个城镇之前发生过违约，它仍然可以通过重置使其财务结构变得崭新、牢靠，从而获得令人满意的信贷评级。但谨慎的投资者在给出这样的信贷评级之前，必定会

① 我们注意到：1939年11月，底特律1954年到期的市政债券以3.7%的收益率发行，而更小的市政府，只要拥有良好的信用记录，发行类似债券的回报率仅约2%，这主要是由于底特律市1933年发生违约。

对其财政状况进行细致研究，既包括政府开支与总负债的关系等，还包括人口、资产价值、政府收入等。债券投资者在购买此类市政债券时，预期的回报率将高于标准收益率。这并不是对其承担高风险的补偿，而是对投资者考察此类债券安全度时所付出精力的回报。

对于新成立的、债务偿还记录时间较短的行政机关，投资者也应该采取类似的态度。[①]

## ●股息支付记录●

监管机构投资的法律传统上非常重视发行债券的企业是否拥有良好的股息支付记录。大部分州规定，公司至少要有 5 年的时间定期支付了超过最低规定数额的股息，才有资格发行债券。这条规定显然是源于理论：既然成立公司的目的就是为了派息，那么只有那些真正派息的企业才算是成功的，才适合进行债券投资。

**股息支付记录不是财务实力的决定性依据**。总体而言，派息的企业优于不派息的企业，但绝不能一味地排斥不派息的企业发行的所有债券。反对这一规则的一个强有力的证据是派息只能部分反映公司的财务实力；股息支付记录不仅不能给债券投资者提供任何直接的利益，而且还常常因为削减了公司资源，对债券投资者的利益造成损害。实际上，监管机构投资的法律中关于派息的条款有时会产生与预期完全相反的结果。财务状况不佳的铁路企业为了使自己的债券符合资格而盲目地持续派息，导致为了显示债券支付能力而做的事情，实际上损害了债券的安全性。[②]

**股息支付记录在债券投资中的作用**。相较于股息支付记录，资产负债表和利润表提供的证据是研究公司是否稳健的更为可靠的线索。因此，在考量债券是否适合

① 分析州或市的财政状况的技巧较为复杂，而且没有可靠的捷径可循。对这个话题的充分讨论超出了本书的介绍范围，也并非作者所长。

② 请参见州际商务委员会（Interstate Commerce Commission）对纽黑文铁路公司（New Haven）的调查。该公司主席在 1936 年 12 月的证词中，承认公司 1931 年派息是为了使其债券“合法”，而且认为其他铁路公司也是出于相同的原因支付尚未赚取的股息（见 1936 年 12 月 3 日的《纽约时报》)。更早期的案例，可参见杜因（Dewing）对波士顿 – 缅因铁路公司（ Boston and Maine Railroad）1911—1913 年为了使其债券合法，而支付尚未赚取的股息的讨论（见《公司财务政策》[*Financial Policy of Corporations*]，第 3 版修订版，第 609 页注）。亦请参见我们引用的 1930 年沃巴什·安阿伯市的例子。

作为普通债券投资时，最好不要拘泥于有关股息支付记录的严格规则。但是如果企业盈利看起来还不错，却没能派息，那么潜在的投资者就应该格外审慎地考察公司情况，以发现董事会的政策是否受到不利因素的影响，而这种影响还未体现在利润表中。此外，派息的公司有个细节上的优势，那就是如果企业未能按期派息，债券持有人能够收到较为及时的警告，明确提示公司即将面临的困境。投资者时刻保持警惕，便可以保护自身免受大额亏损。从这个角度看，不派息的企业处于劣势。但在我们看来，如果投资者在投资时更加慎重，这完全可以被充分抵消掉。

相较其他州，纽约州处理派息问题的方法更为先进。铁路公司发行债券需满足以下两个条件中的一个：在过去 6 年中至少有 5 年派息达到了一定数额；在固定费用的偿付保障方面满足更为严格的要求。公用事业公司发行债券需在过去的五年内每年都支付一定数额的股息，或者赚取等额的利润。这项条款与其他法规有同样的缺点，即可能迫使企业支付尚未赚取的股息。不过，从另一方面来看，我们也观察到这项条款的先进之处，公司可以选择不支付已经赚取的股息。

## 盈利与利息要求的关系

如今，投资者习惯将盈利与利息费用的比率作为检验投资安全性最重要的指标。所以，大家预期在监管债券投资选择的详细法规中，必定会包含对这项基本要素的最低要求。但是大部分相关法律在这个问题的阐述上都比较零碎，不够完善。立法机关在很大程度上依赖对公司分红记录的要求来确保公司有可观的盈利能力。[①] 正如我们刚刚指出的，这项标准广受质疑。纽约州法律的优越之处主要体现在两点：首先，它认为充分的盈利记录在重要性方面应排在第一位；其次，它始终将公司的总固定费用作为一个不可分割的项目处理。

① 例如，尽管新英格兰铁路公司（New England Railroads）没有经过任何盈利测试，但佛蒙特州允许投资其发行的债券；对于其他铁路公司，固定费用不得超过总营业额的 20%。两个案例中，公司均需具备连续的股息支付的记录。

## ●纽约州法律的规定●

纽约州法律关于盈利保障的规定可总结如下：

- 对铁路抵押债券（或等同的抵押信托债券）以及铁路设备债券，公司必须在过去6年中有5年赚取的收益达到固定费用的1.5倍，而且最近一年必须满足此要求，如果公司未能按规定派息，那么公司须在最近的10年内有9年满足此要求。
- 对其他类型的铁路债券，比如信用债券和收益债券等，公司必须在最近6年内的5年（包括最近一年）赚取两倍于固定费用（收益债券如有利息，需加上利息）的收益。对这类债券来说，对股息支付的要求是强制性的，没有其他可替代的条件。
- 对燃气、电力和电话公司的债券，过去5年平均的收益必须是平均的总利息支出的两倍，且最后一年也必须达到相同的保障要求。

## ●盈利保障的三个方面●

### 1. 计算方法

通过分析这些法律条款，有三方面值得注意。第一是盈利保障的计算方法；第二是所需的保障金额；第三是盈利保障测算的期限要求。

**优先扣除法**。计算和说明盈利与利息支出的关系时有很多种方法。其中，优先扣除法是完全不可取的。不过，在1933年之前，由于这种方法能够制造公司实力雄厚的假象，大多数证券发行公司在发行次级债券的通函中都使用这种方法。计算步骤是先从盈利中扣除需要优先偿还的费用，然后再计算盈利余额对较低规定的费用的保障倍数。下面的例子将说明该方法本身及其固有的荒谬之处。

A公司拥有10 000 000美元利率为5%的第一抵押权债券和5 000 000美元利率为6%的信用债券。

| | | |
|---|---|---|
| 平均利润为 | 1 400 000美元 | |
| 扣除第一抵押权债券5%的利息 | 500 000美元 | 2.8倍的利息保障倍数 |

| | | |
|---|---|---|
| 票面利率 6% 的信用债券的盈利余额 | 900 000 美元 | |
| 利率 6% 的信用债券的利息 | 300 000 美元 | 3 倍的利息保障倍数 |

发行利率 6% 的信用债券的通函上很可能写着，"上述计算表明"利息保障倍数为 3 倍。然而，利率 5% 的第一抵押权债券的利息保障倍数也仅为 2.8 倍。这些数字背后的含义是次级债券比优先债券获得了更好的保护，这显然是荒谬的。事实上，通过优先扣除法计算的次级债券的利息保障倍数是完全没有价值的，并会引起投资者的误解。在新债券发行时如此计算利息保障倍数的不合理的方法，在 1933 年的《证券法案》中被废止了，这也是大家期望看到的结果。这种变更显然不是因为法律或美国证券交易委员会禁止使用这种计算方法，而是为了避免由于计算结果富有欺骗性而使投资者蒙受损失。

不过，一些加拿大的债券在发行通函中仍然采用优先扣除法，例如加拿大名艺公司（Famous Players Canadian Corporation）在 1936 年 6 月发行的第一抵押权信托债券（First and Collateral Trust Bonds）系列 A。

**累计扣除法**。第二种方法可以称为累计扣除法。根据这种方法，对次级债券的利息支出总是与优先债券的利息支出同等对待。在上述案例中，利率为 6% 的信用债券的利息保障倍数为 1.75 倍，计算方法是将两只债券的利息支出加总为 800 000 美元，再用利润 1 400 000 美元除以利息和，即得到利息保障倍数。然而，根据这种方法，由于次级债券的利息支出在计算第一抵押权债券时不予考虑，因此第一抵押权债券的利息保障倍数仍是 2.8 倍。大部分投资者认为这种观点完全合理，而且许多州在监管储蓄银行投资的债券是否符合资格的法规中，都明确规定使用这种计算方法。①

**总扣除法**。然而，我们在上一章强调了一家公司是否能偿还所有固定费用非常重要，这是因为如果公司因次级留置权（junior lien）的违约而破产，那么必将对优先级抵押债券的持有人造成不利影响。只有所有利息费用都得到很好的保障，投资

① 例如，参见修订法规第 57 章 27 节的缅因州法律（1931 年《公共法》第 222 章第Ⅵ、Ⅶ及Ⅷ分节中修订）。这些法规涉及蒸汽铁路、公用事业和电话公司的债务。佛蒙特州关于公用事业类债券的法律中也可找到类似的条款。新罕布什尔州允许铁路及公共服务公司的债券采用累计扣除法，但奇怪的是，新罕布什尔州规定电话和电报公司的债券采用总扣除法。

者才能放心购买债券。因此，总扣除法应是计算利息保障倍数的审慎、可取的方法。根据总扣除法，控制数字应是所有固定费用得到保障的倍数，也就是说，在分析公司的所有固定利息费用的债券时应使用相同的盈利保障倍数，而不去区别是优先抵押权债券还是次级留置权债券。在上面的例子中，无论是第一抵押权债券还是信用债券，利息保障倍数都是1.75倍。在债券发行通函及年度报告中，这种方法通常被称为计算利息保障倍数的"整体基础"。①

有一点必须谨记在心，固定费用不包括收益债券的利息，因为这是或有费用。方便起见，"利息费用"与"债券债务"都仅指固定利息费用的债券，除非文中特别指出。

我们当然也可以采用累计扣除法来计算优先债券的利息保障倍数，而且，如果利息保障倍数非常高，也可视为有利于该债券的额外因素。但我们建议在应用各项要求的下限来测试公司的偿债能力时，一定要考虑总固定费用。纽约州法律一直坚持这一原则，我们也认为应认可并遵循这一准则。

## 2. 盈利保障的最低要求

相对于公用事业债券，纽约州法律更青睐铁路债券，但这一情况已经不再合理，近期越来越多的记录表明两类债券的相对地位应该被逆转。我们同样需要为工业类债券设置最低标准，而且应该比公用事业及铁路债券的标准更高。将这些因素考虑在内，我们建议计算总固定费用的保障倍数时采用下述最低标准：

公用事业公司 ........................................ 1.75倍
铁路公司 ........................................ 2倍
工业公司 ........................................ 3倍

## 3. 盈利测试期

我们在对纽约州法律关于盈利保障的条款的概述中指出过：公用事业债券应使

① "市盈率"、"利息保障倍数"及"盈利保障"这三个词同样重要。"利息保障倍数为1.75倍"的说法比含义相同的"安全系数是75%"的说法更容易理解，因此我们建议一致使用前一种表达方式。一些权威刊物（例如穆迪公司1930年以前发行的《投资手册》）曾使用"安全边际"来表达扣除利息后的盈利余额与计息前盈利的比率。例如：如果利息保障倍数为1.75倍，那么安全边际是0.75/1.75=42.86%。

用5年的平均值。然而，对铁路债券来说，在过去6年中必须至少有5年符合最低利润的规定。无论出现什么情况，投资日前一年都必须满足最低规定。

尽管上述两条规定很容易颁布，但在大萧条频繁发生的经济环境中，它们并不适用于债券投资的实际情况。如果商业周期总体的特征是：企业经历8年左右的繁荣时期，紧接着的两年却不赚钱，那么这些规则的结果就是鼓励投资者在景气时期以高价投资债券，而在萧条时期以低价卖出债券。[①]

在我们看来，唯一实用、严谨的最低盈利标准必须是一段时间的平均值。法律规定对于公用事业债券使用5年的平均数，但这在很多情况下都显得太短，因此我们认为7年的测试期是更为合适的标准。但7年的年限有时也可略微缩短以便排除明显异常的年份。（例如，1934—1939年的6年测试期提供的测试结果，很可能比1933—1939年的7年测试期提供的更为公允。）

如果在1934年或1935年做测试，最好采用10年甚至是12年的测试期以避免对大萧条时期赋予过度的权重。从实际情况考虑，一些工业公司在1931—1933年经历了大幅亏损，即便其采用长期平均法来均摊大萧条时期的亏损，测试结果仍可能显示盈利保障倍数太低，不能公允地代表公司目前的状况。但这种问题也许可以通过强制性方式解决：将亏损年份的盈利设为零，而非实际上的负数。

**案例**

费尔班克斯－莫尔斯公司（Fairbanks Morse Company）1938年早期发行的于1956年到期的，票面利率为4%的信用债券的利息保障倍数：

| | |
|---|---|
| 1937年的利息费用 | 232 000美元 |
| 1937年的息税后利润 | 2 148 000美元 |
| 1937年的利息保障倍数 | 10.2倍 |
| 1928—1930年及1934—1937年的息后总利润 | 11 740 000美元 |
| 1931—1933年扣除利息后的总亏损 | 8 873 000美元 |

① 1931—1937年，人们认为纽约州法律有必要进行年度修订，以便将1931—1936年的业绩排除在盈利测试期标准之外，由此可见纽约州法律的条款不切合实际。“延期偿付权”于1938年4月终止，当时面值超过30亿美元的铁路公司债券被从合格名单中剔除。新的延期偿付权保留了一些运输公司的债券，这些运输公司在前一年及过去6年中有5年赚取的利润能够支付利息费用。

1928—1937 年息后总利润 ........ 287 000 元
1937 年利息支出隐含的 10 年期保障倍数 ........ 2.2 倍
计算 10 年期覆盖倍数的其他基准：
　10 年平均息后利润
　　1931—1933 年的利润为 0 ........ 1 174 000 美元
　　1937 年利息支出的修正的 10 年期保障倍数 ........ 6.1 倍
股东权益比率 ........ 每 1 美元的债券面值，股票市值为 3.42 美元

第二种计算结果，也就是修正的平均数应视为对企业盈利能力更为真实的反映，因为直接计算 10 年的平均数不能满足最低标准。但我们相信从 1940 年起使用 7 年或更长期限的平均值是可行的，并不会遇到类似问题。

## ● 盈利记录的其他方面 ●

当然，投资者也应注意到很多关于盈利描述的其他方面的状况，包括趋势，最小值和当前值。无可否认，上述每一项都很重要，但这些不能快速、有效地应用于严格的规则。这种情况就如同先前讨论的抵押证券，少数几个因素可以成功纳入明确、通用的判断准则，而其他因素虽没有精确的公式计算，但投资者也应加以考虑、判断，这两类因素须有明确的分界线。

## ● 不利因素可能被抵消 ●

处理第二类因素的实用方法可从盈利表现说明。投资者必须要求平均值不低于最低标准。另外，投资者可能被以下特征吸引：（a）盈利处于上升趋势；（b）当前的表现非常出色；（c）考察期内每年扣除利息费用后的安全边际都令人满意。如果某一债券无法满足其中某一项，投资者未必要剔除该债券，但该债券必须有超过最低标准的充足的盈利保障，投资者也应更加密切地关注整体状况或定性因素。如果公司趋势不佳，或者最新的数据非常糟糕，投资者当然不应该接受此类债券，除非平均盈利水平比最低标准高出许多，且投资者有充分理由相信下行趋势和当前的下滑不大可能无限期延续。当然，到底平均值比最低标准高出多少才能抵消趋势下行及当前表现不佳的劣势，这要由投资者来辨别、决断，并不能仅通过数学公式来计算。

## 票面利率对盈利保障的影响

数学上，盈利保障倍数与利率呈反向变动的特征，这令盈利保障理论变得复杂。给定盈利水平，利率3%的债券的利息保障倍数将是利率为6%的利息保障倍数的两倍。考虑表9—1中的对比。

表9—1　两家公司的对比

| | 公用事业公司A | 公用事业公司B |
|---|---|---|
| 用于支付利息的盈利 | 600 000美元 | 600 000美元 |
| 利息支出 | 面值10 000 000美元、利率3%<br>300 000 | 面值10 000 000美元、利率5.5%<br>550 000 |
| 盈利保障倍数 | 2.00 | 1.09 |

仅票面利率的差异就使得A公司通过了盈利保障测试，而B公司的盈利仅能覆盖利息支出。这点可引申出数个问题：

（1）只要债券的票面利率低，它就“安全”吗？
（2）整体利率上升对债券的安全性有何影响？
（3）投资A公司的债券是否比投资B公司的债券更加牢靠？

我们按顺序简短地回答这些问题。

**1.票面利率对安全性的影响。**从技术层面来看，安全性是指持续支付利息的保证，它自然会因为票面利率的变动而产生或消亡。将债券5.5%的利息分成两部分，认为3%的部分是安全的，而另外2.5%的部分就不安全，这种观念是不合理的。利息的安全性是个不可分割的概念，且必须应用于整个利息支出，因为如果公司不能支付合同规定的部分利息，即便是不能支付次级利息，也会导致财务困境。这就意味着投资至少会受到暂时性的破坏。

从维持本金价值的角度来看，安全性也能通过低利率来“创造”，只要投资者认为这样的利率水平是永久性的——至少能够维持至到期日或日后很多年。如果3%的利率是永久性的，60万美元的利润水平就能使公司在到期时偿还债券，也能将债券的市场价格维持在面值附近。

投资者必须考虑到利率倾向于与公司支付利息的能力反向变动。与弱小的公司相比，实力强劲的公司能够以低利率借款。这意味着“好的信用”本身通过节省利息支出产生了“更好的信用”，反之亦然。尽管这看起来荒谬、不公，但在证券分析中，投资者必须接受这一事实。

**2. 利率上升对安全性的影响**。低息债券存续期间，利率整体上升不会影响公司支付利息费用的能力。但如果债券的到期日近，公司就面临着要以较高的利率进行债券再融资的问题，这样公司的盈利必须能够满足高利率下的利息保障倍数。另一方面，如果到期日较远，要是利率整体水平经历大幅攀升，那么该债券及其他债券的市场价格也会大幅下跌。（我们注意到 1917—1920 年，道琼斯债券价格指数下跌了 30%，反映了利率整体上升的情况。）

因此，从保持债券的市场价格的角度来看，如果长期债券遭遇利率大幅上升的情况，那么本金的安全性必然会遭受不利影响。[①] 如果短期债券的盈利保障水平超过最低标准的幅度不够可观，在利率大幅提升的背景下，短期债券本金的安全性也将受到不利影响。

上述分析的结论是，如果投资者认为利率上升是很可能发生的，那么不管公司的实力有多强，他都不应该购买长期低票面利率的债券；如果他购买短期债券，则必须确保盈利能很好地覆盖更高的票面利率，并给予充分的安全边际。然而，如果他坚信低利率将会维持，他可以接受这些债券，就像之前接受高利率的债券一样。如果投资者不确定利率未来的走势，最好的举措是将投资限制在期限相对较短（比如说不超过 10 年）的债券，而且要增加盈利保障要求以抵消低票面利率的影响。

**3. 两类债券的相对吸引力**。第三个问题涉及 A 公司利率 3% 的债券及 B 公司利率 5.5% 的债券的相对吸引力。从严格的逻辑推理来看，利率 5.5% 的债券必然比利率 3% 的债券更具吸引力，因为利率 5.5% 的债券的持有人往往能以或有基础要求额

---

① 例外情况是高票面利率的债券，因其可提前赎回的特点而抑制了该债券的价格。

外的 2.5% 的利率，因此也可获取 B 公司超过 A 公司固定费用的利润。但实际上，这种固定的利息支出的减少通常只会发生在债券发行人陷入财务困境时，这种情况下购买债券的价格也会出现大幅下滑。因此实际上，利率 3% 的债券的持有人也有可能会比利率 5.5% 的债券的持有人获得更好的回报。

然而，异常的案例也在警示投资者，除非完全相信超低的利率水平能够持续，否则他不应该以与面值相若的价格购买 A 公司的利率 3% 的债券。（这也暗示了，如果 B 公司的债券因为超出高额利息费用的利润少，而售价非常低，特别是当预期低利率会持续时，那么 B 公司的债券本身就具有一些投机性的机会。）

# 10

# 债券投资的具体标准（再续）

## 资产价值与长期债务的关系

在之前的讨论中（第 6 章）我们指出，典型债券投资的安全性取决于债券发行公司偿还债务的能力，而不是债券用以留置的资产价值。这一广泛适用的原则与将抵押资产价值作为判断债券安全性的通用标准的做法非常不同，抵押资产的价值被认为与公司自身的成功与否关系不大。

换句话说，我们不认为普通公司债券强调实物抵押资产的价值（利用原始成本或重置成本计算）与债务数量的最低比例关系是有任何益处的——无论发行人是铁路公司、公用事业公司，还是工业公司。在此问题上，我们不认同很多州（包括纽约州）传统的重视资产价值的规定。例如，纽约州法规定，只有担保资产价值超过债券发行额的 $66\frac{2}{3}\%$，天然气、电力或者电话公司债券才被允许投资。此处的担保资产价值被认为是账面价值，既可能是原始美元成本扣减折旧的价值，也可能是或多或少受主观判断影响的转移价值或重估价值。

### ● 特殊类型债券 ●

#### 1. 设备债券

我们认为，作为抵押资产的公用事业资产——铁路线路、典型工业厂房的账面价值，对担保债券安全性的保障没有任何意义。然而，对许多特殊类型债券而言，安全性在很大程度上取决于用以担保的资产价值，此类价值与作为整体的公司持续经营价值是不同的。其中，最典型的例子可能当属以机车、货厢或客厢为担保，以设备的租赁权为抵押的铁路设备信托凭证。对此类设备债券投资的记录非常令人满意，迄今为止，即使遭遇严峻的财务困境，作为发行人的铁路公司也几乎没有拖延利息和本金的偿还时间。[①]获得这些优异结果，主要是由于特定抵押资产是可移动和可供其他承运人使用的。因此，与以汽车、珠宝和其他动产做抵押的个人贷款类似，此类债券也具有独立的销售价值。即使很难以合理的价格将这些车厢卖给其他铁路公司，此类设备债券还是明显优于以铁路线路为抵押物的债券，因为车辆具有可移动性。线路和设备两种资产对铁路运营都至关重要，但除了继续允许资产接管人运营线路的救助方式外，铁路线路债券持有人在铁路公司违约时别无他法，而设备债券持有人至少可以用运走这些车厢相威胁。实践中，正是此类选择权赋予了设备债券持有人重要的价值，因为其实际上迫使以铁路线路为第一抵押物的债券持有人，不惜将请求权从属于以设备为抵押物的设备债券持有人。

所以，设备信托凭证持有人有两种独立的保障来源：一是作为发行人的铁路公司良好的信用和成功的运营；二是用以抵押的车厢的价值。如果后者的价值大幅超过相应债务的数量，那么持有人完全可以不考虑第一种来源，即信用因素，如同典当商人只根据抵押物品决定是否借款，而不考察借款人的财务情况一样。

通常，设备信托的条款设计也为购买者提供了强有力的保护。当债务无法及时偿还时，通过条款的设计可以使得留置权拥有人的权利顺利行使。在所有真实案例中，至少 20% 的设备成本是由铁路公司承担的，因而开始时，设备债券的发行额不会超过抵押资产价值的 80%。其本金通常从发行后一年开始，分为 15 年等额分期偿还，由此来看，债务的减少速度将超过一般情况下设备的折旧速度。

近些年来，以上安排给设备信托持有人带来的保护有所减弱，一是因为大宗商品价格下降导致重置（因此也是可销售的）价值大大低于原始成本；二是受运输量减少影响，无论是新设备还是二手设备，需求都在不断下降。1930 年以来，某些铁

① 有关此类债券投资记录的信息，请参见附录注释 17。

路公司，如海岸世界航空和沃巴什（Seaboard Air Line and Wabash）在申请破产管理时，通常会要求持有其即将到期的设备债券的债权人稍微延长一段还款期，或者交换成资产托管人或资产接管人发行的票面利率更低的凭证。佛罗里达东海岸铁路（Florida East Coast Railway）发行的债券（“D”序列）是一个较为特殊的例子，经资产接管人允许，设备信托持有人可以接管并出售抵押设备，但其价值比其他序列债券的抵押设备要低。在此案例中，持有人发现售价 1 美元的债券仅能变现 0.43 美元，想要收回成本，却又缺乏对线路价值余额的判断（价值难以确定）。这些阴谋和损失表明，那些经常为设备债券发行而宣称“几乎完全安全”的说法需要节制。但不容否认的是，这种类型的投资在抵押资产的变现性上仍拥有积极和明显的优势。①（以下案例支持了该结论：1939 年 11 月，尽管所有以铁路线路为抵押的债券都处于违约状态，芝加哥 – 西北铁路公司新发行的 1940—1949 年到期的 2.5% 设备信托，仍以 0.45% 至 2.35% 的收益率成功出售。）

## 2. 抵押 – 信托债券

抵押 – 信托债券是抵押物为股票或其他债券的担保债券。一般情况下，抵押物包括发行人自己发行的债券，或者其子公司发行的债券或股票。因此，抵押物的可实现价值在很大程度上取决于整个公司的经营是否成功。但是，近年来出现了投资公司抵押 – 信托债券，持有人享有抵押证券市场价值的主要利益，这意味着根据债权合同中的保护性条款，即使股东损失惨重，持有人的利益也很有可能得到全面保护。所以，这种类型的抵押 – 信托债券与设备债权一样，是不适用“债券购买者应主要考察公司的业务发展情况而非具体抵押的资产”这一通用规则的特例。

透过现象看本质，我们认为，投资 – 信托信用债券同样也具备这一特征。因为无论是将投资组合根据抵押 – 信托合同有形抵押给托管人，还是由公司持有而将请求权赋予信用债券持有人，都没有多少实质上的区别。这类债券通常通过禁止扩大债务的条款、要求公司资产的市场价格高于债券面额一定比例的契约等，来保护信用债券持有人的利益。

① 有关评论和数据请参见的附录注释 18。

**案例**

信实管理公司（Reliance Management Corporation）发行的 1954 年到期的 5% 信用债券，是这些保护性条款发挥作用的一个例子。显然，从其股票价格由 1929 年时的 69 美元跌至 1933 年时的 1 美元可以很明显地看出，公司整体的运营非常不成功。如果公司发行的是普通公司债券，股票价格如此大幅度的滑坡几乎意味着违约的发生和本金的巨额损失。然而，信用债券拥有的允许将资产轻易变现的保护性条款发挥了重要作用。该条款迫使公司回购了超过四分之三的债券，甚至还为让资产价值达到合同要求而强制股东追加股本。结果，1932 年时，虽然公司股票价格仅为 2.5 美元，但信用债券价格仍高达 88 美元。剩余的债券在 1937 年 2 月以 104.25 美元的价格被公司提前赎回。

第 18 章将专门讨论保护性条款，我们将介绍一家投资公司——金融投资公司（Financial Investing Company）的担保 – 信托债券历史。我们还将指出，债券持有人在行使权利时的犹豫——虽然我们认为并无必要，常常会使该类债券的内在优势遭到减损。

### 3. 房地产债券

相比上述两种债券，市场中大量存在的房地产抵押贷款和房地产抵押债券更为重要。后者代表了对数额较大的个人抵押贷款的参与规模。毫无疑问，作为抵押物的土地和建筑的价值对此类债券来说最为重要。有经验的投资者在为房地产提供普通借款时，主要根据作为担保物的资产的公允价值做出最后的决定。但对我们而言，广义上看，房地产抵押贷款的价值实际是一种持续经营价值，即它们是从资产实际或预期的盈利能力中获得价值的。换句话说，抵押资产的价值不仅不能与公司的运营情况分开（如铁路设备信托凭证的案例），而且是与其完全统一的。

以单户居住房屋为抵押物的第一抵押权债券是最典型的房地产贷款形式，通过对这种形式进行介绍，可以将上述观点更清晰地表达出来。一般来说，成本为 10 000 美元的住宅，每年的租金价值（或者租赁自有房屋的同等价值）约为 1 200 美元，扣除税收和其他费用后的净收益约为 800 美元。如果储蓄银行提供 60% 房屋价值，即 6 000 美元的、利率为 5% 的第一抵押贷款，鉴于一般情况下房屋的盈利能力是其利息要求的两倍以上，则此贷款的安全性将得到保障。换种方式说，即使租金水平下降三分之一以上，也不会减损借款人支付利息费用的能力。因此，抵押权人有理由相信，无论将来支付利息费用的房主自身实力如何，他肯定能找到一个租客或者新买家，以租用或购买资产的形式，至少可以保障这笔占房屋价值 60% 的贷款的安全性。（作为对比，需要指出的是，若一个总成本为 1 000 000 美元的典型工业工厂发行了 600 000 美元的债券，当发行公司濒临破产时，债券持有人无法指望其通过出租或变卖资产支付 5% 的抵押债券利息。）

**资产价值与盈利能力密切相关。**上述案例说明，一般情况下，住房、写字楼、商店的资产价值与租金价值紧密相关。在这个意义上，借款人是否将此类抵押资产视为具有可销售价值的资产，或借款人如何看待持续经营假设下此类资产的盈利能力，大体上都是无关紧要的。对于空置的地块以及尚未使用的房屋或商店，以上论述在某种意义上也是正确的，因为经过改善或出租后，这些资产的市场价值与预期租金同样联系密切。（但需要强调，对于特定用途的建筑，比如工厂等，以上论述是不正确的。）

**评估报告的误导性。**前面的讨论阐明了房地产债券的潜在投资者对其背后的资产价值应持有的正确态度。1923—1929 年，房地产抵押债券业务经历了灾难性的发展。当时，支持债券发行的唯一资料（除了对未来盈利能力的估计外）是资产价值的评估报告，而评估价值几乎总是超过发行债券总值的 $66\frac{2}{3}\%$。如果这些评估报告的结果与经验丰富的房地产买家或贷款人对相关资产的评估价值接近，那么在选择安全房地产债券标的时，评估报告就是有实际作用的。但遗憾的是，这些评估结果基本上是人工估算的，评估人只是利用署名获得相关费用，其存在的唯一目的是欺骗投资者，并让他们高估相关债券的保障水平。

这类评估报告使用的方法是基于主观判断，将资产预期可以获得的租金收入资本化。按照这一方法，包括财务费用在内的总成本为 1 000 000 美元的建筑的“评估价值”马上可以达到 1 500 000 美元。因此，债券发行所得可以完全覆盖所有建设成本，使得建筑商或开发商不用投资一分钱，便可获得建筑的权益（即所有权）。在很多案例中他们还因此获得大量现金利润。[①]整个房地产融资计划的缺陷非常明显。更令人遗憾的是，由于所有利益相关方均缺乏原则、洞察力和一般常识，在市场最终不可避免地崩溃前，这一缺陷的影响已达到非常严重的程度。[②]

**作为估价根据的异常租金。**诚然，1928—1929 年，房地产租金普遍大幅上涨，导致新房地产项目的投资收益非常丰厚。但这一情况并不意味着新建建筑立即就可以获得超过实际成本 50% 的利润。过高的投资收益率必定只是暂时的，因为这会刺激越来越多的房地产项目上马，直至供应过剩导致租金水平大幅下滑。由于开发商向公众融资，却不承担相应的风险，这种过度建设的情况就更加无法避免。

**基于过度建设成本的债务。**过度建设的一个间接结果是使建造成本上升至异常高的水平。因此，在 1928 年或 1929 年，即使是一笔不超过实际成本三分之二的、看起来非常保守的贷款，也绝非安全，因为建造成本快速滑落的显著危险（后来才被意识到）可能会导致抵押资产价值下降至贷款数额之下。

**特定用途建筑的缺陷。**房地产债券投资普遍存在的缺陷是同等对待不同类型的建筑项目。典型或者标准的房地产抵押贷款主要针对居住房屋，其特有的优点是存在大量潜在购买者或承租人，因此只要在现有价值上适度让步，就很容易处置此类资产。普通公寓、商店或办公楼的情况与之十分类似。但是特定用途的建筑，比如酒店、停车场、俱乐部、医院、教堂或工厂，则缺乏快速处置的特性，并且*它们的价值同使用它们的公司的业绩情况紧密相关*。可见，针对它们的抵押债券实际上并非既定意义上的房地产抵押债券，而是包含了其他业务的房地产抵押贷款。因此，应该利用选择工业债券的所有严格标准衡量以特定用途建筑作为抵押的房地产债券的安全性。

在房地产价值崩溃前的房地产融资热潮中，以上观点被完全忽略。和以公寓作为抵押的贷款一样，为建造酒店、停车场，甚至医院而发行的债券不断出现。换句

---

① 实收资本仅为 75 000 美元的 419–4 号大街公司（419–4th Avenue Corporation，鲍克建筑公司［Bowker Building］）在 1927 年发行了总额为 1 230 000 美元的债券。（采取同样的方式，成本约 1 300 000 美元的土地和建筑评估价值达到 1 897 788 美元。）1931—1932 年公司违约并进入破产管理是在所难免的。

② 参见附录注释 19 中，美国投资银行家协会房地产证券委员会（Real Estate Securities Committee of the Investment Bankers Association of America）关于该领域违约情况的报告。

话说，高出债券发行数额二分之一或三分之二的评估“价值”即被认为足以保证相关贷款的安全。然而事实上，如果该类新建筑项目商业运作失败，并且无力支付利息费用，则“房地产”债券持有人的处境将与以不盈利的铁路或工厂资产作为抵押的债券持有人相同。[①]

**基于原始租金的价值具有误导性。**公寓融资还有另一个缺陷。其用以决定评估价值的租金收入是基于初始租金获得的。但是公寓承租人习惯于在租赁新房时支付较高的租金，因为在居住几年后，他们会认为房屋变旧，或至少不再时尚或令人满意了。因此一般情况下，公寓前些年的租金要显著高于债券存续期内保守估计的租金收入。

**缺乏财务信息。**另一类与上述讨论有关的缺陷在于，债券购买者在买入后一般都无法获得相关的运营和财务数据。尤其是那些向公众出售债券的非上市公司，如很多房地产公司，这一缺陷普遍存在。结果，直到违约发生，大多数债券持有人才发现建筑项目的销售情况较差。但更为严重的是，此时他们通常会发现，就在开发商通过吸收所有可获得的现金“榨取”资产时，资产的巨额未付税款却在不断增加。

**关于选择程序规则的建议。**通过详尽分析过去十年房地产债券融资的种种缺陷，我们提出一系列具体的选择程序规则，供投资者参考。

单户居住房屋通常由抵押贷款持有人直接贷款给房屋所有人，即不存在作为中介的房地产抵押债券发行方。但是抵押贷款公司，如律师抵押贷款公司（Lawyers Mortgage Company）、权利担保信托公司（Title Guarantee and Trust Company）仍然参与很多相关业务，包括以单户居住房屋为抵押的担保抵押贷款和抵押参与凭证。[②]

进行该类投资时，借款人应确保：

---

① 参见附录注释 20 的案例（哈德逊大厦［Hudson Towers］）。

② 从 1933 年开始，联邦政府通过联邦住房管理局（Federal Housing Administration, F.H.A）大量接管了单户居住房屋的房地产融资活动。实际上，这一类型的房地产债券再未出售给投资者。更大规模建筑的债券融资被严格限制。此类融资基本上只有通过金融机构（保险公司等）才能完成，几乎不向普通大众出售房地产证券（至 1939 年年底）。

(a) 贷款总额不超过资产价值的 $66\frac{2}{3}\%$，其中，资产价值可以是最近购买的实际成本，也可以是经验丰富的房地产业内人士估计的该资产公允价值。

(b) 以上成本或估价并不反映最近的投机型膨胀，同时不能大幅超过之前一段较长时间内资产的价格水平。如果超过，应当减少抵押债务数额与当前资产价值的最大可能比例。

通常而言，房地产抵押债券是以新公寓或办公楼为抵押资产的第一抵押权债券。考虑到这一点，投资者应该忽略常见的“评估价值”，从而确保如实提供的真实成本至少超过债券发行数额 50%。此外，投资者还应该预测未来的损益情况，在此过程中谨慎计算闲置带来的损失，并考虑房屋变旧导致租金收入下降的风险。该预期收益在扣除实际上用于债券偿债基金支付的折旧计提后，仍应该达到利息费用的一倍以上。借款人也应定期向债券持有人提供运营情况报告和财务报表。

所谓“第一租赁抵押债券”实际上是第二抵押债券。其抵押资产是租赁土地上的新建建筑，土地租金实际上为第一留置物，或者说其对所有资产有优先请求权。在分析该类债券时，应将土地租金加入债券利息标准，从而得到资产的全部利息费用。另外还需要注意，在房地产债券领域，同普通商业公司相比，第一抵押权债券比低级留置权的优势更为明显。①

除了之前的定量标准，投资者还需自己确定建筑的位置与类型容易吸引承租人，使得由于周围环境发生不利变化导致价值大幅缩水的可能性非常低。②

---

① 参见附录注释 21 的相关案例和评论。

② 1934 年版的附注：“现存保守房地产债券融资中较少的案例之一是纽约三一建筑公司（Trinity Buildings Corporation of New York）发行的、1939 年到期的 5.5% 第一抵押权债券，以纽约市金融区的两幢地段很好的建筑作为担保。债券发行额为 4 300 000 美元，担保物为税务评估价值 13 000 000 美元的土地和建筑的第一留置权。1931 年，公司毛利为 2 230 000 美元，折旧后净利润大约是第一抵押权债券利息的 6 倍。1932 年，租金收入下降至 1 653 000 美元，但第一抵押权债券的利息保障水平仍然超过标准 3.5 倍。1933 年 9 月，该债券仍以面值左右的价格出售。”

该附注和结果阐明了位置因素的重要性。尽管 1933 年后总体商业环境改善，金融区商业活动的减少仍然导致租客的减少和租金的大幅下降。1938 年，三一建筑公司的净利润已低于折旧费用，而且即使忽略折旧，净利润也低于利息费用；1939 年该债券到期时，本金和利息都无法按时支付；美国房地产改进公司（United States Realty and Improvement Company）提供的担保也被证明是不充分的；债券持有人不得不延长本金偿付期，并接受更低的固定票面利率。在这一案例中，开始时很保守的融资（定量因素）并不足以抵消周围租金价值下降（定性因素）造成的影响。

房地产抵押贷款不应用于特定或有限用途的建筑，比如酒店、停车场等。该类建筑项目只可以通过自身融资，并被视为私人业务。通过我们之前关于高等级工业债券选择标准的讨论，很难发现新酒店的债券能够作为直接投资标的的合理依据。所有这些公司最初都是通过私募资本融资，只有在成功运营几年后才可以通过债券或股票发行向公众融资。①

① 有关担保房地产抵押债券的情况，参见第 17 章。

# 11

# 债券投资的具体标准（完）

## 股票市值与债券债务的关系

要求权排在债券之后的股本和盈余总额，可看成超过债务的资产。从以下简化的典型资产负债表中即可看出。

| 资产 | 金额 | 负债与股权 | 金额 |
|---|---|---|---|
| 资产减流动负债（净资产） | 1 000 000 美元 | 债券债务 | 600 000 美元 |
| | | 股票和盈余（股权） | 400 000 美元 |
| | 1 000 000 美元 | | 1 000 000 美元 |

得出如下简单的公式：

$$\frac{\text{股权}}{\text{债券债务}}=\frac{\text{净资产}}{\text{债券债务}}-1$$

**纽约州法律规定的标准：**我们在研究资产负债表的数据时，可以通过观察净资产或者股权来确定高于债务本金的保障或者余额。纽约州法律制定的管理储蓄银行在公用事业债券投资方面的规则，也都采用两种审核标准。法律规定：（1）有问题的抵押债务，加上所有的优先担保抵押债务，不得超过抵押资产价值的 60%；（2）公司的股本至少应相当于抵押贷款债务总额的三分之二。从上述典型的资产负债表中可以很容易地发现这两项要求大致相同。然而，当一家公司有大量无担保抵押债务时，它可能满足第 1 条约束条款，但却不能满足第 2 条约束条款，在这种情况下第 2 条约束条款就提供了附加保障。可用以下例子加以说明：

| | | | |
|---|---|---|---|
| 抵押资产 | 10 000 000 美元 | 抵押贷款债务 | 6 000 000 美元 |
| 营运资本 | 1 000 000 美元 | 信用债券 | 3 000 000 美元 |
| | | 股本及盈余 | 2 000 000 美元 |
| | 11 000 000 美元 | | 11 000 000 美元 |

在这个例子中，抵押贷款债务仅占抵押资产的 60%，但股权相比三分之二的抵押贷款债务要小得多，因此后者的债券发行不符合法规。

需要注意的是纽约州法律只考虑发行股票（包括优先股和普通股）的面值或规定值，而不考虑账面盈余，但这其实也属于股东权益的一部分。这项限制背后的理论依据或许是盈余可以合法地分配给股东，因此不能算是债权人的永久保障。但实际上，公用事业公司的盈余几乎无一例外地投资在固定资产上，是不以现金形式进行分派的。因此，如果采用这种检测标准，即股本加盈余将比单有股本金额的检测更为合理。

## ● 对公用事业类证券进行权益检测的效果不佳 ●

我们不禁思考，在一般情况下，将资产或股票权益检测运用到公用事业债券上是否能有任何实质性的优势。这类检测指标不大可能仅通过盈利记录就指出债券是否安全。在一些例子中，公司的收益表现或许令人满意，但资产保障（asset coverage）过小，而后者可能意味着公司正获得异常高的投资回报率，更容易受到监管比率的不利影响。然而权益检测主要的困难在于，将资产负债表中的资产价值（以及股权）作为实际现金投资和再生产价值的指标缺乏可靠性，而这两项是计算资产保障的基础。不过，近些年来，州立委员会和美国证券交易委员会努力为公众提供比以往更加准确的资产负债表。我们虽承认有些进步，但似乎仍没有充分的理由去要求公用事业债券和铁路债券进行资产价值或股票权益检测。

当然，有时候，或者在特殊情况下，当有理由怀疑盈利记录能否有效估量公司未来是否有能力偿还债券利息时，我们也不反对将股票权益检测（基于账面数据）运用于铁路和公用事业债务，以此作为附加保障。若此检测得以运用，则可以看到，债务与股本加盈余的最大比率为 60%/40%，从比率上看，这比收益需高于 1.75 倍利息费用的最小盈利比率更为严格。因此，如果允许债券债务达到资产价值的 75%，或者是股本加盈余金额的三倍，这两项指标会更加一致。

## 债券发行所对应的实际价值保障的重要性

我们反对资产价值标准的主要依据是，作为债券安全指标的固定资产的账面价值非常不可靠，这是不争的事实。而另一方面，我们确信，远高于长期债务的持续经营价值不仅重要，而且对于确保固定价值投资的稳健性是必不可少的。在按照标准价格购买任何企业债券之前，无论是铁路公司、电话公司或者是百货商店，投资者都必须确信这家企业的价值大于它所欠的债。从这个角度看，债券购买者所持态度应该和借款给他人购买房产或者钻戒一样，但重要的区别在于，投资者通常必须考虑企业的实体价值，而非独立资产的价值。

## 持续经营价值和盈利能力

“企业的价值”通常完全取决于其盈利能力，这便解释了收益表现的内在意义。盈利能力不仅可以揭示公司支付利息费用的能力，而且可以评估公司的持续经营价值超过所发行债券本金的程度。正是这一原因导致大多数投资者在选择债券时，将盈利记录视为唯一不可或缺的统计或定量检测标准。其余所有常用标准不是定性标准就是主观标准(例如涉及对管理、发展前景的个人看法等)。

虽然希望尽可能简化债券安全度的检测，但仅使用超过利息费用的收益余额这一指标，似乎面临过分简单化的危险。检测期间的收益可能不具有代表性，因为收益可能来自暂时有利或不利的条件，又或是因为以这一方法计算的收益不能反映真实收入。上述情况尤其会发生在工业公司身上。与铁路公司和公用事业公司相比，工业公司更易受到个别行业盛衰的影响，所受的会计监督也较弱。

## 以股票市值衡量股东权益——补充测试

因此，我们认为，工业债券有必要利用其他盈利检测的数量指标，来反映高于债券债务的持续经营价值边际。为估计资产超过负债的安全边际我们能够提供的最好指标是股票资本的市场价值与债券债务总额的比率。当然，由于股票报价容易受到极端和毫无意义的变量影响，所以将股票的市场价格作为指标基础会受到强烈反对。但是，人们普遍认为，尽管股票市场价格有其不完善之处，但相比资产负债表的数据或者一般的价值评估[①]，它能更好地反映一个企业的持续经营价值。

需要注意的是，我们建议使用股票价格，只是为了确定发行债券的背后是否有大量股权支撑这个特定的目的。这绝不等于说价格总是能够准确衡量公允价值或内在价值。我们建议把市场价格检测看成衡量现有价值的一个粗略指标或者线索，并且只把它当作能更好地审查盈利记录[②]的一个补充测试，不过是重要的补充。

在极端条件下，市场价格检测的效用是毋庸置疑的。相当于债券总额若干倍的股权市场价值，能够为发行债券[③]提供安全保障。相反，一个市场价值非常小的股权会使得债券的安全性受到强烈质疑。股权市场价值的确定，以及与债券债务总额的对比，已成为债券分析里普遍认同的特征，它以前被载于债券发售通告中（当表现令人满意时）。我们建议将此检测作为债券选择过程中的标准步骤，特别是针对工业债券；并且规定检测的下限标准，作为评估债券安全度的辅助定量检测。

## ● 股票权益测试的最低准则 ●

通常来说股票价值与债券债务的最低比率是多少？碍于股票价格的大幅变化和个别公司表现存在变数，根据实际经验来回答这个问题很难令人满意。尽管有些随意，但理论上设定铁路公司和公用事业公司股票应赚取其价格的百分比约是它们债券利率的 1.5 倍；而工业股盈利应是其债券利率的两倍。这些假定将产生如下关于最小利息保障倍数与股票－债券价值比率的算术关系[④]。

表 11—1 是一家公用事业公司，一家铁路公司和一家工业公司截至 1938 年 12 月 31 日的财务表现综览。表 11—2 中的数据普遍支持上述关系。

---

① 主要根据净流动资产计算的清算价值有时候也许会高于市场价格，但这对于选择高等级债券投资的意义不大。

② 需注意，就铁路公司与工业公司债券与股票权益的市场价值而言，纽约州银行家协会（the New York State Bankers Association）与标准统计公司共同提议的安全测试被认为是“债务状况最真实的评估”，换言之，是次级资本价值最真实的评估。在附录注释 22 中能看到对这些测试更为详细的论述。

③ 请见附录注释 67 中关于福克斯电影公司 1933 年 12 月发行的利率为 6% 债券的讨论。

④ 为了以相同的算数基础进行这两项测试（最小利息保障，股票－债券价值比率），应把股票价值比率表示为总市值（债券按面值并加上股票市值）与债券总额的比率。以此计算的最小“总市值保障”分别为 1.5、1.67 和 2。学生也许会从两种检测方法中选择一个自己认为更便捷的。当然，两者的含义其实是相同的。

表 11—1 利息保障倍数与股票－价值比率间的一般关系范例 （单位：美元）

| 项目 | 北美公司 | 联合太平洋铁路公司 | 联合饼干公司（United Biscuit Co. of America） |
|---|---|---|---|
| 截至 ... | 1938 年 12 月 31 日 | 1938 年 12 月 31 日 | 1938 年 12 月 31 日 |
| 息前利润 | 37 663 000 | 32 964 000 | 1 327 000 |
| 利息费用 | 22 554 000[a] | 14 263 000 | 297 000 |
| 盈利倍数 | 1.67 倍 | 2.31 倍 | 4.47 倍 |
| 可用于支付股息的收益 | 15 109 000 | 18 701 000 | 1 030 000 |
| 优先股股息 | 1 819 000 | 3 982 000 | 77 000 |
| 归属于普通股股东的净利润 | 13 290 000 | 14 719 000 | 953 000 |
| 每股收益 | 1.55 | 6.62 | 2.08 |
| 1934—1938 年每股平均收益 | 1.53 | 6.82 | 2.00 |
| 债券债务 | 438 000 000[a] | 355 000 000 | 6 150 000 |
| 优先股市场价值 | 606 000 股，56/ 股—34 000 000 | 995 000 股，83/ 股—83 000 000 | 11 400 股，118/ 股—1 345 000 |
| 普通股市场价值 | 8 571 000 股，23/ 股—187 000 000 | 2 220 000 股，98/ 股—218 000 000 | 459 000 股，16.5/ 股—7 570 000 |
| 股票总市值 | 221 000 000 | 301 000 000 | 8 915 000 |
| 股票与债券比率 | 0.51/1 | 0.85/1 | 1.45/1 |

注：a. 包括子公司优先股和要求（见第 13 章）。

表 11—2 最低保障倍数与股票 – 债券价值比率的算术关系

| 公司类型 | 固定费用所获的最低保障倍数（平均利息保障倍数） | 股票价值与债券债务最小比率（股票 - 价值比率） |
| --- | --- | --- |
| 公用事业公司 | 1.75 | 1 美元股票 /2 美元债券 |
| 铁路公司 | 2 | 1 美元股票 /1.50 美元债券 |
| 工业公司 | 3 | 1 美元股票 /1 美元债券 |

## ● 收益债券等同于股权 ●

在第 9 章我们曾指出，收益债券的利息不是固定费用，不需要计入总费用中来计算偿付率。同样，此类债券的本金数额也不计入用来与股权相比较的债券总额中。不仅如此，次级收益债券（期限长的）与优先股性质十分接近，以至于该类债券的市场价值可适当视为股权的一部分（或视为“收益债券和股权”），其优先级次于固定利息债券，并为固定利息债券提供保障。

**案例**

科罗拉多燃料与钢铁公司（Colorado Fuel and Iron General）的第一抵押权债券，利率为 5%，1943 年到期，1939 年 6 月 30 日的价格为 103.5 美元，收益率为 3.90%。

（单位：美元）

| | | |
| --- | --- | --- |
| 未偿金额 | | 4 483 000 |
| 1939 年 6 月 30 日的收益债券与股权： | | |
| 11 035 000 美元，利率 5% 的收益债券，1970 年到期 | 45 美元 / 股 | 4 966 000 |
| 564 000 股普通股 | 12.5 美元 / 股 | 7 050 000 |
| 315 000 股认股权证 | 4.25 美元 / 股 | 1 339 000 |
| 总权益 | | 13 355 000 |

在这个例子中，如果收益债券是固定利息的，则次级留置权实际上就是收益债券，因此，从专业角度看，利率 5% 的第一抵押权债券是完全不同的。这在公司 1936 年重组以前的情况中清晰可见。在以前的结构中，5% 的第一抵押权债券的要求权排在大量固定利息债券之后，而固定利息债券（包括它们到期）的相关规定促使公司在 1933 年被接管，此后利率 5% 的第一抵押权债券售价降至 30 美元。

## ● 股票－价值比率异常高的含义 ●

正如我们前面所暗示的，如果股票－价值比率总是与利息保障相均衡，我们没有理由同时采用两项检测，因为通过一项检测，另一项也必然通过。然而，当股票－价值比率与利息保障指标显著不同时，我们必须思考其含义。我们先假设盈利状况欠佳，但股票－价值比率显著高于我们的最低标准。

**案例**

参考第 9 章的费尔班克斯－莫尔斯公司，1938 年公司的市场价格最低的时候，其股票－价值比率超过 2∶1（股票的市场价值大约为 12 000 000 美元，债券约为 5 600 000 美元），想必投资者对此印象深刻。这一靓丽的数据能很好地消除连续 10 年来平均利息保障倍数过低所带来的疑虑。

**股票－价值比率低于常规水平的含义**。相反的情况是利息保障令人满意，但股票－价值比率显著低于常规标准。

这里用两个形成鲜明对照的例子帮助读者理解，一个处于经济不景气时期，一个处于经济复苏的高峰期。

**案例**

美国内陆钢铁公司（Inland Steel）利率为 4.5%，1978 年到期的债券，1932 年 9 月的售价为 82 美元，收益率为 5.6%。表 11—3 中是内陆钢铁公司债券与克鲁斯博尔钢铁公司（Crucible Steel）利率为 5%，1940 年到期的债券进行比较。

可见内陆钢铁公司的债券符合我们的盈利检测（基于 6.5 年的均值），但不符合我们的股票－价值比率检测。大部分投资者会认为，在当时内陆钢铁公司债券是稳健并且有吸引力的投资，因为：（1）内陆钢铁公司是最优秀的钢铁公司之一，在经济不景气之前有着良好的业绩。（2）1932 年的盈利和股票价格数据均显示异常，以至于不能作为判断债券安全程度的指标。实际上，公司盈利随后恢复，且该债券在 1936 年被溢价赎回，这都证明了这一观点是正确的。

表 11—3 两只债券的数据对比 （单位：美元）

| 项目 | 内陆钢铁公司债券，利率 4.5%，1978 年到期，1981 年价格 82 美元，收益率 5.6% | 克鲁斯博尔钢铁公司，利率 5%，1940 年到期，价格 60 美元，收益率 13.4% |
|---|---|---|
| 年利息费用 | 1 890 000 | 675 000 |
| 支付利息前收益 | | |
| 1932（上半年） | 496 000（亏损） | 1 348 000（亏损） |
| 1931 | 3 126 000 | 1 339 000（亏损） |
| 1930 | 7 793 000 | 4 542 000 |
| 1929 | 13 042 000 | 8 364 000 |
| 1928 | 10 569 000 | 5 849 000 |
| 1927 | 7 482 000 | 5 844 000 |
| 1926 | 7 851 000 | 6 787 000 |
| 6.5 年平均值 | 7 595 000 | 4 400 000 |
| 利息保障倍数 | 4.6 倍[a] | 7.1 倍[a] |
| 债券债务 | 42 000 000 | 13 500 000 |
| 股票价值： | | |
| 优先股 | | 250 000 股，30/ 股 =7 500 000 |
| 普通股 | 1 200 000 股，20/ 股 =24 000 000 | 450 000 股，17/ 股 =7 650 000 |
| 股票价值总额 | 24 000 000 | 15 100 000 |
| 股票 – 价值比率 | 0.57 /1 | 1.12 /1 |

注：a. 期内对长期债务的变动做出调整。

但是这个依据的不足之处在于，实际上，它需要对未来进行确定的假设，而这不能作为评判购买债券合理性的依据。（注意：在 1932 年的市场条件下，内陆钢铁公司利率为 4.5% 的债券确实以 82 美元的价格被纳入可投资类别。）比较内陆钢铁公司和克鲁斯博尔钢铁公司的债券表现能够清楚发现：无论是利息保障还是股票 – 价值比率，克鲁斯博尔钢铁公司都好于内陆钢铁公司，而且克鲁斯博尔钢铁公司的股票 – 价值比率几乎是内陆钢铁公司的两倍。内陆钢铁 4.5% 债券的购买者将不得不假设 1932 年的证券市场环境只是暂时的（购买任何证券都必不可少的一条假设），并且还需要假设（1）内陆钢铁公司股票价格过低；（2）克鲁斯博尔钢铁公司股票价格过高。因为除非内陆钢铁公司股票价格过低，否则购买其债券是不安全的。同时，除非克鲁斯博尔钢铁公司股价过高，否则购买价格相对更低的克鲁斯博尔钢铁公司债券将是更好的建议。不过将这个假设直接用来做债券投资似乎太过复杂而且难以预测。

作为一般投资规则，债券投资是不需要建立在普通股价格过低这一假设之上的，因为如果投资者对于股票价值的判断正确，那么他购买股票肯定比购买债券收益更大，但如果他对股票价值的判断错误，他便会因为购买了错误的债券而承担巨大风险。

事实上，内陆钢铁公司债券后来的回报率约为 20 个百分点，这不但没有推翻我们的推理，更肯定了这个逻辑。同时，其普通股的价格上涨了四倍，而克鲁斯博尔钢铁公司利率 5% 的债券的价格也从 60 美元涨到 102 美元。这里再一次提及我们掌握的原则：债券投资是一门无预期结果的艺术。这个讨论并非试图暗示购买内陆钢铁公司利率 4.5% 债券是不明智的投资（事实恰恰相反），而是希望指出即使对数据进行合乎逻辑的检测，也不能完全凭此决定购买哪种债券，更何况还有其他投资可供选择。

**案例**

我们再引用另一个相反的例子来进一步支持我们的观点——布鲁克林－曼哈顿铁路公司债券，利率 4.5%，1966 年到期，1937 年 1 月的价格为 104，到期收益率为 4.27%。根据铁路债券最低标准，布鲁克林－曼哈顿铁路公司债券的平均利息保障倍数刚刚达标。然而，即使是总体市场行情很高的时候，股票－价值比率仍显示，每一美元债券对应的股票价值不到 40 美分，这实际上意味着，根据我们关于债务总额与股票权益的最低准则，布鲁克林－曼哈顿铁路公司股票的市场前景并不乐观。建议债券投资者将这次辅助测试不达标作为一个参考，选择投资其他利率 4.5% 的债券（同年 12 月，该股票价格跌至 44 美元）。

股票市场对布鲁克林－曼哈顿铁路公司前景的估值，说明股票权益检测不单是衡量债券安全性的一个附加定量指标，很大程度上也是一个定性指标。股票权益检测的第三个作用是对公布的盈利数据的准确性提出有根据的怀疑。深究布鲁克林－曼哈顿铁路公司提供的招股说明书可以发现，在给证券持有人的公告上，折旧和摊销费用与所得税纳税申报出入很大。根据较为保守的折旧计提计算方法，利息保障则会降到我们建议的最低标准之下。

## ● 铁路公司和公用事业公司的股票－价值比率 ●

工业企业的股票－价值比率容易计算，但铁路和公用事业企业的计算相对复杂。除了资产负债表显示的债券债务外，还需要考虑等同于债务的租赁债务和优先于母公司债券的子公司优先股。这加大了对铁路公司和公用事业公司债券使用股票－价值比率测试的难度。但是我们坚信，谨慎的投资者应如同对待工业公司债券一样，对铁路公司和公用事业公司债券使用股票－价值比率检测。正如在下一章我们将会介绍的，股票－价值比率检测能够有效防止投资者在1935—1937年以高价误购许多铁路公司债券。同时，我们会在下一章介绍，当资产负债表的信息披露不完整时，如何采取固定费用资本化程序对总债务进行恰当估计。

## ● 不为反映动态市场环境而调整股票－价值检测标准 ●

由此产生的问题是：为反映变化的市场环境，股票－价值比率检测标准应为多少？当市场环境景气的时期，相应债券的股票市场价值应更高些，这个预期似乎是合理的，也应有此需求。如果对于工业公司而言，1美元股票对应1美元债券是正常标准，那么股价上涨时的2美元股票对应1美元债券，以及股价远低于其内在价值时的0.5美元股票对应1美元债券，应该也是合理的吧？答案是否定的，原因有两个：

- 第一，这假设债券投资者自己能识别过高或过低的股票价格，这个假设对债券投资者来说太过恭维。
- 第二，要求投资者在市场过热时特别谨慎，而在市场萧条时充满信心，这是一个完美的建议，但并非凡人能及。债券投资者都是普通人，不能期望他们能够完全避免对牛市的狂热以及对熊市的恐慌。

因此，我们并不建议投资者在价格高企时调高股票－价值比率，这一做法不切实际。（但是如果债券投资者个人确信股价已涨到极其危险的高位，他应果断坚持一个高于我们最低比率的股票权益保障。）我们同样也不建议在熊市时采取相反的策略，主要原因是即使身处经济萧条的大环境，只要投资者肯努力寻找，总能找到符合所有正常检测标准的投资项目。表 11—4 是固定价值投资的最低定量指标建议表，供投资者参考。

**表 11—4　　固定价值投资的最低定量指标建议表**

| 项目 | 指标 |
|---|---|
| 1. 债务人规模： | |
| 市：人口 | 10 000 |
| 公用事业公司：总收入 | 2 000 000 美元 |
| 铁路公司：总收入 | 3 000 000 美元 |
| 工业公司：总收入 | 5 000 000 美元 |
| 2. 利息保障倍数： | |
| 公用事业债券：（7 年平均值） | 1.75 倍 |
| 铁路公司债券：（7 年平均值） | 2 倍 |
| 工业公司债券：（7 年平均值） | 3 倍 |
| 房地产公司债券：（可靠估计） | 2 倍 |
| 3. 资产价值： | |
| 房地产公司债券：资产的公允价值（基于无泡沫时期市场的实际售价）必须比债券发行总额高出 50%。 | |
| 投资信托债券：类似的比率，采用资产的市场价值。 | |
| 4. 股票的市场价值 | |
| 公用事业公司 | 债券债务的 50% |
| 铁路公司 | 债券债务的 66.67% |
| 工业公司 | 债券债务的 100% |

① 例如：在 1932 年 9 月已购买的通用烘焙公司利率 5.5% 债券，收益率为 6%。公司的平均收益是利息费用的 20 倍，1932 年上半年利息保障倍数为 14 倍，股票 – 价值比率为 6 比 1。

# 12

# 铁路与公用事业债券分析中的特殊因素

## 分析铁路公司债券

挑选铁路公司债券是一个极其复杂的过程。提交给州际商务委员会的铁路公司运营报告中汇集了大量的数据，这些数据与铁路公司的财务以及实物资产状况有关，为我们提供了进行详细分析的材料。真正深入研究铁路公司报告需着重关注以下项目，包括：

**1. 财务状况：**

a. 营业收入的组成与变化趋势。
b. 维护费用与毛利润比率。
c. 运输费用的相对额度与变化趋势。
d. “其他收入项”的状况。
e. 利息和其他扣减项目的支付以及相对增长。

**2. 实物资产状况：**

a. 地理位置。
b. 双轨和三轨路段的数量。
c. 钢轨的重量。
d. 道砟的材料性质。

e. 自有设备的数量与容量。

**3. 营运状况：**

a. 运输密集度与状况。
b. 平均运程与平均承载率。
c. 列车载重量。
d. 燃料成本。
e. 货运与客运里程的经营成本。
f. 单位设备的维护费用。

除了上述这些影响整个铁路公司的项目以外，也可以对正在审议中的抵押留置权所涉及的里程[①]进行专门研究。

## ● 选择高等级债券无须繁复的技术分析 ●

实际上，那些购买铁路公司债券的大型金融机构投资部善于做这类综合分析。不管怎样，这类分析不仅明显超出个人投资者的能力，而且在我们看来与高等级债券投资的本质也不符。至少相对而言，选择收入回报有限的固定价值证券进行投资操作起来相对简单。投资者必须通过定量检测确保企业收益充分高于利息费用，并且企业的现有价值也超过其负债。另外，投资者还必须自行判断企业的状况能否保证经营上的不断成功，或者更准确地讲，企业未来经营失败的可能性是否微乎其微。

这类检测和判断不需要极其繁复的分析技术。如果投资者在选择铁路债券投资时必须考虑如良好的列车载重变化趋势、合理的铁路交通布局等这类因素的话，他需要具备的洞察能力以及投资技能与他所获回报完全不匹配，即固定收入回报只有2.75%~4.5%。那么他应该选择更好的投资，就是去购买美国政府债券，虽然收益稍

① 怀特和肯布尔的《铁路抵押图表汇编》(*Atlas and Digest of Railroad Mortgages*) 中提供了铁路抵押留置权的详尽图表阐述，如具体的铁路轨道线路布局等，并附有相关数据和描述，这之中覆盖了美国所有重要的铁路路段。而《货运交通密度图表》以及由 H·H· 科普兰和纽约之子收集整理的资料中，包括了每项抵押涉及的具体铁路路段的特点、运输量、起止地点，但这些资料只私下派发给一大群投资机构，他们对此进行了更加详尽的研究。

低，但无疑是十分安全的，又或者把钱交给一家大型储蓄银行，依靠银行庞大的专业统计工作人员来帮助他进行投资。

## ● 推荐采用的分析程序 ●

丰富的可供研究的数据使得铁路债券分析与复杂的分析过程相联系，但我们认为这并不符合逻辑。事实上，大多数可获得的数据并没有仔细分析的必要，分析它们并不一定有利于债券的选择。我们的建议是，购买高等级铁路债券的人只需将定量分析限定在检测固定费用保障（并且关注盈利趋势以及维修费用是否充足）和股权规模这两项上。如果投资者希望更加谨慎的话，可以提高这两项检测的最低标准，而不是使用年度报告中种类繁多的其他指标来扩大统计测试范围。

更明确地说，有些时候，这类复杂的分析对于那些投机铁路债券或者股票的人的确有用处，可以作为投机者判断未来趋势的辅助手段。但那些主要依靠推测未来的投资理论与固定价值投资的现有理论背道而驰，因为那些适合采用推测判断的地方必须在逻辑上有着投资获利的可能，判断正确则获得回报，判断错误则受到相应的惩罚。

## ● 铁路公司收益分析的技术方面 ●

对铁路公司债券进行利息保障检测涉及一些需要注意的技术问题。铁路公司有着各种不同种类的固定费用，这些固定费用等同于债券利息类债务，并且应与这些利息一同纳入债券安全边际的计算中。也有一些特定的扣减项目既具有固定费用的性质，又具有营业费用（operating expenses）的性质。此外，把获得的诸如债券利息类收入记入“其他收入”的贷项，可在一定程度上抵消利息的支出，至少可以用来和其他铁路债券做比较。下面我们列出了铁路财务报表中具有上述性质的比较重要的项目。

**1. 债券利息以及类似费用。**

a. 长期和短期债务利息。

b. 租赁铁路线的租金。

c. 共用设备的租金（借方净额）。

**2. 介于固定费用和营业费用之间的扣减项。**

a. 设备租金（借方净额）[①]。

b. 其余杂项租金和扣减项目。

**3. 可部分抵减债券利息的贷项（按可靠性大小排序）。**

a. 债券利息收入；租赁铁路线路的租金；公用设备租金（贷方净额）。

b. 设备租金（贷方净额）；股息收入。

c. 杂项非营业收入。

## ● 固定费用保障的计算方法 ●

如何以最科学的方法使这类固定费用获得最佳公式化表述，人们众说纷纭。但只需铭记，债券投资者不是想要精准的数字，而是想得到合理的准确度，这个问题便可以得到简化。毕竟研究的数据只代表过去，它仅有的价值是为投资者提供对于未来趋势的一点建议和线索。因此，对计算精度的细微改良没有多大益处。

我们建议，有关铁路公司债券方面的利息保障检测应满足双重检测，并且制定每个检测的最低限度。建议的计算方法如下：

**检测 A. 固定费用保障倍数：**

$$\text{固定费用} = \text{毛利润} - \text{净利润}。$$

$$\text{固定费用保障倍数} = \frac{\text{毛利润}}{\text{毛利润} - \text{净利润}}$$

---

① 自 1936 年 1 月 1 日起，州际商务委员会关于铁路运输收益账目中“固定费用”的界定，包括了使用设备的租金。但在财务服务指南中，对固定费用保障的计算并未遵循这一界定。

注意:“毛利润”是“扣除租金后的净利润”加上“其他收入”。“净利润”是可用于支付股息的收益。[①]

**检测 B. 净扣减费用保障倍数:**

净扣减费用 = 铁路公司营运收入 – 净利润。

$$净扣减费用保障倍数 = \frac{铁路公司营运收入}{铁路公司营运收入 - 净利润}$$

注意:“铁路营运收入”等同于“税后净收入”,即总收入减营业费用及税费。

在运用这两项检测时,有必要使用更严格的一项,这在检测中不难辨别。辨别规则如下:如果毛利润超过税后净收入,采用固定费用检测(检测 A)。如果税后净收入超过毛利润,采用净扣减费用检测(检测 B)。表 12—1 的例子中展示了如何使用这两类可供选择的检测。

**表 12—1　铁路公司债券的安全度测算(1931 年)　(单位:千美元)**

| 项目 | 切萨皮克–俄亥俄铁路公司 | 芝加哥大西部铁路公司 | 北太平洋铁路公司 |
|---|---|---|---|
| 1. 营业总收入 | 119 552 | 20 108 | 62 312 |
| 2. 税后净收入(铁路公司营运收益) | 35 417 | 4 988 | 3 403 |
| 3. 设备和共用设备租金 | 88 记入借方 | 2 417 记入借方 | 3 398 记入借方 |
| 4. 扣减租金后净收入(铁路公司净营运收入) | 35 329 | 2 571 | 6 801 |
| 5. 其他收益 | 2 269 | 196 | 16 853 |
| 6. 毛利润 | 37 598 | 2 767 | 23 654 |
| 7. 利息和其他固定费用 | 10 902 | 1 866 | 14 752 |
| 8. 可用于支付股息的收益(净利润) | 26 696 | 901 | 8 902 |

① 标准统计公司在计算固定费用时,排除了一些小项目,这些项目一开始就以“杂项扣减”类科目从总利润中扣除。我们所用方法更简捷,但和标准统计公司的计算结果基本一致,所以若可获得该公司的结果,也能用于相关计算。

**切萨皮克–俄亥俄铁路公司，1931 年**

毛利润超过税后净收入。因此采用固定费用检测（检测 A）。

$$固定费用保障 = \frac{(6)}{(6)-(8)} = \frac{37\,598}{10\,902} = 3.45\ 倍$$

**芝加哥大西部铁路公司，1931 年**

税后净收入超过毛利润。因此采用净扣减费用检测（检测 B）。

$$净扣减费用保障 = \frac{(2)}{(2)-(8)} = \frac{4\,988}{4\,087} = 1.22\ 倍$$

**北太平洋铁路公司，1931 年**

毛利润超过税后净收入。因此采用固定费用检测（检测 A）。

$$固定费用保障 = \frac{23\,654}{14\,752} = 1.60\ 倍$$

**上述检测的说明**

1. 切萨皮克–俄亥俄铁路公司的检测结果具有典型性，两项检测的结果均得出同样的结论，债券表现出较高的安全度。

2. 芝加哥大西部铁路公司这类事例通常会采用检测 A，但检测 A 并不能充分反映公司负担的巨额租金费用。而检测 B 能反映出这个影响，所以我们建议投资者考虑后一个能反映这一不利影响的结果。

3. 北太平洋铁路公司的情况相反。公司的其他收益项与债券利息相比异常高，因此在大多数年份里，净扣减费用表现为贷方余额。在这种情况下投资者应遵循检测 A 的结果，将检测 B 作为公司实力的次要指标。

宾夕法尼亚铁路公司（Pennsylvania Railroad）的报告提供了一个特别的例子，报告里大额的其他收益项中，较大部分是可直接抵减固定费用的。这类其他收入项中包括由母公司拥有的其他公司证券所获得的利息和担保股息，因此，这些收益项在后面又以应付利息和应付租金的形式出现。1938 年这类抵减项目金额总计大约 30 298 074 美元。它们应从公司报表中以适当方式全部剔除，因为将这些纳入表内会降低固定费用检测的保障倍数，如表 12—2 所示。

**表 12—2　固定费用检测与净扣减费用检测**

| 1938 年 | 固定费用检测 | | 净扣减费用检测 | |
|---|---|---|---|---|
| | 原始报告 | 修正报告 | | |
| 毛利润 | 93 559 000 美元 | 63 261 000 美元 | 税后净收入 | 66 112 000 美元 |
| 固定费用 | 82 513 000 美元 | 52 215 000 美元 | 净扣减费用 | 55 066 000 美元 |
| 保障倍数 | 1.13 倍 | 1.21 倍 | | 1.20 倍 |
| 保障倍数，10 年平均值 | 1.42 倍 | 1.67 倍[a] | | 1.68 倍 |

注：a. 修正的金额估计值基于 1932 年以前年份。

在这个例子中，与未修正数据的固定费用检测相比，净扣减费用检测提供的结果更为可靠。想要做出谨慎分析，应将报表数据根据可获得的具体情况做上述修正。

## ●维修支出与固定费用保障的关系●

在铁路公司的会计处理中有两个重要项在一定程度上是由管理层主观臆断决定的，因此每年都会对这两项进行相应处理来制造有利或不利于业绩的假象。第一项是维修费用账户。如果花费在铁路和设备维修上的金额过小，以资产损坏为代价来增加净利润，那么呈报的扣除固定费用后的余额，就不能有效反映公司在审查期间的盈利能力。债券投资者需要很好地审查维修支出比率（即铁路和车辆维修与总收入的百分比）来确保比率不会低于标准。但遗憾的是由于运营商之间存在差异，维修比率的标准难以确定。1931 年以前运营商呈报的维修费用普遍约为总营运收入的 33%，这无疑可以作为标准，任何大幅度的偏离都值得专门研究 [①]。然而，自 1930 年开始，随着总营业收入大幅度缩减，维修费用比率也有稍许下降，结果，维修费用支出金额被削减近一半。（这令人有些意外，一般认为以美元计的铁路维修支出不会因为运输量的下降而缩减，但 1933—1937 年与 1926—1930 年相比，铁路维修支出削减了 51%，而设备维修支出削减了 39%。）

另一方面，随着更有效率的维修方法和更耐用的材料的广泛使用 [②]，维修技术的进步毋庸置疑。目前的普遍条件下，铁路公司资产维修支出比 1931 年以前大大缩减，但具体该减少多少我们难以说明。因此，大约占 1933—1937 年（所有一级铁路公司所示）已缩减总收入 30.5% 的平均维修比率是否能消除债券投资者对维修支出不足的疑虑，仍然很难确定。而我们则倾向于认为这个比率偏低 [③]，用稍高一点的比率（比

---

① 以前研究那些大幅偏离一贯呈报的维修比率是富有成效的，1926—1930 年，地域上的差异并不十分重要。关于这一点和其他涉及铁路维修费用的资料参见附录注释 23。

② 更多关于这方面的详细例子由伊利诺伊中央铁路（Illinois Central Railroad）的主席 L.A. 唐斯（L. A. Downs）在 1936 年 12 月 3 日提供，并转载于美国铁路协会。

③ 记载日期是 1938 年 12 月 12 日，铁路公司在回复州际商务委员会的通知时印证了这个结论。在回复函中，铁路公司估计直到 1938 年年末，它们的铁路线路总计有 283 800 000 美元的递延维修费。该回复函中普遍将充足维修和必要维修区别开来，充足维修是从营运安全性和经济性上来说，它们辩称已做到的这点，而必要维修是使资产达到一个令人满意的工程技术标准。（参见统计数列报告 26 的回复函概要，由州际商务委员会的统计局于 1939 年 5 月出版，作为 3911 声明。）

如 32%）作为投资者的标准或许会更好。

如果这个意见被采纳，意味着考虑一家铁路公司债券时，该公司用于维修的支出低于总收入的 32%，投资者将：（1）做更深入的研究以确信这个稍低的比率是足够的；或者（2）调整所呈报的盈利满足假定的 32% 维修比率，但会因此相应减少盈利保障。如果调整后的盈利保障符合标准，则可以假定维修费用或许有不足，但并不是削减债券安全度的重要因素。

## ● 特别股息收益 ●

获得的股息是另一个值得审查的重要项目。当铁路公司拥有子公司时，很可能不定期地将公司累计收益以特别股息的形式派发给母公司。这类交易会夸大母公司在获取子公司特别股息[①]那年的真实盈利能力。

## ● 过多的维修费用和子公司未分配收益 ●

铁路公司报告中有时也会披露相反的情况，即过多的维修费用或者是子公司当期大量收益未派发给母公司。这类会计处理会使接受审查的铁路公司的实际盈利能力被低估。这类问题对于股票价值分析有相当大的影响，但债券投资者只需将其作为次要因素考虑。一般而言，债券投资者不应因这类问题而推翻原本裁定的不安全债券，但投资者应认识到，由于这类问题的存在，在不考虑它们的情况下[②]就足够安全的债券更具吸引力。

## ● 低价铁路公司债券的分析 ●

研究那些价格上具有投机性的铁路公司债券，除了考虑上述因素外，还有诸多因素需要考虑。按照章节安排，对这个问题的思考应推迟到后面关于投机性优先债

① 这个情况以及与非经常性收入有关的会计分期在第 31 章至 33 章有详细讨论，特别是第 31 章 486 页，那里给出了一些例子。

② 例子参见附录注释 24。

券的章节中加以论述。但是，为了保持对铁路公司债券分析的连贯性，在此加以论述似乎更合适。许多债券购买者对投资债券的分析比我们建议的更为深入，他们更为细致的分析营运、运输和财务统计数据，并以此为导向，在所有合格债券中进行挑选。

对铁路公司债券更为透彻的研究可归为两大类：

（1）整个铁路公司的表现和前景；
（2）个别债券的状况。

除了上面罗列的基本要点外，这一部分会先讨论诸如运输特色和营运效率等问题。

**运输特色**。随着时代的进步，上一代投资者的观点必须改变。以前，铁路公司的重点放在运输多样化以及运费较高的一类所占的比例——例如，杂项货运和大量的铁路零担货运。近期的发展证明这种旧观点不合理。铁路运输中费用较高的类别容易受到来自货车的竞争，一些提供“上等货物”运输的铁路自 1929 年开始已大幅衰落。另一个极端是我们发现，为数不多的能持续盈利的运营商已主要集中在东部的烟煤铁路线——切萨皮克 – 俄亥俄，诺福克 – 西方，弗吉尼亚州（Virginian）和（集中程度较低的）马里兰州西部（Western Maryland），这些公司都专注于低费率货运这个单一类别，这也使得它们能够在非常经济时期[①]持续经营。

相比之下，无烟煤运营商则经历着令人沮丧的艰难时期，原因是燃油的竞争导致无烟煤使用量大幅下滑。如表 12—3 所示，1923—1938 年，无烟煤和烟煤运输商的相对地位完全改变，因此证券投资者不要认为现在或者过去的表现能够保证未来的表现。（这条告诫或许也适用于烟煤运输公司，可以想象到它们的兴旺也可能变成如同无烟煤运输公司般衰败。烟煤行业的持续低迷与烟煤运输商的兴隆昌盛形成鲜明对比，这可作为对未来趋势的重要参考。）

---

① 与所有一级铁路公司 74.87% 的经营比率相比，切萨皮克和俄亥俄铁路公司在 1937 年的经营比率仅为 56.95%。这一特点使东部烟煤货运商自成一类——几乎是一个不同行业。顺带提一句，它们深受那些以更高成本在别处开采来提高产出的托运商（大部分在波卡洪塔斯矿区）的青睐。

表 12—3 1923—1927 年和 1934—1938 年烟煤与无烟煤运输商的财务数据 （单位：千美元）

| | 1923—1927 年 | 1934—1938 年 |
|---|---|---|
| 波卡洪塔斯烟煤运输商[a]： | | |
| 总营运收入 | 1 334 162 | 1 097 739 |
| 铁路净营运收益 | 330 036 | 381 364 |
| 净利润（可用于支付股息的收益） | 250 465 | 315 053 |
| 无烟煤运输商[b]： | | |
| 总营运收入 | 2 393 777 | 1 374 607 |
| 铁路净营运收益 | 401 784 | 195 975 |
| 净利润（可用于支付股息的收益） | 289 608 | 18 615（亏损） |

注：a. 包括弗吉尼亚州铁路；切萨皮克 – 俄亥俄铁路；诺福克 – 西方铁路。

b. 包括新泽西中央铁路（Central Railroad of New Jersey）；特拉华湾 – 哈德逊铁路（Delaware and Hudson）；特拉华 – 拉克万纳 – 西部铁路（Delaware, Lackawanna and Western）；伊利铁路；利哈伊铁路；雷丁铁路（Reading）。

载货汽车的竞争使得铁路轻型运输流失，而汽车和公共汽车的竞争使得铁路客运量下降，铁路行业已变得比以往更加依靠重型运输，如煤、铁和钢、其他矿物、石头、沙子等。铁路运输的繁荣比以往更加依赖资本货物行业的发展。因此，随着平均运输量明显缩减，现存运输量的不确定性逐年加剧，铁路运输行业正面临不利境况。

或许，要获取铁路运输行业和个别铁路线的具体运输情况并不难。但是将这些信息运用于未来，据此去挑选特定的债券或股票，却不是一个简单的过程①。试假定铁路运输发展近况已充分反映在经营业绩和股票价格上。投资者能否进一步深入并形成可靠的判断，确定哪些业务类别是由于竞争对手而蒙受更大损失，哪些又是相比之下的幸存者，而哪些甚至复苏或恢复盈利？毫无疑问，投机者的职责是对这类问题下结论，但我们必须质疑这些事实和含义是否足以作为投资判断的根据。所以，必须重申我们的观点，购买铁路债券进行投资的主要动机应依据充足的安全度，且要得到证实，并且只能作为对铁路运输未来发展预期的警示。

① 例如，参见《铁路为何呈现多元化趋势》（*Why Railroals Show Diverse Trends*），作者 E.S. 亚当斯（E. S. Adams），刊于 1938 年 11 月 21 日的《巴伦周刊》。该文建议：“在评估个别证券的投资价值时，应着重考虑长期运输趋势。”但文章本身仅仅指出为何过去的相对价值发生了某些改变。

**营运效率。**衡量营运效率一般考虑如下几项：经营比率、运输比率、列车平均载重量与载货量、平均每日行车里程、空里程与总里程比率、机车每英里的燃料消耗量。

经营比率是所有营业费用（不含税）与总收入的比率。运输比率只适用于那些列为“运输支出”的费用。我们认为比上述两项更有用的指标是除去维修费用，但包括税收的全部营业费用与总收入的比率，它可称为“其他经营支出比率”。将维修费用剔除是因为人们认为它更多是代表管理层的主观意愿而不是管理效率。当然，也需要充分考虑一些铁路运营商由于收入原因而降低维修标准——如烟煤运输公司。一些研究试图确定一条铁路线实际部件的维修花费是便宜还是昂贵，但在这类研究上很难得出可靠结论。

其他项目不言自明。较高的列车平均载重量和载货量，较高的每日行车里程，较低的无载货里程，较低的燃油耗费，全都是明显的要求。然而，事实上，它们已充分反映在运输比率上，因此我们必须警惕同样的问题被重申两次，这会削减这些数据的有效性。另一个悬而未决的问题是，如果铁路公司在上述几方面表现欠佳，也并不代表这样的投资机会缺乏吸引力，但需证实这些不利因素已充分反映在公司的股票价格上——因为公司表现低于行业标准，所以它可能在未来更易出现改善。

这些意见也适用于两个中间因素——运输密度（每英里铁路所载的吨英里）（ton–miles carried per mile of road）和每吨运输的平均距离，这些数据涉及运输业特性，但它们的影响大部分呈现在经营比率上。

**特定证券。**只要铁路公司备有充足的利润来保持偿债能力，该公司的所有债券几乎可看作一个整体，并且固定价值证券和其他证券在价值上的差别相对较小。但如此小的差别构成的威胁已足够巨大，因此我们的注意力转向：（1）用以担保债券的里程质量。（2）留置权的受偿顺序。研究“优先债券”和“部分留置权”具体状况的必要性已在第 6 章末节中加以强调。这类研究中“货运密度表”[①]具有极大

① 见第 226 页的页下注。

价值，但必须指出，普通分析师不易取得这些图表数据。资不抵债的铁路公司通常需要将适用于各种不同抵押留置权的盈利与支出分开，以确定每只证券对公司盈利能力的贡献。在重组计划中[①]，此类数据通常是基于对公司证券的处理。

在附录注释66中我们分析了1939年12月31日有关芝加哥－密尔沃基－圣保罗－太平洋铁路公司（Chicago, Milwaukee, St. Paul and Pacific Railroad Company）的一些证券，用来说明适用于投机性铁路债券的证券分析方法，这个注释中有三个早期的铁路公司的分析例子。可以说，这类分析以及前面论述的整个方法不仅适用于投机性债券，也同样适用于铁路公司股票。

## 分析公用事业债券

1926—1929年，公用事业证券很受欢迎，导致这类融资规模骤增。但随着数量的增长，证券质量标准以及发行公司使用的推介方法明显倒退。一些投资银行，其中不乏声誉卓著的，在它们的证券发售通函中采用完全站不住脚的方法进行包装，以使所发行的证券看起来比实际情况更安全。在这些不良方法中，最重要的有：

（1）将“公用事业”的名称运用在工业企业上；
（2）采用优先扣除法计算盈利保障；
（3）计算支付债券利息的净利润时忽略折旧。

### ● 1. 滥用“公用事业”名称 ●

究竟哪类是公用事业企业，对此可能会存在一些争议。严格来说，公用事业企业是指为公众提供必要服务的企业，须遵守专营权条款，并且通常受政府的管控。（虽

① 这类划分开来的例子可参见1937年芝加哥－西北铁路（Chicago and North Western）的多种抵押留置权的相关数据。这条铁路的首次重组计划（于1936年）便是根据不同证券在前一报告期的相对价格来对其进行处理的，但这随后被更高精确度的相对价值所取代。类似的资料是芝加哥铁路公司，罗克岛－太平洋铁路公司（Rock Island and Pacific）据此对债券的处理，正如1936年7月15日在其重组计划中的阐述。但是请注意，对圣保罗－堪萨斯市短途4.5%债券的特别处理，是为了经营业绩以外的其他原因。

然事实上蒸汽铁路公司属于公用事业企业，但出于便利和习惯将其列为一个单独类别。）从投资角度看，公用事业公司最重要的特性是稳定。首先，根据其定义，它是向大部分公众提供必要服务的（并且通常是独家经营）；其次，按照合法权利赚取的报酬率足以为投入的资本提供一个合理的回报。

必须牢记这个稳定是相对的而不是绝对的，因为企业基本面的转变无法避免，市场盛衰也难以预料。20 年前，电车公司在公用事业领域位列前茅，但在近些年遭到来自当地其他运输工具的激烈竞争，以至于在大部分地区不能以提高收费的方式来为投入的资本提供合理收益。而且，在 1918—1920 年的战乱通胀时期，因为劳动力和原材料成本上升，加之在按比例提高费率的申请上受到阻碍和延误，照明和电力类公司的发展受到重挫。这些发展上的困难一时间对受追捧的公用事业公司投资造成不利影响，但随着燃气、电力、供水和电话公司的总盈利和净盈利的强力增长，这些公司的证券迅速重获热捧。

根据纽约州法律规定，储蓄银行的公用事业投资被限制在燃气、电力和电话这三类业务公司。我们前面说过（见第 182 页），这个投资类别可扩大范围至那些为大型社区供水的公司。

**伪公用事业债券**。在公用事业债券公开发行的鼎盛时期，公用事业这个受热捧的标签被投资银行用来促销大量债券，而这些债券中真正属于公用事业的只有一部分，这类债券可称为“伪公用事业债券”。那些卖冰块、经营出租车或者拥有冷藏室的工厂突然都与公用事业相联系，从而可以用债券融资，并大部分用于资产投资，这些债券以公用事业证券的形式卖给投资者。大多数情况下，以这类方式融资的企业制冰或冷藏室业务与燃气、电力、电话等小型业务兼营，以此来混淆或误导投资者所投资证券的真实本质。这类混合经营形式失败的典型范例是许多年前的城市服务公司（Cities Service Company），它将真正大型的公用事业网络与同等大规模的石油生产、炼油和营销相结合。

**天然气**。1929 年大萧条以前，天然气从石油工业的一个分支突然转变为“国家的主要公用事业之一”。截至当时，天然气主要作为工业燃料和生产汽油以及炭黑的原材料。随着管道建设改进，天然气能长距离运输至市中心，这使它能取代大量的人造燃气。证券承办人和投资银行迅速利用这个受欢迎的、新鲜的"公用事业"名号成功将大量天然气债券推向投资者来进行融资。例如，制冰厂费尽心思地将天然气开发与小部分真正的公用事业结合。大多数情况下，大量的天然气输送给制造业，而且天然气业务具有燃料业经营的风险[①]，用公用事业投资来伪装这些债券加以销售是对公众信任的滥用。

上面的论述应该可以清楚地说明，市场上存在公用事业公司和"伪公用事业公司"，由于有人以公用事业这一流行标签加以营销，所以投资者将不能获得理应有的稳定收益。必须说明的是，投资者应回避这些电力或电话服务与工业业务混合经营的公司，因为归根结底，这类混合经营公司是企图鱼目混珠。[②]

## 2. 采用优先扣除法计算利息保障

我们前面已经指出（见第 197~199 页）将优先费用（prior charges）偿付后计算利息保障的弊端。这种具有欺骗性的计算方法现在似乎已被弃用，但投资者需警惕它被重新采纳。而且如我们在第 15 章所指出的，将投资优先股所获盈利以每股多少美元来公示，这种未考虑优先利息费用的做法仍在继续，其本质上与采用优先扣减法计算利息保障相同。

## 3. 计算利息保障时忽略折旧费用

过去，债券发行通函中在计算利息保障时往往没有先扣除折旧计提，且没有提供令人满意的理由。折旧计提是公用事业公司营运支出中非常实际而且必不可少的部分。那些典型的成熟型公司，每年的折旧计提中很大一部分确实会被用来更新破旧或者报废的设备，因此，不能认为折旧计提只是簿记的概念而不重视。在何种情况下该计提多少折旧费用才合适方面一定会存在意见上的分歧；但只要对陈旧的重要设备适度关注，典型的控股公司很少会计提过多的折旧，而事实上，它们更可能

① 汉密尔顿天然气公司（Hamilton Gas Company）就是一个例子，它的业务几乎完全是工业性质的，但财务上以公用事业为基础。结果是：破产，并且证券价值缩水得惊人。

② 见附录注释 25。

低估真正的折旧费用[①]。

笔者认为，在适用于债券利息的盈利报表中轻率的省略折旧费用无异于歪曲事实。[②]一个误导投资者的例子就是城市电力和照明服务公司（Cities Service Power and Light Company）1924 年发行的利率为 6%，1944 年到期的债券。在这个实例中，契约规定的折旧和维修最小费用总额远低于各营运子公司实际支出和保留的总额。在债券募集说明书里是以盈利扣除折旧后列账，但折旧计提率是“担保这类债券的契约里假设的一个比率”，用通俗的话说就是，计算债券安全度 时，实际折旧费用被远远低估。[③]这类融资事例将在下面深入论述。

## ● 推荐的分析程序 ●

我们强烈建议有意购买公用事业债券的投资者在接受报表中列示的利息保障之前，应确保一个标准的折旧费用已从盈利中扣除。根据许多这类公司的报告，折旧计提金额低于毛利润的 10% 便可能存在折旧计提不足的嫌疑。实际上，保守的投资观点认为合理的折旧最少为毛利润的 12%。当然，折旧实际上归为资产账户的百分比，而不是收入。不过，投资和总收入之间存在相当稳定的关系（大约 4 美元资产对 1 美元收入），所以参考总收入便于判断折旧计提是否充足。

**例子说明：要严格检查证券发售通函。**以下真实的例子以比较极端的方式说明以往发行公用事业债券时银行发售通函中使用的手法。

公用事业服务公司（Utilities Service Company）的可转换信用债券，利率 6.5%，1938 年到期，1928 年的价格为 99.5 美元，收益率 6.55%。发售通函中所提供的数据

---

① 可参考威廉·雷普利（William Z. Ripley）所著的《主街和华尔街》（*Main Street and Wall Street*，波士顿，1927 年）中第 172～175 页和 333～336 页关于这个问题的尖刻评论，尤其是后面几页 。还可参考本书第 35 章对公用事业折旧费用的深入探讨。

② 然而在各州为管理储蓄银行在公用事业类债券的投资所制定的宽松法律条款允许在扣除折旧前进行收益检测，从而鼓励了这种有害的做法。例如，在佛蒙特州，在确定电话公司的净利润时会扣减折旧，但在确定燃气、电力、供水和公共运输公司的净利润时却不用扣减。参见附录注释 26，附录中美国投资银行协会的各个委员对债券发售通函中有关折旧费用的处理方法进行了评论。

① 这家公司以及其他公司，一旦在它们的债券发售通函或者甚至是它们的年度报告中依据契约条款支取折旧费用，就几乎都放弃了那种令人反感的政策。但是，亚拉巴马燃气公司（Alabama Gas Company）于 1936 年 9 月 15 日宣布的公司章程中，就是根据契约条款来计算的设备更新。

概述如下：

发行总额 .......... 3 000 000 美元
业务 .................. 经营 20 家电话公司和 4 家制冰公司。
资产价值........ 扣除折旧后为 12 500 000 美元，等同于扣除优先债务后，面值 1 000 美元的债券对应 1 650 美元资产。

| **盈利** | **截至 1928 年 5 月 31 日** |
|---|---|
| 总收入 | 3 361 000 美元 |
| 扣除折旧前的净盈利 | 969 000 美元 |
| 优先扣除项 | 441 000 美元 |
| 信用债券利息收益余额 | 528 000 美元 |
| 信用债券利息 | 195 000 美元 |
| 股息收益余额 | 333 000 美元 |

"上述余额等于债券利息的 2.71 倍。"

**对本发售通函的批评。**

1. 该公司的业务是公用事业（电话）和工业业务（制冰）相结合，但公司的债券融资规模远远超过纯粹的公用事业企业所能承受的规模，总债务达到资产估值的 84%。以上数据并未说明制冰业务的毛利润和净利润占比，因此必须假设比例相当大。[①]

2. 在损益表中省略折旧费用误导投资者几乎等同欺诈。电话公司计提的折旧占总收入的比重很大。在美国电话电报公司的例子中，这一比例平均约为 15%[②]，而且公用事业服务公司的主要子公司利马电话公司（Lima Telephone Company）有着同样的实际扣减比例。如果折旧占总收入的 15%，扣除的金额应是 500 000 美元，则可用来支付债券利息的盈利所剩无几。换句话说，信用债券利息没有上面所述的 2.71 倍利息保障，而是因大量赤字不能赚取利息费用。

① 随后的数据显示，制冰业务超过了总业务的一半以上。

② 有证据表明（根据法院判决和 1939 年美国联邦通信委员会的报告），美国电话电报公司的折旧费用计提十分充足，但这并不影响我们的上述推论。

经营制冰业务的公司计提的折旧低于总收入的 15%，但这个优势却由于工业业务类债券需要更高的安全度而被抵消掉。而且，如果接受 12 500 000 美元的资产估值净额，那么在任何情况下年度折旧扣减费用不应少于 4%，或者说 500 000 美元。

3. 发售通函中采用优先扣减法计算利息保障，意味着信用债券较优先留置权享有更高保障。（债券的利息保障倍数为 2.71 倍，优先权益的保障倍数是 2.20 倍。）

设定一个较低的折旧费用，即每年 300 000 美元，并且适当扣除利息，该债券提供的数据重述如下：

| | |
|---|---|
| 总收入 | 3 361 000 美元 |
| 扣除折旧前的净收入 | 969 000 美元 |
| 折旧费用（估计） | 300 000 美元 |
| 息前利润 | 669 000 美元 |
| 总利息费用 | 636 000 美元 |
| 可用于支付股息的收益 | 33 000 美元 |
| 利息保障倍数 | 1.05 倍 |

4. 前面说的每 1 000 美元债券对应 1 650 美元的资产价值是采用类似具有误导性的方法计算的。债券债务总额是 10 500 000 美元，对应的资产估值是 12 500 000 美元，因此每 1 000 美元的总债务对应的资产估值是 1 190 美元。[①]

**另一个例子：**城市电力和照明服务公司发行的担保债券，利率为 6%，1944 年到期，价格 96 美元，收益率 6.35%。如果对该公司 1926 年 4 月的债券发售通函进行类似的严格检查，也会有所启示。公司 1925 年的大部分盈利数据如下所示：

| | |
|---|---|
| 总收入，包括其他收入 | 49 662 000 美元 |
| 扣除营运支出和税收后的净收入 | 19 096 000 美元 |
| 减： | |
| 固定费用和子公司优先股股息 | 10 102 000 美元 |
| 折旧（“按担保这类债券的契约上的假设比率算”） | 1 574 000 美元 |
| 少数股东权益 | 209 000 美元 |

① 1932 年，公用事业服务公司进入破产管理程序，公司债券的持有者损失了他们全部的投资。

城市电力和照明服务公司债券利息的收益余额 ...... 7 211 000 美元
债券利息 ...... 1 466 000 美元

“这个例子中可用于支付利息费用的收益是价值 1 466 250 美元的 A 债券利息的 4.9 倍，也是城市电力和照明服务公司价值 1 736 250 美元的未支付长期债务利息的 4.1 倍。”

这份发售通函里有两方面内容具有误导性：第一，采用优先扣减法计算所发售债券的盈利保障。第二，在人为决定且不充分的基础上计算折旧。对该债券在纽约证券交易所上市提交的申请进行研究发现，截至 1925 年 6 月 30 日，营运子公司的重置拨款数额为 5 214 000 美元，几乎 4 倍于契约中随意定下的比率。为符合折旧的实际情况，以及以恰当的方法确定利息保障，对所提供的债券发售通函做出如下修改：

总收入 ...... 49 662 000 美元
扣除少数股东权益后的收入 ...... 18 887 000 美元
截至 1925 年 6 月 30 日的折旧费用 ...... 5 214 000 美元
用以支付固定费用的余额 ...... 13 673 000 美元
利息和子公司优先股股息 ...... 10 102 000 美元
母公司利息费用 ...... 1 736 000 美元
固定费用总额 ...... 11 838 000 美元
母公司股息收益余额 ...... 1 835 000 美元
固定费用保障倍数 ...... 1.16 倍

这与债券发售通函中的 4.1 或 4.9 倍利息保障确实有很大差异。

## 计算利息保障时扣除联邦税

联邦所得税是根据支付利息后的剩余利润来课税的，因此可用以支付利息的收入未扣除联邦所得税的数据。在给股东的公司报表中这一顺序通常是相反的，并且大多情况下没有列示税费金额。但分析债券数据时，没有必要加回实际的或者估计的联邦税费来修正损益表，原因是作此修正的结果对于债券的投资资格影响甚微。

而且，即使出现错误，如低估，在选择投资债券时也绝不会因此产生异议。总体上，分析师应避免采取不必要的复杂计算或调整来寻找投资结论。

在债券发售通函中，为了尽可能最好地展示数据，用以支付利息的收益通常未扣除联邦税。除了公用事业控股公司的债券发售通函个案，这样做都不会遭到反对。这些公用事业债券的优先级通常次于子公司优先股，而且支付这类股息前，必须计算和扣除联邦税。因此，像城市电力和照明服务公司在 1927 年 11 月发行的利率为 5.5% 信用债券的发售通函中，可用于支付控股公司债券利息的收益未扣除系统的联邦税费，我们完全有理由对此提出反对。

# 13

# 债券分析中的其他特殊因素

## ●“母公司收益”与合并收益●

公用事业控股公司的债券发售通函和年度报告往往是以合并报表的形式公布公司的盈利情况。例如，从营运子公司的总收入开始公布，然后依次是营业费用、折旧、固定费用和子公司优先股股息，一直到母公司利息收益余额，最后是归属于普遍股股东的净利润。通常也会列出母公司损益表，首先列出母公司收到的营运子公司股息，而没有向公众公布营运子公司支付的利息和优先股股息。母公司的损益表中列出的利息保障是优先扣减法的范例，因此母公司损益表中的债券数据通常比合并报表中的更靓丽。投资者可以不在意母公司数据，但应坚持要求一份完备的合并损益表。

**案例**

表 13—1 中标准燃气和电力系统（Standard Gas and Electric System）的例子会说明这一点。

表 13—1　　标准燃气和电力系统（1931 年）　　（单位：美元）

| 项目 | 母公司 | 合并业绩 |
|---|---|---|
| 总收入 | 16 790 000 | 159 070 000 |
| 用以支付固定费用余额 | 16 514 000 | 57 190 000 |
| 固定费用 | 4 739 000 | 42 226 000 |
| 用以支付母公司股息余额 | 11 775 000 | 14 964 000 |
| 固定费用保障 | 3.48 倍 | 1.36 倍 |

母公司没有以股息方式获取子公司的全部收益，但由于采用优先扣减法，即使是更小的收益，只要以母公司业绩为测算基准，也会比以合并报表为基准得出更高的母公司债券利息保障指标。

## ● 子公司优先股股息 ●

事实上，控股公司集团中主要营运子公司的优先股在优先级上高于母公司债券，因为母公司债券利息主要来源于子公司普通股支付的股息。因此，通常将子公司优先股股息记入公用事业控股集团的固定费用。换句话说，这些固定费用由以下项目构成，按优先级排序：

1. 子公司债券利息；
2. 子公司优先股股息；
3. 母公司债券利息。

这个排序假定所有子公司在集团中的相对重要性大致相同。当某个子公司没有盈利时，可中断派发优先股股息，甚至是债券利息，但同时其他子公司的盈利可支持母公司继续派发其自身的利息和股息。在这种有些特殊的情况下，没有盈利的子公司的费用级别低于母公司证券。这点将在第 17 章最后部分进行讨论。

固定费用应适当包括租赁资产的年度租金，这租金等同于债券利息或者担保股息。大部分控股公司报告都采用这种方法，如新泽西公共服务公司（Public Service Corporation of New Jersey）。

重要营运子公司的优先股股东对集团盈利有固定且强制性的要求权，实际上，他们拥有和母公司债券持有人一样的权利。但是如果母公司破产，则优先股股东不再拥有与债券持有人同等重要的地位，因为他们不能强制要求营运子公司继续支付优先股股息。

**案例**

纽约水务公司（New York Water Service Corporation）的优先股可作为一个范例。该公司是联邦供水服务公司（Federal Water Service Corporation）的营运子公司，联邦供水服务公司又是三用公司（Tri-Utilities Corporation）的子公司。纽约水务公司优先股股息和联邦供水服务公司优先股股息被记入三用公司的固定费用。当三用公司因无力偿还债券利息在 1931 年 8 月被接管时，尽管两家子公司还在盈利，而且纽约水务公司的收益较上年还有所提高，但它们均立刻停止派发优先股股息。

## 子公司普通股中少数股东权益

在损益表中，通常先扣减母公司债券利息，再扣减用以支付少数股东权益股息的盈利，因此这类常用计算方法不会降低公司债券的安全度。但我们认为，在计算利息保障之前扣减少数股东权益更可取。精确的计算要求按比例扣减股息，但这涉及不必要的烦琐计算。大多数情况下，当少数股东权益较小时，不同计算方法造成的差异变得无足轻重。当少数股东权益相当大的时候，分析结果显示采用常用计算方法将得到比用严格精确计算方法稍高的安全度。我们采用的方法尽管略有误差，但却是谨慎投资者的首选。[①]

## 关于铁路公司和公用事业公司的“固定费用资本化”

在前面的章节中我们指出了对铁路公司和公用事业公司在股票对债务比率上达到公平的估计存在的困难。不仅债券可以代表债务，保证（分红）股票、年度租赁债务，以及营运子公司非担保优先股也是有效债务。在计算利息保障时，这些项目可通过采用固定费用这个综合数据来兼顾，而不是仅仅使用债券利息。公用事业公司的合并资产负债表中对这些债务的本金都有非常清楚的列示；但铁路公司并非如此，主要是因为它的租赁债务可能不会反映在资产负债表中。

① 参见附录注释 27，对联合照明和铁路公司（United Light and Railways Company）1938 年的财务报表数据应用了三种方法进行计算。

因此，我们建议在计算铁路公司“真实”或“有效”的债务时，可让固定费用乘以一个适当的数字，如 22。这相当于将固定费用以 4.5% 的假设比率进行资本化——换句话说，是假设真实债务为某个数字，年度固定费用是该数字的 4.5 %。(4.5% 这个数字反映了 1938 年铁路公司总体债务的当期实际利息率)。[①]

**方法示范。**我们已介绍铁路公司的收益保障比率适用于净扣减项或者固定费用（如前面的定义）这两者中的较大者。同样，这两项中的较大者应被作为计算铁路公司“有效债务”本金的基础。表 13—2 和表 13—3 说明了采用的方法。

**案例**

| **表 13—2　纽约 – 纽黑文 – 哈特福德铁路公司** | **（单位：美元）** |
|---|---|
| A. 净扣减项（1932） | 18 511 000 |
| B. 固定费用（1932） | 17 403 000 |
| 按 4.5% 资本化净扣减项 | 408 000 000 |
| （资产负债表中列示的长期债务——258 000 000） | |
| 优先股：490 000 股，50 美元 / 股（1933 年 7 月） | 24 500 000 |
| 普通股：1 570 000 股，22 美元 / 股（1933 年 7 月） | 34 500 000 |
| 股票总市值 | 59 000 000 |
| 股票 / 债券比率——1/6~1/9 | |
| 净扣减项保障倍数，1932 | 0.93 倍 |
| 净扣减保障，7 年平均值 | 1.57 倍 |

| **表 13—3　切萨皮克 – 俄亥俄铁路公司** | **（单位：美元）** |
|---|---|
| A. 净扣减项（1932） | 9 870 000 |
| B. 固定费用（1932） | 10 760 000 |
| 按 4.5% 资本化固定费用 | 239 000 000 |
| 资产负债表中列示的债券债务 | 222 000 000 |
| 普通股：7 650 000 股，38 美元 / 股（1933 年 7 月） | 291 000 000 |
| 股票 / 债券比率——1/0.82（即 1 美元股票对应 82 美分债券） | |
| 固定费用保障，1932 | 3.21 倍 |
| 固定费用保障，7 年平均值 | 3.80 倍 |

**对上述内容的总结。**纽黑文铁路公司的“有效债务”是根据净扣减项计算的（净扣减项大于固定费用，因为其借方包括了大量的设备租金等金额）。这里的有效债务

① 在少数情况下，公用事业公司支付的租金费用不反映在资产负债表中，这一租金足以进行资本化，比如按 4.5 % 的比率，并将此值加到优先证券总额上。

远远超过资产负债表中的债务。在1933年7月出售的优先股和普通股总额低于真实债务的六分之一，显然，当时的债券没有对应足够的股权。如果公司前景乐观，则投资者有充分的理由去购买普通股以期望获得较大的资本增值，但是利率6%、售价92美元的债券没有这个可能，因此没有合理的分析支持购买这个债券。

另一方面，切萨皮克－俄亥俄铁路公司提供的股票价值比例提供了一个令人满意的收益保障比率。如果投资者看好该铁路公司的前景，那么他就有理由购买该公司债券（例如，利率为4.5%售价为92.5美元的替续及增进债券），因为对它们进行的两项定量检测结果均令人满意。

## 工业债券分析中的营运资本因素

之前已经解释过，公司报表中的固定资产对于评定债券的稳健程度通常没有太大作用。但是几乎所有工业企业的财务实力都取决于其流动资产状况，因此，有意购买债券的人应该对此密切关注。诚然，那些符合严格测试标准的工业债券几乎都拥有令人满意的营运资本，但是为了防范例外情况，单独的检测仍然是可取的。

流动资产（又称为"流动"、"速动"或者"营运"资产）包括现金、可出售证券、应收账款和商品库存。[①] 这些项目要么直接等同于现金，要么预期在日常业务中通过出售或者回收来变现。为了有效开展业务，工业企业必须拥有高于流动负债的大量流动资产——流动负债是指短期内应付的所有债务。流动资产超过流动负债的部分被称为营运资本，或者净流动资产。

**关于营运资本方面的三个必备条件**。在检测流动资产状况时，工业债券投资者应满足以下三个条件，即：

1. 现金持有充裕；

① 一些专家将存货排除在"速动资产"之外，但将其包括在"流动资产"里。这样的区分是有用的，而且我们建议将它作为一个标准。从美国证券交易委员会到公用事业振兴署（W.P.A）均沿用这个标准，1938—1940年的《美国上市公司普查》（*Census of American Listed Corporations*）上发表了一系列的相关研究。

2. 流动资产 / 流动负债的比率较高；

3. 营运资本 / 长期负债的比例适中。

为这三个条件中的任何一个制定明确的最低标准都是不可行的，主要原因是不同类型企业的营运资本标准差异很大。一般认为，流动资产应至少两倍于流动负债，低于这个比率就需要进一步调查研究。我们对普通工业企业提出一条额外的标准要求，即营运资本至少等于债券债务数额。这个标准固然有些主观，而且有时候显得过于严格。但列于第 161 页的事例很有趣，1932 年，每个在市场中维持投资级别的工业债券，该企业的营运资本都超过了债券总额。①

与对工业企业流动资产状况的重视相比，对铁路公司的营运资本的关注程度较低，而公用事业公司的营运资本状况更是没人关注。原因有两方面。铁路公司和公用事业公司都不存在生产融资问题，也没有商品存货或者向客户提供大额信贷等问题。而且，这些公司习惯于定期筹集新资本以进行扩张，在这一过程中如若现金减少，它们会及时补充账户内现金。这类发展兴旺的公司容易获得新的融资，即使流动债务超过流动资产也不会被视为有严重的问题。我们近期发现，铁路公司为应对紧急情况有持有大量现金的需求，而债券投资者也应该选择那些维持着良好营运资本状况的公用事业公司债券。

① 通用烘培公司在 1932 年就达到这一标准，包括通用烘培公司在内的 18 家公司里，有 13 家仅现金资产就超过了它们的长期债务总额。某些工业类型——例如烘培，制冰和餐厅，考虑其总资产和业务，它们通常仅需要相对较小的营运资本数额。对于这类企业，为债券债务要求 100% 的净资产保障率太过严苛。请参见我们随后对契约条款的讨论，即要求维持营运资本作为债券发行的保障（见第 19 章）。

# 14

# 优先股理论

毋庸置疑，优先股这类典型证券并不是一种具有吸引力的投资契约形式。一方面，优先股的本金价值和收益回报都有限；另一方面，持有人对本金以及收益的支付不具有固定强制执行的要求权。可以说优先股是债权人身份（债券）的约束和合伙人身份（普通股）的风险相结合。尽管优先股存在这些理论上的异议，但它已发展成为我们融资计划的重要部分，并且成功受到美国投资者的欢迎。1939 年，大约有 420 只不同的优先股在纽约证券交易所上市，当时普通股约为 830 只。在 1929 年上市的优先股价值市值超过 85 亿美元，大约相当于上市公司债券市值的一半。[①]

## ● 市场的裁决 ●

在随后的市场崩盘当中，这些股票价格大幅缩水，1937—1938 年股市再次经历一轮小幅下挫。表 14—1 中的数据对比说明了一个有趣的情况。

**表 14—1　　基于纽约证券交易所所有上市证券的平均价格　　（单位：美元）**

| 证券类别 | 高价格 1929 年 | 低价格 1932 年 | 高价格 1937 年 | 低价格 1938 年 | 1939 年 12 月 30 日价格 |
|---|---|---|---|---|---|
| 美国公司债券 | 95.33 | 52.68 | 90.89 | 65.82 | 74.60 |
| 优先股 | 84.99 | 25.38 | 75.15 | 46.50 | 61.55 |
| 普通股 | 89.94 | 10.59 | 43.29 | 20.44 | 30.16 |

这类数据说明，尽管债券和优先股都容易受到不利条件的影响，但优先股这个

① 1939 年年末，全部上市的优先股总值大约 6 250 000 000 美元，相比之下，当时全部上市的公司债券总值约 14 250 000 000 美元（纽约证券交易所总额）。

类别的跌幅无疑更大。一方面，优先股理论上就具有弱势，再加上表现不尽如人意；另一方面，优先股广泛流行，为投资者所欢迎，两者之间无疑形成反差。为了确定优先股作为一种实用的投资方式所具有的真正价值，有必要对其进行深入分析。

## 优先股与债券的根本区别

优先股与债券的根本区别在于优先股股息的分派是由董事酌情决定的，而债券利息的支付是强制性的。只要分派普通股股息就必须分派优先股股息，但是因为董事有权在任何时候暂缓分派普通股股息，所以优先股股东的收益权实际上是不确定的。然而，如果公司盈利经常远远超过优先股股息的标准，分派股息通常是理所当然的，在这种情况下，对股息缺乏强制性的要求权似乎不那么重要。这就解释了那些品质上等同于稳健债券，售价也相当的高等级优先股为何在市场上的数量相对较少。

另一个极端的例子是公司无力支付债券利息和优先股股息。在这种情况下，债券持有人获得利息的合法权利并不能使公司支付利息，而是会导致公司破产。正如我们前面指出的，这类补偿的实际价值值得怀疑，而且在大多数情况下，可以公正地说，违约债券的地位不比那些没有债券发行在先的未支付股息的优先股好多少。

因此，在两个极端情况下，债券契约相较于优先股契约所拥有的优势并没有实际价值。这个事实使得很多投资者相信，按照一般规则，相较于优先股形式，债券形式并没有真正的优势。他们由此推理得出：“如果公司经营良好，它的优先股与债券一样好，如果公司经营失败，它的债券和优先股一样糟糕。”

## 酌情不分派股息的弊端

上述观点非常不准确，因为它没有考虑到广大的普通公司群体，即那些既不是绝对“好”，也不是绝对“差”的公司，但这些公司容易受到各方面变化和不确定因素的影响。假定董事们会尽可能分派优先股股息（只有到无法派发所发行债券的利息时才会停止分派股息），即使是中等公司，优先股股东的地位也不会远逊于债券持有人的地位。但事实并非如此，因为董事们经常在可派发股息的情况下行使酌情权拒绝派发优先股股息，理由只是认为不便或者不适宜。以牺牲优先股股东的现有收益来实现股东所谓的未来利益，被认为是一项已获批准的财务政策。换句话说，为应对未来紧急情况或者公司日后的扩张，将用以支付股息的现金留存于库。

即使承认这样做最终可能会有利于优先股股东，事实仍然是将优先股股东的收益置于风险之中，但这个问题不会出现在同样级别的债券上。如果这类风险非常高，优先股将自动丧失其作为固定价值投资的资格，因为固定价值投资的本质是必须具有可靠收益。更具体地说，股息减少或者暂停分派股息的风险都会使优先股的市场价值大幅波动。值得注意的是，在任何情况下，都应持续分派股息，“为了股东未来的利益”而停止分派，相应股票的报价势必下挫。这说明了什么才是真正的优先股股东的最佳利益，投资市场并不赞同董事们的想法。

## ● 利益冲突 ●

几乎每位投资者都愿意获得持续收益，哪怕公司的业务前景存在风险。投资者考虑自己的个人利益，即不惜任何代价获取持续收益；同时也愿意认同稳健的公司策略，即公司为了日后发展而暂停分派股息，但这两者之间有明显分歧，存在逻辑上的矛盾。就此而言，优先股股东和普通股股东利益上的冲突无疑是一个重要的问题。暂停派发优先股股息将明显有利于普通股。法律上要求董事们公平地代表所有股东的利益，但实际上，由于董事通常由普通股股东选举产生，所以他们行事主要倾向于普通股股东的利益。董事们也逐渐习惯于考虑公司自身的利益，而不是公司所有者的利益（即股东的利益），而且他们经常支持的政策带有明显的目的，结果是以牺牲公司所有者的利益来壮大公司实力。这种矛盾的观点也许可以从公司董事与高薪管理层之间常见的密切关系里找到部分答案。①

## ● 优先股的契约形式通常存在真正的弊端 ●

无论出于什么原因或理由，事实仍然是，在公司的状况不会严重到危及债券利

① 参见我们在第 44 章中介绍股东与管理者间关系时对这个问题的深入讨论。

息支付的情况下，优先股股东却要承担暂停分派股息的风险。这意味着优先股股东的协议形式通常存在真正的弊端。

**案例**

一个能说明此事实的鲜明例子是美国钢铁公司的优先股。该公司的优先股可能是世界上发行规模最大的优先股票，并且多年来一直是那些享有高投资评级优先股的典范。1931 年，尽管大萧条仍在继续，但该优先股以高价出售，虽然收益率只有 4.67%。而且，由于在过去 30 年里公司积累了大笔的盈利，改进了生产设备，扩大了营运资本，偿还了几乎所有债券的债务，使该公司的优先股被认为具有无可比拟的投资价值。但紧接着不久，仅仅一年的营业亏损就危及到优先股股息的派发，导致该优先股的市场价格下挫近三分之二，并且完全破坏了其作为投资首选的地位。该优先股次年的股息下降至每年 2 美元。

当然，这些灾难性的结果是由于公司在 1932—1933 年经受的前所未有的亏损造成的。但如果不是优先股的协议形式存在弊端，这些股票的持有人将没有理由会担心股息会被中止。换句话说，如果优先股持有者拥有对股息的固定要求权，而不是股息未定，他将对公司以庞大的资源承担起债务而充满信心。为了支持这一论点，现对美国内陆钢铁公司利率为 4.5% 的债券（之前已讨论）与美国钢铁公司优先股的市场反应作一个简单对比（见表 14—2）。

**表 14—2　　美国内陆钢铁公司的债券与美国钢铁公司优先股的市场反应对比**

| | 美国钢铁公司优先股 | | 美国内陆钢铁公司利率 4.5% 债券，1978 年到期 | |
|---|---|---|---|---|
| 时期 | 价格（美元） | 收益率（%） | 价格（美元） | 收益率（%） |
| 高价，1931 年 | 150 | 4.67 | 97.75 | 4.62 |
| 低价，1932 年 | 51.5 | 13.59 | 61 | 7.54 |
| 高价，1933 年 1 月 | 67 | 10.45 | 81 | 5.67 |

这两类证券经历了同样不利的市场环境，但美国钢铁公司优先股协议上的弊端使其失去了原有的投资地位，而美国内陆钢铁公司的债券能够基本保持不变（除了债券市场有一段短时期的极度低迷）。

## 投票权，一种潜在的保障，但通常无效

如果一旦暂停支付股息或者偿债基金，优先股股东立刻能行使有效的投票权对公司加以控制，就可大大削减优先股股东相比于债券持有人在契约上的弱势。我们在随后的章节中将指出，适当行使投票控制权这类保护性条款，可以作为债券和优先股最好的保障和补偿措施。这意味着，若能把保护性条款运用得恰到好处，债券持有人和优先股股东的实际地位不会存在显著差异。在我们看来，目前优先股的实际地位次于债券的大部分原因应归咎于暂停分派股息后，优先股股东不能及时获得投票控制权，或是不能很好地使用它。无论如何，我们对优先股投资地位的分析必须基于这样一个不争的事实，那就是优先股的个人持有者不能依靠投票权来充分保护自己的权益。

## 收益和风险

回顾优先股在过去 10 年间的实际表现，其业绩不佳令人疑惑优先股是否应作为固定价值类投资。但相应的反驳会指出，即使在 1932 年市场最坏的时候，仍有少部分优先股维持着投资评级，而在 1938 年经济严重衰退时期，这类优先股的数量更大。此外，优先股的拥护者声称，在商业环境出现正常变动的情况下，优先股更高的收益率能弥补其相比于债券在安全度上的劣势。这一争论在市场繁荣的时候对投资者很有吸引力，投资者在那时能切实感到收益增加，而损失本金的风险甚微。然而在市场不景气的时候，投资者可能会转变情绪，只会考虑本金遭受的损失而忘记前几年较高的收益。

在这个问题上放宽视野，我们可回到前面有关不同安全程度的债券讨论，由此我们得出一个原则：风险和收益实际上是不能比较的。如果这个原则对债券有效，它对优先股也应有同等效力。这意味着，在发现某优先股存在损失本金的巨大风险时，仍期望这风险能够由极具吸引力的股息回报来补偿，不是以投资价格（如接近票面价格）购买优先股的理智做法。根据这一原则，只有投资者预计不存在停止支付股息风险的那些优先股才适合购买以作投资。

## 高等级优先股的标准

这类优先股必须达到什么样的标准？第一，它必须符合安全债券的所有最低标

准。第二，它必须在一定程度上高于这类最低标准以抵消在股息支付上存在的酌情分派特性。例如，安全边际必须很高，以至于人们认为董事们宣布分派股息是理所当然的事。第三，对待公司业务自身具有的内在稳定性的要求必须比投资债券时更严格，因为公司经营有时利润丰厚，有时暂时亏损，但就算公司平均盈利远高于年度标准，在它处于暂时亏损期间时，仍然很可能暂停分派优先股股息。

上述推理得出的结论与 1932—1933 年优先股的真实表现相一致。该结论是：并不是优先股必须被排除在投资类别外，而是将如此严苛的具体要求加诸于优先股使得符合条件的优先股相对较少。在表 14—3 中列出了那些在 1932—1933 年维持的价格使全年收益率不低于 7% 的，在纽约证券交易所上市的优先股，同时包括每只优先股安全度的定量数据。①

**稳健类优先股仅是特例。**表 14—3 中的优先股仅占 1932 年纽约证券交易所上市的优先股总数的 5%。这个很小的比例证实了我们的论断，即稳健类优先股不是没有，而是非常少。说这类优先股稀少不仅是数值上的意义，更多在于理论观点。在表 14—3 中的每一个例子里，优先股几乎都能被债券取代，而不会对公司资本结构的稳定性造成重大影响。这意味着与拥有债券相比，拥有优质优先股并不能让公司获得重要优势。另一方面，所得税以及优先资本（senior capital）②的成本较高对公司极为不利。从另一个角度来说，稳健优先股对公司造成的负担必须很轻，这样相较于债券债务，公司才会更愿意接受这种形式。

因此，最终的结论是，优质优先股不仅稀少，而且在某种意义上，它们应被视为反常情况或者错误，因为它们是如同优质债券般的优先股。从投资立场来看，优先股形式缺乏基本的合理性，它不能使发行者和持有者共赢。当发行公司酌情暂停分派股息而从中真正获益时，优先股持有者就不再是进行固定价值投资。与此相反，当这类优先股是高等级证券时，发行人便不能获益。

① 我们将标准石油出口公司（Standard Oil Export Corporation）股息率为 5% 的优先股；匹兹堡－韦恩堡－芝加哥铁路公司股息率为 7% 的优先股，还有其他担保优先证券排除在外，是因为它们实质上可看成担保人的一种信用债券。

② 债券利息可在公司计算所得税的应税利润之前从收益中扣减，但优先股股息不能如此扣减。

表 14—3　　1932—1933 年维持投资评级的上市优先股

| 公司名称 | 低价 1932—1933 年 | 股息（美元） | 低价的收益率（%） | 长期债务 | 所获优先股股息（以及固定费用）保障倍数 1927—1931 年 | | 普通股最低市价与优先股和债券合并的比率（%） |
|---|---|---|---|---|---|---|---|
| | | | | | 平均 | 最低 | |
| 通用电器（面值 10 美元）（累积） | 10⅗ | 0.60 | 5.6 | 是 | 19.19 | 13.75 | 5.09 |
| 伊斯曼柯达（累积） | 104¾ | 6.00 | 5.7 | 否 | 51.91 | 36.25 | 12.30 |
| 杜肯照明公司（累积） | 85 | 5.00 | 5.9 | 是 | 3.67 | 3.19 | [a] |
| 公共服务电力与燃气（累积） | 83 | 5.00 | 6.0 | 是 | 2.58 | 2.02 | [b] |
| 美国烟草（非累积） | 115 | 7.00 | 6.1 | 否 | 9.00 | 6.67 | 8.42 |
| 宝洁（第二优先股）（累积） | 81 | 5.00 | 6.2 | 是 | 17.96[c] | 15.35[c] | 4.59 |
| 诺福克－西方铁路（非累积） | 65 | 4.00 | 6.2 | 是 | 5.96 | 4.57 | 0.69 |
| G·W·赫尔姆（非累积） | 113⅔ | 7.00 | 6.2 | 否 | 8.12 | 7.67 | 2.61 |
| 美利坚烟草（累积） | 95¼ | 6.00 | 6.3 | 是 | 10.48[d] | 7.26[d] | 3.87[e] |
| 英格索尔－兰德（累积） | 94 | 6.00 | 6.4 | 否 | 39.50 | 亏损 | 6.06 |
| 标准商标（累积） | 110 | 7.00 | 6.4 | 否 | 18.00[f] | 15.86 | 9.90 |
| 堪萨斯城市电力和照明（累积） | 90½ | 6.00 | 6.6 | 是 | 2.92 | 1.99 | [g] |
| 奥的斯电梯（累积） | 90 | 6.00 | 6.7 | 否 | 17.25 | 11.32 | 3.08 |
| 美国鼻烟（非累积） | 90 | 6.00 | 6.7 | 否 | 8.46 | 7.98 | 2.55 |
| 纳贝斯克（累积） | 101 | 7.00 | 6.9 | 否 | 11.31 | 9.37 | 4.76 |
| 纽约联合燃气有限公司（累积） | 72½ | 5.00 | 6.9 | 是 | 2.92 | 2.70 | 0.70 |
| 利格特－梅尔烟草公司（累积） | 100 | 7.00 | 7.0 | 是 | 7.06 | 6.20 | 2.09 |
| 布朗鞋业（累积）（偿债基金） | 100 | 7.00 | 7.0 | 否 | 5.63 | 5.04 | 1.65 |
| 太平洋电话电报（累积） | 85½ | 6.00 | 7.0 | 是 | 1.96 | 1.61 | 0.72 |
| 玉米产品提炼公司（累积） | 99½ | 7.00 | 7.0 | 是 | 6.90 | 5.73 | 2.18 |
| 岛溪煤炭（面值 1 美元）（累积） | 85 | 6.00 | 7.06 | 否 | 13.58 | 9.28 | 2.62 |

注：a. 不计算。费城公司（Philadelphia Company）持有所有普通股。无市场流通。

b. 不计算。新泽西州公共服务公司（Public Service Company of New Jersey）持有所有普通股。

c. 截至 6 月 30 日的会计年度，包括 1932 年 6 月 30 日，平均值为 14.75，最小值为 6.34。

d. 将应付给烟草制品公司（新泽西州）的年度租金 2 500 000 美元作为营业费用。将其作为固定费用后，平均值为 6.33，最小值为 4.52。

e. 烟草制品公司（新泽西州）6.5% 债券，2022 年到期，有美利坚烟草公司的品牌租赁担保，不包含在美利坚烟草公司的长期债务中。将这项记入美利坚烟草公司的长期债务中，该公司的股票－价值比会是 2.31:1 。

f. 公司成立后 2.5 年的平均值。

g. 不计算。美国大陆燃气和电力公司（Continental Gas and Electric Corporation）持有所有普通股。

## ● 高等级优先股通常是成熟证券 ●

我们注意到，工业类优先股在最初发行过后，几乎都要历经公司多年的蓬勃发展才能使其拥有高等级工业优先股的地位，这支持了上述结论。只有极少数优先股能够在当初发行时就符合高级投资评级的严格标准。因为当一家公司能够取得我们期待的靓丽业绩时，它通常宁愿发行小规模的债券来融资，因为这样可以制定较低的利率，并且能节省大量所得税。这并不适用于公用事业公司，原因可能与公司债券的"合法投资"地位有关,这类公司更愿意以股票形式进行一部分优先股融资。(所以表 14—3 中的五只优质公用事业优先股中有四只是近些年刚发行的。) 但表 14—3 中工业公司优先股呈现出完全不同的状况：在过去 20 年里，15 只工业公司优先股中只有 1 只是真正面向公众发售的，而且这只例外的优先股（宝洁公司股息率为 5% 的优先股）发售是以较低的股息率取代旧的优先股。通用电气公司发售优先股是因为股票 – 股息计划（a stock-dividend plan），而其余 13 只优先股发售于很久之前，公司多年来的蓬勃发展使其拥有了高级投资地位。

**1935—1938 年的优先股融资**。需要进一步说明的是，我们认为优先股的形式缺乏内在逻辑，但投资银行家们对此并不赞同。近些年来，新的融资包括相当数量的优先股发行，其中大部分是特殊权利证券（如可转换证券等），而这不在我们目前的讨论范围内，也有一部分是普通的工业优先股——1935 至 1938 年至少有 8 只这样的新优先股在纽约证券交易所上市①。这些优先股中只有一只不符合我们严格的安全检测，因此不应认为它们是不安全的。但在我们看来，这类优先股也同样能以债券形式发行，而且可能会更好。

## ● 优先股受欢迎的由来 ●

在本次讨论开始时，我们提到优先股在美国公司融资计划中发挥的重要作用。但我们随后的分析说明这类固定价值投资的形式根本不稳健。如果这个结论是正确的，人们可能会问，那为何优先股的缺陷没能及早通过投资者们的现实经历获得具

① 这些优先股的发行公司是冠军纸业与纤维公司（Champion Paper and Fibre），大陆制罐公司（Continental Can）,杜邦公司（Du Pont）,通用食品公司（General Foods）,卢斯 – 怀尔斯饼干公司,孟山都化学公司（Monsanto Chemical），G.C. 墨菲公司（G. C. Murphy），斯科特纸业公司（Scott Paper）。

有说服力的证明。答案是过去 15 年间出现了典型的优先股股东比典型的债券持有人获益更大这一偶然情况，使优先股在此间大受欢迎。在这一时期之初，也就是世界大战前夕，大部分优先股是工业证券，不可否认其中的大部分具有投机性质，因为它们是以面值的大幅折扣进行出售。在战争期间以及随后至 1922 年，大型企业经历巨大的繁荣和增长，使得很多领先工业优先股的市场地位和市场价格均大幅提升。同时，在此期间，作为债券列表中的主要部分，铁路公司和公共运输公司债券普遍遭受市场不利因素的影响。作为投资者，在发现那些具有代表性的优先股的市场表现好于主流债券时，会得出一个看似合理却错误的结论：通常情况下，优先股在本质上与债券同等安全。

## ● 深入研究优先股显示其记录欠佳 ●

更深入的研究发现，优先股之所以大受欢迎，是由于那一小部分杰出的老牌工业类优先股表现出色。在审查的后期，凭借这一股热潮，有更多新的工业类优先股发行，但它们表现欠佳。美国哈佛大学工商管理学院曾进行了一项研究，研究对象涵盖从 1915 年 1 月 1 日到 1920 年 1 月 1 日所有新发行的，且规模介于 100 000 美元到 25 000 000 美元之间的优先股（总计 607 只优先股）。研究结果显示，1923 年 1 月 1 日可获得报价的 537 只优先股，其平均价格相对于期初发行价下跌了 28.8%（从 99 美元下跌至 70.5 美元），以至于这些优先股购买者损失的本金超过了他们获得的总收益。由这项研究可得出结论：优先股不适合作为固定价值投资的方式。[①]

## ● 最近的一项研究 ●

美国密歇根大学的商业研究所最近发表了一篇调研报告，作者表达了截然不同的观点。[②] 他对那些有债券发行在先（包括铁路公司债券和工业公司债券）的优先股

① 即使在证券发行所也无法获得这 607 只优先股中另外 70 只的市场报价。因此，投资者的损失无疑要大于对那 537 只优先股进行统计得出的亏损。这项研究更详尽的资料请参见：阿瑟·S·杜因（Arthurs S. Dewing），《经济利润在投资回报中的作用》（*The Role of Economic Profits in the Return on Investments*），载于《哈佛商业评论》，卷一，第 451，461~462 页；阿瑟·S·杜因，《公司的财务政策》（*Financial Policy of Corporations*），第Ⅵ册，第 2 章，1198~1199 页，纽约，1926 年。

② 罗德基·罗伯特·G（Rodkey Robert G.），《用来长期投资的优先股》（*Preferred Stocks as Long-term Investments*），安·阿伯（Ann Arbor），密歇根大学出版社，1932 年。

进行了“检测”，“检测”结果清楚地显示出这种类型的优先股不是令人满意的投资方式。但是对没有债券发行在先的工业公司优先股进行的“检测”，使作者得出相反的结论。他在报告中声称，“这类优先股似乎能满足最严格的投资检测”，对这类优先股进行分散投资能“在提高本金安全度的同时，获得比工业公司债券和铁路公司债券更高的收益回报”。

投资优先股最好是购买没有债券发行在先的，而不是有债券发行在先的，这一投资结论无疑是稳健的，因为后者明显更易受到不利影响。但在我们看来，这份调研报告中使用的方法存在一定争议，这大大降低了报告中其他结论的实用价值。[①] 然而，这项研究中的一个特色值得具体探讨。详尽的数据清楚显示，几乎每只优先股的稳定性都直接取决于普通股的价值增长。只有在普通股被认为投机有利可图的时候，优先股股东才能拥有令人满意的投资。只要任何普通股的市场价值跌至发行价以下，相应优先股也会同样下跌。

在这样的条件下进行投资显然是不明智的。这就好像：“硬币正面朝上，普通股股东获益；背面朝上，优先股股东亏损。”投资的基本原则之一，就是有限收益证券的安全度绝不能过度依赖于公司未来的利润增长。如果投资者相信公司利润会增长，他明显应该购买普通股来分享公司利润；而在通常情况下，如果他不能确定公司未来能否蓬勃发展，则不应该在缺乏资本增值作为补偿的条件下，将资本置于可能亏损的风险之中（用以购买优先股）。

① 有关罗德基博士的方法的简单介绍，以及对此方法的批评意见请参见 1934 年版，附录注释 25。

# 15

# 优先股投资的选择技巧

我们有关优先股理论的讨论可以归结为一个实用结论，即优先股投资必须满足投资优质债券的所有标准，外加弥补其合约劣势的额外安全边际。所以在分析优先股时，我们之前介绍和建议的有关债券投资的标准同样适用。

## ● 建议采取更为严格的标准 ●

为了实现更为严格的定量标准，需要提高前文针对不同类型债券规定的最低收益保障倍数。我们建议的标准如表 15—1 所示。

**表 15—1　　最低平均收益保障倍数**

| 企业类型 | 针对投资级债券 | 针对投资级优先股 |
| --- | --- | --- |
| 公用事业 | 固定费用的 1.75 倍 | 固定费用与优先股股息总额的 2 倍 |
| 铁路 | 固定费用的 2 倍 | 固定费用与优先股股息总额的 2.5 倍 |
| 工业 | 固定费用的 3 倍 | 固定费用与优先股股息总额的 4 倍 |

伴随收益保障倍数的提高，股票 – 价值比率的标准也需相应增加。有人会指出，鉴于这并非首要的判断标准，没有必要改变具体的数值。但我们认为，根据处理的一致性要求，最低股票 - 价值比率标准应较之前有所提升，具体如表 15—2 所示。

**表 15—2　　最低股票 – 价值比率**

| 企业类型 | 最低股票 – 价值比率 | |
| --- | --- | --- |
| | 针对投资级债券 | 针对投资级优先股 |
| 公用事业 | 2 美元债券比 1 美元股票 | 1.5 美元债券与优先股比 1 美元非优先股 |
| 铁路 | 1.5 美元债券比 1 美元股票 | 1 美元债券与优先股比 1 美元非优先股 |
| 工业 | 1 美元债券比 1 美元股票 | 1 美元债券与优先股比 1.5 美元非优先股 |

我们提到的安全边际比前文认为合适的标准要高出不少，有人可能会提出反对意见，认为我们采取的标准不合理，且过于严格。诚然，我们的这些标准将排除1931年之前发行的大部分优先股的投资资格，然而，这种审慎的做法对投资者是有益的。在未来，业务和财务情况的总体稳定性可能使投资者对优先股的最低收益保障倍数采取较为宽松的态度，但在这种稳定性未能维持较长时间的情况下，投资者必须对优先股投资保持极为谨慎和挑剔的态度。

第246页所列的优先股中，可以看出所有作为发行人的工业公司的股票–价值比率都超过1.6比1，平均收益保障倍数都超过5.6。①

## 存在长期负债并不能剥夺优先股的投资资格

是否只投资于那些发行人没有偿债义务的优先股，是一个值得思考的问题。毫无疑问，与拥有资产的第一抵押权要好于第二抵押权一样，发行人没有长期债务对于优先股是一种优势。所以，没有债券偿付义务在前的优先股比拥有长期债务的公司发行的优先股的表现更好就不足为奇了。这一事实非常明显，但是并不能由此推出所有存在债券偿付义务在前的优先股都不能作为安全投资的标的，正如不能说所有第二抵押权债券的质量都要次于第一抵押权债券一样。虽然公用事业公司发行的优先股要优于“没有债券”的工业公司发行的优先股，但如果遵循这一错误的原则，将使得前者（因为总是伴随着债券偿付义务）都被投资者排除在外。此外，在1932年这一特殊时期，大部分表现较好的优先股之前都存在长期债务偿付义务。②

如果只是因为存在少量债务，就否定那些极其安全的证券（如1933年通用电气公司发行的优先股），这一做法是相当荒谬的。通用电气的案例有力证明了，利用硬性且快速决策的定性判断规则进行投资选择是非常不明智的。在我们看来，投资者必须仔细考虑优先股是否存在债券偿付义务在前这一问题，从而采取更为谨慎的投资态度；但如果公司的表现非常优秀，其发行的优先股仍然可以被列为投资级。

---

① 我们认为对于投资级债券，没有必要将建议的最低标准提高到上述比率。

② 第246页所列的21只优先股中，11只存在债券偿付义务在前，其中，5只发行人为公用事业公司，1只发行人为铁路公司，5只发行人为工业公司。

## ● 建议在完全扣除的基础上进行计算 ●

在计算有债券偿付义务在前的优先股的收益保障倍数时，一定要将债券利息和优先股股息相加。单独计算属于优先股的收益（单位为美元 / 股）的惯例同计算次级债券利息保障倍数时采用的提前扣除法极为类似，都是不正确的做法。如果公司优先股数额远远低于长期债务，则优先股的每股收益显示其股息的保障水平大幅高于债券利息。这一结论要么没有任何意义，要么表明该公司的优先股股息比债券利息更安全——这完全是无稽之谈。[①]（参见第 258 页的案例。）

西宾夕法尼亚电力公司发行的 A 类股票实际上为第二优先股。在此案例中，通常所用的报表形式使得优先股股息看似比债券利息更安全，而且由于 A 类股票发行数量较少，也使第二优先股看起来比债券或第一优先股更安全。但正确的报表形式反映出其 A 类股票收益保障倍数是 1.26，而非 7.43——两个结果差异巨大。使用错误的方法计算收益保障倍数，可能在很大程度上导致 A 类股票 1937 年交易价格较高（108 美元）。有趣的是，虽然 A 类股票在 1932 年曾经下跌至 25 美元，但后来它的价格一直比 7% 优先股更高。如此看来，投资者显然受到每股收益数值的误导，认为第二优先股比第一优先股更为安全。

**案例**

计算优先股收益保障倍数的正确和错误方法。

A. 科罗拉多燃料和钢铁公司（Colorado Fuel and Iron Company）　　1929 年的数字

| | 1929 年的数字 |
|---|---|
| 用于支付债券利息的收益 | 3 978 000 美元 |
| 利息费用 | 1 628 000 美元 |
| 优先股股息 | 160 000 美元 |
| 归属于普通股股东的净利润 | 2 190 000 美元 |

| 通常所用但错误的报表 | | 正确的报表 | |
|---|---|---|---|
| 利息费用保障倍数 | 2.4 倍 | 利息费用保障倍数 | 2.4 倍 |
| 优先股股息保障倍数 | 14.7 倍 | 利息费用和优先股股息保障倍数 | 2.2 倍 |
| 优先股每股收益 | 117.50 美元 | | |

注：之前单独阐述的优先股收益可能没有价值，或者有严重的误导性。

① 参见附录注释 28，有关原有投资学教材作者都忽视了这一点的评论。

B. 华纳兄弟电影公司　　截至 1937 年 8 月 28 日财务年度数字

|  |  |
|---|---|
| 用于支付债券利息的收益 | 10 760 000 美元 |
| 利息费用 | 4 574 000 美元 |
| 优先股股息 | 397 000 美元 |
| 归属于普通股股东的净利润 | 5 789 000 美元 |

| 通常所用但错误的报表 | | 正确的报表 | |
|---|---|---|---|
| 利息费用保障倍数 | 2.35 倍 | 利息费用保障倍数 | 2.35 倍 |
| 优先股股息保障倍数 | 14.8 倍 | 利息费用和优先股股息保障倍数 | 2.1 倍 |
| 优先股每股收益 | 56.99 美元 | | |

C. 西宾夕法尼亚电气公司　　1937 年的数字

|  |  |
|---|---|
| 总收益 | 40 261 000 美元 |
| 扣除费用前净收益 | 13 604 000 美元 |
| 固定费用（包括子公司优先股股息） | 8 113 000 美元 |
| 7% 和 6% 优先股的股息 | 2 267 000 美元 |
| A 类股票股息（等级低于 6% 和 7% 优先股） | 412 000 美元 |
| 归属 B 类股票股东和普通股股东的收益余额 | 2 812 000 美元 |

| 通常所用但错误的报表 | | | 正确的报表 | |
|---|---|---|---|---|
| 利息或股息保障倍数 | | 每股收益 | 盈利保障倍数 | |
| 固定费用 | 1.68 倍 | | 固定费用保障倍数 | 1.68 倍 |
| 6% 和 7% 优先股（合并） | 2.42倍 | 16.11 美元 | 费用和优先股股息保障倍数 | 1.31 倍 |
| A 类股票 | 7.43 倍 | 54.79 美元 | 固定费用、优先股股息和 A 类股票股息保障倍数 | 1.26 倍 |

**解释一个明显的矛盾**。我们介绍的有关优先股股息保障倍数的原则会导致一个明显的矛盾，即较之公司债券持有人，优先股股东必须要求更高的最低保障倍数。但在以上案例中，实际的优先股保障倍数却更小。因为对任何公司来讲，获得单一债券利息的安全边际明显要高于同时获得债券利息和优先股股息。这让投资者（和某些作者）产生了评价债券好坏的标准比评价优先股的标准更为严格的印象。但这一看法是完全错误的。① 事实上，如果一家公司同时发行了债券和优先股，只有其债券安全性远高于标准水平时，其优先股才足够安全。相反，如果其债券安全性只是

① 例如，可参见贝吉和古兹曼（R. E. Badger and H. G. Guthmann）在《投资原则与实践》（*Investment Principles and Practices*, New York, 1941）中所写："类似地，人们普遍认为只有在工业债券的利息保障倍数至少达到三倍时，债券才是安全的"（第 316 页）。在作者看来，除非收益在几年内都达到支出和要求支付股息之和的两倍，否则购买工业公司发行的优先股都是投机性的（第 319 页）。人们可以较为确信的是，如果收益超过整体支出的两倍——其中整体支出包括债券利息费用，那么就可以推断公司发行的债券是安全的；同样，如果收益超过支出和要求支付股息之和的 1.5 倍，公司发行的优先股可推定为安全的（第 421 页）。" 另外也可参见波切特（F. F. Burtchett）在《投资品和投资策略》（*Investments and Investment Policy*, New York, 1938）第 325 页提出的，对商业企业发行债券的收益保障倍数要求应高于其所发行的优先股。

刚满足标准水平，则其优先股不能被认定为安全。表 15—3 中的两个例子可以更好地说明这一点。

表 15—3　　评价两家公司的优先股是否安全的数据

| 年份 | 利格特 – 梅尔烟草公司 | | 联邦南方公司（Commonwealth & Southern Corp.） | |
|---|---|---|---|---|
| | 利息费用保障倍数 | 利息费用和优先股股息保障倍数 | 利息费用保障倍数 | 利息费用和优先股股息保障倍数 |
| 1930 | 15.2 | 7.87 | 1.84 | 1.48 |
| 1929 | 13.9 | 7.23 | 1.84 | 1.55 |
| 1928 | 12.3 | 6.42 | 1.71 | 1.44 |
| 1927 | 11.9 | 6.20 | 1.62 | 1.37 |
| 1926 | 11.2 | 5.85 | 1.52 | 1.31 |
| 1925 | 9.8 | 5.14 | 1.42 | 1.28 |

利格特 – 梅尔烟草公司的优先股股息保障倍数（当然包括债券利息）大幅高于我们建议的 4 倍的最低标准，因而，单独的债券利息保障倍数也远高于 3 倍的最低要求。另一方面，1930 年，联邦南方公司固定费用保障倍数刚好在建议的 1.75 倍的最低标准左右。这表明尽管其发行的各类债券可能都符合投资标准，但 6% 优先股必然不能成为投资标的，所以 1930 年以超过面值的价格购入其优先股显然是错误的投资决定。

**"每股收益"公式的误导性**。如果发行优先股之前没有发行债券，收益既可以表示为每股优先股收益多少美元，也可以表示为优先股股息的保障倍数。第二种形式显然更好，原因主要有两点：

- 其一，在没有发行债券时使用"每股收益"的公式，可能导致在发行债券时也使用同样的公式。证券分析师和聪明的投资者应该通过完全摒弃计算每股收益的方法，尽力避免使用这一表示优先股股息保障程度的误导性公式，这是相对重要的原因。
- 其二，需要注意的是每股收益的重要性受优先股市场价格的影响。与市价 125 美元的优先股相比，20 美元的每股收益对市价 80 美元的优先股有更大的意义，因为前者每股收益与市价比仅为 16%，而后者为 25%。此外，对于面值低于 100 美元，或者没有面值且股息率较低的优先股，每股收益的数值失去了可供比较的价值，正如 1931 年克雷斯公司（S. H. Kress）6%（面值 10 美元）、每股收益 18.60 美元的优先股要远远优于其 7%（面值 100 美元）、每股收益 20 美元的优先股。

**股票 – 价值比率的计算**。将该标准应用于优先股，在各方面都与收益保障倍数的标准类似。如果之前发行了债券，应将其同优先股加在一起与普通股的市场价值进行比较。在计算债券的保障水平时，优先股应作为股票权益的一部分加入计算；但在计算优先股的保障水平时，普通股作为非优先股票，是唯一的计算对象。如果第一优先股和第二优先股同时存在，计算第一优先股的保障水平时，应把第二优先股同普通股相加。

**案例**

宝洁公司优先股股票 – 价值比率的计算。

**表 15—4　优先股股票 – 价值比率的计算**　（单位：美元）

| 资本类型 | 面值 | 1932 年每股最低价（美元 / 股） | 按 1932 年每股最低价计算的价值 |
|---|---|---|---|
| 债券 | 10 500 000 | | |
| 8% 优先股（第一优先股） | 2 250 000 | 140 | 3 150 000 |
| 5% 优先股（第二优先股） | 17 156 000 | 81 | 13 900 000 |
| 普通股 | 6 140 000[a] | 20 | 128 200 000 |

注：a. 股份数量。

*A*. 债券的股票 – 价值比率：$\frac{3\ 150\ 000+13\ 900\ 000+128\ 200\ 000}{10\ 500\ 000}=13.8:1$

*B*. 第一优先股的股票 – 价值比率：$\frac{13\ 900\ 000+128\ 200\ 000}{10\ 500\ 000+3\ 150\ 000}=10.4:1$

*C*. 第二优先股的股票 – 价值比率：$\frac{128\ 200\ 000}{10\ 500\ 000+3\ 150\ 000+13\ 900\ 000}=4.6:1$

我们应该用优先股的面值，还是市场价值，同普通股的市场价值进行比较呢？大多数情况下，两者之间没有太大的差距。但伴随无面值优先股发行数量的增加（此外有一些优先股的实际面值与规定的面值不同，比如岛溪煤炭公司［Island Creek Coal company］的优先股和雷明顿兰德公司［Remington Rand, Inc.］的第二优先股[1]），需要根据股息率计算相应的面值。由于上述情形的优先股以及那些市场价值偏离面值较远的优先股（比如诺福克 – 西方铁路公司 1932 年发行的 4% 优先股、伊斯曼柯达 1939 年发行的 6% 优先股）的存在，计算股票 - 价值比率时使用优先股的市场价值似乎是更好的选择。然而在其他情况下，考虑到便利性和前文讨论优先股时提到的异议，我们建议使用优先股的面值而非市场价值，来计算股票 - 价值比率。

## ● 非累积优先股 ●

理论上讲，非累积优先股相比于累积优先股的劣势，类似于一般意义上优先股相比于债券的劣势。非累积优先股无法在未来获得前期留存股息的弱点，与优先股缺乏股息支付强制力的缺陷相匹配。非累积优先股的这一弱点对投资者明显是不公平的，因而几乎要承担所有风险的新证券购买者并不愿意购买非累积优先股，但很多年来新发行的直接优先股几乎都拥有可累积的特征。[2] 非累积优先股一般是由于企业重组计划而发行的，此时，原有证券持有人不得不接受给予他们的任何类型的新证券。但近年来，企业重组发行的优先股也以累积优先股为主，虽然在某些情况下这一权利只有在一段时间后才能得以行使。以奥斯汀尼科尔斯公司（Austin Nichols and Company）面值 5 美元的优先股为例，该股票是在 1930 年的重组计划时发行的，但直到 1934 年才变为累积优先股。与之类似，1935 年发行的全国百货公司（National Department Stores）优先股在 1938 年才最终变为累积优先股。

**针对非累积条款的主要反对意见。**反对非累积条款的一个重要理由是认为即使在收益情况较好的年份，这一条款也允许董事会留存股息，用以满足普通股股东的利益。经验表明，除非是宣告向普通股股东支付股息，否则非累积优先股的股息很

① 岛溪煤炭公司、雷明顿兰德股份公司发行的优先股规定面值分别为 1 美元和 25 美元，但两者的股息均为 6 美元，且在清算时分别按照每股 120 美元和 100 美元计算。因此事实上，它们真实的面值应为 100 美元。同样，美国锌铅冶炼公司（American Zinc Lead and Smelting）规定面值分别为 5 美元的第一优先股和 6 美元的第二优先股的实际面值均为 25 美元。

② 内战后，唯一出售给股东或公众的重要的“直接”非累积优先股是圣路易斯 – 旧金山铁路公司（St. Louis–San Francisco Railway Company）发行的优先股。伊利诺伊中央铁路公司发行的非累积优先股则在发行时赋予投资者可转换的权利。

少被支付；如果普通股股息支付无法继续，非累积优先股股息大多也会在不久之后停发。①

**案例**

圣路易斯－旧金山铁路公司是一个典型的案例。1916—1924 年，虽然公司每年的收益几乎都足够支付优先股股息，但是却从未真正派发股息。直到公司普通股股息开始被支付，（旧）优先股股东才开始收到股息。1931 年，普通股股息支付中止，（新）优先股股息支付也在开始不满一年内，即告停止。

这种严重不公正的做法使得新泽西法院在美国铸铁管公司案中（United States Cast Iron Pipe Case）② 做出判决：如果公司收益足以支付非累积优先股股息，但却未能实际支付，非累积优先股股东此时有权在普通股股东获得股息之前，要求公司派发未付优先股股息。这意味着在新泽西，非累积优先股股东被赋予针对公司收益足以支付的未付优先股股息可累积的请求权。然而美国最高法院却在沃巴什铁路公司案（Wabash Railway Case）③ 做出了相反的判决，指出虽然非累积优先股条款不利于股东，但既然优先股股东同意购买，实际上就等同于他们同意接受该类条款。这一判决从法理上看没有任何问题，但鉴于针对非累积条款的内部反对意见甚众（主要因为条款使董事拥有制定不公平政策的机会），很多州的立法机构仍然参照新泽西的判例，通过禁止发行完全非累积的优先股，要求公司至少在收益足以支付时可累计地支付优先股股息，从而使这一判例具有法律效应。此外，目前已有很多案例通过

① 该论述的一个特例是堪萨斯城南铁路公司（Kansas City Southern Railway Company）发行的 4% 非累积优先股，其在 1907—1929 年均派发股息，但与此同时，公司普通股股东没有获得任何股息。圣路易斯西南铁路公司（St. Louis Southwestern Railway Company）发行的 5% 非累积优先股在 1923—1929 年全额发放股息，而普通股股东同样没有获得；但是在此之后，虽然公司收益足以保障优先股股息发放，却被全额或部分保留（因此确定无法获得）。

② 参见《戴诉美国铸铁管公司案》（*Day v. United States Cast Iron Pipe and Foundry Company*）以及《莫兰诉美国铸铁管公司案》（*Moran v. United States Cast Iron Pipe and Foundry Company*）。

③ 参见《沃巴什铁路公司等诉巴克莱案》等（*Wabash Railway Company et al. v. Barclay et al.* 以及 *Barclay v. Wabash Railway*）。另可参见小伯利（A.A. Berle, Jr.）和 G. C. 米恩斯（G. C. Means）所著《现代公司与私有财产》（*The Modern Corporation and Private Property*）第 190 页至 192 页。

在协议条款中加入相关内容，也实现了这一结果。[①]

## 21 只投资级优先股的特征

1932 年在纽约证券交易所上市的 440 只优先股中，只有 40 只（9%）是非累积的。其中，29 只的发行人为铁路公司或有轨电车公司，11 只的发行人为工业公司。但是读者会奇怪地发现，1932 年，持续以投资级价格交易的优先股只有 21 只，其中非累积优先股高达 4 只。这些投资级优先股的其他特性可总结如下（参见第 256 页）：

1. 非累积优先股及有债券偿付义务在前的优先股在 21 只"优秀"优先股中所占比例都高于各自在纽约证券交易所上市优先股中的比例。

2. 工业优先股中，最具代表性的是鼻烟行业发行的优先股，共有 3 家公司。

3. 其他特性：

   a. 只有一只优先股包含偿债基金条款；
   b. 一只优先股是第二优先股（宝洁公司）；
   c. 一只优先股面值仅 1 美元（岛溪煤炭公司）；
   d. 一只优先股可按 1932—1933 年最低市价附近的价格提前赎回（通用电气）。

**形式、名称或法定权利事宜相对不重要。**我们相信，由以上数据并不能总结推导出以下绝对性的结论：

---

① 具体案例可参考乔治富勒公司（George A. Fuller Company）发行的 3 美元可转换股、艾奥利安公司（Aeolian Company）发行的 6%A 类优先股、美国运输公司（United States Lines Company）发行的可转换第二优先股。关于优先股的这一趋势最近在许多铁路公司重组计划的条款中都有体现，比如可参考 1936—1938 年的芝加哥 – 东伊利诺伊铁路公司（Chicago and Eastern Illinois Railroad）、密苏里太平洋铁路公司（Missouri Pacific Railroad）、伊利铁路公司（Erie Railroad）以及圣路易斯 – 旧金山铁路公司（St. Louis–San Francisco Railroad）。较早的此类案例包括匹兹堡 – 扬斯敦 – 阿什塔比拉铁路公司（Pittsburgh, Youngstown and Ashtabula Railway）。但在该例中，股息只有在收益足够支付 7 美元但却未实际全额支付时才是可累积的。

（1）非累积优先股优于累积优先股；

（2）有债券偿付义务在前的优先股优于没有债券偿付义务在前的优先股；

（3）鼻烟行业公司的优先股是安全的投资标的。

这些出人意料的结论有力地证实了我们的基本论断，即形式、名称或法定权利相对而言并不重要，各独立发行人的业务表现才最为关键。如果某一优先股一直能够按时足额支付股息，则其未支付股息可累积与否其实就只是一个学术问题。同理，优先股次于债券的合同权利也不再有任何实际意义。在处于大萧条时期的 1931 年，由于美国烟草公司的收益超过其优先股股息的 16 倍，而且公司愿意以高达 125 美元的价格回购大部分优先股，使得可累积条款的缺少并未让优先股股东有任何担忧。当然，这仅仅是一个特例。作为实际投资策略的重要一点，我们建议，无论非累积优先股表现得多么优异，投资者还是应只选择购买累积优先股，从而在经济形势发生意想不到的变化时，获得更好的保障。①

**重要的并不是需要优先偿付的债券是否存在，而是其数额大小**。需要注意的是，拥有需要优先偿付的债券的公司在我们的名单中数量相对较多，与证明是否存在优先债券相比，更重要的是优先债券的数额大小。以我们名单中的三家公司为例，由于这些公司历史悠久，因此其发行的债券仅仅是名义上的，它们中的一些实际是旧债务融资余下的较小的一部分。②

碰巧的是，我们名单中全部三只非累积工业优先股发行人都是鼻烟公司。这一事实很有趣，原因并不在于其证明了鼻烟公司卓越的投资属性，而是有力地提醒了投资者不能仅仅依靠个人对公司所处行业的认识判断某一证券的优劣势。在选择固

① 参见美利坚汽车与铸造公司（American Car and Foundry Company）发行的 7% 非累积优先股的案例。在 1928 年前的许多年内，该债券的价格一直高于美利坚烟草公司 7% 非累积优先股。1929 年，公司停止了连续 30 年不间断的股息派发。在此之前的 20 年，该优先股市价从未低过 100 美元。但到了 1932 年，由于股息长时间未支付，其价格大幅滑落至 16 美元。类似的案例是艾奇逊－托皮卡－圣菲铁路公司（Atchison, Topeka and Santa Fe Railway Company）发行的 5% 非累积优先股，该股票在 1901—1932 年全额支付股息，并在较长时期内被看作“金边投资”。1931 年年底，该优先股市价高达 108.25 美元，距离历史高点只有 0.5 美元，对应的收益率却仅为 4.6%。但 1932 年，其价格下跌至 35 美元，一年后，股息率又下降至 3%。其后股息率恢复至 5%，但是在 1938 年，股息又全部未能按时派发。同样，1939 年愿意以 112 美元购入诺福克－西方公司 4% 非累积优先股的投资者也遇到了以上困境。

② 这些公司包括通用电气、美国烟草公司和玉米产品提炼公司。密歇根大学的罗德基博士（Dr. Rodkey）通过去除发行额不足资本和盈余 10% 的债券，部分证实了该结论。

定价值投资对象时，投资者需要关注的重点可能仅仅包括：过去较长时期内的优异表现、内在稳定性的有力证据以及不存在导致未来出现重大问题的具体原因。之前我们总结的其他特性（参见第 3 点）同样有效地表明，表面形式以及较小的瑕疵不会对投资质量产生实质性影响。

# 16

# 收益债券和担保证券

## I. 收益债券

根据收益债券（有时也被称为调整债券）的合同说明，其地位介于普通债券和优先股之间。事实上，几乎所有收益债券都设定了一个具体的到期时间，因此债券持有人享有在固定时间无条件收回本金的权利。在这个意义上，收益债券持有人的地位与其他普通债券持有人的地位完全相同。然而需要注意的是，收益债券的存续期间往往较长，通过对典型案例进行研究发现，收回本金的权利在实践中并没有太大的意义。实际上，我们只发现了一个收益债券持有人在到期时全额收回本金的案例。①

### ● 利息支付有时完全是随意的 ●

在利息支付问题上，一些收益债券与优先股非常类似，因为董事会在实践中完全拥有决定支付给债券持有人多少利息的自由裁量权。收益债券的常用条款一般会规定只有收益可支付利息时，利息才会被支付，但是许多债券合同允许董事会在计

---

① 密尔沃基湖滨－西部铁路公司（Milwaukee Lake Shore and Western）1881 年发行的 500 000 美元 6% 收益债券，1891 年后由芝加哥－西北铁路公司承担偿付义务，并于 1911 年到期时全额偿还本金。圣路易斯－旧金山铁路公司发行的 6% 收益债券和 6% 调整债券均在 1928 年按面值被赎回，分别较到期日提前了 32 年和 27 年。由于该公司于 1932 年进入破产管理程序，以上做法对债券持有人来说是非常幸运的。其于 1916 年结束破产管理，并于 1932 年重新进入破产管理的历史是投资者和投机者由于掉以轻心导致投资失败的典型案例，他们仅仅因为公司在几年内业务表现良好并稳定增长，就给予之前业绩记录较差、拥有重资本结构的铁路公司债券较高的投资等级。

算收益是否“可支付”之前，留存任意比例的收益用于资本支出或是其他目的。比如，绿湾–西部铁路公司（Green Bay and Western Railroad Company）“B系列”收益信用债券在1922—1931年只支付了占约定总额6%的利息，虽然与此同时，公司收益达到了约定总额的近22%。近年来新发行债券的合同（比如科罗拉多燃料和钢铁公司1970年到期的5%收益债券）倾向于限制以类似方法留存应属于收益债券持有人的收益的做法，却仍然为董事会预留了足够的操作空间。因此可以说，任何收益债券的投资等级都在直接优先股和普通债券之间波动。

## ●收益债券整体投资等级较低●

从协议上看，收益债券持有人的权利或多或少优于优先股，因而会有人认为同优先股相比，具有投资价值的收益债券为数更多。然而事实并非如此，我们只知道一只在任何时期内均具有投资价值的收益债券，即艾奇逊–托皮卡–圣菲铁路公司发行的1995年到期的4%调整债券。[①] 此时，理论与实践出现了矛盾，背后的原因主要在于收益债券的发行通常与公司重组相关，而该类公司的信用评级不会太高。因此，对收益债券而言，利息支付取决于收益的事实意味着该类公司收益有可能不足。对优先股来说，虽然股息也取决于收益，但却无法得出上述推论。因此，整体来讲，收益债券的投资状况是由其发行的环境，而非附带的法定权利决定的。用一个类比来说明：如果在英国，公司只要条件允许就尽量避免发行抵押债券，只有当其信用状况不佳，有必要对持有人予以保护时才发行抵押债券，那么我们会发现，一般而言，抵押债券的投资等级会明显低于信用债券。[②]

---

① 该公司在超过40年未间断支付利息后，在1938年突然发生改变，规定于5月1日支付的利息（债券利息每半年支付一次）被推迟至6个月后支付。债券价格在1938年从103.25美元下降至75.125美元，此后回升至96.25美元。这个案例生动展现了投资者如何热衷所谓的“金边债券”。

一些铁路公司的担保收益债券维持了较高的投资等级，与铁路公司的担保股票类似。

案例：埃尔迈拉–威廉斯波特铁路公司（Elmira and Williamsport Railroad）发行的2862年到期的5%收益债券，由宾夕法尼亚铁路公司和其一家重要的子公司担保。（注意这一债券长达1 000年的到期期限。）此外可以参考芝加哥–特雷霍特–东南铁路公司（Chicago, Terre Haute and Southeastern）在重组期间发行的5%收益债券，由芝加哥–密尔沃基–圣保罗–太平洋铁路公司担保（见第277页）。

在所有新发行的收益债券中，有一只从一开始就具有投资资格：联合所有者公司（Allied Owners Corporation）发行的4%~5%债券，事实上由洛兹股份公司（Loews, Inc.）担保。在作者看来，在1936年重组过程中，将其变为收益债券是非常合适的。

② 1937—1939年工业公司融资情况说明了该点，这一期间几乎所有新发行的工业债券都是信用债券，且票面利率非常低。因此我们认为可以说，工业信用债券比工业抵押债券的投资级别更高。

## ● 收益债券的数量可能增加 ●

在未来，收益债券在投资品中所占比例将会高于优先股。1930—1933 年的大萧条时期，大量公司重组的发生以及铁路公司业绩持续低迷，导致收益债券数量大幅增加，这些公司日后可能走出困境，使得其发行的收益债券进入投资级的行列，如同艾奇逊－托皮卡－圣菲铁路公司 1895 年重组后的情况一样。至此我们还忽略了一点，即同优先股相比，收益债券为公司减轻了巨大的税收负担，并且不会造成重要的、需要弥补的缺陷。因此在未来，由于节税效应明显，某些大公司可能会用收益债券取代现有的优先股，或者类似目前通过人为降低面值以减轻交易税的做法，将收益债券作为新的融资手段。未来，收益债券可能会大规模扩张，并成为固定收益的重要投资标的。①

## ● 收益债券安全边际的计算 ●

研究分析收益债券的方法同优先股完全相同，虽然统计机构采用单独计算债券收益的方法，但投资者绝不能这样做。

我们在上一章中建议利用最低收益保障倍数计算优先股的安全边际，这一倍数在选择作为固定收益证券标的的收益债券时，仍然需要使用。

**案例**

通过对密苏里－堪萨斯－得克萨斯铁路公司（Missouri-Kansas-Texas Railroad Company）1930 年损益表（表 16—1）的分析，我们将展示如何处理那些发行调整债券的公司发行的优先证券。与此同时，通过分析可以看出两种计算铁路公司固定费用的方法（在第 12 章中有所讨论）如何被应用于收益债券和优先股的分析。

---

① 联合天然气和电力公司（The Associated Gas and Electric Company）设计了一种发行公司可以任意转化为优先股的"债券"，在不用承担债券义务基础上实现了节税。这种特别发明对投资者的误导程度比收益债券高得多。

对于处于重组期的铁路公司，收益债券比优先股更受欢迎，因为保险公司受到的法律约束使它们难以用优先股替代原有的债券。考虑这个因素和节税效应，公司在开展新融资时，会选择收益债券，而非优先股。

需要注意在计算固定利息债券的收益保障倍数时，总利息费用不包括收益债券或调整债券的利息。如此来看，收益债券的投资等级同优先股完全相同。另外还需要注意的是，统计部门公布的密苏里 – 堪萨斯 – 得克萨斯铁路公司收益达到 5% 调整债券的 57.28%（即其利息保障倍数超过 11 倍）的数据是没有价值，或存在误导性的。

表 16—1　密苏里 – 堪萨斯 – 得克萨斯铁路公司（1930 年）　（单位：千美元）

|  |  |
|---|---|
| 总收入 | 45 949 |
| 铁路运营收入（税后净收入） | 13 353 |
| 总收入（扣除租金后净值，加其他收入） | 12 009 |
| 固定费用（固定收益债券利息和其他应扣项目） | 4 230 |
| 可用于支付调整债券利息的余额 | 7 779 |
| 调整债券利息 | 696 |
| 可用于支付股息的收益（净收入） | 7 083 |
| 优先股股息 | 4 645 |
| 归属于普通股股东的净利润 | 2 438 |

税后净收入超过总收入，因此使用净扣除法进行计算。

净扣除 = 税后净收入 – 可用于支付调整债券利息的余额

= 13 353–7 779

| | | | 保障倍数 |
|---|---|---|---|
| 净扣除 | = | 5 574 | $\frac{13\,353}{5\,574}=2.40$ |
| 净扣除 + 调整债券利息 | = | 6 270 | $\frac{13\,353}{6\,270}=2.14$ |
| 净扣除 + 调整债券利息 + 优先股股息 | = | 10 915 | $\frac{13\,353}{10\,915}=1.22$ |

**1931 年初这些数字对投资者的意义**。1930 年，密苏里 – 堪萨斯 – 得克萨斯公司的收益略低于之前十年的均值，表面上大致反映了其正常的盈利能力。无论从哪个投资角度看，优先股的保障倍数都明显不足。使用更为保守的方法（净扣除法）计算的收益债券利息保障倍数要低于我们建议的 2.5 倍这一最低标准，因此该债券不属于投资级。固定收益债券利息保障倍数大幅高于我们建议的最低标准，说明其拥有较高的保障水平。

1931—1933 年公司收益灾难性的下滑是难以预见或有效规避的。1932 年，公司固定收益债券的市场价格大幅下跌；但由于公司拥有较为保守的债务结构，因此并没有像其他大多数铁路公司一样面临破产的困境。实际上，1932—1934 年，尽管没有支付收益债券利息的义务，公司仍然予以了支付。

之后的进程对债券投资有实践意义，我们将予以说明。首先，表 16—2 应有启发性作用。

**表 16—2　　1930—1938 年密苏里 – 堪萨斯 – 得克萨斯公司固定收益债券数据**

| 年份 | 用于支付利息的余额 | 净扣除收益保障倍数 | 一年内变动区间 | |
|---|---|---|---|---|
| | | | 4.5% 固定利息债券，1978 年 | 5% 调整债券 |
| 1930 | 11 999 000 | 2.40 | 92.5~101 | 86~108.5 |
| 1931 | 5 579 000 | 1.22 | 43.5~98 | 34~95 |
| 1932 | 4 268 000 | 1.01 | 36~70.75 | 13~60 |
| 1933 | 3 378 000 | 0.86 | 55~77.5 | 32.75~65 |
| 1934 | 2 093 000 | 0.65 | 63.125~83.75 | 29~62.5 |
| 1935 | 2 457 000 | 0.71 | 28.5~64 | 11.25~36.5 |
| 1936 | 4 773 000 | 1.09 | 52.5~83 | 30.75~74.75 |
| 1937 | 3 274 000 | 0.86 | 38~79.75 | 18.5~80 |
| 1938 | 1 120 000 | 0.49 | 25~45.75 | 10~24 |

可见 1930 年的收益事实上并不能反映密苏里 – 堪萨斯 – 得克萨斯公司未来正常的盈利能力。然而，对于在 1931 年购入其固定利息债券的个人投资者来讲，投资决策的失误不会带来很大的损失。因为即使公司收益和债券投资质量不断下降，投资者在未来 6 年里仍然有数次获利了结的机会。正如我们之后（第 21 章）会谈到的，拥有正确投资技巧的投资者会在情况发生变化时卖出所持有的债券。

1934 年后，调整债券的利息只在 1937 年被支付。债券价格的变动范围是个有趣的现象，主要反映了债券投资者的注意程度不够。比如，1937 年价格到达高点时，虽然公司整体收益保障水平较低，且优先债券在 1932 年、1934 年和 1935 年的价格高出调整债券两倍，投资者购买 5% 调整债券和 4.5% 固定利息债券的价格却相同。

## ● 优先收益债券 ●

在收益债券中，有一种类型的留置权比其他承担固定利息的债券拥有更高的级别。艾奇逊公司发行的 4% 调整债券就是广为人知的例子，留置权级别在此之后的是 4% 固定利息信用债券，除了在 1938 年外，信用债券的价格均低于前者。圣路易斯西南铁路公司发行的 4% 第二收益债券的情况也类似。① 尽管此类债券在理论上很难界定，但其实在整体上，显然应该将其利息视作公司固定费用的一部分。

# Ⅱ. 担保债券

担保债券本身并不具有任何特别的投资属性。缺乏经验的投资者或许会认为名称中的“担保”就意味安全。然而，毫无疑问，担保的价值严格取决于担保公司自身的财务状况。如果担保方一无所有，则担保是毫无意义的。与投资新手的态度不同，华尔街倾向于低估担保债券的价值，表现为担保债券价格低于担保方的信用债券甚至优先股。从 1915 年卡诺瓦和霍金煤炭与焦炭公司案（Kanawha and Hocking Coal and Coke Company case）开始，这种复杂的针对担保债券的不信任感就产生了。在此案件中，作为担保方的铁路公司通过声称其 1901 年所做的担保由于超出了公司权限而无效，以极力逃避应承担的责任。尽管担保方的诉求受到俄亥俄州和联邦法院有关反垄断案件结论的支持，但最终还是以失败告终。不过，其对所有担保债券的价值产生了负面影响，甚至在 25 年后，这种影响依然存在。② 我们尚未找到具有偿

① 同其他非优先固定利息债券相比，该公司的各种重组方案（1936—1939 年）都赋予了 4% 次级收益债券更高级别的留置权。沃巴什铁路公司发行的 1939 年到期的 6% 非累积收益信用债券是一个特例，因为其利息以公司的“净收入”来支付。尽管叫信用债券，但它其实是用直接留置权作为抵押，同时拥有较沃巴什铁路普通偿债抵押债券更高的优先权。根据债券协议，非累积利息的支付取决于收益情况，但该债券的利息在 1916—1938 年一直被按时支付，即便是在 1931 年公司进入破产管理程序且在 1932 年未能支付低级抵押（固定）利息债券的利息的情况下。一直到 1939 年年底，沃巴什经历了许多重组计划，但该收益债券持有人一直被较好地对待。

② 参见附录注释 29，以了解这一知名判例的简史。

付能力的公司通过法律途径逃脱担保责任的重要案例。①

## ● 担保债券的地位 ●

如果公司为利息、股息或本金支付提供担保，那么无法履行此义务将导致公司资不抵债。担保债券持有人对担保方的请求权与信用债券持有人对发行公司的请求权相同，因此，担保债券的投资等级应同担保公司发行的信用债券相同，并高于其优先股。担保债券同样属于可投资证券，因为其等级和盈利能力与担保无关。在这种情形下，担保可以增强债券的安全性，而且即便担保公司业务发展出现问题，也不会降低其安全性。

**案例**

布鲁克林高架铁路公司发行的 5% 债券（见第 92 页）由布鲁克林高地铁路公司（Brooklyn Heights Railroad Company）提供担保，后者于 1919 年进入破产管理程序。但因为前者自身在布鲁克林快速轨道交通体系中的重要地位，该债券经历重组后仍然毫发无损。类似的是美国工业酒精公司（U. S. Industrial Alcohol Company）的优先股股息由美国蒸馏公司（Distilling Company of America）担保，虽然后者破产，但前者凭借自己的盈利就能轻松支付股息，并最终以 125 美元的价格回购了该优先股。

由其他公司全额担保的普通股或优先股与由担保公司担保的债券相同。如果担保没有意义，那么它们就自然回到一般股票的行列——安全性通常会变得更差，但也有可能变得更好，比如刚刚提到的美国工业酒精公司优先股案例。与此类似的是受担保的收益债券（比如芝加哥 – 特雷霍特 – 东南铁路公司发行的 5% 收益债

① 然而，钱德勒法（联邦破产法）第 11 章有关“资不抵债”较为晦涩的定义，使得担保债券持有人可以在不损害担保公司利益的前提下修改相关合同，并强迫少数持有人接受修改。案例：1939 年 3 月由美国房地产改进公司担保的三一建筑公司发行的 5.5% 担保债券担保项的修改。

可以将其同 1932 年 10 月同样由美国房地产改进公司担保的萨伏伊广场公司（Savoy Plaza Corporation）发行的 5.5% 信用债券由担保方全额偿付情况相比，当时萨伏依广场公司未担保第一抵押权债券价格仅为 5 美元。此外还可注意，虽然 1939 年作为担保方的特拉华 – 哈德逊铁路公司（Delaware and Hudson Railroad）已经很长时期内没有运营该线路，其还是对尤蒂卡 – 克林顿 – 宾汉姆顿铁路公司（Utica, Clinton and Binghamton Railroad）发行的 5% 第一债券提供了全额偿付。

券，[①] 由芝加哥－密尔沃基－圣保罗－太平洋铁路公司担保）。

如果债券只是部分被担保，则担保的价值会非常明显地展示出来，如表 16—3 所示。

**案例**

**表 16—3 阿纳卡斯蒂亚－波托马克河铁路公司 5% 第一抵押权债券，1949 年到期**

| | |
|---|---|
| 500 000 美元由华盛顿铁路和电力公司担保 | 1939 年的价格为 110 美元 |
| 2 100 000 美元无担保 | 1939 年的价格为 80 美元 |

在此案例中，阿纳卡斯蒂亚－波托马克河铁路公司的收益保障水平不足（1938 年为 1.36 倍），但担保公司的收益保障倍数很高（合并口径下，1938 年超过 4 倍；只计算母公司并包括所有可能涉及的利息，则超过 11 倍）。

## ● 具体的担保条款至关重要 ●

很显然，具体的担保条款对担保价值具有极为重要的意义，正如只担保利息要比同时担保利息和本金作用小很多。

**案例**

菲律宾政府只对菲律宾铁路公司（Philippine Railway Company）发行的 1937 年到期的 4% 第一抵押权债券的利息进行担保。由于铁路公司本身的盈利能力很差，债券到期时，利息可以立即得以支付，但本金却无法偿付。该债券的价格反映了这一状况，自 1929 年以来，其价格从未超过 39 美元。[②]

① 虽然担保公司 1935 年进入破产管理程序，并且在自身全部债务上违约，但在 1939 年前，该收益债券的利息一直按时支付。出现这一情况，无关担保，而在于特雷霍特分公司战略上的重要性和很强的盈利能力。注意，在此案例中，部分的第二抵押收益债券要远远优于整体的第一抵押收益债券。因此，不是债券的形式，而是债券的实际情况最终决定了债券的表现。

② 公司保障委员会力图让菲律宾政府购买该债券或者承担本金的担保义务，最终却导致丑闻出现，委员会主席在 1939 年被宣判入狱。1939 年该债券价格只有 7 美元。

明尼阿波利斯–圣保罗–苏圣玛丽铁路公司（Minneapolis, St. Paul and Saulte Saint Marie Railroad）发行的1938年到期的4%和5%第一合并债券，所有4%债券和约一半5%债券的利息由加拿大太平洋铁路公司担保。到期时本金无法得到偿付，而且担保公司停止支付利息，所以该债券价格跌至6美元。①

另一方面，该公司发行了1978年到期的5.5% B系列第一替续债券，其利息的次级留置权同样由加拿大太平洋铁路公司担保。因此，在高级留置权违约的情况下，持有人仍然可以获得利息。该债券1939年的价格为64美元，而优先债券的价格仅为6美元。注意，在1931年其价格低至35美元，而1938年到期5%第一合并担保债券价格为45美元，加拿大太平洋铁路公司（无抵押）信用债券的价格为56.875美元。很明显，加拿大太平洋铁路公司提供担保的长期担保债券的价值在1931年并未得到充分挖掘。

与之类似的一个劣势体现在较短时期内对股息的担保上。

**案例**

美国电报电缆公司（American Telegraph and Cable Company）的普通股可以说明以上情况。其5%的股息由西部联合电报公司（Western Union Telegraph Company）自1882年开始提供50年的担保，与此同时，后者与前者签署了至1932年的租赁合同。鉴于股息很长时间内一直按时支付，投资者逐渐将其视为固定收益，因此，1922年时公司股票价格达到每股70美元。但与此同时，租赁电缆的战略价值或贸易价值快速下降，因而在租赁期届满时，股票价值很有可能将缩水至非常低的水平。1930年，西部联合电报公司找到了一个解决方法，即向美国电报电缆公司股东支付每股约20美元作为其股票的本金。②

惠普公司（Pratt and Whitney）发行的优先股（1928年回购）是体现具体担保条款重要性的一个特例。根据招股说明书，此优先股的股息由母公司奈尔斯–比门特–

① 1939年，债券持有人利用法律途径，要求加拿大太平洋铁路公司继续支付利息，直至本金完全被偿付。

② 机敏的投资者可能会通过1913年以来西部联合电报公司年报中的陈述发现一些潜在的警报信号，包括其开始每年对美国电报电缆公司的持股进行了资产减记，1932年达到每股10美元的水平。

庞德公司（Niles-Bement-Pond）提供“担保”。然而事实上，母公司同意支付股息的条件是当且仅当其在支付自身的优先股股息后仍有盈余。因此，从 1924 年 11 月至 1926 年 6 月，惠普公司优先股股东并未收到股息，而他们也难以要求母公司承担担保义务。如此来看，这种特殊条款确实有可能存在，因此投资者在购买证券前，一定要格外留意所有有关担保的具体条款。

## 共同担保债券

此类担保债券是指超过一家公司作为担保人为债券提供担保，每个担保人不仅根据自身份额承担责任，而且当其他担保人违约时，也要承担连带责任。也就是说，每个担保公司都存在对整个债券的潜在义务。考虑到两家或更多公司参与担保要优于一家公司担保，共同担保债券拥有一些独特的优势。

**案例**

共同担保债券最为人所熟知的是联合铁路车站发行的债券，其中一个突出的案例是由 12 家以上铁路公司共同担保的，1960 年到期的堪萨斯城终点铁路公司（Kansas City Terminal Railway Company）发行的 4% 第一抵押权债券，担保公司使用公司设备作为担保。这 12 家担保公司包括：艾奇逊、阿尔顿（Alton）、伯明顿（Burlington）、圣保罗（St. Paul）、大西部、罗克岛（Rock Island）、堪萨斯城南方（Kansas City Southern）、密苏里 – 堪萨斯 – 得克萨斯、密苏里太平洋、旧金山、联合太平洋和沃巴什铁路公司。

由于路线与时间的不同，用于担保的线路价值差异性很大，但至少有三家以上的公司一直保持着良好的财务状况，足以确保该债券持有人的权益得到充分保障。显然，投资者尚未充分意识到同一家担保公司相比，12 家担保公司共同担保所能带来的更优质的保护。因为堪萨斯城终点铁路公司的债券价格变化情况显示，其价格并未高于由其担保公司独立发行的债券，后者的投资安全性在日后不断受到挑战，但前者的安全性却是毋庸置疑的。①

① 相关数据请参见附录注释 30。

所以，对于投资者而言，由多家大型企业共同提供担保的债券要优于只有一家担保公司的债券，前者应得到更多关注。

## ●联邦土地银行债券●

作为共同担保债券另一种重要的形式，联邦土地银行债券以农地抵押贷款的保证金作为担保。12 家从事这一业务的银行各自发行的债券由另外 11 家银行共同担保，因此可以说任何一只联邦土地银行债券都是整个系统的债务责任。这些银行开始设立时，同时也出现了一批同样发行土地银行债券的合股土地银行，但是其发行的债券并不由其他合股土地银行进行担保。①

以上两种土地银行系统都接受美国政府的监管，它们发行的债券也享受免征联邦税的待遇。实际上，联邦土地银行的股份最初都是由美国政府认购的（但不承担其发行债券的连带责任），合股土地银行的股份则为私人所有。

两大银行系统刚成立之时，投资者倾向于认为联邦监管和免税政策是保证合股土地银行债券安全性的重要因素，因此，即使其收益率仅高于联邦土地银行债券 0.5%，他们也愿意购买。通过比较无担保的合股土地银行债券与相互担保的联邦土地银行债券，可以注意到以下的结论：

1. 假设农地贷款系统运行非常通畅，担保就是多余的，因为每家银行都会为债券提供充分的保障。
2. 假设该系统运行完全失败，担保同样没有意义，因为此时所有银行均会资不抵债。
3. 在以上两种极端情况之间，共同担保被证明拥有非常重要的价值。尤其是当发行债券的开展农地贷款业务的地区因为自身因素影响面临很多不利条件时。

---

① 名称中的“合股”是指银行的股份由不同形式的利益主体共同持有，但其可能给投资者留下一个错误的印象，认为各家银行的债务由所有银行共同承担责任。为了更深入地了解该类银行的业务和对其的批评，参见卡尔·H· 施瓦兹（Carl H. Schwartz）所著的《合股土地银行的金融学研究》（*Financial Study of the Joint Stock Land Bank*, Washington, D. C., 1938）。

考虑到农地贷款系统属于一个崭新的、没有经验可供借鉴的业务，投资者应当最大限度地寻求保障措施，因此，那些为了 0.5% 的额外收益而放弃共同担保的投资者，显然做了一个错误的投资决策。①

① 1930—1932 年，许多合股土地银行债券违约，其中相当一部分以清算价格出售，并且所有该类债券价格都下降至投机级价格水平。另一方面，联邦土地银行债券不仅没有发生违约，其价格缩水程度也较为适度，一直维持在投资性价格水平之上。联邦土地银行债券相对良好的表现在很大程度上要归功于美国政府不断向此类银行注入额外资本金，并对其严格监管。此外，共同担保责任无疑也具有重要意义。

还需要注意，尽管安全性难以得到保障，但许多州仍然将合股土地银行债券作为信托基金的法定投资对象，这一现象在 1932 年后依然在继续。从 1933 年 5 月开始，合股土地银行被禁止开展新业务，破产管理程序有序进行。

# 17

# 担保证券（续）

## 房地产担保抵押贷款与房地产抵押债券

在房地产抵押领域，担保证券的发展最为广泛，其类型主要有两种：一是由参与出售抵押资产或抵押凭证的公司（或子公司）提供担保；二是目前最常见的由独立第三方担保公司提供担保，其通过承担或有债务，收取一定的费用。

显然，房地产抵押贷款担保的思路同保险行业相同。抵押贷款持有人为了保护自身利益，以收益回报的一部分为成本，抵御未来可能出现的影响其资产价值的不利因素（比如周边环境的变化）。用充足的保费换得对资产的保护，是保险行业良性运营的基本因素，当然前提是要审慎处理各阶段的业务。在满足以下条件时，这样的安排会更容易获得成功：

1. 开始时较为谨慎地发放抵押贷款；
2. 担保公司规模较大、管理良好，独立于出售抵押贷款的机构，同时在除房地产行业以外的其他行业开展多元化业务；
3. 整体经济环境并不处于异常的强烈波动时期。

1929 年后房地产价格的剧烈下滑使得第三个条件无法得到满足。相应地，房地产抵押贷款担保人在这一时期的业务表现也难以准确预示未来的价值，不过其展现的一些特征仍值得我们讨论。

## ● 业务管理曾相对保守 ●

抵押贷款担保业务在 1924 年前后的运作方式完全不同，1924 年以后，宽松的方式使得该业务在金融领域的重要性与日俱增。

公平地说，如果我们对纽约市从事房地产抵押贷款担保业务的龙头机构（比如债券抵押担保公司和律师抵押贷款公司）的相关政策进行研究，会发现该项业务的管理多年来一直比较保守。任一抵押贷款的数额都不允许超过抵押资产价值的 60%，并且经严格审核后才予以发放；单笔数额较大的抵押贷款将被拒绝；从地理位置的角度上讲，能够实现风险的分散化。诚然，担保公司并不能完全独立于抵押贷款的销售公司，它们也不会发展其他类型的担保业务。同时，由于担保抵押贷款期限通常只有 3~5 年，因此会造成大量贷款在最不方便的时间同时到期。这种现象在现实中确实发生过。然而，正是因为这些公司一直坚持审慎的业务管理方式，才能顺利应对险情，如 1908—1921 年房地产市场的大萧条时期。

## ● 已得到发展的更为激进的业务管理新方式 ●

新时期建设热潮的出现，以房地产抵押贷款业务及其债券担保业务的极大发展为标志。新的人员、资金和方法进入这个领域，原来长期开展这一业务的小型地方公司开始向在全国范围内开展业务的大型公司转变。这些公司一直着重宣传其之前获得的成功，使得公众印象非常深刻。但公众却没有意识到，公司的规模、业务运作方式及其雇员都发生了较大的改变，事实上，他们面对的是一个全新机构。在前面的章节中，我们曾经指出这一时期的房地产项目融资方式非常轻率且不安全。抵押贷款自身的缺陷也反映在其担保的业务上，这是需要格外留意的一点。从这个意义上讲，担保公司仅仅是房地产抵押债券发行公司的附属单位。因此，抵押资产的价值、房地产抵押债券发行公司及其附属的担保公司在危机来临时往往会同时崩溃。

## ● 竞争和传染的恶劣影响 ●

新成立的、更为激进的房地产债券机构的崛起，对原有机构的决策制定产生了非常恶劣的影响。迫于竞争压力，原有机构也开始降低贷款标准。新抵押贷款的发放条件日益宽松，到期旧贷款通常以更大数额直接被展期。另外，抵押贷款担保面额上升至担保公司资本金的数倍之高。如此一来，一旦房地产价格整体下降，担保将明显起不到保障抵押贷款安全性的作用。

1931 年的房地产市场崩溃，首先受到冲击的就是那些新设立的房地产债券发行公司及其附属的担保公司，它们几乎全线瓦解。随着萧条的持续，老公司也难以独善其身。担保抵押贷款或抵押凭证的持有者（由纽约抵押公司担保的总额就达到约 3 000 000 000 美元）发现，担保只不过是个幌子，它们能否兑现主要取决于标的资产的价值。大多数情况下，抵押贷款的数额远远超过经投资者审慎判断后同意承担的额度。不难发现，1932 年未偿抵押贷款中，只有很小一部分是在较为保守的环境和原则下，依据类似 8 年前的规定发放的。

## ● 由独立担保公司提供担保 ●

1924—1930 年，一些独立的担保和保证公司将业务拓展至为房地产抵押贷款提供担保服务，以获得一定的费用或保费。理论上看，这是该类业务最安全的运作方式。一是独立担保公司通常拥有不错的实力和必要的经验，二是由于这些公司完全独立，应该会对需要担保的标的进行较为严格的审查。然而，在很大程度上，这些理论上的优势被公司在房地产市场崩溃不久前开展房地产抵押债券担保业务的情况所抵消；同时，由于这些公司普遍对新业务过于乐观，导致决策出现了重大失误。大多数独立担保公司无法承担由此造成的亏损，其中几家被迫宣布破产，比如有名的国家担保公司（National Surety Company），使得该类担保债券持有者无法获得充分的保障。[①]

---

① 在独立担保公司的案例中，担保被证明是具有重要价值的，即使这种价值只是局部的。国家担保公司纳入破产管理的房地产被拍卖后，向其担保的债券持有人支付了大量的现金。其他一些公司通过影响债券持有人的组成情况来保持偿债能力，包括发行对利息担保且利息率较低的新债券，该类债券也不对本金进行担保。类似案例还有大都会意外保险公司（Metropolitan Casualty Company）、马里兰意外保险公司（Maryland Casualty Company）、美国信用担保公司（United States Fidelity and Guaranty Company）。

## 租赁债务与担保债券相同

公司通常通过向其他公司租赁自有资产，以获得固定的年度租金用来支付其发行证券的利息和股息。此类租赁往往附带对利息和股息支付的具体担保，实际上，这样的安排是大部分担保公司债券的来源。① 但即使没有明确的担保规定，提供固定年度支付的租赁或其他合同也可被视为对承租人公司证券的担保。

### 案例

维实伟科氯产品公司（Westvaco Chlorine Products Company）在1927 年发行、1937 年到期的 5.5% 债券就能够说明如此安排的价值所在。维实伟科公司同意将部分产品出售给联合碳化物公司（Union Carbide and Carbon Corporation）的一个子公司，后者担保每月向托管人支付的金额足以保障前者债券的利息支付和本金偿还。事实上，这样的安排其实是实力较强的联合碳化物公司为维实伟科公司债券利息和本金提供的担保。基于这种保障和公司不断提前赎回债券，该债券价格在 1932—1933 年一直保持在 99 美元以上。这与维实伟科公司普通股股价从 1929 年的 116.5 美元跌至 1932 年的 3 美元形成了鲜明对比。1935 年 9 月，全部债券以 100.5 美元的价格被提前赎回。

另一个有趣的案例是由新泽西烟草制品公司（Tobacco Products Corporation of New Jersey）发行的 2022 年到期的 6.5% 债券。该公司就其自有资产与美国烟草公司签署了为期 99 年的租赁合同，同样也于 2022 年到期，后者每年支付 2 500 000 美元租金（承租人拥有一项权利，即可通过一次性支付租金以当时的现值终止合同，贴现率为每年 7%）。通过偿债基金的安排，租金收入除了能够在到期日前全额赎回债券，还可以满足利息支付的要求。如此来看，新泽西烟草制品公司 6.5% 的债券就相当于美国烟草公司发行的固定收益债券。该债券在 1931 年发行时，投资者不是怀疑租赁合同是否有效，就是对其根本不了解，导致美国烟草公司优先

① 例如，匹兹堡－韦恩堡－芝加哥铁路公司（Pittsburgh, Port Wayne and Chicago Railway Company）发行的优先股和普通股股息率为 7%，其还与宾夕法尼亚铁路公司（Pennsylvania Railway Company）签订了 999 年的租赁合同。因此可以说股息也由宾夕法尼亚铁路公司给予担保。

股的价格比该债券的价格高出不少。该债券在 1932 年最低价 73 美元时，收益率达到 8.90%，与此同时，美国烟草公司优先股价格为 95 美元，到期收益率为 6.32%。1935 年 1 月，美国烟草公司一次性付清未来租金，该债券也以面值被提前赎回。

## 具体的租赁条款至关重要

如同担保债券一样，租赁条款的细节会对以此受益的债券的投资价值产生重要影响。以下案例能够说明其中几个影响因素。

**案例**

针对佐治亚－米德兰铁路公司（Georgia Midland Railway）发行的 1946 年到期的 3% 第一抵押权债券，公司就其资产与南方铁路公司（Southern Railway）签署了 1995 年到期的租赁合同，租金同债券利息相同。（1939 年 1 月债券价格为 35 美元。）

在这个案例中，租赁协议对利息的担保不仅在到期日前，更包括了到期日后很长一段时间。担保本身的价值取决于南方铁路公司的偿债能力。但是该债券在 1946 年到期时的状态还取决于一系列其他因素，比如：

1. 南方铁路公司长期租赁债务的市场价值。如果利率足够低，且南方铁路公司的信用水平足够高，则该债券可以替续为拥有更长存续期限的 3% 债券。（这在 1939 年似乎根本不可能实现。）
2. 佐治亚－米德兰铁路线的价值。如果该线路的实际收益大幅超过需要支付的租金，则南方铁路公司为了防止失去对该线路的经营权，将尽力在到期日偿付债券本金。这样一来，如果想要延长债券期限或是在债券到期时转换成更长期限的债券，则有必要签订租金更高（也就是利率）的新协议。但是根据 1939 年私人统计的交通运输密度数据，该铁路线并非南方铁路公司系统中价值较高的部分。
3. 根据便捷度等其他原则可能进行的支付。如果南方铁路公司在 1946 年的业务发展情况良好，则处理该到期债券的原则就仅是避免公司陷入资不抵债的境况。

此外还有一种技术上的可能，即执行其“一揽子”发展和一般抵押计划（公司保留足够债券用以在佐治亚－米德兰的3%债券到期时偿还该债券），但是其仍然有义务在1946年支付这些债券。（和前两点一样，1939年的债券持有人不应对该债券的投资价值过分自信。）

以上讨论或许能够较为充分地解释佐治亚－米德兰铁路公司3%债券在1939年年初低价的原因。有趣的是，案例中的一个关键事实——作为担保的铁路线的非盈利特点在公开资料中难以发现，需要在补充资料中查找，这也是证券分析中重要的原理之一。

## ● 常被低估的担保债券 ●

新泽西烟草制品公司的案例表明，同担保公司发行的其他债券相比，担保或准担保债券的价值通常被低估了。一个著名的案例是圣安东尼奥－阿兰瑟斯帕斯铁路公司（San Antonio and Aransas Pass Railway Company）发行的1943年到期的4%第一抵押权债券，其本金和利息均由南太平洋公司（Southern Pacific Company）担保。然而，尽管该债券不仅有抵押证券，还有其他公司的担保，其价格反映的收益率仍然要高于南太平洋公司的其他信用债券。[①]

**案例**

巴恩哈特兄弟和斯平德勒公司（Barnhart Bros. and Spindler Company）发行的第一和第二优先股（两者的本金和股息均由美国字体公司［American Type Founders Company］担保）同担保公司自己发行的优先股之间形成了鲜明的价格反差，其中，后者并非固定债务。相关的案

① 针对担保债券，戴维（A. S. Dewing）在其《关于公司债券的研究》（*A Study of Corporation Securities*, New York, 1934）第293–297页做了以下陈述：“然而，或许会存在控股公司基于战略上的考虑，将盈利情况不佳的子公司的债券利息或租金进行留存。”（比如圣安东尼奥－阿兰瑟斯帕斯铁路公司的案例反映了发行人在大多数年份里的收益都不足以支付利息费用。）“但是它（圣安东尼奥－阿兰瑟斯帕斯铁路公司）对于南太平洋公司的重要性高到担保公司明智地选择填补其利息赤字……虽然存在这样的案例，但以下的规则基本毋庸置疑：担保债券的投资价值不会超过其发行公司的实力和担保资产的盈利能力。”

对我们而言，上述陈述错误地总结了担保债券的本质属性。南太平洋公司填补圣安东尼奥－阿兰瑟斯帕斯铁路公司的利息赤字，并非出于“明智”，而是强制义务使然。担保债券的约束力可能远不止针对发行公司，而是债券持有人对发行公司和担保公司二者共同的请求权。

例还包括由舒尔特零售百货公司（Schulte Retail Stores Corporation）担保的特拉华哈伊勒股份公司（Huyler's of Delaware, Inc.）发行的优先股与前者发行的优先股的价格比较；以及伊利诺伊盔甲公司（Armour and Company of Illinois）担保的特拉华盔甲公司（Armour and Company of Delaware）发行的优先股与前者发行的优先股的价格比较。

表 17—1 总结了以上案例中可供比较的债券价格及收益率。

**表 17—1　　担保债券与担保公司自身证券的价格及收益率对比[a]**

| 债券 | 日期 | 价格（美元） | 收益率（%） |
|---|---|---|---|
| 圣安东尼奥－阿兰瑟斯帕斯铁路公司 1943 年到期的 4% 第一抵押权债券（担保） | 1920 年 1 月 2 日 | 56.25 | 8.30 |
| 南太平洋公司 1929 年到期的 4% 信用债券 | 1920 年 1 月 2 日 | 81 | 6.86 |
| 巴恩哈特兄弟和斯平德勒公司 7% 第一优先股（担保） | 1923 年最低价 | 90 | 7.78 |
| 巴恩哈特兄弟和斯平德勒公司 7% 第二优先股（担保） | 1923 年最低价 | 80 | 8.75 |
| 美国字体公司 7% 优先股 | 1923 年最低价 | 95 | 7.37 |
| 特拉华哈伊勒股份公司 7% 优先股（担保） | 1928 年 4 月 11 日 | 102.5 | 6.83 |
| 舒尔特零售百货公司 8% 优先股 | 1928 年 4 月 11 日 | 129 | 6.20 |
| 特拉华盔甲公司 7% 优先股（担保） | 1925 年 2 月 13 日 | 95.125 | 7.36 |
| 伊利诺伊盔甲公司 7% 优先股 | 1925 年 2 月 13 日 | 92.875 | 7.54 |

注：a. 如果读者继续跟踪上表中各证券的历史，会发现它们的发展情况非常不同，包括通过兼并共同承担债务（圣安东尼奥－阿兰瑟斯帕斯铁路公司）、回购证券（巴恩哈特兄弟和斯平德勒公司）、违约（特拉华哈伊勒公司）。但是担保债券被相对低估的事实通过不同证券的后续发展也能得以展现。

显然，在上表所示的情况下，投资者可以在不损害标的安全性的同时，将低收益证券转换为高收益证券，或者在不牺牲收益率的情况下换取安全性更高的证券，有时这样的转换还可以获得实质收益。①

① 参见附录注释 31，其中有关担保和租赁某些方面有趣的简要介绍，正如纽约哈莱姆铁路公司（N. Y. and Harlem Railroad）、莫比尔－俄亥俄铁路公司（Mobile and Ohio Railroad）的案例所阐明的。

## 固定费用计算包括担保费用和租金

在计算债券收益保障倍数时，所有与债券利息有关的债务都需要被包括在利息费用中。这一点在讨论铁路公司固定费用时已经详细解释过，而且在讨论公用事业公司债券时也有简要提到。对以上两类债券计算固定费用相对简单，但是对于某些类型的工业公司，在处理租金和担保费用时则可能会遇到较多的麻烦。尤其针对零售、剧院等公司，这一问题显得格外突出，因为与建筑物使用相关的租金或其他费用是总费用中的一个重要部分。公司可能会通过发行债券购买建筑物所有权，此时相关债务会在资产负债表和利润表中完整披露。但是如果另一家公司利用长期租赁合同使用类似建筑物，则无论在利润表还是在资产负债表中都不会单独反映其租赁债务的情况。从表面看，第二家公司可能比第一家公司财务状况更好，但其实只是其相关债务并未披露的缘故。本质上讲，两家公司有相似的负担。而且与表面情况相反，尽管资本形成时不会展现出来，但是拥有建筑物的绝对所有权显然比仅仅利用长期租赁合同使用建筑物更有优势（对优先股更是如此）。

**案例**

如果对比 1929 年州际百货公司和奥特莱特公司（The Outlet Company）发行优先股的价格情况，会发现两者差异不大；它们的平均收益保障水平相似，且两家公司负债端都不存在债券或抵押贷款。然而事实上，后者的实力要强很多，因为它拥有土地和建筑物的所有权，而前者则是通过租赁合同使用（小部分除外）。这一现象所产生的实际效果是在洲际百货公司优先股之前加入大量的固定债务负担，奥特莱特公司则不存在该种情况。在连锁商店领域，通过比较 1932 年杰西潘尼公司（J. C. Penney）和 S.H. 克雷斯公司（S. H. Kress）发行的优先股也可以得到类似的结论：后者一半以上的商店为自有物业，而前者几乎所有店面都是靠租赁获得的。

### ● 常被忽略的租赁负债 ●

在金融领域，直到 1931—1932 年，长期租赁合同下租赁负债问题的重要性才开始得到广泛关注。此时，之前经济繁荣时期导致租金收入处于高位，使得许多商业公司开始面临难以承受的负担。

**案例**

从联合雪茄连锁店发行的优先股的案例就可以看出上述因素对投资证券选择的影响。许多年来，该优先股及其前身都表现稳定，价格也一直维持在较高水平。1928 年，公司对外宣布“没有长期债务”，且收益达到优先股股息的 7 倍之多。然而最后，长期租赁合同形成的债务（包括占用子公司相关资产的债务）给公司带来了致命的打击，导致公司在 1932 年被迫选择破产，优先股投资面临归零的风险。

## ● 租赁负债使分析更复杂 ●

必须承认，如果租赁因素对有关公司影响较大，则对其所发行债券或优先股的分析将变得非常复杂。不过幸运的是，投资者目前可以参考一些有关租赁费用的数据，因为公司被要求在向美国证券交易委员会提交的注册说明文件中总结该类数据，此外，公司每年实际支付的租金也必须逐年披露（见 10-K 文件）。① 但是否应该将此类租金支出全部或部分作为固定费用，这个问题依然存在。当然，从某种程度上讲，它们同固定“间接费用”（比如折旧、税收、日常费用）是完全一致的，但目前在计算安全边际时，这类“间接费用”不与债券利息相加。有一个很显著的解决方法：如果将租金支出与债券利息相加后公司收益仍然达到投资标准，则投资者根本无须担忧租赁带来的问题（见表 17—2 所示）。

**案例**

**表 17—2　　斯威夫特公司发行的 1950 年到期的 3.75% 债券**

| | 1934—1938 年平均结果 |
|---|---|
| 可用于支付股息的收益 | 8 630 000 美元 |
| 已支付利息 | 2 107 000 美元 |
| 已支付租金 | 996 000 美元 |

① 美国证券交易委员会文件将“租金和特许经营权使用费”作为一个整体，但是在一般的案例中，整个条目都反映租金的情况，我们也可以这样使用它。

| | |
|---|---|
| 利息收益保障倍数 | 5.1 倍 |
| 利息和租金之和的收益保障倍数 | 3.8 倍 |

但我们认为，要求所有公司都达到这一严格的标准，既不公平，在实践中也不可行。通过研究债券的实际表现，我们提出一个折中但需要承担一定风险的建议，即：

（1） 将（建筑物所在土地）年度租金支出的三分之一加入固定费用（和优先股股息），以计算收益保障倍数；

（2） 对于零售公司（连锁店、百货商店）来说，其利息与三分之一租金支出之和的收益保障倍数最低标准从 3 降至 2。

这种降低表明，即使需要面对租赁因素这一特别的负担，零售业仍然可以保持相对的稳定性。与之类似，零售公司优先股相应的收益保障倍数标准从 4 降到 2.5。

**案例**

非零售行业与零售企业证券的收益保障倍数变化（见表 17—3 和表 17—4）。

**表 17—3　　非零售行业洛兹公司发行的 1946 年到期的 3.5% 债券**

| | 1934 年 8 月至 1938 年 8 月平均结果 |
|---|---|
| 可用于支付股息的收益 | 10 097 000 美元 |
| 已支付利息（和子公司优先股股息） | 2 614 000 美元 |
| 已支付租金的三分之一 | 1 107 000 美元 |
| 利息等收益保障倍数 | 4.86 倍 |
| 利息和三分之一租金之和的收益保障倍数 | 3.71 倍 |

**表 17—4　　零售企业优先股**

| | 1934—1938 年平均结果 | |
|---|---|---|
| | 麦克罗里百货公司（McCrory Stores Corp.）6% 优先股 | 麦克莱伦百货公司（McLellan Stores Co.）6% 优先股 |
| 归属于普通股股东的净利润 | 1 682 000 美元 | 1 148 000 美元 |
| 债券利息 | 约 200 000 美元 | |
| 已支付租金的三分之一 | 770 000 美元[a] | 434 000 美元 |
| 优先股股息 | 300 000 美元 | 180 000 美元 |
| 优先股股息和利息之和的收益保障倍数 | 4.36 倍 | 7.38 倍 |
| 优先股股息、利息和三分之一租金之和的收益保障倍数 | 2.33 倍 | 2.87 倍 |

注：a. 1935—1938 年平均值。

**结论**：洛兹公司的 3.5% 债券通过了我们关于非零售行业债券的定量测试。麦克莱伦百货公司达到了我们针对零售行业优先股建议的测试标准，但麦克罗里百货公司未能达到。

以上四个案例阐述了计算收益保障水平的一个简单技巧：不同于首先计算可用于支付费用的金额，我们通过计算费用（和优先股股息）除以扣除费用（和优先股股息）后余额的商，并将其加上 1，则结果也是收益保障水平。

需要读者注意的是，我们对建议的标准和计算方法并非把握十足。它们代表一种全新的分析方法，但已支付租金的数据需要投资者花费一些精力才能获得。更重要的是，我们建议的数学计算标准有一些随意性，并不一定可以设计出最佳范式。之后我们会说明这种新的测试方法可能会产生一些意料之外的结果。注意麦克莱伦百货公司发行的优先股（在 1939 年时）价格低于麦克格里百货公司发行的优先股——其他因素也可能会说明这一现象。同时还请注意，如果对 W. T. 格兰特公司（W. T. Grant）发行的 5% 优先股（一个高定价证券，其收益在 1934—1938 年超过股息近 10 倍）使用上述计算方法，我们会发现优先股股息和三分之一租金之和的收益保障倍数还未达到 2.5 倍的标准。①

## ● 担保债券的情况 ●

计算担保债券的收益保障倍数时，还需要考虑一些其他情况。通常情况下，涉及担保的资产是公司整体资产的一部分，因此其产生的收益和担保费用都会反映在公司合并利润表中。

**案例**

奈瑟地产公司（Neisner Realty Corporation）发行的 1948 年到期的 6% 担保债券，由母公司奈瑟兄弟股份公司（Neisner Brothers, Inc.）提供担保。前者的经营费用和利息费用都反映在后者的合并报表中。

① 该优先股面值为 20 美元，虽然会在 22 美元被回购，但 1939 年时价格仍高达 25 美元。

如果担保债券是为某一独立经营的资产而发行的，则其投资等级取决于公司自身，或担保公司的发展情况。此时该类债券至少需要满足以下三个标准之一：

（1）不考虑担保因素，发行公司的盈利情况；

（2）发行公司和担保公司的合并收益和费用情况；

（3）担保公司的收益用于支付自身费用和担保债务利息的情况。

案例

a. 印第安纳港口铁路公司（Indiana Harbor Belt Railway）发行的1957年到期4%和4.5%普通债券。其本金和利息由纽约中央铁路公司（New York Central Railway）及其一家重要的子公司提供担保。债券标准统计指南（Standard Statistics Bond Guide）列出了作为担保人的纽约中央铁路系统（New York Central System）的费用收益保障水平。相比之下，发行公司自身的收益保障水平更好，如表17—5所示。

**表17—5　费用收益保障倍数**

| | 纽约中央铁路系统 | 印第安纳港口铁路公司 |
|---|---|---|
| 1938年 | 0.59倍 | 2.98倍 |
| 1937年 | 1.12倍 | 3.81倍 |

b. 这是一种典型情况，即保障倍数通常是根据合并利润表来计算的，包括母公司（担保公司）和受其担保的子公司的经营数据。

c. 由明尼阿波利斯–圣保罗–苏圣玛丽铁路公司（Minneapolis St. Paul and Sault Sainte Marie）发行的1978年到期的5.5%债券，其利息由加拿大太平洋铁路公司担保。前者的收益只够支付总利息费用的一小部分，则计算保障倍数时，最好将加拿大太平洋铁路公司的收益同其自身利息费用、该债券的利息费用和公司担保的其他债券的利息费用之和进行比较。

## 子公司债券

综合实力较强公司的子公司所发行的债券一般被认为保障水平较高，因为从理论上讲，母公司需要对其子公司的债务负责。编制合并利润表的常用方法就验证了这一观点，它要求所有子公司债券的利息支出都在合并利润形成前列示，并先于母公司优先股和普通股支付。然而，若母公司事实上并未通过担保或租赁协议（或直接负担）的方式对子公司债券负责，那么以上的说法就会产生误导。因为如果某子公司难以盈利，母公司可能不会负责其债券利息的偿付，而是选择放弃对其投资，将风险转移给子公司债券的持有人。虽然这种情况并不多见，但在1932—1933年，联合制药公司（United Drug Company）发行的1953年到期的5%债券就表明这种可能性仍然存在。

**案例**

联合制药公司是制药股份公司（Drug, Inc.）一家重要的子公司，其主要生产专利药和其他药品，一直以来盈利情况良好，向股东支付了大量的股息。1932年上半年，合并利润表显示制药股份公司的收益达到了所发行的5%债券利息的10倍之多，且前几年这一比例更高。虽然该债券并未由制药股份公司负担或担保，投资者却认为其靓丽的合并报表足以保证债券的安全。但是联合制药公司持有路易斯·K·利格特公司（Louis K. Liggett Company）的股份，并将之作为自身资产和业务的一部分。利格特公司是一家经营多家药店的公司，同联合雪茄连锁店类似，也深受高租金问题的困扰。1932年9月，利格特公司告知药店房东，如果他们不降低租金，公司将被迫破产。

投资者这才意识到，业务发展良好的制药股份公司并不会为其（间接）子公司利格特公司的债务承担责任。他们也立刻紧张地意识到，制药股份公司也不会负责联合制药公司5%债券的利息支付。这一发现引来大量的抛盘，债券价格遭受重创，从年初的93美元下跌至42美元。按照42美元的价格计算，尽管母公司股票市值超过100 000 000美元（共3 500 000股，每股约30美元），面值为40 000 000美元的联合制药公司5%债券的市值却仅有17 000 000美元。第二年，“制药公司系统”自动瓦解成一个个独立的部分——这一情况并不常见，而联合制药公司则重新以完全独立的形式存续。（其5%债券的收益保障水平自此以后一直不足。）

作为新泽西公用事业公司的一家规模较大但无法实现盈利的子公司，新泽西统一机车公司(Consolidated Traction Company of New Jersey)发行了5%第一抵押权债券。该债券并未由母公司担保。1933年债券到期时，许多持有者均接受了母公司以65美元赎回该债券的要约。

塞尔泰克斯纺织器材股份公司（Saltex Looms, Inc.）是悉尼布卢门撒尔股份公司（Blumenthal & Co., Inc.）的子公司，其发行了1954年到期的6%第一抵押权债券，但母公司并未为其提供担保。布卢门撒尔公司在编制合并利润表时，通常在计算可用于支付自身优先股股息的余额之前先扣除塞尔泰克斯公司债券的利息费用，然而在1939年，该债券的利息仍未按时支付。1940年时，尽管布卢门撒尔公司优先股价格超过70美元，塞尔泰克斯公司债券的售价却仅为7美元。

## ● 对子公司利息收益保障倍数的独立研究非常重要 ●

以上例子说明，投资者不仅倾向于低估综合实力较强的企业所提供担保的意义，还往往犯相反的错误，认为一家公司被另一家公司控制的意义重大。从固定价值证券投资的角度看，没有任何重要的因素应被认为是理所当然的。因此，在购买子公司债券时，也不应只根据母公司的情况做出投资决策，除非后者直接对子公司的问题债券承担责任。除此之外，只应把子公司自身的情况作为购买子公司债券的依据。①

如果将上述讨论与见第244页的内容进行比较，将会发现控股公司债券的投资

① 实际上，子公司对母公司金融利益上的价值以及其他商业因素，会导致母公司在没有义务保障子公司债券安全性的情况下仍然做出担保。然而，只有在债券处于投机级价值区间时，这种考虑对购买债券的决策来说才是有效的（比如有获得本金升值的可能性）；而当债券处于投资级价格时，上述情况不能成为购买债券的理由。具体来说，当联合制药公司5%债券价格为45美元时，是非常好的投机型标的；而在其价格为93美元时买入，就是一个错误的投资决策。

者必须坚持使用合并利润表，其中，子公司的利息费用无论担保与否，都被列为优先费用；然而，无担保子公司债券的购买者不能将合并利润表作为评价债券安全性的依据，而应当使用只反映子公司情况的独立财务报告。与联合制药公司的情况一样，尽管子公司的独立报告很难获得，投资者还是应该坚持使用它们。

# 18

# 保护性条款与优先证券持有人的补偿

在接下来的三章内容中，我们将讨论旨在保护债券持有人和优先股股东权益免受损害的条款内容，以及当公司未能履行相关义务时，他们可以采取的行动。同全书的目标一样，我们这样做并不是为了重述现有的信息，而是要将目前的实践情况纳入严格的考核程序，从而为投资者整体权益水平的提升提出可行的建议。因此，我们认为对重组程序相关领域近期发展进行回顾是非常有价值的。

## ● 为保护优先证券持有人而设计的合同或章程条款 ●

公司及其债券持有人之间的协议包含在一个名为债券合同或信托契约的文件中；有关优先股股东权益的合约内容则在公司章程或公司执照中阐明。在这些文件中，通常会包含一些保护性条款，主要目的在于防止公司做出某些损害优先证券持有人利益的行为，并促使公司在出现相关问题时为其提供救助。这里所说的相关问题，按照发生概率来看，基本上指以下几种情况：

1. 针对债券：
   a. 未能按时支付利息、本金或偿债基金；
   b. 在偿还其他债务问题上违约，或进入破产管理程序；
   c. 发行新的担保债务；
   d. 摊薄可转换（或认购新证券）的特权。
2. 针对优先股：
   a. 一段时期内未能支付（累积）优先股股息；

b. 发行新的长期债务或优先级更高的证券；

c. 摊薄可转换（或认购新证券）的特权。

此外，虽然并不十分普遍，但工业公司经常规定一些保护性条款，要求公司的营运资本与债券债务比值维持在某一水平之上。（针对投资信托或控股公司债务，条款要求的指标是所有资产的市值与债券债务的比值。）

当出现 1a 和 1b 两种情况时，为债券持有人提供的救助方式是非常程式化的。以上两种情况都被称为“违约事件”，此时托管人可以提前宣告债券本金到期，并要求公司在特定到期日前完成偿付。因此，债券合同中的该类条款被称作“加速条款”。它们的主要目的是使债券持有人同其他债权人一样，能够充分行使对全额债务的请求权。

## ● 债券持有人法定权利的矛盾之处 ●

如果批判性地思考这些条款，那么我们必须承认债券持有人的法定权利存在自相矛盾的方面。在华尔街，“破产管理”[①] 是一个可怕的词汇，尽管破产管理制度的初衷是保护债券持有人的利益，但它的出现往往意味着公司所有证券的价格都会大幅缩水，债券在此时也难逃厄运。正如我们在前面章节中指出的，整体来看，市场对违约债券的评价不会高于（甚至有可能低于）一家具有偿债能力的公司发行的不派息优先股。

这样就会产生一个问题，即当公司无法立即支付利息时，如果债券持有人没有对本金或利息支付的强制请求权，对他们来说是否是件好事？因为在那时，如果债券持有人行使法定权利，将会彻底毁灭公司，他们自己也得不到任何好处。那么如

---

① “破产管理”（receivership）本是俗语，泛指法庭参与的各种类型的财务困境。在《钱德勒法案》（*Chandler Act*，又称《1938 年破产法案》[*Bankruptcy Act of 1938*]）颁布后，“清算人”的说法大多被“托管人”的说法所替代。“破产管理”一词无疑将被继续使用——至少在未来一段时间内，因为“托管”和“破产”的表达都不能令人完全满意，前者容易引起歧义，后者则语气过重。“资不抵债”的说法较为合适，但是有时不便使用。

因此，未来在股东诉讼、自愿清算和其他特殊情况中，仍然需要任命所谓的“财产清算人”（equity receivers）。

果债券利息或本金无法按时支付，债券持有人选择延后支付期限，不让法庭接手公司业务，难道不是对其自身最有利的方式吗？

## ● 公司资不抵债与重组 ●

以上问题将我们带入对公司资不抵债与重组领域的讨论，这部分内容更为宽泛。首先，我们将简要介绍始于1933年立法修订前的相关程序；然后，我们将总结近期新法律引致的变化；最后，我们将评估目前债券持有人的地位。（评估将异常困难，因为实践中用以考察新法案优劣势的时间还相对较短。）

原先公司重组通常遵循程序进行：无法支付债务利息或本金的公司，自行寻找清算人。[①] 此时，公司往往会选择较为"友好"的法院，公司董事长则经常成为清算人，而由原负责发行债券的投资银行组成保护委员会，负责代表债券持有人的利益。此后，重组计划首先需要得到保护委员会支持，然后再由法庭通过。通常情况下，这一计划是在协调不同等级证券持有者之间的利益冲突后形成的，因而任何持有人都在新公司中保留有一定程度的利益，同时也都做出了一些让步。（然而在许多案例中，数额较小、构造良好的高等级证券通常都会被完全支付，不会受到什么影响；但是如果公司情况非常糟糕，股东的权益将被一扫而空。）重组的实际运作主要通过没收资产或破产拍卖来进行。声明同意重组的证券持有人可以获得公司的资产；不同意重组的债权人则根据各自份额和拍卖价格获得破产拍卖后的现金。然而，由于破产拍卖价格通常较低，对证券持有人来说，参与重组计划并获得新证券比不参与重组计划并获得现金要更好。

1933—1939年，随着一系列救助法案的出台，以上重组程序被彻底改变，这些法律中最重要的当数《钱德勒法案》。该法案主要用于弥补两种原有的不足之处：一方面，向不同意重组的债券持有人直接支付现金容易陷入两难的境地，因为如果没收并拍卖资产的售价过低，那么法院不会同意；而另一方面，如果售价合理，又会牵扯筹措现金这一棘手问题。更严重的是，整个重组机制都由原公司的控制人占据

① 其他"违约事件"，如无法满足偿债资金或营运资本的要求，很少会导致破产管理的出现。当这些情况出现时，债券持有人往往选择忽视或就此与公司沟通，而不是通过法院解决，因为后者会损害他们自身的利益。

绝对主导权，他们可能不会保持勤勉尽责，反而可能缺乏诚信，甚至还可能致力于满足某些特殊的利益需要。

自 1933 年法律制度变动以来，一个有关重组的操作模式逐渐建立起来：如果重组计划得到三分之二以上债权人和大多数股东（如果他们拥有“股权”）的同意，并经法院批准，则计划对所有证券持有人均具有约束力。如此一来，就改变了原来没收资产并拍卖这一繁琐且容易招致反对的方式。后经过《钱德勒法案》和《1939 年信托契约法》(*Trust Indenture Act of 1939*）的完善，除铁路公司以外，其他公司的新重组程序主要包括以下几个额外的关键点：①

1. 公司必须被转交给至少一个独立托管人。托管人必须决定是否需要对原公司管理层行使请求权，以及公司业务是否有继续存续的价值。
2. 制定重组计划的实际责任由以下三个不存在利益关系的机构共同承担：(1) 托管人，首先应由其提交具体计划；(2) 美国证券交易委员会（当总负债超过 3 000 000 美元时），由其提供咨询意见；(3) 法官，由其正式批准计划。虽然证券持有人和保护委员会可以提出建议，但只有当以上机构完成相关工作后，建议才会被考虑是否接纳。另外，法院被赋予了广泛权力，可以强制让不同意重组但比例不足的债券持有人接受重组计划，但这些权力的具体内容尚未明确。
3. 重组计划必须满足法律规定的一系列关于公平的标准，包括表决权、报告公布等相关条款。法院必须负责新管理层的任命。
4. 保护委员会的活动要接受严格的核查和监督。各类重组费用，包括对所有证券持有人的赔偿，以及各种杂费的支出，都必须获得法院的批准。
5. 同以往的重组程序不同，《信托契约法》规定托管人必须根据债权合同行使职权的若干标准。此类规定意图避免可能引起不满的利益冲突，并且使托管人以更为积极的态度代表债券持有人行使权利。

① 第 1~4 点出现在《钱德勒法案》第 10 章中，其由知名的 77B 条款发展而来，并在 1933 年加入旧破产法。有关铁路公司重组的主要制度是 77 条款，其在 1939 年被原封不动地写入《钱德勒法案》第 15 章中（参见第 306 页页下注③）。此外，《钱德勒法案》第 11 章主要是关于未担保债务重组的“安排”，页下注中谈到 1938 年海地公司（Haytian Corporation）以及 1939 年美国房地产改进公司相关程序。第二个案例中唯一受到影响的是美国房地产改进公司对三一建筑公司 5.5% 债券的担保，三一建筑公司希望不改变原有结构，但是由于困难重重，相关程序还是被替换。

我们认为，在通常情况下，目前的法律体系[①] 无疑是非常有效的，不仅可以防止出现原先破产管理和重组程序中滥用权利的种种情况，还可以大大加快重组进程。尤其是当重组计划中关于公平的标准更为明确后，以上优势更显突出，因此，不同等级证券持有人之间争论不休的情况将大量减少。[②]

**建议的其他救助方式**。虽然公司的重组模式正在经历改革,但我们仍然大胆认为，还有其他更为简便的保护债券持有人利益的程序。在我们看来，如果公司的债务结构非常简单，对债券持有人的最佳救助方式就是立即给予他们有关公司决议的表决权以控制公司，并完善相关配套制度，保障这一权利的合理行使。在很多时候，为了避免把浪费资源在既昂贵又费时的司法程序上，债权人更愿意拥有控制公司业务和收益的能力，并以此加强对自身利益的保障。

我们的建议包括两个部分：其一，依据债权合同相关条款赋予债券持有人表决控制权，这是唯一适用于所有违约情况的快速救助方式，包括未按时支付利息或本金的情况。有了这种控制权，未按时支付的利息或本金可以推迟一段时间后再行支付。但是，如果代表债券持有人的董事认为全面重组要优于没有限期的延期偿付和控制，则他们有权根据《钱德勒法案》申请托管。其二，这种表决控制权最好通过债券合同的托管人——规模较大且金融经验丰富的机构来实施，因为他们不仅能够代表作为整体的债券持有人，还能向债券持有人推荐合适的董事候选人。股东的利益在此时应继续由董事会中的少数董事代表。

这种安排在债券持有人行使控制权利的阶段，实质上将固定利息债券变为了收

---

① 同 77B 和《钱德勒法案》类似的规范，是旨在规范房地产公司重组的纽约州立法机构在 1933 年通过的《斯坎克诺和伯奇尔法案》(*Schackno and Burchill Acts*)。加拿大《公司债权人安排法案》(*The companies' Creditors Arrangement Act*) 也在同年通过，规定没有偿债能力的加拿大公司可以不适用破产法的相关程序，而是经过法院批准,直接与债权人协商合议。如果该合议经过相关机构批准,则对小部分债权人也存在约束力。参见 W.S. 莱特霍尔 (W. S. Lighthall) 所著《加拿大 1934 年公司法》(*The Dominion Companies Act* 1934，注释版，蒙特利尔，1935)。

② 美国证券交易委员会的咨询意见以及铁路重组申诉委员会的观点都有以下趋势：如果收益无法保障之前的利息支付，则股东很可能无法获得任何利益。关于这一点的讨论，请参见本杰明·格雷厄姆所著《根据〈钱德勒法案〉第 10 章制定的公平重组计划》(*Fair Reorganization Plans under Chapter X of the Chandler Act*,《布鲁克林法律评论》，1938 年 12 月)。

1933 年后，虽然法律制度不断完善，铁路公司的重组却依然停滞。然而在我们看来，这主要不是因为法律上的缺陷，而是由于未来盈利能力极为重要但难以预测，所以在极为复杂的公司结构基础上设计公平重组计划显得异常困难。

益债券。此时，公司可以将到期债务支付推迟至自愿宽限期或重新筹集资金以后，或者延迟至清算或拍卖被认为是更好选择之时。如果重组计划是由既可以选择继续控制、也可以选择等待的债券持有人提出的，那么也可以在法律上将自愿资产重组（目前只针对各种股票发行）的基本模式和原则应用至债券发行领域。

但显然，如果债权人优先等级不同且彼此之间存在利益冲突时，控制权将不能被有效行使。此时，要想快刀斩乱麻，就必须遵循《钱德勒法案》规定的程序。但是至少在理论上，如果公司只拥有一种简单的高级留置权和一种简单的次级留置权，则通过表决控制公司的安排是完全可能的。假如只是次级留置权违约，表决控制权就赋予该类债券持有人；如果优先留置权违约，则其持有人作为单一的债权人类别获得控制权。

由于这些建议的创新性，它们可能招致一些质疑，但需要指出的是，赋予债券持有人表决控制权的做法并非全新，但的确是在最近才开始发展起来的。虽然这在过去是一种特殊的模式，但现在我们发现，除非公司能够偿还全部或大部分债务，或者利息被全额支付，否则许多为了新发行收益债券而制定的重组方案都会给予这些证券持有者表决权，并赋予他们控制董事会的权力。[①] 此外，很多固定利息债券合同都赋予债券持有人通过表决后的修订合同权。[②] 在加拿大信托合同中，一般都有债券持有人通过召集会议修改合同的条款，可修改的内容甚至包括利息或本金支付的延迟或改变。[③] 召集会议的既可以是托管人，也可以是占一定比例的债券持有人，某

---

① 案例：1939 年 2 月纽约州铁路公司（New York State Railway，属锡拉丘兹系统［Syracuse System］）的重组方案给予新收益债券的持有人一项权利：在 80% 以上的债券被收回之前，他们有权选举三分之二的董事会成员。与之类似，商业马凯公司（Commercial Mackay Corporation）发行的 1967 年到期的收益债券的持有者有权在债券完全被收回之前选举三分之一的董事。

古巴国家宾馆（National Hotel of Cuba）1929 年发行的 1959 年到期的 6% 收益债券，在利息迟付一年以上时给予持有人控制权。先前的案例包括伊利铁路公司发行的优先留置权 4% 债券和 4% 普通债券、莫比尔 – 俄亥俄铁路公司发行的 4% 债券和第三大道铁路公司（Third Avenue Railway）发行的 5% 调整债券。

枫叶磨坊公司（Maple Leaf Milling Company）1934 年的重组方案赋予 1949 年（后延迟至 1958 年）到期的 5.5% 债券的合同托管人拥有公司三分之二的管理层提名权或表决权。

② 一般来说，本金或利息到期日、利率水平、赎回价格和转换率不能通过修改合同而更改，如里奇菲尔德石油公司（Richfield Oil Corporation）发行的 1952 年到期的 4% 无抵押债券。但不同寻常的是，工业人造纤维公司（Industrial Rayon）1948 年发行的 4.5% 第一抵押权债券在合同中规定，只要三分之二以上的持有人同意，就可以推迟利息支付。不过，纽约证券交易所要求这一条款不能被触发，以此作为债券上市交易的条件。

③ 参见美国证券交易委员会《有关保护和重组委员会工作、活动、人事安排及功能的调查研究报告》（*Report on the Study and Investigation of the Work, Activities, Personnel and Functions of Protective and Reorganization Committees*, Washington, 1936）第 135~177 页的内容，尤其是第 138~143 页、第 164~177 页。

些状况下还可以是公司自身。

此外，还会有反对意见指出，同优先股股东相比，我们建议的方案没有给予债券持有人较优先股股东更多的法定权利，因而使其处于颇感不满的境地：既利益有限，也不拥有强制请求权。我们对这一质疑的回应是，如果能合理使用表决控制权，债券持有人和优先股股东都将获得适当的救助途径。这样一来，除了要求债券在某固定时间被偿还的权利外，债券相对于优先股在协议上的优势将消失殆尽。总之，我们在此重申在讨论优先股理论时提出的观点（参见第 252 页），即在合同层面，优先股的劣势实际上并不只源于内在的法定权利，而更多反映在公司的实际运作流程和投资者自身的缺陷上。

## ● 无偿债能力公司证券售价低于公允价值的倾向 ●

公司重组的其他一些问题也值得关注。其中第一个问题是关于无偿债能力公司证券的市场表现。之前，破产管理普遍存在覆盖面较广、程度较深的不确定性，因此无法向债券持有人保证任何明确权益，同时股东也可能血本无归。因此总体来看，处于破产管理的公司证券价格倾向于低于其公允价值；而且违约债券和次级股票的价格之间也存在不合理的关系。

**案例**

菲斯克橡胶公司是理解前一点的绝佳案例（见表 18—1 和表 18—2），而 1933 年 9 月斯塔贝克公司（Studebaker Corporation）的情况则阐明了后者。

表 18—1　　1932 年 4 月菲斯克橡胶公司证券的市值　　（单位：美元）

| 项目 | 市值 |
|---|---|
| 第一抵押权债券总计 7 600 000 美元，利率为 8%，16 美元 / 股 | 1 200 000 |
| 信用债券总计 8 200 000 美元，利率为 5.5%，11 美元 / 股 | 900 000 |
| 股票 | 名义值 |
| 公司总市值 | 2 100 000 |

表 18—2　　1932 年 6 月 30 日资产负债表　　（单位：美元）

| 项目 | 金额 |
| --- | --- |
| 现金 | 7 687 000 |
| 应收账款（减 1 425 000 减值准备） | 4 838 000 |
| 存货（以成本或市场价格较低者计算） | 3 216 000 |
| | 15 741 000 |
| 应付债款 | 363 000 |
| 净流动资产 | 15 378 000 |
| 固定资产（减 8 400 000 折旧） | 23 350 000 |

不考虑固定资产，公司证券加在一起，售价竟然不到公司持有现金一项的三分之一，也仅有净流动资产的七分之一。[①]

表 18—3　　1933 年 9 月斯塔贝克公司　　（单位：美元）

| 证券 | 面值 | 市场价格 | 市值 |
| --- | --- | --- | --- |
| 10 年期 6% 票据以及其他债务 | 22 000 000 | 40 | 8 800 000 |
| 优先股 | 5 800 000 | 27 | 1 500 000 |
| 普通股（2 464 000 股） | | 6 | 14 700 000 |
| 发行证券总价值 | | | 16 200 000 |

该公司 1 美元的债券仅以 40 美分的价格出售，债券持有人享有在清算时先于股东获得全额偿付的权利。然而，市场给予其股票的价值远远高于给予其债券的价值。

## 自愿再调整计划

明确意识到破产管理的不足之后，债券持有人开始接受公司管理层提出的自愿减少合约请求权的建议。该方法与旧式的“和解”（股东权益没有变化的同时，债权人推迟、甚至缩减享有的请求权）不同，债权人开始获得相当数量的公司股权。

**案例**

1931 年年底，雷迪欧－凯斯－奥菲姆公司（Radio-Keith-Orpheum

① 如本书第 50 章提到的，菲斯克橡胶公司 8% 债券之后被证实价值 100 美元左右，其 5.5% 债券价值超过 70 美元。

Corporation）由于债务即将到期而迫切需要资金，但却无法从一般融资渠道获得。最后股东批准了以下计划：原有股东出让 75% 的股息，作为支付给 11 600 000 美元信用债券购买者的奖励。然而，之后公司持续大幅亏损，不得不在一年后申请破产管理。

1933 年，福克斯电影公司也实施了类似的资本重组计划。股东放弃了 80% 的股份，以此获得约 40 000 000 美元的 5 年期票据和银行贷款。

堪萨斯公用事业公司（The Kansas City Public Service Company）的再调整计划也在 1933 年完成，主要解决如何在预测到的盈利能力较差的某个阶段，减少利息费用支出的简单问题。其规定 1933—1936 年，第一抵押权债券的票面利率从 6% 下降至 3%，1937—1938 年则恢复至 6%，而在 1939—1951 年上升至 7%，以弥补持有人前几年近 12% 的损失。公司还设立了一只大型偿债基金，根据收益情况注入资金，用于逐渐收回债券并提升债券市场地位。

显而易见，堪萨斯公用事业公司债券持有人与其坚持 6% 的票面利率而导致公司无力支付进入破产管理，不如接受暂时较低的、但可实际获得的 3% 票面利率。（公司上一次于 1926 年结束的破产管理共持续了 6 年。）在这个案例中，股东并未被要求放弃部分次级证券权益，以换取债券持有人的让步。从理论上讲，这种权益的放弃和转移对于债券持有人来说是平等的，但实际意义并不大，因为转移给债券持有人的股票红利的市值其实相当有限。① 尽管如此，还是应该遵循以下原则：债券持有人放弃任何重要权益时都有权从股东处获得相应的交换条件——无论是股东承诺向公司注入现金，还是股东转移部分公司未来收益的请求权给债券持有人。②

1939 年，临时性补充法律颁布，意图通过加强重组方案对所有证券持有人的约束力，推进铁路公司所谓的“自愿重组”。③ 新法令旨在救助之前提出自愿重组方案

① 1936 年，公司开始实施第二次自愿重组计划，其将利息率固定在 4% 左右，并赋予债券持有人获得普通股几乎难以发放的红利的权利。1939 年通过的第三次自愿重组方案则使得债券持有人获得 30% 的现金和 70% 的优先股——现金是由 R. F. C. 公司提供的贷款。

② 1932—1933 年工业办公建筑公司（Industrial Office Building Company）的重组方案是一个典型的案例，其将固定利息债券转换成收益债券，且并未损害股东的任何权益。关于该案例的具体情况，请参见附录注释 32。

③ 1939 年《钱德勒铁路公司修正案》（*Chandler Railroad Readjustment Act*）的内容，实际上也被加入破产法新第 15 章。其要求相关重组动作需要在 1940 年 7 月 31 日前开始，并且在开始后一年内完成。新法规定的铁路公司重组模式与 77 条款中的内容类似。在两种情况下，重组方案都需要得到法院申诉委员会、法庭和要求的一定比例的证券持有人的同意。新第 15 章与此前规定最大的差别在于，在法律意义上并不存在破产的概念。除非重组方案具体包括相关内容，公司可以继续管理自身业务，并且没有合同或债务关系会受到影响。

的巴尔的摩－俄亥俄－利哈伊铁路公司，希望可以减少固定利息费用，延长已经或即将到期的债务期限。与此同时，股东希望自身的利益不受任何程度的损害。

正如我们之前阐述的，我们仍然认为自愿再调整计划本身是合适的，但是需要在债券持有人获得表决投票权后再提出，此外，他们还需要在各种可行的行动方案中做出选择。

## ● 债券托管人地位的改变 ●

1933 年后开始实施的所有有关救助方式的新法律中，《1939 年信托契约法》是较为重要的一部。该法律旨在纠正债券托管人在实际管理中的一系列问题和滥用职权的行为。过去，针对债券托管人的指责主要是，他们只是充当了债券持有人的代理人，却从未真正以受托人的角色行使职权。这意味着，除非一定比率的债券持有人要求债券托管人去维护持有人权利，托管人通常不会主动采取行动。[①] 此外，实际上，债权合同往往没有明确说明债券托管人的职责，而只是对其义务的豁免和利益受损时的赔偿进行了详细规定。

针对令人难以满意的现状，1939 年的新法令做出了以下规定（第 315 条）：

> **违约实际发生时债券托管人的职责**
>
> （c）有效的债券合同应当包含违约实际发生时债券托管人应履行职责的条款（相关术语已在债权合同中予以界定）。既然他们被合同赋予相关的权利和权力，在行使这些权利和权力时，他们就需要和审慎行为人处理自己的业务时一样尽职、勤勉和专业。

此外，新法令中还有限制所谓“免责条款”使用的规定。在过去，除非欺诈或较为严重的失职行为被证明存在，“免责条款”将使债券托管人得以逃脱相关责任的追究。

---

① 参见附录注释 33，关于该论述更多的讨论和案例参见本书第一版。

对债券托管人的指责还在于，其通常由公司债务人（比如持有公司本票的信托公司）或是被共同利益集团控制的主体担任。这样的安排容易导致利益冲突，使得债券托管人难以公正地大力采取行动，进而会对债券持有人的利益造成较大的损害。《1939 年信托契约法》针对这些行为的规范做出了严格的规定。①

## ●保护委员会存在的问题●

对债券托管人地位的改革有助于解决目前保护委员会遇到的各种棘手问题。自 1929 年以来，保护委员会不仅整体定位不明确，其表现也非常难以令人满意。在过去，原来负责发行证券的投资银行家在违约实际发生时组织成立保护委员会被认为是理所当然的。然而近年来，这种做法的合理性和实用性受到越来越多的质疑。债券持有人开始对发行机构的判断力失去信心，或对发行机构能否公正无私地维护他们的权益产生质疑，因为发行机构与公司之间存在其他的利益关系或联系。有些债券持有人甚至可能还会认为，债券承销商需要对持有人的损失承担法律责任。因此，由其他机构而非发行方来代表债券持有人的利益是很有说服力的做法。但是，如何确定哪些是有能力代表持有人利益的机构确实颇费思量。如果将证券发行机构排除在外，任何持有人都可以宣称自己是保护委员会的主席并吸纳新资金，将导致整个程序缺乏规范，且权利滥用现象普遍。多个保护委员会共同运作的情况开始出现，不正规的揽储现象层出不穷，给信誉不佳、动机不纯的人带来很多钻空子的机会。

1938 年新破产法的实施改善了这些情况，它将保护委员会活动和薪酬都纳入法院审查的范围。（针对铁路公司，新破产法规定除非之前由申诉委员会批准，保护委员会不得参与整个进程。）未来的立法可能将对保护委员会的构成以及后续行为做出更为详细的规定。

---

① 这一新法律是美国证券交易委员会关于信托合同研究成果的延续，同时受到罗森曼法官（Judge Rosenman）在 1936 出示意见的极大影响，在这份意见中，他拒绝了国家电力能源公司（有担保）信用债券持有人要求债券托管人对持有人遭受的重大损失负责的请求。法官认为免责条款在该案例中适用，但整个债券托管体系迫切需要一次大刀阔斧的改革。

## ● 一个改革建议 ●

既然在债券合同中明确债券托管人有积极保护债券持有人利益的职责，那么整个程序必须更加透明和规范，担任该角色的大型机构拥有成功履行该职责所要求的资源、经验和地位。因此，在一般情况下，托管人可以自己组建保护委员会，委员会主席由托管人的某位行政人员担任，委员会成员则从拥有较大份额的债券持有人或其指定人员中选择。经过分析后发现，作为所有债券持有人代表的托管人以及作为存款凭证持有人代表的保护委员会之间可能存在的利益冲突，只是一些技术上的小问题，造成的影响也很小。如果出现了这些冲突，完全可以通过将问题呈交法院来解决。当然，如果托管人及其法律顾问代表债券持有人勤勉尽职地争取到相关权益时，也会得到丰厚的回报。

这一做法力图实现债券托管人和一部分债券持有人之间的高效合作，在前者看来，后者符合代表所有债券持有人的资格。因此，在债券刚开始发行时，这部分债券持有人最好建立一个组织，就是说，不要等到违约事件发生后才成立。这样从一开始，就会存在负有责任且利益相关的机构，从债券持有人角度出发跟踪公司运作，并在必要时对可能损害债券安全的公司政策提出反对意见。公司应当向这一组织成员支付合理的报酬。这样的安排部分等同于在董事会中加入债券持有人代表。如果到了该组织作为代表债券持有人利益的保护委员会采取行动的时候，他们此前对公司业务的熟悉将会成为一种优势。

# 19

# 保护性条款（续）

## 禁止优先留置权

除了讨论一般违约事件，我们还需要简要介绍某些具体的保护性条款。（关于保护可转换和其他参与特权免受摊薄的事宜，将在投机级优先证券的章节中讨论。）首先，关于抵押债券，我们发现债券合同几乎都会禁止在抵押资产上设定任何新的优先留置权。但如果认识到优先留置权是未来筹集新资本的必要条件，则根据重组方案新发行的债券有时会成为特例。

**案例**

1926 年，芝加哥－密尔沃基－圣保罗－太平洋铁路公司发行了 107 000 000 美元 A 系列 5% 抵押债券，以及 185 000 000 美元等级较低的 5% 可转换调整抵押债券，用以交换已破产的芝加哥－密尔沃基－圣保罗铁路公司发行的证券。债券合同允许公司今后发行任意数量的第一替续抵押债券，其优先级别将高于 A 系列 5% 抵押债券。[①]

## 同权债券条款

如果债券无担保，则基本上会与后续债券平等分享设定在资产之上的抵押留置权。

① 1933 年，圣保罗公司被允许发行新的第一替续债券，作为向美国政府申请短期贷款的抵押品。

**案例**

1897—1908 年，纽约－纽黑文－哈特福德铁路公司出售了大量信用债券。该债券刚开始时并没有任何担保，但债权合同规定它们将同后续以公司资产作为抵押的证券平等享有担保。1920 年，股东批准公司发行第一替续抵押债券，之前发行的信用债券自此开始与该抵押债券平等享有新抵押资产的担保。虽然它们实际上已经不再是“信用债券”，但仍保留了这一名称。但是，该公司发行的 1957 年到期的 4% 信用债券没有类似的规定，因此是真正无担保的。1939 年，（实际上无担保的）1957 年到期的 4% 信用债券的价格不到（实际上存在担保的）1956 年到期的 4% 信用债券价格的三分之一，比如前者为 5 美元，后者为 16 美元。①

## ● 买价抵押 ●

通常情况下，买价抵押可以被没有任何限制地采用。此时债券留置权只会指向以后新购入的公司资产，而不会影响其他债券持有人的权益。当然，这一假定也并非一直有效，因为采取买价抵押发行新债券将提升公司的权益负债率，从而可能危害现有债券持有人的地位。

## ● 重组时债券级别低于银行债务 ●

如果债券或票据是根据重组计划发行的，有时其请求权会被规定位于已有或未来银行贷款之后。这样规定的目的是便于银行借贷，否则借贷难易程度只能取决于使用应收账款或存货作为担保的情况。一个典型的例子是伊奥利亚公司（Aeolian Company）发行的 1937 年到期的 5 年期 6% 担保票据，该票据在一次资产重组中发行，用于和公司发行的 7% 担保优先股进行部分交换，其优先级别低于之后被支付的 400 000 美元银行贷款。

① 在特殊情况下，如果后续发行以公司资产为担保的抵押债券，信用债券将被赋予相关资产的优先留置权。例如，国家散热器公司（National Radiator Corporation）发行的 1947 年到期的 6.5% 信用债券及其继承公司发行的 1946 年到期的 5% 收益债券。在 1939 年实施的第二次重组中，信用债券被股票替换。这是说明与盈利情况相比，有关保护性条款相对并不重要的绝佳案例。

## 有关增发同类证券的保障

几乎所有的债券或优先股都享有关于增发同类证券的保障。通常合同会规定，只有当收益保障水平远远超过要求水平时，公司才可以增发同类证券。举例来说，纽约爱迪生联合电气公司规定，除非用于债券替续，否则只有当最近 12 个月的合并净收益达到包括拟发行债券在内的公司所有债券债务的年利息费用之和的 1.75 倍时，公司才可以发行第一留置权替续抵押债券。惠灵钢铁公司（Wheeling Steel Corporation）发行第一抵押权债券时，以上比例被定为 2 倍。①

然而，在铁路领域，实践中并不会出现以上有关收益保障倍数的相关条款。一般情况下，一揽子抵押类铁路债券会利用以下规定的标准约束增发债券，即长期债务总额不能超过已发行股本的一定比例，此外，增发债券数额不得超过公司新获得资产的成本或公允价值的一定比例。比如巴尔的摩 - 俄亥俄铁路公司（Baltimore and Ohio Railway）发行的替续和第一抵押权债券，以及北太平洋铁路公司发行的替续增强债券。旧债券发行时，抵押资产通常被限定在较小的固定数量之内，因而需要通过出售次级证券来筹集额外资金。这一规定使“标的债券”处于更为有利的位置，具体可参见本书第 6 章的相关内容。

通常情况下，只有当新抵押资产的价值显著高于债务增加的数额时，公司才可以增发抵押债券。例如，扬斯敦钢板和钢管公司（Youngstown Sheet and Tube Company）发行的第一抵押权债券要求增发债券数额不得超过新增加抵押资产成本或资产增值的 75%；纽约爱迪生联合电气公司发行的第一留置权替续抵押债券要求增发债券数额不超过 75% 的固定资产增加或增值的实际合理支出；皮尔马克特铁路公司（Pere Marquette Railway Company）发行的第一抵押权债券要求增发债券数额不超过新建或新获得资产的成本与公允价值两者中较低值的 80%。

这些保障措施在逻辑上是合理的，并且经常得到投资者密切关注。但事实上，它们的实际作用并不像表面看上去那么重要，因为通常情况下，想在增发时为了吸引买家，需要制定一些看似更符合投资者需求的规定。

① 关于优先股类似的规定参见纽约爱迪生联合电气公司发行的 5 美元优先股、通用食品公司发行的 4.5 美元优先股和哥谭镇针织品公司（Gotham Silk Hosiery Company）发行的 7% 优先股。

## ● 营运资本要求 ●

有关将营运资本与债券债务、将流动资产与流动负债均维持在一定比例的规定并没有标准化的模式。它们只会出现在工业债券的债权合同中。[①]

以上比例标准各有不同，对未能达到标准的处罚措施也不尽相同。大多数情况下，结果只是在营运资本重新达到合理水平或一定比率之前暂停股息支付。在少数情况中，债券持有人可以直接宣告债券本金提前到期。

### 案例

**1. 单独的处罚，暂停支付股息。**B·F·古德里奇公司（B. F. Goodrich）发行的 1956 年到期的 4.25% 第一抵押权债券以及威尔逊公司（Wilson and Company）发行的 1955 年到期的 4% 第一抵押权债券，均要求公司流动资产至少同债务总额相等，即净流动资产要同长期债务相等。在西弗吉尼亚纸浆及纸张公司（West Virginia Pulp and Paper）发行的 1952 年到期的 4.5% 第一抵押权债券的案例中，子公司发行的优先股被包含在长期债务中。

费尔班克斯－莫尔斯公司（Fairbanks, Morse and Company）发行的 1956 年到期的 4% 信用债券，规定流动资产至少达到（a）总负债的 110%；以及（b）流动负债的 200%。惠灵钢铁公司发行的 1966 年到期的 4.5% 第一抵押权债券以及共和钢铁公司发行的 1956 年到期的 4.5% 普通债券，都要求流动资产至少达到流动负债的 300%，且净流动资产达到长期债务的 50% 以上。

**2. 未达到标准属于违约事件。**斯凯利石油公司（Skelly Oil）发行 1951 年到期的 4% 信用债券以及 1937—1941 年到期的分期偿还票据。公司同意将流动资产维持在流动负债 200% 以上的水平。

大陆钢铁公司（Continental Steel）发行的 1946 年到期的 4.5% 债券对以上比例的要求为 115%。

美国机器铸造公司发行的 1939 年到期的 6% 债券有双重的保护性规

---

① 阿什兰家庭电话公司（Ashland Home Telephone）发行的 1961 年到期的 4.5% 公用事业债券，附带一个针对净流动资产的很特别的且效力较弱的条款。

定：首先，公司将暂停股息发放，除非净流动资产达到发行债券数额的 150%；其次，净流动资产要无条件地保持在发行债券面值的 100% 以上。在美国散热器公司（United States Radiator Corporation）发行的 1938 年到期的 5% 债券的案例中，公司同意无论在任何时候，净流动资产都会保持在长期债务的 150% 以上。

在工业债券的案例中，对营运资本提出一些通用的保护性条款，在理论上似乎是合理的。我们此前也曾经建议将净流动资产与长期债务的比例作为选择工业债券的具体标准之一。债权合同中应明确相关标准，因而债券持有人有权在债券存续期要求公司将比例维持在该标准之上，并且在比例低于临界值时要求公司赋予持有人适当的救助方式。

此时，暂停股息发放不仅合适，而且可行。然而，更为严厉的惩罚措施，即将营运资本不足视作"违约事件"，对债券持有人而言则并不是有效或有利的。曾有反对意见指出，破产管理实际上是损害而非保护了债权人的权益，这证明了上述观点。参考之前提到的美国散热器公司发行的 5% 债券，我们可以发现，其 1933 年 1 月 31 日的资产负债表显示 150% 的营运资本比例要求无法满足（净营运资本为 2 735 000 美元，只有债券总额 2 518 000 美元的 109%）。然而，托管人并未提前宣布债券本金到期，也没有足够数量的债券持有人提出该请求。无论如何，由营运资本引起的破产管理都会严重侵犯债券持有人的利益。但是这一态度表明，被质疑的相关营运资本条款不应被包括在债权合同内。①

## ● 将表决控制权作为一种救助方式 ●

我们之前提出并讨论了当违约事件发生时，用赋予债券持有人对公司表决控制权的方法，替代债券持有人有权选择托管人的方式。无论读者如何看待该项建议对利息或本金拖延支付的适用性，我们相信每个人都会同意，在"次级"违约（如营

① 1933 年，相似情况在 G.R. 金妮鞋业公司（G.R. Kinney Shoe Company）发行的 1936 年到期的 7.5% 债券和巴德制造公司（Budd Manufacturing Company）发行的 1935 年到期的 6% 第一抵押权债券上也有所体现。1934 年年初，美国散热器公司要求信用债券持有人修订有关营运资本维持比例以及偿债基金支付的条款，并且持有人并未因该妥协获得实质性的等价补偿。有代表性的是，公司对此给出的原因并非债券持有人已经获得相关救助权利，而是"债权合同中的技术性违约"影响了公司向银行申请项目贷款。

运资本比例无法达标、无法完成偿债基金支付）时，该项建议意义重大，因为其他选择，无论是宣布资不抵债，抑或不采取任何行动，都无法完全令人满意。

## ●投资信托证券的保护条款●

我们认为投资信托债券属于一种特殊类别，因为根据其性质，它们适用严格的救助条款。该类债券本质上类似于银行根据有价证券而发放的抵押贷款。作为对此类银行贷款的保护，担保物的市场价值必须维持在高于贷款发放额的某一特定比例。同理，借款给投资信托的出资人应当有权利要求投资组合的价值持续高于贷款数额足够的比例，比如25%。如果市场价值低于这个比例，投资信托应当采取与以有价证券作为抵押的借款方在类似情况下相同的做法，通过注入资金（比如向股东筹集更多资本金），或通过出售证券及整个债务并以其收益偿还债券，使得市场价值保持在特定比例之上。

债券投资的固有缺陷通常使得购买者寻求可能保障的所有主张都具有合理性。对于投资信托债券而言，一个非常有效的保障措施是通过条款制定，要求投资组合的市场价值高于债券债务的数额。因此，投资信托债券的持有人应当主张此类保护条款，并且监督条款得到严格执行。虽然在投资组合市场价值下降时，该条款将对股东利益造成损害，但它毕竟是原始协议的一部分，即股东同意承担大部分风险以换取超额收益。①

一项针对投资信托债券合同的调查显示，保护性条款普遍缺乏一致性。它们大都要求资产价值超过债务一定比例，并以此作为债券增发的前提。净资产与长期债务的比例标准在120%（如通用美国投资者公司［General American Investors］）至250%（如尼亚加拉股份公司［Niagara Shares Corporation］）之间波动，其中较为常

① 如果投资组合市场价值降至长期债务的100%以下，资不抵债的情况将赋予债券持有人立即获得救助的权利。否则，股东将被允许以债券持有人的资金在未来进行投机活动。但这一看起来非常简单的方案实际上并不容易实现。1938年，虽然雷诺兹投资公司（Reynolds Investing Company）5%债券的持有人努力在破产管理时任命了托管人，但是股东主张公司持有的大量证券的市场价格低于其真实价值。在拖延了相当长的时间之后，托管人依据不同利益方的协议而得到任命。还可以关注守护投资者公司（Guardian Investors Corporation）1948年到期的5%债券，由于没有采取任何救助方式，该债券自1932年起便处于“低于标准”的情形，并以24美元低价出售。

见的是 125% 或 150%。现金股息支付也存在类似的约束，其比例在 125%（如国内外投资者公司［Domestic and Foreign Investors］）至 175%（中央州电力公司［Central States Electric Corporation］要求达到该标准才可以向普通股股东发放现金股息）之间波动，较为常见的可能是 140% 或 150%。

但是在大部分情况下，并不能要求债券发行公司的资产价值持续无条件地在最低水平上保持高于债券债务数额。此类案例包括通用公用事业公司（General Public Service Corporation）发行的 1953 年到期的 5% 可转换信用债券、美欧证券公司（American European Securities Company）发行的 1958 年到期的 5% 债券以及附属基金公司（Affiliated Fund）发行的 1949 年到期的 4.5% 和 4% 可转换信用债券。这些公司都要求资产的市场价值保持在长期债务的 125% 以上。就附属基金公司来说，其提供的救助方式是托管人立即出售抵押担保品并提前偿付债券，直至恢复相关比例要求。在其他情况下，公司会制定关于所有债权到期并进行支付的更为详细的机制。我们建议将该类条款（特别是那些应用最简便的）作为投资信托债券的标准要求。①

## 偿债基金

现代形式的偿债基金通过公司支付的方式，对一定比例的优先债券进行定期偿付。偿债基金通常通过电话、秘密要约以及托管人或公司于公开市场购买的方式获得证券。在最后一种方式中，公司以债券代替现金支付给偿债基金。公司通常在一年内向偿债基金注资一到两次，但季度甚至月度支付的规定也十分常见。许多偿债基金获得的债券实际上不会被偿付，而是会“继续存续”，即它们将产生利息，这些利息将同样用于偿债基金的支付，使得后者以复利的速度增加。

① 雷诺兹投资公司 5% 债券合同中出现了另一种救助方式，即一旦资产净值下跌至债券数额的 110% 以下，后者被认定在下一个付息日到期且需要偿付本金。当然，该条款的执行也面临前面提到的问题。

我们也应当关注阿勒格尼公司（Alleghany Corporation）发行的 1949 年到期的 5% 担保信托，发行说明书表明 150% 的要求是强制性的。然而合同却规定，未能保持这一标准并非违约事件，仅会导致股息发放停止，以及托管人扣押抵押担保物并获得相关收益。

**案例**

关于此种安排的一个重要案例是最初总额为 504 000 000 美元的美国钢铁公司发行的两只 5% 债券的偿债基金。其中，次级债券在纽约证券交易所上市交易，并在债券市场中以“钢铁偿债者”（Steel Sinkers）的名称为投资者所熟知。通过在偿债基金中加入债券利息，公司每年向偿债基金的支付额由 1902 年的 3 040 000 美元增加至 1928 年的 11 616 000 美元。（第二年后，所有债券发行额都得以偿付或保障。）

## ● 偿债基金的益处 ●

偿债基金主要有两方面的益处：首先，债券规模的持续减少有助于增强其安全性，并且有利于债券到期时公司更轻松地偿付余额。其次，也是很重要的一点，偿债基金通过刺激大量的债券购买需求，为债券的市场表现提供了支撑。几乎所有的工业债券都拥有偿债基金，约有一半公用事业公司拥有偿债基金，而只有极少数的铁路公司拥有偿债基金。但近年来，偿债基金的重要性得到了越来越多的关注，几乎已经没有不包括相关条款的长期优先债券。①

## ● 某些情况下不可或缺 ●

在一些情况下，偿债基金对于债券保障是绝对不可或缺的。通常当债券的主要抵押包括递耗资产时，偿债基金的必要性便得以体现。以矿业资产为抵押的债券通常都拥有较大比例的偿债基金，还会根据采矿吨位大小进行调整。与之相比，房地产抵押债券通常设立相对较小比例的偿债基金。所有这些案例的理论基础是，年度损耗或折旧计提应当被用于减少长期债务。

**案例**

关于偿债基金重要性的一个特殊案例是跨区快速地铁公司发行的

① 1933 年州际商务委员会强烈建议铁路公司试行偿债基金，以分期偿还现有债务。芝加哥 – 西北铁路公司随即宣布了一项此类计划，但计划的细节并未给投资者留下深刻印象。

1966 年到期的 5% 第一替续债券，其主要由归属于纽约市的资产租金作为担保。显然，在 1967 年租期届满之时，公司将丧失大部分资产和收益能力，利用偿债基金偿付该债券显然是非常必要的。与此类似，烟草产品公司（Tobacco Products）发行的 2022 年到期的 6.5% 债券的价值也全部取决于 2022 年租赁合同到期的美国烟草公司 2 500 000 美元的年度租金支付。此时，缺少偿债基金无疑将引起麻烦。

**案例**

联邦矿业和冶炼公司（Federal Mining and Smelting Company）曾发行大量的优先股（价值 12 000 000 美元），用以购买一家优质的矿业公司，并且这些优先股没有设立偿债基金。1926 年普通股股东获得 10 美元股息的公告引发了一场法庭诉讼。优先股股东请求法院禁止公司通过消耗矿产及分配现金收益给次级股票股东的方式威胁其地位和权益。根据法院的判决，公司在 1937 年前不得发放普通股股息，同时应在 1939 年优先股本息偿付完毕前，将剩余利润用以回购优先股。

即便作为抵押品的船舶价格明显在持续下降，铁汽船公司（Iron Steamboat Company）发行的 1932 年到期的 4% 普通抵押债券仍然没有设立偿债基金。1902 年发行时，该债券总额为 500 000 美元，并且对公司所有资产（主要由纽约市和康尼岛之间的 7 艘小型蒸汽船组成）享有第二留置权，求偿次序排在 100 000 美元的第一抵押权债券之后。1909—1925 年，公司一共支付了超过 700 000 美元的普通股股息，并且在 1922 年利用偿债基金偿付了所有第一抵押权债券。此时，1932 年到期的 4% 债券持有人对公司所有资产享有第一留置权。1932 年，该公司破产，无法偿付发行任何的债券。1933 年 2 月，留置资产被拍卖，所得 15 050 美元仅够支付已发行债券数额的百分之一。若该债券之前设立偿债基金，将有可能使用最后分配给股东的相关收益偿付债券。

如果公司被证明将持续经营，那么不设立偿债基金并不一定会影响债券的投资属性。这不仅由大多数高等级铁路债券和许多高等级公用事业债券所体现，同时也为大多数老牌投资级工业公司的优先股所证明，比如没有偿债基金的纳贝斯克公司优先股。因此，从更加宽泛的角度看，设立偿债基金无疑很好，但也并不是在任何情况下都不可或缺。

## 将分批到期作为一种选择

设立偿债基金的一般目标也可以通过使用分批到期的方式来实现。公司每年偿付一部分到期债券的做法，同利用偿债基金购买债券缩减债务规模的结果是一致的。分批到期较为少见，反对者认为其运作需要大量独立的市场报价。然而在设备信托领域，分批到期条款普遍存在。这种特殊的现象可能是由保险公司和其他金融机构作为设备债券的主要购买者所导致的，同时也因为它们有特殊需要，所以设置的不同到期日能为之提供方便。分批到期在州政府与市政府的财政融资中也经常被采用。

## 执行中的问题

偿债基金条款的执行面临着与营运资本比例维持条款执行相同的问题。在债权合同中，无力支付偿债基金通常被视为违约行为，这将导致托管人有权宣告本金提前到期，从而使公司进入破产管理程序。这一“救助”方式显然不正确，我们也无法找到一个公司按时做到支付利息，但却无法支付偿债基金，由于合同条款的执行而进入上述程序的案例。当公司继续支付利息，但声称无法支付偿债基金时，托管人和债券持有人通常不会主动采取行动，而只会允许偿债基金累积欠款。更常见的情况是，公司正式请求债券持有人允许其延期履行偿债基金的支付。由于拒绝该请求可能导致公司资不抵债，大部分债券持有人几乎无一例外地选择同意。这一点在跨区快速地铁公司 5% 债券的案例中也有所体现。正如我们指出的，偿债基金是债券保障的重要要素。[①]

我们针对营运资本条款提出的建议（即在违约事件发生时，将表决控制权转移给债券持有人），同样适用于偿债基金条款。在我们看来，现有规定将使债券持有人或不采取任何行动维护其自身利益，或采取极端和灾难性的措施以致公司破产，我们提出的救助方式显然更胜一筹。

---

① 1922 年提出的自愿重组计划规定，该债券偿债基金延期 5 年支付。大约 75% 的债券持有人接受了此项修改。

之前我们主要强调了工业债券的保护性条款，但读者不应据此认为这些条款的存在一定能够保证债券的安全，因为事实远非如此。债券投资的成功主要取决于企业的良性运作，仅在较小程度上取决于债权合同的相关条款。这就似乎出现了一个悖论，即优先债券往往在经济萧条期表现最好，但它们的合同或公司章程条款总体来讲并不那么令人满意。对此的解释是，这些债券大多是在很久之前发行的，在那时，投资者对于保护性条款的关注还远不如现在。

在附录注释 34 中，我们介绍了两个相反的案例（威利斯 – 奥弗兰公司发行的 1933 年到期的 6.5% 第一抵押权债券与伯基 – 盖伊家具公司［Berkey and Gay Furniture Company］发行的 1941 年到期的 6% 第一抵押权债券）。在案例中，一系列数据有力地证明了，任何标准的保护性条款都不能保证债券持有人免受巨大损失。但是，虽然我们一直讨论的保护性条款不能保证债券的绝对安全，但它们确实能够增加债券安全性，并因此值得继续使用。

根据州立法机构制定的有关抵押延期偿付的各种法律条款，在许多房地产债券案例中，偿债基金支付的暂停并不会受到任何处罚。例如，哈里曼建筑公司（Harriman Building）发行的 1951 年到期的 6% 第一抵押权债券。根据纽约州延期偿付法律，1934—1939 年该公司未因未能支付偿债基金而受罚。

# 20

# 优先股的保护性条款与维持充足的次级资本

在优先股协议中，往往设立有针对发行优先级别更高的证券的保护性条款。该条款通常规定，除非公司得到 2/3 或者 3/4 的优先股股东投票同意，否则不能发行优先级更高的股票或者抵押债券。但这个禁令也并非是绝对的，因为有时候优先股股东经过深思熟虑之后，也许会发现授权发行优先证券对自己更有利，比如在必须进行新的债券融资来避免破产清算时便是如此。一个典型的例子就是 1932 年的艾廷根－希尔德公司（Eitingon-Schild Company）。公司发行的股息率为 6.5% 的第一优先股的保护条款规定，除了置产债务（purchase-money obligations）、现有抵押债务的展期，以及将流动资产抵押来获得用于正常业务活动的贷款之外，公司不能将其任何资产做抵押、留置或者增加该资产的费用。但由于该公司在 1932 年的财务状况岌岌可危，优先股股东授权批准了若干财务重整方案，其中包括发行 5 500 000 美元票面利率为 5% 的信用债券，该债券合同中的若干条款专门针对固定资产收取费用。

## ● 限制信用债券的发行是可取的 ●

通常情况下，优先股股东无权干预信用债券的发行。以美国金属公司（American Metal Company）为例。1930 年，该公司在没有经过优先股股东投票表决的情况下，发行了规模为 20 000 000 美元的信用债券。但是在 1933 年，公司被迫征求优先股股东的同意，在该债券到期时以抵押担保的方式发行替续债券。这种差别在我们看来是不合理的，因为无担保债务像抵押债务一样，同样会对优先股的安全构成威胁。通常情况下，优先股股东可以阻止公司新发行优先级更高或者与它同级的优先股以及任何担保债务，但无权干预公司发行任何规模的信用债券，这似乎是不合理的。

对发行信用债券缺乏限制条款，可能是希望公司容易获得银行借款以满足日常经营需要，但是还可以从相关具体条款对这一点加以考虑——就像目前常见的规定，公司可以将资产用来抵押以满足“日常经营中的借款需要”，而且无须优先股股东同意。①

在资本重整计划中，公司发行同等级别或者优先级别更高的优先股来替换旧有优先股时，通常会发起优先股股东的投票程序，而发行新优先股往往是为了处置累积股息。通过为新优先股设计较旧有优先股同级或者更高的优先级，那些原本倾向于反对重整方案的股东可能会被迫妥协。

**案例**

1930 年奥斯汀 – 尼科尔斯公司股息率为 7% 的优先股，每股股息累积至 21 美元。该公司提议，将该优先股兑换为每股股息为 5 美元的累积优先股 A，加上 1.2 股普通股。经由优先股股东们投票表决，该方案得以通过。新优先股 A 的优先级高于旧有优先股，结果，大约 99% 的旧优先股股东选择兑换。国际纸业公司和菲斯克橡胶公司分别在 1917 年和 1925 年对优先股进行了类似的股息重整，而且新发行优先股的优先级与旧优先股相同。②

## 优先股偿债基金

公用事业或者铁路公司的优先股很少设有偿债基金条款。但是对于工业公司优

① 但是应当注意到，近些年来针对信用债券的发行，保护优先股股东的趋势日益明显，公司在发行任何“债券、票据、债权证或者其他一年期以上的债务凭证”时，都需要征询优先股股东们的同意。例如肯德尔公司( Kendall Company ) 股息 6 美元的参与优先股，A.M. 拜尔斯公司（A. M. Byers Company）股息率 7% 的优先股。在老牌优先股中，卢斯 – 怀尔斯饼干公司股息率 7% 的第一优先股也有这类保护条款。

② 近期一些州的法律允许公司在赞成票超过三分之二的情况下，迫使优先股股东接受资本结构调整计划。例如，国际纸业与电力公司（International Paper and Power）在 1937 年的资本结构调整（根据马萨诸塞州的法律）中，将股息率为 6% 的原始优先股和股息率为 7% 的替续优先股（连同它们的累积股息）替换成新的股息率为 5% 的可转换优先股，外加一定的普通股股息。然而各法院判决的结果始终坚持，对于在这类法规颁布之前成立的公司，其优先股股东对累积股息的要求权是一项既有权利，不能由股东投票将其剥夺。

参见凯勒 – 威尔逊公司（Keller vs Wilson & Co., Inc.)，190 Atl.115（1936 年特拉华州），以及 1938 年美国政府印刷局出版的《美国证券交易委员会的报告：保护和重组委员会的工作、业务、人员和职能的研究与调查》，第Ⅷ卷，“缺乏委员会援助的管理计划”第 187 页以及随后的内容。

先股而言，设立偿债基金已成为惯例。和偿债基金对于债券的好处一样，它同样有益于优先股。而且，正如我们经常强调的，鉴于优先股契约中存在的种种弊端，优先股购买者更有理由争取这类特殊的保护性协议。尽管偿债基金是优先股十分理想的安全保障，但设立与否并不能证明优先股是否足够安全。在1932—1933年保持着投资评级的21只优先股中（列于第14章），仅有一只设有偿债基金条款。正如前面所解释的，这种矛盾现象事实上是因为几乎所有的优质工业公司优先股都时间久远，而相对而言，偿债基金则是近年来才发展起来的新事物。

偿债基金的金额通常设定为最高未偿付优先股金额的一定比例，最常见的比例大约是3%。基金金额按利润百分比来确定的情况较为少见。偿债基金金额的计算方法多种多样，并且涉及一些技术上的处理，这里我们不去详细说明。大多数情况下，偿债基金的支付是强制性的，除非:（1）已经全部支付或"准备"支付优先股股息，并且（2）剩下的盈余利润能够达到偿债基金的要求。

有少部分优先股还受到维持净流动资产（即营运资本）的协议保护，通常要求净流动资产维持在优先股总额的100%或者优先股加债券总额的100%以上。在某些情况下，对不遵守这类协议的处罚仅仅是禁止分派普通股股息（如西德尼–布卢门撒尔公司［Sidney Blumenthal and Company］）；而在另一些情况下，处罚是将（普通股）投票控制权让渡给优先股股东（例如A. G.斯波尔丁兄弟公司［A. G. Spalding and Brothers］股息率7%的第一优先股，就要求营运资本达到优先股总额的125%）。[①]

## ● 股息拖欠事件中的投票权 ●

在优先股保护条款中，涉及投票权的第二类情况是公司拖欠股息。据我们所知，这类保护条款只适用于累积优先股。考虑到投票权生效时间以及其赋予的对公司的控制程度，这类安排会有所不同。有些公司规定，公司只要拖欠股息，优先股股东立即拥有投票权，如考夫曼百货公司（Kaufmann Department Stores）股息率为7%的优先股和皇家发酵粉公司（Royal Baking Powder Company）股息率为6%的优先股。另外一类极端是，只有当公司拖欠8个季度的股息后，优先股股东才拥有投

① 在1939年股息率为7%的第一优先股被替换成了收入债券、新优先股，以及普通股。

票权，如布伦斯维克－鲍克－科伦德公司（Brunswick-Balke-Collender Company）。而一般情况是一年后生效，赋予优先股的投票权可能是：（1）投票选举所有董事，（2）单独选举大部分的董事，（3）单独选举少数董事，或者（4）拥有与普通股相同的投票权。

- （1）类的例子：麦克森－罗宾斯公司（McKesson and Robbins, Inc.）在1932年12月拖欠第四季度股息，优先股股东因此而获得董事的唯一选举权。
- （2）类的例子：1933年哈恩百货公司（Hahn Department Stores）拖欠四个季度股息，优先股股东因此而获得推举大部分董事的权利。
- （3）类的例子：环球电影公司（Universal Pictures）拖欠六个季度股息，第一优先股股东因此而有权推举两名董事。布鲁克林－皇后区运输公司（Brooklyn and Queens Transit Corporation）只要任何一季度拖欠的股息未能在一年内偿付，公司优先股股东便可推举1/3的董事。
- （4）类的例子：城市制冰和燃料公司（City Ice and Fuel）若拖欠四个季度股息，公司优先股股东就拥有与普通股相同的投票权。①

最后这条规定的价值很大程度上取决于优先股的规模是大于还是小于普通股。如果是大于，那么与普通股相同的投票权能够使优先股股东有效地控制公司；但大多数情况是优先股规模较小，因此这种投票权很可能起不到太大作用。

**综合性投票权。**1939年发行的西宾夕法尼亚能源公司（West Penn Power）股息率4.5%的优先股和威斯康星州燃气与电力公司（Wisconsin Gas and Electric）股息率4.5%的优先股均拥有以下投票权：（1）与普通股相同的投票权；（2）如果公司拖欠一年股息，则优先股股东有权额外推举两名董事；（3）如果公司拖欠三年股息，优先股股东有权推举大部分董事会成员。北美公司（North American Company）股息率为6%的优先股总能推举1/4的董事会成员，如果公司拖欠三年的股息，则该公司优先股股东能够推举大部分董事。

① 我们发现，杜邦公司"无投票权信用债券"（一种优先股）的保护条款中对这类规定做出了一处有别于常规的改动，该条款在1939年废止。改动规定若信用债券在任何一个日历年的收益率低于9%，其持有者将被赋予与普通股相同的投票权。如果拖欠股息达6个月以上，则该优先股股东将独占投票权。

## ● 非累积优先股需要更多保障 ●

以上概述的保障措施普遍存在一些弊端。首先，尽管人们认为这类特定的投票权条款理应仅适用于累积优先股，但在我们看来，将非累积优先股排除在外是极不合理的。当公司拖欠股息时，非累积优先股持有者无疑有更充分的理由要求拥有董事代表，因为他们无权在将来要求追偿损失的股息。我们认为应该制定这样的财务准则，即任何那些现期股息未得到全额支付的优先股，都应该在董事会中拥有独立的利益代表。

另一方面，我们认为当公司未能支付优先股股息时，清除所有代表普通股股东权益的董事并不合适。董事会完全由优先股股东掌控可能会导致普通股股东明显受到不公平对待，例如故意不清偿全部优先股股息，优先股股东便可以一直掌控公司。董事会中应至少保证留存少数的代表各方利益的董事，即使他们在实际投票中影响甚微，却能够有效阻止不公平或者不合理的做法。

## ● 有关投票权的一般原则 ●

根据上述讨论，可以制定出有关于优先股投票权的一般原则。标准的安排应该是各类优先股和普通股在任何情况下都拥有一部分董事的独立选举权。① 只要公司定期支付优先股股息，让普通股股东推举大部分董事是合理的，同时当任何时候公司不能全额支付优先股股息时，而且不论是累积优先股还是非累积优先股股息，都应将大部分董事的选举权让渡给优先股股东，这同样是合理的。②

为充分保障优先股，不仅应在拖欠股息的情况下将投票控制权让渡给优先股股东，当公司未能支付偿债基金或者不能维持规定的营运资本时也应如此。有一些公

① 从目前我们能确定的因素来看，这类优先股比较罕见。但是也有如北美公司的优先股和奥格登公司（Ogden Corporation，前身是公用电力照明公司［Utilities Power and Light Corporation］）的新优先股。在美国证券交易委员会的支持下，似乎会有更多这类优先股出现。有关优先股股东投票权的普遍看法请参见 W.H.S. 史蒂文斯（W. H. S. Stevens）的《股本与股东的投票权》，《芝加哥大学工商管理学杂志》，11 卷，第 311~348 页，10 月，1938 年。

② 《1938 年破产法》（*Bankruptcy Act of 1938*）的第 X 章第 216~12（a）部分明文规定，在任何股息滞付事件中，优先股股东据此应获得推举部分董事的权利。

司的章程就给予了优先股股东这样三重保障，例如贝尤克雪茄公司（Bayuk Cigars）和 A.G. 斯波尔丁公司。在我们看来，这种做法应该成为标准而非特例。

## ● 优先股投票控制权的价值令人质疑 ●

从实际的角度来看待这个问题，我们必须承认，赋予优先股股东投票控制权并不一定对他们有利。在某些情况下，这类特权可能得不到有效使用；而另一些情况下，这些优先股持有者可能太过被动或者胡乱接受他人建议，以至于尽管有特权也没能保护自身的利益。优先股投票控制权在实践中的局限性可以通过一个例子来说明，那就是梅塔格公司（Maytag Company）。1928 年该公司（生产洗衣机）进行资产重组并发行了以下证券：

100 000 股每股 6 美元的累积第一优先股。

320 000 股每股 3 美元的累积优先股（第二优先股）。

1 600 000 股普通股。

所有这些股份中大约 80% 由梅塔格家族掌握。通过投资银行，该家族将持有的第一和第二优先股向公众出售。这使他们个人（并非公司）净赚了大约 20 000 000 美元，并通过对普通股的持有权掌控着公司。公司优先股条款规定，两类优先股都不拥有投票权，除非任何一类优先股被拖欠四个季度股息。在这种情况下，两类优先股作为一类共同投票，将有权推举大部分董事。在 1932 年，两类优先股股息均被拖欠，因此在 1933 年年初，投票控制权被让渡给了优先股股东。

令人感到匪夷所思的是，在 1932—1933 年，公司董事会成员仅有的变动是一名董事辞职，他是一家证券承销公司的合伙人，而据推测他代表优先股股东的利益。剩余的五名董事全部是公司营运主管，并且与普通股股东利益一致。与此同时，两只初始发行价分别为 101 美元和 50 美元的优先股价格分别跌至 15 美元和 3.125 美元。

整理回顾一下上述情况，我们可以看到，公司的私人所有者出售对公司利润的优先要求权，由此赚取了一笔数目庞大的个人收入。为了保护公司中公众的权益，当公司持续拖欠优先股股息时，优先股股东将获得投票控制权。这一事件的发生引起了股价灾难性的暴跌。但新的投票控制权没有得到行使，而且普通股股东仍主导着董事会，甚至较之前更进一步。

对于这一事件，华尔街人士的看法是：因为公司的管理层踏实能干，所以变更董事会是毫无必要的，甚至是不明智的。在我们看来这种观点忽略了基本的一点。诚然，公司的经营管理应该维持稳定；也许，尽管并非绝对，代表优先股息益的董事们在处理优先证券的事项上会和支持普通股股东的董事们遵循相同的财务策略，但该问题的关键是这类决策实际上应该由这样一个董事会进行制定——该董事会中大部分董事是优先股股东根据其所获投票权推举的。无论董事会的变动是否会导致公司政策的改变，都应该依照公司章程的规定来推举董事。否则，投票权条款将毫无意义，它会变成一句空话，使优先股购买者以为他们的投资有保障，而事实上并非如此。①

**此类情况下推荐采用的程序。**笔者认为，对于诸如梅塔格公司这类情况，所需采用的适当程序十分明了。优先股股东个人没有有效的方法来提名和推举代表他们利益的董事，而证券发行机构应该承担这一职责，并认真履行。他们的职责是：

（1）获得登记在册的优先股股东名单；
（2）通知优先股股东有关新的投票权；
（3）向他们推荐候选董事，并要求他们委任代表对候选董事进行投票。

当然，证券发行机构应推荐能够充分胜任这个职位的董事，这些候选董事与普通股没有任何重大利益联系，立场也不会倾向于普通股，而且如果他们本身就是优先股的大股东则更为适合。在根据公司重组而发行优先股的情况下，很可能没有证券发行机构主动承担上述职责，但在公司重组过程中，以前曾积极代表优先股持有人利益的证券机构同样可以承担这一职责。

---

① 在此需要说明，梅塔格公司股息率为 6% 的优先股，其股息在 1933 年 10 月恢复支付，而累积欠付股息在 1934 年得到偿还。

尽管如此，由优先股股东推举的董事很有可能并不称职，或者因为其他原因不能有效代表优先股股东的利益，但这不是反对优先股股东拥有和行使投票权的正当理由。普通股股东以及公民的投票权也面对类似的反对理由，解决的方法不是剥夺他们的选举权，而是进行教育。正如我们前面已经指出的，倘若优先股设有完善的投票控制权条款，并能够及时有效地加以使用，就能够在很大程度上克服"优先股收取股息不是明确的法定权利"这个固有缺陷。但是，在优先股满足这两项条件之前，我们必须再次强调，对于投资者而言，债券形式较优先股形式更具实践上的优势。

## ● 维持充足的次级资本 ●

最后，我们想提请债券持有人和优先股股东注意一项保障条款，该条款在技术上具有重要意义，但却频频在有关合同和公司章程规定中被忽略。这里所指的就是维持充足的次级资本。我们在前面已经强调过这个原则，即充足的次级资本是所有明智的固定价值投资的必备条件。除非公司的价值远高于其负债，否则以 3% 或 4% 的利率向该公司贷款是极不慎重的。这是一条基本原则而且很好理解。但是人们大多不知道，《公司法》允许公司在获得贷款后撤回几乎所有的股本和盈余。这可以通过合法程序来实现，从而将资本总额削减至象征性的极低水平，再把削减下来的这部分金额分派给股东。债权人无力阻止这种手段，除非他们在贷款合同中明确设立条款来加以防范。

**有权削减设定资本（股本）所带来的风险。**让我们试着用一个假设的例子来说明这点。假设一家从事分期贷款业务的公司拥有 2 100 000 美元的资本和盈余。表面上，其以拓展经营业务为由，通过发行 20 年期利率为 5% 的信用债券向公众借入资金 2 000 000 美元。公司的盈利以及股权规模看上去似乎能够为债券提供足够的保障。随后公司的业务开始下滑，因此出现大量的闲置现金。股东们投票决定削减股本至 100 000 美元（理论上可削减至 1 美元），而且他们通过资本返还的形式收回现金 2 000 000 美元。

事实上，股东们通过债券持有人提供的资金恢复了公司资本规模，但是他们仍拥有公司的所有权和经营控制权，同时有权获得超过 5% 债券利息的全部利润。债券持有人发现自己陷入了一个荒唐的境地，提供了所有的资本并由此承担全部的风险，却不能分享普通利息以上的利润。这种事态发展极不公平，但显然，这种做法是合法的，除非在债券发行的契约中明确规定若分派后公司资本和盈余会低于某一特定值则不能对股东进行分派，并以此来加以阻止。

如同我们上述的假设例子那样，直接以现金形式撤回资本，拿走债券持有者们的“安全靠垫”，这种情况十分罕见的，甚至并无先例，但是类似的情况在实际中确有出现。公司在出现大量营业亏损后，会通过削减资本来勾销由此产生的资产负债表赤字。

**案例**

在第 38 章中我们将讨论一个有关此问题的非同寻常的例子，即跨区大都会公司（Interborough-Metropolitan）的案例。在这个案例中，为了掩盖盈亏账目的庞大赤字，股东们决定削减设定资本。经此操作，明显的暂时性收益以股息的方式被分配给了股东，而不是留存下来以保障债权人的利益，债券持有人后来遭受巨额亏损。在现有法律制度下为达到削减资本的效果，一些公司会采取与皮包公司“合并”的做法。相同的手段也曾多次在资产重组计划中使用，例如 1926 年的中部皮革公司（Central Leather Company）和 1932 年的凯利－斯普林菲尔德轮胎公司（Kelly-Springfield Tire Company）。

在 20 世纪 30 年代的经济大萧条期间，由于许多公司遭受亏损，大量的资产削减计划由股东投票通过，这些计划并没有征询债券持有人的意见。这类削减大部分都采用将无面值股票转换成低面值股票的做法，同时经常伴有冲销无形资产或者减记固定资产。站在债券持有人的立场来看，这类“在资产负债表的一边减记资产价值，同时另一边减记股本”的做法并没有什么特别意义，但可能会使得公司计提很低的折旧费用，并因此随意分派股息。但大多数情况下，大量金额从资本项目下转移至盈余项目下，以此方式吸收日后的经营亏损，而且在过去的亏损被弥补之前，还可以继续分派股息。

例如，雷明顿－兰德公司将普通股从无面值转换成面值 1 美元，连同注销本公司所持的股权，使得普通股的设定价值从 17 133 000 美元削减至 1 291 000 美元。这些差额中，无形资产减值 7 800 000 美元，厂房设备账户减值 2 300 000 美元，另外 400 000 美元归于杂项减记（miscellaneous write-downs）及增加储备，剩下的 5 350 000 美元则从资本账户转移至盈余账户。类似的例子还有列克星敦公用事业公司（Lexington Utilities），1935 年该公司股息率为 6% 的优先股每股面值从 100 美元减至 25 美元，而且无股息或其他重大权益变更，仅仅是为了消除资本亏损以及恢复支付优先股股息。这一做法使债券持有者之前在股息无法支付时所享有的长期债务失去了 3/4 的安全边际。在随后的几年中，公司将大量金额用于分派股息，这些资金原本应留存于公司或者用来投资，以作为债券持有人的“安全靠垫”。

纽约造船公司（New York Shipbuilding Corporation）、塞维尔股份有限公司（Servel, Inc.）、华纳兄弟电影公司（Warner Brothers Pictures, Inc.）、H.F. 威尔克斯石油和天然气公司（H. F. Wilcox Oil and Gas Company）、斯摩伊德公司（Thermoid Company）都采取过类似的资本削减方案。阿科美公司（National Acme Company）曾两次削减其股本面值，1924 年由每股 50 美元降至 10 美元，1933 年再由 10 美元降至 1 美元，结果是该公司的设定资本由 25 000 000 美元缩减至 500 000 美元。在资本管理公司（Capital Administration Company）的例子中，该公司不仅削减了普通股的设定价值，股息率为 3% 的累积优先股也被定价为每股 10 美元这样一个不切实际的低面值。

**一些证券能免受这种风险。**幸运的是，这些公司中的一些债券持有人的债券契约包含保障条款，规定除非公司的资源价值超过其债务达到某一适度水平，否则禁止向股东分派股息或者其他红利。以雷明顿－兰德公司 5.5% 信用债券为例，它的信托契约中提供了以下三重保障：

1. 现金股息只能从所获盈余中支付。
2. 只有在扣除拟派股息后公司的有形资产净值至少达到长期债务总额的 175% 时，才能够支付现金股息。
3. 公司不得赎回总额超过 3 500 000 美元规模的股票，但使用新增实收资本或者盈余资金的则除外。

最后一则条款是直接针对通过赎买优先股或者普通股来削减次级资本的手段。若规定是禁止购买（而不是赎买）公司自身的股票将更为贴切。

上述这些不同类型的保障性条款在很多债券契约中都有出现，但并不是所有情况都适用。例如列克星敦公用事业公司、纽约造船公司以及塞维尔股份有限公司的债券就没设立这类条款，这三家公司都通过股东投票来削减它们的设定资本。通过前面的讨论可以看出，这类契约条款对债券的安全性至关重要。尽责的证券承销公司以及明智的投资者都应坚持要求所有契约包含此类条款。①

**优先股在这个方面的尴尬境地。**优先股在这个问题上的境地有些特别。在维持充足的次级资本的问题上，优先股股东与债券持有者的利益处境相同。但是，当公司出现亏损从而导致资产负债表赤字时，在法律上不仅禁止支付普通股股息，也禁止支付优先股股息。因此，优先股股东很可能急切希望削减普通股的设定价值，以此来消除盈亏账目赤字，从而能够继续为自己所持优先股派发股息。在这样的情况下，他们对于维持充足的次级资本的兴趣被对于股息分派的巨大渴望所取代。例如在 1921 年年底，蒙哥马利 – 沃德公司（Montgomery Ward）的亏损造成盈亏账目赤字达 7 700 000 美元，迫使优先股股息分派暂停。于是优先股股东乐于接受将普通股的设定价值从 28 300 000 美元削减至 11 400 000 美元，从而消除了资产负债表赤字，使得公司可以继续分派优先股股息以及偿还累积股息。

这种有关盈亏账目赤字的情况甚至会被普通股股东加以利用，来迫使优先股股东做出巨大让步。一个臭名昭著的例子是中部皮革公司的重组计划，这一计划导致一家继任公司成立，即美国皮革制品公司。作为投票赞成削减设定资本的回报，普通股股东强行要求优先股股东放弃他们以往被拖欠的股息，并且削减他们对今后股

① 自从 1934 年被提出以后，在新债券契约中纳入这类安全保障条款已成为普遍做法。削减设定资本不仅被普遍反对，而且出现一种趋势，即自债券发行后“冻结”盈余——尽管常常留有一些回旋余地。例如扬斯敦钢板钢管公司（Youngstown Sheet and Tube）利息率 4% 的第一抵押权债券和利息率 3.5% 的信用债券，契约中规定自 1935 年 12 月 31 日起，对股东的现金分派将仅限于收益，外加 5 000 000 美元。考伯斯公司（Koppers Company）利息 4%、1951 年到期的第一抵押权债券，规定自 1936 年 1 月 1 日起，对股东分派仅限于利润，外加增发股票所获收入。

息的累积要求权。[①]

**优先股股东同时需要特殊保障条款和投票权来保护自身的利益**。这些因素证实了我们前文关于优先股作为一种投资工具存在弊端的论述。通过限制次级资本的撤回来保障优先股并不困难，这是普遍做法，而且应该始终如此。[②] 但是从优先股股东的立场来看，要处理好由盈亏账目赤字引发的问题很困难。最重要的是，代表优先股利益的董事们需要完全掌控公司的政策。同时这也强调了在发生股息拖欠事件时，优先股股东拥有足够投票权的重要性。

① 参见第 322 页页下注②，在 1937 年国际纸业与电力公司的资本结构调整时，其优先股股东做出过类似的利益牺牲。它虽然得到美国证券交易委员会的批准，但是也引发了不少疑虑。委员弗兰克（Frank）抨击道，这是在他积极反对委员会议案（1939 年 1 月 30 日批准发行北美公司股息率 6% 的优先股）的漫长时期里一个令人遗憾的实例。

在这类意见分歧中他提出了一个有趣的建议，使优先股股东能够逃离这种两难窘境（我们已经讨论过，如果普通股的设定资本被削减至某一低值，从而产生大量的特殊资本公积，对此可拿盈余来弥补损失，另外这也将导致资本的减值）。建议采取的策略是，当这类特殊的资本公积大幅减少时，投票权应让渡给优先股股东。

② 例如，通用美国投资公司（General American Investors Company）的章程规定，若对普通股进行股息分派或者其他利益分派会使优先股对应的净资产减至每股 150 美元以下，那么分派将被禁止。州际百货公司的章程规定，若对普通股股东分派的资本或盈余来自于对法定资本的削减，则需要得到 2/3 以上的优先股股东同意。

# 21
# 对所持证券的监管

## ●“永久性投资”的传统概念●

在一代人以前，“永久性投资”是一个金融领域的股票惯用语，针对保守型投资者的典型购买行为，主要包含三个概念：

（1）意在无限期持有；
（2）只对年度收益感兴趣，不在意本金价值的波动；
（3）不考虑影响公司未来发展的因素。

根据定义，所谓稳健的投资，就是在除了付息日或股息发放日以外的任何时候，尽可以将它们抛诸脑后。

这种对于高等级投资品的传统看法第一次受到严重质疑是在1920—1922年的经济萧条期，因为该投资策略的表现难以令人满意。很多投资者认为他们持有的证券是安全的，不需要进行检查，然而最终却遭受了巨大损失。虽然经济在接下来的七年里逐渐转向繁荣，但不同类型的投资证券受到了不同的影响，传统意义上的完美证券——“金边证券”遭受到持续增加的损失。因此，早在1929年的市场崩盘之前，华尔街就已经形成了新的原则——忽视过去的投资会产生风险，因此需要通过定期审查和监督所持有的证券来控制投资风险。这个原则与以前的投资实务截然不同，可以被总结为一句格言：“没有永久性的投资。”

## ● 定期检查所持有证券的必要性与困扰 ●

上述新规则被固定价值投资的事实所验证，似乎无懈可击。但是必须承认，如果对所持有的所有证券进行审查具有同样的必要性，那么整个固定价值投资的理念会遭到严重挑战。如果在经历最初挑选证券的辛苦过程之后，还要通过对所持有的证券持续审查才能使损失最小化，这项投资不是麻烦得令投资人得不偿失吗？假设遵循此前提到的保守投资策略，一个投资者可以从由不同公司证券组成的投资组合中得到 3.5% 的平均收益率。这个 3.5% 的收益率看起来显著高于美国长期国债 2.5% 的收益率，也比储蓄银行提供的 2% 或 2.5% 利率更有吸引力。然而，如果把做最优投资选择时所必须付出的努力、随后更耗费精力的重复检查、那些仍旧不可避免的价格下降风险以及确定性损失全都考虑在内，我们必须承认一个非常合理的论断：固定价值投资在一般意义上并不可取。原先“永久持有、不用担忧”的投资理念是基于一个有逻辑的前提，即如果一个收益有限的投资品仍令投资者感到麻烦，它根本不值得投资。

## ● 美国储蓄债券的优势 ●

客观来看，最近十年的投资实践无疑已经从固定价值证券领域转移到（1）美国国债或储蓄银行存款;（2）纯粹的投机操作，通过娴熟的技巧来减少风险并增加收益；或者（3）寻求将本金的安全性和获取超额收益的机会结合在一起的其他投资。对于所有的一般投资者而言，第一种选择中，美国储蓄债券（United States Savings Bonds）无疑是固定价值投资最为合适的标的。事实上我们应该分类来评述，根据 1940 年的利息收益率，美国储蓄债券相对于其他投资工具的优势使其成为固定价值类投资中唯一明智的购买选择。当然，原因在于，如果不承担会使投资安全性降低的损失本金的风险，就不可能取得显著较高的投资回报率（一些很罕见的情况除外）。此外，持有者在到期日之前拥有回售权是该类债券一个非常有价值的特征。如果小投资者能够果断拒绝表面上有着 4%~6% 的“确定性收益”和名称五花八门、种类繁多的“储蓄计划”，并且幸运地利用了美国储蓄债券提供的 2.90% 的收益，那我们确信他们不仅能省下一大笔钱，还可免去麻烦和伤心。

但是，即使大多数投资者面对的普遍问题能够如此简单地得到解决，许多投资者仍然会考虑其他类型的固定价值投资。这些人包括：

（1）各种类型的机构投资者，例如储蓄和商业银行、保险公司、教育和慈善机构；

（2）其他大型投资者，例如公司和富有的个人；

（3）收入全部来源于投资的中等收入人群，因为从美国储蓄债券取得的最大年收益只有 2 500 美元。[①]

同时，确实也存在许多更小的投资者因为种种原因，喜欢将部分资金投向其他类型的固定价值投资品。

第二种选择，即投机，而不是投资。对于那些用储蓄或者商业利润作为本金的典型投资者来说实在是太危险了。疏忽大意、贪婪人性、从众心理、交易成本以及内部人士和操纵者[②] 的影响带来的劣势总和，已经远远超过投机的理论优势，即在承担相应风险的情况下取得盈利的可能性。事实上，我们已经不止一次地批驳在没有相应收益补偿机会的情况下接受本金受损的风险这类做法。然而我们这样做，并不是支持用投机来替代投资，只是与明显不稳健的或者被误导的投资相比，我们更支持理性的投机。我们确信，如果足够用心地挑选投资工具，公众一般可以从固定价值投资中获取比投机操作高得多的收益，虽然这需要大量的金融实践训练和经验。如果不利情况出现，固定价值投资的结果可能令人失望；但是投机的结局将是灾难性的。

第三种选择，即寻求将投资价值与获利机会结合在一起。在我们看来，这是一个非常适合天赋异禀的证券分析师的领域。但是对于没有经过训练的投资者来说，这却是一个危险的目标。他会很容易相信仅有承诺就会安全；或者相反，一份吸引人的统计报告就足以成为其买进认购权证的理由。

在考虑完那些拥有资金的投资者所面临的三种选择之后，我们可以看出，对于

---

① 这是根据每年单个投资者最多可投资 7 500 美元计算得出的。在连续投资十年之后，每年都有 10 000 美元到期，其中 7 500 美元用于继续认购，2 500 美元可以作为收益累积起来。

② 这一因素的影响已经因 1934 年《证券交易法》的实施而大大削弱了。

许多个人和公司实体来说，高等级债券、优先股等传统领域的固定价值投资标的仍然是必需的且合适的投资选择。还有一点同样可以明确，为降低风险，必须定期重新检查所持有的证券的情况。那么，在这种审查的具体过程中应该遵循什么样的原则和方法呢?

## ● 转换，系统监管的原则与难点 ●

众所周知，投资者应该定期检查所持有的证券是否都安全，如果有哪项投资的稳健性出现问题，就应该选择一个更好的来替换。在这种“转换”的过程中，投资者必须准备好在卖出所持证券时接受适度的损失，这种损失需要用总投资收益来冲抵。

在系统性投资监管的早期，这种策略十分有效。价格稳定的高等级证券通常能够坚守其原有的价格水平，而反映不出内在价值的不断恶化，直到这一情况被分析师发现，价格才会有所体现。因此，警觉的投资者有可能将这些证券卖给一些没加留意或者尚未怀疑的受害者，后者可能被该证券的名声或者相比于同类型其他证券可以获取的折扣所吸引。证券市场的非人格特征使得其可以容纳任何道德污点，而这种行为不过是对“机敏”的适当奖励，以及对缺乏调查的惩罚。

**证券价格敏感度增加。**然而，近些年里，投资级证券已经丧失了它们所谓的“价格惰性”，市场报价能够迅速反映出不利的发展状况。这一现象为实行有效转换以保持投资质量制造了严重的障碍。当某一个真正的问题表现出来时，证券价格可能已经不止下跌至投机级水平，甚至会低于从盈利跌幅来看合理的价格水平。①（价格过度下跌的一个原因在于，表面上的不利趋势甚至比绝对的收益数据对价格的影响还要剧烈。）当证券持有者需要以异乎寻常的低价卖出证券时，他当然不愿接受大额的损失。他会发现，自己将不得不以投机的方式持有该证券。

① 1933 年以来，许多铁路债券已经被证明是这种情况的例外。例如巴尔的摩－俄亥俄铁路公司利率为 4%、1948 年到期的第一抵押权债券，尽管整个利息费用的安全边际长期以来都非常小，但该债券在 1936 年仍以 109.5 美元的价格出售。而到了 1938 年，该债券的价格仅为 34.25 美元。

## ● 设立额外的安全边际作为保险以预防不测 ●

在做最初的投资决策时力求最优选择，是解决这个问题的唯一有效途径。量化方法指出，预留的安全边际必须超过该证券的安全性出现问题之后可能遭受的价值损失。该策略能将投资者随后可能发现的问题证券的比例降至非常低的水平。沿用此策略，当所持证券表现尚佳时，投资者可趁机转换证券，这时证券市场价格应该还可以维持。

**案例和结论。**考虑一个具体实例，我们假设一个投资者买进利格特和迈尔斯烟草公司 1951 年到期、利率 5% 的信用债券。1934—1938 年，该债券的平均利息保障倍数约为 20 倍，远高于 3 倍的最低标准。如果利润降低使得保障倍数降至 4 倍，投资者会将其转换为保障倍数为 8~10 倍的其他证券（如果可以找到的话）。在这种条件下，他仍有机会将利格特和迈尔斯烟草公司的债券以全价售出，因为公司表现仍具吸引力。但是，如果公司利润下跌使得债券的报价大打折扣，投资者就不会出售债券并接受损失，而是会选择保留债券。此番操作给投资者带来的最大好处在于投资品的安全性并没有处在实际的危险之中。

在大萧条时期，市场混乱的状况接踵而至，此时要求极高安全边际的策略被证明是非常有益的。然而，将其作为一个标准法则推广给所有投资者是不可行的。这是因为此类有强力支持的证券供给实在很有限。并且，在当下发展形势比较乐观的状况之下，让投资者采取极端的防御措施来预防未来可能出现的市场崩溃，显然是违背人性的。①

## ● 萧条时期的策略 ●

假设投资者在选择固定价值证券时只是保持了理性的谨慎态度，那么在萧条时期，他的境遇会如何？他应该采取何种策略？如果经济萧条是温和的，他的投资应该只会受到市场的轻微影响，内在价值变化则更小。但如果情况与 1930—1933 年相

① 然而我们必须提醒读者，充足的利息保障本身并不能完全保证证券的安全性。无论安全边际有多高，一次经营不善引致的亏损就可能使其全部丧失掉。因此，正如我们在第 2 章斯塔贝克的例子中强调的，内在的稳定性是投资的本质要求。

似，他就不应期望所持证券能够逃脱严重的价值缩水，证券的安全性也会令他极为不安。但是，任何合理的固定价值投资都需要一个必要的假设前提，那就是事实上，像 1930—1933 年那样的市场异常大幅波动就其性质来说非常罕见，不必在未来加以特殊提防。如果 1921—1922 年和 1937—1938 年的波动是典型的"周期性严重衰退"，那么一个经过精心挑选的投资组合就会在该时期内有良好的表现。当盈利暂时下滑时，投资者不必急着卖出这些在过去拥有良好记录的证券；相反，他应该比平时更加注意提升所持证券的质量。在很多情况下，通过仔细斟酌后进行的证券转换可能会获得一些收益。

1937—1938 年的"衰退"为前面的论述提供了有力的佐证。实际上，所有能够满足我们严格要求的优先证券在 1936 年年底都顺利通过了考验，在市场不景气的情况下没有遭受严重损失。然而，那些虽然盈利保障不足又售价较高的债券（特别是数量众多的铁路证券）却经历了价值的巨大缩水。（参见第 7 章中的讨论，以及附录注释 11 和 13。）

## ● 投资建议与监管的来源 ●

证券监管涉及"谁来做"和"如何做"的问题。投资者可以选择多种机构来实现该目标，其中比较重要的是以下几个：

1. 投资者自己；
2. 为该投资者服务的商业银行；
3. 投资银行（或承销商）；
4. 纽约证券交易所会员公司；
5. 大型信托公司的咨询部门；
6. 独立的投资顾问或者审查服务提供者。

后两种机构的服务需要收费，而前三种机构则免费提供咨询和信息。[①]

**来自商业银行家的建议**。投资者不应该是自己唯一的投资顾问，除非他受过足

① 现在，越来越多的证券交易所上市公司开始提供收费的投资咨询服务。

够的训练，经验丰富，可以为他人提供专业的投资建议。在大多数情况下，投资者至少需要通过与别人商讨来完善自己的投资决策。向银行咨询投资建议很普遍，这种方式无疑大有裨益，特别是对于小投资者而言。如果能够坚持，投资者可以完全摆脱那些压力很大的证券销售员惯用的蛊惑伎俩，以及一文不值的依照“蓝天法”[①] 发行的证券。然而，如果投资者将商业银行当作最为合适的投资顾问，就值得商榷了。因为虽然银行的判断通常不错，但是它们对于证券的了解常常都比较肤浅，也不可能付出足够的时间来对客户持有的证券以及出现的问题进行全面而系统的分析。

**来自投资银行的建议。**投资银行提供的咨询建议亦有缺点。一家自身销售证券的机构不可能给予投资者完全无偏见的指导。尽管秉承职业道德是投资银行的目标，但是其自身利益的驱使注定会影响它的判断。特别是当投资建议来自于一名靠说服客户购买公司发行的证券以维持生计的债券销售员时，他的建议很难是完全公正的。诚然，富有声誉的投资银行出于对客户的责任感会在一定程度上约束自己的行为。投资银行向投资者提供最佳投资建议和最合适的证券，不仅是良好的商业实践使然，更多的是来自于职业道德准则的要求。

然而，销售证券不是一项职业，而是一个商业活动，必须严格按照商业准则来进行。尽管在典型交易中，为买家提供优质的证券对于卖家来说也有利，但是当两者的利益出现严重冲突时，情况就完全不同了。因此，希望投资银行成为证券购买者公正的投资顾问不仅不切实际，从某种意义上说也是不合理的。综上，投资者主要依赖来自于证券销售者的投资建议非常不明智。

**来自纽约证券交易所会员公司的建议。**来自大型证券交易所会员公司投资部门的建议则有所不同。虽然它们同样对于客户交易带来的收益感兴趣，但其建议却更加全面公正，一般都是精心研究得出的。交易所会员公司通常并不持有待售证券。有些时候它们同样参与销售活动，并会得到高于普通市场佣金的收益，但是它们推销某只证券的兴趣却远小于那些实际上持有这只证券的承销机构。实质上，投资业

① 在美国证券交易委员会的监管下，“蓝天法”上市（blue–sky flotation）已经在州际贸易中消失，高溢价出售给公众的规模较小但基本合法的企业取代了其位置。但是，其他类型的欺诈仍然盛行，可以参见 1938 年的纽约市商业改进局（Better Business Bureau）的报告。

务或者债券部门对于交易所会员公司来说最重要的意义是声誉的象征，而不是获取利润。它们向保守型投资者提供的咨询服务，一定程度上回应了外界对其热衷于投机的攻击。因此，投资者缴纳的那一点点佣金，与大型交易所公司为投资者提供小额债券交易咨询所付出的时间和耐心相比完全不成比例。诚然，有相当比例的债券客户后来发展成为积极的股票交易者，因此这种行为最终被证明是有利可图的，从而变成了一个冷冰冰的商业命题。站在股票交易公司的立场上来说，它们并没有努力说服债券客户来投机股票，但是这样的结果不能说与经纪业务办公室氛围的影响没有关系。

**来自投资顾问的建议**。收费的投资顾问服务尽管并不稀奇，但也是在近几年才刚刚发展起来的一项重要金融活动。这项服务现在主要由大型信托公司的特定部门、统计服务公司的独立部门以及定位于投资顾问或咨询服务的私人公司来提供。这些机构的优点在于完全无偏见，对证券销售或者客户交易佣金中没有任何兴趣。其最大的缺点在于占每年本金额 0.5% 的高昂的服务费用。若严格按照投资基金来计算，这笔开销相当于年收益的 1/7 或 1/8，这一比例是相当大的。

为了使这笔费用物有所值，一些私人投资顾问努力预测债券市场的大致走势，建议投资者何时买进与卖出。投资者能否成功捕捉市场波动机会进行债券交易，这实在是令人怀疑。如果债券市场的轨迹可以预测，股票市场的轨迹应同样可以预测，那么股票交易无疑比债券交易更具有技术上的优势。我们不相信收费的中介机构能够可靠地预测债券或股票的价格走势。而且我们相信，在给出高等级债券选择建议的同时，又指出债券的价格走势，这本身就不符合逻辑也令人混淆。虽然投资者希望能够在合适的时机买进，在价格即将下降时卖出，但经验告诉我们，这种努力不可能取得成功。如果投资者将这种交易理念与投资运作相结合，他将不可避免地将注意力转移到投机的方向上。

由于收费咨询的收入回报较低，尚且无法断言这种咨询服务在标准高等级投资方面能否起到令人满意的效果。在纯投机领域，反对为咨询付费的理由是：如果投资顾问能准确地预测行情，那么他就没有必要从事这份职业来谋生了。投资顾问的专业知识可以在中介领域找到了最合适的发挥空间，例如他可以处理投资贬值产生的问题、建议投资者进行有利的转换，并且推荐市价显著低于其内在价值的证券。

第三部分

# 具有投机特征的优先证券

## 导读五

# “冲动与理智”

**埃兹拉·梅尔金**

加布里埃尔资本管理公司管理合伙人

如果说格雷厄姆和多德的名字是价值投资者的护身符，那么对于那些关注破产公司的人来说，他们的思想就是伟大的圣礼。毕竟，投资于破产或者有问题债务的公司是价值投资最纯粹的形式，也是格雷厄姆和多德的信奉者最自然的投资选择。实际上，问题债务投资（distressed investing）是一种获得大幅折价的价值投资方式。曾经当过宇航员的航空公司 CEO 法兰克·波曼（Frank Borman）认为：“没有破产的资本主义如同没有地狱的基督教。”不仅破产是风险的一种内在特征，“问题债务投资”这一术语对于格雷厄姆和多德的真实信徒来说，最终也可能是多余的。一般的观察家并不认为已破产或者濒临破产公司的股票是典型的安乐窝，因此，我们应该更深入地了解本书作者对于“投资”的理解，以及作者的观点如何与问题债务的特点相匹配。显而易见，从这个角度来看，问题债务是一种典型的格雷厄姆和多德式投资法则。

今天，你可以很轻松地在网上买入 100 股微软公司或者苹果公司的股票，我们会说这样做就是在投资这些公司。然而，格雷厄姆和多德对此持不同看法。他们将“投资”视为“一种简便而稍显委婉的概括语，旨在给五花八门的金融交易一个体面的说法。”（见第 113 页）在作者看来，投资与投机是对立的两个概念，他们指出：“任何从事金融业务的人都有必要知道自己是在投资还是投机，如果是后者，还需要确认投机是否合理。”（见第 114 页）

因此，作者提醒大家，“购买债券应以经济萧条时期的表现为准”，因为可靠的投资标的必然经得起真正的考验（见第166页）。请仔细想想这个条件——在经济萧条时期。不仅如此，格雷厄姆和多德在为读者奉上这本包含案例、分析、图表和建议的巨著的同时，还警告读者，“股票投机”在当下美国人所做的股票交易中仍占绝大部分，但其“并不在本书讨论的范畴之内”。（见第48页）

自格雷厄姆和多德的第二版《证券分析》面世已经将近70年，从1929年大萧条开始算则更久，所以现在的投资者并不熟悉书中关于投资法则的训诫，更不必说那些亘古不朽的智慧光辉了，而投机者对此更是所知甚少。许多人都在念叨着价值投资的方方面面，然而很少有人，甚至包括那些欣赏作者智慧的投资者，能够坚持践行价值投资的理念。在市场快速上升时期，投资者很容易受到主流思想的影响，难以认真思考手中证券的真正价值。

投机的诱惑定期复苏，“动物精神”会推高市场价格，使其远远超出基本面所能支撑的估值水平。在别人忙着赚钱时，想保持观望态度着实不易。我们这一代人所经历的最极端的投机案例当属互联网泡沫。当时，投资者一贯秉承的谨慎小心让位于激情澎湃，平时听起来异常荒谬的说法也奇怪地变得颇具说服力。正如在百老汇著名歌剧《红男绿女》（*Guys and Dolls*）中，黑帮老大朱里（Big Julie）同内森·底特律（Nathan Detroit）玩的掷骰子游戏，虽然骰子没有点数，但朱里却坚持说他能够看见。

早在2000年市场接近顶部时，阿瑟·森伯格（Arthur J. Samberg），享有盛誉的对冲基金公司佩科特资本管理公司（Pequot Capital Management）总裁、科技股顶级投资人，在《巴伦周刊》的“圆桌会议”专栏中分享了他钟爱的4只股票：关键路径公司（Critical Path）、双击公司（Double Click）、卡纳通信公司（Kana Communications）和米瑟奇媒体公司（Message Media）。格雷厄姆和多德曾指出：“普通股的投资价值与它的价格无关这种观点非常荒谬。”（见第447页）如果他们听到森伯格的话肯定会气得脸色苍白：

> 我不会告诉你任何数字和价格，也不会告诉你投资哪些股票会成功或者失败。我认为它们都是非常好的公司，如果你买入这些公司的股票组

合并持有三四年，肯定会获得很好的投资回报……我一直听到有关泡沫的说法，这简直太荒唐了。如果你们只是用数据去分析市场，得出的第一个结论就是不再买入，这样做可能对于一部分人是正确的。但是你永远都不会明白我们身边正在发生翻天覆地的变化，不知道还有多少奇迹会发生。

格雷厄姆和多德肯定会强烈抗议的！“我不会告诉你数字？”但是数字是格雷厄姆和多德研究投资价值的基本资料。“我不会告诉你价格？”证券是否值得投资，主要取决于它的价格相比价值来说是高还是低。不管是何种特征的证券，都可以变得便宜或昂贵，这取决于你出多少钱来购买。①

问题债务投资者无疑会忠实于格雷厄姆和多德的理论。他们崇尚作者严于律己的准则，并坚信其理论的正确性。他们并不幻想发掘“十倍股”，虽然在极少数情况下是可以实现的。他们的核心思想是寻找有价值的资产或者本身具有盈利能力的公司，但需要注意，这些高杠杆公司的现金流可能无法支撑其债务水平。②

格雷厄姆和多德的安全边际理念，促使投资者仔细检查投资对象的资产负债表和预期收益。他们运用作者建议的分析方法，使用相同的技巧，研究相同的材料。对于他们来说，资产负债表的重要性远远超过了公司收益，是极为必要的，因为大多数破产公司根本没有收益。格雷厄姆和多德在 1940 年版《证券分析》的第六部分，用了近 70 页的篇幅讨论资产负债表分析。在权益投资部分，作者推崇以低于流动资产价值或者清算价值的价格出售的股票。他们写道：**“如果某只普通股持续以低于其清算价值的价格进行交易，那么，不是股价被严重低估，就是这个企业应该破产清算。”**（见第 690 页）如果以低于清算价值的价格买进，即使清算即将进行，证券持有者应该也不会受到损失，对于股票持有者是这样，对于那些有优先索偿权的债权人更是如此。

① 梅森·霍金斯（Mason Hawkins）和斯特利·盖茨（Staley Gates），当今时代格雷厄姆和多德最成功的追随者之一、长叶合伙人基金（Longleaf）创始人，一直强调他们购买股票的价格－价值比。史蒂芬·戈德堡（Steven Goldberg）在《想在基金投资中取胜吗？向长叶合伙人基金学习》（*Want to Win at Fund Investing? Learn From Longleaf*）一文中说道：“他们经常谈论‘以内在价值的 60% 或更低的价格’购入公司股票，听起来像宗教圣歌一样，但是这种方法着实有效。”Kiplinger.com，2007 年 5 月 22 日。——梅尔金注

② 这一点对于重组尤其正确，比清算更适用。其中的差别我稍后会仔细阐述。——梅尔金注

## 多种类型的破产

我要提出一种新的划分破产公司投资的方法，我相信它与格雷厄姆和多德的方法是一致的。实际上破产一共有三种类型，而我们平时认为只有两种。(1)清算。这是格雷厄姆和多德主张的最为正宗的形式，因为投资者买入其证券完全或者几乎完全是为了获得现金。其中涉及收益率的考量，投资者需要判断资产负债表是否支持他们可得到的现金高于证券的现价。并且，现金获取需要较为快速，以保证获得与所承担风险相对应的收益率。第二种破产是重组，其中又分为两类:(2)同时涉及现金和证券的重组;(3)投资者目标是获得重组公司控制权的重组。第二种破产涉及让人眼花缭乱的各种证券:优先债、优先附属债、夹层债、次级债、优先股和普通股。与清算截然相反，在第三种破产中，意在控制公司的投资者希望通过持续经营来获得收益，而不是通过将其分拆出售以谋利。在概念上，第一种和第三种破产的结构较为简单，而现金和证券重组则与此有所不同，它需要有阶段性目标——在重组开始时从企业提取一部分现金，并期待企业在之后的经营中能够盈利，但这种破产结构也最为复杂。

在几乎所有的问题债务案例中，持有期可以是一两年，也可以是更长时间，当投资者控制该公司时持有时间会长得多。查尔斯·狄更斯曾经在给朋友的信中提到，他最喜欢描绘的人物是“一眨眼的工夫便获得足够一生使用的金钱的恶棍”，但在一眨眼的工夫或者在一两个季度的时间里实现投资目标，并不是问题债务的本质。问题债务的投资过程肯定会持续很久，投资者不会轻易等待到获取收益的最后关头，因为投资标的通常流动性不足，如果投资者期望积累足够的证券来实现控股，这一过程将更加漫长。

实质上，破产公司投资者扮演了孵化器的角色，即买入蝌蚪而卖出青蛙。在清算中，青蛙通常很小:投资者会得到现金，有时还有少量优先债券;而在重组中，投资者会得到各种类型的资产，我喜欢称之为“摸彩袋”，其中有现金、优先债券、次级债券和重组公司新发行的股票。最极端的情况是，在清算过程中，当青蛙最幼小的时候，投资者实质上是在权衡时间和风险后，以折价来获取现金。随着投资者从清算转向重组、从重组转向控制重组后的公司，他们已经不仅局限于经典的格雷厄姆和多德的资产负债表分析，投机的氛围越来越浓厚。

问题债务投资者把对公司资本结构的财务分析，与对资本结构中各等级债权人权利的法律分析结合在一起。正如作者指出的，当“债权人优先等级不同且彼此之间存在利益冲突时”（见第 303 页），为了“快刀斩乱麻”式地解决问题，诉讼是必不可少的。整合财务分析与法律分析是关键。当问题债务投资者计划一项投资时，特定的契约、宽泛的合同条款和《破产法》所引致的法律赔偿方式，大大限制了他们的财务灵活性。同时，他们的法律权利也受到财务可实现性的制约[①]。换句话说，问题债务投资者需要在法律许可的范围和财务的可行性方面进行权衡。当他们找到两者完美契合的投资对象时，投资行动才会真正开始。

最近及早期的几起问题债务投资失败案例向我们展示了这个领域的一些真实情况。这些案例的启示在于，个人投资者可能在挑选股票时获取成功，然而参与问题债务投资却远比他们想象中困难得多。要成功把握企业破产过程中的投资机会，通常需要付出超出投资者能力范围的时间与资源。

## 企业清算

### 德士古公司[②]：一个准破产案例

在标准的企业清算过程中，公司资产会优先清偿给优先债权人；有时无担保债权人也能够幸运地得到有价值的偿付。但只有在极少数情况下无担保债权人才能够得到全额清偿，他们的权益不至于因清算而一笔勾销。最特别的一个案例是德士古公司。该公司成立于 1901 年，当时叫做得克萨斯燃料公司（Texas Fuel Company），在经营一个世纪后并入雪佛龙公司（Chevron），尽管该公司申请了破产，但是从来没有清算或者真正完成破产。该案例为我们提供了关于清算的有用经验，意义重大。

① 当格雷厄姆和多德写作《证券分析》时，美国实行的是 1898 年颁布的《破产法》，也叫做《纳尔逊法案》（*Nelson Act*）。然而随着 1978 年《破产法》的实行和随后的几次修订，以及 2005 年实行的《防止破产滥用及消费者保护法》（*Bankruptcy Abuse Prevention and Consumer Protection Act*），破产程序已经有了很大变动。然而这些法律上的改动并没有对作者提出的原则有所触动。——梅尔金注

② 德士古公司（Texaco），美国大型石油公司之一，总部设在纽约州的哈奇森。——译者注

最终，德士古成为利用新《破产法》(*Bankruptcy Code*) 来规避法律和合同责任、成功摆脱破产厄运的著名案例。

问题债务投资者一般喜欢购买投资对象的债券，因为大多数破产公司的权益投资者最后都会血本无归。然而实际情况也不会总是相同，有时候机敏过人的投资者会从有问题债务的公司的权益投资中获得收益，就像卡尔·伊坎 ( Carl Icahn ) [①] 投资德士古一样。让我们具体来看看这个石油巨头是如何走向破产的。

1984 年，德士古收购了格蒂石油公司 ( Getty Oil Company )，但是随后被彭泽尔石油公司 ( Pennzoil ) 起诉，原因是彭泽尔石油公司认为德士古的收购行为阻碍了其之前达成的认购部分盖蒂公司股权的协议。翌年，法院判决德士古公司败诉，须赔偿彭泽尔石油公司 103 亿美元。为了上诉，德士古需要发行数十亿美元的债券，但这是其无法承受的。因此，1987 年，德士古根据《破产法》第 11 章，申请暂停履行对债权人的义务。这并不是一例真正的破产，却是一次利用破产法来摆脱法律责任的特殊案例。虽然德士古在法律意义上破产了，但却从未被清算。紧接着，申请获得批准，德士古的股价从每股 32 美元下跌至 28.5 美元，之后又回升至 31.25 美元。正如一名石油行业分析师当时所言："虽然德士古即将破产，但是它永远不会真正破产。"《时代周刊》总结了这次不同寻常的破产经历为德士古公司带来的收益：

> 利用 1978 年破产法的宽松条件，公司再也不用出示破产证明[②]，因为至少在当时，这家石油巨头避免了履行会令其元气大伤的判决。彭泽尔石油公司无法如之前报道的那样对德士古的资产行使总计 80 亿美元的留置权。因为已有 30 亿美元的储备，德士古不用再为其正常的 70 亿美元商业负债每年支付 6.3 亿美元的利息。它也不用为发行在外的 2 423 亿股普通股支付股息，仅这一项公司每年大约可以节省 7.27 亿美元。

① 卡尔·伊坎，美国著名投资家，被美国企业界称为“企业掠夺者”，2009 年的数据显示他的净资产已经达到 140 亿美元，在世界富豪排行榜中居 46 位。——译者注

② 德士古公司是将《破产法》作为救生舱的典型案例。根据美国国家劳资关系委员会与比尔迪斯科和比尔迪斯科公司案例（NLRB v. Bildisco & Bildisco，465 U.S. 513，1984），最高法庭认定公司可以适用《破产法》第 365（a）条款的规定，该条款允许破产受托人承担或拒绝执行合约，不受集体谈判合约条款的约束。——梅尔金注

最终，德士古以 30 亿美元的巨资与彭泽尔石油公司达成和解，但这至少在可承受范围内，使其摆脱了破产的命运。[①] 大部分问题债务者主要关注德士古的优先证券，例如优先股和债券。伊坎在此次破产风波之前就持有德士古的股票，在德士古根据《破产法》第 11 章申请破产保护之后，[②] 他又大幅增持，最终使他的持股比例升至 16.6%。显然他是在压宝重组不会耗尽德士古的权益。事实证明，他的判断非常正确。在发起投票代理权之争、试图控制整个公司失败后，伊坎成功地为股东争取到每股 8 美元、总额 19 亿美元的特别股息。此外，德士古公司宣布回购价值 5 亿美元的股票。最终，伊坎在这笔交易中获利 11 亿美元，回报率超过 75%。

德士古公司这一不寻常的案例可以用一句话来概括，这句话也是格雷厄姆和多德的得意门生沃伦·巴菲特经常提起的：**如果优秀的公司遇到暂时性的、但最终可以解决的大麻烦，就预示着绝佳的投资机会的出现**。这个案例也说明了自格雷厄姆和多德的时代以来，投资观念出现了何种变化。这是一个权益没有完全耗尽的破产案例——当然，也没有人希望权益耗尽，但格雷厄姆和多德建议债券持有人最好不要行使他们的权利，因为"破产管理"（并非"破产"）一词在华尔街足以令人谈之色变："尽管破产管理制度的初衷是保护债券持有人的利益，但它的出现往往意味着公司所有证券的价格都会大幅缩水，债券在此时也难逃厄运。"（见第 299 页）经过作者富有启发意义的一番阐述，破产变得不再那么可怕，但观念的变化并不意味着我们应该怀疑作者的观点是否已经过时。事实上，作为广大投资者的导师，他们的观念转变是不可避免的。这应该被称作格雷厄姆和多德的海森堡效应（Heisenberg effect）。对格雷厄姆和多德来说，游戏已经完全向伊坎的方向改变。这种效应大概可以从作者对问题债务相对简洁的讨论中反映出来。这种简洁很容易理解，一方面该领域在格雷厄姆和多德的书出版之后才有发展，另一方面整部著作中的各个主题本来就可以应用于问题债务，因此为其单设一章就显得多余了。

① 如果想详细了解德士古破产案例以及伊坎与该公司的角逐，请参阅《伊坎护航，德士古成功逃离黑暗时代》，《华盛顿邮报》，1989 年 12 月 5 日。——梅尔金注

② 美国《破产法》第 11 章的内容是企业申请破产保护，即在法庭的保护之下，在满足债权人的债权要求之前，给予公司时间重组其业务或资本结构。与传统意义上的破产或清算（第 7 章）不同，进入第 11 章破产保护程序的公司业务照常进行，目标是通过这一程序创造一个可持续发展的、财务更健康的企业。——译者注

## “摸彩袋”式重组

格雷厄姆和多德认为，当我们的注意力从清算转向包含现金和大量证券的重组时，我们做的已不是投资而是投机了。重组过程的最后，投资者可能持有不同种类的证券，每种证券的估值都不同。

### 阿尔德菲亚通信公司

公司经常发行不同类别的债务，因此破产清算通常会涉及不同等级债权人之间的争斗。阿尔德菲亚通信公司（Adelphia Communications）的破产是债权人纷争的典型案例，同时也说明了对纷争结果的精确预测将带来超额收益。

1952 年，希腊移民后裔约翰·里加斯（John Rigas）创立了阿尔德菲亚通信公司，该公司后来成长为美国最大的有线电视公司之一。里加斯是这个行业的先驱者，他在 2001 年进入有线电视名人堂。他同时也是亿万富翁，水牛城军刀队[①]（Buffalo Sabres）的老板，宾夕法尼亚州考德斯波特（Coudersport）的慈善家——考德斯波特也是他的商业帝国的起家之处。然而随着公司的发展，里加斯对风险的管理趋于松懈，最后阿尔德菲亚的债务达到了市值的 11 倍，而康卡斯特公司[②] 和考克斯通信公司（Cox Communications）的该项指标分别为 1.28 和 0.45。后来，一名投资分析师发现，在公司的资产负债表外，里加斯家族成员还背有 23 亿美元的借款，这笔借款用来购买阿尔德菲亚的股票，成为压倒这一庞大企业的最后一根稻草。最终，阿尔德菲亚申请了破产保护，2007 年 8 月，里加斯因诈骗、证券欺诈和银行欺诈的罪名锒铛入狱。

阿尔德菲亚的破产过程突显了债权人之间的利益之争。即使在公司的资产卖给时代华纳公司和康卡斯特公司之后（这是一起重组事件，而不是清算），阿尔德菲亚、其控股公司及其最大的子公司世纪通信（Century Communications）的债券持有人

① 水牛城军刀队（Buffalo Sabres）是位于美国水牛城的国家冰球联盟队伍，隶属于东大区东北分区。——译者注

② 康卡斯特（Comcast Corporation，CMCSA），是美国一家主要有线电视、宽带网络及 IP 电话服务供应商，总部位于宾夕凡尼亚州的费城，拥有 2 460 万有线电视用户，1 440 万宽带网络用户及 560 万 IP 电话用户，是美国最大的有线电视公司。康卡斯特亦是美国第二大互联网服务供应商，仅次于美国电话电报公司。——译者注

之间的激烈诉讼仍在持续。最终，世纪通信公司的债券持有人同意将他们所应得的补偿降低 3%，来换取其他几家大债权人对于重组计划的支持。这一计划基本保持了世纪通信公司债券的结构完整性，同时使得阿尔德菲亚能够从破产中重生。虽然部分阿尔德菲亚的债权人仍持反对意见，但该项重组计划最终得到通过。阿尔德菲亚的重组计划得以投票通过，是因为有线电视行业估值上涨，以及行业领头羊时代华纳和康卡斯特公司的良好业绩。那些在估值低点买入世纪通信债券，并且持有该债券渡过漫长且争议不断的法律程序的投资者，最后获得了超过 400% 的收益。总体来看，债权人得到了现金和时代华纳的 A 类普通股，以 2007 年 8 月 31 日各证券的价值为准，持有不同等级债券的投资者获取的补偿比例高低不一，部分交易索偿得到 100% 的补偿，优先附属票据得到 99.6%，一些优先票据得到 94.7%，优先贴现票据得到 83.7%，其他优先票据得到 70.7%，阿尔德菲亚通信公司的普通股、优先股和可转换优先股股东得到的补偿更低，甚至没有补偿。

## 温迪克斯百货公司

在 2005 年 2 月申请破产保护前，温迪克斯百货公司（Winn-Dixie Stores）是全美第八大食品零售商，年销售收入 99 亿美元。威廉·米尔顿·戴维斯（William Milton Davis）于 1914 年创立该公司，直到破产时，戴维斯的继承人仍然持有公司 35% 的普通股。温迪克斯公司的破产是由于过度扩张以及与大众超级市场公司（Publix Super Markets）[①] 及沃尔玛的激烈竞争。虽然有人怀疑这家佛罗里达州起家的公司能否再次崛起，但是乐观预期的理由依然存在。公司新任 CEO 是备受尊敬的彼得·林奇（Peter Lynch），他之前担任艾柏森公司（Albertson's）总裁兼首席运营官（COO）。在他强调自身的领导力，并声称公司的运营状况稳定之后，供应商们小心翼翼地支持了重组方案。公司关闭或者卖掉了 1/3 的连锁店，减小了分销运营规模，减少了员工数量。

但是，供应商们不愿为温迪克斯公司提供信用展期，这样温迪克斯的零售店就无法享受先周转存货后付款的灵活信用安排。一些投资者认为，该公司如果获得信用展期，就能释放压力巨大的营运资金，并且可以利用灵活的商业信用优惠从濒临

① 大众超级市场公司成立于 1930 年，是目前美国最大的商店之一，也是最大的雇员所有的连锁超市，有 650 家分店遍布佛罗里达州、阿拉巴马州等地。——译者注

破产的状态中重新崛起。此外，作为超市行业的参与者，供应商也希望温迪克斯公司可以在营运资金为负的情况下持续经营，并挣取可观的上架费。不仅如此，温迪克斯的长期租赁费用也低于市场平均水平。管理层的策略，包括将场地租赁给波士顿市场公司（Boston Markets），而不是经营自己的烤鸡肉柜台，对投资者来说都是有意义的。因此，温迪克斯公司的投资者并不像华尔街分析师那样担心该公司会浪费它的现金。在 2006 年第二季度，温迪克斯公司的债券价格已经低于 60 美分，当时公司的有效市场估值低于 4.5 亿美元，只接近营业收入的 5%。这在当代是一个十分罕见的案例，投资者可以以净营运资金的价格买入一家公司，这一价格反映的企业市场价值也低于营业收入的 10%。格雷厄姆和多德肯定会赞同投资该公司。2006 年 12 月，温迪克斯公司摆脱了破产厄运。在 2007 年第二季度结束时，伴随公司的重生，公司市价翻了三倍，达到 14 亿美元。

## 布拉德利斯公司

在摸彩袋式重组过程的最后，债权人会发现他们的处境与当初完全不同。正如格雷厄姆和多德指出的，破产过程使得公司的投票控制权转移到债券持有人手中，之后他们会变成获得重生的新公司实体的权益持有人。（见第 300 页）因此，即使大多数问题债务是以债务而不是以权益为对象，在破产过程中，股权要素也是需要考虑的重要内容。作者指出，在自愿重组计划中，债务当然也可以转换为权益。（详见第 298～299 页例子）

零售商布拉德利斯公司（Bradlees）就符合上述情况。该公司在 1999 年年初期摆脱破产困境时，其债券持有人获得了现金、新票据及其权益。1998 年年末，由于对问题证券的需求萎缩，布拉德利斯公司股价也遭到重创。在市场处于低谷时，布拉德利斯的股价达到每股 138 美元，而在资本市场中表现更好的沃尔玛，股价仅为每股 31 美元。在 1999 年第二季度，华尔街终于意识到这种差异，布拉德利斯随即成为那三个月里场外交易市场中表现最好的股票，其发行的新债券价格也迅速攀升。到 7 月，布拉德利斯破产后发行在外的单位证券组合总价值已达 1.55 美元（见表Ⅲ—1），而在 3 月份最低时，该价值仅为 62 美分。到 1999 年 8 月，仅是布拉德利斯股票的价值就已经远超旧债券。正如表Ⅲ—1 所示，“摸彩袋”式重组中的权益部分波动很大，但是它们会给有耐心的投资者带来回报。

表Ⅲ—1　布拉德利斯公司的“摸彩袋”式重组

| 日期 | 1998/6/30 | 1998/12/31 | 1999/2/5 | 1999/3/15 | 1999/3/31 | 1999/5/6 | 1999/5/21 | 1999/5/26 | 1999/6/3 | 1999/6/23 | 1999/6/30 | 1999/7/8 |
|---|---|---|---|---|---|---|---|---|---|---|---|---|
| 旧债券 | 0.78 | 0.50 | – | – | – | – | – | – | – | – | – | – |
| 现金 | – | – | 0.20 | 0.20 | 0.20 | 0.20 | 0.20 | 0.20 | 0.20 | 0.20 | 0.20 | 0.20 |
| 凭证 | – | – | 0.06 | 0.06 | 0.06 | 0.06 | 0.06 | 0.06 | 0.06 | 0.06 | 0.06 | 0.06 |
| 新票据 | – | – | 0.22 | 0.22 | 0.22 | 0.22 | 0.26 | 0.26 | 0.26 | 0.27 | 0.27 | 0.27 |
| 股票 | – | – | 0.26 | 0.14 | 0.20 | 0.53 | 0.58 | 0.51 | 0.57 | 0.84 | 0.86 | 1.02 |
| **总计** | 0.78 | 0.50 | 0.74 | 0.62 | 0.68 | 1.01 | 1.10 | 1.03 | 1.09 | 1.37 | 1.39 | 1.55 |

大多数问题债务者不会在整个过程中都持仓，因为他们知道布拉德利斯不是沃尔玛，但是他们并不能预测到华尔街何时能够发现布拉德利斯的缺陷。正如大师们所教导的，当所持股票获利超过 200% 时，很难“不受‘牛市心理’的影响”。（见第 405 页）换句话说，应该选择做一个投资者，而不是投机者。最终，同业间的竞争拖垮了布拉德利斯，它于 2000 年 12 月第二次提交破产保护申请，这一次，幸运之神没有再次眷顾它。

## 通过重组获取公司控制权

从格雷厄姆和多德的经典投资法，到类似于投机的操作手段，在我们的梳理过程中，旨在取得投资对象控制权的重组不能被忽略。沃伦·巴菲特经常为了获取一定的收益率买入公司债务，而不是为了实现对公司的控制购买其新发行的股票。他似乎不大乐意完成整个过程，从而变为一个彻头彻尾的破产投资者。然而，其他投资者正在积极争取获取公司的所有权和控制权。

### 吉尼斯·匹特航空公司

格雷厄姆和多德认为，低等级债券和优先股是华尔街的弃儿。“投资者（根据格雷厄姆和多德的标准）一定不会购买这些证券，而投机者通常喜欢将精力放在普通股上。”（见第 405 页）然而，作者也发现，这些证券的供给过剩与需求匮乏使其价格变得非常有吸引力。

吉尼斯·匹特航空公司（Guinness Peat Aviation）是涉及富有吸引力的低等级债券和升级版问题债务的一个知名案例，它还是如今普遍存在的预包装破产[①]，或“预包装”的先驱者。通过这种“预包装”的安排，债权人与债务人在申请破产前就重组方案达成一致，从而使申请破产保护和得到法庭批准更加容易，且成本更低。在吉尼斯·匹特航空公司的案例中，破产申请一直是没有必要的。

吉尼斯·匹特航空于1975年在爱尔兰成立，是一家商用飞机销售与租赁公司。在巅峰时期，它拥有280架飞机，出租给83条航线。1990年，该公司签下一笔价值170亿美元的惊人大订单，将购入700架新飞机。然而吉尼斯·匹特航空公司选错了时机。1992年该公司寻求IPO，恰好处在1991年海湾战争之后航空业走下坡路的时期，因此IPO失利不足为奇。但是，因巨额订单欠下的100亿美元债务使公司陷入了严重危机。它的债券价格仅为面值的一半，此时问题债务投资开始行动了。在该公司发行的债券回报率攀升到高于国债收益率700～950个基点以后，他们开始抢购吉尼斯·匹特航空公司的债券，因为作为抵押品的飞机的价值对他们而言很有吸引力。最终，吉尼斯·匹特航空公司被它的强大竞争对手通用电气商业航空服务公司（GE Commercial Aviation Services）解救。对于施救者来说，这是一笔不错的交易，因为它可以用通用电气的AAA评级来为吉尼斯·匹特航空公司的债务进行融资；这笔交易对于问题债务者来说同样很不错，一旦通用公司承担了吉尼斯·匹特航空公司的债务，吉尼斯·匹特航空公司的债券就变成了通用电气资产负债表末尾的无担保债务，可以按照接近于面值的价格交易。一夜之间，这些债券的价格几乎翻了一倍。

## MCI世通公司

21世纪初最引人注目的公司破产案发生在原名为美国世界通信公司（WorldCom），曾经的或者在当时来说的未来的世通公司身上。至少从1999年开始，一直到2002年，这家电信公司的财务人员将日常业务成本记做资本支出，由此低估了费用，致使利润被高估至少90亿美元。“在短短几年之内，世通公司的市值蒸发了2 000亿美元，数以千计的工人失业。到2002年7月，欺诈和疏于监管迫使世通

① 预包装破产，是私下和解与正式破产的混合物。在预包装破产中，公司和其大部分债权人同意在正式破产之外进行私下重组，要求绝大部分债权人私下达成协议，主要好处在于它迫使不退让者接受破产的重组。——译者注

公司进入破产程序。”

2002 年 12 月，迈克尔·卡佩利亚斯（Michael Capellas ）被任命为公司的新任 CEO，主持重组事宜。负责美国证券交易委员会控告 MCI 世通公司案（the S.E. Curities and Exchange Commission’s case against MCI WorldCom）的联邦法院指派前美国证券交易委员会主席理查德·布里登（Richard Breeden）作为公司的“企业督察员”。因此，卡佩利亚斯和他的管理团队需要同时应付监管的限制、处理前任的错误与欺诈，并且在竞争激烈的环境中继续经营。

博龙资本管理公司（Cerberus Capital Management）首席运营官马克·纳布伦（Mark Neporent）参与了世通公司破产的问题债务，并担任官方债权人委员会联席主席。[①] 当世通公司的竞争对手设法把世通公司排除在联邦法律所规定的重组范围之外时，纳布伦向参议院司法委员会陈述了重组所能带来的好处：

> 毫无疑问，与清算相比，世通公司的重组方案会使债权人更有可能获得清偿。清算只会白白损失数十亿美元的公司价值。世通公司的持续经营价值据估计约为 120 亿～150 亿美元，而清算价值仅有 40 亿美元。不出意料，90% 的世通公司债权人代表迅速而有效地解决了内部纷争——正如《破产法》规定的那样，并全力支持世通公司提出的重组方案。[②]

到了 2005 年，重组后的世通公司重新站稳脚跟，公司破产风波之后的所有者将其以 84 亿美元的价格卖给威瑞森通信公司（Verizon），这一价格要比未曾重组而被清算的价值高很多。世通公司是一个利用重组实现公司控制、从而释放公司资产价值的典型例子。

## 问题债务投资

有关价值投资，特别是问题债务的一个基本问题是，为什么证券会有价差存

① 格雷厄姆和多德担心由投资银行家组织的保护投资者委员会不能公正地保护投资者利益。他们赞同 1938 年破产法将保护投资者委员会的行为和赔偿置于法庭审议之下。（见第 301~302 页）如今，在重组过程中起重要作用的债权人委员会的行为无疑将被严格审查。——梅尔金注

② 纳布伦的证词可以在 judiciary.senate.gov. 网站上查到。——梅尔金注

在？如果像学术理论所坚持的那样，市场是有效的，那么为什么最新的证券价格不是证券真实价值的最佳估计？尽管格雷厄姆和多德也是大学教授，但他们更看重事实而不是理论，因此他们反对芝加哥大学的研究结果，即后来命名为有效市场假说（EMH）的理论。他们作出了一个很有名的比喻，将市场比作投票机，生成结果部分受理性因素影响，部分受感性因素影响，而不像天平般确切、客观（见第85页）。作者提出该比喻基于“双重假设：第一，市场价格经常偏离证券的真正价值；第二，当这些偏差存在时，市场会有一个自我纠正的趋势。”（见第85页）在芝加哥学派提出异议之前，让我们更多地了解一下格雷厄姆和多德关于第一个假设的解释：“对于第一个假设的正确性根本不存在疑问——尽管华尔街经常滔滔不绝地讲‘市场的判断绝对可靠’、‘股票的价值就是出售的价格，既不多也不少’。”（见第85页）

如果在日常投资过程中市场会把“正确”的价格搞“错”，那么这种错误在问题债务中出现的频率会更高。正如“问题债务”这个名字所表达的那样，买方意图通过购买问题证券获取价差，而这些价差正是其他投资者快乐买入却郁闷抛售所形成的。在格雷厄姆和多德的时代，一旦公司停止派息，机构持有者就不得不按照公司章程出售该公司证券。（见第195～196页）时至今日，如果发行人停止债券付息，机构持有者也将按规定出售债券。因此，当公司濒临破产时，很多被迫出售证券的投资者挤在狭窄的退出门廊内喧闹，同时根本没有足够多的买家帮助拓宽门廊以坚守住“正确”的证券价格。即使那些没有被规定必须卖出的机构，在无法获得票面利率的情况下也往往会选择抛售。在许多机构中，处理债务重组的部门等同于一部电话：用来卖出证券。在这种背景下，问题债务专家需要研究这些证券的价值是否超过市场，甚至是当前持有者的估值。

此外，华尔街天生喜欢反应过度。在固有的刻板印象中，华尔街充斥着多头与空头。事实上，华尔街的图腾并非牛和熊，而是不断转换方向猎食的鲨鱼。捕食过程涉及大量资本的转移，难免有时会发生错配。正如约翰·邓普顿爵士（Sir John Templeton）所说：**“牛市在悲观中诞生，在怀疑中成长，在乐观中成熟，在狂欢中消亡。”**[①] 破产投资者正是靠这些资本错配为生。他们买入华尔街鲨鱼们想售出的下游产品。在行情较好时，华尔街会允许通过新债务发行回购股票，致使收购潮初现。华

① 比尔·米勒的文章《好时代来临了！》（*Good Times Are Coming*），《时代周刊》，2005年3月8日。——梅尔金注

尔街的债务制造机器产生的狂热最终将引致崩溃，而破产投资者正是趁这个时机介入，折价购入公司的新股票，用以清偿债务。

可以确定的是，自格雷厄姆和多德的时代以来，很多事物发生了变化。科技进步与金融民主化都使得市场变得更加有效。毕竟，在 1940 年你无法通过一台彭博终端或者互联网同时跟踪无数的证券价格；你不能构造精巧的 Excel 电子表格，只需改变一个数字便可以瞬间调整所有的数据；你也无法在你跟踪的公司出现新闻时随时得到电子邮件的提醒；那时也没有数以千计的专家整天盯在电脑前互相竞争，寻找获取投资价差的机会。已故传奇人物利昂·利维（Leon Levy）提醒这个行当的新手们，在做决策时要考虑到全国数百个办公室的投资者都在做相同的决策。因此，我们有理由相信，现在的市场要比格雷厄姆和多德时代的更为理性。事实上，格雷厄姆在生命的最后一年也持相同看法。他在 1976 年对一位采访者说道："以前，任何训练有素的证券分析师都能够通过细致的研究、非常专业地选出被市场低估的股票，然而，考虑到目前市场上研究越来越多，在绝大多数情况下，我怀疑大家所付出的努力是否都能够保证有效挑选出与研究成本相称的优质证券。"换句话说，格雷厄姆教授担心，由于他的成功方法为大多数人竞相采用，以至于已经过时了。其实并非如此，格雷厄姆还不知道他的理论刚刚开始大显身手。

## 格雷厄姆与多德理论的当代应用

格雷厄姆和多德意识到世界已经发生了变化。本书第一版发行 6 年后，在第二版序言的开篇，他们提出："经济世界瞬息万变，根本不允许作者舒服地多休息一会儿。"（见第 22 页）有些时候，他们已经过于勤奋，以致他们的理论看起来比所处的年代超前了数十年。

### 风险洞察力

格雷厄姆和多德预言中的一个典型案例，已经在现代证券市场的一个重要领域中得到了应用。尽管他们像往常一样怀疑市场的理性——"证券价格和收益并非取决于对预期风险的精确数学计算，而是取决于该证券的受欢迎程度"，（见第 175 页）

但他们却为数十年以后发展起来的高收益投资构建了理论基础。正如他们所说：“设想一下，如果一个精心挑选的低价债券组合中的大部分都能摆脱违约厄运，一段时间后，该组合获得的总收益无疑会远远高于相似价位的普通股所获得的股息收入。”（见第 408 页）

然而，有些人却借助该理论兜售垃圾债券，尤其是 20 世纪 80 年代风靡华尔街的低等级原始债券。但是毋庸置疑，格雷厄姆和多德不会认同该类债券。这就好比是购买“折翼的天使”——曾经被列为投资级债券，后因发行人遭遇困境而被降级。即使破产，高等级债券持有人尚有权利索取部分资产以偿债，而原始发行的垃圾债却没有这种保障。这些债券一旦出现问题，就可能导致投资者血本无归。

20 世纪 80 年代，高收益债券市场中的很大一部分并没有被直接出售给投资者，它们通常作为证券与现金组合的一部分在并购过程中交付给献售股东（selling shareholder）。投资银行德崇证券完善了这种策略，创造出诸如“零息债券”（在一段时间内，如 5 年内不付利息）和“实物支付（PIK）优先证券”，后者不用支付现金利息，只是发行更多优先股。几乎没有人认为这些证券的实际价值与其面值相符，但是献售股东一般会欣然接受。然而在 80 年代末，垃圾债券市场崩盘，德崇的几笔交易也惨遭失败。除此之外，德崇与美国证券交易委员会以及检察官之间也发生了法律纠纷，如此种种直接导致它在 1990 年申请破产保护。希尔森－雷曼·哈顿公司（Shearson Lehman Hutton）前任总裁杰弗里·莱恩（Jeffrey Lane）分析：“这是金融服务业的本质特性。一旦稳定下滑，接着就必定落下万丈深渊。”

购买折翼的天使是一回事，发行“不会飞的天使”又是另一回事。折翼的天使曾经作为投资级债券，后因发行人遭遇困境而被降级。它通常是指，即使在破产时，也可以对一些资产行使留置权的优先债券，而德崇设计的证券则缺乏这种自我救赎的特质。它们应该是格雷厄姆和多德最不赞同的金融市场工具的典型例子。在随后的崩盘中，这些债券的持有人绝大部分没有得到任何补偿。

格雷厄姆和多德意识到，正是无风险收益率与不同风险证券收益率之间的差异创造了投资机会，特别是当一个多样化投资组合能够锁定高收益并削减整体风险的时候。在几乎所有类型的投资中，收益都与无风险收益率有些联系（可能不是精确的数学关系），因为投资者会对高风险投资要求高收益。如图Ⅲ—1所示，根据20多年的统计数据，投资者要求高收益债券提供溢价，即债券收益率要高于无风险的联邦基金利率，这正反映了市场对于风险的态度。

**图Ⅲ—1　美林高收益指数与联邦基金利率利差**

注：对美林高收益（MLHY）指数与联邦基金利率利差20余年的统计发现，当利差较大时，高收益债券价格较低。

图Ⅲ—1显示了美林高收益指数减去无风险联邦基金利率所得利差随时间变化的情况。**此利差代表了投机资本可获得的收益，包括在问题债务领域的收益**。不同于风险投资领域不断寻求掘金机会的投资者（虽然分散投资可以使得偶尔成功的收益抵消失败的损失），该曲线与大部分为投机资本创造收益而设计的投资组合都有联系。它可以获得的收益率与无风险利率密切相关，图中所示的利差是过去20余年市场对高收益债券定价最简单、也可能是最优的度量。

无风险利率与美林高收益指数通常以相同趋势波动，但是真正的投资机会出现在二者向相反的方向波动时：**利差扩大时，是买入的时机；利差缩小时，是卖出的时机**。请注意，利差最大是在1989—1991年，显示了经济的某种脆弱性，也导致老布什竞选总统连任失败——尽管在1992年选举日之前情况已经开始好转。在

1998 年股市繁荣期利差很小，当互联网泡沫到达顶峰时利差又开始扩大，并在泡沫破灭之后爆发性激增。2002 年年底，利差扩大至将近 1 200 个基点，但是在 2003 年年底收窄到大约 700 个基点，在 2006 年年初时降至不到 400 个基点，并且在 2007 年年初到达 200 个基点之下。利差大幅降低，为以高收益指数为代表的所有资产类别的价值重估提供了出发点。

当利差最大的时候，如 1991 年或 2002 年，投资者的风险回报相当可观。当利差最小的时候，如 2007 年年初，市场对于风险估计过于乐观，这时就应出售。当然，预测明天或者下周利差如何变动实属不易，但是机会投资者会识别出何时利差已偏离正常水平。**当利差特别大时，他们出海放线钓鱼；当利差特别小时，他们归家修补渔网。**

当然，真实情况是，高利差时其他投资类别也有很多机会，因此该投资领域募集资金异常艰难。而且，一旦利差收窄、投资机会减少，资金就会流向其他投资品。正如利昂·利维经常说的：**当你有好点子时，得不到资金；当你有资金时，又找不到好点子**。从这个意义上来看，问题债务者的表现与股票市场中的个人投资者并无太大差异。

## 首要原则与模式转变

承认看似完美的规则也会过时很容易，但要知晓何时会出现这种情况却很困难。1951 年春天，道琼斯工业平均指数站上 250 点。格雷厄姆教授告诉他在哥伦比亚大学商学院的学生们，道指自 1896 年创立以来，每年都会在某段时间低于 200 点。他建议自己的得意门生——唯一从他那得到过 A+、即将在那年夏天毕业的沃伦·巴菲特，推迟开始其投资生涯，直到道指按照预期下跌至 200 点以下，就像 1951 年实际发生的那样，这样做巴菲特可能会获益匪浅。但为显示出得到 A+ 成绩的能力，巴菲特拒绝了这个建议。这是一件好事，因为自那一年开始道指再也没有回到过 200 点的水平。当谈到格雷厄姆教授给他的这个建议时，巴菲特告诉《华尔街日报》：“我当时大约有 1 万美元，如果我接受了他的建议，可能现在依然只有 1 万美元。”[①]

① 在伯克希尔·哈撒韦公司的 2000 年年报中，巴菲特提到他在格雷厄姆课上的经历：“在大师身边的几个小时，比我自己苦苦思考十年更有价值。”——梅尔金注

几年之后的 1958 年，股息收益率首次低于债券收益率。一个当时正在投入资金的理性投资者，很难相信这种新变化在未来将成为永久的现实。相反，看起来有必要做空股票市场。想一想这些年来笃信“这次不一样”的投资者所遭受的巨额损失吧。经验丰富、小心谨慎的专家判断失误，而真理站在了缺乏经验的乐观主义者这边。这一次，情况确实不一样。从半个世纪以来投资安全性的角度来看，一项新的估值标准已经不容置疑地建立起来。

所以，一个人什么时候才可以有把握地总结“这次不一样”，特别是考虑到历史上很多次貌似不一样的情况实际上最终结果并没有不一样时？截至 1951 年，格雷厄姆教授的 200 点法则已经持续应验了 55 年。一旦被打破，它就再也无法被证明是正确的，但是谁又能有巴菲特那样的眼光与胆识来断言这一规则可以被安全地忽视呢？从 1958 年开始，那些等待股息收益率与债券市场收益率恢复之前持续一个世纪旧关系的投资者，至今仍然在等待。然而，自反转以来，二者的差距越来越大。

时至今日，如果没有评注，格雷厄姆和多德的投资圣经仍很难理解，但并不妨碍这部大作所传达的理论精要经久不衰，历久弥香。只要投资者还是人类，就会有诸如贪婪、恐惧、压力、怀疑等所有人类情绪，那些有勇气战胜个人情绪的投资者才可以在市场中获利。只要人性中的羊群效应依然存在，那些不畏孤独、逆流而上的投资者就永远有机会。正如丹麦王子哈姆雷特所说：“但愿上天保佑如此之士，因为他们的冲动与理智已调适得和谐淑均，他们不会忍气吞声，默默接受命运的玩弄与摆布，也不会轻举妄动、意气用事。”① 这种精神也正是格雷厄姆和多德所体现出来的。

**埃兹拉·梅尔金（J. Ezra Merkin）**

加布里埃尔资本管理公司（Gabriel Capital Group）的管理合伙人，是当今关注企业破产与不良债券的杰出投资者。他还曾担任通用汽车金融服务公司主席。

在第三部分导读中，梅尔金以案例为基础罗列出多种企业破产的类型，并从一个价值投资者的角度对其中的投资机会做出分析。

① 《哈姆雷特》，第三幕，第二景。——梅尔金注

# 22

# 特权证券

现在开始讨论经我们修订的证券分类中的第二大类别，即投资者认为本金价值易大幅波动的债券和优先股。在第5章我们曾提到，这一类证券又可分为两类：一类是由于安全性不足而带有投机特征的证券，另一类是由于其附带的可转换权或类似特权有可能使市场价格大幅波动，从而具有投机特征的证券。①

## 带有投机特权的优先证券

除了对本金与收益享有固定金额的优先索取权以外，债券或者优先股持有者还可能有权分享普通股的利益。这些特权分为3种，列示如下：

1. 可转换权——按规定条款持有者可以将优先证券转换为普通股的权利；
2. 参与权——优先证券持有者可以获得额外收益，收益大小通常取决于普通股股息发放的金额；
3. 配股权——债券或优先股持有者可按照规定的价格、认购数量与时间优先认购

① 在本书1934年版中，我们在这里专门用一章讨论价格较便宜的投资级优先证券。虽然这些证券在1931—1933年很常见，但它们已经变得越来越稀少——即使是在1937—1938年市场衰退期间。为了节省篇幅，我们现在省略掉这一部分。

普通股。①

由于可转换权是这三者中最为人熟知的，所以我们之后会经常使用“可转换证券”这一术语来泛指一般的特权证券。

## ● 此类证券在形式上具有吸引力 ●

附带以上三个条款中的任何一条，优先证券实际上已经拥有了公司普通股所有的获利机会。由于这些证券将最大限度地安全性与毫无限制的升值机会结合起来，它们在形式上可以说是最具吸引力的证券。如果一只债券符合安全投资的所有要求，同时附有转换特权，毫无疑问会成为投资者的宠儿。

## ● 其投资表现不值得夸耀的原因 ●

尽管这类附带特权优先证券在投资形式上确实可以打动投资者，然而我们必须认识到，它们的投资业绩实在无法令人满意。承诺与表现之间的差异有以下两种原因。

**第一，仅有很少一部分特权证券能够满足安全投资的苛刻要求。**可转换特征通常用以弥补安全性的不足。② 这一缺陷在1926—1929年，也就是特权证券最为流行

① 还有第四种利润分配方式，但不如前三种那么重要。它第一次出现在1928—1929年牛市期间，就是所谓的“可选”债券或者优先股。这种选项包括获取利息或者固定数量的股票（如按特定的每股价格转换）以代替现金作为股息支付。例如，在1929年的可选系列中，商业投资信托基金股息为6美元的可转换优先股允许其持有者选择股息支付形式为每股赠1/13股普通股，而不是每股6美元现金。这相当于78美元的普通股股价，当股价超过78美元时选择权有价值。同样的是，1929年发行、1939年到期的华纳兄弟电影公司利率为6%的可转换债券，也允许其持有者选择每年每张债券赠送一股普通股的利息支付方式，而不是60美元现金。

可能有人会说，这种选择权的安排是可转换特权的一种简化形式，在这种形式下，利息或股息能够单独转换为普通股。而在大多数甚至可能是全部这种证券中，本金也是可以转换的。收入支付的单独可转换特征为这类特权增加了一些吸引力，但不是很多。

② 1927年，美国投资银行家协会工业证券委员会报告引用（想必也同意）了这样一个建议：由于一定比例的中等规模工业企业的优先证券“在5~10年的时间内易遭受重大损失”，应该通过可转换或其他特权的形式使投资者参与到分享未来的收益中来，以补偿他们承担的风险。参看1927年出版的《美国投资银行家协会第16次年会纪要》(*Procedings of the Sixteenth Annual Convention of the Investment Bankers Association of America*)，第144~145页。

的时期展现得最为明显。① 真实情况是，在这几年中，实力雄厚的工业企业靠出售普通股来融资，而实力较弱的企业，或者说资本积累较为薄弱的企业，则主要依靠发行附带特权优先证券融资。

**第二，可转换特权产生利润需要一定条件。**虽然可转换债券的价格确实没有上限，但投资者维持投资头寸时所能得到的利润实际上是有限的。当特权证券与普通股一起出现时，前者的价格开始随股价的涨跌朝同一方向波动，从这个意义上讲，继续持有该优先证券变成了投机操作。下述案例可以表述得更为清楚。

假设我们以面值买入票面利率为 3.5% 的高等级债券，每 100 美元的债券可以转换为两股普通股（即以每股 50 美元的价格转为股票）。买入债券时该公司普通股股价为 45 美元。

**第一阶段：**（1）若股价跌至 35 美元，债券价格可能还接近面值，这就体现了可转换证券相对于普通股技术上的优势。（2）若股价涨至 55 美元，债券价格很可能涨到 115 美元甚至更高。它的“立即转换价值”为 110 美元，但是由于其相对于股票的优势还要加上溢价。这体现了可转换债券毫无疑问具有投机的可能性。

**第二阶段：**股价进一步上涨到 65 美元。债券的转换价值现在是 130 美元，可以在这个价位或者稍高一些的价位卖出。这时最初购买者面临一个问题。在很宽泛的限制条件内，债券的未来价格完全取决于普通股股价的走向。为了寻求更多利润，他必须承担已到手的利润遭受损失的风险，这些损失可能占到当时证券市值的很大一部分。（普通股价格下跌会立即导致债券价格从 130 美元降至 110 美元。）一旦可转债持有者选择继续持有债券，很大程度上他就把自己置于股东的地位上，当股价继续上涨时这种相似性剧增。例如，如果他在 180 美元的价位上仍持有债券（此时股价为 90 美元），那他实际上已完全拥有了股东的地位与风险。

① 在 1939 年 12 月 16 号美国证券交易委员会第 208 号公告（统计数据系列）面世之前，对于特权证券成交金额从没有过详尽的汇总和定期发布。该公告按季度公布了从 1937 年 4 月 1 日到 1938 年 12 月 31 日的数据，其他数据也由美国证券交易委员会按季度发布。关于这种融资方式的成交金额在更长时期里的其他证据请参见附录注释 35。

**特权证券的无限盈利与投资者地位的关系。**特权证券的无限盈利机会在很大程度上是不切实际的。这与债券或优先股的所有权无关，却与普通股股东的地位有关——任何不可转换证券持有人若将其债券卖出转而买入股票，也可获得普通股股东的地位。**实际上，尽管仍维持着投资级证券的优势，但可转换证券的盈利范围通常限于其面值的25%~35%。**正因如此，大多数特权证券的原始购买者获得的收益通常不会超过他们之中最成功的投资者所获得的一小部分，所以，他们实际上根本无法实现那些非常大的盈利可能性。因此，该类证券所获盈利，可能无法冲抵偶然做出不明智投资决策所带来的损失。

## ● 具有吸引力的特权证券实例 ●

刚刚讨论的两点原因，肯定极大地打击了我们对于这类附带特权优先证券的热情。但是这些缺点绝没有否定特权证券的内在优势，也没有消除合理利用该证券获得成功的可能性。虽然大多数新发行的可转换证券的安全性较差，[①] 但是特例也经常出现，而机敏的投资者对这些例外情况最感兴趣。我们附上出现此类盈利机会的3个典型案例，分别来自公用事业、铁路和工业领域。

**1. 1958年到期、利率3.5%的联邦爱迪生公司（Commonwealth Edison Company）可转换信用债券。**该债券于1938年6月和9月平价销售给股东。从公司的统计数据来看，在该价位上这一债券确实是安全的投资标的。此外，债券持有人还拥有在到期日或者提前赎回之前将其转换为40股普通股的权利。

1938年9月，当股价为24.5美元时，该债券能够在纽约证券交易所平价买到。在该价格水平下，债券和股票的卖出价接近于均衡，股价的一个微小上涨都会促使投资者卖出债券获利。不到一年后（1939年7月），股价已经升至31.375美元，债券价格也涨到124.75美元。

**2. 1946年到期、利率5%的切萨皮克－俄亥俄铁路公司（Chesapeake and Ohio Railway Company）可转换债券。**该债券最初在1916年6月向股东发售，可以转换

① 这些批评并不针对1933年以后发行的可转换债券，它们中大多数都满足我们的投资标准。

成普通股。在 1920 年 4 月 1 日前转股价为 75 美元；1920 年 4 月 2 日至 1923 年 4 月 1 日转股价为 80 美元；1923 年 4 月 2 日至 1926 年 4 月 1 日转股价为 90 美元；1926 年 4 月 2 日至 1936 年 4 月 1 日转股价为 100 美元。

1924 年年底该债券的均衡价格已经接近平价（即没有考虑可转换特权带来的溢价）。具体来说，1924 年 11 月 28 日股价为 91 美元，债券价格为 101 美元。当时公司的收益持续提升，显示该债券的安全性非常好（1924 年的固定费用保障倍数为 2）。1925 年，股价为 131 美元，由于可转换特权的价值，股价上涨带动该债券的价格升至 145 美元。

**3. 1931 年到期、利率 5.5% 的兰德－卡戴克斯公司（Rand Kardex Bureau, Inc.）债券**。该债券最初在 1925 年以 99.5 美元的价格发售，附有认股权证（在 1927 年 1 月 1 日之后可拆分），使得持有人有权购买 22.5 股 A 类普通股。1926 年认股价为每股 40 美元，1927 年认股价为每股 42.5 美元，1928 年认股价为每股 45 美元，1929 年认股价为每股 47.5 美元，1930 年认股价为每股 50 美元。（A 类股票实际上是参与型优先股。）该债券可以按面值折合为现金，以支付用认股权证购买股票的支出，这一条款实际上也赋予了投资者将债券转换为股票的权利。

该债券看上去安全性不错。表 22—1 是上述案例中（按发行公司的收益计算）新发债券的利息保障情况。

**表 22—1　　新发债券利息保障情况**

| 年份 | 利息保障倍数 |
|---|---|
| 1921（经济衰退年份） | 1.7 |
| 1922（经济衰退年份） | 2.3 |
| 1923 | 6.7 |
| 1924 | 7.2 |
| 1925（9 个月） | 12.2 |

公司净流动资产价值超过债券面值总额的两倍。

当该债券首次向公众发行时，A 类股票的标价为 42 美元，显示了认股权证的即时价值。第二年股价上涨至 53 美元，债券价格为 130.5 美元。1927 年（当年兰德 – 卡戴克斯公司与雷明顿打字机公司［Remington Typewriter］合并），股价上涨至 76 美元，债券价格也升至 190 美元。

## ● 无吸引力的特权证券实例 ●

通过这些例子的比较，我们介绍一些表面看起来有吸引力但实际上安全性很差的可转换证券，这是 1928—1929 年发行的证券的典型特征。

**1938 年到期、利率 6% 的国家贸易杂志公司（National Trade Journals, Inc.）可转换票据**。该公司于 1928 年 2 月通过收购和出版约 12 种贸易杂志设立。1928 年 11 月它以 97.5 美元的价格出售了价值 280 万美元的上述票据。每张票据在 1930 年 11 月 1 日前可以转换为 27 股普通股（每股 37.03 美元），在 1930 年 11 月 2 日至 1932 年 11 月 1 日可转换为 25 股普通股（每股 40 美元），在该债券到期前两年里转股价飙升至 52.63 美元。

在刚刚发行以及之后的几个月里，相比于同类可转换股票的市场价格，该债券价格只是略高于平价。具体来说，11 月 30 日债券价格为 97.5 美元，股价为 34.125 美元，意味着股价只要再上涨两个点就可以确保转换有利可图。

然而，虽然发售公告确实吸引人，但债券的安全性从未得到充分保障。发售公告显示，发行人根据前三年半的情况“估计”收益，该债券的利息保障倍数达到 4.16 倍，但是将近一半的估计收益来自预期并购过程中削减工资等节省下来的资金。保守型投资者不会将这些“收益”视作理所当然，特别是对于这种高风险、竞争环境激烈，而且有形资产较少的企业。

如果去除上述估计“收益”，发行时以及之后的相关数据参见表 22—2。

表 22—2 去除估计“收益”后，发行时及之后的债券股票数据

| 年份 | 债券价格区间 | 股票价格区间 | 现行转换价格（单位：美元） | 利息保障倍数 | 普通股每股收益（单位：美元） |
|---|---|---|---|---|---|
| 1925 | | | | 1.73[a] | 0.78[a] |
| 1926 | | | | 2.52[a] | 1.84[a] |
| 1927 | | | | 2.80[a] | 2.20[a] |
| 1928 | 100~97.5 | 37.875~30 | 37.03 | 1.69[b] | 1.95 |
| 1929 | 99~50 | 34.625~5 | 37.03 | 1.86[b] | 1.04 |
| 1930 | 42~10 | 6.375~0.5 | 37.03~40 | 0.09[b] | 1.68（亏损） |
| 1931 | 10.5~5 | 1 | 40.00 | 被接管 | |

注：a. 之前的企业。转股前数据已扣除联邦所得税。

b. 1928 年后 10 个月以及之后连续几年的实际收益。

1931 年 6 月公司委任接管人，当年 8 月出售资产，后来债券持有人每单位美元债券仅获得 8.5 美分的补偿。

## ● 总结原则 ●

通过以上实例的对比分析，我们推导出一个投资原则，可作为选取附带特权优先证券的有用指导。这一原则是：**售价接近或高于面值的附带特权优先证券，必须满足纯粹的固定收益证券要求，或者纯粹的普通股投资要求，并且必须明确地符合其中一项的资格才能够投资。**

以上两种选择提供了两种购买特权证券的不同思路。它可以作为安全投资工具，偶尔通过本金增值的方式获取收益，也可以主要以普通股的形式作为投机工具。一般来说，二者之间不应该有中间地带。对本金安全性更感兴趣的投资者不应舍弃他们的标准以换取可转换特权，投机者也不应该因债券合约提供的虚假安全保障而被企业平庸的承诺所吸引。

基于主观原因，我们反对任何在纯粹投资与纯粹投机之间的折中态度。凡是持中立立场的投资，结局通常都混乱不清，思维模糊，自欺欺人。那些放松自己对安全性的要求来获取利润、分享特权的投资者，通常对于运气欠佳、投资失败所带来

的不可避免的损失没有财务和心理上的充分准备。想通过操作可转换证券降低风险的投机者会发现，他们的主要利益分为企业自身和特权条款两方面，最终他很可能搞不清楚自己到底是普通股投资者还是债券投资者。（大比例折价销售的特权证券一般不适用于该原则，它们属于接下来要讨论的第二类投机级优先证券。）

回到我们的例子。联邦爱迪生公司利率3.5%的债券完全可以作为投资工具买入，而根本不用考虑其可转换特征。由于特权很可能具有较大价值，所以该类债券在发行时极具吸引力。当然也可以给切萨皮克–俄亥俄铁路公司以及兰德–卡戴克斯公司下类似的结论。这3只债券对于那些相信其关联普通股会升值的投机者来说，同样具有吸引力。

另一方面，国家贸易杂志公司的信用债券无法通过严格的定量与定性的安全性检验。因此应该只有那些对关联股票未来价值充满信心的人才会对该债券感兴趣。然而，大多数购买者并不是单纯由投资或投机于国家贸易杂志公司股票的动机所驱动的，而是被可转换特权和债券投资"相当安全"的主观感觉所吸引的。很明显，这就是我们不赞同的处于真正投资与真正投机之间的折中态度，主要是因为购买者并没有明确地了解其行为的意义以及将要承担的风险。

## ● 持有或出售的规则 ●

阐述了选择特权证券的基本原则之后，接下来我们讨论后续持有或出售过程中需要遵循的规则。相比以投资立场持有可转换债券的人，如果想把其作为获取普通股的一种方式，投机者应该延长持有期，以谋求更大的收益。从投资立场上来看，如果债券价格从100美元升至150美元，大额溢价本身并不能成为卖出的决定性因素；债券持有者做决策应该基于判断股价是否已经上涨到足够实现他的预期利润。但是，当购买者将债券投资的安全性放在首位时，该溢价水平保守来看已经触及上限。由于前述原因，特权证券的保守型投资者通常不会在溢价超过25%~30%时仍然选择持有。这意味着可转换证券领域真正成功的投资操作不会持续很长时间。因此，买入这类证券时应该相信其可以长期持有，但是希望短期内就能实现潜在收益。

前面的讨论引出另一条投资规则，即：**一般情况下，可转换债券持有人不应行使转换权利，而是应该一直持有或者适时售出。**

诚然，特权的目的就是趁有利时机行使转换权利以获利。如果债券价格大幅上涨，其收益率会下跌至较低水平，这时将其转换为股票一般会获得较大收益。然而，一旦投资者真的实施了转换，也就放弃了优先清偿权和对本金、利息的无条件索取权，而这些却是购买该债券的初衷。如果转换后情况不利，股票价值可能会跌至最初购买债券的成本以下，这样不仅会丧失所有利润，部分本金也会受到损失。

不仅如此，投资者还要冒险转换角色——从债券投资者转变为股票投机者，无论是在一般情况下还是在具体案例中。即使是质量上等的可转换债券也可能存在陷阱，如果投资者粗心大意就容易陷入圈套而付出沉重代价。为了规避这种风险，投资者必须坚决保持谨慎态度。当债券价格超过可投资范围时，果断卖掉；最重要的是，如果债券价格随后继续飙升至更高水平，千万不要后悔自己之前的决定。一旦进入投机范畴，证券的市场行为便同任何投机股票的市场行为都无关，证券投机的市场行为已非投资者能够掌控，然而投资者对此一无所知。

如果投资者普遍遵循本文推荐的方法，就应该在购买时就已决定是以投机还是投资作为目的，同样也应以同样的目标来行使转换权利。[①] 反对出于投资目的购买债券的投资者行使附带的认股权证的理由，与反对投资者转换债券的理由相同。

投资特权证券的持续策略应该是，**在有利的情况下，不断获取利润，将所持证券转换为新证券，卖出证券时不要有太高的溢价水平。**更具体的，100 美元买入的债券可以以 125 美元卖出，并用另一只可以平价买到的优质可转换证券替代。当然，这种令人满意的机会并不是总会出现，投资者也无法发现身边的所有机会。不过近几年来融资活动的趋势预示着一些真正有吸引力的可转换证券可能重新出现。1926—1929 年涌现了大量劣质特权证券；1930—1934 年对安全性的强调使得可转换特权在新债券发行中几乎销声匿迹。但随着时代的变迁，市场的钟摆已经确定无疑

① 实际上，转换操作往往出现在套利过程中。具体过程为：购买债券的同时以稍高于“转换平价”的价格卖出相关股票。

地离开两个极端向中间摆动，有时分红特权也被用来促进优质债券的发行。[①] 虽然，1934—1939 年卖出的债券不是票面利率极低就是发行后立即飙升至令人望而却步的溢价水平，但是我们坚持认为，善于甄别和分析的投资者仍然可以从该领域找到一定数目的有吸引力的投资机会。

① 如果想查看 1925—1938 年相关的特权证券情况，参看附录注释 35，还有第 333 页页下注中提到的美国证券交易委员会的统计数据。

# 23

# 附带特权优先证券的技术特征

前一章主要从投资与投机操作主要原则之间的关系讨论了附带特权优先证券。为了从实际运用的角度更好地了解这类证券，现在我们进一步详细探讨它们的特征。为了便于说明，我们按以下三个观点依次阐述:（1）三种特权的共同特征——可转换权、参与权与认购权（例如认股权证）;（2）每种特权的相对优势;（3）每种特权自身的技术特点。[①]

## 特权证券的共同特征

利润分享特征的吸引力主要取决于两个互不相干的因素:（1）合约的具体条款和（2）可分享利润的前景。用一种简单的方法来表示:

| A 公司 | B 公司 |
| --- | --- |
| 利率 4% 的债券售价 100 美元 | 利率 4% 的债券售价 100 美元 |
| 转股价为 50 美元（价值 100 美元的债券转换为 2 股普通股） | 转股价为 33 ⅓美元（价值 100 美元的债券转换为 3 股普通股） |
| 普通股股价 30 美元 | 普通股股价 30 美元 |

### ● 特权条款与企业前景 ●

从特权条款上来看，似乎 B 债券更有吸引力，因为 B 公司的股价只要上涨超过

① 论述该主题的篇幅显得似乎不太足够，这是因为特权证券的重要性越来越大，在标准的介绍性教材中还没有关于此内容的深入探讨。

3 美元就可以使债券持有人行使转换权获利，而 A 公司股票只有上涨超过 20 美元才能使转换有利可图。但实际上，购买 A 债券可能获益更大，因为 B 公司的股价可能根本不上涨，而 A 公司股价可能变为原来的两倍或 3 倍。

在以上两个因素中，选择正确的公司无疑会比选择附带最有利条款的证券获得更多利润。当然，没有任何数据能够证明公司本身的吸引力可以抵消掉特权条款的优势，或者能够在两个毫不相干的价值因素间找到恰当的平衡点。但是在分析投资级特权证券的过程中，应该给予特权条款更多的关注，这并非因为它们更重要，而是因为这些条款会被更明确地执行。判断一家公司比另一家更有前途似乎是很容易的，但是要断言给定价位的一只普通股肯定比当前价格的另一只股票更具价值，却绝非易事。

回到我们的案例，如果确信，甚至只是可能相信，相比 B 股票价格涨至 33 美元，A 股票的价格升至 50 美元的可能性更大，那么并非两只证券都应标价为 30 美元，A 股票自然应当卖得更贵。我们要说的是，市场价格通常已经反映了一家企业相比另一家更加优秀。如果投资者偏爱 A 债券是由于他期望 A 股票价格的上升速度能够超过 B 股票，那么他的独立判断就缺乏确定性依据，并且会不可避免地错误百出。正因如此，对于投资者根据自己对企业未来利润扩张的主观判断，通过投资方式来挑选并购买特权证券的方式能否成功，我们深表怀疑。（该观点其实已在前面固定价值投资部分作为一项投资原则进行了说明。）

如果采用投机方式，即购买证券主要是为了从股票中获益，那么购买者挑选证券时重视企业的未来就无可非议了。

## ● 三个重要因素 ●

### 1. 特权的范围

在审视利润分享特权条款时，应着重考虑三个组成因素：

1. 每一美元投资所能获得的利润分享或投机利润范围。

2. 购买时特权与可变现利润之间的紧密度。

3. 特权的期限。

可转换证券或者附带认股权证的优先证券所能获取的投机收益，应该与转换特权行使后获得的普通股的当期市场价值相等。若其他情况相同，每投资一美元所获得的投机收益越多，该特权就越有吸引力。

案例

前面介绍过的兰德－卡戴克斯公司利率 5.5% 的债券，附带了每张债券认购 22.5 股 A 类股票的认股权证，认股价为 40 美元。当期 A 类股票的价格为 42 美元。"投机收益"达到 22.5×42，或每 1 000 美元的债券收益 945 美元。

发行于 1927 年、利率 6% 的可靠百货公司（Reliable Stores Corporation）债券，附带了每张债券购买 5 股普通股的认股权证，认股价为 10 美元。当时的股价为 12 美元。因此"投机收益"为 5×12，或每 1 000 美元的债券仅仅收益 60 美元。

利率为 7% 的洲际橡胶制品公司（Intercontinental Rubber Products Co.）债券是一个获取超额投机收益的特别例子。1922 年该债券发行时就附带了特殊条款，每价值 1 000 美元的债券可以转换成 100 股股票，并且可额外以 10 美元的认股价再认购 400 股。当 1925 年股价为 10 美元时，每 1 000 美元的债券投机收益为 500×10，或 5 000 美元。如果这些债券的售价涨到 120 美元，投机收益就会变为债券投资额的 417%，该收益投资比值是可靠百货案例中的 70 倍。

表 23—1 通过对上述三个案例的比较分析，说明投机收益额在实际操作中的重要性。

就可转换债券而言，当股票出售价格与转换价格相等时，投机收益总是等于债券面值的 100%。因此对于这类证券，我们的前两个因素说明的是同样的事实。如果按面值出售的债券以 50 美元的转股价转换成股票，并且股价为 30 美元，投机收益就是 60% 的债券投资额，也可以说当期股票价格是转换可盈利所需股价的 60%。对于附带认股权证的证券，投机收益额与该收益变为可实现利润的可能性之间，并无这样固定的关系。可靠百货公司的案例中，投机收益非常小，但是在其发行时存在实际利润，因为当期股价高于转股价。

**表 23—1　　三家公司债券的投机收益额　　（单位：美元）**

| 条款 | 可靠百货公司 6% | 兰德－卡戴克斯 5.5% | 洲际橡胶制品 7% |
|---|---|---|---|
| 每 1 000 美元债券转换成的股票数量 | 5 股 | 22.5 股 | 500 股 |
| 转股价 | 10.00 | 40.00 | 10.00 |
| 股价上涨时债券升值情况： | | | |
| 超过转股价 25% | 12.50 | 225.00 | 1 250.00 |
| 超过转股价 50% | 25.00 | 450.00 | 2 500.00 |
| 超过转股价 100% | 50.00 | 900.00 | 5 000.00 |

**低价买入大量股票的意义。**附带说明一下，低价卖出大量股票所获投机收益在技术上应高于高价卖出较少股票。因为低价股票价格的百分比波动幅度比高价股票更大。因此，如果一只债券安全性好并且可以低价转换为很多股票，那么它获得超额利润的可能性最大，也不必为冲抵股价下跌带来的更大损失而受到约束。

例如，作为特权的一种形式，1931 年到期、利率 7%、可转换成 1 000 股售价为 1 美元的普通股的俄亥俄铜业公司（Ohio Copper Company）债券，比 1948 年到期、利率 4.5%、可转换为 6 股售价为 166⅔ 美元普通股的艾奇逊－托皮卡－圣菲铁路公司债券有更多的获利机会，尽管二者投机收益额相等，均为每张债券 1 000 美元。事实正是如此，俄亥俄铜业公司的股价从 1928 年的不足 1 美元上涨至 1929 年的 4.875 美元，令债券价格接近面值的 5 倍。但要使利率 4.5% 的可转换债券得到同样的利润，艾奇逊公司的股价必须从 166 美元上涨至 800 美元，而其 1929 年的最高价还低于 300 美元。

针对参与型证券，在分析利润分享范围时一般会考虑特权可能带来的额外收入。有限的额外收入（例如贝尤克雪茄公司 7% 的优先股可能获得不足 1% 的额外收入）当然比无限的可参与特权（例如白岩矿石温泉公司［White Rock Mineral Springs］5%

的第二优先股，在1930年收到总额为26.25%的额外收益）对投资者的吸引力差得多。

### 2和3，紧密度和特权期限

第2个和第3个因素对于评估特权价值的意义应该很明显。期限较长的特权应该比那些短时间内就到期的特权更受欢迎。当前股价与转换或认购可获利股票所需的价格水平越接近，该特权就越有吸引力。对于参与型特权而言，普通股当前股息或者收益越接近于优先证券发行时获得的额外收益，特权的价值就越高。

“转换价格”意味着等同于100美元可转换证券转换为普通股时的价格。如果一只优先股能够转换为1⅔股普通股，转换价格即为60美元。“转换平价”或者“转换水平”用来说明等同于特定标价的可转换证券的普通股价格，反之亦然。“转换水平”可以用可转换证券的价格与普通股的转换价格相乘得到。如果刚刚提到的优先股股价为90美元，普通股的转换平价为60×90%=54美元。这意味着对于以90美元买入优先股的投资者而言，普通股股价上涨超过54美元才能获得可实现的盈利。相反，如果普通股股价为66美元，该优先股的转换平价为110美元。

特权的“紧密度”是指市场价格与普通股转换平价的比率。在前面所述的案例中，如果普通股股价为54美元，而优先股股价为110美元（对普通股而言相当于66美元），“紧密度指数”等于54÷66，或0.82。

## 三种特权各自的相对优势

理论上说，参与型特权没有时间和金额限制，应该是最受人欢迎的利润分配特权形式。这样的合约使得投资者能够享有分红收益（即收益增加），而且不用改变作为最初优先证券持有者的角色。不仅如此，投资者可以长期享有此项权利。相比之下，转换特权仅仅通过实际转换为股票获取更高收入，而且实施转换就不得不放弃优先证券的地位。因此，它真正的优势仅仅是拥有在恰当的时点卖出可转换证券来获利的机会。类似地，保守来说，认购特权的收益也仅仅在卖出认购权或者通过认购股票并立即出售时才能实现。如果想购买普通股并长期持有，就会有投入额外资金的风险，这与购买优先证券的初衷完全不同。

## 关于无限参与特权优势的案例

一个很好的用于说明参与型证券优势的案例就是西屋电气制造公司发行的优先股。该证券持有人有权每年获取 3.5 美元的可累积优先股息（股息率 7%，面值 50 美元），并且有权与普通股股东平等地分享每股超过 3.5 美元的超额股息。早在 1917 年，西屋公司的优先股股价为 52.5 美元，其参与型特征增加了盈利可能性，使得该优先股大受欢迎。在之后的 15 年里，一直到 1932 年，每股除了基本的 7% 股息率之外，总共还有 7 美元的额外股息派发。同时，也出现了出售股票获取超额利润的机会（1929 年股价高达 284 美元），使得可转换与附带认股权证的证券大幅增值。如果股票没有适时卖出，随着以后市场价格下滑，潜在利润会自然消失。但是投资者最初的地位丝毫无损，即使在 1932 年股价到达低点时，该证券仍然在支付 7% 的股息，售价也维持在 52.5 美元，尽管此时普通股已经停发股息且股价跌至 15.625 美元。

在此案例中，投资者能够在经济状况良好时与普通股股东一起分享额外收益，同时仍维持自己的优先股股东地位。所以，当萧条期到来时，他们仅仅损失了暂时的利润。如果该证券可转换而不可参与，投资者就只能通过转换证券来获取更多利润，然而稍后他们会发现，转换而来的普通股已经停发股息并且价格也下降到原始投资水平以下。

## 从市场的角度看参与型证券的缺点

尽管从长期投资的角度来看，参与型证券理论上最具优势，但在牛市中，它们的表现在某种程度上会比可转换或附带认股权证的证券略逊一筹。在此时期，参与型优先证券的价格通常低于其合理的相对价格。例如在西屋公司优先股案例中，优先股股价在整个 1929 年里都低于普通股 5~10 个百分点，尽管其每股内在价值可能不低于次级股票。[①]

这种现象的成因可以归结为：普通股股价在很大程度由只对快速获利感兴趣的投机者所决定，所以他们希望市场保持活跃。相对来说，封闭式持有的优先股活跃程度较低。所以，投机者愿意为次级普通股多支付几个点，仅仅是因为其换手更容易并且其他投机者也愿意为其支付更多。

封闭式持有并享受投票权的普通股与同一家公司发行的更为活跃的无投票权证券之间，也存在同样的反常关系。美国烟草公司的B类股票与利格特和迈尔斯烟草公司的B类股票（都是无投票权的）很多年来的股价都高于有投票权的股票。相似的情形之前也出现在伯利恒钢铁公司（Bethlehem Steel）、泛美石油公司（Pan American Petroleum）和其他公司[②]发行的两种普通股上。在没有特殊需求的情况下，相对紧缺使得证券价格更低，而不是更高。这种看似矛盾的现象在证券市场普遍存在。

在西屋公司与美国烟草公司的案例中，适当的公司策略应该是扩大较高内在价值证券持有人的特权，促使其将证券转换为更加活跃但内在价值较低的证券。白岩公司实际上就采取了这种方式。虽然参与型优先股的持有者在接受这一提议时可能犯错误，但是却无法反对这一提议；普通股股东在接受该提议时可能会受益，但是不会有任何损失。

## ● 可转换证券与附带认股权证证券的相对价格行为 ●

在有利的市场环境下，从价格行为的角度出发，附带可分离认股权证证券的持有人投资收益最好。

---

① 1929—1930年，白岩矿石温泉公司的参与型优先股与普通股之间的价格差异要大很多。在这种市场状况下，几乎所有参与型优先股的持有者都接受提议转换为普通股，尽管这意味着收益丧失并且丢掉了优先证券持有者的地位。

② 雷诺烟草公司普通股与B级股票间持续的高价差，是因为拥有普通股、享有利润分享收益的公司高层与雇员的利益，与B级股票股东的利益不一致。纽约股票交易所不再列出无投票权普通股，也不再列出受到1938年《破产法》第10章影响的在重组过程中允许发行的证券。

为了说明上述观点，我们比较一下，1929 年 4 只特权证券与其相应普通股的特定价格关系。这 4 只证券如下：

1. 莫霍克哈德逊电力公司（Mohawk Hudson Power Corporation）7% 的第二优先股，附带每股优先股可按 50 美元每股的价格购买两股普通股的认股权证。
2. 怀特缝纫机公司（White Sewing Machine Corporation）1936 年到期、利率 6% 的信用债券，附带持有价值 100 美元债券可购买 2.5 股普通股的认股权证。
3. 中央州电力公司 6% 的优先股，能够以每股 118 美元的价格转换为普通股。
4. 独立油气公司（Independent Oil and Gas Company）1939 年到期、利率 6% 的信用债券，能够以每股 32 美元的价格转换为普通股。

表 23—2 显示出，相比普通股，附带认股权证的投机市场证券出售时倾向于更高的溢价水平。这种溢价水平要比类似情形下可转换证券高得多。

**表 23—2　　4 只特权证券与普通股的特定价格关系　　（单位：美元）**

| 优先证券 | 普通股市场价格 | 普通股可转换价格与认股价 | 优先证券价格 | 优先证券基于特权的可实现价值（转换或者认股平价） | 优先证券价格超过转换平价的部分（“溢价”水平） |
|---|---|---|---|---|---|
| 莫霍克哈德逊电力公司第二优先股 | 52.5 | 50 | 163[a] | 105 | 58 |
| 怀特缝纫机 6% 债券 | 39 | 40 | 123.5[b] | 97.5 | 26 |
| 中央州电力公司优先股 | 116 | 118 | 97 | 98 | –1 |
| 独立油气公司 6% 债券 | 31 | 32 | 105 | 97 | 8 |

注：a. 其中 107 美元是无权证优先股价格，56 美元是认股权证价格。

b. 其中 98.5 美元是无权证债券价格，25 美元是认股权证价格。

## ● 投机部分可分拆的优势 ●

附带认股权证证券的这个优势很大程度上要归因于其投机部分（例如认股权证）可以与投资部分（例如无权证债券或优先股）完全分离。投机者总是在寻找以最少的现金投入获取最大收益的机会。这是认股权证与众不同的特点，我们将稍后详细讨论这些投资工具。市场上行时，投机者争相抢购附加在特权证券上的认股权证，因此这些认股权证可以被分拆开并以高价出售，虽然它们可能并不具有即时的可行使价值。投机者们并不喜欢购买可转换债券，而更青睐其附带的认股权证，因为前者需要每股投入更多的现金。[①] 因此，分拆后债券的市场价格加上认股权证价格（二者相结合形成了附带认股权证债券的价格）可能明显超过与之非常类似的可转换债券的单一报价。

## ● 附带认股权证证券的第二个优势 ●

附带认股权证证券具备的第二个优势是关于可赎回条款。发行证券的公司保有在到期前提前赎回证券的权利，但这对于证券持有者是不利的，因为只有符合发行人利益时，该权利才会被真正行使，而这意味着该证券的售出价格通常要高于赎回价格。[②] 除非在很高的溢价水平上，否则赎回条款可能完全蚕食掉可分红特权的价值。一旦公司前景大好，有足够的实力进行额外分红，该条款的存在就使证券被提前赎回的风险剧增。[③] 一些情况下，带有可赎回条款的参与型证券同样有可转换特权，在公司赎回证券时普通股市场价格有可能大涨，投资者就有获利的机会。（参见案例：国家酒制品公司［National Distillers Products Corporation］2.5 美元可累积参与型可转换优先股；[④] 凯尔西 – 海斯车轮公司［Kelsey-Hayes Wheel Company］1.5 美元参与型可转换 A 类股票。）参与型债券分享额外收益的权利一般都受到限制，并且通常是可赎回的。（参看怀特缝纫机公司参与型信用债券，1940 年到期，利率 6%；联合钢铁制品公司（United Steel Works Corporation）参与型债券，利率 6.5%，A 系列，1947

① 请注意，独立油气公司债券承诺的认股价为 33.6 美元，而怀特缝纫机公司的认股价仅为 10 美元。但是前者的投资者有权选择拥有债券的固定收益权还是股票份额，后者只给予了投资者按照高于市场价的价位购买股票的权利。

② 可赎回特征可能对于“单纯”的非可转换债券而言都是一个重要的不利因素，并且如今已成为现实。在一些案例中，可赎回特征实际上是对证券持有者有好处的，公司以高于之前市场价格的价位回购了旧证券，这有利于新证券的发行。如果没有可赎回条款，通过赋予投资者“买进”证券的权利，也可以达到相同的效果。相关案例是美国钢铁公司发行的 1951 年到期的利率 5% 的债券，其不可赎回，但在 110 美元时被买进。

③ 杜因援引了联合太平洋铁路公司的案例——1903 年发行的、利率 4% 的参与型债券，由北方证券公司（Northern Securities Company）的股票做抵押。债券持有人有权分享任何质押资产产生的超过 4% 的股息收益。正当分红就要开始时，该债券以 102.5 美元的价格被赎回。参看亚瑟·杜因（Arthur S. Dewing）所著的《公司证券研究》，1934 年出版，纽约，第 328 页。

④ 随着 1933 年股价从 16.875 美元升至 124.875 美元，所有国家酒制品公司优先股都在当年被转换。1933 年 6 月 30 日，转换率的变化促使几乎所有的转换提速进行。由于证券以 40 美元回购并且开始分红，当年 8 月仅有很小一部分完成转换。

年到期；二者都是不可转换的。）有时，通过将赎回价定得很高来避免回购可能给参与型证券带来的损失。旧金山收费桥公司（San Francisco Toll-Bridge Company）1942年到期、利率7%的可参与债券，规定1933年11月1日前可以120美元赎回，而之后赎回价更低，很明显就是采用了这种策略。赛璐珞公司（Celluloid Corporation）参与型第二优先股的赎回价为150美元，而塞拉尼斯公司（celanese Corporation）的参与型第一优先股根本就不能赎回。

另一种防止回购损害参与型特权的方式就是使得赎回价取决于参与型特权的价值。例如，西门子哈尔斯克公司（Siemens and Halske）2930年到期的参与型债券，在1942年4月1日以后可以赎回，赎回价定为回购通知发布前6个月内证券的平均市场价格，但是不能低于证券初始价格（超过票面价值230%）。克鲁格–托尔公司利率5%的参与型债券也带有类似的条款。

即使对于可转换证券来说，可赎回条款也是技术上的一大缺点，因为它可能缩短特权的期限。比如，特权即将实现真实价值时，发行人可能开始赎回可转换债券。①

但是对于附带认股权证的证券来说，即使优先证券可能在到期前被赎回，其认股权证仍在原来整个存续期内有效。如果认股权证可以拆分，它会继续独立存在，直到其自身有效期期末。认股特权通常都是“不可分离”的，这意味着只有手中持有优先证券认股权证才有效。但是即使是在这样的情况下，如果该证券在认股权证到期前就被赎回，发行人通常会给投资者一个独立的认股权证，在原来约定的时间期限内继续有效。

① 艾奇逊铁路公司1948年到期、利率4.5%的可转换债券完全规避了该风险，它要求赎回只能在1938年转换权到期之后才能进行。（另一方面，附属基金公司［Affiliated Fund］有抵押的可转换债券规定，发行人可在30天通知时间内的任何时候平价赎回债券，实质上令投资者丧失了通过转换特权获利的机会。）

近来采用的另一种保护性手段是给予可转换证券持有人一张认股权证，当证券被赎回时，持有者有权购买与假设证券未被赎回时投资者通过转换应该收到的股票数目相等的普通股。参看弗里波特得克萨斯公司（Freeport Texas Company）1933年1月发行的利率6%的可累积可转换优先股。联合饼干公司利率7%的优先股，可转换为2.5股普通股，赎回价为110美元；但是如果在1935年12月31日前赎回，持有者有权获取100美元现金，加上1936年1月1日前每股可用40美元认购2.5股普通股的认股权证。

**案例**

1934 年 1 月 1 日前，联合飞机运输公司（United Aircraft and Transport Corporation）有 15 万股股息率 6% 的累积优先股发行在外。该优先股附带有不可拆分的认股权证，合约规定每两股优先股可以按 30 美元的认股价购买一股普通股。认股权证于 1938 年 11 月 1 日到期，其附带的保护性条款规定：如果在 1938 年 11 月 1 日前优先股被赎回，发行人必须另给投资者一个独立的保障原有认股权的认股权证。1933 年 1 月 1 日部分优先股被赎回，根据合约，其持有人同时得到了新发行的认股权证。（一年以后，剩余的优先股也被赎回，公司同时又发行了一部分认股权证。）

## ● 附带认股权证证券的第三个优势 ●

附带认股权证证券相对于其他特权证券还有第三个优势，在实用意义上这才是最重要的优势。试想一下，在公司盈利前景一片大好、普通股股息回馈丰厚、股价高涨的情况下，各种类型的投资者会有哪些选择？

1. 参与型证券的持有者：

 a. 卖出以获利。
 b. 继续持有以获得分红收益。

2. 可转换证券的持有者：

 a. 卖出以获利。
 b. 继续持有但无法获得普通股的高额股息。
 c. 转换成普通股以确保获得高额收益，但是丧失了优先证券持有者地位。

3. 附带认股权证证券的持有者：

 a. 卖出以获利。

b. 继续持有但无法获得普通股的高额股息。

c. 认购普通股获取股息。可以投入新资金，也可以卖出或使用持有的除认股权证的证券来为购买普通股筹集资金。在两种情况下，都需要承担普通股股东的风险，以获取高额股息收益。

d. 卖掉认股权证获取现金收益，继续持有原始的不附带认股权证的证券。（认股权证可直接卖掉，或者先认购股票，然后立即卖掉股票获取即时收益。）

上面列出的第四种选择是附认股权证证券所特有的，可转换与参与型证券没有类似的选项。它允许持有者将证券的投机部分转换成现金利润，同时仍然维持其原始投资地位。由于附带特权优先证券的投资者通常主要热衷于稳健投资，而用特权获利是其次，因此第四种可选项提供了很大的便利。投资者无须卖掉所有证券资产，但如果他们持有的是可转换证券就不得不如此，并且他们要为资金另寻新的投资工具。投资者一般不愿意卖掉一张好证券后再去寻找新的证券，因此持有高价可转换证券的投资者倾向于转换而不是卖掉这些证券。对于参与型证券也是一样，持有者只有卖出证券才能保证获得本金增值，这就产生了资金的再投资问题。

**案例**

我们用商业投资信托公司（Commercial Investment Trust Corporation）股息率 6.5% 的优先股案例来说明附带认股权证证券在理论与实践上的优势。该证券发行于 1925 年，可以以 80 美元的认股价购买普通股。1929 年每张优先股的认股权价格高达 69.5 美元。因此，该证券持有者高价卖出了证券的特权部分，同时保留了初始优先股投资，并在大萧条期间保持了股东地位，直到 1933 年 4 月 1 日该证券最终以每股 110 美元被赎回。赎回时的普通股股价相当于每股 50 美元。如果该优先股是可转换的不附带认股权证，很多持有者无疑会转换证券选择持有普通股。但这样他们不仅不会获得超额利润，反而会遭受重大损失。

## ● 总结 ●

总结本部分我们可以得出结论，对于长期投资，安全的参与型证券代表了利润分享特权的最佳形式。在市场环境有利于价格上涨的情况下，附带可分离认股权证的优先证券会使投资者获益最多。不仅如此，由于通常不受证券提前赎回的影响，附带认股权证证券拥有明显的优势，它们在允许投资者实现投机利润的同时仍然保留初始的投资地位。

# 24

# 可转换证券的技术特征

特权证券主题的第三个部分是分别论述各种类型证券的技术特点。我们首先讨论可转换证券。

可转换特权的有效性条款通常取决于证券存续期内的变化。这些变化包括两种：（1）转换价格降低，保障投资者免受"摊薄"的影响；（2）转换价格增加（通常与"浮动计算法"的安排一致），使发行人受益。

## ● 摊薄与反摊薄条款 ●

如果公司股票数量增加，而资产与盈利能力没有相应增加，普通股的价值就被摊薄了。摊薄一般发生在股票分拆、发放股票股息、低价发放配股权以及低价发行股票以获取资产或服务融资等情况下。可转换证券标准的"反摊薄"条款，旨在当摊薄行为降低每股价值时，转换价格也得到同比例地降低。

该方法可用一个公式来表述如下：$C$ 代表转换价格，$O$ 代表现在发行在外的股票数量，$N$ 代表新发行的股票数量，$P$ 代表新发行股票的发行价格，则：

$$C'\text{（新转换价格）}=\frac{CO+NP}{O+N}$$

该公式可应用于切萨皮克公司 1947 年到期、利率 5% 的可转换抵押债券，案例分析详见附录注释 36。反摊薄操作的一个简要案例可参见前面提到的中央州电力公司股息率 6% 的可转换优先股（见第 378 页）。自 1928 年发行后，其普通股连续获得 100% 和 200% 的股票股息，因此转换价格第一次被减半（从每股 118 美元降至 59 美元），然后又一次减少三分之二，至每股 19.66 美元。

有一种非常少见的条款，规定无论新股发行价多低，转换价格将降至同样水平。该条款显而对可转换证券的持有者更加有利。[①]

**反摊薄保障并不完善。**尽管实际上所有可转换证券都附有反摊薄条款，但也有例外情况。[②] 理所当然，潜在投资者应该确保他们看中的证券附带该类保护条款。

投资者应该记住，这些条款的作用仅仅是保护特权证券的本金或者面值不受摊薄威胁。如果可转换证券的售价大大高于面值，溢价部分就会由于发行新股或者发放特别股息而受到损害。现在做一个简单的说明。

假设一只债券可以按照 1:1 的比例转换为股票，债券附带一般的反摊薄条款，债券与股票的价格都是 200 美元。

股东有权按面值（100 美元）购买新股票。这些认股权价值每股 50 美元，新股票（或者说“除权”后的旧股票）价值将变为 150 美元。转换的基础没有变化，因为新发行的股票价格并不低于原来的转换价格。然而，赋予股东这种权利会迫使可转换债券投资者立即转换债券，否则他们会损失 25% 的债券价值。由于股票“除权”后价值仅为 150 美元而不是 200 美元，未转换的债券价格会同比例下跌。

上述讨论指出，当特权证券出现超额溢价或者市场盈利时，该状态容易受到突发变化的影响。尽管立即行动通常能避免这些变化带来的损失，但其副作用会终结这些特权的有效性。[③] 如果以低于转换价的价格赎回特权证券，也会出现同样的结果。

---

① 参见附录注释 37 的例子，联合纺织公司（Consolidated Textile Corporation）发行的 1923 年到期、利率 7% 的债券。

② 参见附录注释 38 的例子，美国电话电报公司发行的 1933 年到期、利率 4.5% 的债券。

③ 为了预防这种形式的摊薄，有时可转换证券持有者被赋予认购新股票的权利，新股数量与假设持有人的证券实施转换得到的普通股数目相同。参看纽约 – 纽黑文 – 哈特福德铁路公司发行的 1948 年到期、利率 6% 的可转换债券，以及商业投资信托公司 1949 年到期、利率 5.5% 的可转换债券。

一旦资产重组减少了股票数量，通常转换价格也会同比例上涨。这样的重组措施一般包括提高面值、股票“反向拆分”（例如发行一股无面值股票来代替 5 股旧股票）以及在与另一家公司合并时用旧股票与较少的新股票进行换股。①

## 为加速转换而设计的浮动计算法

如果随后资本总值发生变化，那么刚刚讨论的条款则意图维持初始的转换基准。另一方面，“浮动计算法”的安排旨在随着时间推移减少特权的价值。其根本目的是加速转换，换句话说，是通过缩短特权有效期限来降低其真实价值。显然，如果特权接受者所拥有的特权价值减少，特权提供者，也就是公司普通股股东必然相应地受惠。

较为普遍的浮动计算法条款规定了连续时期内转换价会逐渐增长。最近则出现了新变化，即在一定比例的证券被转换后，转换价随即提高。

**案例**

美国电话电报公司 1929 年发行的 1939 年到期、利率 4.5%、10 年期信用债券可以转换成普通股。该债券在 1930 年的转股价为 180 美元，1931 年的转股价为 190 美元，1933—1937 年的转股价为 200 美元。随后公司又以 100 美元的价格发行新股。根据标准反摊薄条款，上述转股价被相应调低。

阿纳康达铜矿公司（Anaconda Copper Mining Company）1938 年到期、利率 7% 的信用债券发行总额达 5 000 万美元。第一批 1 000 万美元债券可按照 53 美元的转股价转换成普通股；第二批 1 000 万美元债券的转股价为 56 美元；第三批 59 美元；第四批 62 美元；最后一批 65 美元。海勒姆·沃克 – 古德汉 – 沃茨公司（Hiram Walker-Goderham and Worts）发行的价值 800 万美元的 1945 年到期、利率 4.25% 的可转换债券中，第一批 200 万美元债券的转股价为 40 美元，第二批 200 万美元债券转股价为 45 美元，第三批 55 美元，最后一批 60 美元。

① 参看附录注释 39，道奇兄弟公司（Dodge Brothers, Inc.）发行的 1940 年到期、利率 6% 的可转换债券。

## 基于时间间隔的浮动计算法

前一种浮动计算法，按照时间间隔设置，是一种很容易理解的减少转换特权自由程度的方法。该方法的效果可以在波多黎各－美国烟草公司（Porto Rican-American Tobacco Company）发行的1942年到期、利率6%的债券案例中显示出来。该债券可以转换成国会雪茄公司（Congress Cigar Company, Inc.）的有抵押股票，在1929年1月2日前转换价为每股80美元，随后三年里转换价为85美元，再往后转换价为90美元。1928年全年，国会雪茄公司最高股价为87.25美元，仅略微超过转换价。但是由于转换价即将提高，一部分投资者年底前还是将债券转换成股票。这种转换非常不明智，1929年公司股价跌至43美元，债券价格为89美元。该案例说明，转换价格的负面变化不仅意味着把转换时间推迟到1928年以后的投资者潜在收益减少，还表明时机不合适的转换可能使投资者遭受严重损失。

## 基于特权范围的浮动计算法

虽然第二种方法是基于转换数量，但是含义却并不简单。由于第一批转换的债券比后几批要有优势，显然刺激了尽早转换。如此的合约安排加剧了两种想法的斗争，即投资者保留优先证券持有人地位及其他投资者提前转换会使其丧失转换的有利条件。一旦股价稍稍超过初始转换价格，即债券价值略微超过原始成本，由于投资者担心被其他人抢先，通常会出现大规模转换。因此，当普通股股价持续上涨并且大量债券持续被转换时，优先证券价格会在相对较小的区间内波动。

**案例**

之前介绍过的海勒姆·沃克－古德汉－沃茨公司发行的利率4.5%可转换债券的市场表现，恰好说明了上述一连串事件。这债券于1936年以平价发行，1936—1939年在100～111.25美元的范围内波动。同期股价的波动范围是26.125～54美元。如果转换价始终保持40美元，当股价为54美元时债券价格至少应该是135美元。但同时，随着股价上涨，后续不断有债券被转换（一定程度上是由于部分债券被赎回而加速了其他债券的转换），意味着转换价格将要提高，1937 年转换价升至 55 美元。结果，债券并没有因为股价上涨而相应地升值。①

当最后一批遵循浮动计算法的债券被转换后，竞争性因素消失，此时债券或优先股恢复普通的可转换证券地位，可以随股价自由上涨。

应该指出，带有浮动计算法条款的证券并不总是遵循理论上的行为模式。例如，阿纳康达铜矿公司 7% 可转换债券在第一批债券没有转换完成之前，在 1928 年实际上是以高溢价水平（30%）交易。这应该是当时浓厚投机氛围催生的一个异常现象。② 从批判分析的角度来说，在普通股股价接近最后的以及最高的转换价格之前，这种可转换证券的升值机会应该很有限。③

基于“分批”的浮动计算法也有缺点，会导致证券持有者误判所持证券的真实性质与价值。转换特权的本质是给予投资者自由选择权，而浮动计算法通过利用有限机会的方式引入了竞争因素，迫使持有人争相行使转换权，这与该特权的内在价值相背离。似乎没有任何理由可以解释投资银行家为何给证券加入如此令人困惑与矛盾的条款。安全投资法则要求完全禁止采用浮动计算法，明智的投资者在任何情况下都不应持有此类证券。

## ● 可转换为优先股的证券 ●

很多债券可以转换成优先股。通常，收益的增加会令该转换条款看起来颇具吸引力。类似的案例包括密苏里 – 堪萨斯 – 得克萨斯铁路公司发行的 1967 年到期、票面利率 5% 的调整债券，在 1932 年 1 月 1 日前可转换为价值 7 美元的优先股；中央州电力公司发行的 1948 年到期、利率 5% 的信用债券可转换为 6 美元的优先股；金尼公司（G. R. Kinney Company）发行的 1936 年到期、利率 7.5% 的担保债券可以转

① 有对于 1928—1929 年间工程师公用事业公司（Engineers Public Service Company）股息率 5% 的可转换优先股的详细介绍，见 1934 年版本的第 266~267 页。

② 高溢价水平部分归因于高票面利率。然而，债券的可赎回价格为 110 美元，这是市场所忽略的。

③ 一些案例中（例如已经提到过的波多黎各 – 美国烟草公司发行的 6% 债券以及国际纸业与电力公司发行的第一优先股）在一部分证券被转换之后，转换特权就完全停止了。这保持了特权期限内的竞争因素，并且理论上阻止了特权价格大幅升值。

换为 8 美元的优先股；美国电力公司（American Electric Power Corporation）发行的 1957 年到期、利率 6% 的债券可转换为 7 美元的优先股。

有些情况下，行使这种转换权可以实现丰厚的利润，但是由于普通优先股的市场价格有上限，这一特权的最大收益被限制在一个居中的水平。不仅如此，最近几年的发展使得优先股远不如之前受投资者青睐。例如，将利率 4% 的债券转换成股息率 5% 的优先股的转换权，与其说它吸引了机敏的投资者，不如说它给粗心的投资者带来了更多风险。如果机敏的投资者想要寻找可转换证券，他们应该仔细在市场中努力寻找可以转换为普通股的担保证券。有些情况下，债券可以转换成优先股，后者又可以转换成普通股或者参与型证券，这种双重安排其实等同于将债券转换成普通股。例如，国际水电系统（International Hydro-Electric System）发行的 1944 年到期、利率 6% 的债券可转换成为 A 类股票，该股票实际上就是参与型的第二优先股。

还有些债券可以转换成优先股或者普通股，或者二者的组合。① 尽管这种组合类型中每种单一证券能够运转良好，但一般来说，还是应该尽力避免这种复杂的条款（对于发行人和证券购买者都是如此），因为这可能引起混乱。

## ● 由发行人决定转换后证券种类的可转换债券 ●

20 世纪 20 年代，无尽的转换条款以及其他特权条款的变化，使得未经训练的投资者很难辨别有吸引力的证券、仅仅无害的证券和有害证券。因此，未经训练的投资者很容易变成非稳健融资的受害者。而在之前，由于与投资标准相差甚远，非稳健融资很容易被识别出有问题。我们援引联合天然气和电力公司（Associated Gas and Electric Company）发行的各种“可转换债务”作为该类问题的代表。按规定，这些证券可由发行人选择转换为优先股或者 A 类股票，但实际上它不过是伪装成债券的优先股。如果购买者完全了解这个事实并且愿意投资优先股，就没理由再抱怨，但

① 例如，芝加哥－密尔沃基－圣保罗－太平洋铁路公司发行的利率为 5%、2000 年 1 月 1 日到期的有担保可转换调整 A 系列债券，可以转换成为 5 股优先股和 5 股普通股。其他案例参见 1934 年英文版附录第 623 页。

是该技巧很显然有刻意隐瞒与不实陈述之嫌。①

## ● 可转换成其他债券的债券 ●

有些债券能够转换成其他债券。通常的情况是短期债券的持有者有权将其转换成同一公司的长期债券。一般而言，长期债券会作为票据的抵押证券。（例如，每1 000美元跨区快速地铁公司发行的1932年到期、利率7%的票据，由价值1 736美元的同一公司发行的1966年到期、利率5%的第一替续债券作担保。它们也可以转换为存款抵押品，最后的转换率为1 000美元5%债券可转换为900美元7%的票据。）因此，持有者有权选择提早清偿，或者对该企业进行长期投资。实际上，如果公司业务发展良好或利率下降，亦或兼而有之，这只不过提供了到期时或之前获得适量利润的机会。

与债券转换为优先股的案例不同，当短期票据转换成长期债券时票面利率往往会降低。原因在于短期票据发行的时间一般是整个市场利率或者特定公司利率被认定为过高时，这样该公司就不愿意为长期债券再承担如此高的利率。因此当情况回归正常时，可以预见长期债券将在一个低得多的利率水平浮动。因此，票据转换成长期债券的权利会变得很有价值，即使收益可能会略微减少。②

---

① 这些异常证券被冠以“投资凭证”、“可转换债券凭证”、“附带利息的配股凭证”以及“可转换债务”等名称。1932年公司强迫它们中的大部分转换，但是持有者有权（除那些已有条款保证的权利之外）转换成同样另类的“2022年到期的A系列和B系列可转换债务”，它们可由公司决定转换成股票。该证券的募集说明书中有一条，如果股息系列优先股的每股5.5美元股息被拖欠，将禁止公司行使公司权利，这就阻止了1 700万美元的“5.5%的投资凭证”在1933年11月15日以后被发行人强制转换。（自从1932年6月15日以来未有任何股息支付。）

有一点很有意思，由于上述可能引起投资者反对的条款，1932年12月，宾夕法尼亚证券委员会（Pennsylvania Securities Commission）禁止该类“可转换债务”的销售。发行人曾试图在费城联邦地区法庭上抵制委员会的决定，但是随后放弃了诉讼。

② 参见取自1920—1921年的下列证券：沙威尼根水务和电力公司（Shawinigan Water and Power Company）1920年发行、1926年到期，利率7.5%的金边票据，可转换成1950年到期、有抵押担保的第一替续B系列债券；圣华金照明和电力公司（San Joaquin Light and Power Corporation）发行于1920年、1935年到期的可转换、有抵押，利率8%的信托产品，可转换为1950年到期、利率6%有抵押C系列第一替续债券；加利福尼亚大西部电力公司（Great Western Power Company of California）发行于1920年、1930年到期、利率8%的可转换金边债券，可转换为1950年到期，利率7%有抵押的第一替续B系列债券。

另一类债券换债券的转换参见以下案例：道森铁路和煤炭公司（Dawson Railway and Coal）发行的1951年到期、利率5%的债券，可以转换为埃尔帕索和西南铁路公司（El Paso and Southwestern Railroad Company）发行的1965年到期、票面利率5%的第一抵押权债券（其母公司是南太平洋公司的子公司）。该类案例较少，不具有一般性。

## ● 最初市场价高于面值的可转换债券 ●

1928—1929 年的金融市场中众多特别的发展之一就是最初溢价发行的可转换证券的推出，可由艾奇逊铁路公司发行的 1948 年到期、利率 4.5% 的可转换债券与美国电话电报公司发行的 1939 年到期、利率 4.5% 的可转换债券说明。前者于 1928 年在纽约场外证券交易市场（New York Curb Market，按已授权但尚未发行的方式）初次交易，价格为 125 美元；后者于 1929 年 5 月 1 日在纽约证券交易所初次交易，价格为 142 美元（按已授权但尚未发行的方式）。很显然，在这样的价格水平，投资债券与直接投资普通股无异，因为如果股价下跌，这些债券将立即面临本金遭受重大损失的危险。不仅如此，整体收益也太低，根本达不到我们所定义的投资范畴。尽管投资者可以通过认股权平价购买证券寻求正常的证券投资，但是此项投资的本质是由所认购股票的最初市场价值决定的。因此，我们认为应该谴责这种融资方式，在极富吸引力的投资方式的掩饰下，它本质上是一种证券投机。

## ● 一些可转换证券的技术特征 ●

美国电话电报公司发行的可转换证券的技术特征值得一提。债券的转股价为 180 美元，但是投资者可以提供价值 100 美元的债券和 80 美元的现金，而不是用 180 美元债券来获取一股普通股。这种选择的效果在于，当股价超过 180 美元时，该债券会更有价值（即在债券的转换价值超过 100 美元的情况下）。该案例可解释如下：

如果股价为 360 美元，180 美元的直接转换价格令债券价值 200 美元。但是由于条款规定可以接受 80 美元的现金，债券价值变为 360–80=280 美元。

这种合约安排可解释为：一个转换价 180 美元的转换特权与一个认股价 100 美元的认股权的组合。

## ● 延迟转换特权 ●

有时，转换特权在债务发行时并不立即生效。

**案例**

布鲁克林联合天然气公司（Brooklyn Union Gas Company）发行的5.5%可转换债券就属于这种情况，在附录注释38中已有讨论。虽然该债券于1925年12月发行，但是直到1929年1月1日转换权才生效。类似地，纽约－纽黑文－哈特福德铁路公司发行的1948年到期、利率6%的信用债券，虽然发行于1907年，但是直到1923年1月15日才能转换。切萨皮克公司的1947年到期、利率5%的可转换债券发行于1927年，但是直到1932年5月15日才可以转换。

一般情况下特权的延迟生效期并没有上述案例中那么长，但是该延迟的存在确实为投资加入了额外的不确定因素，并且会使特权价值下降。该条款一定程度上解释了布鲁克林联合天然气公司发行的利率5.5%的债券与相关普通股之间的价差关系，该公司存在于1926—1927年以及1928年早期，具体信息参见附录注释38。

# 25

# 附带认股权证的优先证券、参与型证券、转换与对冲

几乎所有可转换证券的变化形式，都可以在认股权证的条款中找到对应的形式。股票价格通常会有升降变化，这与调整转换价格的标准条款有异曲同工之妙。

**案例**

白鹰石油精炼公司（White Eagle Oil and Refining Company）1927年3月发行的利率5.5%、1937年到期的信用债券附带的认股权证，使其持有者在1932年3月15日或之前，有权按照以下价格凭一张债券认购10股该公司股票。

- 债券发行日1928年3月15日，认股价为32美元；
- 1928年3月16日至1929年3月15日，认股价为34美元；
- 1929年3月16日至1930年3月15日，认股价为36美元；
- 1930年3月16日至1931年3月15日，认股价为38美元；
- 1931年3月16日至1932年3月15日，认股价为40美元。

1930年1月27日，纽约标准石油公司收购了白鹰公司的资产，承担了后者的所有负债，并按照8.5:10的比例用标准石油公司的股票交换白鹰公司股票。为了遵循反摊薄条款的规定——在公司资产被出售或者并购时保障投资者的认股权证不受损害，白鹰公司债券持有人被赋予认购8.5股纽约标准石油公司（现在的美孚石油公司）股票的权利。在1930年3月15日之前认购价为每股42.35美元，1930年3月16日至1931年3月15日认购价为44.71美元，1931年3月16日至1932年3月15日认

购价为 47.06 美元。

## 两种类型的浮动计算法

两种类型的浮动计算法在附带认股权证的证券上都有应用。

**案例**

州际百货公司 1928 年发行的利率 7% 的优先股，附带有不可分离的认股权证，投资者有权按照 1:1 的方式以如下价格购买普通股：

- 1929 年 1 月 31 日前每股 37 美元；
- 1931 年 1 月 31 日前每股 42 美元；
- 1933 年 1 月 31 日前每股 47 美元。

中央州电力公司发行的 1954 年到期、利率 5.5%、带有选择权的信用债券附带的认股权使得投资者可以在 1934 年 9 月 15 日当日或之前，每持有 1 000 美元债券有权按照如下价格购买 10 股普通股：

- 第一批行权的占总量 25% 的认股权证，行权价格为 89 美元；
- 第二批行权的占总量 25% 的认股权证，行权价格为 94 美元；
- 第三批行权的占总量 25% 的认股权证，行权价格为 99 美元；
- 最后一批行权的占总量 25% 的认股权证，行权价格为 104 美元。

与可转换债券相同，基于“批次”原则的浮动计算法严重降低了特权的价值，直到最后一批行权的债券，转股价达到了最高，此时该特权变成了普通的购买选择权。

## 支付方式

债券或优先股附带的认股权通常规定购买普通股时必须支付现金，或者以面值兑换发行公司的其他优先证券。这种安排与可转换特权完全等价。例如，美国和国外电力公司（American and Foreign Power）发行的第二优先股，附带了每股可按25美元的价格认购4股普通股的认股权证，持有人可按每股100美元的价值，用优先股代替现金进行认股支付。如果行权，投资者实际上是把其持有的附带认股权的优先股转换成了普通股。

类似地，第22章里提到的兰德－卡戴克斯公司发行的利率5.5%的债券在行使认股权时，可按面值用债券代替现金进行支付。由于每1 000美元的债券附带的认股权证只需要支付900美元（可认购22.5股，每股价格为40美元），如果用这种方式付款，每1 000美元债券的持有人还能剩余价值100美元的债券。因此，这类条款相当于将每张债券的90%转换成普通股。

带有这类条款的较近期的例子是斯卡林钢铁公司（Scullin Steel）发行的利率6%的债券及认股权证，还有商业麦凯公司（Commercial Mackay）发行的利率4%的收益债券及认股权证。

## ● 可选择现金支付的优势 ●

可选择以现金替代优先证券支付，肯定比直接的可转换特权有优势。首先，因为“不附带认股权证”的债券或优先股的价值会超过面值，所以可增加利润；其次，如前文所述，证券持有人可能希望在实现证券投机现金收益的同时，保留其投资部分；再次，认股权证单独出售所获得的高于其可实现价值的溢价，会比单纯的可转换证券更大。莫霍克－哈德逊电力公司发行的附带认股权的第二优先股（见第378页表23—2所示）可以说明上述所有优势。在行使认股权时，该优先股可以按面值代替现金支付，因此其效果等同于可转换特权，但是，此认股权的安排却能比等效的可转换特权给持有人带来更多盈利。

## ● 可分拆 ●

有的认股权证可分拆，有的不可分拆，有的一段时期内不可分拆，随后可分拆。

对于可分拆的认股权证，只要单独提交该权证就可行使认股权。因此，该认股权可与其原本所属的证券分开出售。不可分拆的认股权则只能与优先证券一起出售，即在购买普通股时必须同时提交认股权所属的债券或优先股，因此这种认股权证不能单独交易。例如，蒙特卡蒂尼公司（Montecatini）发行的1937年到期、利率7%债券所附带的认股权，以及菲亚特公司（Fiat）发行的1946年到期、利率7%的信用债券所附带的认股权，发行之后即可分拆。洛伊斯公司（Loews）1927年12月发行的6.5美元优先股所附带的认股权，在1928年7月1日之前不可分拆；洛伊斯公司发行的1941年到期、利率6%的信用债券在1926年10月1日之前不可分拆，同样也是在发行6个月后解禁。另一方面，克朗–泽勒巴克公司（Crown-Zellerbach Corporation）发行的1940年到期、利率6%的信用债券所附带的认股权，以及州际百货公司发行的利率7%的优先股所附带的认股权，在有效期内不可分拆，除非其所属的优先证券被赎回。

在活跃的股票市场中，可分拆的股份认购权受到投机者的青睐（前文已指出），这些股份认购权往往以远高于其即时变现价值的溢价水平出售。因此，其他条件相同时，附带可分拆认股权的证券售价会高于附带不可分拆认股权的证券。有鉴于此，有人可能会问为什么不将所有认股权都设定为可即时分拆，从而给其持有者带来受市场青睐的好处？认股权不可分拆的原因在于，发行公司与承销商不愿看到不附带认股权的债券价格过低。如果大部分购买这些附带认股权债券的人都是不折不扣的投机者，价格就可能持续在低位。这些持有者对债券本身没有兴趣，他们会分拆认股权，然后把不附认股权的债券不计收益地脱手。由此而来的出售压力，加上缺乏"知名度"带来的需求不稳定，会导致证券价格过低，同时反映出公司的信用情况较差，这当然是发行人与投资者不愿看到的。

这样便出现了一段时期后才可分拆认股权的折中安排。这种安排基于这样的假设：经历足够的时间后证券在投资市场中变得较为知名，此时即使那些只想从认股权中获利的投机者抛售证券，不附带认股权证券的价格也会稳定在适当的价位。

一旦这种认股权证从相应的优先证券身上分拆出来，它们一定会形成自身的特点，在市场上生存下去，从一个单纯的债券投资附属品逐渐发展成为一个独立的证券形式。在疯狂的1928—1929年，这种认股权证成为一个主要的投机工具。令人吃惊的是，美国和国外电力公司创造的认股权证1929年的市值就超过10亿美元，过了约三年后，1932年7月纽约股票交易所上市的所有铁路公司普通股的市值总和。

因此，在后面的章节中，将认股权证作为一个单独的投机工具加以讨论显得很有必要。届时，我们将讨论这类认股权的价格，以及与相同公司发行的优先股、普通股价格之间的关系。

## 参与型证券

参与型证券的大部分特点已在与其他特权的比较中做过探讨。两种参与形式之间可能存在差别，较常见的做法是根据普通股派息而定；仅根据盈利而不考虑派息的利润分配方式则不常见。

**案例**

前文曾讨论过的西屋电气制造公司发行的优先股，是第一种类型的标准案例；巴德轮胎公司（Budd Wheel）发行的优先股说明了第二种类型。巴德公司的案例中基本股息率是7%，可累积，但是随着公司前一年的净利润分别超过60万美元、80万美元和100万美元，该股息率增加到8%、9%和10%。塞拉尼斯公司发行的参与型第一优先股以及赛璐珞公司发行的参与型第二优先股，除了可获得基本的7%股息之外，还可获得普通股股东所获收益的10%。

优先股占了参与型证券的大部分，参与型债券则为数不多，并且在其他方面与标准债券模式大为不同。以克鲁格–托尔公司发行的参与型信用债券为例，尽管它名义上是债券，但实质上是一只无投票权的普通股。绿湾–西部铁路公司（The Green Bay and Western Railway）发行的A、B系列信用债券（参与型）实质上分别是优先股和普通股。西班牙河纸浆造纸有限公司（Spanish River Pulp and Paper Mills, Ltd.）发行的1931年到期、利率6%的第一抵押权债券于1928年赎回，是为数不多的几例带参与特权的投资级债券之一。[①] 西门子哈尔斯克公司发行的一系列 2930 年到期的参与型信用债券，附带的利息率与普通股股息率相等，但是不得超过 6%。

最初的参与型优先股具有标准模式，例如西屋电气制造公司发行的优先股。股息的支付次序是：首先是高级股票的固定股息，然后向普通股支付数额差不多的股息，最后是参与型优先股平分剩余的股息。这种模式起源于习惯法所认定的权利，即所有类别的股票应均等地享有公司收益与资产，除非协议另有规定。使用这类安排的其他例子包括芝加哥 - 密尔沃基 - 圣保罗 - 太平洋铁路公司发行的优先股；沃巴什铁路公司（Wabash Railway Company）发行的利率 5% 的 A 类优先股；联合影业公司（Consolidated Film Industries, Inc.）发行的优先股。

然而，近年来，很多不同类型的参与型合约安排层出不穷，因此现在并没有标准形式。[②]

参与型证券需要进行两种类型的计算：一是计算固定利息或股息的收益保障倍数，二是计算按照参与特权约定的每股或每张债券可分得的金额。

**案例**

1938 年美国塞拉尼斯公司的情况如表 25—1 所示。

**表 25—1　　1938 年美国塞拉尼斯公司**

| | |
|---|---|
| 未分配利润 | 2 479 749 美元 |
| 高等级优先股股息（7 美元） | 1 153 726 美元 |
| 按 7 美元股息率计算的第一参与型优先股股息 | 1 037 253 美元 |
| 第一参与型优先股：额外分红 | 28 877 美元 |
| 归属于普遍股股东的净利润 | 259 893 美元 |
| 高等级优先股股息的收益保障倍数 | 2.15 倍 |
| 高等级优先股和参与型优先股（7 美元）股息的收益保障倍数 | 1.13 倍 |
| 优先股每股收益：以分红为基础 | 每股 7.19 美元 |

① 参看附录注释 40，了解该证券的细节。

② 一些可分红证券的变形，可参看 1934 年英文版的附录注释 3。

## ● 特权证券与相关普通股的对比 ●

在前面讨论特权证券的优点时曾指出，它们有时可以将安全性与盈利机会很好地结合在一起。更常见的是，一家公司的特权优先证券比普通股更具优势。由于该结论仅仅是相对而言的，因此与断言该证券有绝对的吸引力相比，我们的结论出错的风险应该更小。

**案例**

派拉蒙电影公司发行的、利率 6% 的优先股可随时转换成 7 股普通股。将近 1936 年年底时，尽管优先股附带的累积股息已达到每股 12 美元，该证券价格仅是普通股的 7 倍——当然这些股息需在向普通股股东派息前支付。(例如，1936 年 10 月 17 日，优先股股价为 113 美元，而普通股股价仅为 15.875 美元。)

很显然，将普通股转换成优先股是明智之举。因为优先股价值不可能低于普通股股价的 7 倍，而且卖出价可高于此比率，特别是在普通股股价下跌时，再者，在普通股派息前肯定能获取大量股息。事实也立即证实了上述分析。1936 年 12 月，公司支付了拖欠的每股 12 美元的优先股股息。1937 年 11 月优先股股价为 92.25 美元，同时普通股股价仅为 10.25 美元，差价达到 20.5 个百分点。包括当时为优先股支付的每股 4.5 美元额外股息在内，相对于普通股来说，优先股获得的超额收益总额已达到每股 35 美元。

相似的情况也出现在斯塔贝克公司发行的 1945 年到期、利率 3%~6% 的信用债券，以及 1936 年的普通股身上。债券可以转换成 80 股普通股；它们附带 3% 的固定利息和 3% 的累积或有利息（contingent interest），截至 11 月 18 日已经累积了其中的 5.625%。然而，这些债券的价格是 120.5 美元，与普通股股价 15 美元平价。不到一年之后，债券价格为 59.75 美元，而普通股股价仅为 3 美元——不计债券收到的 3% 固定利息，兑换“利差”或者说收益为 35.25 个百分点。[①]

---

① 1938 年与 1939 年后期，鲍德温机车公司（Baldwin Locomotive Works）发行的可转换为 65 股普通股的 1950 年到期、利率 6% 的债券，与普通股股价之间出现了类似的紧密联系。请比较 1938 年股价的高点 17.25 美元、债券价格的高点 116.5 美元，与 1939 年二者的低点 9.125 美元和 82.5 美元，以及随后的高点 21.25 美元和 139 美元。

## “平价”、“溢价”和“折价”

转换时，若可转换债券或优先股的价格，与普通股价格完全相等，这两种证券可称作平价销售。[①] 当优先证券的价格高于平价时就说是溢价销售，其售价与转换平价之间的差价称为溢价，或者“价差”。反过来讲，如果可转换证券的价格低于平价，此差价被称作折价。[②]

## 可靠分析方法的有效研究领域

派拉蒙电影公司和斯塔贝克公司的例子属于不常见的情形：通过证券分析得到了完全可靠的结论。普通股股东不会因为转换成可转换证券而受损，相反他们的未来收益将非常丰厚，这些收益将来自于公司的利润增加以及市场价值上升。在这一方面，特权证券是科学地应用技术分析方法并卓有成效的领域。以上案例同样揭示了交易活跃并且涨势持续的市场中典型的价格关系。当存在可转换成为普通股的优先证券时，集中于普通股的投机兴趣会导致普通股价格水平几乎等于（有时甚至高于）优先证券价格，而这些优先证券的价格很少为公众所注意。

## 以上讨论的结论

除非可转换证券的价格远高于投资水平，使其蜕变成纯粹的普通股投资形式，否则，与普通股价格平价的可转换证券无疑更有价值。（布鲁克林联合天然气公司发行的 1936 年到期、利率 5.5% 的可转换债券是后一种情况的典型案例。该债券从 1929 年 1 月 1 日开始每张可以转换成 20 股普通股，1927—1932 年（包括首尾两年）售价为 147 美元或更高，1929 年的售价为 489 美元。）支付适当的溢价获取安全性极佳的优先证券，一般来说是非常值得的。当可转换债券的收益高于普通股时，这一点毋庸置疑；但即使收益率较普通股低，从某种程度上来讲这种判断仍然适用。

---

① 平价不应该与面值混淆。面值仅指证券的面额，“面额”应用于普通股股价时，几乎总是指每股 100 美元，与每股的真实票面价值无关，这两者有可能不同。

② 如果优先证券立即转换成普通股，折价会创造出套利机会。这是一个无风险获利（通常很小）的机会：（1）购买优先证券的同时卖出普通股；（2）立即将优先证券转换成普通股；（3）卖出转换而来的普通股，完成交易。这种一目了然的套利在活跃、处于涨势的市场中较多，但是套利机会通常被精于此道的经纪人所垄断。其他形式的证券间套利操作来源于重组、并购、股票分拆、新股认购，等等。详细的论述请参看迈耶·温斯坦（Meyer H. Weinstein）的《证券套利》（*Arbitrage in Securities*），哈珀兄弟公司（Harper & Brothers）出版，1931 年。最初，“套利”一词仅指在不同的市场同时买入与卖出相同的证券，（例如，纽约和伦敦市场），以及在不同的交易所进行类似的操作。

### 转换

因此，一条实用的规则是，**如果普通股持有者想要保留其在公司的权益，当该债券能够以投资价格水平出售，并且接近于转换平价时，应将普通股转换成该公司的可转换优先证券**。投资者愿意支付多高的溢价水平来实现转换，就取决于其个人判断了。如果对公司前景抱有信心，投资者往往不会支付很高的溢价水平作为未来贬值的保障。但是，安全的可转换证券相比于普通股拥有策略上的优势，根据以往的经验，为获得此优势而付出稍高的代价也是明智的做法。[①]

## ● 对冲 ●

市场下行时更能显现出可转换证券相对于普通股的优势。相比普通股，优先证券价格下跌的程度通常会小一些。因此两种证券间的价差扩大，已非原来接近于平价的水平。基于这种可能性，一种被称为“对冲”的特殊市场操作形式便出现了。所谓“对冲”，就是操作者买入可转换证券，然后以接近平价的价格水平卖空相应的普通股。[②] 如果市场的涨势得以持续，投资者可以转换优先证券，并以轻微的损失结束交易，损失包括原来的价差以及持有费用。但是，如果市场严重下挫，投资者可以“反向”操作，通过卖出优先证券并买入普通股来获取丰厚的收益。

KAO 连锁剧院公司（Keith-Albee-Orpheum）发行的面值为 7 美元的优先股就是对冲的一个实例。该优先股可以转换为 3 股雷电华电影公司（Radio-Keith-Orpheum）的 A 类普通股，1929 年 3 月 1 日建立对冲，1929 年 3 月 26 日平仓。详细情况如下：

---

① 当两只证券都是纯投机型时，该推理同样适用。

案例：西马里兰铁路（Western Maryland Railroad）公司发行的优先股可按 1:1 的比率转换成普通股。1928—1933 年，该优先股价格一直没有超过普通股价格。然而，如果有人愿意拥有该普通股，应该将其转换为优先股，因为如此操作使其拥有了普通股股东的获利可能性，同时还有优先证券的优先索偿权利。1934 年早期，该优先股的售价高于普通股——23 美元对 17 美元。

② 大宗商品对冲是一种表面看来类似但是本质上不同的操作形式。一般来讲，其目的是保障正常的制造业利润或分配利润不受大宗商品价格波动造成的投机损失的影响。一个磨坊主买进小麦，准备在几个月后磨成面粉出售。为了“对冲”可能降低利润的小麦价格下降的风险，他卖出小麦期货。在面粉卖出后，磨坊主为小麦平仓（买回来）。大多数大宗商品对冲用于保障安全，然而证券对冲通常是直接为了获取收益。

| 项目 | 金额 | 合计 |
|---|---|---|
| 1. 1929 年 3 月 1 日，以每股 39.875 美元的价格卖（空）300 股雷电华电影公司 A 类股票 | 11962.50 美元 | |
| 减去佣金（45 美元）和税项 (12 美元 ) | 57.00 美元 | |
| 卖空所得收益 | | 11 905.50 美元 |
| 1929 年 3 月 26 日，以每股 29 美元买入 300 股雷电华电影公司 A 类股票 | 8 700.00 美元 | |
| 加上佣金 | 45.00 美元 | |
| 平仓成本 | | 8 745.00 美元 |
| 卖空所得收益 | | 3 160.50 美元 |
| 2. 1929 年 3 月 1 日，以每股 120 美元买入 100 股 KAO 连锁剧院公司优先股 | 12 000.00 美元 | |
| 加上佣金（25 美元） | 25.00 美元 | |
| 多头成本 | | 12 025.00 美元 |
| 1929 年 3 月 26 日，以每股 98 美元卖出 100 股 KAO 连锁剧院公司优先股 | 9 800.00 美元 | |
| 减去佣金（20 美元）和税项（4 美元） | 24.00 美元 | |
| 做多所得收益 | 9 776.00 美元 | |
| 加上做多所得股息（1929 年 3 月 19 日优先股以除息价出售） | 175.00 美元 | |
| 卖出多头股票及股息所得的净收益 | | 9 951.00 美元 |
| 多头股票的损失 | | 2 074.00 美元 |
| 3. 卖空所得收益 | 3 160.50 美元 | |
| 多头所受损失 | 2 074.00 美元 | |
| 对冲净收益 | 1 086.50 美元 | |

以上的盈利约占整个交易投入资金的 9%，由于历时 26 天，因此年化收益率超过 100%。由于交易中没有可能亏损，因此优先股中的大部分成本可通过借贷取得，从而大大提升了盈利占操作者自有资金的比重。只要周围环境有利，此类操作有机会获取巨大收益，同时也使最大损失有限。对冲尤其可以作为防范其他金融证券风险的保障工具，在其他金融工具遭受损失时，此操作却能获得盈利。

## 对冲的一些技术特征

对冲的技术特征不胜枚举，但是它并非像我们简要描述的那样简单到“连傻瓜都明白”。由于本书篇幅所限，不能就对冲展开全面讨论。因此，我们仅仅列出经验丰富的对冲者在进行此类操作时所考虑的因素：

1. 借到用于卖空的股票，以及拥有无限期维持空头仓位的能力。[①]
2. 建立仓位的最初成本，包括价差和佣金。
3. 维持投资头寸的成本，包括借入资金购买股票形成的利息费用，借入的股票需要支付的股息，借入股票的应付溢价，以及与再借入股票有关的印花税——减去持有证券的应收股息或利息以及借出股票的应收利息。
4. 如果机会出现，交易结束所能带来的收益金额；最大收益与最大损失之间的关系，以及可能的损失，包括第二项和第三项。

应该谨记，与其他证券操作相同，所考虑的潜在收益并不是市场可能达到的最大收益，而是操作者在平仓前能够等到的最高收益。收益一旦给定，随后可能获得的额外盈利仅仅剩下学术研究价值。

## 对冲的过渡形式

对冲的过渡形式包括购买可转换证券及卖出部分相关普通股，例如转换时得到的普通股数量的一半。在这种情况下，无论普通股价格大涨还是大跌，投资者都可以获得盈利。这可能是最为科学的对冲形式，因为它无须判断未来的价格走势。这种理想的对冲形式需要满足以下两项要求：

1. 优先证券必须稳健，即使普通股价格急速下跌，其仍能保持在接近平价水平。期限较短的优质可转换债券是符合这类要求的最佳类型。
2. 普通股的投机收益很大，因此价格波动剧烈。

此类操作的典型案例来自于1918—1919年皮尔斯石油公司（Pierce）发行的1920年到期、利率6%的债券以及该公司普通股。[②]

以上所述的可转换证券的种种优点，参与型证券与认股权证也同样具备。附带认股权证的证券无疑可作为对冲操作的工具使用。类似地，将普通股转换成这种证

---

① 1934年以后，美国证券交易委员会以及交易所使得卖空操作更加困难。例如，卖空操作只能在价格高于上一次交易价格时进行，随后该限制被放宽到允许在价格水平不低于上一次交易时进行。限制被放宽，部分是因为我们讨论的这类对冲操作通常是在处于上涨期、并且交易活跃的市场中进行的。

② 附录注释41分析了此类操作。

券也是最为可取的。前面所提到的兰德–卡戴克斯公司发行的利率5.5%债券，不仅在发行时就是具有吸引力的直接投资品，而且还是A类股票的合格替代品。不仅如此，该证券提供了有利的对冲机会。与此相似，在1929年或1930年，西屋电气制造公司的参与型优先股售价低于普通股，此时坚持长期投资该公司的投资者应该明智地将普通股转换成参与型优先股。在这种情况下，优先股与普通股之间的对冲操作会涉及特别的风险，因为优先证券不能转换为次级股票。

# 26

# 存在安全性问题的优先证券

1932 年证券市场处于低点时，至少 80% 的公司债券和优先股的安全性都在某种程度上受到怀疑。[①] 即使在 1929 年大萧条之前，投机型优先证券的数量也非常大，并且在之后的几年内不可避免地有增无减。因此，金融界所面临的不容乐观的现实是，很大一部分美国证券属于所谓的“非主流”类别，低等级债券或优先股成为相对不受欢迎的投资形式。投资者一定不会购买这些证券，而投机者通常喜欢将精力放在普通股上。有一种观点似乎很符合逻辑：如果投资者决定投机，应该选择彻底的投机媒介，不要给自己设置市场价格和投资收益的上限，或者说不应徘徊于投资与投机之间，而这些恰好是低价债券与优先股的典型特征。

## ● 低价债券利润有限并不是一个真正的缺点 ●

无论对于这些难以区分的证券的批评如何深刻，事实上它们在市场上的数量依然庞大，持有者不计其数，因此必须采用证券分析调查的方法对其认真考察。从中我们可以得出合理的结论：此类证券供给过剩而需求缺乏，致使其价格低于内在价值。即使这些证券形式上的缺陷被人们承认，但是这些缺陷可以被其极具吸引力的价格所弥补。不仅如此，与普通股相比较，低价债券有限利润的实际重要性并不大，因为普通股购买者获得的实际利润通常比投机证券持有者还要少。例如，如果我们设想一个价格为 35 美元、利率 4% 的债券，其价格最多可能上升大约 70 美元，或 200%。如果不受“牛市心理”的影响，买价为 35 美元的普通股所获平均收益很难超过这个涨幅。

① 参看附录注释 42 中 1931—1934 年以及 1939 年的债券价格数据。

## ● 关于投机债券的两个观点 ●

可以从两个截然相反的角度来分析投机债券。从投机债券与投资标准和收益率的关系的角度来看，最主要的问题是低价和较高收益是否能弥补安全因素的欠缺。此外，还可以从普通股投资的角度提出相反的问题，即“相比于普通股，低价债券较低的获利可能性能否为较低的风险所补偿？”一只债券离投资要求越近，售价越接近于投资级价格，对其有兴趣的投资者就越愿意从投资角度来看待它。在债券违约或者售价过低的情形下，显然应该采取相反的分析手法。由于划界标准缺失，我们面临着一直以来都存在的分类困境。有些证券的情况反映了从完全无价值到绝对安全之间能想象到的所有情形。

### 更为可取的普通股分析方法

然而我们相信，分析投机型优先证券更加安全、有效的方法是从普通股的角度入手分析。利用这种方法，投资者能够更加完整地分析其涉及的风险，从而坚持更合理的安全标准，或者找到特别有吸引力的盈利机会，或者两者兼得。这种方法促使投资者，至少是一部分聪明的证券购买者对公司进行更加细致的审查，以及要求比通常更加仔细的投资分析。

该方法对于购买折价出售的质量稍差的债券并不适用。这些债券与第二等级高票面利率债券一样，同属于“商人投资级”，我们在第 7 章已经做过分析。有人可能反对，认为如果广泛地采取这种态度会造成许多证券价格大幅骤然波动。设想一下，如果利率 4% 的债券只要满足严格的投资标准就可以平价出售；此后一旦低于这些标准，债券价格就会迅速下跌，比如降至 70 美元的水平；相反，只要债券的情况稍有改善，就能保证其价格立即回到面值。显然，该类债券的报价没有理由处于 70~100 美元之间。

然而实际情况并非如此简单。关于特定证券是否有充足的保障，投资者的意见各不相同，因为他们做判断时既有定性因素与个人因素，也有定量因素与客观标准。70~100 美元的定价区间合理地解释了投资者对证券安全性好坏的判断。尽管投资者明白，在其他投资者眼中远低于主要投资价格的债券值得怀疑，但是如果他自己认为该投资仍然安全，他也有理由以比如 85 美元的价格购买该债券。因此，70~100 美元的价格区间大致可以被认为是投资者对该证券认识的“主观变动”区间。

因此，在价格接近 70 美元时会出现投机价值（对于票面利率为 4% 或更高的债券），最大的潜在升值空间至少是成本价的一半。（对于其他优先证券，标准价格的 70% 可以作为分界线。）在做此类投资时，推荐采取同样的谨慎态度来购买普通股。换句话说，投资者需要对企业损益表和资产负债表做同样深入的分析，并且花费同样的精力来评估企业在未来成长过程中可能出现的有利情况与不利情况。

## ● 普通股和投机型优先证券之间的重要区别 ●

一方面，我们不必创建挑选投机型优先证券的标准，也不用进行与适用于固定价值证券的定量测试相类似的分析。另一方面，尽管投资者可以将分析普通股的方法和技巧应用到这里来，但他们必须明确普通股与投机型优先证券之间的几点重要区别。

### 低价债券与公司表现不佳有关

我们已经对优先证券有限的盈利机会做了分析。盈利前景有限所产生的影响在各个案例中表现不同，但是总体上我们并没有把它当作关键性缺点。我们更为强调的是低价债券和优先股与公司表现欠佳、倒退或者衰退有关，这是对它们持反对态度的有力证据。显然，发行这种证券的公司并不是非常成功。不仅如此，由于证券初始售价很高，该公司的发展应该处于下行通道。1928—1929 年，在普通公众眼中，考虑该因素足以完全否定所有这些证券。公司可以分为两类，一类经营成功，事业蒸蒸日上；另一类走下坡路，或毫无进展。第一类公司的股价无论多高都将炙手可热；而第二类公司的股价不管售价多低，都不具有吸引力。

随后的大萧条粉碎了公司将永远强盛与永远衰败的概念，我们又重新回到原来的观点，认为时间会给公司财富带来不可预见的变化。[①] 债券或者优先股的低价源自公司收益降低，但并不表示公司前景堪忧或者持续经营情况会更糟。很多 1931—

① 但是参考后来出版于 1939 年的《投资价值的潮起潮落》（*The Ebb and Flow of Investment Value*），作者米德（Mead）和哥罗丁斯基（Grodinski）强烈赞同上一段的论述。参见附录注释 71。

1933年表现很差的公司重新恢复了之前的大部分盈利能力，它们的优先证券也从超低价恢复到投资级水平。因此，事实证明，有理由相信受公司经营不利影响的优先证券价格与普通股价格一样，都有可能大幅回升。

## 很多被低估的证券与其状况、合约地位的关系

我们已经提到，投机型优先证券不受欢迎，就其内在价值而言，其价格会低于普通股价格。聪明的投资者肯定视之为投资良机。就内在价值而言，投机债券在合约权利方面有重要优势，优先股也具备相同特点，只不过程度较低。支付债券利息的固定义务，通常促使债券发行人尽可能地连续支付。设想一下，如果一个精心挑选的低价债券组合中的大部分都能摆脱违约厄运，一段时间后，该组合获得的总收益无疑会远远高于相似价位的普通股所获得的股息收入。

在这一方面优先股确实不如普通股有利，但是在停发股息的情况下，将投票权转移到优先证券的条款会迫使一些公司继续派发股息。如果现金充足，发行公司会倾向于保持派息记录，避免股息累积，因此即使公司收益表现较差使股价下降，仍会继续派发优先股股息。

**案例**

世纪织带制造公司（Century Ribbon Mills, Inc.）在1926—1938年的13年间有8年未能获得足够的收益以支付股息，同时股价也下跌到50美元。然而优先股股息在优先股的整个存续期内都没有停止发放，但同时期的普通股股东总共只收到50美分的股息。类似地，1929年，以30美元的价格购买环球电影公司（Universal Pictures Company）第一优先股的股东，在大萧条的三年里仍可获取8%的股息，之后该公司才最终停止发放股息。

## 相比而言，投资与投机中合约条款的重要性有所不同

通过上述关于股息发放连续性的讨论，读者应该可以看出优先股投资与投机特性的不同之处。从投资角度来看，相比债券，股息派发的可靠性与强制执行条款的

缺失的确是优先股的缺点；从投机角度来看，在不利条件下股息仍有可能持续发放，优先股股东有半合约请求权要求董事予以考虑，这无疑是优先股相对于普通股的一大优势。

## ● 营运资本和偿债基金因素对于投机型优先证券安全性的影响 ●

大额营运资本给优先证券带来的直接益处远多于普通股，这是过去一段时间里连非朝阳行业都具备的特征。它不仅保证了利息或优先股股息支付的连续性，对于是到期偿还，通过偿债基金偿还或者自愿回购的本金偿还也都具有重要意义。偿债基金条款对于债券和优先股的市场报价和证券内在价值都有重要的提升作用。普通股并不具备这种优势。

**案例**

弗朗西斯·莱格特公司（Francis H. Leggett Company）是食品加工和批发商，发行了200万股股息率为7%的优先股，附带偿债基金条款，每年清偿证券本金的3%。到1932年6月30日，发行在外的证券总额减少至60.85万美元，由于所剩余额不多，在经济萧条最严重的时期，发行人以每股110美元提前赎回剩余优先股。与之类似，世纪织带制造公司的优先股在1922—1938年从200万股减少至54.4万股；劳伦斯－波特兰水泥公司（Lawrence Portland Cement Company）发行的利率5.5%的债券余额，从200万美元减少至1938年12月31日的65万美元，余下的债券在1939年4月1日被赎回。

### 充足的净流动资产保障的重要性

如果净流动资产值是低价债券总额的数倍，便出现了一个特殊的机会，因为经验证明，此时本金与利息偿还的机会很高，即使是在收入状况不佳或不稳定的情况下。

**案例**

电气制冷公司（Electric Refrigeration Corporation）发行的1936年到期、利率6%的债券，在1929年11月的售价为66美元，当时最新报表显示，公司净流动资产总额达 600.89 万美元，发行在外的债券总额为 252.85 万美元。虽然公司在 1927 和 1928 年亏损，但是截至 1929 年 9 月 30 日，公司当年盈利是固定费用的 9 倍，同时净流动资产是债券市场价值的近 4 倍。1930 年，债券价格恢复至接近面值的水平，1931 年以 105 美元被赎回。类似地，电气制冷建筑公司（Electric Refrigeration Building Corporation）发行的 1936 年到期、利率 6% 的第一抵押权债券，实际上由电气制冷公司的租约担保，该债券 1932 年 7 月的价格为 70 美元，当时母公司净流动资产价值是发行在外债券价值 107.3 万美元的将近 6 倍，是该证券总市场价值的 8 倍以上。该债券于 1933 年以 101.5 美元的价格被赎回。

在此还需要提到的例子有默里公司（Murray Corporation）发行的 1934 年到期、利率 6.5% 的第一抵押权债券，尽管公司的净流动资产价值是该证券票面价值总额的 2.5 倍还要多，是其市场价值（以该价格计算）的将近 4 倍，但 1932 年此证券售价仅为 68 美元（由于当时经营亏损）。西德尼 – 布卢门撒尔公司（Sidney Blumenthal）发行的 1936 年到期、利率 7% 的票据，1926 年的售价为 70 美元，当时公司的净流动资产价值是该证券票面价值总额的 2 倍，是该证券总市场价值的将近 3 倍（1930 年以 103 美元提前赎回）；贝尔丁 – 海明威公司（Belding, Heminway Company）发行的 1936 年到期、利率 6% 的债券，1930 年的售价为 67 美元，当时公司的净流动资产价值是该证券票面价值总额的将近 3 倍，是其市场价值的 4 倍多。贝尔丁 – 海明威公司于 1930 年和 1931 年大幅清算存货，并以所获收益在市场上回购了 80% 的债券。剩余债券在 1934 年年初以 101 美元的价格提前赎回。

在这种典型案例中，获利的可能性超过损失，可能获得的利润超过可能受到的损失。必须承认单个案例中所涉及的风险依然很大，足以阻止我们将这种行为称作"投资"。然而，我们认为，如果同时购买多种此类证券，遵循分散风险的安全性原则，最终的净收益仍然可以得到可靠保障，我们也仍能够将这种购买组合证券的行为称作投资操作。这正是我们在第 4 章提到的投资的广义定义中一种可能的形式。

## 流动资产的重要性有限

在挑选投机型债券时我们非常注重考察营运资本指标。但是该指标的重要性不能夸大，不能认为只要债券得到足额的净流动资产保障其安全性就不用担心。任何资产负债表上显示的流动资产都可能由于随后的经营亏损而产生大幅缩水，更重要的是，如果公司破产清算，报表所显示的价值往往也完全靠不住。①

可说明上述观点的例子很多，我们主要介绍 R· 霍伊公司（R. Hoe and Company）发行的利率 7% 的票据，以及阿贾克斯橡胶公司（Ajax Rubber Company）发行的利率 8% 的第一抵押权债券。1929 年，尽管这些负债得到净营运资本很好的保障，但随后这些证券的售价却低至 2 美分。（关于威利斯 – 奥弗兰公司［Willys-Overland Company］发行的利率 6.5% 的第一抵押权债券，以及伯基 – 盖伊家具公司发行的利率 6% 的第一抵押权债券，② 参见附录注释 34。）

案例

1932 年，以净流动资产为保障的低价工业债券案例如表 26—1 所示。

表 26—1　　1932 年，以净流动资产为保障的低价工业债券案例[a]　　（单位：美元）

| 证券名称 | 到期日 | 1932 年最低价 | 资产负债表日期 | 净流动资产[b] | 部分长期债务[b] | 正常利息保障倍数 | |
|---|---|---|---|---|---|---|---|
| | | | | | | 时期 | 保障倍数[c] |
| 美国座椅公司 6% 债券 | 1936 年 | 17 | 1932 年 9 月 | 3 826 | 3 056 | 1924—1930 年 | 5.2 倍 |
| 克鲁斯伯尔钢铁公司 5% 债券 | 1940 年 | 39 | 1932 年 6 月 | 16 163 | 13 250 | 1924—1930 年 | 9.4 倍 |
| 麦克森和罗宾斯公司 5.5% 债券 | 1950 年 | 25 | 1932 年 6 月 | 42 885 | 20 848 | 1925—1930 年 | 4.1 倍 |
| 马里恩蒸汽掘土机公司 6% 债券 | 1947 年 | 21 | 1932 年 6 月 | 4 598 | 2 417 | 1922—1930 年 | 3.9 倍 |
| 阿科美公司 6% 债券 | 1942 年 | 54 | 1931 年 12 月 | 4 327 | 1 963 | 1922—1930 年 | 5.5 倍 |

注：a. 参见附录注释 43，有 1934 年版关于这些案例的简短介绍。

b. 单位是千美元。

c. 使用 1931 年的费用计算，必要处已做调整。

① 净流动资产数据各部分（现金资产、应收账款、存货）间的相对可靠性将在第六部分资产负债表分析中详细论述。

② 或许应该说明一下，在这一段中提到的 4 只证券中的 3 只后来从萧条中的低价恢复过来。（例如，霍伊公司新发行利率 7% 的债券来置换原来的债券，1937 年的价格为 100 美元。）

因此我们必须区分两种事实，一种是报表显示营运资本足以保障长期债务，另一种更有意义的是营运资本超过债券价值很多倍。前一种论述很有趣，但是不具结论性。如果加上其他有利因素，例如正常年份里公司盈利保障情况良好，并且公司整体表现令人满意，就会使证券更有吸引力，但是最好还是将其作为证券组合的一部分。

## ● 投机型优先股 ●

### 价格历史的各个阶段

投机型优先股比投机型债券更容易受到非理性行为的影响，因此长久以来该类优先股与普通股一样被市场高估。因而我们可以从优先股价格走势中总结出三个阶段，在每个阶段中其市场价格都与价值不一致：

1. 第一阶段，优先股刚刚发行，投资者被说服以完全的投资级价格购买优先股，与其内在价值不符。
2. 第二阶段，缺乏投资价值的缺点逐步显现，股价跌至投机级水平。在这一阶段，由于之前讨论过的原因，跌幅可能过大。
3. 第三阶段，优先股价格以普通股的投机型方式暴涨。这种情况下被人们质疑的重要性因素，例如累积股息的数量，都被过度强调。

有关第三阶段或者说非理性阶段的一个案例稍后给出。

### “优先证券最高估值”规则

为避免被第三阶段特有的各种宣传所误导，同时作为处理投机型优先证券的一般指导，我们总结出名为“优先证券最高估值”的证券分析规则。

**如果普通股具有优先证券的地位，并且没有发行在外的次级证券，优先证券的内在价值不会高于普通股。**

通过以下实例可以清楚地说明该规则。

*X*公司与*Y*公司拥有相同的价值，*X*公司发行了 8 万股优先股和 20 万股普通股。*Y*公司仅发行了 8 万股普通股，没有优先股。根据我们的规则，*X*公司一股优先股的价值不可能超过*Y*公司一股普通股。这显然是合理的，因为*Y*公司普通股价值等同于*X*公司优先股与普通股价值的总和。

除了比较两个价值相等的公司，例如*X*和*Y*，也可以假设*X*公司经过资本重组，普通股已经不复存在，仅剩下优先股，也就是新普通股。（为了定义一个术语，我们可以称这种变化为优先股的“普通股化”。）这样我们的规则就可以简单地表述为，上述假设的普通股价值不会低于它所替代的优先股的价值，这是因为新普通股价值等于优先股与旧普通股的价值总和。该规则适用于投机型证券、普通股，或者优先股与普通股的组合。如果债券被“普通股化”，即被转换成普通股，那么旧普通股消失，新普通股的价值肯定不会低于债券的现值。

无论优先证券的票面利率或股息率、面值或者赎回价多高，也无论已经累积了多少未付利息或股息，这种关系必然存在。如果我们拥有的优先股累积股息为每股 1 000 美元，与代表了公司全部所有权的普通股相比（没有股息累积），该优先股价值也不会高于普通股。未付股息不会增加公司的证券总价值，只会影响总价值在优先股与普通股之间的分配。

## 过于重视应付股息金额

尽管稍加分析就会发现，该论述是不言而喻的，但是由于抱着赌博的心态，即使是最简单的道理公众也无法察觉。因此，拥有大量应付股息的优先股容易成为市场操作的对象，大量应付股息也成为普通股与优先股价格大幅上涨的推手。说明这种现象的绝佳案例，是美国锌铅冶炼公司（American Zinc, Lead and Smelting Company）的股票在 1928 年的表现。

美国锌铅冶炼公司的优先股于 1916 年作为普通股股息出现，这种交易相当于旧股票拆分成优先股和普通股。该优先股名义面值为 25 美元，但是具有所有 100 美元面值股票的特征（6 美元可累积股息，赎回价与清算价都为 100 美元）。这种安排令该优先股在资产负债表上记录的负债额远小于其实际值。1920—1927 年，公司持续亏损（1922 年取得的微乎其微的利润可以忽略）；从 1921 年开始优先股股息停发，到 1928 年已经累积了每股 40 美元的股息。

1928 年，经济的复苏带动了公司盈利，勉强可以支付优先股每股 6 美元的股息。然而，公司证券被人操纵，优先股股价从 1927 年的 35 美元暴涨至 1928 年的 118 美元，同期普通股股价竟然从 6 美元上涨到 57 美元。此轮股价暴涨归因于有谣言称，公司计划清偿全部累积股息，但公司从未有正式声明发布。很显然，这个方案仅仅是空穴来风。①

非理性的赌博心态在此案例中体现得淋漓尽致，未支付的股息竟成了优先股与普通股价上涨的原因。普通股股东的投机心理可能是："累积优先股股息将要清偿，这对于普通股有利，我们赶紧买入普通股。"根据这一毫无逻辑的推理，如果之前没有累积优先股股息，普通股就会变得毫无吸引力（即使价格相同），因为那样投资者就无法憧憬清偿累积股息的绝妙计划了。

我们利用美国锌铅冶炼公司的案例来说明"优先证券最高估值"规则如何应用。1928 年，118 美元的价格对于美国锌铅冶炼公司的优先股是否过高？假设优先股股东完全拥有该公司，这意味着经过 8 年亏损，1928 年普通股每股收益为 6 美元，股价为 118 美元。即使在 1928 年经济形势好转、投资者普遍头脑发热的情况下，投机者也根本不会被该价位的普通股所吸引，所以要应用我们的法则必须首先避免在过高价位购买优先股。

美国锌铅冶炼公司普通股每股 57 美元的报价明显高得离谱，因为该价格代表了公司的如下估值：

|  |  |
|---|---|
| 优先股，8 万股，118 美元 / 股 | 9 440 000 美元 |
| 普通股，20 万股，57 美元 / 股 | 11 400 000 美元 |
| 总价值 | 20 840 000 美元 |
| 1928 年的收益 | 481 000 美元 |
| 1920—1927 年的平均收益 | 188 000 美元（亏损） |

① 但是几年之后的 1936 年，一次资产重组解决了累积优先股股息问题，发行者给予投资者大量普通股。

为了与上述美国锌铅冶炼公司的估值相一致，如果普通股（以 8 万股为基准）每股收益仅为 6 美元并且不支付股息，也必须以每股 260 美元出售。该数据显示了，粗心的公众被未支付的股息所误导。

关于此问题的另一个案例是美国皮革公司（American Hide and Leather Company）。1922—1928 年，该公司的优先股每股收益没有一年多于 4.41 美元，并且平均利润非常少。然而，这 7 年里优先股股价达到 66 美元甚至更高。这种反常现象的成因就是，在这期间累积优先股股息从每股 120 美元上升至 175 美元，大额累积优先股股息吸引了投机者的注意力。

应用我们的规则，美国皮革公司的优先股股东可以作为该公司的完全拥有者（从各方面来看实际情况也是如此）。我们还需要一只多年没有分红的普通股，每股平均收益最高仅有 2 美元（利用 1922—1927 年的数据）。对于这样的普通股，65 美元的价格确实太高了。因此，该价格对于美国皮革公司来说过高，并且不管累积股息有多少，都不会对该结论产生任何影响。

## ● 资本结构的变化影响证券的总市场价值 ●

根据之前的讨论我们可以推断，单一股本证券的价值必须总是等同于优先股与普通股组合的价值，该组合有可能被分拆。理论上讲，该论点完全正确，但是在实际中可能完全错误。因为将资本分摊在优先股和普通股上，可能比单一的普通股更有优势。该主题将在第 40 章中作更多讨论。

刚刚提到的想法与“估值最大化规则”的区别可解释如下：

1. 假定 $X$ 公司 $=Y$ 公司；

2. $X$ 公司有普通股（$P$）和优先股（$C$）；$Y$ 公司仅有普通股（$C'$）；

3. 有如下等式成立：

$$P \text{ 的价值} + C \text{ 的价值} = C' \text{ 的价值}$$

等式两边代表相等的量，即两家公司的价值相等。

但是，这种表面上的关系在实践中可能不成立，因为优先股加普通股的资本结构可能比单一普通股更具优势。

另一方面，我们提出的“估值最大化规则”仅说明 $P$ 的价值不能超过 $C'$ 的价值。这种关系在实践中与理论上都成立，除非市场被操纵或粗心的投机行为挤出了所有的理性思考。

我们的规则从反向说明，因此在实践中也采取反向应用。它能够有效地辨别出价值低于其市场价格的优先股或普通股。如果想正向使用该法则，首先必须得到“普通股化”基础之上的优先股价值（即代表了完整的公司所有权），然后确定为了表示现在普通股股东所拥有的部分所有权，应该如何给上述价值打折扣。有时，这种方法能够有效确定特定优先证券的价值高于其市场价值。不过，该过程偏离了数学公式的范畴，踏入了难度更高、不确定性更强的普通股估值领域，对此我们稍后再讨论。

第四部分

# 普通股投资理论与股息因素

# 导读六

# 跟随现金流

**布鲁斯·伯考维茨**

费尔霍姆资本管理公司创始人

在我长大的城市，各色人种混居，那里最受欢迎的商品零售场所之一便是街角的小杂货店。为了满足日常生活需要，小区居民经常光顾此地，琐碎到一份报纸、一本杂志或一盒牛奶。我们这些小孩子会时不时地出现在杂货店里，手里拿着从家里骗来的或靠跑腿赚来的零花钱，心急地就想着买些糖果、口香糖或者可乐。

杂货店的老板有一个收银台，安放在靠近前门的台面上，顾客付的现金就放在里面。老板会从中拿出部分款项，采购货物、缴付房租、维持日常经营，并给员工发放小额工资。除此之外如果还有结余，老板则自行选择使用剩余现金进行业务扩张、偿还债务，或用于个人的生活消费。

多年以后，我开始从事投资工作，阅读了伯克希尔·哈撒韦公司董事长沃伦·巴菲特撰写的年报，正是这份年报引导我读了本杰明·格雷厄姆和戴维·多德的经典作品《证券分析》。读罢，我突然意识到，这个业务模式单一的杂货店的财务活动，就是解读自由现金流的一个典型案例。格雷厄姆和多德将这种多余现金称为“盈利能力”或“所有者盈利”。这是企业所有者支付完一切费用并作出必要投资之后，能留在口袋里的现金数额。这种自由的现金流即所有投资回报的根源，无论是以股息、股票回购还是能提高未来回报的再投资的形式出现。

格雷厄姆和多德是最早将审慎的财务分析方法应用于普通股投资的人之一。在那这前，最为严肃的投资分析尚局限于固定收益证券领域。但是，格雷厄姆和多德认为，股票与债券一样，都能根据未来回报的现金流推算出一个确定的价值区间。投资债券，回报就是合同承诺支付的特定现金；投资股票，回报则包括因企业盈利而支付的股息，或是以原本用于支付股息的现金进行的公司业务再投资。

通过考察一家企业的资产及其盈利能力（或现金流），格雷厄姆和多德认为，我们可以相对准确地计算未来回报的价值。价值一旦确定，它将有助于你决定是否购买某一股票。如果经计算，一只市场售价为每股 10 美元的股票价值为 20 美元，即便计算有所偏颇，也足以让你获利。但是，如果你将估价为 12 美元的股票按照每股 10 美元进行交易，买入决策可能会失效。因为即使股价当真有所低估，预留的误差边际仍显不足。

## 事先利其器

权益投资的核心问题是如何给公司估值。在 20 世纪 30 年代，这一任务是通过衡量有形资产的价值来完成的，其原因在于：那个时代的股票市值大部分由基础原材料（主要是矿业公司）、运输业（铁路公司）、公用事业和制造业决定。所有这些行业的显著特征都是拥有大量厂房、设备和库存。而今，服务企业占据了经济的主导地位，即使在传统制造业，相当一部分的公司资本也来自于无形资产，如软件、收购的品牌、客户群及产品组合，这些都不会明确呈现在资产负债表中。例如，软件公司（如甲骨文和微软）或服务业公司（自动数据处理公司，Automated Data Processing）的价值很少能以有形资产去衡量。

为了给权益类证券估值，在费尔霍姆资本管理公司（Fairholme），我们会先计算自由现金流。首先，从通用会计准则（GAAP）定义的净利润开始，然后加上非付现费用（如折旧及摊销），因为这些基于历史成本计算的费用（有形资产的折旧、无形资产的摊销）可能无法反映资产真正价值的减少。

即便如此，大多数资产会随着时间的推移而贬值，我们必须考虑这一因素。于是，我们扣除该公司维护有形资产（如办公室、厂房、库存和设备）和无形资产（如客户流量和品牌标识）的估计成本支出。在这一层次上的投资如若配置得当，应该可以维持稳定可期的业务利润。

这才刚刚起步。例如，企业往往错估员工的退休金和退休后的医疗福利费用，高估员工退休金计划的未来投资回报或低估未来的医疗费用。因此，在自由现金流分析框架里，还需要调整报表数字，以反映这些偏差。

公司经常低报它们应支付的管理费用。例如，直到过去的几年里，大多数企业没有计算作为雇员报酬的股票期权的成本，这种隐含成本也没有反映在报表的任何线上项目中。更有甚者，为试图掩盖用以抵消员工行使认购股权的费用，公司往往在公开市场上大量回购股票。这时问题就来了，公司所支付的价格，往往远超员工行使的在若干年前获赠的股票期权价格。这一差额很少正式作为企业的经营成本在财务报表中予以披露。

另一个会计驱动利润来自于长期供货合同。例如，当现已倒闭的安然公司签订了一个长期的贸易或供货协议时，该公司非常乐观地估计了协议未实现利润的净现值，在即便没有收到现金的前提下，也计入了本年度的营业收入。安然公司已故，但这种手法还在。保险公司和银行在处理受保事件或贷款拖欠产生的损失方面，仍然有相当大的回旋余地。对于任何一家公司来说，衍生工具合约的收益和损失都是难以确定的，因为这些金融工具市场深度不足，成交清淡。

另外，有一些企业却在低估自由现金流，将在企业成长期的真实投资支出费用化。例如，添加新的车险客户的成本可能比新客户首年保费支出高出 20%～30%。这部分额外的成本，部分是用于抵消没有续保的客户的影响。但是，如果投保人的数量在不断增长，那么，有部分开支就隐含着投资的增长。实际上，伯克希尔·哈撒韦的子公司 GEICO（政府雇员保险公司）正是如此操作的。因此，假设其业务维持稳定，会计盈利就会低估自由现金流。当微软销售 Windows 操作系统时，该公司认为售后服务成本是销售的组成部分。微软在数年的收入与支出中分摊这部分成本。其结果是，利润延期入账，为公司渡过未来的不利时期提供了一定的缓冲。

所有这些非现金会计惯例说明，要确定目前公司的自由现金流是多么困难，我们做的还远远不够。接下来，我与我的同事想弄清楚:（1）当下的现金流如何代表过去的平均现金流？（2）增减趋势如何？公司是一路顺风还是逆风挣扎？

## 意想不到的现金流

毫无疑问，地毯、地板公司莫霍克工业（Mohawk Industries）是2008年间面临强劲逆势的公司之一。2006年，我们第一次以低至60美元价格购买它。根据通用会计准则，该公司公布的每股收益为6.70美元。不过，我们经分析发现，该公司每股自由现金流其实多达9美元。为什么自由现金流比会计利润多得多呢？首先，作为行业整合的一部分，莫霍克通过收购一些较小的企业不断发展，并逐步获得规模经济，从而使公司减少了资本支出，降低了营运资金需求。更重要的是，公认会计准则要求莫霍克从其盈利中扣除大量费用,分摊在大举收购中获得的无形资产。(公司收购成本和被收购公司的账面价值的差额，计入资产负债表中无形资产项目"商誉"。)这些费用会减少净营业利润,但没有取走任何现金。总而言之,我们计算得出,莫霍克股票售价比7倍的自由现金流还要低，即以一个有吸引力的价格出售。这类似于购买利率为14%的债券，还附带着一个随时间推移，息票付款也随之上升的好机会。

2008年，在新建住房市场严重低迷之际（绝大多数地毯和地板都应用于新房装饰），莫霍克工业公司仍然能产生6～7美元的自由现金流。以每股75美元的成交股价来看，股价约为自由现金流的11～12倍，这在周期性下滑的行业中仍具吸引力。诚然，该公司的收入也在下滑，但行业整合已基本消除了制造商之间曾经一度猖獗的价格竞争。事实上，制造商还能够将原材料成本上涨压力转嫁给客户。这有助于保持企业的利润率和现金流。地毯和地板行业将继续伴随经济周期波动，但莫霍克工业公司的管理一直能够保持相当稳定的自由现金流。

寻找具有良好自由现金流公司的投资人经常会在成熟的行业中（如地板企业）找到目标，这一点不足为奇。在这种行业状态下，成长所需的资金有限，企业融资需求温和，因而自由现金流较为充足。高速增长公司的情况则通常与此不符，但经过细致分析有时也会发现个别案例，例如艾科思达公司（Echo Star Corp.），即

DISH 卫星电视公司的母公司。

1995 年 6 月，在可能有其他付费电视供应商出现的前提下，艾科思达公司上市。到 2000 年，华尔街对一切高科技东西的痴迷达到了巅峰。艾科思达公司坐拥 340 万订户，企业价值约 300 亿元（股权市场价值加负债净额），以及年报报道的近 8 亿美元的亏损。更糟的是，因为试图铺设基础设施及争夺客户基地，该公司像疯了似的“烧钱”。仅此一举，很多价值投资者就将其从选股清单上删除了。

经过 5 年的迅速扩张，用户数量突破 1 200 万。由于启动费用大多是在前期摊销的，而月度订阅费又是相当可靠的收入来源，公司的自由现金流激增。然而，在 2005 年，艾科思达的企业价值仅 170 亿美元。显然，市场未对该公司创造现金流的能力给予足够的重视。当无风险回报率仅 5% 时，费尔霍姆找到机会购入了这家公司的股票，该公司自由现金流回报率达两位数，且具有优良的特许经营业务。

一些企业能够产生充足的现金流，但被企业结构所掩盖。卢卡帝亚国际公司（Leucadia National），一家经营多元化业务的控股公司，就是其中一个例子。卢卡帝亚国际公司的业务组合，类似于巴菲特的伯克希尔·哈撒韦公司。虽然这些子公司整体上并不一定能为控股公司带来稳定的现金流，但在附属公司层面的现金流却非常充足，最终将为母公司带来增值。由于经理们总是不断地买卖集团公司中的某些业务，卢卡帝亚的自由现金流变化叵测。然而，事实最终证实，该公司管理层在现金管理上技巧纯熟。在将近 30 年的时间里，其资产净值一直在以接近 25％的年复合增长率增长。如果你投资于卢卡帝亚或伯克希尔·哈撒韦这样的公司，实际上你是在其管理能力上押注，鉴别投资能否带来较高的自由现金流。

卢卡帝亚和伯克希尔·哈撒韦的案例指出了评估自由现金流的另一个重要方面：管理层如何运用这些自由现金流，以及这些决定能否提高股东价值。如前所述，自由现金流可以以股息或股票回购的形式返还给股东，也可以用于业务再投资。格雷厄姆和多德认为，股息等价于股东的现金回报。股票回购的税收优惠在资金配置决策中无足轻重。实际上，当今市场的主宰者——机构投资者，对此确实兴趣不大。

以今天的眼光来看，折价回购股票显然比分配股息要好。因此，关键的因素就是价格。如果公司购回被低估的股票，卖出股票的投资者会遭受损失，而长期投资的股东则会获利；如果该公司在股票高估时购买其股票，则卖出股票的投资者受益，而长期投资的股东受损。侧重于长线的价值投资者一般会寻找那些在股票低估时回购其股票的公司。

管理层必须决定何时将现金用于回馈股东，何时用于再投资。明智的盈利再投资决策未来将会产生更高的自由现金流。另一方面，糟糕的再投资决策将摧毁价值。半个世纪以来，沃伦·巴菲特一直堪称资产配置领域无可非议的天才，从来没有人介意他的伯克希尔·哈撒韦公司从不支付半文股息。另一方面，一些管理层，尤其是那些苦苦挣扎的行业的管理层，需要将资本还给投资者方能使其受益，而非继续从事低回报率的投资活动。

## 股息政策传递的信号

一般而言，公司董事会倾向于将股息支付率设定在盈利可轻松负担的水平上。这样，在经济景气的时候会留存较大份额的收益；而在经济不景气时，即使超过自有现金流量，公司仍能维持股息。董事会这么做的目的可能是表达其对公司业务长期发展的信心。如果盈利增长，董事会将稳步增加股息水平，不过通常比盈利的增长步伐要慢。

如今，投资者会仔细分析公司的派息政策，以此判断公司管理层关于自由现金流可持续性的态度。如果管理层认为现金流的变化是暂时的，公司通常不会调整股息政策；如果管理层认为变化有可能是永久的，他们就会相应地调整股息政策。如果管理层认为新的投资机会风险相对较低，那么这些投资可以以债务融资方式实现，从而使股息政策保持不变；如果他们认为新的投资机会风险相对较高，他们可能就要通过削减股息以筹集资金。如果老老实实的执行这些派息策略，将有助于投资者从目前的现金流量推测未来的现金流水平，甚至股权价值。从这一方面看，高的派息水平将是股票估值的有利因素。

但这种做法的危险是，它可能诱使管理层操纵股息，去制造一幅未来现金流充足的虚假景象。经营不景气的公司，如通用汽车或花旗集团，削减股息政策总是姗姗来迟。在这种情况下，投资者购买股息收益异常丰厚而背后基本面恶化的公司股票往往是自找麻烦。股息还很可能被消减。以新发行股票获取的资金，而不是以自由现金流支付股息，也同样有可能传递给投资者虚假的股息信号。房地产投资信托基金和收益信托，由于必须将几乎全部的收益支付给股东，所以同样不愿意减少既定的派息分红。

另一方面，企业拥有充裕的自由现金流分配股息但投资前景糟糕，则应该派发更高的股息。例如，戴尔和亚马逊就以巨额负营运资本运作——它们先向买家收进销货款，然后向供应商支付进货款，几乎没有固定资产投资需要，不需要收益再投资。然而，它们固执地拒绝支付任何股息，并留存大量现金。

## 现金到底归谁?

确定一个公司储有大量现金并能产生更多现金是一个良好的开始。但除非管理层作出明智的再投资决策，或通过股息或股票回购的形式回馈股东，不然现金本身毫无意义。管理者的能力和意图是至关重要的。

即使是在不投资、不派息的经理掌控之下，企业的现金有时也实在太多，以致无法忽视。在这种情况下，主动型投资者往往会购入大量股份，借以向管理层施压，要求“释放公司价值”；若不能奏效，他们还会试图把整个管理层撵走。手段不一而足，只要收银机内的钱足够多，总有人会想办法取走。

**布鲁斯·伯考维茨（Bruce Berkowitz）**

迈阿密费尔霍姆资本管理公司（Fairholme Capital Management）创始人，管理着费尔霍姆共同基金。2010 年年初，他被晨星评选为年度“最佳美国国内共同基金经理”。

在第四部分导读中，伯考维茨表达了他对公司股息及其现金等价物，即自由现金流的不俗洞见。通过对他自身投资经历中的案例与轶事的分析，伯考维茨对格雷厄姆与多德的理论提供了重要的更新与补充。

## 导读七

# 高安全性和高收益率的股票投资

**唐朝**

自由投资人，畅销书《手把手教你读财报》作者

在用了几百页的篇幅阐述债券和优先股投资方法和要点之后，本杰明·格雷厄姆教授终于在本章开始阐述股票的投资。这种结构安排曾经让无数人困惑。冗长的债类资产投资分析章节，让意图学习股票投资技巧的读者望而生畏。然而，格雷厄姆教授这种安排实际上有它的历史必要性和深刻含义。

在格雷厄姆进入证券行业的时代，从事证券分析这种职业的人还被称为“统计员”。那时候，华尔街的基本认识是“债券是投资者的首选，而股票则是投机者的出没之地”，当时的主流言论是“绅士们都倾向于债券。债券是为了收益，股票是为了差价”。在《证券分析》出版之前，市场畅销书籍里清清楚楚地写着“只有债券才被当作是投资，股票本质上是投机性的”。[①]

也不奇怪。那时的华尔街不仅混乱，而且缺乏法律的规范。美国证券交易委员会 1934 年才成立——恰巧，《证券分析》首次公开出版也是 1934 年。在此之前，投资者想从公司获取信息还有种与虎谋皮的感觉。公司对外只披露极其简单的财务报表，经常是一种四页纸对折的小册子，而且被公司管理层名单占据了大部分版面。为了防止外人窥探，一些家族企业会通过有意的会计技巧来隐藏公司资产和收益，而

① 摘自 1931 年出版的《投资与投机》，作者劳伦斯·张伯伦。——唐朝注

另一些公司则经常虚报各种数据以便使自己的公司看上去更强大。即便只是这种信息量极其缺乏的财务报表，大部分投资者也只能大费周章地去纽约证券交易所的图书馆查看。

在这种情况下，证券分析行业的"统计员"们，天然地对公司财务报表数据信心不足。相反，谁在买卖这些公司的股票才是最重要的研究对象。在内幕交易未被禁止的年代，投资者能够事先知道公司重组、并购或其他能够影响市场股价走势的内幕消息，才是赚大钱的可靠路径。

正如格雷厄姆回忆的那样："在老华尔街人看来，过分关注枯燥无味的统计数据是非常愚蠢的行为。"很多当时的华尔街大亨都在回忆录里承认当时操纵市场是很平常的事，"三 M"——内幕（Mystery）、操纵（Manipulation）和差价（Margins）才是指导市场运行的准则。

正是因为这些原因，那个时代的分析师们更多通过他们接触到的各类信息，加上自己的直觉形成对市场的某种判断，并根据市场趋势来预测证券的未来价格走势，甚至会直接给出这样的"投资"建议："从当前的价格水平及最新信息判断，这只股票很大可能会吸引投机者追捧，后市有望进一步走高。"

这种环境下，股票被普遍认为是一种投机丝毫不会令人感到奇怪，因为事实确实如此。投资者的兴趣主要是收入既丰厚又可靠的债券。债券的市场价格波动很小，基本以已知的红利为基础。即使在市场波动较大的年份里，债券收益也不会有太大变化。如果投资者愿意，他完全可以不管价格变化，只考虑其红利收入的稳定性和可靠性。

所以，从历史必要性来讲，格雷厄姆教授用大量篇幅讲解债券价值计算和投资方法，是时代所需。但这其实不是核心原因，真正的核心原因是格雷厄姆想要纠正"债券才是投资，股票只是投机"的市场主流思想，告诉大家：股票也是一种债券，只不过票面利率不固定而已。通过一套科学的方法，投资者可以寻找到安全性媲美债券，收益率却比债券更高的股票作为投资对象。

## 股票是一种特殊债券

在格雷厄姆看来，股票是一种特殊债券。二者的差异是在于债券每年利息多少、持续付息多少年，是提前约定的固定数字；而股票每年能够收到多少“利息”，取决于这家公司能够赚多少、能持续赚多少年，以及公司如何处理赚到的钱。股票的“利息”是一个不确定的波动数据，该数据可能高于甚至远远高于、也可能低于甚至远远低于债券约定的利息。然而，长期被投资者忽略的问题是，这种个体的不确定可以通过组合的方式对冲和规避。

格雷厄姆在后来发表的一篇题为《探寻证券分析的科学性》的文章里，这样阐述这种认识：“股票本质上可以看作价值被低估的一种债券，这一观点脱胎于个体的风险与总体或群体的风险之间存在着根本性的差异。人们坚持认为投资股票带来的股息回报与收益应该远远高于投资债券的收益，因为投资个股所承担的损失风险要比投资单一债券所承担的损失风险高出许多。但是从充分分散化投资的股票组合的历史收益来看，事实并非如此，这是因为作为一个整体，股票具有明显的向上动力，或者说它们的长期趋势是看涨的。导致这一现象的根本原因是一国经济的稳步增长，公司将未分配利润用于稳定的再投资，以及 20 世纪以来通货膨胀率的不断走高。”

格雷厄姆这种观点，后来被大量的学术研究所证明，其中比较权威也比较知名的是沃顿商学院金融学教授杰里米 .J. 西格尔（Jeremy Siegel）的经典著作《股市长线法宝（原书第五版）》和伦敦商学院的研究成果《投资收益百年史》等。

在《股市长线法宝（原书第 5 版）》里，西格尔教授研究了美国 1802—2012 年的全部数据后得出结论：1802 年的 1 美元，分别投资于股票、长期国债、短期国债、黄金，并将期间所得收益继续再投资，到 2012 年的终值和年化收益率如表Ⅳ—1 所示：

**表Ⅳ—1　　2012 年的终值和年化收益率　　（单位：美元）**

| | 股票 | 长期国债 | 短期国债 | 黄金 | 物价指数 |
|---|---|---|---|---|---|
| 组合终值 | 13 480 000 | 33 922 | 5 379 | 86.4 | 19.11 |
| 年化收益 | 8.09% | 5.07% | 4.16% | 2.14% | 1.41% |

资料来源：《股市长线法宝（原书第 5 版）》，机械工业出版社出版，2014 年。

扣除通胀后，年化收益率如表Ⅳ—2 所示：

**表Ⅳ—2　　2012 年扣除通胀后的终值和年化收益率　　（单位：美元）**

| | 股票 | 长期国债 | 短期国债 | 黄金 | 美元 |
|---|---|---|---|---|---|
| 组合终值 | 704 997 | 1 778 | 281 | 4.52 | 0.05 |
| 年化收益 | 6.59% | 3.61% | 2.71% | 0.72% | -1.41% |

资料来源：《股市长线法宝（原书第 5 版）》，机械工业出版社出版，2014 年。

在超过 200 年的时间跨度里，出现了多次经济危机、货币危机、金融危机，局部战争和两次世界大战，期间持有货币的投资者，被通货膨胀吞噬了 95% 的购买力，而股票的收益率则远远高于长短期债券及黄金投资，最终终值的差异大到令人惊讶。

这是不是美国的特例，会不会是因为美国的经济或政治制度导致股市存在着某种“幸存者偏差”呢？伦敦商学院的埃尔罗伊·迪姆森（Elroy Dimson）教授、保罗·马什（Paul Marsh）教授和伦敦股票价格数据中心主任迈克·斯汤腾（Mike Staunton）发表了他们的研究成果《投资收益百年史》，结论如图Ⅳ—1 所示。

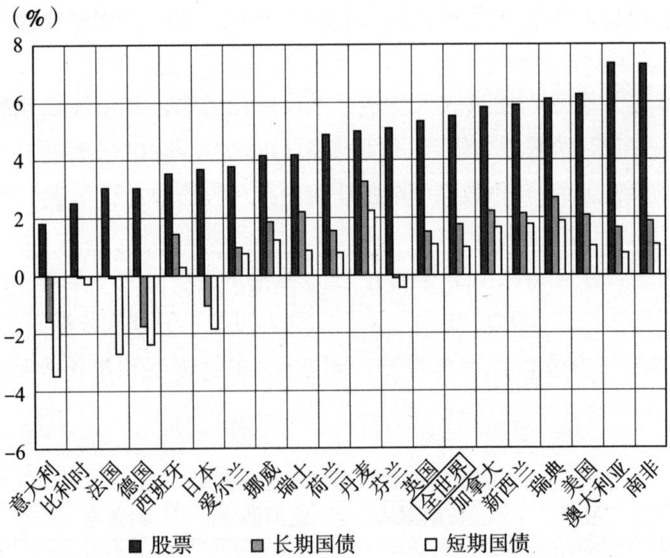


**图Ⅳ—1　国际股票、长期国债与短期国债的实际收益率（1900—2012 年）**

资料来源：《投资收益百年史》，中国财政经济出版社，2005 年。

伦敦商学院的这份研究，涉及四大洲 19 个能够获取数据的主要国家，涵盖时间段内经历过日俄战争、第一次世界大战、第二次世界大战、经济大萧条、朝鲜战争、古巴导弹危机、滞胀危机、石油危机、美元危机、冷战、美越战争、网络股泡沫等世界政治经济重大危机，无论是国家样本还是时间段截取，都更具说服力。

尤其值得称道的一点是，这三位教授的研究中，涉及股票收益率研究时，考虑到了“幸存者偏差”，即股票指数不断选择剔除失败者、纳入胜利者导致的实际收益高估。这使伦敦商学院得到的结论，比以往研究成果计算的股票收益率要低得多。例如在 1900—1954 年间对英国股票收益率的研究成果上，过往的巴克莱银行 / 瑞士信贷第一波士顿银行的权威结论是年化 9.7% 的收益率，但伦敦商学院在考虑幸存者偏差等影响因素后，得出的结论是 6.2% 的年化收益率，降幅超过 1/3。

即便在这样苛刻的条件下，研究人员发现，在所有主要国家，股票的长期收益率均远远超过长短期债券投资，且那些股票收益率低的国家，长期国债和短期国债收益率同样更低。平均来说，股票相对于长期国债的收益溢价为 3.7%，相对于短期国债的收益溢价为 4.5%。

绝大多数对于复利没有概念的朋友，可能很难想象这个收益溢价导致的终值差异究竟有多大。拿两个《投资收益百年史》里的数据感受一下：这些国家中，收益差最大的澳大利亚，1 元本金投资股票百年之后是 777 249.7 元，而投资长期债券百年之后是 252 元，投资短期债券百年之后是 80.7 元；收益差最小的瑞士，1 元本金投资股票百年之后是 1 136.7 元，而投资长期债券百年之后是 73.2 元，投短期债券百年之后是 25.8 元。

## 为什么股票投资优于债券投资

为什么在全球范围内，在跨度百年甚至两百年时间里，都能发现这种股票投资收益率明显高于债券的规律呢？格雷厄姆解释得很清楚：“导致这一现象的根本原因是一国经济的稳步增长，公司将未分配利润用于稳定的再投资，以及 20 世纪以来通货膨胀率的不断走高。”

一个国家的经济的增长一般以 GDP 衡量。GDP 是指一个国家或地区一年内（或其他周期，例如一个季度内）生产出的全部最终产品和服务的交易价格总和。正是这些产品和服务，提供了人们的吃穿用住行以及社会扩大再生产所需。

人类的生存发展及人类需求的不断增加，推动着 GDP 的持续增长。纵观人类发展史，特别是近现代史，我们可以清楚地做出判断，除了个别极端的短暂时期由于某些政治经济或宗教的极端情况导致人类文明和经济发生倒退，其他时间里人类社会创造的产品和服务是持续增长的。其背后的原因是人口增长、土地等资产的自然产出、人类交换和分工的深化、知识的积累等。

产品和服务是人的产出，也由人或人的集合体分享。按照参与创造和分享 GDP 的主体划分，GDP 由四种主体创造和分享：一是中央政府和地方政府拿走的税费；二是参与 GDP 创造的个人所获收入；三是非营利部门获得的捐赠和服务部门提供的中介服务费用；四是企业的盈利。

很显然，在这个经济持续增长的过程中，一个国家内所有的企业作为一个总体，不仅能够分享利润，而且分享的利润也是持续增长的——普遍而言，现代国家 GDP 约有 70% 左右是由企业创造的。企业是追求利润的经济主体，没有利润就没有企业长期存在的理由。同时，由于企业这种经济组织比个人、家庭或政府有更低的交易费用支出——通过深化分工、专业化协作，以及对利润的激励和对损失的惩罚机制等手段达到的[①]，因此，在现代经济中，企业的整体盈利能力是高于个人和中间组织的。这样，我们就可以得出一个结论：投资于全部企业，回报增速会高于 GDP 名义增速[②]。

虽然上市公司并非全部都是优秀企业，但由于有利润、盈利能力、后续融资可能、上市费用支出等多种门槛的筛选，加上与便利的融资渠道及股市交易带来的相关广告效应，总体来说，上市公司的盈利能力高于全社会所有企业的平均水平。发达国家的历史数据证明了这一点，中国证券市场短短 20 多年的运行情况，也证明了

① 可参看新制度经济学鼻祖罗纳德·科斯的论文《企业的性质》，这是他 1991 年被授予诺贝尔经济学奖的主要贡献。——唐朝注

② 我们通常听到的 GDP 数据，指实际 GDP。实际 GDP 可以简单理解为名义 GDP 扣减通胀。——唐朝注

这一点。

2015 年 11 月 30 日出版的《中国基金报》第 9 版上刊登过一组中国股市 1991—2014 年的扣除通胀后的实际回报率数据：1991—2014 年，中国股票、黄金、人民币三大类资产的年化回报率分别为 11.2%（深市）、10.1%（沪市）、2.9%、–4.1%。也就是说，1991 年投入中国股市的 1 元钱，23 年后，在深市能够变成 12.81 元，在沪市能够变成 10.05 元，投资黄金变成 1.97 元。如果持有人民币，则实际购买力大幅缩水为 0.37 元。

用代表全部 A 股的 Wind 全 A 指数来计算 10 年回报率，从上轮牛市初的 2007 年年初计算至 2016 年年底，中国股市整体年化回报率是 11.5%（若从上轮熊市底 2008 年 10 月计算至 2018 年 9 月，年化回报约 11.6%，基本一致），远高于除核心城市房产以外的绝大多数投资品。

以上逻辑和数据展示了股票投资相比债券投资的明显优势。但是，格雷厄姆一再提醒读者注意，这种高收益率和不相上下的安全性，不是建立在对个体公司的判断上，而是建立在“总体或者群体”的基础上。

例如，2001 年贵州茅台出让 26% 股权上市融资约 20 亿元，2017 年合计分配现金红利超过 560 亿，其中有超过 145 亿由购买这 26% 股权的投资者获得[①]。

如果当初这 20 亿由投资者借给贵州茅台（即购买贵州茅台发行的 20 亿债券），无论当时的利率水平如何，投资者所得本利之和，必将远远少于作为股东获得的现金红利，更无法与未来可能继续获得的现金红利相比。从安全性的角度看，借给贵州茅台的 20 亿债券，与投资 20 亿获取贵州茅台 26% 股份，安全性几乎没有分别，但收益率却有云泥之别。

然而，这仅仅是优秀的个体。如果投资者不是认购贵州茅台这样的优质企业股权，而是买下了类似金亚科技、保千里、浪莎股份、中弘股份、乐视网等类型的企业，

① 由于 2006 年我国实施全流通改革，流通股股东享受非流通股股东的现金和股份赠送，这 26% 股权的投资者实际所获现金红利远高于 145 亿。——唐朝注

将投资者看作一个整体，不仅高收益无从说起，连本金也大概率会损失惨重。

## 格雷厄姆的股票投资原则

任何一次的本金大幅损失，对于投资者的打击都是灾难性的，也是格雷厄姆体系所不允许的。因此，在格雷厄姆的投资体系里，分散组合投资是非常重要的前提。格雷厄姆本人经常持有超过 75 只个股，他给普通人的建议，也是至少保持 30 只以上的个股投资。并且，这 30 只或 75 只股票也不是随意选择的，而是应该选择股价明显低于内在价值的。格雷厄姆将买入价明显低于股票内在价值这种状况，定义为"安全边际"。

股票除股价以外，还有一个与股价不完全同步的"内在价值"，这是格雷厄姆证券分析体系最大的贡献。内在价值是一个不确定的概念，大致等于公司作为非上市公司出售给私人产业投资者的价格。准确数字很难计算，但有一个可估算范围。

内在价值来自股票代码所代表的公司。购买股票的人拥有的并不是一串代码，而是该企业部分所有权的有效法律凭证。股东不仅享有企业经营良好时的未来收益分配权，还享有企业经营不善破产清算时偿还债务后的剩余资产分配权，后者能够为股票的价值兜底，这个兜底价值可以模糊视为内在价值的下限。

在这个兜底价值以下买入股票，遇到最坏情况可以收回成本略有盈余，若不是最坏情况，则可以获取丰厚的利润。

格雷厄姆喜欢将企业未来经营良好的预期看作且仅仅看作一种额外的馈赠。他的整个分析体系，主要锚定与破产和清算有关的兜底价值。这种思维方式与格雷厄姆在 1930 年前后美国股市崩盘中的经历有着莫大的关系。

1929 年 9 月 3 日美国道琼斯指数创下 381.17 点高点后，在随后的两个月内暴跌 40% 以上。跌势一直持续到 1932 年 7 月，最低跌至 41.22 点，跌幅超过 89%。25 年后的 1954 年，道琼斯指数才重新回到 381.17 点崩盘位置。

1929—1932 年，美国国内有 101 家银行破产，109 371 家企业及大量中产阶级和农户破产，近 1/4 的劳动人口失业。1932 年 9 月，全美有 3 400 万成年男女和儿童，约占全国总人口的 28% 无法维持生计 (1 100 万户农村人口未计在内 )，200 万人四处流浪。

1930 年，也是作为基金经理的本杰明·格雷厄姆职业生涯最糟糕的一年，他打理的账户损失了 50％。尽管格雷厄姆和合伙人杰罗姆·纽曼继续按季度支付 0.25% 的红利，可是许多损失惨重、惊恐不安的投资者依然坚持撤资，格雷厄姆非常沮丧，已经准备放弃。幸亏合伙人的岳父注入一笔 7.5 万美元的资金，才使基金存活下来。

正是这样的生存环境，使格雷厄姆的《证券分析》体系充斥着大萧条的烙印。他不仅建议读者将资本分散到至少 30 只股票以上，还建议每只股票的买入价格应低于有形账面净值的 2/3（有形账面净值 = 总资产 – 商誉、专利权等无形资产 – 全部负债）。

在格雷厄姆的眼里，只有这样的买入价格才可以保证即便这家上市公司破产清算，也可以在偿还全部负债后还有剩余资金足以归还股东的本金及产生少量收益。实际上，由于资本天然的逐利性，这些低于重置价值或者清算价值的公司股票，其市价经常会大幅上涨，绝大部分都无需真的等待清算。即便如此，格雷厄姆还是建议至多将本金的 75% 投入到股票投资（其余 25% 以上购买美国国债），且至少分散到超过 30 家公司。30 家公司中，总有部分被市场错杀的公司可以给投资人带来额外的惊喜，创造满意的回报。

可是，这样的出价怎么可能买到股票呢？格雷厄姆用一个精妙的寓言解释了投资者在市场里的优势。他用一个拟人的“市场先生”来代表市场参与者群体永远不变的人性：贪婪和恐惧交替而来。

他说：“投资者应该把市场行情想像成一位亲切的市场先生的报价，他是你私人生意中的合作伙伴。市场先生从不失信，他每天定时出现并报出一个清晰的价格，然后由你决定是否按照这个价格买下他手中股份或者将你的股份卖给他。

“虽然你们两人的生意可能存在某些稳定的经济特征，但市场先生的报价却是不可预测的。因为这个可怜的家伙有无法治愈的精神缺陷。有时，他很高兴，只看到生意中有利的因素，他会制定很高的买卖价格，因为他担心你侵犯他的利益、夺走他的成果；有时，他又很悲观，认为无论是生意还是世界，等待人们的只有麻烦，他会制定很低的价格，因为他害怕你把自己的负担转嫁给他。

“如果他的报价很低，你或许愿意买入；如果他的报价很高，你或许愿意将你的股份卖给他；又或者你也可以对他的报价不予回应。

“市场先生的性格可爱，他不在乎被你冷落。如果你今天对他的报价不感兴趣，他明天会再给你一个新的，交易与否完全由你决定。很显然，他的狂躁抑郁症发作得越厉害，对你就越有利。

“但是，你必须记住，否则无论做什么都是愚蠢的：市场先生只为你服务却不能指导你。对你有用的是他的钱包，而不是他的智慧。如果他在某一天表现得特别愚蠢，你有权选择忽视他或利用他，但如果你受到他的影响，那将是一场灾难。”

因为有被贪婪和恐惧所左右的市场先生存在，遵循格雷厄姆投资体系的投资者，得以用不到有形净资产 2/3 的低价买到股票，并在市场先生报价恢复正常的时候卖出去，收获利润。

遵循格雷厄姆体系的杰出投资者非常多，他们被称为“格雷厄姆和多德部落”，其中最杰出的代表是沃尔特·施洛斯（Walter Schloss）。这位仅有高中学历，最初在华尔街一家经纪公司办公室打杂跑腿儿的小伙儿，因为参加了纽约证券交易所赞助的格雷厄姆夜校课程，学习并掌握了格雷厄姆的投资体系。1946 年年初，从第二次世界大战战场归来的施洛斯获得了在格雷厄姆－纽曼基金公司工作的机会，九年半后他辞职开创了自己的基金。

在基金存续的 47 年里，施洛斯严格遵守格雷厄姆投资体系，寻找被市场先生报错价的公司股票，获得了 47 年 5 456 倍，年化 20.09% 的惊人收益。在这 47 年中，施洛斯几乎从不做企业调研，只是阅读和统计企业财报数据，寻找满足格雷厄姆投资体系的公司股票。买下它们，静静等待价值回归，然后卖出，继续寻找，周而复始。支撑这惊人回报的背后，就是伟大的《证券分析》三大原则：股票是企业部分所有权的凭证；无情地利用市场先生的报价；坚持买入时的安全边际原则。

虽然，由于人们获取信息渠道和方式的革命，严格符合格雷厄姆股价低于净有形资产 2/3 要求的股票越来越难以寻找；由于社会制度和法律的改变、工会力量的壮大，使得股东申请企业破产清算以获取资产剩余的难度比格雷厄姆时代困难了许多；由于越来越多的投资者挖掘和寻找具有此类特征股票等原因，导致严格利用格雷厄姆标准选股越来越不容易了。但是无论如何，格雷厄姆投资体系的三大原则依然绽放着璀璨的光芒。

在格雷厄姆之后，他最有名的弟子沃伦．巴菲特仅仅在《证券分析》三大原则上增加了能力圈原则，并将股票是企业“资产所有权”凭证，升华为股票是企业“未来收益分配权”凭证，就打开了一个崭新的世界。正因为此，巴菲特始终强调自己的投资策略有 85% 来自格雷厄姆，这绝不是客气话。

**唐朝**

男，70 后。1994 年辞去事业单位公职，1995 年进入期货市场。无数个不眠之夜，发奋苦读各类技术分析书籍，最终成功爆仓并破产于 1996 年，终得四字真言“远离杠杆”。其后的奋斗，都投了房产和股票，收获还算满意。

2006 年年底，关了公司，成为宅男，徜徉在读书、运动和投资之间，期间出版了畅销书《手把手教你读财报》《手把手教你读财报 2：18 节课看透银行业》《价值投资实战手册》。开设有微信公众号“唐书房”，用于分享自己的投资决策、企业分析及读书心得。

# 27

# 普通股投资理论

在导读中我们指出了在投机环境中应用分析技术所固有的困难。由于普通股蕴涵的投机因素特别大，所以这类问题的分析往往无从定论，即便分析能够得出结论，也可能存在误导的危险。因此，针对普通股的分析更应该从长计议。我们必须从三个现实的前提展开讨论：

- 第一，普通股在个人财务决策中有着根本的重要性，许多人因之而狂热；
- 第二，普通股持有人与可能的买家都迫不及待地想知道股票的合理价值；
- 第三，即使购买股票的潜在动机只是单纯的投机与贪婪，人的天性也会驱使他们用各种堂而皇之的理由来掩盖这个不讨人喜欢的动机。

套用伏尔泰的一句格言来说就是，即使根本不存在普通股分析，我们也有必要捏造一个出来。

## ●股票分析的广泛用途●

这使我们面临一个新问题："普通股投资理论在何种程度上是有效可行的，又在何种程度上只是对企业和股票市场的未来进行押注前空洞而不可获缺的仪式？"最后，我们将找到这样的答案："即使运用典型的普通股投资分析——随机从名单中挑选一只，经过一番细致与周密的分析，也不大可能得出诸如是否值得购买或者价值几何的可靠结论。但对于个例，财务分析方法或许可以得出合理可靠的论断。"换言之，科学可靠的价值分析结论仅仅在一些例外的普通股上显现。对于一般的普通股，价值分析方法只被视为做出投机判断的可能帮助，或作为高度虚幻的估值方法，以确定一些无法计算但又必须估算的股票价值。

澄清这一问题的最有效方法是借助于历史事实。这种视角不仅有助于理解普通股分析的地位如何演变，而且有助于深入理解与之密切相关的理论，即普通股投资理论。我们先回顾老一套看似合理的普通股投资原则。随着形势与环境的变化，我们会发现这种理论的有效性受到了挑战。它们的局限性催生了一种全新的择股理论，即“新时代理论”（new-era theory）。但这一理论在貌似合理的外衣掩盖下，也隐藏着鲜为人知的危害。伴随着第一次世界大战前投资理论的过时以及新时代理论的坍塌，我们必须建立起一套逻辑健全、合理可靠的普通股投资新理论。

## ● 普通股分析的历史 ●

研究普通股的分析史我们会发现，两个相互矛盾的因素在过去 30 年来一直在冲突交错。一方面，得益于大幅盈利，持续分红、财力雄厚的上市公司不断增多，普通股作为投资品种的声誉在日益提高；另一方面，公司财务报表公布的频率与内容也大有改善，为社会公众与证券分析师提供了充足的数据资料；最后，一个令人印象深刻的投资理论随之诞生，奠定了普通股作为长期投资品种的卓越地位。

但是，在 1927—1929 年，股民追捧普通股的热情达到前所未有的高度，投资股票的估价方法却逐渐背离了以事实为依据的证券分析技术，而日趋倚重于对升值潜力与预期因素的判断。此外，工业企业与企业集团业务越来越不稳定，不仅损害了债券类品种的投资质量，而且对普通股保持真实的投资品质形成了更大的威胁。

## ● 影响分析的两类不稳定性因素 ●

普通股分析的有效性受到如下两个因素发展的影响：一是有形资产的不稳定性；二是无形资产的主导地位。这两个因素的影响程度，可通过对比几只股票在 1920 年以前及最近时期的表现来说明。我们以 4 个典型的公司为例：宾夕法尼亚铁路公司（见表 27—1）、艾奇逊 – 托皮卡 – 圣菲铁路公司（见表 27—2）、纳贝斯克公司（见表 27—3）与美国制罐公司（见表 27—4）。

表 27—1 宾夕法尼亚铁路公司 (单位：美元)

| 年份 | 股价变动范围 | 每股收益 | 每股分派股息 |
|---|---|---|---|
| 1904 | 70~56 | 4.63 | 3.00 |
| 1905 | 74~66 | 4.98 | 3.00 |
| 1906 | 74~61 | 5.83 | 3.25 |
| 1907 | 71~52 | 5.32 | 3.50 |
| 1908 | 68~52 | 4.46 | 3.00 |
| 1909 | 76~63 | 4.37 | 3.00 |
| 1910 | 69~61 | 4.60 | 3.00 |
| 1911 | 65~59 | 4.14 | 3.00 |
| 1912 | 63~60 | 4.64 | 3.00 |
| 1913 | 62~53 | 4.20 | 3.00 |
| 1923 | 48~41 | 5.16 | 3.00 |
| 1924 | 50~42 | 3.82 | 3.00 |
| 1925 | 55~43 | 6.23 | 3.00 |
| 1926 | 57~49 | 6.77 | 3.125 |
| 1927 | 68~57 | 6.83 | 3.50 |
| 1928 | 77~62 | 7.34 | 3.50 |
| 1929 | 110~73 | 8.82 | 3.875 |
| 1930 | 87~53 | 5.28 | 4.00 |
| 1931 | 64~16 | 1.48 | 3.25 |
| 1932 | 23~7 | 1.03 | 0.50 |
| 1933 | 42~14 | 1.46 | 0.50 |
| 1934 | 38~20 | 1.43 | 1.00 |
| 1935 | 33~27 | 1.81 | 0.50 |
| 1936 | 45~28 | 2.94 | 2.00 |
| 1937 | 50~20 | 2.07 | 1.25 |
| 1938 | 25~14 | 0.84 | 0.50 |

表 27—2　　艾奇逊－托皮卡－圣菲铁路公司　　（单位：美元）

| 年份 | 股价变动范围 | 每股收益 | 每股分配股息 |
|---|---|---|---|
| 1904 | 89~64 | 9.47[a] | 4.00 |
| 1905 | 93~78 | 5.92[a] | 4.00 |
| 1906 | 111~85 | 12.31[a] | 4.50 |
| 1907 | 108~66 | 15.02[a] | 6.00 |
| 1908 | 101~66 | 7.74[a] | 5.00 |
| 1909 | 125~98 | 12.10[a] | 5.50 |
| 1910 | 124~91 | 8.89[a] | 6.00 |
| 1911 | 117~100 | 9.30[a] | 6.00 |
| 1912 | 112~103 | 8.19[a] | 6.00 |
| 1913 | 106~90 | 8.62[a] | 6.00 |
| 1923 | 105~94 | 15.48 | 6.00 |
| 1924 | 121~97 | 15.47 | 6.00 |
| 1925 | 141~116 | 17.19 | 7.00 |
| 1926 | 172~122 | 23.42 | 7.00 |
| 1927 | 200~162 | 18.74 | 10.00 |
| 1928 | 204~183 | 18.09 | 10.00 |
| 1929 | 299~195 | 22.69 | 10.00 |
| 1930 | 243~168 | 12.86 | 10.00 |
| 1931 | 203~79 | 6.96 | 10.00 |
| 1932 | 94~18 | 0.55 | 2.50 |
| 1933 | 80~35 | 1.03（亏损） | 无 |
| 1934 | 74~45 | 0.33 | 2.00 |
| 1935 | 60~36 | 1.38 | 2.00 |
| 1936 | 89~59 | 1.56 | 2.00 |
| 1937 | 95~33 | 0.60 | 2.00 |
| 1938 | 45~22 | 0.83 | 无 |

注：a. 截至 6 月 30 日的财务年度。

表 27—3 纳贝斯克公司 （单位：美元）

| 年份 | 股价变动范围 | 每股收益 | 每股分配股息 |
|---|---|---|---|
| 1909 | 120~97 | 7.67[a] | 5.75 |
| 1910 | 120~100 | 9.86[a] | 6.00 |
| 1911 | 144~117 | 10.05[a] | 8.75 |
| 1912 | 161~114 | 9.59[a] | 7.00 |
| 1913 | 130~104 | 11.73[a] | 7.00 |
| 1914 | 139~120 | 9.52[a] | 7.00 |
| 1915 | 132~116 | 8.20[a] | 7.00 |
| 1916 | 131~118 | 9.72[a] | 7.00 |
| 1917 | 123~80 | 9.87[b] | 7.00 |
| 1918 | 111~90 | 11.63 | 7.00 |
| | （按未拆股计算）[c] | （按未拆股计算）[c] | （按未拆股计算）[c] |
| 1923 | 370~266 | 35.42 | 21.00 |
| 1924 | 541~352 | 38.15 | 28.00 |
| 1925 | 553~455 | 40.53 | 28.00 |
| 1926 | 714~518 | 44.24 | 35.00 |
| 1927 | 1 309~663 | 49.77 | 42.00 |
| 1928 | 1 367~1 117 | 51.17 | 49.00 |
| 1929 | 1 657~980 | 57.40 | 52.50 |
| 1930 | 1 628~1 148 | 59.68 | 56.00 |
| 1931 | 1 466~637 | 50.05 | 49.00 |
| 1932 | 820~354 | 42.70 | 49.00 |
| 1933 | 1 061~569 | 36.93 | 49.00 |
| 1934 | 866~453 | 27.48 | 42.00 |
| 1935 | 637~389 | 22.93 | 31.50 |
| 1936 | 687~503 | 30.28 | 35.00 |
| 1937 | 584~289 | 28.35 | 28.00 |
| 1938 | 490~271 | 30.80 | 28.00 |

注：a. 截至下一年 1 月 31 日的年盈利。

b. 截至 1917 年 12 月 31 日的 11 个月的盈利。

c. 1922 年，按照 1 股拆 4 股的比例进行了拆股，并且发放了 75% 的股息。1930 年又按照 1 股拆 2.5 股的比例进行了拆股。对新股本公布的数字等于表 27—3 中 1923—1929 年对应数字的 1/7。类似地，表 27—3 中给出的 1930—1938 年的数字是这些年实际公布数字的 17.5 倍。

表 27—4　美国制罐公司　（单位：美元）

| 年份 | 股价变动范围 | 每股收益 | 每股分配股息 |
|---|---|---|---|
| 1904 | ………… | 0.51[a] | 0 |
| 1905 | ………… | 1.39（亏损）[b] | 0 |
| 1906 | ………… | 1.30（亏损）[c] | 0 |
| 1907 | 8~3 | 0.57（亏损） | 0 |
| 1908 | 10~4 | 0.44（亏损） | 0 |
| 1909 | 15~8 | 0.32（亏损） | 0 |
| 1910 | 14~7 | 0.15（亏损） | 0 |
| 1911 | 13~9 | 0.07 | 0 |
| 1912 | 47~11 | 8.86 | 0 |
| 1913 | 47~21 | 5.21 | 0 |
| 1923 | 108~74 | 19.64 | 5.00 |
| 1924 | 164~96 | 20.51 | 6.00 |
| 1925 | 297~158 | 32.75 | 7.00 |
| | （按未拆股计算）[d] | （按未拆股计算）[d] | （按未拆股计算）[d] |
| 1926 | 379~233 | 26.34 | 13.25 |
| 1927 | 466~262 | 24.66 | 12.00 |
| 1928 | 705~423 | 41.16 | 12.00 |
| 1929 | 1 107~516 | 48.12 | 30.00 |
| 1930 | 940~628 | 48.48 | 30.00 |
| 1931 | 779~349 | 30.66 | 30.00 |
| 1932 | 443~178 | 19.56 | 24.00 |
| 1933 | 603~297 | 30.24 | 24.00 |
| 1934 | 689~542 | 50.32 | 24.00 |
| 1935 | 898~660 | 34.98 | 30.00 |
| 1936 | 825~660 | 34.80 | 36.00 |
| 1937 | 726~414 | 36.48 | 24.00 |
| 1938 | 631~425 | 26.10 | 24.00 |

注：a. 截至 1905 年 3 月 31 日的财务年度。

b. 截至 1905 年 12 月 31 日共计 9 个月的数字。

c. 未包括每股 58 美分的火灾损失。

d. 1926 年实施了 1 拆 6 的拆股。1926—1928 年公布的以新股本计算的数据为上表数据的 1/6。

美国制罐公司是第一次世界大战前典型的投机型股票，我们这样说是基于三大可靠且充分的理由：（1）它从不分红；（2）每股收益低且无规律；（3）证券是“掺水”的，即账面价值中很大一部分无实际投资业务作为基础。相比之下，宾夕法尼亚铁路公司、艾奇逊－托皮卡－圣菲铁路公司、纳贝斯克公司的股票可以被列为投资级，也同样基于三大可靠且充分的理由：（1）它们保持着良好的持续分红纪录；（2）盈利相当稳定，平均值大幅超过股息分配；（3）每一美元的股票都有超过一美元的实际投资作为支持。

如果仔细研究这些股票在第一次世界大战前10年（纳贝斯克公司为1909—1918年）的股价波动范围，我们可以注意到，美国制罐公司的股价跟随投机潮流剧烈波动。相比之下，宾夕法尼亚公司、艾奇逊公司、纳贝斯克公司则明显围绕着某个价值中枢（如艾奇逊的97美元，宾夕法尼铁路的64美元以及纳贝斯克的120美元）上下窄幅振动。这一中枢价格似乎代表了为人们广泛认同的投资价值或者内在价值。

## ● 第一次世界大战前的普通股投资理念 ●

如上所述，分析与投资、价格波动与投机，两者在第一次世界大战前的关系可总结为如下内容：普通股投资范围仅限于那些股息支付稳定且盈利相当稳定的证券，这类证券反过来往往也能维持一个稳定可期的市场价格。证券分析的主要功能是寻找可疑点，如公司公布的盈利是否有问题；资产负债表是否显示现金头寸不足或者长期债务增长过快；厂房设施是否保存不当；是否存在新竞争对手的威胁，或公司在同行业竞争中是否节节败退；企业的管理状况正在或者极有可能恶化；行业前景有可能恶化——对于谨慎的投资者而言，上述或者其他任何一种可疑之处足以让其完全否定一只股票。

从积极的方面来说，证券分析的目的在于寻找符合价值投资要求，还能为价值增值提供最佳机会的证券。分析过程往往是比较一组背景相似的投资级证券，如西北部的几家经常支付股息的铁路公司，分析要点落脚于过去几年的相对表现上，尤其以平均市盈率、盈利趋势及稳定性为重点。其次，分析师试图展望未来，挑选出极有可能高速增长的行业及个股。

## ● 投机关注的是公司的未来前景 ●

在第一次世界大战前，一个经过深思熟虑且被广泛接受的观点指出：如果分析重点是预期的未来，而不是过去的既定事实，那么这种分析就采取了投机的态度。投机，究其词源，意味着前瞻未来；而投资则与“既得利益”（vested interest）一词同源，承袭于过去的财产权与价值。未来是不确定的，因此是投机性的，过去是已知，因而是安全性的来源。让我们想一下在1910年买入美国制罐公司普通股的投资者。他买入这只股票的原因可能是相信股票的价格即将上行，或将被人为地“抬高”，或是每股收益将增长，或即将派送股息，抑或是它将会发展成为国家最强大的企业之一。以第一次世界大战前的理论视角来看，虽然其中某个原因可能比另一个更为明智可靠，但是所有理由都难逃投机性购买的责咎。

### 普通股投资技巧与债券投资相似

显然，普通股和债券投资在技巧上有密切的相似性。普通股投资者也同样偏好经营稳定且盈利足够支付股息的公司。当然，他对普通股安全性的要求会比债券低一些，但这种不足要由更高的收入回报弥补（比如6%就是一个很好的普通股收益率，而高等级债券的收益率只有4.5%）。只要企业业务持续繁荣，股息收益就会增长，随之而来的还有在他看来最不重要，但却可能出现的资本利得。普通股投资者往往将自己看成次级债券投资者。从本质上看，他的冒险行为等同于牺牲一定的安全性而换取超额收益。在1904—1913年这10年间，宾夕法尼亚公司和艾奇逊公司的普通股表现例证了以上论述。

### 购入普通股被视为拥有企业部分所有权

把握第一次世界大战前普通股投资者心态的另一种有效方式，是站在私营企业利益的立场来考量。典型的普通股投资者类似一个企业业主，以评估自己企业的方式来衡量其他企业的价值对他而言是合情合理的。这意味着，他不仅关心公司的盈利状况，对盈利所代表的资产价值也非常重视。这一点是必须牢记的，对一家私营企业进行估价，我们通常以财务报表所示的“净资产”规模作为依据。当一个企业主打算以合伙制或者股权方式收购一家企业时，他总是从“账本”，即资产负债表上显示的股权价值入手。之后，他才会考虑该企业的财务记录和前景是否良好，以及这笔交易是否有利可图。尽管私营企业的股权可以相对于资产价值溢价或者折价出售，但账面价值仍然是计算的起点，最后这笔交易是否溢价或折价还得视账面价值而定。

从广义上讲，在购买可交易普通股作为投资的初期，人们仍然抱有这种态度：第一个基本指标是面值，它代表了最初投入企业的现金和财产的价值；第二个基本指标是账面价值，代表了面值加上累计盈余的估算权益。因此，在考虑投资普通股时，投资者会问自己："以一个市场价格高于账面价值的溢价，或低于账面价值的折价购买这只股票可取吗？""掺水股"作为欺骗股民的行径，不断受到猛烈抨击，因为股民被该股份所代表的资产价值的虚假陈述所蒙蔽。因此，证券分析的一种保护性功能就是证实公司资产负债表上披露的固定资产账面价值是否公允地代表了资产的实际成本或合理价值。

### 普通股投资基于三重标准

到此我们可以看到，第一次世界大战前投资普通股通常基于三个标准：(1) 合适的和确定的股息回报；(2) 稳定的和充足的盈利记录；(3) 有形资产的安全保障。这三个要素都可以进行仔细严谨的分析，并在纵向或者横向的类比中看出端倪。基于其他标准作出的普通股买卖决定都可视为投机，而投机就没有必要进行严密的分析论证了。

## 新时代的理论

在第一次世界大战后，特别是在 1929 年史无前例的大牛市达到顶峰的后期，公众对普通股的投资价值评判标准完全变了。前述的三个评判标准中的两个已经失去了原有的重要意义，而第三个标准——盈利记录，也被赋予了玄妙的解释。新的理论或原则可以归结成一句话："普通股的价值完全取决于它的预期收益。"

从这一命题可以作出如下推断：

1. 股息率对于股票价值影响微小；
2. 由于资产与盈利能力无显著联系，分析资产价值的大小毫无意义；
3. 既往盈利记录的意义仅在于它们预示着未来盈利状况的可能趋势。

事实上，购买普通股的公众并没有认识到股票投资理念的彻底变革，证券分析师的认识也还停留在最表层。为了彻底理解这一理念转变的实际意义，进行更为深入、细致的分析工作是很有必要的。为了完成这一使命，我们将从三个角度展开分析：原因、后果及其逻辑有效性。

## ● 理念转变的原因 ●

为什么投资大众的注意力从股息、资产价值及平均盈利几乎完全转移到了盈利趋势，即在未来盈利预期的变化上去？答案是：第一，过去的盈利记录被证实是一个不可靠的投资指标；第二，未来的利润机会具有令人无法抗拒的诱惑力。

新时代的投资理念根植于之前过时标准的废墟之上。在过去的 30 年里，经济变化的速度如此之快，以致长期存在的事实不能被视为构成稳定性的一种保证。经历了长达 10 年兴盛时期的企业，可能在短短几年之内陷入破产的困境。其他一些规模很小、经营不善、名誉不佳的企业，却可以在短时间内成长为规模庞大、盈利丰厚且声誉卓著的大公司。一度最吸引投资者兴趣的领域，即铁路公司，在国家财富和收入扩张的进程中落伍，显示出明显的衰退迹象；伴随着新兴运输机构的兴起，有轨电车公司（Street Railways）——1914 年之前另一个重要的投资标的，有价证券的价值损失大半；电力和燃气公司则走过了一个坎坷的历程，第一次世界大战后的通货膨胀危害而不是帮助了这类企业，等到它们急速成长起来已经是近年来的事情了。工业公司的发展史中满是盛衰相间的剧烈变动，经济繁荣的气息极不平衡却又瞬息万变，最意想不到的失败与最光彩夺目的成功往往相伴相生。

面对这一切的不稳定，普通股投资的三重标准不免显得苍白无力。过去的盈利和股息不再被认为是未来盈利和股息的预测指标。此外，企业未来盈利逐渐不再由对企业的实际投资——资产价值决定，而是由企业是否在行业中处于有利地位，以及是否实行了有效或者幸运的管理决策来决定。在众多破产清算案件中，流动资产被低估，固定资产被证明几乎一文不值。由于资产与盈利、资产与破产可变现值之间缺乏联系，金融分析师与普通股民对于一度受人瞩目的“净资产价值”或“账面价值”越来越漠视。甚至可以说，到了 1929 年，股票的账面价值实际上被排斥在证券分析考察因素之外了。有一个现象很能说明这个问题，即“掺水股票”，这是一个一度备受关注的议题，而现在只是一个被遗忘的词组罢了。

## ● 注意力转移到盈利的变化趋势 ●

第一次世界大战前基于过往的记录和有形资产的投资分析方法，已经逐渐变得陈腐，被人抛弃。取而代之的是什么呢？一种新的观念被摆到至高无上的位置——盈利的趋势。过往记录的重要性仅在于它预示了未来可能的发展方向。持续增长的利润表明公司处于盈利的上升通道中，并承诺在未来取得比今天更好的成绩。相反，如果在一段经济繁荣时期盈利趋势下滑或者是维持稳定，那么公司的前景必然是黯淡的，对于它发行的证券须退避三舍。

## ● 普通股作为长期投资工具的理论 ●

伴随着普通股选择标准的逐渐成形，一种认为普通股是最有利可图的，而且也是长期投资最佳品种的理论出现了。这一福音式的论断是基于一定的研究得出的。研究表明，在长达多年的考察期内，分散化的股票投资带来了稳定的价值增值。数据表明，相对于普通债券投资而言，分散化的持股策略将带来更高的投资回报率以及更为丰厚的资本利得。

这两种投资理念的结合产生了 1927—1929 年股票市场盛行的“投资理论”。将前述原则推而广之，可得如下内容：

1. 普通股的价值取决于它的未来收益；
2. 好的普通股盈利呈上升趋势；
3. 好的普通股都是高品质、高利润的投资工具。

这些论断听起来言之凿凿且毫无恶意，但它们隐瞒了两个理论缺陷，这将导致潜在危险。第一个缺陷是它们混淆了投资和投机之间的根本区别；第二个是它们忽略了股票价格在决定其是否值得购买方面的作用。

## ●新时代的投资等价于第一次世界大战前的投机●

稍作分析我们便可得知，“新时代的投资”，比如那些普通股民以及信托投资公司的实践，几乎与大繁荣时期之前关于投机的普遍定义是完全一致的。这种“投资”是指购买普通股，而不是债券，它看中的是本金的增值而非投资收入，并强调未来的变化而不是过往的事实。新时代的投资无非是旧式的投机，只是对象限制在盈利具有良好发展趋势的股票上。在史上最强劲的股市繁荣背后出现的这一令人印象深刻的新概念，其实不过是嘲讽式的警句稍加修饰的翻版：“投资是成功的投机。”

## ●股票吸引力与价格无关●

普通股的投资价值与它的价格无关这种观点非常荒谬。但是新时代理论可以直接推导出此结论。假如一只公用事业股票售价达到了盈利最高纪录的 35 倍，而不是其平均盈利水平的 10 倍（经济繁荣前的估值标准），新时代理论得出的结论不是该股价太高了，而仅是估值标准提高了。新时代的投资理论不是用既定的价值标准去判断价格，而是基于市场价格设立的价值判断标准。因此，所有的上限消失——不仅股票可出售的价格提高了，股票的目标出售价格也提高了。这一“奇妙”的推理导致投资者以每股 100 美元价格购买每股收益 2.50 美元的普通股，相同的逻辑也支持 200 美元、1 000 美元，或以任何可以想象的价格购买这些股票。

这个原则的一个诱人推论是，股市的钱是世界上最好赚的。只需要买入“好”的股票，不论价格高低，然后就可以等着老天爷把价格抬上去。这样古板的教条必然带来悲剧性的结果。不计其数的股民反问自己：“既然在华尔街赚钱轻而易举，那么老实本分的工作对于谋生有什么意义呢？”随后，工商界人士成群结队涌向金融界，声势之浩大有如著名的“克朗代克淘金热”。区别在于，克朗代克确实是有黄金的，而华尔街却是在吸收股民的资金。

## ● 投资信托基金采用了这一新学说 ●

极具讽刺意味的是，投资信托基金的投资实践从侧面昭示了这个在 1928—1929 年出现的新理论。这些基金的成立旨在为缺乏经验的股民提供专业的资产管理服务，该运作模式曾在英国大获成功。最早的美国信托投资公司极其重视那些久经考验的成功投资准则，在实践这些原则方面，专业公司比普通投资者做得更加规范、有效。这些原则中最重要的几条是：

1. 在市场萧条与低价时买进，在市场繁荣与高价时卖出；
2. 将投资组合分散于不同的行业，并尽可能地分散到多个国家；
3. 通过全面与专业的统计分析发现并购买价值被低估的个股。

这些传统的理念从信托投资行业之中消失的速度之快，程度之彻底，也可以称得上大时代中的一幕惊变。第一条原则在萧条时期买进显然毫无用武之地。这一机制的致命弱点在于信托投资基金往往在牛市行情中发起设立，这就迫使它在发起之初迫不及待地做第一笔买卖；第二条原则在全世界范围内分散投资对于思维狭隘的美国人而言不具备吸引力（在这一点上美国人或许对了），毕竟美国比其他国家繁荣得多，因此这一原则普遍受到了摒弃。

### 被信托投资基金舍弃的分析

但最为荒谬的是，指导信托投资政策的研究和分析被过早地舍弃了。这些金融机构在新时代的哲学背景下应运而生，它自然对这种投资哲学亦步亦趋。根据其投资信条，投资已经变得如此简单与“美妙”，研究工作毫无必要，统计分析也是累赘。投资过程就是简单地发现具备盈利上升趋势的著名公司，而后买入股票，不必考虑价格问题。因此，有效的政策就是仅仅买入其他人购买的股票——选择一系列极受欢迎的和极其昂贵的股票，即通常被称为“蓝筹股”的股票。寻找被低估和忽视的证券的传统思路已经荡然无存。信托投资公司竟夸口说，它们的投资组合全部是由活跃的和标准的（即最流行的和最高价位的）普通股组成。略带些夸张地说，遵循如此简便的投资技术，1 000 万美元的信托投资业务只需要一位周薪 30 美元的经验丰富的小职员就足以胜任。

那些被游说将资产托付给技艺精湛的投资专家的投资者，在花费了一笔价格不菲的管理费用之后随即发现，信托投资公司精心挑选的投资标的无非就是一些自己看中的东西。

### 对这种状况的可行解释

非理性的程度已经无以复加，但重要的是必须注意到，大规模投机浪潮只有在这样一种狂热与虚妄的气氛中才能蓬勃发展。然而，自欺欺人的公众投机者一定会为自己的行为自圆其说。这通常是一些笼统的说法，在某一前提下无懈可击，但在解释投机性狂热面前则显得牵强附会。在论证房地产泡沫时，“推理”所依据的通常是：土地的价值是永恒的，而且是不断上涨的。对于新时代的股票牛市，“合理性”的论证基础是，多元化股票投资组合表现出的收益长期增长的历史记录。

## ● 正确前提支持的不正确结论 ●

然而，在将历史数据用于检验新时代理论的时候存在着一个根本性的误区。只要粗略地浏览一下一本概述性的小册子提供的数据，其中涉及的谬论应该就显而易见了。这本书名为《作为长期投资的普通股》（*Common Stocks as Long Term Investments*），作者是埃德加·劳伦斯·史密斯（Edgar Lawrence Smith），于1924年出版。[①] 此书堪称为新时代理论的发端提供了窠臼。书中，普通股的价值被证明有与日俱增的趋势，原因很简单，收益高于股息的支付，而收益再投资增加了股票的价值。在一个代表性的例子中，该公司将获得平均9%的收益，支付6%的股息，将3%的收益转化为盈余公积。如果管理有效而且运气不算太差的话，股票的公允价值将随着账面价值的增加而增长，保持每年3%的复合增长率。当然，这仅是一个理论模型，而不是一个标准模式，但大量价值增值速度低于“正常”水平的股票可能会被另一些增长速度异常之快的股票所抵消。

---

① 关于普通股投资理论的文献，读者可以参考切尔西·博斯兰（Chelcie C. Bosland）1937年于纽约所著的《普通股投资理论及其发展与意义》（*The Common Stock Theory of Investment, Its Development and Significance*）。此后，阿尔弗雷德·考尔斯三世（Alfred Cowles 3d）及其助理在1939年于印第安纳州的布卢明顿（Bloomington）所著的《普通股指标》（*Common Stock Indexes*）是继博兰德教授之后对此领域的又一杰出贡献。

这样看来，普通股作为长期投资品种的根本优势在于，相对于融资成本而言，它们获取了超过债券利率的收益率。在通常情况下，这对于一只每股收益 10 美元，售价有可能为 100 美元的股票而言是不错的。但是，一旦价格被推到一个相对于每股收益高得离谱的水平，这个优势就荡然无存了，随之消失的还有整个普通股投资的理论基础。1929 年，投资者为每股收益 8 美元的股票支付 200 美元，但实际上，他们购买的投资品种的盈利能力并不高于债券利率，而且还缺乏优先索偿条款提供的保护。可见，新时代理论的倡导者将普通股的历史表现作为以高于盈利 20~40 倍的价格购买普通股的理论依据，恰恰是从正确的前提出发而得出的可悲的错误结论。

事实上，投资者争先恐后地利用普通股的内在优势，与生成这一优势背后的作用机理是相矛盾的，最终将导致市场价格跌至每股收益 10 倍的水平。我们知道，埃德加·劳伦斯·史密斯正确地认识到，普通股价值的增长来源于剩余收益再投资所带来的资产价值增值。令人不解的是，大大得益于这一发现的新时代理论，却拒绝对它推崇的股票所代表的资产价值给予丝毫关注。此外，史密斯先生所得结论的可靠性依赖于一定的前提假设，即可以依据普通股既往的表现推测未来，二者存在一定的相似性。然而，新时代的理论除了预测未来盈利的变化趋势外，对公司过往的盈利纪录视而不见。

对于盈利变化趋势的例证，可见表 27—5 中的三家公司。

**表 27—5** 每股收益 （单位：美元）

| 年份 | A 公司（电力和照明公司） | B 公司（班戈－阿鲁斯图克铁路公司） | C 公司（芝加哥黄色出租车公司） |
|---|---|---|---|
| 1925 | 1.01 | 6.22 | 5.52 |
| 1926 | 1.45 | 8.69 | 5.60 |
| 1927 | 2.09 | 8.41 | 4.54 |
| 1928 | 2.37 | 6.94 | 4.58 |
| 1929 | 2.98 | 8.30 | 4.47 |
| 5 年平均 | 1.98 | 7.71 | 4.94 |
| 1929 年最高价 | 86⅝ | 90⅜ | 35 |

从以上三家公司在 1929 年的最高价格可以看出，新时代理论对于 A 公司青睐有加，对于 B 公司不置可否，而对于 C 公司则唯恐避之不及。尽管 C 公司在 1929 年的每股收益比 A 公司的高 50%，平均收益也高出近 150% 以上，但是市场依然认为 A 公司的股票价值是 C 公司股票价值的两倍以上。①

## ● 平均收益与收益趋势 ●

从 1929 年价格与收益之间的关系可以明确看出，过去的收益已经不再是正常盈利能力的一个评判标准，仅仅是一个指示利润变动趋势的风向标。由于我们之前提及的典型行业的不稳定性加剧，平均收益已不能作为未来收益的可靠预测指标。但这也不能说明，收益变动趋势就成了更为可靠的指标。即使它确实更为可靠，将它作为投资判断的唯一标准也难以保证投资活动的安全性。

基于收益在过去几年向某一方面持续变化，就认为它未来还会朝同一方向延续变动，这一深入人心的假设从根本上讲与一度遭到抛弃的假设毫无二致，即平均收益过去维持在一定的水平，那么它未来将保持在同样的水平。在预示未来方面，收益变动趋势或许比平均收益更加可靠，但是无论如何，这种预测未来的指标都远非定数。而且更为重要的是，在收益变动趋势与股票价格之间没有办法建立一种稳固的逻辑联系。② 这意味着建立在一段良好收益变动趋势之上的价值判断是完全随意的，因而也是投机性行为，将不可避免地受到人为夸大，而最终将导致崩盘。

### 根据趋势判断未来的危险性

基于以下几点原因，我们不能确信过往显示的收益变动趋势将持续下去。从广泛的经济含义上来讲，收益递减法则与竞争的加剧最终将压平陡峭的增长曲线。一

① 对于这三家公司随后业绩表现的讨论，见附录注释 44。

② 新时代的投资理论在数学方面显然无所作为。价格与盈利以及盈利趋势之间的关系，与市场情绪本身并无二致。（参照表 27—5 中电力和照明公司的案例，注意其价格与盈利记录的关系。）如果尝试给新时代理论的估值理念一个数学表达，那它就是基于盈利相对于时间的导数。最近几年来，有更多的人投身于对盈利或者股息贴现这一数学基础的研究中。（参见盖布里埃尔·普里恩莱奇［Gabriel Preinreich］所著的《股息理论》，纽约，1935 年。威廉姆斯（J. B. Williams）所著的《投资价值理论》，剑桥，马萨诸塞州，1938 年。后者的工作建立在普通股价值等于未来股息贴现的理论原则之上。在假设未来盈利、股息政策与贴现率等重要参数的前提下，这一原则为计算普通股的内在价值提供了一系列精妙的数学公式。）

个完整的商业周期中有高潮也有低谷，一个特别的风险来自于收益曲线最为令人心动之时，或许经济也到了崩溃的边缘。在 1927—1929 年，我们观察到盈利趋势理论只不过是狂热分子在“投资”面具下进行不折不扣的投机活动的一个借口，而利令智昏的股民也相当愿意相信存在良好的收益趋势，即便仅有些微蛛丝马迹。收益持续上升 5 年、4 年、甚至 3 年，均被视未来收益持续增长、利润曲线无限攀高的保证。

**案例**

不计其数的普通股在这一时期发行上市，足以说明这种不审慎态度的蔓延程度。追求利润上升趋势的狂热，导致许多刚刚时来运转，以及一些接近或者达到兴盛顶峰的工业企业盲目扩张。这种做法的一个典型例子是施莱特和赞德公司（Schletter and Zander, Inc.）发行的优先股和普通股。这家公司（后来更名为标志针织公司［Signature Hosiery Company］）以生产丝袜为主营业务，成立于 1929 年，是一家成立于 1922 年的公司的后继公司。该公司的资本金来自于以每股 50 美元发行的、股息为 3.50 美元的 44 810 股可转换优先股，以及以每股 26 美元发行的 261 349 张替代普通股的表决权信托证书（voting-trust certificates）。招股公告公布的公司收益记录见表 27—6。

**表 27—6　公司收益记录　（单位：美元）**

| 年份 | 联邦税后净收益 | 优先股每股收益 | 普通股每股收益 |
|---|---|---|---|
| 1925 | 172 058 | 3.84 | 0.06 |
| 1926 | 339 920 | 7.58 | 0.70 |
| 1927 | 563 856 | 12.58 | 1.56 |
| 1928 | 1 021 308 | 22.79 | 3.31 |

后来的收益记录如表 27—7 所示。

**表 27—7　公司后来收益记录　（单位：美元）**

| | | | |
|---|---|---|---|
| 1929 | 812 136 | 18.13 | 2.51 |
| 1930 | 179 875（亏损） | 4.01（亏损） | 1.81（亏损） |

> 1931 年该公司开始破产清算，优先股在 1933 年年底每股总共支付 17 美元的清盘股息。(此时破产清算的剩余资产可以忽略不计。) 普通股的账面价值则一笔勾销。

这个例子反映了金融史上的一个矛盾现象：在这一非常时期，个别公司的业务日益不稳定，购买普通股投资比以往更加危险，但普通股是一种安全且有满意回报的投资工具这一论断却被宣扬开来，并为美国公众所接受。

# 28

# 普通股投资的新准则

到现在为止，我们对普通股投资理论的广泛探讨得出的结论仍是消极的。随着典型行业的不稳定性逐渐增加，传统的分析方法，即关注稳定的平均盈利能力，似乎已经失去了作用。新时代的投资方法转而将盈利趋势作为价值判断的唯一标准。这种方法虽然可能存在某种程度的合理性，但其在摒弃计算过程以及约束的条件下盲目择股，必将导致可怕的市场崩溃。那么，在普通股投资方面还有什么行之有效的方法呢？

通过仔细审查上述评论，我们发现，这些普通股投资理念并不像乍看起来那样一无是处。不难想象，个别公司的不稳定性风险可以通过彻底地分散投资来抵消。此外，盈利趋势作为择股的唯一判断依据是极为危险的，但它却可以作为反映投资价值的其中一项指标。如果这种思维方式可取的话，我们就能制定出一套经典而普适的普通股投资准则，主要包含以下要素：

1. 投资被看作一类组合性操作，借助风险分散措施可以产生令人满意的平均结果；
2. 与固定价值投资类似，个股选择时应当采用定性分析与定量测算相结合的办法；
3. 相对于债券投资而言，普通股投资更加注重对于未来前景的分析。

基于上述准则的普通股购买策略是否可以定义为投资还有待商榷。鉴于这一问题的重要性，以及尚无明确、权威的定义，我们有必要来权衡一下对这一论断的支持与反对。

## 三大基本条件

### ● 以持续扩展作为基准 ●

持有一组精心挑选、种类多元化，且以购买价格合理的普通股投资组合，能否定义为一种合适的投资策略？答案是肯定的，并且可从三种不同类型的关于美国企业未来前景及相关政策的假设中推导而来。我们首先假定在国家经济发展中，某些基本的和长期形成的基础将一如既往的可靠，具体包括：

（1）国家财富和企业盈利能力将持续增长；

（2）这种增长将体现在主要企业的资源扩张与利润增长上；

（3）这种增长主要源于新资本的投入和未分配利润再投资的正常进行。

第三个假设意味着，累积盈余和未来的盈利能力之间存在明显的因果关系，因此挑选普通股并不是纯粹凭运气或者猜测，而应基于该股过去的财务记录与当前市场价格关系的分析。

如果这些基本条件仍然适用，具备良好表现的普通股在整体上应当与以往一样，可以为人们提供有利的投资机会。因此，个股不稳定性这一根本弱点，将不会威胁到普通股整体的长期发展。经济周期的波动为全行业带来了不稳定的短期冲击，也可能为个别行业与企业带来永久性的负面影响。但就这两个威胁而言，后一种风险可以通过精心挑选的个股来抵消，以及凭借广泛分散化的投资来化解；而前者则要通过坚持以合理价格执行每次交易加以防范。

对于美国企业在未来将一如既往地发展这一假设，会有一些轻率的作者明确地提出支持或者反对。在引言中我们指出，过去 15 年来的历史经验与这一假设不符。那么不试图预测未来，投资者是否可以依赖普遍的盈利增长趋势为长期的安全性与利润提供保障呢？在这一点上，我们似乎又回到了 1913 年投资者所持的态度——不同之处是那时他们的谨慎似乎没有必要。他们忽视了经济中已然存在的长期增长的有力证据。今天，我们又有了类似的谨慎，至少是基于对过去的痛定思痛，以及对一些全新的不明前景的经济因素的担忧。

## ● 以个股成长性作为选择股票的依据 ●

那些拒绝基于一般的长期成长性构建普通股投资方案的人，或许会对另一种方法感兴趣。这一方法强调个股选择，并假定个别优质公司的长期稳定增长是可信赖的。因此，一旦找到此类优质公司，便可作为长期投资标的放心购买。这一投资理念在一家信托投资公司（国家投资者公司［National Investors Corporation］）1938 年的财务报告中有过详述：

> 本机构专门致力于改善选股程序，研究表明：成长性公司的普通股，（这类公司的盈利循环不断累计，只是偶尔受周期性经济萧条的影响）是最有效的普通股投资品种，它们或者以股息回报或者以长期资本增值的方式给予投资者丰厚的收益。我们相信，这个一般性的结论可以通过统计数据证明，并且能获得经济分析和实际操作的支持。

批判地考虑上述说法，我们必须回复以明确而有力的主张：当成长型企业股价尚处于合理水平时，能够将它们成功识别出来的投资者，无疑在资金运营上也有着极佳的表现。不可否认，部分投资者也能作出精准的选择，并通过远见及良好的判断获益。但真正的问题是，是否所有谨慎及理性的投资者都能遵循这一策略直至成功。

### 问题的三个方面

实际上，问题可以分为三个部分：第一，什么是“成长型企业”？第二，投资者是否可以合理准确地鉴别此类企业？第三，为此类企业股票付出的价格会对投资的成败产生多大的影响？

#### 1. 什么是成长型企业？

国家投资者公司在报告中将成长型企业界定为：“在不同周期中盈利循环不断增

长的公司。”问题是需要多少个循环周期以满足这个定义呢？事实似乎是，到1930年之前，很大一部分美国公众企业的盈利循环不断增长。但按照现今的理解，这些增长型企业的鲜明特征仅在1929年、1936—1937年间昙花一现。在这一个周期中，我们发现，大部分企业均不能恢复其在萧条时期的全部损失。其中少数脱颖而出的，如今被授予了一个赞美的称号——“成长型企业”。事实上，既然这一区分实际上是基于公司在某个经济周期的表现，那么投资者如何确保这一表现能在长远的未来得以维持？

的确，正如我们前面提及的，许多在1929—1937年得到扩张的企业，早在1929年之前就有了增长纪录。正因如此，这些企业整合了它们在过去长期建立的良好扩张能力。在这个类别的企业当中，有如下知名企业：

气体压缩公司（Air Reduction）
孟山都化学公司（Monsanto Chemical）
阿里斯–查尔默斯公司（Allis Chalmers）
欧文斯–伊利诺伊玻璃公司（Owens–Illinois Glass）
可口可乐公司
杰西潘尼公司（J. C. Penney）
商业信贷公司（Commercial Credit）
宝洁公司
陶氏化学公司（Dow Chemical）
宣威涂料公司（Sherwin–Williams Paint）
杜邦公司
新泽西标准石油公司（Standard Oil of New Jersey）
IBM公司
斯科特纸业公司（Scott Paper）
国际镍业公司（International Nickel）
联合碳化物公司（Union Carbide and Carbon）
利比·欧文斯·福特公司（Libbey-Owens-Ford）

### 2. 投资者能否发掘它们呢

我们需要通过冷静的思考平息对优秀的财务记录所自然流露出的热情。事实上，从历史的眼光来看，绝大多数成功的企业均经历过一个明显的生命周期，包括起初一系列的困境和挫折；接着是一段平稳及持续发展的繁荣期；最后转而走向非常成熟的终极阶段——其表现特征为扩张速度下滑、行业领先地位丧失和利润率下滑。[①] 究其原因，企业在经过长期的盈利增长期后，已经接近行业的“饱和点”。于是，寻找成长型股票的投资者面临着两难选择，如果他选择了财务记录短期增长的新公司，无形中就承担了短暂繁荣这一假象的风险；如果他选择的企业已经经历了数个完整的商业周期，他可能会发现，这一优点预示着企业即将进入衰退期。

因此，我们看到，鉴定一家成长型公司并非所想的那么轻而易举。不能停留在单纯地核对统计数据与财务报表之上，还需要大量的专项调研与商业评判。提倡成长型企业投资原则的人，往往习惯于将大量精力用于行业研究。在一般业务扩张机会缺失的情况下，公司很可能通过新产品或者新工艺来获取超额收益。这些创新很可能出自于科研实验室。实验室研发成果诸如玻璃纸、乙基汽油及各种塑料，更进一步如无线电、摄影、制冷、航空等，可以为企业带来巨大利润，这又进一步激发了企业将研发活动作为一项商业资产的天然热情，推动了通过占有科研设备为技术进步创造必要条件的自然趋势。

不过，我们仍然需要小心翼翼。倘若仅仅拥有一个科研实验室就能确保未来的成功，那么国内的每家公司都会设立一个。因此，投资者必须留意其拥有的设施、研发人员的能力以及研究项目的市场潜力。欲将一切都研究透彻并非绝无可能，但也绝非易事，失误的可能性巨大。

### 3. 股价会不会透支企业发展潜力

第三个问题所引发的困难也许是最大的。假设投资者对于公司未来的扩张抱有相当的信心，那么他应该为这一令人动心的因素支付何种价格才算合理？显然，如

① 成功企业的这一特点可以在 1938 年国家投资者公司的财务报表中（见第 4~6 页）得到鲜明地体现。

果他无须支付任何成本便可以获得美好的将来，也就是说，如果价格只反映以往的记录，这一投资决策是明智的。但是，假如市场已经反映了未来的成长性，事实就要另当别论了。被认为具有良好前景的股票通常也以相对较高的价格出售。不过，投资者如何判断价格是否过高？我们认为，这个问题没有绝对的答案，事实上，我们倾向于认为，即使你确实知道公司会在若干年的积累后赚钱，仍然无从得知企业在今天价值几何。因此，一旦投资者为这一增长因素支付了高昂的价格，他也不可避免地承担了某种风险，比如该增长可能会低于预期，在一个相当长的时期内付出得不到回报，市场并未跟他一样乐观地看重这只股票。

另一方面，假设投资者致力于选择自己看好的公司（尽管它们并不被市场看好），以避免为未来的发展前景支付过高的代价。毫无疑问，这种决策思维如果有效的话，将被证实是最为有利可图的。但是，从事情发展的本质来看，这也仅仅是个别有主见及勇气的投资者的决策，远非一般按照既定规则及标准的投资行为。①

## 这种购买行为能否被描述为投资？

这一问题在华尔街显得尤其重要，是一个老生常谈但又常讲常新的话题。我们的论述重点放在了投资于未来前景这一方式背后隐藏的危险而非收益之上，但是，我们重申，如果这种投资方法辅以技能、智慧和勤奋的钻研，或许真的会成功。如此一来，以投资的名义称呼这种投资方式是否恰当呢？我们的答案是肯定的，但前提是满足以下两个条件：第一条是前面已经提到的，抱以真切的关怀和严厉的怀疑态度审视影响未来的因素，而不仅仅是一些简单的概括与轻易地接受；第二，支付的价格不会大幅高于一个谨慎的企业家为了能够获取一个行使企业控制权的私人股权投资机会所愿意支付的价格。

在对一家前景诱人的公司投资时，我们相信，第二条准则将成为投资者是否考虑周全及出价是否合理的一块灵验的试金石。否则，他实际上就是在“投资”热门股这一假象的掩盖之下，任由个人情绪干扰理性的判断。

---

① 爱德华·米德（Edward S. Mead）与哥罗丁斯基（J. Grodinsky.）在1939年轰动纽约的著作《投资价值的潮起潮落》（*The Ebb and Flow of Investment Values*）中，强烈地拥护了“扩张性行业”这一普通股投资标准。对他们的投资观点更多、更详细的讨论，见附录注释71。

也许有人会争辩，我们一直在讨论的普通股投资或许能支付较私人企业股权投资更高的价格，原因有两点。第一，这是因为上市股票具有庞大的市场优势；第二，因为公开募资公司规模庞大且财力雄厚，使其天然地比私人企业更具吸引力。至于第二点，要付出的溢价应适当反映企业规模和资金实力所带来的优势，但并不取决于该公司是公募或是私有。关于第一点，是全资控股私营企业，还是牺牲控股权以获得上市的流动性，二者孰优孰劣尚存疑义（以价值分析的视角来看）。对于部分相信市场流动性比控股权更具价值的人而言，我们建议，在任何情形下，为这一优势支付的溢价不要超过真实价值的 20%，以免在未能证实风险的情形下，贸然地将投机性因素引入其中。

## ● 以安全边际原则为选股基石 ●

第三种普通股投资法基于安全边际原则。如果分析师相信股票价值会超过他所支付的价格，并且对该公司的未来持理性、乐观的态度，他会将此股票视为投资组合中合适的标的。从这一观点出发可以得出两种可能的技术路径：一种是以量化的价值标准去衡量，当市场普遍低迷时买入股票。可以想见，这种选股方法将局限于具有代表性且相当活跃的股票；另一种方法则致力于发掘价值被低估的普通股个股。不管是上述哪一种方法，“安全边际”均体现为以低于分析师所衡量的最低内在价值的折价出售股票。但由于风险因子和涉及的心理因素各异，这两种方法差别很大。接下来我们对其进行逐一比较。

### 使波段操作盈利复杂化的因素

第 44 页的图 X—1清楚地显示，自 1900 年以来，普通股股价的波动表现为反复地过高和过低，以致赚钱的机会重复出现，廉价买入之后还能以高于公允价值的价格售出。一个简单的方法可以实现此项操作（显然是受到了图表的启发），即直接连接市场趋势线的中间点得出一条直线，当价格压在线下时，买入股票；走在线上时，卖出股票。

也许这样一个“操作体系”和其他体系一样实用，但分析师还会执着于更为科学的方案。一个可能的具体操作如下：

1. 构建一个包括各个行业龙头企业普通股的投资组合；
2. 利用合适的资金成本（长期利率），以贴现的方式将平均盈利资本化，确定组合的基准或者“正常”价值；
3. 将买点确定在正常价值的一定百分比之下，将卖点设定于正常价值的一定百分比之上。（或者下跌趋势买进，上升趋势卖出。）

这种方法具有看似合理的逻辑，并且与一个古老的传统一脉相承——股市的成功来自于低买高卖，因此广受欢迎。但读者也许会立即怀疑这其中有诈。那么，它有什么缺点呢？

正如我们所见，实践这一想法有三大困难：首先，虽然市场的一般行为模式可能被正确地预期，但特定买卖点的选择可能是错误的，并且交易员可能在一个又一个极值点错失良机。第二，市场行为的性质始终有可能会发生显著变化，因此，曾经有用的交易方法将不再有效可行。第三，使用这种方法需要相当惊人的毅力。一般包括：买入和卖出时的决策与普遍心理倾向相反，眼见股票价格买入后下跌、卖出后上涨，或者是当大多数人都对股票持积极态度时，却长时间远离股票市场（例如 1927—1930 年）。尽管有种种缺点，但我们不予回避，实际上我们认为，这种方法非常适合推荐给那些有能力驾驭它的投资者。

## 物超所值的个股策略

另一种针对个股的投资策略是寻找价值被低估的普通股。经过分析，这类股票的出售价格远远低于真实价值。罕有普通股能从各个定性的角度同时使投资者满意，并且在同一时间被发现能够以相对于盈利、股息和净资产等量化指标而言较低的价格出售。这种股票一旦出现，无疑极其适合组合投资的选股标准，并能履行我们在第 4 章中附加的“投资”准则。（“投资操作可以从定性和定量角度进行论证。”）

更实际的意义是，投资于从定量角度看较为便宜，并且经研究具备一般未来展望前景的个股，是否可以取得成功？由于市场对成长型个股痴迷，以致这类证券实际上随处可见。但是，由于成长性被过度看重，很多历史悠久、资金雄厚、在行业内举足轻重，并且注定长期存在且持续盈利的企业，却苦于没有投机性与成长性的吸引力，遭到市场的抛弃（在盈利低迷的财务年度最为明显）。在市场上，它们以大幅低于私人所有企业的价值出售。[①]

我们强烈认为，最后一个投资准则必将成为检验普通股投资机会真实性的试金石，即寻找远远低于私人企业价值的售价。尽管这一观点几乎违背了大多数人所寻求的股票投资理念，甚至包括了全部投资信托公司。他们的理念看重企业的长期成长性、下一年的公司前景，以及股市本身显示的趋势。无可否认，那些具备丰富经验和相当天分的投资者，遵循这三种投资理念的任何一个，都有机会取得成功。但我们不能肯定，这些方法都可以发展成一个理论体系或者操作技术，使得细心钻研的聪明人都有信心走向成功。因此，我们必须提出独到的观点，即反对用“投资”这一专业术语来描述上述股票操作理念，即便精通此术甚至获利。在市场交易中，预测不同行业的下一年业绩、选择极具长期成长性的最佳股票，这些理念都在华尔街大行其道。但我们认为，以投资之外的名称命名基于上述因素的股票操作，将更符合投资者与华尔街投资机构的利益。

更多地考虑在统计学上显著影响普通股投资的因素之后，再判断普通股投资概念的是非对错更为有效。对这种客观分析的需求独立于我们的投资哲学。毕竟，普通股是因股民而存在且被广泛地交易。买卖股票之人理所当然地会寻求深入分析公司财务报表的方法与技术，利用充足的学识与财务实践经验来武装自己。

普通股投资者所需的方法与技术将是下一章的主题。

---

① 请注意，我们将“对私人投资者价值”这一试金石用于两类不同的普通股投资：(1) 以不高于私人企业相应股权的出价购买极具前景的股票标的；(2) 以相对于私人企业低得多的出价购买具有良好财务记录与一般前景的股票标的。对于后者的例证，见附录注释 45，斯威夫特公司。

# 29

# 普通股分析的股息因素

决定普通股估值的因素可以自然而然地分为以下三个类别：

1. 股息率及其历史记录；
2. 损益账户因素（盈利能力）；
3. 资产负债表因素（资产价值）。

股息率是一个简单的事实，无须加以分析，但要准确评估其重要性却显得极为困难。从一个角度来看，股息率是至关重要的，但是从另一个同样有根据的观点来看，它又被认为是附带的、次要的因素。管理层与股东早已对如何确定合理的股息政策这一根本问题表示困惑，结果造成持有普通股的两类股东之间产生了明确的矛盾冲突。其中一方是流通股股东，另一方就是企业合伙人。让我们以这种二元性为切入点，对这个问题进行详细分析。

## ● 普通股投资中的股息回报因素 ●

直至最近几年，股息回报率仍然是股票投资中最引人注目的因素。这种观点是基于简单的事实逻辑，即公司制企业的主要使命是向股东支付股息，而一家成功的公司必然可以按时支付股息，并能随着时间的推移逐步提高支付额。由于投资的概念与稳定的收益有着密不可分的关系，普通股投资行为就应该局限于具有稳定股息分派的股票上。同样，为普通股投资所支付的价格，也应该主要取决于所能获得的股息数额。

在前面的章节中我们看到，传统的普通股投资者寻求尽可能地置身于债券投资者或优先股投资者的位置，他的主要目标是追求稳定的收入回报。相对于优质优先证券,这种收入回报一般都略大或略小。端正投资态度对于投资业绩的影响非常明显，表 29—1 和表 29—2 可以充分说明这一点，它们分别是：1907—1913 年美国炼糖公司（American Sugar Refining）的盈利、股息与年价格变动和 1916—1925 年艾奇逊 – 托皮卡 – 圣菲铁路公司的相关数据。

**表 29—1　美国炼糖公司**　（单位：美元）

| 年份 | 股票价格变动区间 | 每股收益 | 每股股息 |
|---|---|---|---|
| 1907 | 138~93 | 10.22 | 7 |
| 1908 | 138~99 | 7.45 | 7 |
| 1909 | 136~115 | 14.20 | 7 |
| 1910 | 128~112 | 5.38 | 7 |
| 1911 | 123~113 | 18.92 | 7 |
| 1912 | 134~114 | 5.34 | 7 |
| 1913 | 118~100 | 0.02（亏损） | 7 |

**表 29—2　艾奇逊 - 托皮卡 - 圣菲铁路公司**　（单位：美元）

| 年份 | 普通股价格范围 | 每股收益 | 每股股息 |
|---|---|---|---|
| 1916 | 109~100 | 14.74 | 6 |
| 1917 | 108~75 | 14.50 | 6 |
| 1918 | 100~81 | 10.59[a] | 6 |
| 1919 | 104~81 | 15.41[a] | 6 |
| 1920 | 90~76 | 12.54[a] | 6 |
| 1921 | 94~76 | 14.69[b] | 6 |
| 1922 | 109~92 | 12.41 | 6 |
| 1923 | 105~94 | 15.48 | 6 |
| 1924 | 121~97 | 15.47 | 6 |
| 1925 | 141~116 | 17.19 | 7 |

注：a. 数字为这些年的实际经营结果。联合经营数据为：1918 年——9.98 美元；1919 年——16.55 美元；1920 年——13.98 美元。

b. 数字包括非经常性收益，如果扣除这个项目，1921 年的每股收益将为 11.29 美元。

那段时期股票市场持续大幅波动，而这两只普通股的股价波动范围却是出奇的窄。表中最为引人注目的是，美国炼糖公司股票盈利不太稳定，而艾奇逊公司股票盈利异常稳定且稳步提升，但这一差别似乎影响不大。很明显，稳定在 7 美元的股息率主导了美国炼糖公司股价，而 6 美元的股息率决定了艾奇逊公司的股价。稳定的股息避免了股价伴随相对盈利记录的波动而大起大落。

## ● 预扣股息的既定原则 ●

综上分析，一方面我们可以看到根深蒂固且极具影响力的传统，它主张将投资关注的重点集中于目前和以往的股息状况；但一方面，企业管理层亦有一套已经成型且行之有效的股息制度，即现行股息政策必须服从于企业以及股东未来福利的需要。如果预扣股东的现有盈利是出于以下几方面的利益考虑，那么该股息管理政策可被视为是恰当的：

1. 巩固财务状况（营运资金）；
2. 提高生产能力；
3. 根除过度资本化的问题。

当管理层预扣利润以备再投资，从而增加累积盈余的时候，他们总是自信地声称这是为股东的最大化利益行事。此项再投资政策的实施无疑使既定股息率的维持得到了更好的保障，并使得股息的按期支付能力更可能逐渐而持续地提高。如果普通股股东特别相信此项政策会增加其利益，或者迷信于管理层与银行家的权威，他们一般会支持股息预扣政策。

但是，股东对于“保守的股息政策”的认同，却难免带有敷衍与不情愿的因素。典型的投资者肯定会优先选择今天的股息，明日事留得明日忧。没有任何证据表明，为追求未来的利润，股息预扣政策所带来的热情会引致股价上涨，相反的做法却总是有效。**给定两家行业地位相似且盈利能力相同的公司，派息较高的公司永远对应着更高的股价。**

### 预扣股息政策引人质疑

这是一个发人深省的事实，传统的财务理论认为以股息形式发放的盈利越少，对企业及其股东更为有利，但这一观点是经不起推敲的。虽然投资者都对这一教条满口应承，但是他们的直觉（也许是更准确的判断）对此存有反感。如果我们尝试以全新的视角和批判的态度来审视这一问题，我们会发现，美国企业广泛接受的股息政策原则极可能在有力的反对声音中不堪一击。

更仔细地检视这一政策，我们看到，这一结论建立在两个截然不同的假设之上：第一，将全年盈利的大部分留存在企业对股东有利；第二，面临盈利的波动，理想的选择是维持稳定的股息政策。只要股息的稳定性不以过度牺牲股息数额为代价，第二点的合理性显然是毫无疑问的。假设若干年之内，每股收益在 5~15 美元之间波动，平均为 10 美元。如果将股息率维持在每股 8 美元，股东无疑会获得最大化的收益，有时可能需要提取盈余来保证未来股息的发放，但平均而言，盈余将以每年每股 2 美元的速度递增。

这是一个理想化的安排，在实践中很少被采纳。我们发现，稳定的股息通常是由简单的权宜之计实现支付，即平均盈利的小部分用于支付股息。通过归谬法可知，很明显，任何平均每股收益为 10 美元的公司都可以很容易地将股息稳定在 1 美元的水平。但这也很自然地产生了一个问题：股东不是应当更喜欢一种即便缺乏规律，但总数颇为丰厚的股息吗？艾奇逊公司的案例很好地阐述了这一论点。

**艾奇逊公司案例**。1910—1924 年的 15 年间，艾奇逊公司的股息率每年都维持在 6 美元的水平。这期间，年均每股收益都超过 12 美元，因此股息的稳定性是通过留存一半以上的股东盈利来实现的。此项股息政策取得了丰硕的成果，在 1927—1931 年将年股息率提高到了 10 美元，股票市场价格也于 1929 年提升至 300 美元。但于最后一次支付 10 美元股息（1931 年 12 月）之后半年，股息被完全取消。经批判性观察得出：1910—1924 年，艾奇逊公司股息的稳定性是否真的给股东带来了好处尚存质疑。在股息持续支付期间，股东收到的回报相对于盈利而言太低，当股息率最终被提高时，这种重大变化引发了过度的股票投机买卖。最后，到了 1932 年，即便企业从盈利中大量留存以作再投资，也不能使投资者逃脱血本无归的厄运。当然，1932 年发生的史无前例的经济萧条，我们也需要考虑在内，但事实上，由于分红派息造成的实际经营损失，与过去多年从盈利中提取的累积盈余相比，实在微不足道。

**另一个例子，美国钢铁公司**。针对被描绘成“保守”且被广泛接受的股息政策，艾奇逊公司案例对两个反对意见进行了说明。第一个反对意见认为，与资产收益相比，股东当期与终期所获得的回报均过低；另一个意见认为，当真正遇到倾盆大雨（艰难时刻）时，“未雨绸缪”的方法往往连基本的股息率都不能保证。另外一个同样引人注目且足以说明留存盈余政策无效的案例，是美国工业的龙头企业——美国钢铁公司（United States Steel）。

下面的数字讲述了一个值得注意的故事：

属于普通股的利润，1901—1930 年 ........................ 2 344 000 000 美元
　股息支付：
　　现金 ........................ 891 000 000 美元
　　股票 ........................ 203 000 000 美元
未分配盈利 ........................ 1 250 000 000 美元
1931 年 1 月 1 日—1932 年 6 月 30 日
优先股股息分配后的亏损 ........................ 59 000 000 美元
1932 年 6 月 30 日普通股股息未分配

一年半的业务衰退足以将 30 年来持续不断地将盈余再投资所累积的利润毁于一旦。

## ● 盈利再投资的益处 ●

这些案例将我们批判的思路引至另一个关于美国股息政策的基本假定上，即年度盈余的大比例留存对股东有利。这很可能完全真实，但也附有条件，而条件因素往往在考虑过程中被摒弃。这一论点一般可以通过三段论的形式加以陈述，过程如下：

- 大前提——对公司有利的事情必然对股东有利；
- 小前提——将盈利留存在企业而非以股息的形式支付将会对公司有利；
- 结论——留存企业盈利对股东有利。

上述推理过程的缺陷显然出现在大前提上。大前提这一判断只有在公司盈利不以牺牲任何股东的利益为代价时才成立。把钱从股东身上取走提交给公司无疑将会增强企业的实力，但它是否对企业所有者有利完全是另一个问题。企业管理层“将

盈利再投入资产”的做法通常会得到赞同，但是在衡量此项政策所带来的益处时，时间因素往往不在考虑之内。按理说，如果一个企业只将盈利的小部分用于支付股息，数年后股票价格将会有所增加，但是我们无法确信这种增加能否弥补企业留存盈利给股东带来的股息损失，尤其是在以复利方式计算利息的情况下。

归纳法的研究无可否认地指出，公司的盈利能力一般不会随着留存盈余累积比例的增加而成比例增加。假定账面盈余都是完全可分配的，相对于以股票形式支付股息，普通股股东一般会对于以现金方式支付股息更为满意。对这一事实在潜意识层面上的认同，使得盈利能力相同但只支付小部分盈余的两只普通股股票中，支付丰厚股息的股票往往有着更高的卖价。

## ● 股息政策的任意性与利己立场 ●

阻碍股东对于股息问题透彻理解的障碍来自于常识，即把股息政策视作公司的管理职权，操作方法如同管理企业的日常运营。这在法律上是正确的。除非有证据表明不公平的现象存在，否则法院无权干涉企业的股息分配行为。但是，如果股东的意见能明确地表述出来，法庭就能坚持要求削减董事会在股息政策方面的专制权力。经验表明，基于各种不同的理由，这些不受限制的权力极可能被滥用。一般而言，董事会主要由执行主管和他们的朋友组成，主管自然希望保留尽可能多的现金，以化解财务问题；为了强化个人权力，并争取更高的薪酬水平，他们也倾向于坚持扩大业务规模。这是企业盲目扩张的一个主要原因，且被证明是影响经济形势周期性波动的不稳定因素。

在股息政策上的恣意权力，也可能被恶意地加以滥用。这样做有时是为了以极低的价格收购股份，或者是为了方便以较高价位出货；向高收入阶层频繁征收重税也使得大股东对于股息政策并不欢迎。因此，制定股息政策的出发点可能是来自控制董事会大股东的应税状态，尤其是在这些主要股东作为高管收到大量薪酬的情况下更是如此。在这种情况下，他们非常愿意把股权收益保留在企业财务收入中，因为公司的库房由他们掌控，而且通过这项安排，他们还能对其他股东的未分配盈利保留控制权。

## ●普通股股息政策的任意性使证券分析工作更复杂●

综观美国公司的股息政策，我们无法断定，赋予企业管理层实际的无限权力对股东利益最大化有何裨益。在绝大多数情况下，管理层试图以不明智或者不公平的手段去行使支付或者预扣盈利的权利。管理层对股息政策往往恣意操纵，导致普通股分析的不确定因素增加。除了判断盈利能力上的困难，另一个困难在于，揣测董事会将拿出盈利的多大比例来分红派息。

值得注意的是，这一特点是美国公司的财务结构所独有的，在其他主要国家找不到类似状况。典型的英国、法国或德国公司支付除储备之外的全年盈利，① 因此，他们不会像美国的公司一样，在损益表上累积大量盈余。在海外，企业扩张所需资本是通过增发股票获得，而不是出自公司的未分配利润。也许，在一定程度上，国外公司在资产负债表上列出的储备账户用途类似于美国公司的盈余账户，但却远远不能达到与美国公司可比的规模。

## ●"掺水"股票导致的利润再投资做法●

美国公司的盈利再投资原理可能要追溯到第一项世界大战前的股票"掺水"做法。许多大型工业企业成立之初，其普通股的背后并没有充分的有形资产作为支撑，优先股的利益也得不到充分保护。因此，管理层自然想尽办法，利用未来的盈利去弥补这种先天的不足。由于新增股票无法按照平价发行，除了通过未分配利润，企业扩张的确很难通过其他途径获得所需的资本，于是管理层热衷于留存盈利。②

**案例**

伍尔沃斯公司（F.W. Woolworth）和美国钢铁公司的典型案例，对过度资本化和股息政策之间的关系作了具体地说明。

1911 年，在伍尔沃斯公司进行公开售股前，公司已发行的优先股对应全部的有形资产，而普通股则对应着商誉。资产负债表相应地设置了一

① 相关案例及讨论见附录注释 46。
② 这种无面值策略（no-par-value device）在很大程度上是 1918 年后的一项发明。

个总额为 50 000 000 美元的商誉资产科目，以抵消负债方面每股价值为 100 美元的 500 000 股普通股债务。[①] 随着伍尔沃斯公司的成功，大量利润使得盈余数额大幅增加，于是公司不断从盈余中提取资金以抵减商誉价值，直至最后这一科目的数额被减记至 1 美元。[②]

在美国钢铁公司的案例中，公司最初的资本额超过有形资产，不少于 768 000 000 美元，金额相当于全部的普通股以及过半的优先股。这些资产负债表内的“水分”并没有像伍尔沃斯公司那样被确定为商誉价值，而是被隐藏于估值过高的固定资产科目中（即“投资性房地产账户”科目）。通过不同的会计方法，企业管理层仍然将盈利用于抵销无形资产或者虚假资产。至 1929 年年底，相当于全部普通股最初总市值的 508 000 000 美元资金已经从盈利或者盈余中提取，并从投资性房地产账户中扣除。在 1937 年的财务报告中，260 000 000 美元的余额被单独设置成无形资产，然后在 1938 年年底以削减普通股设定价值（stated value）的方式被彻底注销。

在讲述损益表与资产负债表的章节中，我们将从对投资价值影响的角度进一步讨论上述会计政策。从分红的角度来看，上述两个例子中公司留存大量盈利而不对股东发放股息，显然是为了清除资产方的无形资产科目。

## ● 结论 ●

综上所述，我们得出结论如下：第一个实际的问题是，与财务报表上显示的盈利相比，应当赋予股息率多大的重要性；第二个更加抽象但更为重要的问题是，从股东的利益角度考虑，什么样的股息政策才是最为理想的。

过往的经验可以确认市场的既定裁决，即对股东而言，以股息形式分派得到的 1 美元盈利，比 1 美元的留存盈余更有价值。通常情况下，普通股投资者应该同时要

① 许多年来，这俨然已成为诸多工业公司融资的标准模式。（如西尔斯 – 罗巴克公司［Sears Roebuck］、克鲁特 – 皮博迪公司［Cluett Peabody］、国家风衣和西装公司［National Cloak and Suit］等。）

② 应该注意是的，伍尔沃斯公司资产负债表上的商誉一项最初设置为 50 000 000 美元，但它的实际价值（以股票市价计量）仅仅为 20 000 000 美元左右；到 1925 年，商誉这一资产科目被减记到 1 美元时，它的真实价值却明显要大大超出 50 000 000 美元。

求公司具备强大的盈利能力和充足的股息支付能力，如果股息分配比例非常小（小得不成比例），那么只有当公司盈利能力特别突出时（或者流动资产处于特殊情况时），投资性购买才能彰显其合理性。当然，从另一方面来看，一个额外宽松的股息政策不能弥补盈利能力的不足，因为这种情况下的股息率必然不可靠。

为了便于定量地分析这一观点，我们提出以下定义：

- 股息率（The dividend rate），是指公司每年向每股股票支付的股息金额，无论是以美元或 100 美元面值的百分比来表达。（如果票面价值低于 100 美元，以一个百分比数字作为股息率是不可取的，因为这可能会导致混乱。）
- 盈利率（earnings rate），是指公司每股股票的每年盈利金额，无论是以美元或 100 美元面值的百分比表达。
- 股息率（dividend ratio）、股息回报率（dividend return）或股息收益率（dividend yield），是股息支付与市场价格之比。（如股票每年支付 6 美元股息，市场售价为 120 美元，即股息率为 5%。）
- 盈利比率（earnings ratio）、盈利回报率（earnings return）或盈利收益率（earnings yield），是年度盈利与市场价格之比。（如股票盈利为 6 美元，市场售价为 50 美元，即盈利比率为 12%。）①

让我们假设一只普通股 A，前景一般，年盈利为 7 美元，并支付 5 美元股息，它的合理售价为 100 美元。这只股票的盈利比率为 7%，股息回报率为 5%。类似的普通股 B，盈利 7 美元，但只付 4 美元的股息，则它的售价应该低于 100 美元。普通股 B 的股价显然应当介于 80 美元（代表 5% 的股息回报率）和 100 美元（代表 7% 的盈利收益率）之间。通常的价格应该倾向于接近下限，而不是上限。根据相对价格的合理估计，价格应当接近 90 美元。在这个价格水平上，股息回报率为 4.44%，盈利比率为 7.78%。如果投资者在股息回报率方面作出一点让步，允许其低于标准水平，他就有权利要求盈利能力提升至标准水平以上。

与此相反的情况下，类似的股票 C，年盈利 7 美元，但支付 6 美元股息。因为它

① 盈利比率有时候也被称作盈利基准（earnings basis）。但是，股息基准（dividend basis）这一术语的表义却很模糊，有时候它表示股息率（dividend rate），有时候表示股息比率（earnings ratio）。

支付了丰厚的股息，投资者支付 100 美元以上的溢价是合理的。当然，价格的上限是 120 美元，此时股息比率将是标准的 5%，但盈利比率只有 5.83%。因此，合理价格应当更加靠近下限而不是上限，比如说 108 美元。此时算得的股息回报率是 5.56%，而盈利比率则为 6.48%。

## ● 分派股息的建议原则 ●

虽然这些数字是随意设定的，但是它们非常精确地反映了股票市场在正常、合理的情形下的投资价值。除了盈利之外，股息率也被认为非常重要，这不仅仅是因为投资者期望获得来自于投资资本的现金收入，也因为未以股息分配的盈利往往会失去其对于股东而言的部分有效价值。由于这一事实，美国的股东未来将会比现在更乐于采纳有关公司股息政策的不同意见。作为一个传统观点的可取修正，我们建议采取以下的原则。

**原则：**股东有权获得来自于资本投资的盈利，除非他们已决定将盈利再投资于企业。管理层只有在获得股东批准的情形下，才能留存盈利或者进行盈利再投资。这种必须留存以保护股东在公司地位的“盈利”，根本不是真正的盈利，它们不应该被报告为利润，而应该作为必需的储备从损益表中扣除，并附以充分说明。强制性留存的盈余是一种虚构的盈余。①

只要这一原则被普遍接受，预扣盈利就不会被视为一种理所当然的事，也不会成为管理层武断决策的结果。与目前改变资本结构与增发新股的审议流程一样，管理层必须对此做出理由充分的解释。其结果将是，股息政策必然会受到更为细致的审查与理性的批判，这样可以对管理层盲目扩张生产的趋势与过度累积营运资金的行为施以有益的监督。②

---

① 此处的盈余是指积累下来维持公司状态的盈余，而非出于良好的公司管理原因而保存的盈余。

② 1929 年，英国《公司法》要求股息分配政策由一年一度的股东大会审议通过，并且严禁经由超过某一比例的董事建议而生效。尽管有后一规定，但将股息政策的决定权交由股东审议这一事实，是对管理层的职责的有益提醒，也是对于股东在此重要问题上的权益的保障。

虽然《公司法》不要求在所有情形下执行该法案，但它也是作为在英国遵守的一般规则。参见 1929 年《公司法》，第 6~10 章；1929 年《公司法》表 A，第 89~93 段；《帕默公司法》（*Palmer's Company Law*），第 222~224 页，13 版，1929 年。

如果将每年盈利的大部分以股息形式分配给股东的政策视为公认做法（这正是国外的做法），那么股息率将会随着商业环境的变化而变动，这显然为股票估值引入了新的不稳定因素。但是，反对现行做法的原因在于，它无法制造出稳定的股息率，以达到其所宣称的目的并合理地补偿相应损失。因此，股民所获得的不是一个缓解盈利不稳定性的可靠股息，而是经常反复并难以揣测的股息政策，这进一步加剧了盈利的风险。合理的补救办法应当是将平衡每年盈利回报的任务交由股东自己完成，因为普通股投资者必定会形成某种称心如意的关于平均盈利能力的投资观点，以凌驾于年度市场波动之上，相应地，他也可能养成自己习惯的平均收益观念。就事实而言，这两个概念大致相通，股息波动难题不会使得投资者的状况恶化。最终的情况是，相对于现行不算成功的办法——试图以盈余账户的大量留存来稳定股息，股息波动似乎更加有利于投资者。① 因为相对于现行办法而言，股东的长期平均收益或许会相当高。

**一个悖论**：虽然我们已得出结论，即以宽松比例的盈利发放股息无疑会增加普通股的吸引力，但我们必须承认，这一结论涉及一个难以理解的悖论——取走价值以带来价值的增值。股东从资本与盈余资本中提取得越多，他对剩余部分的价值评价越高。这更像是《西卜林书》（*Sibylline Books*）② 记载的著名传说，不同的是，在这里剩余部分价值增加的原因在于一部分被取走。

这一论点可以通过两家行业地位相当的铁路公司——艾奇逊铁路公司和联合太平洋铁路公司为期 10 年的财务数据（1915 年 1 月 1 日—1924 年 12 月 31 日，）进行充分说明。

**表 29—3　　两家铁路公司为期 10 年的财务数据　　（单位：美元）**

| 项目 | 普通股每股 | |
|---|---|---|
| | 联合太平洋铁路公司 | 艾奇逊铁路公司 |
| 盈利 1915—1924 年共 10 年 | 142.00 | 137 |
| 盈余账户的净调整 | 借方 1.50[a] | 贷方 13 |
| 可向股东分配的总额 | 140.50 | 150 |

① 对于股息政策中留存盈利做法全面、深入的研究，参见库里（O. J. Curry）所著的《利用公司利润平抑经济周期》（*Utilization of Corporate Profits in Prosperity and Depression*），安娜堡，1941 年。

② 古罗马一部神谕。——译者注

续前表

| 项目 | 普通股每股 | |
|---|---|---|
| | 联合太平洋铁路公司 | 艾奇逊铁路公司 |
| 股息支付 | 97.50 | 60 |
| 市场价格的上升 | 33.00 | 25 |
| 股东实现的利益总额 | 130.50 | 85 |
| 盈利的增加，1924 年和 1914 年相比 | 9%[b] | 109%[b] |
| 账面价值的增加，1924 年和 1914 年相比 | 25% | 70% |
| 股息率的增加，1924 年和 1914 年相比 | 25% | 无 |
| 市场价格的增加，1924 年和 1914 年相比 | 28% | 27% |
| 1914 年 12 月 31 日的市场价格 | 116 | 93 |
| 1924 年 12 月 31 日的市场价格 | 149 | 118 |
| 截止到 1914 年 6 月 30 日的年度盈利 | 13.10 | 7.40 |
| 1924 自然年的盈利 | 14.30 | 15.45 |

注：a. 未包括大约每股 7 美元的从储备向盈余账户的转移。

b. 1924 自然年数据和截止到 1914 年 6 月 30 日的会计年数据的比较。

从表 27—3 中可以看到，由于艾奇逊铁路公司未能增加股息，股票的市场价格未能得以充分反映其盈利能力和账面价值的大幅增加；而联合太平洋铁路公司更宽松的股息政策则产生了相反的结果。

这一章我们讨论了股息政策方面两个主要观点的内在分歧，在很大程度上解释了股票市场的异常现象。在下面的简要总结中，我们将尝试阐释股息政策理论和实践层面之间的关系。

## ● 总结 ●

**1. 在某些情况下，股东从极端保守的股息政策中获得了积极的回报，即收获了较大的最终盈利和股息。**在这种情况下，市场因微薄的股息而作出的消极判断被证实是错误的。由于利润被用于增加盈余而非以股息的形式分配，股票的价格应该变得更高而不是更低。

**2. 然而，在惯常的情形下，股东从股息支付中获得了比盈余留存更大的收益。**

这是因为:(a)利润再投资不能以同样的比例提高盈利能力;(b)它们不是真正的"利润",而只是为了维持商业运营留存下来的储备。因而,在多数情况下,市场偏好强调股息、轻视累积盈余的价值取向是稳健合理的。

**3. 思想的混乱来自于一个悖论:股东依据第一个原则进行投票表决,依据第二个原则从事投资。**如果股东可以明智地维护自己的权利,这个矛盾就会迎刃而解。这种情况下,大比例的留存盈利将成为一个异常的做法,必须受到股东严格的审议,只有确定留存盈利对股票持有人有利时,预案才会得以通过。对低股息分配预案的正式认可,能够有效消除市场的怀疑态度,并使累积盈余与派息盈利一样,在价格中得到如实反映。

前文讨论的一个观点——普通股价值的长期增长来源于未分配利润的再投资,似乎与我们上述的建议有所冲突。在这里,我们必须区分这两种不同的论点。回到之前的标准案例,假设某家公司每股收益 10 美元、股息为 7 美元,之前我们指出,每年重复地将 3 美元盈利加至盈余,这一做法应当在若干年之后增加股票的价值。这也许毫无疑问,但同时以年复利计算的价值增长率可能大大低于 3%。如果采取相反的做法,即 3 美元支付股息和 7 美元作为留存盈余,差别就一目了然。毫无疑问,大量的留存盈余将提高股票的价值,但是很有可能股票的价值增长率无法达到 7% 的年复利率。因此,对年度盈利的大比例再投资进行批判仍将是绝对有效的。我们的批评是针对后者的股息政策,即保留 70%的盈利,而不是针对大约 30%的利润进行再投资的正常做法。

## ●1934 年以来的股息政策●

如果完全以 1934—1939 年的财务报告去判断美国公司的派息做法,那么这一章提出的批评意见将会变得相当温和。近年来,公司的股息支付一直存在明确的增长趋势,尤其是那些没有明确的利润扩张机遇的公司。快速增长企业关于留存盈利的做法几乎不受公众的反对,如飞机制造商。另一方面,自 1932 年年底以来,通用汽车公司几乎每年支付约 80%的盈利给普通股持有者,在 1939 年以前无一例外。1939 年,财政部宣布,使用盈余的 70%作为一个粗略的或初步的测试值,以决定公司是否应缴纳因不当累积盈余政策而受到的惩罚性税收。

至于股票价格，实在难以断言它们也受到了随意派息政策的不利影响，这不仅是因为政策的随意性不如往日，也因为市场上已形成了明确的趋势，将股息因素纳入报告及预期盈利的范围之中。

## ● 未分配的利润税项 ●

近年来，更丰厚的股息在某种程度上源于对未分配利润极具争议的税项。1936年，这一税项由美国国会强行征收，并以 7%~27% 的税率累进。1938 年，经过一番猛烈的批评之后，税率下降至 2.5%，并于随后的一年中彻底废除。这一政策的主要目的之一在于迫使公司分派股息，以便于当局向股东征收利息税；目的之二似乎是为了限制企业盈余的积累（被视为有害），有可能是因为这样的行为抑制了个人的购买能力，也有可能是它助长了企业的不明智扩张。但税收法案受到了广泛和强烈的谴责，主要是因它妨碍了盈余及储备资金的创设，而这恰恰是企业应付未来损失、突发情况及业务扩张需求的方式。此项税法将公司的节俭与审慎置于严厉的税收惩罚之下，并且对一些需要大量留存盈利维持发展的小型企业和新企业施以了特别严厉的税罚。

### 税法令人反感，批判却不中的

在我们看来，此项税法是离谱的，但它却在错误的论点上遭受了大量批评。它的目标是准确地向企业课税（正如首次声称的一样），就像它们是企业的合伙人一样，以使企业及非法人企业的税基达到均等化，我们可以找到支持上述做法的许多理由。但最终法案通过生效，并将合伙制企业征税加之于企业税之上，这是对企业、尤其是小股东的严重歧视。对大股东的利益而言，这也不是一条可行的税项，因为极高的个人所得税率，再加上公司税（州政府和联邦政府），创造了整体性的负担，造成了对个人进取心毫无疑问的敌视。税法的技术性细节是彻底不健全的，它迫使税项的分配超过实际的会计利润，忽略了绝对真实的资本损失，并且不允许存货价值计量上存在任何灵活性。

尽管几乎与普遍的意见相反，我们仍不会相信未分配盈利税项能真正阻止盈利的再投资，除非仅限于通过个人收入所得税所缩减的那部分利润额度（这正是非法人企业的现行做法）。企业也可以利用一些方法，在无须遭受税收惩罚的条件下将部分盈利留存或者恢复，主要包括：（1）申报应税股息（如在优先股中）；（2）支付选择性股息，驱使股东选择股票股息而非现金股息；（3）在支付现金股息的同时，发行额外的、极具吸引力条款的股票。然而，课税的批评家断言，这些方法不方便或不实际。但我们的观察显示，这种方法完全可行，且在1936—1937年被不少企业采用。[①] 但大多数企业还是回避了此种做法，它们不是对此感到不熟悉，就是意图对该项税法施以最为严厉的批判。

## 适当的股息政策

以怀疑的视角来看，我们对股东是否真正受益于留存盈利政策表示疑问。我们可能在情感上偏向于通过惩罚性课税以防止利润再投资，但事实远非如此。股息和再投资政策不应当受到法律的制约，而应该基于股东的理智判断作出决策。个别情况下，相比于惯常做法而言的大比例留存盈利对股东有利。具体问题应当具体分析，股息政策应当首先由管理层发起并提出预案，然后交由股东进行独立的审议与评价。股东的评价应当以自身利益为出发点，作为一个特殊群体独立于公司及其管理层进行判断。

---

① 参见大卫·罗班（David L. Rolbein）的文章《非现金股息与股票权益作为未分配利润税的避税方法》（*Noncash Dividends and Stock Rights as Methods for Avoidance of the Undistributed Profits Tax*），《芝加哥大学商业杂志》，12卷，7月刊，1939年。获取对该项税收的更为全面的调查，参见阿尔弗雷德·标乐（Alfred G. Buehler）所著的《未分配的利润税》（*The Undistributed Profits Tax*）（评价负面）一书，以及本杰明·格雷厄姆的文章《未分配的利润与投资者》（*The Undistributed Profits Tax and the Investor*），《耶鲁法学杂志》，66卷，11月，1936年，二者对上述观点作出了进一步阐述。

# 30

# 股票股息

以股票而非现金的方式分派股息，通常也可以分为非经常性与经常性两类。非经常性股票股息被定义为：过去几年累计盈余资本化的一部分，即大额累计盈余被计入资本，并为股东提供代表资金转移的额外股份。

经常性股票股息可以被定义为：本年度盈利的资本化部分。因此，这一部分规模一般较小。之所以称为经常性，是因为这样的股息政策几乎是一成不变的，通常数年内反复执行。

## ● 非经常性股票股息 ●

非经常性股票股息是合理、合法的，但总体来说，会产生不好的影响。非经常性股票股息合理而可行的唯一原因是：它能调整每股市价至更合适的区间。广泛的公众关注和活跃的市场交易是普通股的优良属性，但这些都会在价格区间达到一个很高的数额，比如 300 美元或 400 美元，之后显著削弱。因此，通过发放一大笔股票股息带来股本扩充及每股股价的降低，将是一个合乎逻辑的方案。

**案例**

1917 年，伯利恒钢铁公司的股票以每股超出 500 美元的价格出售。当一次 200% 的股票股息（新增股份按平价发行）支付后，股票市场价格下降到约 150 美元。

## ● 股票分割 ●

通过减少股份面值的方式也可以达到完全相同的效果，这样的操作就是股民所熟知的“拆股”。在 20 世纪 20 年代的牛市行情中，因为市场价格的上升速度远远超过了盈余累积的速度，分配股票股息已难以达到目的，因此，减计面值的操作远远比发放大额股票股息更为频繁。

**案例**

1926 年，通用电气公司股票以 360 美元的价格出售。原有的一只 100 美元面值的普通股转换成 4 只新的无面值股票，股票市价因而降至约 90 美元。如果通过发行 300% 股息的方式达到相同的效果，就需要有 5.4 亿美元的资金从盈余提转至资本项下，但此时累计盈余仅为 1 亿美元。1930 年也出现类似的情况，当时通用电气的股份再一次 1 拆为 4。

在伍尔沃斯公司的案例中，原来发行的 500 000 股普通增加至 9 750 000 股，分别运用了股息与折股的方法，按以下具体步骤完成：

| | 流通股本合计（股） |
|---|---|
| 1920 年：30% 的股票股息，股价从 140 美元降至约 110 美元 | 650 000 美元 |
| 1924 年：设定面额从 100 美元减记至 25 美元，股价从 320 美元降至约 80 美元 | 2 600 000 美元 |
| 1927 年：50% 的股息，股价从 180 美元降至约 120 美元 | 3 900 000 美元 |
| 1929 年：设定面额从 25 美元减记至 10 美元，股价从 225 美元降至约 90 美元 | 9 750 000 美元 |

美国制罐公司在 1926 年的一次操作中同时运用了以上两种手法。它将普通股面值从 100 美元减记到 25 美元，并支付 50%的股息。因此，原来的 1 股拆成了 6 股，市场价格从约 300 美元下降至 50 美元。

## ● 无面值股票的折股及股票股息操作 ●

对于无面值普通股，股票分割或股票股息会导致相同的结果，实际上二者是无法区分的。虽然从财务上看，发放股票股息操作要求账面上的盈余项转移到资本项，但无面值股票会计操作上的自由度使得这一笔提转有名而无实。

**案例**

1926 年，中央州电力公司发放了 900% 的股票股息，股本数（无面值股票）从 109 000 股增加到 1 090 000 股。1925 年年底，旧股票的账面价值约为每股 44 美元，但新股票按盈余计算的价格仅为每股 1 美元。

同样，1929 年可口可乐公司对其 A 类无面值股票发放了 100% 的股息。尽管 A 类股具备 50 美元面值、6% 股息优先股的所有特点，但它没有正式指定的面值，因而这类股票的账面价值仅为每股 5 美元（低于普通股的设定价值）。（参见该公司于 1927 年发放 100% 的股票股息的会计操作，以及我们在第 42 章中讨论的 A 类股的回购操作。）

## ● 非经常性股票股息和股票分割操作的反对意见 ●

非经常性股票股息和股票分割的操作招致了严重的异议，这一反对意见声明对市场定价施加了不当影响，并且导致股价被操纵以及内部人获取不当收益。理论上非常简单，大额股息并没有给原有股东带来任何实质利益。现在，两张票据代表的所有权与以前一张票据等价。基于这一逻辑，美国最高法院将股息确定为非收入类别，并且还享受免所得税的待遇。① 但是，在实际操作中，股息或许被赋予了特殊的投机重要性。股票投机，很大程度上可以比喻为个体 A 试图揣测 B、C 和 D 在想什么，同时个体 B、C 和 D 也是同样。因此，发放股票股息，即便本身没有任何真实意义，亦可以并确实作为投机者反反复复的尔虞我诈的博弈活动中的催化剂。②

① 这是指著名的 1920 年艾斯纳诉麦康伯案的决议（252 U. S. 189）。在 1936 年，最高法院在对科什兰案（Koshland Case）的判决（297 U. S. 702）中指出，如果股票股息分配给股东的利益不均，那么它是应税的。根据税务上诉管理局（Board of Tax Appeals）的裁决，这一法令同样适用于，例如，存在流通优先股的前提下再发行的优先股股息。

② 正如 J.M. 凯恩斯的比喻有趣而不失启发性："……专业的投资可以比作那些报刊竞赛活动，参赛者被要求从一百张照片挑选出六张最漂亮的面孔，获奖者的选择应该最接近参赛者整体的平均喜好。于是，每一个竞争者并非选择自己认为最漂亮的面孔，而是刻意挑选其他竞争对手可能中意的长相。进而，所有人看待问题的出发点趋同了。这场比赛并不是要选择个人眼光中最漂亮的面孔，甚至不是真实的平均意见所认为的最漂亮的面孔。当我们将心智用于预测平均观点如何预测平均意见，我们达到了第三个层次。我相信还有人达到第四，第五，甚至更高层次。"——《就业，利息和货币通论》（*The General Theory of Employment, Interest and Money*）第 156 页，纽约，1936 年。

## ● 现金股息率的影响 ●

如果没有具备实际重要性的投资因素同时进入分析视界，那么大额股息政策的虚幻性本质将更加明显。发布非经常性股票股息往往是提高现金股息率政策的前奏。由于投资者对于现金股息的兴趣是合乎投资逻辑的，那么他也将对任何股息都感兴趣，因为这可能促使现金股息的发放。这样一来，问题就产生了混淆，而且股息公告的纯操纵特性也就不会显得那么碍眼。

一个成功的工业企业的股息分派政策通常遵循如下顺序：

1. 在一个较长时间内支付相对于盈利较少的股息，以建立一笔巨额盈余；
2. 突然支付一大笔股票股息；
3. 常规的现金股息支付额立即提高。①

没有哪项政策会比它更易于混淆投资与投机的两种态度，或比它更容易被控股股东利用。

## 经常性股票股息

相对于杂乱无章、有失公允的做法而言，这一政策在健全程度上迈进了一大步。这一政策首先要求在盈余账户中积累大量未分配利润，其次是通过某种时间与数量的股息方式实现最终的资本化。假设在许多情形下，留存每年营业收入的大部分是可取的，那么发放代表再投资收益的股息将是确保股东利益的最佳方式。

如果一家企业定期赚取每股 12 美元的收入，并支付 5 美元的现金股息，那么代

---

① 例如，1926 年，美国制罐公司通过将股票一拆为四并发放 50% 的股票股息，最终实现一股换为六股。原来股票的股息率为每股 7 美元，换成新股票之后立即发放了 2 美元的新股息，这相当于原股票 12 美元的股息。这一股息率迅速增加至 1929 年的每股 5 美元。同样，纳贝斯克公司从 1912—1922 年每年支付 7 美元的股息，但是它每年盈利极大地超过这个数字。1922 年，通过 1 比 4 的比例换购原股票并发放 75% 的股票股息的方式，原股本一股拆为七股。基于新股本发放每股股息 3 美元，相当于原股本的每股 21 美元的股息。

表其余 7 美元的公司价值增加中的一部分作为股票股息发放，将令股东大大获益。从原理上看，额外的股权票证自然不会凭空创设出本不存在的权利。换句话说，即使没有发放股票股息，股东的原有股权凭证仍然可以充分地代表他对每股 7 美元收益的所有权。但在实际操作中，支付经常性股票股息具备几项重要优势。

**1. 股东可以卖出股息凭证，于是他可以从自身需要出发选择以现金或者股票的形式获取再投资收益。**如果不发放股息，从理论上讲，股东也能通过出售小部分原有股权凭证实现同样的目的，但在实践中，这一操作难于计算，并且不便执行。

**2. 由于现行的现金股息政策往往会在增长的股本基础上维持，这一政策很可能为股东带来更多的现金股息。**例如，如果一个公司每股收益 12 美元，并支付 5 美元的现金股息和 5%的股票股息，来年基于新的股本，它极有可能仍然支付 5 美元的现金股息。这实际上相当于原股本基础上 5.25 美元的现金股息。如果不发股票股息，公司则极有可能会继续维持 5 美元的现金股息政策不变。①

**3. 通过增加设定资本（而不是盈余）再投资收益，公司管理层对新增资本的增值及支付利息负有直接责任。**基于盈余损益的问责逻辑是不存在的。股票股息政策不仅可以作为管理层提高效率的一项挑战，也适合作为测试利润再投资决策正确性的试金石。

**4. 相对于同类而言，支付经常性股票股息的标的往往享有较高的市场估值。**

## ● 支付经常性股票股息操作及其变化 ●

从 1923 年起至大萧条之前这段时间内，支付经常性股票股息的做法得到了迅猛发展。基于这一理念的三类不同操作如下：

① 一系列的例子参见：城市服务公司于 1925 年 3 月 1 日至 1932 年 6 月 1 日间，支付 6%现金股息和 6%的股票股息；西尔斯－罗巴克公司从 1928 年中期至 1931 年第一季度间支付每股 2.50 美元的现金股息和 4%股票股息（年化率）；奥本汽车公司（Auburn Automobile Company）在 1928 年 1 月至 1931 年 7 月间支付每股 1 美元的现金股息和 2%的股票股息（每季度一次）；梅西百货公司于 1928-1932 年间支付每年 5%的股票股利，期间还伴随着不断增加的现金股息。

1. 标准的做法是，除了定期支付现金股息之外再支付股票股息，并以每月[①]、每季[②]、每半年[③]或每年[④]的时间间隔进行支付。

2. 有时，定期的股票股息被用来替代定期的现金股息。这相当于为股东提供了一种在现金股息与股票股息之间的选择权。

**案例**

西格雷夫公司（Seagrave Corporation）自 1925 年起到 1929 年止，按季度支付 1.20 美元的年化现金股息或 10%的股票股息。[⑤]

3. 在少数情况下，只支付股票股息，而不附带现金股息或选择权。贯彻这种经常性股票股息政策的典范当属北美公司。该公司于 1923—1933 年每季度支付 2.5%的股票股息，之后降低到每季度 2%。（1935 年，该公司放弃了股票股息政策，重新以现金方式支付股息。）

## ● 经常性股票股息的不良特征 ●

几乎每种财务操作都易受滥用，经常性股票股息也不例外。它令人反感的特征是，在建立了定期支付股票股息制度的前提下，股息率往往设定过高，超出市场对于盈利提转至盈余部分的估值限度。这一操作使得股票标的呈现出过高的吸引力，不够聪明的买家往往被当期股息支付的过高现金价值所蒙蔽。要洞察到这一点，我们需要借助企业的会计核算方法，并还原真正意义上的股票股息。

让我们选用北美公司的经典案例作阐述。正如我们指出的，该公司已持续 10 年

① 城市服务公司，1929 年 7 月 1 日至 1932 年 6 月 1 日；天然气与电力证券公司（Gas and Electric Securities Company），1926—1931 年。

② 西尔斯－罗巴克公司，1928—1931 年；奥本汽车公司，1928—1931 年；联邦电力与电车公司（Federal Light and Traction Company），1925—1932 年。

③ 美国水务和电力公司，1927—1930 年；美国煤气和电力公司，1914—1932 年，伴随着零星的股票股息；美国电力和照明公司（American Power and Light Company），1923—1931 年，伴随着额外的股票股息。

④ 大陆罐头公司（Continental Can Company），1924—1925 年；梅西百货公司，1928—1932 年；特拉斯肯钢铁公司（Truscon Steel Company），1926—1931 年；通用电气公司，1922—1925 年（5%的特别股息）。

⑤ 将这一政策安排与优先股和债券的可选股息或利息支付作比较，参见第 361 页。

每年支付10%的股票股息。以此期间的财务报表来看，10%的股票股息相当于1美元的现金股息。这样做是基于如下事实：1927年之前的股票票面价值为10美元，之后无面值股票仍然被赋予一个10美元的“设定价值”。于是，票面价值（或设定值）的10%仍然是每股1美元。但是，从投资者的角度来看，他所获得股息的价值远远超过每股1美元，因为北美公司股票的市场价格远远超过其票面价值（或设定价值）。

这一事实将在表30—1中得到说明。

**表30—1　　北美公司股票股息　　（单位：美元）**

| 年份 | 每股收益[a] | 价格区间 | 10%股票股息的价值 | |
|---|---|---|---|---|
| | | | 每股账面价值 | 股东每股实际价值（平均市场价值） |
| 1932 | 2.01 | 43～14 | 1.47 | 2.85 |
| 1931 | 3.41 | 90～26 | 1.23[b] | 5.80 |
| 1930 | 4.53 | 133～57 | 1.00 | 9.50 |
| 1929 | 5.03 | 187～67 | 1.00 | 12.70 |
| 1928 | 4.68 | 97～56 | 1.00 | 7.65 |
| 1927 | 4.06 | 65～46 | 1.00 | 5.55 |
| 1926 | 4.05 | 67～42 | 1.00 | 5.45 |
| 1925 | 3.74 | 75～41 | 1.00 | 5.80 |
| 1924 | 3.32 | 45～22 | 1.00 | 3.35 |
| 1923 | 3.59 | 24～18 | 1.00 | 2.10 |

注：a. 基于该年度的流通股平均股数计算。

b. 1931年的前两季度依据账面价值发放了1美元的股息，而后两个季度发放了基于股本的1美元股息以及基于资本公积的46.8美分股息。

应该指出，从1931年第三季度的股息支付开始，在盈利中提取发放的股票股息从最初每年每股1美元涨到之后的1.468美元。这是由于纽约证券交易所所作的如下规定：股票股息所占利润或者盈余的比率，须反映资本公积转增新股以及设定资本的利息率。然而，即便有了这一规定，股息价值究竟应当根据财务报表还是市场交易确定，业界尚存很大的争议。何况，依据市场交易给股票股息定价时，股东可能还要承受大幅下跌的风险。

## 危险的恶性循环

目前的安排很可能演变成恶性循环。较高的市场价格对应着更大的股息价值，而这又似乎证明了更高的市场价值的合理性。（当股票股息率为 10% 时，无论股票市场价格涨到多高，股息回报率仍然维持在 10%的比例。）这样的结论是带有欺骗性质的，它将产生一股疯狂投机以及轻率投资的有害冲动。事实上，这一结论是与许多年前诸如美国制罐公司及纳贝斯克公司的操作相悖的。由于一贯奉行不恰当的“保守”股息政策，这些公司的市场价格远远低于潜在的真实价值。当然，奉行一项政策，旨在将股价推高直至超出公司盈利与其他价值因素支撑的基础，必会招致投资者的反感。不合理的价格只能维持短暂的时间，但极有可能为政策发起人带来超额收益（如所有的不当会计政策一样）。①

## ● 历史的演进 ●

有趣的是，从历史的眼光来看，北美公司履行其股票股息政策的时间点，恰恰是该政策的最初倡导者决定放弃它的时候。美国照明和电车公司在 1910—1919 年每年支付 10 美元的现金股息和 10%的股票股息。1916 年间，股票售价约为 400 美元，尽管公司每股收益仅为 25 美元，股东每年领取股息的可变现价值大约有 50 美元。该公司只有不断地再投资于利润持续增长的业务，并且实现每年 20%的收益率，奉行该股息政策才能最终成功。然而，回报递减法则（加上如饥似渴的复利增长）从理论上排除了这种可能性。在 1920—1921 年的萧条时期，美国照明和电车公司认为有必要大幅削减年度派息。公司股票的市场价格一度跌破 80 美元，这对于当时普通股投资而言是一个惊人的下跌（1916—1921 年间艾奇逊公司的价格范围是 109~76）。这一经历致使董事会在 1925 年放弃了经常性股票股息政策，并在此非常时期转而采用其他公用事业控股公司普遍青睐的模式。10 年后，北美公司又放弃了原有的股票股息政策，成为金融历史重演的一个鲜明案例。

## ● 股票股息恶性积聚的案例 ●

在经济繁荣时期，经常性股票股息政策成为报告利润恶性积聚的操作工具。一家

① 北美公司（North American Company）享有良好的声誉，其政策设计显然没有任何险恶的用意。该公司煞费苦心地向股东解释支付股票股息的好处。然而，它论证的逻辑主要是收益再投资的优势以及增发新股代表新增资源的所有权。对于股票股息的账面价值和市场价值存在的差异以及可能招致的误解，它却很少涉及。一家享有崇高地位公司却采用此种可疑的做法，还成为管理松散的企业亦步亦趋的范本，实在让人遗憾。

运营公司可能支付市场价值超过当期公司盈利的股息，进而信托投资公司或控股公司将股息的市场价值报告为财务收入。例如，中央州电力公司是北美公司的大股东，该公司 1928 年的财务总收入为 7 188 178 美元（不包括出售证券获得的利润）。其中，6 396 225 美元出自于当年北美公司的股票股息，并按每季度股息发放日的市场价值记在控股公司的账本上。股息的平均市场价格在公司的财务报表上记作收入，如每股 74 美元，股息为 7.4 美元或者 10%，然而，北美公司的流通股平均每股收益仅为 4.68 美元。多余部分代表了被市场资本化的虚拟盈利，从而支撑起中央州电力公司的股票估值。[①]

**股票股息的市场价值应当基于支付确认**

纽约证券交易所最终通过了一项新的上市准则，要求公司不得将获得的股票股息以估值高于相关公司盈利支付、盈余累积或者未分配利润的方式记入损益账目。

虽然这一法规的出发点是恰当的，但它没有涉及问题核心。经常性股票股息政策的滥用行为不难通过简单的条例加以制止，即股票股息的市场价值不得超过可供分派的盈利。派息公告采用以下形式是恰当的："特申明 5%的股息政策：每股股息的市值约为 6 美元，它表示企业当期 10 美元的每股收益中留存 7 美元的资本化份额。

## ● 以优先股支付股票股息的优势 ●

以优先股而不是普通股的形式支付股票股息，这一做法的典范当属通用电气公司。该公司于 1922—1925 年除了定期支付 8 美元的现金股息之外，还支付 5%的股东红利。这部分股息以 6%的特别股票的形式发放，每股面值 10 美元，实际上就是优先股。另外，塞缪尔 – 亨利 – 克雷斯连锁公司（S. H. Kress Company）及哈特曼公司（Hartman Corporation）也执行了类似的程序。理论上，这一方法的优点是显而易见的，股息支付的金额被有效地固定在所发行的优先股票面价值上[②]，从而回避了

① 中西部公用事业公司（Middle West Utilities）在 1928 年和 1932 年 4 月间实施了类似的操作，把从附属公司和其他公司收到的股票股息资本化。为了对附属公司股票股息估值过高加以纠正，该公司随后减记了公司的盈余账户。

② 如果以可换股优先股方式进行支付，过高估值的危险当然也不能被完全消除。例如，1932 年，哥伦比亚天然气和电力公司（Columbia Gas and Electric Corporation）以 5%可换股优先股（面值 100 元）的形式支付每股 1.125 美元股息，转换比率为 1 股优先股对应 5 股普通股。在 1932 年和 1933 年优先股的售价高达 108 元与 138 元，相应价值大大超过该公司普通股每股收益。

账面价值与市场价值之间存在差异的问题。同时，公司没有或只有少量的优先证券，发行代表再投资收益的优先股不会削弱资本结构。

1934 年，通用电气公司良好的营运资本状况完全允许撤销非经常性股票股息，于是这部分股票在 1935 年 4 月被相应赎回。从股东的角度来看，这可以说代表了处理未分配利润的理想化的安排。其中涉及的两个步骤如下：

1. 在繁荣年份，盈利将保留为扩张业务或补充营运资金所用，因而，股东获得定期优先股股息的相对应份额；
2. 如果后续业务不再需要补充资本，赎回优先股的政策将资金返还给股东。

## ● 总结 ●

我们在前文及本章中反复讨论的关于适当股息政策的理念，可以总结在以下三段话中。②

**1. 大量盈利留存及再投资政策必须向股东阐述明确、合理的理由。**如果该项盈利留存政策带来的实际利益超过相应支付给股东的现金价值，该政策应当经由股东会特别批准。

**2. 无论如何，若留存利润是出自不得已的选择，股东应被告知这一事实。**涉及的金额应被指明为“准备”，而不是“剩余利润”。

**3. 为业务扩张而自愿留存盈利，应通过定期发行非经常性股票的方式予以资本化，其股票市值不得超过相关业务的再投资收益。**如果后续业务不再需要补充资本金，应当通过回收流通中代表利润留存的股票股息 的方式返还给股东。

---

② 关于发放还是留存股息的有意思的法律问题，参见 A.A. 伯利和 G.C. 米恩斯（A. A. Berle and G. C. Means），《现代公司与私有产权》（*The Modern Corporation and Private Property*），第 260~263 页，纽约，1932 年。

湛庐CHEERS

与最聪明的人共同进化

HERE COMES EVERYBODY

# SECURITY

Sixth Edition

# 证券分析（经典版）

下

原书第6版

[美] 本杰明·格雷厄姆（Benjamin Graham）
戴维·多德（David L. Dodd）◎著

巴曙松 陈剑 等◎译

# ANALYSIS

中国人民大学出版社
·北京·

SECURITY ANALYSIS

# 目 录

## 第二部分
## 固定价值投资

## 第三部分 具有投机特征的优先证券



## 第四部分 普通股投资理论与股息因素

# 证券分析（下）

## 第五部分
## 损益表分析与影响普通股估值的收益因素



## 第六部分
## 资产负债表分析与资产价值的内涵

## 第七部分
## 证券分析的其他方面：价格与价值间的差异



## 第八部分
## 环球价值投资

第五部分

# 损益表分析与影响普通股估值的收益因素

## 导读八

# 追求理性投资

**格伦·格林伯格**

特许金融分析师，首长资本管理公司创始人

坦白地说：在哥伦比亚大学商学院上学时，我从来没有读过《证券分析》，也从来没有修过与证券分析有关的课程。但是，一只无形的手却引导我进入了股票研究及随后的投资管理领域，并在过去 33 年的时间里一直投身于此。直到投资生涯过半，我才觉得该读一下格雷厄姆和多德的书了，看看书里都讲了些什么。本书前面的部分是关于固定收益证券的内容，我很少持有这类证券，对此也就没什么兴趣。关于股票的部分看似已经过时：比如影响周期性行业盈利能力的因素，如何对公用事业的厂房和机器设备计提适当折旧。这类问题让我想到了过去那些已经发黄的老照片。我在经营自己的投资事业，需要的是立竿见影的投资理念。可是这本书能帮助我在下一次投资中取得胜利吗？我觉得不大可能。所以可以想象，几年后麦格劳 - 希尔公司的编辑邀请我为本书撰写导读时我的反应。在沉默许久之后，我问他能否先寄一本书给我。

重读格雷厄姆和多德的书，有种读《哈姆雷特》中波洛涅斯对将要外出求学的儿子提出忠告（既不要借钱给别人、也不要向别人借钱，并且忠实于自己）的感觉。当然，这个忠告非常明智，同时也非常显而易见。第五部分告诉我们，不能过于强调近期盈利，同时不能相信那些不诚信的管理层。要警惕被操纵的财务报表，还要正确评估所投资公司经营业务的定性衡量因素。这样就可以将投资和投机明确区别开来。

如何决定资本结构中合理的债务水平，如何进行基于商品的投资以及如何看待市场的疯狂与恐慌，这些问题在第五部分中都得到了解决。同时，由于这些观点在很长一段时间都出现在沃伦·巴菲特每年致股东的信中，也经常被一些受益于格雷厄姆和多德投资理念的伟大投资者所引用，所以这些观点听起来非常熟悉。正如本部分的标题，格雷厄姆和多德对损益表进行了非常详细的论述和分析，但是我和其他人看重的，却是更为通用的投资原则。这本书之所以引起了人们的广泛关注，因为它是在 1934 年大萧条的背景下完成的。当时整个国家的失业率高达 25%，大部分公司在生死线上挣扎。然而，格雷厄姆和多德却整理出了这样一套投资准则，指引着许多伟大的投资者经历了之后 75 年的超级繁荣时期。而且，他们的真知灼见至今依然行之有效。

第五部分旨在通过对损益表的分析来评价一家公司的盈利能力，然后据此判断该公司的股价是否被低估。这项工作没有什么魔法公式——未来可能会与过去类似，也可能不会。几乎第五部分的每一页都是非常实用的公司财务分析，以及一些对各行各业的精辟见解。评价一家公司的关键不是 CEO 的年度信函，而是财务分析。这一部分没有通过“传言”“概念”“范例”或者“趋势”等词语来判断投资的合理性，我们都希望低买高卖，但首先必须树立对一家公司能持久发展的信心，才能正确判断什么是“高”，什么是“低”。

预测未来的平均收益不是一件容易的事。在 20 世纪 30 年代，制造行业和资源类行业内在的经营杠杆导致其盈利大幅波动。在当今更为稳定的经济环境下，判断一家公司的盈利能力所面临的挑战虽然与之前不同，但是仍有难度。既有全球化的竞争者，也有颠覆性的新技术。金融行业已开发出很多突破性的产品，这些产品目前已实现盈利，但仍然面临着市场的检验。科技公司必须不断地对自身进行再投资，即使最稳定的公司也可能出现意料之外的结果，这让我想起了 1993 年年末参观的可口可乐公司，由于拥有定价权和广阔的国际化成长机遇，该公司被推崇为世界上最优秀的公司。当时可口可乐公司的估值是每股收益的 18 倍，只要公司能够长期保持 15% 的年增长率，那么股价仍然很便宜。但出人意料的是，这家表现出众、拥有数量众多的特许经营商的公司，在 1996—2002 年的几年间业绩增长乏力。

## 如何投资

在我经营的酋长资本管理公司（Chieftain Capital Management）中，我们基于公司发展的可预测性，以及对预期回报率进行客观的估算来评估投资机会。我们会审读一家公司所有的公开信息，分析它所处的行业和竞争对手（理想情况是不要有太多竞争对手），与其管理层和行业专家交流，收集能找到的所有相关数据，然后将这些纳入对公司业绩表现的历史分析中。这就产生了一些问题：利润是否能持续增长？公司是否会变得更加资本密集？为什么销售额增速放缓？对此类问题的分析，成为我们和管理层进行深入讨论以及对公司未来预测的基础。

我和当今其他许多投资者一样，更倾向于用扣减资本性支出后的现金流（即自由现金流）代替盈利能力来评价一家企业的投资价值。这种方法的一个优点是，能规避管理层在提交报表时粉饰利润的很多手段。再者，盈利能力很少等同于股东可支配现金流，反倒是后者更与投资者紧密相关。个人投资者提出的第一个问题，总是让我感到非常奇怪：我应该投入多少钱？到期后能收回多少？需要多长时间？为什么在同一个公开市场交易股票的投资者关注的问题如此不同呢？

最后，我们基于考虑了企业持续增长所需投资后的自由现金流，计算相应的回报率。我们通常只买能够带来 15% 以上回报率的股票。很显然，有很多种判断方法可以用来决定最低回报率，但这些方法必须全面反映拟投资公司的经营特点和其他可供选择的投资机会的期望收益率。1974 年，我们所要求的最低投资回报率更高，可能高达 25%，因为市场上有很多被低估的股票可供挑选，而且市场利率也非常高。相较于市场不足 10% 的回报率，我们坚持更高的回报率，这实际上是给自己犯错误留了余地。我们把目标设定得很高，因为我们知道很少能够找到定价低且回报丰厚的投资机会。由于这种机会非常少见，因此当机会出现时，我们就会大量买入：持仓不会少于我们总资产的 5%，通常在 25% 左右。当我们模型中的收益率掉到 10% 时，我们就会卖掉股票，即使其他备选投资项目是收益率不足 5% 的现金资产。任何时刻我们都牢记，这种方法只有在未来与假设相符的时候才有效，假设中的很小变化，例如现金流长期增长率发生改变，都会使预期收益率发生极大的变化。

最近一个提醒我们要特别注意假设重要性的例子，是在 2007 年年初我们购买了世界上客运量最大的航空公司——瑞安航空（Ryanair）的股票。这家爱尔兰公司在欧洲市场上以最低的票价提供短途航程而著称。在过去的10年里，它的客运量翻了10倍，但它的市场占有率仅有7%。去年它的平均票价仅为44欧元，与此相比，易捷航空（Easyjet）是66欧元，爱尔兰航空（Aer Lingus）的是91欧元，几乎所有的国家航空公司都超过了100欧元。即使这样，过去10年瑞安航空的平均净利率仍然达到了20%，而竞争对手的净利率仅为较低的个位数。我们的购买价格为预计当年盈利的16倍，基于瑞安航空巨大的成本优势和增长前景，我们认为这一价格是合理的。但是随之而来的是油价的又一次翻番，瑞安股价相对我们的最初投资价格下跌了30%，未来的盈利前景一片黯淡。

然而，它的业务经营情况丝毫无损，并没有发生任何削弱投资长期价值的事情。实际上，在这段艰难的时间里，大家预期其他低成本的航空公司会停止运营。贷款机构在审批新进入者的贷款时也更加谨慎，消费者则降低档次选择瑞安航空的低价服务。长此以来，这类拥有低成本优势的公司必能抢占市场份额，获得可观的收益。

刚刚描述的这个过程，是我们按照格雷厄姆和多德所强调的一些基础而做的一个尝试。对格雷厄姆和多德来说，第一步是认真地进行数量分析，特别注意识别真正的而不是账面上的盈利；管理层总是利用会计的手段来粉饰公司的财务数据。在1934年，公司通过把非经常性损益计入利润或是延长计提折旧的年限，使利润看起来比实际更乐观。管理层更愿意避开净利润，将某些损失直接从股东权益中扣除。此外，格雷厄姆和多德在对尤里卡管道公司（Eureka Pipe Line）的讨论（在第36章）中也相应强调了自由现金流的重要性。就像格雷厄姆和多德将私营企业家和公众投资者的观点并列来解释一样，我和我的合伙人也常常问自己一个问题：如果这是我们自己经营的企业，那么如何衡量它的价值？

## 来自会计的挑战

对现在的投资者而言，来自会计的挑战更加困难。美国财务会计准则委员会（Financial Accounting Standards Board，FASB）颁布的各种会计准则只会把事情变得更加复杂。比如，我虽非常反对滥发股票期权并将其授与管理层和员工，但按照财务会计准则委员会最近颁布的 123R 准则将这笔费用作为日常费用却存在重重困难。首先，股票期权属于非现金债务，并且很可能不花费股东的钱。但是在 123R 准则下，即使是一个深度的价外期权，仍然会在授予员工多年后形成一笔支出。其次，股票期权已经反映在摊薄后的股票数额上，许多投资者关注的每股收益（earnings-per-share，EPS）都是基于此计算的。再次，在现行的会计准则下期权费用会使净利润减少，每股收益被摊薄，存在重复计量的问题。最后，对期权的估值需要非常多的假设，从而也为操纵数据提供了条件。顺便说下，之前对股票期权的会计处理更是奇怪。对于行权价等于市价的股票期权，不会产生费用支出。但是对行权价低于市价的股票期权，在相关股价上涨后，便会年年产生支出。在 FASB 的准则里，对衍生品、套期保值、养老金、租赁的会计处理，和对附带权益的利润的确认也是让人相当迷惑，当今的一些公司在债务评级被下调的同时还能以盈利入账。有些时候，会计准则看似将我们与真正的经济事实之间变得很遥远，有些管理层更是非常擅长利用这个手段来欺骗投资者。

在分析了历史数据后，接下来是另一个更加艰难的挑战：如何看待历史数据对未来盈利指示作用的有效性。格雷厄姆和多德把它称作“对企业的质量分析”，企业的未来是否具备适合于长期投资的可预测性？企业的增长如此之快是否会吸引大量竞争者？企业的发展前景是否会因新技术或是消费者偏好的改变而受到不利影响？是否会因为进口或沃尔玛或互联网的商业模式而受到排挤？换句话说，企业未来的现金流是可以预测的吗？我们感受到的企业文化以及管理层的领导才能如何？管理层是否精明理性，我们是否可以依靠他们的努力来使我们的投资价值最大化？或者是他们另有安排？管理层是否会按照格雷厄姆和多德的原则来使用股东投入到公司的钱？

## 这是谁的公司

最后一点尤其重要，常常有些管理层会误以为这是他们的公司，是他们能用来满足个人需求的公司，尽管几乎没有经理会承认他们有这种想法。我们投入了大量时间来了解拟投资公司的管理者，以确定他们的优先考虑事项。一些小细节有时反而能提供线索。一个不愿正面回答棘手问题的执行总裁就是一个危险的信号。一个皮肤晒得黝黑又佩戴很多黄金珠宝的执行总裁，看上去也不像一个我们能信任的人。

更糟糕的是，居然会有低估自己公司股票价值的执行总裁，用公司的股票去换取商业前景不如自己公司的其他公司股票。这是一个真实的事情，发生在2004年康卡斯特公司（Comcast）CEO布莱恩·罗伯茨（Brian Roberts）身上。当时他发出一个令人吃惊的要约：用全额换股的方式收购迪士尼公司，这将使公司的自由现金流大幅减少，并彻底改变公司的经营性质。很显然，管理层是想通过拥有一个美国标志来建立商业帝国，而不是为投资者建立自己的业务价值。得知这个消息后，我们立刻卖掉了持有的大部分康卡斯特公司股票。由于担心公司价值因此被摊薄，其他投资者也卖掉了手中的康卡斯特公司股票，这导致股价下跌超过20%。最终布莱恩·罗伯茨撤回了对迪士尼公司的要约，因为他此时拥有的股票价值已无法支撑他当时的决定。

同样，与某些管理层讨论股票回购也是一件非常令人沮丧的事，当我询问一个资本项目的现金回报是否不亚于股票回购时？他们通常会疑惑地看着我，好像我在说外语一样。

这种质量分析方法让具有鉴别能力的投资者挑选出了那些真正有前途的企业。在当今市场上活跃的投资者，很少有人像我一样经历了1973—1974年的熊市，或是1987年的股市崩盘，当时市场在短短几天内就跌去了30%的市值。看着身边发生的灾难，我暗自发誓：以后绝不买那些如果股市暴跌会让我担惊受怕的股票，就像1987年那样。原因很简单：股市暴跌后期，大量财富蒸发，市场信心与日递减。荒唐的传闻到处都是，许多也许是真的，但在丧失了对企业持续经营的信心后，投资者随波逐流卖掉股票。许多卖了股票的投资者受惊厌战，在股市回暖很久以后才重新开始买入股票。基于情感进行交易几乎就是在做错误的事，特别是对于那些认真做过功课的投资者。优秀的企业肯定也会陷入逆境和困难，但是它们通常能够重新站稳脚跟。有时候，股价的巨幅下跌并没有任何理由。

我回想起了2002年8月投资的美国实验室公司（LabCorp），投资后不久，这家公司公布了季度收益，比华尔街预期的6%要低。股价从我们当时的买入价格34美元或者说是其下一年自由现金流的12倍，跌到了2002年10月的18美元。当然我们也因为遭受的巨大损失而惊恐，但当核查了我们所做的研究并再次确认了对这家公司优势的评估后，我们在这个日后被证明为超值的价位增加了两倍的头寸，每股 18 美元还不及这家公司预期自由现金流的 7 倍。

美国实验室公司符合我们对优秀企业的所有定义，不仅利润丰厚，而且资金要求低。整个行业从 7 家全国性的竞争者整合成两家，而且这两家的业务经营地区几乎不重叠，美国实验室公司就是其中一家。更重要的是，由于美国第三方医疗支付系统的存在，潜在进入者很难进入这个行业。一个新的进入者很难从健康保险公司获得偿付金，因为健康保险公司只愿意把生意交给费用最低的公司。美国实验室公司能持续繁荣的原因可部分归于人口老龄化，以及正处于盈利高峰期的早期癌症血检，比如卵巢癌。这让人不禁要问，为什么这家公司的股价在 2002 年秋季会大跌？这谁知道呢？但是，只有进行了认真调研，才有信心抓住这样不可多得的超值投资机会。

在完成了数量和质量两方面的分析后，格雷厄姆和多德又提出了估值的问题。他们强调平均盈利的重要性，这样才不会被最近几年的一些异常业绩表现所迷惑，同时还需谨慎地看待市盈率。作者承认，投资者可以通过购买市盈率比较高的股票来赚钱，但这就应该被定义为“投机”，无异于打赌商品期货的涨跌或是投掷骰子的赌博游戏。一次成功的投机仅仅是靠运气，但很少有投资者能一直交好运。这本书最重要的一个准则就是股票投资是一项风险行为。未来是不可知的，不仅预期的收益存在很多不确定性，市盈率倍数也会由于利率、投资者的信心或是政府的行为等不确定性因素而发生剧烈变化。对外投资更是一种投机行为。尽管发展中国家的增速高于美国，但当中仍有一系列不确定性因素：监管政策是否会发生改变，从而成为海外投资者的障碍？这个企业被国有化的概率有多大？外国政府是否会信守执行其签订的合约？此外还有很多常见的风险：例如汇率波动、当地会计实务的准确性以及管理层腐败等。

## 理性投资面对的艰巨挑战

如果格雷厄姆和多德的著作是如此广为流传和受人尊重，**为什么只有少数自律的从业者听从他们的忠告？我认为，答案潜藏于三个人性的特点之中：厌倦枯燥乏味、**

**倾向感性多于理性以及贪婪。**认真研究需要花费大量时间，并且也很少能得出大量买入的清晰结论。翻阅许多公司的资料后，最终只是发现大部分公司既无过人之处，又没有被大幅低估，这是件相当乏味的事。而同样乏味的，还有在很长的时间里一直持有一家好公司的股票。即使股价表现很好，但大部分时间我们仍然感觉股价停滞不前甚至将要下跌。其中部分原因是由于公司股价在一天中的 6.5 个小时、一周中的 5 天、一年中的 52 周都在不断变化，同时市场的流动性也诱使我们不断交易。

第二个挑战是，面对股价反映出来的过分悲观和乐观时，我们仍然要坚持自己的信念。我认为许多私营业主不会只关注企业的短期价值，这与公开市场不同。在公开市场上，股价上涨让我们为自己的聪明洋洋得意，而股价的下跌则让投资者认为自己愚不可及。在我的公司，当某家被投资企业陷入困境，其股价也因此遭受重创时，我的合伙人和我就会开始质疑我们做这个投资决策所基于的理由。自我怀疑和对失败的恐惧，让我们在当初设想的投资机会里隐约发现了灾难。也许你更喜欢格雷厄姆和多德的简明版本："很显然，拥有与多数人相反的思维和行为方式，需要坚毅的性格，而且一定要有耐心等待那些可能会在多年后才出现的机会。"

第三个挑战是，贪婪——它总是扰乱投资者的行为，尤其在对冲基金盛行的今天。对冲基金投资者总是不断更换基金，试图跟随最新最热门的基金经理。高额管理费促使基金经理采取"赚快钱"的交易策略。他们赚的钱越多，吸引的资金也就越多，靠不可持续的高额回报吸引投资者。对冲基金投资者快速将资金从一只基金更换到另一只基金，然后对冲基金经理孤注一掷以期每个月都能创出佳绩，这样就形成一个循环。在一次观看美国网球公开赛时，我旁边坐着两个并不相识的对冲基金经理。在整个比赛期间，他们都在讨论工作，但让我吃惊的是，他们谈论的内容仅限于旗下管理的资产和管理费用。我期待他们探讨一下投资理念，但他们没有。

如今大众的关注点更集中于一些独立的数据：公司前景的最新动态，或是最新的研究报告观点。面对如此众多的信息，人们倾向于匆匆忙忙地买入卖出，采纳他人的观点而不愿付出努力得到自己的结论。这很可能就是为什么市场上如此众多的参与者被描述为"交易者"和"投机者"，他们不惜借债来增加回报。这种方法需要频繁的交易，才能在扣除交易成本后赚钱，并且产生比长期投资者高许多的税费。

他们也经常因为情感的消耗而付出沉重的代价。对一个拥有成功投资事业的人来说，轻轻松松的度假和享受家庭生活是一件很容易的事，但如果手握一大堆几乎自己都没有信心的持仓，这些就是不可能的。最重要的是，在一生的投资生涯中，很可能会因为某次快进快出、带杠杆的投机而遭遇惨败，这对将自己和客户的钱放在一起进行投资的我们来说，更是不能接受的。

现在，似乎很少有投资者会花时间去真正了解公司高级管理层的素质和动机。这本书清晰地阐述了，坚定、充满智慧的信念在投资者分析问题时的重要性，同时被投资公司的管理层的诚信也同等重要。一些狡猾的管理层，通常有不可能失败的商业计划，他们把过去的错误归咎于不会发生的异常情况，想尽一切办法来阻止你看见公司的真实前景。

在本书中，有一个主题不断被重申：尽可能大量搜集信息至关重要，尽管之后做出的判断可能与此无关。这世上没有“不会出错”的股票挑选方法，即使是最详尽的分析也不可能保证投资一定能成功。格雷厄姆和多德没有让证券分析看似简单或者是保证投资一定能赚钱。在许多年前初读本书的时候，我希望自己能体会第一版的简短前言：“我们所关注的是概念、方法、标准、原理，尤其是逻辑。”作者并非是要写一本“投资新手入门”或是“股票技巧大全”。他们希望帮助那些有想法的投资者创建一种能长久致富的成功方法，并“能经受不可预知的未来的检验”。我相信，本书读者可能需要有一定的经验，才能完全体会书中那些直到今天仍然有用的教诲。这种智慧，或许就像青春一样，总被年轻人浪费。

第五部分另一个吸引人的地方是对最优资本结构的讨论，因为这涉及当前媒体非常感兴趣的私募股权投资者。私募股权投资兴起于20世纪80年代，发展到今天已更为引人注目，投资机构运用杠杆将公司私有化以提高股本回报率。本书认为这类运用杠杆、将股权当期权来操作的人，所处的情形就是掷硬币打赌——“正面我赢，反面你输”。这特别适用于当今私募股权行业的普通合伙人。实际上，高杠杆虽然能带来超额回报，但这也是另一种形式的投机，就像购买超高市盈率的股票。

对于那些只会将大量资金投入私募股权基金组成的“超级基金”的有限合伙人，我可以略微想象一下格雷厄姆和多德是怎样来分析它的投资结果的。20年前，私募股权基金的机构投资先驱们，为另类投资的发展开辟了道路。由于耶鲁大学的投资方法和成功故事的广为流传，捐赠基金和州际退休基金的经理们也想加入了这个即将散场的盛宴。收购价从未如此之高，战略性买家的出价通常比不过贪婪的金融买家，并且他们几乎没有寄希望于运营的改善。简而言之，期望收益几乎完全是靠扩大杠杆带来的。在风平浪静的时候，高额的杠杆收购是能够接受的，但只需一次常规的利率上升或是业绩下滑，便会带来灾难性的后果。这些交易中的股权，也即有限合伙人的资本很容易就会被摧毁。有人会问，投入资金到私募股权中的管理人是否意识到了他们作为受托人所面临的风险。有趣的是，私募股权公司本身即使只有很少的永久资本，即公司命脉，竟也能以超高的估值上市。如果他们的有限合伙人不满意结果，不再注资那会怎样？考虑到这种毁灭性的风险，对其商业模式来说适当的市盈率又是多少呢？对这类公司的投资似乎也就具体体现了“投机”一词的意思。

同样，买入担保债务凭证（CDO）不是基于尽职调查结果而是基于信用评级机构的 AAA 评级，对于这样的情况格雷厄姆和多德会怎样分析？又或者对于放贷机构在对 90% 杠杆资本结构的公司放款时，追捧“软约束贷款”（covenant-light）和“实物支付”（pay-in-kind）贷款，他们会怎样看待呢？对于机构投资者偏好对冲基金及其“2% 管理费 +20% 盈利报酬”的收费模式，他们又会有什么想法呢？关于在不断上升的估值和持续的全球流动性下建立投资，又有什么看法呢？毫无疑问，永不过时的《证券分析》对过度投机还有很多话要说。

是的，我们以前也听过这样的话：股市是一个投票机，而不是天平。未来的股价会超过合理预测的范围。在错误的价格买入最好的公司也是一种投机行为。我们必须了解一个公司的本质，才能正确评估其内在盈利能力的持续性。说起来容易，但真正做到“低买高卖”却是一件非常困难的事，因为人的本性总是使我们乐于随波逐流。投资与投机是有区别的，永远不要投资于管理层不诚信的公司，看待公司的盈利时应剔除掉非经常性项目的损益，提高资本结构中的债务比例可以增加回报，但也要有一个限度。市场总是先有反应，再去找理由。

这些话听起来不证自明，就像波洛涅斯的言论一样，因为这些智慧经受住了时间的考验，成为投资者词典中的一部分。然而很少有人会认真研究，从大量公司中找出值得投资的公司。很少有人愿意将投资集中在少数几个他们了如指掌，而且相信在长期会显著增加他们的投资净值的公司。很多时候，一项投资是平淡乏味的，在长时间内（有时可能长达数月）市场完全无视你手中那些有价值的股票。一个业绩可靠又可预期的组合，不会让你成为鸡尾酒会上最令人兴奋的人，也不会给你华丽的促销资料。我渐渐相信，追求理性投资虽然只对我们中的少部分人有吸引力，但这至少会让我们和我们的客户在晚上都能睡个好觉，在白天都能过得踏实。

**格伦·格林伯格（Gleen H. Greenberg）**

特许金融分析师，纽约酋长资本管理公司的联合创始人与常务董事。

格林伯格坦言，在读商学院时他从不看《证券分析》，甚至直到职业生涯过半时仍认为该书的内容早已过时。而当他在华尔街打拼超过30年之后，他发现遵循《证券分析》的投资原则是非常有意义的。

在第五部分导读中，格林伯格告诉我们如何从一个价值投资者的视角评估一家公司以及它的损益表。

# 31

# 损益表分析

在前面对普通股投资理论的探讨中，我们描述了一个由强调公司净值到强调资本盈利能力的转变过程。尽管在这个发展历程的背后有很多合理的和令人信服的理由，但是这种转变不仅动摇了支撑投资分析的基础，并且令这种分析承担了多重额外的风险。如果投资者在评价一只股票时，能采用评价自己企业的态度来对待，那么他就可以凭借个人经验和成熟的判断来投资股票。只要信息有效，他就不大可能偏离正道，只是在对公司未来盈利能力的判断上可能会有些许偏差。资产负债表和损益表之间的内在联系，为投资者分析公司的内在价值提供了一个二次核对，这类似于银行和贷款机构在对一家公司发放贷款前，对该公司的借款资格所进行的评估程序。

## ●片面强调盈利能力的弊端●

当前，对于普通股的估值越来越片面地取决于公司的盈利表现，这样在“企业经营”和“投资方针”这两个概念之间就出现了分歧。当企业家放下自己公司的财务报告，拿起一家大型机构的财务报告时，他显然已经进入了一个关于价值的全新世界。他肯定从未在不考虑财务资源的情况下，仅仅依靠近期的经营业绩来评估自己的企业。但当企业家处于投资者或投机者的位置时，他就不再关注所投资公司的资产负债表的变化，从以下几个方面来看，他就将自身置于一个非常不利的境地：

- 第一，他所接触的是与其日常经营活动性质不同的一系列新概念；
- 第二，与资产和盈利能力提供的双重价值检验相比，只依赖其中一个标准使得评价结果更不可靠；

- 第三，与资产负债表相比，他所依据的损益表更容易出现急剧的变化，因此在他的股票估值中就包含了一种被夸大的不稳定性；
- 第四，有经验的投资者在仔细观察后发现，损益表比传统的资产负债表更容易受到误导性陈述和错误性推论的影响。

## ●对仅依赖盈利表现的警告●

在开始对损益表进行分析之前，我们必须强调，不能仅仅依赖盈利能力这个因素来分析一家公司的投资价值。尽管仅针对公司的资产因素进行的分析存在巨大的限制性，但我们仍坚信，公司的资源还是具有一定意义的，并且值得关注。这一点非常重要，就像后文将要阐述的一样，除非借助资产负债表的期初和期末数据，否则很难理解损益表的含义。

## ●简要阐述华尔街普通股估值方法●

从另一个角度看，华尔街对普通股估值的方法可以简单概括为以下几个标准程序：

1. 找出上市公司的盈利（通常指最近一期财务报告上的每股收益）
2. 用每股收益乘以一些合适的“质量系数”，这个系数反映的是：
   a. 股息率和股息记录；
   b. 公司的地位——规模、声誉、财务状况和前景；
   c. 公司类型（比如相对于雪茄商，烟草制造商的质量系数更高）；
   d. 市场的整体趋势（牛市市场的质量系数通常高于熊市市场）。

上述内容可以归纳为以下公式：

价格 = 当期每股收益 × 质量系数[①]

① 如果没有盈利或是盈利远低于公认的“正常水平”，华尔街便会不得不采用一种实际上更为合理的估值法，即对平均盈利能力、营运资本等赋予更大的权重，但这是一种特殊的处理方式。

上述公式的结果是，**在大多数情况下，每股收益在决定股票价值上所占权重，相当于考虑所有其他因素的权重之和**。这个事实显而易见，因为“质量系数”本身很大程度就是由盈利趋势所决定的，反过来这又反映在未来的每股收益上。

## ●收益不仅是波动的，而且是随意决定的●

然而，这些构成了公司“价值大厦”的每股收益，不仅波动频繁，而且在很大程度上是受人随意决定和操纵的。我们总结了以下合规和不合规的手段，阐明了如何操纵每股收益使其表现得更高或更低。

1. 通过将某些项目计入盈余，而不是损益，或是相反；
2. 通过多提或少提摊销及其他准备；
3. 通过改变资本结构，在优先证券和普通股之间进行调整（这种调整形式由股东批准，实质上是由管理层决定）；
4. 通过利用未用于公司经营用的大量资本金。

## ●上述问题对分析师的重要意义●

这些复杂的公司会计和财务政策无疑为证券分析提供了一个更为广阔的天地。通过展开深入的调查，分析师有大量的机会进行周密的比较，来发现和指出与该公司对外公布的“每股收益”不同的事实。

不可否认，这项工作是极具价值的，在很多时候这样做可以得出令人信服的结论，即一只股票的市场价值极度偏离其内在价值或相对价值。因此，可以基于这个合理的事实采取行动来获益。需要提醒分析师的是，在实际应用分析结果时，不要太过自信。了解真相是一件好事，但据此行事却未必明智，尤其是在华尔街市场上。此外还需要牢记，分析师所揭露的真相，首先并非是全部的真相，其次并非是一成不变的真相。这个“真相”仅仅只是更接近过去真实的情况。因为在他搜集到信息的那一刻，信息可能就已经失去了实际意义，或是市场已经准备好对此做出反应。

毋庸赘述，尽管充分考虑了这些陷阱，证券分析仍然需要对公司的损益表进行深入透彻的分析。为了更有助于揭露事实，我们把这种研究分为以下三个方面：

1. 会计方面。关键问题：考察期的真实盈利是多少？
2. 经营方面。关键问题：过去的盈利记录对公司未来的盈利能力有何指示作用？
3. 金融投资方面。关键问题：分析盈利时需要考虑哪些因素？在试图对股票进行合理估值时应该遵循什么标准？

## 对损益表的批评与重申

如果一家公司的损益表所披露的情况是真实的，那么它至少公正且不歪曲地描述了该公司全年的运营结果。上市公司直接虚报报表上的数字是非常罕见的做法。1932年，伊瓦尔·克鲁格（Ivar Kreuger）的欺诈丑闻被揭露，这件事就与会计作假有关，同时这个事件的露骨程度和欺骗程度之大也是绝无仅有的。绝大部分大型企业的报表都是由独立的注册会计师进行审计，并且严格按照会计准则要求的准确性①来编制，因此上市公司的报表基本是可靠的。但是，从普通股的分析角度来看，这些经审计的财务报表可能需要一些关键的解释和调整，特别是针对以下三个重要因素：

1. 非经常性损益；
2. 子公司及关联企业的经营情况；
3. 准备金。

### ● 损益表概述 ●

在处理非经常性损益时，会计程序给管理层提供了很大的灵活性。过去的交易事项不应计入当期损益，而应直接计入盈余账户的借方或贷方，这已经成为一个标准且适当的规则。尽管从技术上看，很多交易事项都可以归为当年经营成果的一部分，

① 最近几年，在审计财务报告中曝光了一些夸大总收入和流动资产的例子，最典型的是麦克森和罗宾斯公司（McKesson and Robbins Company）1938 年的报表。虽然麦克森和罗宾斯公司的丑闻给人留下了骇人听闻的印象，但也必须承认，在很长一段时间中，还有极个别的上市公司涉及这一性质的欺诈行为。1938 年发现的其他例子还有州际针织品制造厂（Interstate Hosiery Mills）及伊利诺伊锌业公司（Illinois Zinc Corporation）的报表。

但这些事项仍具有一定的特殊性和偶然性。会计准则允许由管理层来选择是将这些事项计入当期损益还是作为盈余的调整，以下就是几个这类事项的例子：

1. 固定资产处置损益；
2. 出售有价证券的投资损益；
3. 清偿资本性债务的折价或溢价；
4. 人寿保险的保单收入；
5. 退税及其利息；
6. 诉讼损益；
7. 存货非经常性减值；
8. 应收账款减值；
9. 维持非经营性资产的成本。

不同的公司对于上述事项的处理方法存在很大的差异，对于每一个交易事项我们都可以给出计入或是不计入损益的例子。对于其中的一些案例，哪种会计处理更加合适仍然是一个颇受争议的问题。但对分析师来说，其目的是要将这些交易事项从该公司正常的经营业绩中剥离出来。投资者希望从年报中看到的是在给定条件下所预示的盈利能力，即假设主要的经营环境不发生较大变化，公司接下来每年的预期收益是多少。另一方面，我们稍后将会提到，像过去几年那样将这些非经常性损益合理的计入盈利能力的会计处理方法。

分析师必须尽力调整财务报告中的收益数据，使它能尽可能准确地反映公司从其子公司和关联企业中所获得的利润。大部分公司都会编制合并报表，在这种情况下就不需要做这类调整。但是许多例子表明，财务报告会因为以下两个原因而导致数据不完整或产生误导：（1）无法反映重要子公司的任何损益情况；（2）利润中包括从子公司获得的股息，而这些股息不是远远高于就是低于子公司的当期盈利。

分析师需要特别关注损益表的第三个方面是，计提的折旧和其他摊销，以及为未来亏损和突发性事件提取的准备。这些计提的项目在很大程度上是由管理层主观决定的，因此很容易被高估或低估，从而导致最终财务报告上公布的盈利数据也被歪曲。至于摊销费用方面，还有一些更微妙的因素，这个因素有时可能非常重要，那就是由管理层以资产的账面成本为基础计算的收入扣减项，可能无法完全反映应由个人投资者承担的对所投资公司的摊销费用。

## ●非经常项目：固定资产处置损益●

我们将对损益表上述三个方面的调整进行更细致的讨论，首先来看看非经常项目[①]；固定资产处置损益很显然就属于非经常项目。假设公司持续经营，那么应该将固定资产处置损益从年报中剔除，以分析公司预计的盈利能力。按照会计准则，处置资本性资产的利得应计入盈余账户的贷方。然而在大部分情况下，公司把处置资本性资产的利得计入了当期净利润，歪曲了这段期间盈利的真实情况。[②]

**案例**

曼哈顿供电公司（Manhattan Electrical Supply Company）在1926年的财务报告，就是采取这种做法的一个典型案例。报表上公布的利润为882 000美元，每股收益10.25美元，在当时这被认为是非常出色的业绩表现。但随后当公司申请增发股票在纽约证券交易所上市时，人们发现在882 000美元的利润中，至少有586 700美元是通过出售公司的电池业务来实现的。因此公司的主营业务利润仅为295 300美元，也就是每股收益3.4美元。这种将特殊的利得计入营业利润的做法令人非常反感，因为当年公司还将高达544 000美元的非常损失冲减了盈余。很显然，这种特殊的损失与特殊的收益应该属于同一类账户，且应该采用相同的会计处理方式。将其中一个计入损益，另一个冲减盈余是一种极具误导性的做法。更不光彩的是，公司既没有在损益表也没有在财务报告的附注[③]中说明，利润中有一部分实际上来自于电池业务销售。

① 1933年《证券法》和1934年《证券交易法》明确授权委员会制定注册公司递交给美国证券交易委员会和交易所的报告中区分经常项目和非经常项目的方法。[1933年《证券法》19(a)和1934年《证券交易法》13(b)]。首次申请文件的格式（A-1，A-2和10）和年报格式（10-K文件）中需要将非经常性损益从损益表中剔除。

② 按照中国当前的会计准则，处置非流动性资产的利得计入营业外收入，利润总额＝营业利润＋营业外收入－营业外支出，净利润＝利润总额－所得税费用，作者此处表达的意思是在分析公司的盈利时，重点是分析营业利润。——译者注

② 董事长的声明中关于交易仅提到，“电池业务经历了几年不盈利后，在董事会的安排下以不错的价钱出售”。1930年由于董事长操纵在纽约证券交易所上市的公司股票，此后便引发了丑闻。

1931 年，美国钢铁公司公布了大约 19 300 000 美元的“特殊收益”，其中大部分是固定资产处置利得，该固定资产据说是属于印第安纳州加里地区的某家公用事业单位的财产。这项“特殊收益”计入了美国钢铁公司的本年利润中，从而形成了最终 13 000 000 美元的“净利润”。但是这项“特殊收益”具有非经常项目的特征，分析师应该把它从 1931 年的经营成果中扣除，从而可以发现公司在分配优先股股息之前，就已亏损了 6 300 000 美元。美国钢铁公司在 1931 年采取的会计方法与之前几年的有所不同，这表现在该公司在前三年里对所得税退税的会计处理上，这些退税在当时并没有计入当期利润，而是直接计入了盈余账户。

## ●出售有价证券的投资损益●

商业企业通过出售有价证券获得的投资损益也具有特殊的性质，应该从正常的经营成果中剔除掉。

**案例**

美国国民运输公司（National Transit Company），其前身为标准石油公司的子公司，由于将出售有价证券的投资收益计入利润，从而导致其 1928 年的财务报告失真。该公司向股东公告信息的方式也遭到了严厉的批评（见表 31—1）。

**表 31—1　美国国民运输公司 1927 年和 1928 年的合并损益表　（单位：美元）**

| 项　目 | 1927 | 1928 |
|---|---|---|
| 营业收入 | 3 432 000 | 3 419 000 |
| 股息、利息和其他收入 | 463 000 | 370 000 |
| 总收入 | 3 895 000 | 3 789 000 |
| 营业费用，包括折旧和损益直接项目（在 1928 年“包括出售有价证券收益”） | 3 264 000 | 2 599 000 |
| 净利润 | 631 000 | 1 190 000 |
| 每股收益 | (1.24) | (2.34) |

每股收益的增长看似非常明显，但是通过对母公司提交给州际商务委员会的数据进行仔细分析，可以发现 1928 年的利润中有 560 000 美元来自于出售有价证券的投资收益，这几乎完全等于合并报表中净利润相对 1927 年的增长。一方面允许用所得税和其他项目冲减特殊收益，另一方面又允许将其制造业子公司出售有价证券的投资收益计入利润，这样看来 1928 年几乎所有的利润增长均来源于非经营性项目，这种收益在计算或评价盈利能力时应该剔除掉。此外，美国国家运输公司用营业费用冲减非经常项目的收益的会计处理方法也非常荒谬。

纽约－芝加哥－圣路易斯铁路公司（New York, Chicago and St. Louis Railroad）在 1929 年通过子公司出售其持有的皮尔马克特公司的股份，这一交易事件促成了一种在之后更为特殊的会计处理方式。我们将结合对非合并范围子公司的处理来分析这项交易。在 1931 年，伍尔沃斯公司将出售英国子公司的部分股权获得的近 10 000 000 美元收益计入利润，使得当年每股收益比之前每一年的都高，然而实际上，该公司却正处于衰退期。更让人吃惊的是，该公司在同一年从盈余中扣除了 2 000 000 美元的附加税，而这些附加税似乎与利润中的特殊收益密切相关。

有价证券市场价值的减少与出售该证券出现亏损一样，应该在非经常项目类科目下核算。与此类似的还有外币贬值的核算。在大多数情况下，公司会将资产的减值冲减盈余。1931 年通用汽车公司的年报中包含了这两类调整，并将共计 20 575 000 美元作为“特殊的非经常性损失”从损益中扣除。

**投资信托基金报告出售有价证券时所使用的方法。**投资信托基金的财务报告，对从证券出售和证券市值的变化中所获盈利和亏损的处理方法提出了一个特殊的问题。在 1930 年以前，大多数公司都把出售证券的投资收益作为他们正常盈利的一部分，而未售证券的上涨则记录在资产负债表的备忘录或附注中。但是 1930 年，股市暴跌，这些公司持有的有价证券损失惨重，这些损失大部分不再计入损益表，而是用来冲减资产、盈余、或者是计提的准备。大部分公司仍将有价证券未变现的账面贬值记录在资产负债表的附注中，这使得有价证券仍然按照初始成本入账。只有少数的投资信托基金通过冲减资本和盈余的方式，将所持证券组合的账面价值减记为市价。

从逻辑上讲，证券交易是投资信托基金业务的一个组成部分，因此，出售证券和资产组合价值的变化都应作为年报中的经常性业务，而不是特殊业务。当然，仅对扣除了费用后收到的利息和股息进行研究是没有意义的。要想从对投资信托基金业绩的分析中得到有用的结果，必须明确基于以下三个项目：投资收益、出售证券损益以及市场价值的变化。很显然，照此计算出来的年度损益，对盈利能力的预测没有任何意义。基于过去几年历史数据计算出一个平均数对未来的预测也同样没有任何意义，除非是与一些衡量市场表现的普通指标做比较。假设一项投资信托基金的表现大大优于相关的“平均值”，这也只能得出该公司的管理能力优秀的初步结论，但是具体表现是源于出色的能力还是对市场的侥幸预测仍然难以区分。

这种批评有两个要点：(1) 资产价值的总体变化是唯一能用来度量投资信托机构表现的方法；但是 (2) 这种方法不能作为衡量“正常盈利能力”的指标，也不能与稳定的成熟期工业企业的报表盈利相比。①

**银行和保险机构存在的类似问题。**在分析银行和保险机构的经营业绩时也会遇到类似的问题。公众对保险类股票的兴趣大多集中于火灾保险公司。这类企业是保险业务和投资信托业务结合的一个代表。他们可以运用其本金，加上大量投保人预缴的保费来进行投资。一般而言，这些资金中仅有少部分在投资时会受到法律的限制，而其他部分与投资信托基金运用资金的方式是一样的。这类公司的承保业务几乎不能产生丰厚的利润，反而经常面临亏损，这类亏损会被收到的利息和股息所抵消。证券投资上出现的盈利或亏损，包括其持有的股票市值的变化，在公众对火灾保险公司股票的态度上具有决定性的影响。对银行股而言，这个影响就相对小一些，但仍然发挥着重要的作用。20 世纪 20 年代末，为追求巨额利润，银行直接或通过其关联公司大量参与证券市场上的交易，进而刺激了整个市场的过度投机。

1933 年后，所有银行被要求与其关联公司分离，并且在除国债以外的其他证券投资上都受到了政府更严厉的监管和限制。但鉴于银行大量投资于债券，债券价格的大幅波动仍然会对其财务报告上的盈利影响显著。

---

① 美国证券交易委员会对管理投资信托基金业绩表现的调查结果的概要，以及作者对管理投资公司的记录和具体实践的进一步评论，请参见附录注释 47。

一般而言，投资信托基金、银行和保险公司，这些金融机构的经营成果必定会受到所投资证券的价值变化的影响，这使得这些金融机构的股票对广大公众来说，是一个较为危险的投资标的。这类机构所持有的股票股价上升，便会增加年报中的收益，因此投资者容易将在牛市期间股票上实现的收益看作公司“盈利能力”的一部分，并据此对股票进行估值。这样必然会导致高估股票的价值，随之而来的就是价值崩溃和相应的过度贬值。由于公众的信心可能会因此动摇，所以对金融机构来说，这种剧烈的波动所带来的影响是非常严重的。对银行和保险公司股票进行猖獗的投机（也称为“投资”），会导致大批银行和保险公司草率地成立，原有公司盲目地扩张，人们甚至也会放宽了之前确立的稳健和诚信的投资原则。

证券分析师在履行其投资分析顾问的职责时，应尽量规劝普通中小投资者避免购买银行和保险公司的股票。在 20 世纪 20 年代股市繁荣期之前，银行和保险公司的股票几乎都是被那些有着丰富财务经验和成熟判断力的人持有。由于这些金融机构公司公布的盈利与所投资证券价格的波动之间存在紧密的联系，因此只有这些人才能避免在投资该类股票时价值判断出现失误的危险。

投资信托基金的问题更像是一个自相矛盾的难题：在管理水平出色的前提下，投资信托基金是中小投资者配置资金的一个非常好的选择，但若作为中小投资者投资的有价证券，投资信托基金的股票本身又是一个难以驾驭的危险的投资工具。显然，只有通过对投资者进行教育或及时提醒的方法，向公众解释投资信托基金的财务报告，才能解决这个棘手的问题。然而要做到这一点，绝非易事。

## ●通过折价回购优先证券获得的收益●

有时，公司可以通过以低于面值的价格回购本公司的优先证券以获得可观的收益。可以肯定的是，将这种收益计入当期收益的会计处理方法是极具误导性的：第一，它属于非经常项目；第二，它充其量只能算是一种可疑的收益，因为它是以牺牲公司证券持有人的利益为代价而获得的。

**案例**

这种会计处理方法的一个特殊案例发生在1915年的犹他证券公司（Utah Securities Corporation），该公司是犹他电力照明公司（Utah Power and Light Company）的控股公司，表31—2可以说明这一点：

**表31—2　截至1915年3月31日会计年度的损益表　（单位：美元）**

| 项目 | 金额 |
|---|---|
| 犹他证券公司的利润（包括应计入的子公司的盈余） | 771 299 |
| 费用和税 | 30 288 |
| 净利润 | 741 011 |
| 赎回票面利率为6%的债券收益 | 1 309 657 |
| 属于犹他证券公司的所有收益 | 2 050 668 |
| 扣减票面利率为6%的债券利息支出 | 1 063 009 |
| 该年净利润总计 | 987 659 |

上面的损益表显示，犹他证券公司的主要盈利来自于折价回购公司证券。若不是有这个非经营性项目，该公司甚至不能覆盖其利息上的支出。

以大幅折价回购公司自身优先证券的做法，是1931—1933年萧条时期的一个独有的特征。正是由于该时期许多公司拥有大量现金，但自身盈利能力又较弱，才使得这种做法成为可能。后一个因素导致公司的优先证券折价销售，前一个因素是公司能大量回购这些折价证券的前提。这种做法在投资信托基金中最为常见。

**案例**

一个突出的例子就是，美国国际证券公司（The International Securities Corporation of America）在截至1932年11月30日的财年，回购了自身票面利率为5%、价值不低于12 684 000美元的债券，该数额几乎占到其发行额的一半。本次回购的平均买入价格为55美元，此笔交易为公司贡献了6 000 000美元的利润，并用其抵消了公司投资组合市值下降的不利影响。

在工业类公司中，我们注意到盔甲公司1932年的年报。报表显示，在计入通过折价回购自身债券所获的5 520 000美元的收益后，公司的净利润为1 633 000美元。类似的例子还有，古德里奇橡胶公司（Goodrich Rubber）、联合制药公司、布什运输建筑公司（Bush Terminal Building Company）及其他公司的大部分利润都来自于非经常项目。联合雪茄惠兰店公司（United Cigar-Whelan Stores）在1938年上半年财报[1]也采取了这样的做法。注意，另一方面，一些公司（比如海湾国家钢铁公司）在1933年上半年的财报中采用了一种更好的处理方式，将这类收益直接计入了盈余账户的贷方。

当到期的优先证券是按超过面值或既定值偿还时，就会出现相反的结果。当这种溢价所涉及的数量较大时，公司总是用其来冲减盈余，而非减记当期收益。

**案例**

这里有一个典型案例，美国钢铁公司在1929年公布的年报中，用40 600 000美元的费用冲减了盈余，该项费用是由于按每份110美元赎回公司和子公司的债券产生的，共计307 000 000美元。固特异轮胎公司在1927年用9 600 000美元的费用冲减盈余，该金额是由于通过发行票面利率和股息率更低的新证券来替换原有证券，溢价赎回各类原有债券和优先股所形成。从分析师的角度来看，在分析公司单个年度的表现时，这些在特殊交易中产生的盈利或亏损，都应作为非经营性项目，从公司的经营成果中剔除掉。

美国机械和金属公司（American Machine and Metals, Inc），也是前面所提到的曼哈顿供电公司的继任公司，将以折价回购自己公司债券实现的收益计入了其1932年的当期收益。由于1931年和1932年的财务报告非常罕见地反映了许多公司在会计处理上的任意性，因此我们在表31—3中完整重现了损益表和附加的资本以及盈余账户的调整。

① 在1938年的年报中将这项收益计入了盈余账户的贷方。

表 31—3　　美国机械和金属公司 1931—1932 年财务报告　　（单位：美元）

| 科　目 | 1932 | 1931 |
|---|---|---|
| 损益表： | | |
| 扣减折旧和利息前净损益 | 亏损 136 885 | 盈利 101 534 |
| 加上债券回购的收益 | 174 278 | 270 701 |
| 利润，包括债券回购收益 | 37 393 | 372 236 |
| 折旧 | 87 918 | 184 562 |
| 债券利息 | 119 273 | 140 658 |
| 最终净损益 | 亏损 169 798 | 盈利 47 015 |
| 冲减资本、资本公积和盈余公积： | | |
| 递延搬迁费用和矿山开发 | 111 014 | |
| 亏损准备金： | | |
| 可疑债券、利息和索偿权 | 600 000 | |
| 存货 | 385 000 | |
| 投资 | 54 999 | |
| 子公司清算 | 39 298 | |
| 矿储耗损 | 28 406 | 32 515 |
| 固定资产减值（净额） | 557 578 | |
| 矿储和开采权价值的降低 | 681 742 | |
| 联邦所得税退还等 | 贷方 7 198 | 贷方 12 269 |
| 未显示在损益表中的总费用 | 2 450 839 | 20 246 |
| 损益表中显示的结果 | 借方 169 798 | 贷方 47 015 |
| 追加出售股票所得 | 贷方 44 000 | |
| 资本和盈余的合计变化 | 借方 2 576 637 | 贷方 26 769 |

我们在 1932 年的报表中发现了与 1926 年一样极不恰当的做法，即将特殊收益计入利润，同时用特殊损失冲减盈余。但在之后的一年，这项从折价回购债券中获得的特殊收益的本质在年报中被披露了出来，但是处理方法与过去仍然没有明显的区别。大部分股东和股票购买者关注的仅仅是公司公布出来的每股收益的最终数据，却不会去仔细研究这些数字是如何计算得出。此外，对于该公司在 1932 年报表中将某些费用冲减盈余这种做法的影响，我们将在适当的部分再做讨论。

## ●其他非经常项目●

对其他的一些非经常项目细节的讨论没有太大意义，因此不需要在此详细讨论。在大多数情况下，这些无论是作为本年利润的一部分，还是将其更为合理地计入盈余账户的贷方，都没有太大区别。

**案例**

1938 年金贝儿兄弟公司（Gimbel Brothers）将 167 660 美元的寿险保单收益计入了当期收益，并划为“非交易项目”。另一方面，联合采购和制造公司（United Merchants and Manufacturers）将其 1938 财年收到的一笔 1 579 000 美元的同样性质的款项计入了更为合理的盈余账户的贷方，尽管该公司当年的经营出现了大幅亏损。

本迪克斯航空公司（Bendix Aviation Corporation）在 1929 年将收到的专利权诉讼和解费用 901 282 美元计入当期收益，在 1931 年又再次将通过诉讼收回的专利权使用费总计 242 656 美元计入当期收益。海湾石油公司（Gulf Oil Corporation）1932 年的利润中包括了一项通过诉讼获得的 5 512 000 美元代表石油价值的收益。通过这些被视为非经营性项目，该公司将 2 768 000 美元的亏损变成了 2 743 000 美元的盈利。尽管收到的退税通常贷记盈余账户，但收到的累计利息却有时出现在损益账户。比如，杜邦公司在 1926 年将 2 000 000 美元的利息直接计入当年利润，美国钢铁公司在 1930 年也采取了类似的做法，且涉及金额更大，同时对相应的会计处理也未作明确说明。

# 32

# 损益表中的非经常性损失和其他特殊项目

非经常性损失的问题，可能给损益表的分析带来了一些特有的困难。在什么情况下，存货和应收账款的减值应被视作不宜冲抵年度经营成果的非经常性损失？在灾难性的1932年里，几乎所有的企业都对此采取了注销的会计处理。尽管使用的会计方法各有不同，但大多数公司都尽可能地避免累及损益表，而是将这些亏损从盈余中扣减。另一方面，在1937—1938年的经济萧条期，较为轻微的存货减值损失几乎都是计入了损益账户。

存货减值损失是与公司经营直接相关的业务行为，因此从其性质来看，绝不是特殊的。1931—1932年间存货价值的大幅亏损从严重程度上来看可视为特殊，但与整体经营的结果一样是个例外。顺此推理，考虑到1931—1932年的结果，在计算长期平均盈利能力时，应该将存货和应收账款上的减值确认为这些年经营亏损的一部分，即使这些损失是从盈余中扣除的。在第37章，我们将考虑特殊年份在决定平均盈利能力时的影响。

## ●虚构的盈利●

通过分析美国机械和金属公司在1932年大量冲减盈余的会计处理（详细请见上一章），我们发现该公司当年计提了超额的损失准备金，其意图可能是为了有益于未来的利润科目。假如应收账款和存货在1932年12月31日减记为一个过低的金额，这个人为的低“成本价格”将会导致利润在随后几年出现相应的虚增。这一点将在下面假设的数据中得到清楚的阐述：

（单位：美元）

| | |
|---|---|
| 假设 1932 年 12 月 31 日存货和应收账款的公允价值为 | 2 000 000 |
| 假设基于上述公允价值的 1933 年利润为 | 200 000 |
| 假设通过从盈余中计提特殊超额准备金，存货和应收账款减记为 | 1 600 000 |
| 由此将使 1933 年的利润增加，这意味着 | |
| 1933 年报告上的利润为 | 600 000 |
| 这将是真实数据的三倍。 | |

上例说明了一整套可能也是最恶意的会计操纵方式。简单地说，就是从盈余或资本中计提资金，然后将等量的金额报告为利润。盈余的减少不为人们所注意，但利润的增加对一家公司股票的市场价格却具有决定性的影响。[①]我们稍后将会分析，通过“谨慎”减记资产价值的会计处理方法也能得到完全相同的结果，因为折旧费用的减少会导致盈利明显增加。由于公众几乎不能发现，即使是专业分析师也很难察觉这种做法，同时采取这种做法的公司也基本不受法律机构和证券交易所的惩治，所以这种会计处理方法的内在危害性相当之大。

普通股估值基于公布的每股收益数据，这使得管理层更容易对股价进行任意的、不正当的操控。尽管我们应该承认，大多数管理者都是诚信的，但同时应该强调，不严密的或是“别有用心”的会计方法是极度容易蔓延的。

## ●存货减值损失准备●

动用在损失发生前计提的准备金，使得存货减值损失的会计处理往往变得更加复杂。计提的准备通常是从盈余中扣除，从理论上看，盈余账户的一项功能就是作为吸收未来异常损失的应急储备。如果后来真发生了存货的减值，它将很自然地冲减已经计提的准备。这样的结果是，在任何一年的损益表里都没有反映存货的减值，

① 美国工业酒精公司（The United States Industrial Alcohol Company）在 1932 年及随后几年的报表反映了一个与此类似的问题。该公司在 1932 年不再按照惯例来估计存货的当前市价，而是从盈余中计提 1 500 000 美元的准备金，从而减少了库存糖浆的价值（按照惯例这一项应按照成本计量）。在随后的 1933 年、1934 年和 1935 年，由于准备金转回，报告盈利分别增加了 772 000 美元、677 000 美元和 51 000 美元。最重要的是，1934 年的缴纳的所得税是以 677 000 美元为基础，这个数据远低于其报告盈利。（请参见第 45 章对该公司 1929—1938 年报表上每股收益会计处理影响的总结。）

尽管存货的减值和销售价格的下跌一样不利于公司的经营。当公司将存货的损失（无论是直接还是通过间接的准备）从盈余中扣除时，分析师一定要考虑到这个问题，特别是与其他公司公布的经营业绩作比较。这条原则的一个案例是，对美国橡胶公司（United States Rubber Company）和固特异轮胎公司在1925—1927年的年报所做的比较，这段期间内橡胶的价格曾大幅波动。

在这三年里，固特异轮胎公司从利润中计提了11 500 000美元的准备金以应对原材料的价格下跌。这笔金额的一半用于吸收已发生的原材料价格方面的损失，另一半则递延到了1928年（实际上是1930年才最终使用）。

美国橡胶公司在这段期间内计提了一笔金额为20 446 000美元的存货减值准备，并将其全部用于冲减真正遭受的损失。但致股东的年报显示，这笔金额先是从利润中扣除，然后又作为盈余的特殊调整项目出现。（此外，1927年存货上8 910 000美元的损失中，有8 000 000美元是用生产天然橡胶的子公司往年的收益所冲减。）

基于不同基础计算的年报收益，导致统计手册上两家公司的每股收益数据出现了极具误导性的对比表现。表32—1是1928年《标准普尔手册》的部分数据：

**表32—1　　1928年《标准普尔手册》部分数据　　（单位：美元）**

| 年度 | 美国橡胶公司 | 固特异轮胎公司 |
| --- | --- | --- |
| 1925 | 14.92 | 9.45 |
| 1926 | 10.54 | 3.79 |
| 1927 | 1.26 | 9.02 |
| 3年平均 | 8.91 | 7.42 |

为达到公平比较的目的，很显然报表上的数据应该基于一个相同或大致相同的基础，即可以通过以下三种可能的方法来比较：

1. 如美国橡胶公司的年报所示，将存货准备和亏损从当年的损益账户中扣除。
2. 如固特异轮胎公司的报告所示，从当期自天然橡胶中获得的高价收入中提取应对未来损失的准备金，然后用这些准备金来吸收之后的存货跌价损失。
3. 剔除所有准备金，同时也就排除了管理层为了平衡盈利而随意改动数据的手段。

在这个基础上，存货的损失将从实际发生当年的经营业绩中扣除。(在标准统计公司对固特异的分析中，就采取这种做法对公布的盈利数据进行了调整。)

这样一来，如表 32—2，我们就得到了三份这段时期每股收益的报表来作为比较。

表 32—2 三种比较方法一览 (单位：美元)

| 年度 | 1. 不进行存货调整 | | 2. 允许存货调整，方法如两家公司所示 | | 3. 不计提准备，损失于实际发生当年扣除 | |
|---|---|---|---|---|---|---|
| | 美国橡胶 | 固特异 | 美国橡胶 | 固特异 | 美国橡胶 | 固特异 |
| 1925 | 14.92 | 18.48 | 11.21 | 9.45 | 14.92 | 18.48 |
| 1926 | 10.54 | 3.79 | 0.00 | 3.79 | 14.71(亏损) | 2.53(亏损) |
| 1927 | 1.26[a] | 13.24 | 9.73[a](亏损) | 9.02 | 1.26[a] | 13.24 |
| 3 年平均 | 8.91 | 12.17 | 0.49 | 7.42 | 0.49 | 9.73 |

注：a. 不包括美国橡胶公司在 1926 年以前增加的收益。

两家公司的普通股股价在这段时间内的波动幅度表明，美国橡胶公司所采用的会计处理方法更有效地掩盖了这些年间不理想的经营业绩(见表 32—3)。

表 32—3 普通股票的市场价值区间 (单位：美元)

| 年度 | 美国橡胶公司普通股 | | 固特异轮胎公司普通股 | |
|---|---|---|---|---|
| | 最高价 | 最低价 | 最高价 | 最低价 |
| 1925 | 97 | 33 | 50 | 25 |
| 1926 | 88 | 50 | 40 | 27 |
| 1927 | 67 | 37 | 69 | 29 |
| 最高价和最低价的平均值 | 62 | | 40 | |

最近，美国橡胶公司也采用了固特异轮胎公司的会计处理方法，即从繁荣时期的利润里提取应对未来存货跌价的准备。采用这种政策的结果是，该公司在一定程度上低估了 1935 年和 1936 年的盈利，高估了 1937 年的盈利。

**较近期的对比。**包装行业的两家公司在处理未来可能出现的存货损失时所采取的会计方法，为我们提供了一个更有争议的案例。

威尔逊公司在1934年财年开始之初，就以“存货价值波动”的名义计提了750 000美元的准备金，这项准备金一部分来自盈余，一部分来自利润。在1934年，该公司计提准备金后使得期初存货减少，从而使得当年报告上的利润增加了750 000美元。然而，美国证券交易所要求该公司修改其上市申请书，将这笔金额计入盈余账户的贷方，而非计入利润。

另一方面，斯威夫特公司在1933—1935年财年期间，计提了16 767 000美元的存货跌价准备，同时相应减少了报告盈利。1938年存货出现亏损，该公司并非将损失从之前计提的准备中扣减，而是从该年的经营业绩中扣减，然后将11 000 000美元的准备直接计入盈余账户。在这个特殊的案例中，由于存货损失的金额是从利润中扣除，同时又将之前计提的准备结转盈余账户①，因此该公司从1933—1938年这6年的净利润都被低估了。

## ●存货核算中的其他问题●

公司财务报告的研究者，必须熟悉通用的会计准则中处理存货的两种允许的变化方式。众所周知，标准的方法是在年度终了时按“成本与市价孰低”原则入账。通过期初存货加上本期购入存货，再减掉期末存货得到“销售成本”。

**后进先出法**。这种方法的一种变化方式是，按最新购入的成本计算实际销售商品的成本。这种方法的理论基础是，销售商的销售价格主要与当前的重置价格或该商品的最新销售价格有关。只有当商品的单位价格在不同年间发生重大变化时，这种方法的重要意义才会凸显出来。因为它不会影响在长期内的累计报告利润，但是会影响利润在不同年度之间的分配。同时还可以减少由于存货价值②波动而引起的公司利润的大幅波动，从而减少所得税支出。

**正常库存量法或基本库存量法**。过去几年间，许多公司采取了一个更为极端的方法来减少存货价值的波动。这种方法基于的原理是，公司通常都会保持一定的原

① 标准统计采用将存货减值冲减盈余的方法，重述了斯威夫特公司1933—1935年的报表。

② 依据1938年和1939年的《税收法》，首次允许公司在1939年及之后的报表中使用所谓的“后进先出法”。附录中有一个用来说明这两种存货处理方法之间差异的假设的案例，请参见附录注释48。

材料库存量，因此对这部分“正常库存量”，不需要计算由于其每年市场价格变动带来的存货价值的变化，就如同不需要考虑由于价格指数的升降而导致的制造业厂房价值的改变，也不需要将此改变反映到年度经营业绩中一样。为了保持基本库存入账价值不变，通常的做法是将存货按极低的价格入账，这样将来的市价就不会低于这个最低价格，因此这部分存货的价值不会减少。

早在 1913 年，国家铅制品公司（National Lead Company）就将这种方法运用到了其三种主要库存上，即铅、锡和锑。随后，这种方法被美国冶炼公司（American Smelting and Refining Company）以及美国金属公司采用。在 1930 年棉花市场出现暴跌前，美国东北部的一些棉纺厂也开始采用类似的会计处理方法，将棉花的原材料和产品都以一个非常低的价格入账。从 1933—1935 年，普利茅斯绳索公司（Plymouth Cordage Company）也采取了类似的会计处理方法，1936 年开始采用正常库存量法，为了具体说明这一做法，我们在附录注释 49 中列出了该公司在 1930—1939 年间的相关数据。

## ●闲置资产费用●

非经营性资产的运营费用几乎都是直接计入损益，1932 年的许多财务报告在该项目下面都记录了巨额的扣减。

**案例**

扬斯敦钢板和钢管公司的年报上有一笔数额为 2 759 000 美元的“设备、矿区及其他闲置资产的维修费、保险费和税费”。斯图尔特 – 沃纳公司（Stewart Warner Corporation）随后也采取了另一种特殊的处理方法，在 1932 年将 309 000 美元“未用于当年生产的厂房设备折旧”费用直接冲减盈余，而非从损益中扣除。在 1938 年博坦尼精纺毛织物厂（Botany Worsted Mills）的年报中，将一笔 166 732 美元的费用直接计入损益，并形象地把这笔费用称为“闲置资产费用”。

对于闲置资产的费用支出，分析师应将其划分为不同于能直接计入损益的普通费用的其他分类。至少从理论上看，这些费用具有暂时性，因此应属于非经常项目。管理层可以通过处置或者放弃这些资产而随时终止这些支出。如果管理层因为这些资产预计未来所能带来的价值足以弥补当前支出，而选择继续花钱持有这些资产，那么将这些资产等同于一项长期债务也不合逻辑，因为将其视为一项长期拖累公司盈利能力的负担，将导致公司的股价远远低于在不存在这些“资产”情况下所能达到的水平。

**案例**

经营石油管道运输业务的纽约运输公司（New York Transit Company）的案例就很好地说明了这个问题。在 1926 年，受新竞争环境的影响，该公司失去了以往由主线支撑的所有业务，这些资产随之也就成了“闲置资产”，相应产生的高额折旧、税收以及其他费用，吞噬了公司其他盈利资产（包括一条小型输油管道和高等级债券投资）产生的利润。结果，这导致了账面上的净损失，以及股息发放暂停。公司股票价格应声下跌，其股票市值远远低于该公司持有的现金和有价证券的价值。在盲目的股票市场评价看来，该项闲置资产几乎被视作一项沉重的长期债务。

然而到了 1928 年，董事会决定不再继续持有这些资产，于是出售了闲置的管道线，并获得一笔十分可观的收入。此后，公司的股东收到了每股总计为 72 美元（这几乎是 1926 年和 1927 年该公司平均股价的两倍）的特别现金股息，同时他们还继续拥有这家已恢复定期分红的盈利企业的所有权。即使出售闲置资产无法赚取利润，但仅仅放弃这些资产就使股票的价值大幅上升。

这是一个令人印象深刻甚至有些极端的案例，它揭示了证券分析在发现市场价格偏离其内在价值上所发挥的实际效用。这种效用通常被称为“冷酷的市场审判”，看似是由无数消息灵通、精明睿智的头脑经过缜密分析得出的综合判定结果，然而却往往是基于从众心理、错误推断以及在信息不完全的情况下做出的最肤浅的判断。就分析师而言，他们通常无法运用自己的技能，有效地纠正或是利用这些常见的错误。因为周围环境变化非常迅速，他们还没来得及借此获利，这些分析结果就已变得不再适用。但在一些特殊的情况下，就像前述的案例，事实与逻辑足以确保分析师对自己分析结果的应用价值抱有高度的信心。

## ●递延费用●

有时候企业支付的费用，可用于未来的几年，而非支出当年的短短 12 个月。递延费用通常包括以下几项：

- 开办费（法律费用等）；
- 搬迁费；
- 开发费用（用于开发新产品或是新工艺，也包括矿山开采等）；
- 折价发行债券的折价部分。

按照会计准则，这些费用应该在相应的年度里进行摊销。涉及金额在资产负债表中列为递延费用，通过摊销进入费用冲减收入。在折价发行债券的情况下，摊销期为债券的存续期；矿山开采费用的摊销期应根据开采吨数的一定比例来确定；对于大部分其他项目，摊销期可以任意确定，一般为五年。

为了降低每年扣减项目对报告盈利的影响，对递延费用通过一次性冲减盈余，而不是在未来多年进行摊销的做法日益普遍。在理论上讲，这种会计处理方法是不合适的，因为它会低估随后几年的营业费用，夸大这段时期的净利润。举一个简单的例子，公司提前支付了董事长未来十年的薪酬，并将这笔支出作为“特别费用”冲减盈余。很显然，在接下来十年中，公司的利润将会被高估。[①] 另外还有一种比较危险的做法是，将具有经常重复性质的费用，比如广告宣传费、新款汽车开发费用，通过确认为递延费用冲减盈余，而非冲减收入。[②]

通常这类会计交易的数额不大，并不会让分析师把它当回事。证券分析是一项

---

① 州际百货公司在 1934—1936 年间采用的具体会计处理方法，与上面给出的假设的例子有些类似，请参见附录注释 50。

② 与之类似的反对意见认为，不应该采用将关闭连锁店导致的损失冲减盈余的会计做法。比如沙特克公司（F. G. Shattuck Company）就在 1935 年的报表中为此从盈余中扣减了 326 000 美元。对于连锁公司而言，由于会经常增加或减少连锁店，因此这类亏损应该属于经常项目。

极端注重实效的活动，因此不应该在那些不会影响最终判断的细节上耽误时间。但是有时候，这些项目具有重要的分析价值。

**案例**

卡夫奶酪公司在 1927 年前将大部分广告支出作为递延费用，在随后几年的经营业绩中每年摊销。在 1926 年，该公司支出了 1 000 000 美元的广告费用，但是仅将这笔费用的一半计入当期损益，然而同一年又将这笔支出的另一半从盈余中扣除，此外由于核销以前年度递延费用的累计余额，再次从盈余中扣减了 480 000 美元。通过这种方法，该公司在 1926 年向股东报告了总计 1 071 000 美元的利润。但是在下一年，当该公司申请增发股票上市并向纽约证券交易所汇报时，它发现有必要减少其利润中可疑的部分，因此将其 1926 年的利润重新调整为 461 296 美元，而不是 1 071 000 美元。

1932 年，国际电话电报公司的报告上用总计 35 817 000 美元的费用冲减盈余，其中包括“冲销某部分当前已无实际价值的递延费用，尽管按照会计准则规定其入账时应在数年内进行摊销，总计金额为 4 655 696 美元”。

1930—1931 年，哈德逊汽车公司（Hudson Motor Car Company）将以下费用（在众多项目中）冲减盈余而非计入损益：

（单位：美元）

| | | |
|---|---|---|
| 1930 | 开发新款汽车对工具和材料进行的特别调整 | 2 266 000 |
| 1931 | 特殊工具的准备金 | 2 000 000 |
| | 厂房设备的重新安排 | 633 000 |
| | 特别广告 | 1 400 000 |

赫克公司（Hecker Products），后改名为金粉公司（Gold Dust Corporation），在 1933 年从盈余中计提了总计 2 000 000 美元，作为“开发和引进新产品净成本”的准备金，这项准备中的大约 3/4 在 1933—1936 年使用，剩余部分结转到“一般和应急储备”。

这些会计处理方法的影响是，大多数公司不会将费用计入当期损益而导致报告盈利减少，而是会在未来年度中通过摊销来抵减收入。

## ●债券折价的摊销●

公司通常以低于面值的价格发行债券来筹集资金。发行债券的折价部分应作为融资成本的一部分，也就是利息负担的一部分，因此折价部分应该与每年应付利息一样，在债券的存续期内通过每年计入损益来摊销。以前，为了避免让这种较难解释清楚的项目出现在资产负债表上，一种“谨慎的”会计处理方法是将债券的折价部分一次性冲减盈余。最近，这种冲减盈余的方法却由于相反的原因而变得流行，即避免对未来每年盈利的扣减，用一次性冲抵盈余的方法可以使得股票“更有价值”。

联合天然气和电力公司在 1932 年将一笔 5 892 000 美元的“债券折价和费用”冲减当年盈余。这种会计做法近年来在纽约证券交易所和证券交易委员中引起了诸多争议。由于这些反对的声音，不少公司对之前冲减的盈余做了反向冲销，然后重新对债券的折价部分通过每年进行摊销计入损益。①

① 关于这一点，明尼苏达州的北方国家电力公司（Northern States Power Company）变更后的会计处理，与 1984 年该公司发行债券的申请之间引发了争议（涉及总金额超过 8 000 000 美元）。同样值得注意的还有，在债券偿还期内，发行可回购债券的公司应该将未摊销的折价部分通过每年冲减盈利来逐步核销。参见哥伦比亚燃气电力公司（Columbia Gas and Electric Company）1936 年的报表。

当将为偿还旧债支付的溢价考虑在内时，近年来这类做法就节约了一笔数量不小的利息费用。对此的解释可能是基于下面两个事实：（1）公司将支付的溢价和初始折让的余额从盈余中扣除，是为了解除未来盈利真正面临的负担；（2）从这些项目中所得的利润需要缴纳所得税，将这些项目从损益中扣除，便能相应的减少最终应缴纳所得税，从而增加当年的表面利润。

# 33

# 损益表中的误导手段与子公司的盈利

## 一个虚报损益表利润的典型案例

管理层通过虚构盈利项目来增加利润，是一种非常罕见的情况。根据我们目前已知，运用这种手段最典型的案例，可能就是1929年和1930年帕克和蒂尔福德公司（Park and Tilford）的报表。这是一家在纽约证券交易所上市的公司，该公司这两年报表上的净利润数据如下：

1929年——1 001 130美元 =每股收益4.72美元

1930年—— 124 563美元 =每股收益0.57美元

通过核查公司披露的资产负债表，我们发现该公司在这两年里将商标商誉的价值先后从1 000 000美元增加到1 600 000美元，再到2 000 000美元，同时与这些资产的增加相对应的是这段时期内费用的减少。通过分析该公司在三个不同时间点的简要资产负债表（见表33—1），便可以清楚发现这种记账方法的显著特征。

**表33—1　　帕克和蒂尔福德公司资产负债表　　（单位：美元）**

| 资产负债表 | 1929年9月30日 | 1929年12月31日 | 1930年12月31日 |
|---|---|---|---|
| 资产： | | | |
| 固定资产 | 1 250 000 | 1 250 000 | 1 250 000 |
| 递延费用 | 132 000 | 163 000 | 32 000 |
| 商标及商誉 | 1 000 000 | 1 600 000 | 2 000 000 |
| 净流动资产 | 4 797 000 | 4 080 000 | 3 154 000 |

续前表

| 资产负债表 | 1929 年 9 月 30 日 | 1929 年 12 月 31 日 | 1930 年 12 月 31 日 |
|---|---|---|---|
| 负债： | | | |
| 债券和抵押贷款 | 2 195 000 | 2 195 000 | 2 095 000 |
| 资本和盈余 | 4 984 000 | 4 898 000 | 4 341 000 |
| 资产负债合计 | 7 179 000 | 7 093 000 | 6 436 000 |

| 调整后的利润 | 1929 年前 9 个月 | 1929 年后 3 个月 | 1929 年 | 1930 年 |
|---|---|---|---|---|
| 报告期股票盈利 | 929 000 | 72 000 | 1 001 000 | 125 000 |
| 已付现金股息 | 463 000 | 158 000 | 621 000 | 453 000 |
| 冲减盈余的费用 | | | | 229 000 |
| 资本及盈余的增加 | 466 000 | 减少 86 000 | 380 000 | 减少 557 000 |
| 修正后的股票盈利（不包括无形资产的增加，并减去从盈余中扣减的费用） | 929 000 | 528 000（亏损） | 401 000 | 504 000（亏损） |

报表显示，在 15 个月里该公司的净流动资产减少了 1 600 000 美元，这个减少的金额比已付现金股息多 1 000 000 美元。但是，公司通过提高商标和商誉的账面价值 1 000 000 美元来隐瞒了资产价值的减少，并且无论是在致股东的年报中，还是在随后递交给纽约证券交易所的上市申请中，都没有对这些令人吃惊的事项加以说明。然而在回答个人询问时，该公司声称商标和商誉价值的增加，是为了发展子公司丁特克斯公司（Tintex Company）的业务而进行的广告费用和其他销售费用[①]支出。

在任何一种健全的会计准则下，都不允许将当期的广告费用从商誉中扣除。采取这种做法而不向股东披露更是不能为人所接受的。更难以置信的是，帕克和蒂尔福德公司在从 1929 年 9 月 30 日到 12 月 31 日这短短 3 个月的时间里，竟然支出了 600 000 美元的广告费用，并且将这笔广告费用冲减了商标及商誉资产价值上增加的 600 000 美元。这笔记录似乎包含了将前期支出再贷记到当期损益中，导致该公司在 1929 年第 4 季度报表上的经营状况被严重扭曲。毋庸置疑，该公司的年度报表并未附有注册会计师的审计报告。

① 在 1930 年的资产负债表中，“商标和商誉”科目的用词变为“丁特克斯公司的商标和商誉”。在 1939 年“商誉”科目被注销，故又将 1929—1930 年增加的 1 000 000 美元从留存收益中扣除。

## ●根据公布的损益表核对资产负债表及所得税●

帕克和蒂尔福德公司的案例说明，在分析损益表时有必要对相应的资产负债表进行检查。这一点必须着重强调，因为华尔街总是天真地接受报告上的利润和每股收益。前面的案例还提示我们，有必要对公布的损益表的可靠性进行检查，即按联邦所得税应缴税额进行检验，通过应缴税额可以非常容易地计算出应税所得，然后用这个应税所得与致股东的报告上的利润进行比较。这两个数据不一定要完全相同，因为税法的复杂性可能会使这两个数据之间产生一些差异。[①] 同时，我们也不建议花费精力来将这两笔金额调整为完全一致，但其中一些非常明显的差异必须应该注意到，并对此做出进一步的分析。从这个角度对帕克和蒂尔福德公司的数据进行分析后，可得到如表 33—2 所示的建议。

**表 33—2　　帕克和蒂尔福德公司应缴税收益和公布数据　　（单位：美元）**

| 时期 | 应计联邦所得税 | 税率（百分比例） | 税前净利润 | |
|---|---|---|---|---|
| | | | A. 按应计所得税计算 | B. 向股东报告的数据 |
| 1925 年 12 月前 5 个月 | 36 881 | 13 | 283 000 | 297 000 |
| 1926 | 66 624 | 13.5 | 493 000 | 533 000 |
| 1927 | 51 319 | 13.5 | 380 000 | 792 000 |
| 1928 | 79 852 | 12 | 665 000 | 1 315 000 |
| 1929 | 81 623[a] | 11 | 744 000 | 1 076 000 |

注：a. 包括 1931 年额外支付的 6 623 美元。

在早期应税所得[②]与报告收益比较接近，这使得后来两者之间的差异显得更为突出。这些数据让我们有理由怀疑 1927—1929 年间致股东的报告的真实性，很显然，这段时期公司在很大程度上操纵了账目上的数据。

这个案例和本文中讨论的其他案例，都强烈地指出上市公司的报表非常有必要由注册会计师进行独立审计。同时，我们也建议上市公司的年报中还应包括报告收

① 对这些差异的简要概述请参见附录注释 51。
② 原文在此是应计税金（tax accrual），但结合表格作者想表达的应该是应税所得。——译者注

益与应税所得之间的详细对照。我们认为，也许对大众而言，省略掉这些在招股说明书和上市登记表中的次要信息会更简单，但如果美国证券交易委员会要求上市公司提供这样的调整，那么证券分析就会大有发展。

## ●会计操纵的另一个特殊案例●

1924—1927 年，美国联合雪茄连锁店与帕克和蒂尔福德公司一样，经常使用一种奇怪的会计手段来操纵报表数据，但这种手段对报告盈利的影响不如帕克和蒂尔福德公司的严重。该公司在 1927 年 5 月的上市申请中，首次对这种手段背后的“理论”进行了解释，包括以下内容：[①]

> 公司在美国各大主要城市拥有数百栋租赁来的商业建筑，在 1924 年 5 月之前，这项资产并未入账。直到 1924 年 5 月，公司和纽约的 F.W. 拉弗伦茨会计师事务所（Messrs. F. W. Lafrentz and Company）才对这些资产的价值进行了评估，总价值超过 20 000 000 美元。
>
> 自此之后，公司的董事会便决定每三个月将这些资产估值的一部分，计入公司的财产账户中，同时以支付股息的形式进行资本化，以发行和流通在外的普通股为基础，每季度以普通股面值的 1.25% 为基础对这些普通股支付股息。
>
> 用这种手段产生的资本公积，被按面值发行的同等数量普通股所全部抵消，因此就不再属于公司当前盈余的一部分，也不需对产生的这部分资本公积进行现金分红。
>
> 运用与 1924 年同样的评估基础，这些租赁物的当前估值比其账面价值的两倍还多。

将“租赁物增值”计入损益的影响，如表 33—3 所示：

① 具体请参见 1927 年 5 月 18 日美国联合雪茄连锁店递交的将股息率为 6% 的累积优先股在纽约证券交易所上市的申请（#A-7552 申请文件）。

表 33—3 租赁项目增值 （单位：美元）

| 年度 | 报告期净利润 | 普通股的每股收益（每股面值为 25 美元） | 市场价格范围（每股面值为 25 美元） | 计入盈利的“租赁物增值” | 不包含“租赁物增值”的普通股每股收益 |
|---|---|---|---|---|---|
| 1924 | 6 697 000 | 4.69 | 64 ～ 43 | 1 248 000 | 3.77 |
| 1925 | 8 813 000 | 5.95 | 116 ～ 60 | 1 295 000[a] | 5.05 |
| 1926 | 9 855 000 | 5.02 | 110 ～ 83 | 2 302 000 | 3.81 |
| 1927 | 9 952 000[b] | 4.63 | 100 ～ 81 | 2 437 000 | 3.43 |

注：a. 1925 年股息率为 5% 的股票发放的股息金额为 1 737 770 美元，在这两个数据间的明显差异无法解释，而在其他年间这两个数据相同。

b. 不含退回的以前年度的联邦所得税，金额为 229 017 美元。

在分析联合雪茄连锁店将租赁物的增值部分计入当期损益这种会计处理方法时，应铭记以下几个需要考虑的要点：

1. 租赁物实质上既是一种资产，也是一种负债。它是一种因支付所使用商业建筑的租金而产生的义务。非常讽刺的是，正是这些租赁物最终导致了联合雪茄连锁店的破产。

2. 假设拥有租赁物的人能从租赁物上获取资产增值，这类增值是高度无形的，那么将无形资产以高于实际成本的价值标示在资产负债表中的这种做法就违反了会计准则。

3. 如果资本资产的价值确有增加，相应的增加额应计入资本公积账户的贷方。无论怎样，也无法将它想象成利润的增加。

4. 联合雪茄连锁店价值 20 000 000 美元的租赁物增值发生在 1924 年 5 月之前，但是它却被作为此后几年的收益。因此，计入 1927 年利润中的 2 437 000 美元的增值与当年公司的经营和发展没有任何关系。

5. 如果这些租赁物的价值确有增长，那么这种效果会体现在升值的建筑物所实现的更丰厚的利润中。把这部分价值的增值部分单独入账，意味着对同一价值进行了重复计量。实际上，尽管联合雪茄连锁店决定通过追加资本化来融资进而延伸业务范围，其每股收益并没有出现增长的趋势。

6. 租赁物评估得到的任何价值都必须在租赁期内进行摊销。如果联合雪茄连锁店的投资者因为这些有价值的租赁物能带来盈利，而以高额的价格购买其股票，那么投资者必须从公司的盈利中计提一定的准备金来逐步冲销这些租赁物的资本价值，直至租赁期届满资本价值全部摊销完。[①] 然而，联合雪茄连锁店却是在显然已经不重要的初始成本的基础上摊销租赁物。

因此，令人吃惊的是，如果租赁物的价值真的有所增值的话，那么实际的效果就是，摊销费用的增加导致随后营业利润的减少。

7. 联合雪茄连锁店在 1924—1927 年间虚报利润的行为，由于未在年报[②] 中向股东披露事实而遭到了更为严厉的谴责。该公司采取这种会计处理方法大约三年以后，才向纽约证券交易所披露事实的真相。这可能是由于要满足向公众出售由大型金融机构承销的新发行优先股的法定要求。第二年，该公司不再继续将租赁物的增值价值计入损益。

联合雪茄连锁店的这种会计处理手段可以这样描述，将一种本质上是债务的无形资产的价值虚增计入当期利润中，同时未对此加以解释，如果在前期果真发生了资产的增值，则升值部分的最终影响是将导致随后的利润由于更高的摊销费用而减少。

如果将在帕克和蒂尔福德公司的案例中描述的检查联邦所得税的方法，运用在分析联合雪茄连锁店时，会得出非常有趣的结果，如表 33—4 所示：

① 这一点将在第 34 章进行完整的分析。
② 报告上的表述为“当年的净利润，包括租赁物价值的增加”（给出了后者的利润），但是并没有说明此项价值的增加是任意计算的，并且发生在以前年度。

表 33—4　对联邦所得税检查法的应用　（单位：美元）

| 年度 | 联邦所得税储备 | 税前利润 | | |
|---|---|---|---|---|
| | | A. 根据纳税准备计算 | B. 向股东报告的数字 | C. 向股东报告的数字扣减掉租赁物增值的部分 |
| 1924 | 700 000 | 5 600 000 | 7 397 000 | 6 149 000 |
| 1925 | 825 000 | 6 346 000 | 9 638 000 | 8 343 000 |
| 1926 | 900 000 | 6 667 000 | 10 755 000 | 8 453 000 |
| 1927 | 900 000 | 6 667 000 | 10 852 000[a] | 8 415 000[a] |
| 1928 | 700 000 | 5 833 000 | 9 053 000 | 9 053 000 |
| 1929 | 13 000 | 118 000 | 3 132 000[b] | 3 132 000[b] |
| 1930 | 无 | 无 | 1 552 000 | 1 552 000 |

注：a. 减掉显然应计入过去年份的 229 000 美元的税收退回。

b. 经过调整后这个数字也可以报告为 2 947 000 美元。

## ●从上述案例中得到的教训●

从联合雪茄连锁店的案例中，我们可以得到了一个相当实用的教训。当一家企业采取可疑的会计政策时，投资者就应该避免购买该公司的所有证券，尽管当中的某些证券看起来可能会很安全或很有吸引力。联合雪茄连锁店的优先股就是一个最好的说明。该证券的统计数据曾经连续多年表现异常突出，但后来却被证明一文不值。面对以上这些奇怪的会计记账方法，投资者可能会推断该公司的股票仍然是非常安全的，因为当高估的利润被纠正后，安全边际仍然非常高。这种推断完全错误，因为你无法通过量化的方式来扣除不诚信的管理这个因素的影响，应对这类问题的唯一解决办法是远离这类公司的股票。

## ●对已收股票股息赋予的虚构价值●

从 1922 年开始，联合雪茄连锁店的大部分普通股被烟草制品公司持有，后者则被另一家公司控制着同样比例的股权。美国烟草公司是一家非常重要的公司，在

1926 年和 1927 年，它的平均市值超过了 100 000 000 美元，该公司采用的是另外一种虚构损益表利润的会计处理方法，即对收到的股票股息赋予了一个虚构价值。

该公司在 1926 年的损益表内容如下：

（单位：美元）

|  |  |
|---|---|
| 净利润 | 10 790 000 |
| 所得税 | 400 000 |
| A 类股票股息 | 3 136 000 |
| 归属于普通股股东的利润 | 7 254 000 |
| 每股收益 | 11 |
| 普通股的市价范围 | 117 ~ 95 |

在那段时间里，公司会计事项的详细信息从来不需要进行公开披露（纽约证券交易所也不负责任地允许那些只提交了极其简略报表的公司上市）。但我们仍有足够的信息证明，该公司大部分净利润都是通过如下方式凭空捏造的：

（单位：美元）

|  |  |
|---|---|
| 向美国烟草公司出租资产收取的租金收入 | 2 500 000 |
| 联合雪茄连锁店普通股的现金股息（已支付总额的 80%） | 2 950 000 |
| 联合雪茄连锁店普通股的股票股息（票面价值为 1 840 000 美元）扣除费用 | 5 340 000 |
| | 10 790 000 |

需要指出的是，烟草制品公司对从联合雪茄连锁店收到的股票股息进行估价时，其估价是面值的 3 倍，也就是联合雪茄连锁店从盈余中支付的股息数额的 3 倍。烟草制品公司对收到的股票股息的估值或许是以联合雪茄连锁店的市场价值为基础，由于烟草制品公司持有了大部分股票，因此股票市价很容易受到操纵。

当一家控股公司把已收股票股息按超过子公司支付股票股息时指定的价格入账时，就会出现一种非常危险的利润连环虚增。纽约证券交易所从 1929 年开始颁布法规，严格禁止了这种会计做法（这一点在第 30 章讨论过）。在烟草制品公司的案例中，

这种手段更加令人反感，因为发放股票股息的来源是虚构利润中的一部分，例如租赁物的增值。通过非法利用控股公司和子公司间这种关系，导致这种虚构的利润实际上还增加了两倍。

在合并收益的基础上，烟草制品公司在1926年的报表如下所示：

（单位：美元）

|  |  |
|---|---|
| 美国烟草公司扣除所得税等后的租金收入 | 2 100 000 |
| 联合雪茄连锁店归属于普通股股东的净利润的80% | 6 828 000[a] |
| | 7 928 000 |
| A类股票的股息 | 3 136 000 |
| 归属于普通股股东的利润 | 4 792 000 |
| 每股收益 | 7.27 |

注：a. 不包括租赁物的增值

烟草制品公司损益表上的普通股每股收益为11美元，相对实际值差不多高估了50%。

用一句华尔街的格言来说就是，在会计上做假账的公司，其股票价格也一定存在这样或那样形式的欺诈。熟悉各种有问题的财务会计处理方法，有助于分析师甚至公共大众在这些小伎俩出现时及时发现。①

## 子公司与合并报表

在这一部分，我们将介绍第二种常见的调整报表利润的方法。当一家公司控制了一家或多家重要的子公司时，就非常有必要通过编制合并报表来反映该企业在所报告年度真实的经营情况。单纯看母公司的财务报表是不完整的，并且可能存在误导。正如前述所讨论的，母公司有可能会通过不纳入公司创造的利润，从而低估利润；

① 由于在前面的章节里，我们曾对烟草制品公司票面利率6.5%、2022年到期的债券予以好评，为避免出现不一致，在此必须指出，在1930年其管理层出现了彻底的变动。联合雪茄连锁店的管理层及其继任者之间也发生了两次彻底的变动。

也可能通过不扣除子公司的损失或将从子公司所得的股息以超过子公司当年实际利润的价值入账，从而高估利润。

## ●以前和现在的做法●

在早些年，是否披露子公司的经营业绩取决于管理层的决定，并且在大多数情况下，这类重要数据是公司的机密。①在 1933 年以前的一段时间，纽约证券交易所要求新上市的公司必须递交合并报表或子公司的单独报表，披露子公司的经营业绩。但自从通过了 1934 年的法案后，所有上市公司必须在提交给美国证券交易委员会的年报中包含这些信息，并且几乎所有公司在致股东的报告中也必须遵循这个程序。

## ●合并程度●

即使在所谓的“合并报表”中，合并的程度也千差万别。伍尔沃斯公司合并了其在美国国内和加拿大的子公司，但不包括在美国国外的其他子公司。美国烟草公司的合并范围仅包括其完全拥有的境内子公司。当今大部分公用事业机构都将它们所控股（持有大部分有表决权的股票）的公司纳入了合并范围，并且在合并时扣除归属于“少数股东权益”②的部分利润。在铁路行业，只有当子公司是 100% 拥有且是系统内不可缺少的一个组成部分时，才会被纳入合并范围。因此，大西洋海岸线铁路公司（Atlantic Coast Line）的报表中并未反映在其持股 51% 但独立经营的路易斯维尔和纳什维尔铁路公司（Louisville and Nashville）中享有的除股息以外的收益。类似的案例还有，纽约－芝加哥－圣路易斯铁路公司未在报表中反映在其拥有 53% 投票权的惠灵－伊利湖铁路公司（Wheeling and Lake Erie）中享有的除股息以外的收益。

① 对以前年份里这类会计政策误导影响的讨论，请参见本书第一版中对瑞丁铁路公司、联合燃气公司（Consolidated Gas Company，现在是爱迪生联合电力公司），和沃伦兄弟公司（Warren Brothers Company）的讨论。在美国证券交易委员会制定相应的规定之前，绝大部分铁路公司都不提供其非运输子公司盈利的相关信息，这其中还包括一些非常重要的公司。例如北太平洋铁路公司、艾奇逊公司。

② 北美公司的合并范围算是一个例外，它只合并了控股比例超过 75% 股份的子公司，因此 1939 年，北美公司没有将其持有的两家控股比例分别为 73.5% 和 51% 的重要的公司纳入合并范围。

## ●非合并子公司的利润与亏损的处理●

将非合并子公司除股息外的盈亏情况直接计入或是以脚注的方式显示在损益表中，这种做法近年来在工业企业中特别流行。

**案例**

美国烟草公司在 1938 年报表中以脚注的形式指出，当年从非合并子公司收到的股息和盈利共计 427 000 美元。就在同年，赫尔克里士火药公司（Hercules Powder）也类似地以脚注的形式公布了一笔 257 514 美元的金额。而在 1937 年之前，公司将在非合并子公司中所应享有的未分配利润计入“其他收入”。铁路公司处理这个问题的方法又与此不同，例如艾奇逊铁路公司除提供自己公司的财务报表外，在附录中还提供子公司完整的资产负债表和损益表，并且报表中只反映从子公司所收到的股息。

如果非合并子公司的经营成果没有计入损益表的报告期盈利中，并且其涉及的金额非常巨大时，分析师应该对这个报告期盈利进行调整。子公司是否属于合并范围的评判依据不是关于控制的技术上的问题，而是持有股份的重要性。

**案例**

一方面，我们很少会计算联合太平洋公司在伊利诺伊中央铁路公司（Illinois Central）和其他铁路公司中持有的股份，这种计算似乎也没有什么意义。虽然持有的股票数量不少，但还不足以对联合太平洋公司的普通股造成实质上的影响。另一方面，虽然北太平洋铁路公司和大北方铁路公司在芝加哥－伯灵顿－昆西公司中的持股份比例仅为 48.6%（还不到控制的比例），但在这个案例中却很明显需要对财务报表的合并范围进行调整。

类似地，杜邦公司持有的通用汽车公司的股票份额占其发行总量的 23%，毫无疑问，通用汽车公司的经营成果对杜邦公司有重大影响，因此有必要调整盈利来反映通用汽车公司的经营成果。杜邦公司每年都通过调整盈余的方式，来反映所持有的通用汽车公司股票在上一财年账面价值的变化。然而分析师更偏向于在同期进行调整，并将其计入杜邦公司的盈利中，这种调整对杜邦公司在1929—1938年盈利的影响效果如表33—5所示。

表33—5 杜邦公司收益 （单位：美元）

| 年度 | 杜邦公司每股收益 | 考虑杜邦公司在通用汽车公司经营成果中所占比例而进行的调整 | 杜邦公司调整后的每股收益 |
|---|---|---|---|
| 1929 | 6.99 | +2.07 | 9.06 |
| 1930 | 4.52 | +0.04 | 4.56 |
| 1931 | 4.30 | –0.51 | 3.79 |
| 1932 | 1.81 | –1.35 | 0.46 |
| 1933 | 2.93 | +0.43 | 3.36 |
| 1934 | 3.63 | +0.44 | 4.07 |
| 1935 | 5.02 | +1.30 | 6.32 |
| 1936 | 7.53 | +0.77 | 8.30 |
| 1937 | 7.25 | +0.57 | 7.82 |
| 1938 | 3.74 | +0.61 | 4.35 |

通用汽车公司在1931年的报表备受赞赏，因为它采取了本章和前面章节所推荐的一种补充计算方法。即不计入特殊的和非经常性的收益和损失，并计入通用汽车公司在非合并子公司中享有的一定比例的经营成果。在1931年和1930年报表上的每股收益如表33—6。

表33—6 每股收益，包括非合并子公司的未分配利润或亏损 （单位：美元）

| 年度 | 包括非经常项目 | 不包括非经常项目 |
|---|---|---|
| 1931 | 2.01 | 2.43 |
| 1930 | 3.25 | 3.04 |

## ●向统计机构推荐的程序●

尽管这种程序看似让报表更加复杂化，但事实上该程序可用于矫正对普通股过度简单化的分析方法，对每股收益数据形成的先入为主的印象导致了过于简单的分析。统计指南和统计机构在对公司的分析中，很自然地突出了每股收益的重要性。然而，当公司报告中包含了以下一些不合常规或复杂的问题，同时也没有可行的纠正方法时，他们会通过省略对每股收益的计算，以便提供更有效的服务：

1. 将非经常项目计入利润或是将应计入损益的费用冲减盈余；
2. 母公司的报表中未能准确反映子公司本期的经营成果；
3. 采取不合常规的方法[①]来计算折旧和其他摊销费用。

## ●子公司支付的特别股息●

当非合并子公司的盈利可以在盈余账户中累积时，子公司会通过向母公司支付巨额特别股息来提高母公司在经营业绩不好年份里的盈利。

**案例**

伊利铁路公司在 1922 年从宾夕法尼亚煤炭公司和希尔赛德煤铁公司（Hillside Coal and Iron Company）收到了总额为 11 000 000 美元的特别股息。同样，北太平洋铁路公司在 1930 年和 1931 年从芝加哥－伯灵顿－昆西铁路公司、北方快递公司（the Northern Express Company）和西北改进公司（the Northwestern Improvement Company）收到大量的特别股息，并用这些特别股息来竭力贴补那两年微薄的盈利，其中，西北改进公司是一家经营房地产、煤矿和铁矿石的子公司。纽约－芝加哥－圣路易斯铁路公司在 1931 年的盈利中包括了从所持有惠灵和伊利湖铁路公司最优优先股中收到的 1 600 000 美元的返还股息，然而这些股息中只有很少一部分来自于惠灵公司的当年利润。

隐瞒子公司在好光景时的利润，然后将它转移到光景不好年份的利润中，这种方法从平滑报告盈利的角度看是一个值得称赞的方法。但是，更明智的观点认为应该否定这种善意的欺骗，就像纽约证券交易所最新的监管规定一样，要求如实而完

① 若公司没有计提折旧费用，则标准统计公司不计算该公司的每股收益。

整地披露子公司的盈利。真实完全地披露公司在每段时期内的经营业绩是管理层的职责，同时股东需要通过对繁荣和萧条时期的盈利进行平均来推断公司的“正常盈利能力”。即使管理层是出于保持公司盈利稳定性的善意考虑而操纵报表上的利润，这也是不能接受的，因为这种做法可能会导致管理层更多恶意操纵财务报表的行为。

## ●利用母子公司之间的关系扭曲盈利●

运用母子公司之间关系使报表上利润产生令人吃惊的扭曲效果，这种案例有很多。在此，我们将举出两个铁路行业的案例。由于州际商务委员会颁布了严格的会计监管法规，以期有效阻止财务作假，因此这些事例令人更加印象深刻。

**案例**

在 1925 年，西太平洋铁路有限公司（Western Pacific Railroad Corporation）支付了每股 7.56 美元的优先股股息，以及每股 5 美元的普通股股息。公司损益表上的利润略超过了其支付的股息。这些利润几乎全部来自于其经营的子公司——西太平洋铁路公司 (Western Pacific Railroad Company) 分配的 4 450 000 美元股息。然而，该子公司当年的利润仅为 2 450 000 美元。同时，该子公司的累积盈余也不足以向母公司支付巨额的股息，后者希望能将这笔股息计入其该年利润。为达到这个盈利目标，母公司破例向其经营的子公司捐赠了 1 500 000 美元，然后立即以股息的形式从子公司收回这笔钱。母公司的捐赠是冲减盈余，而收到子公司的股息却被计入利润。通过这种欺诈的方式，母公司才得以实现普通股每股 5 美元的收益。然而事实上，真正可用于分配的利润仅为每股 2 美元。

为了印证我们前面提到的“不严密的或是别有用心的会计方法是极度容易蔓延”的观点，我们将指出纽约–芝加哥–圣路易斯铁路公司（镀镍公司）在 1930 年和 1931 年效仿西太平洋公司会计处理的例子。具体情况大致如下：

> 在 1929 年，纽约－芝加哥－圣路易斯铁路公司通过旗下的一家子公司，将持有的皮尔马克特铁路公司的股票出售给了同受其控制的另一家子公司切萨皮克－俄亥俄铁路公司。通过这一出售行为，镀镍公司获得了 10 665 000 美元的利润，并计入了盈余账户的贷方。在 1930 年，镀镍公司需要增加它的利润，于是从盈余账户中提取了 10 655 000 美元的利润，并将其计入子公司的账户，然后以“股息”的形式从子公司收回了 3 000 000 美元，并将这笔金额计入了镀镍公司在 1930 年的利润 。在 1931 年，又将一笔 2 100 000 美元的股息以同样的方式计入当年利润。

之所以采取这些奇怪的会计处理方法，是因为公司认为有必要保持一个非常高的净利润数据，这样才能保证公司的债券满足信托基金投资的要求。[①] 然而其后果与采取其他形式的会计作假一样，将公众带入了歧途，并为那些“内部人士”提供了不公平的利益。

## ●子公司亏损的更广泛意义●

在本章中我们已经提到，证券分析必须充分考虑子公司的经营成果，不论是盈利还是亏损。这从而也引出了另一个问题：子公司的亏损是不是直接从母公司的盈利中扣减？当一家公司拥有某些类似本例中不能盈利的子公司时，为什么公司的价值会降低？难道不是可以在任何时候通过出售、清算或是放弃子公司来终止这种亏损吗？因此，假设管理得当，那么我们是否可以认为子公司的亏损顶多是暂时的，可以将亏损计入非经常项目，而不是从正常盈利中扣除？

这一点与前面章节讨论过的有关闲置资产的费用类似，同时也与后文将要提到的公司里不能产生利润的业务部门的处理类似。对于我们上面提出的问题并没有一

---

① 类似极端的例子可以参见 1930 年沃巴什铁路公司和安娜堡铁路公司的报表，以及 1931 年《穆迪手册》（蒸汽铁路）（*Moody's Manual of Investments* [Steam Railroads]）在第 1022 页就此做出的相应评论。沃巴什铁路公司持有 99% 的安娜堡铁路公司的优先股和普通股。在 1930 年 12 月，安娜堡铁路公司董事会宣布其优先股每股发放 5 美元股息、普通股每股发放 27 美元股息的计划。这项计划是在面对营运资本为负，且可分配净利润略微超过已宣布发放股息 10% 的情况下做出的。该公司之前从未发放过股息，然而这个股息分配方案使得沃巴什铁路公司将收到的 1 073 455 美元股息作为“股息收入”计入损益，从而有效地将沃巴什铁路公司的固定支出保障倍数从 1.3 倍提高到 1.5 倍以上。

个简单的答案。事实上，如果子公司可以在不对公司其他部分产生副作用的情况下恢复正常经营，那么理应将这种损失看作暂时的。因为通过明智的推断，可以看出子公司在短期内是否可以产生利润，或是需要被处置。但是，如果在母公司和子公司之间存在重大的关联关系，比如，子公司为母公司的产品提供了销路，或者是为母公司提供便宜的原材料，亦或承担了大部分开销，那么终止子公司亏损就不是一件简单的事情了。通过进一步分析可能会发现，子公司的全部或部分亏损是母公司盈利中的必要部分。在每一个例子中，判断母公司和子公司之间的关联关系并不是一项简单的任务。就像证券分析中的其他问题一样，这通常还需要研究财务报表数据以外的其他信息。接下来的案例就将阐明这一问题以及我们如何对此进行分析。

**案例 A：纯度面包公司（Purity Bakeries Corporation）**。这家大型面包和蛋糕制造商是通过多家子公司来运营的，其中最大的一家子公司是纽约的库什曼之子公司（Cushman's Sons Inc.）。库什曼之子公司发行在外的有股息为 7 美元和 8 美元的累积优先股，纯度公司不对该优先股提供担保。纯度公司的年报以合并报表为基础，报表上显示的盈利是扣除了不是由纯度公司持有的库什曼之子公司的优先股的股息，无论是已收还是已支付的。库什曼之子公司的单独报表（见表 33—7）显示了在 1934—1937 年间，按照会计准则，该公司的经营给母公司纯度公司造成了巨大的损失。

**表 33—7　　库什曼之子公司的经营结果　　（单位：千美元）**

| 年份 | 纯度公司报告净利润 | 扣减全部优先股股息后库什曼之子公司的损失 | 不包括库什曼之子公司经营业绩的纯度公司的利润 |
|---|---|---|---|
| 1937 | 463 | 426 | 889 |
| 1936 | 690 | 620 | 1 310 |
| 1935 | 225（亏损） | 930 | 678 |
| 1934 | 209 | 173 | 382 |
| 4 年平均 | 278 | 537 | 815 |
| 纯度公司每股收益 | 0.36 | 0.71 | 1.06 |

从表 33—7 中可以看出，纯度公司在扣除库什曼之子公司经营业绩后的利润是扣除之前的 3 倍。分析师是否可以据此推断出前者能更准确衡量纯度公司的盈利能力，因为纯度公司预期能够从该子公司中再次获益（在 1934 年之前，该子公司一直处于

盈利状态），或是放弃该子公司？这就需要考虑公司内部之间的关系。库什曼之子公司 1937 年报表中的一个注释显示，纯度公司从其子公司的运营中收取了相当高的服务费用，这表明库什曼之子公司可能具有某种能用来吸收费用的额外价值，这个问题值得深究。

但是在 1938 年，也就是第二年报表中显示：第一，库什曼之子公司获得了优先股股息的减免；第二，两家不能盈利的零售工厂（在费城和芝加哥）已经关闭。在进一步调查后，分析师可能会推断出，子公司的亏损从本质上来说并不是永久性的，因此也应该用这种观点来分析 1934—1937 年间的报表。

**案例 B：利哈伊煤炭及航运公司（Lehigh Coal and Navigation Company）**。该公司的收入有许多来源，最主要的一项是向新泽西州中央铁路公司出租铁路财产，每年收取的 2 268 000 美元租金。该公司的第二大投资是无烟煤矿，这些煤矿自 1930 年以来一直处于亏损经营状态。在 1937 年，这些亏损相当于利哈伊股票每股亏损 90 美分，其结果是公司当年的合并净损失为 306 000 美元，与此相对，母公司的净利润仅为 1 125 000 美元，即每股 64 美分。

但是在这个案例中，分析师不能肯定地说，利哈伊公司是由于拥有了矿业资产，才使其股票价值相对它没有这些资产时减少了。矿山为铁路部门的运营提供了十分重要的煤矿资源，如果关闭这些矿山，新泽西州中央铁路公司每年支付租金的能力就可能会严重受损，特别是在过去几年承租的铁路业绩表现不佳的情况下。事实上，后来新泽西中央铁路公司提出要求，认为按照租约的规定，利哈伊煤炭及航运公司应该对其提供一定数量的煤矿。因此，在这种相当复杂的背景下，投资者无法可靠地进一步研究公司合并的经营成果，包括无烟煤子公司的损失。

**案例 C：巴恩斯代尔石油公司（Barnsdall Oil Company）**。这个案例与前面两个案例相反。巴恩斯代尔石油公司拥有炼油和生产两个部门，后者能够盈利，而前者还不能盈利。在 1935 年，炼油部门（和营销部门）分离出来成为一个独立的公司，并将普通股分配给自己公司的股东，但保留了新成立公司的优先股和债权。在 1936—1938 年，炼油厂继续亏损，巴恩斯代尔石油公司预付了一笔相当可观的费用来弥补这些损失，并将它先冲减资本公积，不足部分再冲减盈余公积。另一方面，从1933年6月1日到1938年底，由于摆脱了炼油厂的亏损，损益表上生产经营利润呈现稳步增长。

1939年，纽约证券交易所要求公司更正致股东的年报，提醒股东注意公司将炼油厂投资的减值从报告盈利中扣除的影响。这些损失导致报表上利润的减少超过了1/3。

很显然，基于一个合理的会计准则，只要公司持续控制着一个不能盈利的部门，那么该部门的损失就应该从公司的盈利中扣除。分析师必须判断未来终止亏损的可能性，并据此分析当前的股价。显然，巴恩斯代尔石油公司所采用的方法应遭到批评，因为它在并没有真正终止炼油厂亏损的情况下，就不再报告炼油厂的损失。（在1939年底，公司开始着手出售炼油厂及营销部门，与其彻底脱离关系。）

**总结。**为避免大家对这个问题感到迷惑，我们将处理这个问题的建议总结如下：

1. 在第一个案例中，子公司的亏损在任何分析中都应该扣除；
2. 如果涉及的金额巨大，分析师应该分析损失能否被提早终止；
3. 如果分析发现该损失能被提早终止，分析师应该将子公司的部分或全部亏损视作为非经常项目。

# 34

# 盈利能力与折旧及其他类似费用之间的关系

在分析损益表时必须特别注意折旧以及其他类似费用的扣减。这些项目与普通营业费用的区别在于，它并不代表当期相应的现金支出，而是代表了由于损耗、耗尽或其他原因导致的报废，引起的固定资产和资本资产价值的减少。这类费用主要包括以下几种：

1. 折旧（和废弃）、替换、更新或报废；
2. 耗损、耗尽；
3. 租赁物、租赁物的改良支出、及许可权的摊销；
4. 专利权的摊销。

以上的项目都可以计入“摊销”科目下，但我们通常把他们称为“折旧项目”或是简单的“折旧”，因为后者对大家来说更为熟悉。

## ●关于折旧的主要问题●

会计中关于折旧费用的理论非常简单。如果一项资本资产使用寿命有限，那么应该在使用年限内，通过计提储备冲减盈利的形式注销资产成本。但是在这个简单的道理背后却有着三重深刻的含义：第一，我们发现会计准则允许以价值而非成本作为摊销费用的基础；第二，公司可以采取多种办法来规避按照现行的会计准则报告损益表中的折旧费用；第三，在某些情况下，按照会计要求计提的折旧，从投资角度来看并不完全符合现实情况。在本章和下一章中我们将分析这些问题。我们将首先对工业公司进行一般情况下的讨论，接下来再针对石油公司、矿业公司和公共事业机构等特殊情况进行分析。①

## 折旧的基础

### ●除成本之外的其他折旧基础●

会计界支持的一种理论是：计提折旧费用的目的是在寿命结束时为资产重置做准备，而不仅仅是注销资产成本。按照这个理论，当前或者未来资产的重置成本就是计提折旧费用的基础，该重置成本不仅会随该资产价格的变化而变化，而且会因替代资产的性质改变而受影响。

不论是支持还是反对，②在现实中该理论几乎从未按照其形式被采纳过。但是我们在现实中却能碰到该理论的另一种变化形式，即在某一特定日期将资产负债表上所有固定资产的成本用替换资产的重置价格来替代，并基于这个新的价值来计算每年的折旧费用。

自 1914 年以来，有过两次这样重新估值的浪潮。第一次发生在 20 世纪 20 年代，将第一次世界大战前的成本调增为一个当时普遍采用的较高价值。第二次发生在 1931—1933 年间，将资产的价值调低为经济萧条时期的较低水平。③

**案例**

美国冰业公司（American Ice Company）在 1926 年将固定资产的

① 铁路公司只对设备计提折旧费用（包括项目的维护费用）的做法，是非常少见的情形。1937 年一级铁路（Class I railroads）计提了总额为 191 798 000 美元的设备折旧费用，而对道路和建筑物计提的折旧只有 5 236 000 美元。

② 我们认为，在初始成本的基础上计算折旧更为简单，同时也更符合逻辑。当资产重置后（这也有可能不发生），重置成本将会使得账目不同于之前。

③ 参见所罗门·法布里坎特（Solomon Fabricant）的文章《1925—1934 年固定资产的价值重估》（*Revalutions of Fixed Assets, 1925—1934*），《国家经济研究局公报》（*National Bureau of Economic Research Bulletin*），1936 年 62 期，以及《资本的消费和调整》（*Capital Consumption and Adjustment*），国家经济研究局，1938 年，第 12 章。

价值调增了 7 868 000 美元，在 1935 年又相应地将其减记，恢复为以成本为基础的估值。1926 年调增资产的价值，导致需要计提更多的折旧费用，1935 年的调减又使得折旧费用相应减少。1933 年，美国机车公司（American Locomotive company）将股票面值从每股 50 美元下调为每股 5 美元，并利用由此得到的大部分资本公积将固定资产的价值减记了约 26 000 000 美元，同时将对通用钢铁铸件公司（General Steel Castings Corporation）的投资减记了 6 200 000 美元，这对损益表的最终影响是将折旧费用减少为原来的 40%。

会计界对这种随意改变计提折旧的基础，并使之不同于初始成本的做法表示反对。我们认为，假如满足以下条件，这种做法是应该允许的：

1. 新的估值是建立在事实的基础上，比之前估值更为公平；
2. 对新的估值计提的折旧是从损益中扣除的。

然而，在许多情况下我们可以发现，公司对固定资产进行重新估值时，总是不能完全满足上述情况。

## ●减记资产价值以减少折旧费用●

在关于折旧的会计处理上，最引人注目的可能就是最近减记固定资产价值的做法。这并非出于谨慎性的原则，反而是为了营造一个更好的盈利表现，从而提高每股的表面价值。

我们认为，在随后的“从投资者的角度来看摊销费用”部分再来讨论这些伎俩对证券分析的重要意义，而且对读者来说更为合适。由于我们在此讨论的是会计处理的问题，因此这里仅陈述我们的观点，我们认为过度减记固定资产价值，同时公然承认或显然是为了减少折旧费用，从而增加报告收益，是一个不可原谅的借口，同时也是会计领域不能容忍的做法。公司递交给美国证券交易委员会的注册文件中，包括一份假设维持前期资产价值不变时当期利润会降低多少的报告。我们认为，这类信息还应该以脚注的形式添加在致股东年报的损益表中，如果会计师能够拒绝为包含了这类资产减记做法的报表发表审计意见，同时要求公司修改会计数据，那自然是更好的做法。

## ●资产负债表与损益表之间的差异●

许多公司调增固定资产的价值后，却并未相应的增加损益表中应计提的折旧费用。这实际上是为了在享受资产负债表中价值增加的同时，又不会因计提更多的折旧而导致利润减少。这种做法在矿业公司和石油公司中尤为普遍。下面是两个普通工业行业公司的案例。

**案例**

霍尔印刷公司（Hall Printing Company）在1926年和1931年将财产账户的价值调增了6 222 000美元，并将这项“重估增值”计入了资本公积账户的贷方。对这个被高估的价值计提的相应折旧，是从资本公积中扣减，而非从损益中扣除。例如，最典型的是在截止1938年3月的财年，公司从资本公积中扣除406 000美元的折旧费用，同时又在当期损益中扣除了864 000美元的“常规”折旧。在1938年4月，通过同时减记财产账户和资本公积的方式，将重估增值的余额变为零，并且不再计提特殊折旧费用。

博格华纳公司（Borg Warner）从1935年开始（之前几年的数额各不相同）每年从“增值盈余”（Appreciation Surplus）而非损益中扣除约102 000美元，用于摊销在1927年增加的固定资产价值。

很显然，没有公司可以用一组数据来编制其资产负债表，然后用另一组不同的数据编制其损益表。最近的趋势是通过减少之前增加的计入资产负债表的价值，使其恢复至初始成本，用这种方法来纠正之前产生的差异。

# 折旧率的标准及非标准做法

## ●1. 如上市公司报告中所示●

绝大部分工业类公司会按照会计准则，在计提折旧时，对不同种类的资产采取不同的折旧率。分析师可以很容易地从纽约证券交易所的上市申请文件，或公司的招股说明书及注册申请中核实这个问题。

**案例**

若按照标准方法，公司很可能作出如下声明：

（摘自蓄电池公司 [Electric Storage Battery Company] 在 1928 年 12 月 17 日递交的上市申请文件。）

公司的折旧政策……如下：建筑物的寿命期为 20~33 年，具体取决于建筑物的性质。机器、工具和固定设备的折旧年限为 1~10 年，具体取决于设备的性质。办公家具和固定设备在 10 年内注销。所有资产的折旧率，根据实际工作经验及工程师对设备使用寿命的估计确定。关于流动资产的折旧，公司已计提相应的准备金用于弥补可能由坏账产生的亏损。

（摘自美联钢铁制品公司 [Midland Steel Products Company] 在 1930 年 2 月 11 日的上市申请文件。）

以下是公司使用的各项折旧率：

| | （年折旧率，%） |
|---|---|
| 建筑物 | 2 |
| 地面、车道及人行道 | 2 |
| 机器 | 7 |
| 家具及固定设备 | 10 |

铁路专用线……2
汽车和卡车……25
工具和模具——若已知所需数量，则在产品的寿命期内进行摊销，否则在每个财年结束时注销。

这些被公司使用了多年的折旧率，已逐渐演变成了工业行业的标准做法。

折旧率是根据各项资产的预计使用寿命来确定的。因此，建筑物的折旧年限为 50 年；地面、车道及人行道的折旧年限为 50 年；机器的折旧年限为 14 年；家具及固定设备的折旧年限为 10 年；铁路专用线的折旧年限为 50 年。设定折旧率时未考虑各项资产使用寿命到期时的残值。

与现在大多数公司所采用的折旧政策的标准做法不同，我们将指出一些大型公司，如美国汽车和铸造公司（American Car and Foundry）、美国炼糖公司和鲍德温机车厂以往在折旧问题上采取的错误会计处理方式。

美国炼糖公司在 1923 年 12 月 6 日的上市申请文件中，包括了如下内容：

过去几年的损益表表明，在折旧问题上公司一直采用非常宽松的政策。通过必要及适当的维修、更新及置换，公司资产的价值一直保持不变。

这段声明看似可靠，但对分析师而言却远远不够。透过表 34—1 中显示的实际折旧费用，便可揭示公司所采用的是一种少见的极其随意和不稳定的政策。

**表 34—1　　美国炼糖公司每年的折旧费用　　（单位：美元）**

| 年度 | 冲减收入 | 冲减盈余 |
|---|---|---|
| 1916—1920 | 2 000 000 | 无 |
| 1921 | 无 | 无 |
| 1922—1923 | 1 000 000 | 无 |
| 1924 | 无 | 无 |
| 1925 | 1 000 000 | 无 |
| 1926 | 1 000 000 | 2 000 000 |

续前表

| 年度 | 冲减收入 | 冲减盈余 |
|---|---|---|
| 1927 | 1 000 000 | 1 000 000 |
| 1928 | 1 250 000 | 500 000 |
| 1929 | 1 000 000 | 500 000 |
| 1930 | 1 000 000 | 542 631 |
| 1931 | 1 000 000 | 无 |
| 1932 | 1 000 000 | 无 |

1926—1930 年，公司每年都会从盈余中额外扣除一些费用，这似乎印证了我们的观点，美国炼糖公司的折旧政策是随意的，同时也是不准确的。

美国汽车和铸造公司在 1925 年 4 月 2 日的上市申请文件中，包括了如下内容：

> 公司没有设置与折旧相关的账户，但是在公司的政策和实务中，采取了与计提折旧具有同等效应的处理。公司在任何时候都会保证厂房和设备处于最佳状态，若有需要会立即对设备和建筑物进行维修、更新或更换，并且会及时更新换代先进设备以保证更加高效的生产。通过这一处理程序将折旧和报废完全包含在内，并且将成本直接计入营业费用。

分析师对此“完全”有理由持怀疑态度。美国制罐公司也采取了类似的做法，在 1926 年 2 月 26 日的上市申请文件中，公司回避了对其折旧政策的说明。尽管在报告中提到自 1907 年 2 月起，公司在资产扩建与完善方面花费了近 50 000 000 美元，并且“在这段期间内资产应计提的折旧费用超过了 20 000 000 美元”。

在鲍德温机车厂 1929 年 10 月 3 日的上市申请文件中，关于折旧政策作了如下让人吃惊的陈述：

> 在 1924—1928 年的 5 年间，按照联邦政府的规定应计提的厂房和设备折旧为 5 112 258.09 美元，这部分已从收入或是盈余中扣除（见表 34—2）。

表 34—2　　鲍德温机车厂每年的折旧费用　　（单位：美元）

| 年度 | 冲减收入 | 冲减盈余 | 总折旧费用 |
|---|---|---|---|
| 1924 | 600 000 | 无 | 600 000.00 |
| 1925 | 无 | 无 | 无 |
| 1926 | 无 | 无 | 无 |
| 1927 | 1 000 000 | 2 637 881.01 | 3 637 881.01 |
| 1928 | 600 000 | 274 377.08 | 874 377.08 |
| | 2 200 000 | 2 912 258.09 | 5 112 258.09 |

未来几年预计的折旧费用，是按照联邦政府规定的、应计提折旧资产的预计使用年限来计算的。同时，其作为收入扣减项需经过税务专员允许，以及征得我公司工程师的同意，这将会影响公司计算折旧时使用的数额。

很显然，鲍德温机车厂在此期间的损益表缺乏准确性，其在 1924—1928 年呈送给投资者的报表上，普通股平均每股收益比准确数据高出很多，具体请参见表 34—3。

表 34—3　　鲍德温机车厂普通股每股收益　　（单位：美元）

| 年度 | 报表上的数据 | 扣除每年折旧费用 1 022 00 美元后的修正数据 |
|---|---|---|
| 1924 | 0.40（亏损） | 2.51（亏损） |
| 1925 | 6.02（亏损） | 11.13（亏损） |
| 1926 | 22.42 | 17.31 |
| 1927 | 5.21 | 5.10 |
| 1928 | 5.34（亏损） | 7.45（亏损） |
| 5 年平均 | 3.33 | 0.06 |

## ● 2. 比较两家公司 ●

当分析师得知公司采用的折旧政策有别于标准做法时，那么就有必要检查该公司是否计提了充足的折旧。将同一领域的两家公司进行比较，可能会发现重要的结论。美国炼糖公司和美国汽车和铸造公司的比较结果如表 34—4 所示。

表 34—4 两家公司折旧费用比较 （单位：美元）

| 公司 | 财产账户的平均值（净值）1928—1932 年 | 平均折旧费用 1928—1932 年 | 折旧费用占资产价值的比例（%） |
|---|---|---|---|
| 美国炼糖公司 | 60 665 000 | 1 050 000 [a] | 1.73 [b] |
| 国家炼糖厂 | 19 250 000 [c] | 922 000 [c] | 4.79 [c] |
| 美国汽车和铸造公司 | 72 000 000 | 1 186 000 [d] | 1.65 |
| 美国钢铁铸造厂 | 31 000 000 | 1 136 000 | 3.66 |

注：a. 不包括从盈余中扣除的折旧费用，如果包括则该数据为 1 358 500 美元。

b. 若包括从盈余中扣除的折旧费用，该数据为 2.24%。

c. 基于 1929—1932 年这 4 年，其中 1928 年数据缺失。

d. 估计有一半的支出用于更新和维修。在 1901—1933 年美国钢铁公司的案例中，折旧费用支出平均占维护和折旧总准备金的 40%。

无论是从绝对数还是从相对数来看，美国炼糖公司和美国汽车和铸造公司计提的折旧费用都是不充足的。①

## ●折旧费用通常是企业合并中的一个问题●

在判断企业合并中所提议的条件是否公平合理时，比较折旧费用之间的差异有时可能会引发相当大的争议。

**案例**

1924 年，一项涉及切萨皮克－俄亥俄铁路公司、霍金谷铁路公司、

① 对于计提的折旧费用不足，以及计提的折旧费用少于所得税减免项的工业类公司的例子如下所示：哈比森－沃克耐火材料公司（Harbison-Walker Refractories Company）在 1936 年计提了 296 000 美元的折旧费用，新的管理层认为此项费用“严重不足”，并重新补提至 472 000 美元。在 1937 年麦肯斯波特锡板公司（McKeesport Tin Plate Corporation）的报表上，所得税纳税申报的减免为 803 000 美元，而致股东报表上计提的折旧费用为 425 000 美元。类似的例子还有，国家搪瓷和冲压公司（National Enameling and Stamping Company）在 1935—1937 年每年计提了 185 000 美元的折旧费用，而与此相对的是每年所得税纳税申报上的减免为 280 000 美元；1938 年补提了 443 000 美元的折旧费用，将 1933—1937 年不足的折旧一次补足。古德希包装公司的审计师在该公司 1939 年的审计报告中声明，该公司在 1938 年 10 月 29 日之前提取的折旧准备不充足。

与此相反，计提超额折旧的案例有：联邦政府发现阿克梅钢铁公司（Acme Steel）在 1932—1935 年间每年计提的 555 000 美元折旧费用过高，该金额减掉所得税纳税申报上所减免的 104 000 美元，差额计入 1936 年盈余账户的贷方（这与国家搪瓷和冲压公司的案例几乎刚好相反）。芝加哥黄色出租车公司将以前年度多提的超额折旧共计 483 000 美元计入 1938 年盈余账户的贷方。

皮尔马克特铁路公司、镀镍公司和伊利铁路公司的合并方案公布。一部分切萨皮克 – 俄亥俄铁路公司的股东对此方案提出异议，并且说服州际商务委员会（Interstate Commerce Commission）相信，该合并条款对其铁路公司相当不公平，其中一个理由是，切萨皮克 – 俄亥俄铁路公司在前三年的真实盈利远高于报告上的数据，因为将设备的折旧和报废产生的高额费用计入损益才导致盈利偏低。[①] 1929 年，伯利恒钢铁公司和扬斯敦钢板和钢管公司的合并方案同样遭到了反对，最终以失败收场。有关这两家钢铁制造商的部分数据见表 34—5。

**表 34—5　　两家钢铁制造商的折旧费用　　（单位：美元）**

| 1928 年 | 伯利恒钢铁公司 | 扬斯敦钢板和钢管公司 |
|---|---|---|
| 财产账户，1927 年 12 月 31 日 | 673 000 000 | 204 000 000 |
| 销售额 | 295 000 000 | 14 100 000 |
| 折旧耗损与报废 | 13 658 000 | 8 321 000 |
| 折旧占财产账户的比例 | 2.03% | 4.08% |
| 折旧占销售额的比例 | 4.63% | 5.90% |

## ●被隐瞒的折旧●

美国制罐公司在 1937 年之前一直未向股东披露其折旧政策，这个奇怪的案例说明了在证券分析中没有理所当然的事。在 1922—1936 年，公司平均每年计提折旧 2 000 000 美元。而大陆制罐公司对旗下一家小工厂也计提了差不多这个数额的折旧费用。通过对比可以发现，美国制罐公司的盈利能力存在高估。在 1934 年的报表中，该公司第一次向股东披露，在此期间公司每年会将一定数额的“重置”费用计入营业费用，但没有公布具体金额。随后在 1935 年和 1936 年的报表中也披露了类似的做法，但具体金额仍然不详。另外在 1935 年递交给美国证券交易委员会的 10-K 文件中，提到这些额外的费用共计 2 400 000 美元。最后在 1937 年的年报中告知股东，1936 年冲减的额外费用接近 3 275 000 美元。从 1937 年开始，公司“定期”计提折

① 1926—1928 年间，切萨皮克 - 俄亥俄铁路公司在设备上花费了大量支出，并将这笔支出计入营业费用，而州际商务委员会认为应计入资本性支出。在 1933 年，双方就此争论进入法庭，法庭宣布维持州际商务委员会的决定。

旧费用，当年为 5 702 000 美元，1938 年为 6 085 000 美元。如此，股东们便能通过这些简单的步骤轻松得知他们资产的基本情况。

根据随后报表中披露的情况，先前对美国制罐公司低估折旧费用的推断，① 必须更正为该公司未能披露事实的真相。

## ●通过会计处理隐瞒过度折旧的一个案例●

美国制罐公司的案例可以与纳贝斯克公司以往的做法进行比较，该公司也被控股公司持有同样比例的股权。在 1922 年之前，该公司不断增加其厂房数量，但资产账户除 1920 年外，并未表现出明显的增加。致股东的报告中就折旧费用这一问题的表述非常含糊，② 但是根据金融手册上的公司政策："每年的折旧费用为 300 000 美元，所有资产的更换和建筑物的改造费用直接计入了营业费用。"

我们无疑会得到这样一个结论，由于公司将新建工厂的资本投资从利润中扣除，因此真实的盈利远远高于公司公布的数据。在 1922 年，公司将 7 股合并为 1 股，将现金股息率提高到原来的 3 倍，这种低估盈利的会计做法宣告结束。其结果是表面的盈利能力突然提高了一倍，同时厂房设备账户也迅速膨胀，两个时期的具体对比见表 34—6。

**表 34—6** 纳贝斯克公司 （单位：美元）

| 会计年度截止日期 | 归属于普通股股东的利润 | 年底厂房设备账户净值 |
|---|---|---|
| 1911 年 1 月 31 日 | 2 883 000 | 53 159 000 |
| 1912 | 2 937 000 | 53 464 000 |
| 1913 | 2 803 000 | 53 740 000 |
| 1914 | 3 432 000 | 54 777 000 |
| 1915 | 2 784 000 | 54 886 000 |
| 1916 | 2 393 000 | 55 207 000 |

① 在本书 1934 年版本中有相应表述。

② 在 1919 年前，公司资产负债表中每年的表述为，固定资产"减掉折旧账户——300 000 美元"。很显然，这应该为当年的扣除数，而非累计金额。

续前表

| 会计年度截止日期 | 归属于普通股股东的利润 | 年底厂房设备账户净值 |
|---|---|---|
| 1917 | 2 843 000 | 55 484 000 |
| 1917 年 12 月 31 日 | 2 886 000（11 个月） | 53 231 000 |
| 1918 | 3 400 000 | 52 678 000 |
| 1919 | 3 614 000 | 53 955 000 |
| 1920 | 3 807 000 | 57 788 000 |
| 1921 | 3 941 000 | 57 925 000 |
| 1922 | 9 289 000 | 61 700 000 |
| 1923 | 10 357 000 | 64 400 000 |
| 1924 | 11 145 000 | 67 292 000 |
| 1925 | 11 845 000 | 69 745 000 |

### ●未披露的折旧费用●

在美国证券交易委员会出台规定之前，一些重要公司公布的盈利中扣除了折旧费用，但却未说明扣除的金额，幸好如今的上市公司都必须提供这个信息。①

## 石油公司和矿业公司的摊销费用

这些工业领域重要行业的折旧摊销容易受到特殊因素的影响。除了通常意义上的折旧外——这种计算方法与其他公司一样，②这些行业还必须考虑到矿石或石油储备的消耗。对矿业公司而言，还需要考虑开采费用。另一方面，石油生产商还需要承担无形钻井成本和非生产性租赁的额外费用。这些费用对真实的盈利有着重要的影响。而且不同公司处理这些费用采取的方法不同，使得这些项目处理起来很棘手。

① 联合化学和染料公司（Allied Chemical and Dye Corporation）一直以来试图对这些信息保密，经过了相当长的时间后，直到 1938 年才公之于众。该公司与其他公司类似，仍然在致股东的年报中不包括其销售和折旧的数据，但是在递交给美国证券交易委员会的年报（10-K 文件）中可以找到这类重要信息。

② 尽管石油生产资产设备和材料的成本通常是通过耗损费用转销（以石油产出量为基础），而不是通过折旧账户来转销（以产油的时间年限为基础）。

## ●矿业公司的耗损费用●

耗损表示，将资本资产转化为可销售的产品过程中资本资产的消耗，适用于金属、石油和天然气、硫磺及木材等公司。当这些产品的持有量或是储备耗尽时，其价值必须通过冲减收入的方式逐步结转。对于一些历史比较悠久的矿业公司（特别是铜和硫酸的生产商），耗损费用是依据联邦所得税法的技术性要求所定，它以 1913 年 3 月 1 日的估计储量和价值为基础，或是按产品价值的一定比例来计算。由于这些计算的基础是人为指定的，因此很多公司在致股东的报告中省略了耗损费用。

## ●投资者自行计算的必要性●

我们稍后会分析，投资于矿业公司的投资者，必须以自己支付的每股股价为基础计算相应的耗损费用。然而，不论是以初始账面成本为基础，还是以所得税为目的而设定的特殊数据为基础，计算耗损费用都令人困扰，且对投资者没有任何帮助。因此矿业公司可以在报表中省略耗损费用，但这类公司的股东在分析年报时，必须小心留意这个事实。此外，在对矿业公司进行比较时，必须区分报告期盈利中已经扣除耗损费用和没有扣除耗损费用的公司。以下列出了一些采取不同政策的公司：

**报告盈利中未扣除耗损费用的公司**

阿拉斯加朱诺黄金开采公司（Alaska Juneau Gold Mining Co.）
阿纳康达铜矿公司（Anaconda Copper Mining Co.）
苍穹矿业公司（黄金）（Dome Mines, Ltd.）
肯尼科特铜业公司（Kennecott Copper Corp.）
诺兰达矿业公司（铜和黄金）（Noranda Mines, Ltd.）
得克萨斯海湾硫磺公司（Texas Gulf Sulphur Co.）

**报告盈利中扣除耗损费用的公司**

塞罗德帕斯科铜业公司（Cerro de Pasco Copper Corp.）
格兰比联合矿业公司（铜）（Granby Consolidated Mining, etc., Co.）
霍姆斯特克矿业公司（黄金）（Homestake Mining Co.）
国际镍业公司（International Nickel Co.）
帕蒂诺矿业公司（锡）（Patino Mines）
费尔普斯–道奇公司（铜）（Phelps Dodge Corp.）
圣约瑟夫铅业公司（St. Joseph Lead Co.）

## 石油行业的耗损及其他类似费用

在石油行业中，耗损费用与公司实际经营成本之间的联系，比矿业公司更为紧密。后者通常投资于一项或是一组资产，投资成本在一段相当长的时期内得以摊销。但是，典型的大型石油生产商通常每年会花费高额资金用于租赁新资产和勘探新的油井。这些新增的资产用于弥补生产过程中储备的减少，因此在一定程度上，损耗费用与为维持储备和产量而发生的当期支出是等同的。新的油井在开采第一年的产出可能会高达总产出的80%，因此几乎全部的“高峰产量”（flush production）成本应该在一个财务年度内结转，据此得到的大部分“盈利”实际上是这项资本投资的回报。如果该投资不是及时通过耗损及其他费用的方式结转，公司的利润和财产账户的价值就会同时存在严重高估。当一家石油公司致力于开采工作时，应该扣除下列各项：

1. 有形资产的折旧；
2. 以租赁物成本为基础计算的石油和天然气储备的耗损费用；
3. 非营利租赁物的冲销。尽管有部分开采和勘探工作事后被证明是没有价值的，但仍然必须用生产性租赁中获得的收益中来冲抵；
4. 无形钻井成本，这类费用可以作为营业费用一次性结转，也可以在钻井的使用寿命年限内分期摊销。

**案例**

1926年马兰石油公司（Marland Oil）的案例说明了，石油公司的报告盈利在一定程度上取决于公司采用的摊销政策。该公司为维持产量花费了大量的资金用于租赁新资产和开采新油井。在1926年之前，将所谓的“无形钻井成本”计入资本账户，然后通过每年从损益账户中计提摊销进行结转。在1926年，马兰石油公司采取了更为保守的会计处理，将这些“无形成本”直接计入当期损益，对利润产生的影响如表34—7所示。

表 34—7　　马兰石油公司　　（单位：美元）

| 项　目 | 1925 年 | 1926 年 | 1927 年 |
|---|---|---|---|
| 毛利和杂项收益 | 73 231 000 | 87 360 000 | 58 980 000 |
| 计提准备前的净利润 | 24 495 000 | 30 303 000 | 9 808 000 |
| 摊销费用 | 9 696 000 | 18 612 000 | 17 499 000 |
| 归属于普通股股东的净利润 | 14 799 000 | 11 691 000 | 7 691 000（亏损） |

在过去的 10 年里，一些大型石油公司所采用的政策也发生了巨大的变化。在经济萧条期之前的普遍做法是将“无形钻井成本”计入当期损益，正如 1926 年马兰石油公司的变化所示。但是自从萧条期后，许多大型公司都转为采用一种更为宽松的方法，即将成本资本化，然后每年摊销。[①] 根据州配产法规，新油井的总产量被有效地分配到数年间，而非集中在几个月里，因此该摊销政策的改变看似也是理所当然。油井成为一种长期资本资产，因此将其成本的大部分（现在通常数额较大）冲减某一年收益的做法变得十分不可接受。

此外，石油公司还通过减记固定资产价值，从而减少每年应计提的摊销数额来增加当期利润。相对于其他工业领域的公司，这种会计处理方法在石油公司之间更为普遍。此外，还有一些生产商将资产报废的损失，从折旧储备中扣除，而并非计入当期损益。最后，我们将给出一些案例，它们通过采用“全面基础”而非租赁基础来计算耗损费用，导致摊销费用减少。通过这种方法，石油生产商的高租赁成本，就不是按照其实际成本，而是按其所拥有的全部石油储备的平均成本进行摊销。

以下是变更这种会计政策的重要意义。[②]

**案例**

海湾石油公司通过前述的资本化无形钻井成本，而不是将其计入当期

① 从 1930 年后作出这种变化的公司包括：印第安纳标准石油公司（Standard Oil of Indiana）、新泽西标准石油公司、海湾石油公司、潮水联合石油公司（Tidewater Associated）以及联合石油公司（Consolidated Oil）。

② 这些例子大部分来自于 1937 年 3 月 8 日的《巴伦周刊》，阿尔弗雷德·布朗撒尔（Alfred Braunthal）的文章《石油公司的盈利报告是虚构的吗?》（*Are Oil Earnings Reports Fictitious?*）。

费用，将 1932 年的利润增加了 3 621 000 美元。

美孚石油公司通过减记固定资产价值，从而减少折旧费用的方式，将 1932 年的利润增加了 6 095 000 美元（及随后相应的收益）。1935 年通过将某一资产的报废损失 1 376 000 美元从折旧储备中而非当期损益中扣除，从而使得当年利润增加了同等数额。在 1936 年通过将无形钻井成本资本化的方式，增加了 8 850 000 美元的本年利润。在 1937 年，公司进一步修改了折旧政策（很显然是打算以标准基础计提折旧），令当年的利润增加了 2 500 000 美元。

1934 年纯石油公司（Pure Oil Company）通过采用“全面基础”的方法，减少了当年的耗损费用，从而增加了 1 698 000 美元的本年利润。

## ●会计方法改变对投资者和分析师的意义●

这些会计方法的改变是非常令人困惑的，可能还会引起投资者的不满。然而我们必须认识到，其中大多数方法从技术上来说是允许的，因为公司可以选择以普通或是更为保守的基础来摊销固定资产。因此只要附有合理的解释说明，这些改变也是可以接受的。

**建议准则**。分析师应该试图采用统一且较为谨慎的摊销比例来计算资产的摊销，以便真实地反映拟投资公司的真实情况。我们建议采用以下标准，到目前为止它们都是可行的。

**1. 有形资产的折旧**。在以成本或是在当有明确事实表明资产价值出现了减值时，以低于成本的价值为基础，并且总是按照规定的比例计提折旧。

**2. 无形钻井成本**。将这些成本资本化，然后在石油产出期内逐步结转，尽管这种做法不那么“谨慎”，但无论是出于比较的目的或是为了能更真实地反映当期损益，我们认为这种做法都更为可取。比较采用这两种不同会计处理方法的公司时，对于将费用在支出的第一年就全部计入损益的公司，分析师必须尽力调整该公司由此被低估的当期利润。

**案例**

通过对比 1938 年大陆石油公司（Continental Oil Company）和俄亥俄石油公司（Ohio Oil Company）的报表，就可以发现做这种调整的困难所在。这两家公司的组织结构大致相同，在 1938 年的石油产量均达到了 2 000 万桶，大陆石油公司对其中 2/3 进行提炼，俄亥俄石油公司对 1/3 进行提炼。大陆石油公司将它的无形钻井成本直接冲减收入，而俄亥俄石油公司将无形钻井成本资本化，然后在油井的开采期内分期摊销。

由此我们可能会预计，大陆石油公司的当期摊销费用包括了全部的钻井费用，会比俄亥俄石油公司的当期摊销费用更高。然而在 1938 年俄亥俄石油公司扣除了 11 602 000 美元的费用，占 5 400 万美元销售收入的 21.5%，同期大陆石油公司扣除了 14 038 000 美元的费用，占 8 000 万美元销售收入的 17.6%。显然分析师对这两种会计处理方法无须进行调整，原因如下：

（1）若干年后，由于之前钻井费用的摊销额的不断增加，逐步结转之后可能会接近 100% 完全注销的结果；

（2）在大陆石油公司的案例中，该公司在 1932 年减记了 45 000 000 美元的财产账户价值，从而导致随后几年的正常折旧费用和耗损费用也相应减少。

**3. 资产清理和租赁终止**。我们认为资产清理的损失（超过已计提的累计折旧）应该计入当期损益，而不是像其他行业里大部分公司采取的冲减盈余。因为资产清理对于大型综合石油公司而言，是一个经常出现的正常事件，并不是像其他行业那样只是偶然事件。租赁终止也属于这类项目，因此产生的损失也应该计入当期损益。

**4. 石油储量的耗损**。关于这一点，正确的理论原则是，分析师应该基于石油储量的市值计算耗损费用。这通常也适用于下一章将要讨论的摊销费用。因此，正如我们将分析的，对于计算耗损费用正确的会计基础，可能不是分析投资价值最合适的会计基础。

不幸的是，石油行业的商业惯例使得很难对这一原则进行有效应用。该行业的绝大部分利润显然来自于石油生产，炼油和销售部门盈利甚少，如果有盈利，也是来自于其投资。如果以盈利作为价值标准，那么典型的石油公司股票市价很大程度上将取决于生产部门，在此基础上就要求从已出产的每桶油中扣除较高的耗损费用。另一方面，如果以账面价值所占比例来划分，炼油和销售部门就会突显出来，石油储备的价值就变得很小，相应的耗损费用也会按比例减少。

对于上面提出的难题，我们找不到令人满意的答案。因为在一个行业中生产部门与其他部门之间盈利能力的差异，从本质上来看是人为造成的，并不能看成是永久不变的。对此我们提出了以下更为实际的折中办法：

1. 如果是大型综合石油公司，最好的办法是接受公司的耗损费用数据（包括接受“全面基础”，因为这种方法似乎能真实反映事实）。但是，从资产负债表的“增值”账户扣除的耗损费用，应该从收入中扣减。
2. 如果是单一或者业务近似单一的石油生产商，分析师应该计算已开采的石油储量的市场价值（如果公司公布了预计数据），重新计算用于分析的损耗费用。这种做法与我们在分析矿业公司时建议采用的方法一样。（请参见附录得克萨斯海湾制造公司 [Texas Gulf Producing Company] 的相关计算。）

## 其他类型的资本资产摊销

### ●租赁物与租赁物改良●

普通租赁一般不涉及承租人的资本投资，承租人只是支付租金获得财产的使用权。但是，如果支付的租金远远低于所使用的资产的价值，并且租赁期较长，那么我们通常所说的租赁就可能有重大价值。油田租赁通常是按产量的 1/8 为标准基础来计算租金。已开采或证明具有潜在高产量的油田价值与标准租金之间存在溢价，这与买卖资产所有权时的支付类似。通常在经济景气时期，城市房地产的长期租赁也会存在此类溢价现象。

公司为租赁物支付的租金成本应该作为一项资本投资，在租赁期内逐步结转。在油田租赁的案例中，由于从第一次出油起，产量会急剧下降，因此应以产量为基础而非租赁期来逐步结转。这些实际上是租赁物租金的一部分，很显然应该属于当期的营业费用。

“租赁物改良”是指在租赁物上建造建筑物、进行改造或是安装固定设备。由于租赁期满后，改良后的租赁物仍归属于土地所有者，因此这部分成本应该在租赁期内全部摊销完毕。每年以此为目的的摊销被称为“租赁物改良摊销”，这在一定程度上带有折旧费用的性质。连锁企业通常在租赁物的改良上投入大量资金，因此分析其损益账户中每年的摊销费用具有非常重要的意义。

**案例**

1938 年 12 月 31 日，伍尔沃斯公司的资产负债表中有这样一项：“在租赁期内摊销的自有建筑物及租赁物的改良”，其净值为 46 717 000 美元。1938 年此项目将高达 3 925 283 美元的摊销支出计入损益。

由于这些项目属于摊销类别，因此像其他摊销项目一样，公司也是采取了比较随意的处理方式。通过将每年的摊销费用冲减盈余而非冲减收入，或是将全部资本投资的价值减记为 1 美元，从而完全消除了每年的摊销费用。这样公司在计算每股收益时，就可以不扣减这些营业费用，从而在报表上呈现出一个虚假的、夸大的每股收益数据。

## ●专利权的摊销●

从理论上来说，专利权的摊销方法与矿产的摊销方法完全相同，即投资者应该将成本在剩余期限内逐步摊销，并计入当期损益。很显然，公司应该以专利权的账面价值为基础计算摊销费用，并计入损益，但通常账面价值与实际情况相差甚大。在下一章节的“从投资者的角度来看摊销费用”部分会对这一问题进行分析，为了避免赘述，我们将在随后对公司报告中专利权的会计处理方法进行分析。

## ●商誉的摊销●

这个问题不太重要，很少有公司会采用将商誉分几年冲减损益这种特殊的会计政策。

**案例**

美国无线电公司（Radio Corporation of America）在 1934—1937 年每年摊销 310 000 美元的商誉，其子公司美国国家广播公司（National Broadcasting Company）对商誉也采用了类似的处理方法，直到 1938 年，美国全国广播公司才不再采用这种做法，尽管当时还有 1 876 000 美元的商誉尚未摊销。

很显然，这种会计处理方法没有任何事实依据，因为独立于公司整体之外的商誉是不能持续的。因此，无论商誉摊销的规模大小，分析师都应通过反向冲回来调整当期损益。

# 35

# 公用事业类公司的折旧政策

## ●省略折旧费用●

在有关采用恰当的折旧政策的问题上，公用事业类公司是所有领域中最具重要现实意义的。而折旧问题在现实和理论上也没有太大差异。若干年前曾出现过省略折旧的情况，尤其是在城市服务公司，其年度报告中完全没有对折旧（或者损耗）进行任何扣减，因而出现对股票盈利的明显虚报。[①]时常有争论声称，可以适当忽视折旧费用，因为它们仅仅是簿记条目，并不代表实际的现金开支。但这种说法极为不准确。折旧不单单是一个簿记的概念，因为一般情况下它显示了资本价值的实际缩减。如果债权人或者所有者要避免自欺欺人的话，就必须计提足够的折旧。[②]

此外，大多数情况下，每隔一段时间折旧费用会被那些用来更换或扩展资产的较大现金开支所消耗或抵消。因此，人们往往最终发现折旧费用与实际现金开支确实相互联系，是如同工资以及租金一样的真实业务费用。也有少数情况是在很长一段时间里，折旧准备中很大一部分仍然未被动用。在这类例子中，投资者计算时调低年度费用有时也是合理的，我们将稍后进行解释。然而大原则上仍然是，充足的折旧准备对计算合理的收益数据来说是必不可少的。

---

① 例如在 1925 年，公司呈报用于“普通股和储备”的收益是 11 497 000 美元，声称每股收益为 3.05 美元。但是折旧和耗损费用共计已超过这一结余，用以分派给普通股的所剩无几，而该年股票售价高达 43 美元。

② 通常的说法是，折旧计提是不必要的，因为充分维修可保持资产状况良好，对于这类讨论的回答，我们可引用哈特菲尔德的名言：“所有机器都将不可避免地会最终变成一堆废铁，其进程也许会因维修而延迟，但却不会因维修而停止。”亨利·哈特菲尔德（Henry R. Hatfield），《会计：原则与问题》（*Accounting: Its Principles and Problems*），第 130 页，纽约，1928 年。

## 其他误导行为

另一种相当普遍的做法是，只从盈利中扣减一部分折旧费用，剩下的则从盈余账户中扣除。在一些实例中，折旧冲减收益的金额依据的是所谓的“契约最低限额”，即根据债券发行条款，需按总盈利的某一百分比将维护费用和折旧合并从中扣除。而当这一契约最低限额低于折旧的实际需要和花费时，我们发现，那些表面上设定为保护投资者的条款实际上却被用来误导他们。[①]

令人遗憾的是，管理严谨的公司有时候也会采取这种类似做法。请注意表 35—1 底特律爱迪生公司（Detroit Edison Company）1931 年和 1930 年的报告。

**表 35—1** 底特律爱迪生公司（单位：美元）

| 项　　目 | 1931 年 | 1930 年 |
|---|---|---|
| 毛利润 | 49 233 000 | 53 707 000 |
| 折旧前净利润 | 21 421 000 | 24 041 000 |
| 折旧 | 4 000 000 | 6 900 000 |
| （占毛利润的百分比） | 8.1% | 12.8% |
| 固定费用 | 5 992 000 | 6 024 000 |
| 归属于普通股股东的净利润 | 11 429 000 | 11 117 000 |
| 每股收益 | 8.98 | 8.75 |
| 从盈余中扣减的额外折旧费用 | 1 500 000 | |
| 冲减盈余后的每股收益 | 7.80 | 8.75 |

虽然与业界平均水平相比，底特律爱迪生公司计提的折旧费用通常都比较充足，但在 1931 年（也于 1934 年）所采用的会计方法也应受到批评，原因有两个。首先，这种会计方法的实际效果（假如不是其目的）掩盖了公司较上一年实际收益的下降。其次，由于公司声誉卓著，这种手段很可能被其他公司效仿，由此对该会计方法产生一种无视道德的激励，促使公司将费用转移至盈余账户从而夸大盈利。

① 在城市服务电力与照明公司（Cities Service Power and Light）的例子中，其年度报告和债券发售通函中均出现对折旧的这类低估。涉及 1925 年公司的资料参见第 12 章的讨论。

## ●一个会计取巧的实例●

一个有关会计取巧的特殊案例是艾奥瓦公共服务公司（Iowa Public Service Company）。1929 年该公司所呈报的财产账户总额为 25 200 000 美元，总盈利是 4 200 000 美元，而折旧费用仅为 78 000 美元，这项数额明显不足。在随后的几年里折旧计提逐步增加，1932 年达到 220 000 美元，但这项数额仍然有些偏低。1932 年公司通过以下独特程序，正式承认其过去折旧费用计提不足：

1. 公司将普通股的设定价值（stated value）削减了 1 587 000 美元，并将这部分金额转移至资本公积。
2. 公司立即将这笔金额中的 1 500 000 美元计提为额外折旧，以及 87 000 美元的应急费用，用尽了这部分资本公积。

在此例中我们发现，必要折旧费用中的相当大一部分，在很长一段时间里没有包括在损益表里，而最终通过削减普通股价值来补充损益表中这部分折旧费用。这种刻意的会计处理附带的效果，是允许其母公司美国电力公司可获得的股息超过了公司实际盈利和初始盈余的总额，严重损害了债券持有人和第一优先股股东的利益。①

## ●从盈余和准备中转拨资金暴露出折旧费用不足●

**案例**

作为损益账户未能反映必要摊销所需的扣减金额的例子，布鲁克林联合天然气公司是最让人印象深刻的。由于不得不从盈余和应急储备中转拨大额资金，公司非常离谱地夸大盈利的行为得以暴露。根据表 35—2 所示的 10 年间（1929—1938 年）的数据可对这个事件进行概述：

① 有关采用其他方法将折旧和损耗费用排除在损益表之外的例子，以及对于此类方法所产生的影响的评论，请参见附录注释 52。

表 35—2 布鲁克林联合天然气公司 （单位：美元）

| 项目 | 金额 |
|---|---|
| A. 年度平均，1929—1938 年： | |
| 总收入 | 23 389 000 |
| 折旧 | 729 000 |
| 折旧，占总收入百分比 | 3.1 |
| 折旧，占固定资产百分比 | 0.67 |
| 呈报的归属于普通股股东的净利润 | 3 791 000 |
| 股息支付 | 2 918 000 |
| 结存盈余 | 873 000 |
| B. 1929—1938 年 10 年期间： | |
| 盈余和应急储备，1928 年 12 月 31 日 | 29 161 000 |
| 盈余和应急储备，1938 年 12 月 31 日 | 9 840 000 |
| 期间的耗费 | 19 321 000 |
| 根据上面损益表所增金额 | 8 730 000 |
| 差额 | 28 051 000 |
| 根据损益账户计算的普通股平均每股收益 | 5.13 |
| 根据资产负债表计算的普通股平均每股收 | 1.36 |
| C. 对差额的解释： | |
| 从盈余等转拨至： | |
| 折旧或注销储备 | 25 300 000 |
| 勾销评估费用，1937 年 | 1 781 000 |
| 杂项费用（净值） | 970 000 |
| 从盈余等账户中支取总额，1929—1938 年 | 28 051 000 |
| D. 资产清理专项储备（Retirement reserve）被“耗尽”，1929—1938 年： | |
| 资产清理专项储备，1928 年 12 月 31 日 | 1 565 000 |
| 来自收益项的增添，1929—1938 年 | 7 290 000[a] |
| 来自盈余和应急储备的增添 | 25 300 000 |
| 总额 | 34 155 000 |
| 余额（折旧准备），1938 年 12 月 31 日 | 7 270 000 |
| 实际消耗的资产清理专项储备 | 26 885 000 |

注：a. 另外每年大约从收益之中拨款 130 000 美元，用于焦炉大修以及更换后备组件，这部分费用在 1938 年被合并于资产负债表中的折旧准备里。如果将这部分费用等同于折旧，那么这 10 年间的折旧计提和“储备耗费”将增加大约 1 300 000 美元。

上述数据十分详尽，揭露了一个复杂但十分重要的情况，关乎公司真实的盈利能力。读者将会注意到以下几点：

1. 所呈报的平均盈利为每股 5.13 美元，是在扣减了很小规模的与毛利润和工厂固定设备账户有关的"资产清理专项储备"后估算得来。

2. 从收益中支取的用以资产清理的费用，被证实远远不够支付期间发生的费用。为弥补费用缺口，公司不得不消耗大量应急储备[①]（1928 年末花费了 13 800 000 美元），此外还从盈余中支取了大量金额。

3. 尽管公司给股东的报告声称，它在这段期间所赚收益总计为每股 51 美元，其中股息支付 40 美元，盈余留存为每股 11 美元，但是公司盈余和应急储备实际减少了大约每股 26 美元。因此根据资产负债表估算的平均收益仅为每股 1.36 美元，而不是损益账户中所呈报的每股 5.13 美元。[②]

4. 在此期间，资产的清理平均每年为 2 688 000 美元，或者说毛利润的 11%，相比之下从收益中支取的费用为 729 000 美元，或者说毛利润的 3.1%。1938 年公司声称，为符合纽约公共服务委员会新的要求，它正采取一项尚未制定细节的折旧政策，而这项折旧政策暂时制定为每年收取 1 200 000 美元。根据实际情况以及我们先前的讨论来看，我们仍有理由怀疑这笔远大于之前数额的费用是否充足。[③]

## ●多种折旧政策●

上述关于公司的折旧费用未能完全反映在损益账户中的讨论将我们带入了一个更宽泛的话题，那就是公司在制定折旧计提政策时的根据。计提折旧所采用的方法

---

① 该应急储备由累计摊销账户发展而来，累计摊销账户在 1916 年被停用。自那以后替代累计摊销的应急储备看上去等同于盈余。

② 如果公司在 1938 年年末的折旧准备相比于 1928 年 12 月 31 日有所提高，则调整后的收益指标大约为平均每股 2 美元。在此期间的大多数时间里，公司年度报告中计算的每股收益都是在资产清理专项储备不足的基础上得出的，而且在 1934—1936 年，公司计算的每股收益更大，其中包括了涉及诉讼的收益，而该收益中的大部分后来返还给了客户。

③ 请注意该公司股票价格在 1929 年高达 248 美元，在 1931 年降至 129 美元，在 1938 年更低至 10 美元。在 1939 年，公司呈报的收益在截至 6 月 30 日止的 12 个月里为每股 3.07 美元，股票价格因此涨至 30 美元。但是占总收入 11% 的折旧计提将收益减至每股 1.30 美元。

多种多样，不少于如下所描述的 7 类。

### A. 常规折旧方法

**1. 直线法**。每类可折旧资产在其估计的使用年限期间，每年减记相等的折旧费用，直至剩下残值。这是计算折旧的标准方法，在税收规定上得到认可，并且所有公司都普遍用于其所得税纳税申报中（income tax returns）。然而令人惊奇的是，很少有电力和燃气公司在所公布的损益账户中采用这种方法。

**案例**

密苏里联合电力公司（Union Electric Company of Missouri），是北美公司的一家子公司，采用直线法已多年。但即使如此，该公司呈报的折旧计提仍少于其所得税纳税申报中的数额（在 1937 年时对应的是 3 899 205 美元和 5 549 109 美元），两者的差异显然是由于相比公司的年度报告，在纳税申报中采用了更短的折旧期限。

正如我们稍后将说明的，美国国家委员会和联邦电力委员会（Federal Power Commission）近期通过的规定，正迫使很多公司做出改变，在他们的收益报告中需采用直线法或者标准法计提折旧。

**2. 偿债基金法**。这种折旧方法的事实依据是，预留出来的折旧金额会一直赚取利息，直到资产报废。其效果是早些年扣减金额稍小，并且在往后的年份相应提高。在与美国国家铁路委员会（Railroad Commission of the State）的协议之下，这种方法普遍被加利福尼亚的公用事业公司所采用，预留的折旧费用被给予 6% 的利息率。如太平洋燃气和电力公司、圣地亚哥联合天然气和电力公司。尽管如此，这些公司仍根据直线法来进行纳税申报。

**3. 整体法**。这个方法对整个可折旧财产账户采用单一的年度百分比，而没有对不同的资产类别采用不同的比率。其目的可能是为了获得真实折旧的一个简单近似值。

**案例**

联邦爱迪生公司（Commonwealth Edison），对整个可折旧资产的平均账面价值削减 3%。

### B. 资产清理专项储备方法

资产清理专项储备的显著特点是，它不谋求评估在特定期间内因损耗、毁坏或者废弃所造成的折旧。相反，对于管理者来说，它应该在资产需要更新时及时提供充足的资金。在任何一段较长期间内，纯折旧和纯设备更新计提应在总额上不变。但是资产清理专项储备政策明显可进行随意的年度变动，来反映收益好坏或者近期真实设备更新的需求预期。实际上可以看出，大多数资产清理专项储备政策直接造成了资产价值当期损失的低估，从而夸大公司收益。以下是计算资产清理专项储备的多种依据。

**4. 毛利润的百分比**。如果计提的百分比充足的话，这种方法会倾向于形成一种近似固定的折旧比率。但一般而言并非如此。

**案例**

杜肯照明公司（Duquesne Lighting Company），计提其毛利润的 8%。另一方面，公司在 1932—1934 年的所得税应税收益减免额（income tax deduction）不低于总收入的 30%。

**5. 按单位产品计提固定比率**。这种方法明显类似于上述毛利润的百分比法，并且它也遭到了同样的批评。

**案例**

在 1932 年，布鲁克林联合天然气公司声称，它为每 1 000 立方英尺燃气储备 3 美分作为资产清理专项储备（这项政策已经被修改）。在 1937 年，辛辛那提燃气和电力公司声称，它已在资产清理专项储备上采取措施，比率为每 1 000 立方英尺所售燃气储备 5 美分，以及每千瓦时所售电力储备 2.70 美元。

**6. 为维修以及折旧整体计提毛利润的百分比**。通过这种方法计提的储备，用于维修的数额越大，则留给折旧的数额越少。[①]

**案例**

在 1912—1918 年间，第三大道铁路公司合并计提毛利润的 20% 用作维修和折旧。潮水电力公司（Tidewater Power Company）在 1936 年针对不同的服务类别采用不同的整体比率，即燃气和电力，计提 15%；供水，计提 12%；铁路，计提 30%。

**7. 酌情扣减**。大多数公司沿用的资产清理专项储备方法并未受限于数学公式，而是在很大程度上根据管理层的意愿来制定年度扣减额。

**案例**

a. 数额逐年不等：底特律爱迪生公司、费城电力公司、美国水务和电力公司、美国电力和照明公司（American Power and Light）。

b. 基本不变的年度数额：从 1933—1939 年，美国坦帕电气公司（Tampa Electric charged）每年计提 430 000 美元。

c. 每年计提的储备等同于当年实际设备更新金额：如西部联合电报公司在 1932—1936 年的计提方式。1936 年，公司从损益账户中支取的折旧费用是 5 631 000 美元，相比之下纳税申报的金额为 11 190 000 美元。两者间的差额在很大程度上说明了，当年所呈报的数额为 7 199 000 美元

① 虽然这项政策一般不会被公司自身的会计所采用，但它却频繁出现在债券契约所规定的最低要求里，并且根据《1935 年公用事业控股公司法案》（*Public Utility Holding Company Act of 1935*），美国证券交易委员会将该政策作为批准新债券发行的条件之一。

的归属于普通股股东的净利润的来源。而在 1937 年，公司从盈余中转拨 30 000 000 美元到折旧准备中，暴露出了上一年的折旧准备不足。

## ●折旧上的双重会计政策●

我们已经做过说明，不管在年度报告中采用什么方法，几乎每家公司在计算其所得税时对折旧均沿用直线法。[①] 投资者会因此面临两难的处境和一个迫切的问题。在许多情况下，至关重要的问题是确定哪一种折旧基准是恰当的，因为在公司的年度报表中所呈报的充足的债券利息保障和归属于普通股股东的净利润，也许会由于接受所得税的数据而变得完全不足。

**案例**

对于这种差异的存在，投资者普遍不知情，直到按照 1933 年法案条款出版的首批公司招股章程中的一本向公众披露了实情，那就是介绍美国水务和电力公司的 1944 年到期、票面利率 5% 的可转换债券。此文件显示，在 1932 年公司的“纳税申报摊销”已有 7 023 000 美元，而相应的“损益账户摊销”只有 2 747 000 美元。在当时，华尔街倾向于弱化这两者背离的重要性。归根结底，折旧是一个非常专业和极具争议的问题，并且到底是采用损益账户作为基准还是采用纳税申报作为基准，其理由的充分程度难分伯仲。

### 普遍接受所得税为基准的理由

我们一直坚信，这个容易被忽视的问题存在不确定性风险。自 1934 年以来的发展有力地支持了我们的主张，因此我们现在可以提出至少 5 个主要原因，来说明为何普遍接受以所得税数据为基准的折旧，而不是以损益账户为基准的折旧。

**1. 直线法所依据的是一个明确而且合乎逻辑的会计理论。**如果它会造成过度扣

① 1934 年之前，联合爱迪生公司表面上在纳税申报和年度报告中使用相同的资产清理专项储备，但是一直以来在计算税项时都采用较高的折旧比率。公司 1939 年的中期报告显示，其开始回归以前的做法。

减，那么财政部是不会采纳它的。而各种资产清理专项储备的依据不是随意性太强，就是技术不健全。

**2.“资产清理专项储备”不足的情况，普遍是不得不通过从盈余中转拨大额资金以补充资产清理专项储备账户而显现出来**。具体案例可参见本章关于布鲁克林联合天然气公司的数据。

**3. 自 1934 年以来，资产清理专项储备几乎得到普遍增长，从绝对值和百分比上看均是如此**。这事实上可以看成，承认过去折旧计提不足。在表 35—3 中展示了这些储备增长的程度，而且提供了 1930 年和 1938 年一些公用事业公司有关折旧或者资产清理计提，以及维修费用的信息。值得注意的是，在早些年里公司所采用的以资产清理为基准的支出费用，普遍低于那些采用以折旧为基准的公司。也可以注意到，那些先前采用资产清理方法的公司自那时起也换成了以折旧为基准。而且，在联邦电力委员会以及各个州委员会有关要求的推动下，有相当大一部分在 1938 年仍以资产清理为基准的公司正徘徊在转用折旧为基准的边缘。

**4. 一些州委员会和联邦电力委员会，已经下令在其管辖范围内的公司，所有账户应遵循一个固定的折旧基准**。

**案例**

宾夕法尼亚州、密歇根州和纽约一些重要公司在其年度报表中被要求必须改成使用以所得税为基准。[①] 例如纽约联合爱迪生公司于 1938 年在致股东的报告中为资产清理专项储备收取 18 829 000 美元的费用，而在所得税纳税申报中以直线法计算来计提折旧 26 800 000 美元。到 1939 年 9 月 30 日截止的 12 个月内，公司在致股东的中期报告中计提折旧 24 217 000 美元，相比之下，在其截至 1938 年 9 月 30 日的对应时期里，报告的

① 1934 年，纽约公共服务委员会（New York Public Service Commission）尝试对纽约公用事业公司施加一项严格的直线法折旧政策，该提案在被法院驳回后，委员会颁布了一项新规，要求各公用事业公司需记录每月累计折旧的预计数额。折旧被定义为：“不能经过维修恢复的使用价值的净损失，造成厂房设备在使用期间的消耗或者报废，众所周知，其原因是现在实际运作中，对公用事业没有保险保障。”这无疑是在会计上向直线折旧方向迈进。

折旧费用仅有 17 737 000 美元。在随后两个年期，总营业收入分别为 248 666 000 美元和 239 413 000 美元。

**5. 但凡存在任何真正的可替代投资，固定价值证券的投资者必须坚持对公司的安全性采取更严格的检查。**

**案例**

我们所提出的第 5 条原因的实际重要性，可以通过两个例子来展示：一是这里的现成例子，另一个取自 1930 年的证券市场。

根据前面所列数据，很难理解为何投资者会认为自己购买宾夕法尼亚电力和照明公司价格为 5 美元、股息率仅为 5.26% 的优先股是合理的。根据公司自己的报告，其利润超过固定费用和优先股股息的安全边际完全不够；若按照所得税为基准计算折旧，利润将被削减过半；而按照南加州爱迪生电力公司（Southern California Edison）采用的毛利润百分比法来计算折旧的话，该安全边际几乎消耗殆尽（见表 35—4）。

如果对出现于 1930 年的一个非常类似的例子（见表 35—5）进行研究，我们将会发现，作为投资者，理解这些数字的含义是多么重要。

在这里，我们有三个理由来抨击美国电力和照明公司优先股的投资价值：（1）所呈报的保障对于真正的投资安全完全不够。（2）采用的折旧计提比率过低。以太平洋照明公司（Pacific Lighting）的基准调整，将会大幅削减满足优先股股息要求的安全边际。（3）这些优先股的股息要求暂时被低估了大约 2 000 000 美元，因为当时大部分优先股股息仅为 3 美元，而到 1933 年其股息逐渐增至 5 美元。

1938 年，优先股市场价格下挫至 6 美元，是由于从 1933 年开始对股息的削减，而这又是因为在 1929 年，公司用以支持优先股所要求保障的净利润较低。1933 年以后，公司呈报的收益增长受到阻碍，部分原因是由于不得不逐渐提高折旧计提使之符合实际状况。

表 35—3　**1930 年和 1938 年公用事业公司折旧与资产清理专项储备的比较**

| 公司 | 1930 年 | | | | | | 1938 年 | | | | | |
|---|---|---|---|---|---|---|---|---|---|---|---|---|
| | 总收入（千美元） | 折旧 D 或资产清理专项储备 R（千美元） | D 或 R 占总收入的比率，% | 维修费用（千美元） | 维修费用占总收入的比率，% | 年折旧或资产清理专项储备占财产账户平均额的比率，% | 总收入（千美元） | 折旧 D 或资产清理专项储备 R（千美元） | D 或 R 占总收入的比率，% | 维修费用（千美元） | 维修费用占总收入的比率，% | 年折旧或资产清理专项储备占财产账户平均额比率，% |
| 堪萨斯城市电力及照明公司（Kansas City Power & Light） | 14 504 | 2 036D | 14.0 | ? | | 3.2 | 16 365 | 2 321D | 14.2 | 760 | 4.6 | 2.8 |
| 太平洋照明公司（Pacific Lighting Corp.） | 48 838 | 6 784D | 13.9 | ? | | 3.1 | 45 501 | 5 755D | 12.6 | 1 569 | 3.4 | 3.2 |
| 底特律爱迪生公司（Detroit Edison Co.） | 53 707 | 6 900R | 12.8 | 3 199 | 6.0 | 3.3 | 54 813 | 7 371R | 13.5 | 3 828 | 7.0 | 2.3 |
| 南加州爱迪生公司（Southern California Edison Co.） | 41 129 | 5 014D | 12.2 | 1 180 | 2.9 | 1.5 | 42 997 | 6 235D | 14.5 | 1 841 | 4.3 | 1.8 |
| 太平洋燃气和电力公司（Pacific Gas & Electric Co.） | 76 578 | 8 886D | 11.6 | 3 796 | 5.0 | 1.7 | 101 425 | 14 378D | 14.1 | 4 604 | 4.5 | 2.0 |

续前表

| 公司 | 1930 年 | | | | | | 1938 年 | | | | | |
|---|---|---|---|---|---|---|---|---|---|---|---|---|
| | 总收入（千美元） | 折旧 D 或资产清理专项储备 R（千美元） | D 或 R 占总收入的比率，% | 维修费用（千美元） | 维修费用占总收入的比率，% | 年折旧或资产清理专项储备占财产账户平均额的比率，% | 总收入（千美元） | 折旧 D 或资产清理专项储备 R（千美元） | D 或 R 占总收入的比率，% | 维修费用（千美元） | 维修费用占总收入的比率，% | 年折旧或资产清理专项储备占财产账户平均额比率，% |
| 北美公司 (North American Co.) | 133 751 | 14 274D | 10.7 | ? | | 2.0 | 116 572 | 14 908D | 12.8 | 7 515 | 6.4 | 2.1 |
| 工程师公共服务公司 (Engineers Public Service Co.) | 53 042 | 4 905R | 9.2 | 3 446 | 6.5 | 1.7 | 52 716 | 5 718R | 10.8 | 3 587 | 6.8 | 1.7 |
| 美国燃气和电气公司 (American Gas & Electric Co.) | 68 601 | 5 898D | 8.6 | ? | | 1.4 | 72 502 | 10 607D | 14.6 | 4 155 | 5.7 | 2.4 |
| 国际水利发电系统公司 (International Hydro-Electric System) | 46 414 | 3 970R | 8.6 | 3 321 | 7.2 | 1.0 | 61 217 | 5 525R&D | 9.0 | 3 979 | 6.5 | 1.0 |
| 新泽西公共服务公司 (Public Service Corp. of N.J.) | 138 162 | 11 904D | 8.6 | 12 881 | 9.3 | 1.9 | 126 821 | 10 284D | 8.1 | 10 095 | 8.4 | 1.6 |
| 哥伦比亚燃气和电力公司 (Columbia Gas & Electric Corp.) | 96 130 | 8 138R[b] | 8.5 | ? | | 1.4 | 92 968 | 10 059R[b] | 10.8 | 6 005 | 6.5 | 1.6 |

续前表

| 公司 | 1930年 | | | | | | 1938年 | | | | | |
|---|---|---|---|---|---|---|---|---|---|---|---|---|
| | 总收入（千美元） | 折旧D或资产清理专项储备R（千美元） | D或R占总收入的比率，% | 维修费用（千美元） | 维修费用占总收入的比率，% | 年折旧或资产清理专项储备占财产账户平均额的比率，% | 总收入（千美元） | 折旧D或资产清理专项储备R（千美元） | D或R占总收入的比率，% | 维修费用（千美元） | 维修费用占总收入的比率，% | 年折旧或资产清理专项储备占财产账户平均额比率，% |
| 联邦爱迪生公司(Common-wealth Edison Co.) | 84 004 | 7 109R | 8.5 | ? | | 2.4 | 139 545 | 16 868D | 12.1 | 7 915 | 5.7 | 2.6 |
| 电力和照明公司（Electric Power & Light Corp.） | 75 048 | 6 165R[b] | 8.2 | ? | | 0.8 | 104 233 | 16 016R[b] | 15.3 | ? | | 2.4 |
| 杜肯照明公司（Duquesne Light） | 28 676 | 2 294R | 8.0 | 1 410 | 4.9 | 1.4 | 30 072 | 2 948R | 9.8 | 2 314 | 7.9 | 1.5 |
| 北方州电力公司（特拉华（Northern States Power Co. (Del.)） | 33 272 | 2 560R | 7.7 | 1 778 | 5.3 | 1.1 | 35 616 | 3 093R&D | 8.7 | 1 771 | 5.0 | 1.4 |
| 美国水务和电力公司（American Water Works & Electric） | 54 067 | 4 105R | 7.6 | 4 252 | 7.9 | 1.1 | 50 004 | 4 759R[b] | 9.5 | 3 759 | 7.5 | 1.3 |
| 联合燃气改进公司（United Gas Improvement Co.） | 108 374 | 8 040R | 7.4 | 5 586 | 5.2 | 1.4 | 107 249 | 9 214R&D | 8.6 | 5 930 | 5.5 | 1.5 |

续前表

| 公司 | 1930 年 | | | | | | 1938 年 | | | | | |
|---|---|---|---|---|---|---|---|---|---|---|---|---|
| | 总收入（千美元） | 折旧 D 或资产清理专项储备 R（千美元） | D 或 R 占总收入的比率，% | 维修费用（千美元） | 维修费用占总收入的比率，% | 年折旧或资产清理专项储备占财产账户平均额的比率，% | 总收入（千美元） | 折旧 D 或资产清理专项储备 R（千美元） | D 或 R 占总收入的比率，% | 维修费用（千美元） | 维修费用占总收入的比率，% | 年折旧或资产清理专项储备占财产账户平均额比率，% |
| 巴尔的摩综合燃气公司（Consolidated Gas, etc., of Baltimore） | 28 582 | 2 075R | 7.3 | 1 389 | 4.9 | 1.7 | 34 557 | 3 345R | 9.7 | 1 767 | 5.1 | 2.4 |
| 国民电力和照明公司（National Power & Light Co.） | 80 376 | 5 901R | 7.3 | ? | | 1.2 | 84 686 | 7 403R | 8.8 | 6 006 | 7.1 | 1.6 |
| 联邦南方公司（Common wealth & Southern Corp.） | 137 752 | 9 548R | 6.9 | ? | | 0.9 | 145 915 | 16 266R | 10.9 | 9 562 | 6.4 | 1.5 |
| 底特律城市燃气公司[c]（Detroit City Gas Co.） | 18 446 | 1 271D | 6.8 | 1 199 | 6.5 | 2.0 | 20 038 | 929R&D | 4.6 | 1 218 | 6.1 | 1.2 |
| 北方第三公共服务公司（Public Service Co. of Northern III.） | 35 405 | 2 400R | 6.8 | 2 013 | 5.7 | 1.8 | 39 648 | 4 240D | 10.8 | 2 247 | 5.7 | 2.6 |

续前表

| 公司 | 1930年 | | | | | | 1938年 | | | | | |
|---|---|---|---|---|---|---|---|---|---|---|---|---|
| | 总收入（千美元） | 折旧D或资产清理专项储备R（千美元） | D或R占总收入的比率，% | 维修费用（千美元） | 维修费用占总收入的比率，% | 年折旧或资产清理专项储备占财产账户平均额的比率，% | 总收入（千美元） | 折旧D或资产清理专项储备R（千美元） | D或R占总收入的比率，% | 维修费用（千美元） | 维修费用占总收入的比率，% | 年折旧或资产清理专项储备占财产账户平均额比率，% |
| 人民燃气照明和焦碳公司（Peoples Gas Light & Coke Co.） | 39 881 | 2 584R | 6.5 | ? | | 1.6 | 41 390 | 3 093D | 7.5 | 1 653 | 4.0 | 2.0 |
| 美国电力及照明公司（American Power & Light Co.） | 87 088 | 5 556R | 6.4 | ? | | 0.9 | 96 884 | 9 633R[b] | 10.0 | 4 738 | 4.9 | 1.3 |
| 联合爱迪生公司（纽约）[Consolidated Edison Co. (N.Y.)] | 238 758 | 15 033R | 6.3 | 17 047 | 7.1 | 1.3 | 240 896 | 18 829R | 7.8 | 16 328 | 6.8 | 1.5 |
| 伊利诺伊电力和照明公司[d]（Illinois Power & Light Corp.） | 37 123 | 2 239R | 6.0 | 3 628 | 9.7 | 1.1 | 24 938 | 2 815R | 11.3 | 1 514 | 6.1 | 2.2 |
| 尼亚加拉·哈德逊电力公司（Niagara Hudson Power Corp.） | 78 834 | 4 753R | 6.0 | ? | | 0.7 | 82 371 | 10 977D | 13.3 | 4 956 | 6.0 | 2.0 |

续前表

| 公司 | 1930 年 | | | | | | 1938 年 | | | | | |
|---|---|---|---|---|---|---|---|---|---|---|---|---|
| | 总收入（千美元） | 折旧 **D** 或资产清理专项储备 **R**（千美元） | **D** 或 **R** 占总收入的比率，% | 维修费用（千美元） | 维修费用占总收入的比率，% | 年折旧或资产清理专项储备占财产账户平均额的比率，% | 总收入（千美元） | 折旧 **D** 或资产清理专项储备 **R**（千美元） | **D** 或 **R** 占总收入的比率，% | 维修费用（千美元） | 维修费用占总收入的比率，% | 年折旧或资产清理专项储备占财产账户平均额比率，% |
| 联合燃气及电力公司（Associated Gas & Electric Co.） | 84 219 | 4 849R | 5.8 | ? | | 0.7 | 129 323 | 11 982R | 9.2 | 8 139 | 6.3 | 1.3 |
| 彭纳电力及照明公司（Penna. Power & Light Co.） | 31 006 | 1 500R | 4.8 | 2 464 | 7.9 | 0.7 | 39 237 | 2 934R | 7.5 | 2 847 | 7.3 | 1.3 |
| 美国和外国电力公司（American & Foreign Power Co.） | 78 656 | 3 437R | 4.4 | ? | | 0.5 | 59 809 | 5 370R | 9.0 | ? | | 0.5 |
| 布鲁克林联合燃气公司（Brooklyn Union Gas Company） | 25 698 | 669R | 2.6 | 2 034 | 7.9 | 0.6 | 22 489 | 1 200D | 5.3 | 1 656 | 7.3 | 1.1 |

注：a. 见第 572 页 1939 年的数据。

b. 这个数据包括了损耗。

c. 现在是密歇根州综合燃气公司（Michigan Consolidated Gas Company）。

d. 现在是伊利诺伊艾奥瓦电力公司（Illinois Iowa Power Company）。

表 35—4 两家公司对比数据

| 项　　目 | 宾夕法尼亚电力和照明公司 | 南加州爱迪生公司（用于对比） |
| --- | --- | --- |
| | 年度业绩截至 1939 年 6 月 30 日 | |
| 毛利润 | 39 232 000 美元 | 44 421 000 美元 |
| 折旧 | 2 815 000 美元 | 6 872 000 美元 |
| 占毛利润的百分比 | 7.2% | 15.5% |
| 用以费用支付的余额 | 13 985 000 美元 | 19 349 000 美元 |
| 费用和优先股股息 | 10 171 000 美元 | 11 891 000 美元 |
| 所获保障倍数 | 1.38 倍 | 1.63 倍 |
| 归属于普通股股东的净利润 | 3 814 000 美元 | 7 458 000 美元 |
| 1939 年 7 月优先股价格 | 95 美元，股息 5 美元 | 29 美元，股息 1.50 美元 |
| 优先股收益率 | 5.26% | 5.17% |
| 基于所得税的折旧（1938 年） | 4 947 000 美元 | |
| 占毛利润的百分比 | 12.6% | |
| 费用和优先股股息所获保障倍数，以所得税为基准计算 | 1.17 倍 | |

表 35—5 两家公司对比数据

| 项　　目 | 美国电力和照明公司 | 太平洋照明公司（用于对比） |
| --- | --- | --- |
| | 年度业绩截至 1929 年 | |
| 毛利润 | 88 222 000 美元 | 43 275 000 美元 |
| 折旧 | 5 317 000 美元 | 5 525 000 美元 |
| 占毛利润的百分比 | 6.0% | 12.9% |
| 用以费用支付的余额 | 44 349 000 美元 | 14 257 000 美元 |
| 固定费用和优先股股息 | 32 762 000 美元 | 7 623 000 美元 |
| 所获保障倍数 | 1.36 倍 | 1.87 倍 |
| 归属于普通股股东的净利润 | 11 587 000 美元 | 6 634 000 美元 |
| 股息为 6 美元的优先股在 1930 年的最高价格 | 107 | 106 |
| 1938 年的最低价格 | 19 | 99 |

## 否定或者质疑以所得税为基准的情况

读者可能会注意到，我们曾建议过在“通常情况下”应接受以所得税为基准。该建议并非绝对的，因为有时候也会采纳年度报告的数据，或是寻求其他的摊销基准。

在表 35—5 中，用作对比的太平洋照明公司可说明我们的第一种例外情况。公司 1929 年的数据来自年度报告，采用“偿债基金”折旧法，这遵循了美国加州委员会与加州公用事业公司间的协议，而公司平均的折旧扣减似乎低于按纳税申报计算的直线法扣减的数额。然而，公司的财报数据是可以采纳的，原因有二：首先，该数据结果是由获准的会计方法得出的；其次，从财产账户和毛利润的金额来看是充足的。同样，这些理由也可以应用于所有的加州公用事业公司。

还有另外的大部分公司所采用的折旧计提在他们自己看来是充足的，但实质上仍低于按所得税基准应扣减的数额。

**案例**

1938 年底特律爱迪生公司在致股东的报告中支取了毛利润的 13.5%，相比之下那年按纳税申报支取毛利润的 18.2%。而北美公司 1937 年相应的数据分别是 12.8% 和 14.8%。

在这类例子中，投资者，尤其是普通股购买者，可能会认为按所得税基准过分苛刻。

投资者在缺乏对资产本身的详尽了解，以及未能比我们更加熟知公用事业管理细节的情况下，要对上述观点作出判断是很困难的。我们倾向于提倡一种折中的办法，比如当纳税金额超过毛利润的 12.5% 时，则按所得税基准计算的数据可暂时用来做分析。① 这或许说明了，在多年以前 10%~12% 的毛利润扣减额是相对充足的。

① 12.5% 的比率大约是，公司所得税申报中的平均数值与呈报给股东报告中的平均数值之间的中间值，并且作为当期报告，其十分接近于以偿债基金为基准的平均折旧率。在 1938 年 5 月，由纽约证券交易所成员——古德博迪公司（Goodbody and Company）发布的研究报告，涵盖了 2/3 的电力和能源工业，报告指出 1937 年整个行业在呈报给股东的报告中扣减了总收益的 10.46% 用作折旧或者设备更新，而且声称在公司的纳税申报中扣减了总收益的 14.78% 用作折旧。1939 年 7 月，美国证券交易委员会发布了一份详尽的计算报告，其涵盖了控股公司系统中 177 家经营燃气和电力公用事业公司，报告显示 1938 年公司从损益账户中平均扣减了总营运收入的 10.30% 用做折旧或者资产清理专项储备。1937 年，联邦电力委员会（Federal Power Commission）对 385 家公用事业公司（按资产计算占电力行业的 90%）的研究结果显示，平均折旧费用占电力公用事业公司营运收入的 10%，占公用事业公司营运收入总额的 9.2%。参见《电力公用事业公司统计，截至 1937 年 12 月 31 日》（*Statistics of Electric Utilities for the Year Ended December* 31, 1937），卷一和卷二，1939 年。

## ●不同折旧政策的实质效果●

读者可能会认为，这里有关公用事业类公司折旧政策的讨论太过专业化和乏味，但事实上它对于筛选公用事业类股票，以及理解公司的市场行为极具实质性的重要意义。1934 年之前，那些未计提充足折旧的公司的价值普遍在股票市场上受到高估，因为投资者同样没有关注折旧的问题。一个谨慎的分析师会多次建议投资者从缺乏稳健性的公司转向更稳健的公司，因为在随后的年份里会出现一个趋势，那就是前者将大大提高它们的费用支出，从而使公司呈报收益相应缩减，而且公司的市场价格也会下降。表 35—6 可以说明这种趋势。

案例

**表 35—6　　美国水务和电力公司 VS 太平洋燃气和电力公司[a]**

| 项　目 | 5 年平均数，1927—1932 年 | | 截至 1939 年 6 月 30 日年度数据 | |
|---|---|---|---|---|
| | 美国水务和电力公司 | 太平洋燃气和电力公司 | 美国水务和电力公司 | 太平洋燃气和电力公司 |
| 毛利润 | 50 260 | 72 175 | 51 791 | 104 529 |
| 折旧 | 3 665 | 8 330 | 5 278 | 14 679 |
| 占毛利润的百分比 | 7.3% | 11.6% | 10.2% | 14.0% |
| 用以支付固定费用的余额 | 20 998 | 30 717 | 17 898 | 37 416 |
| 利息和优先股股息 | 16 290 | 18 785 | 16 768 | 20 198 |
| 归属于普通股股东的净利润 | 4 708 | 11 932 | 1 130 | 17 218 |
| 每股收益 | 2.69 | 2.67 | 0.48 | 2.75 |
| 调整后的每股收益[b] | 1.47 | 2.67 | 亏损 | 2.75 |
| | 1933 年 | | 1939 年 7 月 | |
| 平均价格 | 27 | 23.5 | 10.25 | 31.75 |

注：a. 以千美元记，每股金额除外。

b. 太平洋燃气和电力公司采用总收益的百分比扣减折旧。

1933 年，美国水务和电力公司的普通股价格显然是根据前些年所呈报的收益得来的，并没有考虑折旧计提的问题，然而事实上其资产清理专项储备明显不足。7 年后归属于普通股股东的净利润大幅下跌，是由于公司不得不提高资产清理专项储备以符合业界趋势所致。

太平洋燃气和电力公司的数据进一步证明，如果公用事业类证券投资者在 1933 年愿意谨慎审视折旧政策，他将获利颇丰。

# 36

# 从投资者的角度来看折旧与摊销费用

有些折旧与折耗费用在会计上是合理的，但对投资者而言，可能并没有如实地反映实际情况。

## ●假设案例所指出的问题●

一个简单的假设案例能让我们更容易理解这一观点。

假设有三家货物运输公司：A、B 和 C。每家公司都有一辆货车，且都将资本总额划分为 100 份无面值股票，每年的折旧前利润均为 2 000 美元。

- A 公司购买货车的成本为 10 000 美元；
- B 公司购买货车的成本为 5 000 美元；
- C 公司购买货车的成本为 5 000 美元，但因采取“极端审慎政策”而将其价值减计为 1 美元。

假设 A 公司的购买成本较高只是一个个体事件，实际上三家公司的管理层能力相当，且公司基本情况也相同。

会计师将这些货车的折旧年限定为 4 年，基于此，三家公司的损益表如表 36—1 所示。

表 36—1　　A、B、C 三家公司损益表　　（单位：美元）

| 项　　目 | A 公司 | B 公司 | C 公司 |
|---|---|---|---|
| 折旧前净利 | 2 000 | 2 000 | 2 000 |
| 折旧（折旧率为 25%） | 2 500 | 1 250 | 0 |
| 归属于普通股股东的净利润 | 500（亏损） | 750 | 2 000 |
| 每股收益 | 0 | 7.50 | 20 |

## 典型的市场估值

根据这些报告，A 公司处于亏损状态，B 公司的利润率为 15%，C 公司业绩则相当不错。如果一位“投资者”精通最新的证券估值方法，那么他就会认为 A 公司的股票几乎一文不值，最多每股 5 美元。另一方面，他可能会将 B 公司和 C 公司的股价定为每股收益的 10 倍左右，即 B 公司每股为 75 美元，C 公司每股不少于 200 美元，因此三家企业估值如下：

A 公司 ………………………………………… 500 美元
B 公司 ………………………………………… 7 500 美元
C 公司 ………………………………………… 20 000 美元

毫无疑问，这些估值明显是荒谬的，然而，它们却是近乎忠实地运用现行会计方法及华尔街分析法（Wall Street reasoning）所得到的。这样做的结果，一是资产价值低的公司会因此比资产价值高的公司更值钱；二是只需简单地一下把资产价值减记为 0，公司便能使其股价大幅上涨。

## 资产负债表反映出的不合理性

如果查看过资产负债表，那么这些估值便显得更不合理。假设这些公司已经持续经营了 3 年，并且（简单起见）它们一开始并没有营运资金。A 公司由于持续亏损，一直未支付过股息；B 公司将其利润的 2/3 用于支付股息，即每年每股 5 美元；C 公司将其 4/3 的利润用于支付股息，即每股 15 美元。资产负债表如表 36—2 所示。

表 36—2　　A、B、C 三家公司资产负债表　　（单位：美元）

| 项　目 | A 公司 | B 公司 | C 公司 |
|---|---|---|---|
| 资产： | | | |
| 货车 | 10 000 | 5 000 | 1 |
| 现金 | 6 000 | 4 500 | 1 500 |
| 总计 | 16 000 | 9 500 | 1 501 |
| 负债： | | | |
| 股本 | 10 000 | 5 000 | 1 |
| 累积折旧 | 7 500 | 3 750 | |
| 损益 | 1 500（亏损） | 750 | 1 500 |
| 总计 | 16 000 | 9 500 | 1 501 |

尽管 A 公司处于亏损状态，但它拥有的现金最多（可能是折旧基金）。C 公司利润最高，但持有的现金最少。虽然人们认为 A 公司股价应为每股 5 美元，但 5 美元只是其每股现金流量的 1/12。而 C 公司的每股股价 200 美元，则不低于其每股现金流量的 12 倍。

## 更合理的方法

股市中公认的估值方法，将会把我们带向如同爱丽丝漫游仙境一般的结局。现在让我们来考虑一个更理性的问题：一个企业家将会怎样确定这三家企业的合理价值？

常识将会让他立即作出判断：这三家企业的价值是等同的，与其资产无关。在实际中，他可能会倾向于给予 A 公司更高的估值，因为其货车购买价格要高于 B 和 C 两公司。毫无疑问，这位企业家十分重视每家公司的现金持有量。

因此，他会进行如下分析：首先，每家公司的价值都相当于其现金加上货车的公允价值，或许还会再适当增加以体现企业的商誉。考虑到必要的折旧，公司的收益还是很可观的。三家企业的商誉价值是一样的（见表 36—3）。

表 36—3　A、B、C 三家公司价值　（单位：美元）

| 项　目 | A 公司 | B 公司 | C 公司 |
|---|---|---|---|
| 现金 | 6 000 | 4 500 | 1 500 |
| 货车（估计值） | 1 500 | 1 000 | 1 000 |
| 商誉（估计值） | 2 000 | 2 000 | 2 000 |
| 总值 | 9 500 | 7 500 | 4 500 |

公司的折旧费用与估值有什么关系呢？答案是：B 公司的折旧费用是合理的，因为它与公司的实际情况相吻合，因此该企业家对 B 公司的估值与华尔街分析法所得出的结果一致，当然，这也源于一些巧合因素。但是，A 公司与 C 公司的管理层所提取的折旧费用就与公司实际完全不符。对于 A 公司来说，折旧费用提取太多，因为固定资产成本过高。这样的错误，应该通过将财产账户（和股本账户）账面价值减记至当前公允价值来更正，然后才能得到符合实际的折旧费用。对于 C 公司来说，公司的资产被有意低估，以避免从收入中提取折旧费用。如果一个企业家或一个投资者需要为该货车（或者为运输业务）支付某些费用，那么他就不可能假定该货车并不存在而不必为此提取折旧。

## ●上述分析在实际中的运用●

现在，让我们将该分析运用到证券购买者所面临的实际情况中去。

**案例**

作为第一个例子，我们将给出尤里卡管道公司从 1924—1926 年的经营状况（见表 36—4）。

表 36—4　尤里卡管道公司 1924—1926 年经营状况　（单位：美元）

| 年　度 | 总收入 | 折旧前净利 | 折旧费用 | 收益 |
|---|---|---|---|---|
| 1924 | 1 999 000 | 300 000 | 314 000 | 14 000（亏损） |
| 1925 | 2 102 000 | 541 000 | 498 000 | 43 000 |
| 1926 | 1 982 000 | 486 000 | 500 000 | 14 000（亏损） |

续前表

| 年　　度 | 总收入 | 折旧前净利 | 折旧费用 | 收益 |
|---|---|---|---|---|
| 3 年平均 | 2 028 000 | 442 000 | 437 000 | 5 000 |
| 普通股每股（共 50 000 股） | | 8.84 | 8.74 | 0.10 |

最后一列意味着，在这 3 年里，这家公司的股票几乎没有收益。因此，在持续经营的假设前提下，该股票没有任何价值。但是，从企业角度看，这个结论是否合理呢？正如在假设案例中一样，这取决于折旧费用是否正确。表 36—5 是尤里卡管道公司在这方面的数据：

表 36—5　　尤里卡管道公司折旧费用　　（单位：千美元）

| 年度 | 折旧费用 | 厂房重置等的实际支出 | 未使用的折旧费用 | 折旧后利润 | 盈余调整 | 经营活动现金流 | 支付股息 | 速动资产净值增加额 |
|---|---|---|---|---|---|---|---|---|
| 1924 | 314 | 75 | 239 | 14（亏损） | 贷方 38 | 263 | 350 | 87（亏损） |
| 1925 | 498 | 贷方 51 | 549 | 43 | 借方 43 | 549 | 200 | 349 |
| 1926 | 500 | 194 | 306 | 14（亏损） | | 292 | 200 | 92 |
| 三年平均 | 407 | 73 | 365 | 5 | 借方 2 | 368 | 250 | 118 |

可以看到，平均每年的资产支出仅为 73 000 美元，因此每年可以有 368 000 美元的现金用于增加运营资金或支付股息（股息用以前的累积盈余支付）。很明显，这家企业一直是其所有者的现金收入来源，因此具有极大的持续经营价值，尽管高昂的折旧费用使它看起来不值分文。

## ●如何确定合理的折旧费用●

正如在假设案例中一样，投资者或分析师决不能使用这家公司自身所使用的折旧标准，而应当努力找到一个与公司实际情况更一致的标准。合理的折旧费用该怎样确定呢？对于运输公司而言，不难给出答案，因为我们正好知道应该提取多少折旧以保证企业的运转。但在实际中，这样确切的答案却几乎是不可得的。我们不知道尤里卡管道公司的固定资产能使用多长时间，也不知道重置它们需要花费多少。最好的办法便是，根据已知的实事作出一些粗略的估计。这些估计的唯一优势在于：它们大多会比公司给出的数据（我们都知道这是不可靠的）更合理。

## ●“已使用的折旧费用”●

从公司的角度来看，尤里卡管道公司的表现，很明显，从一开始提取的折旧费用就不应低于平均资产支出。减少折旧费用的主要原因是，它们并没有如实反映经营所得现金。财产账户中的支出（包括新的固定资产）实际上也是折旧准备的一部分。因此，这部分可视为经营企业所必须提取的最低折旧额，我们称之为——已使用的折旧费用。（如果财产账户增加额超过了当年折旧额,那么后者要全部认定为“已使用”。）在尤里卡管道公司的例子中，这样的支出在1924—1926年的三年间平均额为73 000美元。要计算折旧标准，仅靠三年的数据着实不够，但碰巧的是，尤里卡在很长的一段时期内的表现与此基本相同，因此可以基于1924—1926年的数据得到折旧标准。[①] 我们必须提醒读者，不能凭此就认为，可以从短时期（比如10年以内）的研究中得出标准的已使用折旧，除非该企业本身的特点使得该方法可行。

### 长期折旧是一种报废

第二个问题是，应当为所有资产的最终耗尽提取多少折旧准备？换言之，为将来的重置需要提取多少折旧准备？在对该主题的大部分理论探讨中，这是折旧费用最主要的作用。货物运输公司的例子便是一个诠释（4年后整个固定资产将会被重置）。但是必须认识到，在实际中，完全的损耗殆尽和重置几乎是不可能的。一般企业不会长期积累大量现金，以便在厂房报废后全部重置。实际上，厂房是不会磨损耗尽的，它们只会报废。十有八九，厂房被废弃是因为行业特点的改变，或公司状况、工厂周边环境的改变，或者出于其他的一些与实际折旧无关的原因。

---

① “已使用的折旧”的计算方法如下：从当年的折旧费用中减去固定资产净值（固定资产减去折旧）的减少额。

**案例：**尤里卡管道公司的固定资产净值（12月31日）。

| | |
|---|---|
| 1923年 | 6 122 000美元 |
| 1924年 | 5 883 000美元 |
| （1）净值减少额 | 239 000美元 |
| （2）1924年的折旧费用 | 314 000美元 |
| 已使用折旧：（2）-（1）= | 75 000美元 |

这些变化便是经营风险，且无法用工程学或会计学的方法来衡量。换句话说，长期折旧因素实际上已经被报废风险所掩盖和吸收。[①]这种风险本质上是一个投资问题，而非会计问题，它不会减少收益（如折旧费用），而会降低为获得收益（受其影响）所支付的成本。

## 运用上述结论确定企业的盈利

让我们将这些结论与尤里卡管道公司的例子联系起来。已使用的折旧费用年均约为 75 000 美元。没有迹象表明整个厂房会在可预见的日期被重置，相反，管道的使用期似乎是无限的，因为会不断地对其进行维护、修理和更换部件。在这一方面，该公司更像铁路公路，而非货物运输公司。根据我们的分析，只有已使用的折旧费用才能从收入中扣除，余下的折旧实际上就是为报废而做的准备，这与相关油田的可开采期有关，需要在收入实现后才提取而非预先提取。该案例的合理表述如表 36—6 所示。

**表 36—6　　尤里卡管道公司 1924—1926 年数据　　（单位：美元）**

| 项　　目 | 总　额 | 每　股 |
|---|---|---|
| 折旧前利润 | 442 000 | 8.84 |
| 已使用的折旧费用（估计值） | 75 000 | 1.50 |
| 余额：利润（受经营风险、包括报废风险的影响） | 367 000 | 7.34 |

## 盈利估计中的问题

公司的数据显示，在该时期内公司没有任何盈利。而我们的数据显示，公司的盈利为每股 7 美元以上，这清楚地表明该公司具有巨大的价值。购买企业时的各种考虑会影响所支付的合理价格。这些考虑包括：利润增加的可能性和无数的亏损风险，而固定资产报废只是其中之一。举例来说，如果保守而言，投资收益率应达到 20% 才足以覆盖那些风险，那么前面提到的尤里卡管道公司的股票价格应该是每股

① 很少有公司会在账户中为报废设立专门的准备金。所得税法规定，只有在造成可确定的损失之后，才能进行税前报废扣除。少数公司会将摊销费用在损益表中记入“折旧（损耗）与报废”科目，例如联合化学和染料公司。

因特定原因而从收入中提取专门的报废准备金的例子，可以查看南太平洋金门渡轮公司（Southern Pacific Golden Gate Ferries, Ltd.）在 1934—1936 年的报表。旧金山大桥的建设使得公司在 1936 年年底预计会有大量渡轮报废。

35 美元左右。然而，关于这一点的详细讨论需要延后，直到我们开启普通股估值的话题。本章的目的只在于指出，在尤里卡管道公司这个实际案例中，对投资者而言，其计算出的折旧应当与公司自身计提的折旧有很大不同，正如在假设案例中的货物运输公司 A 一样。这不仅是必需的，也是可行的。①

## ●住宅与办公楼的折旧●

实际上，上述分析在房地产证券中应用极广。在对大量以住宅或办公楼为抵押发行的债券的分析中，折旧费用的真正作用是什么？很明显，折旧费用扣减是一个会计计算而非投资计算，它基于这样一个假设：一般而言，资产由于磨损和损坏，在 50 年内等量地消耗殆尽。然而，在实际中几乎不可能如此，钢铁和石料的建筑是不会真的在 50 年内就完全耗尽的，它们只是在使用期过后被废弃和拆毁，而使用期的长短是由建筑物的状况决定的，而并非磨损与损坏。

此外，如果房地产债券的售价低于面值很多，那么投资者对折旧和报废的考虑就应基于其售价而非账面价值，并按一般惯例计算。“已使用的折旧”这个概念在这一领域应该是有用的，因为平均重置支出可视为营运资金的支出。（顺便说一句，这在酒店债券的分析中是个很重要的因素，但更重要的是，投资者应当将酒店债券看成一种特殊形式的债券，而非房地产债券。）

**案例**

1088 公园大道公司（1088 Park Avenue Corporation），在纽约拥有一幢很大的公寓楼，对该公司第一抵押权债券的简要分析将会阐明我们的观点。

该公司共发行了 1 851 000 美元的债券，固定利率为 2.75%，附加利率视已偿还的债券数量而定，最多可再增加 2.25%。公司所有股票都附属于该债券。1939 年，该债券的平均价格约为 35 美元，总市值为 653 000

① 该公司年复一年多次任意修改折旧费用的计算方法，因此，本例中公司给出的折旧费用很明显是经过修改的。例如，在 1929 年，计提折旧突然降到了 176 000 美元（数据出自美国政府州际商务委员会的报告）。

美元。公司截至 1939 年 2 月 28 日的年度损益简表如表 36—7 所示。

表 36—7　　截至 1939 年 2 月 28 日的年度损益简表

| 项目 | 金额 |
|---|---|
| 总收入 | 251 900 美元 |
| 营业支出 | 104 300 美元 |
| 房产税（房产估价，2 150 000 美元） | 63 000 美元 |
| 折旧费用（折旧率为 2%，建筑物账面价值，2 566 000 美元） | 51 000 美元 |
| 息前利润 | 33 600 美元 |
| 折旧前债券收益率 | 4.57% |
| 折旧后债券收益率 | 1.82% |

每年的资本支出上限是总收入的 6%，即 15 000 美元左右。实际上，自 1934 年以来，为这项支出所做的准备只有 1939 年 2 月存储的 7 000 美元。我们的分析如下：

1. 假设就未来而言，1938 年的利润、支出及资本支出准备均具有代表性，这就意味着债券可获得的现金收入为 84 600 美元减去 7 000 美元，即 77 600 美元，这是票面价值的 4.3%，或者市场价值的 11.9%

2. 这个百分数不仅适用于投资回报，同时也适用于为建筑物（建于 1925 年）的报废所提取的准备。但是报废不仅仅受使用年限的影响，还受周边环境变化、建筑风格等的影响，这些因素几乎无法从一般的经营风险中辨别出来。

3. 投资者也许会认为，他能从公司丰厚的现金收入中获得相当于票面价值 2.75% 的固定利息，即市场价格的 7.86%。而公司只拿出了相当于市场价格 4% 的金额，一部分用于建立偿债基金来偿债，另一部分用于支付附加利息。实际上，报废导致的价值损失将会被债务的减少所抵消。投资者必须判别：当净利润可能出现变化时，利息回报是否仍具有吸引力？偿债基金的运行是否会充分考虑报废因素？如果答案是肯定的话，这些债券就是具有吸引力的，原因正是它的价格极低。①

① 如果投资者确信，储蓄银行或保险公司会以“第一抵押权贷款”的形式和低利率借给他比债券的市场价值更多的钱，那么就能更轻易地得到这个结论。因为如果是那样的话，这些债券（附有普通股并代表了对资产的全部所有权）一定比任一以其为抵押的贷款更有价值。但该结论必须基于这样的假设：该金融公司会像折价购买该债券的投资者那样，仔细考虑报废和其他商业因素。

4. 报废导致的价值减少可能会被房地产的升值（引致因素是周期的、长期的或通货膨胀性质的）所抵消。过去，对这种升值的信赖使得许多投资者忽视了他们所购买的房地产的折旧与报废。我们建议，这种升值可能性只能视为投机性的，它们并不能避免报废，仅仅只能弥补，作决定时决不能抱着这样乐观的期待。

## ●折旧提取不足●

让我们来看一个相反的例子，即企业使用的会计方法会导致折旧提取不足。要特别注意这样一种流行做法：为了减少折旧费用、增加收益而大规模地报废固定资产。这种做法最早出现在 1927—1929 年的繁荣时期，却在接下来的大萧条时期广泛应用。我们选了两个典型案例来讨论（见表 36—8）。

**表 36—8　　减记固定资产的作用　　（单位：千美元）**

| | 安全车供暖照明公司 | | 美国工业酒精公司 | |
|---|---|---|---|---|
| 项目 | 减值前 | 减值后 | 减值前 | 减值后 |
| 固定资产 | 9 578 | 9 578 | 29 116 | 29 116 |
| 减去折旧 | 6 862 | 9 577 | 9 815 | 29 115 |
| 固定资产净值 | 2 716 | 1 | 19 301 | 1 |
| 无形资产及其他资产 | 5 016 | 167 | 1 185 | 1 185 |
| 对子公司的投资等 | 2 330 | 2 330 | 1 416 | 1 416 |
| 净流动资产 | 4 379 | 4 379 | 6 891 | 6 891 |
| 总额 | 14 441 | 6 877 | 28 793 | 9 493 |
| 股本 | 9 862[a] | 4 931[b] | 22 585[c] | 3 739 |
| 盈余 | 4 362 | 1 729 | 4 458 | 4 004 |
| 应急储备 | 217 | 217 | 1 750 | 1 750 |
| 总额 | 14 441 | 6 877 | 28 793 | 9 493 |

注：a. 98 620 股，每股面值 100 美元。

b. 98 620 股，无面值。

c. 373 846 股，无面值。

**案例**

早在 1933 年，美国工业酒精公司和安全车供暖照明公司就宣布计划将其财产账户净值减记为 1 美元，其做法是通过减记相应的股本及盈余。这一改动可见资产负债简表 36—8。

美国工业酒精公司同时还给出了一份声明：由于将固定资产的账面价值减记为 1 美元，以后就无须计提折旧费用。同时报告还建议从收入中提取重置准备金（数额应足以重置固定资产）。在 1933 年，应计提折旧为 3 000 000 美元，而在 1932 年只提取了近 900 000 美元。

安全车公司则走得更远。1932 年没有为折旧提取任何准备金，因此，尽管 1932 年的折旧前收益少于 1931 年，当年公司的盈利却为正，而 1931 年还处于亏损中。公司 1932 年的年报中这样说道："由于自 1932 年 12 月 31 日起不再对固定资产计提折旧，因此总收入超过支出的部分，以及对已有的固定资产计提的折旧，董事会可考虑分配给股东，这同时也并不会减少公司的流动资产。"

## 折旧捏造的收益

安全车公司的做法与我们假设案例中的货物运输公司 C 完全一样，C 公司也将其卡车减记为 1 美元，并因此避免了从收入中计提折旧。我们已经指出，如果在实际中必须计提折旧，那么就无法通过更改账簿来掩饰。安全车公司的股东并没有因为公司减记固定资产而多赚取甚至一美元。无论如何，维护与重置企业的必要支出是不能少的，除非工厂已不复存在。让我们来分析一下安全车供暖照明公司的表现，正如我们分析尤里卡管道公司那样。在 10 年的时期内，已使用的折旧费用平均每年为 500 000 美元左右，这 10 年间的收益记录如表 36—9 所示。

如果在 1933 年的各种不确定性中对该公司进行分析，则无法判断长期数据和近期数据到底哪个更能代表未来。但是，无论对此作出什么样的假设，有一点是很清楚的：必须计提折旧费用。如果业绩不如 1932 年，那就意味着公司的盈利能力极其微弱，因为固定资产方面的实际支出毫无疑问会接近于报告收益：233 000 美元（即使不超过的话），如果利润能回升到 10 年期的平均值，那么完全取消以前所计提的折旧费用就将会严重夸大真实的盈利。

表 36—9 安全车供暖照明公司 10 年收益记录 （单位：美元）

| 项 目 | 1922—1931 年平均 | 1931 年 | 1932 年 |
|---|---|---|---|
| 折旧前收益 | 1 721 000 | 336 000 | 233 000 |
| 折旧费用 | 669 000 | 442 000 | 无 |
| 收益 | 1 052 000 | 106 000（亏损） | 233 000 |
| 已使用折旧（估计值） | 500 000 | 130 000 | 190 000 |
| 可供股票分享的收益 | 1 221 000 | 206 000 | 43 000 |

## 1933—1938 年的计提情况

这段时期，公司每年计提的折旧费用仅 18 000 美元，年平均收益为 590 000 美元，即每股 6 美元。如果 1922—1931 年间的折旧标准还在使用，那么这 6 年的每股收益将为 0，只有 1937 年才有大量收益，报告收益达到每股 19.72 美元，股价涨至 141 美元，但 1938 年就跌回了 48 美元。1937 年的股价上涨可以归因于市场的双重误判：（1）当年的空调安装量很大，市场认为这样的情况会持续；（2）如果如此大规模的空调安装能持续下去，折旧费用将会比公司给出的那些无意义的数据大得多，而市场忽视了这一点。

美国工业酒精公司的减记行为并没有完全消除折旧费用，却因此设立了一个完全由管理层任意决定的“重置准备”账户。1933 年，该账户的数额被固定在 300 000 美元。对前 5 年的近似值进行研究后，我们不禁怀疑，在正常情况下，这些重置费用是否足够？请参见表 36—10。

表 36—10 美国工业酒精公司 10 年收益记录 （单位：美元）

| 项目 | 1928—1932 年平均值[a] | 1928—1932 年平均值（基于 1933 年给出的重置准备） |
|---|---|---|
| 折旧前净利 | 2 090 000 | 2 090 000 |
| 折旧费用 | 1 350 000 | 300 000 |
| 归属于普通股股东的净利润 | 740 000 | 1 790 000 |
| 每股收益 | 2 | 5 |

注：a. 已从收益中扣减了某些用于冲减盈余的项目。

在本例中，固定资产净值（固定资产总值减去折旧）在5年内增加了500 000美元。（例如，从1927年年底的18 800 000美元增加到1932年年底的19 300 000美元。）换言之，为扩充和重置资产的支出，超过了计提的折旧费用总额6 750 000美元。多数的大企业都有这个特点，因为它们都倾向于增加固定资产。在任何情况下，都必须假设：基于公认的会计准则所计提的折旧费用，是合理反映企业经营状况所必需的最小值。不管是企业的任意减记或投资者的个人计算，都不能完全忽略折旧费用。因此，如果美国工业酒精公司的盈利恢复到原来的水平，那么先前大幅减少折旧准备的行为将会错误夸大真实的盈利能力。①

### 其他销减固定资产的案例

商用溶剂公司（Commercial Solvents Company）在1932年将其厂房设备账户减记至1美元。五月百货公司和考夫曼百货公司分别在1933年和1929年将其厂房设备账户减记至1美元。帕克蒂尔福特公司在1927年将其厂房设备账户减记至1美元。在所有的这些例子中，其后的折旧费用都少于合理的数量。

## ●“股票掺水”的更正●

由于人们经常忽视资产的价值，而只关注报告给出的每股收益，因此减记固定资产与股票价值之间便有了联系，这值得我们关注。上一代投资者通过查看资产负债表来确定股票的价值，而股票价值由于人为地提高固定资产的账面价值（远高于其实际成本）而膨胀，这反过来又使得资本总额相应上升。这就是所谓的“股票掺水”，是当时饱受诟病的华尔街骗术之一。

有一个说法引起了我们的注意：“股票掺水”这个术语实际已从投资者的词汇中消失。这是非常令人惊讶的，因为1914年前通过夸大资产价值而得到的误导性结果，实际上现在又能以一个奇怪且相矛盾的方法得到，即相反地减少资产的价值。清除厂房设备账户以避免计提折旧费用，因此便增加了收益，并提高了股票价值——使用这种伎俩来提高证券价值，实在太荒谬。然而，华尔街却郑重地接受了这个颠倒

① 关于美国工业酒精公司后来的数据，请见第721~722页。

黑白的分析法。当然，公司管理层是不会拒绝使用如此简单的一个策略来提升他们的业绩的。

## ●购买者的矿产摊销●

当矿产出现折耗时，公司与投资者在计提摊销费用方面，有着很大的区别。正如第 34 章所讲的那样，矿业企业是基于一些技术上的考虑来计提摊销费用，而这些考虑与股票持有者是无关的。

**案例**

在表 36—11 中，对霍姆斯特克矿业公司（Homestake Mining Company）1925 年与 1938 年的业绩研究，将阐明这一观点。

**表 36—11　　霍姆斯特克矿业公司 1925 年和 1938 年的业绩　　（单位：美元）**

| | 1938 年 | | 1925 年 | |
|---|---|---|---|---|
| 项目 | 总额 | 每股 | 总额 | 每股 |
| 总收入 | 19 496 000 | 97.0 | 6 080 000 | 24.32 |
| 折旧与折耗前净利 | 10 605 000 | 53.0 | 1 894 000 | 7.85 |
| 折旧与折耗 | 3 664 000 | 18.3 | 1 330 000 | 5.32 |
| 股息 | 6 941 000 | 34.7 | 564 000 | 2.25 |
| 市价（该年 3 月） | 63 | | 50 | |
| 企业的市场价值[a] | 126 000 000 | | 12 500 000 | |
| 基于市场价值的收益率 | 5.50% | | 4.50% | |

注：a. 股数在 1925 年为 250 000 股，1938 年为 2 000 000 股。

从表面上看，1939 年年初，该公司的股价为每股 63 美元。基于前一年的收益，这比 1926 年年初的每股 50 美元要合理，但是报告中的收益是以公司的折旧与折耗费用为基础计算的，而这些费用都与股票购买者实际支付的价格无关。如果我们从一个企业家的角度，考虑以股票的市场价值作为企业估值来购买整个企业，便能更好地理解上述观点。

在1926年，该公司的股票市值为12 500 000美元。付出这些钱之后，该企业家就能够得到大约2 500 000美元的流动资产（相当于现金），因此矿产和厂房设备等只耗费了他10 000 000美元。他需要摊销的正是这笔费用，即要在矿产枯竭之前获得适当的收益，并从收入中计提摊销。1926年，按当时的开采速度，这个已经被开发的矿预计至少还能再开采11年。由于开采出来的几乎都是矿石，因此很有理由相信开采期应该会超过11年，但如果认为能有20年以上，那就不谨慎了。基于"厂房设备与矿产共存亡"的理论，对于这样的矿业企业，固定资产的折旧速度应当与矿产的摊销一样。

## ●购买者的摊销计算●

因此，购买者的摊销率应在每年5%～9%之间，基数是为矿产所支付的10 000 000美元。计算过程在表36—12中，同时还有对1939年3月情况的相应分析。两种情况下，预期开采期的最大、最小值都一样，因为矿产至少还能再开采11年。

从企业角度看，1925年的业绩（假设它能够持续）预示着令人满意的投资回报，但如果考虑到1938年的收益和相应的股价，大约63美元，以及相关的事实，就能发现那绝对不可能是真的。公司1925年的摊销费用，大大高于每股股价为50美元时的费用水平；但在另一方面，以每股63美元购买股票的投资者，无法确定公司1938年的摊销费应该是多少，才足以摊销其投资，尽管该费用已高于1925年时的金额。[①]

**表36—12　　霍姆斯特克矿业公司购买者的摊销费用计算　　（单位：美元）**

| 项　　目 | 1925年的收益（以每股50美元为基础） | 1938年的收益（以每股63美元为基础） |
|---|---|---|
| 购买整个企业的支出 | 12 500 000 | 126 000 000 |
| 减去所包含的净现金资产 | 2 500 000 | 13 200 000 |
| 为矿产支付的金额 | 10 000 000 | 112 800 000 |
| （资产负债表上的矿产价值） | （20 960 000） | （7 900 000） |

① 在本书1934年版中，我们在此用了霍姆斯特克1933年的收益数据，及1934年3月的股价：每股360美元（1937年1股拆成8股后就是每股45美元）。1934—1939年霍姆斯特克的股价上涨幅度略低于工业企业股价的平均上涨幅度。

续前表

| 项　　目 | 1925 年的收益（以每股 50 美元为基础） | 1938 年的收益（以每股 63 美元为基础） |
|---|---|---|
| 摊销前收益 | 1 900 000 | 10 600 000 |
| 现金资产收益（率） | （5%）125 000 | （3%）400 000 |
| 矿业投资收益 | 1 775 000 | 10 200 000 |
| 摊销前收益率 % | 17.8% | 9.0% |
| （公司的摊销费用） | （1 330 000） | （3 664 000） |
| 投资者的摊销费用： | | |
| 最高 9% | 900 000 | 10 200 000 |
| 最低 5% | 500 000 | 5 670 000 |
| 摊销后的矿业投资收益： | | |
| 最低收益 | 875 000 | 无 |
| 最高收益 | 1 275 000 | 4 530 000 |
| 矿业投资收益率： | | |
| 最低 | 8.80% | 无 |
| 最高 | 12.80% | 4.00% |

大多数时候，矿业企业不会在报告中公布其折耗费用。这时，一定要试着用同样的方法来做分析。这意味着，只要矿产的开采期是有限的，就应先撇开折旧费用，从折旧前收益中提取"投资者的摊销"。需要考虑的三个因素是：（1）购买矿产的支出（总价减去现金资产）；（2）折旧与折耗前收益；（3）矿藏的最短开采期，或者其大概的开采期。

## ●购买者的石油储备摊销●

要阐释这个方法的应用，最好通过选择一家石油企业，如得克萨斯海湾公司（Texas Gulf Boducing Company）来做示例。该公司只是一家生产型企业，并且已知其石油储量（这是购买股票是所必须考虑的）。当然，公司那些尚未开发的租赁土地下或许蕴藏着大量的石油，但是这是不确定的，因此其在当前的价值不会高于其成本。

**案例**

1937 年的得克萨斯海湾公司。

**1. 情况**。与该公司摊销费用有关的重要因素都相对简单，它仅仅是一家生产型企业，其大部分石油都来自得克萨斯的一个油田。每桶石油的折旧与折耗费用，是将资产账面净值除以预计的剩余石油储备而得到。

1937 年，石油储备均值为 26 000 000 桶，资产净值为 9 500 000 美元，因此摊销费用为每桶 36.05 美分，总计一年 689 000 美元。然而，在这笔费用中，只有 397 000 美元是从收入中提取的，其余的都是从资产负债表中的“估值盈余”中扣除。

每股收益在摊销前是 1.13 美元，计提摊销后，变为每股 68 美分（正如报告中的那样），如果再包括从盈余中计提的摊销费用，每股收益就只有 35 美分了。

股票的账面价值为每股 10 美元左右，1937 年的市场价格在 2~9.625 美元之间波动。

**2. 投资者的计算**。撇开发现或开采新油田的可能性，因为这是无法衡量的投机性因素，股票购买者预计资产还可使用 13 年左右，并以购买价格的 8% 作为每年的摊销。因此，如果股价是 1937 年的最高值 9.625 美元，投资者的摊销费用恰好等于整个公司的总摊销，那样，剩余的收益就只相当于购买价的 4%。如果股价为当年的平均值 5.75 美元，投资者的摊销费用就大致相当于公司从收入中提取的那一部分。如果股价为最低值 2 美元，则只需提取每股 16 美分的摊销，这意味着当年的收益为每股 97 美分，即购买价的 50%。

## 购买者的专利摊销

许多大型制造企业都将一些专利的账面价值计为 1 美元或成本价，一般都相对较低。在专利使用期内，即从授权之日起 17 年内，每年从收入中计提相同的摊销费用，这是一种标准的会计做法。但在投资者的角度，则需要一种完全不同的方法，他们的问题是：在购买股票时，为专利支付了多少？为专利支付的成本必须从以后的收益中扣除。

## 一般规则

稍微想想就能明白，这样的计算方法，在一般情况下都行不通。投资者无法区分出股票价格中专利占了多少，因为他无法精确计算出专利到期对公司盈利的影响。以通用电气或美国无线电公司为例，它们拥有许多专利，只有通过最详尽的调查，才能知道那些专利和其他真实资产在其市场价值中所占的比重。即使情况变得更为简单，即只有一项极其重要的专利，也很容易误判其对企业的重要性。

**案例**

吉列安全剃须刀公司（Gillette Safety Razor Company）在其基本专利到期后，盈利却出人意料地连续若干年大幅增长，股票市值也大为增加。相反的情况则发生在美国拱砖公司（American Arch Company）。该公司拥有机车用拱砖的专利，并向几乎全美所有的铁路公司供应其产品。因为该业务的技术特性和公司牢固的商业地位，其支持者认为，在 1926 年公司的专利期结束后，其客户不会流失。但是专利到期后，竞争很快就使得产品价格大幅下降，导致该公司收益锐减，股价暴跌。

由上可知：当投资者分析一般的制造企业时，专利不能作为定量因素，而应当被视为公司商业地位的组成部分。因此，对投资者而言，将专利的估值定为 1 美元最为稳妥，如果专利摊销数额很大，就可以加回收益中去。[①] 但如果是从盈余而非收入中计提摊销，就无须更正收益数据。[②]

## 特殊案例

当一家公司主要业务是收取一项或几项专利的专利费时，就能更确切地知道该

① 案例：在 1933 年之前，美国霍夫曼机械公司（United States Hoffman Machinery Company）每年从收入中计提 200 000 美元，或普通股每股 1 美元的专利摊销。分析师应将这笔金额加至其收益中，然后再仔细检查，因为专利的状况和其他一些因素（比如大量应收项目）会影响企业的未来。1933 年，公司再次将其专利减记为 1 美元，由此减少了法定资本，并将先前为专利摊销而计提的 1 500 000 美元加回至收益中。

② 案例：美国洗衣设备公司（American Laundry Machinery Company）定期少量地冲减盈余，以此减记其专利价值。

为其计提多少摊销。显然，摊销的计提与投资者为获取专利收益而支付的价格有关，而非专利的账面成本，而公司是根据后者计提摊销的。接下来的三个例子将阐明这一点，但同时它们也强调一个更为重要的因素，即基于过去与现在情况的计算结果，会被不可预料的未来事件所推翻，这存在于所有对普通股的分析中。

## 案例 A：1929 年的离心式管道公司（该结论已得到证实）

**1. 情况**。离心式管道公司（centrifugal pipe corporation）拥有用于铸造金属管道的离心铸造法（De Lavaud）在美国和国外的专利。公司将这一工序的独家使用权给了美国铸管公司（United States Cast Iron Pipe Company），并收取专利费。这项合约有效期至 1938 年，而其基本专利在 1934 年就到期了。该工艺还被授权给一些国外公司使用，到期时间为 1934—1936 年。

1929 年，该公司股价在 4.25～13 美元之间波动。1928 年每股收益及 1924—1928 年的平均每股收益，在提取专利摊销前都是 1.05 美元，共 432 000 股，专利摊销为每年每股 1.72 美元。（这是因为，在 1923 年年底，公司主要专利的初始估值为 7 000 000 美元，那时距专利到期还有 11 年。）因此，公司计提摊销后处于亏损状态。

**2. 投资者的计算**。在 1929—1938 年 10 年的期限内，每股收益应在 1 美元左右，但不能确保是否还有其他收益。因此，投资者每年的摊销费用将会在 0.43～1.3 美元之间变动，这与 4.25～13 美元的购买价是相符的。很明显，如果以每股 13 美元买进股票，将不会有任何收益，除非利润高出往年。另一方面，如果以每股 5 美元买进的话，那么在计提每股 50 美分的摊销费之后，年收益率能达到 10% 左右。

**3. 结果**。奇怪的是，1929 年伊始就已有征兆的那些结果，在后来的 10 年中都出现了。在这段时期，该公司的每股收益为 10 美元，其中 6 美元用于支付股息。在 1939 年，该公司通过发放每股 3.8 美元的现金股息，外加价值 50 美分的剩余股票，将公司清盘。

## 案例 B：1937 年的黑泽汀公司（计算结果受到新变化的影响）

**1. 情况**。黑泽汀公司（Hazeltine Corporation）成立于 1924 年，拥有无线电接收器中的中和式高频调谐放大器专利，但该专利在 1936 年已经过期。该公司还有一些其他的专利。

在接下来的 13 年里，公司业绩波动很大，但平均每股收益在 2.4 美元左右。公司每年需要计提每股 1.5 美元的摊销费用。股息是不定期派发的，平均每年 1.7 美元，主要来源是为专利而计提的摊销费。1936 年，摊销前的每股收益为 3.7 美元，1937 年，股价最低为每股 7 美元（这几乎等于累计的每股现金资产），最高到达 18.5 美元。

**2. 投资者的计算**。如果投资者假定公司的主要收入来源为中和式高频调谐放大器专利，那么 18.5 美元的股价就显得太高，因为那些专利不久就会到期，并将严重削减公司未来的收益。另一方面，如果股价为 7 美元，则显得太便宜，因为公司还有大量的现金资产，且剩余的专利也有望获取收益。实际上，这可能只是一个肤浅的分析，因为记录显示，该公司拥有各种不同类型的专利，数量达几百项之多。

因此，如果不仔细探究公司业务的详情，就无法准确判断出该公司即将到期的专利价值，以及还可继续使用的专利价值。

**3. 结果**。事实证明，公司在 1937—1938 年的收益和 1936 年一样高。1938 年，公司得到了一个新的耦合系统专利，且该专利被应用到大部分接收器中，这使得公司在业界的地位一如既往的稳固。公司股价在 1938 年涨到了每股 30 美元，1939 年则到了 36 美元。

## 案例 C：1939 年的国际雪茄机械公司（现时的分析）

**1. 情况**。国际雪茄机械公司（International Cigar Machinery Company）的主要专

利是用机械生产雪茄，同时它还拥有这一领域其他一些次要专利。显然，原来的机械生产雪茄专利已经过期，但公司一直在改进其专利，并以此维持自身的地位。

公司的收入主要靠收取专利使用费及出售专利使用权。在 1929—1938 年的 10 年间，公司的每股收益在 2.08～3.33 美元之间，1938 年公司的每股收益为 2.28 美元，共 600 000 股。这些数据，都是在计提了每年每股 30 美分的少量“折旧与摊销费用”之后的数据。1938 年年末，公司在资产负债表中将所有的无形资产合并在一起，总额为 14 000 000 美元，而可摊销的专利只占其中的一小部分，大部分是不可摊销的商誉。净营运资金和其他有形资产总共只相当于每股 2 美元。1939 年，公司的股价在 20~24 美元之间波动。

**2. 投资者的计算**。假设公司的业务在很大程度上依赖某一项专利，那么合理的平均股价应为每股 22 美元。因为在那种情况下，直到专利到期，未来的收入都不足以补偿投资者的投资并给予其合理的收益。换言之，基于当前的专利情况，任何审慎性的摊销费用，都会使得购买该公司的股票变得不划算。

另一方面，如果将来公司能通过改进工艺，保持其对机械生产雪茄专利和许可权的控制，那么股价或许会是合理的。过去，该公司做到了。如果相对于手工生产，机械生产雪茄的工艺得到更广泛的应用（因为机械生产的雪茄价格更便宜），公司也可能盈利。因此，这对于行业分析和预测都至关重要，而对于将投资会计的方法应用于分析确切的事实，则不是那么重要。

## ●规则总结●

对于折旧的长篇论述可以总结如下：

**规则 1**：只有同时满足下列两个条件，公司给出的折旧费用才可用于分析：

A. 它们都是基于标准的会计规则计算出来的，且这些规则也适用于计算固定资产的公允价值；

B. 固定资产净值在几年的时期内都不曾减少。

**规则 2**：如果公司的折旧费用经常超出过资产方面的现金支出，那么在分析计算中可以忽略。在那样的情况下，须从收入中扣除平均的现金支出，作为临时的折旧费用，折旧费用的余额就算作报废风险准备的一部分，该风险可能会降低公司的现金收益。为报废而计提的准备要基于投资者为购买整个企业所付出的价格，而非其账面价值或固定资产的重置成本。

**规则 3**：如果公司的折旧费用低于资产方面的平均现金支出，且低于标准会计准则（适用于计算公司固定资产的公允价值）所要求的准备，那么在分析计算中就必须增加折旧费用。

## ●应急储备及类似准备●

过去，经营谨慎的公司会在经营状况良好的年份从公司收入中提取一部分款项，以便弥补未来可能发生的亏损，通常出现在经济不景气的时候）。这种政策倾向于使盈亏相抵。在这一方面，它与子公司的累计收益的用途类似（见第 33 章）。经验告诉我们，这些人为修改真实收益的方法太容易被滥用，因此，持明智财务观点的人（以纽约证券交易所为代表）都坚持认为，公司管理层应该公布每年的真实业绩，让股东来进行平衡与平均。

**案例**

可口可乐公司 1928 年的年报称："过去 5 年中，公司为防止意外而准备了近 5 000 000 美元，由此公司的地位大为巩固。"此前 5 年的报告都显示，该准备是通过多次从收入中计提而累积起来的，每次计提的数额不同，目的也各不相同。在 1929—1939 年之间，除 1933 年和 1934 年之外，这一政策都在执行，使得积累的"应急储备"总额在 1939 年年底达到了 13 011 479 美元。

1939 年，大陆钢铁公司（Continental Steel Company）从下半年的收入中扣除了 300 000 美元作为应急储备，使得每股收益从 4.62 美元降到了 3.13 美元。

## 利用应急储备及其类似准备篡改收益

然而，在1931年和1932年，很多公司都提取了应急储备及其类似准备，使得它们的年报模糊不清且令人费解。公司设立这种准备有三个目的：(1)使得损失可以冲减盈余而非收入；(2)掩盖实际的损失；(3)在某些情况下，可以为以后年份的虚增收益打下基础。对美国商业酒精公司1931年和1932年年报的分析，也许能让读者更清楚地了解这些观点。

公司年报所披露的这两年业绩，如表36—13所示。

**表36—13　美国商业酒精公司　(单位：美元)**

| 项　目 | 总　额 | 每　股 |
|---|---|---|
| 1931年净亏损 | 597 000 | 3.18(亏损)[a] |
| 1932年净利润 | 586 000 | 3.01 |
| 两年净亏损 | 11 000 | 0.17(亏损) |

注：a. 每股面值为20美元。

从这些数据来看，公司在1932年实现了可观的收入，但将两个萧条年份的数据合在一起，公司却已几近破产。不过，这时期的资产负债简表36—14却给出了截然不同的结论。(请注意，这段时期没有派发股息。)

**表36—14　美国商业酒精公司的资产负债表(1930—1932年)　(单位：千美元)**

| 项　目 | 1930年12月31日 | 1931年12月31日 | 1932年12月31日 |
|---|---|---|---|
| 流动资产 | 2 657 | 2 329 | 2 588 |
| 减去流动负债 | 294 | 1 225 | 1 327 |
| 营运资金净值 | 2 363 | 1 104 | 1 261 |
| 固定资产及杂项资产减去折旧 | 6 440 | 6 126 | 6 220 |
| 资产净值总额 | 8 803 | 7 230 | 7 481 |
| 资本 | 3 775[a] | 3 746 | 3 895 |
| 杂项准备 | 256 | 416 | 413 |
| 盈余 | 4 772 | 3 050 | 3 173 |
| 总额 | 8 803 | 7 230 | 7 481 |

注：a. 每股面值20美元。(报告显示股本总额为8 500 698美元，盈余为46 484美元。)

这些资产负债表显示，在这两年中，公司不仅仅名义上亏损了 11 000 美元，实际上，盈余竟缩减了 1 600 000 美元，其中大部分变成了流动负债。

两份报表迥然相异，原因在于公司没有从收入中减去损失和其他扣减项目，而是将它们冲减盈余。这个简单的手段由于三个会计步骤而变得复杂，因此，对于股东而言就不易理解了。这三个会计步骤是：

1. 将大量资金从资本转为资本公积；
2. 从资本公积中转移数额不等的资金到各类准备金；
3. 利用这些准备金冲减各类损失，其他的一些损失则直接冲减盈余。

在 1931 年年底，美国商业酒精公司将 4 875 000 美元的资金从资本转至资本公积，然后又用其中的 576 000 美元去弥补损益项目下累积的赤字。1931 年和 1932 年盈余账户的入账事项中，有以下值得注意的特殊亏损事项及调整：

| | |
|---|---|
| 根据前一年合同计算出的存货减值 | 145 000 美元 |
| 玉米期权交易损失 | 88 000 美元 |
| 固定资产减值 | 157 000 美元 |
| 存储罐重估减值 | 213 000 美元 |
| 开办费 | 73 000 美元 |
| 以前年份的所得税 | 54 000 美元 |
| 1932 年原材料成本超支 | 255 000 美元 |
| 依据合同支付的薪酬 | 40 000 美元 |
| 出售库存股份等的损失 | 46 000 美元 |
| 各类杂项（借方 10 项，贷方 1 项） | 117 000 美元 |
| 应急储备 | 400 000 美元 |
| 1931—1932 年冲减盈余的金额 | 1 588 000 美元 |
| 损益账户两年平均的损失 | 11 000 美元 |
| 1931—1932 年盈余减少总额 | 1 599 000 美元 |

很明显，从盈余中冲减的费用，实际上大部分都是营运损失，这些损失反过来又导致公司流动负债剧增。更需注意的是，公司将一笔 400 000 美元的新应急储备结转至 1933 年，并可能利用其冲减未来的损失，而那些损失本应反映在损益账户中。

因此，和很多其他公司一样，该公司 1931 年和 1932 年的会计做法不仅隐瞒了真实的损失，还有意在随后的年度里少报损失或夸大利润。[1]

存货减值准备是一种特殊却又常见的应急储备。本书第 32 章讨论了各种合乎规定的计算存货方法，其中提到过，正常库存量法旨在将基本的存货降至一个极低的水平，以致无论价格怎样下降，都无须再冲减收入。实质上，这种方法涉及为存货减值而设立的应急储备，且存货减值是按照明确且持续的会计政策计算。总的来说，我们必须将这一方法视为值得肯定的做法，而不是批评它。但是，有一点很关键，当研究某一年的业绩，尤其是将同一行业的几家公司进行对比时，分析师一定要考虑到这些准备金的使用。我们想在这里进一步提醒读者，不管其背后的理论是什么，从盈余中提取存货减值准备几乎都会夸大数年内的利润。

① 1934 年 4 月，一个参议院调查委员会（该委员会负责货币银行方面的工作，调查“股票交易行为”）发现，美国商业酒精公司的股票在 1932 年 2 月至 1933 年 7 月交易异常集中且活跃。

# 37

# 过往收益的作用

在接下来的5章中，我们将着重分析损益表，以便针对所考查时期内的收益作出公正且有用的结论。分析师所面临的主要问题是，这些记录在预测未来盈利时的效果如何。这也是当前证券分析中最重要却又最令人不满的方面。之所以最重要，是因为对过去数据进行费力研究的唯一价值在于，它可能为预测未来提供线索；之所以最令人不满，是因为这些线索从来就不是完全可靠，甚至常常是毫无价值的。这些缺陷严重降低了分析师研究成果的价值，不过它们也并没有因此完全作废。在多数情况下，将过去的业绩来作为估值与选股的起点依然是可行的。

## ●盈利能力的概念●

盈利能力的概念在投资理论中占有明确且重要的地位。它将连续数年内的实际收益与对未来收益的合理预期结合起来，前提是不发生特殊事件。为此，数据必须要覆盖数年，因为：(1）连续或重复的事件总比单一的事件更为可信；(2）长期平均值能吸收并中和商业周期的扰动性影响。

然而，必须指出，将毫无关系的数据混在一起而求得的平均值，与“正常”或“典型的”平均值是不一样的，每年的收益都明显近似于该平均值。二者的区别可以在表37—1中清楚地看到。

表 37—1　调整后的每股收益（1923—1932 年）　（单位：美元）

| 年　度 | 克雷斯公司 | 哈德逊汽车公司 |
|---|---|---|
| 1932 | 2.80 | 3.54（亏损） |
| 1931 | 4.19 | 1.25（亏损） |
| 1930 | 4.49 | 0.20 |
| 1929 | 5.92 | 7.26 |
| 1928 | 5.76 | 8.43 |
| 1927 | 5.26 | 9.04 |
| 1926 | 4.56 | 3.37 |
| 1925 | 4.12 | 13.39 |
| 1924 | 3.06 | 5.09 |
| 1923 | 3.39 | 5.56 |
| 10 年平均值 | 4.36 | 4.75 |

克雷斯公司的平均收益约为每股 4.5 美元，可以称之为“标准的盈利能力”，因为每年的数据与其偏差都在合理范围之内。另一方面，哈德逊汽车公司的每股平均收益为 4.75 美元，但这只是 10 个差别极大的数据的平均值，且没有理由使人相信从 1933 年起收益会与这个平均数存在任何关系。我们在对凯斯公司的讨论中也得出了类似的结论（见第 81 页）。

这个在 1933 年做出的结论，得到了后来 6 年收益数据的支持（见表 37—2）：

表 37—2　每股收益　（单位：美元）

| 年　度 | 克雷斯公司[a] | 哈德逊汽车公司 | 凯斯公司 |
|---|---|---|---|
| 1933 | 4.23 | 2.87（亏损） | 14.66（亏损） |
| 1934 | 4.76 | 2.10（亏损） | 7.38（亏损） |
| 1935 | 4.63 | 0.38 | 5.70 |
| 1936 | 4.62 | 2.14 | 12.37 |
| 1937 | 4.62 | 0.42 | 19.20 |
| 1938 | 2.76 | 2.94（亏损） | 8.89 |
| 1939 | 3.86 | 0.86（亏损） | 1.87（亏损） |

注：a. 基于 1936 年 1 股拆 2 股前的资本总额。

## ●定量分析中也应考虑定性分析●

在研究收益记录时，必须记住一个证券分析中的重要原则：**只有得到企业质量方面的支持，数量方面的数据才是有用的**。

仅凭过去的数据平稳这一点，还不足以认定公司的业务也相当平稳。撇开数据不谈，企业必须要具有内在的盈利能力。在对定量分析的讨论中，我们提到过斯塔贝克公司（Studebaker Corporation），这一附加标准的重要性在那个案例中得到了很好的体现。另一方面，年度收益有可能出现相当大的变化，但总有一个合理的平均值，可以视为对未来收益的粗略估计。在 1934 年，美国钢铁公司是这一方面最突出的例子，其 1923—1932 年的年度收益如表 37—3 所示。

**表 37—3　　1923—1932 年美国钢铁公司年度收益　　（单位：美元）**

| 年度 | 普通股每股收益[a] | 钢产量（吨） | 占全国总产量的百分数（%） | 折旧前每吨净利 |
|---|---|---|---|---|
| 1932 | 11.08（亏损） | 3 591 000 | 34.40 | 3.54（亏损） |
| 1931 | 1.40（亏损） | 7 196 000 | 37.50 | 5.71 |
| 1930 | 9.12 | 11 609 000 | 39.30 | 13.10 |
| 1929 | 21.19 | 15 303 000 | 37.30 | 16.90 |
| 1928 | 12.50 | 13 972 000 | 37.10 | 13.83 |
| 1927 | 8.81 | 12 979 000 | 39.50 | 12.66 |
| 1926 | 12.85 | 14 334 000 | 40.40 | 13.89 |
| 1925 | 9.19 | 13 271 000 | 39.70 | 12.49 |
| 1924 | 8.41 | 11 723 000 | 41.70 | 13.05 |
| 1923 | 11.73 | 14 721 000 | 44.20 | 12.20 |
| 10 年平均值 | 8.13 | 11 870 000 | 39.10 | 11.03 |

注：a. 已根据资本总额的变化进行了调整。

与斯塔贝克公司 1920—1929 年的数据相比，美国钢铁公司的收益显得更不稳定。然而，美国钢铁公司 10 年期的平均每股收益为大约 8 美元，在预测未来方面，这要比斯塔贝克公司大约 6.75 美元的盈利能力更有保证。这源于美国钢铁公司在钢铁业界树大根深的地位，并且其年产量和每吨利润的波动连续多年都相对较小。我们可以基于这两点来计算美国钢铁公司近似的“正常收益”，过程如下：

| | |
|---|---|
| 正常或惯常的钢铁年产量 | 13 000 000 吨 |
| 每吨总收入 | 100.00 美元 |
| 折旧前每吨净利 | 12.50 美元 |
| 13 000 000 吨钢铁的净利 | 160 000 000.00 美元 |
| 折旧、债券利息和优先股股息 | 90 000 000.00 美元 |
| 8 700 000 股归属于普通股股东的净利润 | 70 000 000.00 美元 |
| 每股正常收益 | 8.00 美元 |

由此可见，1923—1932 年的 10 年平均收益，近似基于相当确切的“正常”产出和利润率而得出的理论数值，而股票数量的增加使得这一“正常数值”不会超过 10 年期的平均值。尽管该计算存在大量误差，但它至少为合理地估计未来收益提供了一个起点。

如果 6 年后再来查看这一分析，我们就能找到一些矛盾之处。美国钢铁公司的收益在 1937 年恢复到每股 7.88 美元（对未分配利润征收附加税之前是 8.31 美元）。股价在 1933 年平均为 45.25 美元，1937 年 3 月则涨到了最高的每股 126 美元。因此，事实证明了我们的结论，公司的盈利能力要比 1932 年的业绩及股价所反映的更强。

但实际上，1934—1939 年的平均收益却很令人失望（总计不超过每股 14 美分）。如果这些数据对于钢铁行业的有效性，能像其对于大部分其他行业那样强，那就不得不承认，基于 1923—1932 年的分析是无效的，因为钢铁行业的基本面已经恶化了。（主要是单位成本的增加和平均产出的下降，而售价却总体上维持原状。）①

## 不应将当前收益作为首要的估值基础

普通股的市价更易受公司当前收益的影响，而不是长期平均收益。这在很大程度上导致了普通股的股价波动，且这一波动几乎（当然会有变化）与业绩的好坏变

① 有一点很有趣，我们关于 1933 年美国钢铁公司盈利能力的结论与威廉姆斯（J.B.Williams）的结论很相似，他在其《价值投资理论》（*The Theory of Investment Value*）一书中对该公司进行了详细分析（第 409~462 页）。但还须提到一点，在后面可以看到，对美国钢铁公司的长期业绩进行研究后所得出的结论却是悲观的，这与上述结论相反（见第 629~633 页）。由于公司在 1934—1939 年的盈利未能恢复到原来的水平，这意味着后者可能更为可信。

化相对应。很明显，根据当前收益而相应改变对某家公司的估值，是很不理性的。[1]一家企业在业绩好的年度可能轻易赚取相当于业绩差的年度两倍的利润，但是其所有者可能从未想过要相应地增减公司的价值。

这就是华尔街的惯常做法与一般企业准则之间最重要的区别之一。投机的大众在这一点上所采取的态度明显是错误的，而且他们的错误可能会给更理性的投资者以获利机会，因为后者会在股价因当前收益减少而下跌时买入股票，并在市场异常繁荣使得股价大涨后卖出。

## “击败股市”的经典方法

这里有一个公认的“击败股市”的经典方法。很明显，使用该方法需要有坚毅的性格，以便能与众不同地思考与行动；同时该方法也需要耐心，以等待数年后才可能出现的机会。但是，还有一些其他的考虑，会使得这一表面上很简单的股市制胜方法变得更为复杂。在实际操作中，选择合适的买卖价位是个困难的事情。在1921—1933年间，某投资者可能在1925年年底前清仓，并在1926—1930年一直保持观望，直到大萧条的1931年再入市。在日后看来，这些行为中的第一步是判断上的失误，最后一步则会带来很多麻烦。在其他波动幅度较小的市场周期中，这样严重的误判不太可能发生，但就如何在正确的时间应用“高抛低吸”这一简单原则时，则总会有很多疑问。

在市场周期的变动中，股票的内在价值可能会变化很大，且个股的变化要大于市场的整体变化。因此,有时一只普通股的股价相对于其以前的平均收益会显得很高，但其境况可能后来得到了改善，以致在下一轮衰退中，其价格涨至更高也合乎情理。而相反的情况则可能会发生在低价购买证券时。如果这样的情形不怎么改变，那市场是否还会对公司情况的即期变化作出迅速而有力反应，就值得怀疑了。市场的错误在于，它假设在任何情况下这种变化都会继续下去，或者至少保持着。然而经验表明，那只是例外，大部分的实际情况其实是相反的。

---

① 美国钢铁公司的股价在1937年3月涨至每股126美元，这是股市非理性的典型例子。因为投资者仅依据一年的优异业绩来评价该公司，而其后的6年内该公司的业绩都普普通通甚至不好。在12个月内，股价跌到了每股42美元，跌去了2/3，仅因此总市值就蒸发了超过730 000 000美元。那段时间里，扬斯顿钢板和钢管公司、琼斯–劳克林钢铁公司（Jones and Laughlin Steel）的股价跌幅更大。

市场总是不加区别地以当前收益为基础来对股票进行估值，而分析师则不能这样。有时需要更为注重近期的数据而非平均值，但前提是：能得到具有说服力的证据，以证明当前的业绩是可持续的。

## 平均值 VS 收益趋势

除了极其强调公司当前的业绩，股市还很注重具有指示作用的收益趋势。在第27章中，我们指出，对趋势进行放大存在着双重风险。第一，假定的趋势可能是不可靠的；第二，基于趋势的估值不服从任何计算法则，因此极易被夸大。在分析收益记录时，平均值与趋势之间的确存在着根本性的冲突，接下来的这个简化的例子将很好地说明这一点（见表37—4）。

表37—4　平均值与收益趋势　（单位：美元）

| 公司 | 连续7年的每股收益 | | | | | | | | |
|---|---|---|---|---|---|---|---|---|---|
| | 第一年 | 第二年 | 第三年 | 第四年 | 第五年 | 第六年 | 第七年（当前） | 7年平均值 | 趋势 |
| A | 1 | 2 | 3 | 4 | 5 | 6 | 7 | 4 | 很好 |
| B | 7 | 7 | 7 | 7 | 7 | 7 | 7 | 7 | 中等 |
| C | 13 | 12 | 11 | 10 | 9 | 8 | 7 | 10 | 差 |

从这些数据来看，当前收益（本例中为每股7美元）相等时，趋势越好，平均值越差；而趋势越差，则平均值越高。这就提出了一个重要问题：在预测未来方面，趋势甚至还不如平均值重要吗？具体而言，在预测A公司和C公司在接下来5年内的业绩时，难道应该认为它们都相当于过去的平均值？即A公司4美元、C公司10美元；而不是依照趋势，即A公司为：8美元、9美元、10美元、11美元、12美元，而C公司为：7美元、6美元、5美元、4美元？

答案来源于常识，而非形式的或先验的逻辑。A公司业绩的趋势很好，这点当然需要考虑，但却不能仅仅将其增长趋势线机械地延伸至遥远的未来。相反，必须记住，自发或正常的经济力量会影响趋势的可持续性。[①]竞争、管制、边际报酬递减

① 见本书第27章对施莱特和赞德公司的讨论。

规律等，都极大地阻碍了企业的无限扩展；相反的因素或许会阻止企业的衰退，但力度较小。因此，分析师必须采取谨慎的态度，找出使业绩更好的原因，并且衡量公司应对阻碍其持续增长的常见因素的能力，而不是和市场一样，将有利的趋势想成理所当然。

## 当趋势向上时，分析师的态度

即使定性研究能提供有利的结论（大多数情况下如此），分析师依然需要将投资价值建立在一个假定的盈利能力上，该盈利能力不能超过公司在正常经营情况下所能达到的盈利水平。之所以给出这样的建议，是因为投资价值只与已被证实过的业绩有关，因此，无论是预期中会增长的业绩，还是过去非正常条件下所取得的业绩，都不能作为估值的基础。在下一章我们将提到，当前景较好时，假定的盈利能力也更容易实现。但同时我们也建议，如果希望所得出的估值在严格的投资限制中也适用，那么就应将乘数的最大值保持在审慎的水平上（在 1940 年的条件下是 20）。在这一基础上，假设当前年度的商业形势一般，A 公司的盈利可能会是每股 7 美元，其投资价值则可能是 140 美元。[①] 股市与分析师（我们已给出其观点）在方法上的分歧意味着：那些所谓的“好股票”在正常市场条件下的现时股价，对于审慎的分析师而言可能过高。但这并不意味着分析师认为市场估值是错误的，而是他不能确定市场的估值是否正确。他可能会把其中大部分归因于“投机因素”，意思是股价是因为预期业绩而非已有业绩才这么高。（第 39 章将会进一步讨论这个话题。）

## 当趋势下行时，分析师的态度

当趋势已确定下行时，例如 C 公司，分析师就要格外注重不利的因素。千万不能假定下行趋势不久就会逆转，也不能将过去的平均值（远高于当前收益）当作未来的收益。对于任何草率的结论，如公司前景无望、不再盈利、其股票将毫无价值等，分析师都须谨慎对待。要判断买进一种价格相对较低、同时收益趋势正在下滑的证券是否划算，那么对企业现状及前景的定性分析则是必要的。我们认为，分析师的观点和认真分析企业优缺点的企业家的观点是一致的。

为了展示分析过程，我们附上了大陆烘焙公司及美国洗衣设备公司 1925—1933

① 本书附录注释 53 中，有关于这个问题更为保守的观点及其原因的阐述。

年的净收益记录（见表 37—5）。

表 37—5　　1925—1933 年两家公司净收益记录　　（单位：美元）

| 年度 | 大陆烘焙公司 | 美国洗衣设备公司 |
|---|---|---|
| 1933 | 2 788 000 | 1 187 000（亏损） |
| 1932 | 2 759 000 | 986 000（亏损） |
| 1931 | 4 243 000 | 772 000 |
| 1930 | 6 114 000 | 1 849 000 |
| 1929 | 6 671 000 | 3 542 000 |
| 1928 | 5 273 000 | 4 128 000 |
| 1927 | 5 570 000 | 4 221 000 |
| 1926 | 6 547 000 | 4 807 000 |
| 1925 | 8 794 000 | 5 101 000 |

美国洗衣设备公司的利润呈持续下滑趋势，大陆烘焙公司的表现也同样差劲。在 1929 年，当时绝大部分公司都到达了鼎盛状态，这两家公司的利润却大大低于 4 年前。

华尔街分析师会从中得出这样的结论：两家公司都很明显地处于下行趋势。但这样极度的悲观显然是不合理的。对这两家公司的定性分析会表明：首先，这两个行业都会持续下去且相当稳定；其次，每家公司都在本行业内占据着领先地位且财务状况良好。因此可以推定，1925—1932 年的下行趋势只是由于偶然或暂时性的因素，在衡量企业未来的盈利能力时，应当更为注重较高的平均值，而非看似很糟的趋势。①

## ●亏损是定性因素，而非定量因素●

当公司报告亏损时，通常还会计算每股亏损或者亏损额与利息金额的比率。例如，统计手册表明，1932 年美国钢铁公司的亏损额是其债券利息是的 12.4 倍，且每股普通股亏损为 11.08 美元。必须承认，这些数字本身是没有任何数量上的意义的，且人们也严重质疑它们在计算平均值方面的价值。

① 自 1933 年以来的业绩至少在某种程度上支持这一结论。

假设A公司去年每股亏损5美元，B公司为7美元，两只股票的股价均为25美元。这是否就意味着A公司的股票胜过B公司的股票？很明显不是。如果假设答案是肯定的，那么就意味着流通中的股票数量越多，每股股票的价值就越高。如果B公司发行两股新股以替换1股旧股，那么每股新股的亏损就是3.5美元，根据先前假设，每股新股票都会比老股票值钱。这样的分析也可应用到债券利息上。假设A公司和B公司在1932年的亏损均为1 000 000美元，A公司发行了利率为5%、价值4 000 000美元债券，B公司发行了利率为5%、价值10 000 000美元的债券。A公司的亏损额是其债券利息的5倍，而B公司的亏损额为其债券利息的两倍。这些数据并不意味着A公司的债券不如B公司的债券安全系数高，因为如果那样的话，则债券发行量越少，其安全性越差，而这显然是荒谬的。

如果平均值中包含有一些亏损额，那么就要考虑，它能否代表真实的盈利能力，因为各年的数据变化太大，必然会降低平均值的代表性。考虑到在20世纪30年代的大萧条时期，各企业普遍亏损，这一点便非常重要了。对于大多数公司而言，在代表盈利能力方面，1933年后的平均值要胜于1930—1939年10年期的平均值。[①]

## ●直觉并非分析师的惯用手段之一●

如果没有任何迹象表明情况会向相反方向发展，我们就会把过去的记录作为预测未来的基础。但是分析师必须时刻警惕任何相反的情况出现，必须将想象或直觉与合理的分析区分开来。预测未来的能力是无价的，但这并不是分析师的惯用手段。（如果分析师也有此能力的话，他就无须做分析了。）他只能利用逻辑并总结经验，然后作出合理的预测。我们不能过分苛求分析师，比如，要他预测出香烟会从1915年起销量大增，或雪茄业的衰退，或鼻烟业令人惊讶的稳定。再举一个例子，分析师也无法预测到，两家最大的罐头企业能够占有因需求增长而带来的所有利润，且没有遇到强大的竞争，而这样的竞争甚至使一些发展得更快的行业变得无利可图，如收音机行业。

---

① 在重工业领域，如美国钢铁公司、伯利恒钢铁公司、美国机车公司，1930—1939年10年期的平均值或1934—1939年6年的平均值是否真实反映了公司未来的盈利能力，还是一个悬而未决的问题。

## 对未来的分析应该是洞察性的，而非预言性的①

**案例**

让我们来看看 1939 年 3 月至 7 月的英特泰普公司（Intertype Corporation），当时其股价是每股 8 美元。在这一规模相对较小的行业（为印刷行业提供排铸机等）里，这家老牌公司是一家龙头企业。它近期的盈利不容乐观，同时也没有好转的迹象。然而，分析师却被其资产负债表所吸引，因为该表显示，其每股净流动资产接近 20 美元。其普通股 10 年间的收益、股息及价格记录见表 37—6。

毫无疑问，记录中没有任何吸引人的东西，因为整个记录毫无规律，也不呈现有利的趋势。尽管这使得投机者不看好该公司，但可以想象，分析师或许会以不同的方法对其进行分析。

**表 37—6　英特泰普公司 10 年的收益、股息及股价　（单位：美元）**

| 年度 | 每股收益 | 股息 | 股价波动范围 |
|---|---|---|---|
| 1938 | 0.57 | 0.45 | 12¾~8 |
| 1937 | 1.41 | 0.80 | 26½~9 |
| 1936 | 1.42 | 0.75 | 22¾~15 |
| 1935 | 0.75 | 0.40 | 16~6⅛ |
| 1934 | 0.21 | | 10~5⅝ |
| 1933 | 0.77（亏损） | | 11¼~1⅞ |
| 1932 | 1.82（亏损） | | 7~2½ |
| 1931 | 0.56 | 1.00 | 18½~4⅝ |
| 1930 | 1.46 | 2.00 | 32~12 |
| 1929 | 3.05 | 1.75 | 38⅞~17 |
| 1934—1938 年的平均值 | 0.87 | | |
| 1929—1938 年的平均值 | 0.68 | | |

对于分析师而言，关键的问题是，能否指望该公司继续经营下去，并像以前一样在任何情况下都能获取利润？在这一点上，考虑到公司在行业内的主导地位，及其良好的财务状况，便能得到一个肯定的答案。既然答

① 见附录注释 54 中马克卡车公司（Mack Trucks, Inc.）的例子，该例子在本书第一版及后来各版中均有使用。

案是肯定的，那么分析师就会指出，每股 8 美元买进股票将几乎不可能亏损；且只要出现有利迹象，股价就会翻番。请注意，在过去的 5 年中，有三年该股股价是 1939 年 7 月时股价的 2~4 倍，而在 10 年间则有 6 年如此。

我们会注意到，这种类型的分析，其重点在于得出一个一般性的结论，即公司将会经营得比以前更好，而非精确预测未来的趋势。

华尔街分析师怀疑，是否这样的推理都能被应用于任何趋势不规则的公司？而且他们会认为，要得出这样的结论，其困难和风险就像确信“成长型公司”会继续成长一样。但是我们认为，相对于惯常的分析，英特泰普式的分析法有两个明显的优势。惯常的分析会认为，可口可乐公司的价值是其近期收益的 22 倍或者其资产价值的 35 倍，因为该公司的利润实际上已连续增长超过 15 年。

总之，英特泰普式分析的第一个优势是：一般而言，人们分析企业并作出投资决策时的前提假设，基本与我们分析英特泰普公司时的一样。第二个优势是：该分析法是审慎的，它为可能出现的错误或失败留有足够的余地，可以大大减小将“对未来的信任”与纯粹的投资热情相混淆而导致的风险。

## ●高额利润通常都是过眼云烟●

更多时候，实际情况会与刚才所讨论的恰恰相反。针对过去的辉煌业绩能否无限持续下去，分析师提出了质疑。

**案例**

J.W.“全动式水平尾翼”沃森公司（J. W. Watson [“Stabilator”] company），主要从事于单一类型的配件制造。这样一个小公司的成功一般都是昙花一现。竞争和工艺改进，对盈利而言是更为现实的威胁。因此，在这种情况下，读者便可能会指出：股价（其与当前收益及平均收益的比率基本相同）高涨是源于人们认为其收益是可持续的，而实际上，这样的想法毫无依据，高额利润就本质上而言是短暂的。表 37—7 中，有与此相关的数据。

表 37—7　　**J.W. 沃森公司**　　（单位：美元）

| 年度 | 普通股净收益 | 每股净收益 | 普通股股价波动范围 | 股息 |
|---|---|---|---|---|
| 1932 | 214 026（亏损） | 1.07（亏损） | $\frac{3}{8}$~$\frac{1}{8}$ | 无 |
| 1931 | 240 149（亏损） | 1.20（亏损） | 2~$\frac{1}{8}$ | 无 |
| 1930 | 264 269（亏损） | 1.32（亏损） | 6~1 | 无 |
| 1929 | 323 137（亏损） | 1.61（亏损） | $14\frac{7}{8}$~$1\frac{5}{8}$ | 无 |
| 1928 | 348 930（亏损） | 1.74（亏损） | 20~$5\frac{1}{4}$ | 50 美分 |
| 1927 | 503 725 | 2.16 | $25\frac{3}{4}$~$18\frac{7}{8}$ | 50 美分 |
| 1926 | 577 450[a] | 2.88[a] | 1927 年之前无报价 | |
| 1925 | 502 593[a] | 2.51[a] | | |
| 1924 | 29 285[a] | 0.15[a] | | |
| 1923 | 173 907[a] | 0.86[a] | | |
| 1922 | 142 701[a] | 0.71[a] | | |

注：a. 基于原公司的收益及 1932 年的资本总额。

同样的分析也可应用于 1928 年的科蒂公司（Coty, Inc.）。该公司的收益纪录极佳，但这些收益却是来源于一系列名牌化妆品的流行。的确，在这个行业，女性多变的爱好既可以成就一家企业，也能毁了它。有一种观点认为，前几年里利润的急剧上升意味着将来会有更多的利润。这种观点在本例中就显得尤为荒谬了，由于该行业的特性，科蒂公司离盛极而衰的转折点已经不远了，紧接着将会是利润的大幅下滑，即使能够避免，可能性也是微乎其微。表 37—8 中是科蒂公司的一些数据。①

表 37—8　　**科蒂公司收益数据**　　（单位：美元）

| 年度 | 净利润 | 每股收益（调整后） |
|---|---|---|
| 1923 | 1 070 000 | 0.86 |
| 1924 | 2 046 000 | 1.66 |

① 该公司的普通股最早是 1927 年 9 月以每股 24.5 美元发行的，是原公司在此之前 5 年内平均收益的 17.3 倍。这缘于明显有利的收益“趋势”及高额的近期与即期收益，同时粗略的估值方法开始流行起来。
本书 1934 年版中还有一个例子：加布里埃尔公司（Gabriel Company），见第 459~461 页。

续前表

| 年度 | 净利润 | 每股收益（调整后） |
| --- | --- | --- |
| 1925 | 2 505 000 | 2.02 |
| 1926 | 2 943 000 | 2.38 |
| 1927 | 3 341 000 | 2.70 |
| 1928 | 4 047 000 | 3.09 |
| 1929 | 4 058 000 | 2.73 |

1929 年，科蒂公司的股价达到了每股 82 美元的顶点，市值为大约 120 000 000 美元，即其最高收益的 30 倍。而公司所获得的实际投资额（股本和盈余）为 14 000 000 美元左右。

接下来的收益数据如表 37—9 所示：

**表 37—9　　科蒂公司收益数据　　（单位：美元）**

| 年度 | 净利润 | 每股收益 |
| --- | --- | --- |
| 1930 | 1 318 000 | 0.86 |
| 1931 | 991 000 | 0.65 |
| 1932 | 521 000 | 0.34（1932 年的最低股价为 1.5 美元） |

这种分析方法还可以用来分析 1933 年发行的啤酒股票。基于生产能力及每桶利润，这些股票有高额的当前收益或未来收益。但无须任何天赋，分析师都能非常自信地预测，大量涌入这一新行业的资金最终将会造成生产能力过剩和激烈的竞争。

因此，在实际中，现金投资不太可能持续地大量获利。更有可能的是，很多企业都会出现财务困难。其余的企业中，绝大部分都无法获得足够的收益以支撑其高涨的股价，而这种高价正是源于公司最初的成功。①

① 本书附录注释 55 中，有关于啤酒厂后来业绩的简要评论。

# 38

# 质疑或否定过往收益

在分析一家企业时，对于经营业绩起着决定性作用的每一个因素都要仔细分析，以确定未来是否会有不利的变化出现。从矿业领域选取的几个例子，将为我们展示这一过程。在这里，4 个决定性的因素分别是：(1) 矿产的可开采年限；(2) 年产量；(3) 生产成本；(4) 售价。第一个因素的重要性，已经在前面的章节中结合从收入中计提折耗费用讨论过了。如果未来将要开采的矿产，与先前的矿产在位置、性质或品质上不一样，那么产出和成本都将受到影响。[①]

## ●产出与营运成本的比率●

**案例**

卡柳梅特与赫克拉联合铜业公司（Calumet and Hecla Consolidated Copper Company）。这家铜生产商在 1936 年及先前的报告中，解释了各种与矿石储量有关的问题。1936 年的损益表可以总结如下：

铜产量……78 500 000 磅
销售量……95 200 000 磅（每磅 9.80 美分）
折旧与折耗前利润……3 855 000 美元

① 在关于矿产情况的报告中，如果只说其储量很大或可开采期很长，那么这些数据就有可能具有误导性，因为这还无法保证剩余矿产的质量。

案例：阿拉斯加朱诺黄金开采公司的折耗费意味着，其矿藏从 1934 年算起还能再开采 85 年，然而其股票上市登记表却宣称其开采寿命从 1934 年算起只剩 25 年。言下之意（经过调查后确认）是：较长的“寿命”意味着矿产中有大量无价值的低品质矿石。

折旧………………………………………………………………… 1 276 000 美元
折耗………………………………………………………………… 1 726 000 美元
折旧后、折耗前的每股收益，共 2 006 000 股………………… 1.29 美元

1937 年年初，该股票股价为 20 美元，整个公司估值为 40 000 000 美元，即 30 000 000 美元的矿产加上 10 000 000 美元的营运资金。

详细分析 1936 年的收益结构后，就能发现，该公司有 4 个相互独立的收益来源，如表 38—1 所示。

**表 38—1** **4 个独立的收益来源**

| 铜的来源 | 磅（百万） | 折旧与折耗前利润 | |
|---|---|---|---|
| | | 美分 / 磅（近似值） | 总额（近似值） |
| 以前生产的铜 | 17.3 | 4.5 | 775 000 美元 |
| 康格劳莫特铜矿 | 36.3 | 3.6 | 1 305 000 美元 |
| 阿梅克铜矿 | 23.0 | 3.3 | 760 000 美元 |
| 回收厂 | 19.2 | 5.3 | 1 015 000 美元 |
| | 95.8 | 4.0 | 3 855 000 美元 |

这 4 个利润来源，除了最小的之外，其余 3 个都有确切的使用期限。以前开采的铜数量有限；公司 70 年来的产量支柱——康格劳莫特铜矿，“将会在 12~14 个月内”枯竭。通过提炼残渣而回收的铜，只能算是最劣质的铜，而且还只能再持续 5~7 年。唯一较为稳定的产量来源是阿梅克铜矿，其运营成本也是最高的，因此它在 1932 年 4 月至 1935 年都处于关闭状态。（1936 年还有其他一些运营成本很高的铜矿被关闭。）

因此，通过分析就能发现，在未来，康格劳莫特铜矿和回收厂能赚取的利润将不超过 700 万～ 800 万美元。因此，除了具有不确定性的新开发项目，公司 40 000 000 美元估值中的大部分，将依靠那些成本较高的矿产的利润。而在 1936 年，那些矿产的利润只占总利润的一小部分。[①]

① 本书 1934 年版中，我们讨论了该公司在 1927 年出现的类似情况，那时公司大部分利润来源于回收工厂，而该来源的寿命是有限的。

## 案例

弗里波特硫磺公司（Freeport Sulphur Company）。在1933年，该公司称为弗里波特得克萨斯公司（Freeport Texas Company）。它给分析师出了一个难题，即在当时的情况下，以过往的收益记录为依据来发行新的证券，这样是否合理？1933年1月，公司以每股100美元发行了股息6%的可转换优先股，发行总额为2 500 000美元，筹集的资金用来为一个租来的硫磺矿安装设备。

发行说明书还陈述了一些其他事项：

1. 基于1928—1932年的年均销量，该矿预计还能再开采至少25年；
2. 1928—1932年的平均收益为2 952 500美元，即优先股股息的19.5倍。

其意思是，假设硫磺的价格不发生变化，公司就肯定能在未来25年里，获取与以前相当的收益。

然而，事实却不能保证这个结论的正确性。公司以前的收益来源于两个矿产，分别在布莱恩高地和霍斯金斯高地。布莱恩高地的矿产归该公司所有，且是利润的主要来源。但到1933年，该矿的开采期已经“明显有限”（上市申请书如此陈述）；事实上，该矿的可开采期已不超过3年。霍斯金斯高地的矿是从得克萨斯公司（Texas Company）租来的，固定租金为每吨1.06美元，这意味着，至少70%的净利润支付给了得克萨斯公司作为租金。[①] 弗里波特公司一半的硫磺产量来源于霍斯金斯高地矿。位于路易斯安那州格兰德爱卡叶（Grande Ecaille）的新矿即将开发，但其租金将会是净利润的40%左右。

因此，弗里波特得克萨斯公司1928—1932年的收益与其未来的预期收益没有直接关系。那些被说成还能开采25年的硫磺矿，是指另一个地方的矿，且其开采条件也与先前的矿完全不同。开采新矿的利润，大部分用于支付租金，而老的布莱恩高地矿完全归弗里波特公司所有，因此其利

① 直到弗里波特公司收回其在该矿的资本投入前，该租金率都为50%。弗里波特公司的股价在1928年1月至2月从109.25美元暴跌至65.625美元，正好与租金率的变化吻合。读者们也能在1934—1935年得克萨斯海湾硫磺公司的例子中看到同样的情况。

润应 100% 归公司。

除了较高的成本，还必须注意：弗里波特公司未来的利润大部分将依赖于一个新项目。格兰德爱卡叶矿还没有安装好设备，不能开采，因此它面临着许多风险，那些风险都是处于发展阶段的企业所常遇到的。相对于布莱恩高地矿，新矿的开采成本极可能更高，当然也可能更低。从证券分析的角度来看，最重要的一点是，两个矿是如此不同，实际上也就相当于分析两个不同的企业了。因此，在与未来收益的相关性上，1928—1932 年弗里波特得克萨斯公司的收益记录，并不比其他一些完全不同的硫磺公司高，如得克萨斯海湾硫磺公司 (Texas Gulf Sulphur)。

让我们再次考虑企业家对其证券价值的看法。利用弗里波特得克萨斯公司的业绩可以得出接下来一系列的分析。在 1933 年 6 月，企业的市场价值为 32 000 000 美元左右（25 000 股优先股，每股 125 美元；730 000 股普通股，每股 40 美元）。其未来利润的大部分都依赖于一个新矿，该矿是从三家大型石油公司租来的，并花费了 3 000 000 美元才装备起来。在这次租赁交易中，这些石油公司都尽力为自己争取了有利条件。实际上，对于这个只投资了 3 000 000 美元的企业，市场给出了 20 000 000 美元甚至更高的估价。当然，这家企业的价值很可能会超过投入资金的 6 倍。但是，站在一般性的商业惯例角度来看，为预期的未来利润支付如此之高的溢价，是极其不谨慎的。①

很明显，股市自有其运行道理。但在作者看来，当这些道理过分远离健全的理智及商业经验时，普通股购买者最终将不可避免地遭受亏损，即使其能在短期内获得大量投机收入，或者有些买卖能侥幸地长期获利。

## ●产品未来的价格●

前面三个例子，都涉及产出率及营运成本的可持续性，而先前的预测收益都是

① 由于弗里波特得克萨斯公司的优先证券相对较少，不到其市值的 1/10，因此不必质疑其安全性；但必须站在投资标准的角度来思考，其普通股的价格是否合理？ 1933 年后，该公司实际上遇到了严重的生产问题，这使其收益下降，市值缩水，但这些问题随后就解决了。然而，截至 1940 年，公司的每股最高收益是 1937 年的 3.30 美元，因此，1933 年的股价为每股 49 美元，是不合理的。

以此为基础的。我们一般假定，在预测产品未来的售价时，这些指标都是已知的。对于未来的售价，分析师没有什么可如实说的，除非价格落在了合理预测的范围之外。

有时，事实能更为清楚地解释问题。我们继续采用矿业领域的例子，第一次世界大战期间，锌生产商由于粗锌的高价而获得了巨额利润。在1915—1916年的两年里，比尤特与苏必利尔矿业公司（Butte and Superior Mining Company）的折旧与折耗前每股收益不少于64美元，这归因于其每磅锌可赚取13美分，而第一次世界大战前每磅锌平均只赚5.25美分。很明显，该公司未来的盈利，几乎肯定会大大低于战时水平。战时的盈利也不能与其他任何年份的盈利相加，然后再求出平均的或可能的“正常”收益。①

**低成本厂商地位的改变**。铜矿开采业提供了一个具有更广泛意义的例子。对该行业的公司进行分析时，必须要考虑到这样一个事实：自从1914年以来，大量新的低成本厂商已经发展起来，而其他的公司也通过冶金工艺的改进而成功降低了冶炼成本。这意味着，整个行业生产成本的“重心”已显著降低。如果其他条件不变，这将会使产品售价降低（在天然橡胶业，这更为明显）。换言之，那些曾经生产成本低于平均水平的厂商已经丧失其优势，除非它们已改进生产技术。分析师需要在其分析中考虑到这些变化，并谨慎看待未来的铜价，至少，在与第一次世界大战前或者萧条前的平均价格相比时，需要采取审慎的态度。②

## ●跨区快速地铁公司历史上的异常股价，及一些证券之间的价格差异●

纽约跨区快速地铁公司的历史盛衰无常，其股价经常与分析得出的价值不一致。根源在于，因特殊原因，当时的即期收益与过往收益无法代表未来的盈利。

在1918年之前的许多年里，跨区快速地铁公司都是非常兴旺的。截止到1917年6月30号前的12个月里，其股本的每股收益为26美元，每股股息为20美元。其股票几乎全部为跨区联合公司（Interborough Consolidated Corporation，以前叫跨区

① 显然，同样的分析也适用于战时条件下的业务量，如1939—1940年间航空公司的业绩。

② 另一方面，由于1933年的金价上涨，因此黄金生产商先前按每盎司20.67美元计算出来的利润，便不再有效。不管未来的金价是否能保持在每盎司35美元，都没有理由将分析建立在先前的价格之上。

大都会公司 [Interborough-Metropolitan Corporation]）所持有，该控股公司还发行过证券抵押信托公司债、股息为 6% 的优先股以及普通股。包括其在跨区快速地铁公司的未分配利润份额，跨区联合公司的优先股每股收益为 11.5 美元，普通股每股收益为 2.5 美元。市场上优先股每股售价为 60 美元，普通股为 10 美元。这些股票的交易都很活跃，许多金融机构都着重强调地铁交通的飞速发展，并向公众大力推荐这些股票。

稍加分析就会发现，真实的情况与表面所见的完全不一样。按照纽约市与跨区快速地铁公司签订的合同，新的地铁设施正在兴建（布鲁克林地铁公司 [Brooklyn Rapid Transit Company] 也与纽约市签订了修建地铁的合同）。根据合同，只要这些新线路运营（预计在下一年），跨区快速地铁公司的收益将会被限制在 1911—1913 年时的平均水平上，这比当时的实时利润少了许多。而纽约市则能从其投资巨大的新线路中得到高额回报。当所有的款项（包括拖欠的款项）都付清后，纽约市将与跨区快速快运公司平分剩余的收益。然而，纽约市所欠的优先偿付款项是如此之多，以致专家认为，即使在最有利的条件下，也至少需要 30 年之后，才会有多余的收益供其与跨区快速地铁公司分享（见表 38—2）。

**表 38—2　　跨区快速地铁公司　　（单位：美元）**

| 项　目 | 1917 年的实际收益 | 截至与纽约市的合同执行时的最高收益 |
|---|---|---|
| 跨区快速地铁公司的收益 | 9 100 000 | 5 200 000 |
| 跨区联合公司所占的份额 | 8 800 000 | 5 000 000 |
| 跨区联合公司的债券利息 | 3 520 000 | 3 520 000 |
| 可供跨区联合公司优先股分享的收益 | 5 280 000 | 1 480 000 |
| 优先股股息 | 2 740 000 | 2 740 000 |
| 跨区联合公司归属于普通股股东的净利润 | 2 540 000 | 1 260 000（亏损） |
| 跨区联合公司优先股每股收益 | 11.50 | 3.25 |
| 跨区联合公司普通股每股收益 | 2.50 | 无 |

因此，这无可争辩地表明，在一年的时间内，跨区快速地铁公司将会出现严重亏损，而非迎来光明的未来；此后控股公司也不可能保持优先股每股 6 美元的股息，而在整整一代人甚至更长的时间里，普通股持有者将得不到任何收益。因此，从数

字上来看，跨区联合公司的优先股和普通股的价值都远远低于其当时的售价。[①]

后来的结果不仅证实了上述观点，而且还证明了，当收益或价值上限固定后，常常会出现实际数据低于这一上限的风险。与新地铁线开始运营相伴随的，是营运成本的大幅增加，这归因于第一次世界大战时的通货膨胀；正如预料的一样，新线路的运营也减少了老线路的利润。跨区快速地铁公司不得不迅速减少其股息，在1919 年则完全取消了股息。因此，其控股公司——跨区联合公司在 1918 年也暂停了优先股的股息支付。第二年，该公司违约拖欠债券利息，遂破产并彻底消失，其优先股和普通股也不复存在。两年之后，跨区快速地铁公司通过“自愿”重组的方式将到期的债券延期。当这些延期了的债券在 1932 年到期时,公司又无法偿付,这一次，破产管理人接管了公司的全部资产。

在两次申请破产管理间的 10 年里，公司的收益状况出现了新变化，类似 1917 年的状况。[②] 1928 年，跨区快速地铁公司宣称盈利 3 000 000 美元，即普通股每股收益 8.5 美元，当时股价高达每股 62 美元。但这些盈利中包含了地铁部门“拖欠的优先支付款项”，金额高达 4 000 000 美元。而这 4 000 000 美元，只是跨区快速地铁公司应从地铁部门获得的款项的一部分，该款项来自地铁收益，目的是为了弥补跨区公司在新线路营运前期的亏损。1928 年 6 月 30 日，地铁部门拖欠的优先支付款项只剩 1 413 000 美元，因此，跨区快速地铁公司股票的所有可得收益，都来自这一特殊的收入来源，且这个来源只能再维持短短几个月。然而，粗心的投机者却将跨区公司股票的收益当作永久性的。分析证明，这种收益绝非永久性的，只是暂时性的。

---

① 有明显迹象表明，内幕交易者在 1916—1917 年操纵股价，它们在公司收益下降之前将股票高价卖给公众。公司在收益出现暂时高涨时，付给优先股股东以全额股息。从公司政策角度来看，这是无法解释的，因此，只能解释为抛售股票而采取的策略。这一行为不仅对于债券（利率为 4.5%）持有者是不公平的，而且考虑到先前的一些变化，这也是违法的。（关于这方面的问题，见本书第 20 章。）

② 附录注释 56 中，具体讨论了一些证券之间的价格差异，即：

1. 1919 年，跨区大都市公司利率为 4.25% 的债券与跨区联合公司的优先股；
2. 1920 年跨区快速地铁公司利率为 5% 的债券和利率为 7% 的债券；
3. 1929 年跨区快速地铁公司股票及曼哈顿“改进”股票（Manhattan “Modified” stock）；
4. 1933 年跨区快速地铁公司利率为 5% 的债券和利率为 7% 的债券；
5. 1933 年曼哈顿“改进”股票和曼哈顿“未改进”股票。

# 39

# 普通股市盈率与基于资本总额变化的调整

在前面的章节中已经提到，华尔街对收益与价值之间的关系存在许多看法。人们通常认为，股票的价值是其即期收益的若干倍。这个倍数或乘数，既取决于普遍的看法，也取决于企业的性质和过往记录。在 1927—1929 年的牛市之前，10 倍的市盈率是公认的估值标准。更具体点说，对普通股的估值一般都以 10 倍市盈率为起点。所以，除非一只股票特别优秀，人们才会赋予其更高的市盈率，反之亦然。

大约从 1927 年开始，10 倍的市盈率标准被一系列令人困惑的新标准所取代。一方面，市场普遍倾向于高估普通股的价值，这可用一位金融界领袖的名言来总结：好股票的价值相当于其收益的 15 倍。① 同时也出现了另一种倾向：对不同类型的普通股估值，进行了更为彻底的区分。在 1928—1929 年，那些受到特别青睐的企业，如公用事业和连锁商店，其股票市盈率非常高，在 25~40 倍左右，蓝筹股（各行业龙头企业的股票）的情况也是如此。正如先前所指出的，这些过高估值的前提是，假设过去收益的上升趋势会持续下去。1932 年之后，由于长期利率骤降，市盈率普遍变得更高。

## 精确地估值无法实现

证券分析不可能总结出某种方法，以估计出任何一只普通股的“合理价值”。实际说来，根本就没有这样的方法。估值的标准极其易变，能精确地估计股票价值的

① 1928 年 3 月 26 日的《华尔街日报》报道：“拉斯科布先生指出，根据道琼斯平均指数，通用汽车公司的股价应当为其收益的 15 倍，即每股 225 美元左右，而目前其股价为 180 美元，仅相当于当前收益的 12 倍。”

方法根本不存在。将股票的价值建立在即期收益之上，看起来就很荒谬，因为即期收益一直在变化。同时，无论乘数是 10、15 或是 30，实际上都纯粹是一种主观上的任意选择。

但是，投资者本身没有时间来进行这样科学的思考，他必须先估值，再去找依据。其境况就像毁约诉讼案中的陪审团。尽管不存在什么合理的方法来估值，投资者却必须估值并做出判断。因此，普通股股价并不是经过精细计算得到的，而是人们的各种反应相混杂的结果。股市就是一个投票机，而非称重器。真实的数据不会直接影响股市，而是要通过买卖双方来间接施加影响。

## ●在股票估值方面，分析师的作用有限●

事实和人们的偏好都在不断变化，面对这些，分析师无法作出精准的判断。但是，他依然能就此发挥一些具体的作用（即使作用有限），下面就是一些具有代表性的作用：

1. 他会设定一个标准，以对普通股进行审慎或投资性的估值，这两种估值与投机性估值是不同的；
2. 他会指出资本结构和收入来源对股票估值的重要意义；
3. 他会在资产负债表中找到影响收益的异常因素。

## ●投资性估值的最高标准●

普通股投资者和投机者一样，都是基于对未来收益的预测做出决策，而非过往收益。他的估值必须建立在对未来收益合理且审慎的预测之上。但是，只有当未来收益受制于一段时期内的实际业绩时，他才会对其做审慎的预测。其实，上一年的利润也能够代表未来的利润，条件如下：（1）当年的业务状况一般；（2）在过去几年中，企业的收益趋势呈上升状态；（3）通过对行业的研究，确信其会继续发展。

在极其少见的情况下，投资者有理由相信未来的收益会高于以往任何时候，这可能是由于研发了新的专利、发现了新的矿石或其他特殊而重要的事情。但在大多数情况下，应该利用 5~10 年的年平均收益来计算普通股的投资价值。不过这并不意味着平均收益相同则股票价值也相同，如果某股票的即时收益高于其平均水平，或被认为会有更好的前景与稳定的收益，那么普通股投资者（如审慎的购买者）会给予其更高的估值。

**我们的核心观点是，在任何情况下，都要给乘数设定一个适度的上限，以便使估值处于安全的范围之内。**我们认为，在投资普通股时，股价达到平均收益的 20 倍左右就算很高了。

尽管这一标准本质上不可避免地具有主观任意性，但也不是完全如此。投资股票的前提是该股票具有价值，而一般普通股的价值只能通过已知的盈利表现出来，如平均收益。若相对于市价，平均收益率低于 5%，那么股价就可能过高了。很明显，站在投资者的角度来看，这样的市盈率不在安全边界以内。除非未来的收益会大大高于以前，否则投资者不应购买该股票。但是，在本质上，这样的标准是投机性的，它已经不在普通股投资的范围内。[①]

## 投机交易中高价盛行

必须要弄清楚一点，我们并不是说，对于任何普通股，支付超过其平均收益 20 倍的价格就是一个错误；我们的意思是，那样的行为是投机性的。这类交易或许能轻易获得高额收益，但需要智慧和好运。此外还应注意，只有极少数的投机者能够在投机活动中一直保持明智和好运气。因此，我们可以得出一个具有重要意义的结论：偏爱购买市盈率超过 20 倍的普通股投资者，在长期内极有可能损失惨重。在不仔细核查的情况下，人们很容易一再地受牛市的诱惑，并总能找到理由来证明为普通股支付高价是合理的，其实那些理由根本站不住脚。

## 成为投资级普通股需满足的其他必要条件及由此得到的结论

必须指出，如果将平均收益的 20 倍设定为投资级别股价的上限，那么人们所支付的价格，一般都会远低于这个最大值。这意味着，对于前景一般的企业而言，12

① 关于债券利率和普通股“乘数”之间的关系，见附录注释 57。

倍或 12.5 倍的股票市盈率才是合适的。还需要强调一点，**合理的市盈率不是普通股投资的唯一必要条件，它只是必要条件，而非充分条件**。公司还必须在财务、管理及前景方面满足相应的要求。

由此可以得到一个重要的结论：**具有吸引力的投资性股票其实也是具有吸引力的投机性股票**。因为如果普通股能够满足保守投资者的要求，即又能保值，又具有良好的前景，那么，该股票的股价极有可能上涨。

## ●投机性与投资性股票的案例●

我们对投资性股票的定义，与华尔街所说的优质普通股不一样。对于这些优质普通股来说，即使市盈率超过 20 倍，也是合理的。并且，不管价格多高，这些股票都属于"投资性股票"。而按照我们的观点，如果这些"最好的普通股"价格过高，实质上也就成了投机性的了，因为高股价需要未来业绩的增长来支撑。因此，我们所定义的投资级普通股，是指处于质量可疑的低价投机性股票和优质高价的投机性股票之间的股票。

接下来的 9 个例子很好地展示了这些区别，这些例子截至 1938 年 12 月 31 日（见表 39—1 至表 39—3）。[①]

**表 39—1　　A 组：1938 年 12 月，因价格过高而变成投机性的普通股　　（单位：美元）**

| 项目 | A 组 | | |
|---|---|---|---|
| | 通用电气公司 | 可口可乐公司 | 佳斯迈威公司 |
| 普通股每股收益： | | | |
| 1938 年 | 0.96 | 5.95 | 1.09 |
| 1937 年 | 2.20 | 5.73 | 5.80 |
| 1936 年 | 1.52 | 4.66 | 5.13 |
| 1935 年 | 0.97 | 3.48 | 2.17 |
| 1934 年 | 0.59 | 3.12 | 0.22 |
| 1933 年 | 0.38 | 2.20 | 0.64（亏损） |

① 1934 年版中的例子及其后来的表现，见附录注释 58。

续前表

| 项目 | A组 | | |
|---|---|---|---|
| | 通用电气公司 | 可口可乐公司 | 佳斯迈威公司 |
| 1932年 | 0.41 | 2.17 | 4.47（亏损） |
| 1931年 | 1.33 | 2.96 | 0.45 |
| 1930年 | 1.90 | 2.79 | 3.66 |
| 1929年 | 2.24 | 2.56 | 8.09 |
| 10年期平均值 | 1.25 | 3.56 | 2.15 |
| 5年期平均值（1934—1938年） | 1.25 | 4.59 | 2.88 |
| 债券 | 无 | 无 | 无 |
| 优先股 | 无 | 36 000 000（共600 000股，每股60美元） | 9 750 000(共75 000股，每股130美元） |
| 普通股 | 1 250 000 000（共28 784 000股，每股43.5美元） | 529 500 000（共3 992 000股，每股132.25美元） | 89 300 000（共850 000股，每股105美元） |
| 资本总额 | 1 250 000 000 | 565 500 000 | 99 050 000 |
| 有形资产净值（截至1938年12月31日） | 335 182 000 | 43 486 000 | 48 001 000 |
| 净流动资产（截至1938年12月31日） | 155 023 000 | 25 094 000 | 17 418 000 |
| 基于普通股股价的平均收益率（1929—1938年） | 2.9% | 2.7% | 2.0% |
| 基于普通股股价的最高收益率（1929—1938年） | 5.1% | 4.5% | 7.7% |
| 基于普通股股价的最低收益率（1929—1938年） | 0.9% | 1.6% | 亏损 |
| 基于普通股股价的平均收益率（1934—1938年） | 2.9% | 3.5% | 2.7% |

注：数据已根据资本总额的变化加以调整。

表 39—2　　B 组：1938 年 12 月，因收益不稳定而变成投机性的普通股　（单位：美元）

| 项目 | B 组 | | |
|---|---|---|---|
| | 固特异轮胎公司 | 席梦思公司 | 扬斯顿钢板钢管公司 |
| 普通股每股收益： | | | |
| 1938 年 | 1.34 | 1.42 | 0.89（亏损） |
| 1937 年 | 1.95 | 2.88 | 6.79 |
| 1936 年 | 3.90 | 3.53 | 7.03 |
| 1935 年 | 0.12 | 1.14 | 0.64 |
| 1934 年 | 0.66（亏损） | 0.84（亏损） | 2.95（亏损） |
| 1933 年 | 0.79（亏损） | 0.04 | 7.76（亏损） |
| 1932 年 | 4.24（亏损） | 2.57（亏损） | 11.75（亏损） |
| 1931 年 | 0.04 | 0.79（亏损） | 6.55（亏损） |
| 1930 年 | 0.37（亏损） | 1.05（亏损） | 5.17 |
| 1929 年 | 10.23 | 4.15 | 17.28 |
| 10 年期平均值 | 1.15 | 0.79 | 0.70 |
| 5 年期平均值（1934—1938 美元） | 1.35 | 1.63 | 2.12 |
| 债券 | 50 235 000 | 10 000 000 | 87 000 000 |
| 优先股 | 70 250 000（共 650 000 股，每股 108 美元） | 无 | 12 165 000（共 150 000 股，每股 81 美元） |
| 普通股 | 7 7500 000（共 2 059 000 股，每股 37.625 美元） | 37 050 000（共 1 158 000 股，每股 32 美元） | 90 900 000（共 1 675 000 股，每股 54.25 美元） |
| 资本总额 | 197 985 000 | 47 050 000 | 190 065 000 |
| 有形资产净值（截至 1938 年 12 月 31 日） | 170 322 000 | 28 446 000 | 224 678 000 |
| 净流动资产（截至 1938 年 12 月 31 日） | 96 979 000 | 14 778 000 | 83 375 000 |
| 基于普通股股价的平均收益率（1929—1938 美元） | 3.1% | 2.5% | 1.3% |
| 基于普通股股价的最高收益率（1929—1938 美元） | 27.2% | 13.0% | 31.8% |

续前表

| 项目 | B组 | | |
|---|---|---|---|
| | 固特异轮胎公司 | 席梦思公司 | 扬斯顿钢板钢管公司 |
| 基于普通股股价的最低收益率（1929—1938美元） | （亏损） | （亏损） | （亏损） |
| 基于普通股股价的平均收益率（1934—1938美元） | 3.6% | 5.1% | 3.9% |

**表39—3　　C组：1938年12月，在数据上满足投资性要求的普通股　　（单位：美元）**

| 项目 | C组 | | |
|---|---|---|---|
| | 亚当斯米丽斯公司 | 美国安全剃刀公司 | J.J.纽伯利公司 |
| 普通股每股收益： | | | |
| 1938年 | 3.21 | 1.48 | 4.05 |
| 1937年 | 2.77 | 2.47 | 5.27 |
| 1936年 | 2.55 | 2.70 | 6.03 |
| 1935年 | 2.93 | 2.42 | 4.94 |
| 1934年 | 3.41 | 2.03 | 5.38 |
| 1933年 | 2.63 | 1.40 | 3.06 |
| 1932年 | 1.03 | 1.14 | 1.07 |
| 1931年 | 4.72 | 1.58 | 1.73 |
| 1930年 | 4.83 | 2.50 | 2.27 |
| 1929年 | 4.83 | 2.57 | 3.15 |
| 10年期平均值 | 3.29 | 2.03 | 3.70 |
| 5年期平均值（1934—1938年） | 2.97 | 2.22 | 5.13 |
| 债券 | 无 | 无 | 5 587 000 |
| 优先股 | 无 | 无 | 5 405 000（共51 000股，每股106美元） |
| 普通股 | 3 280 000（共156 000股，每股21美元） | 7 800 000（共524 000股，每股14.875美元） | 13 110 000（共380 000股，每股34.5美元） |

续前表

| 项目 | C组 | | |
|---|---|---|---|
| | 亚当斯米丽斯公司 | 美国安全剃刀公司 | J.J. 纽伯利公司 |
| 资本总额 | 3 280 000 | 7 800 000 | 24 102 000 |
| 有形资产净值（截至1938年12月31日） | 3 320 000 | 6 484 000 | 25 551 000 |
| 净流动资产（截至1938年12月31日） | 926 000 | 3 649 000 | 8 745 000 |
| 基于普通股股价的平均收益率（1929—1938年） | 15.7% | 13.7% | 10.7% |
| 基于普通股股价的最高收益率（1929—1938年） | 23.0% | 18.2% | 17.5% |
| 基于普通股股价的最低收益率（1929—1938年） | 4.9% | 7.7% | 3.1% |
| 基于普通股股价的平均收益率（1934—1938年） | 14.1% | 14.9% | 14.9% |

## 对各组公司的评析

A组中所列的公司，都是所谓的“一等”或“一流”行业的代表企业，它们在1928—1929年的投机热潮中及随后的年度里受到特别的热捧。这些企业财力雄厚，前景光明，过往收益大多相对稳定，或保持着增长态势。然而，这些股票的市价，已经大大高出了与其平均收益相匹配的价格水平，实际上，在1929—1938的10年间，其最高的收益也低于1938年12月时市价的8%。这些股票还有一个特征，即其溢价高出实际资本投入太多。

B组中的股票很明显是投机性的，因为这些公司的过往收益极其不稳定，其市价与平均收益、最高收益及资产价值的比率也不稳定。

C组中的普通股，满足投资级别的具体数据要求，这些要求包括：

1. 尽管经营状况在10年内变化巨大，收益却一直较为稳定；
2. 平均收益与市价的比率符合要求；①
3. 财务安排应该足够审慎，营运资金充足。

作为投资级别的普通股，尽管其资产价值不一定要与其价格相等，但是C组中的股票，其价格大多没有高出公司的实际资产太多。

投资普通股，就应当投资像C组那样的股票，但在实际中购买这样的股票，购买者还得确认公司至少还是有前途的。

## 对资本总额变化的考虑

在分析过往收益时，必须进行调整，以使这些数据能够反映出该段时期内资本总额的重大变化。最简单的情况是由于股息、拆分等导致的普通股数量变化。之后要做的，便是基于变化后的股票数量，再次计算资本总额（这样的调整工作是一些统计人员做的）。

当资本总额由于增发的股票以较低的价格（通常是由于行使认股权或认股权证）出售或优先股转换而发生变化时，调整就会变得更加困难。在这种情况下，因股票增发而获得的收益，要加至普通股的收益中。如果债券或优先股被转换为普通股，先前支付的费用也要因此而加回到收益中。新的数据应基于变化后的股数计算得出。如果新股的售价较低，对收益的调整幅度应该是其销售收入的5%～8%。（除非变化很大，否则并不一定要进行这样的调整。）

债转股与权证的执行可能会导致股票数量的变化，这时就需要对每股收益进行相应的调整。如果其他股东也有某种选择权，那么就必须考虑到，如果这些选择权执行，可能会对普通股每股收益带来哪些不利影响。

① 请注意，C组中3家公司的平均收益率几乎是A组公司最高收益率的1.5~2倍。

**案例**

在分析美国航空公司（American Airlines, Inc.）截止到 1939 年 9 月 30 日 12 个月内的收益时，一定要进行这样的调整。

报告收益……1 128 000 美元
每股收益（大约有 300 000 股）……3.76 美元
（1939 年 12 月的股价约为 37 美元）

但是该公司还发行了价值 2 600 000 美元、利率为 4.5% 的债券，这些债券可以以每股 12.5 美元转换为普通股。分析师必须先考虑到债券的转换，然后给出如下的调整结果：

收益（加上 177 000 美元的利息）……1 245 000 美元
每股收益（共 508 000 股）……2.45 美元

进行了必要的调整后，每股收益缩水了 1/3 还多。

美国水务和电力公司的例子可以用来同时展示两种调整方法（见表 39—4）。

表 39—4 美国水务和电力公司 （单位：美元）

| | 普通股每股收益[a] | | | A 调整 | | B 调整 | | |
|---|---|---|---|---|---|---|---|---|
| 年度 | 收益总额 | 股票数量 | 每股收益 | 股票数量 | 每股收益 | 收益总额 | 每股数量 | 每股收益 |
| 1933 年 | 2 392 | 1 751 | 1.37 | 1 751 | 1.37 | 3 140 | 2 501 | 1.26 |
| 1932 年 | 2 491 | 1 751 | 1.42 | 1 751 | 1.42 | 3 240 | 2 501 | 1.30 |
| 1931 年 | 4 904 | 1 751 | 2.80 | 1 751 | 2.80 | 5 650 | 2 501 | 2.26 |
| 1930 年 | 5 424 | 1 751 | 3.10 | 1 751 | 3.10 | 6 170 | 2 501 | 2.47 |
| 1929 年 | 6 621 | 1 657 | 4.00 | 1 741 | 3.80 | 7 370 | 2 491 | 2.95 |
| 1928 年 | 5 009 | 1 432 | 3.49 | 1 739 | 2.88 | 5 760 | 2 489 | 2.30 |
| 1927 年 | 3 660 | 1 361 | 2.69 | 1 737 | 2.11 | 4 410 | 2 487 | 1.76 |
| 7 年均值 | | | 2.70 | | 2.50 | | | 2.04 |

注：a. 股数与金额均以千计。

A 调整考虑到了因 1928、1929、1930 年支付股息所引起的变化。B 调整假设 1934 年发行的、价值 15 000 000 美元且利率为 5% 的可转换债券转换为股票，因此收益增加，数额相当于利息费用；但同时普通股股数也增加了 750 000 股。（上述调整，与因折旧费用等引起的对报告收益的修改，毫无关系。）

在分析资产负债表时，应该对普通股每股账面价值或流动资产价值进行相应调整。本书附录注释 70 中，对鲍德温机车厂业绩的分析就是如此，同时还将该公司所发行的认股权证纳入了考虑范围。

## 对分享收益的考虑

在计算归属于普通股股东的净利润时，不管是否真的支付了股息，都必须充分考虑到股东参与分享收益的权利。同样，也须考虑到“管理合同”，这会将相当一部分利润作为报酬给予管理人员，例如信托投资基金。有时还会出现一些特殊情况，如“限制性股票”（restricted shares），其股息会随着盈利状况和其他一些因素的变化而变化。

**案例**

特里科公司（Trico Products Corporation）是一家大型汽车配件制造商，其普通股股数为 675 000，最初其中有 450 000 股是“限制性股票”，且全部由该公司的董事长持有。非限制性股票第一次股息支付是每股 2.5 美元，之后两种股票的股息都一样。由于 1925 年及其之后的年度里，公司的收益均达到规定数额，限制性股票便开始一批批地解除限制。（至 1938 年年底，共有 239 951 股限制股解禁。）特里科公司调整后的收益如表 39—5 所示。

表 39—5 特里科公司调整后的收益[a] （单位：美元）

| 年度 | 归属于普通股股东的净利润 | 非限制性股票每股收益 | | |
|---|---|---|---|---|
| | | A. 不考虑限制性股票 | B. 非限制性股票每股最高收益 | C. 考虑到限制性股票解除限制(即基于资本总额) |
| 1929 | 2 250 000 | 6.67 | 4.58 | 3.33 |
| 1930 | 1 908 000 | 5.09 | 3.94 | 2.83 |
| 1931 | 1 763 000 | 4.70 | 3.72 | 2.61 |
| 1932 | 965 000 | 2.57 | 2.54 | 1.44 |
| 1933 | 1 418 000 | 3.78 | 3.21 | 2.10 |
| 1934 | 1 772 000 | 4.72 | 3.74 | 2.62 |
| 1935 | 3 567 000 | 9.84 | 6.52 | 5.38 |
| 1936 | 4 185 000 | 9.75 | 7.25 | 6.39 |
| 1937 | 3 792 000 | 8.97 | 6.82 | 5.99 |
| 1938 | 2 320 000 | 5.56 | 4.53 | 3.70 |
| 10 年期平均值 | 3 394 000 | 6.17 | 4.96 | 3.64 |

注：a. 1935—1938 年的计算结果受公司回购非限制性股票的影响。

在表 39—5 中，C 列是计算非限制性股票盈利能力最合理的方法，A 列则是无效的。

蒙大拿电力公司（Montana Power Company）1921 年 6 月之前的情况与特里科公司类似。

## ●一般性准则●

最后这几页的内容可以总结如下：

**如果公司发行了具有优先权的可转换证券、可摊薄普通股内在价值的股票期权或其他具有分享收益权利的证券，那么一旦它们完全执行，普通股的内在价值将会降低。**

# 40
# 资本结构

优先证券和普通股在公司的资本总额中所占的比例，对于每股收益具有重要的意义。举一个假设的例子能帮我们更好地理解这一点。假定有三家企业：A、B 和 C，每家的收益（比如近期的平均收益）均为 1 000 000 美元。除了资本结构，它们在各方面都完全一样。A 公司发行了 100 000 股普通股；B 公司发行了 6 000 000 美元、利率为 4% 的债券以及 100 000 股普通股；C 公司发行了 12 000 000 美元、利率为 4% 的债券以及 100 000 股普通股。

假定债券的价值等于其面值，普通股股价是其每股收益的 12 倍，接着就能计算出三家公司的价值（见表 40—1）。

**表 40—1　　A、B、C 三家公司的价值　　（单位：美元）**

| 公司 | 归属于普通股股东的净利润 | 普通股价值 | 债券价值 | 公司总价值 |
|---|---|---|---|---|
| A | 1 000 000 | 12 000 000 | | 12 000 000 |
| B | 760 000 | 9 000 000 | 6 000 000 | 15 000 000 |
| C | 520 000 | 6 000 000 | 12 000 000 | 18 000 000 |

这些结果值得注意。盈利能力完全相同的公司，价值却不同，而原因仅仅是其资本结构不同。但资本结构本身对企业控制人而言是可控的。难道这就意味着，一家企业可以通过改变优先证券和普通股的比例，任意增加或减少其公允价值？

## ●企业能通过任意改变资本结构来改变其价值吗●

要正确地回答这个问题，必须更为细致地查看我们的例子。在计算这三家公司的价值时，我们假设债券的价值等于其面值，市盈率为 12。然而，这些假设是对的吗？先考虑 B 公司，如果实际中没有什么不利因素，债券的价格可能是 100 美元，因为公司的盈利已达利息金额的 4 倍。一般而言，这些长期借款并不会妨碍股价达到其盈利的 12 倍。

然而，有人会强调说，如果 B 公司的市盈率为 12，A 公司的市盈率就应该更高，因为它没有债务，因此风险更小，且收益减少时，A 公司的股票相对 B 公司受到的影响更小。很明显，这一点是对的，收益增长对 B 公司的股票影响更大。表 40—2 中的数据清楚地显示了这一点。

**表 40—2　　A、B 公司的收益　　（单位：美元）**

| | 每股收益 | | 相对于基数，每股收益的变化 | |
|---|---|---|---|---|
| 假想的收益 | A 公司 | B 公司 | A 公司 | B 公司 |
| 1 000 000 | 10.00 | 7.60 | （基数） | （基数） |
| 750 000 | 7.50 | 5.10 | –25% | –33% |
| 1 250 000 | 12.50 | 10.10 | +25% | +33% |

B 公司受收益增长的影响更大，但受收益下降的影响也更大，能否假设这两类影响可以相互抵消呢？更进一步来看，在选择股票时，如果投资者希望获取更高的收益，难道他不应该选择一只能从一定幅度的增长中获取更大收益的股票吗？于是我们又回到了最初的结论，即 B 公司价值 3 000 000 美元，高出 A 公司 25%，唯一的原因便是二者的资本结构不同。

## ●最优资本结构●

这个结论看起来似乎自相矛盾，但普通股的市场表现是支持该结论的。如果我们再仔细分析，将会发现原因在于我们将 A 公司的资本结构过度简单化了。很明显，A 公司的普通股相当于 B 公司的债券和普通股。实际上，A 公司的普通股中有一部分相当于B公司的债券，因此在理论上，二者的估值标准都应该是一样的，即4%。A公司其他的股票，其价值就应该是其收益的12倍。这种理论上的分析所得到结果是15 000 000美元，即估值标准的平均值为6⅔%)，与B公司的债券、股票总值一样。

但是，在实际中，A公司的普通股一般不可能值15 000 000美元，因为普通股购买者几乎不会意识到普通股中“债券部分”的存在，且无论如何也不希望有“债券部分”存在，因为他不愿意为此多付额外的成本。[①] 这就导出了一个对证券投资者和公司管理者都很重要的原则，那就是：**对任何企业而言，最优资本结构即优先证券在资本总额中所占的比重，应足以保证其发行与投资都是安全的**。

具体而言，这意味着，从股东的角度来看，B公司的资本结构优于A公司。假设对两家公司而言，发行价值6 000 000美元的债券都将是可行且安全的。(在其他情况中，这可能还要求公司的营运资本净值不得少于6 000 000美元，并满足第13章所提出的优质股票条件。)在这样的情况下，完全靠发行普通股来筹集资本可谓过度保守，因为相对于通过举债来补充部分资本，股东投入的资本所产生的收益较少。绝大多数私营企业就是这样。在私营企业中，适当利用银行贷款来应付季节性的资金需求，是有益且合理的，并非要完全使用所有者的资金来提供营运资本。

## 企业的习惯做法导致优质债券缺乏

此外，银行愿意向实力雄厚的企业发放季节性贷款，而投资者也希望这些企业通过举债来筹资部分资本。这样的做法能增加市场上的高等级债券，给予债券投资者以更广泛的选择，并使得劣质债券的销售变得更为困难。不幸的是，近年来，企业的习惯做法使得优质债券供应不足。有实力的企业一般都不发行债券，而且很多企业都已经偿还了以前发行的债券。实际上，企业的这一做法使得许多投资者备感

① 资本结构从完全由股票组成转向由股票和债券组成可能产生的影响，可以在本书1934年版第505~507页对美国洗衣设备公司的讨论中看到。1916年，美国锌业公司通过优先股股息完成了这一转变，而美泰克公司也在1928年以类似的方式完成了转变。要将一家公司的资本结构由保守变为投机性的，常见手法是通过组建控股公司，发行优先股和普通股来替代原公司的普通股。

案例：1927年的切萨匹克公司(Chesapeake Corporation)和1925年的考夫曼百货证券公司(Kaufmann Department Stores Securities Corporation)。

失望，也使得许多投资策略达不到预期效果。下面这些评论写于 1934 年，但现在依然具有广泛意义：

1. 实力较弱的企业在发行债券方面受到了限制。由于优质债券数量不足，投资银行被迫销售较差的债券，而投资者也只能购买这样的债券，这必然会导致严重的后果。
2. 优质债券的缺乏会促使投资者进入优先股市场，由于前文中详细讨论过的一些原因，优先股在理论上并不是完全可靠的，投资于优先股并不一定能获取令人满意的收益。
3. 对很多大公司而言，将优先证券从资本结构中剔除（或在实际中剔除），能提高其普通股的质量。但这同时也增加了投资者对普通股的需求，反过来又使得许多应当购买优质债券的投资者（他们的状况与处境要求他们这样做）去购买普通股。进一步地，这导致普通股的价格过高，而且看起来似乎还是合理的。最终，大大混淆了投资动机和投机动机，这在 1927—1929 年曾使大量谨慎的投资者丧失理智。

## ●对资本结构为高负债型企业的收益的评价●

为了更进一步地拓展资本结构理论，让我们来看看 C 公司的例子。我们假设该公司债券的价格等于面值，共发行 12 000 000 美元，股票的市盈率为 12 倍，每股收益为 5.20 美元，这样公司总值便为 18 000 000 美元。但对债券价格的假设明显是错误的，如果收益仅为利息费用的两倍，那么这样的债券并不安全，因此按面值购买是不明智的。实际上，这个例子很好地表达出了我们的观点，即两倍于利息的收益依然是不够的。但有些投资者认为这已经足够了，但如果真是那样，在一家经营状况较好且收益率为 8% 的企业，其所有者就能通过发行利率为 4% 的债券来收回自己的全部投资，并且依然能保持对企业的控制权，并享有企业一半的收益。这样的安排对所有者而言是极具吸引力的，但对债券购买者而言则是极其愚蠢的。

C 公司的例子也体现出利率对优先证券安全性的作用。如果发行 12 000 000 美元的债券，利率为 6%，那么利息费便是 720 000 美元，而收益还不到其 1.5 倍。假设 D 公司发行了这样的债券。看到这两家公司的业绩后，粗心的投资者可能会放弃 D

公司利率为 6% 的债券，而去按面值购买 C 公司的债券，因为 C 公司的收益为利息费用的两倍，这使他感到满意。但这种做法是不明智的。投资者可能会仅仅因为利率过高而拒绝某种债券，而因利率低去购买另一种债券。然而，债券的最低安全边界必须要足够高，以避免利率只需稍稍降低，就能使债券看上去符合安全标准。同样的分析也可适用于优先股的股息率。

因为规模过大，C 公司的债券并不安全，因此会以相当的折扣折价销售。我们无法给出其合理的价格，但是在第 26 章我们已经指出，不安全的投机性债券的价格，一般不应超过 70 美元。大量债券的发行很有可能导致其股票市盈率达不到 12 倍，因为审慎的股票投资者会因其财务风险太大而避开 C 公司。结果可能是，C 公司的债券和股票总值不是预想的 18 000 000 美元，而是会低于 15 000 000 美元（这正好是 B 公司的价值），甚至少于 12 000 000 美元（这是 A 公司的价值）。

现实是残酷的，但不一定是必然的。如果投资者粗心大意而投机者热情高涨，C 公司的市场价值会达到 18 000 000 美元甚至更多，但那是不确定的，也是不可靠的。[①] 以资本结构理论看来，C 公司的资本结构无论如何都不是标准或合适的。这意味着，利用优先证券获取优势的做法，效果极其有限。在最优资本结构原则中已经提到，当优先证券的数量大到对发行和投资都不安全时，它也就不再具有优势了。

我们将 A 公司的资本结构定义为“过于保守”，C 公司则是“投机”，B 公司是“合适的”或“适当的”。

## ●投机性资本结构中的杠杆因素●

尽管投机性资本结构使得公司所有的证券都不再属于投资级的范围，但它却可能给予普通股以明显的投机优势。若 C 公司收益增长 25%（从 1 000 000 美元增长到 1 250 000 美元），则意味着其普通股每股收益增长大约 50%（从 5.20 美元增长到 7.70

① 1925 年，汽车制造商道奇兄弟公司发行了价值 160 000 000 美元的债券和优先股，以及市值 50 000 000 美元的普通股。而其有形资产净值只有 80 000 000 美元，年均收益为 16 000 000 美元左右。起初，这种高负债型的资本结构对证券价值没有影响，但是，1927 年的收益大滑坡暴露了这种资本结构的缺陷。（该公司于 1928 年被克莱斯勒公司收购。）

美元)。因此，在牛市中，具有投机性资本结构的企业，其股价都相对较高。当然，在熊市时，它们的下跌幅度也更大。如果是以低价发行，那么这些公司股票的上涨空间，要远远大于其下跌空间，这就是其优势所在。

美国水务和电力公司的普通股股价在1921—1929间的涨幅简直令人难以置信，这大部分得归功于其高度投机性的资本结构。表40—3就是该公司这4年内的业绩总结。

**表40—3　　美国水务和电力公司　　(单位：美元)**

| 项目 | 1921年 | 1923年 | 1924年 | 1929年 | 1929年数据与1921年数据的比率 |
|---|---|---|---|---|---|
| 总收入[a] | 20 574 | 36 380 | 38 356 | 54 119 | 2.63 : 1 |
| 可用于扣减各类费用的金额[a] | 6 692 | 12 684 | 13 770 | 22 776 | 3.44 : 1 |
| 固定费用与优先股股息[a] | 6 353 | 11 315 | 12 780 | 16 154 | 2.54 : 1 |
| 归属于普通股股东的净利润[a] | 339 | 1 369 | 990 | 6 622 | 19.53 : 1 |
| 以1921年为基数[b]： | | | | | |
| 普通股股数（股） | 92 000 | 100 000 | 100 000 | 130 000 | 1.41 : 1 |
| 每股收益 | 3.68 | 13.96 | 9.90 | 51.00 | 13.86 : 1 |
| 普通股最高价 | 6.50 | 44.75 | 209 | 约2 500 | 385.00 : 1 |
| 基于最高价的普通股每股收益率 | 56.6% | 30.6% | 4.7% | 2.04% | 0.037 : 1 |
| 报告数据： | | | | | |
| 普通股股数（股） | 92 000 | 100 000 | 500 000 | 1 657 000 | |
| 每股收益 | 3.68 | 13.69 | 1.98 | 4.00 | |
| 普通股最高价 | 6.5 | 44.75 | 41.875 | 199 | |

注：a. 以千美元计。

b. 股票数量及股价均经过调整，以剔除股息发放及股票拆分的影响。

1921年，美国水务和电力公司的普通股最多只有6.5美元一股，如果将其送股也一并持有，那么到1929年，则能拥有12.5股股票，而那时的最高售价达到了每股

199 美元，6.5 美元变成了 2 500 美元。尽管普通股的市值增加了大约 400 倍，该公司总收入却只是 1921 年的 2.6 倍。普通股极端不成比例的上涨主要是由于以下因素（按重要性列举）的结果。

1. 估值过高。公司 1921 年时的资本结构是高负债型的，其债券售价较低，人们也不太关注其普通股的每股收益，尤其是在公司不支付普通股股息后。1929 年，公用事业股票普遍受到热捧，导致其普通股股价达到了收益历史最高值的近 50 倍。

2. 投机性的资本结构使得普通股从公司资产和收益的扩张中获得了极大优势。公司几乎全靠发行优先证券来满足所有的额外资金需求。1921—1929 年，尽管总收入只增长了 160%，原有的普通股的每股收益却增长了 14 倍。

3. 在那几年里，正如较高的净收益率所体现的那样，公司的收益率提高了。投机性的资本结构带来了额外的净收益，并增加了普通股的收益。①

**其他案例**：资本结构投机性的企业在变幻莫测的商业环境下的表现，可以通过对玉米产品生产商 A.E. 斯特利公司（A. E. Staley Manufacturing Company）的分析来展示。为了比较，我们还附上了对美国玉米生产公司（American Maize Products Company）的分析，该公司与 A.E. 斯特利公司所属行业相同，但其资本结构是保守型的。

斯特利公司最显著的一面，是其普通股每股收益的大幅波动，且该公司的净利润变动也很大。相对于优先证券，其普通股股数很少，因此利润的变化对普通股的影响便被极度放大了。②

---

① 本书附录注释 59 展示了美国水务和电力公司从 1929—1938 年股价下跌的过程。联合电力照明公司的优先股在 1935 年也出现了类似的情况。

② 1934 年，公司宣布发放 100% 的股票股息，因此使得普通股数量增加了一倍，1937 年又对股票进行了 1 股拆 10 股的拆分，使得每股股票面值从 100 美元变成了 10 美元。这两项举措使普通股的数量翻了 20 倍。归属于普通股股东的净利润的变化如下（基于 1933 年的资本总额）：

| | |
|---|---|
| 1934 年 | 28.46 美元 |
| 1935 年 | 2.76 美元（亏损） |
| 1936 年 | 52.88 美元 |
| 1937 年 | 18.40 美元（亏损） |
| 1938 年 | 38.80 美元 |
| 1939 年 | 68.00 美元 |

大量的折旧费用也是一笔巨额的固定费用。因此，折旧前净利润从 1929 年的 3 266 000 美元锐减到第二年的 1 540 000 美元，降幅超过 50%，导致其普通股每股收益从 84 美元降到仅有 3.74 美元。美国玉米生产公司净收益的波动幅度也很大，但其优先证券较少，这就使得归属于普通股股东的净利润的波动远小于前者（见表 40—4 至表 40—6）。

**表 40—4　　A.E. 斯特利公司**

| 年度 | 折旧前净利[a] | 折旧[a] | 固定费用及优先股股息[a] | 归属于普通股股东的净利润[a] | 每股收益（美元） |
|---|---|---|---|---|---|
| 1933 | 2 563 | 743 | 652 | 1 168 | 55.63 |
| 1932 | 1 546 | 753 | 678 | 114 | 5.43 |
| 1931 | 892 | 696 | 692 | 496（亏损） | 23.60（亏损） |
| 1930 | 1 540 | 753 | 708 | 79 | 3.74 |
| 1929 | 3 266 | 743 | 757 | 1 766 | 84.09 |
| 1928 | 1 491 | 641 | 696 | 154 | 7.35 |
| 1927 | 1 303 | 531 | 541 | 231 | 11.01 |
| 1926 | 2 433 | 495 | 430 | 1 507 | 71.77 |
| 1925 | 792 | 452 | 358 | 18（亏损） | 0.87（亏损） |
| 1924 | 1 339 | 419 | 439 | 481 | 22.89 |

注：a. 以千美元计。

**表 40—5　　美国玉米生产公司**

| 年度 | 折旧前净利[a] | 折旧[a] | 固定费用及优先股股息[a] | 归属于普通股股东的净利润[a] | 每股收益（美元） |
|---|---|---|---|---|---|
| 1933 | 1 022 | 301 |  | 721 | 2.40 |
| 1932 | 687 | 299 |  | 388 | 1.29 |
| 1931 | 460 | 299 |  | 161 | 0.54 |
| 1930 | 1 246 | 306 | 22 | 918 | 3.06 |
| 1929 | 1 835 | 312 | 80 | 1 443 | 4.81 |
| 1928 | 906 | 317 | 105 | 484 | 1.61 |
| 1927 | 400 | 318 | 105 | 23（亏损） | 0.08（亏损） |

注：a. 以千美元计。

表 40—6　两家公司的比较　（单位：美元）

| 项目 | 斯特利公司 | 美国玉米生产公司 |
|---|---|---|
| 利率为 6% 的债券 | 3 000 000（面值 4 000 000 美元[a]，价格 75 美元） | |
| 股息率为 7% 的优先股 | 2 200 000（共 50 000 股，每股 44 美元） | |
| 普通股 | 950 000（共 21 000 股，每股 45 美元） | 6 000 000（共 300 000 股，每股 20 美元） |
| 资本总额 | 615 000 | 6 000 000 |
| 1927—1932 年的平均收益（近似值） | 900 000 | 615 000 |
| 基于 1933 年资本总额的平均收益率 | 14.6% | 10.3%[b] |
| 普通股每股平均收益 | 14.76 | 1.87 |
| 基于普通股股价的收益率 | 32.8% | 9.4%[b] |
| 截至 1932 年 12 月 31 日的营运资本 | 3 664 000 | 2 843 000 |
| 截至 1932 年 12 月 31 日的资产净值 | 15 000 000 | 4 827 000 |

注：a. 减去了估计的库存债券。

b. 这两项数据之所以不同，是因为 1927—1930 年间对优先股的处理方法发生了一些变化。同时，1931—1933 年的优先股由于数额太少而被忽略不计。

## 投机性资本结构可能会导致整个企业的估值过低

1933 年 1 月，斯特利公司股票的情况就像前面分析过的 C 公司一样，其高负债型的资本结构导致该公司的债券和优先股价格过低，1931 年暂停支付股息对优先股的影响也很大。结果是，公司总值没有因优先证券的存在而增加，反而比美国玉米生产公司（保守型资本结构）的价值低很多。（后者的平均每股收益与市场价值比率适当，称其资本结构为“过度保守的”并不恰当，但因为其年收入的变化较大，故不宜大量发行优先证券。另一方面，规模过小的债券或优先股是无足轻重的。）

1933 年 1 月，与美国玉米生产公司相比，斯特利公司的价值被低估了，从流动资产和总资产来看更是如此。斯特利公司 1 美元净资产的价格只有美国玉米生产公司的 1/3。

当市场行情不好时，像斯特利公司的普通股这样的投机性股票就会被过度低估，而当市场行情好转时，其股价就有可能涨幅惊人，因为其每股收益增长迅猛。1927 年年初，斯特利公司普通股每股价格为 75 美元左右，一年之后就接近 300 美元。类似地，其股价从 1932 年的 33 美元涨到了 1939 年的 320 美元。

## ●类似的案例●

由于同样的原因，莫霍克橡胶公司（Mohawk Rubber）的股价涨幅巨大，引人注目。1927 年，其普通股股价为每股 15 美元，总值为 300 000 美元，而优先股总值为 1 960 000 美元。公司 1926 年销售额为 6 400 000 美元，亏损 610 000 美元。1927 年，销售额降到 5 700 000 美元，但是净利润却达到了 630 000 美元，由于普通股股数较少，这就意味着普通股每股收益超过了 23 美元。于是股价从 1927 年最低的每股 15 美元涨到 1928 年的 251 美元。1930 年，公司又亏损了 669 000 美元，于是股价第二年就相应地跌至 4 美元。

在具有投机性资本结构的公司中，普通股股东的利益（如果有的话）是以牺牲优先证券持有者的利益为代价的，普通股股东是在利用少量自有资金和大量优先证券持有者的资金来经营公司，这就导致无论在什么情况下，优先证券持有者都是输家。普通股股东处在有利的位置，却只承担相对较少的风险，这就是所谓的“公平交易”的一种极端形式，换句话说，普通股股东拥有对企业未来利润“廉价的看涨期权”。

## ●在资本总额中占比很小时，普通股的投机价值●

在对固定价值投资的讨论中，我们反复强调，当普通股占比很小时，优先证券持有者将处于劣势（甚至于不公平）。自然地，会有这样一个问题：在这样的安排下，如果普通股股东没有相应的优势，那么普通股巨大的投机性价值从何而来呢？很明显，这会让我们跨过普通股投资的界限，去探索理智的、甚至科学的投机领域。

从斯特利公司的例子中可以看到，当行情不好时，投机性的资本结构会对优先证券和普通股的股价产生副作用，这时普通股股东无法以优先证券持有者的利益为代价来获取自己的收益，这明显减少了普通股内在的投机性优势。因此可以很容易给出答案：只能在股价暂时性因素超跌时，才能购买这些股票。但这实际上是在回避问题，因为它假定聪明的投机者能够一直等待并察觉到那些致使股价超跌的暂时性因素。如果事实真的如此，那么无论购买什么样的普通股，都能获得大量利润，这时最好的选择就是购买优质低价的普通股，而非更具投机性的股票。

## 上述结论在实际中的应用

在实际中，购买具有投机性资本结构公司的普通股时，只能选择那些股价低于正常水平或市场总体水平的股票，所谓正常水平或市场总体水平，是指既不过高也不过低。假设:（1）分散投资;（2）在选择有前景的公司时具有良好的判断力，那么投机者实际上似乎能够长期获利。在购买股票时，投机者偏好于优先证券绝大部分是优先股而非债券的公司，因为在出现亏损时，这样的安排能最小化甚至消除普通股因债券违约而作废的风险，并使得这些普通股股东能够有机会等待下一次牛市的到来。（但是，正因为优先证券能以这种方式让普通股持有者受益，因此这显然对优先证券持有者本身不利。）

然而，切不可忘记，在实际中，任何股票都不可能完全实现预期收益。正如可转换债券那样，当获取大量收益时，持有者也就陷入了两难境地，虽然能够继续持有证券以获取更多收益，但此时风险已经显现。当可转换债券的价格超过了投资级的临界点，其特有优势也就消失了。在资本总额中占比很小的普通股也是这样，当价格持续上涨时，其风险也就越来越大。在莫霍克橡胶公司的例子中，聪明的购买者会在 15 美元的价位买进股票，却不会持有至股价突破 100 美元（即使其报价达到过 250 美元）。因为在 100 美元或以上，该股就不再具有优势。

# 41

# 低价普通股与收益来源分析

前面章节所讨论的内容，都与低价股有关。具有投机性资本结构的公司，其大部分的证券价格都较低。当然，对于“低价”的定义总是带有些随意性。10 美元以下当然属于低价，20 美元以上一般就不是了，因此分界线可以放在 10~20 美元之间。

## ●低价股的数学优势●

低价普通股似乎本身就具有数学优势，因为其上涨空间远大于其下跌空间。在市场中，从 10 美元涨至 40 美元，要比从 100 美元涨到 400 美元容易得多。部分原因是由于投机者的偏好，他们更偏好于 10~40 美元之间的股票，而非 100 美元以上的股票。大多数情况下，低价股能给投资者带来一种优势，即他们能以相对较低的价格成为一家大公司的股东并参与分红。

1936 年 4 月，《芝加哥大学商业杂志》（*The Journal of Business of the University of Chicago*）刊登了一篇文章，[①] 对多个不同价格组的股票价格变动进行了研究，其时间范围为 1926—1935 年 [②]，证明了分散投资低价股要优于分散投资于投机性的高价股。下面这段引文是该文章作者得出的结论。

---

① 见弗里兹迈尔（Fritzemeier）、路易斯·H（Louis H）的著作《不同价格组的工业股票相对价格波动》（*Relative Price Fluctuations of Industrial Stocks in Different Price Groups*）第 133~154 页。

② 对 1897 年、1907 年、1914 年、1921 年萧条时期低价股和高价股的走势研究，见本书 1934 年版第 473~474 页。J. H. Holmes 公司在 1931 年出版了一份更为具体的研究，其结论与弗里兹迈尔的类似。

该研究证明了价格水平与价格波动之间存在着联系，除非统计数据存在严重错误，而这是迄今为止，其他股市研究者们所未曾发现的。这些联系可以简述如下：

1. 低价股的波动较高价股要大。

2. 在牛市中，低价股的涨幅比高价股大；而在熊市中，低价股也不怎么下跌。换言之，与高价股相比，低价股的下跌空间远小于上涨空间。

……

假设：（1）不同价格组的未来走势与其过去的走势类似；（2）基于近年来的活跃度选择股票的行为，并不能完全解释低价组股票的优异表现，于是便可以得到以下结论：

1. 低价股蕴涵的机会要远远大于高价股。

2. 预期收益相同的情况下，应该购买价格最低的那只股票。

## ●大多数购买低价股的投资者亏损的原因●

公众对“廉价股”所谓的喜好似乎已经有了合理的逻辑根据。然而，毫无疑问，大多数购买低价股的投资者都遭受了损失。这是为什么呢？根本原因在于其购买的是他人主动出售的股票，因此该交易只会对卖者有利却有损于买者。所以，大部分投资者都买错了低价股，即这些股票并不具有低价股的真正优势。原因或是这些公司的财务状况很差，或是由于相对于公司的规模，股票的价格已经不算低了。在低价发行的新股上出现亏损，则多数是由于第二个原因。在这种情况下，股票的“低价”是虚假的，是因为人为发行了大量股票，以致股价极其便宜，但股票总值实际上却已经过大。以前矿业股票的发行就是如此，后来 1933 年的酒业股票及 1938—1939 年的航空业股票也都是如此。

真正的低价股，其股票总值相对于公司的资产、销售收入、过往或预期利润，都显得很小。下面这些例子就揭示了“真的”低价股和“假的”低价股之间的区别。

莱特－哈格里芙斯矿业公司的股票只是表面上“低价”，实质上，其股市总值相对于所有的财务数据而言都过高（见表 41—1）。而巴克兄弟公司却恰恰与此相反，其股票市值为743 000美元，只相当于其企业价值极小的一部分。（其优先股也是如此，当时优先股股价为18美元，具有低价普通股的特性）。①

表41—1　　矿业公司与零售公司的对比　　（单位：美元）

| 项　目 | 莱特-哈格里芙斯矿业公司（金矿开采） | 巴克兄弟公司（零售商店） |
|---|---|---|
| 1933年7月： | | |
| 普通股股价 | 7 | 5 |
| 股数（股） | 5 500 000 | 148 500 |
| 普通股总值 | 38 500 000 | 743 000 |
| 优先股总值（按面值计算） | | 2 815 000 |
| 优先股总值（按市价计算） | | 500 000 |
| 1932年： | | |
| 销售额 | 3 983 000 | 8 154 000 |
| 净利润 | 2 001 000 [a] | 703 000（亏损） |
| 1924—1932年： | | |
| 最高销售额 | 3 983 000 | 16 261 000 |
| 最高净利润 | 2 001 000 [a] | 1 100 000 |
| 最高每股净收益 | 0.36 [a] | 7.59 |
| 营运资本（1932年12月） | 1 930 000 | 5 010 000 |
| 有形资产净值（1932年12月） | 4 544 000 | 7 200 000 |

注：a. 耗减前。

通过对股市的观察可以发现，相对于那些因即期收益很低而股价处于低位的股票，面临破产的公司的股票显得更为活跃，这是因为内幕交易者企图在企业破产之前把股票处理掉。他们以低价大量抛售该股票，有时还恶意蛊惑粗心的公众购买。但当低价的股票具有了投机性股票的特点后，就不会有人再急于出售了，也不会有

① 附录注释60中有这些公司的后来表现。至于该行业中较新的对比案例，读者可以将大陆汽车公司（Continental Motors Corporation）与吉尔克里斯特公司（Gilchrist Company）相比较。在1939年年底，二者股价都为每股15美元。但在公司价值与资产、销售额的比率方面，二者有着本质上的差别。同时这两家公司在收益记录和营运资本状况方面也有着显著的不同。

人去鼓动他人购买。这时该股的交易便不再活跃，也就无法引起公众的关注。这就解释了为什么公众总会买错低价股，同时又错过了真正的机会。

## ●低价与投机性资本结构相结合●

按照定义，具有投机性资本结构的企业有大量的优先证券和相对少量的普通股，尽管大多数情况下其普通股股价较低，但股数很少时就不一定如此了。例如斯特利公司的股价在 1933 年达到了每股 50 美元，而当时其资本结构依然是投机性的，因为债券和优先股的面值占到了总值的 90% 以上。有时，即使没有优先证券，某些公司的普通股也和投机性资本结构公司的普通股一样，具有大幅上涨的可能性。这种情况发生在普通股市值规模很小时，且与资本结构无关。

为了诠释这点，我们附上对曼德尔兄弟公司和金贝尔兄弟公司的精简分析，这两家都是百货公司，时间为 1939 年 9 月（见表 41—2）。

表 41—2　两家百货公司的对比　（单位：美元）

| 项　目 | 金贝尔兄弟公司 | 曼德尔兄弟公司 |
|---|---|---|
| 1939 年 9 月： | | |
| 债券总值（按面值计算） | 26 753 000 | |
| 优先股 | 9 850 000（共 197 000 股，每股 50 美元） | |
| 普通股 | 7 816 000（共 977 000 股，每股 8 美元） | 1 485 000（共 297 000 股，每股 5 美元） |
| 资本总额 | 44 419 000 | 1 485 000 |
| 截至 1939 年 7 月 31 日，12 个月内的经营成果： | | |
| 销售额 | 87 963 000 | 17 883 000 |
| 息前净利 | 1 073 | 155 000 |
| 归属于普通股股东的净利润 | 1 105（亏损） | 155 000 |
| 每股收益 | 1.13（亏损） | 0.52 |

续前表

| 项　目 | 金贝尔兄弟公司 | 曼德尔兄弟公司 |
|---|---|---|
| 1934—1938 年[a]： | | |
| 最高销售额（1937 年） | 100 081 000 | 19 378 000 |
| 最高普通股净收益（1937 年） | 2 032 000 | 414 000 |
| 普通股每股最高收益（1937 年） | 2.08 | 1.33 |
| 普通股最高价 | 29.375（1937 年） | 18（1936 年） |
| 普通股每股平均收益 | 0.23 | 0.46 |
| 1939 年 1 月 31 日： | | |
| 净流动资产 | 22 916 000 | 4 043 000 |
| 有形资产净值 | 75 614 000 | 6 001 000 |
| 1937 年支付的租金 | 1 401 000 | 867 000 |

注：a. 基于后来 1 月 31 日的报告。

金贝尔兄弟公司是典型的投机性资本结构公司。另一方面，曼德尔兄弟公司优先证券却少于普通股。然而，由于曼德尔公司的普通股总市值相对很小，因此其普通股也具有吉贝尔公司股票的优势（尽管程度会低一些）。但是，从比例上看，曼德尔兄弟公司的租金要远高于金贝尔兄弟公司，而这些租金在很大程度上相当于优先证券。

## ●高额的生产成本相当于投机性的资本结构●

这个例子将拓展投机性资本结构公司普通股的概念。当归属于普通股股东的净利润减至正常水平之下，并因此使得普通股总值相对于公司总值而言过低时，投机性或临界性的情况就会出现。在减少普通股的收益方面，高额运营成本或高生产成本具备和高额优先费用一样的效果。接下来这三个假设的铜生产商案例将更为深入地解释上述观点（见表 41—3）。

表 41—3　　A、B、C 三家铜生产商的对比

| 项　目 | A 公司 | B 公司 | C 公司 |
|---|---|---|---|
| 资本： | | | |
| 债券（利率为 6%） | | 50 000 000 美元 | |
| 普通股 | 1 000 000 股 | 1 000 000 股 | 1 000 000 股 |
| 产出 | 100 000 000 磅 | 150 000 000 磅 | 150 000 000 磅 |
| 生产成本（息前） | 7 美分 | 7 美分 | 9 美分 |
| 每磅产量的利息费用 | | 2 美分 | |
| 每磅产量的总成本 | 7 美分 | 9 美分 | 9 美分 |
| A | | | |
| 假设的铜价 | 10 美分 | 10 美分 | |
| 每磅利润 | 3 美分 | 1 美分 | |
| 每股产量 | 100 磅 | 150 磅 | |
| 每股息润 | 3 美元 | 1.50 美元 | |
| 股票价值（以 10 倍市盈率计算） | 30 美元 | 15 美元 | |
| 每一美元股票价值的产量 | $3\frac{1}{3}$ 磅 | 10 磅 | |
| B | | | |
| 假设的铜价 | 13 美分 | 13 美分 | |
| 每磅利润 | 6 美分 | 4 美分 | |
| 每股息润 | 6 美元 | 6 美元 | |
| 股票价值（以 10 倍市盈率计算） | 60 美元 | 60 美元 | |
| 每一美元股票价值的产量 | $1\frac{2}{3}$ 磅 | $2\frac{1}{2}$ 磅 | |

毫无疑问，C 公司的成本如此之高，其影响就像 B 公司的债券利息一样（假设产出和成本保持不变）。

## 由此得出的一般规律

表 41—3 展示了每单位利润和每美元股票价值产量之间的反向关系。

一般规律可陈述如下：单位成本越低，每 1 美元股票价值的产量就越低，反之亦

然。由于A公司单位成本为7美分，C公司的单位成本为9美分，因此，A公司股价自然高于C公司，相应地，C公司每1美元股票价值的产量高于A公司。从投机技巧的角度来看，这并非没有任何意义。当商品价格上涨时，从百分比来看，高成本厂商的股票要比低成本厂商具有更大的优势。表41—3就表明，当铜价从10美分涨到13美分时，A公司的股票价值增长了100%，而B公司和C公司的股票价值增长了300%。与华尔街的一般看法相反，如果产品价格即将上涨、并可以此获取收益时，那么购买高成本厂商的股票将会是更好的选择。① 如果销售收入和利润均有望增长，则具有投机性资本结构公司的股票也会拥有同样的优势。

## 收入来源

一般认为，"收入来源"与"企业类型"是一回事，大多数公众会以这种认识为基础，来估计普通股的价值。虽然不同类型的企业要使用不同的"乘数"，但是必须指明，这些不同的乘数本身就会随着时代的改变而改变。②

第一次世界大战前，所有的铁路股票都被极大高估，因为人们认为其非常稳定。在1927—1929年，由于收益稳定增长，公共事业公司股票的市盈率达到了最大值。在1933—1939年，随着不利的法律法规的出台，尤其是对政府竞争的忧惧，公众对公用事业股票的热情大为降低。近来，人们对树大根深的企业估值过高，因为这些企业在大萧条时期都有着大量收益，且前景远大。人们的行为及对股票的关注度随时会发生变化，因此证券分析师不可轻易制定规则，对某类公司进行估值。众所周知，过往的收益越高，未来的前景就越稳定，对每股收益的估计就应越高，但这还得遵循一个原则，那就是：**市盈率高于20倍（即每股收益与市价比值低于5%）的股票都不属于投资级别**。

① 因为铜价从10美分涨到了13美分，于是B公司的股价便从15美元涨至60美元，这本身就是极其不合常理的，因为不能确定铜价能否持续上涨。然而，由于市场行为已经不理智，投资者必须在分析时将其纳入考虑。

② 考尔斯（Cowles）、阿尔弗雷德（Alfred）等人合著的《普通股指数，1871—1937》（*Common Stock Indexes, 1871–1937*）一书（1938年于印第安纳州的布鲁明顿[Bloomington]出版）中，研究了1871—1937年不同类型的股票市盈率（第43～46页，第404～418页）。我们在分析纽交所的上市股票时，使用了其中1934—1938年及1936—1938年的市盈率，见附录注释61。

## ●三个特殊的例子●

如果将收入来源与企业的具体资产一起研究、而非仅仅研究企业的一般特征，分析技术就可以大显身手了，尤其是当收入大部分来源于投资收益或其他固定可靠的资源时。我们将用三个例子来讲解普通股分析中这个非常微妙的要点。

### 1. 北部管道公司

1923—1925 年，北部管道公司（Northern Pipe Line Company）的收益及分红如表 41—4 所示。

表 41—4　北部管道公司收益及分红　（单位：美元）

| 年度 | 净利 | 每股收益[a] | 股息 |
|---|---|---|---|
| 1923 | 308 000 | 7.70 | 10，额外再加 15 |
| 1924 | 214 000 | 5.35 | 8 |
| 1925 | 311 000 | 7.77 | 6 |

注：a. 资本总额：共 40 000 股普通股。

股价在 1924 年最低为每股 72 美元，在 1925 年最低为每股 67.5 美元，在 1926 年最低为每股 64 美元，市盈率均低于 10 倍，反映出市场对该股票并不感兴趣，这是因为与以前年度的收益数据对比，这几年的利润明显下降，同时分红也减少了。

然而，对损益表进行分析后，便能发现下列收入来源（见表 41—5）。[①]

表 41—5　北部管道公司收入来源　（单位：美元）

| | 1923 年 | | 1924 年 | | 1925 年 | |
|---|---|---|---|---|---|---|
| 收入 | 总额 | 每股 | 总额 | 每股 | 总额 | 每股 |
| 管道业务 | 179 000 | 4.48 | 69 000 | 1.71 | 103 000 | 2.57 |
| 利息与租金 | 164 000 | 4.10 | 159 000 | 3.99 | 170 000 | 4.25 |
| 非经常性项目 | 借 35 000 | 借 0.88 | 借 14 000 | 0.35 | 贷 38 000 | 贷 0.95 |
| | 308 000 | 7.70 | 214 000 | 5.35 | 311 000 | 7.77 |

该损益表的特殊之处在于，其大部分利润的来源不是管道业务。每股收益中大

① 尽管该公司只在报告中透露了少量信息，但其完整的财务和运营数据都在州际商务委员会存档，并向公众开放。

约有 4 美元来源于投资收益和租金。资产负债表显示，公司所持有的自由公债约为 3 200 000 美元（即每股 80 美元），还有一些有价金边债券，利率为 4% 左右。

这意味着在估计其每股收益时必须采用特殊的标准，因为常用的“10 倍市盈率”法将会得到一个荒谬的结果。投资在金边债券上的资金相当于每股 80 美元，产生的收益为每年每股 3.20 美元，因而如果使用“10 倍市盈率”法，会将每股 80 美元减少至每股 32 美元，这是极其可笑的。很明显，估计北部管道公司的债券投资收入所使用的标准，应当比它不稳定的管道业务收入更高。对该公司合理的估值应该如表 41—6 所示。对管道收益则应使用低标准，因为其趋势不好。估计利息和租金收入所使用的标准，应该与其来源相称。因此，1926 年的股价 64 美元明显低于其内在价值。①

**表 41—6　　北部管道公司的合理估值　　（单位：美元）**

| 1923—1925 年平均值[a] | | 估值标准 | 每股价值 |
|---|---|---|---|
| 源于管道业务的每股收益 | 2.92 | 15%（市盈率，$6^2/_3$） | 20 |
| 源于利息及租金的每股收益 | 4.10 | 5%（市盈率，20） | 80 |
| 总额 | 7.02 | | 100 |

注：a. 非经常性项目的损益不计。

## 2. 拉克万纳证券公司

拉克万纳证券公司（Lackawanna Securities Company）持有大量格兰奥尔登煤炭公司（Glen Alden Coal Company）的债券，利率为 4%，以前都是由特拉华－拉克万纳－西部铁路公司持有，该公司也按比例持有拉克万纳证券公司的股票。拉克万纳证券公司的普通股股数为 844 000。1931 年 12 月 31 日，除相当于每股 1 美元的现金外，其唯一的资产就是面值为 51 000 000 美元、利率为 4% 的格兰奥尔登第一抵押权债券。1931 年的损益如下：

来自格兰奥尔登公司债券的利息……………………………………… 2 084 000 美元

减去：

① 戴维斯煤炭公司（Davis Coal and Coke Company）存在着类似的情况。在 1937—1938 年，该公司将其所持有的大量政府债券分发给股东，每股 50 美元。在此之前，戴维斯公司的股价为每股 35 美元。从其 1934—1937 年的年报中可以看出，公司平均每股收益为 2.06 美元，平均每股股息为 2.56 美元，而这些资金全都不是出自煤炭业务。

支出……17 000 美元
联邦税（Federal taxes）……250 000 美元
股票收益……1 817 000 美元
每股收益……2.15 美元

1932 年其股价为 23 美元，每股收益为 2.15 美元，表面上看没有什么不妥的。但是这些收益并非来源于普通的商业或生产活动，而是高级别的债券。（1931 年格兰奥尔登公司盈利 9 550 000 美元，须支付的利息为 2 151 000 美元，因此盈利是利息费用的 4.5 倍。）若以 10% 为标准估计这些利息收入，那么格兰奥尔登公司的债券一美元只值 37 美分。（价格为 23 美元拉克万纳证券公司的股票，相当于格兰奥尔登公司面值为 60 美元、售价为 37 美元的债券加上 1 美元的现金）。

分析表明，该公司和北部管道公司的例子一样，10 倍的市盈率显然太低了。

### 3. 弗吉尼亚烟草公司

正如前面两个例子一样，弗吉尼亚烟草公司（Tobacco Products Corporation of Virginia）股票的市盈率约为 10。但是在 1931 年，其收入完全来自出租资产给美国烟草公司。公司从 1923 年起，每年从美国烟草公司收取 2 500 000 美元的租金，总共收取 99 年。由于美国烟草公司肯定能支付租金，于是每年的租金收入可以看成是投资于高等级债券的收入，因此其价值应大大高于其收益的 10 倍。这意味着，1931 年 12 月弗吉尼亚烟草公司的股票价格相对于其实际情况而言过低（见表 41—7）。（分期支付的租金的实际价值为 35 600 000 美元。公司还持有大量联合雪茄连锁店的股票，虽然这些股票后来变得一文不值，但并没有影响美国烟草公司支付的租金价值。）

**表 41—7　　弗吉尼亚烟草公司　　（单位：美元）**

| 项目 | 价格（1931 年 12 月） | 市场价值 |
|---|---|---|
| 资本总额 | | |
| 2 240 000 份股息率为 7%、面值为 20 美元的 A 类股票 | 6.00 | 13 440 000 |
| 3 300 000 股普通股 | 2.25 | 7 425 000 |
| 总额 | | 20 825 000 |

续前表

| 项目 | 价格（1931 年 12 月） | 市场价值 |
|---|---|---|
| 1931 年净利 | | 约 2 200 000 |
| 每份 A 类股票的股息 | | 约 1 |
| 减去 A 级股股息后的普通股每股收益 | | 无 |
| 支付的 A 类股票股息 | | 0.80 |

## ●特殊情况的相对重要性●

从数量上看，前面那些例子并不重要，毕竟这只是少数情况。然而，这样的情况却经常出现，因此对其进行讨论就有了实际意义。从技术角度来看，严谨的证券分析技术与证券市场肤浅的反应及估值之间有着很大的区别，弄明白这一点是很有意义的。

## ●推荐的两种处理方法●

在市场估值过低的情况下，如刚刚讨论过的那些，我们建议使用下面两种处理方法。**首先，分析师可以找出被低估的股票，并最终从中获利，这对分析师而言是一个机会**。但是这也可能意味着，企业的财务状况有问题，才造成估值过低。然而，从股东的利益出发，这种错误必须纠正。有些公司，如北部管道公司和拉克万纳证券公司，其股价长期低于其实际价值，从公司所有者的角度来看，这意味着公司的整个安排都有问题。

这些例子在本质上都涉及一个基本的合理原则。北部管道公司将大部分资金用于购买金边债券，这是不合理的。拉克万纳证券公司的整个结构都是不合理的，因为它用一种无法归类的股票替代了高等级债券，而投资者一般只会为高等级债券支付合理的价钱，却不会购买那种股票，除非其价钱极低。（此外，这还涉及大量且不必要的企业所得税，弗吉尼亚烟草公司就是如此。）

**其次，诸如股票持有者等的受益人应当要认识到这种不合理的安排，并要求进**

**行调整**。上述三个公司的股东最后都做到了。北部管道公司将管道业务不需要的资金以一种特殊的分红方式返还给股东，每股返还 70 美元。拉克万纳证券公司彻底破产了，其持有的格兰奥尔登公司的债券按比例分给了股东，以代替股票。最后，弗吉尼亚烟草公司调整了资本结构，它以美国烟草公司的租金为支撑，发行了利率为 6.5% 的债券，因此这项价值固定的资产就相当于一种价值固定的债券（后来这些债券按面值偿付），而非极易受投机影响的股票。通过这次资本结构调整，公司真实的价值很快就在市场价格中体现出来。①

刚才所分析的情况，要求我们将注意力从损益表数据转移到资产负债表所体现的一些相关事项上。因此，之前讨论的主题——收入来源，就将我们带入了下一个分析领域：资产负债表。

① 请读者们再考虑两家公司，以便更好地理解这一结论，这两家公司是：

1. 威斯特摩兰煤炭公司（Westmoreland Coal Company）。尽管该公司的每股现金资产为 18 美元，但其股价仅为每股 8 美元。虽然有一些差别，但该公司大体上还是与戴维斯煤炭公司类似。
2. 美国香烟雪茄公司（American Cigarette and Cigar）。该公司与美国烟草公司签有长期租约，由于公司出现亏损，又拥有一些其他资产，因此情况较为复杂。

   在第 33 章中还有有对利哈伊煤炭与运输公司的分析，我们认为，采煤业务的亏损，与来自出租铁路的大量收益是相联系的。

SECURITY

YSIS SECURITY ANALYSIS SECURITY ANALYSIS SECURITY ANALYSIS SECURITY ANALYSIS SECURITY ANALYSIS SECURITY ANALYSIS SECURITY A

第六部分

# 资产负债表分析与资产价值的内涵

YSIS SECURITY ANALYSIS SECURITY ANALYSIS SECURITY ANALYSIS SECURITY ANALYSIS SECURITY ANALYSIS SECURITY ANALYSIS SECURITY A

ANALYSIS

# 导读九
# 解析资产负债表

**布鲁斯·格林沃尔德**
格雷厄姆和多德投资海尔布伦中心负责人，
投资经典《价值投资》作者

格雷厄姆和多德提出的一系列重要原则使证券分析理论持久有效，也是从过去到现在任何精心制订的投资策略的基石。这些原则中的首要一条就是要按照格雷厄姆和多德的定义区分“投资”与“投机”：

> 投资运作是根据深入的分析，承诺本金安全以及回报率令人满意的操作。不符合这些条件的操作则是投机。（见第 118 页）

这一原则自 1934 年被提出，“深入分析”、“本金安全和回报满意”就一直是它的核心。

第二条相关原则与证券的内在价值有关。格雷厄姆和多德认为：

> 内在价值由资产、收益、股息等事实和可以确定的前景决定，有别于被人为操纵和狂热情绪扭曲的市场价格。（见第 80 页）

在理想世界，内在价值是证券的真实价值；按今天的术语就是，该证券在可预见的将来产生的现金流的现值。如果能从可获得的资料中精确计算出未来的现金流和正确的折现率，内在价值和真实价值应该相等。格雷厄姆和多德认识到，这是永远不可能实现的。**“不充足或不正确的数据资料和将来的不确定性”使内在价值沦为“一个难以确信的概念”。**

正因如此，对内在价值的全面分析是任何称得上“投资”的活动之核心。首先，要对收集到的信息进行检验和梳理，保证有用的事实被提炼出来并剔除无关的噪音；然后，计算出与一切特定的内在价值所对应的不确定性范围。格雷厄姆和多德认识到，即使不十分精确的内在价值估值对投资决策也很有用。用他们的话来说：

> 只是为了证明其内在价值是足够的，例如能够为债券提供保障或者能够为购买股票提供依据。证券分析也可以用来确定证券的内在价值，或者该值大大高于或低于市场价格……差异程度可能会用假设性的“近似值范围”来表示。当市场前景不确定性增加时，“近似值范围”会扩大。（见第82~83页）

只有当证券价格大大低于内在价值，进而有足够的安全边际为其内在价值对应的“不确定性”提供保护时，才能买入。格雷厄姆和多德要求投资者不要投机，应尽可能弄清所购买证券的价值和对应的不确定性大小。在价格可以提供足够的安全边际以抵消不确定性带来的风险时才进行投资，是他们实现“本金安全并获得满意回报”的方法。这一策略几乎比任何其他方法都有明显优势。

**《证券分析》至今仍有实用性，不仅因为这些原则有令人信服的逻辑，该书还为如何进行“全面分析”提供了详尽的指导，相关论述的完备性堪称典范。**

针对普通股投资，格雷厄姆和多德研究了公司现状和发展前景，他们对后者采取了适当怀疑的态度。他们关注财务报表定量分析反映出的深层次问题，并定性研究公司管理之类不容易量化的因素。在关键的定量分析领域，他们全面分析了所有的财务报表，尤其是突出了公司资产负债表的重要性。

在这一点上，格雷厄姆和多德与他们同时代的人不同。他们这样描述其他人的想法：

> 如果我们参照目前的做法来识别这些标准，我们发现“好股票就是好投资”是一个比较模糊的概念。所谓“好”的股票无外乎满足以下两点：
>
> （1）业绩良好、行业领先的公司；
>
> （2）任何财务状况良好的、未来盈利有望大幅增长的公司（资产负债表上的价值被认为完全与证券价值无关）。
>
> 只要存在明确趋势，（历史）平均盈利对企业价值的意义就不大。“市盈率”得到了各种各样的运用，有时用于过去，有时用于现在，有时用于不久的将来。（见第 48~49 页）

这简直描述的就是现在的情况。所谓的“市盈率”至今仍在证券估值讨论中占重要位置。类似标准的应用范围甚至比以前更广，包括“股价与息税前利润（EBIT）之比”和更险恶的“税息折旧及摊销前利润（EBITDA）之比”。资产负债表还是几乎不受重视。就像 1934 年时那样，如今根据所有相关信息“全面”分析证券内在价值的方法仍未被广泛采用。

格雷厄姆和多德列举了资产负债表的四个基本用途。

其一，资产负债表列出企业拥有资源的数量和性质。这些资源是任何有经济活力的企业赖以获得收益的本钱。在竞争性的环境中，没有资源的企业通常无法获得丰厚的利润；如果企业已经奄奄一息，资产负债表可以被用来确定能变卖的资源并计算能获得的现金。

其二，资产负债表上的资源可供分析企业收入来源的性质和稳定性。格雷厄姆和多德写道：

> 确有一些理论认为，以低于资产价值的价格购买股票比支付高溢价合算……股票溢价出售的公司往往资本收益率较高；高收益率吸引来竞争者，所以这种高收益率往往不能无限期维持。相应地，如果一家公司的股票因为收益率很低而折价出售，其收益率可能随竞争者退出、无新竞争者加入等自然经济因素回升，从而达到正常的资本回报率。（见第 684 页）

他们认识到，显著超越企业资本成本水平的高额利润率只在特定情况下才可维持。所以有合适资产支持的收益估计更实际、更准确；没有资产支持的收益一般是短期的，因而其价值低于有相应资产支持的收益。

其三，资产负债表的负债部分列出了资金来源，反映了企业的财务状况。高额的短期债或在不久的将来到期的长期债，表明企业可能陷入使股票贬值的财务困境。在这种情况下，利润的小幅下滑可能会使企业价值遭受显著的永久性的损失。

其四，资产负债表在一段时间内的变化可以衡量收益的质量。如今，收益的质量理论上由现金流量表体现，包括收入、成本与总体财务状况变化。然而事实就像格雷厄姆和多德所说：

> 资产负债表比损益表（或现金流量表）的标准化程度高，不会经常引起质疑。（见第106页）

一份资产负债表，就像一张公司在某一时点的资产及负债情况的快照，上面的数值及其真实性可以被检验。这就大大限制了资产和负债数据被随意更改的程度。与之相比，收入和利润的组成随时间而变化，它们生来就是短期变量；如果要监测它们，必须在相当长的时间段内持续观察。无论在1934年还是今天，这一本质区别使资产负债表中的数据更可信（理论上）。正如后文讨论的，当股票市场庆祝世通公司（WorldCom）在20世纪末的收入增长时，公司的资产负债表已揭示出它面临的巨大财务压力，这一压力最终导致了以债务账面价值衡量的、史上最大的破产案之一。

## 全面分析

格雷厄姆和多德对资产负债表的重点分析是他们对内在价值进行全面分析体系中最重要的一环。遗憾的是，这也是在不大的价值投资者圈子之外最常被忽视的贡献。

资产负债表经常被忽视的情况，在《证券分析》一书孕育的年代就存在了。那时的经济和企业都处于非常萧条的环境中，格雷厄姆和多德因而根据资产负债表确定企业的清算价值（约等于流动资产减去全部负债）。这种保守做法背后的逻辑是令人信服的：如果能以大大低于清算价值的价格买下一家公司，那无疑是个好买卖。公司盈利可能会因公司所在行业的情况改善（竞争激烈程度下降或需求增加）或管理水平提升而增加。如果盈利增加使该公司的市场价值高于清算价值，当然很好；万一公司盈利未实现增长且可清算资产尚未发生严重损失，那么公司可以进行清算并把所得分给股东。在这两种情况中，以低于清算价值买下该公司的股东都会得到其投资的“满意回报”。

格雷厄姆和多德很清楚，他们面临的唯一的风险，是公司管理层在亏损运营期间挥霍资产，所以他们主张股东们针对这类投资积极维权。因此，他们写道：

> 选择买下普通股是一时的决定，而拥有它们是一个持续的过程。股东们当然有理由像当初买股票时那样认真研究持股公司。众所周知，典型的美国股东如温顺的圈养动物一样，对企业事务缺乏兴趣。（见第 700~701 页）

总的来说，这种做法无可指摘，而且，在当时也实践得相当成功。

但以低于清算价值的价格购买股票的做法逐渐失去魅力，原因有二：首先，在 1940 年以后，短线交易的税率快速增加，这种在较短时间内赚取差价的交易税负很重。其次，更重要的是，20 世纪 30 年代充斥市场的、以低于清算价值买入股票的机会，随着之后经济的长期繁荣几乎消失了。最近几十年，很少有行业财务状况糟糕到面临清算，这一点已体现在普遍的股票价格水平上。所以，格雷厄姆和多德所钟爱的“净权益”——以低于流动资产减去全部负债的价格出售的公司很少；即使有这样的公司，第二个要求——管理层确保现有资产不快速缩水，也很少获得满足。

尽管如此，格雷厄姆和多德关注公司资产负债表的态度是正确的，很多衍生的研究方法也基本延续了其原始方法的精神。现在人们认识到：资产会在公司经营过程中被消耗或报废，从而需要重置。所以，重置价值——该公司最强劲的竞争者购买到相应净资产所需的最少花费，与格雷厄姆和多德使用的“清算价值”作用相同。如果一家公司的预期利润水平显示其资本收益率高，竞争者会蜂拥而至，从而拉低该行业的利润率并降低该公司的股票价值。因此，在绝大部分情况下，没有资产（以重置价值计）支撑的盈利能力会随竞争加剧而降低。“本金安全”和“满意回报”的目标要求真正的投资者在规划预期收益时，仔细评估该公司资产的重置价值。这样的投资者会比那些不进行此项评估的证券购买者处于更有利地位，从而长期来看，他们应获得更好的结果。

格雷厄姆和多德当时没有考虑采用资产的重置价值，可能是由于它难以计算。他们选择将注意力放在美国证券交易委员会要求企业披露的新的财务信息上。如今，我们可以在计算机系统的帮助下，随时取得并分析资产的重置价值；通过互联网查到很多蕴含大量资产价值信息的行业研究报告和出版物。这些在那个年代是不可能的。

举例来说，今天的投资者可以轻松估算美国公司增加油气储备的花费和保有储量，从而精确计算能源公司的价值，这在1940年是无法做到的。房产和设备的估值也可以达到前所未有的精确度。对房地产来说，有权查阅海量交易数据的财产评估员能够又快又准确地估算同类地产的买卖价格。

咨询工程师和行业专家可获得关于工厂和设备的信息。根据这些信息，为现有工厂增加铝加工能力，每年约需1 000美元/吨；现有的产能足以满足可预见的需求；现有铝加工企业每年的利润远超过1 000美元/吨，所以竞争者会涌入铝加工行业；产能过剩会降低企业的利润率，从而使股票价格下跌。你只能通过全面分析资产负债表判断出这些公司不是好的投资选择。

格雷厄姆和多德指出的另一个难点是，无形资产的估值——产品组合、客户关系、训练有素的员工和品牌认知度，它们大多都不出现在资产负债表科目中。如今，无形资产的价值有时能够根据财务报表等可用信息有效估计。例如，利用该公司及该行业其他公司的历史研发数据能估算复制其产品组合的花费（假定这些产品不受专利保护）。

专家意见可提供有益补充。不管是研发新产品、开设新店还是推出新品牌，投资说明书几乎总是在详细的商业计划基础上完成的。商业计划为投资提供较为准确的成本及预期收益分析。投资者可以利用其中的数据估算获得无形资产的成本，有经验的产业经理人也能够完成这一估算。

更重要的是，如今很多无形资产可以像房地产那样交易。有线电视特许经营权、服装品牌、新药研发成果、连锁店，甚至音乐公司都可以在资深交易者之间换手（通常是大公司买，小公司卖）。这些私下交易的价格大都以其替代的内部研发费用为参考。如果丽诗加邦公司（Liz Claiborne）以销售额一半的价格买下一个与其旗下产品风格相似的品牌，我们可以推测，这接近甚至低于它开发自有品牌的费用。这些私下交易数据常常被经验丰富的投资者当作无形资产定价。

在完成对企业资产和盈利能力的全面分析后，通常有三种可能的情况：

其一，公司资产估值超过预期收益。这说明公司管理层未能充分利用资产。价值投资者要重点寻找改变管理层行为或更换管理层可能的催化剂。格雷厄姆和多德已经意识到了这一点，虽然他们未能给当今的激进投资者提出具体的干预范围。

其二，盈利能力超过公司资产价值。要保持超额利润，公司需要一些经济壁垒来防御竞争者。如今人们把特许经营权、进入门槛和其他竞争优势称作“护城河”，识别并对其进行估值是现代损益表分析的重要内容。即使在这种情况下，分析仍能为将来壁垒失效时确定企业价值提供有益信息。

其三，公司的盈利能力与资产价值大致相当。如果定性分析显示该公司有称职的管理层且没有特别的竞争优势，那么资产价值是衡量其盈利预期合理性的关键。全面的资产评估揭示证券所代表公司的整体价值，使投资者有把握设定合适的安全边际。

现如今，资产评估不单有上述用途。企业往往拥有超出其基本运营所需的现金或其他资产时，这些资产通常并不带来营业收入，但它们可能是该证券内在价值的重要组成部分。这些资产应该与那些以营收为基础的价值分析结果加总（不要重复计算利息收入)。全面的资产评估能保证这些资产不被漏掉。

## 世通公司：案例研究

2002年夏，电信巨人世通公司申请破产，这是当时涉及财产额最大的一宗破产案。世通的财务报表证明，资产负债表分析对监测企业财务状况非常有效。任何一个认真分析世通公司破产前几年资产负债表的人都会担心公司的前景。例如，1999年中期，世通的市值为1 250亿美元；而1999年底其账面价值仅为512亿美元，并且这些资本几乎都是通过为并购增发股票获得的，主要是1996年以120亿美元收购大都会光纤系统通信公司(MFS Communications)，以及1997年以300亿美元收购美国微波通信公司(MCI)。世通公司在15年中获得的留存收益只占很小一部分，资产负债表中账面价值的85%以上都是商誉等无形资产。公司市值与有形资产之比超过15，这一比例因行业不同是有差异的，但在本案例中，15倍高得离谱。

世通的无形资产到底价值如何呢？并不像它宣称得那么高，因为其中既没有重要专利也没有高端通信处理技术。更值得注意的是，世通公司电讯和数据服务的用户流失和低价倾销情况很严重。并且没有很高的行业准入门槛支撑它明显高于重置价值的市值。世通公司所在的行业竞争激烈，不仅不断有新的进入者(其中一些后来被世通兼并)，还有不断扩张的美国电报电话公司(AT&T)等老牌企业。如果考察规模效益，AT&T比世通的竞争优势更大。

然而，比世通公司市值与资产不匹配的问题更值得关注的是，其不同时期资产负债表反映的公司详细经营状况：从1999年末到2000年末，物业、厂房与设备等资产净增了27%，约80亿美元，而公司收入仅增长了8%。这让人不禁要问：世通公司为何如此大规模增加投资？而实际情况是，世通公司违规将大量营业支出记作投资。但是，即使不存在会计欺诈，公司管理层在收入增长放缓的情况下大量增加投资(其1999年固定资产投资约50亿美元)的决定也应引起投资者对他们的质疑。很显然，轻率地过度扩张容易导致不良后果。

2001年，上述做法的弊端清楚地显现出来：世通公司的短期债务从72亿美元缩减至1.72亿美元，同期它的长期债务增加了约125亿美元。实际上，世通的长期债务增加了约 140 亿美元，因为检视资产负债表的脚注就会发现，有超过 10 亿美元的长期债务通过紧急剥离借债的科目不再反映在该表中。世通公司面对收入下降仍决定再借 70 亿美元的事实，而且所有新增的债务都是长期的，应该引起任何花心思看这份资产负债表的投资者的警觉。

究竟发生了什么呢？世通的管理层在 2000 年失去了对财务的控制，往好处说，是就公司的未来收入增长打了一个风险很高的赌；往坏处说，是为了掩盖走弱的盈利率把费用记作投资。2001 年，他们仓促地进行长期融资，希望给管理层几年时间解决财务困境。这也是不得已而为之，因为在股价下滑时出卖资产会向证券市场发出灾难性的信号。世通的主要融资方式是，在 2001 年 5 月公开发售 119 亿美元的企业债，由那些看好世通的未来收益和现金流的金融机构为其担保。

如果这些机构和他们的客户听从了格雷厄姆的建议，仔细研究一下世通公司的资产负债表，他们会做出更明智的决定。他们可能不会预见到世通的欺诈行为和随后的破产，但他们会避免投资不满足“本金安全和满意回报”条件的世通股票或债券。

**布鲁斯·格林沃尔德（Bruce Greenwald）**

哥伦比亚大学商学院金融和资产管理专业罗伯特·海尔布伦（Robert Heilbrunn）教席教授，格雷厄姆和多德投资海尔布伦中心负责人。他还是 FirstEagle 基金研究部主管。他被《纽约时报》誉为“华尔街大师中的大师”，是价值投资领域公认的权威。他也是投资经典《价值投资》一书的作者，同时也是本书的特约编辑。

在第六部分导读中，格林沃尔德详细地解析了资产负债表的构成及意义，并与读者分享了他对财务报表的重要分析理念。

# 42

# 资产负债表分析与账面价值的重要性

本书之前已多次提到，我们认为，资产负债表应该在过去这些年里得到华尔街的更多关注。作为本书这一部分的介绍，请允许我们列出投资者通过研究资产负债表可能获得的五种信息和指示：

1. 它给出有多少资本被投入该企业；
2. 它揭示公司的财务状况优劣，即营运资金头寸（working-capital position）；
3. 它包含资本的详细构成；
4. 它提供对报告期收益准确性的重要检测；
5. 它是分析收入来源的基础。

为了说明资产负债表的第一个应用，我们先给出如下定义：股票的账面价值（Book Value）是资产负债表列出的可用资本，通常仅限于有形资产的价值，也就是不计入商誉、商标权、专利权、特许经营权、租赁权等无形资产的价值。账面价值被称为“资产价值”，有时为了说明该价值不包括无形资产，也被称为“有形资产价值”。针对普通股，其通常被称为“所有者权益”。

## ● 账面价值的计算 ●

用全部有形资产之和减去所有负债及非公众股权益，然后除以股票数量，就得到了每股的账面价值。

在很多情况下，通过下面公式可以简便地计算出答案：

$$每股普通股的账面价值=\frac{(普通股股本+盈余项目-无形资产)}{普通股数量}$$

其中“盈余项目”不单指资产负债表中明确为“盈余”的项目，还包括股本溢价（premiums on capital stock）和实际构成盈余的储备金。这种性质的储备金可以称作“自愿储备”。举例来说，其中包括优先股赎回准备金、工厂维修备用金和应急费用（不包含已预见到的必要支出）。

表 42—1 为普通股账面价值计算的一个例子。

表 42—1　美国钢铁公司 1938 年 12 月 31 日简化的资产负债表（单位：百万美元）

| 资产 | | 负债 | |
|---|---|---|---|
| 1. 财产投资账户（减折旧） | 1 166 | 7. 普通股股本 | 653 |
| 2. 矿山使用费 | 9 | 8. 优先股股本 | 360 |
| 3. 递延费用 | 4 | 9. 公众持有的附属股票 | 5 |
| 4. 杂项投资[a] | 19 | 10. 债券类债务 | 232 |
| 5. 杂项其他资产 | 3 | 11. 采矿特权债券 | 12 |
| 6. 流动资产 | 510 | 12. 流动负债 | 79 |
| | | 13. 意外和其他准备 | 39 |
| | | 14. 保险储备 | 46 |
| | | 15. 资本公积 | 38 |
| | | 16. 盈余公积 | 247 |
| | 合计：1 711 | | 合计：1 711 |

| | |
|---|---|
| 有形资产 | 1 711 000 000 |
| 减去：所有负债（上表中 8 至 12 项之和） | 688 000 000 |
| 普通股净资产 | 1 023 000 000 |
| 每股账面价值（共 8 700 000 股普通股） | 117.59 |

注：a. 递延资产到底属于有形资产还是无形资产可能会引发争议，但由于这一项的数额往往较小，归入哪一类都不会对分析结果产生重大影响。当然，把递延资产算作有形资产比较方便。

另一种更简短的计算过程如下所示：

（单位：美元）

| | |
|---|---|
| 普通股股本 | 653 000 000 |
| 加：盈余和自愿储备（上表中 13–16 项之和） | 370 000 000 |
| 普通股净资产 | 1 023 000 000 |

## ● 计算普通股账面价值时如何处理优先股 ●

在计算普通股权益时，要非常小心地剔除优先股权益。一般可采用资产负债表中列出的优先股股本值。然而，在越来越多的案例中，该值远不足以反映优先股的全部权益。比如下面这个例子。

岛溪煤炭公司发行的一种面值 1 美元的优先股股票，按约定每年可获得 6 美元股息；如果公司解散，每股可获得 120 美元。1939 年，该优先股每股的市场价值约 120 美元。所以，在计算岛溪煤炭公司普通股资产价值时，应该扣减的优先股权益不是每股 1 美元，而是 100 美元；即每股该优先股的“真实”价值或“有效”价值是 120 美元。

资本管理有限公司（表 42—2）是一家信托投资公司，其票面价值为 10 美元的流通优先股，可累计股息为每股 3 美元，清算价值为 50 或 55 美元。该公司面值 1 美元的 A 类股票可以分得优先股派发后利润的 70%，其清算价值是每股 20 美元加公司剩余资产的 70%。该公司面值 1 美分的 B 类股票享有剩余的利润和资产。很显然，以股票面值计的股本使该资产负债表毫无价值。分析者必须做如下调整：

表 42—2　　资本管理有限公司 1938 年 12 月 31 日资产负债表　　（单位：美元）

| 报告中的值 | | 调整后的值 | |
|---|---|---|---|
| 总资产（以成本计） | 5 335 300 | （以市场价计） | 5 862 500 |
| 应付及应计费用 | 1 661 200 | | 1 661 200 |
| 优先股（按面值 10 美元计） | 434 000 | （以 55 美元计[a]） | 2 387 000 |
| A 类股（按面值 1 美元计） | 143 400 | （以 20 美元计[a]） | 2 868 000 |
| 普通股（按面值 1 美分计） | 2 400 | | 1 043 600（亏损） |
| 盈余和储备 | 3 094 300 | | |
| 总负债 | 5 335 300 | | 5 862 600 |

注：a. 约等于相应股票的有效面值。

可口可乐公司发行过一种没有面值的A类股票，股东可累计获得每股3美元的优先股息，并能以55美元的价格变现。可口可乐公司的资产负债表上以5美元每股的“设定价值”将其记为所有者权益。该股票的真实面值应为50美元。[①]

在包括以上例子的所有情况中，应设定一个与其收益率相匹配的优先股“有效面值”。很多人希望以一个统一的收益率评估所有优先股，但不能以比此更低的价格赎回，比如规定100万美元的优先股在收益率为5%时价值100万美元；若收益率为4%则认为其实际价值为80万美元；100万美元收益率为7%的不可赎回优先股的实际价值被评定为140万美元。很显然按“有效面值”计算更方便，在大多数案例中这样得到的评估结果也足够准确。[②] 有一个更简便的、完全可以实际运用的方法：采用优先股面值加未付股息，若市场价高于二者之和，则以市场价计。

## ● 优先股的账面价值计算 ●

计算优先股的账面价值的方法与普通股相同，等级低于它的股票忽略不计。对图比兹·查狄伦公司（表42—3）1932年12月31日资产负债表的分析说明了相关原则。

表42—3 图比兹·查狄伦公司1932年12月31日资产负债表 （单位：美元）

| 资产 | | 负债 | |
|---|---|---|---|
| 厂房和设备 | 19 009 000 | 股息率7%的第一优先股（面值100美元） | 2 500 000 |
| 专利及工艺等 | 802 000 | 股息7美元的第二优先股（面值1美元） | 136 000 |
| 杂项资产 | 478 000 | 普通股（面值1美元） | 294 000 |
| 流动资产 | 4 258 000 | 债券负债 | 2 000 000 |

① 有意思的是，该公司1929年以943.4万美元的价格买回了19.4万股该种股票，而当初发行全部100万股这种股票的账面所有者权益只有500万美元。相似的会计谬论出现在海克尔制品（Hecker Products）普通股1939年6月的资产负债表上，其资本金的净权益算出来是个负数。

② 标准统计公司在计算普通股的账面价值时按优先股在企业非自愿清算时的价值扣减，这是非常不合理的。因为企业解散或清盘通常是小概率事件，清算时的财务状况与做投资分析时往往大相径庭。标准统计公司的方法将宝洁公司的面值5美元的第二优先股估值为每股115美元，而将宝洁公司面值8美元的第一优先股估值为每股100美元。这两种股票以5%的收益率计，比较合理的估值应为第一优先股每股160美元，第二优先股每股100美元。与企业兴衰联系更紧密的投资信托性质的优先股通常才应该用清算价值估值。

续前表

| 资产 | | 负债 | |
|---|---|---|---|
| | | 流动负债 | 613 000 |
| | | 折旧储备等 | 11 456 000 |
| | | 盈余 | 7 548 000 |
| 总资产 | 24 547 000 | 总负债 | 24 547 000 |

第一优先股的账面价值计算过程如下：

| | | |
|---|---|---|
| 总资产 | | 24 547 000 |
| 减去：无形资产 | 802 000 | |
| 折旧储备等 | 11 456 000 | |
| 债券 | 2 000 000 | |
| 流动负债 | 613 000 | 14 871 000 |
| 第一优先股的净权益 | | 9 676 000 |
| 每股账面价值 | | 387 |

另一种算法：

| | |
|---|---|
| 股本面值 | 2 930 000 |
| 盈余 | 7 548 000 |
| | 10 478 000 |
| 减去：无形资产 | 802 000 |
| 第一优先股的净权益 | 9 676 000 |

资产负债表中折旧及杂项准备金数额很大，其中可能包含应属于盈余的部分，但在没有该准备金的详细构成资料的情况下只能全部作为资产的减项。（后来人们发现这些储备中很大一部分是被计提来冲销因陈旧而被废弃的工厂的。）

第二优先股的账面价值根据上述资料很容易计算，如下所示：

| | |
|---|---|
| 第一优先股净资产 | 9 676 000 |
| 减去：第一优先股面值 | 2 500 000 |
| 第二优先股净资产 | 7 176 000 |
| 每股账面价值 | 52.75 |

在计算普通股的账面价值时，按第二优先股 1 美元的面值进行扣减显然不行；

因为每股年息是 7 美元，第二优先股的“有效面值”应该至少为 100 美元。所以普通股没有对应的资产，其账面价值为零。

## ● 流动资产价值与现金资产价值 ●

除大家熟知的“账面价值”之外，我们想介绍另外两个性质相似的概念：流动资产价值和现金资产价值。

股票的流动资产价值等于流动资产减去所有负债和优先级高于该证券的权益；无形资产、固定及杂项资产都不包括在前者之内。

股票的现金资产价值等于现金资产减去所有负债和优先级高于该证券的权益。[①] 除了“现金”项，现金资产还包括那些直接等同于现金或可随时变现的资产，比如定期存单（certificates of deposit）、通知放款（call loans）、以市价计值的有价证券和保险合约的变现值（cash-surrender value of insurance policies）。

下面以棉织品企业奥蒂斯公司为例说明这三种资产价值的算法（见表 42—4）：

表 42—4　　奥蒂斯公司 1929 年 6 月 29 日资产负债表　　（单位：美元）

| 资产 | | 负债 | |
|---|---|---|---|
| 1. 现金 | 532 000 | 8. 应付账款 | 79 000 |
| 2. 通知放款 | 1 200 000 | 9. 应计项目类等 | 291 000 |
| 3. 应收账款（减坏账准备）[a] | 1 090 000 | 10. 设备储备等 | 201 000 |
| 4. 存货（减去减值准备 425 000） | 1 648 000 | 11. 优先股 | 400 000 |
| 5. 预付项目 | 108 000 | 12. 普通股 | 4 079 000 |
| 6. 投资品 | 15 000 | 13. 盈余公积 | 1 944 000 |
| 7. 厂房（减折旧） | 3 564 000 | 14. 资本公积 (paid-in surplus) | 1 154 000 |
| | 8 157 000 | | 8 157 000 |

注：a. 存货按市价和购入价较低者计值。

① 计算普通股的每股现金资产有时不必减除任何负债，我们认为，只有在其他流动资产价值超过权益高于普通股的所有负债时才可以这样做。

A. 普通股账面价值的计算：

| | | |
|---|---|---|
| 总资产 | | 8 157 000 |
| 减去：应付账款 | 79 000 | |
| 应计项目 | 291 000 | |
| 优先股 | 400 000 | 770 000 |
| | | 7 387 000 |
| 加：存货中的自愿减值准备 | | 425 000 |
| 得到：普通股的净资产 | | 7 812 000 |
| 每股账面价值（共 40 790 股） | | 191 |

B. 普通股流动资产价值的计算：

| | |
|---|---|
| 总的流动资产（表 42—4 中 1、2、3 和 4） | 4 470 000 |
| 加：从存货中计提的自愿减值准备 | 425 000 |
| | 4 895 000 |
| 减：优先于普通股的负债（表 42—4 中 8、9 和 11） | 770 000 |
| 得到：普通股拥有的流动资产 | 4 125 000 |
| 每股流动资产价值 | 101 |

C. 普通股现金资产价值的计算：

| | |
|---|---|
| 总现金资产（表 42—4 中 1 和 2） | 1 732 000 |
| 减去：优先于普通股的负债（表 42—4 中 8、9 和 11） | 770 000 |
| 得到：普通股的现金资产 | 962 000 |
| 每股现金资产价值 | 23.50 |

以上计算中需要说明的是：首先，资产负债表中从“存货”中减掉的“减值准备”被加了回去，这样做是因为该储备是公司自发为尚未发生的存货意外减值计提的，并非强制性的，处理方法的一致性要求分析师把其作为盈余项目。同理，21 万美元的“设备和其他支出储备”在可预知的未来没有与之对应的应付责任，也不是任何现有资产的减损。

1929 年 6 月，奥蒂斯公司的普通股售价为 35 美元，读者可以发现其市场价和每股流动资产价值间的巨大差异，我们将在以后章节予以讨论。

## ● 账面价值的现实意义 ●

普通股的账面价值本是其财务状况最主要的体现方式，它应该揭示股票的“真实价值”；就像企业的资产负债表能够说明该公司的价值一样。但这种理念在金融界几乎完全消失了，公司资产负债表上标明的资产价值丧失了它所有的重要性。这种变化要归咎于以下事实：首先，表上的固定资产价值经常与实际购入成本毫无关联；其次，在更多情况下，它与变现价格无关，也不能与收益相对应。虚增固定资产账面价值的做法正逐渐被蓄意大大降低固定资产价值以减少折旧计提的伎俩所替代，两种做法都使账面价值失去了其应有的重要意义。让人感到一丝不解的是：顶尖的统计机构就如同从过去穿越来的古怪人，还在按照传统步骤计算普通股的每股账面价值，他们相当一部分依据都是公司公布的资产负债表。

在完全抛弃账面价值这一历史悠久的概念之前，让我们探讨一下它是否会对分析师有现实意义。在普通的案例中也许没有，但在非同寻常的情况下呢？让我们研究一下表 42—5 和表 42—6 中的 4 个案例，把它们作为账面价值与市场价值极端关系的代表。

表 42—5　　通用电气公司与佩珀罗尔制造公司　　（单位：美元）

| 项目 | 通用电气公司 | 佩珀罗尔制造公司 |
|---|---|---|
| 普通股股价 | （1930 年）95 | （1932 年）18 |
| 普通股股数（股） | 28 850 000 | 97 600 |
| 普通股市值 | 2 740 000 000 | 1 760 000 |
| 资产负债表 | 1929 年 12 月 | 1932 年 6 月 |
| 固定资产（减折旧） | 52 000 000 | 7 830 000 |
| 杂项资产 | 183 000 000 | 230 000 |
| 净流动资产 | 206 000 000 | 9 120 000 |
| 总净资产 | 441 000 000 | 17 180 000 |
| 减去：债券和优先股 | 45 000 000 | |
| 普通股账面价值 | 396 000 000 | 17 180 000 |
| 每股账面价值 | 13.75 | 176 |

表 42—6　商业溶剂公司与宾夕法尼亚煤和焦炭公司　（单位：美元）

| 项目 | 商业溶剂公司 | 宾夕法尼亚煤和焦炭公司 |
|---|---|---|
| 普通股股价 | （1933 年 7 月）57 | （1933 年 7 月）3 |
| 普通股股数（股） | 2 493 000 | 165 000 |
| 普通股市值 | 142 000 000 | 495 000 |
| 资产负债表 | 1932 年 12 月 | 1932 年 12 月 |
| 固定资产（减折旧） | | 6 500 000 |
| 杂项资产 | 2 600 000 | 990 000 |
| 净流动资产 | 6 000 000 | 740 000 |
| 普通股总资产 | 8 600 000 | 8 230 000 |
| 每股账面价值 | 3.50 | 50 |

善于观察的人都会对二者的不一致印象深刻。在通用电气公司和商用溶剂公司的案例中，数据不但能说明它们股票市值高出账面价值数倍的事实，而且显示这些股票行情记录与普通工商企业的性质不相称。换句话来说，这完全不是商业评估，而是华尔街的戏法，或者说“颇具洞察力”的金融评估。

## ● 商业评估与金融评估 ●

金融思维与普通的商业思维存在如此明显的差异，真不敢相信华尔街居然从不问“这家公司的价值到底是多少？”而这正是考虑是否购入某股票时最应该弄清的问题。如果一位投资者接到用 1 万美元买下某公司 5% 股份的要约，他首先会算出这意味着整个公司估值 20 万美元，然后他会通过计算判断该企业值不值这个价钱。

绝大部分股票买入者已不再使用这种基础的、非常重要的分析方法。成千上万的于 1929 年至 1930 年间“投资”于通用电气的人中恐怕没有几个知道，他们买入的价格在该公司值 25 亿美元时才合理，这意味着其中 20 多亿美元是投资溢价。在 1933 年 7 月以每股 57 美元买入商业溶剂公司的股票，并寄希望于禁止令撤销的行为，则更像是赌博。这些赌徒与自称为“投资者”的人都丝毫没有考虑到这相当于将整个公司估价为 1.4 亿美元，而其资产只值一千万美元。在资产负债表分析中，商业溶剂公司的固定资产减记后显示为零；当然其仍存在实际价值，但不超过几百万美元。

表 42—6 中的另一个例子也让人印象深刻。一直业绩平平的宾夕法尼亚煤和焦炭公司，其股票价格只相当于其资产负债表上总资产的 1/16；几乎在同一天，一只新发行股票的价格是其净值的 16 倍。佩珀罗尔制造公司的情况也许更令人深思：其账面价值真实，声望高，收入高，连年分红慷慨。然而，经济危机的现实压力使公司的部分拥有者低价抛售该公司股票，个人投资者能毫不犹豫接受的股价只有其价值的 1/10。

## ● 建议 ●

以上例子虽然极端，但说明一个问题：**投资者做商业决断时至少应该考虑一下所买卖股票的账面价值**。在一些情况下，账面价值反映的情况可能微不足道；但还是应该在拒绝以之为判断依据之前检验该值。希望有智慧的股票投资者至少能首先告诉自己，他们为整个公司支付的价格是多少，以及与之对应的净有形资产又价值几何。

确有一些理论认为，以低于资产价值的价格购买股票比支付高溢价合算。一般可以接受账面价值来代表实际投入企业的资金。股票溢价出售的公司往往资本收益率较高；高收益率吸引来竞争者，所以这种高收益率往往不能无限期维持。相应地，如果一家公司的股票因为收益率很低而折价出售，其收益率可能随竞争者退出、无新竞争者加入等自然经济因素回升，从而达到正常的资本回报率。

尽管这是一种传统的经济理论，且毫无疑问地广义有效，但我们还是怀疑它作为选择普通股的依据是否足够确信、清晰。需要指出的是，在现实情况下，商誉、高效的管理等无形资产像厂房设备一样具有真实价值。无形资产带来的收益可能比用钱就能随时买来的生产设施更不易受到竞争的侵害；在经济环境对企业有利时，投入较少的资本就可以获得快速增长。比起销售收入仰赖大量工厂投入的公司，若企业的销售收入和利润在成本小幅增加的情况下就能够大幅增长，股东就能得到更好的回报。

所以，我们认为，没有任何定律可以有效确定账面价值和股票市值的关系，只是强烈建议投资者审慎考察股票的账面价值并作出合理判断。[①]

① 当企业破产清算时，法律遵从保守的原则，要求用较多的收益来证实比较不“真实”无形资产的价值。股票市场的估值基础与商人及法庭都不同，这能为一个重要的研究提供很好的材料。商誉总体而言比有形资产带来更高的投资收益，相关数量分析请参见劳伦斯·布隆伯格（Lawrence N. Bloomberg）1938 年发表的《商誉的投资价值》（*The Investment Value of Goodwill*），巴尔的摩。

# 43

# 流动资产价值的重要性

普通股的流动资产价值比包含固定资产的账面价值更重要。我们的讨论将归结为以下几点：

1. 流动资产价值通常是清算价值的粗略指标。
2. 很多普通股股票的市值低于其流动资产价值，因此也低于其破产清算时可变现的数额。
3. 很多股票长期以低于其清算价值的价格进行交易是根本不合逻辑的。这说明：(1) 股票市场的判断出现了严重偏差；(2) 公司的管理政策存在很大问题；(3) 股东们对自己资产的态度有问题。

## ● 清算价值的概念 ●

我们把“清算价值”（Liquidating Value）定义为企业的所有者放弃所有权能得到的补偿。他们可能会将整个企业出售给他人，也可能只出售其中一部分权益并继续关注企业发展。或者，他们会耐心等待时机，把各种资产逐渐变现，以获得尽可能高的收益。这样的清算在私营企业界每天上演，但在公有企业中相对鲜见。公司的转手价通常远远高于其清算价值，破产时也免不了被分拆出售。但主动从不盈利的企业中退出并精心清算的情况绝大部分发生在私营企业，而不是在公有企业。我们稍后会分析这一差异的原因和意义。

## ● 资产的性质决定它们的变现值 ●

企业的资产负债表并不提供资产清算价值，但它包含有用的线索。计算清算价值的第一个原则是：相信负债数据，但必须质疑资产数据。也就是说，账簿上所有的负债必须按其面值作为资产的减项，资产的价值因性质不同而要具体考虑。表43—1说明了清算时各种资产账面价值的可靠性。

表 43—1　　各种类型资产的清算价值与账面价值之比

| 资产类别 | 清算价值占账面价值的百分比（%） | |
|---|---|---|
| | 一般区间 | 粗略均值 |
| 流动资产： | | |
| 现金资产（包括可交易证券） | 100 | 100 |
| 应收账款（减去常规储备）[a] | 75~90 | 80 |
| 存货（以买入价与市场价孰低价格计） | 50~75 | $66^2/_3$ |
| 固定和其他资产 | | |
| （不动产、建筑物、机器、设备、不能转手的投资、无形资产等） | 1~50 | 15（约） |

注：a. 分期付款账户余额必须以更低的清算价值计，范围是30%~60%，一般以50%计。

## 计算举例说明

下例说明了具体个案中如何对清算价值进行大概估算（见表43—2）。

表 43—2　　怀特汽车公司1931年12月31日资产负债表　　（单位：千美元）

资本：650 000股普通股
1931年12月的股价：每股8美元
公司总市值：5 200 000美元

| 项目 | 账面价值 | 清算价值（估计） | |
|---|---|---|---|
| | | 占账面价值的比例（%） | 金额 |
| 现金 | 4 057 | 100 | |
| 美国政府及纽约市政债券 | 4 573 | | 8 600 |
| 应收账款（减减值准备） | 5 611 | 80 | 4 500 |
| 存货（以买入价与市场价孰低计） | 9 219 | 50 | 4 600 |
| 总流动资产 | 23 460 | | 17 700 |
| 减：流动负债 | 1 353 | | 1 400 |
| 净流动资产 | 22 107 | | 16 300 |

续前表

| 项目 | 账面价值 | 清算价值（估计） | |
|---|---|---|---|
| | | 占账面价值的比例（%） | 金额 |
| 厂房等固定资产 | 16 036 | | |
| 减：折旧 | 7 491 | | |
| 固定资产净值 | 8 545 | 20 | 4 000 |
| 在分支机构的投资等 | 4 996 | | |
| 递延费用 | 388 | | |
| 商誉 | 5 389 | | |
| 普通股的总净资产 | 41 425 | | 20 300 |
| 估计每股清算价值： | 31 美元 | | |
| 每股账面价值： | 55 美元 | | |
| 每股流动资产价值： | 34 美元 | | |
| 每股现金资产价值： | 11 美元 | | |
| 每股市场价： | 8 美元 | | |

## 计算目的

请注意，我们并不用精确计算怀特汽车公司的清算价值，只是要确认股票的市值是否低于股东在该企业的权益。分析显示，即使可能有计算错误，怀特汽车公司1931年的清算价值大大高于8美元/股，也就是说，整个公司的价值远高于520万美元。引人注目的是，怀特汽车公司仅现金资产就大幅高过公司的市值，减去所有负债后的余额也证明该公司股票值得投资。

## 流动资产价值大致等于清算价值

我们估计，怀特汽车的清算价值相较其他例子低估了存货并高估了固定及杂项资产，因为卡车比一般存货难变现，而对怀特汽车证券公司（White Motor Securities Corporation）的投资等被列为非流动资产的清算价格与其账面价值之比要高于普通财产。估计出来的怀特汽车公司的清算价值（约31美元/股）与其流动资产价值（约34美元）相差不大。在这个典型案例中，可以说非流动资产变现后足以弥补流动资产清算中的价值缩水。所以，我们的第一个结论是：可用流动资产价值大致估计清算值。

## ●股票市价低于清算价值的情况长期存在●

我们的第二个发现是，在这几年有相当多普通股的市价大大低于其清算价值。很自然，在经济危机中，这种情况出现的比例最高。但在1926—1929年的牛市中，这一现象也并不鲜见。上一章给出的例子中，奥蒂斯公司1929年6月的股价低于其清算价值，那时可是大牛市的顶端；在第41章中，北方管道公司（Northern Pipe Line）的数据取自1926年；而佩珀罗尔和怀特汽车的案例发生在1931—1933年的大衰退中。

我们认为，那三年中股票市场的最大特点就是大量股票的交易价格低于其清算价值。我们的计算表明：在纽约股票交易所挂牌的工业企业中，40%以上曾在1932年的某些时候市价低于清算价值；其中相当多公司（如怀特汽车公司）的股票甚至以低于其现金资产价值的价格出售。① 回头再看，这肯定不是正常的状态。似乎典型的美国企业破产比持续经营更值钱。这些伟大企业的持股者在金融市场中出售股份的所得远比不上在破产清算中可获得的收益。

在1937—1938年的衰退中也出现了这种现象，只不过范围小一些。现有数据表明：1938年初，纽约股票交易所挂牌的工业公司中有20.5%交易价格低于其净流动资产价值。1938年底，股票的普遍价格水平不再反常地过低，我们研究的648公司中仍有54家以低于其净流动资产的价格出售。②

大量企业以低于流动资产价值的价格交易是最近才出现的，认识到这一点很重要。在股市非常低迷的1921年，遭遇这种情况的工业企业并不多。很显然，完全忽视资产负债表且只根据企业损益表评估股票价格的做法，直接导致了1932年（以及1938年）这种不合理现象的发生。其结果是，没有当前收益的企业被认为价值很低，所以交易价常常只有其可变现资产价值的很少一部分。大部分卖家并不知道他们的

① 附录注释62给出了1932年股价低于清算价值的公司样本。
② 详见附录注释61。

卖出价低于企业的清算价值。很多人即使知道也认可了偏低的价格，但由于他们觉得既然企业不打算申请破产，清算价值实际毫无重要性可言。

## ● 上述现象的逻辑重要性 ●

我们的第三个发现是：股价低于清算价值的现象按理对股市、管理层和股东都有重要影响。这可以被总结为一个简单的原则：

**如果某只普通股持续以低于其清算价值的价格进行交易，那么，不是股价被严重低估，就是这个企业应该被破产清算。**

由此得到两条推论：

- 推论一：如此低的价格不禁让股东发问：公司持续经营下去是否符合自己的利益？
- 推论二：如此低的价格，应使管理层采取一切有效的措施，以修正偏离企业内在价值的股价。他们应审视现有经营策略，坦诚地向股东提出持续经营的理由。

上述原则应该是不证自明的。没有任何能说服人的经济理由，让股票持续地以低于清算价值的价格出售。如果一个公司持续经营还不如清算破产，那它应该被清盘。如果它存活下去更有价值，那么股票的价格应该高于其清算价值。所以无论如何，股票价格低于清算价值都是不合理的。

### 上述原则的两种应用

在很多情况下，以低于清算价值出售的股票，股票价格非常低廉，所以值得购买。我们可以利用证券分析方法从中获利。但在另一些案例中，股价低于清算价值说明企业的经营策略有问题，管理层应该采取矫正措施。如果他们不能主动这样做，股东们应施加压力。下面我们依次对其进行讨论。

## 这种股票作为潜在投资对象的诱人之处

这一类普通股一般盈利前景不乐观。如果利润能一直稳定增加，很显然股价不会这么低。反对购买这种股票的理由是企业盈利可能会下降，甚至持续亏损以至于企业的资产被耗尽，股票的内在价值最终低于买入价。不可否认，这确实在个别案例中发生过，但有更多的企业，因为经营情况好转致使股价上升，包括：

1. 企业的盈利能力提高。可能的原因是：
   a. 行业总体情况好转。
   b. 公司有更好的运营模式，有的更换了管理层。这些转变包括更有效的生产技术、新产品、放弃不盈利的产品线等。
2. 企业被出售或合并。相关企业可能更好地利用这些资源，所以至少愿意支付清算价格。
3. 完全或部分清盘。

## ● 经营情况好转的案例 ●

### 行业总体情况好转

已有的例子和很多其他例子都可以说明上述各种有利发展。在佩珀罗尔的例子中，因为 1932 年 6 月 30 日的财务报表上亏损很大，股价下跌至 17.5 美元。后来纺织行业的整体情况好转，该公司取得了每股 9 美元的利润，恢复了分红；股价于 1934 年 1 月上升到 100 美元，1936 年达到 149.75 美元。

### 经营策略的改善

汉密尔顿毛纺公司（Hamilton Woolen Company）是另一家我们研究的纺织企业，

它是因为本身的改进改善了财务状况。1928 年以前的连续几年间，公司一直遭受大量亏损，1926 年每股几乎亏损 20 美元，1927 年每股亏损 12 美元。1927 年底，其普通股市价为每股 13 美元，而公司当时的每股净流动资产为 38.5 美元。1928 和 1929 年，公司管理层进行了调整，提出了新的经营策略，开发了新的产品，采用了直销的方式，产品流程被部分优化。结果盈利大大增加，在之后的四年里，年均盈利约 5.5 美元 / 股，股价一年间就上涨到每股 40 美元。[①]

## 出售或合并

怀特汽车的情况好转归功于并购。然而，其后来的发展却非同寻常。怀特汽车在 1930—1932 年间亏损严重，管理层不得不寻找新的合作伙伴。斯塔贝克公司相信它可以把自己的资源与怀特公司的资源结合起来，实现共赢。怀特公司最吸引它的地方是拥有大量现金，所以，斯塔贝克公司 1932 年 9 月购买了怀特汽车公司的所有股票，每股的对价为：

- 5 美元现金；
- 25 美元斯塔贝克公司十年期债券，年息 6%；
- 1 股价值约 10 美元的斯塔贝克公司普通股。

这样的购买条件，显然不是以怀特汽车当时不足每股 7 美元的市场价为依据的，而是基于其流动资产价值。怀特汽车的股价因此上升到每股 27 美元，后来达到约每股 31.5 美元。[②]

另外一个类似的有趣案例发生在 1939 年初。那时，内布拉斯加标准石油公司（Standard Oil Company of Nebraska）的股票约为每股 6 美元，公司全部 161 000 股的股票总值 100 万美元。1938 年 12 月 31 日的资产负债表简化如表 43—3。

① 该公司之后的情况参见第 44 章。

② 1933 年 4 月，斯塔贝克公司接管了怀特汽车，但怀特汽车的少数股东反对这次合并。这与我们要讨论的观点无关。我们认为在企业并购时估价的主要依据是清算价值，而不是当时可能异常低廉的股票市值。

表 43—3 内布拉斯加标准石油公司 1938 年 12 月 31 日资产负债表 （单位：美元）

| 资产 | | 负债 | |
|---|---|---|---|
| 固定资产及杂项资产净值 | 2 794 000 | 流动负债 | 176 000 |
| 现金资产 | 1 155 000 | 股本和盈余 | 4 734 000 |
| 其他流动资产 | 961 000 | | 4 910 000 |
| | 4 910 000 | | |
| 每股（净）现金资产 | 6.07 | | |
| 每股净流动资产 | 12.05 | | |
| 每股净有形资产 | 29.33 | | |

该公司主要在内布拉斯加从事石油产品的销售，年营业额约 500 万美元，但利润并不可观。1935—1938 年，该公司折旧前盈利平均为每股 0.69 美元；在扣减“折旧费用”后，平均利润是每股 0.39 美元；扣减折旧后每股平均亏损 0.39 美元。

由于利润水平不高，股价大大低于清算价值，但我们完全有理由相信，这家公司的价值远远高于其清算价值。它是大型汽油销售商，因此该公司拥有的大量零售和批发网点对一些大型炼油企业具有相当大的吸引力。

1939 年 4 月，私募投资者提出以每股 12 美元收购该公司 66.67% 的发行股份，但未获得足够多数的股东同意。不久，印第安纳标准石油公司提出以每股 17.5 美元收购该公司，这家大型炼油企业一直供给内布拉斯加标准石油公司汽油等产品，他们明显不愿失去这么重要的销售渠道。股东们很快批准了这项交易，内布拉斯加标准石油公司的股价在四个月内几乎达到了原来的三倍，而当时的股市总体是下滑的。艾萨克·贝尼希父子公司（I. Benesch and Sons）和联合船坞 A（United Shipyards A）也通过出售资产提升了股价，详见后文表 44—1。

## 完全清盘

莫霍克矿业公司是一个很好的案例，它通过完全清盘实现了大幅高于股票市值的现金收益。

1931 年 12 月，该公司股价为每股 11 美元，普通股发行总量 112 000 股，总计市值 123 万美元。1931 年底的资产负债表如表 43—4。

表 43—4 莫霍克矿业公司 1931 年底资产负债表 （单位：美元）

|  |  |
|---|---|
| 现金和有价证券（以市场价计） | 1 381 000 |
| 应收项目 | 9 000 |
| 铜（以市场价估计） | 1 800 000 |
| 耗材 | 71 000 |
| | 3 261 000 |
| 减去：流动负债 | 68 000 |
| 净流动资产 | 3 193 000 |
| 固定资产，减折旧和损耗 | 2 460 000 |
| 杂项资产 | 168 000 |
| 普通股总资产 | 5 821 000 |
| 每股账面价值[a] | 52 |
| 每股流动资产价值 | 28.50 |
| 每股现金资产价值 | 11.75 |
| 每股市场价 | 11 |

注：a. 减去以市场价计的有价证券和存货铜。

管理层决定对企业清盘不久，1932—1934 年总计支付常规和清盘股息每股 28.5 美元。事实上清算所得与其清算开始时的流动资产价值相当，是当时股票平均市值的 2.5 倍。

## 部分清盘

前文提到的北方管道公司和奥蒂斯公司都是通过变卖部分资产提升股价的案例，详见表 43—5。

表 43—5 北方管道公司与奥蒂斯公司的对比 （单位：美元）

| 项目 | 北方管道公司 | 奥蒂斯公司 |
|---|---|---|
| 时间 | （1926 年） | （1929 年 6 月） |
| 市场价 | 64 | 35 |
| 每股现金资产价值 | 79 | 23.5 |
| 每股流动资产价值 | 82 | 101 |
| 每股账面价值 | 116 | 191 |

1929 年 9 月，奥蒂斯公司为每股支付了 4 美元的特别股息，1930 年通过部分清盘返还股本每股 20 美元，把股票的面值由 100 美元降为 80 美元。1931 年 4 月，该股市场价为每股 45 美元；1932 年 4 月，市场价为每股 41 美元。尽管在这期间股市总体价格水平从普遍高估转为大幅低估，公司还向股东派发了每股 24 美元的股息，且股价远高于 1929 年 6 月的价格水平。后来，该公司完全清盘，股东收益又增加了每股 74 美元，使得 1929 年 6 月后获得的总收益达到每股 102 美元（包括 1929 至 1934 年间其他分红总计每股 4 美元）。[①]

北方管道公司于 1928 年按每股 50 美元退还股本，实施部分清算，这使得公司股价自 1926 至 1928 年间几乎翻倍。后来又每股返还了 20 美元，股东们总计获得了比在 1925 和 1926 年以低市价抛售股票所得还多的现金，同时保留了股权。标准石油集团的大部分管线公司进行了类似的慷慨分红，部分清算的案例还有戴维斯煤炭和焦炭公司。

## 选择以低于清算价值交易的股票时应区别对待

这些以低于清算价值交易的普通股代表了一大类价值被低估的证券。它们的市价与其实际情况不符，这意味着其中有些可以为我们提供获利的机会。但是，证券分析师在选择投资标的时应尽可能根据实际情况区别对待。他们会看好那些有望尽快发生上述有利转变的企业，或者那些能提供除流动资产外其他诱人的统计数据，比如令人满意的当期盈利和分红、过去平均盈利能力很高的公司。分析师应该远离那些流动资产迅速流失且无望改善的企业。

**案例**

表 43—6 中的两个公司的股票市值在 1933 年初低于其清算价值，比较它们能说明以上观点。

① 清盘给股东带来超过股票市值的收益的例子见第 44 章。

**表 43—6　　曼哈顿衬衣公司与赫普汽车公司 1933 年初的对比　　（单位：美元）**

| 项目 | 曼哈顿衬衣公司 | | 赫普汽车公司 | |
|---|---|---|---|---|
| 1933 年 1 月股价<br>公司总市值 | 6<br>1 476 000 | | 2.5<br>3 323 000 | |
| 资产负债表 | 1932 年<br>11 月 30 日 | 1929 年<br>11 月 30 日 | 1932 年<br>12 月 31 日 | 1929 年<br>12 月 31 日 |
| | | 300 000 | | |
| 优先股面值 | 246 000 | 281 000 | 1 329 000 | 1 475 000 |
| 普通股数量（股） | 1 961 000 | 885 000 | 4 615 000 | 10 156 000 |
| 现金资产 | 771 000 | 2 621 000 | 226 000 | 1 246 000 |
| 应收账款 | 1 289 000 | 4 330 000 | 2 115 000 | 8 481 000 |
| 存货 | 4 021 000 | 7 836 000 | 6 956 000 | $19 883 000 |
| | 100 000 | 2 574 000 | 1 181 000 | 2 541 000 |
| 总流动资产 | | | | |
| 流动负债 | 3 921 000 | 5 262 000 | 5 775 000 | 17 342 000 |
| 净流动资产 | 1 124 000 | 2 066 000 | 9 757 000 | 17 870 000 |
| 其他有形资产 | | | | |
| 普通股（和优先股）总资产 | 5 045 000 | 7 328 000 | 15 532 000 | 35 212 000 |
| 每股现金资产价值 | 7.50 | 无 | 2.625 | 5.125 |
| 每股流动资产价值 | 16.00 | 17.50 | 4.375 | 11.75 |

以上两个公司 1932 年年底的股票市值和流动资产间的关系都很有趣。但是，比较此前三年的资产负债表就会发现，曼哈顿衬衫公司比赫普汽车公司的财务状况更好，后者在大萧条期间损失了一半以上的现金资产和 60% 以上的流动资产。曼哈顿衬衣公司普通股的流动资产价值在同一困难时期只降低了 10%，它的现金资产反而大大增加了。通过变卖应收款项和存货，公司在还清了 1929 年欠下的银行贷款后，还余下很多现金。

所以从历史资料分析看，这两个公司分属两类。我们不得不考虑赫普汽车公司目前高于股票市值的流动资产可能不久就会消失。曼哈顿衬衫公司的情况不是这样，我们应该为它在大萧条期间优化自己的现金情况给予加分。后面我们会重新讨论证券分析怎样通过比较一个时期内资产负债表确定企业的实际发展。简单比较以下两个公司 1939 年初的资料，可以说明企业的历史盈利情况值得研究（见表 43—7）。

太平洋米尔斯公司（Pacific Mills）之所以亏损是因为计提了大量折旧储备，但是如果没有特别原因，不建议投资亏损的公司。分析师显然认为伊利和沃克纺织公司（Ely & Walker Dry Goods Co.）更值得投资。

表 43—7 伊利和沃克纺织公司与太平洋米尔斯公司 1939 年初情况对比 （单位：美元）

| 项目 | 伊利和沃克纺织公司 | | 太平洋米尔斯公司 | |
|---|---|---|---|---|
| 1939 年 1 月股价 | 17 | | 14 | |
| 每股价值 | 1932 年 12 月 31 日 | 1938 年 12 月 31 日 | 1932 年 12 月 31 日 | 1938 年 12 月 31 日 |
| 净流动资产 | 30.00 | 39.50 | 26.95 | 24.50 |
| 净固定资产 | 37.73 | 46.42 | 90.85 | 79.50 |
| 1933–1938 年平均利润 | | 1.82 | | 2.41（亏损） |
| 1933–1938 年平均股息 | | 1.25 | | 0.50 |

## ● 价廉物美的好买卖 ●

符合如下条件的公司股票是投资者喜欢的价廉物美的投资对象：（1）股价低于流动资产价值；（2）没有资产流失的危险；（3）在合理市价水平上，曾表现出优良的盈利能力。这类公司的价值确实被市场低估了；有理由相信，它们的股价早晚会反映它们的真实价值。低价购入这样的股票可以享有高度的安全性，本金遭受损失的可能性较小。

然而，需要指出的是，投资这些特价股需要注意当时的整体市场情况。比较奇怪的是，这种操作相对来说，在股价水平不是特别高也不是特别低的时候效果最好。在像 1929 年或 1937 年初那样明显过热的市场情况下购买这类"特价股票"并不划算，因为随之而来的价格下跌对所有上市公司都会造成打击，不管它们是否被低估或忽视。另一方面，当所有股票都非常便宜的时候（比如在 1932 年），龙头公司的股票同样被低估，尽管那些不著名的公司股票价格更低，但投资龙头公司的效果更好。

**代表整个企业的普通股不能比只对公司部分资产享有请求权的债券风险更高。** 本书早些时候对优先级高的证券的讨论对于弄清这个问题有帮助。我们在 26 章指出：债券、优先股或普通股（不存在优先级高于它的证券时）不应比它代表的该公司所有财产价值更高。反之亦然，普通股不能比债券风险更高。因为股票代表的是公司的全部权益，债券的收益是固定而有限的，股东享有余下的所有经营成果，这个观点有些抽象，但对照下面讨论的股票和债券的关系就容易理解了。投资信托领域的两个公司的情况可以充分说明我们的观点，因为它们的融资利率相同，而且由同一个经营团队管理。

从表 43—8 中可以清楚看到，肖马特联合公司（Shawmut Association）的股票不应比投资信托中市价 85 美元的优先信用债券风险大。二者管理人相同，股票投资对应了 180% 的资产，而债券只有 122% 的资产作保证。肖马特联合公司的股东拥有公司全部财产，而投资信托债券的持有人权益仅限于本金，余下的财产属于次级证券持有人。实际上，虽然债券发行折价不少，以市场价计，剩余的低级权益金额还是很大。

**表 43—8　投资安全性比较**

| 截止到 1939 年 12 月 | 肖马特联合公司 | 肖马特银行投资信托 |
|---|---|---|
| 债券 | 无 | 优先信用债券面值总计 3 040 000 美元，年利率 4.5% 或 5%<br>（以市价 85 美元计值共 2 585 000 美元，债券发行一般以 100 美元为一份）<br>次级信用债券面值总计 950 000 美元，年利率 6%<br>（市价约 50 美元，共计 480 000 美元） |
| 股票 | 390 000 股，市值 4 000 000 美元（每股 10.25 美元） | 75 000 股，市价 3.5 美元，共计 26 000 美元 |
| 总股本 | 4 000 000 美元 | 3 325 000 美元 |
| 1939 年 9 月的资产净值 | 7 201 000 美元 | 3 153 000 美元 |
| 高级债券市值比净资产 | | 82% |
| 总资本市值比净资产 | 55% | 107% |
| 12 个月总投资收入[a] | （至 9 月 30 日）198 000 美元 | （至 11 月 30 日）114 000 万美元 |
| 按市场价计的资本利润率 | 5.0% | 3.5% |

注：a. 不包括证券销售的盈亏。

很难否认，表 43—8 中肖马特联合公司的股票比投资信托的债券更有吸引力。那些认为债券比股票更安全的投资者显然犯了只看形式而忽视本质的错误。不同的投资形式取决于投资者的经验和态度。投资信托的债券的确可以提供给投资者有一定保证的连续收入。因为债券本息必须按时给付，不然公司就会面临破产，所以公司在 1942 年和 1952 年债券到期前必须想办法筹措到足够的资金。投资信托有强烈的意愿去购回折价发行的债券，因为它们最终必须按面值还本。最终公司回购了 1/3 的债券，使得市场价格得以维持，还提高了剩下的债券的地位。

肖马特联合公司股票投资者的收益就是另一种情况了：股东们自 1929 年起连年得到分红，平均每股 65 美分，约合现价的 6.5%。但分红时多时少，股东们普遍感觉命运掌握在管理层手中。不过，事实上并非完全如此，因为收入法案的处罚条例强制投资信托分配它的净收益。公司没有在股票市值低于清算价值时通过回购维持市价，所以股东们不得不以内在价值 50% 的价格贱卖手中的股票。

在本书的 1934 年版，我们通过研究 1933 年 1 月美国洗衣设备公司（American Laundry Machinery）的股票论证了同一个观点，那时该公司股票价格为每股 7 美元，也就是说整个公司的市值是 430 万美元。而该公司当时拥有 400 万美元现金、2 100 万美元的净流动资产、2 700 万美元的净有形资产，十年内平均利润超过 300 万美元（其中 1932 年亏损 100 万美元）。该章的最后两段如下：

> 华尔街认为美国洗衣设备公司的股票不安全，但是他们会毫不犹豫地接受该公司 450 万美元的债券。其理由是债券能按时还本付息，而 40 美分的分红没有保障。董事会必须依法偿还债券本息，所以他们一定会履约。但是否分红要看公司经营需要，所以有可能会取消分红。这里，华尔街混淆了暂时的持续收入和本金安全问题，普通股的股息并不能令股票更安全。董事会只是把股东们自己的部分财产交给了他们；如果钱留在企业，它还是股东的财产。有一种错误的认识是：如果股东可以与债券所有者一样强制要求分红，他们的地位就会提高。宁可购买利率为 5% 或 6% 的债券，也不购买同一企业的股票以享有长期利益，这种行为是目光短浅的，但公众偏偏就会这样做。
>
> 不过，华尔街一直坚持这种不理性的观点，有时，事实会证明他们是对的。但在其他情况下，普通股股权不能使股票持有者享有私营业主的同等权利。这引领我们进入关于股价低于清算价值股票的第二层讨论。

# 44

# 清算价值的意义以及股东与管理层之间的关系

华尔街认为清算价值一点也不重要的原因是，正常经营的企业不会去考虑进行清算。这种看法本身的推理符合逻辑。对于那些市价低于清算价值的股票，华尔街的观点可以这样概括：

> 即使公司的清算价值超过其市值,它们也不值得购买。原因有二:第一，公司的利润不令人满意；第二，公司不计划进行清算。

我们在前一章中提出：第一个假设在一些情况下不成立，因为尽管过去的收益不令人满意，但外部或内部的变化可能促使公司再次取得满意的资本回报。但大多数案例的情况证明市场的消极看法至少是合理的。

因此，我们提出一个问题：“为什么无论一个企业的前景看起来多么糟糕，它的所有者都会允许它存在到资源耗尽的一刻？”

要回答这个问题，我们就必须探究美国金融市场最奇怪的现象之一：股东和他们所拥有的上市公司之间的关系。这超出了证券分析的狭窄范畴，但我们在此要对它进行一个简单讨论，因为证券价值和证券持有者的智慧和警觉性之间存在一种特别的关系。选择买下普通股是一时的决定，而拥有它们是一个持续的过程。股东们当然有理由像当初买股票时那样认真研究持股公司。

## ● 大多数股东冷漠而温顺 ●

众所周知，典型的美国股东如温顺的圈养动物一样，对企业事务缺乏兴趣。他们按照董事会的建议行事，很少考虑维护自己作为企业和所雇经理人主人所拥有的权利。结果就是：绝大多数美国公司的决策权掌握在一个被称作“管理层”的小团体手中，而不是在拥有大部分股权的所有者手里。这种情况在伯利（Berle）和米恩斯（Means）的重要著作《现代公司与私有财产》（*The Modern Corporation and Private Property*）第四篇第一章中有详尽的描述：

> 从传统意义上讲，企业应该追求其所有人（即股东）利益的最大化，他们应享有全部用来分配的利润。但现在我们知道，管理层有能力将利润装入自己的口袋。如今谁也不能保证企业首先顾及股东的利益。经营权与所有权的深度分离及管理层权力的大大加强让人不禁要问：是否应通过社会和法律施加压力，以确保企业在经营决策时，优先考虑其所有者的利益或将更广范围的人的利益一并考虑。

在最后一章（见第 335 页），二人又论述了这个问题：

> 然而，第三种可能是存在的。一方面，财产的主人在交出控制权和责任的同时，也放弃了独占这些财产带来的收益的权利，使得社会不再有义务保护他们享有法定的严格财产权。同时，管理层通过行使经营权为自己谋取利益，破坏了要求企业仅需维护其所有者利益的传统。即便不作为的企业主不应独占企业创造的利润，管理层也不能利用手中的权力大肆为自己谋利。管理层并没有用事实或行动有效证明他们有权这样做。这与传统的理念格格不入。管理层的出现仅仅为他们和股东之外更广泛的群体享有这些利润扫清了障碍，从而可以使大众要求现代企业不仅要对其所有者和经营者负责，还要为整个社会服务。

## ● 股东们貌似合理但偶尔不实的臆测 ●

如果股东们头脑敏锐，可能不太完全同意伯利先生和米恩斯先生的结论，他们并没有主动放弃获得所投资企业所有利润的权利。毕竟，他们不是故意放弃这一权利，而是默认不加以履行。如果能获得足够的信息并受到正确引导，股东可以重新掌握所有权内固有的控制权。他们对董事会意见言听计从，貌似不关心企业经营的做法深受一些传统错误观点的影响，这些祖传的或口碑相传的准则包括：

1. 管理层比股东更了解企业，所以他们做出的所有经营决策应该被接受；
2. 股价变动不影响管理层的利益，他们也无须对此负责；
3. 如果股东不同意管理层的某项重大决策，最好的反对办法是卖出该公司股票。

## ● 管理层并不总像股东们认为的那样睿智而高效 ●

上述三条听起来似乎有理，但实际上只对了一半。因为它们并非完全错误，所以危害性更强。绝大多数情况下，管理层是进行正确决策的最佳人选，但他们并不总能认识到以及采取对股东最有力的措施，他们不称职的行为可能产生严重的错误。似乎任何一家公司的股东都认为其管理层理所当然应该是称职的。但选股的艺术在于投资于管理优良的企业，远离管理混乱的公司。这说明很多公司管理不善。难道任何一家企业的股东不应该对其管理层是否高效进行考察吗?

## ● 股东和职业经理人在某些情况下存在利益冲突 ●

股东们不应总是不加怀疑地接受管理层决定的第二个原因是，在特定问题上，股东与管理层之间存在利益冲突，这些领域包括：

1. 经理们的待遇——包括工资、奖金和股票期权；
2. 公司扩张——经理人有权借此要求更多薪水、获得更多权力和名誉；
3. 股息支付——经营利润留在企业受管理层支配还是分发给股东；

4. 股东是否继续投资该企业——既然企业不盈利，是任其继续经营、部分撤资，还是全部清盘；
5. 对股东的信息披露——管理层是否能通过不向广大股东公开某些信息获利。

以上各种决策都涉及管理层的利益，所以股东们应该认真参与。我们并不是说公司管理人员不值得信赖。事实上，大公司的职业经理们通常是一群品质和能力超群的人，但这并不意味着股东应该让他们在涉及自己利益的事项中享有完全决定权。私营老板只会雇用他们信任的人，但不会让这些人自定薪水，或决定对该公司投入或撤出多少资本。

## ●董事们在上述事项中往往有自己的利益要考虑●

上市公司的这类决策由董事会做出，董事由股东选举产生，管理层要对他们负责。理论上董事们应该代表股东利益，适时防止管理层中饱私囊。但在现实中不能指望他们，因为很多公司的大部分董事和大多数公司的重要董事本身就是该企业雇用的管理人员；那些不在公司任职的董事往往与公司的主要领导人关系密切。可以说，很多时候是公司的管理层选聘董事，而不是董事会挑选管理层。因此，股东必须对管理层的利益与股东利益可能发生冲突的所有事项进行独立思考，并具备怀疑精神。也就是说，在这些事项上，不能仰赖管理层在知识和判断力上的优势。任何真诚的批评意见都值得股东仔细考虑。

## ●不当的管理层待遇●

管理层为自己谋取高福利的事实被大量曝光，这已经引起了认真质询。这种情况大部分发生在1933年以前。伯利恒钢铁公司的管理层获得了大量明显超发的奖金。美国烟草公司管理层获得以大大低于市值的价格购买本企业股票的权力，总量巨大。购买股票的特权容易遭到滥用。电力债券和股份公司（Electric Bond and Share Company）的管理层允许自己以大幅低于市价的价格认购大量本公司股票。后来股价跳水，低于协议认购价格，管理层被允许取消认购，已经认缴的款项被返还。怀特汽车公司也采取了类似行动，本章稍后会更完整地讨论这一案例。

这些交易中的一部分在1928—1932年的极端条件下是可以理解甚至合理的，其他的则找不到服人的理由。然而，人性天生趋利避害，发生这样的事也不稀奇。这并不能真正反映管理层的道德水准，让管理层就关乎自身利益的问题全权做出决定显然是不明智的。

企业高管薪金和持股情况在以前是不公开的，新的法规为驱散遮挡真相的迷雾做了很多努力。新发行证券的公司和在全国性证券交易所挂牌的上市公司必须填报相关高管的工资、奖金和股票期权，之后在呈交美国证券交易委员会的年报和代理投票委托发生时也必须填报这些信息。[①]虽然这些数据并不完整，但足以让股东了解雇用企业管理层的成本。这些规定还包括：公司经理、董事的持股情况和持股10%及以上的股东情况要每月公布。

因为散户不太容易及时获得这些信息，统计机构非常尽职地把收入和股票持有情况加入他们每年出版的公司主管和董事名录。

近年来，管理层的巨额收入问题成了众矢之的。公众非常清楚，在这个问题上管理层的观点并不代表最高智慧。然而，他们并没有清楚地意识到，管理层在处理股东的资本和企业盈利分配问题时，对股东权益的维护也是有限的。我们在讨论分红策略时（第29章）涉及了这个问题的一些方面。很显然，为企业扩张筹措新资本或把盈余投入企业再生产，也是股东们要认真研究并做出决定的事项。

## ● 评估持续经营是否明智 ●

在第三个问题上股东同样需要认真对待，那就是是否把资本继续留在该企业中。管理层自然不愿意把任何一部分资本归还给股东，即使这些资本在别处能得到更好地利用，从而获得更高的收益。允许股东部分撤资（例如闲置的现金资产）意味着消减企业的资源，可能造成以后的财务困难，而且肯定在一定程度上降低了公司领导人的威望。完全清盘意味着企业提供的所有工作岗位将不复存在。所以，不要期

① 按照《1936年收入法案》(*Revenue Act of 1936*）的规定，财政部公开了所有年收入超过15万美元的公司经理的名字和薪酬。《1938年收入法案》(*Revenue Act of 1938*）要求：自当年始，年收入超过75 000美元的经理公开其薪酬。

望被雇来的管理层决定企业存续还是清盘的问题时能站在股东一边，只考虑股东利益最大化。我们必须再次强调：董事们通常与公司高管结成同盟，而且很多高管本身就是董事会成员；所以也不能期望他们完全站在股东立场上处理相关问题。

所以，“是否把公司继续经营下去”应该是企业所有者、股东们独立解决的问题。需要指出的是：从法律意义上说这不是管理问题，而是所有权问题。如果股票市值长期大大低于其清算价值，考虑这个问题符合逻辑。毕竟这种情况要么说明市场估值错误，要么说明管理层不应再继续经营下去。股东们理所应当弄清错误所在，在决定过程中应该认真听取管理层的观点和解释。但如果管理层在这个问题上有最终决定权，整个调查将毫无意义。

很多时候，对管理层决策的批评中掺杂着反对者的私心。这令人不快，却很难避免。利他主义在财务领域很少见。发动针对管理层的战争需要耗费大量时间、精力和金钱，很难期望散户们能为伸张正义而花费这许多。在企业有大量投资的大股东联合起来保护自己的权益，从而代表所有股东对管理层交涉。绝大多数情况下，应该尊重普通股东的知情权，认真考虑他们对股东与管理层利益存在冲突的事项的意见。①

股东公开指责管理层、代理战及其他各种法律行动令管理层烦恼不已，很多案例中股东的做法不怎么明智，甚至有的动机不良。利益对立是职业经理人和积极的股东必须面对的问题。公众必须学会理智地审视这些争端，认清事实，理清逻辑，不要一味指责或被无关的个人品质问题影响判断力。

单从如何使股东获得最大利益的角度讨论结束企业经营，是很不人道的。必须要考虑雇员们在清算中的一些重要权益，但把问题复杂化没有任何好处。如果维持公司生存的主要目的是避免员工失业，且这将牺牲股东们的利益，他们有权知道这将给自己带来怎样的损失并直面它；虽然将企业清算有些残忍，若真有利可图，那么股东就不应该被告知“清算是不明智的”。公允地说，在现有经济体系中，企业主不承担为维持员工就业而忍受资产缩水的义务，私营企业主极少做这样的善事。是

① 美国证券交易委员会关于代理的法规为了鼓励股东对管理层提出改进意见，规定公司有义务为个人股东寻求代理的文书（及说明书）支付邮资。

否应该为保证就业牺牲资本是整个国家经济福利制度面临的难题，我们在这里不做讨论。我们的重点是指出“股价低于清算价值”的现象并强调这对股东影响很大，应该向管理层问责。

## ● 管理层能在股票市场价格波动中获利 ●

管理层一直很成功地撇清同本公司证券市场价格的关系。长期以来，人们普遍认为证券市值的波动与管理层无关，这是不对的。公司领导们确实不用对证券的日常涨跌负责，但这并不是说他们可以不关心证券的交易价格。声称自己不在意的管理层是非常虚伪的。证券市值的流动性是购买者考虑的主要指标之一；除了可靠的交易市场，合理的交易价格也很重要。股东们希望自己的资产能保值增值，满意的股价至少同分红一样重要。管理层既然有责任维护股东的权益，就应该尽其所能去防止出现本公司证券价格被过分高估或低估。

很多上市公司的主管一脸诚实地表示，他们甚至不知道自己经营公司的证券价格，这种态度简直让人忍无可忍。很多时候，他们的切身利益也与这些证券价格密切相关。有时，他们还会利用内幕消息占公众和股东的便宜。[①] 我们讲述这些并非故意语出惊人，这是常识逻辑的结论。我们建议由董事们负责监控本公司的证券价格，并利用一切合法手段矫正显著的股价异常，如同他们处理其他损害股东利益的公司状况一样。

## ● 各种可能的矫正股票市值的措施 ●

合理的办法有很多。第一类办法是，可以向股东们发出通告，说明公司的清算价值（即最低价值）高于目前的市场交易价格，股权的实际价值远超股价。大多数情况下，董事会判定公司持续经营比清盘对股东更有利，相关理由应同时公布。第

① 这在 1934 年《证券交易法》颁布前的“旧日好时光”中达到了惊人的地步。1934 年《证券交易法》规定“公司决策者等知情人”应为其六个月内买卖相关股票获得盈利承担责任，股东可以就此提出诉讼。这一规定遭到华尔街的强烈反对，因为它禁止管理层和董事会以合法手段干预股市，比如在关键时刻支撑股价。我们认为：该法规从逻辑和现实操作角度都不合理；相关操作的及时披露应该足以使人们发现可疑交易，从而达到反欺诈的目的；如果月报对情况的反映不够及时，可要求他们随时在第一时间报告相关操作。

二类办法从分红入手。应尽力制定一个至少与清算价值相匹配的股息率，以保证股东能在持续经营中获得投资收益。即使当前的利润不足以支付股息，只要有足够多的累积盈余和现金就能做到。

第三类办法是现金返还企业运营中富余的资本，通常是按持股比例返还部分股本从而降低票面价值，或以合理的价格回购部分股票。最后，如果董事们经过仔细比较企业的清算价值和盈利能力，决定出让企业或实行清盘，他们应大胆地迈出这最敏感的正确一步。

## 奥蒂斯公司的案例

在 1929—1930 年，奥蒂斯公司管理层采取了上述数种拯救措施：1929 年 7 月，董事长召集股东，公布了 6 月 30 日的资产负债表，指出了股价与公司清算价值之间的差距；9 月，尽管企业利润并未比以前多，公司以大量现金资产和累积盈余为后盾恢复了分红。1930 年，大部分公司运营富余资金被用来赎回为数不多的优先股，普通股股东的股本按每股 20 美元返还。[①]

后来，奥蒂斯公司施行分拆清盘的政策，逐步返还股东资本。从 1929—1940 年的最后一次给付，共返还每股 94 美元，另外分发股息每股 8 美元。正如我们在前一章中指出的那样，这些措施非常有效地改善了股东的处境。当时大部分股票的价值都在缩水，奥蒂斯公司的股东却最终获得了比持续经营大得多的收益。

## 汉密尔顿毛纺公司的案例

汉密尔顿毛纺公司 1929 年以来的历史更有趣，因为其董事会保护股东投资的做法堪称典范。1927 年，长期亏损导致公司股价大大低于其清算价值。如果亏损持续，股本有被侵蚀殆尽的危险。另一方面，公司的未来收益有可能大幅增加，特别是施行新政的话。一份说明清盘利弊的文书被摆在了股东们面前，他们投票决议保留企业，并聘用了新经理。这个决定被证明是明智的，因为公司利润逐渐上升，股价也超过

① 其他公司继续经营但部分返还股本的例子包括：古巴大西洋糖业公司（Cuban Atlantic Sugar Company，1938—1939 年）、大南部木材公司（Great Southern Lumber Company, 1927—1937 年）、拱顶石表壳公司（Keystone Watch Case Corporation，1932—1933 年）、戴维斯煤和焦炭公司和前面提到的标准石油集团的一些管线公司。

了清算价值。

然而到了1934年，公司再次严重亏损，主要原因是劳工矛盾激化。管理层再次建议股东实行清盘，这一次股东投票支持卖出企业。交易成功后，他们获得了高于1934年11月公司流动资产价值的收益。

特别值得称道的是1927年决策过程的细节。继续还是放弃经营的终极决定权被交给掌握所有权的股东；管理层提供了相关信息，提出了自己的建议并就问题的两个方面都进行了论述。

## 其他主动清盘的案例

表44—1这个不完全的合并表说明了一个显而易见却很重要的事实：不盈利但拥有很多资产（特别是流动资产）的公司几乎一定能卖出大大超出其股票市值的价钱。原因当然是股价主要由企业的盈利能力决定，而清盘所得多寡由企业拥有的资产决定。

表44—1 其他自愿清算的公司情况 （单位：美元）

| 公司 | 决定清盘或出售的年份 | 做出清盘或出售决定前夕的股价 | 实现的每股收益 |
|---|---|---|---|
| 美国粘合剂公司（American Glue） | 1930 | 53 | 139.00+ |
| 艾萨克·贝尼希父子公司（I. Benesch & Sons） | 1939 | $2^1/_4$ | 6.63 |
| 联邦针织厂（Federal Knitting Mills） | 1937 | 20 | 34.20 |
| 莱曼工厂（Lyman Mills） | 1927 | 112 | 220.25 |
| 莫霍克矿业（Mohawk Mining） | 1933 | 11 | 28.50 |
| 标志针织（Signature Hosiery Pfd） | 1931 | $3^1/_8$ | 17.00 |
| 内布拉斯加标准石油（Standard Oil of Nebraska） | 1939 | 6 | 17.50 |
| 联合船坞A（United Shipyards A） | 1938 | $2^1/_4$ | 11.10[a] |

注：a. 数据截至1939年12月31日。

## 按持股比例回购股份

汉密尔顿毛纺公司的管理层在 1932 年和 1933 年把富余的现金资本按持股比例以合理的价格回购了大量股份，这种做法值得推荐。这是 1929 年向股东增发股票的反向操作；大萧条造成的萎缩让公司不再需要那么多资本，所以把其中大部分返还给股东是符合逻辑的行动。钱放在自己口袋里比留在企业中对那些股东更有利。[①]

## 通过公开市场回购损害股东利益

在 1930—1933 年的大萧条时期，很多工业公司用富余的盈余现金资产回购了本公司股票。[②] 他们在不通知股东的情况下通过公开市场买入本公司股票，遭到了强烈反对。这种做法存在一些弊端。他们觉得以尽可能低的价格购买股票"符合企业利益"，却让在交易所出售股票的股东被迫承受了巨大的损失；坚持持有股票的人可能最终获益。虽然在为企业购买其他资产时可以遵循"最优价"原则，但从本公司股东手中回购股票时，无论从逻辑上还是从道义上，都不能这样做。管理层有义务在以公司名义回购股票时对出售股票的股东公平些。

但实际上，低价回购股票可能导致减少或取消分红，尤其是在经济动荡期间。这就会对所有股东造成伤害，不管他们是否出售了手中的股票。所以我们认为，以不公平低价回购只是"可能"给坚持持有股票的人带来好处。

## 怀特汽车公司的案例

前一章中我们让大家看到，怀特汽车公司在 1931—1932 年的股票市值远低于其清算价值。该公司管理层的经营策略很明显导致股东陷入了极其不利的境地，研究此案例很具指导性。

---

① 汉密尔顿毛纺公司 1929 年按持股比例向股东增发 1.3 万股，价格为每股 50 美元。1932 年，公司以每股 65 美元的价格按比例回购了 6 500 股；1933 年以每股 50 美元的价格回购了 1 200 股。1934 年，完美橡胶公司（Faultless Rubber Company）采取了类似的行动。在 1930—1933 年间，西姆斯石油公司（Simms Petroleum Company）不但按持股比例向股东直接回购股票，还通过公开市场买入本公司股票，总计约占 1929 年底公司流通股的 45%。朱利安和考克恩鞋业公司（Julian and Kokenge [Shoe] Company）在 1932、1934 和 1939 年分别按持股比例回购过本公司股票。

② 据纽约股票交易所 1934 年 2 月公布的数据显示，259 家在该所交易的上市公司部分回购了本公司股票。

从 1916—1926 年，怀特汽车公司每年每股分红 4 美元（8%）；期间公司在 1921 年因经济危机亏损近 500 万美元，但它提取累积盈余全额支付了全额股息；这防止了公司股票的市价跌破每股 29 美元。经济复苏时公司股价一度升至每股 72.5 美元（1924 年）和 104.5 美元（1925 年）。1926 年，通过以每股 50 美元的价格向股东增发新股，公司获得了 1 000 万美元的新资本，并与此同时支付了 20% 的股息。

公司的所有者们几乎没从这巨额现金中获得回报，当利润开始萎缩，分红也减少了。1928 年，公司实现每股净利 3 美元（合并计算），但分红只有每股 1 美元。1931 年 6 月 30 日结束的 12 个月中，公司约亏损 250 万美元，所以下一次分红被完全取消，公司的股价暴跌至每股 7.5 美元。

上述 1931 年与 1921 年的对比非常惊人。公司早年的亏损额更大，盈余公积更少，现金资本水平也远远低于 1931 年。但 1921 年实现了正常分红，所以股价得以维持。十年之后，尽管公司有富余的现金和充足的未分配利润，一年的经营亏损就足以说服管理层当期不分红，并坐视股票的市场价格下跌到荒谬的水平。

在取消分红的前后几年时间里，该公司积极在公开市场购入本公司股票。这始于 1929 年的“特定管理岗位”福利计划。截至 1931 年 6 月，该公司总计用 280 万美元买入了 10 万股自己的股票。暂停分红后，公司领导和员工不再被要求购买这些股份，福利计划就此中止。在接下来的 6 个月中，得益于怀特汽车股价的大幅下滑，公司以 11 美元 / 股的均价在公开市场购入另外 5 万股。这 15 万股被收回的股票随即被注销。

这些简单罗列的事实表明：**允许管理层动用公司资金回购股票可能造成严重问题**。我们首先注意到的是，怀特汽车管理层雇员与股东待遇之不同。公司为这些员工提供的福利，是以非常诱人的低价购买了大量本企业股票，购买这些股票的资金出自股东。如果当时公司的效益提高，股票价格会大幅上涨，所有差价的好处都归属相应的雇员；但如果公司亏损了，“那些管理人员”什么损失也不用承担，所有重担落在股东们身上。①

① 1933 年向斯塔贝克出售股权时，怀特汽车的董事将 15 000 股库存股票赠与组织内关键人物。一些怀特汽车的股东就此提起诉讼，要求取消捐赠；最终公司向未被斯塔贝克收购的怀特汽车股票的持有者支付了每股 31 美分的对价。

在这些与股东直接进行的交易中，我们看到怀特汽车在1926年获得了1 000万美元新增资本金。除去给购买者融资，公司用其中一部分回购了很多股票，价格只有增发股票的五分之一。取消当期分红是其能低价回购的主要原因。无须其他证据，这些事实足以令股东们怀疑，当期不分红的目的是故意压低市场价格。如果不分红是为了保留现金，很难解释公司为什么要大量回购股票，却中断15年以来从未间断的股息派发。

现金充裕的公司决定当期不分红，从而迫使股东在公开市场以很低的价格抛售该公司股票，这绝不是件令人愉快的事。

## 威斯摩兰德煤炭公司的案例

威斯摩兰德煤炭公司（Westmoreland Coal Company）在公开市场上回购股票是一个更近的实例。股东们是否能从中得到好处备受质疑。在1929—1938年间，该公司报告的账面亏损累计高达30.9万美元，约合每股1.7美元。但这些损失是在计提了巨额折旧费和备抵折耗（共265.8万美元，远远超出了相关重置成本）后发生的。所以，在不规律地支付了总计每股4.1美元的分红之后，公司手上的现金在这十年中还增加了不少。

据该公司年报，威斯摩兰德自1935年起在公开市场回购股票。截至1938年底，公司共回购了44 634股，超过流通股总量的22%。非常惊人的是，这些股票的平均买入价为每股8.67美元，不到该公司每股现金资产价值的一半。而且，这还是没有计算威斯摩兰德大量其他有形资产的价值。请注意，在1930—1939年间，该公司的股价都低于其现金资产价值。在1938年底，该公司公告的现金和可交易证券总计277.2万美元，而当时其股票的总市值只有140万美元。

分析该公司情况，可以清楚得到下列事实：

1. 股票市值低的原因是利润缺失且分红不稳定。在这种情况下，股价反映不出理论上属于股东的大量现金资产。如果这些现金资产的分配不能预期，股票市值由企业利润和股息决定。

2. 管理层真正的职责，是认清现实并尽其所能使股东的投资不受损失，尤其是防止牺牲股权的大部分真实价值。因为很多股东会因急需用钱、希望有稳定的收入或对煤炭行业失去信心而抛售股票，股东权益很容易普遍受损。
3. 公司手持大量现金资产而股价极低的异常情况其实是可以避免的。即使不研究它的年业务量和大量现金留存之间的非正常关系，大量回购便宜股票的行为就可以证明公司有维持正常经营以外的富余现金。
4. 所有富余的现金应该按持股比例返还给股东。用其中一部分钱以尽可能低的价格回购股票对那些被迫或糊里糊涂“割肉”的股东不公平。足够坚定持有股票的股东可能从中受益。公司负责人处于特别有利的地位，因为只要他们愿意，就可以把公司的现金分发给股东；普通股民则难以决定公司的分配政策。所以股票市场会如此低估上市公司持有的属于股民的现金资产的价值。①

## ●综述与结论●

股东与管理层之间的关系，在1928—1933年间的经济混乱中出现了很多不合理的问题。美国证券交易委员会的法令和更具批判性的社会舆论已对此进行了有益的规范。这里要澄清一些几乎被遗忘的基本事实：股份制企业在法律上是股东创建并拥有的；管理层只是股东付钱雇来的员工；不管董事会是如何产生的，它作为代理人有法律义务只维护企业所有者的利益。②

为了使这些真理更有效地应用到实践中，有必要通过教育让广大投资者清楚地了解股东在下列事项中应该享有的权益：分红策略、扩张策略、用企业的现金回购本公司股票、管理层的福利待遇以及最基本的决定企业存亡的问题——把股本留在企业中还是全部或部分撤出。

---

① 还有两个事实需要简单说明一下：1. 该公司在租用的土地上每采一吨煤要交10美分租金，全年累计不得少于18.9万美元。该租金与其他普通应付款项都要求公司保有宽裕的现金量；但保留大大超出1930—1939年公司市值的现金是不合理的；2. 在1939年10月，该公司向美国证券交易委员会递交申请，要求退出费城股票交易所和纽约证券交易所，理由是：本公司交易太不活跃以致股价过低。读者们可以评判一下：取消股票的公开交易渠道是否能缓解股东们面临的困境？该申请后来被撤回。

② 美国电话电报公司的管理层已多次表示：他们作为股东、雇员和公众的代理人，会公允处置各方权益。公用事业公司如果公开并诚信地遵守这一原则，不太可能遭到批评。在普通工商企业，实际情况是管理层有的一心维护股东利益，有的只为自己谋私利。

# 45

# 资产负债表分析（完）

在前几章的讨论中，我们主要研究了如何通过资产负债表确定股价被市场低估的情况。然而，资产负债表分析更经常被用来判断股价是否被高估，即企业是否存在影响目前或未来投资收益的财务缺陷。谨慎的证券投资者通过认真研读企业的资产负债表，可以确定该公司是否拥有足够的现金、流动资产与流动负债的比例是否合理、是否不能及时偿还最近到期的债务以致需要再融资等问题。

## 营运资金情况与债务结构

### ● 涉及营运资金的基本原则 ●

我们在这里无法给出企业应保留的现金量。投资者必须自己判断具体企业所需现金量及现金缺口的大小。以前工业企业营运资金的标准为：每 1 美元的流动负债，至少要有 2 美元流动资产相对应。

但 20 世纪 20 年代末以来，大部分行业倾向于保持更好的流动性比率。我们发现：绝大部分工业企业的营运资金比率（流动资产 / 流动负债）大幅超过 2:1。[①] 最近有一种流行的观点认为，如果一个公司的营运资金比率低于同行业平均水平，投资

① 1938 年底纽约证券交易所上市企业的相关资料见附录注释 61 或每年出版的《穆迪行业手册》（*Moody's Manual of Industrials*）。

者应以怀疑的眼光审视它。[①]

我们认为，这种看法有一定逻辑缺陷。因为按照这一说法，无论具体企业的总体财务状况多么好，达不到平均值的公司都一概不被看好。我们提不出比传统的 2:1 标准更好的、判断企业财务状况是否满意的明确数量标准。很自然，投资者更青睐超过这一最低标准的企业，但问题是有必要把更高的营运资金比率作为购买的必要条件吗？是否应该拒绝投资于其他条件令人满意而流动资产仅为流动负债两倍的企业呢？我们不赞成这一规则，但是也无法明确新的相关数值。

衡量财务实力的第二个标准是所谓的“酸性测试”（acid test），它要求流动资产减去存货至少要等于流动负债。通常，投资者都很希望所投资的公司同时通过 2:1 和酸性测试。如果这两条都未能满足，大多数情况下普通股、优先股或债券投资者都会强烈反对购入，投机者也不会看好该公司发行的证券。

## 例外情况与案例

就像所有其他类似的规定一样，特殊情况下要允许有例外。表 45—1 是阿彻尔 – 丹尼尔斯 – 米德兰公司（Archer-Daniels-Midland Company）在 1933 年 6 月 30 日的资产负债表与前一年数据的对比。

表 45—1 阿彻尔 – 丹尼尔斯 – 米德兰公司 （单位：美元）

| 项目 | 1933 年 6 月 30 日 | 1932 年 6 月 30 日 |
|---|---|---|
| 现金资产 | 1 392 000 | 3 230 000 |
| 应收款项 | 4 391 000 | 2 279 000 |
| 存货 | 12 184 000 | 4 081 000 |
| 总流动资产 | 17 967 000 | 9 590 000 |
| 流动负债 | 8 387 000 | 778 000 |
| 营运资金 | 9 580 000 | 8 812 000 |
| 营运资金减去存货 | –2 604 000 | + 4 731 000 |

① 参见罗伊 · 福尔克 (Roy A. Foulke)1938 年在纽约出版的《时代的符号》（*Signs of the Times*）之第 17、18、19、25 页等；以及亚历山大 · 瓦尔（Alexander Wall）1936 年在纽约出版的《财务报表分析》（*Evaluate Financial Statements*）之第 82~87 页。请注意，瓦尔对用简单算术平均值作为比较基础的方法提出的批评。

该公司 1933 年 6 月 30 日的财务状况明显不如一年以前，按一般标准衡量财务压力相当大。但在这一案例中，应付款项增加的原因在于，根据该公司所属植物油产业的惯例，公司需要大量从银行借款以季节性地收购谷物和亚麻籽做原料。所以通过调查，分析师不会认为 1933 年的资产负债表呈现出的财务状况值得忧虑。

道格拉斯飞机公司（Douglas Aircraft Company）和斯托克利兄弟公司（Stokely Brothers and Company）在 1936—1938 年的情况是很好的另一类例子（见表 45—2）。

**表 45—2　　斯托克利兄弟公司与道格拉斯飞机公司营运资金比较　　（单位：千美元）**

| 项目 | 斯托克利兄弟公司 | | | 道格拉斯飞机公司 | | |
|---|---|---|---|---|---|---|
| | 1936 年 5 月 31 日 | 1937 年 5 月 31 日 | 1938 年 5 月 31 日 | 1936 年 11 月 30 日 | 1937 年 11 月 30 日 | 1938 年 11 月 30 日 |
| 流动资产： | | | | | | |
| 现金和应收项目 | 2 274 | 2 176 | 1 827 | 2 885 | 2 559 | 4 673 |
| 存货 | 5 282 | 7 323 | 6 034 | 6 392 | 12 240 | 4 084 |
| 总计 | 7 556 | 9 499 | 8 861 | 9 277 | 14 749 | 8 757 |
| 流动负债： | | | | | | |
| 应付票据 | 2 000 | 2 000 | 2 500 | 1 390 | 5 230 | |
| 其他 | 1 527 | 1 286 | 1 320 | 1 179 | 3 183 | 2 129 |
| 总计 | 3 527 | 3 286 | 3 820 | 2 569 | 8 413 | 2 129 |
| 1~3 年期银行贷款 | | 3 000 | 3 000 | | | |
| 流动负债和 1~3 年债务 | 3 527 | 6 286 | 6 820 | 2 569 | 8 413 | 2 129 |
| 当年净利润 | 1 382 | 353（亏损） | 713（亏损） | 976 | 1 082 | 2 147 |

阿彻尔－丹尼尔斯－米德兰公司借款进行季节性原料采购，而道格拉斯飞机公司 1937 年从银行大量贷款，是因为它拿到了需要大量营运资金的订单。经调查，投资者了解到这些银行债务很可能是暂时的；而且新生意能带来足够的利润，还本付息不成问题。斯托克利公司的情况与前两家公司不同：在难以盈利的市场条件下，大量的流动负债被用来增加库存；所以斯托克利公司 1937 年 5 月的资产负债表对优先股和普通股股东提出了严肃警告，正如表 45—2 所展示的那样。

一年以后，道格拉斯飞机公司还清了银行贷款，流动比率达到 4:1。斯托克利公司在 1938 年 10 月暂停支付优先股股息，那一年，其股价从每股 21 美元跌到了 10 美元（每股面值 25 美元）。

就像在第 13 章讨论债券选择时指出的那样，我们提出的这些原则不适用于铁路和公用事业公司。但大家很快就会知道，这并不是说这些公司的营运资金状况完全不重要，只是一刀切的标准不适用于它们。

## ● 大量银行借款通常是财务状况不良的一个标志 ●

即将到期的银行借款和其他债务容易使企业陷入困境。换句话说，财务困境几乎不会只由普通商业往来账户的应付款引起。这并不是说有银行借款就一定是坏事，合理利用银行借款（特别是季节性需要）是合法的，甚至是被推崇的。但是，如果报表显示有应付票据或账单，分析师应该更仔细地研究公司的财务状况。

1919 年战后繁荣的标志，是从银行贷款并高价购入大量工业原料。在 1920—1921 年，商品价格急剧下滑，这些贷款导致了严重的财务危机。20 世纪 30 年代的萧条显示出了不同的特征。1929 年的工业借贷非常少，原因之一是对商品或存货的炒作很少，原因之二是公司大量出售股票以获取更多的营运资金。（自然也有例外，比如著名的阿纳康达铜矿公司 1929 年底的银行贷款余额是 3 500 万美元，三年以后增加到 7 050 万。）大量的银行贷款更经常出现在铁路和公用事业公司的报表中。它们被用来购买土地等财产或偿还到期债务，还被一些铁路公司用来支付固定费用。所有这些公司都希望得到永久性投资用来偿还银行贷款；但事实证明，很多时候是不可能的，最终企业被接管。英萨尔（Insull）的公用事业控股公司就是这么垮掉的。

**案例**

纽约中央铁路 1932 年底的资产负债表中有 6 800 万美元的银行贷款；1931 年 12 月 31 日城市服务公司的应付票据总计 6 900 万美元。很难准确描述两家公司投资者或投机者对这一情况是怎样地担心。可以肯定的是，这种不利的情况不应该被忽视。除非价格低得值得一赌，相对保守的投资者会强烈反对购买任何背负如此多债务公司的债券。当然，如果公司的财务状况改善了，这些银行贷款应该能被偿还。但逻辑要求我们认识到，改善只是“可能”，而银行贷款非常真实并且必须偿还。[①]

① 经济形势的好转和低利率（加上受到误导的铁路投资者非常乐观）使很多公司偿还了在 1931—1933 年间看起来风险很大的银行贷款。

拥有高额利润的企业很少会因为还不上银行贷款而破产。但是如果像1931—1933年那样很难完成财务重组，债权人可以要求暂停分红，把所有可用的利润都用于偿还债务。所以尽管公司的利润和前几年相差无几，布鲁克林－曼哈顿交通公司（Brooklyn Manhattan Transit Corporation）在1932年暂停支付普通股股息，纽约水务公司1931年也没有派发优先股股息。

1937—1938年的衰退没有像前两次危机那样造成企业财务普遍困难。1919—1921年的股票市场与1937—1938年时有显著不同，最近股价下跌的绝对值和幅度比战后更大。但是，由于对美国企业的财务状况影响相对较小，1937—1938年的衰退没有1919—1921年严重。[①] 这说明股票价格对公司业绩的暂时波动做出的反应越来越不理智，令人十分担心。我们把这一现象归咎于传统股票投资者和投机者之间界限的消失。

## ● 企业之间的债务 ●

对母公司或关联企业的流动负债理论上应当视同其他短期负债，但实际上这些债务很少被逼迫偿还。

**案例**

联合燃气公司（United Gas Corporation）自1930年就欠母公司电业债券和股票公司（Electric Bond And Share Corporation）2 600万美元，所以它一直有远超过流动资产的流动负债，但这笔债务并没有影响它在1936—1939年间支付第一优先股的股息。该公司在1932年获得的利润比1939年还多，但被迫暂停支付优先股股息。因为除了欠母公司的债务之外，还有大量的银行贷款到期。保守的投资者自然希望公司的流动负债是欠关联公司的。

① 类似斯托克利公司的情况是极少数。

## ● 即将到期的债务可能带来的风险 ●

在很短时间内就要到期的大量债券，在经营收益不佳时会造成严重的财务问题，投资者和投机者都需要在分析资产负债表时认真评估企业的债务情况。将到期的债务是最经常导致企业破产的原因之一。

**案例**

菲斯克橡胶公司未能偿还 800 万美元的应付票据，在 1930 年底被接管。1933 年，科罗拉多燃料和钢铁公司和芝加哥 – 罗克岛 – 太平洋铁路公司（Chicago, Rock Island and Pacific Railway Company）的破产都是因为它们无力偿还 1934 年到期的大笔债券。1933 年 6 月，科罗拉多燃料和钢铁公司的优先股价格是每股 54 美元，而它的短期债券由母公司担保，1934 年到期，年息 5%）售价是 45 美元（面值 100 美元，意味着预期年化收益率超过 100%）。这充分说明投机者是多么不小心：该债券的市场价预示了未来的麻烦，到期不能还债很可能导致破产（因为自动展期是不可能的），从而使股票价值归零。投机者常常无视这么明显的危机，也因此遭受巨大的损失。（两个月后该公司被接管，其优先股的价格下降至每股 17.25 美元）。

纽约 – 芝加哥 – 圣路易斯铁路公司在 1929 年发行的三年期债券面临着一系列财务问题。1932 年这些债券首次到期，之后在公司被接管的威胁中几次展期。1939 年，该公司的优先股股价从每股 18.5 美元飙升到 45.75 美元，而那时该公司 1941 年将要到期的债券价格只有 50 美元（面值 100 美元），这充分说明典型的投机者无视企业的财务问题。

即使公司能设法偿还将要到期的债务，相关的再融资费用也必须被考虑在内。

**案例**

美国轧钢公司（American Rolling Mill Company）1933 年 11 月 1 日到期的、年息 4.5%、面值 1 400 万美元的票据能很好地说明这个观点。1933 年 6 月，这些票据的市价是 80 美元，这意味着 5% 的年收益。与此同时，该公司的普通股价格从每股 3 美元上升至 24 美元，总市值 4 000 万美元。投机者购买该公司股票是因为钢铁企业总体情况好转，但是他们没有考虑，在比现在更差的市场上进行新融资以赎回那些票据，必须提供非常吸引人的条件。这必然会影响普通股的收益。事实上，该公司新发行的票据年息为 5%，用以赎回利率 4.5% 票据，并可以以 25 美元的价格转换成股票。结果该票据 1933 年 8 月的售价是 101 美元，同期该公司的普通股市价跌到了每股 21 美元。1933 年 11 月 1 日，公司按面值兑付了年息 4.5% 的票据；同日，股价跌为每股 15 美元。

快要到期的债券对所有拥有这个公司证券的人，包括偿还权在将要到期的债券之上的抵押贷款的债权人，都有重要影响。因为如果公司无法按期偿还这些次级债券，优先债券也会受到很大影响。菲斯克橡胶公司是一个非常典型的案例，其 1941 年到期的年息 8% 的第一抵押权债券的优先级比年息 5.5% 的无担保票据高。但公司因为无力偿还年息 5.5% 无担保票据而被接管，导致第一抵押权债券的价格从 1929 年的 115 美元跌至 1932 年的 16 美元。①

## ● 分期偿还的银行贷款 ●

很低的利率和正常商业银行贷款的稀少，导致近年出现了一种新现象：银行对企业的放款要求逐年分期偿还。这些借款大部分被用来偿还债券（例如 1931 年 11 月商业投资信托公司 [Commercial Investment Trust Corporation]）和优先股（例如 1939 年阿彻尔 – 丹尼尔斯 – 米德兰公司）。有的借款被用作补充营运资金（例如 1937 年

① 这两只菲斯克债券的其他情况请参见第 6、18 和 50 章。

西部汽车用品公司 [Western Auto Supply Company]）或者偿还一般短期银行借款（例如美国工业酒精和斯托克利兄弟公司）。在大多数情况下，银行规定或希望企业每年都偿还贷款的一部分。

从证券分析的角度来看，这种银行贷款就像过去企业融资中经常用到的向公众发行的短期票据。研究时必须把它部分看成流动负债，部分视为即将到期的债务。如果现金资产足够多，那么这些贷款就能像流动负债一样被按时偿还；如果公司盈利能力很强而且稳定，那么通过再融资还债不成问题。但是如果以上两种条件都不具备（就像斯托克利公司的例子），分析师必须把大量需分期偿还的银行债务视为潜在威胁，因为它们可能影响分红甚至导致破产。

我们不用再强调审查资产负债表的必要性，也不再展开阐述银行贷款或其他短期负债可能带来的问题。

## 比较一个时期内的资产负债表

证券分析的这一重要部分应考虑以下三方面：

1. 检查报告期每股收益。
2. 确定亏损（或盈利）对公司财务状况的影响。
3. 追踪较长一段时间内公司拥有的资源与其盈利能力间的关系。

### 通过资产负债表检查报告期每股收益

其中一些技巧已经应用在证券分析的相关阶段，比如我们在第 36 章给出了这方面的例子，检查了美国工业酒精公司 1931 年和 1932 年的利润情况。下面是研究更长一段时间内的收益情况的例子。表 45—3 是美国工业酒精公司 1929—1938 年资产负债表所示的净值和每股净收益的变化。

表 45—3　　美国工业酒精公司（1929—1938 年）　　（单位：美元）

**1. 报告期净收益（net earnings）**

| | | |
|---|---|---|
| 1929 | 4 721 000 | （公司年报中）每股[a]：12.63 |
| 1930 | 1 105 000 | 2.95 |
| 1931 | 1 834 000（亏损） | 4.90（亏损） |
| 1932 | 176 000 | 0.47 |
| 1933 | 1 393 000 | 3.56 |
| 1934 | 1 580 000 | 4.03 |
| 1935 | 844 000 | 2.15 |
| 1936 | 78 000 | 0.20 |
| 1937 | 456 000（亏损） | 1.17（亏损） |
| 1938 | 668 000（亏损） | 1.71（亏损） |
| 10 年总计 | 6 782 000 | 18.21 |

注：a. 数据来自年报。

**2. 上述净利润与盈余账户变化值的对比**

| | |
|---|---|
| 1929—1938 年报告的净收益总额 | 6 782 000 |
| 减去：已付股息总额 | 5 959 000 |
| （A）应计入“盈余”的金额 | 823 000 |
| 盈余公积（1928 年 12 月 31 日） | 14 214 000 |
| 减去：1933 年将工厂厂房设备账户减值为 1 美元时的盈余减值 | 455 000 |
| 调整后的盈余公积（1928 年 12 月 31 日） | 13 759 000 |
| 盈余公积和应急储备（1938 年 12 月 31 日） | 5 736 000 |
| （B）资产负债表中盈余减值 | 8 023 000 |
| 损益表中的收益增加与资产负债表上的盈余减值间的差额 | 8 846 000 |

**3. 对上表中差额的解释**

公司依据损益表计算每股净收益，冲减盈余却未计入损益表的费用：

| | |
|---|---|
| 存货减值 | 4 500 000 |
| 各种资产耗损和减值 | 3 969 000 |
| 杂项调整（净值） | 377 000 |
| | 8 846 000 |

1933 年，该公司通过折旧减值 19 301 000 美元把固定资产减值到 1 美元，其中 18 846 000 美元从资本账户中扣减，剩下的部分从盈余账户里扣减。由于这笔固定资产减值，1932 年以来折旧计提不足，公司报告的利润在这一时期被远远夸大了。

**4. 1929—1938 年的真实总收益**

| | |
|---|---|
| 损益表所示收益 | 6 782 000 |
| 减去：盈余调整总额 | 8 846 000 |
| 更正后的十年总收益 | 2 064 000（亏损） |

**5. 营运资金比较（1938 年与 1928 年）**

| | |
|---|---|
| 营运资金净值（1928 年 12 月 31 日） | 11 336 000 |
| 营运资金净值（1938 年 12 月 31 日） | 8 144 000 |
| 十年间减值 | 3 192 000 |
| 加上：出售股本（capital stock）的收入 | 6 582 000 |
| 营运资金在十年间实际减少 | 9 774 000 |

上面的分析并不需要再进一步讨论，因为我们的大部分观点在第 31~36 章已经阐明了。实际上，1929—1938 年这十年从盈余中扣减的所有支出都是报告期盈利的减项（不包括把厂房设备账户减到 1 美元的那笔）。如果该公司 1932 年以来提取了足够的折旧，厂房设备账户的值正常减少，那么盈余应该也会相应减少。虽然公司通过出售增加的股票获得了 6 582 000 美元，其营运资金减少 3 192 000 美元的事实进一步证明：在这十年中，公司不像报告的那样在分红前是盈利的，而是一直亏损。①

## 检查亏损或盈利对公司财务状况的影响

第 43 章中比较曼哈顿衬衣公司与赫普汽车公司在 1929—1932 年的资产负债表是第二方面的例子。表 45—4 和表 45—5 是一个类似的例子，比较了普利茅斯绳索公司（Plymouth Cordage Co.）和 H. R. 马林森公司（H. R. Mallinson）1929—1932 年的损益情况和财务状况。

① 本书 1934 年版对斯图尔特 – 华纳公司（Stewart Warner Corporation）1925—1932 年数据的分析得出了类似的结论。在哈佛大学 1938 年出版的《商业和现代社会》（*Business and Modern Society*）一书的 113~151 页，W. A. 霍斯默（Cf. W. A. Hosmer）的文章《直接减计盈余对收益计算的影响》（*The Effect of Direct Charge to Surplus on the Measurement of Income*）中也有相关论述，该书的编辑是麦克奈尔（M. P. McNair）和刘易斯 (H. T. Lewis)。

## 案例

表 45—4　　普利茅斯绳索公司与 H. R. 马林森公司的比较　　（单位：美元）

| 项目 | 普利茅斯绳索公司 | H. R. 马林森公司 |
|---|---|---|
| 报告期利润： | | |
| 1930 | 288 000 | 1 457 000（亏损） |
| 1931 | 25 000 | 561 000（亏损） |
| 1932 | 233 000（亏损） | 200 000（亏损） |
| 3 年总利润 | 80 000 | 2 218 000（亏损） |
| 股息 | 1 348 000 | 66 000 |
| 对盈余和储备的冲减 | 2 733 000 | 116 000 |
| 3 年盈余和储备减值减少额 | 4 001 000 | 2 400 000 |

表 45—5　普利茅斯绳索公司与 H. R. 马林森公司资产负债表比较　（单位：千美元）

| 项目 | 普利茅斯绳索公司 | | H. R. 马林森公司 | |
|---|---|---|---|---|
| | 1929 年 9 月 30 日 | 1932 年 9 月 30 日 | 1929 年 12 月 31 日 | 1932 年 12 月 31 日 |
| 固定及杂项净资产 | 7 211 | 5 157 | 2 539 | 2 224 |
| 现金资产 | 1 721 | 3 784 | 526 | 20 |
| 应收项目 | 1 156 | 668 | 1 177 | 170 |
| 存货 | 8 059 | 3 150 | 3 060 | 621 |
| 总资产 | 18 147 | 12 759 | 7 302 | 3 035 |
| 流动负债 | 982 | 309 | 2 292 | 486[a] |
| 优先股 | | | 1 342 | 1 281 |
| 普通股 | 8 108 | 7 394 | 500 | 500 |
| 盈余和杂项储备 | 9 057 | 5 056 | 3 168 | 768 |
| 总负债 | 18 147 | 12 759 | 7 302 | 3 035 |
| 净流动资产 | 9 954 | 7 298 | 2 471 | 357 |
| 不包括存货的流动资产净值 | 1 895 | 4 143 | 589（亏损） | 264（亏损） |

注：a. 包括 32 000 美元“递延负债”。

虽然这三年中普利茅斯绳索公司的盈余大量减少，但它的财务状况比 1929 年更乐观了，每股清算价值（与账面价值不同）也可能更高。而亏损使马林森公司的营运资金消耗殆尽，这对重新恢复以前的盈利能力造成极大的障碍。

## ● 把存货减值计入损失有可能增进财务健康 ●

单纯因存货减值造成的损失，显然不如需要增加流动负债弥补的亏损严重。如果存货减值金额超过亏损额，从而使现金增加或应付款减少，那么可以认为，虽然企业账面亏损，但其财务状况更健康了。这有点自相矛盾，但在分析股价低于清算价值的股票时很有用。我们在估计清算价值时曾指出：通常应以资产负债表上存货余额（以买入价与市场价中较低者计算）的 50%~75% 估算。如果投资者对存货的估价大大低于其账面价值，账面亏损的公司在他们眼中可能有利可图，见表 45—6 和表 45—7 中是曼哈顿衬衣公司的例子。

表 45—6　　曼哈顿衬衣公司　　（单位：千美元）

| | 1929 年 11 月 30 日 资产负债表 | | 1932 年 11 月 30 日 资产负债表 | |
|---|---|---|---|---|
| 项目 | 账面价值 | 清算价值（估计） | 账面价值 | 清算价值（估计） |
| 现金和流通债券 | 885 | 885 | 1 961 | 1 961 |
| 应收项目 | 2 621 | 2 100 | 771 | 620 |
| 存货 | 4 330 | 2 900 | 1 289 | 850 |
| 固定及其他资产 | 2 065[a] | 500 | 1 124 | 300 |
| 总资产 | 9 901 | 6 385 | 5 145 | 3 731 |
| 流动负债 | 2 574 | 2 574 | 100 | 100 |
| 优先股 | 299 | 299 | | |
| 普通股价值 | 7 028 | 3 513 | 5 045 | 3 631 |
| 普通股数量（股） | 281 000 | 281 000 | 246 000 | 246 000 |
| 普通股每股价值（美元） | 25.00 | 12.50 | 20.50 | 14.75 |

注：a. 不包括商誉。

表 45—7　　1930—1932 年损益表　　（单位：美元）

| | |
|---|---|
| 支付优先股股息后的余额 | |
| 1930 | 318 000（亏损） |
| 1931 | 93 000 |
| 1932 | 139 000（亏损） |
| 3 年总计 | 364 000（亏损） |
| 冲减盈余 | 505 000[a] |
| 已付普通股股息 | 723 000 |
| | 1 592 000 |
| 减去购买普通股票的贴现 | 481 000 |
| 该时段盈余减值 | 1 111 000[a] |

注：a. 减去转为应急储备的 10 万美元。

如果只看财务报表的结论，该公司在那段时间中是亏损的，所以普通股价格下降了。但如果投资者在 1930 年以每股 8 美元（那年该股的最低市场价是每股 6.125 美元）的价格买入了曼哈顿衬衣公司的股票，比较符合逻辑的解释是他是以清算价值而不是账面价值为基础评判该企业的。所以，在他看来：曼哈顿衬衣公司股票的内在价值，在大萧条中从每股 12.50 美元上涨到 14.75 美元，同时大量分红。真实情况是：曼哈顿衬衣公司在那 3 年中把半数以上的资产变现，从而使营业损失大大少于保守投资者的估计，表 45—8 总结了这项成就。

曼哈顿衬衣公司在 1930—1932 年的合并损益表显示账面亏损，连续的资产负债表却反映了更真实的财务情况。这类事实证实了我们的一贯主张：资产负债表分析很有必要，它能对损益表分析起到补充和验证的作用。①

表 45—8　　曼哈顿衬衣公司转化为现金的资产和收益的使用　　（单位：美元）

| 变现的资产和这部分收入的分配 | 金额 | 相应的“预期损失”和差额的分配 |
|---|---|---|
| 存货减值 | 3 000 000 | 1 000 000 |
| 应收项目减值 | 1 800 000 | 350 000 |
| 工厂设备等资产减值 | 1 000 000 | 750 000 |
| | 5 800 000 | 2 100 000 |

① 曼哈顿衬衣公司在 1937 年 12 月—1938 年 12 月出现了类似情况，但规模较小。

续前表

| 变现的资产<br>和这部分收入的分配 | 金额 | 相应的“预期损失”<br>和差额的分配 | |
|---|---|---|---|
| 实际损失 | 800 000 | 800 000 | |
| 变现净收入 | 5 000 000 | 相对原清算价值增加： | |
| | | | 1 300 000 |
| 分配如下： | | 分配如下： | |
| 支付普通股股息 | 700 000 | 普通股股息 | 700 000 |
| 归还应付款项 | 2 500 000 | 增加清算价值 | 600 000 |
| 兑付优先股 | 300 000 | | |
| 注销普通股 | 500 000 | | |
| 增加现金资产 | 1 000 000 | | |
| | 5 000 000 | | |

## ● 正常存货的价值减少应计入营业损失吗 ●

更深一层的问题是：存货账户的变动（不管是否单由持有价格下降引起）应该被视为营业损失吗？我们在普利茅斯绳索公司的案例中注意到以下数据对比：

| | |
|---|---|
| 1929 年 9 月 30 日存货…………………… | 8 059 000 美元 |
| 1932 年 9 月 30 日存货…………………… | 3 150 000 美元 |
| 减少…………………………………… | 60% |

在那 3 年间，纤维原料的价格下降超过 50%，而且我们有理由相信该公司 1932 年库存的纤维原料、绳索、合股线的重量不比 1929 年少很多。至少半数的存货账户缩水是由单价下降造成的；这部分存货价值缩水应记为营业损失吗？类似的情况还有固定资产的评估值下降导致固定资产缩水。这两种实体资产价值下降导致的减值同样应当从利润中扣减呢？

我们已经在第 32 章阐述以“正常库存”为基础评估存货的问题时，讨论过这一方法，普利茅斯绳索公司在 1932 年以后也是这样做的。理论上，分析师可能试图在“正常库存”的基础上计算所有企业的盈利能力，以剔除存货价格浮动的影响，便于统一比较。实际上，他没有所必需的数据，所以如在其他领域的分析中一样，只好以大概的而不是精确的允差衡量存货价格变化的扭曲作用。

## 存货升值虚增利润

存货价格变化的重要性不仅体现在衰退期，1919 年和 1920 年发生的事很好地证明了这一点。1919 年，工业企业的利润很高；1920 年，各公司公布的利润不规则，总量仍然比较大。然而，这两年的高额利润多来源于存货升值，当时炒作使商品价格疯涨。这些利润的有效性值得怀疑，危险的是这些高价存货中很多是用银行贷款买来的。

**案例**

表 45—9 中这些工业龙头企业，在 1919 年底至 1920 年底所报告的账面盈利令人满意，他们的资产负债表反映出的财务状况变化，却无疑令人不安。

表 45—9　　12 家工业企业资产负债表分析（合计数据）　　（单位：美元）

| | 1919 年 | 1920 年 | 1919–1920 年 |
|---|---|---|---|
| 属于普通股股东的利润 | 100 000 000 | 48 000 000 | 148 000 000 |
| 已付股息 | 35 000 000 | 68 000 000 | 103 000 000 |
| 冲减盈余 | 5 000 000 | 10 000 000 | 15 000 000 |
| 盈余增加 | 60 000 000 | 30 000 000（减少） | 30 000 000 |
| 存货增加 | 57 000 000 | 84 000 000 | 141 000 000 |
| 其他净流动资产增加 | +30 000 000 | 131 000 000（减少） | 101 000 000（减少） |
| 工厂设备等增加 | 33 000 000 | 169 000 000 | 202 000 000 |
| 资本金增加 | 69 000 000 | 141 000 000 | 210 000 000 |
| 储备增加 | | 12 000 000 | 12 000 000 |

表 45—9 中的 12 家公司包括：美国制罐公司、美国冶炼精炼公司（American Smelting and Refining）、美国毛纺公司、鲍德温机车制造、中部皮革公司、玉米产品精制公司、通用电气、B.F. 古德里奇、莱克瓦纳钢铁（Lackawanna Steel）、共和钢铁（Republic Iron and Steel）、斯塔贝克汽车公司和美国橡胶公司。

为了增加说服力，表 45—10 和表 45—11 单独给出美国橡胶公司的数据。

表 45—10 美国橡胶（1919—1920 年） （单位：美元）

| | | |
|---|---|---|
| 属于普通股的利润： | | |
| 1919 年 | 12 670 000 | 每股：17.60 |
| 1920 年 | 16 002 000 | 19.76 |
| 总计 | 28 672 000 | 37.36 |
| 已付现金分红 | 8 580 000 | |
| 已付股票分红 | 9 000 000 | |
| 转入应急储备 | 6 000 000 | |
| 盈余及储备调整 | （贷记）2 210 000 | |
| 盈余及杂项储备净增额 | 7 300 000 | |

表 45—11 美国橡胶公司资产负债表 （单位：千美元）

| 项目 | 1918 年 12 月 31 日 | 1920 年 12 月 31 日 | 增加 |
|---|---|---|---|
| 工厂设备和杂项资产净值 | 131 000 | 185 500 | 54 500 |
| 存货 | 70 700 | 123 500 | 52 800 |
| 现金和应收项目 | 49 500 | 63 600 | 14 100 |
| 总资产 | 251 200 | 372 600 | 121 400 |
| 流动负债 | 26 500 | 74 300 | 47 800 |
| 债券 | 68 600 | 87 000 | 18 400 |
| 优先股和普通股 | 98 400 | 146 300 | 49 900 |
| 盈余和杂项储备 | 57 700 | 65 000 | 7 300 |
| 总负债 | 251 200 | 372 600 | 121 400 |
| 营运资金 | 93 700 | 112 800 | 19 100 |
| 营运资金减存货 | 23 000 | 10 700（亏损） | 33 700（亏损） |

美国橡胶公司 1919—1920 年的财务数据与曼哈顿衬衣公司 1930—1932 年的财务数据反映出的情况正相反。橡胶公司的账面利润很多，但大量购置厂房设备和存货使该企业财务状况恶化。股票购买者如果只把注意力放在美国橡胶公司 1920 年每股近 20 美元的报告期盈利上，很容易误入歧途；同理，证券市场只顾虑 1930—1932 年间的账面亏损，没有看到很多公司的财务状况在此期间得到了改善，也是错误的。

## ● 对公司盈利能力和资源的长期研究 ●

比较数年内连续的资产负债表的第三种研究的益处要在对一个公司的历史材料和内在特质进行广泛研究之后才能显现出来。表 45—12 至表 45—14 这类研究的目的可以通过以下对美国钢铁公司和玉米产品精制公司的长期研究得到很好的说明。

### I. 对美国钢铁公司 1903—1932 年营运结果和财务变化的分析（分析于 1933 年完成，10 年为一段）

调整后的资产负债表，除去了原本包含在固定资产中的金额为 508 000 000 美元的无形资产项目（“水”）。该项目后来在 1902—1929 年间，通过每年从偿债基金（总计 182 000 000 美元）和盈余中冲减被注销。相关的偿债基金也从利润项中扣除。

表 45—12　　美国钢铁公司营运结果　　（单位：百万美元）

| 项目 | 第 1 个 10 年 1903—1912 | 第 2 个 10 年 1913—1922 | 第 3 个 10 年 1923—1932 | 30 年总计 |
|---|---|---|---|---|
| 生产完工货物（吨） | 93.4 | 123.3 | 118.7 | 335.4 |
| 总收入（不包括公司内部交易） | 4 583 | 9 200 | 9 185 | 22 968 |
| 总利润 [a] | 979 | 1 674 | 1 096 | 3 749 |
| 债券利息 | 303 | 301 | 184 | 788 |
| 优先股股息 | 257 | 252 | 252 | 761 |
| 普通股股息 | 140 | 356 | 609 [b] | 1 105 [b] |
| 盈余和自愿储备 | 279 | 765 | 51 | 1 095 |

注：a. 折旧后，但不包括母公司的偿债基金费用。

b. 包括用股票支付的 204 000 000 美元。

表 45—13 美国钢铁公司利润和平均资本的关系 （单位：百万美元）

| 项目 | 第 1 个 10 年 | 第 2 个 10 年 | 第 3 个 10 年 | 30 年总计 |
| --- | --- | --- | --- | --- |
| 初始资本 | 987 | 1 416 | 2 072 | 987 |
| 期末资本 | 1 416 | 2 072 | 2 112 | 2 112 |
| 平均资本（约计） | 1 200 | 1 750 | 2 100 | 1 700 |
| 年资本利润率 | 8.1% | 9.6% | 5.2% | 7.4% |
| 年资本收益率 | 5.8% | 5.2% | 4.0%[a] | 5.2%[a] |
| 平均普通股资产（普通股、盈余和储备） | 237 | 620 | 1 389 | 816 |
| 普通股股本收益率 | 17.7% | 18.3% | 4.8% | 9.0% |
| 普通股股本分红率 | 5.9% | 5.7% | 2.9%[a] | 3.7%[a] |
| 每年折旧 | 24 | 34 | 46 | 35 |
| 平均固定财产账户 | 1 000 | 1 320 | 1 600 | 1 300 |
| 固定资产折旧率 | 2.4% | 2.6% | 2.9% | 2.7% |

注：a. 不包括股息。

**以上数据的重要性。**这三十年中，外部经济环境时好时坏。第一个十年中 1904 和 1908 年是经济低谷，1911 和 1912 年也不正常。第二个十年中有三年比较困难，1914 和 1921 年经济疲软，1922 年的开销很高。第三个十年的前八年经济繁荣，后两年却是史无前例的大衰退。

与第一个十年的平均利润率计算出的中间十年利润相比，第一次世界大战给美国钢铁公司带来了 3 亿美元的意外利润。而最后十年的投资利润率大幅下降，只有 5.2%；与 8% 的满意平均利润率相比，公司十年少赚约 6 亿美元。

从另一个角度看，我们发现：最后十年与第一个十年相比，美国钢铁公司的投资实际增加了一倍还多，生产能力增长了三倍；而其平均年产值只增加了 27%，付息前年平均利润只增长了 12%。这就引出了下列问题：

（1） 第一次世界大战结束后，钢铁生产是否从比较理所当然的兴旺产业转为盈利率较低的行业？

（2） 造成这种转变的主要原因是否是把大量利润用来投资新工厂，造成了产能过剩，从而降低了利润率？

表 45—14　　美国钢铁公司平衡损益表的变化　　（单位：百万美元）

| 项目 | 1902 年 12 月 31 日 | 1912 年 12 月 31 日 | 第 1 个 10 年的变化 | 1922 年 12 月 31 日 | 第 2 个 10 年的变化 | 1932 年 12 月 31 日 | 第 3 个 10 年的变化 | 30 年间的变化 |
|---|---|---|---|---|---|---|---|---|
| 资产： | | | | | | | | |
| 固定及杂项资产（减去折旧）[a] | 820 | 1 160 | +340 | 1 466 | +306 | 1 741 | +275 | +921 |
| 净流动资产 | 167 | 256 | +89 | 606 | +350 | 371 | –235 | +204 |
| 总计： | 987 | 1 416 | +429 | 2 072 | +656 | 2 112 | +40 | +1 125 |
| 负债： | | | | | | | | |
| 债券 | 380 | 680 | +300 | 571 | –109 | 116 | –455 | –264 |
| 优先股 | 510 | 360 | –150 | 360 | | 360 | | –150 |
| 应计优先股股息 | | | | | | 5 | +5 | +5 |
| 普通股 | 508 | 508 | | 508 | | 952[b] | +444 | +444 |
| 盈余及自愿储备[a] | 411（亏损） | 132（亏损） | +279 | 633 | +765 | 679 | +46 | +1 090 |
| 总计 | 987 | 1 416 | +429 | 2 072 | +656 | 2 112 | +40 | +1 125 |

注：a. 减去最初虚增，后来又被注销的 508 000 000 美元。

b. 包括 81 000 000 美元的红利和 204 000 000 美元的股息。

**补充说明**。1933 年做出的上述分析可以用之后的事实来检验。应指出的是，工厂设备账户和年利润都应该根据最后披露的信息做向下调整，即（1）1937 年从工厂设备账户中分离出来并于 1938 年注销的 269 000 000 美元，与 1929 年注销的 508 000 000 美元都是无形资产；（2）1935 年从盈余中冲减的 270 000 000 美元应该用来增加前 30 年的固定资产折旧。然而，这些随后的调整并没有对上文的结论造成任何实质性的影响。

美国钢铁公司 1932 年以来的表现，证实了我们 1933 年做出的悲观结论。1934—1939 年的数据给出了该公司的正常盈利能力，美国钢铁公司的普通股息润只有每股 14 美分。新的产品、生产工艺或其他因素（包括战争）都有可能带来好的转变，仅仅是"可能"而已，是猜测而不是根据历史财务数据得出的理性结论。

**玉米产品精制公司例子的说明**。第一阶段的利润低于正常值，如果该公司计提了足够的折旧，利润还要低。美国钢铁公司第一次世界大战为美国钢铁公司和玉米产品精制公司都带来了大量利润。在 1916—1925 年这十年中，公司在营运资金大量增长的同时还清了很多借款，还赎回了不少优先股。计提的折旧费超过了在新工厂设备上的花费。

1926—1935 年，玉米产品精制公司与美国钢铁公司的情况迥然不同。尽管经历了大萧条，玉米产品公司的盈利能力基本随资本投资扩大相应增强。其年利润（包括大萧条前后）几乎是前一个十年的 4 倍。相较之下，美国钢铁公司 1926—1935 年的利润少于 1906—1915 年的利润。资产负债表数据的另一个特征是，虽然财产账户余额继续明显下降（因为计提折旧幅度比较大），但是对关联公司的投资比财产账户减少额多，说明公司的业务范围扩大了。

很显然，玉米产品精制公司的数据并没有反映美国钢铁公司那些令人忧心的问题。详细分析见表 45—15 至表 45—17。

## II. 对玉米产品精制公司的类似分析
（1906年2月28日至1935年12月31日）

表 45—15　　年平均损益表　　（单位：千美元）

| | 1906—1915 | 1916—1925 | 1926—1935 |
|---|---|---|---|
| 折旧前收益 | 3 798 | 12 770 | 14 220 |
| 折旧 | 811 | 2 538 | 2 557 |
| 利息和分红余额 | 2 987 | 10 232 | 11 663 |
| 债券利息 | 516 | 264 | 88 |
| 优先股股息（已付或应付未付的） | 2 042 | 1 879 | 1 738 |
| 归属于普通股股东的净利润 | 429 | 8 089 | 9 837 |
| 普通股股息 | | 2 751 | 8 421 |
| 盈余 | 429 | 5 338 | 1 416 |
| 该段时间总盈余 | 4 290 | 53 384 | 14 159 |
| 普通股、盈余和储备调整 | 贷方 1 282 | 贷方 6 026 | 借方 5 986 |
| 普通股、盈余和储备总增加值 | 5 572 | 59 410 | 7 173 |

表 45—16　　资产负债表　　（单位：千美元）

| | 1906年2月28日 | 1915年12月31日 | 1925年12月31日 | 1935年12月31日 |
|---|---|---|---|---|
| 工厂设备（减折旧）和杂项资产 | 49 000 | 51 840 | 47 865 | 34 532 |
| 对关联企业的投资 | 2 000 | 4 706 | 16 203 | 33 141 |
| 净流动资产 | 1 000 | 11 091 | 42 528 | 43 192 |
| 总计 | 52 000 | 67 637 | 106 596 | 110 865 |
| 债券 | 9 571 | 12 763 | 2 474 | |
| 优先股 | 28 293 | 29 873 | 25 004 | 24 574 |
| 普通股、盈余和杂项储备 | 14 136 | 19 708 | 79 118 | 86 291 |
| 应付未付的优先股股息 | | 5 293 | | |
| 总计 | 52 000 | 67 637 | 106 596 | 110 865 |

表 45—17　　总资本和普通股股本的利润率和收益率[a]　　（单位：美元）

| 项目 | 1906—1915 年 | 1916—1925 年 | 1926—1935 年 | $29^5/_6$ 年 |
|---|---|---|---|---|
| 平均总股本 | 59 818 | 87 116 | 108 730 | 81 432 |
| 该时期收益率 | 5.0% | 11.8% | 10.7% | 10.2% |
| 该时期分配率 | 4.2% | 5.6% | 9.4% | 7.3% |
| 平均普通股股本 | 16 922 | 49 413 | 82 704 | 50 213 |
| 该时期收益率 | 2.5% | 16.4% | 11.9% | 12.2% |
| 该时期分配率 | 无 | 5.6% | 10.2% | 7.8% |

注：a. 对盈余和储备账户的调整已从利润中扣除。

## 上述计算的说明

1. 工厂设备账户和普通股权益被调整了，反映 1922 年和 1923 年的账面减值共 3 600 万美元。
2. “流通在外的债券”账户在 1906 年和 1912 年增加了，反映分支机构发行的债务、工厂设备等账户也相应调增。
3. 最初的资产负债表中的估值足够准确。
4. 前两个十年中部分债券利息的扣除额是估算的。
5. 对普通股、盈余和储备的调整主要反映杂项储备金的变化和可交易证券的减值。

第七部分

# 证券分析的其他方面：价格与价值间的差异

## 导读十

# 股票市场大幻象和价值投资的未来

**大卫·艾布拉姆斯**

艾布拉姆斯资本管理公司总裁

在价值投资者的圈子里，你会遇见很多人，他们都表示自己曾从格雷厄姆和多德的《证券分析》中得到了启发。平心而论，他们中的大多数人多少有点夸大其词。有不少有志气、有实践精神的价值投资者的确已经吃透了《聪明的投资者》这本书，但是我可以打一个赌——很少有人真正深入研读过《证券分析》这本书，能将此经典从头到尾通读的人就更少了。我不得不承认，虽然我已经研读过《证券分析》中的多个部分，但是我还从来没有将其从头到尾通读一遍。所以，当被要求为本书的第七部分写个导读时，我知道这是我该做"功课"的时候了。在做了20多年的专业投资者之后，我终于读到了价值投资者的《申命记》(《圣经·旧约》中的第五本书)。

第七部分的标题是"证券分析的其他方面：价格与价值间的差异"，它包含了许多内容：认股权证的估值；向管理层发行期权给公司的普通股价值带来的潜在下跌影响；相对价值分析存在的缺陷以及投资银行家们的贪婪。从最初版本出版到现在，这75年中，整个世界和金融市场都经历了巨变。然而，市场怎样运行，公司怎样运行，以及投资者和公司的管理者在某些具体环境中应如何回应这类问题的答案，就像格雷厄姆和多德认识到的那样，从来就没有改变过。

这个世界喜欢将事物进行分类，投资风格也不例外，因此，金融媒体常常将市场参与者分为“价值型”“增长型”或者“投机型”投资者。这么分类可以，但是我要说的是，基于这些年来我观察的大量投资者，至今我还没有发现有哪个取得长胜的投资者使用的不是基于价值投资的方法，即支付价格比它的现价或者未来价值更少的对价法则。诚然，有些人喜欢购买具有成长性的证券，其他人则被特卖柜台的资产所吸引，同时还有一部分人致力于套利活动，他们借助存在的价格差异和利差，在买入一样金融产品的同时又卖出另一样以获取利润。但是，我所知道的每一个成功的投资者，都会计算资产的现值或未来价值，并与购入价格进行比较。

无论采用哪种方法，这些投资者都是通过《证券分析》中阐述的原理去发现超值的投资机会。许多人已经通过这种方法变得富有，其中就包括许多为本修订版本做出过贡献的人，更不用说所有聪明到在几年前就买入伯克希尔·哈撒韦公司股票的人了。他们的成功就是价值投资光辉历史的一个例证。但是，价值投资的未来又会怎么样呢？它的前途是光明和繁荣的，还是暗淡和无望的？与可供他们去寻找的超值机会量相比，使用格雷厄姆的原理的人是不是太多了？是不是资金太多而超值机会太少呢？一个勤劳认真的证券分析师无论在什么时候都能够取得成功吗？

我对价值投资的前途持乐观态度。可以肯定的是，在金融市场中，有很多聪明能干的人都采用了格雷厄姆和多德的技术，但是市场本身也是呈指数增长。价值投资者投入的资本只占全球资本市场资本量中很小的一个部分。在观察了市场 20 多年以后，我的感觉是，与其说是大量格雷厄姆和多德的追随者在日益稀少的机会中淘金，不如说是资金正变得越来越倾向于涌入起伏不断的巨浪之中，从一个热潮流向下一个热潮。而这似乎只能说明，掌控这些巨量资金的人越来越不明智了。单是过去的十年中，估值就经历了大起大落，从 1999 年和 2000 年的互联网泡沫，到接踵而来的科技市场崩溃。2002 年夏天，我们目睹了惊人的公司债务坍塌，但是这些极低的价格很快就被史上最为慷慨宽松的贷款标准从报纸头条上抹掉。就在我写这篇导读时，抵押信贷市场正发生动荡，这可能又会创造出新一轮的机遇。我想，这并不会是我们看到的最后一次极端变化。

导致这种疯狂现象的原因是什么呢？根源就在被我称为“股票市场巨大幻象”

的东西上。投资看起来很简单，特别是在一个软件廉价和网上交易泛滥的世界。买一只股票并不比在亚马逊上买一本书更困难。而且，有很多人靠股票变成了富翁，于是其他人开始相信任何人都可以轻而易举地致富，但是他们错了。我所认识的在股票市场中积累起财富的人，都在十分努力地为此工作。格雷厄姆和多德了解在股票市场中取得成功所需要付出的努力，他们写道：

> 我们之前强调过，只有在少数案例中，分析能得到正面结论，因此分析师必须考查很多证券后才能发现真正有投资价值的。分析师是靠什么方法来发现这些有潜在价值的证券呢？主要就是靠勤奋和系统性的工作。（见第 794 页）

是的，你可以通过买卖股票而变得富有，但是就像两位作者所熟知的，这需要努力的工作和耐心。尽管如此，“巨大的幻象”仍然存在，可能是因为市场是一条会为了适应时代而改变自己外貌的变色龙，就像伍迪·艾伦电影中的泽利格那样。有时候它以技术股票市场泡沫的形象出现，有时候又呈现为过高估值的股票市场，如 20 世纪 80 年代末的日本那样。在当前的外貌下，美国的许多金融机构都在试图效仿大卫·斯文森和他的同事们，他们通过将绝大部分的资金分配给“另类投资经理”的方法来管理耶鲁大学的捐赠基金，并取得了巨大成功。

但是，“巨大的幻象”毕竟只是一个幻象。如果想在金融市场中致富，你就要致力于“勤奋和系统性的工作”。为此，《证券分析》第七部分中的许多内容都是有必要掌握的。自本书首次出版以来世界上发生了巨大变化，毫无疑问，本书中的部分内容已经不适用于当今的投资者了，并且这些不足之处需要指出。在我们快速浏览这部分的同时，我会指出其中的不足之处，以及作者们那些经得起时间考验而不朽的智慧。

较早出现的一个不足在第七部分的第 46 章中。这一章的内容很可能是最为过时的。本书首次出版的时候，衍生品市场仍处于初期阶段。费雪·布莱克（Fischer Black）和迈伦·斯科尔斯（Myron Scholes）尚未提出他们著名的认股期权估值公式，而且现在充斥金融市场的产品，如期权、利率远期、互换、互换期权等，在那时都尚未成形。第 46 章集中介绍了当时仅有的几个衍生证券之一的认股权证。作者们通过几个具体的例子提出了一些很好的观点，但是他们的分析方法对于当今的世界来说是不够精确的。

以巴恩斯代尔石油权证为例，格雷厄姆和多德认为，这些认股权证的价值被低估了，因为市场的定价仅仅是它们的内在价值。这个结论虽然是正确的，但在今天却并没有多少价值，因为这种错误的定价并不会持续很久。此外，他们指出一条显而易见的道理——拥有一只以其内在价值进行交易的认股权证比拥有其对应的标的股票更好，他们还注意到了认股权证和期权的杠杆本质。他们的分析方法在当时看来是很好的，但是还不够深入。两位作者能够识别出巴恩斯代尔石油的权证相对于普通股来说定价是错误的，但他们无法给读者提供一套正确评估认股权证价值所需要的理性框架或工具。

我想要说明的是，仅仅因为一个资产的价值被高估或低估，就在这种错误定价的基础上进行买卖，并不一定是明智的决定。如果衍生品市场完全了解对基础证券的错误定价，拥有其衍生工具就不再具有什么特别的优势。然而，如果市场低估了被错误定价的证券或者一组证券的衍生工具价值，那情况将对衍生品的投资者非常有利。事实上，投资者将受益于这两种错误定价的证券——基础证券及其衍生工具的双重杠杆。虽然这种情况不会经常发生，但利润却十分可观。若能抓住双重错误定价的时机就能赚取巨大的利润。

上述现象最著名的例子发生在20世界80年代末期，当时日本的股票市场一路走高，以至于估价水平高到了荒唐的地步。有些人认为这是一个“新时代”，日本经济将统领世界；然而价值投资者却持不同观点，认为这只是一种金融泡沫，最终会自行消失。在华尔街，越来越多的人开始相信日本的股票市场会跌落至一个更合理、更理性的水平，对于那些能够利用价格剧烈波动的人们来说，泡沫意味着机遇。

在这种背景下，期权卖家竟然愿意以极低的价格提供日经指数的看跌期权。我记得曾问过销售这些期权的代理商，参与这些交易的另一方是谁，他们说是“欧洲机构”。这是华尔街代理商不愿透露真实内幕时惯用的回答。后来，人们发现大多数信息的来源都是日本金融机构，他们过分自信地认为日本市场绝不会衰退，因此签订了多年合约并迅速将期权费列为收入。最终，日本市场崩溃，当时随着看跌期权价值飙升，我的雇主和很多美国投资者都赚到了可观的利润。

最近，资产支持证券次级抵押贷款衍生品市场通过信用违约互换的形式（CDS），提供了一个类似的扭曲风险和回报程式。这些证券是一系列债券的看跌期权，它们由住宅资产上的次级抵押贷款支持。这些债券刚发行的时候，投资者和评估机构基于抵押债券运作方式的相关假设，普遍认为它们算得上是投资级别。但是，有一些机敏的投资者意识到，基础抵押品的风险，比购买者最初购买与次级抵押债券和证券指数相关的信用违约互换时所假设的下跌风险更大。2007 年，次级债市场崩溃的时候，它们当中有些证券价值上涨超过了风险值的五六十倍。所有交易都涉及两方，所以如果你能知道交易对方的想法对你来说是有帮助的。巴菲特曾写道："如果你玩扑克三十分钟后还不知道傻瓜是谁，那么你就是傻瓜。"

## "算算看"

像格雷厄姆和多德一样，最初我对待衍生品市场的方法也很简单。我清楚地记得年轻时自己的幼稚所带来的危险和陷阱。

那是在 20 世纪 80 年代初期，我刚刚在华尔街起步。衍生品市场那时也刚刚出现，股票期权是最初吸引人们目光的工具之一。像格雷厄姆和多德以及华尔街的其他人一样，我掌握了股票期权的杠杆本质，以及如何利用它们放大一只股票的利润（或损失）。但除了基本知识以外，我几乎一无所知。当时，我在一家主要从事期权套利的公司的风险套利部门工作。虽然那时的我不理解这项工作的意义，但我却知道坐在我旁边的人们利用它赚到了很多钱。而且，他们似乎每天都在开市前不久才到办公室，闭市后很快就离开；他们从不浏览《华尔街日报》，倒更喜欢读八卦的《纽约邮报》。这激发了我的好奇心。有一天我问公司的老板艾拉（Ira），为什么他们会这样做。接下来两分钟的谈话彻底改变了我看待衍生品的方式，并深刻地影响了我之后涉足陌生金融和商业领域的方式。

艾拉指着一只股票（我不记得是哪一只了，但很可能是 IBM，因为毫不夸张地说，当时华尔街的日升日落就是围绕着 IBM 的动向），问了我一个问题："如果你同时买入价格为 35 美元的看涨期权，卖出 40 美元的看涨期权，买入 40 美元的看跌期权，再卖出 35 美元的看跌期权，然后会发生什么呢？”我第一反应是“事情乱套了”，但我没说出口，只是面露难色。他看出我的困惑，说：“算算看。在它到期时值多少呢？”用铅笔和纸算了几分钟后，我抬起头，仍有点困惑地说：“它永远值 5 美元。”“对。”他说。但我还是不太明白。于是艾拉又问我：“如果你能以 4.5 美元买进呢？”啊！那太棒了！我终于恍然大悟。虽然我到华尔街不久，但已做过许多套利交易，所以我知道艾拉的话是什么意思。通常来说，那些最具流动性的期权合约是那些到期日邻近的，那意味着如果你能以 4.5 美元购买这个“盒子”——就像它的名字那样，它是由两对期权构成的，那么在不到六个月的时间里你就一定能够获得 11% 的收益率。

接着轮到我提问了：“你真的能用 4.5 美元买下它们吗？”“有的时候。”他回答。此时我意识到，这场扑克牌游戏中的“傻瓜”就是我。由于处理期权市场时采用了格雷厄姆和多德过于简单的方法，而且还没有完全弄明白自己所投资工具的运算过程，因此我没能领会交易在对方看来是怎样的。就像人们说的那样，我任人宰割，我做的交易可能让对手以 4.5 美元买到了一个“盒子”。我意识到，我面对的交易对手十有八九比我聪明。我为自己的无知感到尴尬，并发誓以后要怀着对交易对手的尊敬和对自己有限知识的谦卑来工作。我绝不会再成为“傻瓜”，这份事业让我受益匪浅。

不同于格雷厄姆和多德生活和工作的世界，今天的证券分析师们如果对期权定价模型如何运作、有何局限性不够了解的话，他们将因此而处于劣势。如今，衍生品不仅充斥着金融市场，许多公司和投资公司更是出于或谨慎或鲁莽的目的而利用它们。

随着经验的累积、对期权及其评估模型的学习，我发现了期权理论的一个主要弱点。大体来说，华尔街许多人所依赖的、支撑衍生品分析的学术基础，是建立在市场是“有效的”这一假设之上的。《证券分析》的两位作者们一定会乐于和这些学者们进行争论。他们知道，“市场有效”这一潜在前提并不总是成立，他们写道：

> 显然，证券市场的估值过程经常是不合逻辑的，甚至是错误的。正如我们在第 1 章中指出的，这些估值过程不是自动的或者是机械的，而是一种心理上的，因为它们在买卖双方的头脑中进行。（见第 794 页）

当时，市场效率这个问题还未涉及，格雷厄姆和多德更没能够预见到我老板所指出的、对更加复杂数学关系的需要。他们只是观察衍生证券和其基础工具的关系，这多少也算是一种简单原始的分析方法了。尽管如此，他们确实敏锐地捕捉到了期权和认股权证的发行是如何影响到发行公司的普通股未来价值的。事实上，他们甚至比当今一些会计师以及华尔街一些分析师的理解更为到位。在一个题为“摊薄股票价值的危险工具”的小节中，两位作者写道：

> 认股权证的所有价值来自于对普通股价值的抵减，如果公众对这一点缺乏足够的认识，则会导致荒谬（甚至是有害）的做法。（见第 759 页）

在过去的 10 年中，记录下这样的文字非常简单，因为最近某些公司所采用的薪酬计划，已经通过掩饰摊薄效应和夸大利润表成功欺骗了股东。

直到近期，公司才开始在它们的损益表上将向管理层发行期权的成本计入费用。就在两年前，“游戏规则”发生了改变——公认会计准则开始要求公司从几种可选方法中选择一种来计量它们股票期权的成本。这相比之前没有任何成本记录的做法来说是一个巨大的进步，但是，公认会计准则认可的几种方法，与分析师用来给并非由公司发行的衍生品定价所采用的方法是一样的。很明显，这是不太合适的。并不会导致发行更多股票的第三方衍生合约，与公司自行发行的，且会在将来增加股票发行，进而摊薄当前股东利益的期权是有巨大的区别的。长期持股者需要全面分析公司向其管理层发行期权所产生影响，否则，接下来的几年中，他们会发现他们被蒙在鼓里了。

## 小心投资银行家

现在来看第 47 章“融资成本与管理成本”，格雷厄姆和多德其实可以更巧妙地把它命名为“小心投资银行家”。正如谚语所说，“万变不离其宗”。一个朋友曾经借喻华尔街上的利益冲突，对我说："没有冲突的地方，也就没有利益。"读者将会发现，了解投资银行家滥用职权的事是非常有趣的，高盛和摩根士丹利的人若看到在过去的好日子里，像美国班谭汽车公司（American Bantan Car Corporation）可转换优先股那样的股票那样有 20% 的承销利差时，或许会落下几滴怀旧的眼泪。但是那章的最后一页确实代表了其经久不衰的原因。格雷厄姆和多德写道：

> 20 世纪 20 年代末，投资银行家标准的放松，以及他们利用巧妙的手段来增加个人报酬，对企业管理领域产生了不良影响。管理层觉得他们自己不仅应当获得可观的薪水，还应大幅参与企业利润的分配……不可否认，管理层经常使用狡猾和值得怀疑的手段来保护自己的巨额收益，而且也不必向股东进行完整的披露……有了这种报酬的公开化，我们认为，如果股东自己可以很好地去控制报酬超出任何合理的限制，那么他们自己的利益就能够得到很好的保护。（见第 769 页）

最近有许多极端的例子，从互联网泡沫到杠杆收购狂潮再到次级抵押贷款的惨败，它们都与格雷厄姆和多德在几年前描述的诡计有很多相通之处。在两位作者还未对公司管理层的高额报酬感到惊讶的时候，他们也许已经被纽约证券交易所付给自身管理层的高额报酬所震惊。当今投资者对华尔街的看法，大约是像我们的作者们在他们的著作中所展示的那样，至少带点怀疑和非议。

再向后，第 50 章"价格与价值的背离"和第 51 章"价格与价值的背离（续）"是第七部分的精华，任何对投资感兴趣的人都应该读读它们。它们以 20 世纪 30 年代的案例作为例证，向读者提供了一个非常有用的"做与不做"的清单，讲述在哪里寻找价值和应该避开哪些陷阱等。我们中的许多人具有一种将过去浪漫化的倾向，并且当投资者们沉浸在这种美好的回忆中时，他们经常会对格雷厄姆的时代望眼欲穿：唉，要是能回到那些当股票仅以收益的 7 倍卖出并且市值还低于营运资本的日子，那该有多好！我也必须承认，当我读了第 50 章的 A 组清单时，我也着实羡慕了一番。在 20 世纪 30 年代做投资是多么的轻松啊。

但是反过来想想，其实在我的一生中也出现过无数机会，或许也会让格雷厄姆着实嫉妒一番。事实上，金融市场偶尔会出现一些具有出色风险收益特征的资产供我们买入。如果投资者能把握机会在最坏的情况下小赚一笔，在好的情况下大赚一笔，那就太完美了。我的个人清单以管理协助清算信托作为开始，这或许是我真正进行价值投资的开始。此外还包括以面值购入的新罕布什尔州公用事业第二抵押权证券，利息率为 18%；在执行生活保险公司（Executive Life）进行初步聆讯后，以 25 美分的价格购入面值一美元的担保投资合约（Muni GICs），后来法庭宣布这项起诉并没有法律或逻辑上的基础；珍特瓦普通股，这是一个收购后又分拆出的证券，交易价格是其营运资本的 1/3 左右。

艾拉针对期权市场给了我启发，与此同时，我的朋友克里斯塔夫将管理协助清算信托介绍给我——他将有他手写笔记 10-Q 表传真给了我。在他向我讲解的过程中，我能够准确地理解他的看法：一个价值 4 美元的股票市价 2 美元。还有，这个公司现在有义务把它出售资产所获得的收益支付给股东。在得知这一定是个翻倍的买卖后，我立即卖出了持有的所有其他股票，并把我全部的资产（总价值达 10 000 美元）投到了这只股票上。我唯一后悔的是当时没有给我的公司购买一些，因为我担心当时正在度假的老板可能不赞成这笔投资。

最近令人印象深刻的机会发生在 2002 年中期，就在壮观的公司债券市场正值崩溃之时。放眼望去，到处都是超值的机会。那年，公司债券市场的投资者有很多故事。我买的是一个每 1 美元面值只要 15 美分的爱依斯电力公司（AES）10.25% 优先次级本票。在那个价格之下，现实回报率接近 66%。AES 是一个在全球范围内都有资产的复杂公司。而且，这家公司以一种基于特定项目的债务和具有不同期限的公司债相结合的非传统方式进行融资。较高的杠杆水平和复杂的资产基础，导致市场担心这个公司会被推向破产。分析带给我们的结论是，它承担此项债务的价值和现金流远高于充足水平。就像事情演进的那样，我们的结论是正确的。这些债券从没有推迟过一次付息，并且在价格触及低点之后的一年里以面值被回购，这造就了一笔意外之财。当然，格雷厄姆也应该会惊叹于 2002 年夏天债券市场短暂的精神错乱。

在我继续阅读第七部分时，作者的文字使我愉悦万分，印象深刻。他们清晰、有力地表达了观点，这种能力在金融领域除了他们最为优秀和知名的学生沃伦·巴菲特外，鲜有人能够企及。毕竟，是格雷厄姆和多德创造了“狂热的市场先生”这种比喻。“狂热的市场先生”或许是你的朋友，也可能是你的敌人，但你永远不可能接受他的建议。在对市场分析缺陷的讨论中，我们可以找到作者利用语言奥妙的一些伟大例子。

“安全边际”一词也是格雷厄姆和多德创造的，这一词汇对为本版书做出贡献的投资专家们具有特殊的意义。我们都是一只一只地分析证券的基础分析师，权衡每一只证券在特定价格上的投资风险与收益的特征。偶尔，当我们有了对市场动向的判断时，我们一般也不为其打赌。我们的理由有很多，但是我认为第 52 章的话阐释得最好：

> 市场分析中不存在“安全边际”，不是对，便是错，一旦你错了，就会遭受损失。（见第 827 页）

这的确是一个非常精辟的概括，难道不是吗？然而，许些年后，很多投资者仍然在制定自己的市场观点上消耗精力。华尔街最优秀的企业雇用了市场战略家。许多投资者，无论是专家还是普通人，都非常渴望听取他们的意见。我认为，这不过就是巨大的幻象存在的另一个证据罢了。

在最后一个章节，格雷厄姆和多德向各类市场参与群体提供了建议，他们当中包括小投资者、高净值投资者以及机构投资者。他们的意见是怎样的呢？

对于对收入感兴趣的小投资者，作者认为，美国政府储蓄债券是唯一合适他们投资的品种。证券的表现就像它们所承诺的那样，当然，有一些发展是不存在且无法预见的。第一个就是 20 世纪 70 年代晚期以及 20 世纪 80 年代早期肆虐的通货膨胀。恶性通货膨胀最终导致了更高的利率，以及债券投资者的巨额损失。第二个就是固定收益市场的扩张和固定收益证券的激增，这为那些筛选大量类似债券寻找不合理的定价，以期进行价值投资的人提供了大量机会。

格雷厄姆和多德建议，寻求利润的投资者们，无论大小，都要购买价格低于其内在价值的证券，并且建议他们分享自己分析的工作内容，以供其他人提出批评。

从本质上讲，他们是建议所有的投资者都要变成业余的证券分析师。本书写于 1929 年的崩溃之后，随之而来就是大萧条时期。在那时，我们根本无法预知近年来金融市场的盈利景象。在当今高度竞争的市场中，成为一个成功的业余投资者也是可能的，但我并不推荐。如果你并不想将自己变成一个致力于研究投资的全职投资者，那么寻求一些专家的帮助或许是更好的选择。

他们还建议机构投资者只投资于固定收益证券投资，如果这样做就能够满足他们的需求的话。幸运的是，像哈佛、耶鲁和普林斯顿这样的大学，杰克·米亚（Jack Meyer）、大卫·斯文森、安迪·戈尔登（Andy Golden）这样的人并没有遵从他们的建议，而且正因为如此，他们现在拥有的资源远多于听取其建议所能得到的。由于这些人的洞察力和独立思考能力，他们各自的机构都获得了数以百亿计的捐赠基金，并且与他们那些不是那么富裕的同行相比，这些捐赠基金除了给予他们巨大的财富，或许还有永久的竞争优势。**抛开格雷厄姆和多德提供的任何具体建议，投资者需要从《证券分析》中学会的最重要的一点，就是看数据，为自己思考。**所有伟大的投资者都是这样做的，并且这正是他们的伟大之处。

有趣的是，格雷厄姆和多德在《证券分析》的最后一章中漏掉了一组投资者。他们竟然没有为准备开始金融职业生涯的年轻人提出任何建议。这些年轻人对金融生涯将带给他们带来财富和快乐深信不疑（如果不是声誉的话）。为了补此疏落，我提供的最后一点建议便是给这些年轻人。

跟我一起修订本书的人都是像我一样的投资专家。与你们一样，他们曾经也是华尔街新手，银行账户里只有很少一点钱，但是却拥有活力、希望和良好的职业道德，并以此来武装自己。年轻人，我们与你们有某种特别的亲切关系。我想我们都会赞同自己做出的职业选择。虽然，起初也许是被金钱所驱动，但现在，财富的积累，这个曾经每天把我们逼进办公室的动力已经成为过去时了。之所以做这些工作，是因为我们热爱它，因为我们能够享受挑战、刺激以及与发现下一个市场机会所带来的愉悦感。

几年前，芝加哥大学的一些教授认为，格雷厄姆和多德完全搞错了。他们认为市场是有效率的。事实上，他们对像你这样有抱负的分析师说："别费力气了。不要再浪费你的时间。市场对你来说太有效率了，你不可能从自己的努力中获得额外回报。还是找一些其他的事去做吧。”在很长的一段时间里，金融界的人把争论这个话题当作时尚，教授们为他们的立场做辩护，而实践家们则坚持认为教授错了，并经常会引证一些不能被学术理论所解释的异常现象。

最近，这种讨论已经平息，或许是实践家都太忙于赚钱，太忙于发掘下一个错误定价的证券，所以没有时间去争论。我们这个职业充满回报。我想告诉你，在这个发展日新月异且全球化日益严重的世界，许多才华出众、勤奋努力的参赛者被吸引到世界金融市场的赛场上来，这将是一场持久的智力挑战。但正是同行与同事之间这样激烈的竞争，才使得我们当中的佼佼者脱颖而出。我为在华尔街里遇到了这么多富有求知欲、勤奋努力且积极进取的人而倍感幸运。

所以，那些胸怀抱负的年轻分析师，我可以告诉你，对于市场是有效还是无效这个问题，答案是非常明显——市场足够低效。你问："为什么说是足够低效？"对我和你偶尔找到的一些伟大的机会来说，这是足够低效的。虽然机会不是每天或者每星期都能光顾，但是低效对于你我来说已经足够了。巨大幻象是存在的，但它留给了那些想去做困难、有时令人讨厌，且经常是枯燥乏味的价值投资工作的人以充足的机会。祝狩猎愉快！

**大卫·艾布拉姆斯（David Abrams）**

波士顿艾布拉姆斯资本管理公司总裁。

在第七部分导读中，艾布拉姆斯分享了他早年投资经历中的经验教训，并把期权和认股权证的枯燥内容讲得深入浅出，形象生动。

# 46 认股权证

在过去二十年间，认股权证的使用范围不断拓展。起初，它们是以依附于债券和优先股的参与权的形式出现。这种形式下，认股权证通常被视为是优先证券的一个特征，就像可转换权一样，认股权证本身和公司的资本结构并无多大关系。后来，有人将认股权证从其他证券中分离出来，将其作为承销商、创始人及管理层的报酬。此后，认股权证便逐渐像普通股一样通过销售商或交易所发行到了公众的手中。这样，它们作为一种完全独立的“证券”形式，成为许多公司财务方案的重要组成部分和投机活动中重要且受欢迎的投资对象。

我们在前面的章节讨论过，认股权证作为优先证券附属物的技术层面的内容。本章我们将讨论认股权证更为重要的角色——作为独立的金融工具。我们的讨论分为以下三部分：（1）简介；（2）认股权证作为投机工具的技术特征；（3）作为公司财务结构组成部分的意义。

## 概述

（可分离的）认股权证是一种可转让的，可在较长一段时间内购买股票的权利。依附于信用债券的认股权证有时称作“信用债券权证”（Debenture Rights），或者是“股票购买权证”（Stock-purchase Warrant）。它的条款包括：（1）股票种类；（2）数量；（3）价格；（4）支付方式；（5）权利期限；（6）反摊薄协议。（最后一条在第 25 章介绍过。）

## ● 特权所涉及的股票种类 ●

几乎所有的认股权证都可用于认购发行公司的普通股。在少数情形下，它们也可用于认购优先股（如美国储物柜公司 [American Locker Company, Inc.]），或其他公司的普通股（如中央州电力公司发行的优先股所附加的认股权证可认购北美公司的股票，索尔维美国投资公司 [Solvay American Investment Corporation] 发行的优先股所附加的认股权证可认购联合化学和染料公司的股票）。认股权证无权收受利息、股息或本金返还支付，也不享有投票权。

## ● 与配股权的比较 ●

配股权（Subscription Rights）是公司给予股东用于配股的权利，配股权与认股权证在某些方面类似。然而，认股权证与配股权有两项显著的差异。认股权证期限较长，股票认购价也几乎总是高于发行该权证时的股票报价，而且认购价在不同权证条款中常常存在差别。配股权的存续期限短，且配股价格固定、并经常低于授权时的市场价格。因此，配股权设计的宗旨是确保能够行权，公司可以迅速筹集资金。总体来说，认股权证与公司的融资需求没有关系，也就不大可能在短期内行权。换句话说，通常情况下，除非到期前市价相对发行时发生了大幅下跌，否则配股权将会行权；除非在发行日后至到期前市价显著提升，认股权证才会行权。[①]配股权的持续期通常为 60 天；认股权证的持续期限很少短于一年，许多还是永久性的。

## ● 支付方式 ●

大部分认股权证要求使用现金支付认购费。那些原先依附于债券或优先股的认股权证既可以使用现金认购，也可以使用优先证券（以其面值）来换购。这种备选方法具有十分重要的实践意义。

---

① 1936 年雷明顿 – 兰德（Remington-Rand）发行的权证相当巧妙地结合了配股权和认股权证的形式。如持有人立即行使其配股权的一部分（行权价格高于当时的市价），他在随后一年中就有权利购买更多股票，以此类推。我们认为，这种精心策划的工具要么产生不必要的投机环境，要么使机敏、消息灵通的人获得比一般股东更多的好处。

**案例**

电力和照明公司的认股权证是永久性的，认购股票的价格为每股 25 美元。投资者既可以使用现金，也可以使用第二优先股（每股面值 100 美元）支付。1939 年 11 月股票价格为 8 美元，第二优先股价格为 17 美元。尽管普通股的售价比行权价低 17 美元，但由于第二优先股的价格非常低，认股权证仍具有“行权价值”。计算如下：

$$1\text{ 份认股权证} + {}^{1}/_{4}\text{ 股第二优先股} = 1\text{ 股普通股}$$

$$\text{认股权证价值} = 8 - {}^{1}/_{4} \times 17 = 3^{3}/_{4}$$

## ● 认股权证的交易规则 ●

认股权证在市场买卖的方式与股票相同。截至 1939 年年底，仅有两只认股权证在纽约证券交易所独立挂牌上市，[①]但是许多认股权证在纽约场外交易所和其他交易所的交易很活跃。这些机构的交易规则有些古怪，有时会导致严重错误。在标准规则下，“一份认股权证”是指购买一股股票的权利，而不是起初一股股票所附带的权利。

**案例**

沃尔格林制药公司（Walgreen Drug Company）的优先股附带认股权证，每持有一份优先股就可以购买两份普通股。按照标准的交易规则，“一份沃尔格林认股权证”意味着有权认购一股普通股，也就是说，一份优先股附带了“两份认股权证”。

无独有偶，联合雪茄公司（Consolidated Cigar Corporation）发行的股息为 6.5% 的优先股附带认股权证，允许每持有一股优先股的股东就有权购买 0.5 股普通股。这些认股权证的交易规则也是一份认股权证有权购买一股普通股；也就是说，每股股

① 商业投资信托公司（Commercial Investment Trust）的认股权证是唯一交易活跃的认股权证。哈瓦那电气化铁路（Havana Electric Railway）的认股权证于 1926—1934 年在纽约证券交易所挂牌，但交易量少得可以忽略不计。

息为 6.5% 的优先股附带"半份认股权证"。

但不符合这种标准的例外情况也数不胜数。

**案例**

商业投资信托公司发行的股息为 6.5% 的优先股附带认股权证，允许每股优先股购买 0.5 股普通股（与联合雪茄公司优先股的例子中的比例相同）。但是纽约证券交易所的交易规则是：一份认股权证起初依附于一股优先股，也就是说，它有权认购 0.5 股普通股。同样违背正常的交易规则的，还有尼亚加拉·哈德逊电力公司的 B 类认股权证；洛兹公司的优先股认股权证和塞夫韦商店（Safeway Stores）的"旧系列"（Old Series）认股权证。

当认股权证可以认购的股数发生变化时，通常的程序为继续按照"一份旧认股权证"等同于"一份认股权证"来进行交易。

**案例**

"一份洛兹公司的债券认股权证"起初可以以 55 美元的价格认购一股普通股。它是指洛兹公司发行的面值 200 美元、利率为 6%、1941 年到期的信用债券所附带的认股权证。1928 年公司支付了 25% 的股票股息之后，根据反摊薄协议规定，一份认股权证在原先认购一股普通股的基础上免费加送 0.25 股普通股。"一份洛兹公司的债券认股权证"实际上并没有发生变化，但在分红之后代表了以 55 美元购买 1.25 股普通股的权利。当商业投资信托公司按 1∶2.5 的比例分拆普通股时，其认股权证也发生了类似的变化，因此一份认股权证有权购买 1.25 股新的普通股，而不是 0.5 股旧股票。

但有时也会出现一些反例。

**案例**

尼亚加拉·哈德逊电力公司 A 类认股权证。这些认股权证有权以 35 美元的价格购买一股普通股。公司在 1932 年调整了资本结构，发行的每 1 股新的普通股用于替换 3 股旧股票。因此原先的“一股认股权证”现在能以 35 美元的价格购买 $^1/_3$ 股新的股票，也就是说，每股 105 美元。于是纽约场外交易所将“一份 A 类认股权证”重新定义为购买一股新股票的权利。因此三份旧的认股权证转换成了一份新的认股权证。

在此提及的技术性细节，多数是在标准的描述性教科书中找不到的。那些买卖特定认股权证的投资者必须仔细研究清楚其交易遵循的规则。①

## 出于各种目的发行的认股权证的案例

### A. 依附于优先证券

1911 年美国电力和照明公司发行的票据也许是最早的案例。截至目前，最著名的案例是美国和国外电力公司发行的 270 000 000 美元第二优先股所附带的认股权证，这些认股权证可以购买不少于 7 100 000 股普通股。

### B. 作为给承销商的报酬

最早的重要案例应该是巴恩斯代尔公司 1926 年发行的价值 25 000 000 美元、利率为 6% 的债券所附带的认股权证。作为报酬的一部分，银行家收到可以购买 500 000 股普通股的认股权证。在接下来股价高企的阶段，这些认股权证的价值高达 13 000 000 美元。开放式投资信托国家基金公司（National Fund, Inc.）在 1936 年向保荐人发行认股权证，以代替通常发放的承销费。许多小型公司上市时除了给予银行家现金报酬外，还有大额的认股权证。如美国航空公司（Aeronautical Corporation of America）（1939 年）、特朗普炸药公司（Triumph Explosives, Inc.）（1939 年）、霍

① 配股权在纽约证券交易所的交易规则是不变的：一份配股权是指拥有一股普通股的持有人获得的权利。这与认股权证所遵循的思路截然相反。附录注释 63 给出了快速计算配股权价值的方法。

华德飞机公司（Howard Aircraft Corporation）(1939 年)。

### C. 作为对推销商和管理者的报酬

一个令人印象深刻的例子是 1929 年 1 月美国石油公司（Petroleum Corporation of America）的成立。公司以每股 34 美元的价格向公众发行了 3 250 000 股普通股。推销商和管理层得到五年期的认股权证，可以按每股 34 美元的价格购买 1 625 000 股普通股。

### D. 在兼并或重组中发行以换取其他证券

联邦和南方公司（Commonwealth and Southern Corporation）发行了约 17 500 000 份认股权证、34 000 000 股普通股及 1 500 000 股优先股，主要用以交换六家子公司的证券。有趣的是，它发行股票和认股权证用以交换宾夕法尼亚·俄亥俄爱迪生公司（Penn-Ohio Edison Company）和东南电力和照明公司（Southeastern Power and Light Company）的认股权证。

鲍德温机车厂原有的优先股和普通股在 1937 年的重组中，都被替换成了新的认股权证和普通股。科罗拉多能源及钢铁公司（Colorado Fuel and Iron）于 1936 年进行重组，旧的优先股和普通股只能兑换成认股权证。1938 年，伊利铁路代表持有其债券的保险公司提出重组方案，方案的独特之处在于给予原有股东认股权证，使其能向原有债权人而不是公司购买新的普通股。

### E. 原始的普通股附带发行

美国公用事业控股公司（Public Utility Holding Corporation of America）发行了 2 500 000 股普通股，附带的认股权证可以购买同样数量的普通股。另外，股票承销机构购买了 500 000 股 A 类股票（含投票权），以及可购买 1 000 000 股 A 类股票或普通股的认股权证。

### F. 单独出售以获取现金

1929 年，第四国家投资者公司（Fourth National Investors Corporation）向其母公

司出售 750 000 份认股权证，以获得 3 000 000 美元。1936 年，飞利浦包装公司向银行家出售认股权证以获取现金。

## 认股权证作为投机工具

我们在第 41 章中提出：从广义上讲，认股权证拥有与低价普通股相同的一般性特征。从名称和形式上来看，认股权证与低价股票的实质都是对企业未来发展的长期投资。[①]认股权证与普通股之间的关系，大致类似于同一家公司普通股与投机性优先证券的关系。

### ● 定性因素 ●

正如其他所有的投机性承诺一样，一份具体权证的吸引力取决于两个完全不同的因素：定性因素，即企业的资质，尤其是公司取得巨大发展的可能性；定量因素，即认股权证的投资条款，包括认股权证的价格和其认购普通股的价格。我们不能指望证券分析来揭示哪些企业未来最有可能稳步发展。因此，在挑选用于投机的认股权证时，我们在定性因素方面要讨论的不多。通常来讲，认股权证只有通过增加盈利才能获取切实的价值，因此我们更应该看重盈利变化的前景，而不是盈利的稳定性。例如，公用事业类认股权证在 1928—1929 年变得极其受欢迎，并不是因为公用事业公司非常稳定，而是因为市场相信它们的盈利将会一直增长。

我们已经论述过，投机性资本机构的企业的普通股价格大幅上升的概率最大。例如在 40 章讨论过的 A.E. 士丹利公司（A. E. Staley Company）及美国水务和电力公司。因此可以说这类普通股的认股权证也拥有特殊的投机性优势。但本质上这是一个数量问题，而不是质量问题。我们认为，很难断言说某一特定行业的长期发展前景比平均水平好很多，从而使得与之关联的认股权证比其他认股权证更具有吸引力。但是如果投机者在这一点上有明确的看法和偏好，那么遵循它们是完全合理的选择。

① 在少数情况下，认股权证只持续相对较短的时间。这种情况下，认股权证更多地是对股票市场未来趋势的投资，而不是对企业的投资。例子：前面提到的飞利浦包装公司的认股权证期限仅为两年。

## ● 定量因素：低价的重要性 ●

从数量的角度指出决定认股权证相对重要性的因素要容易些。这些有利的因素包括：第一，较低的价格；第二，较长的期限；第三，接近股票市价的认购价。从投机理论的角度进行分析，毫无疑问三个因素中最为重要的是认股权证的低价。我们可以通过比较辛克莱尔石油和炼油公司（Sinclair Oil and Refining Corporation）1917 年发行的认股权证和尼亚加拉·哈德逊电力公司 1929 年发行的 B 类认股权证来得出这一结论。

**案例**

辛克莱尔石油和炼油公司 1917 年发行的面值为 1 000 美元的票据附带了认股权证，持有者可以在 1918 年 8 月 1 日前以每股 45 美元的价格买入 25 股股票；在 1919 年 8 月 1 日前以每股 47.5 美元的价格买入 25 股股票；在 1920 年 2 月 1 日前以每股 50 美元的价格买入 25 股股票。1917 年 12 月股价跌至 25.25 元，一份可以购买 25 股股票的认股权证售价为 20 美元，也就是说，每股的成本仅为 80 美分。此时，股票市价远低于认股权证的认购价，但是认股权证可以以很低的价格购买到。后来发生的事情具有非常典型的投机性市场的特征。在不到 18 个月的时间里，辛克莱尔石油和炼油公司的股价飙升至 69.75 元，使得能够认购 25 股股票的认股权证的价值上升至超过 550 美元。股票价格上升 175%，导致认股权证的价格上升了 2 680%。

尼亚加拉·哈德逊电力公司发行的 B 类认股权证赋予持有者以 50 美元的价格购买 3.5 股普通股，也就是每股 14.285 元。当 1929 年认股权证在纽约场外交易所上市时，售价为 60 美元——相当于对应每股普通股的认股权证为 17 美元，而股票的售价为 22.5 元。在这种情况下，投机者购买认股权证的价格几乎相当于股票的价格。当股票价格在当年晚些时候升至每股 31 美元的高点时，认股权证仅上涨至 21 美元，上涨的幅度远小于正股。同年再晚些时候，股票价格跌至 11.25 元，接着认股权证的价格崩溃式下跌至 2 美元。这些比较说明，当尼亚加拉·哈德逊电力公司的认股权证以 17 美元出售时，价格毫无吸引力。

**价格相对低廉的重要性**。投资者都希望认股权证不仅本身的价格低廉，而且相较于普通股价格也较低。为了说明这一点，我们比较商业投资信托公司 1928 年发行的认股权证和美国和国外电力公司 1933 年发行的认股权证。

**案例**

商业投资信托公司 1928 年 8 月以每份 6 美元出售认股权证。认股权证的持有者可以在 1929 年年底前以每股 90 美元的价格购买 0.5 股普通股，在 1931 年 1 月 1 日前以每股 100 美元的价格购买 0.5 股普通股。普通股当时的售价大约为 70 美元。所以，购买对应一股普通股的认股权证需投入 12 美元，大约是当时股价的 1/6。尽管认股权证赋予持有者的认股价相对较高，但由于相关的现金成本远小于股票，因此认股权证相对股票仍具有投机优势。后来，认股权证的价格在 1928—1929 年翻了 11 倍，而普通股涨幅仅 3 倍。1933 年 11 月，购买一股美国和国外电力公司股票的认股权证的价格为 7 美元，我们会在后面说明，这恰好反映了与普通股的平价。但是普通股 10 美元的市价，使得售价为 7 美元的认股权证毫无投机优势可言。我们将在后面看到，这使普通股和认股权证一起陷入了“伪”低价投机品之列，我们曾在 41 章开头讨论过这种类型。

上面的讨论说明：从技术层面来看，仅当认股权证同时具备低价格、期限长、股票的认购价格与市价相差不大等要素时，它才具备投机的吸引力。[①]

**案例**

上文提到的辛克莱尔石油和炼油公司，以及商业投资信托公司的例子满足这些要求。巴恩斯代尔石油公司 1927 年的认股权证为我们提供了一个不同寻常的案例。它们可以以 25 美元购买股票。当股票售价为 31 美元时，认股权证售价为 6 美元，正好处于平价关系。这种情况下，只要股票价格一上升，就意味着认股权证价格上升的比例更大，后来事实也证明了这一点。

① 请参见亚瑟·戴维（Arthur S. Dewing）的《公司证券研究》（*A Study of Corporation Securities*）（纽约，1934 年）第 404~405 页关于权证及其关联普通股作为投机工具的相对吸引力的研究。

## 技术优势通常不存在

1928—1929 年间，认股权证的交易空前活跃，当时存在这样一种趋势：认股权证的售价无论从绝对还是相对角度来看都很高，因此它们相对于典型的普通股并没有什么技术上的优势。在接下来的大萧条时期，许多认股权证的售价极低，但同时相关的股票价格也非常低，以至于投资者对认股权证的相对吸引力表示怀疑。这可以通过表 46—1 中一些 1939 年年底认股权证的典型例子看出。

需要注意的是，认股权证如果规定可以按债券或优先股的面值来支付，那么认股权证一般会按与普通股关联的价格出售（电力和照明公司认股权证的报价实际上比平价要低）。其他的低价认股权证似乎与可变现价值还有很大距离，不值得引起注意。鲍德温机车厂和纽约公共汽车公司（New York City Omnibus）的价格关系代表了它们在市值规模上各自所处的阶段。[①]

表 46—1　　一些有代表性的认股权证的情况　　（单位：美元）

| 发行认股权证的公司名称 | 期限 | 认股权证规定的股票购买价格 | 股票市价 | 认股权证市价 |
|---|---|---|---|---|
| 美国和国外电力公司 | 永久性 | 25 或 $1^{5}/_{8}$[a] | $1^{7}/_{8}$ | $^{3}/_{8}$ |
| 阿特拉斯公司 | 永久性 | 25 或 $23^{5}/_{8}$[a] | $8^{5}/_{8}$ | $^{7}/_{8}$ |
| 鲍德温机车厂 | 至 1945 年 9 月 1 日 | 15 | $17^{1}/_{4}$ | $7^{3}/_{8}$ |
| 电力和照明公司 | 永久性 | 25 或 4[a] | $6^{7}/_{8}$ | $2^{5}/_{8}$ |
| 马纳蒂糖业有限公司 | 至 1947 年 11 月 5 日 | 12.5 或 5[a] | $3^{7}/_{8}$ | $^{5}/_{8}$ |
| 梅里特查普曼·斯科特公司 | 永久性 | 30 | $4^{1}/_{2}$ | $^{1}/_{2}$ |
| 纽约公共汽车公司 | 至 1947 年 3 月 1 日 | 17.5 | $32^{3}/_{4}$ | $17^{1}/_{4}$ |
| 斯卡林钢铁公司 | 至 1942 年 5 月 1 日 | 10 或 $6^{1}/_{2}$[a] | $8^{3}/_{4}$ | $3^{1}/_{2}$[a] |
| 三角洲公司 | 永久性 | $22^{1}/_{2}$ | $2^{3}/_{4}$ | $^{1}/_{2}$ |
| 联合公司 | 永久性 | 25 | $2^{3}/_{8}$ | $^{1}/_{4}$ |

注：a. 替代现金的可交割优先证券现价的成本。

b. 4 份认股权证的市价，等同于 1 股普通股。

① 如想进一步探究计算认股权证价值的数学公式，请参见 1938 年哈佛大学出版社的《投资价值的理论》（*The Theory of Investment Value*）第 172~178 页，作者约翰·威廉姆斯（John Williams）。

## 认股权证作为资本结构的一部分

认股权证本质上是对企业发展前景良好预期的认可。但是受益于未来企业经营的改善或进步的权利天然地归属于普通股持有者。普通股投资者提供资金，承担亏损的“第一风险”，很大程度上就是为了获得这种回报。因此，关于认股权证的基本事实是：它代表了某种从普通股拿走的东西。公式很简单：

普通股的价值 + 认股权证的价值 = 普通股自身的价值
（即没有认股权证的价值）

### ● 认股权证意味着相关股票价值的减少 ●

**案例**

为了详细地解释这一点，我们可以参考巴恩斯代尔石油公司发行认股权证对股票价值的影响。1926 年公司的盈利为 6 077 000 美元或每股 5.34 美元（发行股数为 1 140 000 股）。然而，公司也发行了可以按每股 25 美元购买 1 000 000 股股票的认股权证，公司得到的款项用于赎回利率为 6% 总额为 25 000 000 美元的债券。分析师原已假设了认股权证会行权，因此将 1926 年每股 5.34 美元的盈利下调至 3.54 美元。1929 年认股权证确实行权了，盈利是每股 3.25 美元，但如果没有认股权证的话，盈利将是每股 4.76 美元。当年股票的平均价格为 35 美元，相当于认股权证具有 10 美元的价值。这意味着，发行认股权证实质上使得普通股的价值每股缩水约 8 美元（否则的话，普通股价值会达到 43 美元）。

上面的例子清楚地表明，发行认股权证会影响普通股的利益，使得普通股不能充分享有盈利或经营价值大幅提升带来的好处。因此，即使认股权证购买股票的认购价高于现价，也会使得普通股当前的价值缩水，这是由于股票现价本身在一定程度上就是依托于享有未来增长的权利。

## ●摊薄股票价值的危险工具●

由于认股权证通常间接地、不知不觉地摊薄了普通股的价值，因此是一种非常危险、令人不快的工具。股东对认股权证的发行漠不关心，没能意识到未来他们的部分股权价值将被认股权证夺走。无论是否发行认股权证，股票市场经常显得漫不经心，对普通股都给予相同的估值。因此认股权证可以作为推销商或其他内部人士不合理的报酬，反正不用担心这会引起股东的质疑和批评。此外，在不降低普通股价格的基础上（带有一些人为操纵的因素），公司通过发行大量认股权证创造出巨大的价值，所以认股权证人为地给证券创造了很高的总市场价值。

经证实，认股权证是公司重组一个既方便又具有吸引力的工具，因为认股权证使得重组人能够给原有股东一点甜头，却显然是要把公司整个都移交给债权人。然而美国证监会反对这种做法，认为如果原有股东真的没有任何权益，他们甚至无权获得认股权证。①

### 归谬法

认股权证的所有价值来自于对普通股价值的抵减，如果公众对这一点缺乏足够的认识，则会导致荒谬（甚至是有害）的做法。在这里，我们指的是通过原有普通股附带的认股权证购买额外的股票。这种安排对股东而言与不发行权证无异，而且它违背了保持企业财务稳健的法则。一家管理健全的公司只有在需要新的资本时才会增发新股，而且这时股东通常有权利按比例来认购增发的新股。②在不需要融资时将认购权分给股东，除了具有欺骗人们相信自己得到了某种实惠的作用外，从各个角度来看，都是不明智的。这很像一些公司有时特别乐于采用的方法，即以“股票”的方式发放股息，而董事会可以随时将这些凭证赎回。普通股股东本就有权在董事

① 参见美国证监会关于国家散热器公司（National Radiator）案例（1939 年 3 月）的咨询意见，这些意见导致原有股东的认股权证条款被取消。我们认为，对认股权证的否决印证了美国证监会严苛的立场。但是如果股东在认股权证的安排下，能以清偿债权人债务的价格买断全部债权（如 1939 年 1 月的伊瑞尔计划），这种安排则更值得推荐。

② 现在越来越流行的做法是，在公司章程中加入条款，剥夺了股东这种所谓的“优先认股权”。公司声称放弃优先认股权是必需的，以使得董事会在做出包括股票发行在内的公司决定时具有更大的灵活性，我们对此深表怀疑。

会认为合适支付的时候获得股息，因此“送股”是这项权利的一种纯属多余且独立的表现形式。[①]类似地，依附于原有普通股的认股权证也是股东本就享有的参与未来新股认购权利的多余的表现形式。[②]

对认股权证的弊端进行进一步研究，需与两个更广泛的关于财务实务的研究结合在一起：第一个研究涉及公众为企业融资和管理所支付的成本；另一个涉及充满操纵性和危险性的公司实践，即金字塔式控制股权。我们将在下面的章节探讨证券分析的这些内容。

① 城市服务公司（Cities Service Company）在 1921—1925 年间进行了送股，并在 1926 年赎回。由于它的价值几乎完全取决于董事们的决定，所以它是一种给予内部人员巨大利益的投机性工具。燃气证券公司（Gas Securities Company）是城市服务公司的子公司，在 1933 年也进行了送股。

② 有关这类融资的例子，可参见伯基·盖伊家具公司（Berkey and Gay Furniture Company）于 1936 年 1 月发行的普通股及认股权证。

# 47

# 融资成本与管理成本

首先，让我们更仔细地思考一下第 46 章中美国石油公司的组织和融资状况。这是一家专门投资石油行业中企业证券的大型投资公司。它向公众以每股 34 美元的价格发行了 3 250 000 股股票。公司因此得到了每股 31 美元的净额，总计 100 750 000 美元的现金。他们向无记名的对象发行了认股权证，据推测这些人可能是发起人、投资银行或管理层。这些认股权证的有效期为五年，行权后可以以每股 34 美元的价格额外认购 1 625 000 股股票。

这个例子是那一时期投资信托进行融资的典型。另外，正如我们日后所见，这种在繁荣时期发展起来的技术熬过了接连不断的衰退，并且很可能会变成各类企业进行股票融资的标准做法。但是，我们完全有理由去质问建立这样一种形式的真正意义是什么：首先，购买股票的投资者会得到什么；其次，负责发行这些证券的投资银行的立场又是什么。

## ● 管理成本中的三个项目 ●

一家新的投资信托公司，例如 1929 年 1 月的美国石油公司，它以两种资产起家：现金和管理层。那些以每股 34 美元购买股票的投资者被要求以三种途径对这种“管理”进行支付。

### 1. 通过他们购买股票支付的价格与公司实际收到款项之间的差额

这 3 美元的差额实际上并不是付给了管理者，而是付给了那些承销以及销售股票的人。但是从股票购买者的角度来看，为股票支付多于其内含初始现金的唯一理由，应该就是他相信这家公司的管理水平是值得这个差额的。

**2. 通过发行给利益相关者认股权证而支付的价值**

这些认股权证本质上赋予了其所有者获取企业价值增值的权力，在接下来的五年里，如果企业出现增值，则这些认股权证的持有者可以获取增值部分的 1/3。从 1929 年来看，一个五年的期限，足以提供分享企业未来成功的丰厚机会。这批认股权证具有实实在在的价值，并且那些价值是从普通股的初始价值中扣除。

按照股票和认股权证之间通常的价格关系，1 625 000 份认股权证将会减少大约 1/6 的普通股价值。在这个基础上，公司收到的 100 750 000 美元中的 1/6 应当被分配给认股权证，剩余的 5/6 则属于普通股。

**3. 通过高管得到的报酬以及采用公司这种形式所导致的额外税收**

综合以上分析，我们可以发现美国石油公司的股东对用于管理其投入资金的那些技能支付了以下价格：

| | （单位：美元） |
|---|---|
| 1. 融资成本（每股 3 美元）.......................................... | 9 750 000 |
| 2. 认股权证的价值（现存现金的 1/6）.................................. | 约 16 790 000 |
| 3. 管理层工资等日后扣除项目 .......................................... | ? |
| 合计 ...................................................................... | 26 540 000+ |

这三个项目加在一起的话，据说就已经占据了公众提供给企业资金数额的 25%~30%。这意味着这个比例并不仅仅是对未来利润的扣除比例，也是为了获取管理服务而实际牺牲的投入本金的比例。

**支付这一价格得到了什么？**若进一步研究，我们不禁要问：这家企业拥有什么样的管理技能呢？董事会由许多著名的金融界人士组成，并且他们对投资的判断被认为是很有价值并且值得拥有的。但是在这里我们必须注意到一些严重的限制，这些限制会对那些判断的价值造成严重影响。首先，董事并无义务将自己全部甚至是主要的精力投入到企业中。他们可以无限扩张他们的这些业务，并且看起来也正打算这样做。常识告诉我们，由于同时存在许多其他相关方对董事提出要求，这一事实将会严重削弱他们向石油公司提供的专家意见的价值。

还有一个更明显的限制，来自于公司的预期评估。公司拟致力于单一领域的投资——即石油领域，因此，他们进行判断和分析的范围也是被大大限制的。结果，资金高度集中，首先集中运用到两个关联公司里——草原管道公司和草原石油公司，然后又集中到了一个单独的后继企业中，即联合石油公司。因此美国石油公司表面上变成了控股公司，但一旦完成原始收购，其中的管理技能也就变得没有多大用处了。①

我们不得不做出这样的结论，从股票购买者的角度来看这种以美国石油公司为例的财务方案，并不能够令他们满意。之所以是这样，不仅是由于支付的管理总成本相对于所获取的服务价值过高，还因为这种成本并没有得到相应的披露，而是被用认股权证这种绝妙的诡计手段掩饰了起来。②（上述推论并非基于美国石油公司的投资不能盈利的事实③）。

**此关系中投资银行的立场**。这个例子所展示的第二个问题也非常重要。投资银行发行像美国石油公司这样的证券时，他们所持有的立场是什么呢？这些与几年前的实践比起来又有什么不同呢？20 世纪 20 年代以前，信誉良好的券商向公众出售股票是受以下三个重要原则约束的：

1. 企业必须经营良好，并且提供足够的记录和财务报表，供公众对以发行价购买股份的合理性做出判断。
2. 投资银行必须首先代表股票购买者的利益而行动，并且它必须与公司管理层保持距离。他的职责包括，保护他的客户免于向管理层支付过度的补偿以及阻止可能有损股东利益的政策。
3. 投资银行拿走的补偿必须是合理的，它代表了公司为募资服务所支付的费用。

① 若用反对以认股权证的形式向控股公司的组织者支付大量“管理奖励”的逻辑，也许会反对设立阿勒格翰尼公司和联合公司。

② 1937 年 5 月、6 月和 11 月期的《哥伦比亚法律评论》(*Columbia Law Review*) 中，桑福德·迪恩 (Sanford L. Schamus) 针对美国公司的融资历史做了一系列评注，提出在美国证券交易委员会法案下发行的招股书应当附表说明认股权证的执行对收益和资产价值的影响。参见 1937 年 11 月期，第 1 173~1 174 页。

③ 美国证券交易委员会在 1939 年 5 月发表的对美国石油公司运营的评论中，严厉批评了一系列管理层不应该感兴趣的交易。1933 年在被联合石油公司并购很大一部分股份 (39.8%) 之后，美国石油公司的地位发生了很大的改变。两个公司因此成为了对方最大的股东，这是一种非常令人反感的情形。参见《美国证券交易委员会关于投资信托和投资公司的报告》(*Report of the S.E.C. on Investment Trusts and Investment Companies*) 的第 2 章第三部分。

这些行为准则在合理的股票融资与声名狼藉的股票融资之间划出了一条清晰的界线。华尔街有一条公认的格言：一个新企业的资本必须来源于私人。[①]这些私人利益体应当处于一个自己做调查，得出其自己的结论并与企业保持密切联系的地位，所有这些保障措施（作为对获取巨大报酬机会的一个补充），被认为是判断是否对某一个新企业进行投资所必需的。因此，一个新企业向公众发行的证券，几乎完全由“蓝天”销售商以及那些声誉存在问题的小投行承担。由于从公众支付的价格中拿走的融资费用并不合情合理，这种发行很大程度上要么是彻头彻尾的诈骗，要么就是类似公然诈骗。

投资信托融资，其本质是违反了那三条股票发行标准的。投资信托是新的企业，他们的管理层和他们的投资银行在大体上是相同的；对融资和管理的补偿不得不仅仅由接受服务的人决定，而且没有公认的合理标准来进行控制。由于缺乏这些标准，而且企业与银行家之间进行议价时没有保持合理的距离，因此，充分保护证券购买者的利益几乎没有希望。此外，我们还必须考虑在 1928 年和 1929 年金融界中盛行自私自利的扭曲观点的这一事实。

**自 1929 年以来的发展。**投资信托融资的不良影响曾一度蔓延到整个普通股发行领域，甚至就连领先的投行也准备在没有过去记录，并且完全基于对其未来盈利预期的情况下销售新的或者是新成立的商业企业的股份。在 1933 年发行“啤酒和白酒公司股票”时，就出现了这种趋势的迹象。幸运的是，从那时起，观点发生了逆转，并且我们发现由一线投行所保荐发行的普通股现在又变成从前那样，具有与之相似的特点和安排了。[②]

然而，自 1933 年来，相当多的普通股由中等规模和声誉一般的投行发行。这些发行的大部分是新企业的股份，这反过来也就倾向于陷入一个领域，就是那些在当时容易被工业集团利用的任何领域。因此在 1933 年中，有许多黄金类，白酒类和啤酒类股票发行，并且在 1938—1939 年中，“飞机类证券”大量出现。从另一方面

① 有时在像智利铜公司这样的案例中可以发现明显的例外。在这个例子中，公司发现存量巨大的矿石的证实被看作向公众融资的证明，以求将矿井投入生产。1920 年林肯汽车公司的股票销售是这里所阐述原则的为数不多的真正例外之一。在这个例子中，企业背后有着不同寻常的个人声誉，但这却导致了灾难性的失败。

② 例如，参见 1937 年新理念公司普通股的发行，1938 年和 1939 年通用鞋业公司普通股的发行。

来看，新投资公司的形成，似乎变成了一种长青行业。在调研这种普通股发行中，首先必须认识到，在他们背后的投资银行并不是代表了购买股份的客户们的利益而进行行动。一方面，新公司并不是一个可以与各种代表着客户利益的投行在正常的商业环境中进行谈判的独立实体，另一方面，投资银行家们本身也是发起新企业的发起人之一。重要的是，他们是在为他们自己向公众募集资金。

## ● 投资银行家的新角色 ●

更确切地说，做这些发行的投资银行家是在双重伪装下进行的。他代表自己与企业的发起人做了一笔交易，然后又与社会公众做了一笔交易，他们从公众身上募集承诺投给企业资金。他们有权要求一笔对其辛劳的丰厚报酬，但是这个报酬的金额会使其与公众的关系发生重大变化。因为这带来了一个实实在在的差异，就是股票购买者是将投资银行看作他自己的经纪人和代理人，还是必须将投资银行看作是努力筹集资金将企业经营下去的“企业发起人－经营者－管理者”。

当投资银行开始变成后者的身份，普通大众的利益无疑会遭殃。1933 年的《证券法》旨在通过要求充分披露有关事实和扩大原有的隐瞒和歪曲事实所应承担的责任范围，来保护证券购买者。尽管充分披露毫无疑问是可取的，但除了熟练、精明的投资者或者是训练有素的分析师外，这对其他人并没有多少实际帮助。值得担心的是，典型的股票购买者并不会去阅读冗长的招股说明书，也不会理解其中所包含的全部含义。现代融资手段就像一个魔术师变戏法的口袋，只要公众不是那么的聪明，他们便可以在大庭广众之下变戏法。把股票期权用作对销商兼发起人的报酬是一种更新的和更具欺骗性的交易伎俩。

我们将仔细讨论 1936 年和 1939 年的两个新设企业的融资案例的某些细节，目的是说明这些发行的特征，以及评估他们所需要的分析技术。①

① 在 1934 年的版本中我们分析到，1933 年 9 月 Mouquin, Inc. 的普通股以每股 6.75 美元发行。这一事实表明公众要为实物价值仅为 424 000 美元并且没有任何收益记录的企业支付 1 670 000 美元的价值。该公司在 1937 年破产了，而公众的投资也被勾销。

## 案例 A：美国班塔姆汽车公司，1936 年 7 月

这次发行由 100 000 股票面利率 6% 的可累积可转换优先股构成，以其面值每股 10 美元的价格向公众发售，每一股可以转换成 3 股普通股。承销商收到了大约每股 2 美元或者说是售价 20% 的佣金。但是，这个佣金仅仅是发售工作的报酬，并不保证取得或配售股份。

新公司收购了美国奥斯汀汽车公司，后者在 1929 年以 3 629 000 美元的现金资本开始成立运营并最终以破产告终。班塔姆汽车公司的组织者仅以 5 000 美元的价格就购入了奥斯汀的资产，并承担其债务。然后他们又加上了 500 美元现金将这笔交易转变成了新公司的 300 000 股普通。换句话说，全部普通股的发行耗费了企业发起人 5 500 美元的现金还有他们的时间和所做的工作。

招股说明书中明确说明优先股以投机方式发行。由于优先股提供的仅 6% 的回报几乎不能充分补偿其中所包含的风险，这样只有在转换权具有价值时，那种投机发行才能成功。（前身公司的巨大损失中已清晰的展示了风险的这些特点。）但是请注意，在转换权的价值尚未明确之前，普通股会以高于 $3^1/_3$ 美元的价格出售。在那个例子中，企业组织者 5 500 美元的投资的价值将会超过 1 000 000 美元。换句话说，在公众能够赚到利润之前，组织者们已经将其股权价值翻了 180 倍。

结果，到 1939 年 6 月 30 日，公司累计赤字 750 000 美元；他被迫从复兴金融公司借钱，并且优先股股东已经不在流动资产中享有任何权益了。优先股的价格下跌到了 3 美元，但是同期普通股的竞买报价是 3/4 美元。这意味着（如果报价可信）即使公众已经失去了其投资价值的 70%，组织者的 5 500 美元的初始贡献仍然具有 225 000 美元的名义市场价值。

## 案例 B：美国航空公司，1939 年 12 月

这家公司以每股 6.25 美元的价格向公众发行了 60 000 股新普通股。承销商没有做出任何获得股份的确定承诺，但可以从销售的每份股份上收到了以下三种报酬：（1）现金 90 美分；（2）1/20 股股票，表面上价值 31 美分，由其主要股东提供；（3）一份以 6.25 到 8.00 美元之间的价格购买 1/2 股股票的认股权证。如果这些普通

股 6.25 美元的发行价是合理的，那么毫无疑问，这些认股权证每执行一份至少值 1 美元。这将会意味着对发行工作的报酬加起来是每股 2.34 美元，或者说是比公众支付数量的三分之一还要多。

这家公司从 1928 年开始经营，从 1931 年起开始制造轻型“Aeronca”飞机。其销售额稳步上升，从 1934 年的 124 000 美元上升到 1939 年的约 850 000 美元。然而，直到 1938 年年底，这家公司都是没有利润的，当时的总赤字超过 500 000 美元（包含开发费用的冲销）。在 1939 年 10 月 15 号前的 9 个半月时间里，它的盈利是 50 000 美元。在这次向公众发行新股之前，在外流通的股份数为 66 000 股，这意味着净资产价值仅有每股 1.28 美元。除将支付给承销商的 30 000 股认股权证外，管理层的手中还掌握有 15 000 股类似认股权证。

我们似乎有充足的理由相信，该公司在行业发展中处于有利的位置。但是分析表明，公众分享公司未来收益的增长，将会被三种因素严重摊薄：

- 通过从购买新股的价格中减掉的现金销售费用；
- 通过原始所有者投入的用以换取其股票权益的少量有形资产；
- 通过会吸掉部分增长价值的认股权证。

为了展示这种摊薄的效果，我们先假定这个公司表现的非常成功，以至于其公允价值在完成此次融资后是其有形资产的 2 倍，就是说，相对之前的 484 000 美元的有形资产，它的公允价值约为 1 000 000 美元。那么这时，公众支付每股 6.25 美元获得的股票价值是什么呢？如果没有认股权证的发行，这个价值将会是 126 000 股每股价值 8 美元。但是，如果假定对于认股权证来说每股 2 美元的话，则股票自身的价值仅为每股 7.25 美元。因此，即使是这家公司取得相当可观的成功，也仅会给购买股份的公众带来 16% 的增值。如果事情向相反方向发展，那么投资的很大一部分将会迅速消失。

**公众应当为新的企业融资吗？**在完整考察过一遍自 1933 年以来在美国证券交易委员会注册的新企业融资之后，从稳健程度以及对国家的经济价值来看，我们对此感到很悲观。把资本投入到新企业中去冒险对美国的发展进程是必要的，但是由公众进行融资的新企业却从来没有给国家的建设带来巨大的贡献。华尔街已经得出结论，那些企业所需的资本应当在私人或个人基础之上提供才是合理的，也就是由组织者本身或者与他们关系紧密的人提供。因此，出售新企业股份并不是一件很崇高的事，并且领先的投行也不会参与其中。完成这些融资的途径如果不那么苛刻，就需要向公众收取很高的销售成本，即使最为乐观地看，新企业的成功几率也会大大下降。

经过深思熟虑后，我们认为，《证券法》应当进行修订，禁止新企业和不成熟的企业向公众公开发行股票，这样做才符合国家的利益。准确定义“成熟”并不是一件容易的事情，譬如说大小，无亏损的经营年份数量，美国证券交易委员会也许有必要审慎地考虑如何对此进行评判。我们认为，无论如何，模棱两可和困难的例子在数量上也是相对较少的（即使我们上面的第二个案例可能归属于这一类）。我们应当高兴地看到，在一些无关紧要的细节上，美国证券交易委员会的权利和职责减少了；但是从保护没有能力自我保护的公众上，我们支持进行更加严格的立法。

**“蓝天”（Blue-sky）促销。**在那些“美好旧时光”里，诡计多端的股票推销员非常依赖于高压推销，他们甚至很少为其准备任何伪装的优点。他们能够出售一个矿井类的股票，而那矿井也许还算不上是一个“地洞”；或者是以亨利·福特的早期合伙人据此赚取了巨额利润为理由而推荐一项发明的股票。受害者事实上购买的是“蓝天”，除此之外并没有其他东西。就算是只具有一点商业常识的人瞥一眼都能够发现，这些企业完全是没有价值的，而招股说明书所采用的光面纸本身就足以辨明这项方案是欺诈性的。

联邦和各州应对这些欺诈的严格监管，催生了另一种证券推销方式。股票推销员不再对毫无价值的公司发行证券，而是选择了一个货真价实的企业，它可以以远高于其公允价值的价格出售。通过这种方式，既没有违背法律，公众亦可以像从前那样被利用。石油和矿企是最适合发行这种股票的了，因为向外行灌输一个夸大他们真实价值的观念是相当容易的。美国证交会也开始变得越来越严厉，并且努力去阻止这种类型的半欺诈行为。理论上，一个发起人可能以 5 美元的价格发行仅仅价值为每股 1 美元的证券，只要他们完全披露所有事实并且不添加任何虚假的描述。委员会没有获得授权，以新证券的稳健性和定价的公允性作为其允许发行的前提，除了在 1935 年公用事业控股公司法案条目约束下的进行的公共事业公司证券发行。

事实上，看起来他已经做到了最好，在多重压力下，规劝甚至阻止那些相对不公平的证券的发行。但是有一点是必要的，就是公众要认识到委员会在这方面的权利是受到严重限制的，因此只有潜在购买者持怀疑态度进行分析，才能保证不被利用。

在公众眼中，促销活动特别容易被新产业所吸引。首先进入这些领域的企业已赚取利润，或者甚至是已发行企业正在赚取利润，他们都被赋予一个虚假伪装，即利润是永久的并且未来还会增加。因此，严重高估的价格可以被以看似合理的价格出售。在1933年酒类股票发行中，被高估的程度完全取决于推销人的良心。因此，这里所列的股票发行案例几乎展示了从完全合法到几近欺诈的所有层次。[①]类似的情形还出现在1938—1939年飞机股票的发行中。公众应当铭记在心：当一个特定产业变得越来越容易筹集资本的时候，不公平交易机会会增加，产业自身过度发展的危险也将变成现实。

**投资银行不稳健导致的影响**。20世纪20年代末，投资银行家标准的放松，以及他们利用巧妙的手段来增加个人报酬，对企业管理领域产生了不良影响。管理层觉得他们自己不仅应当获得可观的薪水，还应大幅参与企业利润的分配。在这方面，银行为自己利益而调整的投资信托安排，为“大财阀”领域树立了一个鼓舞人心的例子。

大公司的管理层是否应当获取数十万甚至是上百万美元的年薪，这也许是一个具有开放性的问题。这个问题的答案取决于公司的成功在多大程度上是得益于管理层独特且过人的能力，然而这一定是非常难以确定的。不可否认，管理层经常使用狡猾和值得怀疑的手段来保护自己的巨额收益，而且也不必向股东进行完整的披露。正如我们在股东与管理层关系的讨论中指出的那样，能低价购买股票的认股权证（或长期认购权），是实现这个目的的一个绝佳工具。在这方面，进行完整并且持续的公开披露并不只是在理论上可取，而且还具有实用价值。1933—1934年，立法标志着这一方面发生了巨大的进步，因为管理层报酬的主要来源必须在登记表和年报补充文件10-K文件中进行披露。有了这种报酬的公开化，我们认为，如果股东自己可以很好地去控制报酬超出任何合理的限制，那么他们自己的利益就能够得到很好的保护。我们相信，通过股东对自身利益的关注，来限制管理层的报酬超过合理的范围。

---

① 参见附录注释55。

# 48

## 公司金字塔结构的相关内容

公司财务中的金字塔结构，指的是一种借助于一家或者一系列控股公司而创建的投机性资本结构。通常，这种安排的主要目的就是使公司组织者既能够以很少甚至根本不存在的资本投资去控制一家企业，还能够获取绝大部分的盈余以及不断增长的持续经营价值。这个工具经常被占据支配地位的股东用来“变现”其持股的投机利润，并同时保持控股权。有了此类资金，这些成功的资本家通常会努力将其控制范围拓展到其他的经营企业上。金字塔技术可以用 O. P. 范·斯沃林根和 M. J. 范·斯沃林根（O.P and M.J. Van Sweringen）的巧妙手法来说明。他们从购买当时并不太重要的纽约－芝加哥－圣路易斯铁路公司的控股权开始，将其迅速发展成为一个辽阔的铁路“帝国”。①

**案例**

范·斯沃林根的金字塔结构。范·斯沃林根最初在铁路领域的交易发生在 1916 年。它购买了纽约中央铁路公司总价 8 500 000 美元的普通股和优先股，并因此控制了纽约－芝加哥－圣路易斯铁路公司（也被称

---

① 有关金字塔结构是如何发生作用的完整描述，请参见 1933 年 6 月 5 日至 8 日第 73 届国会第一次会议《银行和货币委员会听证会》（*Hearings Before the Committlee on Banking and Currency*）有关第 73 届国会参议院的第 84 号决议和第 72 届国会参议院的第 56 号决议的第二部分中第 563~777 页《证券交易所实践》（*Stock Exchange Practice*）的内容。这一故事也在第 71 届国会第三次会议众议院第 2789 号报告《关于铁路公司股票持有者的监管》（*Regulation of stock Ownship in Railroad*）的第二部分中第 820~1173 页以图表形式做了更详尽的陈述，特别是第 878 页所插入的内容。对金字塔结构在公用事业公司领域的影响的图表以及其他展示，参见《公用事业公司》（*Utility Corporations*）（第 70 届国会第一次会议众议院第 92 号文件第 72—A 部分）第 154~166 页。

近年来最声名狼藉的金字塔结构是英萨尔的设立。另一其他类型的有趣案例是美国－外国证券公司（United States and Foreign Securities Corporation）与美国－国际证券公司（United States and International Securities Corporation）的关系。这两种类型在附录注释 64 中做了简要介绍。

为“镀镍公司”)。这笔交易通过向出售方支付 6 500 000 美元的票据以及 2 000 000 美元现金来完成，并且这笔现金是从一家克里夫兰银行借来的。接下来，这家公司在继续收购其他公司的控制权时，用到了许多不同方式，具体包括：

1. 以并购为目的组建一家私人公司 ( 例如组建西部公司来收购伊利湖和西部铁路公司，并组建三叶草公司收购托莱多 - 圣路易斯 - 西部铁路公司，两宗交易都发生在 1922 年。)

2. 使用一家已控制的铁路公司的资产，对其他公司进行控制 ( 例如纽约 - 芝加哥 - 圣路易斯铁路公司在 1923—1925 年间购买了大量切萨皮克 - 俄亥俄铁路公司、皮尔马克特铁路公司的股票。)

3. 利用一家控股公司控制一条铁路，并且公开发行控股公司证券 ( 例如 1927 年切萨皮克公司接管了切萨皮克 - 俄亥俄铁路公司的控制权并且向公众出售该公司的债券和股票。)

4. 组建一家普通控股公司 ( 例如通过注册成立于 1929 年的阿勒格尼公司接管了许多铁路、煤矿和不同性质企业的控制权 )。

在 1930 年提交至众议院的《范·斯沃林根控股公司报告》( *Van Sweringen Holding Companies* ) 中，有一个有趣的图表①，在表 48—1 中我们摘取了这些数据，表中将范·斯沃林根所行使的控制权同他们在控股企业的资本中相对较少的股份或金融权益进行了比较。其中，A 栏中的数据表示，范·斯沃林根持有或者控制的有表决权的证券比例；B 栏的数据表示，实际上直接或者间接归范·斯沃林根所有的“投入资本”( 债券、股票和盈余 ) 的比例。

值得回顾的是，在战前，控股公司为了对铁路资产实现金字塔式控制所采取的类似做法，特别是罗克岛公司的例子。这家企业组建于 1902 年，通过下属中介子公司获得了芝加哥 - 罗克岛 - 太平洋铁路公司几乎所有的普通股，以及圣路易斯和旧金山铁路公司大约 60% 的股份。利用这些股份，两家控股公司发行了大量抵押信托债券、优先股和普通股。1909 年圣路易斯和旧金山铁路公司的股票被出售；1915 年罗克岛和下属中介子公司双双破产，公司的股票被抵押信托债券的持有者接管，同

① 《第 71 届国会第三次会议众议院第 2789 号报告》( *House Report 2789, 71st Congress, 3d Session* )，第二部分，第 820~1173 页。

时控股公司发行的股票价值也被一笔勾销。

表 48—1　公司控股和普通股所占比例　（单位：%）

| 公司 | A 控股 | B 权益 |
|---|---|---|
| 控股公司： | | |
| 万尼斯公司 | 80.0 | 27.7 |
| 通用证券公司 | 90.0 | 51.8 |
| 日内瓦公司 | 100.0 | 27.7 |
| 阿勒格尼公司 | 41.8 | 8.6 |
| 切萨皮克公司 | 71.0 | 4.1 |
| 皮尔马克特公司 | 100.0 | 0.7 |
| 弗尼吉亚运输公司 | 100.0 | 0.8 |
| 匹兹顿公司 | 81.8 | 4.3 |
| 铁路公司： | | |
| 纽约－芝加哥－圣路易斯铁路公司 | 49.6 | 0.7 |
| 切萨皮克－俄亥俄铁路公司 | 54.4 | 1.0 |
| 皮尔马克特铁路公司 | 48.3 | 0.6 |
| 伊利铁路公司 | 30.8 | 0.6 |
| 密苏里太平洋铁路公司 | 50.5 | 1.7 |
| 霍金谷铁路公司 | 81.0 | 0.2 |
| 惠林－伊利湖铁路公司 | 53.3 | 0.3 |
| 堪萨斯城南铁路公司 | 20.8 | 0.9 |

这次不光彩冒险的失败，在那时被当作铁路领域“高额筹资”结束的标志。然而，大约 10 年后，同样不正当的作法再次出现，而且规模更大，给投资者带来的损失也更加严重。需要补充说明的是，1914 年州际贸易委员会对罗克岛公司的财务进行了调查，美国国会对 1930 年设立的铁路控股公司也有类似的调查。但是，金融界的健忘人尽皆知，实在是令人沮丧。

## ● 公司金字塔结构的弊端 ●

金字塔结构对购买证券的公众的害处表现在以下方面：首先，它创造并向公众销售大量不安全的高级证券；其次，它制造了在行情好的年份控股公司普通股盈利能力高速增长的假象，并且这些股票总是成为疯狂的、灾难性的公众投机工具；再次，那些没有资本投资的人（或者是资本相对较少的那些人）拥有了公司控制权，这是不公平的[①]，并且容易产生不负责和不健全的管理决策；最后，控股公司在繁荣时期存在夸大预期收益、股息回报或账面价值的情况，因而不仅推动了投机热情，也而且给操纵市场提供了便利。在这四项公司金字塔结构的负面作用中，前三项是非常明显的，但是要理解最后一项的种种影响不同含义，则需要借助一定的分析处理方法进一步的分析。

**夸大收益**。控股公司可以通过过高估计自己从子公司获得的股息，或者把出售子公司股票所获得的收益计算至收益当中，来夸大公司表面的盈利能力。

**案例**

中央国家电力公司的主要资产是大量的北美公司定期支付股息的普通股。1929年年末之前，这些股息被中央国家电力公司按当时的市场价值计入收益。就像我们在有关股息的章节中讨论的那样，平均来看，这种市场价值远远高于北美公司在盈余中扣除的股息，也远远高于北美公司能够用于普通股的可分配利润。因此，中央国家电力公司的损益表给了投资者一个公司收益正在增长的假象。

1927年美国创业者信托公司的报告披露了一笔交易，这笔交易的特征虽有些不同，但效果相似。1927年11月，美国创业者信托公司向其股东提供了以每股16美元的价格购买美国国际证券公司大约88 400股B类普通股的特权。美国国际证券公司是美国创业者信托公司的一个子公司，后者在1926年以每股3.7美元的价格购入前者的B类普通股。美国创业者信托公司在1927年的报告显示其普通股的净利润达到了1 316 488美元，如上所述，其中大部分是通过该公司股东购买子公司的股份而获得的。[②]

**对股息回报的曲解**。就像控股公司有可能利用所获得的股息来夸大收益一样，

① 针对这一点的案例，参见附录注释65。
② 1928—1930年三年间，美国创业者信托公司报告了大约43 300 000美元的投资收益，但是这些利润的全部甚至更多都来自于上面所描述的公司间交易。参见1940年2月12日发表的《美国证监会投资信托概况报告》（*S.E.C.'s Over-all Report on Investment Trusts*）的第四章，第三部分，第二和第三节。

定期向股东支付市场价值超过当期收益的股息，也会扰乱公众对于股息回报的印象。人们很容易犯一种错误，那就是将不定时发放的认股权价值等同于普通股的回报收入。拥有金字塔结构的公司在发放这种认股权上十分慷慨，因为新的收购和新的融资在不断交替，这种交替激发了那些拥有控制权公司的野心，使其投机欲望十分狂热，直到不可避免地破产。

认股权的发行有时会使股票市场陷入一种奇特的循环式推理，市场操纵者常常热衷于这种推理，但它却是分析师的悲哀。A 公司的股票价值显然超不过 25 美元，但投机或操纵活动却使其上涨到 75 美元。若给予股东以每股 25 美元的价格再购买股份的权利，认购权本身就具有了市场价值，比如每份 10 美元。对于投机群体来说，这种权利差不多相当于 10 美元的特别股息。这种股息不仅使人们认为股价上涨到 75 美元是合理的，而且还更加乐观地期待更高的价格。对于分析师来说，整个过程是一个骗局和圈套。无论这一权利的价值是多少，它完全是由投机者的盲目热情所创造出来的，但是这种虚幻的价值常被看作一种实实在在的收益，以及证明催生出这种收益的市场热情自有其道理的证据。因此，加上操纵者的推波助澜，投机公众会不由自主地会陷入眩晕狂热的状态。

**案例**

在 1928 年 8 月和 1929 年 2 月间，尽管没有支付任何股息，美国和国外电力公司的普通股股价从 33 美元上涨到 138.875 美元。普通股股东（和其他证券持有者）被授予了以可分离的认股权证购买第二优先股的权利。最初，这种权利具有每份 3 美元的市场价值，许多人将这种权利的价值作为普通股的股息。

**夸大账面价值**。当一家控股公司拥有子公司的绝大部分股份时，就有可能出现控股公司夸大子公司账面价值的现象：控股公司通过操纵子公司在市场中剩余的少量股票，人为抬高子公司股价，并用这一价格来计算所控股公司股票的账面价值（有时被称作“财产清算价值”）。举一个关于这种方法的早期例子，弗吉尼亚州烟草制品公司持有美国联合雪茄连锁店约 80% 的普通股。1927 年，市场上可供购买的少量联合雪茄连锁店股票的价格高得惊人，而对不太谨慎的买家来说，烟草制品公司的股票愈发具有吸引力。但正如我们前面所讨论的，联合雪茄公司那混乱恼人的账目以及股息政策就是这种人为操控的产物。

如果要举一个夸大账面价值最夸张的例子，那恐怕非电气债券和股票公司莫属了。它拥有美国和国外电力公司的大部分认股权证。整个安排看起来就好像是人为设计的，使公众不明不白地就支付了天方夜谭的高价。我们应该简要回顾一下这种价值虚增的各个阶段，这能给予证券分析的初学者一些启发。

第一，美国和国外电力公司合计发行了 1 600 000 股普通股，和以每股 25 美元的价格购买了 7 100 000 股额外股份的认股权证。这为普通股建立了一个较高的价格水平，反映出投资者对公司收益和前景的乐观估计，然而他们却忽视了认股权证的存在。正如前面所解释的那样，普通股报价是由发行的认股权证来支撑的。

第二，数量相对较少的普通股价格如此之高，自然而然为上百万的认股权证创造出相应的高价值。

第三，电气债券和股票公司利用这些高价值，把它们套算到了其持有的大量美国和国外电力公司普通股和认股权证之上，从而使其自身的普通股价值也得到了相应的虚增。

**认股权证工具的利用。**上述过程最终可追溯至 1929 年，其结果几乎令人难以置信。美国和国外电力公司普通股拥有的可分配收益出现了表 48—2 所示的上升趋势（然而在相当大的程度上归功于持续进行的新收购）。

表 48—2　　美国和国外电力公司普通股所得收益　　（单位：美元）

| 年份 | 归属于普通股股东的净利润 | 股份数（股） | 每股收益 |
|---|---|---|---|
| 1926 | 216 000 | 1 243 988 | 0.17 |
| 1927 | 856 000 | 1 244 388 | 0.69 |
| 1928 | 1 528 000 | 1 248 930 | 1.22 |
| 1929 | 6 510 000 | 1 624 357 | 4.01 |

根据“优秀公用事业公司的股票价格可以是其当期收益 50 倍”这一理论，美

国和国外电力公司普通股的每股价格高达 199.25 美元，相应地，认股权证价格高达 174 美元。因此，通过华尔街疯狂的魔力，6 500 000 美元的收益变成了市场价值为 320 000 000 美元的普通股和 1 240 000 000 美元的认股权证，总和则高达 1 560 000 000 美元。

由于美国和国外电力公司超过 80% 的认股权证归电气债券和股票公司所有，其高级证券的荒谬价格也相应地使电气债券和股票公司的财产清算价值高得惊人。这一财产清算价值经常被用来佐证电气债券和股票公司越来越高的股价是合理的。1929 年 3 月，人们注意到这家公司的全部有价证券的市场价值相当于每股 108 美元，而市场报价范围则是每股 91~97 美元。这说明电气债券和股票公司的股价被"低估"了。1929 年 9 月，价格上涨到了每股 184.5 美元。当时计算出的"财产清算价值"总计达到约每股 150 美元，而且"不考虑公司监理和建设业务的价值"。公众并没有意识到，这一账面价值中相当大一部分是建立在市场对公司拥有的一部分资产做出的虚幻估价之上，而这部分资产其实就是仅仅几年前公司免费获得的（作为对购买美国－国外电力公司第二优先股的奖励）。

这种认股权证的利用手段，即使在 1932—1933 年大萧条的谷底时期，也展现出一种奇特的生命力。三十年河东三十年河西，曾经风光无限的美国和国外电力公司已经在破产的边缘上挣扎，它的票面利率 5% 的债券价格仅为 15.25 美元。然而，1933 年，不切实际的认股权证仍然具有将近 50 000 000 美元的总市场价值，这一数字与高级证券的极低价格相比显得荒唐至极。从表 48—3 可以看出这种情形有多么荒谬，并且在相对价值评估变得更加严格、股票价格大幅缩水的情况下更加让人觉得匪夷所思。

表 48—3　　权证控制的市场行情　　（单位：千美元）

| 证券 | 发行量 | 价格（1933 年 11 月） | 总市值（1933 年） | 价格（1938 年 12 月 31 号） | 总市值（1938 年） |
|---|---|---|---|---|---|
| 5% 信用债券 | 50 000 | 40 | 20 000 | 53 | 26 500 |
| $7 第一优先股 | 480 | 21 | 10 100 | $19^7/_8$ | 9 300 |
| $6 第一优先股 | 387 | 15 | 5 800 | 15 | 5 800 |
| $7 第二优先股 | 2 655 | 12 | 31 900 | $9^1/_4$ | 24 900 |
| 普通股 | 1 850 | 10 | 18 500 | $3^1/_2$ | 6 500 |
| 附认股权证股 | 6 874 | 7 | 48 100 | 1 | 6 900 |

在 1938 年年末，正如表格所列出的那样，荒谬的价格在很大程度上得到了修正。

## 某些非金字塔结构的控股公司

为了避免产生错误的印象，我们必须指出，尽管金字塔结构通常通过控股公司建立，但这并不意味着所有的控股公司都是为这个目的而设立的，不应并且因此而受到谴责。控股公司经常被用于完全合法的目的，例如允许分离的单位之间进行统一和节约的运作，进行多样化投资和分散风险并取得一些灵活和便利的技术优势。许多著名且重要的企业都以控股公司的形式存在。

**案例**

美国钢铁公司是一个彻头彻尾的控股公司。尽管在其建立资本结构之初尚存在一些金字塔成分，但这个缺陷在随后的几年中便消失了。美国电话电报公司显然是一家控股公司，但是其融资结构从未遭受严厉的指责。通用汽车在很大程度上也是一家控股公司。

因此，了解一家控股公司必须从其可取之处来进行考虑。例如，美国照明和电车公司就是一家典型的完全出于法律目的而组织的控股公司。另一方面，从联合照明和电力公司的权益来看，特拉华州联合照明和铁路公司收购美国照明和电车公司的控制权则必须看作是构建金字塔的行为。

## 投机资本结构可能通过其他方式创建

同样应该被指出的是，投机性资本结构可以通过不采用控股公司的方式来创建。

**案例**

前面章节中讨论过美泰克公司资产重组的例子，它就产生了形成控股公司和出售高级证券的结果。引用另一个例子，在大陆烘培公司的例子中，控股公司的形式并不是他们形成金字塔结构的必要部分。投机资本结构完全由母公司创造的大量优先股构建，而且，即使大陆烘焙公司注销所有子公司并直接取得其所有资产，这种投机型结构也仍然会存在。（正如实际发生的那样，1938 年这家公司开始逐渐收购其主要子公司资产，并因此在很大程度上消除了控股公司的形式，但是投机性的资本结构仍然得以保留。）

## ● 金字塔结构受法律上的限制 ●

20 世纪 20 年代，公用事业公司金字塔结构的惨痛教训促使美国国会采取了激烈的行动。《1935 年公用事业控股公司法案》（*The Public Utility Holding Company Act of 1935*）包含了许多对现存体系来说意味着“死刑”的内容，法案要求它们最终必须简化资本结构，并且处置在非邻近地区中运行的子公司。所有收购和新融资都需要经委员会通过，这有效地阻止了新金字塔结构的形成。能用来管制现存的铁路控股公司，并且阻止新控股公司产生的类似规则的制定也指日可待。①

我们可以带着些许自信说，像范·斯沃林根和罗克岛公司这样失败的例子在日后重现的机会非常渺茫。在工业领域，也不会再出现上述不切实际的巨额融资，这类情况只可能在铁路公司和公用事业公司中出现。但是在将来，那些善于发明创造的金融奇才也许会将目光投向工业领域。因此，投资者和分析师务必对这类令人眼花缭乱的新手法保持警惕。

① 参见美国国会第 74 届会议第 71 号决议以及大约在 1939 年 12 月举行的听证会的第 21 卷。另参见议会第 75 届会议第一次会议，参议院第 180 号报告以及第 76 届会议第一次会议，参议院第 25 号报告，第 1、4、5 部分。

# 49

# 同领域公司的比较分析

在特定领域中对所关注的一组企业进行统计比较，这算是一项例行的分析工作。这种分析允许以行业整体作为背景，对比研究每家公司的表现，通过这种方法经常能够找到价格低估或者高估的实例。此外，也可能会得出一个企业的证券应当被同一领域中其他企业的证券所取代这一结论。

我们将会在本章中提供进行这种比较分析的标准表格，也会讨论表格中各个不同条目的重要意义。当然，之所以这些表格被视为“标准”，仅仅是因为他们具有较好的普适意义，这并不代表是完美的，而且读者可以结合自己特定的目标对它进行修正，使之更符合实际需要。

## 表格 I. 铁路公司比较

**A. 资本结构：**

1. 固定费用[a]
2. 有效债务（固定费用[a]×22）
3. 优先股市值（股份数 × 市场价格）
4. 普通股市值（股份数 × 市场价格）
5. 总资本
6. 有效债务与总资本比率
7. 优先股与总资本比率

8. 普通股与总资本比率

B. 损益账户：

9. 总收益
10. 维护费用与总收益比率
11. 铁路营业收入（税后净额）与总收益比率
12. 固定费用[a]与总收益比率
13. 优先股股息与总收益比率
14. 归属于普通股股东的净利润与总收益比率

C. 运算：

15. 固定费用[a]保障倍数
15. I.P.[b]固定费用[a]和优先股股息保障倍数
16. 普通股每股收益
17. 普通股每股收益与市价的比率
18. 总收益与普通股市值比率（第 9 项 ÷ 第 4 项）
16. S.P.[c]优先股每股收益
17. S.P. 优先股每股收益与市价比率
18. S.P. 总收益与优先股市值比率（第 9 项 ÷ 第 3 项）
19. 将子公司未分配的盈亏计入盈利的贷方或者借方（如果重要的话）

D. 7 年平均数据：

20. 普通股每股收益
21. 普通股每股收益与当前市价比率
20. S.P. 优先股每股收益
21. S.P. 优先股每股收益与当前市价比率
22. 净扣减保障倍数
23. 固定费用保障倍数
22. I.P. 净扣减和优先股股息保障倍数
23. I.P. 固定费用和优先股股息保障倍数

**E. 趋势数据：**

24 ~ 30. 过去 7 年的普通股每股收益

（如果必要的话，可以根据当前资本结构调整。）

24. S.P. 到 30. S.P. 如果需要，计算投机性优先股的同上数据

**F. 股息：**

31. 普通股股息率

32. 普通股股息收益率

31. P. 优先股股息率

32. P. 优先股股息收益率

注：a. 如果净扣减较大的话使用净扣减。
b. I.P. 用于研究投资性优先股。
c. S.P. 用于研究投机性优先股。

## 对铁路公司的比较的评述[①]

过去的传统做法是把对收益的分析建立在前一日历年的数据之上，同时适当参考后续的中期报告。但是，由于完整的月度数据现已经变得可得，因此，我们可以忽略日历年的划分并使用可以获得的最新数据取代按日历年获取 12 个月的数据，这种做法更加合乎逻辑而且有效。实现这种获取 12 个月数据的最简单方法就是，将当年经营成果的变化应用到上一日历年对应阶段的经营成果之上。

**案例**

**截至 1939 年 6 月，宾夕法尼亚铁路系统 12 个月的总收益**

|  |  |
|---|---|
| (1) 1939 年 6 月的前 6 个月（报告值）…… | 189 623 000 美元 |
| (2) 1938 年 6 月的前 6 个月（报告值）…… | 167 524 000 美元 |
| (3) 差异 …… | +22 099 000 美元 |
| (4) 1938 年（日历年）…… | 360 384 000 美元 |
| 1939 年 6 月的前 12 个月 (4 加上 3)…… | 382 483 000 美元 |

① 兹提述前面的章节用以解释术语以及当前讨论中所涉及的关键测试。

基于7年的平均数，我们计算得出了表格中一些重要数据。在深入的研究中，我们应当更加细致地分析平均结果。为了节省时间，我们建议：只有在分析师根据“标准形式”表格进行研究之后，又筛选出了需要进一步研究的那些公司时，再针对它们计算那些额外的平均数据。计算平均数所需的周期是否要包含7年或者是更长亦或更短的时间，在很大程度上取决于个人判断。理论上，它应该长到正好足够包括一个完整的波动循环，但又不至于长到包含进了许多完全过时的因素和结果的地步。举个例子来说，把1934—1939年这六年视为一个更加合适的长度，就比更长的1933—1939年更好。

与优先股相关的数据可以分成两类，分类依据是证券是作为固定价值投资还是作为投机（市场价格通常能够足够清晰地指明一项具体的证券属于哪一类别。）标记有“I.P.”的项目将被用来研究投资型优先股，那些标记有“S.P.”的项目则被用来研究投机型优先股。当涉及次级收益债券时，最简单和最令人满意的做法就是：在所有方面把它当作优先股对待，然后对其真实名号做一脚注。这样，那些或有债券利息将因此被从净扣减额和固定费用中剔除。

在表格对比中，我们遵循前面提供的建议，通过资本化净扣减额和固定费用中的较大值来计算有效负债。在运用这个表格帮助筛选高级证券时，应该特别关注第22项和第23项（或者22 I.P.和23 I.P.），这些条目表示了利润高于所需利息（和优先股息）的平均边际。同时还应考虑第6、7和8项，它们表示了总资本中高级证券和次级权益的划分比例（在处理债券时，优先股是次级权益的一部分；在考虑投资优先股时，它必须被包含进有效负债中。）我们还应审视第10项和第19项，以检查公司是否存在不充分的维护或者在收益中包含进一些未实现的来自子公司的股息的行为，以求达到放大收益的目的。

通常，我们会用类似于分析普通股的方式分析投机性优先股，并且优先股价格越低，二者的分析方式也就越类似。然而，应当记住，从理性角度讲，一只优先股与具有相同表现的普通股相比，优先股总是有些欠缺吸引力。举个例子来说，一股6美元的优先股取得5美元收益，从本质上来说并不比一股取得5美元收益的普通股（具有相同的前期费用）更受欢迎，因为后者被赋予了获取现在和未来收益的全部权益，而优先股在索取未来收益上则受到了严格限制。

在对铁路公司的普通股进行比较时（和等价的优先股），出发点是取得的收益与市场价格之间的百分比。同时注意，还应在一定重要程度上考虑第 10 项和第 19 项。相对来说，第 12 项和第 18 项可以立即显示一个公司是投机的还是保守的资本结构。具有投机性资本结构的铁路公司，其净扣减额相对于总收入来说比例将会很大。并且，通常来说，普通股的市场价值相对于总收入来说则只占一个很小的比例。对于具有保守的资本结构的铁路公司来说，与之相反的特点则是完全正确的。

## ● 对同行业投机或保守资本结构的公司比较的限制 ●

当两家公司一家是投机性资本结构而另一家是保守资本结构时，分析师在推断两家公司普通股相对吸引力的结论时必须更加慎重。像这样两只股票，它们会对有利或不利的变化产生截然不同的反应，这导致如果环境发生变化，他们其中一个在目前条件下所拥有的优势也许很容易就不复存在了。

**案例**

表 49—1 的例子从两方面指出了，在对比具有保守资本结构公司的普通股与具有投机资本结构公司的普通股时可能出现的谬误。在 1922 年，联合太平洋铁路公司的归属于普通股股东的净利润与市场价格的比率比罗克岛公司的比率高出了将近 4 倍。建立在这些数据的基础上，可以得出联合太平洋铁路公司价格更加便宜的结论，但这将会是非常荒谬的。因为，相关资本结构是如此不同，直接导致这两家公司并不具有可比性。这一事实如图表所示，在随后的五年当中，伴随着商业整体温和复苏，罗克岛公司普通股的收益和市场价格增幅都超过了联合太平洋铁路公司。

1927 年的情况则大致相反。当时，罗克岛公司普通股的收益率高于联合太平洋铁路公司的普通股。但是，就此得出罗克岛公司的普通股从本质上看更便宜这一结论将会同样荒谬。后者的投机性资本结构使它非常容易受到不利发展的影响，因此他没能经受住 1929 年后的衰退。

## ● 其他实例 ●

本书作者之一所做的几个关于这方面的比较,可以很好地阐述铁路股票(及债券)的实用比较分析方法。这些比较资料在几年前由一家公司出版，并被作为纽约证券交易所客户服务内容的一部分。这些可以在附录注释 66 中找到。可以看到，铁路公司的比较都是在大致相同的资本结构类别中进行的，但艾奇逊铁路公司和纽约中央铁路公司例外。这个例子对纽约中央铁路公司针对有利或不利变化都更为敏感这一点做出了特别的说明。

表 49—1　联合太平洋铁路公司和罗克岛公司普通股比较

| 项目 | 联合太平洋铁路公司 | 芝加哥 – 罗克岛 – 太平洋铁路公司 |
|---|---|---|
| A. 总体复苏的效果: | | |
| 普通股均价，1922 年 | 140 美元 | 40 美元 |
| 每股收益，1922 年 | 12.76 美元 | 0.96 美元 |
| 收益市价比，1922 年 | 9.1% | 2.4% |
| 固定费用和优先股股息保障倍数，1922 年 | 2.39 倍 | 1.05 倍 |
| 总收益与普通股市值比率，1922 年 | 62% | 419% |
| 总收益增长率，1927 年之于 1922 年 | 5.7% | 12.9% |
| 普通股每股收益，1927 年 | 16.05 美元 | 12.08 美元 |
| 归属于普通股股东的净利润增长率，1927 年之于 1922 年 | 26% | 1 158% |
| 普通股均价，1927 年 | 179 美元 | 92 美元 |
| 普通股均价增长率，1927 年之于 1922 年 | 28% | 130% |
| B. 总体衰退的效果 | | |
| 均价基础上的收益率，1927 年 | 9.0% | 13.1% |
| 固定费用和优先股股息保障倍数，1927 年 | 2.64 倍 | 1.58 倍 |
| 总收益与普通股市值比率，1927 年 | 51% | 204% |
| 总收益减少，1933 年之于 1927 年 | 46% | 54% |
| 普通股每股收益，1933 年 | 7.88 美元 | 20.40 美元（亏损） |
| 普通股每股收益减少，1933 年之于 1927 年 | 51% | 269% |
| 普通股均价，1933 年 | 97 美元 | 6 美元 |
| 均价减少，1933 年之于 1927 年 | 46% | 93% |

注：1933 年 6 月，罗克岛公司委任破产受托人。

## 表格 II. 公用事业公司比较

用于公用事业公司的比较表格，实际上与用于铁路公司的几乎相同。仅有的一些区别如下：固定费用（就像在第一行和其他地方提到的）应当包含子公司优先股股息。第二行应当被称为“长期债务和子公司优先股”，并且这些应当被从资产负债表中剔除。涉及净扣减额的第 22 项及 22 I.P. 并不需要。第 10 项变成“折旧与总收益的比率”。如有公司发布相关信息，则应当包含一项 10M 来表示“维护费与总收益的比率”。

关于铁路公司比较的经验也很好地适用于公用事业公司的比较。折旧率的差异与铁路公司的维修费比率的差异同样重要。当一个较大的差异出现时，不应理所当然地认为一项资产是过度保守或者是不够保守，但是确实应当形成一个有关这种影响的推测，而且应当尽可能彻底调查这个问题。在对利率发生一些有利或者不利的变化以及在对相应的相关前景进行研究前，并不能基于统计结果显示一只公用事业股票比另一只更具有吸引力进而做出行动。结合 1933 年的经验，市政和联邦竞争的危险性也应被给予重视。

## 表格 III. 工业公司比较（针对同行业公司）

由于这个表格与前面的两个表格在很多地方存在差异，因此这里以完整的形式给出以下数据：

**A. 资本结构**

1. 债券面值
2. 优先股市值（股数 × 市价）
3. 普通股市值（股数 × 市价）
4. 总资本
5. 债券与总资本比率

6. 优先股市值与总资本比率
7. 普通股市值与总资本比率

B. 损益账户（最近年份）

8. 总销售额
9. 折旧
10. 息前利润
11. 债券利息
12. 应计优先股股息
13. 归属于普通股股东的净利润
14. 边际利润（第 10 项与第 8 项的比率）
15. 总资本收益率（%）（第 10 项与第 4 项的比率）

C. 计算

16. 利息保障倍数
16. I.P. 利息和优先股息保障倍数
17. 普通股每股收益
18. 普通股每股收益与市价比率（%）
17. S.P. 优先股每股收益
18. S.P. 优先股每股收益与市价比率（%）
19. 总收入与普通股市值比率
19. S.P. 总收入与优先股市值比率

D. 7 年均值

20. 利息保障倍数
21. 普通股每股收益
22. 普通股每股收益与当前市价比（%）

（20 I.P., 21 S.P. 和 22 S.P.——如果需要的话，可针对优先股进行相同的计算。）

E. 趋势数据

23. 过去 7 年每年的普通股每股收益

（如果必要的话，调整发行在外股数。）

23. S.P. 如果需要的话，可针对优先股计算上面相同的数据

**F. 股息**

24. 普通股股息率
25. 普通股股息收益率
24. P. 优先股股息率
25. P. 优先股股息收益率

**G. 资产负债表**

26. 现金
27. 应收账款（扣除减值准备）
28. 存货（扣除减值准备）
29. 总流动资产
30. 总流动负债
30. N. 应付票据（含“银行贷款”和“应付票据”）
31. 净流动资产
32. 流动资产与流动负债比率
33. 存货与销售额比率
34. 应收账款与销售额比率
35. 资本总额的有形资产净值
36. 普通股每股现金资产（减全部前期债务）
37. 普通股每股净流动资产（减全部前期债务）
38. 每股有形资产净值（减全部前期债务）

（36 S.P., 37 S.P., 38 S.P.——如果需要的话，可针对优先股计算相同数据。）

**H. 补充数据（如可获取时）**

1. 实物产出：

产量；单位收入；单位成本；单位利润；单位总资本；单位普通股价值。

2. 杂项：

例如：运营店面数；店面销售额；店面利润；矿储备；以当时（或平均）开采速率计算的矿井寿命。

## ● 工业公司的比较 ●

对如何使用这个推荐表格进行一些评述或许是有益的。净收益数据必须根据任何已知的扭曲和忽略进行修正，包括针对未分配收益和子公司损失的调整。如果它看起来具有误导性且不能进行充分的修正，那么就不能把它用作比较的基础。（从不可靠的数据中得出的结论本身也一定是不可靠的。）不要试图对折旧数字进行准确的比较，它们只有在揭露折旧率有显著差异时才有用。计算债券利息保障倍数则受到第 17 章所述条件的约束，应考虑公司或许具有重要的、可以等价于利息支出的租赁。

虽然普通股每股收益与市场价格比率（第 18 项）在所有的比较中是一个主要数据，但是对于第 15 项我们也应当给予同样的重视，它代表了基于总资本的收益率。这些数据，连同第 7 项和第 19 项（普通股加总市场价值与销售额和总资本的比率），将会指出保守或者投机资本结构在所比较公司中所扮演的角色。（资本结构的理论在第 40 章中讨论过了。）

实际操作中，除非总资本的收益率（第 15 项）比较高，否则完全依赖于普通股每股收益与市场价格的比率（第 18 项）高于行业平均值这一事实也不安全。此外，如果公司盈利较少，但每美元普通股的销售收入却很高（第 19 项），则在总体业务提升的情形下，它也许具有更好的投机价值。

除非与资产负债表相关的计算，能指示财务上的明确缺陷或是流动资产价值相对于市场价格存在大幅高估，否则这种计算不具有首要的意义。对当期经营业绩、7 年平均数以及趋势的重要性进行区分则完全依靠分析师主观判断来决定。显然，如果那些运算都能够相互印证的话，分析师将会对他得到的任何结论都更加具有信心。

## ● 标准表格的运用举例 ●

一个使用标准表格去得出相对价值结论的例子应当是很有趣的。1938 年 7 月，对主要钢铁制造商普通股的一项调查显示，大陆钢铁公司具有超越平均水平的表现，而格拉尼特城钢铁公司则表现出了相对较弱的盈利能力。在某种程度上，这两家企业在钢铁行业中都经营同样的业务；它们在规模上非常相似，普通股的价格也完全相同。在表 49—2 中，我们提供了这两家企业的比较数据，并省略了标准表格中的一些对这个分析来说并不重要的条目。

**表 49—2　　大陆钢铁公司和格拉尼特城钢铁公司比较**

（除每股的数据之外，其他单位为千美元）

| 项目 | 大陆钢铁公司 | | 格拉尼特城钢铁公司 | |
|---|---|---|---|---|
| 1938 年 7 月的普通股市价 | 17 | | 17 | |
| 1. 债券面值 | 1 202 | | 1 618 | |
| 2. 优先股市价 | 2 450 | | | |
| 3. 普通股市价 | 3 410 | | 6 494 | |
| 4. 资本总额 | 7 062 | | 8 112 | |
| 5. 普通股与资本总额比率 | 48.3% | | 80.0% | |
| | **五年平均值截至 1938 年 6 月 30 日** | **截至 1938 年 6 月 30 日** | **五年平均值截至 1938 年 6 月 30 日** | **截至 1938 年 6 月 30 日** |
| 8. 销售额 | 15 049 | 13 989 | 8 715 | 8 554 |
| 9. 折旧 | 500 | 445 | 390 | 459 |
| 10. 可支付债券利息的净额 | 704 | 559 | 336 | 287（亏损） |
| 11. 债券利息 | 81 | 67 | （估计值）18 | （估计值）54 |
| 12. 优先股股息 | 179 | 171 | | |
| 13. 普通股余额 | 444 | 321 | 318 | 341（亏损） |
| 14. 销售利润率 | 4.7% | 4.0% | 3.9% | （亏损） |
| 15. % 总资本收益率 | 10.0 | 7.9% | 4.1% | （亏损） |
| 16. 利息保障倍数 | 8.7 倍 | 8.3 倍 | 18.7 倍 | （亏损） |
| 17. 每股收益 | 2.29 | 1.60 | 1.20 | 0.89（亏损） |
| 18. 每股收益与市价比率 % | 13.5 | 9.4 | 7.1 | （亏损） |
| 19. 销售额与普通股市值比率 | 441.5% | 409.8% | 134.3% | 131.8% |
| 趋势数据： | | | | |
| 23. 年度每股收益 | | | | |

续前表

| 项目 | 大陆钢铁公司 | | 格拉尼特城钢铁公司 | |
|---|---|---|---|---|
| | 五年平均值截至 1938 年 6 月 30 日 | 截至 1938 年 6 月 30 日 | 五年平均值截至 1938 年 6 月 30 日 | 截至 1938 年 6 月 30 日 |
| 截至 1938 年 6 月 30 日 | 1.60 | | 0.89（亏损） | |
| 截至 1937 年 6 月 30 日 | 3.83 | 1.31 | | |
| 截至 1936 年 6 月 30 日 | 2.67 | | 1.49 | |
| 截至 1935 年 6 月 30 日 | 1.69 | | 1.45 | |
| 截至 1934 年 6 月 30 日 | 1.66 | | 2.65 | |
| 股息： | | | | |
| 24. 普通股股息率 | | 1.00 | | 无 |
| 25. 普通股股息收益率 | | 5.9% | | |
| 财务状况（日期）： | | 1938 年 6 月 30 日 | | 1937 年 12 月 31 日 |
| 29. 流动资产总额 | | 6 467 | | 4 179 |
| 30. 流动负债总额 | | 1 198 | | 1 164 |
| 31. 净流动资产 | | 5 269 | | 3 015 |
| 35. 资本总额的有形资产净值 | | 13 498 | | 13 556 |

**对比较的评述。**在这里推荐使用每个项目的五年平均数，分析时结合最近 12 个月的数据，因为截至 1938 年 6 月 30 日的年度商业环境异常，所以我们并不建议太过于强调这个时期的业绩。格拉尼特城钢铁公司在日历年的基础上进行报告，而大陆钢铁公司则在 1934—1938 年间同时使用 6 月 30 日和 12 月 31 日作为财政年度。但是，季度与半年度数据的可获得性，使分析师构建其均值和截至年中的 12 个月数据变成了一件非常简单的事情。

对数据的分析只揭示了格拉尼特城钢铁公司的一个优越之处——数量较少的高级证券。但是，即使这样，它也未必就是一项优势，因为大陆钢铁公司的少量普通股对于有利和不利的发展变化都更为敏感。1938 年 6 月的表现以及五年平均数显示出了大陆钢铁公司在以下重要项目上的统计优势：

- 普通股每股收益
- 总资本收益率
- 总销售额与普通股市值的比率
- 销售利润率
- 折旧额相对固定资产价值的比例
- 营运资本状况
- 有形资产价值
- 股息回报
- 收益趋势

如果是在1934年之前进行比较，人们会发现格拉尼特城钢铁公司在1930—1933年年中的萧条时期具有明显的优势。在这段时期中，它取得了利润并分配股息，与此对应的是，大陆钢铁公司则发生了轻微亏损。然而，接下来的结果却完全相反，这不禁令人感到十分困惑——大陆钢铁公司经营良好，而格拉尼特城钢铁公司则表现得很差劲。显然，与更早的结果相比，人们会更加关注1937—1938年的结果。但是，严谨的分析师会尽最大努力去弄明白这两家公司相对表现发生变化背后的根本原因。

## ● 定性因素的研究也是必要的 ●

根据我们之前的观察，我们得出一个一般化的建议，即只有仔细思考定性因素之后，才能接受借助这类表格比较得出的结论。在同行业中，当某一家公司与其他公司相比显得股价过低时，而且这种反差并没有被统计结果所揭示，这种现象也许是有合理原因的，比如，公司前景黯淡或者是管理上漏洞百出。但是，普通股股息回报较低一般不能被看作一个抵消性因素，因为股息通常可以在合理的时间内根据盈利能力进行调整。

**尽管有时过分保守的股息政策会持续较长的一段时间（参见第29章），但是显然，市场价格迟早会反映公司的盈利能力。**

股票受欢迎的相对程度以及市场的相对活跃度，是与内在价值无关的两个因素，但它们对市场价格有着强大并且通常是持续的影响力。分析师必须谨慎考虑这些因素，但是如果分析师只推崇那些更加活跃、更受欢迎的股票，他必然将一无所获。

从分析师的角度看，与选择购买一只新发行的证券相比，给出把一只证券替换成另一只证券的建议似乎要承担更大的责任。投资性证券持有人都不愿意做出改变，因此，如果随后的市场活动证明这一替换是不明智的，他们将会特别恼怒。投机性证券持有人会自然而然地以市场结果来衡量判断一切建议，并且通常是立竿见影。鉴于这些人性方面的因素，分析师应避免向投机者提出替换普通股的建议（除非同时声明对随后的市场行为不负任何责任），并且在建议投资性投资者进行这种替换时也必须要三思后行，除非所推荐的证券具有十分诱人的统计优势。我们认为，这种替换至少要使投资者的货币增值 50% 才值得推荐。

**同质化程度的高低影响比较分析的价值——行业比较的可靠性随着行业的性质而变化。**当然，最基本的问题是，未来的发展是否会对这个行业里的公司产生类似的影响。如果是类似的，那么它们的业绩也许符合统计结果所揭示的历史相对业绩。这种类型行业公司所组成的群体被称为是“同质的”。但是，如果这个领域中的各个公司对新的环境会产生大不相同的反应，那么相对业绩就不再是一个可靠的参考。这类公司组成的群体可以被称作是“异质的”。

尽管存在交通地域差异，比如波卡洪塔斯烟煤运输公司，铁路行业仍然是高度同质的公司群体。规模较大的电力、供暖以及能源等公用事业公司也是一样。同质群体的最典型例子是原材料的生产者，以及那些无所谓品牌的标准化产品的生产者，包括糖、煤、金属、钢制品、水泥、印花棉布等产品的生产者。规模较大的石油公司可以被看作“相当同质”的；规模较小的公司则不太适合进行比较，因为它们会受到产量，存货以及相对价格的重大突变的影响。规模较大的烘焙，乳制品和包装企业也属于同质群体。对于大规模连锁商店企业，当与同一子群体中的杂货店，餐厅（食品店、廉价商店、旅馆）等相比较时，也属于“相当同质”的群体。百货公司同质性稍弱，但这一领域的比较也绝不牵强。

依赖广告商标来销售制成品的制造商应被视作异质群体。在这些领域中，一家公司的繁荣通常以竞争对手的损失为代价，因此这些领域中的公司不可能同荣辱共沉浮。例如，在汽车制造商中，他们的相对地位总是会不断发生显著变化。各类机械设备的生产商也属类似情况。专利药品生产商也是如此。从这个观点看，轮胎、烟草制品、鞋等产品的制造商属于既非同质也非异质的中间群体，他们之间相对地位的变化并没有那么频繁。①

在从统计数据中获取比较结论时，分析师应当最为慎重地对待非同质群体中的公司。毫无疑问，人们会偏爱在所属领域中具有最佳统计表现的公司（假如偏爱没有被已知的定性因素所抵消掉），因为这一选择的基础似乎比其他的更为可靠。但分析师和投资者应当充分认识到这种优势也许只是短暂的。**普遍原则是，一个群体越缺乏同质性，在比较时就越应重视定性因素。**

对比较分析价值的更加一般的限制——我们想再次告诫读者，通过精密的数学比较表格得出的结论并不一定是同样精密的。在之前提到缺乏同质性时，我们对定性因素进行考虑的必要性。但除此之外，我们在第 1 章中较详细地介绍过的那位分析师在成功之前还面临其他各种障碍。比较分析技术或许可以降低他的工作的危险性，但并不意味着他不再需要从股市的未来、股市自身的承受度，或者是自己失败的后果当中（通常是令人不快的）学习所有的重要因素。他必须预料到，自己很多时候看起来是错的，并且有时候是真的错了。但是，凭借他的智慧和谨慎的工作，总体上结果应该会比典型的股票买家用猜测或肤浅的判断得到的结果更好。

① 当然，重大的改变还是发生了。特别要注意，在提及的三个领域中，菲利普莫里斯公司惊人的增长相对其庞大的竞争对手通用鞋业，则少了几分壮观的发展。此外，还有李轮胎公司的特殊表现。这三个公司都对小的公司。

# 50

# 价格与价值的背离

在阐述分析证券的技术时，我们提到过许多价值被高估或者低估的证券。显然，证券市场的估值过程经常是不合逻辑的，甚至是错误的。正如我们在第1章中指出的，这些估值过程不是自动的或者是机械的，而是一种心理上的，因为它们在买卖双方的头脑中进行。因此，市场的错误也就是某一群体或者说大量个体的错误。我们往往可以用一个或者更多的原因来概括这些错误，比如以下这三个：夸大，过度简化以及忽视。

在本章和下一章中，我们会尝试对证券市场中的各种偏差做一简明评论。我们会从分析师实际操作的角度入手阐述这个问题，探讨在每一个实例中这些偏差能在多大程度上带来盈利。这一讨论将进一步阐明我们在前面章节中提到的证券分析的范围和局限，并且我们将会利用到后续讨论中的相关资料。

## ● 分析师的一般程序 ●

我们之前强调过，只有在少数案例中，分析能得到正面结论，因此分析师必须考查很多证券后才能发现其中真正有投资价值的。分析师是靠什么方法来发现这些有潜在价值的证券呢？主要就是靠勤奋和系统性的工作。他们遵从的方法有两个。第一个方法是，由对行业的一系列比较分析构成，遵循前一章所述的框架。这种分析可以让分析师对每个行业的标准或者是一般特征有所了解，同时可以发现那些与以往业绩有很大差异的公司。如果他发现某只钢铁公司普通股盈利与市场价格之比是行业的两倍，他就得到需要进一步分析的线索——或者说这暗示去继续调查有关企业的定性因素和定量因素。

这种有条不紊的调查方法也可以应用于债券和优先股领域。与几个处于相同等级的主要运营商发行的债券的表现进行比较分析，可以很好地研究大量被托管的铁路公司的债券。或者，大量的公共事业优先股可以依据以下三点来列示：（1）它们的综合股息和利息保障水平；（2）股票与价值比率；（3）价格和收益率。这种简单的分组可以反映出一些问题，比如，要么这些股票有充分的保障、回报高于平均值，要么反过来，就不充分的保护程度而言，它们的售价明显过高。

第二个常用的方法是仔细检查公司报表，并把它们和债券或股票的市场价格联系起来。这些报告的摘要可以在各种日报中找到；更加全面的报告可以在金融服务机构的每日财政报告或者每周《商业和金融纪事报》（*Commercial and Financial Chronicle*）中找到。快速浏览100篇左右这样的报告，可以发现5~10篇在收益和流动资产方面看起来有趣、值得进一步仔细研究的报告。

## ● 可以利用股票价格的周期性波动吗 ●

对于伴随市场总体高涨和低落的周期性大幅波动而发生的价格与价值之间的背离，人们理解得最为透彻。股票在牛市售价过高，在熊市售价过低已是老生常谈。实际上，这也就是说任何价格的上涨或下跌都会达到一个极值，由于价格不会永远维持在这些极值（或任何其他价格水平）上，因此回过头看，一定会发现在那时价格上涨或下跌的过头了。

分析师能成功地利用市场的反复扩张吗？经验表明，利用类似以下步骤可以得到相当令人满意的结果：

1. 筛选出一个普通股清单，它的成分股应当是多样化且都具有领先地位的，例如“道琼斯工业平均指数”中的那些。
2. 用一个适当的乘数与平均收益相乘，确定这组股票的“正常值”。这个乘数相当于将收益按一定的利率进行资本化，比如说按当前最高等级产业债券利率的两倍进行资本化。一般来说，计算平均收益通常采用 7~10 年内的数据，但也有例外，像 1931—1933 年这样的情况应该采用另一种方法。比如如果要在 1939 年或以后计算平均值时，则应当采用 1934 年以后的数据。

3. 在实际值远低于上述正常值时，就按清单进行一揽子购买，例如实际值是正常值的 2/3 时；或者也可以按比例来看，比如在正常值的 80% 时处开始购买。
4. 在股价远高于正常值时卖出购入的股份，例如实际值高于正常值 1/3，或从比例来看，达到 20%~50%。

这是罗杰·巴伯森许多年前提出的操作方案。1925 年以前，这个方案得出的结果令人相当满意。但是，正如我们在第 37 章指出的，在 1921—1933 年的这个周期内（从一个最低点到了下一个最低点），运用这个方案意味着在 1921 年买进，然后在 1926 年前后卖出，从而在 1927—1929 年这段经济快速增长的繁荣时期完全与市场隔绝，随后又在 1931 年重新买进，紧接着市场价值严重的缩水。这样的方案对人类意志力的要求未免也太高了。

1933 年以来的市场表现给这些机械公式的应用出了另一套难题，特别是在判定用来计算正常值的正常收益时。我们几乎不能期待利用如此基础而简单的方法来准确预测市场的大幅涨落。但对于那些意识到它本身局限性的人来说，它却可以发挥相当大的功用，因为平均来说它至少可使买进的价格水平具有内在的吸引力，这在普通股投资中非常重要。

## ● 利用保证金交易“抓住市场反转的机会”并不可行 ●

从一般投机者的立场出发，不管是借助保证金还是卖空，这种操作方法一定都是行不通的。一个利用自有资金进行交易的人，能够经受得住过早买入和过早卖出所带来的损失。事实上，他必须做好同时犯这两种错误的准备，在买入后看到市场继续下跌，在卖出后看到市场继续上涨。而使用保证金交易的人一定会关心即时结果，他顺势而为，希望能够判断出市场反转的准确时机，并在反转之前采取行动。然而，他很少能成功抓住时机，因此结局常常是短暂的成功后，以彻底的惨败结束。

投机者的基本特点就是：他买进股票不是因为它的价格便宜，而是因为他认为股价在上涨；卖出股票的时候也是类似的逻辑。因此，投机者和证券分析师的观点有本质的区别，这极大阻碍了他们之间建立任何长久和谐的往来关系。

毫无疑问，债券价格也具有周期性的波动，在某种程度上和股票相似。时常有人建议，证券投资者要遵循在波动周期的顶峰售出、谷底买入的策略。但在典型情形下，我们对这样做是否能够得到令人满意的结果持怀疑态度。判断高级债券的价格高低没有明确的标准，不像普通股的检测指标收益率那样，市场操作主要靠与"投资"几乎毫不相关的、预测市场动向的技术来指导。在卖出和再次买进股票之间，资金遭受的利息损失是一个很大的不利因素。在我们看来，即使获得收益也不足以弥补投资者因把赌注押在市场波动上而承担的心理负担。

## ●"次级"或无人问津的非主流证券中蕴藏的机会●

回到普通股上，虽然主要证券的过高或过低估价只发生在股票市场周期中的某些时间点，大量的"无人问津"或"次级"证券却可能存在持续估价过低的情况。当市场的主导证券价格低廉时，一些稍逊一筹的普通股很可能便宜得更多。例如，在1932—1933年期间，普利茅斯绳索公司、佩珀勒尔制造、美国洗衣设备公司等其他许多股票的售价相对于过去的记录和当前的财务表现来说低得令人难以置信。至于投资者是应当以保守估价的50%购买通用汽车这样优秀的证券，还是以保守估价的25%购买不太有名气的佩珀勒尔制造证券，大概就取决于个人的喜好了。

### 领导地位的变幻无常

市场中领先证券的组成每年都发生很大的变化，特别是最近人们的注意力从证券过去表现转移到了假定的前景之上。如果我们回去考查1937—1938年这段衰退期的证券，就会发现许多曾经表现优秀的证券，其出售价格相对于它们的统计表现而言显得极低。

**案例**

大西洋和太平洋茶叶公司的普通股提供了这类情形的一个令人吃惊的例子，这只普通股在 1929 年售价高达 494 美元，到了 1938 年竟然跌到了 36 美元。这只证券的主要数据如表 50—1。

表 50—1　　大西洋和太平洋茶叶公司的普通股主要数据

| 年份 | 销售额（千美元） | 净销售额（千美元） | 普通股每股收益（美元） | 支付的普通股股息（美元） | 普通股价格范围 |
|---|---|---|---|---|---|
| 1938 | 878 972 | 15 834 | 6.71 | 4.00 | 72~36 |
| 1937 | 881 703 | 9 119 | 3.50 | 6.25 | $117\frac{1}{2}$~$45\frac{1}{4}$ |
| 1936 | 907 371 | 17 085 | 7.31 | 7.00 | $130\frac{1}{2}$~$110\frac{1}{2}$ |
| 1935 | 872 244 | 16 593 | 7.08 | 7.00 | 140~121 |
| 1934 | 842 016 | 16 709 | 7.13 | 7.00 | 150~122 |
| 1933 | 819 617 | 20 478 | 8.94 | 7.00 | $181\frac{1}{2}$~115 |
| 1932 | 863 048 | 22 733 | 10.02 | 7.00 | 168~$103\frac{1}{2}$ |
| 1931 | 1 008 325 | 29 793 | 13.40 | 6.50 | 260~130 |
| 1930 | 1 065 807 | 30 743 | 13.86 | 5.25 | 260~155 |
| 1929 | 1 053 693 | 26 220 | 11.77 | 4.50 | 494~162 |

注：除标示价格范围的外，以 1 月 31 日作为年度截止。

1938 年 1 月 31 日的资产负债表显示其拥有现金资产 8 500 万，净流动资产 1.34 亿美元。按 1938 年的价格低点计算，优先股和普通股的总价值为 1.26 亿美元。这家公司的惊人增长曾经是美国商业界的传奇，它是美国甚至世界公认的最大零售企业，该公司拥有连续多年的盈利和股息记录，但是最终它的股票售价却比其净流动资产还要低。因此，这个国家的杰出企业之一，在 1938 年被华尔街看作继续营业还不如停业清算、变卖资产更有价值的企业。这是为什么？首先是因为连锁店的税收威胁；其次是因为近期盈利的减少；最后是因为整个市场的萧条。

我们猜想，是否对市场的真实本质可以找到一个更好的解释，那就是它的目标并不是准确严谨地评价企业，而是以每天变化市场报价的形式来传达它的喜好和厌恶，希望和恐惧。的确，市场活动中还是存在足够的理智和判断力，并且在多数情形下也能使市场价格与内在价值在一定程度上达成一致。特别是像在第 4 章指出的，当我们在处理像分析未来前景这样难以捉摸、非数学的问题时，我们通常都会接受市场的结论，认为任何分析师都无法得出更好的结论。但是，大多时候，股票市场的情绪波动常常会超越合理判断的极限，这足以使得分析师始终处于忙碌的状态。

## 正常市场中的机遇

在正常时期，当没有确切的信号表明平均价格过高或过低时，从统计数据上来说普通股通常可能是被低估的。这些普通股可以被分为两类：(1) 相对市场价格显示出较高的当前及平均收益；(2) 收益相当令人满意且相对于净流动资产而言，售价较低。显然，这些公司不是大公司或有名的公司，或者收益的趋势不那么令人鼓舞。在表 50—2 和表 50—3 中给出了许多可归为以上两类的公司在 1938 年年末或 1939 年的表现，在那时，行业股票的市场价格水平既不是特别高也不是特别低。

A 组，截至 1938 年或 1939 年年底，普通股的卖出价少于其上一年度收益的 7 倍，同时少于每股净流动资产（见表 50—2）。

表 50—2　　A 组公司情况　　（单位：美元）

| 公司 | 年份 | 12 月 31 日的价格 | 当年每股收益 | 平均每股收益（1934—1938 或 1934—1939） | 每股净流动资产 | 每股有形资产净值 |
|---|---|---|---|---|---|---|
| J. D. 亚当斯制造 | 1938 | 8 | 1.15 | 1.20 | 12.07 | 14.38 |
| 美国座椅公司 | 1939 | $10^1/_4$ | 1.82 | 1.75 | 11.42 | 23.95 |
| 邦特兄弟 | 1938 | 10 | 2.10 | 2.14 | 12.84 | 27.83 |
| 大联盟公司 | 1939 | 10 | 1.80 | 1.25 | 13.60[b] | 20.00[b] |
| 国际银公司 | 1939 | $26^3/_4$ | 4.98 | 0.10（亏损） | 39.67 | 97.50 |
| I. B. 克莱纳特 | 1938 | $8^1/_2$ | 1.27 | 0.80 | 11.04 | 16.90 |
| 新理念公司 | 1939 | $12^1/_8$ | 2.18 | 1.78 | 13.44 | 16.02 |
| 纽约货物公司[a] | 1939 | $7^3/_4$ | 1.44 | 1.44 | 11.66 | 14.05 |
| 太平洋商业公司[a] | 1938 | $11^1/_2$ | 2.31 | 2.77 | 24.18 | 27.74 |
| 塞顿皮革公司 | 1938 | $6^1/_4$ | 1.38 | 0.94 | 8.38 | 11.27 |

注：a. 这些股票也属于 B 组。

b. 含估计成分。

B 组截至 1938 年或 1939 年年底，普通股的卖出价是其净流动资产的三分之二或更少，同时低于上一年度的盈利或平均盈利的 12 倍（见表 50—3）。

表 50—3 B 组公司情况 （单位：美元）

| 公司 | 年份 | 12 月 31 日的价格 | 当年每股收益 | 平均每股收益（1934—1938 或 1934—1939） | 每股净流动资产 | 每股有形资产净值 |
|---|---|---|---|---|---|---|
| 邦特兄弟 | 1939 | 7 | 0.83 | 0.27 | 12.75 | 19.59 |
| 伊利和行者公司 | 1939 | 18 | 2.30 | 1.83 | 41.60 | 48.51 |
| 吉尔克里斯特公司 | 1939 | 4 3/4 | 0.70[a] | 0.85[a] | 13.85 | 17.39 |
| 黑尔兄弟商店 | 1939 | 14 | 1.81 | 2.00 | 22.13 | 28.14 |
| 国际牌行式排字机公司 | 1939 | 8 3/4 | 0.55 | 0.82 | 19.77 | 22.35 |
| 李和卡迪公司 | 1939 | 6 | 0.77 | 0.73 | 11.35 | 12.61 |
| H. D. 李商品公司 | 1938 | 14 | 0.87 | 1.35 | 25.00 | 31.56 |
| 曼哈顿 T 恤衫公司 | 1938 | 11 1/2 | 0.73 | 1.06 | 19.36 | 23.62 |
| 伊莱制造公司 | 1939 | 12 | 1.69 | 0.94 | 18.97 | 22.21 |
| S. 分析公司 | 1939 | 9 1/4 | 1.21 | 1.39 | 14.90 | 26.61 |

注：a. 年度截至 1 月 31 日。

对于勤奋的分析师来说，要找到像表中列出的那些具有有趣统计数据的股票并不困难。真正的困难在于判断这些定性因素是否能有效地印证定量数据；换言之，就是投资者是否对这家公司的未来有足够的信心，并认为在明显低于正常价格的情况下购入它的股份是很合算的交易。

在这个问题上，从财务方面来考虑，可能会倾向得出悲观的结论。投资信托机构用尽了它们所有的工具试图发现这样的机遇，却仍然很少注意到它们的存在。在一定程度上，事实之所以如此，是因为这些股票很难如信托机构偏好的那样被大量买进和卖出，另外也是因为信托机构坚信，**不论一家二等公司的统计表现有多么优秀，都不足以证明这是一笔有利可图的交易，除非有明确坚实的根据证明其前景是乐观的。**

典型小型公司的主要缺陷是，容易突然或者也可能是永久的失去盈利的能力。毫无疑问，小型公司组中发生这种不利情况的比例高于大型公司组。不过它也自有其优势所在，一家成功的小型公司其价值成倍增加的能力远远高于那些规模已经相当庞大的公司。例如，菲利普莫里斯公司的市场价值从 1934 年的 500 万增长到 1939 年的 9 000 万，伴随着 1 200% 的净收益增长。若换作美国烟草公司，这简直是令人难以置信的增长。类似的，百事可乐的增长率远远超过可口可乐；通用鞋业和国际鞋业也是如此。

但是大多数读者或多或少都会试图通过预测它未来前景的可能性来确定菲利普莫里斯公司存在的潜在机遇，然后，甚至在相当高的价位上也会购买它的股份，而不是针对多样化的，前景一般的“便宜证券”组合进行投资。根据我们的经验，我们更倾向于后一种策略，虽然在当今情况下我们并不能保证这会得到非常好的结果。不过从多年的观察进行判断，假如在处理未来前景的问题上具有一般的警觉性和良好的判断能力，并且在市场统计数据过高时避免投资的话，对明显过低估价的普通股进行投资总体上来说成功的概率相当大。为了让读者对历史上的股票市场有所了解，针对这种类型的机遇，表 50—4 给出了两个比较旧的例子。

表 50—4　两个公司比较

| 佛罗伦萨烤炉公司普通股 | | 凡世通轮胎和橡胶公司普通股 | |
|---|---|---|---|
| 价格（1935 年 1 月） | 35 | 价格（1925 年 11 月） | 120 |
| 股息 | 2 美元 | 股息 | 6 美元 |
| 每股收益： | | 截至 10 月份每股收益： | |
| 1934 | 7.93 美元 | 1925 | 32.57 美元[a] |
| 1933 | 7.98 | 1924 | 16.92 |
| 1932 | 3.33 | 1923 | 14.06 |
| 1931 | 2.27 | 1922 | 17.08 |

注：a. 在扣除意外准备之前每股收益是 40.95 美元。

在这些例子中，市场价格并没有充分的反映上述数据所指示的盈利能力。

## ● 标准以及非标准证券的市场行为 ●

一份对普通股市场行为的深入研究给出以下结论。

1. 标准或者是领先证券通常对他们的报告收益变动极为迅速，因此其市场行为也就倾向于夸大年度收益波动的重要性。

2. 较为缺乏知名度的证券，它们的市场行为很大程度上依赖于市场专业人士对他们所持有的态度。如果他们对它缺乏兴趣，那么价格通常远远地滞后于统计表现。如果这只证券非常有人气，不管是人为操纵还是自然发生的，结果可能南辕北辙。公司业绩若有变动，价格便会反应激烈。

## ● 非标准证券的案例 ●

表 50—5 和表 50—6 的两个例子将会解释非标准证券在市场行为上的不同。

表 50—5　　巴特和苏皮瑞尔矿业（实际上是锌）公司普通股　　（单位：美元）

| 期间 | 每股收益 | 每股股息 | 价格范围 |
|---|---|---|---|
| 1914 年 | 5.21 | 2.25 | 44~24 |
| 1915 年第一季度 | 4.27 | 0.75 | 50~36 |
| 1915 年第二季度 | 7.73 | 3.25 | 80~45 |
| 1915 年第三季度 | 10.13 | 5.75 | 73~57 |
| 1915 年第四季度 | 11.34 | 8.25 | 75~59 |
| 1915 年 | 33.47 | 18.00 | 80~36 |
| 1916 年 | 30.58 | 34.00 | 105~42 |

这里的收益和股息是相当之高的。这可能是由于战争时期锌的价格所致，即使这样该公司还是被市场忽视，股价并不突出。原因就是公众或者是有影响力的市场投资者对它缺乏兴趣。

将上面提到普通股与下面提供的马斯林车身公司（后更名为马林斯制造公司）普通股的表现进行对比。

1924—1926 年，我们可以发现一只低价的“次级”普通股的典型市场波动行为。在 1927 年年初，从投机角度来看，它 10 美元的价格无疑是具有吸引力的，因为这个价格相对于前三年的收益来说是低估的。1927—1928 年利润的大幅但也并不算惊人的增长导致了一波典型的股票市场行情。股价由 1927 年的 10 美元上涨到 1928 年的 95 美元，进而又在 1929 年跌回了 10 美元。

表 50—6　　马林斯制造公司的普通股　　（单位：美元）

| 年份 | 每股收益 | 股息 | 价格范围 |
|---|---|---|---|
| 1924 | 1.91 | 无 | 18~9 |
| 1925 | 2.47 | 无 | 22~13 |
| 1926 | 1.97 | 无 | 20~8 |
| 1927 | 5.13 | 无 | 79~10 |
| 1928 | 6.53 | 无 | 95~69 |
| 1929 | 2.67 | 无 | 82~10 |

另一类的对比是把 1938—1939 年的飞机制造业股票的市场行为与 1915—1918 年受到战争有益影响的股票相比较。表 50—7 的两个例子将解释在 1938 年和 1939 年，市场价格与当时的实际业绩表现之间的关系。

表 50—7　　波音公司与格伦·马丁公司普通股的比较　　（单位：美元）

| | 波音公司 | 格伦·马丁公司 |
|---|---|---|
| 日期 | 1938 年 12 月 | 1939 年 11 月 |
| 公司市值 | 25 270 000 美元<br>(722 000 股，每股 35 美元) | 49 413 000 美元<br>(1 092 000 股，每股 $45^1/_4$ 美元) |
| 销售额（1938） | 2 006 000 | 12 417 000 |
| 销售净额（1938） | 555 000（亏损） | 2 349 000 |
| 销售额（1939 年前 9 个月） | 6 566 000 | 8 506 000 |
| 销售净额(1939 年前 9 个月) | 2 606 000（亏损） | 1 514 000 |
| 有形资产(1930 年 9 月 30 日) | 4 527 000 | 15 200 000 |

在这些案例中，市场显然把来自战争订单的未实现利润也进行了资本化，仿佛它们是长期的未来收益。1915 年到 1916 年，巴特和苏皮瑞尔矿业公司的市价收益比率和 1938 年到 1939 年间这些飞机制造企业的市价收益比率之间的对比令人颇感震惊。

## 分析师和这些情形的关系

分析师能够明智地、相当成功地分析上面提到的莱特航空公司、班戈和阿鲁斯托克、凡世通轮胎和巴特和苏皮瑞尔矿业公司在上述时期的情况。分析师甚至能在

1927 年年初就对马斯林车身公司形成有见地的判定。但是一旦这些证券落入精明的市场操纵者手中，也就超出分析师所能够分析判断的范围了。对于华尔街来说，马斯林车身公司已经不是实实在在的公司，而仅仅是股票行情自动显示器上的一个标志。买入和卖出该证券都面临危险，分析师能对这种危险给出警告，却对它上涨或下跌的极限一无所知。不过碰巧的是，这家公司在 1928 年发行了一只可转换优先股，使得购买优先股，并卖出普通股的套利交易变得有利可图。1939 年的飞机证券也是类似的，分析师最多只能指出这其中显而易见的风险，即把全世界都希望只是暂时性的（战时）交易，当作了永久性的收入来源。

当分析师认为大盘已经上涨到危险的时候，他在推荐不是很出名的普通股时，一定会变得犹豫而谨慎，即使这笔交易看似是很合算的。这是因为大盘的深幅下挫对所有股票价格都会产生负面影响，而这类交易不活跃的证券尤其容易受到降价抛售的影响。

## ● 盈利变化因素之外引起的市场夸大：股息的变化 ●

股票市场总是过度反应，这不仅限于收益的变化，还包括许多其他因素。股息的变化、股票分割、公司合并和股权剥离等事件都会受到高度的关注。现金股息的增长是件好事，但是仅仅因为股息率从每年的 5 美元增长到 6 美元就将股价提高 20 美元是很荒唐的。这意味着以这个较高价格购买股票的人提前支付了未来 20 年中他从新股息率中获得的所有额外股息。市场对股票股息的热衷就更加不合逻辑了，因为它们本质上不过是白纸一张。股票分割也是一样，虽然它创造出更多的股份，但并未给股东带来新的好处，除了更低的价格水平可能使它更有市场这一微弱的优势。①

### 合并和分割

华尔街非常热衷于合并，而对完全相反的分割同样也是热情洋溢。在股票市场中，2 加 2 常常得到 5，而 5 接下来可以被分割为 3 加 3。对合并后的结果进行归纳

① 在 1933 年的阿特拉斯公司的操作中，其通过承诺将一股拆成三股来努力吸引公众购买。很明显，这种变动与 20 世纪 30 年代中的任何一个发行案例并无差别。1933 年其股价从 $1\frac{1}{2}$ 美元涨到了 $34\frac{3}{4}$ 美元，后来又股价猛跌至 10 美元，这堪称该操作形式的绝佳学习案例。这启发我们对相同股票的市盈率以及价格资产关系进行比较。

研究后，我们对利用合并增强盈利能力[①]的有效性提出了质疑。我们也有理由相信，公司管理层的个人因素常常会阻碍有利的合并，而那些顺利完成的合并有时又要归功于那些掌权者对不利条件的预知。

用投机者的心理学来解释股票市场对那些本身并不重要的变化做出的夸张反应会非常容易。首先，他想要“行动”；其次，如果有令他感到兴奋的假象表明市场将会上涨，他便愿意为这个“行动”贡献力量。（不论是出于虚伪还是自欺，证券经纪公司的顾客通常都拒绝承认他们只是在与股市行情进行赌博，并且声称他们的购买是具有“理由”的。股息和其他类似的“利好消息”提供了他们所渴望的假象，并被职业市场操纵者所利用，有时甚至还得到了公司高级职员的默许。整件事情若不是如此幼稚，那必是十分恶毒的。证券分析师应了解华尔街为什么会有如此荒谬的行为，而他自己应当努力避免重蹈其覆辙。

## 诉讼

华尔街喜欢走极端的另一方面表现在对诉讼的极端厌恶上。任何官司不论影响大小，都会给当事公司的证券带来不利影响，股价下降的程度可能与官司本身的大小完全不成比例。虽然它们本质上都具有专业性，但这种情形对分析师而言可能是一个真正的机会。其中最重要的方面是接管。由此产生的过低估价问题几乎只发生在债券上，因此我们将在之后与高级证券有关的章节中再讨论这个问题。

**案例**

诉讼影响普通股价值的一个很有趣的案例来自瑞丁铁路公司。1913年，美国政府为迫使这家公司分离铁路和煤矿资产而对它提起诉讼。股票市场像往常一样，认为这一举动是对瑞丁铁路公司的致命打击，尽管分离本身通常被认为是一个“利好”。后来在 1921 年，该公司出台了一项计

① 参见，例如，亚瑟·戴维（Arthur S. Dewing）在 1921 年的《经济学人》的季度刊物上发表的《收购成功的统计性检测》（*A Statistical Test of the Success of Consolidations*），这篇文章也被重新印在 1926 年纽约出版社出版的《公司金融政策》（*Financial Policy of Corporations*）中的第 885~898 页上。另可参见亨利·塞格（Henry R. Seager）和 查尔斯·盖里克（Charles A. Gullick）在 1929 年发表《信托和公司问题》（*Trust and Corporation Problems*）第 659~661 页，以及 1929 年纽约出版社出版的委员会《关于最近经济变动评论》（*Report of the Committee on Recent Economic Change*）的第一卷第 194 页。

划，将煤矿子公司的股票按比例分配给瑞丁铁路公司普通股和优先股的股东。这个结果又被称赞为利好，尽管实际上这意味着政府对公司取得了胜利。

但是，一些普通股股东反对优先股参与煤矿公司权益的分配，并提起诉讼要求权益的分配只限于普通股。有趣却又并不令人吃惊的是，这一举动的结果是瑞丁铁路公司普通股的股价反倒下跌了。按照逻辑，普通股的股价应该上涨，因为一旦诉讼成功，低级股票的价值必然增加，而如果诉讼失败（实际上就是失败的），普通股价值也不会比从前更少。但是，股票市场的推理只是既然又有了新的诉讼，最好对瑞丁铁路公司的普通股敬而远之。

对于涉及诉讼的情况，与普通证券持有者从质的角度分析相比，分析师从数量的角度分析通常更有优势。假设一家破产公司的资产被转换成现金，可以偿还债券持有者一定比例的债务（例如 50%），但是这时其他人提出诉讼想要得到一大部分钱。也许这种举动太过牵强以至于显得荒唐；也许这一诉求在低等法院或者向上级法院上诉时就已败诉，并且上诉到美国高等法院的机会也十分渺茫。尽管如此，只要这个诉讼尚未得到解决，就会使债券的市场价值严重下降。在上面这种情况下，这些债券的售价可能只有每美元面值 35 美分，而不是 50 美分。这件事之所以会这样，是因为对于原告来说胜诉机会渺茫、几乎没有任何实际价值的诉讼，在市场看来则是被告方的沉重负担。这样，我们就有了可以从数字上进行验证的价值低估案例，这类案例给证券分析师提供了很好的研究素材。

**案例**

岛屿石油和运输公司的票据（利率 8%）。在 1933 年 6 月，这些票据的售价为 18 美元。接管人得到的现金相当于该票据面值的 45%，扣除某些费用和准备后，可供这些票据分配的净资产余额为票据面值的 30%。资产的分配因为一起索赔诉讼而耽搁，这起诉讼已在各个法律程序阶段遭遇了数次败诉，终于临近终审判决。这起诉讼对这些票据的市场价值产生的

> 负面影响，与诉讼本身完全不相称，以下事实可以证实这一点：这起诉讼本来可以通过支付一笔相对较小的金额得到解决。在高等法院最终维持了早期的判决之后，票据持有者在 1934 年 4 月得到了清偿（每 1 000 美元面额分配到了 290 美元）。[①]

1938 年，在联合船坞公司将资产出售给伯利恒钢铁公司的计划获得批准之后，也出现了类似的情况。持异议的股票持有者因认为价格严重不足而提起诉讼，要求取消出售。这起诉讼的影响是使 B 类普通股的价格在 1939 年 1 月降至 1.25 美元，相比之下，如果成功出售的话，可以实现的价值在 2.5 美元到 3 美元之间。很明显，如果这起诉讼有任何价值的话，股票的价格应高于而不是低于 2.5 美元；反过来，如果它没有任何价值，股票价格显然应当是实际售价的两倍。（A 类股票的价格也存在类似的差异。）

## ● 价值低估的投资证券 ●

对于投资级证券，通过勤奋的挖掘，投资者在任何时期都能找到值得投资的低估债券和优先股。很多时候，债券或优先股的价格低估，是由于市况糟糕造成的，而市况糟糕则是源于证券发行的规模太小。但正因为规模小，它们具有更高的内在安全性。在第 26 章中，1936 年到期的电气制冷建筑公司（利率 6%）的证券就是这种矛盾状况的绝佳例子。

有时一些特定的情形会极大地加强高级证券的地位，但价格对这种改善的反映则较慢，因此就为进行一笔合算的交易提供了机会。这种情形通常与资本结构或公司的对外关系有关。我们会用几个例子来说明这个观点。

---

① 一个非常相似的状况出现在 1938 年，与国家债券持有人公司各种各样的债券发行所关联，这些发行致力于使各种资产以及债务流动化。在发行中，这些债券以大大低于他们变现价值的价格出售，主要是因为卷入一个包含巨大现金基金在内的诉讼案件。就像在岛屿石油公司例子中那样，这起诉讼是在上诉的最后阶段，并且截止到那时，决议对所有的债券持有人有利。最后的判决出来后，证券的价格随即从 1938 年 26 美元的上升到了 1939 年相当于 41 美元的价格。

**案例**

1923 年，扬斯敦钢板和钢管公司收购了美国钢铁和钢管公司的资产，并承担了后者 1951 年到期、利率为 7% 的一般抵押债券债务。扬斯敦钢板和钢管公司以 99 美元的价格出售了利率为 6% 的债券，用来为这次收购筹备资金。当时的价格关系如表 50—8 所示：

表 50—8　　扬斯敦钢板与美国钢铁和钢管公司相关债券情况　　（单位：美元）

| 公司 | 价格 | 收益率 % |
|---|---|---|
| 扬斯敦钢板和钢管公司信用债券，利率 6% | 99 | 6.02 |
| 美国钢铁和钢管公司一般债券，利息率 7% | 102 | 6.85 |

市场没有理解美国钢铁和钢管公司债券地位的改变，因此它的收益率竟然比同一家公司无担保债务的证券还要高，这种价格关系显然不合逻辑。这就给证券分析师提供了推荐购买或交换证券的一个十分具体的机会。

1922 年，底特律市收购了底特律联合铁路公司的市区线路，并同意支付了一笔足以回购后者 1932 年到期、利率为 4 .5% 的第一债券的资金。这个收购合同中加入了这条强有力的保护性条款，使底特律市承担了这些债务，假设不是技术上的。但在交易完成后，这些债券的售价为 82 美元，收益率竟然高于 7%。证券市场似乎没有意识到，这些债券其实已成为底特律市的债务了。

1924 年，刚果利姆公司未清偿的债务总额为 2 890 000 美元，在它之后又发行了 1 800 000 美元的股息率为 7% 的优先股，以及 960 000 股普通股，其平均市场价值大约为 48 000 000 美元。同年 10 月，这家公司为了收购奈恩油毡公司（同行业的一家大公司，有形资产为 15 000 000 美元），又额外发行了 681 000 股普通股。充足的权益为其少量的高级证券创造了巨大的保障，这无疑使它们变得更加安全，但优先股的价格仍然低于面值。

1927 年，电气制冷公司（现在的凯尔维纳特公司）以 6 600 000 美元出售了 373 000 股普通股，普通股总数达到了 1 000 000 股，其平均市场价值大约为 21 000 000

美元，高级证券则只有价值为 2 880 000 美元的 1936 年到期、利率为 6% 的票据。但是由于 1927 年发生了营运赤字，票据的售价仅为 74 美元，收益率达 11%，显然市场没有将公司通过额外出售的普通股从而获得了一笔比赤字更多的现金这一事实考虑在内，这笔资金将为小额票据偿付提供坚实的后盾。

这四只高级证券都是按不低于面值进行清偿的。（康格勒姆 - 奈恩优先股在 1934 年的清偿价格是 107 美元。）引用这种案例对作者来说是十分省事的，因为他们的判断不会因为之后的倒霉事而有遭到质疑的风险。为了客观起见，我们补充了一个在本章写作时正在发生的例子。

**案例**

这是一个正在发生的例子。1949 年到期、利率为 5% 的乔克托和曼菲斯铁路公司第一证券在 1939 年售价大约是 35 美元，同时附有 5 年以上未支付的利息。这些债券对芝加哥 - 罗克岛 - 太平洋铁路公司的潜在利润保有最先留置权。罗克岛公司自 1930 年就显示出极低的盈利能力，而且所有的债务都处于违约状态。但是，1937 年抵押分割对利润进行的分割显示乔克托和曼菲斯铁路公司还是非常有利可图的，那一年的利息保障倍数是 2.6，尽管对于总利息 14 080 000 美元来说，公司只赚到了 2 700 000 美元。另外，截至 1939 年的几项改组计划，包括美国州际商务委员会检察官成员的改组，都为这只证券提供了充足的本金和利息保障，尽管残留的整个债券结构被大幅削减，但每年的利息费用降至 2 500 000 美元以下。

假设，这家公司将按照提案进行重组，那么很明显，这些乔克托和曼菲斯铁路公司债券将享有非常稳固的地位，无论它们是否能保留对利润的最先留置权以及被支付清偿利息。这一结论是必然的，除非一个毛收入为 65 000 000 美元的铁路公司没有能力支付每年 2 500 000 美元的费用 —— 这还不到之前负债的 1/5。

因此，所有的数字因素似乎都有力地证明，售价为 35 美元的乔克托和曼菲斯铁路公司利率为 5% 的债券是被低估的，一旦完成资本结构的调整，这只证券的牢固地位将变得显而易见。[①]

## ● 接管中的价格与价值的背离 ●

在第 18 章探讨重组过程时，我们给出了两个发生在接管中的价格与价值相背离的例子：菲斯克橡胶公司，其债券价格相对于其所拥有的流动资产而言非常的低；斯塔贝克公司，它利率为 6% 的票据的价格与股票的价格也明显不相称。由此，我们得出的一般性结论是：在经由接管并最终实现巨大价值前，高级证券的卖出价格将会很低。这一特点有双重作用。之前，它告诉我们绝对不能以投资性价格购买有可能陷入财政困难的公司发行的任何证券；现在，它又暗示我们财政困难出现之后，诱人的机会也可能随之而来。

这一结论不仅适用于那些地位牢固、在公司重组后依然完好无损的证券（例如第 2 章描述的布鲁克林联合电梯公司利率 5% 的债券），也适用于那些在重组过程中被"减记"的证券或受到了其他影响的高级证券。这一结论似乎尤其适用于那些由于停业清算或向外部群体出售资产并最终导致现金分配或类似的情形。

**案例**

这里给出了三个典型的案例。

**1. 安大略电力服务公司，1950 年到期利率为 5.5% 的第一证券。**这只证券在 1931 年 7 月 1 日未履行支付利息的义务，当时证券的售价仅为 21 美元。安大略水利委员会随后很快购买了它的资产，按 900 美元的新公司信用债券换取 1 000 美元的安大略电力服务公司债券，并且新信用债券由安大略省全额担保。1933 年 12 月，新的公司债券报价为 90 美元，相当于原来债券的价格为 81 美元。少数没有参与交易的债券持有者以现金的形式得到了面值的 70%。

① 参见附录注释 67，这是关于 1934 年福克斯影业利率为 6% 的票据的资料，这些票据在 1936 年到期，卖价是 75 美元，到期收益率为 20%。更进一步：1939 年 Tung Sol Lamp 公司 4% 的 1941 年到期的票据卖价是 50 美元。这次发行的数量较小，和公司资源以及盈利能力相一致，其偿还具有明显的确定性。（实际上，他们是在 1939 年到期日之前就被提前赎回了）。

**2. 联合洗衣店公司，1936 年到期利率为 6.5% 的债券。**1932 年 2 月，公司指定接管人。1932 年 4 月，该债券的报价为 4 美元。1932 年 6 月，其资产被卖给了外部权益人。1932 年 8 月和 1933 年 3 月，公司分别支付了 12.5% 和 2% 的停业清算股息。1933 年 12 月，证券价格仍然为 4 美元，这说明预期的进一步分配至少会分配相同的数额。

**3. 菲斯克橡胶公司 1941 年到期利率为 8% 的第一债券和 1931 年到期利率为 5.5% 的信用债券。**这只证券的信息在第 18 章里已给出。1931 年 1 月，公司宣告破产清算。1932 年，利率为 8% 和 5.5% 的证券售价分别低至 10 美元和 10.5 美元。1933 年，公司实行了重组，以现金的形式偿付了利率为 8% 的证券的 40% 和利率为 5.5% 的证券的 37%，同时取得两家后续公司的证券。1933 年年末，现金和新证券的合计价值接近利率 8% 债券价值的 100% 和利率 5.5% 公司信用债券价值的 70%。

## ● 破产导致的价格模式 ●

在破产清算或破产的过程中，特别是当这个过程较长时，价格可能会遵循某些模式。首先，股票通常会有售价过高的倾向，这不仅是相对于债券价格，相对于其绝对价值来看也是如此，比如与其可能达到的最高售价相比。这是由于表面较低的价格范围吸引了公众的投机兴趣。对高级证券而言，随着接管进程的缓慢推进，公众兴趣持续走低，价格也常常相应地降低。因此，价格可能会在准备发布重组计划的前不久达到最低水平。

因此，我们只要密切关注这些情况就能发现通过分析性活动赚取利润的机会，并且努力寻找售价远低于其内在价值的证券，同时**大致**判断对其投资的最佳时机。但在这些情况下，我们必须对致力于精确地预测合适购买时机的这种做法提出警告，就像对待所有的其他分析性情况那样。按照我们的理解，证券分析的本质特征是：**在需要考虑的所有因素中，时间因素是次要的。**因此我们使用了“大致”这个修饰词，用来说明在选择开始行动的“正确时机”时，可以有几个月，有时甚至是更长时间的回旋余地。

## ● 铁路托管权的机遇 ●

1932 年之后的几年中，美国的铁路利润大部分落入托管人的囊中。1938 年年末，总共有 111 家铁路公司，接管人或托管人掌握的营运路线为 78 016 英里（总铁路里程的 31% 在美国）。在任何历史时期，法院掌控的里程数都没有这么多。这些公司的重组都被长期延迟，一方面是由于需要处理复杂的资本结构，另一方面是由于未来正常收益的不确定性。结果，大量证券的价格跌至极低的水平 —— 这无疑为精明的投资者提供了绝佳的机会，只不过整体来看，铁路业的收益在随后几年中的表现与普通企业相比仍然令人失望。

从 1939 年年末的情形来看，似乎许多重要铁路里程的第一抵押留置权都下跌至很低的水平，所谓的担保也无济于事，运营商对未来的态度极为悲观。当然，与那些有偿债能力路段的债券和股票相比，这些证券更便宜，它们的售价相对于目前表现来说多半是慷慨的，并且如果未来的形势如托管权证券的低价所预示的一样糟糕，它们将面临破产的风险。后一类证券的分析方法见第 12 章以及附录注释 66。

# 51

# 价格与价值的背离（续）

上一章中我们得出了主要股票和次级股票之间的实际区别，它类似于高级证券领域中高知名度证券和低知名度证券之间的区别。高知名度证券可以定义为一个历史悠久，并深受普通投资喜爱的公司的证券。只要公司在投资者当中享有很好的声誉，公司证券也可以是新近发行的。有时高知名度证券和低知名度证券在市场中会遵循不同的行为模式，即：

1. 高知名度证券的价格通常会保持稳定，即使他们的投资地位被严重削弱。
2. 低知名度证券对任何性质的负面发展都很敏感。因此，其价格常常会跌至远低于其统计表现看起来所能支撑的价格水平。

## ● 高知名度证券的价格惯性 ●

之所以会有这些截然相反的特征，原因（至少部分的）来自于一般投资者的惰性和洞察力的缺乏。他们购买证券的依据不是基于分析而是基于声誉，一旦购买了证券就坚持到底。因此，持有历史悠久证券的投资者不会轻易出售这些证券。即便是微小的价格下降，也足以吸引长久以来就熟悉这只证券的购买者。

**案例**

美国橡胶公司 8% 非累积优先股的历史表现可以很好地说明高知名度证券的特点。这只证券的投资者在 1905—1927 年之间都收到了所有的股息。并且在除了 1924 年的这段时间，都有投资者愿意为这只证券支付超过其面值的价格。它的炙手可热完全建立在其市场声誉和股息记录之上，因为这家公司在大多数时期的统计表现并不吸引人，即使相对于工业债券来说也是如此，所以不能据此购买该非累计优先股。在 1922—1927 年之间，其包含利息和优先股股息在内的利息保障倍数展示如下：

|  |  |
|---|---|
| 1922 | 1.20 倍 |
| 1923 | 1.18 倍 |
| 1924 | 1.32 倍 |
| 1925 | 1.79 倍 |
| 1926 | 1.00 倍 |
| 1927 | 1.01 倍 |

在 1928 年，这只股票的卖价高达 109 美元。在那一年，公司遭受了巨大的损失，并且优先股息也停止支付了。除了令人失望的表现以及股息的缺失，这只证券在 1929 年实际上是以 92.5 美元的价格进行售出。( 在 1932 年，它以 3.125 美元的价格出售。) ①

## ● 低知名度证券的脆弱性 ●

让我们转向低知名度证券，这一部分的证券基本上都属于工业领域。“知名度”这一元素只在铁路公司的高级证券中扮演了一个很小的角色，并且在公用事业企业里（如电力、燃气、电话以及供水公司），我们可以发现价格的变化紧随其统计表现，而不会受到流行程度以及熟悉程度的很大影响。

工业中的融资活动持续地给市场投资清单带来新的公司债券及股票。投资者们被说服去购买这些证券，很大一部分是被这些证券的收益率高于高知名度证券，以

① 一个更近些的类似例子是柯蒂斯出版公司（Curtis Publishing）。它发行了股息率为 7% 的优先股，尽管这些优先股非常缺乏盈利性，其交易价格在 1939 年是 114 美元，在 1937 年为 109.5 美元。许多铁路公司债券价格高，盈利性却不如人意，这更说明了这一点。

及同等级证券的标准收益率所吸引。如果获利能力在发行后不发生变化，则这些证券的收益当然令人满意。但是任何不利的变化都可能导致市场价格的剧烈下跌。低知名度证券容易受到"伤害"给了我们一个实用结论：如果以投资为直接目的，那么购买新发行的工业债券和优先股是不明智的。

由于这些证券对不利发展过于敏感，看起来价格经常会跌至非常低的水平，并且在那种情况下就能够提供非常有吸引力的购买机会。这毫无疑问是正确的，但是在利用这一差异之前，我们须十分谨慎。首先，低成熟度证券的失宠并不仅仅是一个由于缺乏知识导致的主观问题。"知名度"通常被定义为一种客观品质，它是一种应对商业风暴的能力的体现。尽管这个定义并不完全准确，但也足够说明投资者偏好高知名度证券的原因。

更重要的或许是高知名度证券与低知名度证券在规模和声望上的巨大差异。规模大的公司通常也是较老的公司，有着公众非常熟悉的高级证券。因此，低知名度债券和优先股大多数是由不那么重要的公司发行的。但是我们已经指出，当我们讨论工业投资时（第 7 章），这一领域中具有主导性的规模或许可以被合理的认为是最有说服力的特点。因此，这就意味着在这一方面，低知名度证券必须遭受到这个并非可以忽略不计的劣势的损害。

**低知名度的工业证券很少得到投资级评级。**逻辑的和实践的结论是：如果给予低知名度证券投资级评级，那么他们很少能与之相称。因此，他们只能在一个投机的基础上去购买。这反过来就要求价格低到足以使其具有很大上升空间的地步，比如，价格通常要低于 70 美元。

回顾我们如何对待投机性高级证券（第 26 章），我们把 70~100 美元的价格区间称作是"主观差别区间"，在此范围内的价格差异主要是由于人们对证券是否可靠存在不同的意见。看起来在面对低知名度工业债券和优先股的情况下，分析师不应当被价格落入此范围的证券所吸引，即使数量指标非常令人满意。我们仅应当在能够以一个明显可以投机的价格购买它时，我们才应当偏好这些证券。

如果统计表现异常优秀，那么我们应该对这条规则做出例外，就像前面章节中福克斯影业利息 6% 的票据（Fox Film 6% notes）那个案例，这个例子在附录注释 67 中有所描述。由于低知名度的工业优先股在合约上的缺陷，我们怀疑将其纳入这种例外的严谨性。（在上面描述的刚果利姆公司优先股的例子中，那家公司在其领域中具有主导性的规模，并且其优先股也并没有像市场表现得那么的不知名。）

## 可比价格的差异

比较或许很可恶，或许也没那么可恶，但它们对分析师来说有着难以捉摸的魅力。看起来，与结合 A 证券自身去说明购买 A 证券更有吸引力的程序相比，在 A 证券与 B 证券之间决定更偏好 A 证券的程序似乎更为简单。但是，在比较分析章节里，我们已经提到了建议投资者交换证券要承担相应的特殊责任，并且我们也对过度认可单纯的数量指标优势提出了警示。公司的未来通常并不会遵循统计数据。我们也可以用另一种方式去阐述，分析师不应当促成证券交换，除非：（1）从其自身来说，购买它是有吸引力的，或者（2）被考虑的两只证券之间有确定的合约关系。我们用两只证券作为例子来解释第（1）条，参见表 51—1 和表 51—2。

案例

表 51—1　　1932 年 3 月的比较

| 项目 | 沃德烘焙公司第一证券，利息率 6%，1937 年到期，价格 85.25 美元，回报率 9.70% | 伯利恒钢铁公司第一证券，利息率 5%，1942 年到期，价格 93 美元，回报率 5.90% |
|---|---|---|
| 总利息保障倍数 | | |
| 1931 | 8.1 倍 | 1.0 倍 |
| 1930 | 8.2 倍 | 4.3 倍 |
| 1929 | 11.0 倍 | 4.8 倍 |
| 1928 | 11.2 倍 | 2.7 倍 |
| 1927 | 14.0 倍 | 2.3 倍 |
| 1926 | 14.5 倍 | 2.6 倍 |
| 1925 | 12.6 倍 | 2.1 倍 |
| 7 年平均 | 11.4 倍 | 2.8 倍 |
| 债券发行额（美元） | 4 546 000 | 145 000 000[a] |
| 股票市值 (1932 年 3 月平均数） | 12 200 000 | 116 000 000 |
| 现金资产 | 3 438 000 | 50 300 000 |
| 净营运资本 | 3 494 000 | 116 300 000 |

注：a. 包括担保股票。

在这个比较中，沃德烘焙公司证券的统计数据表现远强于伯利恒钢铁公司债券。更进一步来看，它除了具有高回报外，还有充足的保障，给其投资级评价并不为过。尽管定性因素方面不是那么吸引人，但也没有显示出一些企业可能垮掉的风险。因此，那只债券可以推荐购买或者是作为利息率 5% 伯利恒钢铁公司证券的绝佳替代品。

表 51—2　　1929 年 3 月的比较

| 项目 | 斯皮尔公司（家具商店）利息率 7% 的第一优先股，价格 77 美元，回报率 9.09% | 共和钢铁公司利率 7% 的优先股，价格 112 美元，回报率 6.25% |
|---|---|---|
| 总利息和优先股股息保障倍数 | | |
| 1928 | 2.4 倍 | 1.9 倍 |
| 1927 | 4.0 倍 | 1.5 倍 |
| 1926 | 3.0 倍 | 2.1 倍 |
| 1925 | 2.5 倍 | 1.7 倍 |
| 1924 | 4.7 倍 | 1.1 倍 |
| 1923 | 6.5 倍 | 2.5 倍 |
| 1922 | 4.3 倍 | 0.5 倍 |
| 7 年平均 | 3.9 倍 | 1.6 倍 |
| 债券发行额（美元） | 无 | 32 700 000 |
| 第一优先股发行额（美元） | 3 900 000 | 25 000 000 |
| 高级证券市值 | 3 200 000[a] | 62 000 000 |
| 净营运资本 | 10 460 000 | 21 500 000 |

注：a. 含价值 50 美元的第二优先股。

在这个比较中，毫无疑问，斯皮尔公司证券在统计表现方面比共和钢铁公司优先股更好。尽管从其自身来看，考虑到企业的类型和我们是在处理优先股这一事实，它的表现并不足以让人对其投资优势留下深刻印象。从完全投机的基础上考虑，价格似乎并没有低到足够有把握推荐的地步。例如，在交易中强调增加本金的机会就是完全投机的基础。这意味着，事实上我们不能坚持推荐将这只证券与其他证券进行交换，比如说共和钢铁公司优先股。

## ● 相关证券的比较 ●

当所分析的证券之间具有确定的相关关系时，我们就面临一个截然不同的处境。在给定的情况下，分析师从证券各自优点的角度去考虑一个交换，同时不需要承担保留或者转换证券所带来的责任。在前面的章节中，我们已经思考了在一些情况下相对价格的明显偏离，在这些情况分析师就可以做出权威的交易建议。这些差异源起市场时常没有能够辨别出合同条款的影响，以及投机市场上把注意力集中在普通股上而忽略高级证券的趋势。第一种类型的例子我们在第 17 章讨论涉及担保证券的价格差异时给出。各种跨区快速地铁公司证券间的价格差异，在附录 56 中做了讨论，此外，还有在第 2 章涉及的布鲁克林联合高架铁路利息率 5% 债券和布鲁克林 - 曼哈顿铁路公司利息率 6% 债券的价格差异也是这一类的例子。①

在第 25 章中，可转换优先证券和普通股之间不合逻辑的价格关系，则是从公众投机偏好集中在更活跃的次级证券上获得机会的例子。1933 年 8 月，美国供水和电器公司的“自由”普通股，与交易并不那么活跃的同一股票的信托证书之间 7 个点的价差，则是对这种一般趋势的另一种阐释。这种现象不仅带来了直接交易的机会，还有对冲操作的机会。

我们可以对 1933 年 7 月的南部铁路公司股息率为 5% 的非累积优先股与莫比尔和俄亥俄铁路公司的股票信托证书做一个类似的比较。前者不支付股息，以价格 49 美元出售，后者是同一家公司的附属公司，附有永久性支付 4% 股息的保证，以价格 39.75 美元出售。即使立即恢复优先股股息并且不再中断，其回报也并不比高级固定收益证券能够获得的来得更高。（1939 年，南部铁路公司优先股，也不支付股息，以 35 美元的价格出售，莫比尔和俄亥俄铁路公司利息率 4% 的信托证书则以 40 美元进行出售。在这种价格下，有担保证券的优势仍然非常明显。）

① 我们邀请读者来思考 1929 年皮尔斯石油公司和皮尔斯燃油公司的优先股和普通股价格的关系；中央国家电力公司息票率为 5.5% 债券和北美公司普通股股票价格在 1934 年的关系，阿德万斯 – 鲁梅利公司和阿利斯 – 查默斯制造公司普通股价格在 1933 年之间的关系。Ventures, Ltd. 和镍矿商鹰桥公司以及 Chesapeake，俄亥俄铁路公司普通股在 1939 年的关系，这些都是通过一个公司的资产来控制另一个公司从而带来价格差异的例子。

**其他较不确定的差异。**上面例子中的偏差从数字上就能看出。高级和次级证券之间还有一个更大级别的差异，尽管很难明确指出，但具有非常有效的实际意义。这类的例子有科罗拉多工业公司利率为5%，1934年8月1日到期，由科罗拉多燃料与铁矿公司担保的债券，在1933年5月该债券售价43美元，同时，不支付股息的科罗拉多燃料与铁矿公司利息率8%的优先股售价为45美元。债券必须在14个月内完全偿付，否则优先股就会面临通过完全接管清偿的可能。为了证明购买优先股比在相同价位购买债券更有价值，那么公司不仅需要在一年多的时间内按面值偿付债券，而且还要在那段较短时间内恢复优先股息和清偿拖欠股息。这几乎是完全不可能的。

在比较同一家公司的不可转换优先股和普通股时，我们发现了一个相同的趋势，即二者都在投机基础上时，普通股通常有价格过高趋势。但是，只有在优先股是可累积的时候，我们做这种比较才是可靠的。这种限制的原因在第15章讨论非累积证券的缺陷时做了细致清楚的讨论。在1933年4月，当美国和国外电力公司累积股息为7美元的可累积第二优先股售价11美元时，其普通股售价10美元显然是毫无根据的。在1927年2月，芝加哥大西部铁路公司普通股价格为21.5美元，同时每股累积股息为44美元的4%优先股的价格为32.5美元，对于此我们可以做出与上面类似的评论。

在这种情形下，如果公司发展得十分繁荣，最终普通股的价值的确远高于优先股。但是即使如此，这家公司也必须要经历一个情况有所改善的过渡期，以便在此期间恢复优先股股息，然后清偿累积股息。这种发展直接有利于优先股，因此可能会使高级证券的市场价值（至少在短期内）比普通股要高得多。因此，如果有任何可以改善的可能，那么在低价时购买优先股将比购买普通股更有前景。

## ● 特殊供求因素造成的差异 ●

我们现在考虑来源于供需条件的不合逻辑的关系，而供需条件是考虑不周的投机性购买的产物。有时特殊的、暂时影响供求的因素也会导致差异。

**案例**

在 1933 年，跨区快速地铁公司利率为 5% 和利率为 7% 的证券之间的价格关系并不合逻辑，大量的偿债基金购买了利率 5% 而不是 7% 的证券，这无疑起到了不合比例地提高前者价格的作用。此类型中一个著名例子是 1921—1922 年战后调整期美国自由公债利率为 4.25% 的债券的市场表现。在战争期间，人们出于爱国动机、凭借银行贷款的资助大量买进这一债券。后来很多人为了偿还贷款大量抛售债券，导致价格下降。这一特殊的销售压力实际上导致自由公债比高等级铁路证券具有更低的价格基础，但是铁路债券无疑不具有安全性优势，并且在税收优惠方面也是处于相对劣势。表 51—3 比较了一下 1920 年 9 月二者的同期价格。

表 51—3　　战时债券与铁路债券的同期价格　　（美位：美元）

| 证券 | 价格 | 回报 |
|---|---|---|
| 美国自由公债第四债券，利息率 4.25%，1938 年到期 | $84\frac{1}{2}$ | 5.64%[a] |
| 联合太平洋第一债券，利息率 4%，1947 年到期 | 80 | 5.42% |

注：a. 未考虑税收优惠。

对证券分析师而言，这种情况是将保守的铁路证券换成自由公债的绝好机会。

不久之后，自由公债和美国胜利债券利率为 4.75%，1923 年到期的债券之间也出现了价格差异，但不像上一个案例那么显著。本书的一位作者在当时编制发行的一个文件中也对此进行了讨论，附注 68 给出了这份文件的复本，作为“实际证券分析”的另一个例子。

## ● 美国的储蓄公债提供的机会 ●

对于中等收入的投资者来说，近年来美国政府和公司证券之间重新出现了价格差异。美国储蓄公债的收益率（每人每年可投入本金达 10 000 美元）按照定期复利计算是 2.90%，按照单利计算是 3.33%，这显然高于最好的公共事业和工业证券[①]的收益率。美国储蓄公债除了安全因素之外（目前显然应该设定的比任何公司证券更高），主要优势是持有人在任何时候都可以要求赎回，因此保证了其市场价值不会损失太多；次要优势是它可以免除正常的所得税。

① 这些债券拥有标准统计公司的 A1+ 评级，它们在 1940 年的前三个月中平均收益率分别仅为 2.62% 和 2.44%。

# 52

# 市场分析与证券分析

严格来说，预测证券价格不能算作是证券分析的一部分，但是，“预测”与“分析”却常常被认为是密不可分的，而且往往由相同的人和组织进行。预测价格走势基于各种不同的目的，预测的技术和方法更是千变万化。华尔街最为重视预测“大盘”短期走势的科学性、艺术性，甚至视之为消遣。所谓的“大盘”，是以财经媒体上所使用的各类平均值来表示。一些服务机构和专家，将自己的目标限制在预测证券市场的长期走势上，刻意地避开每日波动，而是关注较长期的(如几个月的)更显著的波动。另外，不少人热衷于预测个别证券的市场表现，这与从整体预测市场是截然不同的。

## ● 市场分析可替代或辅助证券分析 ●

如果这些活动都是严肃认真而不是主观臆测的，那么我们可以将它们都称为“市场分析”。在这一章中，我们要探讨市场分析在多大程度上能够替代或是辅助证券分析。这个问题相当重要。如果像很多人认为的那样，可以不考虑股票的潜在价值就能正确预测出股票价格的走势，那么将证券分析的应用限制在对固定收益证券投资的选择上是有道理的。这样的话，对于普通股这类证券来说，掌握买卖时机或是选择上涨最多、最快股票的技巧显然要比费力研究股票的内在价值能带来更丰厚的利润。还有不少人认为，股票的市场状况分析结合其内在价值分析才能得到最佳效果。如果真是这样，涉足于固定收益证券领域外的证券分析师必须也是一个合格的市场分析师，能够同时从两个角度来观察两方面局势的变化。

市场分析的方法纷繁复杂，其涉及的理论和技巧的细节并不是我们所要评述的范围。我们将探讨价格预测的主要假设涉及的逻辑。即使是比较概略的分析，也能在市场分析和证券分析的关系这个令人困惑的问题上得出一些有用的结论。

## ● 两类市场分析 ●

市场分析可分为两类：第一类市场分析只从股票市场的历史表现中寻找资料来进行预测。第二类市场分析则关注所有的经济因素，例如整体的和特定的经商状况、货币利率、政治局势。（市场表现本身就是研究因素之一。）第一类方法的理论依据可以概括为："市场本身就是最好的预测者"。这种方法通过在各式图表上绘制个别股票价格或其"均值"变化来研究市场的行为。通过这种方法致力于研究价格变化的人，就是"图表专家"，这种方法常被称为"图表法"。

但必须说明的是，当前的许多市场分析实际上是以上两种方法的结合：市场行为是主要的研究对象，但不是唯一的；一般经济指标处在附属地位，但是仍然非常重要。于是，无论是在解读反映市场行为的技术指标上，还是在将这些指标结合外在因素进行综合分析上，都给个人判断留有很大的空间。最知名的市场分析方法"道氏理论"实质上局限于对市场行为的研究。所以，我们认为只把图表阐释单独应用于股票价格的研究上是合理的。

## ● 第一类市场分析的内涵 ●

应当承认，在过去的十五年里，此类"技术研究"的风潮极大地增长了。与之相反的是，从 1927 年开始，证券分析的声望遭受了极大的损失，此后一直没有完全恢复。即使是在长期萧条中及此后的多年，图表法的追随者都在不断的增多。许多持怀疑态度的人将图表法视为占星术或巫术一类，并倾向于抛弃整套分析程序。但是在华尔街，图表法却非常重要，分析师需要小心审视图表法的主张。为了使我们的讨论限制在逻辑推理的框架上，即使是有关阐述图表法主要原则方法的极为浓缩的概要，我们也会选择忽略。[①]我们希望仅仅研究这种观点的中心思想的含义，他们

① 若想详细了解图表法的理论和实践，请看夏巴克尔的《股票市场利润》（*Stock Market Profits*，1934 年纽约，福布斯出版）；罗伯特·雷亚（Robert Rhea）的《道氏理论》（*The Dow Theory*，1932 年纽约的《巴伦周刊》）；加特利的《分析股票市场》（*Analyzing the Stock Market*，《巴伦周刊》1932 年 9 月 19 日至 1932 年 12 月 5 日刊物上的系列文章）。

认为将研究限于股价以往的变动有助于预测股价未来的变动。

我们认为，这样的考虑将会得出以下的结论：

1. 图表法不可能是一门科学。
2. 就其过去的表现看，图表法不是股票市场上赚钱的可靠方法。
3. 它的理论基础建立在错误的逻辑或纯粹臆测上。
4. 相较于杂乱无章的投机行为，图表法具有某些优势，所以风靡一时；然而这种优势会随着图表研究者的增加而日渐消失。

**1. 图表法不是一门科学，而且在实践中不可能持续有效。**图表法不是一门科学是显而易见的。如果图表法是一门科学，那么它的结论就会形成可靠的规则。在这种情况下，每个人都可以预测到明天或是下个星期的股价变化，这样每个人都可以通过在合适的时间买进或卖出股票而持续地获利。但这明显是不可能的。只要略微思考一下就知道，人们不可能完全掌控对经济事项的科学预测。这种预测的“可靠性”所引发的行为最终将导致预测的失效。因此，思维缜密的图表专家承认，要想保持图表法预测的准确性，就必须保证只有少数人掌握了正确的预测方法。

**2. 并不存在一种可以保持长期预测准确性、同时又为众人所知的图表法。**[①]假如存在这样一种方法，那么这种方法就会迅速地被无数交易员采用。这样的追随行为最终将会导致此类方法的失效。

**3. 理论基础有待商榷。**图表法的理论基础围绕以下命题：

a. 市场（或是某个特定股票）的行为反映了那些对他们感兴趣的人的行为和态度；
b. 因此，通过研究市场行为的历史记录，我们可以预测市场未来的状况。

这个假设可能是正确的，但是未必会得出这个结论。你可以通过研究股票的图形而获得许多有关其技术走势的信息，但这不意味着你就能因此而获利。赛马迷们刻苦钻研赛马的“过往表现”，就是一个与此类似的很好的例子。毫无疑问，这些图

① 道氏理论的拥护者声称，该理论多年来一直都非常成功。我们认为，这种说法会招致很多质疑——例如在各类关键问题上，关于该理论的内在含义会引起若干争议。

表提供了有关参赛者的相对优劣的大量信息，人们透过这些图表往往能够选出比赛的优胜者。但问题在于，图表分析并不能提供充足的有价值的信息，以保证投注赛马成为能盈利的消遣活动。

进一步说，证券分析也存在类似的情况。公司以往的盈利状况提供了关于其未来经营状况的很好的参考指标——有用，但未必绝对可靠。因此，证券分析和市场分析处理的数据都不能确定未来的状况，这点上两者是相似的。正如我们将指出的，他们的区别是证券分析者通过设定“安全边际”来保障自己，但市场分析者却否认这一点。

毫无疑问，有的时候，对于那些精通于图表分析法的投资者来说，图表所揭示的市场表现能够提供明确、可靠、具有特定价值的信息。如果将图表分析的应用仅仅限定在真正有说服力的事例上，那么便有更好的理由支持“技术研究”。但是这样确定的信号只是偶尔出现，在此期间，人们往往缺乏耐心，加之图表分析师的职业危机感迫使他们从不大具有说服力的数据中更频繁地给出结论。

**4. 其他理论和实践上的不足。**图表分析法对证券交易者的吸引有些类似于专利药品对于患绝症的病人的诱惑。事实上，股票投机者的确患了几乎是无可救药的疾病。然而他寻找的治愈方法不是对投机的节制，而是利润。无论过去如何，他都说服自己，利润是可以被创造和保留的，并且为此贪婪地、不假思索地去使用每个看似可行的方法。

我们认为，图表分析法之所以看起来合理，很大程度上源于它坚持着赌博的格言——扩利止损。这个信条一般能够避免突发的较大的损失，有时候还能获得较大的利润。因此，相对于盲目地遵循“市场小道消息”，遵循这一原则能产生更可观的结果。交易者们注意到了这个优势，并确信通过进一步发展图表分析法，他们能够使其变得更加可靠，以获得持续盈利。

但是，这个结论中潜伏着一个双重谬论。许多玩家在轮盘赌中遵循一个类似的方法，这个方法在每一环节限制了损失，并有时候带给他们巨额收益。但是最后他们往往发现，多次零星损失的集合超过了少数几次的大额收益之和。因为较长时期内赌博输赢的数学概率是无法变更的，因此结果必然如此。对股票交易者也是如此，他们会发现交易费用对他们极为不利。另一个困难是，随着图表分析法越来越受欢迎，亏损交易所产生的损失数额趋于增加，而获利交易获得的利润趋于消失。因为当越来越多的人采用相同的方法，几乎同时获得买入的信号时，这样竞争性的交易必然导致投资者要支付更高的平均价格。相反地，当更多的投资者为了止损或保障利润，在同一时间决定卖出时，结果也只会获得一个更低的平均价格。"止损指令"曾经是交易者的很有用的技术手段，正是由于使用越来越频繁，其保障效果已大大减弱了。

我们相信，比较明智的图表研究者能够认识到图表分析的这些理论上的弱点，并且认为市场预测是一门需要才能、判断力、直觉以及一些其他个人素质的艺术。他们承认，不存在只要自动执行便可以保证成功的既定规则程序。因此，华尔街越来越多地倾向于采用复合或折中的方法，即在整体经济背景下对市场表现进行彻底地研究，而且整个方法必须经过经验丰富的判断评估后方可采用。

## ● 第二类机械预测法 ●

在考虑判断因素的重要性以前，让我们先讨论第二类机械预测法，这类方法是建立在市场本身以外的因素之上的。就整体市场而言，通常的做法是建立能够反映各类经济要素的指标，如货币利率、载货量、钢产量，然后通过观察这些指标的近期变化，来推断市场未来的变化。[①]这类方法中最早期的一个非常简单，选用的指标是高炉的开工率。

该理论是由克里夫兰信托公司（Cleveland Trust Company）的利昂纳多·艾尔斯上校（Col. Leonard P. Ayres）研究出来的，他发现：当运行中的高炉减少至总体的60%以下时，证券价格通常到达底部；相反，当高炉开工率回升至60%以上时，证券价格通常到达顶部。艾尔斯上校的另一个理论是，在生铁产量出现低点之后大约14个月，债券价格便会达到高点；在生铁产量出现低点之后2年，股票价格会达到顶点。

① 这些指标也可绘制在图表上，这样的预测在某些方面类似于图表法。例如：《哈佛经济服务》（*Harvard Economic Service*）的A、B、C线从1922年1月3日至1931年12月26日以每周信件的形式发布（其后在《经济统计阅览》一直刊登到1939年，但间隔周期长一些）；此外还有一种综合指数线，是北美独立基金公司（Independence Fund of North America, Inc）于1939年提供的"投资时机服务"（Investment Timing Service）。

这个简单方法可以作为所有机械预测法的代表，有以下特征：(1) 它的先验推理听上去值得赞同；(2) 过去一些年的数据符合该规律，它的说服力基于这个事实。所有机械预测法都存在着不可避免的缺陷，即时间因素。例如，预测高利率维持一段时期以后将会导致市场剧烈下跌，这是比较容易而且可靠的。但问题是，“多久？”对于这个问题并没有科学的方法能给予回答。因此，许多提供预测的服务成为伪科学，他们想当然地认为：既然这样的时滞或巧合在过去会数次发生（他们经过不断试错才找出这些“规律”来），那么理所当然在未来也会发生。

所以，运用机械指标（mechanical indices）来预测证券价格的变化，一般来说会引起与图表分析法相同的反对意见。他们并不是真正科学的方法，因为不存在令人信服的理论来支持他们，而且真正科学的预测方法从逻辑上来说在经济领域中是不存在的。

## ● 市场分析相对证券分析的缺点 ●

我们回到之前的结论：市场分析是一门艺术，需要特别的才能方可成功。证券分析也是一门艺术，而且除非分析者具备足够的才能和知识，否则无法得出令人满意的结果。但是，我们认为证券分析相对于市场分析拥有很多优点，能使那些具备技能和才智的人更容易获得成功。证券分析的关键是防范不利因素。我们通过设定“安全边际”（确保价值远高于所支付的价格）来形成自我保护。言下之意就是，即使证券不像它看起来的那样吸引人，投资回报仍然可能是令人满意的。市场分析中不存在“安全边际”，不是对，便是错，一旦你错了，就会遭受损失。①

市场分析者的基本原则是终止损失，保障利润（在开始下跌时就抛售），这导致市场交易的活跃。这也意味着，买入和卖出的交易成本累加起来就成为沉重的负担。而证券分析的操作一般属于投资类型，不会涉及活跃的交易。

市场分析的第三个缺点在于它其实是智慧的较量。一部分人在市场交易中创造

① 如果将证券分析和市场分析两类活动视为可能的职业选择，我们可以用律师和音乐家做类似的比较。有才能的律师应该能过上不错的生活；而一位仅仅拥有才干的音乐家在探寻成功的音乐生涯的道路上，会遇到许多令人痛彻心扉的障碍。由此可见，有竞争力的证券分析师能从工作中获得满意的成果，而市场分析师的持续成功却需要非同寻常的素质，或非同寻常的运气。

的利润主要是另外一部分做着同样事情的人付出的损失。交易者必然偏好较活跃的股票，而这些股票价格的波动正是源于大量此类型的交易者对这些股票进行频繁的交易。市场分析者只有比他的竞争对手更聪明或更幸运，才有希望获得成功。

而证券分析师与其同僚并不存在上述的竞争性关系。通常来说，他选择买入的证券，卖方并没有同样煞费苦心地研究过这些证券的价值。我们必须强调，证券分析者所研究证券的数量比市场分析者要多得多。从这庞大的证券清单中，证券分析者要挑选出优秀的证券，这些证券的市场价格远不能反映其内在价值。而价格大幅低于内在价值的原因要么是被忽略，要么是人们过分强调一些只是暂时性的不利因素。

市场分析看起来比证券分析容易，而且实现收益也更快。基于以上分析，就长期来看，市场分析可能令人失望。不论是在华尔街还是其他任何地方，都没有既快速又容易赚钱的可靠途径。

## ● 基于近期前景作出的预测 ●

金融界所提供的分析和建议中，有很大一部分是基于公司近期的商业前景。如果公司前景看好、盈利增长，人们便应买入股票。当预期公司报告盈利增加时，股票价格也会上涨。在这一推论上，市场分析和证券分析被认为是一致的。人们认为证券市场前景与企业商业前景是一样的。

但是，我们认为，基于近期商业前景来选择股票的理论，使得投机性股票的选择变得过于草率。其缺陷在于：当前的市场价格实际已经反映了人们对于未来前景的一致预期。在很多情况下，前景预测提供的比实际需要的更多。当一只股票因为其第二年的盈利预期增加而获得推荐，双重危机便产生了。首先，第二年的预测可能是错误的；其次，即使正确，也早已反映甚至过度反映在当前的股票价格中。

假如市场仅仅反映了当年的收益，那么，对来年业绩的准确预测将带来不可估量的价值，但是预测不一定正确。表 52—1 一方面反映了美国钢铁公司普通股的年度每股收益，另一方面反映了 1902—1939 年间该证券价格的变动范围。排除 1928—1933 年的时间段（其间经营变动极其剧烈，导致证券价格不可避免受到影响，随之相应变动），我们很难确定在收益的波动和市场价格之间存在明确的相关关系。

表 52—1 美国钢铁普通股（1901—1939 年）

| 年份 | 每股收益（美元） | 股价波动范围 | | |
|---|---|---|---|---|
| | | 最高 | 最低 | 平均值 |
| 1901 | 9.1 | 55 | 24 | 40 |
| 1902 | 10.7 | 47 | 30 | 39 |
| 1903 | 4.9 | 40 | 10 | 25 |
| 1904 | 1.0 | 34 | 8 | 21 |
| 1905 | 8.5 | 43 | 25 | 34 |
| 1906 | 14.3 | 50 | 33 | 42 |
| 1907 | 15.6 | 50 | 22 | 36 |
| 1908 | 4.1 | 59 | 26 | 48 |
| 1909 | 10.6 | 95 | 41 | 68 |
| 1910 | 12.2 | 91 | 61 | 76 |
| 1911 | 5.9 | 82 | 50 | 66 |
| 1912 | 5.7 | 81 | 58 | 70 |
| 1913 | 11.0 | 69 | 50 | 60 |
| 1914 | 0.3（亏损） | 67 | 48 | 58 |
| 1915 | 10.0 | 90 | 38 | 64 |
| 1916 | 48.5 | 130 | 80 | 105 |
| 1917 | 39.2 | 137 | 80 | 109 |
| 1918 | 22.1 | 117 | 87 | 102 |
| 1919 | 10.1 | 116 | 88 | 102 |
| 1920 | 16.6 | 109 | 76 | 93 |
| 1921 | 2.2 | 87 | 70 | 79 |
| 1922 | 2.8 | 112 | 82 | 97 |
| 1923 | 16.4 | 110 | 86 | 98 |
| 1924 | 11.8 | 121 | 94 | 108 |
| 1925 | 12.9 | 139 | 112 | 126 |
| 1926 | 18.0 | 161 | 117 | 139 |
| 1927[a] | 12.3 | 246 | 155 | 201 |
| 1927[b] | 8.8 | 176 | 111 | 144 |
| 1928 | 12.5 | 173 | 132 | 153 |
| 1929 | 21.2 | 262 | 150 | 206 |
| 1930 | 9.1 | 199 | 134 | 167 |
| 1931 | 1.4（亏损） | 152 | 36 | 99 |
| 1932 | 11.1（亏损） | 53 | 21 | 37 |
| 1933 | 7.1（亏损） | 68 | 23 | 46 |
| 1934 | 5.4（亏损） | 60 | 29 | 45 |
| 1935 | 2.8（亏损） | 51 | 28 | 40 |
| 1936 | 2.9 | 80 | 46 | 63 |
| 1937 | 8.0 | 127 | 49 | 88 |
| 1938 | 3.8（亏损） | 71 | 38 | 55 |
| 1939 | 1.84 | 83 | 41 | 62 |

注：a. 未考虑 40% 的股票股息。

b. 考虑了 40% 的股票股息。

在附录注释 70 中，我们截录了一家著名的统计和咨询服务公司在 1933 年下半年对两只普通股提供的分析和建议。这些建议大部分建立在 1934 年显而易见的前景上。在分析中并没有试图确定公司公允价值的迹象，更没有将公允价值与市场价格相比较。详尽的统计分析告诉我们，其建议卖出的股票市价低于其内在价值，只是因为股票当时的前景不被看好，相反，其建议买入的股票市价高于内在价值，只是因为短期内拥有令人满意的前景。

对于分析师能否相对成功地预测个别证券在近期的市场行为，我们是持怀疑态度的——无论分析师是将自己的预测建立在对市场的技术分析上，还是建立在企业经营的总体环境或个别公司的具体前景上。我们认为，将分析师的正面结论限定在以下领域内，可以获得更为满意的结果：

1. 选择满足严格安全测试标准的标准优先证券；
2. 发掘应被评为“投资”级别的优先证券，但该证券还要拥有可观的增值机会；
3. 发掘卖出价远低于内在价值的普通股票或投机性优先证券；
4. 确定相关证券之间存在的明确价格差异，这种情况下可以合理地转换证券或进行对冲、套利操作。

## 投资策略的观点概述

最后，如果将注意力从分析师转移到证券持有者上，我们可以通过明确证券持有者应该做什么和不该做什么来简述我们的观点。以下分析考虑了不同种类的投资者。

### A. 资金量少的投资者

**1. 收益型投资**。在当前市场状况下，这类投资者想获得安全的累积收益，唯一明智的投资就是美国储蓄债券。即使有其他收益更高的优质投资，收益也不会高出多少，而且不能获得足够的安全保障以避免中期和最终的损失。普通债券和优先股表面上提供较高的收益，但同时也包含着重大的风险因素。推销员推荐的各个种类的“储蓄计划”和类似的证券都隐藏着重重陷阱。投资者如果听信了他们的承诺回报，放弃美国储蓄债券，而购买了这些所谓的“储蓄计划”，那么很有可能会后悔。

**2. 利润型投资者**。有四种方法可同时供小型和大型投资者选择。

a. 根据客观的、长期的标准判断，当市场状况确实比较低迷时，应当购买有代表性的普通股。这个策略需要耐心和勇气，而且可能出现严重误判的情况。长期来看，我们相信会出现满意的结果。

b. 根据证券实际的业绩表现，当可以以合理的价格持有这些证券时，购入具有特殊增长潜力的证券。当证券的成长性被普遍预期时，价格很少会合理。如果购买证券是因为对未来的增长充满信心，但是公众并不认可，那么策略有可能是合理的、盈利的；但也很有可能是无根无据、损失惨重的。

c. 购买安全的有特殊权利的优先证券。具有充足的保障性，并具备承诺的转换权或类似权利的证券很少，但并不表示不存在。在该领域中，投资者耐心、持续地去寻找机会，奉行谨慎的选择策略，会获得满意的结果。

d. 购买卖出价低于内在价值的证券。内在价值不仅与过去的收益和流动资产价值相关，还考虑了保守估计未来的盈利能力——换言之，内在价值涉及定性和定量的因素。我们认为，既然现在市场上很大一部分证券都不活跃，那么一定存在很多市场没有反映其内在价值的情况，由此为有辨识力的投资者提供了真正的机会。这样的机会可以在债券、优先股或普通股中发现。

我们认为，非专业的小型投资者也能寻找和辨别以上讨论的证券的价值，但他必定需要高于普通水平的智慧和培训。不过，我们认为，非专业投资者的观点应该接受专业的分析师的批评，比如美国证券交易所统计学家的批评。**谦虚与自信肯定是不矛盾的，这其中的逻辑在于：除非一个人具备向其他人提供专业建议的资格，**

**否则他不应该独立作出投资决策。**

**3. 投机型投资者。**当然，小型投资者有权跳出他的角色，成为一名投机者（他也有权在之后对他的决定后悔）。市场上存在着各种类型的投机者，也提供了不同的成功方法。

a. 购买新成立或近期成立企业的股票。对于这种做法，我们毫不犹豫地重点批判。购买这类新股的投资者成功的机会很少，如同他把 3/4 的钱扔出了窗外，而把剩下的钱存在了银行里。

b. 在市场上交易。作为一个机构，华尔街是幸运的，市场上只有小部分的人能成功交易，而大部分人却认为他们能成功交易。普遍观点认为，股票交易就像其他交易一样，有了智慧和实战力及专业的指引，便能带来盈利。我们对此表示怀疑，甚至可能带点偏见。我们认为不管如何准备和采用什么方法，成功交易都是偶然的、暂时的，或是来源于非凡的才智。因此，大部分的股票交易者都不可避免地要失败。我们并不期望这个结论能够对公众产生很大的影响。注意，我们认为在股票的价格低于其内在价值时买入，然后在较高价格水平卖出的行为才是投资。而股票“预期”上升时买入，“预期”下跌时卖出的普遍做法是投机，这是我们判断投资和投机的基本区别。

c. 以过高的价格购入“成长型股票”。我们称此为“投机”，这与大部分的权威观点相悖。正如之前所述原因，我们认为这种方法本身就是非常危险的，而且随着此方法的普及，危险性与日俱增。但是其成功概率却比其他的投机方法要高得多，而且这是一个能更好地锻炼远见、判断力和节制力的领域。

## ● B. 资金量多的个人投资者 ●

尽管此类投资者与资金量小的投资者相比，拥有显而易见的技术上的优势，但是资金量多的个人投资者也有三个不利条件。

1. 这类投资者不能简单地通过购买美国储蓄债券来解决自身的投资问题，因为任何人能够购买的数量都是有限的。因此，他必须去考虑更广阔的固定收益证券投资领域。我们相信，严格的定量测试加上对定性因素的准确判断能够令他们得到满意的结果。

2. 不管用什么方法，可能发生的通货膨胀会带给他们比小型投资者更严重的外部问题。自 1932 年以来，基于常识的论点强烈支持持有一些普通股作为防御工具。另外，持有大量的普通股与富有投资者传统的观点和操作是一致的。

3. 投资的规模更容易导致大型投资者集中在受关注度高、活跃的证券上。所以从某种程度上来说，他在运用“价值被低估的证券”这一技巧上存在缺陷。然而，我们认为，他可能在偏好和偏见上存在更加严重的障碍。

## ● C. 商业企业的投资 ●

我们认为，拥有税收豁免权的美国政府债券几乎是商业资金长期投资的唯一合理途径。（在 1940 年的市场状况下，短期投资涉及的困难和收益一样多。）显而易见，商业企业投资的其他方式——不管是债券还是股票，都能带来相对更高的收益，代价是存在着损失和遭受批评的风险。

## ● D. 机构投资 ●

我们不会冒昧地为金融机构提供建议，因为这些机构本身就精于投资理论和实践。慈善机构和教育机构也是如此，因为他们一般都有经验丰富的金融家为他们制定投资策略。但是，为了不去躲避这个困难的问题，我们大胆提出以下观察意见：我们认为，一个机构如果仅依靠高等级固定收益证券带来的微薄收益就能维持运营，那么它就应该将投资限定在这个领域内。即使过往普通股综合指数表现较好，能为此承担更大的责任，然而经常出现的不明朗因素仍然存疑，而这些与普通股投资是紧密相关的。如果大部分人都一致认为应该防范通胀，或是因为收益不足而不得不物色更高的回报，这个结论或许可以修改。在这种情况下，负责人可能需要拨出一部分机构资金，应用证券分析的标准及技巧，涉足固定收益证券投资以外的领域。[①]

① 耶鲁大学现在采用的政策就是投资部分资金于“股权”。“股权”的定义是普通股和不付利息的优先证券。利用固定的公式来计算百分比的变化，大致如下：最初的比例是总资金的30%，每当市场水平上升，将此数字推高至40%，所持有的每只股票的1/8转换为债券。相反，当市场下跌，比例减少至15%，债券被卖出，并额外买入每种股票的1/3。请参见耶鲁大学副财务主管劳伦斯·泰（Laurence G.Tight）名为《捐赠机构现今的投资困局》（*Present Day Investment Problems of Endowed Institutions*）的演讲辞，于1940年2月14日在美国银行家协会信托部（Trust Division of the American Bankers Association）发表，其内容在1940年2月20日的《纽约太阳报》（*New York Sun*）内概述。

第八部分

# 环球价值投资

## 导读十一
# 将格雷厄姆与多德的理论应用于世界范围内的投资

托马斯·鲁索

Gardner Russo & Gardner 公司合伙人

我很荣幸能给大家介绍《证券分析》以前从未涉及的部分：全球投资。这并不是作者的疏忽，毕竟当本书的第二版于 1940 年推出时，除了英国和一些欧洲国家以外，国际证券市场仍然很不发达。

20 世纪 80 年代早期，我在斯坦福大学商学院读书时，从教授杰克·麦克唐纳（Jack McDonald）那里第一次知道全球价值投资。麦克唐纳与我们分享了不少他自己海外投资的“战例”（war story）。即使是在离现在不远的 20 世纪 80 年代早期，国际投资还是很困难的。根据美国的标准，海外市场的流动性低，交易成本高昂，会计实务与美国大相径庭。至少可以说，在信息披露方面，海外市场不如美国透明。

还不止这些。想要成为国际投资者面临着重重挑战，包括当地公司治理和管理实践、资本流动的限制、税收变化、语言、文化和政治稳定性方面的差异、交易时间的不同、外汇买卖的复杂性、货币风险、管理海外证券托管时涉及的流转问题等。那么，何苦要如此大费周折?

奇妙的是，居于内布拉斯加州奥马哈市的沃伦·巴菲特竟然为我在雷区中指明了道路。作为麦克唐纳教授课堂上的客座讲师，巴菲特并不是（现在也不是）国际投资的专家。作为20世纪50年代格雷厄姆和多德在哥伦比亚大学的高足，巴菲特在 20 世纪 80 年代早期，就已经从一个纯粹的财务报表分析投资者，进化为一位伯乐，他善于寻找由诚实、能干、善待股东的管理层所经营的、拥有很宽业务领域的公司。这样的公司已然非常稀少，为什么还要将自己局限在美国呢?

巴菲特说，如果在你的投资生涯中有 20 个好主意就已经相当幸运了。因为大好的机会总是少之又少，投资范围的狭窄会导致达不到最佳的分散性投资组合。投资者可以、而且的确必须通过大范围地搜索来“弥补”机会的稀少。深入、成熟地理解某个特定的行业，能够使得投资者在自己的能力范围之内同时评估国内和国外的机会。各国可能在偏好和法律上存在差异，但大部分商品和服务的生产、市场营销和销售等基本经济原理在任何地方都适用。

学习巴菲特，将焦点放在企业的基本面上，可以帮助投资者应对各国在会计和信息披露方面的差异问题。当地的会计数据可以对照其他国家类似经营情况的公司进行分析。例如，如果一家德国啤酒公司的隐含收益似乎与法国、英国和意大利的同类啤酒厂不同，那么很有可能财务报表上的细节被误读了，而且需要对其数据进行更深入的分析。当然，差异也可以解释为当地监管环境或消费者偏好的不同。当一家重要附属机构的业绩没有全面反映在损益表中时，可以通过研究其他国家的类似公司来更好地了解。例如，酿酒厂的盈利能力主要依赖于当地的分销网络和当地的市场占有率。仅占有偏远市场很小市场份额的酿酒厂的附属公司，不大可能表现出重大价值。最后，聚焦于公司的运作可以为投资者展现一个业务联系的全球网络，这可以弥补财务报告的不足。

格雷厄姆、多德和巴菲特都担心，一些公司的管理层会死抓住公司的财产不放、拒绝派息，而且开展一些只对增加管理层声望和薪酬有益的并购。这就是为什么巴菲特会去寻找那些强调公司长远发展、提升企业经营品牌并关注资产配置有效性的管理层。当投资于外国企业时，你的确需要巴菲特所渴求的那种管理者，因为与美国企业相比，海外企业的管控规则和管理运作缺乏对股东利益的考虑。如果管理层行为不当，你也不能指望可以与其他股东一起来纠正他们。

虽然文化和语言的差异使得直接与海外管理层交往以做出评估非常困难，但是我们可以获得管理层的长期经营记录。你可以依据你所知道的行业最佳准则，来评判他们以往决策的水平。而且，正如巴菲特频繁提到的，业务模式简单、拥有强大壁垒的企业，连傻瓜都可以经营。假如没有过往业绩可寻，再加上语言和文化差异，很难选择诸如法国、捷克或泰国等地的明星公司。因此，巴菲特的“简单的企业，强大的壁垒”方法为海外投资者提供了额外的保障。

## 实践环球投资

从20年前开始海外投资生涯起，我经历过以下因素带来的种种挑战：汇率波动、会计实务、企业信息披露、交易、执行以及管理障碍等。当境外市场逐渐面向全球投资者时，这些挑战在慢慢改善，但它们对于很多寻找全球投资机会的投资者来说仍然是很大的障碍。

### 汇率风险

经常有潜在投资者问我，如何规避汇率的不利变动。虽然一些美国投资者偏好把所有的外汇敞口都对冲回美元，但我认为通过持有多样的货币能够最好地保障投资者的收益。因为美国人购买商品和服务需要支付多种货币，那么保有适当外汇敞口是合理的。

处理外汇风险并不容易。比如在1992年欧元诞生以前，投资欧洲的企业需要兑换大量货币。管理多种外汇持仓非常麻烦，而且有时候要付出高额的交易费用。我最终放弃了投资菲利普莫里斯公司旗下、以斯洛伐克为基地的糖果制造商费加罗公司（Figaro），因为持有斯洛伐克外汇头寸的成本实在太高了。

另一个问题是，即使一个人倾向于进行对冲，但是找出合适的对冲方案也是惊人的复杂。大部分公司的业务遍布多个国家，涉及不同的货币。比如说，如果投资者想要对冲雀巢公司的瑞士法郎风险（其股票在瑞士上市），那么他将难以决定到底选择什么货币对冲，因为雀巢公司只有不到5%的收入来自于瑞士。

而且，当货币波动不定而导致对冲成本高昂时，最引人注目的投资机会往往会出现。比如说，在20世纪90年代初期，海湾战争引发的船舶工业危机导致挪威股市大跌，之后我投资于挪威的股票市场。斯堪的纳维亚货币当时承受着巨大的压力，定价基于货币将进一步下跌的预期，使得对冲成本高得令人望而却步。我们有充足的理由认为，不仅仅是挪威的股票被低估，其货币也是。既然海湾战争的结束会导致挪威的股票上涨，那同样也会使得相关货币升值。

## 会计标准

当我第一次投资海外市场时，美国投资者问："外国公司的会计账目可靠么？"我那时的回答是："和什么比较呢？"虽然国外的会计标准存在很多缺点，但实际上，它们在某些方面比美国的会计标准更加保守。再说，美国人引以为豪的标准也没能让我们避过安然和世通欺诈事件等会计丑闻。

不过，早期海外市场的会计准则的确使得海外投资非常麻烦，其中一个困难涉及未合并附属公司的问题。即使企业部分拥有的附属公司的股权占了公司内在价值的很大份额，但在资产负债表和损益表上通常不会找到有关附属公司的资料。同时，由于处理商誉、摊销和折旧的规定不同，各国企业之间很难进行一对一的比较。

例如，在 20 世纪 80 年代后期，我开始投资于荷兰酿酒商喜力（Heineken）时，公司看起来不如美国的同类厂商盈利能力强。但是由于喜力采用了重置成本的会计方法，因此实际上计提了过多的折旧费用。一旦以公认的会计准则（GAAP）进行调整，喜力的盈利能力就变得非常的耀眼。这是一个很简单的调整，因为它的年度财务报告中有充足的财务信息披露。

但是，外国公司通常都不会提供充足的分类信息披露，更糟糕的是，他们根本不披露未合并附属公司的信息，这令上述调整变得颇具投机性。在此情况下，投资者必须坚持更大的安全边际以规避不完全的信息披露风险。幸运的是，全球会计准则日益改善，要求业绩报告广泛涉及各业务板块，并加强未合并附属公司的信息披露。

## 无法获取的资讯

在某些国家，投资者经常无法获得上市公司的资讯，可以获得的信息质量也很低劣。一些财务报表甚至没有翻译成英文，特别是在相对比较小的市场，如挪威和捷克等。我经常雇人为我翻译此类财务报表。随着彭博社和其他类似资讯供应商的出现，我们可以更快获地获得更多的英文资讯。然而，企业的新闻发布经常只用当地的语言。

美国的投资者也很难安排与企业的管理层见面。我回想起 20 世纪 80 年代末我第一次去拜访喜力啤酒公司。当我被引荐介绍给副主席时，他认真严肃地问道“你在这里干什么？”实际上，他之前可能从未见过美国投资者，而且也很难想象为什么美国投资者会对自己的公司感兴趣。同样的，我最初投资于英国的早餐谷物生产商维他麦（Weetabix）时，也只有一次和管理层中的一个人见了面。

维他麦和喜力分别由他们的创办者家族所控制着，只有极少数投资者的诉求能传到管理者的耳中。但是，仔细研读两家公司的报告可以发现，两家公司都审慎经营，也很注重回馈股东。

我可以接受鲜与投资者打交道的管理者，但是在投资这类公司时，我需要设定更大的安全边际。但是，这也是有限度的。我回想起 20 世纪 90 年代后期亚洲金融风暴之后，我来到韩国，与一家生产糖果的龙头企业乐天糖果的高层见面。我向管理层询问公司下一年的现金流前景。翻译员和管理者说了将近 30 分钟后，给了我一个词的回答：“更好”。因为不知道他们都讨论了什么，而仅得到了一个不够充分的回答。尽管这家企业可能前途光明，但我还是选择了离开。

## 谁受托管了

当我开始投资海外时，很少有国外公司以现在常见的美国存托凭证（American Depositary Receipt）的形式在美国市场上市。这就意味着许多美国受托人不能有效投资海外，因为他们普遍需要本国的股票托管服务。当我同时投资于美国存托凭证（ADRs）和当地股票时，我的一些客户却只能够持有美国存托凭证。更糟糕的是，一些国家的限制确实使得境外投资者缚手缚脚。

20 世纪 80 年代中期情况就是如此。那时，我的投资者持有必富达金酒（Beefeater's Gin）的生产商詹姆斯 - 伯勒斯有限公司（James Burroughs PLC）的股份，却因为法律障碍无法接受惠特贝瑞公司（Whitbread）提供的换股安排，而只能够接受现金。而且他们不能参与联合多美（Allied Domecq）并购惠特贝瑞和保乐力加（Pernod Ricard）并购联合多美的行动。相反，他们迫不得已卖掉股票获得的收益还要纳税。同理，我也很难投资于一些发展中国家的金融市场（比如印度和中国），因为当地证券市场监管限制外商投资行为。

美国投资者可以投资的金融工具也存在类型的限制。比如说，我在 20 世纪 80 年代中期第一次投资于雀巢公司时，作为非瑞士投资者，我不能购买实股，只能购买“参与权凭证”（participation certificates）。投资于维他麦和荷兰的传媒公司电讯报（De Telegraaf）的情况亦是如此。因为参与权凭证持有者拥有的权利少于股东，为此我降低了愿意支付的价格，以维持足够的安全边际。

即使是在资金潮水般涌向海外市场的背景下，完成海外交易和持有海外证券至今仍然是个挑战。在大多数海外市场，佣金仍然居高不下，而且许多海外市场在扣除佣金以外还要征收各种税费。最后，许多美国托管机构在海外交易结算时要收取额外的费用。他们也试图从外汇交易中获取更大利润。收取海外派息普遍会被延迟，将海外派息兑换为美元时也要支付高额佣金。此外，养老基金和捐赠基金等享有税收豁免权的投资机构，在试图收回被有关当局扣留的海外股息税时都遭遇到重重困难。投资者可以用已缴纳的海外税收来抵减应付的美国境内税款，从而解决这一问题。最后，由于托管机构通常较迟或是根本没有得到他们的海外附属托管机构通知企业的相关行动，因此很难为海外持股代理投票。

时至今日，仍有大量行政和技术的困难存在，但是有关公司治理和证券监管方面的担忧其实是被过分夸大了。国际企业治理对投资者的保障已经越来越与美国趋同（尤其是在欧洲）。美国流行的任命非执行董事的做法已经在许多国家成为惯例。此外，尽管欧洲市场并未针对企业董事操守制订萨班斯 - 奥克斯利法案（Sarbanes-Oxley）那样的新条例，但实际情况是，他们基于原则的企业管制体系与美国基于规则的管制结构所提供的保障是一致的。

## 维他麦：做对一次

我常常抱着这种心态来对待投资——沃伦·巴菲特曾经描述的“做对一次”，寻找拥有真正竞争优势的超级品牌、相对保守的资本结构、有主人翁意识且一贯尊重股东利益的管理团队、并且股价合理的企业，让这些具备主人翁意识的管理团队运用该品牌创造出来的充足现金流进行再投资。每家企业的内在价值应当随着时间增长，如果增长速度足以带来吸引人的投资收益，那就更理想了。维他麦就是其中一例。

20 年前我开始注意到维他麦是因为我的妻子。与每一个在英格兰度过童年时代的人一样，她是早餐谷物维他麦的忠实顾客。维他麦有些类似于纳贝斯克脆麦片条（Nabisco Shredded Wheat）。我并不喜欢吃维他麦。但是通过对早餐谷物行业的市场调查和与维他麦的全球竞争者交谈，我发现维他麦不仅拥有非常忠诚的顾客，而且在英国的早餐谷物市场中拥有很大份额。我可以投资于这家公司么？公司手册上关于公司财务状况的描述给我留下了深刻的印象，但是想要获得更多的细节信息还是非常困难。

我发现，在那以前的五年里，维他麦的收入增长超过 60%。更重要的是，它的经营性利润从 1982 年的每股亏损 2.2 便士跃增为 1986 年每股收益 38.6 便士。但是，维他麦只有不到 10% 的毛利率，以行业标准看表现只算中等。这也意味着毛利率还有上升的空间。另外，维他麦的资产负债表相对保守，现金余额大约 700 万英镑，超过其市值的 10%。此外，该股的市盈率只有 7 倍，而自由现金流回报率（每股自由现金流 / 股价）却达 14%。总体来说，维他麦在本地市场拥有非常强大的产品品牌。同时，在维他麦的控股家族的继承人理查德·乔治爵士（Sir Richard George）的管理下，公司的表现蒸蒸日上。

我首次投资于维他麦的经历可以说明投资海外有多么的困难。首先，维他麦有表决权的股票极少交易（倘若有的话）。而我的客户拥有的没有表决权的证券，是在未上市证券市场（OFEX）上进行交易的，而并非主要交易场所。事实上，维他麦的股票交易需要先进行预约，买盘和卖盘之间的报价差额非常大。除此之外，交易的成本也非常高昂。两家证券经纪商瓜分了维他麦的股票，所以投资者无法四处比较以寻求一个更好的价格。尽管障碍重重，但是这只股票如此超值，所以我最终还是大量买入。然而麻烦并没有结束，十年来，我在完善该股票的结算方式上困难重重，收取股息的过程也非常痛苦。

当时维他麦股价如此低廉的另一个原因，是投资者对于家族控股企业存在偏见。投资者通常害怕控制上市公司的家族成员对股价漠不关心，甚至转移资产至个人名下。有趣的是，我偏好投资于家族控股企业。倘若你的利益能够与一个忠实的家族联系起来，那么家族控制实际上会让情况变得更好，而不是更坏；他们会着眼长远，做出有利于股东而不是管理层的决定。毕竟，一个家族控制一家企业时能够自由地做长远打算，而不用在乎其他人怎么想。

最后，维他麦的管理层非常不愿意与投资者打交道。他们不会在伦敦城内金碧辉煌的经纪商办公楼举行丰盛的午餐会。除了规定的半年报和年报以外，基本不会有新闻发布。在分析师交流会上也基本没有机会见到管理层。实际上，投资者能得到的信息主要来自于每年年报中主席写给股东的信。尽管我的客户已经拥有了接近16% 的流通股份，但我还是花了几年的时间才得以与公司的 CEO 见面。

虽然难以与企业接触会使许多投资者退却，但我很欣赏公司的管理层专注于企业的运营前景、用业绩说话的做法。这些年来，我没有见过维他麦有过任何内幕交易，所以我相信公司的管理层能够成功地为股东创造价值。最棒的是，当我第一次知道维他麦时，它的股价正因为上述困难而被低估，而且低估持续了很长时间。我庆幸有机会以低于其内在价值的价格不断增持该股。2003 年维他麦的股票被收购时，我当初的投资已经增值了 10 倍。

## 总结

我的结论是，格雷厄姆、多德以及巴菲特的原则适用于美国市场，也同样适用于国际市场投资。实际上，与其在美国市场寻找超值的股票，倒不如放眼海外市场，那些市场相对缺乏效率，备受短期趋势和谣言主宰，对于最新发展又反应过度。对于价值投资者来说难道还有比这更好的选择么?

**托马斯·鲁索(Thomas Russo)**

宾夕法尼亚州兰开斯特 Gardner Russo & Gardner 公司合伙人，Semper Vic Partners 公司的一般合伙人。他从事环球价值投资已经超过 20 年了。

鲁索撰写的部分是本书从未涉及的内容——环球市场中的价值投资。这个主题在格雷厄姆与多德的时代只是小课题，但是在今天已经具有非同寻常的重要意义。

## 注释 1（第 2 版引言）

表 F1—1　　雅培公司　　（单位：美元）

| 年份 | 股票价格[a] | | 每股收益[a] | 每股已付股息[a] |
|---|---|---|---|---|
| | 高价 | 低价 | | |
| 1929 | 12 | 9 | 1.17 | 0.36 |
| 1930 | 11 | 9 | 0.80 | 0.57 |
| 1931 | 9 | 6 | 0.67 | 0.60 |
| 1932 | 8 | 4 | 0.50 | 0.54 |
| 1933 | 10 | 5 | 0.90 | 0.48 |
| 1934 | 14 | 10 | 1.48 | 0.56 |
| 1935 | 40 | 19 | 1.77 | 0.95 |
| 1936 | 55 | 31 | 2.10 | 1.97 |
| 1937 | 53 | 34 | 2.38 | 2.00 |
| 1938 | 58 | 34 | 2.31 | 1.62 |
| 1939 | 72 | 53 | 2.61[b] | 2.05 |

注：a. 数据调整以反映截至 1939 年年底的情形，公司分别在 1935 年、1936 年、1939 年支付了 $33^1/_3$%，200% 和 5% 的股息。

b. 1939 年流通股平均的每股收益为 2.90 美元。

表 F1—2　　美国家庭用品公司　　（单位：美元）

| 年份 | 股票价格 | | 每股收益 | 每股已付股息 |
|---|---|---|---|---|
| | 高价 | 低价 | | |
| 1929 | 86 | 40 | 5.47 | 3.55 |
| 1930 | 70 | 47 | 5.49 | 4.20 |
| 1931 | 64 | 37 | 5.52 | 4.20 |
| 1932 | 51 | 25 | 3.93 | 4.20 |
| 1933 | 43 | 25 | 2.97 | 3.25 |
| 1934 | 36 | 26 | 3.02 | 2.40 |
| 1935 | 38 | 29 | 2.57 | 2.40 |
| 1936 | 52 | 37 | 3.81 | 2.50 |
| 1937 | 52 | 32 | 3.88 | 2.60 |
| 1938 | 46 | 31 | 3.75 | 2.40 |
| 1939 | 60 | 42 | 5.23 | 2.65 |

表 F1—3　　兰伯特公司　　（单位：美元）

| 年份 | 股票价格 | | 每股收益 | 每股已付股息 |
|---|---|---|---|---|
| | 高价 | 低价 | | |
| 1926 | 72 | 40 | 4.58 | 1.75 |
| 1927 | 89 | 66 | 6.98 | 6.00 |
| 1928 | 136 | 80 | 8.92 | 6.50 |
| 1929 | 157 | 80 | 10.04 | 7.75 |
| 1930 | 113 | 71 | 9.52 | 8.00 |
| 1931 | 88 | 40 | 8.23 | 8.00 |
| 1932 | 57 | 25 | 5.08 | 7.00 |
| 1933 | 41 | 19 | 2.99 | 4.00 |
| 1934 | 31 | 22 | 2.96 | 3.00 |
| 1935 | 29 | 21 | 2.03 | 2.75 |
| 1936 | 27 | 16 | 1.70 | 2.00 |
| 1937 | 24 | 10 | 1.54 | 2.00 |
| 1938 | 17 | 9 | 1.71 | 1.50 |
| 1939 | 18 | 14 | 1.69 | 1.50 |

## 注释 2（第 1 章）

圣路易斯－旧金山铁路公司 6% 的优先股的价格在 1931 年跌至每股 4.5 美元，在 1932 年跌至每股 1 美元，同年，该铁路进入破产管理程序。在美国州际商务委员会（the Interstate Commerce Commission of USA）检察官的重组计划下，这批证券都变得一文不值了。

一年后（1933 年 7 月），欧文斯－伊利诺斯玻璃公司的债券以每股 101.25 美元的价格被赎回。

1925 年，莱特航空的股价升至每股 32.375 美元，并在 1929 年派发 100% 股票股息之前蹿升至每股 299 美元。新股在 1932 年下跌至每股 3.875 美元（相当于旧股每股股价为 7.75 美元），而后在 1936 年，该股大幅反弹至每股 140.75 美元（相当于旧股每股股价为 281.5 美元）。这让人怀疑其股价被操控，因为这是一个即使在 1939 年也不可能达到的价格——1939 年第二次世界大战爆发，订单增多，盈利急速增长。1935—1939 年盈利的飙升，加上已签订的和预期的战争订单，也许可以解释为何在 1939 年年底，股票能以 1935—1939 年平均盈利 35 倍的价格出售。

在接下来的 6 年里，跨区快速地铁公司的票据每年派息 7%，相当于本金的 1.7%。1939 年，纽约市订立合同购买跨区快速地铁公司的财产，将票据持有者的未偿还本金的

87.5% 和 5% 债券持有者本金的 82.5% 变现，并用 3% 的纽约市债券（企业股份）支付。我们认为，充足的抵押品足以保证票据得以按面值偿还。然而，在购入价格相同的条件下，1933 年 7% 票据的购买者将比 5% 债券的购买者获得更多的收益。假设纽约市债券按面值偿还，那么包括利息，票据持有者的总收益是每 1 000 美元债券约获得 1 340 美元，而 5% 债券的总收益是每 1 000 美元债券约获得 1 125 美元。

1936 年 12 月，派拉蒙电影公司向第一优先股派发累计股息 12 美元。自此之后，公司定期向这批第一优先股派发股息，但直到 1939 年才开始向普通股派发股息。1937 年年初，第一优先股和普通股价格都大幅上升，但在同年晚些时候，优先股的售价比普通股高出很多，并且情况一直持续如此。

## 注释 3（第 1 章）

### “高市盈率股”与“低市盈率股”

1936—1938 年，作者组织了高市盈率股和低市盈率股（依据上一年度盈利情况计算得出）相对表现的测试。1924—1931 年，在每年的 3 月 1 日，作者共进行了 8 次研究。所有在纽约证券交易所上市的工业股，均按 3 月 1 日股价相对上年度盈利的比率排序（排除了那些财政年度终止日不是 12 月 31 日，以及上年度每股收益低于 1 美元的公司）。在余下的公司中，排名最高和最低的四分之一将在下一步进行比较。平均而言，排名最高的四分之一的公司的股价大约是最低的四分之一的公司的三倍。

研究的因素包括股票市价后续的变化以及随后的盈利和派息记录。我们希望根据（1）未来股价的变动加股息收益，以及（2）与股价相关的未来盈利，来判断购买高市盈率（“昂贵”）的股票和低市盈率（“便宜”）的股票，哪种对投资者更为有利。

为了节约篇幅，详细的研究结果不在这里给出。总而言之，这些研究并不是结论性的，它们没能一致地指出哪种股票具有长期稳定的优势。研究得出的推论支持购买按年度盈利计算为低市盈率的股票。尽管像预期一样，“昂贵”的股票的盈利和股息相对于“便宜”的股票有所改善，但改善的程度似乎不足以（在八年的时期内）抵消最初为它们支付的溢价。同样，这些改善未能在牛市或熊市中持续下去，从而证明这些“昂贵”的股票比“便宜”的股票更加“便宜”。

在此感谢欧文 · 卡恩（Irving Kahn）对本研究的帮助。

## 注释 4（第 5 章）

美国快递公司的一段财务历史说明，资产权益由股票形式转变为债券形式，可以吸引投资者购买新证券。即使新证券无论是安全性还是盈利能力都不如股票。

1918 年，该公司的资产仅包括位于纽约市雷克托街（Rector Street）2 号的大楼和几处价值相对较低的房地产。100 000 股每股 15 美元的股份代表着这些资产的所有权。次年，雷克托街的大楼以 3 725 000 美元出售，购买者靠按面值出售 3 000 000 美元第一抵押权债券（由该大楼的留置权担保）融得部分资金。出售其他资产后，美国快递公司向其股东派发每股 39.25 美元的清算股息。

美国快递公司市价 15 美元的股票与按面值计的债券的实际差别惊人。前者的买家支付 1 500 000 美元，可以取得雷克托街物业的完整所有权外加其他资产。后者的买家付出 3 000 000 美元，仅能取得雷克托街物业的有限权益。显而易见，相对于按面值出售的债券，市价 15 美元的股票更为安全、利润也更丰厚。此例中，债券只相当于股票背后所代表资产的部分权益，但公众显然视股票为投机，而视债券为投资。这种反常现象部分归因于“债券”这两个字有奇妙的影响力。

有关这个例子更详尽的陈述及参考来源，请参阅 1934 年版的《证券分析》，第 617~618 页。

有关此原则较新的例子可参考布鲁克林区的考特·利文斯顿办公大楼（Court-Livingston Office Building）的历史。在原来的第一抵押权债券止赎后，物业所有权（撇除若干租赁土地）相当于 3 880 股股份。1939 年年初，股票报价为每股 30 美元，说明公司资产总值为 116 400 美元。然而，该公司当时持有现金资产约值 180 000 美元。1939 年 4 月，该物业以 250 000 美元售出，股东随后收到每股约 110 美元的清算股息。买家向一间储蓄银行办理了 285 000 美元的抵押贷款，涵盖整个物业，包括原先租出的土地。由于部分建筑物租约尚未终止，因此这个例子不如美国快递公司大楼的例子那么清晰。但考特·利文斯顿的股份总市值远低于公司的现金持有量，显示了在普遍将债券形式作为融资媒介的情况下，运用股份形式将导致价值被大幅低估。

## 注释 5（第 5 章）

“美国凭证”（American Certificates）是指克鲁格 – 托尔公司面值 5.36 美元（按当时汇率计）、利率为 5% 的参与信用债券。由于债券在 2003 年到期，所以在美国市场上的售价为每张 28.14 美元。以下性质解释了将其归为普通股的原因：

1. 相关债券的利率为 5%，每年支付一次，在任意一个财政年度，包括支付的或宣布的股息在内，如果普通股的股息率超过 5%，每高出 1%，则债券有权将利率额外提高 1%。

2.“美国凭证”的发行价是相关债券面值的 5.25 倍。根据正常情况下（即非参与）的 5% 的利率计算，在该发行价上的收益率少于 1%。

3. 债券持有者的合理收益是依靠债券的参与性质获得的，而参与性质又是受股票的派息支配的。只有五分之一的收益和本金价值来自于债券合同；其余五分之四都具备了普通股偶然、可变的性质。具体划分参见表 F5—1。

表 F5—1　　克罗格和托尔公司相关债券和股票情况（每 20 克朗）　　（单位：美元）

| 项目 | 债券成分 | 股票成分 | 总计 |
|---|---|---|---|
| 本金 | 5.36 | 22.78 | 28.14 |
| 在 1928 年的收益 | 0.27 | 1.07 | 1.34 |

这些凭证价格最高在 1929 年达到每张 46.375 美元，但到了 1934 年仅为每张 0.5 美分。

## 注释 6（第六章）

有关纳贝斯克公司优先股的投资特点，可以从历史价格和股息支付记录中找到令人信服的证据。公司自 1898 年成立以来，每年都会定期支付每股 7 美元的股息。1907 年以来，公司股价从未低于过面值（100 美元）。1908—1939 年，公司股票年度最高价和最低价的均值为 140.6 元，年度股息为每股 7 美元，收益率为 5%。股票在纽约证券交易所上市以来，整个历史期间（1899—1939 年）的平均价格为 132.75 美元，收益率为 5.27%。这个平均价格计算范围囊括了 1900 年的 79.5 美元和 1939 年的 175 美元。股票上市的 41 年间，售价低于面值的情况仅在 5 年中出现过。

## 注释 7（第 6 章）

海滨 – 全佛罗里达铁路公司 2 500 万美元的第一抵押权黄金债券，利率 6%，A 系列，1935 年 8 月 1 日到期，最初在 1925 年以 98.5 美元加利息的价格发行。该债券由海滨 – 全佛罗里达铁路公司、佛罗里达西北铁路公司（Florida Western & Northern R.R. Co）、东西海岸铁路公司（East & West Coast Ry.）联合发行，其本金和利息还经海岸航空铁路公司（Seaboard Air Line Ry. Co.）进一步背书获得无条件担保——海岸航空铁路公司出租几条铁路资产，每年净租金收入至少相当于所有未偿付抵押债券的年利息费用之和。

出售这些债券的收益主要用于赎回第一抵押权债券，并在佛罗里达州的东西沿海岸修建大约 217 英里的铁路。因此，这些债券持有人对大约 475 英里长的新建铁路和已有铁路拥有了第一抵押权。

海滨 – 全佛罗里达铁路公司在 1931 年 2 月 2 日破产清算，在此之前，海岸航空铁路公司已破产清算，这些债券的到期利息支付遭受违约。

虽然这些债券购买者为收购和建设佛罗里达州的铁路提供了 24 625 000 美元的成本，但这些债券的售价在 1931 年 12 月时非常低（面值为 1 美元的债券只值 1 美分），市场对其投资的估值仅为 250 000 美元。1939 年年底，估值上升至 940 000 美元，面值 1 美元的债券的价格上升至3.875美分。

## 注释8（第6章）

布什运输公司（Bush Terminal Co.）发行的利率为4%的第一抵押权债券（1952年到期）和利率为5%的综合抵押债券（1955年到期）在1933年发生利息支付违约，与此同时，该公司的偿债基金也发生违约。所有的违约在重组过程中都得到了支付，并且证券发行也未受影响。其他一些债券违约并得到类似处理的案例可以从本书的1934年版本中获得（第637~638页）。

## 注释9（第6章）

芝加哥－东伊利诺伊铁路公司发行的利率为6%的综合抵押债券（1934年10月1日到期）在1934年和1935年都发生违约，1940年的重组计划使得该债券得以按票面价值和4%的利率获得支付。

普赖斯兄弟公司（Price Bros. Co., Ltd.）发行的利率为6%的第一抵押权债券（1943年到期）在1932年因无法支付利息而违约。但是，债券持有人在1937年获得了票面价值和累计利息的全额支付。其他案例可以从本书的1934年版本中获得（第638页）。

## 注释10（第6章）

密苏里－堪萨斯－得克萨斯铁路公司于1915年被清算，该公司发行的1990年到期的、利率为4%的第一抵押权债券的价格在1905年高达104.25美元，直到1914年售价仍达到91.875美元。在1915年陷入财务困境之前，历史记录显示这是一只高等级投资债券。1903—1912年的11年间，该债券的最低价格也达到98.5美元，那是在大恐慌的1907年。

在漫长的清算过程中，利息支付遭到延期，债券在市场上也是以平价交易。虽然避免了技术性违约，但该债券的投资价值消失了。当真正破产清算时，售价跌至52.125美元。在1921年宣布重组时，债券售价低至56美元，直到1927年，价格才恢复至具有投资价值的90美元。因此，第一抵押权没能保护投资者在财务困境中不受市场价格大幅下跌的影响。

在本书的第2章中，我们也介绍了类似的事例，即布鲁克林高架铁路公司发行的1950年到期、利率为5%的第一抵押权债券。这是一种以布鲁克林地铁公司（Brooklyn Rapid Transit Co.）的重要高架线路为担保的抵押权，该公司在1918年12月31日被清算，1923年重组为布鲁克林－曼哈顿运输公司（Brooklyn-Manhattan Transit Corp）。1903—

1917 年，这种债券一直被列为第一安全级别投资工具，除了在 1907 年大恐慌时期售价降至 85 美元，以及 1917 年公司似乎马上要被接管的时候以外，其余时期债券的售价从未低于 90 美元。虽然该证券没有受到重组的影响，但价格在 1920 年已经降至 55 美元，直至公司被清算 3 年之后的 1926 年，才恢复至以前的投资水平。

1934 年 7 月 1 日，查克托 – 孟菲斯铁路公司（Choctaw & Memphis R.R.）发行的利率为 5% 的第一抵押权债券（1949 年到期），由于不能按期支付利息而违约，1938 年和 1939 年的最低市场报价分别为 21 美元和 32 美元。不过，芝加哥 – 罗克岛 – 太平洋铁路公司的重组计划为这种债务系统中的小额优先证券免受市场价格大幅下跌的影响提供了充分的担保。（见第 831 页关于该证券的讨论）

## 注释 11（第 7 章）

铁路和公用事业债券在 1937—1938 年的价格表现与 1936 年收益偿债能力的关系。

**A. 铁路债券**：根据 1936 年利息保障倍数大于 2.5 和小于 2，我们将 1937 年 1 月在纽约证券交易所上市且未破产清算的 37 只铁路企业债券分为三类。（只有艾奇逊 – 托皮卡 – 圣菲铁路公司和班戈 – 阿鲁斯图克铁路公司的盈利的固定利息费用在 2 至 2.5 倍之间）。对每一类铁路企业，我们选取一只表现活跃的证券代表最低级抵押权债券。表 F11—1 列示了三类不同铁路债券的平均表现。

表 F11—1　　三类不同铁路债券的平均表现

| 类别 | 利息保障倍数（1936 年） | 平均每 1 000 美元债券的表现 | | |
|---|---|---|---|---|
| | | 票面利率 | 1937—1938 年 | |
| | | | 最高价 | 最低价 |
| 第一类：<br>7 只，支付股息，利息保障倍数大于 2.5 | 4.68 倍 | 4.04% | 112.5 | 100.75 |
| 第二类：<br>12 只，支付股息，利息保障倍数低于 2 | 1.50 倍 | 4.56% | 105.75 | 64 |
| 第三类：<br>18 只，不支付股息，利息保障倍数低于 2 | 1.17 倍 | 4.44% | 93.75 | 29.5 |

第一类中只有一只债券的价格跌幅超过 10%（切萨皮克 – 俄亥俄州铁路公司发行的 1992 年到期、利率为 4.5% 的普通债券，但该债券后来挽回了几乎所有损失）。

**B. 公用事业债券**：根据1936年利息保障倍数低于1.5倍、介于1.5倍与2倍之间，以及大于2倍的标准，将在纽约证券交易所上市，且具有偿付能力的公用事业公司划分为三类。表F11—2显示了第一类和第三类公司的相对表现，每一家公司选择一只重要债券作为代表。

表F11—2　　第一类和第三类公用事业公司的相对表现

| 类别 | 利息保障倍数（1936年） | 平均每1000美元债券的表现 | | |
|---|---|---|---|---|
| | | 票面利率 | 1937—1938年 | |
| | | | 最高价 | 最低价 |
| 第一类：<br>1936年，42家利息保障倍数超过2倍的公司 | 3.67倍 | 3.93% | 108.25 | 102.75 |
| 第三类：<br>1936年，11家利息保障倍数低于1.5倍的公司 | 1.29倍 | 5.16% | 90 .875 | 61.25 |

42只第一类债券中，只有5只债券的价格跌幅超过10%，而且所有这些债券的价格在后来都恢复至1937年的最高水平，甚至更高。

11只第三类债券中，只有1只债券的价格没有跌破10%，它由萨格奈电力公司（Saguenay Power Co.）发行，而该公司由加拿大铝业有限公司（Aluminum Ltd. of Canada）控股，并且获得强大的美国铝业有限公司提供的某些担保。

## 注释12（第7章）

关于下面几个例子更完全详细的信息请见本书1934年版本中的640~641页。

1. 海湾国家钢铁公司（Gulf States Steel Co.）在1927年以98.75美元的价格发行了利率为5.5%的信用债券，1930年又发行了同样的债券。1929年的利息费用偿付率是1922—1929年平均费用偿付率的4.88倍，这段时期中，1926年的费用偿付率最低，为3.5倍。但在1930—1932年，公司在支付利息费用前是以赤字状态运营的，且债券价格在1932年降至21美元。

2. 马里恩蒸汽掘土机公司（Marion Steam Shovel Co.）在1927年以99.5美元的价格发行了到期日为1947年、利率为6%的第一抵押权债券，当时的利息费用偿付率是1922—1929年平均水平的4.11倍，这段时期中，1928年的费用偿付率最低，为2.78倍。但在接下来的9年里，公司有7年时间在支付利息费用前处于赤字运营状态，且债券售价最低仅为20美分（面值为1美元）。

3. 麦克洛瑞百货公司（McCrory Stores Corp.）在1926年以98美元的价格发行了利率为5.5%的信用债券，1931年固定费用的偿付率是1922—1933年平均水平的5.32倍。

在此之后，公司盈利水平急剧下降，无法覆盖费用支出，最终在 1933 年被诉讼破产，债券售价降至仅为 21.625 美元。

然而，在随后的几年间，这三家公司的所有债券价格几乎全部恢复到正常水平。

## 注释 13（第 7 章）

工业债券价格表现（1937—1938 年）与 1936 年前一段时期的收益之间的关系。

这项研究与附录 11 中描述的类似，但作以下修正：所有在纽约证券交易所上市的工业企业债券都对平均利息保障倍数进行了检测，年限尽可能长，直至 1936 年（不超过 10 年）。A 组企业包括所有利息保障倍数在 3 倍以上的公司，B 组企业包括利息保障倍数低于 2.5 倍的 37 家公司。

两个分组的平均结果如表 F13—1 所示。

表 F13—1　　两类工业债券比较

| 分类项目 | 债券数目 | 利息保障倍数的中间值[a] | 票面利率 | 1937—1938 年的价格区间 | |
|---|---|---|---|---|---|
| | | | | 高价 | 低价 |
| A 组 | 27 | 4.00 倍 | 4.07% | 107.5 | 97.5 |
| B 组 | 37 | 1.45 倍 | 5.00% | 95 | 70 |

注：a. 使用中间值，因为平均值不具代表性。

在 A 组中，只有 8 只债券的损失超过最高市场价格的 10%；而在 B 组中，只有 9 只债券的价格没有跌破最高值的 10%。并且，在 A 组的这 8 只债券中，除了 2 只债券以外（哥德海姆丝织品公司 [Gotham Silk Hosiery] 发行的利率为 5% 的债券和琼斯–劳克林 [Jones & Laughlin] 发行的利率为 4.25% 的债券），其他价格均恢复至距离 1937 年的价格高位只差 4 个百分点的位置。B 组那 9 只债券的价格都维持不变，但是除了两家公司外（休斯敦石油 [Houston Oil] 发行的利率为 5.5% 的债券和考伯斯公司（Koppers Co.）发行的利率为 4% 的债券），另 7 家在 1936 年的利息偿付率超过 3 倍。

## 注释 14（第 7 章）

下列案例中关于大萧条前盈利能力消失的更详细信息请参考本书 1934 年版本第 641~643 页。

1. 波特尼联合制造公司（Botany Consolidated Mills, Inc.）在 1924 年发行了 1934 年到期、利率为 6.5% 的第一抵押权债券，该公司当年以及此前的 7 年里，利息支付前盈利平均为利息费用的 5.75 倍，在 1926 年公司遭受经营亏损之前，该债券都是以固定价值证券的价格交易。在此之后，公司经营亏损不断加大（1927 年例外），直至 1932 年公司破产清算。

在破产清算前最后一年，面值1美元的债券的售价只有5美分，而在1928年和1929年经济繁荣的时期，其面值1美元的债券价格分别低至59美分和40美分。

2. R. 霍伊公司（R. Hoe & Co.）在1924年发行了1934年到期、利率为6.5%的第一抵押权债券。在不考虑发行该债券募集的新资本的额外盈利的情况下，公司过去三年平均盈利是该债券利息费用和其他固定费用总和的3.2倍。然而，从1924年开始，公司盈利连续下降（1929年除外），利息支付保障已不充足，但公司债券价格直到1928年以前还一直维持在面值附近。此后，价格在1929年跌至75美元。1932年公司破产清算中止，债券价格跌至60.125美元。

3. 1922—1932年，朗贝尔木材集团公司（Long-Bell Lumber Corp.）净利润连续下滑。当朗贝尔木材有限公司（Long-Bell Lumber Co，一家子公司）在1926年发行利率为6%的第一抵押权债券时，公司平均利息保障倍数远高于工业行业的最低要求。但在此之后公司开始出现营业亏损，1926—1929年，该公司平均利息保障倍数只有1.37倍，到了1932年该债券出现违约。

4. 1927年，国家散热器公司(National Radiator Corp)以面值发行了1947年到期、利率为6.5%的信用债券。不考虑新资本额外回报，该债券在1922—1926年可获得的盈利是利息费用的3.5倍。虽然1927年的固定费用覆盖率足够大，但在接下来三年里公司遭遇经营亏损，在1931年破产清算。

## 注释15（第8章）

较早的案例包括：在纽约证券交易所上市的墨西哥发行的政府债券在1933年6月全部违约，1美元仅可收回4至6美分，但与此同时，墨西哥电力能源公司（Mexican Light & Power Co.）发行的1940年到期的5%第一抵押权债券却并未违约，售价还高达50美元。虽然智利发行的6%政府债券自1931年起即处于违约状态，1美元仅可收回11至12美分，智利铜业公司（Chile Copper Co.）发行的1947年到期的5%信用债券在1933年6月的售价仍高达67美元。虽然里约热内卢市发行的政府债券自1931年起即处于违约状态，售价22美元，年初时1美元售价仅可收回10美分，里约热内卢电车照明电力公司（Rio de Janeiro Tramway, Light & Power Co.）发行的1935年到期的5%第一抵押权债券在1933年6月的售价仍高达87美元。虽然两只债券都未违约，但意大利发行的1951年到期的7%外国偿债基金债券售价仅为95美元，而意大利比瑞利公司（Pirelli Co.）发行的1952年到期的7%偿债基金可转换债券在1933年6月以溢价水平出售。

1939年年底，墨西哥电力能源公司债券依然在支付利息费用，售价为21~25美元，而墨西哥政府债券处于违约状态，1美元售价仅可收回0.75美分。需注意，在1939年9月，莱茵–西伐利亚电力能源公司（Rhine-Westphalia Electric Power Corp.）7%担保

（美元）票据被以平价提前赎回，剩余小部分利息也得到按时支付，而在纽约市场交易的德国 7% 外国债券的价格仅为面值的 10%。1939 年 11 月，意大利比瑞利公司以 105 美元的价格提前赎回债券，并全额支付了 1952 年到期的可转换（美元）债券的利息；与此同时，意大利王国 7% 外国债券的售价仅为 65 美元。

## 注释 16（第 8 章）

举例来说，虽然拥有充足的本币，但由于奥地利政府对外汇兑换的限制，阿派恩–蒙大拿煤钢公司（Alpine-Moutan Steel Corp.）发行的 1955 年到期的 7% 第一抵押权债券在 1932 年 9 月 1 日的应付利息无法支付。因为匈牙利政府颁布法令，规定从 1931 年 12 月 23 日开始暂停在国外使用外币支付匈牙利金融债务，所以利马钢铁公司（Rima Steel Corp.）发行的 1955 年到期的 7% 第一抵押权债券在 1932 年 8 月 1 日的应付利息同样无法支付。德意志银行（Deutsche Bank）发行的 1932 年 9 月 1 日到期的 6% 票据的本金在到期时未能支付，原因是德国政府对外币兑换的限制。票据持有人可以选择立即得到德国马克，但必须在德国使用；或者在 1935 年 9 月 1 日获得美元支付，且立即获得 2% 的额外奖励。类似的妥协情况还出现在萨克森市政工程股份公司（Saxon Public Works, Inc.）发行的 1932 年 7 月 15 日到期的 5% 票据中。

## 注释 17（第 10 章）

如果读者想要更细致地了解设备信托债券的投资质量和记录，请参考肯尼斯·邓肯（Kenneth Duncan）所著《设备信托债券》（*Equipment Obligations*，纽约，1924）第 7 章。1900 年起铁路公司重组时设备债券违约的案例以及它们的应对在这本精彩著作的第 229~239 页。简要引述邓肯在 1924 年所写的著作（第 199~200 页）：“设备证券的持有人不得不接受除现金之外的其他证券的案例只有 3 个；设备证券的持有人不得不重新收回设备证券并出售它们的案例只有 2 个；没有设备证券最后未能被偿付；当违约发生时，持有人要么获得现金，要么获得其他证券，后者之后的出售价值不会低于债券的本金。”另可参考杜因（A.S.Dewing）的《公司证券研究》（*A Study of Corporate Securities*，纽约，1934）第 9 章。

对铁路公司破产管理时设备信托债券的一个更为简要，更具时效性的概要是由弗里曼公司（Freeman & Co.）的设备信托债券专家所做的研究，于 1940 年 1 月 9 日发表。

### 1886 年至今铁路公司破产管理时设备信托债券的情况

1886　丹佛–里奥格兰德铁路公司（Denver Rio Grande R. R.）设备信托票据持有人同意将票据转换为抵押债券和优先股，转换后证券价值较设备信托票据提高了 40%。

1888　切萨皮克　俄亥俄铁路公司设备信托债券未受影响——其他证券的利率下降。

1892　佐治亚中央铁路－银行公司（Central Railroad & Banking Co. of Georgia.）设备信托债券未受影响——全额偿还。

1892　萨凡纳－阿梅里克斯－蒙哥马利铁路公司设备信托债券未受影响——全额偿还。

1892　托莱多－圣路易斯－堪萨斯城铁路公司设备信托债券未受影响——全额偿还。

1895　艾奇逊－托皮卡－圣菲铁路公司的托管人在到期时，为每 1 000 美元的设备信托债券预留了 1 200 美元抵押债券用以偿还。

1895　纽约－伊利湖－西部铁路公司的托管人发行新凭证，用以偿还设备信托债券。

1895　联合太平洋铁路公司设备信托债券未受影响——预留抵押债券用以在到期时偿还设备信托债券。

1896　费城－雷丁铁路公司设备信托债券已偿还——部分价值通过评估确定。

1896　北太平洋铁路公司设备信托债券未受影响——定期偿付。

1899　根据新合约，哥伦布霍金河谷－托莱多铁路公司设备信托债券的利息被立即支付，定期偿还本金的 10%。

1900　堪萨斯城－匹兹堡－格尔夫铁路公司发行新第一抵押权债券，用以偿还设备信托债券。

1905　辛辛那提－汉密尔顿－代顿铁路公司设备信托债券未受影响。

1905　皮尔马克特铁路公司设备信托债券未受影响——破产管理期间以 6% 的收益率出售新设备信托债券。

1908　海滨航空铁路公司的托管人出售新凭证，用以在到期时偿还设备信托债券。

1908　除了部分律师和其他费用，底特律－托莱多－艾恩顿铁路公司全额支付了设备信托债券的全部本金。

1910　布法罗－萨斯奎汉纳铁路公司设备信托债券得以出售；未造成损失。

1915　沃巴什铁路公司为设备信托债券持有人提供了两种选择：获得现金或 6% 设备信托债券。

1916　明尼阿波利斯－圣路易斯铁路公司设备信托债券未受影响——全额偿还。

1916　密苏里太平洋铁路公司设备信托债券未受影响——全额偿还。

1916　新奥尔良－得克萨斯－墨西哥铁路公司设备信托债券未受影响——全额偿还。

1916　圣路易斯－圣弗朗西斯科铁路公司设备信托债券未受影响——全额偿还。

1916　西太平洋铁路公司设备信托债券未受影响——全额偿还。

1916　惠灵－伊利湖铁路公司设备信托债券未受影响——全额偿还。

1917　沃巴什－匹兹堡终点铁路公司设备信托债券未受影响——全额偿还。

1918　芝加哥－皮奥里亚－圣路易斯铁路公司设备信托债券暂时违约；从 1919 年开始恢复偿付。

1920　华盛顿 – 弗吉尼亚铁路公司的新管理层偿还了全部逾期债券。

1921　密苏里 – 堪萨斯 – 得克萨斯铁路公司设备信托债券未受影响——全额偿还。

1921　亚特兰大 – 伯明翰 – 大西洋铁路公司设备信托债券持有人可以在债券结算时获得现金支付。

1922　芝加哥 – 奥尔顿铁路公司设备信托债券未受影响——全额偿还。

1923　明尼阿波利斯 – 圣路易斯铁路公司依然处于破产管理之中——设备信托债券获得全额偿还。

1927　芝加哥 – 密尔沃基 – 圣保罗铁路公司设备信托债券未受影响——全额偿还。

1931　沃巴什铁路公司在将到期日顺延了 3 年之后，公司已全额支付设备信托债券利息，1939 年，通过 R. F. C. 公司的贷款，公司购买全部当时仍发行在外的 1944 年之前到期的凭证，偿还相关债券。

1931　佛罗里达东海岸铁路公司在顺延了到期日后，除 D 系列租赁债券之外，其他所有设备信托凭证的本金和利息均被全额偿付。

1931　海滨航空铁路公司全部设备信托凭证被转换为 1945 年 2 月 1 日到期的托管人凭证，后者在 1938 年 2 月 1 日前利率为 2%，1940 年 2 月 1 日前利率为 3%，之后至到期日利率为 3.5%。最近发行的设备信托凭证由托管人定期检验。

1931　安娜堡铁路公司设备信托债券的本金和利息被全额偿付。

1932　莫比尔 – 俄亥俄铁路公司设备信托债券的本金和利息被全额偿付。

1932　佐治亚中央铁路公司设备信托债券的本金和利息被全额偿付。

1932　圣路易斯 – 圣弗朗西斯科铁路公司设备信托债券的本金和利息被全额偿付。

1932　南诺福克铁路公司设备信托债券的本金和利息被全额偿付。

1932　威斯康星中央铁路公司设备信托债券的本金和利息被全额偿付。

1933　密苏里 – 太平洋铁路公司设备信托债券的本金和利息被全额偿付。

1933　新奥尔良 – 得克萨斯 – 墨西哥铁路公司设备信托债券的本金和利息被全额偿付。

1933　国际 – 大北方铁路公司设备信托债券的本金和利息被全额偿付。

1933　阿克伦、坎顿 – 扬斯敦铁路公司设备信托债券的本金和利息被全额偿付。

1933　芝加哥 – 东伊利诺伊铁路公司设备信托债券的本金和利息被全额偿付。

1933　所有 1937 年 7 月 1 日之前到期的芝加哥 – 罗克岛 – 太平洋铁路公司设备信托凭证被转换为 1947 年 7 月 1 日到期的 3.5% 偿债基金信托人凭证。通过计算，偿债基金可以在凭证到期时偿还所有债务。3.5% 设备信托凭证和信托人发行的 R 系列债券的本金和利息被全额偿付。

1935　至 1935 年 3 月 2 日，芝加哥 – 密尔沃基 – 圣保罗 – 太平洋铁路公司都按时偿还设备信托债券本金。但根据新的安排，1935 年 4 月 1 日至 1940 年 12 月 31 日到期的本金将在今后每年支付 200 美元，直到全额偿还。这一方案中，全部本金和利息迄今为止都得到按时偿付。最近发行的设备信托凭证由信托人定期检验。

1935 芝加哥 – 西北铁路公司设备信托债券的本金和利息被全额偿付。

1935 芝加哥大西方铁路公司设备信托债券的本金和利息被全额偿付。

1935 丹佛 – 西里奥格兰德铁路公司设备信托债券的本金和利息被全额偿付。

1935 纽约 – 纽黑文 – 哈特福特铁路公司设备信托债券的本金和利息被全额偿付。

1935 圣路易斯西南铁路公司设备信托债券的本金和利息被全额偿付。

1935 西太平洋铁路公司设备信托债券的本金和利息被全额偿付。

1937 纽约 – 安大略 – 西部铁路公司设备信托债券的本金和利息被全额偿付。

1937 纽约 – 萨斯奎汉纳 – 西部铁路公司设备信托债券的本金和利息被全额偿付。

1938 伊利铁路公司设备信托债券的本金和利息被全额偿付。

1938 拉特兰铁路公司设备信托债券的本金在 1938 年 5 月 31 日被全额偿付。1938 年和 1939 年到期债券的持有人可自愿选择将到期日顺延至 1941 年 6 月 1 日。迄今为止，利息都按时支付。

需要注意的是，在上述案例中，将设备信托债券转换为托管人凭证或信托人凭证会造成支付持有人利息的减少，佛罗里达东海岸铁路公司（Florida East Coast Ry.）D 系列租赁债券的废除，导致凭证持有人最终只能以 1 美元设备信托债券 0.43 美元的价格出售。这一案例在铁路公司设备信托债券发行的历史中是一个特例。

## 注释 18（第 10 章）

考虑到它们的投资历史，1932—1933 年，设备信托债券以异常高的收益率出售——这是我们在本书 1934 年版中表达的一个观点。这一类型证券在 1933 年 6 月和 1939 年年底时的收益率如表 F18—1 所示。

表 F18—1　设备信托债券的收益率比较

| 线路和债券系列 | 现时基础，% | | | |
|---|---|---|---|---|
| | 1933 年 6 月 | | 1939 年 12 月 | |
| | 买入价 | 卖出价 | 买入价 | 卖出价 |
| 大西洋海岸线“E”系列债券 | 5.50 | 4.50 | 2.00 | 1.50 |
| 巴尔的摩 – 俄亥俄铁路“D”系列债券 | 6.75 | 5.50 | 3.25 | 2.00 |
| 佐治亚中央铁路“Q”系列债券 | 14.00 | 9.00 | 4.50 | 3.75 |
| 切萨皮克 – 俄亥俄铁路“W”系列债券 | 4.50 | 3.75 | 2.10 | 1.50 |
| 芝加哥 – 西北铁路“U”系列债券 | 12.00 | 8.00 | 3.00 | |
| 芝加哥大西方铁路“A”系列债券 | 12.00 | 9.00 | 4.46 | |
| 芝加哥 – 密尔沃基 – 圣保罗 – 太平洋铁路“L”系列债券 | 14.00 | 9.00 | 4.49 | |

续前表

| 线路和债券系列 | 现时基础，% | | | |
|---|---|---|---|---|
| | 1933 年 6 月 | | 1939 年 12 月 | |
| | 买入价 | 卖出价 | 买入价 | 卖出价 |
| 伊利铁路公司“NN”系列债券 | 8.75 | 7.25 | 2.00 | |
| 伊利诺伊中央铁路“P”系列债券 | 7.00 | 6.00 | 2.50 | 1.75 |
| 长岛铁路“I”系列债券 | 4.75 | 4.00 | 2.50 | 1.50 |
| 密苏里太平洋铁路“D”系列债券 | 12.50 | 9.00 | 5.00 | |
| 纽约中央铁路“1929 年 4.5%”系列债券 | 6.50 | 5.50 | 2.15 | 1.25 |
| 纽约－纽黑文－哈特福德铁路“1930 年 4.5%”系列债券 | 6.50 | 5.50 | 3.10 | 2.50 |
| 北太平洋铁路“1925 年 4.5%”系列债券 | 6.00 | 5.00 | 1.25 | 0.50 |
| 皮尔马克特铁路“1930 年 4.5%”系列债券 | 12.00 | 9.00 | 2.45 | 1.00 |
| 雷丁铁路公司“1930 年 4.5%”系列债券 | 4.65 | 4.00 | 2.00 | 1.50 |
| 南太平洋铁路公司“M”系列债券 | 5.50 | 4.75 | 2.25 | 1.60 |
| 南方铁路“CC”系列债券 | 11.00 | 8.50 | 2.10 | 1.50 |

## 注释 19（第 10 章）

美国投资银行家协会房地产证券委员会（Real Estate SECurities Committee of the Investment Bankers Association of America）的一篇中期报告（1931 年 5 月 12 日，全文发表在 1931 年 6 月《投资银行业》(*Investment Banking*) 第 7~10 页）预计，总额为 10 000 000 000 美元的，发行在外的房地产债券主要分为以下几类：

（单位：美元）

| | | |
|---|---|---|
| 第 1 类 | 贷款规模低于目前正常状态下重估价值的 75%，且投资记录良好 | 2 000 000 000 |
| 第 2 类 | 没有迹象表明贷款存在问题，但其规模高于证券现值的 75%，且无须行使止赎权或遭受损失即可完成偿付 | 2 000 000 000 |
| 第 3 类 | 贷款规模普遍高于证券现值的 75%，但最终偿付前可能行使止赎权或可能遭受少量损失（10%~25%） | 2 500 000 000 |
| 第 4 类 | 抵押物价值仅为贷款规模的 80%~100%。目前贷款规模已达到抵押物价值的 125%~150%，在行使止赎权拍卖完成后，损失将达到 25%~60%。 | 3 000 000 000 |
| 第 5 类 | 这一类中判断出现严重过错。未完成的、计划不周的、位置不正确的建筑，包括许多租赁和第二抵押债券。这一种类的损失将达到 60%~100%，抵押物通常被完全放弃。 | 500 000 000 |
| 合计 | | 10 000 000 000 |

在 1931 年 11 月美国投资银行家协会第 20 届年会前的年度报告中，委员会将上述预测修订为以下："由于无记录可考的小规模债券的大量存在，发行在外的房地产债券的准确数量难以确定。位于华盛顿的联邦储备委员会预计，目前发行在外的最大可能规模为 6 000 000 000 美元。这一数字大幅低于我们在 5 月报告中预计的规模，但我们认为 6 000 000 000 美元的预测大致是正确的。这些房地产债券的清算将成为房地产市场需要面对的重大难题之一。

"受城市房地产价值下降的影响，据估计发行在外的房地产债券有 60% 左右或多或少地处于困境之中"。(《第 12 届美国投资银行家协会年会会议记录》[*Proceedings of the Twelfth Annual Convention of the Investment Bankers Association of America*]，1931 年，第 130 页)

上述"困境"的特征呈现在委员会主席为递交的报告所作的引言中。他写道："现在，据估计发行在外的房地产债券有 60% 左右或多或少地处于困境之中。一些只是遇到了少许小问题，处于短暂违约状态或是无法支付税金；而其他的则处于重组进程中，或已开始行使止赎权。(同上，第 128 页)

利息或本金支付实际违约的房地产债券数量的增长与之后的减少在道琼斯公司编辑的数据中按年度方式（每年 11 月 1 日）予以展示[①]，只包括出售给公众并为公众所持有的债券。

| | （单位：美元） |
|---|---|
| 1928 | 36 229 000 |
| 1929 | 59 755 000 |
| 1930 | 137 463 000 |
| 1931 | 327 968 000 |
| 1932 | 739 326 000 |
| 1933 | 995 017 000 |
| 1934 | 647 945 000 |
| 1936 | 408 738 000 |
| 1938 | 223 534 000 |

## 注释 20（第 10 章）

纽约市 72 号街西区大道（72d Street and West End Avenue）"哈德逊大厦"（"Hudson Towers"）是该类令人痛心的案例之一。这座 27 层高的建筑用于设立为病人及其家属服务的宾馆、疗养院和医院，因此属于特定类型的建筑。大厦的土地成本为 395 000 美元，

① 《华尔街日报》，1933 年 12 月 27 日，1939 年 2 月 15 日。

工程师预计建造成本为 1 300 000 美元。1923 年，为了给 1 650 000 美元第一抵押权债券的销售提供方便，土地和建筑价值被“评估”为 2 600 000 美元，使得这一债券成为纽约州法“允许被信托基金投资”。之后，这一建筑在最终完工前经历了多次转让和再转让，并且在 1927 年向公众出售总额 1 150 000 美元的第二抵押债券。

这一工程从未真正完工。1932 年 8 月，根据第一抵押权债券止赎权的相关规定，该资产以 200 000 美元的价格出售。对这一做法持反对态度的第一抵押权债券持有人只能在 1933 年 6 月接受欧文信托公司（Irving Trust Co.）提出的，以 8.14 美元购买 1 000 美元无保证金第一抵押权债券本金的方案。因此在清算时，1 美元的本金连 1 美分都无法收回。在扣除保护委员会费用后，有保证金第一抵押权债券持有人投资的 1 000 美元本金也只能收回 3.84 美元。

## 注释 21（第 10 章）

注意美国投资银行家协会工业证券委员会（Industrial Securities Committee of the Investment Bankers Association）在 1928 年报告（《1928 年美国投资银行家协会会议集》（*Proceedings of the Investment Bankers Association of America*），第 91 页）中发表的以下评论。

“我们对一些基于租赁资产中的业务发行的优先股通函进行检查，发现有关优先支付租金的事实以小字体且不显眼的方式进行描述。快速浏览这些通函的投资者很容易得到优先股股息是收益需要首先支付的部分的印象。不幸的是，通常来说，投资者都未能细致地阅读通函，一般的投资者也很少注意通函提到的租赁费用。在我们看来，这些数值应该与债券利息费用一样，被展现在显要的位置。”

当然，对于债券发行之前就存在租赁租金费用的情况，以上论述同样有效。

关于租金费用造成债券支付困难的一个重要案例是纽约沃尔多夫－阿斯托里亚公司（Waldorf-Astoria Corp.）发行的 1954 年到期的 7% 第一抵押租赁债券。

1929 年 10 月，总额 11 000 000 美元的沃尔多夫公司债券向公众发行。基础租金开始时为每年 300 000 美元，两年后升至每年 600 000 美元，之后逐渐上升至最高每年 800 000 美元。此外，还有一些建筑和偿债基金租金被要求视为营业费用，虽然它们的金额是固定且可决定的。发行通函中指出 7% 第一租赁债券固定收益保障倍数超过 4.5 倍（根据损益表预测），这是有误导性的，因为租金费用将很快超过债券利息，并同其他营业费用混在一起，隐藏了真实的特征和效果。如果 7% 第一租赁债券买方将之前的费用以 6% 的比例资本化，将会发现 11 000 000 美元债券的优先级低于约 23 000 000 美元的优先请求权。

1932 年年初，与房东（纽约中央铁路公司的一家子公司）的谈判变得非常必要，因为土地租金支付已处于违约状态。1937 年调整方案完成，房东在未来需要支付的土地租金的顺序和额度上做出了妥协，作为回报，债券持有人同意修改债券契约，将他们持有的债券转化为普通股和承担或有负债费用的收益债券。1932 年，案例中的债券价格下降至 3.25 美元。

与之非常相似的是皮埃尔宾馆（Hotel Pierre）债券。在此案例中，原债券价格在 1932 年和 1933 年曾低至每 1 美元仅售 1 美分。1932 年的重组给予 6.25% 原第一租赁债券持有人与大幅度减少的本金相符的 2 东 61 号街（2 East 61st Street Corp.）发行的新收益信用债券，以及少量股票。1939 年 4 月，公司租赁债券再度遭遇支付困难，并自愿提出破产申请。

1926 年，芝加哥塔建筑公司（Tower Building Company）6.5% 第一租赁债券以平价向公众出售，总额为 1 900 000 美元。租赁要求年租金以 190 000 美元为基数，之后逐渐上升。这些沉重的租赁费用支付随后处于违约状态。租赁合同于 1931 年被终止，债券也失去了所有价值。

相似的灾难性命运同样降临在纽约 170 百老汇公司（170 Broadway Corporation）发行的 1949 年到期的 6.5% 第一租赁债券的持有人上。

## 注释 22（第 11 章）

如果读者将我们推荐的最低定量指标与 1939 年标准统计公司和纽约州银行家协会的债券投资组合委员会共同提议的债券质量衡量标准进行比较的话，会发现其中的有趣之处。表 F22—1 和表 F22—2 中囊括了后者提议的各种债券类别的检测比率（市政债券类除外），这两张表许可一篇名为《如何测试你的债券》的文章进行转载，作者 E. 谢尔曼·亚当斯（E. Sherman Adams），发表于 1939 年 12 月 4 日的《巴伦周刊》。

详细解释这些比率需要大量篇幅。很明显，我们会尽可能考虑所有这些比率是否有所多余或者过分严苛，同时改进我们推荐的数量指标。需要说明的是，表中列出的这些衡量尺度“并不能作为银行能够介入的最低标准”，而应将之视为介于“一种补充测试工具”和“一个万无一失的忠告”之间的衡量尺度。在我们看来，提议的标准过多大大降低了这类衡量指标的实用性。如果要求符合所有检测，那么合格的债券投资范围将小得令人无从选择。而如果想从中删去一些，投资者又难以抉择哪些是最重要的，且在多大范围可以让自己的投资安全，这犹如将投资者遗弃在茫茫大海之中。

对于储蓄银行或者保险公司的债券投资组合而言，这类衡量指标的实际用途是在证券分析过程中提供一个有益的指导，使其能从这些测试结果中得到一些启发。标准统计公司目前为行业的龙头公司编制这类衡量比率（见表 F22—17），目的是提供有益的指导，而非不可逾越的标准，也不是专项检测。

表 F22—1

# 债券质量比率

| | 盈利保障（B） | | | | | 资产保障（A） | | | |
|---|---|---|---|---|---|---|---|---|---|
| | 固定费用保障倍数[a] | | | | | | | | |
| | 净值[b]，高于 | 扣除折旧、损耗等之前[c]，高于 | 用以支付固定费用的收益 / 长期债务的票面价值，高于 | 净利润 / 毛利润，高于 | 经营比率[d]，低于 | 固定债务 / 净资产（C），低于 | 净资产 / 毛利润（B），低于 | 营运资本 / 固定债务（C），高于 | 流动资产 / 流动负债，高于 |
| 重工业生产线： | | | | | | | | | |
| 钢铁 | 6 | 10 | 24% | 7% | 84% | 35% | 100% | 150% | 400% |
| 机器 | 6 | $8^1/_2$ | 24% | 6% | 88% | 50% | 60% | 250% | 400% |
| 其他工业生产线： | | | | | | | | | |
| 汽车配件 | 6 | 9.5 | 24% | 5% | 89% | 50% | 50% | 150% | 350% |
| 建筑材料 | 6 | 9 | 24% | 6% | 87% | 30% | 100% | 125% | 400% |
| 化学制品 | 5 | 6.5 | 20% | 15% | 73% | 75% | 125% | 100% | 300% |
| 家居产品 | 6 | 9 | 24% | 5% | 90% | 50% | 50% | 150% | 350% |
| 办公设备 | 6 | 7.5 | 24% | 10% | 83% | 50% | 100% | 150% | 350% |
| 纸张（非新闻纸） | 6 | 10 | 24% | 7% | 84% | 35% | 100% | 200% | 400% |
| 采掘业： | | | | | | | | | |
| 煤矿 | 6 | 11 | 24% | 8% | 81% | 40% | 100% | 150% | 400% |
| 有色金属生产商 | 6 | 10 | 24% | 12% | 74% | 20% | 300% | 100% | 350% |
| 石油 | 6 | 11 | 24% | 8% | 79% | 30% | 133% | 150% | 300% |
| 食品公司： | | | | | | | | | |
| 烘焙和乳制品 | 4 | 6 | 16% | 4% | 91% | $66^2/_3$% | 50% | 75% | 200% |
| 其他食品 | 5 | 7 | 20% | 6% | 88% | 50% | 75% | 100% | 200% |
| 库存的特殊情况： | | | | | | | | | |
| 汽车轮胎 * | 6 | 11 | 24% | 4% | 90% | 50% | 40% | 200% | |
| 肉类包装 * | 6 | 11 | 24% | 1% | 97.5% | 33.5% | 15% | 200% | |
| 有色金属加工厂 * | 6 | 11 | 24% | 4% | 90% | 40% | 50% | 200% | |
| 零售店： | | | | | | | | | |
| 百货公司 * | 6 | 9 | 24% | 2.5% | 95% | 50% | 25% | 150% | 250% |
| 杂货连锁店 * | 5 | 7.5 | | 1.5% | 97% | 60[e]% | | | |
| 其他特殊情况： | | | | | | | | | |
| 动态影像 | 6 | 8 | 24% | 8% | 86% | 50% | 80% | 200% | 400% |

续前表

| | 盈利保障（B） | | | | | 资产保障（A） | | | |
|---|---|---|---|---|---|---|---|---|---|
| | 固定费用保障倍数[a] | | | | | | | | |
| | 净值[b]，高于 | 扣除折旧、损耗等之前[c]，高于 | 用以支付固定费用的收益 / 长期债务的票面价值，高于 | 净利润 / 毛利润，高于 | 经营比率[d]，低于 | 固定债务 / 净资产（C），低于 | 净资产 / 毛利润（B），低于 | 营运资本 / 固定债务（C），高于 | 流动资产 / 流动负债，高于 |
| 印刷和出版 | 6 | 7 | 24% | 15% | 77% | | | | |
| 铁路设备 - 汽车租赁公司 | 4 | 6[f] | 16% | 9% | 74% | 40% | 200% | | 300% |
| 烟草制品 | 4 | | 16% | 9% | 86% | 75%[e] | | | |
| 公用事业： | | | | | | | | | |
| 蒸汽电动业务公司[g]* | 2.75[h] | | 12% | 19%[i] | | 60% | 500%[j] | | |
| 水力发电业务公司（零售）[g]* | | | 12% | 25%[i] | | 60% | | | |
| 水力发电业务公司（批发）[g]* | 2.75[h] | | 13% | 25%[i] | | 50% | | | |
| 自来水公司 * | 3[h] | | 10% | 20%[i] | 55% | 60% | 700%[j] | | |
| 电话公司 * | 2[h] | | 13% | 15%[i] | | 50% | 350%[j] | | |
| 铁路 * | 3[h] | | | | | | | | |
| | 3[k] | 3.5[f] | | | | | | | |

注：* 这些类别的参考比率列于表 F22—2 中。

a. 基于前些年呈报的实际固定费用，而不是当期费用。

b. 税后。

c. 这些指导性比率中，大多数是基于各个行业内较为成功的公司的业绩记录。

d. 营业费用比率，不包括折旧、损耗以及联邦所得税，与毛利润的比率。

e. 固定债务与净资产加上存货的比率。

f. 在扣除折旧之前的固定费用保障倍数，减去设备信托到期。

g. 这个类别中至少有 75% 的收入来自电力。

h. 去年的指标至少与六年平均值持平。

i. 净利润 / 营业收入。

j. 净资产 / 营业收入。

k. 任何一年最低不低于两倍。

数据来源：表 F22—1 和表 F22—2 转载自 1939 年 12 月 4 日的《巴伦周刊》，即《国家财经周刊》。

（A）以下补充的有关资产保护的指导比率推荐用于所有的（C）类工业；现金和现金等价物 / 流动负债——100% 或更高。固定债务 / 所有资本的市场价值（债券按面值，优先股按面值或市场价格中的较低者，普通股按市场价格；年末价格）——不超过 25%。指导比率（C）尤其适用于公司的最新财报数据，但也应考虑早些年的数据以及它们的趋势。（B）有关盈利保护的所有指导比率应该用于公司过去六年的平均数据。这也同样适用于净资产 / 总收入的比率。

表 F22—2　　适用于特定类别的其他指标①

**汽车轮胎、肉类包装、有色金属制造商**

净营运资本（不包括存货）/ 固定债务——100% 或更高。

**百货公司**

存货周转率——一年 8 次或更高。

**杂货连锁店**

存货周转率——一年 12 次或更高。流动资产（不包括存货）/ 流动负债—100% 或更高。（建议将这个比率用于杂货连锁店，以替代用于其他所有工业类别的现金和现金等价物 / 流动负债的比率）

**印刷和出版**

固定债务 / 净资产加上商誉——50% 或更低（a）。流转指数——指数趋势（1929=100）应和全国平均水平持平（b）。

[(a) 作为债券的资产保护，将商誉考虑在内，这其中包括高级会员资格、发行量、特许经营、广告赞助等，是确定定期数据合理性必不可少的因素。商誉是一个粗略指标，评估典型报社类公司的“商誉”是基于发行量，大约是 30 000 美元 /1 000 张。（b）全国平均水平指标：1929——100；1930——100.4；1931——98.2；1932——92.3；1933——89.1；1934——93.0；1935——96.8；1936——102.0；1937——104.8；1938——100.3。]

**公用事业**

折旧和维修费用 / 营业收入——蒸汽电力业务公司类为 15%，水力发电业务公司类为 13%，自来水公司类为 12%，电话公司类为 25%。净营运收益 / 净资产——所有类别均为 7% 左右。净资产 / 营业收入，以及营业费用 / 营业收入——对于水力发电业务公司类，应注重将这些比率结合起来考虑，但不能设立标准，因为每种指标必须根据当地的境况加以评估。每个电话局的营业收入——50 美元或更高。

**铁路类**

铁路运营商的固定费用保障倍数，过去六年的平均水平——2 倍或更高。净营运资本（包括流动资产中的政府债务以及流动负债中的应记税款）/ 固定费用——200% 或更高。轨道和构架的维修加上设备维修（包括折旧）/ 总收入——过去几年为 25% 或更高。运输费用 / 总收入——稳定或有下降趋势。每货运列车小时的总吨英里数——呈平稳上升趋势。固定债务 / 总资产的市场价值（债券按面值，优先股按面值或市场价格中的较低者，普通股按市场价格；年末价格）——不高于 50%（见正文）。

## 注释 23（第 12 章）

I 类铁路公司的铁路维修支出 / 总营业收入的比率，基于 1926—1930 年（包含 1926

① 表 F22—1 和表 F22—2 转载自 1939 年 12 月 4 日出版的《巴伦周刊》，即《国家财经周刊》。

年和 1930 年）的 5 年和 1937 年的数据，按地域分类如表 F23—1 所示[①]。

表 F23—1　　I 类铁路公司的线路维修支出 / 总营业收入的比率　　（单位：%）

| | 1926—1930 年 | | | 1937 年 | | |
|---|---|---|---|---|---|---|
| 地域 | 轨道维修 | 设备维修 | 总计 | 轨道维修 | 设备维修 | 总计 |
| 全美国 | 13.7 | 19.5 | 33.2 | 11.9 | 19.9 | 31.8 |
| 新英格兰地区 | 15.3 | 17.8 | 33.1 | 13.7 | 17.6 | 31.3 |
| 格雷特湖地区 | 12.5 | 20.9 | 33.4 | 10.7 | 20.9 | 31.6 |
| 中东部 | 12.5 | 20.7 | 33.2 | 10.4 | 21.0 | 31.4 |
| 波卡洪特斯 | 13.4 | 20.0 | 33.4 | 10.2 | 18.3 | 30.5 |
| 南部 | 14.5 | 20.0 | 34.5 | 11.6 | 21.0 | 31.7 |
| 西北部 | 14.5 | 18.3 | 32.8 | 13.8 | 19.0 | 32.8 |
| 中西部 | 14.0 | 18.1 | 32.1 | 13.1 | 19.5 | 32.6 |
| 西南部 | 15.9 | 18.0 | 33.8 | 14.0 | 18.3 | 32.3 |

如上所示，不同地区之间的差异明显小于 1920 年以前的情况。1931—1932 年，大多数铁路的维修支出显著低于上述标准。例如，1932 年伊利诺伊中央铁路的比率为：轨道维修，8.36%；设备维修，19.48%。

同一地区的铁路公司之间也存在巨大差异，如表 F23—2 所示。

表 F23—2　　同一地区铁路公司之间的差异　　（单位：%）

| 年份和铁路 | 轨道维修 / 总收入 | 设备维修 / 总收入 | 总计 |
|---|---|---|---|
| 西南部地区 1926—1930 年平均值 | | | |
| 艾奇逊公司： | 15.85 | 17.97 | 33.82 |
| 1929 | 15.79 | 18.13 | 33.92 |
| 1932 | 11.52 | 23.69 | 35.21 |
| 圣路易斯 – 西南铁路公司： | | | |
| 1929 | 19.97 | 16.26 | 36.24 |
| 1932 | 14.65 | 16.87 | 31.52 |
| 南太平洋铁路公司： | | | |
| 1929 | 12.63 | 17.46 | 30.09 |
| 1932 | 11.86 | 18.57 | 30.43 |

下面按照财务状况对不同铁路的维修费用趋势进行比较研究，如表 F23—3 所示。

① 《美国铁路数据统计》（*Statistics of Railways in the United States*），州际商务委员会，华盛顿。

表 F23—3　　不同铁路的维修费趋势　　（单位：%）

| 项目 | 总维修费用比率 | | |
|---|---|---|---|
| | 1928 年 | 1934 年 | 1938 年 |
| 1938 年派发股息的 17 条铁路 | 34.5 | 32.2 | 32.0 |
| 1938 年未派发股息，但有清偿债务能力的 23 条铁路 | 32.2 | 30.0 | 29.8 |
| 1938 年无清偿债务能力的 21 条铁路 | 32.6 | 32.3 | 33.0 |
| 所有 I 类铁路 | 32.8 | 30.7 | 30.7 |

比较研究表明：首先，与未派发股息而挣扎于维持偿债能力的铁路公司相比，那些派发了股息的铁路公司在维修费用上通常有更大的自由。其次，陷入托管境遇的铁路公司往往会增加它们的维修比率，哪怕其他公司正进行削减。

## 注释 24（第 12 章）

一个特殊例子：切萨皮克 - 俄亥俄铁路公司在 1921—1929 年的维修支出非常高。表 F24—1 中的数据反映出这一情况，并且可以与前面提到的波卡洪特斯地区的标准维修比率进行比较。

表 F24—1　　切萨皮克 – 俄亥俄铁路公司在 1921—1929 年的维修支出　　（单位：%）

| 年份 | 轨道维修 / 总收入 | 设备维修 / 总收入 | 总计 |
|---|---|---|---|
| 1921 | 14.51 | 23.87 | 38.38 |
| 1922 | 12.70 | 27.01 | 39.71 |
| 1923 | 12.60 | 28.10 | 40.70 |
| 1924 | 14.40 | 27.90 | 42.30 |
| 1925 | 15.20 | 25.30 | 40.05 |
| 1926 | 14.23 | 22.89 | 37.12 |
| 1927 | 14.37 | 22.38 | 36.75 |
| 1928 | 13.47 | 22.29 | 35.76 |
| 1929 | 14.39 | 22.36 | 36.75 |
| 1930 | 13.55 | 19.55 | 33.10 |
| 1931 | 12.88 | 18.99 | 31.87 |

表 F24—2 中的数据来自路易斯维尔 – 纳什维尔铁路公司，该公司 51% 的普通股归大西洋海岸线铁路公司所有。这个例子可以用来说明当子公司存在大量现时盈余时，并未全额支付母公司股息的情况。

表 F24—2 路易斯维尔 – 纳什维尔铁路公司的情况 （单位：美元）

| 年份 | 每股收益 | 每股派息 | 普通股派息后的余额 | 大西洋海岸线铁路公司所拥有的路易斯维尔 – 纳什维尔铁路公司的股权的未派发收益 |
|---|---|---|---|---|
| 1922 | 14.72 | 7.00 | 5 558 019 | 2 834 590 |
| 1923 | 11.54 | 5.00 | 7 648 935 | 3 900 957 |
| 1924 | 12.08 | 6.00 | 7 112 794 | 3 627 525 |
| 1925 | 15.98 | 6.00 | 11 680 711 | 5 957 163 |
| 1926 | 16.60 | 7.00 | 11 232 111 | 5 728 377 |
| 1927 | 14.29 | 7.00 | 8 536 241 | 4 353 483 |
| 1928 | 12.24 | 7.00 | 6 133 220 | 3 127 942 |
| 1929 | 11.73 | 7.00 | 5 536 543 | 2 823 636 |

有一个不那么引人注意，但十分相似的例子是芝加哥的伯灵顿 – 昆西铁路公司（Burlington & Quincy）。该公司在1922—1929年（包含1922年和1929年）所赚收益远远超过它派发的股息，特别是在1924年、1928年和1929年。之后情况发生了逆转，公司在1930年、1931年、1932年派发的股息超过了公司收益。大北方铁路公司（Great Northern Ry. Co.）和北太平洋铁路公司（Great Northern Ry. Co.）分别拥有伯灵顿 – 昆西铁路公司约48%的普通股。

## 注释25（第12章）

有些公司是全工业或者半工业性质的，但是却伪装在“公用事业”的名号之下，例如1927年组建的联合公共服务有限公司（United Public Service Co.）从事电力照明和能源、天然气和人工燃气、制冰和冷藏业务；1916年组建的南冰 – 公用事业公司（Southern Ice & Utilities Co.）从事制冰、冰淇淋、乳制品，以及冷冻仓库业务；1928年组建的公用事业服务公司（Utilities Service Co.）在小城镇收购并经营着20多家电话公司，并在大城镇和城市拥有4家制冰公司；1928年组建的中部大西洋合众国服务公司（Central Atlantic States Service Corp.）从事制冰、煤炭以及冷藏业务；1928年组建的威彻斯特服务公司（Westchester Service Corp.）从事煤炭、制冰、燃油，以及建筑供应业务；1928年组建的全国服务公司（National Service Co.），是威彻斯特服务公司这类公司的控股公司，从事制冰、燃料，以及有关行业。研究显示这些公司有着公用事业类公司的资本结构，但事实上，它们的经营业务大部分，甚至全部都是工业性质的。

其中一些公司实质上仍然以原有形式存在，但它们中的大多数陷入财务困境而濒临重组。联合公共服务有限公司在1934年重组为联合公共服务公司（United Public Service Corp.），南冰 – 公用事业公司在1938年更名为南冰公司（Southern Ice Co.），公用事业服务公司（Utilities Service Co.）在1930年进入破产管理，并在1933年通过将电话业务从工业部门分离出来对公司进行重组。中部大西洋合众国服务公司在 1934 年进行重组，它的资产被卡斯科公司（Casco Corp.）接管。1936 年威彻斯特服务公司根据《破产法》第 77B 条款进行了重组。全国服务公司仍保留其原有特质。

## 注释 26（第 12 章）

在不同时期，美国投资银行家协会都会通过它的几个委员会来对债券发售通函的不妥之处进行批评，这些债券发售通函要么完全避免涉及折旧问题，要么通过将一些折旧费用归于损益表中的综合项下来隐瞒实际折旧金额。以下的摘录能够说明这些问题：

"诚然，关于折旧费用，以及在选用适当的折旧策略上都存在很大的分歧，但不管采取何种策略，投资者都有知情权。那些要求投资者注入资金的公司在其债券发售通函中却未提及折旧这一公司事务中的重要部分。"（《特别委员会关于筹备以及使用债券发售通函的报告》[*Report of Special Committee on the Preparation and Use of Bond Circulars*]，《美国投资银行家协会的诉讼》[*Proceedings of the Investment Bankers Association of America*]，1925 年，第 274 页）

"我们的会员特别注意处理折旧问题，很少有通函完全省略资产负债表，情况大多发生在资产负债表在通函中并非十分必要的时候。而常见的做法是列出扣除折旧和税收前的收益，然后对折旧费用只字不提。我们尽可能为投资者展示一个普通债券发售通函的完整面貌，除非通函中具备了折旧前收益，计提的折旧金额，债券利息和税收金额，剩下转入盈余的余额，否则投资者并没有获悉所有事实。如果投资者了解资产负债表，并且对生产十分熟悉，他们可以通过公司采用的折旧策略以及折旧计提金额了解那些公司管理层考虑的问题。一些发售通函列出了扣除折旧和税收后的收益，但没列出扣减前的收益。工业证券和商业管理委员会主席认为给投资者展示的理想情况，是在发售通函中分别列出了折旧前收益，折旧金额，以及扣除折旧后的收益。"（美国投资银行家协会的《商业管理委员会的半年度报告》[*Interim Report of the Business Conduct Committee*]，1927 年 3 月，第 3 页）

## 注释 27（第 13 章）

计算公用事业控股公司债券利息保障倍数时处理少数股东权益的例子。

特拉华州联合照明和铁路公司 1938 年的报告记录了公司拥有的美国照明和电车公司 54.69% 普通股的业绩。45% 少数股东可获收益大约是 1 851 000 美元。这类少数股东权益可按三种方法处理：

**方法 A（普遍做法）**：少数股东权益在支付母公司利息费用之后扣减。在这种方法下，少数股东权益对债券利息保障没有任何影响。

**方法 B（更为精确，但稍显复杂）**：子公司收益和费用的计入仅限于母公司对其的所有权。换句话说，收益和固定费用都按照少数股东持有的普通股的百分比进行扣减。

**方法 C（推荐使用）**。少数股东权益在计算利息保障倍数之前从净利润（同费用项目的处理方法）中扣除。这种方法计算出的利息保障倍数比方法 B 更低，但这种低估是稳健的。

将上述三种方法运用于联合照明和铁路公司 1938 年的业绩报告，结果如表 F27—1 所示。

**表 F27—1　三种方法计算联合照明和铁路公司的业绩报告　（单位：美元）**

| 项目 | 方法 A（普遍） | 方法 B（精确） | 方法 C（保守） |
|---|---|---|---|
| 总营业收入 | 77 351 000 | 59 221 000* | 77 351 000 |
| 净利润 | 21 352 000 | 17 072 000* | 21 352 000 |
| 少数股东权益 | | | 1 851 000 |
| 用来支付固定费用的余额 | 21 352 000 | 17 072 000* | 19 501 000 |
| 固定费用[a] | 14 927 000 | 12 498 000* | 14 927 000 |
| 少数股东权益 | 1 851 000 | | |
| 用来支付母公司普通股股息的余额 | 4 574 000 | 4 574 000 | 4 574 000 |
| 固定费用保障倍数 | 1.43 | 1.37 | 1.31 |

注：a. 子公司利息和优先股股息，以及母公司利息。

* 不包括美国照明和电车公司的少数股东权益（45.31%）。

需要注意，采用方法 B 时，只需额外计算用于少数股东权益的子公司固定费用金额。按母公司的股权来划分调整的固定费用将使利息保障低于方法 C。同样需要注意，尽管方法 C 计算出的保障倍数总会低于其他两种方法，但方法 B 计算出的保障倍数会高于还是低于方法 A，取决于子公司的费用率是低于还是高于整个集团。

## 注释 28（第 15 章）

投资学教材的作者大都忽视了保障优先股股息的安全边际的计算，原因在于部分作者未将优先股划入投资品行列，比如劳伦斯·张伯伦（Lawrence Chamberlain）的著作。但大多数情况下，是由于相关著作缺乏对其的具体解释。最近几十年来大量发行的优先股表明这一情况到了转折点，应该形成选择优先股的相关方法，但奇怪的是，那些撰写有关证券选择“科学”的作者却未能对此给予充分的关注。

在关注该问题的大多数著作中，采取提前扣除法计算要么得到明确推荐，要么在讨论中得到暗示说明。例如卡尔·克拉夫特（Carl Kraft）和路易斯·P. 斯塔克韦瑟（Louis P. Starkweather）所著的《工业证券分析》（*Analysis of Industrial Securities*，纽约，1930 年）中，作者在详尽分析琼斯兄弟茶叶公司（Jones Bro. Tea Co.）时，利用了这一具有误导性的计算方法，且未能对结果中的比率进行严格检验。参见第 127 页比率 20-（b）和第 130~132 页、第 162 页，特别是 1926 年和 1927 年的展示。

J.E. 柯什曼（J. E. Kirshman）在修订版《投资原则》（*Principles of Investment*，纽约，1933 年）中提到了联邦水务公司（Federal Water Service Corp.）优先股的收益保障水平是"之前几年的几倍"，这一说法只有在使用提前扣除法计算时才是正确的。固定费用和优先股股息合并起来的保障倍数在 1928—1932 年从未超过 1.37 倍（参见第 155~156 页，第 437 页）。与之相似，D.F. 乔丹（D. F. Jordan）重复阐述合理的优先股安全边际是使用单一优先股股息的收益保障倍数得到的，参见他的《投资学》（*Investments*, 第三次修订版，第 157、160、162、167、185、192 页，纽约，1936 年）。但奇怪的是，他在讨论公用事业控股公司优先股案例时发现了这一方法的谬误，建议采用完全扣除法计算（第 169 页）。

弗洛伊德 · F · 波切特（Floyd F. Burtchett）的《投资品与投资策略》（*Investments and Investment Policy*，纽约，1938 年）中同样包含了提前扣除法的思想（参见第 263、287、325 页）。

然而，巴杰和格思曼（Badger and Guthmann）、赫舍尔和普赖姆（Herschel and Prime）强调应对采用提前扣除法计算优先股保障水平保持警惕，并建议将完全扣除法作为标准的程序。参见 R.E. 巴杰和 H.C. 格思曼（R. E. Badger and H. C. Guthmann）所著的《投资原则与实践》（*Investment Principles and Practices*，第 348~350、465~467 页，纽约，1936 年）；A.H. 赫舍尔（A. H. Herschel）所著的《安全投资的选择和维护》（*Selection and Care of Sound Investment*，第 217~222 页，纽约，1925 年）；约翰 · 普赖姆（John H. Prime）所著的《工业证券分析》（*Analysis of Industrial Securities*，第 292 页，纽约，1935 年）。

## 注释 29（第 16 章）

参见本书 1934 年版附录注释 27。

## 注释 30（第 16 章）

以下的详细价格记录可佐证文中观点。1929 年 10 月 31 日，堪萨斯城终点铁路公司发行的 1960 年到期的 4% 债券售价为 86.25 美元，收益率为 4.9%。与此同时，芝加哥 – 罗克岛 – 太平洋铁路公司发行的 1988 年到期的 4% 普通债券售价为 90 美元，收益率为 4.5%。4 年之后的 1933 年 11 月 22 日，堪萨斯城终点铁路公司债券售价依然为 86.25 美元，而芝加哥 – 罗克岛 – 太平洋铁路公司债券售价大跌至 42 美元，这一价格的收益率高达约 10%。1927 年 12 月 8 日，堪萨斯城终点铁路公司债券售价为 93.875 美元，芝加哥 – 密尔沃基 – 圣保罗铁路公司（Chicago, Milwaukee & St. Paul Ry.）发行的 1989 年到期的 4% 普通债券售价为 93 美元，收益率略低于前者。1933 年 2 月 24 日，堪萨斯城终点铁路公司债券售价为 90 美元，收益率 4.65%，而芝加哥－密尔沃基－圣保罗铁路公司债券售价大跌至 38 美元，在这一价格收益率高达约 11%。1927 年 11 月 7 日至 1932 年 6 月 15 日，堪萨斯城终点铁路公司债券售价从 93 美元下跌至 82.75 美元（收益率分别为 4.4% 和 5.18%），与此同时，密苏里－堪萨斯－得克萨斯铁路公司发行的 1962 年到期的 4% 优先留置权债券售价则从 93 美元大跌至 31.125 美元（收益率分别为 4.39% 和超过 15%）。

这些债券之后的价格表现情况请参考表 F30—1。

表 F30—1　　四家公司债券价格与收益比较　　（单位：美元）

| 债券 | 1929—1939 年价格区间 | 1939 年底价格 | 1939 年底收益率 |
|---|---|---|---|
| 堪萨斯城终点铁路公司 4% 债券，1960 年到期 | 109.875~78 | 107.75 | 3.45% |
| 芝加哥－罗克岛－太平洋铁路公司 4% 普通债券，1988 年到期 | 96~10 | 13.875 | 违约 |
| 芝加哥－密尔沃基－圣保罗铁路公司 4% 普通债券，1989 年到期 | 87.875~19.5 | 24.75 | 违约 |
| 密苏里－堪萨斯－得克萨斯铁路公司 4% 优先留置权债券，1962 年到期 | 94.5~11.5 | 14.625 | 27.3%① |

注：a. 目前的收益率水平，无疑需要考虑是否能够持续

## 注释 31（第 17 章）

纽约哈勒姆铁路公司的案例可以展现租赁和担保某些有趣的方面。

1. 公司资产的大部分被租赁给纽约中央铁路公司 401 年，租金等同于债券利息以及优先股和普通股的 5 美元股息。债券利息和本金均由纽约中央铁路公司提供担保，但股息无特定担保。然而，从 1873 年租约开始，股息都得到定期发放。

2. 公司的电车道资产被单独租赁给纽约铁路有限公司（N. Y. Rys. Co.），租金等同于每股优先股和普通股额外 2 美元的股息。纽约铁路有限公司破产后租约被终止，电车道被纽约哈勒姆公司收回经营。1932 年，新租约又将这些资产租赁给纽约铁路公司（N. Y. Rys. Corp.，之前承租人的继承公司）999 年。唯一的租金是一次性支付的 450 000 美元，所以这次交易实际上相当于将电车道资产以上述价格出售给新承租人。

3. 由于富有价值的“上空权”（或是在哈勒姆公司线路上建设的权利）没有包含在租约中，且需单独支付，纽约哈勒姆公司的股东一直试图从纽约中央铁路公司获取大量额外收入。有关这一诉求的推测性谣言推动公司股票价格在 1928 年达到 505 美元，这表明股息回报率低于 1%。该诉求在 1932 年停止，此时股票价格已下跌至 82.25 美元。（1939 年年底股票价格为 110 美元。）

莫比尔－俄亥俄铁路公司的案例同样拥有类似的有趣特征。

1. 1901 年，南方铁路公司发行“莫比尔－俄亥俄股票信托证”，用以交换几乎所有的莫比尔－俄亥俄铁路公司股本。其规定将每年为这些信托证支付 4% 的股息。

2. 莫比尔－俄亥俄铁路公司业务发展良好，1908—1930 年向南方铁路公司支付了 140% 的股息。根据反托拉斯法的规定，州际商业委员会和阿拉巴马州都试图强迫南方铁路公司放弃对莫比尔－俄亥俄的实际控制。与此同时，股票信托证持有人开始要求获取库存股，或提高信托证的股息率。出于对这些法律行动的预期，这些信托证的价格在 1928 年上升至 159.5 美元。

3. 1929 年后收益的大幅下降迫使莫比尔－俄亥俄铁路公司在 1932 年进入破产管理程序。当年 9 月 1 日应付的债券利息无法按时支付，但股票信托证持有人依然可以定期获得由南方铁路公司担保的 4% 股息。1932 年，信托证价格低至 3.5 美元，但这只反映了投资者对南方铁路公司财务能力的不信任，而不是对 4% 股息率义务合法性的质疑。莫比尔－俄亥俄铁路公司在 1940 年与海湾－莫比尔北方铁路公司（Gulf, Mobile, Northern R. R.）合并，但这一进展并未影响担保股票信托证的地位。

## 注释 32（第 18 章）

### 工业办公建筑公司重组

该企业的历史鲜明展现了第一抵押权债券持有人的理论权利与实际经历之间的不同。1926 年，公司在新泽西州纽瓦克市（Newark, N. J.）新建了一幢办公楼。表面上看，土地与建筑成本合计 3 800 000 美元，但实际上，土地价值利用常用的“评估”程序从 300 000 美元标高至 2 000 000 美元。公司通过出售以下证券支付办公楼的成本：

| | |
|---|---|
| 6% 第一抵押权债券 | 3 150 000 美元 |
| 7% 无担保票据 | 450 000 美元 |
| 优先股 | 450 000 美元 |
| 普通股 | 100 000 美元 |

（由于房地产标高价格，普通股的“账面值”达到约 1 800 000 美元。）

在经历一段盈利较差的时期后，1932 年 6 月 1 日应付利息无法按时支付，公司被指定了托管人。之后不久，公司重组方案起草完毕，内容包括：

1. 1947 年到期的 6% 第一抵押权债券将被交换为同样 1947 年到期的 5% 第一抵押收益债券。

2. 1937 年到期的 7% 无担保票据将被交换为 1948 年到期的 7% 无担保收益票据。

3. 8% 优先股将被交换为新的 8% 优先股。

4. 普通股将被交换为新普通股。

5. 以上所有的交换将按照面值对面值或股对股的规则完成。

重组委员会通过用 100 000 美元购买作为抵押出售的资产，执行以上的方案。不愿意接受以上方案的第一抵押权债券持有人每 1 000 美元的债券只能获得 56.43 美元的偿付。

在本次重组中，债券持有人放弃了对利息的固定请求权，但没有因此得到任何补偿，而股东却并未放弃任何利益。（直到三分之二的债券被偿还后，才可发放股息，但偿还有利于股东。这一规定实际上也并不代表牺牲了股东的利益。）这是极度偏袒一方的结果或“妥协”——当债券持有人被明确可以获得资产的直接所有权后，这种偏袒更为明显。重组委员会作为具有资产管理权的最大股东（支付一定酬劳）制定了上述方案，这可以用来解释他们慷慨大方的行为。实际上，办公楼的实际所有者通过发行优先证券（也就是收益债券）获取资本，并将非优先权益让渡给管理层。对于办公楼的管理来说，以上价格是令人惊愕的。

有反对意见可能会认为我们的批评有些牵强附会，因为无论如何办公楼都很难维持除收益债券的利息以外的任何支付，所以作为整体的股东留存权益几乎可以忽略不计。但是在无法比拟的萧条期，如此衡量办公楼的潜在盈利能力是非常错误的。如果将眼光放长远，一些情况的出现会让股东权益变得有价值，包括以下：

1. 经济重回繁荣，甚至出现新的房地产泡沫。

2. 货币通货膨胀严重，从而减少债券债务负担。

3. 影响办公楼或其周围发展的特别有利的因素。在重组方案完成不久，纽约证券交易所计划开始将业务转移至纽瓦克市，据传这一办公楼将作为场外交易所的总部所在地。如果这一传言为真，原股东将从这一过去破产的企业中获取大额利润。这些利润实际上本应当属于公司债券持有人，因为他们承担了未来损失的所有风险。（正如 1933 年 2 月债券市价跌至 4 美元时所展现的那样。）

需要注意价值 5 500 000 美元的资产在作为抵押品拍卖时仅获得 100 000 美元，净额结算相当于信用债券持有人每 1 美元仅获得 5 美分。（1927 年，该债券价格曾高达 100 美元。）这一非常低的价格从其 1932 年上半年税后净收益达到 67 000 美元的事实也可以看出来。在作者看来，履行此类重组方案协商得到的转移资产价格，较之股东“冻结资产”或者其他所有人进入普通破产程序形成的价格，更加不公平。虽然债权人扣押资产的权利行使起来比较繁琐，但鉴于贷款合同有具体规定，且开始时股东存在通过利用借来的资金获取利润的可能性，它不能被认为是不公正的。但是在工业办公建筑公司的案例中，通过法定程序，工业债券持有人被剥夺了本应在违约时拥有的救助方式——要么以其名义接管资产，要么获取善意销售资产得到的现金价值中属于其份额的部分。

美国最高法院之后有关重组方案公平性的判决中，对于此类债权人和股东利益的调整提出明确的反对。参见凯斯与洛杉矶木材产品公司案（Case vs. Log Angeles Lumber Products Company Ltd., 308 U. S. 106，1939 年 11 月 6 日）。法院认定根据第 77B 条款制定的重组方案并非“公平和公正”，因为当公司面临破产，且在债券持有人行使对资产所有价值的请求权之前，股东也参与其中。

## 注释 33（第 18 章）

### 金融投资公司发行的 1932 年和 1940 年到期的 5% 债券

这一发生在投资信托领域的案例将说明托管人如何通过避免主动采取积极行动的倾向，剥夺债券持有人拥有的保护措施，而这些保护措施正是持有人购买债券时所倚仗的。

纽约金融投资公司（Financial Investing Co.）出售了 1932 年和 1940 年分别到期的两只 5% 担保信托债券。它们以托管人的上市证券作为担保，并根据严格的规定进行分散化处理。依照契约，公司担保物的价值应维持在发行债券的 120% 以上。托管人有权：（1）当规定的比例无法达到时，通知公司；（2）如果上述比例在 30 天后仍无法达到，宣告本金提前到期；（3）此时出售担保物，用以支付债券的本金和利息。

这些规定看似给债券持有人提供了与以市场可销售证券作为抵押的贷款银行相似的保障。对于后者，如果比例低于合同约定的水平，且无法达到，可以出售抵押物用以偿付贷款。两者唯一重要的不同点在于债券契约给予 30 天的宽限期，使比例达到规定水平。

但是金融投资公司债券的真实经历却明显区别于当时典型的银行抵押贷款。1931 年 10 月，比例降至 20% 以下，托管人向公司通知这一“违约事件”。之后的 30 天内，规定比例仍无法达到，但抵押物并未被出售。1932 年 4 月，这些债券的买价低至 20 美元。1932 年 10 月，其中一只债券的本金到期，但未得到偿付。这一事件引发了以下行动：担保两只债券的抵押物被全部出售；最终，在“追缴通知”15 个月后的 1933 年 1 月，债券持有人每 1 美元的债券获得了 65 美分的偿付。

我们在其中发现，债券契约中对债券持有人看似有效的保障措施与他们实际上获得的结果之间存在巨大鸿沟——巨额损失、长时间拖延、过渡时期市场价值令人痛心的缩水的结果无法令人满意。如何解释这一现象？是否是因为托管人的惰性或粗心大意？表面上看也许如此，然而事实上，托管人针对这一局面花费了大量的时间，进行了深入的思考。但是其付出被债券托管制度的原则控制甚至毁坏了，这一原则即“绝不去做那些可能会招致批评的事情，除非根据债券契约被债券持有人要求这样去做”。在金融投资公司 5% 债券的案例中，只有当占比 30% 以上的债券持有人写信要求，并且获取相应损害赔偿时，托管人才会被迫采取行动。从主动性方面，托管人在立即出售抵押物的问题上较为迟疑，因为如果市场走势转好，股东可能会指责托管人没有保障地清除了抵押物。此外还有一个类似的原因，即某些债券持有人在抵押物价值跌至债券面值之下时同样反对出售它们。

不难看出，针对债券契约中的保护性条款执行提出的各种反对意见基本上都是错误的。事实上，如果它们站得住脚，就应该被包含在债券契约的规定中。如果我们从整体上分析这一案例，我们认为最后令人无法满意的结局是由于以下原因共同造成的：

1. 缺乏强制执行债券契约相关条款的明确规定。

2. 典型的债券持有人缺少金融敏锐性和主动性。

3. 托管制度的基础使得托管人被反应迟缓、无理性的债券持有人引领，而不是引领他们。

## 注释 34（第 19 章，第 26 章）

我们相信以下两个例子能够警示分析师不要过度依赖于（1）合约中的保护条款；（2）选择工业债券时，公司出具的统计数据。

Ⅰ. 威利斯 – 奥佛兰公司（Willys Overland Co.）发行的 1933 年 9 月到期、10 年期利率 6.5% 的第一抵押权债券，最初发行额为 10000 000 美元。

**A. 保护性条款：**

1. 普通第一抵押权债券的抵押物是发行公司现在拥有的或者以后会取得的（除新货款留置权以外）所有固定资产，同时由主要子公司拥有的所有股票作为抵押品来担保。子公司被禁止进行抵押贷款或者长期贷款，除非同样作为该证券的抵押担保品。
2. 每年用偿债基金支付该证券额的 10%（每年 1 000 000 美元），在到期日前赎回该证券本金的 90%。
3. 净流动资产不得小于发行在外债券金额的 150%。
4. 现金股息支付的条件：1923 年 9 月 1 日以后，扣减股息后流动资产不低于流动负债的 200%；净流动资产不低于以面值计的发行在外债券价值的 200%。

**B. 1928 年 12 月 31 日统计数据：**

1. 1928 年利息保障倍数为 12 倍；1923—1928 年平均超过 11 倍；过去 6 年里每年至少 3.5 倍。
2. 1928 年 12 月 31 日，优先股和普通股的市场价值为 110 000 000 美元，或者说债券价值 5 000 000 美元的 22 倍。
3. 1928 年 12 月 31 日，合并净流动资产额为 28 700 000 美元，超过发行在外债券价值的 5 倍。

4. 可为债券提供担保的合并净有形资产额超过债券价值的 14 倍。

**C. 1928 年以后的历史：**1929—1932 年，公司合并盈余从 39 600 000 美元骤降至 400 000 美元。盈利损失中，有 6 000 000 美元是支付的股息，其余是经营和其他损失。巧合的是，28 700 000 美元的净资产降低至 2 400 000 美元，虽超过流动负债，但总计减值将近 30 000 000 美元。

偿债基金的运作使得 1931 年年底未偿付的债券余额仅为 2 000 000 美元，但是 1932 年偿债基金应得到的支付没有到位。1933 年 2 月法庭任命了公司接管人。1933 年 3 月的债券应付利息未能支付，1933 年 9 月的本金也未能按期偿还。

售价在 1931 年高达 101.5 美元、在 1932 年高达 92 美元的债券，在 1933 年年底时价值仅为 24 美元。

应该说明的是，无论是在 1932 年 7 月偿债基金违约时，还是在营运资本第一次低于约定的最低水平时，委托人和债券持有人都没有采取任何行动。如果立即采取措施，还可能索取到一小部分债券本金的偿付。公司被托管后，一个债券持有人权益保护委员会成立。他们发现重组计划难以实施，于是倾向于清算该公司，但是随后又发现，试图取消公司抵押品赎回权面临法律困境。

该公司最后于 1936 年重组，债券持有人得到了一家房地产开发公司的股票，以及重组后公司的可转换优先股或者数量更多的普通股。幸运的是，这些股票的价值很快超过了其面值与旧股票未支付利息的总和。

Ⅱ. 伯金与盖伊家具有限公司（Berkey and Gay Furniture Co.）发行的利率 6%，1927—1941 年连续到期的第一抵押权债券，最初发行额为 1 500 000 美元。

**A. 保护性条款：**

1. 由价值 4 400 000 美元的固定资产，或者超过初始发行量 290% 的第一留置权做担保。通过剩余固定资产的担保，发行人还可以发行最多价值 1 000 000 美元的债券，但是不得超过由此产生的成本的 50%。
2. 净流动资产须保持在 2 000 000 美元以上，流动比率必须大于 2。
3. 本金连续到期等同于每年 7 万美元的偿债基金计划，将在到期前赎回该证券的三分之二。

**B. 1927 年 12 月 31 日统计数据：**

1. 1927 年，利息保障倍数超过 3 倍；1922—1927 年平均大约 4.5 倍；6 年时间内从未低于 3 倍；
2. 净流动资产余额 3 698 000 美元，是债券价值的 2.5 倍；
3. 可用做担保的有形资产总额 8 500 000 美元，平均每张债券大约 6 000 美元。

**C. 1927 年以后的历史：**1929 年 1 月 1 日到 1931 年 7 月 31 日，该公司总计报告损失额 3 000 000 美元。仅 1930 年一年，营运资本就从 2 900 000 美元缩减至 650 000 美元。1931 年 7 月，流动负债首次超过流动资产。1931 年 11 月债券利息出现违约。1932 年 2 月法庭指派了企业托管人。1932 年 5 月公司应该进行的债券本金分期偿还也出现违约。1933 年 4 月，取消公司抵押品赎回权的法律判决公布。曾经在 1928 年平价出售、1931 年 3 月售价高达 65 美元的债券，在 1933 年底价值仅仅只有 1 美分。

出现利息违约之后，债权人权益保护委员会组建起来。很难说在这样糟糕的情况下，这种为债权人争取利益的适当举措是否能够起到作用，但是在 1930 年营运资本条款被违反时，如果实施这些措施肯定会激励债券持有人努力寻求保护与补偿，而不是无所事事地等待，直到差不多一年以后利息支付出现违约。

1935 年，公司资产根据留置权的规定进行拍卖，1936 年，投资者每 1 000 美元债券得到了 522.5 美元的补偿，其中很大一部分来源于向另一家公司提起损害赔偿诉讼得到的赔偿。

## 注释 35（第 22 章）

表 F35—1 显示了特权证券融资渠道在历史上颇受欢迎，然而当下却逐渐被人们淡忘。表 F35—1 中的数据囊括了《穆迪手册》中列出的近年来所有特权债券，包括股票和债券。

**表 F35—1　特权债券的相关数据**

| 年份 | 发行在外的特权证券数量 | 可转换 | 可参与 | 带认股权 |
|---|---|---|---|---|
| 1925 | 434 | 434 | 未提及 | 未提及 |
| 1926 | 613 | 503 | 未提及 | 110 |
| 1927 | 1 129 | 537 | 410 | 182 |
| 1931 | 2 668 | 1 214 | 862 | 592 |
| 1935 | 1 705 | 860 | 630 | 215 |
| 1939 | 1 629 | 912 | 536 | 181 |

美国证券交易委员会第 208、243、295、339 号统计数据报告显示，1937 年 4 月 1 日至 1939 年 9 月 30 日，在 1933 年《证券法》要求之下新发行的证券显示出新特点。从这些报告中总结出来的数据显示了近年来通过特权证券融资的趋势。

## 注释 36（第 24 章）

我们将反摊薄公式用于切萨皮克公司发行的 1947 年到期、利率 5% 的有抵押可转换债券。这些债券发行于1927年5月，由切萨皮克－俄亥俄公司的普通股做抵押担保，1932年5月15日之后可转换为切萨皮克－俄亥俄公司的普通股。该契约包含了常见的反摊薄条款。而且，为了计算新的转换价格，在这些债券发行时切萨皮克－俄亥俄公司会新发行1 190 049股新股。相关数据见表F36—1。

表F36—1　切萨皮克－俄亥俄公司债券相关数据

| 条款 | 证券数量 | 占总数的比例（%） | 发行者的总收入（千美元） | 占总数的比例（%） |
|---|---|---|---|---|
| 卖出优先证券总额 | 439 | 100.00 | 3 359 177 | 100.00 |
| 卖出特权证券总额 | 191 | 43.51 | 658 020 | 19.60 |
| 优先股总量 | 214 | 100.00 | 470 423 | 100.00 |
| 特权证券总量 | 139 | 65.00 | 247 259 | 52.50 |
| 可转换 | 89 | 41.60 | 210 243 | 44.70 |
| 参与型 | 40 | 18.70 | 23 637 | 5.00 |
| 附带认股权证 | 10 | 4.70 | 13 379 | 2.80 |
| 长期有担保债券 | 135 | 100.00 | 1 570 082 | 100.00 |
| 长期带特权信用债券 | 20 | 14.81 | 46 824 | 2.98 |
| 可转换 | 12 | 8.89 | 41 822 | 2.66 |
| 参与型 | | | | |
| 附带认股权证 | 8 | 5.92 | 5 002 | 0.32 |
| 长期信用债券总额 | 79 | 100.00 | 1 312 213 | 100.00 |
| 长期无担保带特权债券总额 | 31 | 39.24 | 363 193 | 27.68 |
| 可转换 | 27 | 34.18 | 358 746 | 28.34 |
| 参与型 | | | | |
| 附带认股权证 | 4 | 5.06 | 4 477 | 0.34 |
| 短期债券总额 | 11 | 100.00 | 6 459 | 100.00 |
| 短期特权债券总额 | 1 | 9.09 | 744 | 11.50 |
| 可转换 | 1 | 9.09 | 744 | 11.50 |

随后切萨皮克－俄亥俄公司新发行了如下证券：

（a）向1929年4月30日登记在册的股票持有者发行100美元每股的普通股296 222股。

（b）1930年新发行46 066.5股普通股用来交换霍金谷铁路公司的普通股。分析公司报告可知，霍金谷铁路公司股票价值为7 076 710.18美元，或者说以153.62美元的转换价格与切萨皮克－俄亥俄公司的股票进行换股。

（c）向 1930 年 6 月 12 日登记在册的股东新发行 100 美元每股的普通股 382 211 股。

最终，1930 年 7 月 31 日，切萨皮克－俄亥俄公司普通股的票面价值从 100 美元每股跌至 25 美元每股，按照 4∶1 的比率用新股兑换旧股。

基于以上事实，1933 年初的转换价格可计算如下：

基础数据　　1929 年 4 月 30 日新发证券　　霍金谷铁路公司　　新发证券

$$C'=\frac{\dfrac{(1\,190\,049\times220)+(296\,222\times100)+(46\,066.5\times153.62)+(382\,211\times100)}{1\,190\,049+296\,222+46\,066.5+382\,211}}{4\text{（因为每 4 股新股换 1 股旧股）}}=43.97\text{ 美元}$$

## 注释 37（第 24 章）

联合纺织公司发行的 1923 年到期、三年期利率 7% 的可转换债券，就附带了这种类型的转换特权。合约规定："普通股转换率应该为每 1 000 美元票据转换成 22 股普通股，每 500 美元票据转换成 11 股普通股。或者，如果此时当事人又按照低于 46 美元每股的价格发行了额外的普通股，转换率应减少至资产的公允价值或者该股票的发行价……如果随后又有新股票以更低的价格发行，转换率应该进一步降低，同时将应付利息与股息进行调整。"

这些信用票据发行于 1920 年 4 月，当年 11 月公司按照 21 美元的价格新发行股票，因此转换价格从 46 美元降低至 21 美元。在转换价降低之后，该特权的价值再未显著上涨。1920 年 11 月之前股价从未超过 46.5 美元，而转换价降低之后股价就再没超过 21.875 美元。该证券于 1921 年 10 月以 102.5 美元的价格被赎回。

## 注释 38（第 24 章）

美国电话电报公司 1913 年发行的总价值 6 700 万美元、利率 4.5%、1933 年到期的可转换债券，是这种相对罕见情况的案例之一。1915 年 3 月 1 日 ~1925 年 3 月 1 日，该债券可以按每股 120 美元的价格转换成普通股。债券合约规定，通过转换而来的普通股须作为"美国电话电报公司法定股本的一部分，当转换权行使时，这部分法定股本正式被核算在内"，并且不包含常见的反摊薄条款。很有意思的是，无论是之前还是之后发行的美国电话电报公司可转换证券都包含反摊薄条款。例如，1906 年发行的利率 4% 可转换债券，以及 1929 年发行的利率 4.5% 可转换债券的合约条款就是这样。

该公司发行的 1933 年到期、利率 4.5% 的可转换债券，在特权可行使的第一年，即 1915 年，有超过一半的债券进行了转换，债券余额也随着之后几年的转换迅速降低。

1925 年，当转换权到期时，有价值 1 899 400 美元的债券没有转换，1931 年这些债券以面值被赎回。同时，1925 年以前，股票持有者被赋予特殊配股权，可能可以解释在无反摊薄条款保护持有人“权利”的情况下，转换特权得到快速行使的特殊现象。尽管接近每股八九美元的普通股股息无疑也是一个影响因素。

另一个可能不是非常切题的例子是布鲁克林联合天然气公司发行的 1936 年到期、利率 5.5% 的可转换债券。这些债券发行于 1925 年 12 月，每张债券可在 1929 年 1 月 1 日或以后转换成为 20 股普通股。债券合约的用词比较模糊：“在债券到期之前，如果公司的股票特性出现变更，随着股票持有者根据其持股数有权获得的股票数量的增加或减少，债券持有人通过转换可获得的股票数量也应相应增加或减小。”这就出现了疑问：是所有形式的摊薄都有了可靠保护，还是仅仅针对股票股息、股票拆分和反向股票拆分进行保护？可能正是出于这个原因，1929 年 1 月 1 日前实际的转换已经可以进行，债券与股票之间存在巨大的套利价差。尽管此时等量股票可获得的更高股息收益率也可以部分解释此缺口的形成。相关数据如表 F38—1 所示：

表 F38—1　布鲁克林燃气公司普通股与债券相关数据　（单位：美元）

| 日期 | 普通股价格 | 等同的债券价格 | 债券价格 | 每 1 000 美元债券的价差金额 |
|---|---|---|---|---|
| 1926 年 3 月 19 日 | 71.5 | 143 | 129 | 140 |
| 1926 年 9 月 17 日 | 91 | 182 | 155 | 270 |
| 1927 年 6 月 17 日 | 115 | 230 | 197 | 330 |
| 1927 年 9 月 23 日 | 142 | 284 | 224 | 600 |
| 1928 年 3 月 30 日 | 153 | 306 | 272 | 340 |
| 1928 年 9 月 28 日 | 166 | 332 | 309 | 210 |
| 1928 年 12 月 28 日 | 187.5 | 375 | 375 | 0 |

## 注释 39（第 24 章）

道奇兄弟公司发行的 1940 年到期、利率 6% 的信用债券说明了，在公司合并时，发行公司的股票被转换后数量变少，相应的债券转股价升高。1925 年发行的债券，可以转换为道奇兄弟公司的 A 类股票，上限是 7 5 000 000 美元中的 30 000 000。转换率规定如下：

第一批 5 000 000 美元转换，价值 30 美元的债券按面值转换为 1 股 A 类股票。

第二批 5 000 000 美元转换，价值 35 美元的债券按面值转换为 1 股 A 类股票。

第三批 5 000 000 美元转换，价值 40 美元的债券按面值转换为 1 股 A 类股票。

第四批 5 000 000 美元转换，价值 50 美元的债券按面值转换为 1 股 A 类股票。

第五批 5 000 000 美元转换，价值 60 美元的债券按面值转换为 1 股 A 类股票。

第六批 5 000 000 美元转换，价值 70 美元的债券按面值转换为 1 股 A 类股票。

合约规定，如遇并购情况，发行公司的购买者必须承担这些债券的相应责任，承诺将其转换为与原来约定的 A 类股票相同种类与数额的，并购过程中新发行的股票。

第一批价值 15 000 000 美元债券在 1928 年 7 月道奇兄弟公司与克莱斯勒公司合并前已经转换完成，克莱斯勒公司承担了剩余部分债券的责任。这次并购中，每 5 股 A 类债券转换成为 1 股克莱斯勒公司普通股。因此，根据合约条款，随后的第四批价值 5 000 000 美元的债券按照每 1 000 美元债券转换为 4 股克莱斯勒普通股的比例进行转换（克莱斯勒的转股价为 250 美元每股）。与之相似，第五批与第六批债券的转股价分别为 300 美元与 350 美元。1935 年 5 月 1 日，所有发行在外的余额为 30 150 500 美元的债券被赎回。

## 注释 40（第 25 章）

西班牙河纸浆造纸有限公司 1911 年发行的票面利率 6%、1931 年到期的第一抵押权债券是不附带分红特权的普通债券。1915—1916 年利息支付出现违约，随后债券持有人与发行公司达成了妥协，逾期利息的支付截止日期延后到 1922 年 10 月，偿债基金支付暂时停止，该债券的持有者，以及其关联公司的特定债券持有者，在其债券的有效期内，有权获得相当于西班牙河公司支付给优先股和普通股股息数额 10% 的利润分享，具体情况见表 F40—1。

表 F40—1　　西班牙河纸浆和造纸厂有限公司相关数据

| 年份 | 利息保障倍数（倍） | 债券的市场价格区间（美元） |
|---|---|---|
| 1919 | 2.62 | 105.5~97 |
| 1920 | 3.03 | 97.5~93 |
| 1921 | 4.39 | 87~86.25 |
| 1922 | 2.39 | 115~93.25 |
| 1923 | 3.46 | 105~95 |
| 1924 | 4.37 | 104~97 |
| 1925 | 3.85 | 106.25~106.25 |
| 1926 | 3.96 | 108~105 |
| 1927 | 3.36 | 108.75~108.5 |
| 1928 | 以 110 美元被赎回 | |

通过这种安排，债券持有人不仅在 1928 年债券被赎回前每年获得相当于西班牙河纸浆与造纸厂有限公司普通股和优先股现金股息 10% 的利润分配，还在 1920 年 7 月获得了为了清算优先股的应付股息而派发的 42% 股票股息的 10%。

表 F40—1 的数据显示了 1918 年以后这些债券的投资质量。

## 注释 41（第 25 章）

1918—1919 年进行的如下操作展示了一种对冲操作技术：买入 1920 年到期、利率 6%、价值 1 000 美元的皮尔斯石油公司（Pierce Oil Corp.）票据，同时卖出普通股进行对冲。该票据可随时转换成 50 股普通股（该票据的应付利息不算在内）。具体数据如表 F41—1 所示。

表 F41—1　皮尔斯石油公司对冲操作相关数据　（单位：美元）

| 日期 | 购买 | 月度价格区间 | 卖出 | 月度价格区间 |
|---|---|---|---|---|
| 1918 年 10 月 | 买入 10 张 6% 票据，价格 100.5 = 1 008 | 99.5~101.5 | 买入 25 股普通股，价格 19 = 470 | 16.25~19.125 |
| 1918 年 12 月 | 买入 25 股普通股，价格 16 = 403 | 15.75~17 | | |
| 1919 年 1 月 | | | 买入 25 股普通股，价格 19 = 470 | 16~19.375 |
| 1919 年 5 月 | | | 买入 25 股普通股，价格 28 = 696 | 24.75~28.625 |
| 1919 年 12 月 | 买入 50 股普通股，价格 17.5 = 881 | 17~20.625 | 买入 10 张票据，价格 100 = 1 000 | 赎回价 100 |
| | 2 292 | | 2 636 | |
| 利润 | 344 | | | |

1918 年 10 月至 1919 年 12 月，票据的最低价为 99.5 美元。

这五笔交易可分析如下：

1. 以非远离平价的价格购买票据，同时卖出一半相关股票。当股价下跌时可获得对冲利润，如果股价上升可通过卖出另一半股票获得利润。

2. 股价下跌可获得对冲利润。

3. 股价回升使得最初的头寸得以恢复。

4. 股价上涨可卖出另一半股票获利。

5. 股价再次下跌，可按面值卖出票据，同时重新购回已出售的股票来获利。

由于接近到期日的票据（发行公司的财务状况良好）肯定会被市场给予价格持续上涨的厚望，因此没必要在第二步卖出该票据。投资者应该持有该票据，等待可出售股票的机会再次出现。

## 注释 42（第 26 章）

我们已经在第 14 章指出，1932 年，纽约证券交易所上市的所有优先股中有 95% 无法维持其投资级价格。阿道夫 · H. 格雷茨（Adolph H. Graetz）研究了在 1931—1934 年上市债券中抽取的大样本，发现了表 F42—1 中的年度债券低价分布情况。

表 F42—1　　1931—1934 年公司债券年度低价分布

| 种类（按价格区间划分） | 1931 年 | | 1932 年 | | 1933 年 | | 1934 年 | |
|---|---|---|---|---|---|---|---|---|
| | 数量 | 比重[a] | 数量 | 比重[a] | 数量 | 比重[a] | 数量 | 比重[a] |
| 0~9.9 | 245 | 5.69 | 623 | 13.82 | 683 | 14.78 | 555 | 12.28 |
| 10~19.9 | 334 | 13.45 | 562 | 26.29 | 507 | 25.75 | 459 | 22.57 |
| 20~29.9 | 335 | 21.23 | 419 | 35.59 | 438 | 35.23 | 370 | 30.63 |
| 30~39.9 | 380 | 30.06 | 388 | 44.20 | 418 | 44.28 | 333 | 38.02 |
| 40~49.9 | 296 | 36.94 | 364 | 52.28 | 403 | 53.00 | 331 | 45.40 |
| 50~59.9 | 319 | 44.35 | 426 | 61.73 | 381 | 61.24 | 372 | 53.46 |
| 60~69.9 | 377 | 53.10 | 384 | 70.25 | 384 | 69.55 | 340 | 60.86 |
| 70~79.9 | 461 | 63.81 | 417 | 79.50 | 405 | 78.31 | 409 | 70.04 |
| 80~89.9 | 571 | 77.07 | 406 | 88.51 | 399 | 86.94 | 435 | 79.79 |
| 90~99.9 | 835 | 96.47 | 450 | 98.49 | 467 | 97.04 | 568 | 92.61 |
| 100 或更多 | 152 | 100.00 | 68 | 100.00 | 137 | 100.00 | 334 | 100.00 |
| 合计 | 4 305 | | 4 507 | | 4 622 | | 4 506 | |

注：a. 价格等于或低于所在区间上限的证券占相应种类证券数量的比重。

纽约证券交易所上市的所有美国公司债券的平均价格在 1939 年年底达到 74.60 美元，这一事实显示了以投机级价位销售的债券的现状，说明很多证券都在以很大的折价比例销售。纽约证券交易所上市交易的公司债券与存款凭证的完整价格记录表明，1 100 只证券中的 558 只，或者说 57%，在 1939 年的售价都在 70 美元以下。其中数量最多的是铁路公司发行的低价证券。参看《商业金融纪事报》，1940 年 1 月 6 日，56—64 页。

## 注释 43（第 26 章）

表 26—1 中列示的债券以后的命运。

美国座椅公司发行的 1936 年到期、利率 6% 的债券被展期 10 年，1939 年的售价高达 104 美元。

美国克鲁斯伯尔钢铁公司发行的 1940 年到期、利率 5% 的债券，1937 年价格涨至 104.5 美元，于 1938 年 9 月以 101 美元的价格清偿。

麦克森和罗宾斯公司发行的 1950 年到期、利率 5.5% 的债券在 25 美元购买仍是有利可图的，1935—1938 年以溢价出售。其后由于管理层有欺诈行为，1938 年年底到 1939 年年初售价跌至 50 美元。利息支付延迟至 1939 年 5 月，但在 1940 年 4 月时债券的价格就回升至 101 美元。

马里恩蒸汽掘土机公司发行的 1947 年到期、利率 6% 的债券是表现最差的一个。然而，1936—1937 年，该债券的价格缓慢爬升至面值水平，1939 年的售价高达 87 美元。

阿科美公司发行的 1942 年到期、利率 6% 债券的一部分持有者将所持债券的到期日从 1936 年展期到 1946 年，同时接受了票面利率减至 4.5%。1936 年以来这些债券的售价一直接近于面值。未展期的债券于 1936 年 12 月以 102.5 美元的价格被赎回。

## 注释 44（第 27 章）

三家公司随后的业绩表现如表 F44—1 所示。

表 F44—1　三家公司随后的业绩表现　（单位：美元）

| 细项 | 电力和照明公司 | 班戈 – 阿鲁斯图克铁路公司 | 芝加哥黄色出租车公司 |
|---|---|---|---|
| 随后的最低股价 | 1 | 9.5 | 6 |
| 最低价与 1929 年最高价的比率 | 1.15% | 9.51% | 17.14% |
| 1933 年后的最高价 | 26.625（1937 年） | 49.5（1936 年） | 32（1936 年） |
| 最高价与 1929 年最高价的比率 | 30.7% | 54.7% | 91.4% |
| 1939 年收盘价 | 6.875 | 12.875 | 8.375 |
| 1939 年收盘价与 1929 年最高价的比率 | 7.9% | 14.2% | 23.9% |
| 1930—1939 年平均每股收益 | 0.05 美元（亏损） | 3.85 美元 | 1.21 美元 |
| 1930—1939 年平均每股股息 | 0.25 | 2.61 | 1.60 |
| 1939 年每股收益 | 0.39 美元（亏损） | 0.17 | 1.04 |

## 注释 45（第 28 章）

### 斯威夫特公司

1939 年，斯威夫特公司的股票以约为 21 美元 / 股的价格出售。每股分派股息 1.20 美元，平均的股息收益率为 5.70%。公司的流动资产的净值，包括附属公司相关资产的股东权益，总计约等于股票市值。该股票全部有形资产的价值约为市值的两倍。

1939 年 10 月，财务状况可作如下概括（单位：美元）：

| | |
|---|---|
| 资本额： | |
| 债券 | 36 000 000 |
| 股票（5 920 000 股，21 美元 / 股） | 124 000 000 |
| 公司总售价 | 160 000 000 |
| 净流动资产[a] | 139 000 000 |
| 有形资产净值 | 286 000 000 |
| 销售额，1939 会计年度 | 757 000 000 |
| 净利润，1939 会计年度 | 10 322 000 |

注：a. 不包括未并表附属公司的股东权益。

表 F45—1 是 20 世纪初以来公司的简明财务记录，并以当前 25 美元 / 股的不变价格计算。

表 F45—1　斯威夫特公司财务简报

| 年份 | 每股收益[a]（美元） | 每股股息[a]（美元） | 每股有形资产净值[a]（美元） | 股价[a]（美元） | 总股东投资（包括自愿储备的部分）（百万美元） |
|---|---|---|---|---|---|
| 会计年度 | | | | | |
| 1939 | 1.74 | 1.20 | 41.40 | 21 | 250 |
| 1900 | 2.19 | 1.67 | 22.45 | 21（估计值） | 22 |
| 平均值 | | | | | |
| 1930—1939 | 1.36 | 1.20 | 40.60 | 20.25 | 244 |
| 1920—1929 | 1.81 | 2.00 | 38.75 | 28.50 | 233 |
| 1910—1919 | 3.67 | 2.37 | 33.66 | 24.50 | 120 |
| 1900—1909 | 2.42 | 1.52 | 25.60 | 22 | 42 |
| 40 年均值，1900—1939 | 2.32 | 1.78 | 34.65 | 23.75 | 160 |

注：a. 全部的每股数据根据 1918 年 25% 的派息政策而作出调整。

**讨论：**这家企业是国内最大产业中的龙头企业。事实上，斯威夫特公司在某些年份的销售额比任何一家美国企业还要多。1898—1939 年这 42 年间，除了 1937 年以外，它每年都支付股息，除了三年之外，其余年份都有净利润。它的股东权益从 1898 年的 15 000 000 美元增长到 1939 年的 250 000 000 美元。然而，该公司在 1939 年以低于有形资产一半的价格出售（按照 1930—1939 年的平均数计算）。这个售价尚不超过其净流动资产的股票价值，更不用说生产厂房、运输设备、品牌及商誉等资产项。到底出了什么问题？

如果我们追问为什么华尔街不愿意向斯威夫特公司投资更多，答案很简单。过去十年来，投入资本的平均回报率尚不足 4%，过去二十年来利润趋势一直向下。但真正的问题是，为何这些不利因素足以将股票市值腰斩（相对于有形资产的市场价格），而同期纽约交易所内普通股却普遍以高于账面价值 50% 的价格交易（如 1938 年年底）。由此引申出的问题是为什么售价如此之低以至于持有回报率高达 6%，而 1930—1939 年该公司的普通股平均回报率仅为 4%。（参见穆迪 200 成分股指数）

斯威夫特公司股票的低价格与平均盈利、股息及账面价值之间的相对关系，成了盈利趋势主导市场估值这一现象的完美例证。我们可以清楚地看到，市场此举不仅显示出对于公司前景缺乏憧憬；在 1930—1939 年盈利下调的环境下，它还明确地表达了对于公司持续盈利能力的怀疑，同时表达了对 1.20 美元的股息能否持续的怀疑；在确保未来盈利能力方面，市场还怀疑公司的巨额有形资产是否有价值。

反之，我们又不得不怀疑市场对于斯威夫特公司的估价是否经过了对公司未来发展可能性的认真考察，并且细致地权衡了利弊。肉类产品缺乏需求扩张空间是一块短板，这一点毫无疑问。但其效应或许将被以下因素抵消：(1) 包装行业内在的稳定性和表现；(2) 公司的行业龙头地位以及财务稳健性；(3) 考虑到政府管制下肉类行业损失惨重，相对于其他获利丰厚的行业而言，低利润边际与低盈利的特点将使其免受政策风险的威胁。

从这一视角看，斯威夫特公司的案例可以被视为当下投资观点有效性的简单明了的测试。我们的批判并非针对华尔街对于未来繁荣或者衰败的判断，而是针对这种分析方法的短视。假设斯威夫特公司的股票以 7 美元的价格售出（正如 1932—1933 年那样），华尔街的投资哲学仍将这一购买行为抨击为“追逐下降的行业”。但是公司业务停止扩张的顾虑是不大可能使全部的价值突然消失的。正如派克－戴维斯药厂（Park-Davis）这样的“好”公司股票，如果以某一价位购入，也可能是一项坏的投资，在这样的价位购入如斯威夫特公司这样的“坏”公司股票也能成为好的投资。（将 1939 年 12 月间二者状况进行比较研究将非常有趣。）

因此，华尔街的商业价值评估师与顾问的真正任务应该是决定增长因子在整个估值蓝图中的相对权重，而不是找寻适用于每个公司的快速简易分类法——如同审判日来临一样，赋予永恒的祝福或者诅咒。

另一方面需要指出的是，十年的市场记录对于公司管理层而言构成了一项挑战。这带来的问题值得公司高管与股东探讨。只有积累的更多的有形资产可以支撑起相等的股票估值，斯威夫特公司有才能的管理层才会感到满足。如果条件仍不允许，通常来说，造成不利结果的潜在因素就需要被客观的研究。深度细查后得出的补救措施与原因应当向 59 000 位企业所有人汇报。

## 注释 46（第 29 章）

绝大多数欧洲大陆国家的公司章程规定有强制留存条款，目的是保证股息的定期派发。留存的储备通常来自于每年积累的利润，但比例都不大。一般地，每年一度的股东大会有权决议是否发放股息，不过偶尔也会临时派发股息。

在英国，《公司法》并未将分派股息政策的职能限定于股东大会，而是用法律条件的细则（法律文本中的表 A）推荐了这种股息宣布模式；同时，公司章程通常规定，年度股息的宣布必须以“公司在全体大会上”或“全体大会授权下的董事会”的名义进行。参见《第一程序表》(*First Schedule*)，《公司法案表 A》(*Table A of the Company Act*)，1929 年，19~20 卷，第 23 章。对英国有关股息的法律和政策的讨论可参见《帕默的公司法》(*Palmer's Company Law*)，第 13 版，第 222~233，628 页，伦敦，1929 年。

下面详尽地说明了国外公司的股息政策状况及其后续记录。（具体案例参见本书 1934 年版，第 669~670 页）

1. 荷兰皇家石油公司（Royal Dutch Co.）1920—1939 年在荷属东印度的石油业务包括：

| | |
|---|---|
| (a) 普通股的可分配利润 | 1 530 396 000 荷兰盾 |
| (b) 支付普通股股息 | 1 497 293 000 荷兰盾 |
| (c) 股息支付比率 | 97.84% |

2. 西门子哈尔斯克股份公司 1925—1938 年的财务记录包括：

| | |
|---|---|
| (a) 净利润 | 150 893 000 马克 |
| (b) 股息 | 124 419 000 马克 |
| (c) 法定的董事奖金 | 3 458 000 马克 |
| (d) 专项储备 | 25 550 000 马克[a] |
| (e) 收支差额 | 2 534 000 马克（亏损） |

注：a. 其中包括 3 000 000 马克的福利基金。

3 . 英美烟草公司 (British-American Tobacco Co., Ltd) 于 1921 年 9 月 30 日至 1938 年 9 月 30 日的财务年度记录包括：

| | |
|---|---|
| (a) 可用于分配股息的净收益 | 91 934 000 英镑 |
| (b) 股息 | 87 240 000 英镑 |
| (c) 股息支付比率 | 94.9% |

4 . 通用电气公司显然采用了美国公司留存大部分盈利的股息政策。它的大部分盈利都被结转到了一个名为“储备账户”的科目中。该公司 1925 年至 1939 年 3 月 31 日的财务记录包括：

| | |
|---|---|
| (a) 净收益 | 10 433 000 英镑 |
| (b) 优先股股息 | 3 468 000 英镑 |
| (c) 普通股股息 | 4 521 000 英镑 |
| (d) 拨付储备 | 1 847 000 英镑 |
| (e) 盈余差额 | 597 000 英镑 |

## 注释 47（第 31 章）

文中提到的是第 76 次美国国会第一次会议期间的第 70 号议会文件（华盛顿，1939 年）——《投资信托基金和投资公司的统计调查》（*The Statistical Survey of Investment Trusts and Investment Companies*）。该文件的 463 页～493 页以及 833 页～937 页，完整地介绍了美国证券交易委员会的工作人员对大型管理投资公司在 1927—1937 年业绩表现的详细检查结果。美国证券交易委员会的工作人员采用的方法一般是将投资公司净资产（不扣减长期债务）的波动与标准统计 90 普通股指数（Standard Statistics Index）的波动以及一组其他证券进行比较，由于投资公司实际上不只限于投资普通股，因此这样具有更好的可比性。

这项调查的结果概括如下，它援引上面提到的议会文件第 904~906 页：

“附录中提到的分析是指大型管理投资公司完全……表现得与普通股指数类似，但是很少有公司能超越这一表现。偏离指数的唯一情况来自于普通股以外的投资，即在熊市期间提升这类投资的比例，以及在牛市期间降低这类投资的比例。没有证据表明有许多公司能在多年里持续战胜指数。分析指出，所有决定业绩表现的因素之间相互作用的结果，同指数代表的优秀上市公司的业绩持平。这个分析没有指出投资公司的业绩表现是否就是简单的取决于随机选取的上市普通股的表现。投资公司的正常表现可能比严格随机挑选出的股票的表现更好，尽管这样的结果意味着代表指数的股票也比随机选取的股票更好……”

“可以比较肯定地说，所有这些管理投资公司（相对于此处研究的样本）的业绩表现不比领先的普通股指数好，甚至很可能比 1927—1935 年的指数的表现更糟……”

“固定投资信托（fixed investment trusts）和半固定投资信托（semifixed investment trusts）……在 1930—1935 年的典型表现低于指数表现，尽管幅度很小。但几乎所有的固定投资信托和半固定投资信托都将资产投资于普通股，因此它们在熊市的表现比投资公司更差，在牛市的表现比投资公司更好……考虑所有因素，我们怀疑固定投资信托在 1930—1935 年的表现比管理投资公司的平均表现更糟糕。”

表 F47—1 分析了最大的六家投资公司（截至 1939 年 12 月 31 日）在此之前 4 年时间内和 6 年时间内的表现。

**表 F47—1　最大的六家投资公司在 1934—1939 年，1936—1939 年的表现**

| 公司 | 12 月 31 日每股资产价值（单位：美元） | | | 支付的股息（单位：美元） | | 价值变化中的总收益（单位：%） | |
|---|---|---|---|---|---|---|---|
| | 1933 | 1935 | 1939 | 1934—1939 | 1936—1939 | 1934—1939 | 1936—1939 |
| 阿特拉斯公司（Atlas Corp） | 11.03 | 15.25 | 12.80 | 2.90 | 2.60 | 42.4 | 1.0 |
| 红利股份 (Dividend Shares) | 1.21 | 1.56 | 1.28 | 0.54 | 0.39 | 50.4 | 7.1 |
| 混合投资者 (Incorp. Investors) | 17.99 | 20.86 | 16.34 | 9.93 | 6.66 | 46.0 | 10.3 |
| 雷曼公司 (Lehman Corp) | 26.84 | 37.10 | 32.72 | 9.72 | 8.00 | 54.4 | 9.8 |
| 马萨诸塞州投资信托 (Mass. Invest. Trust) | 17.70 | 24.03 | 20.98 | 6.39 | 4.91 | 54.5 | 7.9 |
| 道富投资 (State St. Investment) | 65.34 | 92.30[a] | 71.81 | 39.30（估计） | 36.00（估计） | 70.6 | 16.8 |
| 标准统计 420 股票指数 | 71.0 | 96.8 | 94.3 | 24.0 | 18.3 | 66.6 | 16.3 |

注：a. 调整后。

所有的结果将与我们可以找到的最全面合适的标准统计 420 股票指数进行比较。指数上的股息回报的计算有些随意，是按照道琼斯工业指数中 30 只股票的权重来估计的。表 F47—2 对 12 家投资公司在 1937—1939 年不同日期持有的现金和政府债券，与在相应日期的道琼斯工业平均指数作比较。从中可以观察到，持有的现金与道琼斯工业平均指数呈反向变动关系，这暗示了公司在上升的股票市场中倾向于买入，在下跌的股票市场中倾向于卖出。

表 F47—2　　1937—1939 年 12 家投资公司的情况与道琼斯指数比较

| 日期 | 道琼斯工业平均指数 | 12 家投资公司[a]持有的现金和美国国债（美元） |
|---|---|---|
| 1937 年 9 月 30 日 | 154.5 | 35 057 000 |
| 1938 年 3 月 31 日 | 99.0 | 82 796 000 |
| 1938 年 12 月 31 日 | 154.8 | 27 093 000 |
| 1939 年 6 月 30 日 | 130.6 | 35 858 000 |
| 1939 年 9 月 30 日 | 152.5 | 23 775 000 |

注：a. 这些公司是：亚当斯快递（Adams Express）、蓝脊（Blue Ridge）、权益投资公司（Quity Corp）、通用美国（General American）、投资者股份有限公司（Incorporated Investors）、雷曼公司、尼亚加拉股份公司（Niagara Share）、季度收入股份（Quarterly Income Shares）、精选行业（Selected Industries）、三角洲公司（Tri-Continental）、美国及海外证券（U.S.& Foreign Securities）、美国及国际证券（U.S.& International Securities）。

## 注释 48（第 32 章）

销售成本计价的标准法和“后进先出法”之间的差异可以通过下面这个简单的例子来说明。

假设一家公司期初有 10 000 000 磅铜；之后三年每年购入 10 000 000 磅铜，年销售 10 000 000 磅，销售价格比市场价格高 2 美分。期初成本和市场价格为 10 美分；第一年的平均成本和期末价格为 15 美分，第二年为 5 美分，第三年为 10 美分。

很显然，公司的存货与期初存货等量，并且每卖出一磅铜能赚 2 美分。根据常识可以推测公司每年赚取 200 000 美元的毛利润。但是按照标准的会计做法，第一年的利润是 700 000 美元，第二年亏损 800 000 美元，第三年的利润是 700 000 美元。在 1939 年以前不允许结转损失，所以公司应税所得为 1 400 000 美元。按照 1939 年的法律规定，采用标准法，该时期内的应税所得为 700 000 美元，也就是第一年的“利润”，以后就没有了。

然而，根据“后进先出法”，公司每年利润为 200 000 美元，所得税也基于此计算缴纳。

相关的计算显示在表 F48—1 和表 F48—2 中。

表 F48—1　　标准法　　（单位：美元）

| | 第一年 | | 第二年 | | 第三年 | |
|---|---|---|---|---|---|---|
| 销售收入 | | 1 700 000 | | 700 000 | | 1 200 000 |
| 销售成本 | | | | | | |
| 期初存货 | 1 000 000 | | 1 500 000 | | 500 000 | |
| 本期购入 | 1 500 000 | | 500 000 | | 1 000 000 | |
| | 2 500 000 | | 2 000 000 | | 1 500 000 | |
| 减去期末存货 | | | | | | |
| （成本与市价孰低） | 1 500 000 | 1 000 000 | 500 000 | 1 500 000 | 1 000 000 | 500 000 |
| 毛利润 | | 700 000 | 亏损 | 800 000 | | 700 000 |

表 F48—2 后进先出法 （单位：美元）

| | | | |
|---|---|---|---|
| 销售收入 | 1 700 000 | 700 000 | 1 200 000 |
| 销售成本（等于当年购入成本） | 1 500 000 | 500 000 | 1 000 000 |
| 毛利润 | 200 000 | 200 000 | 200 000 |

## 注释 49（第 32 章）

### 正常库存量法的说明

表 F49—1 中，普利茅斯绳索公司 1930—1939 年的十年业务数据体现了多种存货准备的计提方法。1932 年以前采用的是一种比较随意的处理方法。1929 年公司计提了大量准备，在下一年便消化掉了。此后直到 1933 年才又计提了存货减值准备。1933—1934 年，公司采用新的会计政策，将全部存货的价值减记为 1932 年的低价。1935 年，尽管不是完全必要，公司仍然计提了与 1934 年相当的准备。从 1936 年开始，公司采用正常库存量法，通过计提足额的准备，将日常经营所需的最小存货供给的价格减记为有史以来最低的。

表 F49—1 普利茅斯绳索公司相关数据 （单位：千美元）

| 日期或是截至 9 月 30 日的年度 | 存货数据 | | | 当年净利润 | | |
|---|---|---|---|---|---|---|
| | 计提准备前[a] | 计提公司准备后 | 按照正常库存量计提准备后[b] | 调整存货准备前 | 调整存货准备后 | |
| | | | | | 按照公司的做法 | 按照正常库存量的做法 |
| 1929 | 8 059 | 7 110 | 4 297 | | | |
| 1930 | 6 008 | 6 008 | 4 367 | 658（亏损） | 288 | 1 463 |
| 1931 | 4 011 | 4 011 | 3 292 | 25 | 25 | 943 |
| 1932 | 3 150 | 3 150 | 3 102 | 233（亏损） | 233（亏损） | 444 |
| 1933 | 3 473 | 3 143 | 3 238 | 486 | 157 | 294 |
| 1934 | 5 144 | 4 471 | 4 722 | 619 | 276 | 432 |
| 1935 | 4 030 | 3 358 | 3 503 | 475 | 475 | 370 |
| 1936 | 5 191 | 4 193 | 4 193 | 892 | 466 | 320 |
| 1937 | 5 315 | 3 291 | 3 291 | 1 195 | 269 | 269 |
| 1938 | 4 849 | 3 877 | 3 877 | 1 066（亏损） | 9（亏损） | 9（亏损） |
| 1939 | 4 635 | 3 457 | 3 457 | 336 | 130 | 130 |
| 十年平均 | | | | 207 | 184 | 466 |

注：a. 按照成本与市价孰低计量。

b. 1929—1935 年的数据由普利茅斯绳索公司提供。

表 F49—1 表明，如果在十年间采用正常库存量的方法而非公司实际采用的存货减值方法，会产生什么样的结果。最重要的事实是，正常库存量法将减少盈利的大幅波动，并会导致这一时期的总利润大幅增加。导致后者的原因是，1929 年 9 月 30 日的公示报表体现了一笔巨大的存货贬值，公司当期还为它计提了准备。这些数据揭示了，如果在 1930—1932 年的大萧条期间普利茅斯绳索公司采用正常库存量法，那么其业绩表现将会非常优秀。（参见我们在第 45 章基于公布的数据所作的分析。）注意，将采用正常库存量法后存货净值的较小变化与调整之前的数据进行比较。

## 注释 50（第 32 章）

在 1929 年 1 月 1 日至 1933 年 1 月 31 日这段期间，州际百货公司以平均每股 20.62 美元的价格，购入 30 000 股自己公司的普通股。随后该公司将股票的账面价值降至每股 5 美元，冲减了 468 689 美元的留存收益，同时还保留了 20 000 股作为按照协议规定在未来几年里提供给管理层的报酬。在 1937 年 1 月 31 日前的三个财年里，该公司向管理层发行了 12 432 股，将管理服务的成本按每股 5 美元计算计入损益表，尽管对公司而言，股票发行成本其实更高，其市场价值远高于每股 5 美元（见表 F50—1）。

表 F50—1　　州际百货公司 1935—1937 年收入情况　　（单位：美元）

| 截至 1 月 31 日的财年 | 报表上的净利润[a] | 平均成本基础上的净利润[b] | 基于市场价值的净利润[c] | 基于现金报酬的净利润[d] |
|---|---|---|---|---|
| 1935 | 468 350 | 418 991 | 442 675 | 453 095 |
| 1936 | 446 650 | 402 445 | 423 718 | 432 080 |
| 1937 | 882 002 | 781 378 | 715 997 | 852 438 |

注：a. 将股票按照每股 5 美元扣除。

b. 将股票按平均初始成本从利润中扣除。

c. 将股票按授予管理层当日的市价从利润中扣除。

d. 若管理层不要股票而选择现金，将现金报酬从利润中扣除。

表 F50—1 揭示了这些交易事项对报告期利润的影响，正如公司在 1937 年 5 月 13 日的招股说明书中所披露的一样。

## 注释 51（第 33 章）

基于 1939 年的税收法案，表 F51—1 对公司应纳税所得额与报告给股东的净利润之间的差异做一个概括。

表 F51—1　　需缴所得税收益和报告给股东的净收益之间的差异

| | 导致应纳税所得额增加的差异 | 导致应纳税所得额减少的差异 |
|---|---|---|
| Ⅰ. 出于税收的考虑从损益表中剔除的项目 | 当年的短期资本损失<br>为员工购买人身保险<br>将持有证券的价值调低为市价 | 收到的国内股息的 85%<br>收到的国债、市政债的利息 |
| Ⅱ. 通常是盈余账户中的项目，包括在纳税申报表里 | 出售资本资产的收益<br>收到的以前年度收入<br>出售股本的收益 | 出售资本资产的长期损失<br>应在未来核销的开发费用<br>到期收回债券时的溢价及未摊销的折价<br>出售股本的损失<br>从盈余中扣减的债券折价部分的本年及以前年度摊销额 |
| Ⅲ. 不出现在当年报表中的损益或盈余账户中的项目 | | （特定情况下）结转以前年度的净损失<br>（特定情况下）结转以前年度的短期资本损失 |

Ⅳ. 其他差异：

A. 由于纳税申报表上和公布报表中的折旧和其他摊销项目的计算方法不同所引起的。

B. 由于已在美国境外缴纳所得税和其他税费导致的税收减免。

## 注释 52（第 35 章）

以下三个不同的例子都是有关将部分摊销拨备排除在损益表之外的。

**例子 A：宾夕法尼亚 – 迪克西水泥公司。**截至 1937 年 1 月 1 日，这家公司创建了一个 9 373 000 美元的特别储备（从盈余中支取），以此削减公司厂房设备的价值，消除在 1926 年公司成立时所制定的高价。（通过随意将股息为 7 美元的无面值优先股这类资本负债从 100 美元减至 25 美元，来创造资本公积。）在 1936 年摊销费用达 1 367 661 美元，但到 1937 年时公司仅从收益中支取 585 000 美元的费用，而剩余的 744 000 美元从特殊储备中支取。这些项目变动的结果，是为了在 1937 年和 1938 年表面上降低固定费用的负担，但是根据以往基准计算的话，在扣减利息之前就已经余额不足。

在这个例子中较低的折旧费用看似合理，因为它适用于厂房设备的初始成本，而不是增值后估价。公司仅仅削减厂房设备账户，然后根据较低基准支取摊销费用，这将更为简单。保留较高的厂房设备账面价值，从而产生特殊储备，会促使投资者要求核实债券和优先股中的大量初始优先资本。

**例子 B：赛明顿 – 古尔德公司（Symington-Gould Corp.）。**1938 年该公司从收益中支取 168 000 美元用于折旧，同时另外从“厂房设备价值减值储备”中支取 165 000 美元。

在 1937 年时该公司也是如此。初始储备设立于 1937 年年初，大约是 880 000 美元，相比之下总厂房设备账户金额为 7 500 000 美元。

这种设计安排不同于宾夕法尼亚 – 迪克西水泥公司的例子，因为该公司的储备比例要小得多，而赛明顿 - 古尔德公司的储备足够支付大约五年的额外摊销费用。通过这一设计安排，资产负债表中的厂房设备账户净值只会适度减少，而另一方面从收益中支取的折旧费用减半。

**例子 C：顶点钼业公司（Climax Molybdenum Co.）**。1938 年这家矿业公司在资产负债表中从收益里仅支取了 20 000 美元用于损耗费用（这是根据矿井的成本），同时从“已发现存量”中支取 2 341 000 美元的较大数额用于损耗费用。

很明显，从收益账户中支取的损耗费用对于投资者来说已经毫无意义，对“已发现存量”的消耗是矿井剩余存续寿命的重要指标——在 1938 年这个指标大约是 29 年，之后则需要重新开发。需要注意公司的费用是根据矿井大约 72 000 000 美元的估价来计算的，但是 1939 年公司股票的平均价格大约是 47 美元，相当于 111 000 000 美元的矿井估价。因此分析师根据市场价值计算的损耗费用会高于公司从盈余中支取的费用。

或许该主张为了应付 30 年的矿井寿命应该按复利计算拨备，以此来大量扣减每年的损耗费用。但鉴于采矿企业涉及的许多不确定性，遵循简单的“直线”法似乎更切合实际，从而能为未来难以预料之事设立一个确定的安全边际。

## 注释 53（第 37 章）

在本书 1934 年版的 434 页中，我们指出，A 公司的合理股价应该为其平均每股收益乘以 16，即约 65 美元。现在，我们的观点与先前的看法有两点不同：（1）乘数应从 16 提至 20；（2）应该以上一年的每股收益代替平均每股收益。之所以要提高乘数，是因为债券利率相对于 1934 年前已经大为降低。1940 年，标准统计公司 A1+ 级的债券利率为 2.78%，而在 1933 年为 4.67%，1929 年为 4.78%。关于 20 倍乘数的进一步讨论，见附注 57。

之所以要用上一年的每股收益来代替每股平均收益，是因为最近一年的收益与未来收益的关系更为紧密，因此在衡量收益方面也更为可靠，但这也有限制条件，即：（1）最近一年的业务状况并非异常优异；（2）收益呈现上升趋势；（3）远期前景向好。

## 注释 54（第 37 章）

在这一问题上，本书 1934 年版给出了如下解释：

**例子：**1933 年，从资产价值与平均收益方面看，马克卡车公司的股价已低到极点。1933 年 3 月初公布上一年年报时，该公司股价仅为每股 15 美元。年报显示，每股现金资产净值为 12 美元，每股净流动资产为 40 美元。该公司的收益状况在表 F54—1 中。

从表 F54—1 中可以看出，1933 年 3 月，马克卡车公司的股价略高于其每股净流动资产的三分之一，也稍高于平均每股收益的两倍。

由于马克卡车公司是其行业内的龙头企业，且该行业本身也是一个重要的行业，因此可以相信，该公司会继续取得良好的收益。所以，其股价如此之低确实很反常。铁路股票被冷落在很大程度上是因为卡车的竞争，同时投资者普遍担心卡车运输业会源源不断地从铁路运输业手中抢夺业务。因此，重型卡车制造业的前景非常好，马克公司的股价实在过低。

表 F54—1　　马克卡车公司的收益状况　　（单位：美元）

| 年度 | 归属于普通股股东的净利润 | 每股收益 | 派发股息 |
|---|---|---|---|
| 1932 | 1 480 000（亏损） | 2.19（亏损） | 1.00 |
| 1931 | 2 150 000[a]（亏损） | 2.90[a]（亏损） | 2.25 |
| 1930 | 2 008 000 | 2.67 | 5.50 |
| 1929 | 6 841 000 | 9.05 | 6.00 |
| 1928 | 5 915 000 | 7.83 | 6.00 |
| 1927 | 4 707 000 | 6.60 | 6.00 |
| 1926 | 7 716 000 | 10.81 | 6.00 |
| 1925 | 8 331 000 | 13.64 | 6.00（其中一半为股票股息） |
| 1924 | 5 083 000 | 11.97[b] | 6.00 |
| 1923 | 5 866 000 | 13.81[b] | 5.00 |
| 平均 | 4 284 000 | 7.13 | |

注：a. 将工具等资产减记为 1 美元之前。

b. 因发放 50% 的股息（1925 年 12 月 31 日发放）而经过调整。

**后来的情况及其分析：**马克卡车公司后来的情况如表 F54—2 所示：

表 F54—2　　马克卡车公司后来的收益状况　　（单位：美元）

| 年度 | 每股收益 | 股息 | 股价变化范围 |
|---|---|---|---|
| 1933 | 1.42（亏损） | 1.00 | $46\frac{3}{8}$~$13\frac{1}{2}$ |
| 1934 | 0.03 | 1.00 | $41\frac{3}{4}$~22 |
| 1935 | 0.66（亏损） | 1.00 | $30\frac{3}{4}$~$18\frac{5}{8}$ |
| 1936 | 2.41 | 1.50 | $49\frac{1}{4}$~$27\frac{3}{8}$ |
| 1937 | 2.15 | 1.25 | $62\frac{1}{4}$~$17\frac{3}{8}$ |
| 1938 | 1.56（亏损） | 0.25 | $32\frac{1}{2}$~16 |
| 1939 | 1.14 | 0.50 | $33\frac{3}{4}$~18 |

该公司在后来这些年里的收益令人大失所望，原因在于：（1）生产资料行业不够活跃，包括重型卡车制造业；（2）马克卡车公司在行业内的地位下降了。

考虑到1933年年初的股价普遍较低，以每股15美元购买马克卡车公司的股票便理所当然可能收益颇丰。从这个例子中，我们可以得出两点结论：（1）分析师错误估计了马克卡车公司的未来收益，可能是因为误判或其他原因。（2）要想尽可能地预防突发事件，股票的内在价值就应当大大高于股价。

## 注释55（第37章，第47章）

1933—1934年发行的啤酒业股票后来的表现。

表F55—1中有该段时期内发行的所有啤酒业股票的发行价及1938年年底的价值，其中大部分股票的发行价都取自《商业与金融年鉴》(*Commercial and Financial Chronicle*)，表里共包含了72家公司。总价值是按照每家公司的股票价值来计算的，并非其资本总额。

表F55—1　72只啤酒业股票的数据汇总

| 1938年12月31日的股价VS.发行价 | 公司数量 | 股票总值（千美元） | |
|---|---|---|---|
| | | 以发行价计算 | 以1938年12月31日的股价计算 |
| 1938年12月31日的股价较高 | 9 | 6 211 | 12 555 |
| 发行价较高 | 62 | 30 533 | 5 918 |
| 二者相等 | 1 | 346 | 346 |
| | 72 | 37 090 | 18 819 |

## 注释56（第38章，第51章）

通过研究便能从跨区快速地铁公司各类证券的差异中找到不少机会，这些机会都具有一定的特征，并在市场中重复出现。

1. 1919年11月，该公司利率为4.5%的债券与跨区联合公司的优先股的价格均为13美元。该债券（称为跨区都市4.5%）已经违约，公司也处于破产在管状态。债券持有人有权要求获得公司的所有资产（价值不菲），股东则一无所得。在随后的重组中，优先股与普通股都不再存在，而债券持有人则获得了新的债券，且其价值高出面值13%。

2. 1920年1月，跨区快速地铁公司利率为7%的债券售价为64.5美元（1921年9月到期），同时，该公司利率为5%的第一替续债券售价为53.25美元（1966年到期）。每份利率为7%的债券都是以1 562美元的利率为5%的债券为抵押，并可转换为约1 144

美元利率为 5% 的债券。因此，利率为 7% 的债券的价值要远远高于利率为 5% 的债券，原因在于：（a）更为安全；（b）收益率更高；（c）因为可转换，因此当利率为 5% 的债券的价格上涨时，利率为 7% 的债券的持有者也可从中获利。

后来该债券延期了一年，延期期间利率为 8%。1922 年，该债券持有者可获得 100 美元的现金，外加 900 美元可转换抵押债券，利率为 7%，1932 年到期。如果持有者拒绝这些，也可要求公司一次性足额偿付该债券。由此可见，如果将利率为 5% 的债券换为利率为 7% 的债券，在 1921—1922 年便可获得可观的收益。

3. 1929 年早期，跨区快速地铁公司的股票售价高于曼哈顿铁路公司的"改进后的保证股票"（例如，1929 年 3 月时，前者为 55.5 美元，后者为 54 美元），这是非常不合理的，因为：

a. 当跨区快速地铁公司的股票还未获得收益时，"曼哈顿改进股"便已有每年 5% 的股息，且总收益率达到 6.25%；

b. 如果跨区快速地铁公司的股票收益率达到 6%，那么"曼哈顿改进股"的收益率则可达到 7%；

c. 1950 年之前，跨区快速地铁公司的股票收益率一直未超过 7%；

d. 曼哈顿公司每年都发放 5% 的股息，而跨区快速地铁公司的股东却什么也没得到。

而且，在接下来的 21 年里，曼哈顿公司的股东所获取的股息绝不少于跨区快速地铁公司的股东。因此，在 1929 年 8 月时，二者股价的差异是有道理的，当时"曼哈顿改进股"的价格较跨区快速地铁公司要高出 16%（前者为 39.25 美元，后者为 23 美元）。

4. 1933 年 10 月，跨区快速地铁公司利率为 5% 的债券及利率为 7% 的债券的售价均为 65 美元。对此的详细分析可见第 1 章与第 51 章。

5. 1932 年 12 月，曼哈顿铁路公司的"未改进股"售价为 18 美元，而"改进股"的价格为 6.625 美元。前者的股息率为 7%，且由跨区快速地铁公司无条件担保。"改进股"的股息率则视公司收益而定。然而，1922 年启用的改进方案有如下条款：如果跨区快速地铁公司不能按照与曼哈顿公司签订的条约支付税款与债券利息，那么它就必须为后者的"改进股"也提供无条件的担保。由于跨区快速地铁公司陷于破产，因此也极有可能违约（事实上不久后它就违约了）。由此可见，曼哈顿公司的"未改进股"与"改进股"之间的差异是不合理的。

纽约市给出了购买方案（该方案在 1940 年完成实施），在这一方案下，曼哈顿公司的"未改进股"价格为 35 美元，"改进股"的价格为 19 美元，纽约市将通过发行市政债券来完成这一购买计划。但这样一个权宜之计，多少有失公正。

## 注释 57（第 39 章）

在本书 1934 年版中我们提到，对于普通股而言，16 倍的市盈率已是投资级别的上限。而这里之所以给出 20 倍的市盈率，是考虑到长期借款利率已大为降低。如果利率从 4.5% 降至 2.75%，那么乘数就应从 16 升至 25。

随着利率的降低，市盈率也相应地升高，这时就需要特别注意。第一，由于市盈率升高，在购买股票时就必须三思而后行。假若股票的市盈率为 10，那么毋须等待很长时间便可能获得收益，那样投资者也许就会认为赚钱很容易。但是，若乘数上升，那么投资者可能就没有足够的耐心等待收益的到来，同时也无法对未来做出可靠的预测。这样，他就只能指望市场行情或其他方面的收益。

第二，如果利率一直维持在较低水平，那么股票投资的收益率最终也会下降。到那时，过高的乘数便不再合适，因为没有充分考虑到长期利率降低的后果。

## 注释 58（第 39 章）

我们在此附上 1934 年版本中的表格（见表 F58—1 至表 F58—3），以说明购买各种普通股的情况。

**A 组：**1933 年 7 月，因价格过高而变成投机性的普通股（数据已根据资本总额的变化进行了调整）。

表 58—1　　A 组三家公司的普通股数据　　（单位：美元）

| 项目 | 纳贝斯克公司 | 空气压缩公司 | 商用溶剂公司 |
|---|---|---|---|
| 普通股每股收益 | | | |
| 1932 | 2.44 | 2.73 | 0.51 |
| 1931 | 2.86 | 4.54 | 0.84 |
| 1930 | 3.41 | 6.32 | 1.07 |
| 1929 | 3.28 | 7.75 | 1.45 |
| 1928 | 2.92 | 4.61 | 1.22 |
| 1927 | 2.84 | 3.58 | 0.84 |
| 1926 | 2.53 | 3.63 | 0.69 |
| 1925 | 2.32 | 3.33 | 0.37 |
| 1924 | 2.18 | 2.81 | 0.45 |
| 1923 | 2.02 | 4.14 | 0.02（亏损） |
| 10 年期平均值 | 2.68 | 4.34 | 0.74 |
| 优先股 | 35 000 000（共 248 000 股，每股 140 美元） | | |

续前表

| 项目 | 纳贝斯克公司 | 空气压缩公司 | 商用溶剂公司 |
|---|---|---|---|
| 普通股 | 333 000 000<br>（共 6 289 000 股，每股 53 美元） | 76 000 000<br>（共 841 000 股，每股 90 美元） | 75 000 000<br>（共 2 495 000 股，每股 30 美元） |
| 资本总额 | 368 000 000 | 76 000 000 | 75 000 000 |
| 有形资产净值（截至 1932 年 12 月 31 日） | 129 000 000 | 29 200 000 | 8 700 000[a] |
| 净流动资产（截至 1932 年 12 月 31 日） | 36 000 000 | 9 800 000 | 6 000 000 |
| 基于普通股股价的平均收益率 | 5.1% | 4.8% | 2.5% |
| 基于普通股股价的最高收益率 | 6.4% | 8.6% | 4.8% |

注：a. 该公司已将厂房与设备减记为 1 美元，而在 1929 年这些固定资产的净值约为 3 000 000 美元。

**B 组**：1933 年 7 月，因收益不稳定而变成投机性的普通股。

表 58—2　B 组三家公司的普通股数据　（单位：美元）

| 项目 | B.F, 百路驰公司 | 海湾钢铁公司 | 堪萨斯标准石油公司 |
|---|---|---|---|
| 普通股每股收益[a] | | | |
| 1932 | 6.75（亏损） | 3.94（亏损） | 0.23[b] |
| 1931 | 8.01（亏损） | 5.89（亏损） | 1.95（亏损） |
| 1930 | 8.55（亏损） | 4.84（亏损） | 1.19 |
| 1929 | 4.53 | 5.93 | 4.73 |
| 1928 | 1.50 | 6.28 | 0.91 |
| 1927 | 17.11 | 4.93 | 2.59（亏损） |
| 1926 | 4.15（亏损） | 5.28 | 0.51 |
| 1925 | 23.99 | 7.17 | 1.54 |
| 1924 | 11.10 | 7.48 | 1.50（亏损） |
| 1923 | 0.88（亏损） | 12.79 | 0.88（亏损） |
| 10 年期平均值 | 2.99 | 3.52 | 0.22 |
| 债券（面值） | 43 000 000 | 5 200 000 | |
| 优先股 | 11 200 000<br>（共 294 000 股，每股 38 美元） | 1 000 000<br>（共 20 000 股，每股 50 美元） | |

续前表

| 项目 | B.F, 百路驰公司 | 海湾钢铁公司 | 堪萨斯标准石油公司 |
|---|---|---|---|
| 普通股 | 17 300 000（共 1 156 000 股，每股 15 美元） | 5 600 000（共 198 000 股，每股 28 美元） | 5 380 000（共 296 000 股，每股 20 美元） |
| 资本总额 | 71 500 000 | 11 800 000 | 5 380 000 |
| 有形资产净值（截至 1932 年 12 月 31 日） | 105 300 000 | 27 000 000 | 5 290 000 |
| 净流动资产（截至 1932 年 12 月 31 日） | 43 700 000 | 2 230 000 | 3 980 000 |
| 基于普通股股价的平均收益率 | 19.9% | 12.6% | 1.1% |
| 基于普通股股价的最高收益率 | 160% | 45.7% | 23.7% |

注：a. 已根据存货价值的变化进行了调整。

b. 截至 1932 年 12 月 31 日，共 9 个月。

**C 组：**1933 年 7 月，在数据上满足投资性要求的普通股。

表 F58—3　C 组三家公司的普通股数据[a]　（单位：美元）

| 项目 | S.H. 克雷斯公司 | 岛溪煤炭公司 | 纳什汽车公司 |
|---|---|---|---|
| 普通股每股收益 | | | |
| 1932 | 2.80 | 1.30 | 0.39 |
| 1931 | 4.19 | 2.28 | 1.78 |
| 1930 | 4.49 | 3.74 | 2.78 |
| 1929 | 5.92 | 5.05 | 6.60 |
| 1928 | 5.76 | 4.46 | 7.63 |
| 1927 | 5.26 | 5.64 | 8.30 |
| 1926 | 4.65 | 4.42 | 8.50 |
| 1925 | 4.12 | 3.22 | 5.57 |
| 1924 | 3.06 | 3.58 | 3.00 |
| 1923 | 3.39 | 4.08 | 2.96 |
| 10 年期平均值 | 4.36 | 3.78 | 4.75 |

续前表

| 项目 | S.H. 克雷斯公司 | 岛溪煤炭公司 | 纳什汽车公司 |
|---|---|---|---|
| 优先股 | 3 700 000<br>（共 372 000 股，每股 10 美元） | 2 400 000<br>（共 27 000 股，每股 90 美元） | |
| 普通股 | 38 300 000<br>（共 1 162 000 股，每股 33 美元） | 14 300 000<br>（共 594 000 股，每股 24 美元） | 50 300 000<br>（共 2 646 000 股，每股 19 美元） |
| 资本总额 | 42 000 000 | 16 700 000 | 50 300 000 |
| 有形资产净值（截至 1932 年 12 月 31 日） | 58 300 000 | 18 900 000 | 41 000 000 |
| 净流动资产（截至 1932 年 12 月 31 日） | 15 200 000 | 7 500 000 | 33 000 000 |
| 基于普通股股价的平均收益率 | 13.2% | 15.8% | 25.0% |
| 基于普通股股价的最高收益率 | 17.9% | 23.5% | 44.7% |

注：a. 岛溪煤炭公司与纳什汽车公司的数据因股票拆分而进行了调整。

**后续**：截至 1939 年 12 月 31 日，上述各组股票的后续情况如下。假定每只股票都购买 100 美元，结果也可以在表 F58—4 中看到。

表 F58—4　上述各组股票的后续情况

| | 1939 年 12 月 31 日的股价 | 每股股息总额 | 假设购买 100 美元该股，所得到的结果 | | |
|---|---|---|---|---|---|
| | | | 所获股息 | 1939 年 12 月 31 日的价值 | 总变化率 |
| A 组 | | | | | |
| 纳贝斯克公司 | 22 5/8 | 10.80 | 20.6 | 42.9 | −36.5% |
| 空气压缩机公司 | 170 1/4 | 35.50 | 39.2 | 189.0 | +128.2% |
| 商业溶剂公司 | 14 | 2.85 | 9.5 | 46.6 | −43.9% |
| 平均 | | | 23.1 | 92.8 | +15.9% |
| 年均股息率 | | | 3.85% | | |
| B 组 | | | | | |
| 百路驰公司 | 19 1/2 | 2.00 | 13.3 | 131.0 | +44.3% |
| 海湾钢铁公司 | 55[b] | | | 196.4 | +96.4% |

续前表

| | 1939年12月31日的股价 | 每股股息总额 | 假设购买100美元该股，所得到的结果 | | |
|---|---|---|---|---|---|
| | | | 所获股息 | 1939年12月31日的价值 | 总变化率 |
| 堪萨斯标准石油公司 | 48 | 10.00 | 50.0 | 240.0 | +190.0% |
| 平均 | | | 21.1 | 189.1 | +110.1% |
| 年均股息率 | | | 3.52% | | |
| C组 | | | | | |
| 克雷斯公司 | $57^1/_4$[a c] | 19.10 | 57.8 | 173.5 | +131.3% |
| 岛溪煤炭公司 | $25^1/_4$[a] | 12.50 | 52.1 | 105.2 | +57.3% |
| 纳什汽车公司 | $6^5/_8$ | 3.88 | 20.5 | 34.9 | –244.6% |
| 平均 | | | 43.5 | 101.2 | +44.7% |
| 年均股息率 | | | 7.25% | | |

注：a. 因股票进行了1拆3，故数据经过了调整。

b. 这只股票后来变成了共和钢铁公司的股票，因此数据也经过调整。

c. 因股票进行了1拆2，故数据经过了调整。

由此可见：

1. B组后来的表现最好，是投机的好选择。然而，这只是一种偶然，其他同类型的股票在这段时期内的表现相当差。

2. C组的股息回报最高。与其他类型的股票相比，该类股票的股息回报普遍较好。

3. 由于只选取了少量样本，因此A组和C组的股票并不能代表这一类型所有股票。从纳什汽车公司的糟糕表现就可以看出，股票的质量是很重要的。书中曾强调过这点，即：投资者必须要在确信公司具有良好前景时，才能去购买该公司的股票（C组中的股票）。

## 注释59（第40章）

表F59—1 美国水务和电力公司[a]

| 项目 | 1929年 | 1938年 | 1938年的数据与1929年数据比值（%） |
|---|---|---|---|
| 总收入 | 54 119 | 50 004 | 92.4 |
| 可用于扣减各类费用的金额 | 22 776 | 17 593 | 77.2 |
| 固定费用与优先股股息 | 16 154 | 16 698 | 103.37 |
| 归属于普通股股东的净利润 | 6 622 | 895 | 13.52 |

续前表

| 项目 | 1929 年 | 1938 年 | 1938 年的数据与 1929 年数据比值（%） |
|---|---|---|---|
| 普通股股数 | 1 657 | 2 343 | 141.41 |
| 普通股每股收益（美元） | 4 | 0.38 | 9.5 |
| 普通股最高价 | 199 | 16.13 | 8.1 |
| 1929 年起普通股每股最低收益（美元） | | | 0.38（1938） |
| 1929 年起普通股最低价 | | | 6（1938） |

注：a. 除了以每股计的收益，其他数字单位为 4 美元。

表 F51—2　　联合电力和照明公司

| 项目 | 1934 年 | 1937 年 |
|---|---|---|
| 总收入 | 73 867 | 89 531 |
| 可用于扣减各类费用的金额 | 19 905 | 23 404 |
| 固定费用 | 18 918 | 17 932 |
| 附加税 | | 289 |
| 优先股收益 | 987 | 5 183 |
| 优先股每股股息（美元） | 1.64 | 8.64 |

注：a. 除了以每股计的收益，其他数字单位为 4 美元。

还有一家公司的股票也出现了与美国水务和电力公司类似的机会，具体如下：

1935 年，联合电力和照明公司价值 6 美元的累积优先股售价为每股 3.5 美元，累积优先股总值仅为 2 100 000 美元，偿付顺序次于集团的长期借款及子公司的优先股（总值 329 422 455 美元）。从总收入及优先资本总额来看，公司的资本结构为典型的金字塔型，因此，可用于扣减各类费用的金额的稍许降低都能使得母公司的优先股收益大增。到 1937 年，该股股价已从 1935 年的最低价——3.5 美元涨至 75.875 美元。1936 年时该股的最高价为 68 美元。

## 注释 60（第 41 章）

这两家公司后来的表现很有趣（1934 年版中也有）。

金价的上涨使莱特哈格里夫斯公司的销售额达到了七百多万美元，1934—1938 年，每年的折耗前每股收益均在 72 美分左右。1934 年，股价涨至 10.30 美元的高点，但 1939 年年底仅为 6.125 美元。

从大萧条中复苏之后，巴克兄弟公司的销售额在 1937 年达到了 14 314 000 美元。1936 年，其净利润达到 666 000 美元，相当于优先股每股 23.67 美元，普通股每股 3.36 美元。发放优先股股息后（1936 年，公司调整了资本结构，处理了累积优先股的股息，因此优先股股息也进行过调整），普通股每股收益为2.67美元。1936年，优先股股价涨至131美元，1937年则到了140美元，普通股在1937年也达到了32美元的最高价。而1939年年底，普通股售价仅为8.125美元，优先股仅为80美元。请注意，该公司的优先股比普通股更具投机机会，因为与普通股的股价相比，优先股的股价其实算比较低了。

## 注释61（第41章，第43章，第45章）

### 普通股的价格、收益及资产价值
### 1938年，对纽交所上市证券的研究

1938年年底，纽交所上市股票总值约为410亿美元，这正好处于1937年3月的最高值550亿美元与1939年的最低值270亿美元的中点。很明显，华尔街几乎没有考虑过，与内在价值相比，股票的价格到底是过高还是过低。事实上，一年之后，股票的价值依然与先前差不多。因此，人们需要研究大萧条后的股票价值，至少应当研究在一般情况下，不同的普通股的股价与其收益、资产价值之间的比率关系。1939年年初，在本书作者的指导下，哥伦比亚大学商学院的学者们就做了这样的研究，几乎涵盖了在纽交所上市的所有股票，本注释对他们的研究成果进行了总结与简要评析①（见表F61—1至表F61—4）。

这份研究从823只上市股票（1938年12月31日）中选取了648只，除了71只铁路股票和46只公用事业股票被排除在外，还有27只金融公司股票、16只外国公司股票、15只暂停交易的股票以及其他一些不合条件的股票未包括在内。所选取的股票总值在1938年年底为324亿美元，即所有上市公司总值的近80%（所有铁路普通股的总值，包括其控股公司的，还不及所有股票总值[413亿美元]的6%）。

表F61—1　648家公司的所有数据（以百万计）及其与道琼斯工业平均指数所包含的30家大型工业企业的对比[a]

| 项目 | 648家公司 | 道琼斯工业指数中的30家大企业 |
|---|---|---|
| 1938年12月31日 | | |
| 普通股市值 | 32 412 | 14 771 |
| 归普通股所有的有形资产 | 21 980 | 7 922 |
| 归普通股所有的净流动资产 | 2 606 | 811 |
| 债券（按面值）与优先股（按市价） | 8 029 | 2 727 |
| 资本总额 | 40 441 | 17 498 |

① 详见1938—1940年的《美国上市公司调查》（*Survey of American Listed Corporations*），里面有一系列对不同行业的股票进行比较分析的文章。这些分析都是基于损益表及资产负债表，并不涉及股票的市场价值。

续前表

| 项目 | 648 家公司 | 道琼斯工业指数中的 30 家大企业 |
|---|---|---|
| 1938 年： | | |
| 销售额 | 27 460 | 7 896 |
| 折旧 | 1 198 | 433 |
| 息前净利 | 1 595 | 652 |
| 利息与优先股股息 | 442 | 116 |
| 归属于普通股股东的净利润 | 1 153 | 536 |
| 普通股收益 | 1 109 | 435 |
| 归属于普通股股东的净利润的平均值（1936—1938） | 1 953 | 850 |
| 归属于普通股股东的净利润的平均值（1934—1938） | 1 642 | 772 |
| 普通股市值： | | |
| 以 1937—1938 年的最高价计算 | 48 216 | 20 364 |
| 以 1937—1938 年的最低价计算 | 19 898 | 9 299 |
| 资本总额 | | |
| 以 1937—1938 年的最高价计算 | 56 774 | 23 065 |
| 以 1937—1938 年的最低价计算 | 26 862 | 11 552 |
| 1938 年 12 月 31 日： | | |
| 现金 | 4 359 | 1 528 |
| 应收项目 | 3 195 | 785 |
| 存货 | 6 073 | 2 165 |
| 其他流动资产 | 13 | |
| 流动资产总额 | 13 640 | 4 478 |
| 流动负债总额 | 2 694 | 926 |
| 净流动资产 | 10 946 | 3 552 |
| 固定资产及其他资产 | 约 20 000 | 8 236 |
| 比率： | | |
| 1938 年 12 月 31 日，普通股市值与下列项目的比率： | | |
| 归普通股所有的有形资产 | 147% | 186% |
| 归属于普通股股东的净利润（1938） | 28.1 倍 | 27.5 倍 |
| 归属于普通股股东的净利润平均值（1936—1938） | 16.6 倍 | 17.4 倍 |
| 归属于普通股股东的净利润平均值（1934—1938） | 19.8 倍 | 20.4 倍 |
| 流动资产比流动负债 | 5.0 倍 | 4.8 倍 |
| 折旧比销售额 | 4.3% | 5.5% |

注：a. 作者估计，1939 年年底这 648 家公司的总市值要比 1938 年年底的低 3%，约 315 亿美元。归属于普通股股东的净利润约为 18.3 亿美元。由此可见，1939 年年底，总的市盈率约为 17.2，总值约为 1934—1939 年平均收益的 18.8 倍。

表 F61—2 分组统计数据

| 各行业组 | 该组所含公司数 | 普通股市价（以百万计） | 资本总额（以百万计） | 归普通股所有的有形资产 | 第 5 列与第 3 列的比率（%） | 归属于普通股股东的净利润 | | | 基于 1938 年普通股市价的收益率 | | | 基于归普通股所有的有形资产的收益率（%）（1934—1938） | 基于归股票和债券所有的有形资产的收益率（%）（1934—1938） |
|---|---|---|---|---|---|---|---|---|---|---|---|---|---|
| | | | | | | 1934—1938 | 1936—1938 | 1938 | 1934—1938 | 1936—1938 | 1938 | | |
| (1) | (2) | (3) | (4) | (5) | (6) | (7) | (8) | (9) | (10) | (11) | (12) | (13) | (14) |
| 汽车制造 | 11 | 2 657.5 | 2 897.1 | 1 087.3 | 40.9 | 174.6 | 208.8 | 87.2 | 6.6 | 7.9 | 3.3 | 16.1 | 14.1 |
| 卡车制造 | 8 | 99.6 | 114.9 | 106.5 | 107.0 | 2.9 | 3.6 | 3.7（亏损） | 2.9 | 3.6 | （亏损） | 2.7 | 1.5 |
| 汽车配件 | 39 | 601.9 | 656.0 | 352.2 | 58.6 | 38.6 | 41.4 | 2.8（亏损） | 6.3 | 6.9 | （亏损） | 10.9 | 10.2 |
| 钢 | 27 | 1 683.1 | 3 173.2 | 2 269.9 | 136.0 | 32.1 | 54.5 | 52.4（亏损） | 1.9 | 3.2 | （亏损） | 1.4 | 2.9 |
| 铁 | 8 | 110.0 | 137.9 | 138.4 | 125.8 | 0.7 | 2.4 | 0.9 | 0.6 | 2.2 | 0.8 | 0.5 | 2.5 |
| 重化工业 | 11 | 3 557.7 | 3 864.1 | 1 032.6 | 29.1 | 131.6 | 144.3 | 94.5 | 3.7 | 4.1 | 2.7 | 12.7 | 10.4 |
| 植物油 | 3 | 29.9 | 35.3 | 45.6 | 152.5 | 3.2 | 2.7 | 0.8 | 10.5 | 9.0 | 2.6 | 7.1 | 6.8 |
| 肥皂 | 3 | 393.9 | 450.7 | 137.1 | 35.0 | 17.4 | 16.4 | 16.9 | 4.4 | 4.2 | 4.3 | 12.7 | 11.9 |
| 各类化工产品 | 19 | 760.5 | 825.3 | 370.3 | 48.9 | 39.9 | 42.6 | 30.5 | 5.3 | 5.6 | 4.0 | 10.8 | 9.9 |
| 肥料 | 5 | 27.2 | 45.0 | 43.4 | 160.0 | 0.9 | 1.0 | 0.2 | 3.3 | 3.7 | 0.6 | 2.1 | 3.2 |
| 玻璃制造 | 5 | 388.9 | 414.5 | 136.1 | 35.0 | 18.9 | 20.3 | 12.3 | 4.8 | 5.2 | 3.2 | 13.8 | 12.2 |
| 药品与化妆品 | 13 | 494.7 | 544.8 | 114.3 | 23.2 | 30.0 | 31.5 | 29.5 | 6.1 | 6.4 | 6.0 | 26.2 | 19.6 |
| 重型机电产品 | 4 | 1685.5 | 1 722.1 | 607.6 | 35.9 | 52.6 | 66.2 | 40.0 | 3.1 | 3.9 | 2.4 | 8.7 | 8.7 |
| 轻型机电产品(包括家用电器) | 10 | 94.4 | 122.2 | 50.3 | 53.3 | 4.3 | 5.0 | 1.9 | 4.5 | 5.3 | 2.0 | 8.5 | 7.4 |

续前表

| 各行业组 | 该组所含公司数 | 普通股市价（以百万计） | 资本总额（以百万计） | 归普通股所有的有形资产 | 第5列与第3列的比率（%） | 归属于普通股股东的净利润 | | | 基于1938年普通股市价的收益率 | | | 基于归普通股所有的有形资产的收益率（%）（1934—1938） | 基于归股票和债券所有的有形资产的收益率（%）（1934—1938） |
|---|---|---|---|---|---|---|---|---|---|---|---|---|---|
| | | | | | | 1934—1938 | 1936—1938 | 1938 | 1934—1938 | 1936—1938 | 1938 | | |
| 油料 | 38 | 4 766.6 | 6 091.7 | 5 395.8 | 113.0 | 297.8 | 389.9 | 271.2 | 6.2 | 8.2 | 5.7 | 5.5 | 5.1 |
| 鱼、肉 | 8 | 170.9 | 448.5 | 379.8 | 222.0 | 12.3 | 5.1 | 17.3（亏损） | 7.2 | 3.0 | （亏损） | 3.2 | 4.4 |
| 奶制品 | 4 | 168.2 | 252.1 | 211.8 | 125.7 | 17.0 | 19.8 | 19.3 | 10.1 | 11.7 | 11.5 | 8.0 | 7.4 |
| 面粉、谷物、面包 | 11 | 306.1 | 459.2 | 194.9 | 63.5 | 19.4 | 21.1 | 21.3 | 6.3 | 6.6 | 6.9 | 9.8 | 8.6 |
| 糖 | 11 | 111.9 | 204.9 | 208.2 | 186.5 | 12.9 | 13.4 | 4.2 | 11.5 | 11.9 | 3.7 | 6.2 | 6.5 |
| 矿泉水、软饮料 | 3 | 539.9 | 577.6 | 48.5 | 9.0 | 19.1 | 22.6 | 24.6 | 3.6 | 4.2 | 4.6 | 39.4 | 39.8 |
| 食品、罐头等 | 12 | 611.9 | 751.2 | 285.9 | 46.7 | 43.2 | 41.3 | 28.9 | 7.0 | 6.7 | 4.7 | 15.1 | 11.4 |
| 水果 | 1 | 189.7 | 189.7 | 170.9 | 90.0 | 11.7 | 12.1 | 10.3 | 6.2 | 6.4 | 5.4 | 6.9 | 6.9 |
| 甜食 | 6 | 270.5 | 297.9 | 56.6 | 20.9 | 13.9 | 13.5 | 14.4 | 5.1 | 5.0 | 5.3 | 24.6 | 18.2 |
| 啤酒、蒸馏酒 | 8 | 165.0 | 261.2 | 160.0 | 95.2 | 26.7 | 26.6 | 24.2 | 16.2 | 16.2 | 14.7 | 16.7 | 13.6 |
| 针织品 | 6 | 16.4 | 24.3 | 22.6 | 137.7 | 1.4 | 1.6 | 1.2 | 8.6 | 9.9 | 7.2 | 6.2 | 6.6 |
| 丝绸、人造丝等 | 8 | 78.1 | 156.5 | 66.4 | 85.0 | 5.8 | 5.7 | 2.5 | 7.4 | 7.3 | 3.2 | 8.6 | 6.6 |
| 棉花 | 2 | 38.0 | 38.0 | 69.6 | 182.6 | 2.0 | 1.7 | 0.3（亏损） | 5.2 | 4.4 | （亏损） | 2.8 | 2.9 |
| 羊毛、毛线、地毯、毛毯 | 5 | 41.2 | 63.3 | 45.2 | 109.8 | 1.6（亏损） | 1.3（亏损） | 9.7（亏损） | （亏损） | （亏损） | （亏损） | （亏损） | 1.5 |
| 服装 | 6 | 26.7 | 34.9 | 27.6 | 103.2 | 1.3 | 1.4 | 0.1 | 4.8 | 5.3 | 0.3 | 4.7 | 5.2 |

续前表

| 各行业组 | 该组所含公司数 | 普通股市价（以百万计） | 资本总额（以百万计） | 归普通股所有的有形资产 | 第 5 列与第 3 列的比率（%） | 归属于普通股股东的净利润 | | | 基于 1938 年普通股市价的收益率 | | | 基于归普通股所有的有形资产的收益率（%）（1934—1938） | 基于归股票和债券所有的有形资产的收益率（%）（1934—1938） |
|---|---|---|---|---|---|---|---|---|---|---|---|---|---|
| | | | | | | 1934—1938 | 1936—1938 | 1938 | 1934—1938 | 1936—1938 | 1938 | | |
| 杂项业务 | 9 | 54.6 | 96.6 | 63.3 | 115.7 | 1.7 | 3.0 | 0.8 | 3.0 | 5.5 | 1.5 | 2.6 | 4.2 |
| 铁路设备 | 15 | 509.5 | 616.9 | 539.2 | 106.0 | 8.4 | 17.0 | 4.6（亏损） | 1.7 | 3.3 | （亏损） | 1.6 | 22.4 |
| 农业机械 | 6 | 437.6 | 635.7 | 374.8 | 85.7 | 29.3 | 43.1 | 24.6 | 6.7 | 9.8 | 5.6 | 7.8 | 6.7 |
| 日用品 | 8 | 127.6 | 150.5 | 73.2 | 57.4 | 8.7 | 11.2 | 4.6 | 6.8 | 8.8 | 3.6 | 11.9 | 11.3 |
| 罐头 | 2 | 370.5 | 465.0 | 178.0 | 47.4 | 23.4 | 21.4 | 17.0 | 6.2 | 5.7 | 4.6 | 13.1 | 9.8 |
| 其他轻型器械与金属制品 | 37 | 444.9 | 571.5 | 215.2 | 48.3 | 21.3 | 29.0 | 11.3 | 4.8 | 6.5 | 2.5 | 9.9 | 8.9 |
| 重型机械与金属制品 | 19 | 444.0 | 485.3 | 231.0 | 52.0 | 20.4 | 27.1 | 14.5 | 4.6 | 6.1 | 3.3 | 8.8 | 8.4 |
| 收音机、留声机、钢琴 | 3 | 99.8 | 169.1 | 19.2（亏损） | 0 | 3.5 | 5.9 | 5.0 | 3.5 | 5.9 | 5.0 | a | 11.5 |
| 动画、剧院、广播 | 10 | 268.8 | 517.6 | 240.6 | 89.4 | 25.2 | 29.7 | 20.5 | 9.4 | 11.1 | 7.6 | 10.5 | 8.2 |
| 煤炭开采 | 14 | 24.9 | 160.7 | 139.9 | 560.0 | 9.5（亏损） | 12.8（亏损） | 16.9（亏损） | （亏损） | （亏损） | （亏损） | （亏损） | （亏损） |
| 铜矿开采 | 15 | 1578.0 | 1721.2 | 1551.3 | 98.3 | 81.9 | 108.3 | 73.7 | 5.2 | 6.9 | 4.7 | 5.4 | 5.2 |
| 金矿开采 | 6 | 270.1 | 270.1 | 88.6 | 32.8 | 18.7 | 18.6 | 18.2 | 6.9 | 6.8 | 6.7 | 21.1 | 21.1 |

续前表

| 各行业组 | 该组所含公司数 | 普通股市价（以百万计） | 资本总额（以百万计） | 归普通股所有的有形资产 | 第5列与第3列的比率（%） | 归属于普通股股东的净利润 1934—1938 | 1936—1938 | 1938 | 基于1938年普通股市价的收益率 1934—1938 | 1936—1938 | 1938 | 基于归普通股所有的有形资产的收益率（%）（1934—1938） | 基于归股票和债券所有的有形资产的收益率（%）（1934—1938） |
|---|---|---|---|---|---|---|---|---|---|---|---|---|---|
| 其他非铜金属（铁除外） | 15 | 1298.0 | 1431.0 | 532.7 | 40.9 | 55.2 | 68.4 | 53.3 | 4.3 | 5.3 | 4.1 | 10.4 | 10.6 |
| 纸、纸板 | 16 | 185.2 | 454.2 | 210.9 | 113.8 | 9.7 | 17.2 | 9.3 | 5.2 | 9.3 | 5.0 | 4.6 | 5.4 |
| 印刷、出版 | 7 | 42.6 | 97.8 | 89.8 | 210.5 | 0.9 | 0.9 | 2.5（亏损） | 2.2 | 2.0 | （亏损） | 1.0 | 7.0 |
| 食品杂货 | 7 | 113.7 | 145.2 | 158.9 | 139.5 | 10.7 | 9.5 | 9.0 | 9.4 | 8.3 | 7.9 | 6.7 | 6.7 |
| 廉价便利店 | 10 | 791.1 | 861.9 | 476.9 | 60.2 | 57.7 | 59.8 | 51.2 | 7.3 | 7.5 | 6.5 | 12.2 | 11.1 |
| 饭店 | 6 | 29.4 | 40.4 | 39.8 | 135.0 | 1.5 | 1.4 | 0.2 | 5.2 | 4.9 | 0.6 | 3.8 | 3.5 |
| 药店 | 2 | 30.7 | 40.9 | 19.7 | 64.1 | 3.2 | 3.2 | 2.4 | 10.4 | 10.4 | 7.9 | 16.2 | 12.2 |
| 杂货零售 | 7 | 236.4 | 245.0 | 110.0 | 46.5 | 20.0 | 20.5 | 16.9 | 8.5 | 8.7 | 7.1 | 18.2 | 18.0 |
| 百货商店 | 24 | 291.2 | 559.3 | 336.6 | 115.6 | 14.9 | 21.2 | 12.1 | 5.1 | 7.3 | 4.2 | 4.4 | 5.1 |
| 邮购商店 | 4 | 704.0 | 755.9 | 437.5 | 62.2 | 42.8 | 49.3 | 43.0 | 6.1 | 7.0 | 6.1 | 9.8 | 9.0 |
| 杂货批发 | 6 | 71.1 | 165.8 | 88.2 | 124.0 | 6.5 | 8.4 | 2.7 | 9.1 | 11.9 | 3.8 | 7.4 | 6.3 |
| 飞机、航空、机场 | 13 | 523.8 | 559.1 | 160.0 | 30.6 | 4.9 | 9.6 | 16.1 | 0.9 | 1.8 | 3.1 | 3.1 | 4.6 |
| 商用办公设备 | 9 | 389.5 | 448.8 | 173.9 | 44.7 | 26.4 | 22.8 | 19.3 | 6.8 | 5.9 | 5.0 | 15.2 | 11.7 |
| 航运 | 5 | 5.9 | 41.1 | 41.7 | 697.0 | 1.0（亏损） | 1.4（亏损） | 1.6（亏损） | （亏损） | （亏损） | （亏损） | （亏损） | 3.2 |

续前表

| 各行业组 | 该组所含公司数 | 普通股市价（以百万计） | 资本总额（以百万计） | 归普通股所有的有形资产 | 第 5 列与第 3 列的比率（%） | 归属于普通股股东的净利润 | | | 基于 1938 年普通股市价的收益率 | | | 基于归普通股所有的有形资产的收益率（%）（1934—1938） | 基于归股票和债券所有的有形资产的收益率（%）（1934—1938） |
|---|---|---|---|---|---|---|---|---|---|---|---|---|---|
| | | | | | | 1934—1938 | 1936—1938 | 1938 | 1934—1938 | 1936—1938 | 1938 | | |
| 造船 | 7 | 36.8 | 69.9 | 64.2 | 175.0 | 0.9（亏损） | 0.2（亏损） | 0.2（亏损） | （亏损） | （亏损） | （亏损） | （亏损） | 1.4 |
| 橡胶、轮胎 | 8 | 261.0 | 663.7 | 195.4 | 74.9 | 8.7 | 14.0 | 5.8 | 3.3 | 5.3 | 2.2 | 4.5 | 5.3 |
| 香烟 | 5 | 1 300.7 | 15 07.3 | 438.2 | 33.7 | 71.8 | 76.3 | 74.7 | 5.5 | 5.9 | 5.7 | 16.4 | 13.4 |
| 雪茄 | 7 | 27.7 | 44.1 | 29.7 | 107.1 | 0.2 | 0.6 | 1.5 | 0.6 | 2.2 | 5.5 | 0.7 | 6.3 |
| 鼻烟 | 3 | 117.5 | 132.5 | 45.5 | 38.8 | 6.5 | 6.4 | 6.0 | 5.6 | 5.5 | 5.1 | 14.3 | 12.9 |
| 各类烟草 | 3 | 18.2 | 28.2 | 13.3 | 73.0 | 1.4 | 1.6 | 1.5 | 7.8 | 8.5 | 8.2 | 10.7 | 9.8 |
| 土地、房地产、酒店 | 5 | 29.9 | 58.6 | 43.4 | 145.0 | 1.0（亏损） | 1.0（亏损） | 1.4（亏损） | （亏损） | （亏损） | （亏损） | （亏损） | 2.4 |
| 水泥 | 4 | 91.1 | 108.2 | 95.4 | 105.0 | 2.0 | 4.0 | 3.0 | 2.2 | 4.4 | 3.3 | 2.1 | 3.9 |
| 其他建筑材料 | 21 | 889.5 | 1 020.3 | 501.6 | 56.3 | 26.1 | 34.1 | 8.7 | 2.9 | 3.8 | 1.0 | 5.3 | 5.1 |
| 建筑工程 | 4 | 38.5 | 53.5 | 17.9 | 46.6 | 0.6（亏损） | 0.1（亏损） | （亏损） | （亏损） | （亏损） | （亏损） | 0.7 | |
| 制鞋 | 6 | 157.8 | 171.7 | 133.2 | 84.5 | 11.7 | 10.4 | 6.7 | 7.4 | 6.6 | 4.2 | 8.8 | 8.6 |
| 皮革 | 5 | 11.2 | 19.8 | 11.8 | 105.3 | 0.8（亏损） | 0.8（亏损） | 4.2（亏损） | （亏损） | （亏损） | （亏损） | （亏损） | （亏损） |

注：a. 普通股不单独享有任何有形资产所有权，基于优先股和普通股共同所有的有形资产的收益率为 11.5%。

表 F61—3 按公司规模分组的数据

表 F61—3a 以 1938 年年底的公司市值划分公司规模

| 规模 | 组内公司数 | 普通股市值（以百万计） | 归普通股所有的有形资产（以百万计） | 第四列与第三列的比率 % | 基于 1938 年普通股市价的收益率 | | | 基于归普通股所有的有形资产的收益率（%）（1934—1938） |
|---|---|---|---|---|---|---|---|---|
| | | | | | 1934—1938 | 1936—1938 | 1938 | |
| (1) | (2) | (3) | (4) | (5) | (6) | (7) | (8) | (9) |
| 少于 1 000 万 | 252 | 968.0 | 1 323.9 | 136.8 | 3.4 | 5.0 | （亏损） | 2.5 |
| 1 000 万～1 亿 | 309 | 7 292.4 | 5 575.4 | 76.4 | 5.3 | 2.9 | 2.9 | 6.9 |
| 1 亿～10 亿 | 82 | 17 016.1 | 11 368.4 | 66.7 | 5.3 | 6.2 | 4.5 | 7.9 |
| 大于 10 亿 | 5 | 7 135.9 | 3 712.4 | 52.0 | 4.6 | 5.5 | 2.9 | 8.9 |

表 F61—3b 以 1938 年年底有形资产净值划分公司规模

| 规模 | 组内公司数 | 普通股市值（以百万计） | 归普通股所有的有形资产（以百万计） | 第四列与第三列的比率 % | 基于 1938 年普通股市价的收益率 | | | 基于归普通股所有的有形资产的收益率（%）（1934—1938） |
|---|---|---|---|---|---|---|---|---|
| | | | | | 1934—1938 | 1936—1938 | 1938 | |
| (1) | (2) | (3) | (4) | (5) | (6) | (7) | (8) | (9) |
| 少于 1 000 万 | 250 | 1 493.0 | 951.1 | 63.6 | 4.9 | 6.0 | 2.4 | 7.7 |
| 1 000 万 ~1 亿 | 331 | 10 454.5 | 6 761.4 | 64.4 | 4.9 | 5.8 | 3.0 | 7.6 |
| 1 亿 ~10 亿 | 64 | 16 303.5 | 11 321.6 | 69.4 | 5.1 | 6.0 | 4.2 | 7.3 |
| 大于 10 亿 | 3 | 4 161.4 | 2 946.0 | 70.8 | 5.5 | 6.7 | 3.0 | 7.8 |
| 所有公司 | 648 | 32 412.4 | 21 980.1 | 67.6 | 5.1 | 6.0 | 3.6 | 7.5 |

表 F61—4　　1934—1938 年，基于投入资本的收益率 1（某些组）

| 各行业组 | 组内公司数 | 基于投入资本的收益率（%） | | | |
|---|---|---|---|---|---|
| | | 各组个体数据 | | | 组内平均值 |
| | | 最大值 | 最小值 | 中值 | |
| 软饮料 | 3 | 59.4 | 5.3 | 5.5 | 39.8 |
| 金矿开采 | 6 | 33.4 | 9.8 | 15.4 | 21.1 |
| 制药 | 13 | 30.7 | （亏损） | 12.9 | 19.6 |
| 甜食 | 6 | 31.9 | （亏损） | 19.7 | 18.2 |
| 杂货零售 | 19 | 22.8 | （亏损） | 17.9 | 18.0 |
| 肥皂 | 3 | 34.0 | 5.2 | 14.4 | 11.9 |
| 矿业（金、铁、铜除外） | 15 | 152.0 | （亏损） | 8.2 | 10.6 |
| 轻型机械 | 37 | 44.2 | （亏损） | 9.3 | 8.9 |
| 各类化工产品 | 19 | 42.3 | （亏损） | 9.9 | 9.9 |
| 动画 | 16 | 42.2 | 3.5 | 7.7 | 8.2 |
| 卡车制造 | 8 | 17.4 | （亏损） | 0.7 | 1.5 |
| 羊毛、地毯 | 5 | 14.7 | （亏损） | 3.2 | 1.5 |
| 造船业 | 7 | 4.8 | （亏损） | 2.4 | 1.4 |
| 建筑工程 | 4 | 2.8 | （亏损） | 0.8 | 0.7 |
| 皮革 | 5 | 6.1 | （亏损） | 1.5 | （亏损） |
| 总和 | 164 | | | | |
| 所有公司 | 648 | 152.0 | （亏损） | 6.3 | 7.0 |

注：a. 投入资本数据截止 1938 年年底，代表着归债券及股票所有的有形资产。

该研究包括两个要点：

1. 1938 年、1936—1938 年及 1934—1938 年的市价与收益的比率。

2. 1938 年的有形资产价值及净流动资产与市价的比率。

除此之外，我们还附上了以下数据：

3. 1938 年的销售额（所有业务收入）与普通股股价、收益的比率。

4. 营运资金比率；营运资金与销售额的比率；现金、应收项目及存货在流动资产中的比重。

5. 优先证券及相关费用。

6. 基于销售额、固定资产的折旧计提。

在本注释中，所有数据主要是按两个原则归类的。其一，按行业分，就像每月出版的《纽约证券交易所公告》（*New York Stock Exchange Bulletin*）那样。但我们发现下面这样做会更好：将公告的分类修改下、替换掉一些公司、对一些行业组进行更细的分类（否则就太笼统了）；其二，按规模分类，并以投入资本和证券总值来衡量规模①，得出 4 个分组：小企业（少于 1 000 万美元）；中型企业（1 000 万 ~1 亿美元）；大企业（1 亿 ~10 亿美元）；超大型企业（大于 10 亿美元）。

所有的这些数据都在表 F61—1 至表 F61—4 中，同时我们还附上了 1937—1938 年期间各类股票市值的最值（截至 1938 年 12 月 31 日）。这些极值之间的差距如此之大（仅在 12 个月内），再加之它们与其资产、收益的比率，恰恰很好地反映了近年来的股市现状。

## 对这 648 家公司的总结

本研究中最显著的数据应该是归普通股所有的有形资产（表 F61—1），其总值达到了 220 亿美元，而所有股票的市值为 324 亿美元。尽管自 1930 年以来，经济形势总体上并不令人满意，且 1938 年这些公司的业绩也令人失望，而信心的缺乏更使得美国企业无法吸引到新的投资，但这些公司的市值却依然高出其有形资产价值近 50%。

但总量上的高估却不能掩盖个股的低估，不少于 307 家公司（即总数的 47%）的市值低于其有形资产价值，同时 67 个行业组中有 28 个如此。

再来看表 F61—3，可以发现，小公司（按市值划分规模）的总市值远低于其有形资产价值，而大公司的总市值却大大高于其有形资产价值（约 50%），由此可见，小公司明显处于不利的位置。说来也怪，在表 F61—3b 中，相对于其他类型的公司，小公司的总市值明显高出其有形资产很多。这是因为，在市值小于 1 000 万美元的公司中，大部分公司由于经营不善，导致股价较低，尽管其有形资产不少。

换言之，按市值分组的小公司的收益状况明显较差，因此其股价相对资产而言较低。尽管大部分小公司的股价较低，但按有形资产划分的小公司组的市值又大大高于其有形资产，唯一的解释便是，投资者为经营良好的公司支付了很高的溢价。

人们可能会注意到，1938 年年底，有 54 家公司（占总数的 8%）的市值低于其净流动资产。在 1937—1938 年的股市低谷时期，这个数目不少于 133，即总数的 1/5；而在 1937—1938 年的股市高峰时期，没有公司的市值低于其净流动资产。

我们研究了 1934—1938 年、1936—1938 年及 1938 年这些公司的收益，其中 1934—1938 年的平均收益最具代表性，因为 1938 年的业绩非常不好，而 1936—1938 年的收益都相对较好。在这一点上，读者应当有自己的见解。1938 年年底，上市公司的股价水平为 1934—1938 年平均收益的 19.5 倍（即估值标准为 5.1%），是 1936—1938 年平均收益的 16.6 倍（即估值标准为 6%），是 1938 年收益的 28 倍，即净收益率为 3.6%。通过研究可以发现，经营很好的公司的股价普遍较高，但总体而言，大部分公司的股价还是较低的。

① 在所有的分组中，普通股与优先股均为市价，债券为面值。虽然债券使用市价可能会更准确，但考虑到不同债券的差异，故还是使用面值。

## 各行业组的特点

将这 648 家公司分组实际上有很大的主观成分在其中。组约证券交易所公告将这些公司分为 27 组，但我们觉得分成 67 组更为恰当。以市值衡量，最大的是石油组，接着是化学和汽车制造，前 7 组包括 111 家企业，总值 193 亿美元，占所有公司总值的 53%。

表 F61—2 详细地展示了各个组的业绩，表 F61—5 是按另一种方式进行分类：

表 F61—5　　按市值与资产价值比率分组

| 市值 / 资产价值 | 组数 | 组内公司数 | 基于 1938 年市价的收益率（%） | | |
|---|---|---|---|---|---|
| | | | 1934—1938 | 1936—1938 | 1938 |
| 大于 400% | 4 | 25 | 4.7 | 5.2 | 5.2 |
| 200%~400% | 17 | 166 | 4.8 | 5.4 | 3.6 |
| 100%~200% | 22 | 189 | 5.9 | 7.0 | 4.4 |
| 50%~100% | 20 | 234 | 4.9 | 6.7 | 3.0 |
| 少于 50% | 4 | 34 | 1.1 | 亏损 | 亏损 |
| 总和 | 67 | 648 | 5.1 | 6.0 | 3.6 |

可以看到，市值与资产价值比率最高的组，其市值与收益的比率也高出一般水平（与 1938 年收益的比率除外）。这些公司在 1938 年的收益高于其 1934—1938 年的平均水平，这也是其受到投资者热捧的关键。在表的下端，比率最低的公司收益情况总体上都很差。从利润的角度来看，处于 50%~100% 的 20 个组的业绩并不比比率高的组差很多（当然，考虑到 1938 年的业绩，情况就不同了）。在收益方面，比率为 200%~400% 的组的表现要差于比率为 100%~200% 的组。请注意，表 F61—5 给出的是每组的总体数据，不排除组内有个别公司与该组的总体特征不同。

## 收益趋势

可以用 1934—1938 年、1936—1928 年及 1938 年的收益来检验收益趋势。如果收益趋势为 1938>1936—1938>1934—1938，则可视为异常优异；如果是 1938<1936—1938<1934—1938，则视为退步，据此可进行表 F61—6 的分组：

表 F61—6　　按照收益趋势分组

| 趋势好的组 | 趋势坏的组 | 1934—1938、1936—1938、1938 年收益均为负 |
|---|---|---|
| 航空业 | 商用办公设备 | 煤炭 |
| 雪茄 | 罐头制造 | 建筑工程 |
| 面粉、面包、谷物 | 罐头食品 | 土地和酒店 |
| 软饮料 | 棉织品 | 皮革 |
| | 肉类 | 造船 |

续前表

| 趋势好的组 | 趋势坏的组 | 1934—1938、1936—1938、1938 年收益均为负 |
| --- | --- | --- |
| | 人造丝<br>饭店<br>杂货零售<br>制鞋<br>鼻烟<br>植物油<br>蒸馏酒[a]<br>金矿 | 航运<br>羊毛 |

注：a. 趋势略微向下。

研究者会发现，在趋势不好的组里有一些受到热捧的行业，而在趋势好的组里有两个并不被看好的行业。这样分组的价值在于说明，数据上的向上趋势能否作为看涨的依据是值得怀疑的。

接下来的表 F61—7 中，有 3 个时段收益与 1938 年 12 月股价的比率最高的组，也有资产与股价比率最低的组。

**表 F61—7　　"便宜"的组（基于收益）与"昂贵"的组（基于资产）**

| | | | 与 1938 年普通股价值的比率（%） | | | |
| --- | --- | --- | --- | --- | --- | --- |
| | | | | 收益 % | | |
| | 组内公司数 | 普通股总值（百万美元） | 资产（%） | 1934—1938 | 1936—1938 | 1938 |
| 收益比率最高的组[a] | 48 | 907.2 | 116.7 | 10.9 | 11.9 | 9.0 |
| 资产比率最低的组[b] | 25 | 1 404.9 | 14.9 | 4.7 | 5.2 | 5.2 |

注：a. 包括：啤酒与蒸馏酒，奶制品，各类烟草制品，动画，药品零售，杂货零售，糖，植物油。
b. 包括：制药，甜食，收音机等，软饮料。

从表 F61—7 中可以看到，在不景气的 1938 年，股价相对于平均收益而言较低的公司的表现要差于 648 家公司的总体表现。而且，与资产价值相比，其股价也算低的。这就与那些股价为有形资产 4 倍以上的公司形成了鲜明的对比。后者包括收音机（3 家公司）、制药（13 家公司）、甜食（6 家公司）和软饮料（3 家公司）。请注意，"便宜"的股票的资产价值是资产比率低的股票的 8 倍，1934—1938 年的收益是其 2.3 倍，甚至 1938 年的收益都是后者的 1.73 倍。从数据上看，后者唯一的优势是其 1938 年的收益较

1934—1938 年的平均收益增长了 11%，而前者则下降了 17%。但必须指出，后者的收益增长主要是靠可口可乐一家公司，而前者的业绩其实都还是相对较好的。

一些组的相似相关性使得对比差异更为显著。如收音机、广播与动画对比，制药与药店对比，甜食与糖对比，软饮料与奶制品、酒对比。最突出的要数可口可乐（软饮料界的翘楚）和其他饮料公司的对比（奶、软饮料、啤酒和威士忌）。后者中 14 家公司的普通股总值只是可口可乐一家的 2/3；但 1938 年其销售额却为 9 700 万美元，而同期可口可乐仅为 760 万美元；其普通股净收益为 528 万美元，而可口可乐为 238 万美元；其归属于普通股的有形资产为 3 900 万美元，可口可乐仅有 160 万美元。

## 投入资本的收益率

投入资本（即归普通股或所有证券所有的有形资产）收益率可以作为市盈率的补充。在此，我们采用 1934—1938 年的平均收益与 1938 年年底的投入资本（包括长期借款）相比，结果可在表 F61—3a、表 F61—3b 和表 F61—4 中看到。

对这些我们需要做一个评论。由于投入资本收益率可视为企业业务状况良好的一个标志，因此可以利用其分析不同行业的盈利性。从这 67 个组来看，各组差异很大，从最高的 39.8%（软饮料）到实际为负（皮革）。

各组间的差异之明显，可以在表 F61—4 中看到。在表中，我们给出了最大值、最小值、中值及组平均值（包括 5 个最高值与 5 个最低值）。可以看到，有些整体表现很好的组也包含有业绩很差的个股，反之亦然。

各行业间的差距让投资者和分析师认识到，依据行业来判断优劣不一定是可靠的。尽管在选择普通股时，行业理所当然极其重要，但仅基于此就做出仓促或极端的判断却不一定合理。

依据资产规模进行分组时，我们会发现一些有用的东西。5 个组（从小于 100 万美元的公司到大于 10 亿美元的公司）的资本（即归普通股和优先股所有的有形资产）的平均收益率几乎完全相同。而且，比率最低的组的股价还高于其他的组。

但是，若按市值而非有形资产分组，就会得到相反的结果。最小的公司最不赚钱，尽管按比例看，它们拥有更多的资产和销售额。原因很简单，正是由于它们不赚钱，因此市值低。二者的对比表明，小企业所面临的压力并没有使它们总体上的资本收益低于大企业①。但单个企业无疑更容易受到冲击，各小企业间的差异也非常明显。

① 详细的探讨可见西蒙·惠特尼（Simon N. Whitney）的《数据反驳——大公司排挤较弱对手》（*Statistics Disprove Assertion that Giant Companies Squeeze Out Small Rivals*），1939 年 12 月 28 日出版，其数据取自普查数据，涵盖面更广，也支持上述结论。相反的观点则见 E.V 肯尼迪（E.V.kennedy）的《股息支付》（*Dividends to Pay*）（1939 年）。

## 注释 62（第 43 章）

表 F62—1 中这些公司的优先股和普通股在 1931 年和 1932 年的前四个月的股价低点低于其每股净流动资产，其中大部分股票的价格在 1932 年后期还有下跌。

表 F62—1　　15 家公司 1931 年到 1932 年 4 月优先股与普通股的情况　（单位：美元）

| 公司 | 1931 年至 1932 年 4 月 | | 每股优先股对应的流动资产 | 每股普通股对应的流动资产 | 1932—1933 年低价 | |
|---|---|---|---|---|---|---|
| | 优先股低价 | 普通股低价 | | | 优先股 | 普通股 |
| 阿里斯－查默斯公司 | | $6\frac{1}{2}$ | | 11 | | 4 |
| 美国农用化学品公司 | | $4\frac{3}{8}$ | | 43 | | $3\frac{1}{2}$ |
| 加利福尼亚包装公司 | | $5\frac{3}{8}$ | | 8 | | $4\frac{1}{2}$ |
| 钻石火柴公司 | $19\frac{1}{2}$ | $10\frac{5}{8}$ | 48 | 14 | $20\frac{1}{2}$ | 12 |
| 恩迪科特－约翰逊公司 | $98\frac{3}{8}$ | $23\frac{1}{2}$ | 276 | 37 | 98 | 16 |
| 液碳公司 | | $11\frac{3}{4}$ | | 23 | | 9 |
| 马克卡车公司 | | 12 | | $36\frac{1}{2}$ | | 10 |
| 中陆汽油公司 | | $3\frac{3}{4}$ | | 8 | | $3\frac{3}{4}$ |
| 蒙哥马利·沃德公司 | 59 | $6\frac{1}{2}$ | 462 | 16 | 41 | $3\frac{1}{2}$ |
| 国家收银机公司 | | $7\frac{1}{8}$ | | 15 | | $5\frac{1}{8}$ |
| 美国工业酒精公司 | | $19\frac{1}{4}$ | | $23\frac{1}{2}$ | | $13\frac{1}{4}$ |
| 美国管道铸造公司 | $12\frac{1}{4}$ | $8\frac{3}{4}$ | 26 | $10\frac{1}{2}$ | $11\frac{1}{2}$ | $6\frac{1}{8}$ |
| 威臣植物油公司 | $44\frac{1}{4}$ | $9\frac{1}{2}$ | 74 | | 40 | |
| 西屋制动公司 | | $9\frac{1}{2}$ | | 11 | | $9\frac{1}{4}$ |
| 西屋电气公司 | $60\frac{1}{4}$ | $19\frac{7}{8}$ | 1 164 | $34\frac{1}{2}$ | $52\frac{1}{2}$ | $15\frac{5}{8}$ |

表 F62—2 是类似的一组股价低点不高于其每股现金资产（未扣减流动负债）的股票（1932 年前 5 个月）。

表 F62—2　　一组股价低点不高于其每股现金资产的股票　　（单位：美元）

| 公司 | 1932 年 1—5 月低价 | 每股现金资产 | 每股流动资产价值 | 1932—1933 年低价 |
|---|---|---|---|---|
| 美国汽车和铸造公司[a] | 20 | 50 | 108 | 15 |
| 美国机车公司[a] | $30\frac{1}{4}$ | 41 | 63 | $17\frac{1}{8}$ |
| 美国钢铁锻造公司[a] | 58 | 128 | 186 | 34 |
| 美国毛纺公司[a] | $15\frac{1}{2}$ | $30\frac{1}{2}$ | 85 | $15\frac{1}{2}$ |
| 刚果利姆－奈恩公司 | 7 | 7 | 12 | $6\frac{1}{2}$ |
| 豪湾公司 | $5\frac{3}{4}$ | 10 | 11 | $4\frac{7}{8}$ |
| 哈德逊汽车公司 | $2\frac{7}{8}$ | $5\frac{1}{2}$ | 7 | $2\frac{7}{8}$ |
| 霍普汽车公司 | $1\frac{1}{2}$ | $5\frac{1}{2}$ | $7\frac{1}{2}$ | $1\frac{1}{2}$ |
| 利马机车厂 | $8\frac{1}{2}$ | 19 | 36 | $8\frac{1}{2}$ |
| 麦格玛铜业 | $4\frac{1}{2}$ | 9 | 12 | $4\frac{1}{4}$ |
| 马林－罗克韦尔 | $5\frac{3}{4}$ | $11\frac{1}{2}$ | 13 | $5\frac{3}{4}$ |
| 汽车制造 | 11 | $15\frac{1}{2}$ | 19 | $7\frac{3}{8}$ |
| 万星威服装公司 | 10 | 17 | 34 | 5 |
| 纳什汽车公司 | 8 | $13\frac{1}{2}$ | 14 | 8 |
| 纽约制动公司 | 5 | 5 | 9 | $4\frac{1}{4}$ |
| 奥本海默－柯林斯公司 | 5 | $9\frac{1}{2}$ | 15 | $2\frac{1}{2}$ |
| 瑞欧汽车公司 | $1\frac{1}{2}$ | 3 | $5\frac{1}{2}$ | $1\frac{3}{8}$ |
| 堪萨斯标准石油公司 | 7 | $8\frac{1}{2}$ | 14 | 7 |
| 斯图华纳公司 | $1\frac{7}{8}$ | $3\frac{1}{2}$ | 7 | $1\frac{7}{8}$ |
| 怀特汽车 | 7 | 11 | 34 | $6\frac{7}{8}$ |

注：a. 优先股。

这些例子来源于本书作者本杰明·格雷厄姆讨论该现象的几篇文章：《公司腰包鼓鼓，股东钱袋瘪瘪》（*Inflated Treasuries and Deflated Stockholders*，《福布斯》1932 年 6 月 1 日号第 11 页）；《拥有大量资产的公司应该向股东返现吗？》（*Should Rich Corporations Return Stockholders' Cash*，《福布斯》1932 年 6 月 15 日号第 21 页）；《拥有大量资产但陷入亏损的企业该被清算吗？》（"*Should Rich but Losing Corporations Be Liquidated*,"《福布斯》1932 年 7 月 1 日号第 13 页）中补充了 1932—1933 年的低价股票信息。

## 注释 63（第 46 章）

分析师必须经常计算配股权和其对应普通股的价值。为了使得计算过程更加便捷，我们附上两个简单的公式。

令 $R$ = 配股权的价值

$M$ = 股票市价

$S$ = 股票认购价

$N$ = 认购一股股票需要的配股权的数量

公式 A 适用于股票除权日之前（也就是购买股票即能获得配股权）。

$$R=\frac{M-S}{N+1}$$

公式 B 适用于股票除权日之后（也就是购买股票不再享有配股的权利，除权日前的股票持有者才能享有配股权）。

$$R=\frac{M-S}{N}$$

例子：配股权允许持有者每 5 股配 1 股，配股价为 50 美元。股票含权的价格为 64 美元。

$$\text{配股权价值}=\frac{64-50}{5+1}=2.33\text{ 美元}$$

例子：同样的条件，股票除权价为 90 美元。

$$\text{配股权价值}=\frac{90-50}{5}=8\text{ 美元}$$

然而，这样的计算方法需要进行必要的改进，以反映：（1）老股可获得而新股不享有的股利，或新股获得而老股不享有的股利；（2）在配股权到期前，因不必马上购买新股而从相应资金中获得的利息。

## 注释 64（第 48 章）

### 公司金字塔的两个例子

**第一个例子**：我们也许可以通过以下部分性总结来刻画英萨尔公司金字塔结构的本质特征：

| | | 级别高于普通股的负债（12/31/1931） | |
|---|---|---|---|
| 公司 1（顶部公司） | 公司证券公司。一个有自身特点的投资公司。在持有的 145 000 000 美元资产组合中，主要持股公司 2 和公司 3，分别为 59 000 000 美元和 42 000 000 美元。 | 银行贷款等…… | 33 000 000 美元 |
| | | 债务…… | 24 000 000 美元 |
| | | 优先股…… | 37 000 000 美元 |
| 公司 2 | 英萨尔公用投资公司。也是一个专业的投资公司。在持有的 252 000 000 美元资产组合中，主要持股在公司 3，为 64 000 000 美元。（它也持有公司 1 价值 32 600 000 美元的股份。） | 银行贷款等…… | 53 000 000 美元 |
| | | 债务…… | 58 000 000 美元 |
| | | 优先股…… | 46 000 000 美元 |
| 公司 3 | 中西公用公司，一个公用事业控股公司，控制着一些子公司。1931 年的总营业额是 173 000 000 美元。主要子公司是公司 4。 | 母公司： | |
| | | 银行贷款等…… | 35 000 000 美元 |
| | | 债务…… | 40 000 000 美元 |
| | | 优先股…… | 61 000 000 美元 |
| | | （注：公开持有： | |
| | | 子公司债券…… | 283 000 000 美元 |
| | | 子公司优先股…… | 152 000 000 美元 |
| | | 子公司普通股…… | 10 000 000 美元） |
| 公司 4 | 国家电力公司。一个公用事业控股公司，控制着一些子公司。1931 年总营业额为 68 000 000 美元。主要子公司是公司 5。 | 母公司： | |
| | | 银行贷款等未单独报告 | |
| | | 债务…… | 10 000 000 美元 |
| | | 优先股和 A 类股票…… | 36 000 000 美元 |
| 公司 5 | 国家公共服务公司。一个控制着 4 个子公司的公用事业控股公司。1931 年的总营业收入是 36 000 000 美元。主要子公司是公司 6。 | 母公司： | |
| | | 银行贷款等未单独报告 | |
| | | 债务…… | 20 000 000 美元 |
| | | 优先股和 A 类股票…… | 30 000 000 美元 |
| 公司 6 | 海滨公共服务公司。一个控制着 6 个子公司的公用事业控股公司。1931 年的总营业收入是 16 000 000 美元。主要子公司是公司 7。 | 母公司： | |
| | | 债务…… | 无 |
| | | 优先股…… | 9 000 000 美元 |
| 公司 7 | 弗吉尼亚州公共服务公司。一家公用事业运营和控股公司。1931 年的总营业收入是 7 600 000 美元。 | 债务…… | 37 000 000 美元 |
| | | 优先股…… | 10 000 000 美元 |

请注意，一个具有连续6层控股公司的金字塔结构建立在这个系统中的各个运营公司上。6家控股公司都走向破产的事实标志着这个结构的彻底垮塌。如需英萨尔集团的相关描述、图表以及讨论，请参见詹姆斯·博布赖特（James C. Bonbright）和加德纳·米恩斯（Gardiner C. Means）的文章《控股公司》（*Holding Company*），第108~113页，纽约出版社。

**第二个例子：**美国和外国证券公司。这提供了一个简单的范例，可以说明一般投资信托领域公司金字塔的作用方式（见表64—1至表F64—3）。

这家公司组建于1924年。公众按面值购买了25 000 000美元的面值为6美元的第一优先股（公司实际收到了24 000 000美元），参与组织的银行以面值购买了5 000 000美元面值为6美元的第二优先股。1 000 000股普通股代表纯粹的名义投资（每股10美分），其中25%被分给了公众，另外75%则分给了组织者。因此，后者提供了1/6的资本，少于其他人的5/6，但是却在公司盈余中取得了3/4的权益。到1928年年末，这种控股公司金字塔型式随着另外一家公司的成立而被使用，它就是美国和国际证券公司，一个总资本为60 000 000美元的企业。公众提供了50 000 000美元的资本，收到的是价格为100美元的面值为5美元的优先股，另外还有1/5的普通股。美国和国外证券公司提供了10 000 000美元的资本，收到的是价格为100美元的面值为5美元的第二优先股，还有4/5的普通股。这种安排实际上使原始公司的组织者可以控制额外的资本，但是从他们自己的角度来看，他们并未进一步投资一分钱。由于美国和国外证券公司所拥有的资源增值了30 000 000美元，在1928年年末可以发现，贡献最初那5 000 000美元的组织者现在控制着110 000 000美元的资本（含可收回的捐赠），并且他们在盈余和业绩提升中所被赋予的权益份额大约为78%。

A. 1924—1928年

表F64—1 股票出售情况 （单位：美元）

| 项目 | 总额 | 公众投资 | 组织者投资 |
|---|---|---|---|
| 初始投资 | 30 000 000[a] | 25 000 000 | 5 000 000 |
| 1928年12月的账面价值 | 60 000 000 | 32 000 000 | 27 000 000 |
| 账面价值增长（%） | 100% | 30% | 450% |
| 美国和国外证券公司资本[b]的最大市场价值 | 100 000 000 | 42 000 000 | 57 000 000 |
| 市场价值增长（%） | 233% | 70% | 1 040% |

注：a. 公司收到29 000 000美元。

b. 第一优先股是100美元；第二优先股估计是80美元；普通股是70美元。

### B. 1928—1939 年

表 F64—2 和表 F64—3 的结果是按每 100 美元的初始投资额来展示的，公司回购导致流通在外的第一优先股减少了。

表 F64—2　股票出售情况　（单位：美元）

| 日期 | 公众投资 | 组织者投资 |
|---|---|---|
| 账面价值： | | |
| 1928 年 12 月 31 日 | 130[a] | 550 |
| 1932 年 12 月 31 日 | 100[a] | 35 |
| 1933 年 12 月 31 日 | 100[a] | 96[b] |
| 1939 年 12 月 31 日 | 108[a] | 215 |

注：a. 第一优先股按面值计算，加上附属普通股的清算价值。

b. 不包含累计的第二优先股股息。

表 F64—3　收益账户　（单位：美元）

| 日期 | 公众投资[a] | 组织者投资[a] | 第一优先股 | 第二优先股（估计） | 普通股 |
|---|---|---|---|---|---|
| 交易价格 | | | | | |
| 1929 年高点 | 170 | 1 150 | 100 | 80 | 70 |
| 1932 年低点 | 27.5 | 11.5 | 26 | 10 | 1.5 |
| 1933 年 12 月 | 73 | 170 | 65 | 50 | 8 |
| 1939 年 12 月 | 87 | 165 | 80 | 60 | 7 |

注：a. 每 100 美元。

从账面价值（破产价值）以及市场报价的角度看，这种安排的实际运行状况已经在前面的表格中展示。

这些数据展示了一个高度投机的资本结构，在有利和不利环境下的典型状况。应该能够注意到，由于投资者对投资信托证券过分乐观或悲观的态度，公司的账面价值或者是破产价值的变化在市场中被急剧放大。注意到另一个问题也很重要，那就是在 1933 年，当一个大约等于每股初始投资额的账面价值被重新建立起来时，市场对属于公众部分的资本登记了一笔很大的减值，与此对应的是属于组织者部分的相应增值。

## 注释 65（第 48 章）

利用相对较小的投资实现控制的例子如下：

1. 范·斯沃林根（Van Sweringen）的利益集团用不到 20 000 000 美元的投资获得了 8 条 I 级铁路和价值达 2 000 000 000 美元的复合资产。因此，不到 1% 的投资控制了整个系统。参见 1936 年 F.I. 沙芬（F. I. Shaffner）的著作《投资的问题》（*The Problem of Investment*），第 38 页，纽约出版社，另参见《范·斯沃林根的更多细节》（*Further Details of The Van Sweringen pyramid*）中的第 666~667 页。随后，麦斯·博尔（Messrs Ball）和汤姆林森（Tomlinson）在破产价位上购买了这个控制权，仅花掉 3 000 000 美元。

2. 1935 年以前，通过拥有 1 000 000 份与普通股相比具有多重投票权的面值 1 美元的优先股，亨利·L·多尔蒂公司（Henry L. Doherty & Co.）取得了城市服务公司 27% 的投票权。这种安排，加上一个金字塔资本结构，使 1 000 000 美元的优先股能够控制固定资产达 1 250 000 000 美元的公司。参见詹姆斯·博布赖特和加德纳·米恩斯的 1932 年由纽约出版社出版的著作《控股公司》，第 113~114 页。

3. 1930 年以前，拥有 1 200 000 000 美元固定资产的标准燃气和电力系统公司被 H. M. 毕勒斯比公司所控制，主要是通过获得 1 000 000 份面值 1 美元的优先股，这与城市服务公司（同上，第 115 页）的案例类似。随后，对资本结构的改组发生了，此后不超过 3 000 000 美元的股权权益对 1 2000 000 000 美元的公用事业系统具有了更全面的控制权。

4. 账面价值为 8 000 000 美元且市值比这更少的股票，曾经控制了过亿美元的联合然气和电力公司（同上，第 122 页）。据透露，在 1935 年制定公用事业控股公司法案的听证会举行前，H. C. 霍普森（H.C.Hopson）和 J.I. 曼哲（J.I.Manpe）在这一系统的控制人中占据了最顶端的位置，他们的投资额是 298 318 美元。1923—1929 年，他们从金字塔控股公司工具中每年平均获得的回报率是 60.28%。参见《H.R.5423 听证会》（*Hearing on H. R. 5423*），美国众议院洲际与对外贸易委员会，第 74 次国会第一次会议，每 1473~1476 页，华盛顿特区，1935 年。

5. 通过 6 层控股公司，英萨尔控制了潮汐电力公司，用后者发行在外证券的账面价值衡量，它的投资仅占后者总投资额的 0.02%。这相当于用 1 美元的投资控制 5 000 美元。类似地，位居高层的英萨尔通过 6 层控股公司，仅用 2.5 美元就控制了金字塔底层的佛罗里达电力公司约 5 000 美元的投资。参见公共事业公司( Utility Corporations ),参议员文件，pt27–A，第 70 次国会第一次会议，第 159~161 页，华盛顿特区，1935 年。

## 注释 66（第 49 章，第 50 章）

### 1989 年到期的芝加哥 – 密尔沃基 – 圣保罗 – 太平洋铁路公司一般抵押债券（不同系列）的分析

#### 1939 年的平均价格为 25 美元

在不含保证债券的情况下，这只具有不同利率安排的证券总价值是 139 000 000 美元。全部证券以 25 美元的价格出售，共收入 3 500 万美元。在总计 11 000 英里的铁路系统中，这只债券享有其中 6 000 英里里程的第一留置权。此外，这只证券还有铁路相关设施以及其他资产作为保障。依据各抵押留置权对这个系统的收益进行分割（包括在特雷霍特的分支）显示，在去除了设施信托费用后，剩余盈利中的 60% 可以分配给这只证券。因此，简单来说，一般抵押债券 25 美元的价格，相当于圣保罗铁路公司全部资产大约为 6 000 万美元，此外，全部资产还受以市场价值衡量约为 2 900 万美元的设施义务约束。（这个总数中不包含的次级留置权，即使在最好的情况下也只对很小一部分资产具有请求权。）

我们把这里得到的圣保罗铁路公司全部财产约 9 000 万美元的价值与如下几个数据做对比：至少 6.6 亿美元的重置成本减折旧；以面值计算为 73 900 万美元的总资本；1934—1938 年 9 900 万美元的平均总收益；以及那五年中可供支付利息的平均净额约 8 100 000 美元。如果扣除设施信托的利息（看作营运费用扣除），7 000 000 美元的余额大约相当于以市价计算的各系列第一抵押权证券价值的 12%。

这个针对一般抵押债券地位的概览显示，除非圣保罗铁路公司的前景是暗淡的，否则它们的价格肯定是超过 25 美元的。我们可以用两种方法进行评价，在每种方法中，我们将会使用 1934—1938 年的平均收益来衡量盈利能力。

**方法 A：综合估值，独立于具体的重组计划。**我们假定，8 000 000 美元的净收益能够很好地涵盖 4 000 000 美元的固定费用，这相当于 1 亿美元的 4% 第一抵押权债券价值是面值。4 000 000 美元的收益余额可以以利率 8% 进行资本化，从而为第一抵押权债券提供　50 000 000 美元的次级权益。这样得出的结论是铁路系统的价值为 1.5 亿美元，或者说是比设施信托证券价值高出了 1.2 亿美元。反过来，这意味着一般抵押证券的价值是 7 200 万美元，或者说是面值的 52%，但实际市场价格则是 25 美元。

这个简洁的计算以如下问题和条件为前提：

1. 800 万平均净收益能够很好地衡量未来净收益的吗？这一数值比 1938 年的收益多 200 万美元，但是却比 1939 年的少了大约 140 万美元。在 1938 年一月所做的“正常收益”估计中，它们设定为高达 1 580 万美元。这一数值在过去 10 年中，始终在 1929 年的 3 000 万美元和 1932 年的不到 100 万美元之间变动。此外，1934—1938 年的道路维护比率要高于其他道路的平均维护比率。因此，总的来看，8 00 万美元的估计值还是比较保守的，尽管铁路的未来收益并不确定。

2. 这一系统中的部分价值必须被分配给次级证券，因此应当被从一般抵押证券份额中扣除。最近的重组技术表明，这种转移的价值相对来说是较小的。

3. 最重要的问题是依据 800 万美元的收益，能否用我们的方法计算得出 1.5 亿美元的市场价值。这里的关键点是未来的资本性支出可能需要从收益中融资，从而减少可向证券持有人分配的收益数额。各种重组方案建议，在为固定优先费用支付 400 万美元后，每年大约 250 万到 500 万美元会被用于这一目的。如果遵循这个结论，800 万美元的总收益就不太可能得到价值 5 000 万美元的次级证券，因为可能会有一些利息支付。

综上所述，如果大额的资本支出拨备是必要的，那么我们的评估可能过于宽松。另一方面，我们的估算也可能会被证明是建立在被过低估计的未来盈利之上的。

**方法 B：这种方法源自一种特定的重组方案。**为了达到目的，我们采用 1938 年 11 月经国际商会仲裁后提出的重组方案，同时，我们还将尝试对分配给一般抵押证券的新证券的价值进行评估。以现有的设施信托证券和 7 700 万美元的利率为 3.5% 的新第一证券为基础计算，这一重组方案的固定费用是 3 865 000 美元。接着，我们扣除大约 250 万到 500 万（由管理层决定）美元的资本支出；然后是利率为 4.5% 的系列 A 收益债券产生的 3 600 000 美元的利息；再扣除收益率为 4.5% 的系列 B 收益债券产生的 1 100 000 美元的利息，此后还有偿债基金以及新的优先股和普通股。

每份一般抵押债券将会收到大约 350 美元的利率为 3.5% 的新第一抵押权债券和利率为 4. 5% 的 A 系列债券，此外还有大约 240 美元利率为 4.5% 的 B 系列债券和优先股。发行后，利率为 3.5% 的第一抵押权债券的最高市价将会是 90 美元。800 万的盈利表面上将完全覆盖利率为 4.5% 的 A 系列债券产生的全部利息，但是如何分配是取决于资本构成的。市场价格方面，比如利率为 4.5% 的 A 系列债券的市价为 40 美元；利率为 4.5% 的 B 系列债券的市价为 20 美元，优先股的市价为 5 美元，它们看起来是合理的，最后两个主要代表了投机的可能性。这标志着一般抵押债券的总价值为 51 美元，这与第一种方法得到的结果相差无几（正如事情应该发生的那样）。①

**结论。**圣保罗铁路公司一般抵押债券 25 美元的价格明显是被低估的，除非铁路公司的前景是如此的暗淡，以至所有的运营公司的证券都被高估了。不管在怎样的状况下，这些债券都应当能够证明，它们是比其他并不是那么稳健的铁路公司的次级证券以及优先股更好的选择。

## 密苏里 – 堪萨斯 – 得克萨斯铁路公司和圣路易斯 – 旧金山铁路公司的对比（发布于 1922 年 1 月）

**简介：**不论对投资者还是投机者而言，密苏里 – 堪萨斯 – 得克萨斯铁路公司的新证券都代表着很多有吸引力的机会。最近，已宣称开始进行的待重组计划将公司的固定费用降至到一个非常保守的数目，因此，债券的利息可以被一个具有可持续性的边际所涵盖。不仅如此，公司在不利的当前条件下表现出色，为次级证券提供了一个可持续盈利能力的保证。对密苏里 – 堪萨斯 – 得克萨斯铁路公司进行长期接管，终将会被发现是强化了新证券的地位。这是因为虽然在此期间，为了恢复公司的机能产生了大量费用，但对铁

① 1940 年 2 月，这个被国际商会称为“最后重组方案”的计划，与监管者的计划有一些不同之处，但是这些变化没法实质上影响上述已形成的结论。

路以及相关设施的提升反过来提高了整体的运行效率，因此，去年的运输运行费用远低于其他铁路的平均费用。

表 F66—1　　两家铁路公司的对比

| | 圣路易斯 – 旧金山铁路公司 | | | | 密苏里 – 堪萨斯 – 得克萨斯铁路公司 | | | |
|---|---|---|---|---|---|---|---|---|
| | 利率（%） | 到期 | 价格 | 回报率（%） | 利率（%） | 到期 | 价格 | 回报率（%） |
| 第一留置债券 | 4 | 1950 | $69^1/_2$ | 6.35 | 4 | 1970 | 65 | 6.35 |
| | 5 | 1950 | $83^1/_2$ | 6.25 | 5 | 1970 | 78 | 6.50 |
| | 6 | 1928 | $96^1/_2$ | 6.55 | 6 | 1932 | 92 | 7.15 |
| 调整债券[b] | 6 | 1955 | $73^1/_2$ | 8.16 | 5 | 1967 | 45 | 11.11[a] |
| 收益债券[b] | 6 | 1960 | $55^1/_2$ | 10.81 | | | | |
| 优先股 | （6） | | 38 | | （7） | | $25^1/_2$ | |
| 普通股 | | | $21^1/_2$ | | | | $8^1/_4$ | |

注：a. 假设全部利息已支付。

b. 直接回报。

在分析密苏里 – 堪萨斯 – 得克萨斯铁路公司证券的价值时，与圣路易斯 – 旧金山铁路公司的对比是不可避免的。这两家公司所在地区，交通特点和金融结构均相似。事实上，密苏里 – 堪萨斯 – 得克萨斯铁路公司的重组基本是参照圣路易斯 – 旧金山铁路公司的，后者在 1926 年完成。

这两家公司相似的资本结构通过表 F66—1 说明，我们对比了各种证券的当前价格和回报率。

接下来我们讨论的两家公司的一般状况，涉及资本结构和运营成果，然后对相关证券做了一个详细的比较。我们的分析表明，密苏里 – 堪萨斯 – 得克萨斯铁路公司相对于圣路易斯 – 旧金山铁路公司拥有两个潜在的优势：

Ⅰ. 固定费用在总收入中的占比更低。

Ⅱ. 具有更高的运营效率。

通过这几点优势，密苏里 – 堪萨斯 – 得克萨斯铁路公司能够为其债券提供更大的保障，还有相应更佳的股票获利能力。基于我们对这两家公司的对比结论，我们建议圣路易斯和旧金山铁路公司证券的持有者做出如下交换：

1. 在它们较低的价格上，将圣路易斯 – 旧金山铁路公司优先留置权的 4%, 5% 和 6% 债券换成对应的密苏里 – 堪萨斯 – 得克萨斯铁路公司优先留置权证券。

2. 把价格是 55.5 美元的旧金山铁路公司利率 6% 的收益证券换成价格是 45 美元的密苏里 – 堪萨斯 – 得克萨斯铁路公司利率 5% 的调整证券。

3. 把价格是 21.5 美元圣路易斯的旧金山铁路公司普通股换成价格是 25.5 美元的密苏里 – 堪萨斯 – 得克萨斯铁路公司优先股。

除此之外，从密苏里－堪萨斯－得克萨斯铁路公司证券自身的优点来判断，我们把优先留置权债券看作被很好地保护了的高收益投资；并且把调整债券、优先股和普通股视作提供了具有吸引力的投机机会。

密苏里－堪萨斯－得克萨斯铁路公司和圣路易斯－旧金山铁路公司主要在相同的州运营，并且在许多方面存在激烈的竞争。

因此，除了圣路旧金山铁路公司运送了更多的煤炭和木材以及相应较少的油外，两家公司的交通特点是相似的。每公里的费率和客运费率基本上是完全一样的，但密苏里－堪萨斯－得克萨斯铁路公司平均荷载量更重，运程更长（见表 F66—2 和表 F66—3）。

表 F66—2　运营里程 1920 年 12 月 31 日

| 州 | 密苏里－堪萨斯－得克萨斯铁路公司 | 圣路易斯－旧金山铁路公司 |
|---|---|---|
| 密苏里 | 544 | 1 720 |
| 堪萨斯 | 487 | 626 |
| 得克萨斯 | 1 721 | 495 |
| 俄克拉何马 | 1 036 | 1 517 |
| 其他 | 19 | 898 |
| 总计 | 3 807 | 5 256 |

表 F66—3　1920 日历年

| 项目 | 密苏里－堪萨斯－得克萨斯铁路公司 | 圣路易斯－旧金山铁路公司 |
|---|---|---|
| 平均列车荷载 | 442 吨 | 398 吨 |
| 每吨荷载平均运距 | 248 英里 | 187 英里 |

这两项优势无疑很大程度上得益于 1921 年密苏里－堪萨斯－得克萨斯铁路公司更低的运输运营费用。

**资本结构**。在表 F66—4 中我们比较两家公司的证券。

表 F66—4　资本结构比较　（单位：美元）

| 项目 | 密苏里－堪萨斯－得克萨斯铁路公司 | 圣路易斯－旧金山铁路公司 |
|---|---|---|
| 设备和基础证券 | 7 248 000 | 86 782 000 |
| 第一留置债券 | 93 073 000 | 121 748 000 |
| 调整债券 | 57 500 000 | 39 220 000 |
| 收益债券 | | 35 192 000 |
| 优先股 | 24 500 000 | 7 500 000 |
| 普通股 | 783 155 股（无面值） | 504 470 股（面值 $100） |
| 固定利息支出 | 49 17 717 | 9 248 374 |
| 偶然的利息支出 | 2 875 000 | 4 750 912 |
| 总利息支出 | 7 792 717 | 13 999 286 |

表 F66—5 中关于圣路易斯 – 旧金山铁路公司的数据取自当时最近可得的报告，也就是 1920 年 12 月 31 日。密苏里 – 堪萨斯 – 得克萨斯铁路公司的数据是基于如下假设，即所有原有证券都是按照重组方案的规定进行交易的。然而，某些高级留置权，特别是 1990 年到期的利率为 4% 的第一抵押权证券，仍然不会得到偿付也是可能的。在那种情形下，基础债券的数量（见上面数据）将会增加，第一留置权证券将会减少，二者合计则不会变化。有前景的是，固定利息费用事实上并没有重组计划中那么多，因为公司可以节省那些没有交易的 40 000 000 美元第一抵押权证券 1% 年息的一半。

“偶然的利息费用”代表着收入和调整债券的要求，它们只有在有收益时才需要支付。这一弹性条款对两家公司来说都是一种加强，因为这将允许它们在没有财政保障的情况下，在困难年份减少利息支付。

**表 F66—5　每英里总收益和利息费用对比　（单位：美元）**

| | 密苏里 – 堪萨斯 – 得克萨斯铁路公司 | | 圣路易斯 – 旧金山铁路公司 | |
|---|---|---|---|---|
| | 每英里 | 占总额百分比 | 每英里 | 占总额百分比 |
| 总收入[a] | 16 870 | 100.0 | 16 730 | 100.0 |
| 固定利息 | 1 300 | 7.7 | 1 790 | 10.7 |
| 偶然利息 | 760 | 4.5 | 920 | 5.5 |
| 总利息 | 2 060 | 12.2 | 2 710 | 16.2 |

注：a. 1921 年数据，12 月的是估计值。

表 F66—5 显示了密苏里 – 堪萨斯 – 得克萨斯铁路公司将会通过固定费用大规模下降所获得的优势。后者对每收到的 1 美元只需要付 7.7 美分，一个如此低的比例将会保证优先留置权债券在正常条件下获得一个很大的安全边际。从这方面说，密苏里 – 堪萨斯 – 得克萨斯铁路公司相对于圣路易斯 – 旧金山铁路公司具有重要优势，它的利息费用，不管是固定的还是偶然的，都相对更低。

**盈利能力**。在比较两个企业的盈利能力时，按照惯例是取涵盖了数年报告的平均值。然而在本例中，由于联邦控制干扰的影响使得这样一种程序并不可行。前几年的数据太过遥远，那些来自 1917—1920 年的数据又太不正常，不足以作为有说服力的分析基础。因此，有必要着重强调最近的运营结果。截至 1921 年 11 月 30 号的 11 个月的报告刚刚发布，通过在原数据的基础上加上 1/11，可得到近似的全年损益表，见表 F66—6。

表 F66—6　　1921 年损益表（有一个月是估计的）　　（单位：美元）

| | 密苏里 – 堪萨斯 – 得克萨斯铁路公司 | | 圣路易斯 – 旧金山铁路公司 | |
|---|---|---|---|---|
| | 收入 | 占总额百分比（%） | 收入 | 占总额百分比（%） |
| 运营里程 | 3 784 | | 5 165 | |
| 总收益 | 63 842 000 | 100.0 | 86 521 000 | 100.0 |
| 维护费 | 24 635 000 | 38.6 | 26 874 000 | 31.1 |
| 其他运营支出 | 25 072 000 | 39.3 | 37 275 000 | 43.1 |
| 税 | 2 731 000 | 4.3 | 3 790 000 | 4.4 |
| 租金等、减掉其他收入 | 1 654 000 | 2.6 | 1 065 000[a] | 1.2 |
| 利息余额 | 9 750 000 | 15.2 | 17 517 000 | 20.2 |
| 固定利息 | 4 918 000 | 7.7 | 9 248 000 | 10.7 |
| 偶然利息 | 2 875 000 | 4.5 | 4 750 000 | 5.5 |
| 股票余额 | 1 957 000 | 3.0 | 3 519 000 | 4.0 |
| 优先股股息要求 | 1 715 000 | 2.7 | 450 000 | 0.5 |
| 普通股余额 | 242 000 | 0.3 | 3 069 000 | 3.5 |

注：a. 部分的使用了 1920 年数据。

在分析上述数据中，给予密苏里 – 堪萨斯 – 得克萨斯铁路公司的更多维护支出以额外关注是必要的。在每收到的 1 美元中，后者投入了 38.6 美分到维护中，而圣路易斯 – 旧金山铁路公司则支出了 31.1 美分。很容易理解，维护上花费的金额在很大程度上是一个管理层任意决定的事项，因此为人为粉饰净利提供了一种方法。在与相同范围内的其他公司相比时，在去年中，圣路易斯 – 旧金山铁路公司看起来似乎没有进行充分的维护，而密苏里 – 堪萨斯 – 得克萨斯铁路公司则过度维护了。这一政策差异的结果就是：与正常维护支出相比，圣路易斯 – 旧金山铁路公司的净收益看起来更大，密苏里 – 堪萨斯 – 得克萨斯铁路公司的则太小了。

我们通过表 F66—7 的分析展示这一修正如何从根本上影响各种证券的地位。

表 F66—7 1921 年盈利能力 （单位：美元）

| 项目 | 实际结果 | | 调整结果（维护比例为 35%） | |
|---|---|---|---|---|
| | 密苏里 – 堪萨斯 – 得克萨斯铁路公司 | 圣路易斯 – 旧金山铁路公司 | 密苏里、堪萨斯 – 得克萨斯铁路公司 | 圣路易斯 – 旧金山铁路公司 |
| 固定利息倍数 | 1.94 倍 | 1.89 倍 | 2.51 倍 | 1.54 倍 |
| 总利息倍数 | 1.25 倍 | 1.25 倍 | 1.55 倍 | 1.02 倍 |
| 优先股每股收益 | 8.00 | 46.92 | 17.39 | 3.19 |
| 普通股每股收益 | 0.30 | 6.08 | 3.25 | 无 |

**优先留置债券**。尽管密苏里 – 堪萨斯 – 得克萨斯铁路公司优先留置权证券的售价比相应的圣路易斯 – 旧金山铁路公司债券低了几个点，但是表 F66—7 显示出它们都具有良好的保障。因为，尽管密苏里 – 堪萨斯 – 得克萨斯铁路公司有更多的维护支出负担，其在 1921 年的盈利也足以涵盖其固定利息负担了。如果适当允许保养上的差异，那么密苏里 – 堪萨斯 – 得克萨斯铁路公司的出色表现将变得非常抢眼。

**收益债券**。密苏里 – 堪萨斯 – 得克萨斯铁路公司利率为 5% 的债券在 1925 年以后将变成可累积的，但是圣路易斯 – 旧金山铁路公司利率 6% 的收益证券却是永远不可累积的。在接下来的三年中，密苏里 – 堪萨斯 – 得克萨斯铁路公司可分配给调整债券的收入中至少一半都要被作为利息发放，在 1921 年盈利的基础上，收益债券持有者今年很可能可以得到全部的 5% 利息。

如果支付全部利息，那么密苏里 – 堪萨斯 – 得克萨斯铁路公司和旧金山铁路公司的这些证券产生的回报率是相同的。密苏里 – 堪萨斯 – 得克萨斯铁路公司证券的收益率与一般的铁路债券更为接近，仅次于优先留置权证券，而旧金山铁路公司的利息率为 6% 的收益证券还受到调整抵押贷款的约束。就像表格 F66—7 指出的那样，密苏里 – 堪萨斯 – 得克萨斯铁路公司调整债券在正常经营环境下应该能够受益于其更大的盈利能力。

**密苏里 – 堪萨斯 – 得克萨斯铁路公司利率 7% 的优先股**。（1928 年 1 月 1 日后可累积）。由于价格的相似性，这只证券更适合与圣路易斯 – 旧金山铁路公司普通股比较，而不是与其优先股比较。就当前收益而言，密苏里 – 堪萨斯 – 得克萨斯铁路公司优先股表现出色，并且它看起来不仅比圣路易斯 – 旧金山铁路公司更受青睐，而且也是一个独立的有吸引力的投机品。

**密苏里 – 堪萨斯 – 得克萨斯铁路公司普通股**。虽然想要凭这只证券获得股息无疑是很遥远的事，但是它应当能快速反映市场上铁路运输业的状况提升或者是密苏里 – 堪萨斯 – 得克萨斯铁路公司地位的变化。在当前 8.25 美元的价格下，作为一只低价铁路股票，它拥有不寻常的投机机会。

## 艾奇逊铁路公司、南太平洋铁路公司和纽约中央铁路公司的对比
## (1922 年 4 月发布)

**简介**。最近几周里，我们发现人们对高等级铁路证券的兴趣正在回升。这种活动之所以重要，是因为它是同时建立在投资和投机的考虑之上的。不断发展的债券清单第一次加入了优先股，现在它又把注意力转向投资级普通股，即那些具有悠久股息记录的普通股。

从投机角度出发，等级更高的铁路股份正变得越来越吸引人。我们清晰地指出了相对于 1921 年，1922 年的净利润有一个很大的提升。汽车载重量已经有了很大的提高，并且今年稍晚些整个行业的复苏更会加强这一状况。更重要的是持续减少的运行费用将会使净利率向常规回归。

因此，高等级的铁路普通股值得投资者和投机者去考虑。在这里我们提供了对当前状态和这种类型的 3 家主要公司（艾奇逊铁路公司、南太平洋铁路公司、纽约中央铁路公司）的最近记录的对比结果。一些最重要的数据已经列在表 F66—8 中。

表 F66—8　　普通股

| 路线 | 价格（美元） | 股息率（%） | 回报率（%） | 每股收益（美元） | | 收益 / 固定费用，1921 年 |
|---|---|---|---|---|---|---|
| | | | | 1921 | 1914–1921 平均值 | |
| 艾奇逊铁路公司 | 100 | 6 | 6.00 | 14.69 | 12.89 | 4.00 倍 |
| 南太平洋铁路公司 | 90 | 6 | 6.67 | 7.25[a] | 8.35[a] | 2.13[a] 倍 |
| 纽约中央铁路公司 | 91 | 5 | 5.50 | 8.92 | 6.64 | 1.44 倍 |

注：a. 部分是估计值，参见正文。

这些数据清晰地表明，从盈利能力和财务健全上来看，艾奇逊铁路公司是非常优秀的。与纽约中央铁路公司相比，它有更高的股息回报，更多的收益以及更低比例的负债。尽管南太平洋铁路公司和艾奇逊铁路公司都支付 6% 的股息，但是艾奇逊铁路公司展现了盈利能力上的优势，这足以为其高 10 个点的报价提供支持。

作为对其出色收益纪录的补充，以下特点需要特别注意：

1. 现金资产财富；
2. 石油资产的价值；
3. 在较低的基础上仍然不断减少的债务。

接下来的几页中，我们将会更仔细地分析这三家公司的记录。在对可得数据进行仔细研究后，我们提出了以下结论：

1. 艾奇逊铁路公司应该在立刻买入，不管是作为有吸引力的投资还是旨在获取投机利润。

2. 得益于巨大的盈利能力，艾奇逊铁路公司从本质上来说比南太平洋铁路公司更好。

3. 出于投资目的而持有纽约中央铁路公司的，应当立即换成艾奇逊铁路公司，以取得更高的股息回报、更强的平均盈利能力以及更稳定的财务状况。

从投机的角度来看，应当指出，与债务以及总收益相关联的那一小部分纽约中央铁路公司股票，在良好状况下每股收益可以更迅速的增长，相反，净收益中一个相对较小的下跌也会给它带来严重的打击。

**公司结构**。在分析一家铁路公司的地位时，不仅要考虑其自身的运营，还要考虑它投入巨额投资的子公司的线路。艾奇逊铁路公司和南太平洋铁路公司发布的报告涵盖了其整个系统，但是纽约中央铁路公司却持有很多自己独立报告运行状况的重要线路的股份。把这些被控制公司的里程加总实际上会超过纽约中央铁路公司的合理里程数。每年子公司带来了大量盈余，其中一部分真正归属于纽约中央铁路公司股票，但是这些不会反映在母公司的回报中。要获得适当的纽约中央铁路公司股票的价值判断基础，我们将借助它自己的报告和一份包括所有子公司的合并报表来分析其盈利能力。这么做的另一个理由是，纽约中央铁路公司打算收购被控公司流通在外的少数股权以实现它们之间的整合。

表 F66—9 列出了纽约中央铁路公司独立运营的子公司，以及其里程数和集团内持股比例。

表 F66—9　　纽约中央铁路公司

| 公司 | 里程（英里） | 持股百分比（%） |
|---|---|---|
| 纽约中央铁路公司 | 6 069 | |
| 辛辛那提北部铁路公司 | 245 | 56.9 |
| C. C. C.– 圣路易斯铁路公司 | 2 421 | 50.1 |
| 印第安纳港带铁路公司 | 120 | 60.0 |
| 卡诺瓦 – 密歇根铁路公司 | 176 | 100.0 |
| 伊利湖 – 西部铁路公司 | 738 | 50.1 |
| 密歇根中央铁路公司 | 1 865 | 89.8 |
| 匹兹堡 – 伊利湖铁路公司 | 224 | 50.1 |
| 托莱多 – 俄亥俄州中部公司 | 492 | 100.0 |
| 总里程 | 12 350 | |

对于南太平洋铁路公司而言，为了反映最近剥离石油资产的调整影响，必须对前年的表现进行修正。此外，还应消除前期石油收入，可转换债券转股以及出售太平洋石油公司股份获得的 43 000 000 美元的影响。

**盈利能力。**我们对于 1921 年的结果特别感兴趣是因为它们不仅是最近的，而且它们代表了独立运作的第一个完整年度。1921 年损益表概况如表 F66—10 所示。

**表 F66—10　　1921 年的损益表　　（单位：千美元）**

| 项目 | 艾奇逊铁路公司 | 南太平洋铁路公司 | 纽约中央铁路公司 | 纽约中央铁路集团 |
|---|---|---|---|---|
| 里程 | 11 678 | 11 187 | 6 077 | 12 350 |
| 总收益 | 228 925 | 269 494 | 322 538 | 535 821 |
| 去除租金后的净额 | 41 268 | 39 823 | 56 679 | 90 615 |
| 其他收入 | 11 082 | 8 000[a] | 15 665 | 17 251 |
| 总收入 | 52 350 | 47 823 | 72 344 | 107 866 |
| 固定费用等 | 13 018 | 22 800[a] | 50 048 | 71 519 |
| 优先股股息 | 6 209 | | | 500 |
| 归属于少数股东 | | | | 4 302 |
| 归属于普通股股东的净利润 | 33 123 | 25 023 | 22 296 | 31 545 |
| 每股收益 | 14.69 | 7.25 | 8.91 | 12.62[b] |

注：a. 估计值。参见正文。

b. 纽约中央铁路公司每股值。

**表 F66—11　　1914—1921 年全年普通股每股收益　　（单位：美元）**

| | 艾奇逊铁路公司 | | 南太平洋铁路公司[a] | | 纽约中央铁路公司 | | 纽约中央铁路集团 | |
|---|---|---|---|---|---|---|---|---|
| 日历年 | 运营基础 | 保证基础 | 运营基础 | 保证基础 | 运营基础 | 保证基础 | 运营基础 | 保障基础 |
| 1921 | 14.69 | | 7.25 | | 8.92 | | 12.62 | |
| 1920 | 12.54 | 13.98 | 1.89 | 8.61 | 12.34（亏损） | 5.49 | 14.65（亏损） | 9.68 |
| 1919 | 15.41 | 16.55 | 7.03 | 8.40 | 6.23 | 7.97 | 10.73 | 8.62 |
| 1918 | 10.59 | 9.98 | 10.63 | 8.38 | 6.59 | 7.16 | 13.39 | 8.34 |
| 1917 | 14.50 | | 13.96 | | 10.24 | | 13.25 | |
| 1916 | 15.36 | | 11.00 | | 18.26 | | 23.50 | |
| 1915 | 10.99 | | 8.90 | | 11.08 | | 13.80 | |
| 1914 | 9.03 | | 6.01[b] | | 4.10 | | 3.69 | |
| 平均值 | | | | | | | | |
| 运营基础 | | 12.89 | 8.33 | 6.64 | 9.54 | | | |
| 保障基础 | | 13.14 | 9.06 | 9.16 | 11.69 | | | |

注：a. 参见正文。

b. 截止到 6 月 30 日。

南太平洋铁路公司的固定费用以及营业外收入是基于1920年的报告基础预计的，并且已经进行了调整，以反映分离油田收益的影响。

我们立即就可以看出，艾奇逊铁路公司的表现最佳，不仅是每股收益，特别需要注意的还有较小的固定费用与可支配收入的比值。纽约中央铁路公司及其子公司的合并损益表中的每股收益非常可观，但这里必须考虑到其债券和租赁协议在其总市值中占比过大。

从1921年数据中得出的结论，可以被1914年开始的历史数据所印证。我们在第832页底下给出了那段时期的年度每股收益数据。对于1918、1919和1920年，我们给出了两个数据，分别基于实际运营以及政府租赁和保证。南太平洋铁路公司的数据也已经做了调整，见第934页。

以上显示的或许还算显著的一个特点就是，自1915年以来，艾奇逊铁路公司净利始终保持一个较高的增速，尽管这段时期，运营商普遍受到反常环境的影响。与纽约中央铁路公司和南太平洋铁路公司的对比在1920年这一过渡年份显得特别鲜明。

另一个重大特点是艾奇逊铁路公司的营业外收入的大幅增长，从1918年的4 311 000美元增长到1919年的15 100 000美元，进而到了1920年，则为9 842 000美元。这部分利润很大一部分来源于其石油资产，而且这部分的重要性看起来并未受到足够的关注。

**运营统计**。与南太平洋铁路公司和纽约中央铁路公司相比，艾奇逊铁路公司卓越的盈利能力在某些程度上得益于资本在总收入中较小的比重，但更重要的是较低的运营费用。表F66—12清晰地显示了艾奇逊铁路公司在运输费用方面所享受的优势。

**表F66—12　营运支出分析**

| 支出占总收入的百分比 | 艾奇逊铁路公司 | | | 南太平洋铁路公司 | | | 纽约中央铁路公司 | | |
|---|---|---|---|---|---|---|---|---|---|
| | 1921 | 1918—20 | 1913—17 | 1921 | 1918—20 | 1913—17 | 1921 | 1918—20 | 1913—17 |
| 维护费用 | 36.9 | 36.0 | 30.1 | 33.9 | 34.3 | 25.4 | 31.9 | 36.3 | 29.9 |
| 运输费用等 | 38.7 | 39.6 | 34.1 | 45.0 | 45.1 | 38.8 | 45.1 | 47.6 | 40.0 |
| 总计 | 75.6 | 75.6 | 64.2 | 78.9 | 79.4 | 64.2 | 77.0 | 83.9 | 69.9 |

可以观察到，艾奇逊铁路公司在维护费用支出方面一直比较随意。与坐落在相似地区的南太平洋铁路公司相比，艾奇逊铁路公司把收益中的很大一部分用来做维护，而把相对较少的一部分投入到了运费中。

**资本结构**：从股票相对于债券的占比来看，艾奇逊铁路公司的最大，纽约中央铁路公司的则最小。后者的资本结构看起来更加不平衡，因此，相对较小的净收益变化就会导致每股可分配利润的巨大波动。在繁荣年份，债券债务的优势导致股票盈利能力体现出明显优势，但在萧条年份，它又会变成一系列巨大的负担。

表 F66—13　　公众持有的证券

| 证券级别 | 艾奇逊铁路公司 | 占总数的比例（%） | 南太平洋铁路公司 | 占总数的比例（%） | 纽约中央铁路公司 | 占总数的比例（%） | 纽约中央铁路集团 | 占总数的比例（%） |
|---|---|---|---|---|---|---|---|---|
| 债券和受担保的股票 | 289 888 | 45.3 | 473 644 | 57.9 | 840 110[a] | 77.1 | 1 156 261[a] | 77.5 |
| 优先股 | 124 173 | 19.4 | | | | | 9 998 | 0.9 |
| 少数股权 | | | | | | | 74 302 | 4.9 |
| 普通股 | 225 398 | 35.3 | 344 780 | 42.1 | 249 597 | 22.9 | 249 597 | 16.7 |
| 总计 | 639 459 | 100.0 | 818 424 | 100.0 | 1 089 707 | 100.0 | 1 490 158 | 100.0 |

注：a. 包括租赁公司 (Leased Companies) 的证券，以及以 5%的利率进行资本化的现金租金价值为 66 700 000 美元。

**结论：**艾奇逊铁路公司的资金状况也许是其在铁路领域独特地位的最好说明。事实上，尽管在过去 8 年里几乎没有出售任何债券，艾奇逊铁路公司 12 月 31 号仍然持有 52 7000 000 美元的现金与政府债券，而此时它的负债总额仅为 28 279 000 美元。

强大的盈利能力与强劲的财务状况结合后，证实了股息率最终上升的期望。

## 注释 67（第 50 章，第 51 章）

以下内容引用自本书 1934 年版，第 594~595 页。

"一个当前的例子。1931—1932 年，福克斯电影公司遭受了巨大的损失，在 1933 年 4 月，公司通过说服其债务持有者将 95% 的债务转换成普通股进行了资本结构的调整。这次调整的结果是，公司的银行债务全部消失，1936 年 4 月到期的票据也已从 30 000 000 美元下降到不到 1 800 000 美元。1933 年 12 月，利率 6% 的票据售价 75 美元，到期收益率超过 20%。普通股的市场价值大约 35 000 000 美元，净流动资产大约 10 000 000 美元。这些数据显示出这些票据是被充分保障的，因此其售价 75 美元是非常便宜的。"

"这个结论的可靠性有多少呢？"我们可以相当肯定地说，无论这些股票值不值 35 000 000 美元，这 1 800 000 美元的票据都是完全安全的。但是一个这样的表述并不像它听起来那样的确凿，因为我们通常没有办法利用一只高度投机的股票与一只投资级高级证券之间的相对价格差异。[①]分析师必须依靠自己去决定购买这只股票是否具有吸引

① 在福克斯影业公司的案例中，6% 的债券仍然可以根据资本充足方案，按照每股 18.9 美元的价格转换为普通股。如果这个转换是合同要求必须做的，而不仅仅是一个自愿转换权，那么当福克斯公司股价为 14 美元时，该债券的价格应该高于 75 美元。

力。如果企业非常不稳定，那么即使是大量的次级权益也有可能完全消失，并且就算是一个较小规模的票据也会因此失去偿付。在福克斯电影公司的例子里，一方面，这是一个重要的行业，也就是说公司有充足的稳定性，至少要能够保证那个较小债务的偿付能力。另一方面，电影行业已经高度投机化，而且福克斯电影公司自 1930 年以来的表现记录并不能够鼓舞信心。”

“然而，我们的结论必然是，1933 年 12 月，这些票据有巨大的资产支持，将不能偿付的风险降到了一个很小的程度。当再次强调把分散化投资作为所有这些操作的一种保护方式时，我们表达的观点是，从组合的加总结果来看，购买这类证券几乎总能够得到令人非常满意的结果。当然，有时候总会发生一些损失，但是在一个正常的时期，如 1923—1927 年，这种损失的几率无疑远低于非常时期的损失几率，如 1930—1933 年。”

**（续）**在 1933 年资本结构调整后的资产负债表上，这家公司对自己固定利息费用的保障倍数接近于 6 倍。它在 1934 年的利息保障倍数为将近 5 倍，在 1935 年为将近 10 倍，并且在 1936 年超过了 38 倍。这些票据在 1936 年 4 月 4 日到期时被以面值偿付。

## 注释 68（第 51 章）

### 胜利债券的持有人备忘录
### （1921 年 5 月通告）

我们非常希望向持有 1923 年 6 月 1 日到期、利率 4.75% 的胜利债券的持有人指出，通过以现价把它们交易成等量的、1938 年到期、利率 4.25% 的第四期自由债券所能获得的优势。

在写这篇文章时，利率 4.75% 的胜利债券价格约为 97.70 美元，利率 4.25% 的自由债券价格是 87.20 美元。这两只债券的直接收入回报是相同的，都是 4.86%。换一种说法就是，在成本和收入回报等价的基础上，每 400 美元的胜利债券能够交换 450 美元的利率 4.25% 的自由债券。

但是从未来市场升值的角度看，自由债券相对于胜利债券有着巨大的优势。胜利债券可能的升值空间被严格限制在 2 个点上，因为临近的到期日（1923）使它不能以任何可观的溢价进行销售。然而，自由债券的售价相对于其面值存在巨大的折价（超过 12.5%），因此在接下来的几年内，价格显著上升不仅有可能而且是非常可能。

举一个也许有些极端的例子。假设到 1923 年，所有胜利债券和自由债券的售价都回到了面值，那么第四期自由债券的上升幅度将超过 12 个点，而胜利债券仅有 2 个点。通过进行这里建议的交换，投资者现在持有的每 400 美元胜利债券能够因此得到 450 美元。在任何情形下，利率 4.5% 的自由债券只需要在接下来的两年中上升 2 个点，就能使这笔建议的交易变得有利可图。

在这方面，我们想指出，所有迹象都指向将来高等级债券价格的上升。利率下降的趋势已经非常明显，联邦再贴现率的降低就是证明。由于这个原因，与短期票据相比，长期投资现在受到了普遍的欢迎，并且后者获得的收入回报也因此比临近到期日的那些要少很多。但是在胜利债券这个例子中，这些短期票据能够在不影响直接收入回报的情况下交换长期的自由债券。

自由债券的清算问题一直是个争论激烈的问题，如今仍在持续，但是看起来在现在这段时期它好像结束了。用借来的钱购买的债券大部分都被偿付或者是出售了，短期持有在很大程度上被消除了，并且现在自由债券可以被看作大部分都在真正的投资者手中了。这极大地改善了其技术指标，并且任何购买活动都将促使其价格大幅上升。

这笔建议的交易还能使我们获得另外一个优势，那就是自由债券（高达一定数额）可以免除附加税和一些普通税务，同时，胜利债券则只允许免除普通税务。

由于具备更大的价格升值空间和优越的税务免除地位，我们建议 1923 年 6 月 1 日到期、利率 4.75% 的胜利债券的持有人现在把它们转换成等量的 1938 年到期，利率 4.25% 的第四期自由债券。

我们会很乐意提供关于这笔交换的更进一步信息，特别是与投资者个人讨论这一交换带来的当前税务节约。

## 注释 69（第 52 章）

道氏理论的主要观点包括：

1. 股价波动分为三种类型：

a. 主要趋势，这是牛市或熊市基本的趋势，期限跨度从不足一年到几年时间。道氏理论的支持者的主要目标便是正确认识主要趋势。

b. 次级趋势（中期趋势），持续期为 3 个星期至几个月，但股价变动的方向与主要趋势相反。

c. 日常波动（短期趋势），这种股价的波动方向是不确定的，特征也不明显，重要性亦大打折扣，这种波动只在决定趋势线是否形成上有些作用。然而，我们必须将日常波动画出来并认真研究，正是它们构成了长期的波动。

2. 如果要得出关于波动本质的可靠推论，道琼斯工业指数和道琼斯运输指数必须能够相互印证。尽管一般来说，在牛市中，两个指数下次的高点会超过前次的高点，下次的低点也会超过前次的低点（熊市反之亦然），但主要趋势在运行中会被次级趋势的折返走势所中断。平均来看，次级趋势一般会使得股价回撤主要趋势波幅的 1/3 至 2/3，起始点为上次次级趋势结束时。很显然，想随时判断股价波动是次级趋势还是主要趋势被逆转，是一项非常困难的任务。

3. 如果道琼斯工业指数和道琼斯运输指数在几周或更长时间的波动都处在大约5%的范围之内，我们就说描述离散技术指标的趋势线形成了。如果两个指数同时突破趋势线的上方，那么我们认为累积（买入）指标（accumulation）形成，股票会达到更高的价格。如果两个指数同时突破趋势线的下方，那么我们认为派发（卖出）指标（distribution）形成，股票会达到更低的价格。如果一个指数突破了趋势线，而另一个指数没能突破趋势线，那么指标并不能说明未来的走向。

4. 超买市场在股价上升阶段成交很清淡，下降阶段成交很活跃；超卖市场在股价下降阶段成交很清淡，上升阶段成交很活跃。活跃的成交量预示着牛市的终结，而牛市的启动往往伴随着较低的成交量。

5. 成交活跃的个股经常与指数的走势保持一致，但个股也可能反映它们独有的特征，这会导致与指数变化的偏离。

上述关于道氏理论的主要观点的介绍自然不能穷尽应用理论实践时的很多细节。对道氏理论更详尽的阐述和应用请参见威廉·彼得·汉密尔顿（W.P. Hamilton）的《股市晴雨表》（*The Stock Market Barometer*）、罗伯特·雷亚（Robert Rhea）的《道氏理论》（*The Dow Theory*）、查尔斯·戴斯（Charles A. Dice）的《股票市场》（*The Stock Market*）、弗洛伊德·伯切特（*Floyd F. Burtchett*）的《投资和投资策略》（*Investments and Investment Policy*）。图表分析理论请参见理查德·夏巴克（R. W. Schabcker）的《股票市场理论与实践》（*Stock Market Theory and Practice*）。

## 注释70（第39章，第52章）

标准统计公司在1933年10月和12月发布的“股票投资指南”中有如下内容（见表F70—1，表F70—2，表F70—3）：

表F70—1　鲍德温机车公司

| B(N.Y.S.E.) | | | | | 鲍德温机车公司 |
|---|---|---|---|---|---|
| 股票 | 建议 | 股息 | 价格 | 日期 | 收益率 |
| 普通股 | 持有（II） | 无 | $11^1/_8$ | 1933年12月21日 | 无 |
| 优先股（7美元） | 持有（投机首选） | 无 | $34^7/_8$ | | 无 |
| 认股权证 | 持有（II） | | 7 | | |

**评价：**虽然该公司认股权证的执行会给普通股带来不利影响，但有利因素也逐渐显现。长期来看，其优先股还是具有投机价值的。

**现状与前景：**尽管鲍德温机车公司已将营运成本压至最低，但1933年的订单实在太少，因此利润依然为负。近来，公司的订单逐渐增加，美国公共工程署向许多铁路公司发放贷款，用于购买新设备（包括30辆机车），这也使得鲍德温机平公司的前景大为改观。还有些公司也在申请贷款用于购买设备，包括133辆机车。很明显，铁路公司已经开始进行现代化的改造，预计在1934年年底达到高潮。鲍德温机车公司在业界具有非常强大的优势，因此有望获取丰厚的收益。尽管普通股的有效收益率有时较差，尤其是考虑到认股权证（这些认股权证附属于抵押债券，可以以5美元每股认购480 000股普通股）的摊薄作用后，但普通股的每股损失依然在慢慢减少，公司的财务状况还是很稳定的（见表F70—2）。

**背景：**鲍德温机车公司是两大蒸汽机车制造商之一，同时也生产锻件、铸件产品，液压机械及其他一些特殊机械、发动机、空调机组、制冷设备等。公司还持有了通用钢铁铸件公司（General Steel Castings）的股票，并在费城拥有价值不菲的房地产。

**资本总额：**长期借款，总额15 500 000美元，利率7%；200 000份优先股（面值100美元），售价为每股125美元；843 000股普通股（无面值）。优先股股息累积达每股17.50美元。

表F70—2 鲍德温机车公司股票情况[a]

| | 收益 | | 股息 | | 价格变化范围 | |
|---|---|---|---|---|---|---|
| | 普通股 | 优先股 | 普通股 | 优先股 | 普通股 | 优先股 |
| 1933 | 约5.24（亏损） | 约15.50（亏损） | 无 | 无 | 17.625~3.5 | 60~9.5 |
| 1932 | 6.50（亏损） | 20.39（亏损） | 无 | 无 | 12~2 | 35~8 |
| 1931 | 6.55（亏损） | 20.61（亏损） | 0.875 | 3.50 | 27.875~4.625 | 104.5~15 |
| 1930 | 1.94 | 15.18 | 1.75 | 7.00 | 38~19.375 | 116~84 |

注：a. 数据不一定可靠。

表F70—3 比阿特丽斯奶油公司

| BRY (N.Y.S.E.) | | | | | 比阿特丽斯奶油公司 |
|---|---|---|---|---|---|
| 股票 | 建议 | 股息 | 价格 | 日期 | 收益率 |
| 普通股 | 卖出 | 无 | 12.5 | 1933年10月17日 | 无 |
| 优先股（7美元） | 卖出 | 7 | 72 | | 9.9% |

**评价：**由于该公司近期的一些不确定性，建议换成其他更有前景的股票。

**现状和前景：**奶制品行业的统计数据不容乐观，产能过剩导致黄油、奶酪的库存达到历史新高，也导致产品的价格下降。农场主占有了大部分的液态奶利润（源于牛奶控制委员会和AAA市场协议的干预）。此外，截至8月31日的6个月里，该公司的收益由于成本的增加、高峰季节销售不理想而受到不利影响。这段时期内的优先股收益为4.47美元，归属于普通股股东的净利润为0.28美元，而去年同期的数据分别为6.34美元、0.82

美元。由于季节因素，下半年的收益将会更少。除非牛奶的产量受到限制，否则公司业务复苏无望。但公司的财务状况还是良好的。

**背景：**比阿特丽斯奶油公司是奶制品业的三巨头之一。以前其利润主要来自黄油业务。近年来，公司大量扩充冰激凌和牛奶产量，同时还兼营奶酪、蛋和家禽产业。其主要业务区域在中西部，但也开始进入东部和太平洋沿岸地区。

**资本总额：**长期借款（债券无面值），利率为 7%；107 851 股优先股（面值 100 美元）；377 719 股普通股（面值 25 美元）。

表 F70—4　　比阿特丽斯奶油公司股票情况[a]

| | 收益[b] | | 股息[c] | | 价格变化范围[c] | |
|---|---|---|---|---|---|---|
| | 普通股 | 优先股 | 普通股 | 优先股 | 普通股 | 优先股 |
| 1933 | 0.84（亏损） | 4.03 | 无 | 7.00[d] | 27~7 | 85~45 |
| 1932 | 3.54 | 19.30 | 2.50 | 7.00 | $43^1/_2$~$10^1/_2$ | 95~62 |
| 1931 | 7.12 | 32.49 | 4.00 | 7.00 | 81~37 | 111~90 |
| 1930 | 7.31 | 34.02 | 4.00 | 7.00 | 92~62 | $109^1/_4$~$101^1/_4$ |

注：a. 数据不一定可靠。

b. 截至 2 月 28 日。

c. 历年。

d. 预计可持续。

## 股票投资指南

## （标准统计公司出版，纽约，哈德逊大街 345 号，版权所有，盗版必究）

## 1934 年版中我们的分析

很明显，之所以给出持有鲍德温机车公司的股票、卖出比阿特丽斯奶油公司的股票的建议，主要是因为机车行业大有前途而奶制品行业前景黯淡。就机车行业而言，据说各铁路公司的设备更新还会持续好些年；而奶制品行业的缓慢复苏不知会是几个月还是几年。

但如果是根据本书给出的原则和方法，那么对这两只股票进行分析后的结论将会与这份报告相反。对比阿特丽斯奶油公司的分析应该如下：当前的形势不利，近期的前景也不好，股价已大幅下跌，股票的内在价值应该高出当时股价不少。

而对鲍德温机车公司的分析应该如下：该公司 1934 年的前景无疑要好于 1933 和 1932 年。然而，其股价已是 1932 年最低价的 5 倍。公司的业绩真的好到能与其股价相称吗？实际上，公司过去十年的收益都很糟糕。

为了回答这些问题，我们需要做一个统计分析（表 F70—5 并不是一般意义上的对比，而是着力于对两家公司分别进行分析并得出各自的结论）。

表 F70—5　对两家公司进行的分析及得出的结论

| 项目 | 鲍德温机车公司 | 比阿特丽斯奶油公司 |
|---|---|---|
| A. 资本总额 | | |
| 债券（按面值） | 15 500 000 | |
| 优先股（按市价） | 7 000 000 | 7 750 000 |
| 优先证券总额 | 22 500 000 | 7 750 000 |
| 普通股（按市价） | 9 400 000 | 4 700 000 |
| 认股权证（按市价） | 3 400 000 | |
| 次级资本总额 | 12 800 000 | |
| 资本总额 | 35 300 000 | 12 450 000 |
| B. 近期的损益表 | 截至 1933 年 9 月的 12 个月内 | 截至 1933 年 8 月的 12 个月内 |
| 销售额 | 7 730 000 | 44 045 000 |
| 折旧、息前净利 | 1 000 000（亏损） | 1 831 000 |
| 折旧 | 1 850 000 | 1 605 000 |
| 利息 | 1 160 000 | |
| 优先股股息 | 1 400 000 | 750 000 |
| 归属于普通股股东的净利润 | 5 410 000（亏损） | 524 000（亏损） |

C. 收益记录（见表 70—6）：

表 F70—6　两家公司的收益记录[a]　（单位：千美元）

| 年度 | 鲍德温机车公司 | | | 比阿特丽斯奶油公司 | | | |
|---|---|---|---|---|---|---|---|
| | 销售额 | 总收益 | 归属于普通股股东的净利润 | 销售额 | 总收益 | 归属于普通股股东的净利润 | 普通股每股收益 |
| 1933 | 7 730 | 2 850（亏损） | 5 410（亏损） | 44 045 | 226 | 524（亏损） | （亏损） |
| 1932 | 10 579 | 2 941（亏损） | 5 478（亏损） | 46 264 | 434 | 323（亏损） | （亏损） |
| 1931 | 20 436 | 2 982（亏损） | 5 523（亏损） | 54 059 | 2 101 | 1 363 | 3.54 |
| 1930 | 49 872 | 4 202 | 1 637 | 82 811 | 3 354 | 2 626 | 7.12 |
| 1929 | 42 797 | 3 093 | 900 | 83 682 | 2 489 | 1 971 | 7.31 |
| 1928 | 37 214 | 600 | 1 104（亏损） | 53 307 | 1 523 | 1 103 | 6.31 |
| 1927 | 49 011 | 3 400 | 1 685 | 52 744 | 1 223 | 890 | 6.66 |
| 1926 | 65 569 | 5 800 | 4 049 | 33 974 | 1 006 | 735 | 5.97 |
| 1925 | 27 876 | 500（亏损） | 2 225（亏损） | 35 050 | 1 003 | 760 | 6.18 |

注：a. 鲍德温机平公司：数据截至 1933 年 9 月 30 日。除 1925 年外，其余数据都是可比较的。1925—1928 年平均每年的折旧为 1 022 000 美元，因此数据据此进行过更正，1928 年的总收益为近似值。

比阿特丽斯奶油公司：1933 年的数据是截至 1933 年 8 月 31 日的数据，1932 年的数据是截至 1933 年 2 月 28 日的数据，1925—1931 年的数据与此类似。1928 年，比阿特丽斯奶油公司通过证券交易赚取的 389 000 美元被排除在外。

D. “正常时期”（1925—1930）的业绩。

| | |
|---|---|
| 鲍德温机车公司的平均总收益 | 2 900 000 美元 |
| 鲍德温机车公司的次级资本平均收益 | 824 000 美元 |
| 鲍德温机车公司普通股的平均每股收益（假设认股权证全部执行，且该部分资金的收益率为 6%） | 0.73 美元 |
| 鲍德温机车公司普通股的最高每股收益（经调整） | 3.17 美元 |
| 比阿特丽斯公司普通股的平均每股收益 | 6.59 美元 |
| 比阿特丽斯公司普通股的最高每股收益 | 7.31 美元 |

注意：由于比阿特丽斯公司 1925—1932 年的持续扩张与股票增发，因此普通股每股收益比普通股总收益更有意义。

E. 资产负债表数据（1932 年 12 月 31 日）见表 F70—7。

**表 F70—7　两家公司的资产负债表数据**

| 项目 | 鲍德温机车公司 | 比阿特丽斯奶油公司 |
|---|---|---|
| 流动资产 | 13 900 000 | 9 410 000 |
| 流动负债 | 1 200 000 | 748 000 |
| 净流动资产 | 12 700 000 | 8 662 000 |
| 每股普通股的有形资产价值 | 26.50 | 48.75 |

**注意：**鲍德温机车公司的营运资金数据经过调整，以剔除归米德法尔克公司（Midvalc Company）的少数股东所有的收益。归普通股所有的资产价值也经过调整（假设认股权证全部执行）。

尽管比阿特丽斯奶油公司在 1933 年减记过固定资产价值，但数额并未公布，因此未调整其普通股所有的资产价值。

由此分析可见，鲍德温机平公司的普通股并不值每股 11 美元。其优势仅在于 1926 年较好的收益及其账面价值，但这两项并不足以支撑其股价。表面上看，该公司利用了“杠杆”，即资本结构具有投机性，因为其优先证券数额较大。实际上，只有在收益超过自 1926 年以来的所有年度时，这个“杠杆”才具有价值。

至于比阿特丽斯奶油公司，它有两点极其引人注目。一是在 1925—1930 年的 6 年中每股收益一直较好，几乎相当于当前股价（12.5 美元）的 50%。二是其销售额较大，即使在 1933 年奶制品价格极低的时候，其销售额也相当于普通股每股 9 美元。1929 年这一比率是 181。显然，利润率的稍微提升都能使得股票收益率大为上升。

比阿特丽斯奶油公司还有一些其他方面值得关注：

1. 公司的投机性资本结构使得其普通股具有相当的投机价值，且其大部分优先资本为优先股，因此财务风险较小。

2. 公司的有形资产价值较高。当然也有个问题，即公司的普通股在长远的将来是否能一直获得合理的收益。由于公司减记过其固定资产，因此我们也应基于此来得出结论。

3. 假设少计算固定资产价值是合理的，这就意味着近年来的折旧费用超出了必要的水平。截至 1934 年 2 月的一年里，折旧费用为 1 400 000 美元，而前一年还是 1 900 000 美元。如果截至 1933 年 2 月的一年里折旧费用也是如此减少，那么 1933 年的归属于普通股股东的净利润就是正数了。

4. 考虑到公司的类型、股价，其营运资金状况还是很好的。

**定性分析：A. 鲍德温机车公司：**对于公司的前景及盈利能力，很难得出一个可靠的结论。该行业是一个基础行业，过去这些年里的机车订单过少，意味着大量累积的需求。然而公司的业务状况很不稳定，因此很难合理预测其未来的前景。

**B. 比阿特丽斯奶油公司：**该公司的经营状况较为稳定。对奶制品的需求肯定比对机车的需求要稳定，尽管供给过剩会给价格带来严重影响，但最终的结果也比大多数行业要好。所以我们有理由相信，未来的奶制品行业还是会像以前一样继续发展。1929—1933 年的需求减少只是大萧条时期的正常现象，并不意味着以后也是如此。相对于其他两家巨头（波登公司 [Borden's] 和国家乳品公司 [National Dairy Products]），比阿特丽斯公司仍处于劣势，因为前两者的业务更多元化，赚钱的业务也更多。当然，如果形势好转，比阿特丽斯公司的盈利还是可以恢复到先前的水平的。

由于人们倾向于对未来抱有希望，因此作出的预测可能会偏离实际，但我们认为，从长期来看，定性分析得出的结论要比这份报告的结论乐观。①

**后续。**到 1933 年年底，两家公司的境况都有了很大的变化。对鲍德温机车公司而言，尽管前景有所改善，1934 年的亏损却依然和 1933 年持平，且公司的亏损一直持续到 1939 年。1935 年，公司进入 77B 程序（指司法程序，77B 指企业重整条文），其普通股股价跌至 1.5 美元。1939 年年底，公司重整后的新股股价为 3 美元。

1935 年 2 月，比阿特丽斯公司宣告盈利。自此收益便稳定增长（只有一年除外）。截至 1939 年 9 月底的一年里，每股收益达到了 3.81 美元，年底的股价达到了 27.5 美元。

① 我们对标准统计公司某些方法的批评并不意味着对这家杰出公司的全盘否定。相反，我们应该赞赏其报告的精准与完整，以及它在业务发展与研究方法上十分进取、不存丝毫偏见的精神。

## 注释71（第26章，第28章）

米德和哥罗德汀斯基（Mead and Grodinsky）的理论可以归纳如下。

在一段或长或短的扩张期过后，所有产业都将不可避免地陷入衰退。衰退一旦发生，则很难扭转。无论任何时候，工业产业都可划分为朝阳产业和夕阳产业。行业开始衰退通常有如下征兆：需求停滞，寻求改良而不是扩张产量，努力提高价格和增加借款。安全投资必须严格限定在处于扩张状态的产业内，并且优先将积极开展研发活动提高产品质量的公司作为投资标的。我们可选的投资范围不得不扩大到普通股，因为这类公司发行的债券和优先股数量有限。考虑到衰退的可能，投资者必须从收入和主要盈利中扣除摊销准备。

这个观点揭示了投资实践不可回避的、在公司事务掩饰之下的重要事实。然而其是否提供了一种安全并且切实可行的投资方式，却是另一个问题。该理论的若干推论如下。

1. 从衰退产业退出、投资新兴产业不应顾忌当时的股票价格。如果大部分股票持有者遵循该法则，“好”股票的价格将情绪化地大幅增长，而“差”股票的价格将下跌到接近于0——完全没有考虑到相应公司的收益与资产状况。该理论对价格因素的忽视反映了价格毫无影响，或者是一般而言投资者事实上无须为好股票支付非常大的差价。第一种可能性明显站不住脚，第二种可能性就更令人怀疑了。过去十年市场的行为并不支持该论点，因为数据显示增长型公司股票获得了巨大的溢价。相应地，该理论的延伸结论与事实也相差很远。

2. 这种方法并不像其听起来那么简单易行，除了在躲避衰退产业方面。可以接受的投资必须满足行业审查以及一些适用于具体公司的特殊要求；股票持有者必须警惕可能会发生的行业衰退，无论是收益水平尚佳还是市场环境不利的情况，都准备好随时卖出股票。

这种一般性的方法涉及一个困境：一方面，能够投资的增长型产业的数量极为有限，而任何集中度过高的投资完全是不可行的；而另一方面，一个随意的投资决策可能会造成多重问题或者让形势陡然反转。米德和哥罗德汀斯基将所有行业分为扩张型和收缩型——列出61种扩张型行业和50种收缩型行业。当然，肯定有很多临界案例。事实上，我们可以想象，肯定有很大比例的中间类型令人在分类时左右为难，无法使我们有信心地区分出好的和差的阶层。

更为严重的是，行业的增长可能在毫无警告的情况下停止，此时投资者尚未拿到预期的收益。我们在比较1926—1930年（或1928—1930年）与1930—1936年工业公司净盈利的变化趋势时发现了惊人的结论，行业发展趋势在不断地自我修正。这项研究的数据可以在米德和哥罗德汀斯基的数据表中或者是标准统计公司关于工业公司1926年以后的净盈利情况报告中获得。

3. 远离衰退行业的债券、选择扩张行业的股票，这个建议可能因为某些原因被反对。① 投资顾问们将全力指出：偿债基金机制可能能够在最终不可避免的行业崩溃之前起到回收优先资本的作用。不仅如此，为了预防相同的惨剧发生在增长型公司身上（一段更长的时间后），米德和哥罗德汀斯基坚持认为普通股投资者应该用所获得的股息与利润建立起自己的偿债基金机制，这样只有部分收益才是真正的利润。根据显而易见的量化分析结果，我们可以说斯威夫特公司（属于衰退型行业，一家食品加工公司）发行的债券称得上是安全的，即使未来人均消费的肉食减少。但是扩张型行业中的领军者佳斯迈威发行的普通股怎样才能称得上“安全”，这超过了我们可理解的范围，不论投资者是在 1937 年以 155 美元买入，还是在 1938 年以 58 美元购买到的。

4. 米德和哥罗德汀斯基通过详细研究得出的投资原则同时引出了其他结论，它们对于股票投资者也具有重要价值。毫无疑问，很多案例表明处在衰退期的公司完全丧失了盈利能力，股票持有者的投资几乎血本无归，也失去了对公司的管理权，无论公司的竞争力多强、资源多丰富，都无法阻止此次崩溃。但如果事实果真如此，不论企业所有者想获取什么，他们都不会只在公开市场上销售他们的股票。出于与说服投资者出售股份相同的思路，让股票持有者在公司资产被浪费之前提出对资产的索求，岂不更加符合逻辑？

我们认为，《潮起潮落的投资价值》有力地支持了我们的理论（在第 43、44 章中提到），即，股票市场价持续低于清算价值是一个信号，此刻所有的传言都应该引起重视；这要求投资者弄清楚（根据他们的自身利益）公司是否应该与以前一样继续经营，是否应改变策略，是否应被出售，是否应被部分的或整体清算；并且，最终，这个关键问题不应该从公司管理层（他们有其特殊利益，并抱有偏见）那里寻求答案，而应求助一家处在竞争环境中、秉承完全公正态度的外部机构。

① “根据历史记录与当下的情形，我们可以推断就安全性而言，从不发行债券的、属于扩张型行业的业内领先公司所发行的普通股，要比属于衰退型行业的业内领先公司所发行的债券安全的多。”《潮起潮落的投资价值》（*The Ebb and Flow of Investment Value*），第 298 页，纽约，1939 年。

SECURITY ANALYSIS

# 第 6 版跋

本版的出版工作从 2006 年后期开始。当时一位麦格劳 – 希尔的编辑联络我，商谈为《证券分析》推出新版本。我同意担任此版书的首席编辑。随后的几个月内，我们与另外三名编辑成立了一个团队，包括一位著名的财经作家和历史学家、一位权威的价值投资学者和一位经验丰富的财经记者。我们也请了多位业内人士为原文撰写了导读，从而能够通过他们的价值投资实践展现这一理论的新发展。我们还新增了有关环球价值投资的章节。

因为这些稿件均在 2007 年下半年和 2008 年年初提交给编辑，所以没有涉及日益恶化的信贷危机和金融市场的急转直下。这些事件几乎使得投资银行巨头贝尔斯登（Bear Stearns）在 2008 年 3 月倒闭。与其目光短浅地只关注近期发展，不如注重研究在熊市和牛市中都适用的长远策略。正如格雷厄姆和多德说的那样，我们主要聚焦“概念、方法、标准和原则；最重要的是，使用合乎逻辑的推理”。

我们决定以 1940 年出版的《证券分析》第二版作为第 6 版的参照。因为它是最完整的版本，而且我们也决定不对此经典著作的原文做任何改动。通过这样的安排，希望读者能够在一睹格雷厄姆和多德大师级著作真实面目的同时，也能洞悉与如今瞬息万变的世界仍然相关且极为重要的真知灼见。

本书是 11 位撰稿人共同努力的成果，堪称价值投资派观点的集萃。虽然当中的许多人是业务上的竞争对手，但我们也是朋友和同行。我们都清楚，没有人知道全部问题的答案；我们还对曾经犯过的重大错误记忆犹新。同样，我们承认自身在价值投资上并不完美，一直都存在着新的挑战，也一直有提高的空间。通过整合这些经验丰富和功力非凡的撰稿人以及作者的不同观点，我们希望《证券分析》第 6 版的内容丰富多样、研究详尽深入，树立投资学说的一面旗帜，承继前五个版本，成为有长远价值的著作。

塞思·卡拉曼

首席编辑

2008 年 5 月

SECURITY ANALYSIS

# 致谢

非常感谢各位联席编辑和联席撰稿人在百忙之中，抽空与本书读者分享投资经验，探讨投资真知。谨此代表全体编辑人员，向作者本杰明·格雷厄姆和戴维·多德致敬。他们的经典著作使我们受益良多，假如没有他们，就不会有今日的成果。我也希望借此机会感谢巴菲特先生为本书撰写前序，娓娓道出个人感受。更重要的是，通过教育和慈善事业，他践行了格雷厄姆和多德的价值投资、合理推论、高度诚信以及慷慨的原则。

此外，我要特别感谢里尔·史匹诺（Lear Spiro），是她提议请多位行业领先的价值投资者分享他们今天是如何应用格雷厄姆和多德的投资原则的。这个提议乍一看便知难以协调，许多人都怀疑最终能否成功。实际上，假如没有她的协调和组织，本书难以面世。我还要向麦格劳－希尔的团队致谢，他们是菲利普·鲁比（Philip Ruppel）、赫布·沙夫纳（Herb Schaffner）、劳拉·弗里德曼（Laura Friedman）、赛斯·莫里斯（Seth Morris）、丽迪亚·莲娜蒂（Lydia Rinaldi）、安东尼·兰迪（Anthony Landi）、简·帕米瑞（Jane Palmieri）以及莫林·哈珀（Maureen Harper）。他们致力于使本书成为令我们引以为荣之作。

塞思·卡拉曼

# 未来，属于终身学习者

我这辈子遇到的聪明人（来自各行各业的聪明人）没有不每天阅读的——没有，一个都没有。巴菲特读书之多，我读书之多，可能会让你感到吃惊。孩子们都笑话我。他们觉得我是一本长了两条腿的书。

——查理·芒格

互联网改变了信息连接的方式；指数型技术在迅速颠覆着现有的商业世界；人工智能已经开始抢占人类的工作岗位……

未来，到底需要什么样的人才?

改变命运唯一的策略是你要变成终身学习者。未来世界将不再需要单一的技能型人才，而是需要具备完善的知识结构、极强逻辑思考力和高感知力的复合型人才。优秀的人往往通过阅读建立足够强大的抽象思维能力，获得异于众人的思考和整合能力。未来，将属于终身学习者！而阅读必定和终身学习形影不离。

很多人读书，追求的是干货，寻求的是立刻行之有效的解决方案。其实这是一种留在舒适区的阅读方法。在这个充满不确定性的年代，答案不会简单地出现在书里，因为生活根本就没有标准确切的答案，你也不能期望过去的经验能解决未来的问题。

## 湛庐阅读APP：与最聪明的人共同进化

有人常常把成本支出的焦点放在书价上，把读完一本书当作阅读的终结。其实不然。

时间是读者付出的最大阅读成本

怎么读是读者面临的最大阅读障碍

“读书破万卷”不仅仅在“万”，更重要的是在“破”！

现在，我们构建了全新的“湛庐阅读”APP。它将成为你“破万卷”的新居所。在这里：

- 不用考虑读什么，你可以便捷找到纸书、有声书和各种声音产品；
- 你可以学会怎么读，你将发现集泛读、通读、精读于一体的阅读解决方案；
- 你会与作者、译者、专家、推荐人和阅读教练相遇，他们是优质思想的发源地；
- 你会与优秀的读者和终身学习者为伍，他们对阅读和学习有着持久的热情和源源不绝的内驱力。

从单一到复合，从知道到精通，从理解到创造，湛庐希望建立一个“与最聪明的人共同进化”的社区，成为人类先进思想交汇的聚集地，与你共同迎接未来。

与此同时，我们希望能够重新定义你的学习场景，让你随时随地收获有内容、有价值的思想，通过阅读实现终身学习。这是我们的使命和价值。

# 湛庐阅读APP玩转指南

## 湛庐阅读APP结构图：

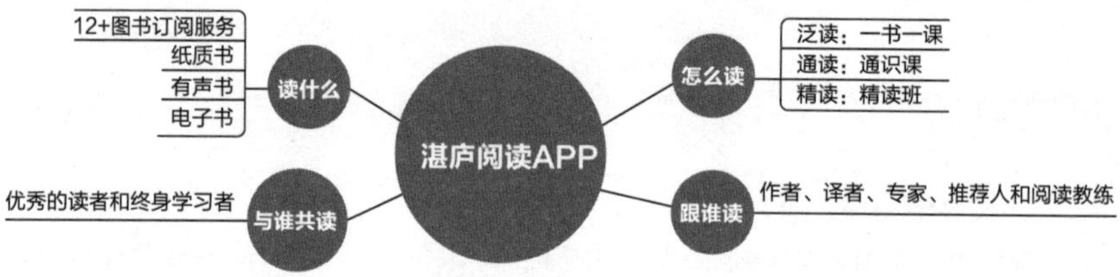


## 三步玩转湛庐阅读APP：

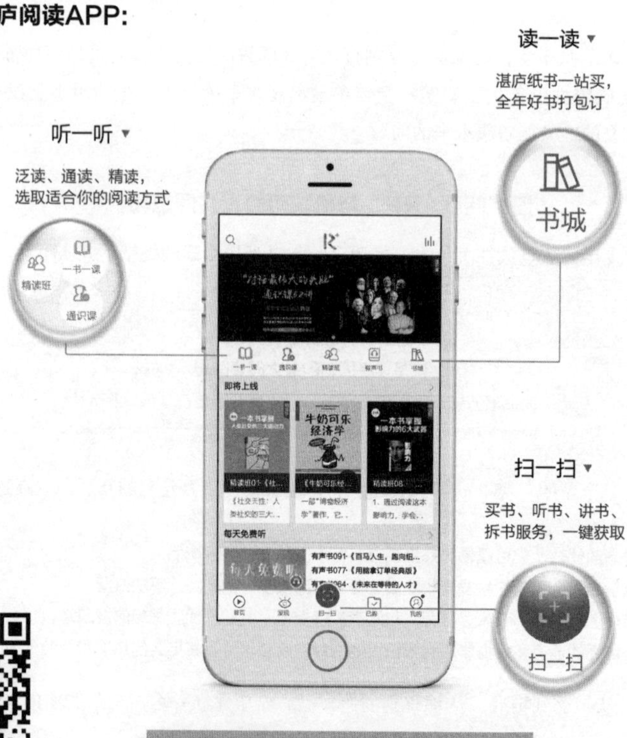


APP获取方式：
安卓用户前往各大应用市场、苹果用户前往APP Store
直接下载“湛庐阅读”APP，与最聪明的人共同进化！

# 使用APP扫一扫功能，
# 遇见书里书外更大的世界！

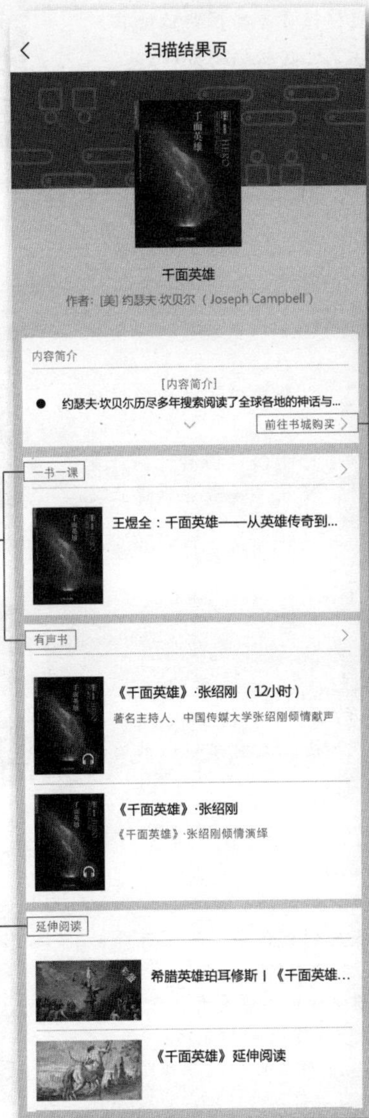


快速了解本书内容，
湛庐千册图书一键购买！

大咖优质课、
献声朗读全本一键了解，
为你读书、讲书、拆书！

你想知道的彩蛋
和本书更多知识、资讯，
尽在延伸阅读！

湛庐CHEERS

# 延伸阅读

## 《共同基金常识》(10周年纪念版)

◎ 指数基金教父约翰·博格先生的心血力作，历经市场十年洗礼之后的升级版，堪称投资界的经典必读书。
◎ 中国银行业协会首席经济学家巴曙松领衔翻译。
◎ 高瓴资本创始人兼首席执行官张磊、中国人民保险集团副董事长缪建民、耶鲁大学首席投资官大卫·斯文森专文作序推荐。

使用"湛庐阅读"APP，
"扫一扫"获取本书更多精彩内容

ISBN 978-7-5596-0531-3

## 《炼金术师》

◎《炼金术士》以清晰且富有启发性的方式描述了中央银行的前世今生。
◎ 与《大而不倒》《金融之王》《当音乐停止之后》并称"洞察金融危机必读书"。
◎ 中国银行业协会首席经济学家巴曙松领衔翻译，广发基金总经理林传辉作序推荐，畅销书《当音乐停止之后》作者艾伦·布林德倾情推荐。

使用"湛庐阅读"APP，
"扫一扫"获取本书更多精彩内容

ISBN 978-7-300-21879-3

## 《资本之王(经典版)》

◎ 全球私募之王黑石集团成长史。
◎ 一部透视黑石集团运作内幕的巨作。
◎ 首度展现黑石创始人史蒂夫·施瓦茨曼叱咤风云的私募传奇。

使用"湛庐阅读"APP，
"扫一扫"获取本书更多精彩内容

ISBN 978-7-213-07782-1

## 《金融之王》

◎ 一本描述自第一次世界大战后到大萧条时期国际金融史的著作，视野宏大、极具震撼力。
◎《经济学人》评价这本书对当今世界依然具有参考价值，而且开创了深入系统地研究中央银行家的先河。
◎《纽约时报》评价这本书充满了对历史的精准预言，是一本非常有价值的世界金融史著作。

使用"湛庐阅读"APP，
"扫一扫"获取本书更多精彩内容

ISBN 978-7-300-13186-3

Benjamin Graham
Security Analysis, Six Edition
ISBN 978-0-07-159253-6

北京市版权局著作权合同登记号：01-2009-7436

图书在版编目（CIP）数据

证券分析：原书第 6 版：经典版 /（美）本杰明·格雷厄姆（Benjamin Graham），（美）戴维·多德（David L. Dodd）著；巴曙松等译 .—北京：中国人民大学出版社，2018.11

书名原文：Security Analysis

ISBN 978-7-300-26361-8

Ⅰ. ①证… Ⅱ. ①本… ②戴… ③巴… Ⅲ. ①证券投资 – 投资分析 Ⅳ. ① F830.91

中国版本图书馆 CIP 数据核字（2018）第 236504 号

上架指导：金融投资 / 投资经典



**证券分析：原书第 6 版（经典版）**

［美］本杰明·格雷厄姆　戴维·多德　著

巴曙松　陈剑　等　译

Zhengquan Fenxi : Yuanshu Di 6 Ban（Jingdianban）

| | | | |
|---|---|---|---|
| 出版发行 | 中国人民大学出版社 | | |
| 社　址 | 北京中关村大街 31 号 | 邮政编码 | 100080 |
| 电　话 | 010–62511242（总编室） | | 010–62511770（质管部） |
| | 010–82501766（邮购部） | | 010–62514148（门市部） |
| | 010–62515195（发行公司） | | 010–62515275（盗版举报） |
| 网　址 | http:// www. crup. com. cn | | |
| | http:// www. ttrnet. com（人大教研网） | | |
| 经　销 | 新华书店 | | |
| 印　刷 | 天津中印联印务有限公司 | | |
| 规　格 | 170 mm × 230 mm 16 开本 | 版　次 | 2018 年 11 月第 1 版 |
| 印　张 | 62 | 印　次 | 2018 年 11 月第 1 次印刷 |
| 字　数 | 1 042 000 | 定　价 | 169.90 元 |